(1951 - 1990)

중국조선문정기간행물 목록색인

제1권

(1951 – 1990)

중국조선문정기간행물 목록색인

[하]

주필 이옥금 김덕모
부주필 김성월 김익

편자 이옥금 주홍화
이미화 김덕모
김성월 김 익
허연자 안해금
이 춘 이영희

KSI 한국학술정보[주]

서 론

조선민족은 유구한 전통문화를 갖고 있는 민족이다. 중국에 이주하여와서도 조선민족은 반만년의 풍부한 문화유산을 바탕으로 민족의 전통을 계승하고 발전시켰으며 중화문화의 우수한 자양분을 섭취하여 점차 중국특색을 갖춘 소수민족문화인 조선족문화를 이루게 되었다.

이백여만을 헤아리는 중국의 조선족은 한족을 비롯한 여러 형제민족들과 함께 중국의 동북땅을 개척하였고 반일투쟁의 특수한 역사적인 배경 밑에 중국의 반제, 반봉건의 환경속에서 피어린 투쟁을 하여왔으며 중화인민공화국이 창건된 후에는 중국공산당 민족정책의 빛발아래 민족자치의 권리를 갖고 민족의 총명과 지혜, 줄기찬 노력과 분투로서 중국 사회주의 혁명과 건설사업에서 뛰어난 성과를 거두었다. 이리하여 중화 민족 문화사에 빛나는 업적을 남겨놓았을 뿐더러 세계 여러 민족문화사에 빛나는 한 페이지를 기록하였다.

중국의 조선족문화는 조선민족의 전통문화에 깊이 뿌리박고 한족과 중국의 여러 소수민족문화와의 접촉속에서 이루어진 것으로서 중화민족문화의 한 부분인 동시에 또 세계적범위에서 조선민족문화의 한 부분으로 되고 있다.

역대로 내려오면서 중국조선족문화는 우리글로 된 신문, 잡지나, 출판물들을 통하여 세상에 널리 알려져왔다. 광복전 항일투쟁속에서 많은 우리글 잡지들이 나왔으며 중국이 해방된 후에도 우리글 잡지들에 중국의 사회현실을 나타내는 문장들이 많이 실렸다. 해방후 우리글 잡지는 더 많은 발전을 가져와 90년대에 와서 공개출판된 우리글 잡지만 보더라도 20여종이나 된다. 이와 같은 간행물들에서 우리민족의 문화를 폭넓게 보여주었을 뿐더러 중국의 정치, 경제, 문화 등 제 영역의 생활들도 폭넓게 보여주고있다.

그러나 이와 같은 간행물에 실렸던 자료들이 한 때는 해빛을 보았다가 오늘날에 와서 많은 것들이 잃어지고 또 적지 않은 것들이 보이지 않는 구석에서 잠자고 있으며 그 자료 이름마저 잊혀져 가고있는 것들도 많다. 시대의 흐름에 따라 간행물들의 이름도 자주 바뀌고 또 많은 간행물들의 발행량이 적었던데서 일부 자료는 전혀 찾아 볼 길이 없는 형편에 이르렀다.

오늘날 중국의 개혁개방과 더불어 과거에 출판되었던 조선문문헌자료에 대한 수요는 더없이 많아졌다. 이 한 수요에 도움을 주며 독자들이 조선문문헌자료를 찾는데 조금이나마 쉽게 목록들을 제시하여

주기 위하여 시작된 첫 작업이 이 ≪조선문정기간행물목록색인≫이었다. 저자는 오래 동안 도서관의 자료사업을 하여오면서 독자들이 지나간 우리글 잡지들을 애타게 찾을 때마다 이 작업을 해야 할 필요성을 깨닫고 1995년부터 생각을 무르익혀 오다가1998년 집필계획을 새로 세우고 연변대학도서관의 경험있는 일군들로 편집진을 무어 자료수집에 들어가게 되었다.

민족문헌자료가 비교적 구전한 연변대학도서관자료를 주로 하여 연변도서관, 연변사회과학원 도서관을 찾아다니며 목록들을 수집하였으며 그 외에도 이 세 도서관에 없는 자료들은 잡지사와 잡지사의 옛 편집들을 찾아다니며 그들 손에서 자료를 빌어가며 목록들을 수집하기도 하였다. 일부 그래도 찾을 수 없는 잡지들의 목록은 아쉽게도 수록되지 못했음을 밝히는 바이다.

수집된 목록량이 많은데서 해방되어서부터 1990년까지를 제1책으로 무어 펴내고 1991년부터 2000년까지를 제2책으로 무어 펴낸다. 일부 자료적가치가 적은 것들은 선택되지 못했음을 밝힌다. 이번에 출판되는 제1책에서는 2002년에 출판된 목록보다 2천6백여 개의 목록이 새롭게 수정보충되었음을 밝힌다.

이 목록색인을 펴내는 일은 극히 어려운 작업이었다. 보다 전면적이고 체계있게 분류하려고 애썼으나 저자들의 목록색인경험이 적었고 또한 여럿이 하는 작업이어서 분류에서나 배열에서 오유와 미비한 점들이 많으리라 생각된다. 이에 우리는 국내외 독자들로부터 기탄없는 조언이 있기를 충심으로 바라는 바이다.

마지막으로 이 목록색인에 자료들을 수집할수 있도록 많은 편리를 준 연변대학도서관, 연변도서관, 연변사회과학원도서관, 그리고 여러 잡지사의 고마운 분들께 감사의 인사를 드리는 바이다.

중국 절강월수외국어학원에서

편자로부터

2008년7월25일

일러두기

1, 본 색인은 중국에서 공개출판된 조선문정기간행물에서 수록한 문장에 대한 목록들이다. 제1책은 건국이후부터 1990년까지 수록된 목록들이고 제2책은 1991년부터 2000년까지 수록된 목록들이다.

2, 본 색인은 중국에서 출판된 조선문정기간행물의 문장들을 ≪중국도서자료분류법≫에 따라 분류하고 ≪정기간행물색인 수록규칙≫에 준하여 수록하였다.

3, 하나의 정기간행물에서 련재로 수록한 문헌은 한기만 수록하였고 한 문헌이 여러 간행물에 실렸을 때에는 제일 처음 출판된 간행물을 기준으로 하여 수록하였다.

4, 본 색인의 수록격식은 ≪문헌배렬순번호, 문헌제목 / 저자;역자 // 잡지사. − 년,(기). − 페지≫로 되었다.

5, 문헌의 배렬격식은 (1)분류 (2)년 (3)기 (4)조선어자모순으로 배렬 되었다.

6, 저자명색인에서 중국국내저자와 외국인저자로 나누어 수록했고 외국인 저자명 앞에는 나라이름을 밝히어 수록하였다.

7, 저자명색인에서 연명으로 된 저자명은 제일 저자를 준하고 둘까지 이름을 밝히어 수록하였고 한자로 된 저자명은 조선어자모 발음순에 따라 수록하였으며 외국인저자명은 외국어자모에 대한 조선말음독법에 따랐다.

8, 저자명색인에서 저자명을 조선어자모순으로 배렬한 후 그에 따른 문헌베렬순 번호를 달아주었다.

9, 목록색인에서의 목록명과 잡지명, 저자명은 원문을 존중하여 그에 따른 표기법대로 수록되었음을 밝힌다.

일러두기

차 례

I 문학 ······ 13

I25 보고문학 ······ 13

I26 산 문 ······ 62

I27 민간문학 ······ 96

I312 조선문학, 한국문학 ······ 147

I313 일본문학 ······ 153

I333 인도문학 ······ 157

I338 말레이시아문학 ······ 157

I374 토이기문학 ······ 157

I512 쏘련문학 ······ 157

I516 독일문학 ······ 162

I521 오지리문학 ······ 163

I524 체스꼬슬로벤스꼬문학 ······ 163

I541 알바니야문학 ······ 163

I542 로므니아문학 ······ 163

I543 유고슬라비아문학 ······ 164

I545 희랍문학 ······ 164

I546 이딸리아문학 ······ 164

I561 영국문학 ······ 164

I565 프랑스문학 ······ 166

I712 아메리카문학 ······ 167

I755 큐바문학 ······ 172

I775 꼴롬비아문학 ······ 172

J 예술 ······ 172

J0 예술리론 ······ 173

J2 회화 ······ 173

J3 조각 ······ 174

J4 촬영예술 ······ 174

J6 음악 ······ 175

J7 무용 ······ 180

J8 극예술 ······ 183

J9 영화, 텔레비죤 예술 ······ 185

K 력사, 지리 ······ 186

K1 세계사 ······ 186

K2 중국력사 ······ 187

K206 력사사료 ······ 188

K28 민족력사 ······ 188

K312 조선, 한국역사 ······ 193

K313 일본역사 ······ 194

K5 구라파역사 ······ 195

K7 아메리카주역사 ······ 195

K81 세계인물전기 ······ 195

K82 중국인물전기 ······ 203
K825.2 군사(인물전기) ······ 203
K825.4 문화, 교육, 체육(인물전기) ······ 207
K825.6 문학(인물전기) ······ 207
K825.7 예술(인물전기) ······ 208
K826.1 자연과학, 공정기술(인물전기) ······ 208
K827 사회정치인물(인물전기) ······ 208
K828 사회각계인물(인물전기) ······ 213
K85 문물, 고고학 ······ 215
K89 풍속습관 ······ 215
K9 지리 ······ 219

O 수리과학과 화학 ······ 222

O1 수학 ······ 222
O3 력학 ······ 222
O4 물리학 ······ 223
O6 화학 ······ 224

P 천문학, 지구과학 ······ 225

P1 천문학 ······ 225
P3 지구물리학 ······ 228
P4 대기과학(기상학) ······ 229
P5 지질과학 ······ 231
P7 해양과학 ······ 231
P9 자연지리학 ······ 231

Q 생물과학 ······ 232

Q1 일반생물학 ······ 232
Q3 유전자과학 ······ 233
Q6 생물물리학 ······ 233
Q93 미생물학 ······ 233
Q94 식물학 ······ 233
Q95 동물학 ······ 236
Q96 곤충학 ······ 239
Q98 인류학 ······ 240

R 의약, 위생 ······ 240

R1 예방의학, 위생학 ······ 240
R2 중국의학 ······ 249
R3 기초의학 ······ 250
R4 림상의학 ······ 253
R5 내과학 ······ 253
R6 외과학 ······ 257
R71 부산과학 ······ 258
R72 소아과학 ······ 259
R73 종류학 ······ 260
R74 신경병학과 정신병학 ······ 261
R75 피부병학과 성병학 ······ 261
R76 이비후두과학 ······ 262
R77 안과학 ······ 262
R78 구강과학 ······ 263
R8 특종의학 ······ 263
R9 약학 ······ 264

S 농업과학 ······ 265

S1 농업기초과학 ······ 265
S2 농업공정 ······ 271
S3 농학(농예학) ······ 273
S4 식물보호 ······ 277
S5 농작물 ······ 281
S6 원예 ······ 289
S7 림업 ······ 293
S8 축목, 동물의학, 사냥, 잠사, 양봉 ······ 295
S9 수산, 어업 ······ 306

T 공업기술 ······ 307

TB 일반공업기술 ······ 307
TD 광업공학 ······ 308
TE 석유, 천연가스공업 ······ 309
TF 야금공업 ······ 309
TG 금속학, 금속공예 ······ 311
TH 기계, 의기공업 ······ 311
TJ 무기공업 ······ 312
TK 에네르기, 동력공학 ······ 312
TL 원자에네르기기술 ······ 313
TM 전기공학 ······ 313
TN 무선전전자학, 전신기술 ······ 316
TP 제어, 계산기기술 ······ 319
TQ 화학공업 ······ 320
TS 경공업, 수공업 ······ 323
TU 건축공학 ······ 329
TV 수문학 ······ 330

U 교통운수 ······ 331

V 항공우주공학 ······ 332

X 환경공학, 안전공학 ······ 334

부록

1. 중국인저자목록 ······ 336
2. 외국인저자목록 ······ 505

I 문학

I25 보고문학

20618 感激의 潮流 / 崔賢淑 // 연변문예. – 1951,(창간호). – 29 – 30

20619 우리文學써클은이렇게자라고있다 / 延大文學써클 李錫順 // 연변문예. – 1951,(창간호). – 40

20620 延邊各中學校 文藝活動概況 // 연변문예. – 1951,(창간호). – 41

20621 臨津江突破戰: 英雄部隊報告中의一段 / 정암순 // 연변문예. – 1951,(3). – 14 – 18

20622 朝鮮의 어린이들 / 황약민 // 연변문예. – 1951,(5). – 13 – 16

20623 영웅의 철교 / 장지민 // 연변문예. – 1951,(5). – 19 – 20

20624 臨津江畔의 排雷英雄 / 邢石操 // 연변문예. – 1951,(6). – 17 – 18

20625 ≪나는 정녕 맹세하네 이것은 사실이요≫ / 주희 // 연변문예. – 1954,(2). – 36 – 40

20626 량군언니 // 소년아동. – 1954,(3). – 19 – 21

20627 착한 어린이 // 소년아동. – 1954,(3). – 13

20628 소년선봉대원과 나무 // 소년아동. – 1954,(4). – 26 – 28

20629 내 있는 곳에 포를 쏘라 / 왕량 // 소년아동. – 1954,(5). – 7 – 8

20630 제1자동차공장 / 정성 // 소년아동. – 1954,(5). – 1 – 2

20631 지룡순언니 / 한창순 // 소년아동. – 1954,(5). – 12 – 14

20632 무지개 / 한명천 // 소년아동. – 1954,(6). – 26 – 28

20633 봄이 왔다 / 최학윤 // 연변문예. – 1954,(6). – 23 – 25

20634 영웅조선인민의 예술: 중국방문조선인민대표단 예술단의 공연을 보고 / 최룡건 // 연변문예. – 1954,(7). – 36 – 41

20635 오운탁아저씨 / 동문 // 소년아동. – 1954,(7). – 28 – 29

20636 훌륭한 소년 / 최일 // 소년아동. – 1954,(7). – 17 – 20

20637 허운선동무 / 한창순 // 소년아동. – 1954,(8). – 7 – 9

20638 자랑스런 소녀 / 한창순 // 소년아동. – 1954,(9). – 11 – 14

20639 사랑받는 나어린 배달부 / 행복이 // 소년아동. – 1954,(10). – 29 – 30

20640 어머니 / 방지민 // 소년아동. – 1954,(10). – 5 – 7

20641 두 소년의 이야기 / 마림 // 소년아동. – 1954,(12). – 15 – 17

20642 뜨락또르 / 순이 // 소년아동. – 1954,(12). – 13 – 14

20643 나는 모주석의 좋은 전사 / 조익 // 지부생활. – 1955,(1). – 23 – 24

20644 병사를 사랑하는 상관 / 류수추 // 지부생활. – 1955,(1). – 25 – 26

20645 중국이여 내 그대를 위해 영원히 초소에 서리다 / 장병괴 // 지부생활. – 1955,(1). – 24 – 25

20646 친형제와 같소 / 장청천 // 지부생활. – 1955,(1). – 26 – 27

20647 농장재부는 우리 행복의 원천이다 // 지부생활. – 1955,(2). – 42

20648 목장의 처녀 / 최수봉 // 지부생활. – 1955,(2). – 28 – 30

20649 무쇠소가 밤속을 갈아번졌네 / 소두 // 지부생활. – 1955,(3). – 28 – 29

20650 쓰달린 초상앞에서 / 로려(魯黎) // 지부생활. – 1955,(4). – 4

20651 기쁨 / 리근 // 연변문예. – 1955,(9). – 33 – 34

20652 새아침: 연변조선민족자치구 민족단결모범촌 서위자를 찾아서 / 최현숙 // 연변문예. – 1955,(9). – 29 – 32

20653 힘찬 대렬속에서:천보산광산을 찾아서 / 리행복 // 연변문예. – 1955,(9). – 38 – 41
20654 공산당 – 행복의 상징:왕청현 서위자향 방문산기 / 최현숙 // 연변문예. – 1955,(10). – 31 – 34
20655 세계인민들과 대면한 부채춤:연변조선족 민간무용 ≪부채춤≫ 발굴지를 찾아서 / 창준 // 연변문예. – 1955,(10). – 58 – 59
20656 물 / 장덕규 // 연변문예. – 1955,(11). – 21 – 22
20657 빨지산의 아들을 보고서 / 채용화 // 소년아동. – 1955,(11). – 14
20658 억센 사람 / 라목명 // 소년아동. – 1955,(11). – 4
20659 이삭줏는 각지 어린이들의 모습들! // 소년아동. – 1955,(11). – 19
20660 영광의 날 / 최정연 // 연변문예. – 1955,(12). – 10 – 17
20661 청년생산돌격대를 찾아서 // 소년아동. – 1955,(12). – 16
20662 노강강변의 노래소리 // 지부생활. – 1955,(13 – 14). – 84 – 87
20663 나어린 목축자 / 김덕천 // 연변문예. – 1956,(1). – 7 – 11
20664 한 농업생산합작사 녀부주임의 이야기 / 리행복 / 연변문예. – 1956,(2). – 12 – 16
20665 박창권할아버지 / 리근전 // 연변문예. – 1956,(4). – 4 – 11
20666 산골마을의 사회주의 / 홍성도 // 연변문예. – 1956,(4). – 1 – 3
20667 평두고원 / 전세홍 // 연변문예. – 1956,(8). – 35 – 42
20668 명명 / 마라신브 // 연변문예. – 1956,(9). – 34 – 43
20669 한권의 노래집 / 현룡 // 연변문예. – 1956,(9). – 44 – 45
20670 청도 해수욕장 / 김창걸 // 연변문예. – 1956,(10). – 55 – 58
20671 경사 / 란수봉(蘭秀峰) // 연변문예. – 1956,(11). – 36 – 39
20672 흥륭고원기행 / 김창석 // 연변문예. – 1956,(11). – 31 – 35
20673 민족단결의 밤 / 한창희 // 연변문예. – 1956,(12). – 21 – 23
20674 회전골 김령감의 만유기 // 지부생활. – 1957,(1). – 47 – 49
20675 군중의 질고를 관심하는 공산당원 김병일 / 남상덕 // 지부생활. – 1957,(3). – 33 – 35
20676 놈들의 간계:동북 항일 투쟁 회억록 / 喬樹貴 // 아리랑. – 1957,(3). – 32 – 33
20677 영예군인의 영예 // 지부생활. – 1957,(3). – 41 – 44
20678 영예군인 오하묵은 모주석을 만났다 / 주덕룡 // 지부생활. – 1957,(4). – 37
20679 예비당원 신덕빈할아버지 / 최숙 // 지부생활. – 1957,(4). – 31 – 33
20680 홍군만세 / 리범(李凡) // 지부생활. – 1957,(5). – 32 – 36
20681 영영 잊을수 없는 그 날 / 허순임 // 지부생활. – 1957,(6). – 17 – 18
20682 황산기슭의 초막 / 서운청;장경길 // 지부생활. – 1957,(6). – 37 – 39
20683 김일성 장군 회억기 / 郁秀 // 아리랑. – 1957,(7). – 12 – 17
20684 잘했소 / 최상록 // 지부생활. – 1957,(7). – 45
20685 특무잡은 이야기 / 방호수;박운규 // 지부생활. – 1957,(7). – 39 – 44
20686 왕따냥 / 김례삼 // 아리랑. – 1957,(8). – 19 – 23
20687 존경스러운 풍부관장 / 서운청;장경길 // 지부생활. – 1957,(10). – 44 – 49
20688 동강으로부터 위구하반에 이르기까지 / 서향전 // 지부생활. – 1957,(14). – 1 – 8
20689 모주석 황하시찰기 // 지부생활. – 1957,(17). – 34 – 38
20690 반우파투쟁중에서의 예비당원 – 김청송 / 정조 // 지부생활. – 1957,(19). – 15 – 16

20691 적담 충심 / 류담부 // 지부생활. – 1957,(23). – 34 – 40

20692 회억 / 해조 // 지부생활. – 1957,(23). – 20 – 21

20693 친근한 벗들을 회상하여 / 방초선 // 아리랑. – 1958,(3). – 26 – 27

20694 우리 대표:인민 대표 최 죽송의 이야기 / 최현숙 // 아리랑. – 1958,(4). – 14 – 18

20695 영예로운 일생, 불멸의 공훈 / 진리 // 아리랑. – 1958,(6). – 16 – 19

20696 과학에로 진군하는 아름다운 한쌍의 젊은 부부 / 지순애 // 대중과학. – 1958,(7). – 44 – 45

20697 줘무태이 돌격전 / 교수귀 // 아리랑. – 1958,(11,12). – 56 – 57

20698 쇼니즈 / 조리원;왕삼림 // 연변문학. – 1959,(2). – 30 – 31

20699 유격대의 녀 영웅 / 현룡순 // 연변문학. – 1959,(3). – 25 – 29

20700 황충거우 전투 / 려영준 // 연변문학. – 1959,(3). – 29 – 30

20701 귀중한 생명:렬사의 안해 박정자 어머니의 설화에서 / 박정춘 // 연변문학. – 1959,(5). – 23 – 24

20702 붉은 기 / 리용구;현룡순 // 연변문학. – 1959,(5). – 18 – 22

20703 2차 회원 대회 개최 / 본간 기자 // 연변문학. – 1959,(5). – 52

20704 꼬마 유격 대원 / 공원식 // 연변문학. – 1959,(6). – 4 – 7

20705 나어린 혁명가 / 강위룡 // 연변문학. – 1959,(6). – 1 – 4

20706 탈옥 / 림음전 // 연변문학. – 1959,(6). – 7 – 10

20707 격투 / 박춘일 // 연변문학. – 1959,(7). – 1 – 4

20708 용감한 김 소숙 / 리연록 // 연변문학. – 1959,(9). – 3 – 5

20709 그는 돌아왔다 / 송영 // 연변문학. – 1959,(10). – 8 – 9

20710 로신선생의 묘를 찾아서 / 김해진 // 연변문학. – 1959,(10). – 61 – 62

20711 작장주임 – 리현욱 / 남인순 // 연변문학. – 1959,(10). – 5 – 7

20712 철증 / 안창욱 // 연변문학. – 1959,(10). – 12 – 13

20713 친근한 벗을 회상하여 / 방초선 // 연변문학. – 1959,(10). – 26 – 27

20714 풍작의 서곡 / 차창준 // 연변문학. – 1959,(10). – 2 – 4

20715 수도꼭지 / 근봉 // 연변문학. – 1959,(11). – 25 – 28

20716 하늘로 날아온 물고기 / 길운 // 연변문학. – 1959,(11). – 22 – 23

20717 누가 내 붉은별을 떼겠다느냐: 취사원 하영명동지를 추억하여 / 채병신 // 연변문학. – 1959,(12). – 38 – 41

20718 신발 / 오립 // 연변문학. – 1959,(12). – 42 – 43

20719 잊지 못할 사람 / 김위헌 // 연변문학. – 1959, (12). – 65 – 67

20720 줄기찬 생활의 감격 / 박하림 // 연변문학. – 1959,(12). – 22 – 25

20721 형제솔골이야기 / 엄상준 // 연변문학. – 1959,(12). – 59 – 62

20722 임청동무를 회억 / 석동수 // 지부생활. – 1959,(13). – 59 – 61

20723 ≪고산발동기≫: 군영회대표 림청동무의 사적편단 / 주무경 // 연변문학. – 1960,(1). – 13 – 18

20724 그가 걸어온 길 / 윤금철 // 연변문학. – 1960,(1). – 19 – 21

20725 구슬 / 하명안 // 연변문학. – 1960,(2). – 37

20726 녀뜨락또르수 / 한원국 // 연변문학. – 1960,(2). – 22 – 24

20727 영웅렬차 / 곽광 // 연변문학. – 1960,(2). – 13 – 18

20728 우리는 폭파수로 되였다 / 리송길 // 연변문학. – 1960,(2). – 19 – 21

20729 마늘 두꼭지 / 소육화 // 연변문학. – 1960,(3). – 30

20730 붉은 남강 / 풍진표 // 연변문학. – 1960,(3). – 45 – 54

20731 붉은 마음 / 윤일룡 // 연변문학. – 1960,(3). – 27 – 29

20732 석순희 / 최현숙 // 연변문학. – 1960,(3). – 22 – 26

20733 어미향을 찾아서 / 주무경 // 연변문학. – 1960,(3). – 42 – 44

20734 영춘곡 / 오태호 // 연변문학. – 1960,(3). – 41

20735 밀림의 로인을 회억한다 / 석동수 // 연변문학. – 1960,(9). – 20 – 23

20736 그들의 이야기 / 고창립 // 연변문학. – 1960,(4). – 35 – 37

20737 기상참 / 장천지 // 연변문학. – 1960,(4). – 28 – 30

20738 두벌 목공 / 진진 // 연변문학. – 1960,(4). – 8 – 10

20739 들끓는 산간벽지 / 한종국 // 연변문학. – 1960,(4). – 13 – 14

20740 ≪라관지≫ / 황봉룡 // 연변문학. – 1960,(4). – 53 – 55

20741 보이지 않는 붉은 선 / 리창역 // 연변문학. – 1960,(4). – 31 – 34

20742 성농업군영회 산기 / 김병권 // 연변문학. – 1960,(4). – 11 – 13

20743 성실한 사람 / 주무경 // 연변문학. – 1960,(4). – 15 – 18

20744 전진하는 사람들 / 배비 // 연변문학. – 1960,(4). – 19 – 22

20745 혁신의 길에서 / 박득춘 // g연변문학. – 1960,(4). – 37 – 38

20746 날개 돋힌 맹호들 / 오체량 // 연변문학. – 1960,(5). – 31 – 36

20747 량목수 / 류야 // 연변문학. – 1960,(5). – 15 – 18

20748 빙상의 건장 / 공청단 연대체육계 총지위원회 // 연변문학. – 1960,(5). – 12 – 14

20749 연변탄광사 / 진봉기 등 // 연변문학. – 1960,(5). – 3 – 9

20750 연변탄광사 / 최연규 등 구술 // 연변문학. – 1960,(5). – 42 – 47

20751 붉은 마음들 / 배비 // 연변문학. – 1960,(6). – 53 – 56

20752 승선인민공사사 / 전만영 등 구술 // 연변문학. – 1960,(6). – 14 – 43

20753 은하교공정 / 황봉룡 // 연변문학. – 1960,(6). – 50 – 52

20754 목단강반에 핀 한떨기의 꽃 / 리근전 // 연변문학. – 1960,(7). – 36 – 39

20755 붉은 씨앗 / 요흔 // 연변문학. – 1960,(7). – 9 – 12

20756 고원의 새 모습 / 공원식 // 연변문학. – 1960,(8). – 17 – 21

20757 삼림의 매 / 하명안 // 연변문학. – 1960,(8). – 22 – 29

20758 심사 / 목진덕 // 연변문학. – 1960,(8). – 46 – 50

20759 자전차련줄 / 윤혁교 // 연변문학. – 1960,(8). – 30 – 31

20760 나는 연변을 사무치게 그린다 / 정인당 // 연변문학. – 1960,(9). – 27

20761 씨앗 / 당극신 // 연변문학. – 1960,(9). – 32 – 38

20762 친정집 / 백춘길 // 연변문학. – 1960,(9). – 24 – 26

20763 불길은 타오른다 / 림승준 // 연변문학. – 1960,(10). – 52 – 54

20764 붉은기 / 오흥진 // 연변문학. – 1960,(10). – 47 – 51

20765 정전을 앞둔 1분간 / 하증상 // 연변문학. – 1960,(10). – 60 – 61

20766 형제의 마음 / 한원국 // 연변문학. – 1960,(10). – 42 – 46

20767 미군의 허울을 벗기다 / 중희동 // 연변문학. – 1960,(11). – 27 – 33

20768 애숭이교원 / 최정록 // 연변문학. – 1960,(11). – 21 – 26

20769 추수산곡 / 왕소의 // 연변문학. – 1960,(11). – 13 – 14

20770 곤난은 우리를 더욱 견강하게 단련시켰

다: 연안생활회억단편 / 증연숙 // 연변문학. – 1960,(12). – 16

20771 해란강반에 청춘을 바치련다 / 려근택 // 연변문학. – 1960,(12). – 17 – 18

20772 그는 농촌을 열애한다 / 김중철;김영춘 // 연변문학. – 1961,(1). – 9 – 11

20773 농업제1선에 나선 후군전사: 석정분소점 영업원 한인숙동무의 이야기 / 김성호;김성기 // 연변. – 1961,(1). – 25 – 27

20774 내두산에 나래치는 매:고소졸업생들이 내두산에 벼를 심은 이야기 / 리행복 // 연변. – 1961,(1). – 34 – 37

20775 곤난과 실패를 두려워하지 않는 사람:왕휘군이 가스로를 제작한 이야기 / 박춘익 // 연변. – 1961,(2). – 26 – 27

20776 광활한 천지에서 성장하는 청년일대 / 송목전 등 // 연변. – 1961,(2). – 40 – 44

20777 내두산에 나래치는 매:고소 졸업생들이 내두산에 벼를 심은 이야기 / 리 행복 // 연변. – 1961,(5). – 34 – 37

20778 애차 운동에서 얻은 첫 수확 / 최일석 // 연변. – 1961,(5). – 27 – 28

20779 곤난과 실패를 두려워 하지 않는 사람: 중공 연길시 동력 기계창 총지 서기 왕희군이 가스로를 제작한 이야기 / 박춘익 // 연변. – 1961,(6). – 26 – 27

20780 모주석께서 체소를 심으셨다 / 황량성 // 연변. – 1961,(6). – 45 – 48

20781 동북 항일 유격 전쟁을 회억하여 / 주보중 // 연변. – 1961,(8). – 36 – 40

20782 한 폭의 붉은 기:중공 헤이싸즈구 생산대대 당 지부 서기 진 문장 동지 의 이야기 / 손상명 등 // 연변. – 1961,(8). – 41 – 45

20783 평범한 강위 영광스러운 로동:홍색 복무원 려봉금의 이야기 / 림정웅;종 윤 // 연변. – 1961,(9). – 34 – 37

20784 각족 인민의 사랑을 받고 있는 의무 일'군들 / 종윤 // 연변. – 1962, (11). – 30 – 31

20785 한 광공의 이야기 / 한영주 // 연변. – 1961,(11). – 34 – 35

20786 변강 건설의 첨병 / 김수국;김두천 // 연변. – 1961,(12). – 43 – 48

20787 한 주머니의 쌀 / 류문장 // 연변. – 1961,(12). – 31 – 32

20788 17년을 하루와 같이:로두구 탄광 4정 12호 채탄대대장 왕 충원의 이야기 / 종윤 // 연변. – 1962,(1). – 32 – 33

20789 가난한 사람들의 기백 / 리산 // 연변. – 1962,(2). – 9 – 11

20790 기관차는 달린다: 도문 철로 기무단 410 포차조 사기장 최덕유에 대한 이야기 / 종윤 // 연변. – 1962,(2). – 31 – 32

20791 인간 생명의 전초병 / 동건국;유원인 // 연변. – 1962,(2). – 33

20792 기계의 훌륭한 의사 / 종윤 // 연변. – 1962,(3). – 27 – 28

20793 보온병에 깃든 이야기 / 진원하 // 연변. – 1962,(3). – 26

20794 붉은 선전원: 김옥희 동무가 선진 공작을 진행한 이야기 / 김성기 // 연변. – 1962,(3). – 22 – 23

20795 참된 인민의 근무원 – 박원용 / 김룡검 // 연변. – 1962,(3). – 24 – 25

20796 백색테로의 포위 속에서 / 요흔 // 연변. – 1962,(4). – 35 – 40

20797 어떻게 대장 공작을 하였는가? / 리산 // 연변. – 1962,(4). – 11 – 12

20798 용감한 처녀 / 동건국 // 연변. – 1962,(4). – 24

20799 늙은 량주 / 안택만;리덕인 // 연변. – 1962,(5). – 32

20800 도리를 알아야 열정이 나온다:한개 생산대의 선전 소조를 소개함 / 김성 기 // 연변. – 1962,(5). – 26 – 27

20801 사양원의 붉은 마음 / 허정윤 // 연변. – 1962,(5). – 32 – 33

20802 성실한 채구원 구성룡 / 진원하 // 연변. – 1962,(5).

－33
20803 질량 제1사상의 승리:연변 고무 공장에서 신의 질량을 제고시킨 경과/태장춘//연변.－1962,(5).－19－22
20804 배꽃속의 배꽃/추영춘//연변.－1962,(6).－37－38
20805 보람 있는 그의 지성/김룡검//연변.－1962,(6).－38
20806 무산촌의 변천/추강//연변.－1962,(6).－34－36
20807 직공 가속 최 수학 아주머니/채재천//연변.－1962,(6).－37
20808 제비는 물을 차고 하늘로 난다/한수동//연변.－1962,(6).－16－19
20809 곤난을 박차고 전진:교령기가 간고 분투한 이야기/종윤//연변.－1962,(7).－6－7
20810 그의 효성:최 정숙 동무가 시부모를 모신 이야기/리준//연변.－1962,(7).－37－39
20811 무주 생산대의 자랑/리상각//연변.－1962,(7).－8－11
20812 산간에서 피고 있는 한 떨기의 꽃/김영화 등//연변.－1962,(7).－10－12
20813 어머니와 아들/초신서//연변.－1962,(7).－14－16
20814 장군의 가풍/주장종;주성조//연변.－1962,(7).－22－23
20815 그의 지성/경수;상준//연변.－1962,(8).－34
20816 당의 품속에서: 한 조선족 공인이 공정사로 자라난 이야기/종윤//연변.－ 1962,(8).－28－30
20817 이 은공을 어떻게 갚을가?/리준//연변.－1962,(8).－35
20818 최 어머니의 소생/황상박//연변.－1962,(8).－35
20819 나의 과거와 현재/김시룡//연변.－1962,(9).－16－17
20820 두 차례의 상봉/박춘일; 최영철//연변.－1962,(9).－34－35
20821 박창호 부부가 한족 할아버지를 모신 이야기/리준//연변.－1962,(9).－27－29
20822 한 용마루 밑에서 사는 두 민족 가정/리길//연변.－1962,(9).－29
20823 대사하 전투의 승리:일제의 충복 리 도선 ≪토벌대≫를 섬멸한 이야 기/박춘일;어훈//연변.－1962,(10).－37－39
20824 어머니의 마음씨와 행동/용옥//연변.－1962,(10).－26
20825 착실한 살림'군:생산대 회계 김영호에 대한 이야기/호진; 상준//연변.－ 1962,(10).－12－13
20826 첫시련/채복묵 등//연변.－1962,(10).－27
20827 한족 아버지/들국화//연변.－1962,(10).－28
20828 해란강은 노래하고 장백산은 춤 춘다: 연변 조선족 자치주 성립 10주년 경축 활동 점묘/김창석 등//연변.－1962,(10).－41－48
20829 근검 일로/박정호; 황옥금//연변.－1962,(11).－25
20830 조약돌/김영금//연변.－1962,(11).－35－37
20831 한 로인의 미거/리기철//연변.－1962,(11).－14
20832 만년의 지성/강상언//연변.－1962,(12).－22
20833 영웅의 영예에는 주름 잡힐줄 모른다: 전국 군영회 대표 석 순희에 대한 이야기/황강//연변.－1962,(12).－9－10
20834 잃었던 돈/김광옥//연변.－1962,(12).－23
20835 한 소녀의 생명을 위하여/최장춘; 김동훈//연변.－1962,(12).－30
20836 농업을 지원하는 지성어린 마음: 연변 통용 기계창 직공들이 농업을 지원한 이야기/김영일; 종윤//연변.－1963,(1).－25－26
20837 집체를 열애하는 보통 사원: 로투구 공사 룡수 4대 김 병룡 사원에 대한 이야기/인태; 상준//연변.－1963,(1).－22－24
20838 리 관수 아바이에 대한 이야기/윤신숙//

연변. – 1963,(2). – 17 – 18

20839 적비 왕 / 김성 // 연변. – 1963,(2). – 11 – 12

20840 생산대의≪훌륭한 선줄'군≫류 희정 // 연변. – 1963,(3). – 8 – 15

20841 한 호사에 대한 이야기: 화룡현 의원 내'과 병동 호사– 오인숙 동무 / 강길 봉;리준 // 연변. – 1963,(4). – 24 – 25

20842 림구의 선줄'군:대석두 림업국 류승전 동무에 대한 이야기 / 윤신숙 // 연 변. – 1963,(5). – 18 – 20

20843 홍색 교사: 연변사범학교 부속 소학 교장에 대한 이야기 / 들국화 // 연변. – 1963,(7). – 28 – 32

20844 우리의 당 지부 서기:훈춘현 하다문 공사 신화 생산 대대 김 일암 동 무에 대한 이야기 / 김춘권;리상준 // 연변. – 1963,(9). – 34 – 38

20845 홍색 우체원/ 김만석;김잔우// 연변. – 1963,(10). – 44 – 47

20846 피눈물에 젖은 나의 과거 / 리종선 // 연변. – 1963,(11). – 19 – 21

20847 가난한 사람은 죽어도 묻힐 곳이 없었다 / 최무익 // 연변. – 1963,(12). –

20848 천추에 잊지 못할 원한 / 김유기 // 연변. – 1963,(12). – 19 – 20

20849 라자구 풍운록 / 김철 // 연변. – 1964,(1). – 28 – 44

20850 피눈물의 17년: 연길시 수영 공사 민흥 3 대 지 창준 로인의 가정사 / 중 공 연길 시위 삼사 편집조 // 연변. – 1964,(2). – 32 – 35

20851 봄을 앞당기는 세전'벌 사람들 / 한원국 // 연변. – 1964,(3). – 38 – 42

20852 입당 / 장화 // 지부생활. – 1964,(3). – 47 – 49

20853 쓰라린 나날: 공청단 연길 현위 선전 부장 김희호 / 동춘 등 // 연변. – 1964,(4). – 34 – 38

20854 대경의 사람들/ 원목; 범영장// 연변. – 1964,(5). – 2 – 8

20855 두 근으로부터 여섯 근으로 / 서걸 // 연변. – 1964,(6). – 18

20856 영원히 무디지 않는 보검: 대경 유전 1202 굴진대에 대한 이야기 / 풍건 // 연변. – 1964,(6). – 11 – 13

20857 자기의 일터에서/ 원목;풍건// 연변. – 1964,(6). – 13 – 14

20858 인민의 사랑을 받으며 // 연변. – 1964,(7). – 28 – 34

20859 한 당원에 대한 이야기 / 허정윤;종윤 // 연변. – 1964,(7). – 3 – 8

20860 평범한 생활 속에서:일급 전투 영웅 모국신의 생활 이야기 / 리광문 // 연 변. – 1964,(8). – 39 – 41

20861 너터재 어귀의 녀장군 / 김영금;어훈 // 연변. – 1964,(9). – 33 – 36

20862 등'불만한 불이면 될 것인데 / 진무추 // 연변. – 1964,(9). – 7

20863 학습은 곧 자아 혁명이다 / 김상렬 // 연변. – 1964,(9). – 13 – 14

20864 극복 못 할 곤난이란 없었다 / 박민국 // 연변. – 1964,(10). – 17

20865 ≪적≫과 ≪벗≫을 분별있게 대했다 / 김송필 // 연변. – 1964,(10). – 18 – 19

20866 큰 집 살림'군 / 최수봉 // 연변. – 1964,(10). – 35 – 37

20867 총:민병중대장 막명주에게 드림 / 손준연 // 민병의 벗. – 1964,(11). – 41 – 43

20868 백설을 헤치고 구원한 생명 / 화룡현 방송소 통신조 // 연변. – 1965,(1). – 27 – 31

20869 장백산기슭의 청년육종가:류창은 // 대중과학. – 1965,(1). – 24 – 26

20870 그는 힘차게 걷고 있다 / 정덕교 // 연변. – 1965,(3). – 43 – 45

20871 로빈농의 마음 / 박은 // 연변. – 1965,(4). – 36 – 38

20872 농촌에 뿌리 박고 꽃 피는 청춘 / 리상준 // 연변. – 1965,(6). – 43 – 46

20873 새기적의 창조자들을 찾아서 // 대중과학. – 1965,(12). – 11 – 12

20874 새일대의 성장을 위하여 / 리문택 등 // 연변문예. – 1974,(9). – 45 – 53

20875 ≪만년거도≫에 울리는 새 노래 / 리수길; 정몽호 // 연변문예. – 1974,(11). – 4 – 10

20876 선줄군 / 김순호 등 // 연변문예. – 1974,(12). – 18 – 26

20877 성장 / 리선근 // 연변문예. – 1974,(12). – 34 – 40

20878 한장의 감정보고서 / 김수국 // 연변문예. – 1974,(12). – 29 – 32

20879 대경참관기 / 남인순 // 연변문예. – 1975,(1). – 8 – 15

20880 락석감시공 / 리순 // 연변문예. – 1975,(1). – 22 – 27

20881 약진전고 울린다 / 김순호 // 연변문예. – 1975,(1). – 16 – 21

20882 평론가 / 우지춘 // 연변문예. – 1975,(2). – 27 – 33

20883 경각성 드높은 민병 / 손세동 // 동북민병. – 1975,(3). – 79 – 80

20884 녀대장 / 정영석 // 연변문예. – 1975,(3). – 11 – 18

20885 왕청대대문예선전대를 찾아서 // 연변문예. – 1975,(3). – 8 – 10

20886 지진앞에서 두려움 모르고 태산이 눌러도 굽어들지 않는다 / 해무; 안경 // 동북민병. – 1975,(3). – 84 – 89

20887 지진재해와 싸운 새로운 편장 / 본지통신원 // 동북민병. – 1975,(3). – 90 – 95

20888 참다운 복무일군들 / 호지민 // 연변문예. – 1975,(3). – 18 – 31

20889 령도직무를 맡은 후 / 한태운 // 연변문예. – 1975,(4). – 29 – 33

20890 붉은 숙사를 찾아서 / 김준 // 연변문예. – 1975,(4). – 24 – 28

20891 막장의 무쇠사람 / 심석종 // 연변문예. – 1975,(5). – 4 – 12

20892 무성하는 화수림 / 김동섭; 리순 / 연변문예. – 1975,(5). – 35 – 44

20893 백의전사 – 김학송 / 최현 등 // 연변문예. – 1975,(5). – 13 – 20

20894 산골에 뿌리박은 젊은이 / 양동 // 연변문예. – 1975,(6). – 3 – 9

20895 포인트감시공 / 도문철도분국 조양천공무단 업여창작조 // 연변문예. – 1975,(6). – 20 – 25

20896 굴함없는 전사 / 김진 // 연변문예. – 1975,(7). – 26 – 34

20897 매대를 지켜선 초병 / 남주길 // 연변문예. – 1975,(7). – 35 – 41

20898 만난을 박차고 지진과 싸우며 전적으로 인민을 위해 복무 // 동북민병. – 1975,(8). – 7 – 16

20899 어떤 사건일가? / 허정숙 // 연변문예. – 1975,(8). – 18 – 22

20900 광동의 새 우공들 / 김대현 // 연변문예. – 1975,(9). – 36 – 43

20901 외과의사 / 김룡길 // 연변문예. – 1975,(9). – 20 – 27

20902 무명영웅 / 김동식 // 연변문예. – 1975,(10). – 14 – 20

20903 하나의 목표를 위햐여 / 장희; 최건 // 연변문예. – 1975,(10). – 21 – 29

20904 멜대정신 빛난다 / 리순; 김동섭 // 연변문예. – 1975,(12). – 4 – 12

20905 웅위로운 철탑 / 손동생; 김의천 // 연변문예. – 1975,(12). – 40 – 45

20906 석산에 휘날리는 붉은기 / 최문섭 // 연변문예. – 1976,(1). – 13 – 19

20907 교육혁명의 찬가 / 리수길 // 연변문예. – 1976,(2). – 20 – 29

20908 제1선의 후근부: 훈춘현 생산자료공사를 찾아서 / 조월현 // 연변문예. – 1976,(2). – 34 – 40

20909 공농병을 위한 길에서 / 김길련 // 연변문예. – 1976,(3). – 38 – 41

20910 교육혁명전가: 새일대는 자란다 / 대현; 연문 // 연변문예. – 1976,(3). – 3 – 8

20911 양돈장의 녀주인 / 창파 // 연변문예. – 1976,(3).

－26－33

20912 나젊은 당위서기 / 황태랑 // 연변문예. －1976,(4). －20－26

20913 농업기계화를 다그치는 사람들 / 리순;홍범 // 연변문예. －1976,(5). －26－32

20914 결렬의 길에서 / 김룡길 // 연변문예. －1976,(6). －24－30

20915 퇴색하지 않는 붉은기:리범희동지에 대한 이야기 / 윤정철 // 연변문예. －1976,(6). －31－37

20916 교정에 봄빛 무르녹는다: 화룡현 덕화공사 남평소학교를 찾아서 / 리송자 등 // 연변문예. －1976,(7). －31－37

20917 당의 문예전사들:연변화극단에 대한 이야기 / 서철원 // 연변문예. －1976,(7). －26－30

20918 산매: 공산당원 최영복과 그의 방영대원들 / 김응룡;허봉남 // 연변문예. －1976,(7). －13－19

20919 푸르른 논벌에서 / 윤정철 // 연변문예. －1976,(7). －38－44

20920 희망찬 길: 도문시 홍광공사 송림대대 기계화측기 / 리성권;김창봉 // 연변문예. －1976,(7). －20－25

20921 모주석의 손길따라:송애민에 대한 이야기 // 연변문예. －1976,(8). －12－16

20922 친형제 / 채미화 // 연변문예. －1976,(9). －18－24

20923 꽃피는 과원 / 김룡길 // 연변문예. －1976,(10). －21－31

20924 서대교의 건설자들 / 서철원 // 연변문예. －1976,(10). －14－20

20925 행복한 나날을 회억하면서 / 리록순 // 연변문예. －1976,(11). －22－24

20926 약동하는 거리 / 리선희 // 연변문예. －1976,(12). －29－34

20927 증산열조 드높이: 연길시 기계공구제조공장을 찾아서 / 김룡덕 // 연변문예. －1976,(12). －24－28

20928 병풍산에 전고 울린다 / 남주길 // 연변문예. －1977,(1). －30－37

20929 보루 / 임오 // 연변문예. －1977,(1). －58－61

20930 운수선의 새노래 / 윤명철 // 연변문예. －1977,(1). －38－43

20931 대경유전에 남긴 주총리의 발자취 / 리지발 // 연변문예. －1977,(2). －40－48

20932 륙도하반의 랑자군련 / 김동식 // 연변문예. －1977,(2). －59－66

20933 장백산아래의 문예경기병: 화룡현문공단을 찾아서 // 연변문예. －1977,(2). －84－87

20934 하늘땅과 싸우는 사람들 / 황태랑 등 // 연변문예. －1977,(2). －53－58

20935 뢰봉식주임 / 강장희 // 연변문예. －1977,(3). －7－11

20936 뢰봉의 이야기 // 연변문예. －1977,(3). －4－6

20937 새로운 장정 / 최문섭 // 연변문예. －1977,(3). －48－54

20938 왕무쇠의 이야기 // 연변문예. －1977,(4). －6－8

20939 모주석 밝혀주신 빛나는 길을 따라:연변가무단이 걸어온 길을 두고 // 연변문예. －1977,(5). －17－19

20940 변강의 녀무쇠 / 서철원 // 연변문예. －1977,(5). －27－31

20941 인쇄공의 자랑 / 최웅 // 연변문예. －1977,(5). －6－7

20942 청수골의 맨발의사 / 김룡길 // 연변문예. －1977,(6). －10－16

20943 혁명보서를 받아안고서 / 김학 // 연변문예. －1977,(6). －3－5

20944 구수하는 노래한다 / 차중남 // 연변문예. －1977,(7). －21－25

20945 록순할머니 / 김동식 // 연변문예. －1977,(7). －33－38

20946 사과꽃 필 때 / 김룡길 // 연변문예. －1977,(7). －15－21

20947 180만키로메터 / 윤명철 // 연변문예. －1977,(7). －43－49

20948 위대한 진군의 앞장에서 / 최균선 // 연변문예. - 1977,(7). - 9 - 15
20949 대경을 따라배우는 길에서 / 정문준 // 연변문예. - 1977,(8). - 42 - 44
20950 눈부신 해발아래 / 정영석 // 연변문예. - 1977,(9). - 59 - 63
20951 붉은 싹 / 전명길 // 연변문예. - 1977,(10). - 57 - 62
20952 고개길 / 최원태;전성호 // 연변문예. - 1977,(12). - 10 - 16
20953 정률성동지를 추모하여 / 서락몽 // 연변문예. - 1977,(12). - 59 - 61
20954 조국의 머나먼 해남도에서 / 서철원 // 연변문예. - 1977,(12). - 3 - 10
20955 한 원예가의 청춘 / 안창욱 // 연변문예. - 1977,(12). - 17 - 21
20956 그처럼 소박하신 분 / 김길련 // 연변문예. - 1978,(1). - 10 - 12
20957 인삼아바이 / 박철 // 연변문예. - 1978,(1). - 44 - 51
20958 ≪활성탄≫ / 리동규 // 연변문예. - 1978,(1). - 32 - 38
20959 혈육 / 리종훈 // 연변문예. - 1978,(2). - 36 - 41
20960 들끓는 막장에서 / 허하룡 // 연변문예. - 1978,(3). - 26 - 31
20961 탐구의 길 / 리상기 // 연변문예. - 1978,(3). - 18 - 25
20962 혁신의 길에서 / 심석종 // 연변문예. - 1978,(5). - 38 - 40
20963 봄빛 넘치는 마을:심양시 만융대대를 찾아서 / 최상철 // 연변문예. - 1978,(6). - 37 - 43
20964 충성의 한길에서 / 김대현 // 연변문예. - 1978,(6). - 14 - 18
20965 무지개 비낀 과원 / 김응 // 연변문예. - 1978,(7). - 36 - 38
20966 백두산기행 / 서국평 // 연변문예. - 1978,(7). - 29 - 31
20967 청송은 영원히 푸르리:주덕해동지에 대한 이야기 / 류가방;성배덕 // 연변문예. - 1978,(8). - 4 - 9
20968 ≪박장군≫ / 곽근순 // 연변문예. - 1978,(9). - 40 - 44
20969 해란강벌에 울리는 종소리 / 최균선 // 연변문예. - 1978,(12). - 43 - 46
20970 나래 펼친 아라디 / 본지기자 // 연변문예. - 1979,(1). - 26 - 31
20971 다시 찾은 사진 / 조성희 // 연변문예. - 1979,(1). - 32 - 34
20972 자연의 대문을 열어가는 사람 / 김응 // 연변문예. - 1979,(3). - 19 - 26
20973 넘겨받은 사진 / 서철원 // 연변문예. - 1979,(5). - 29 - 32
20974 열정적인 교육가이며 시인인 현남극선생을 추모하여 / 정판룡; 김병수 // 연변문예. - 1979,(5). - 56 - 58
20975 원예사 / 리준;김호 // 연변문예. - 1979,(6). - 36 - 41
20976 레자에 대한 이야기 / 전홍림 // 대중과학. - 1979,(12). - 10 - 11
20977 계몽선에 깃든 꿈:고급교원 신현명의 길 / 원시희 // 도라지. - 1980,(1). - 34 - 39
20978 고민과 절망속에서 깨여나다:청춘기를 회상하여 / 양말 // 청년생활. - 1980,(1). - 43 - 45
20979 공동의 리상 진지한 애정:큐리와 큐리부인에 대한 토막이야기 / 고연배 // 청년생활. - 1980,(1). - 56 - 57
20980 범죄자의 뉘우침 / 려지 // 청년생활. - 1980,(2). - 45 - 47
20981 서어머니가 몽강성에 들어간 이야기 / 류전상 수집정리 // 장백산. - 1980,(2). - 35 - 41
20982 성음의 예술:장춘영화촬영소 록음직장 방문기 / 조춘강 // 장백산. - 1980,(2). - 138 - 140
20983 중국대지에 뿌리를 박고:중국에서 30년을 보내온 두 미국벗 / 주지염 // 청년생활. - 1980,(2). - 38 - 43

20984 철부지로부터 건장으로:공청단원이며 전국 새장정돌격수인 공미옥에 대한 이야기 / 리흥국 // 청년생활. – 1980,(2). – 96 – 98

20985 필시동지와 함께 생활하고 싸우던 보람찬 나날에 / 진종영 // 청년생활. – 1980,(2). – 11 – 15

20986 흰구름 피는 땅 / 리준 // 연변문예. – 1980,(2). – 30 – 33

20987 교육사업에 충성하는 붉은 마음 / 전인룡 // 연변교육. – 1980,(3). – 56

20988 맡은바 사업을 사랑하는 교원:배성덕교원에 대한 이야기 / 김옥인 // 연변교육. – 1980,(3). – 57

20989 어촌의 ≪아홉번째 집≫ / 락목 // 동북민병. – 1980,(3). – 24 – 29

20990 원예사의 정성으로: 현 우수교원 라어금에 대한 토막이야기 / 원창권 // 연변교육. – 1980,(3). – 58

20991 충성의 한길에서 / 윤태호 // 연변교육. – 1980,(3). – 2 – 6

20992 꼬마정찰영웅 곽적해 // 소년아동. – 1980,(4). – 3 – 8

20993 뜨락또르에 깃든 이야기 / 박송림 // 동북민병. – 1980,(4). – 45 – 46

20994 문명의 꽃 / 손창림 // 연변교육. – 1980,(4). – 54 – 55

20995 예리한 눈길 / 김만창 // 동북민병. – 1980,(4). – 42 – 43

20996 피의 교훈: 기보생의 죽음 / 정유의 // 동북민병. – 1980,(4). – 18 – 20

20997 한 간호원의 후반생 // 대중과학. – 1980,(4). – 39 – 41

20998 당의 교육사업에 이 한몸 다 바치리 / 류미옥 // 연변교육. – 1980,(5). – 10 – 11

20999 민족단결의 꽃 / 임창길 // 연변교육. – 1980,(5). – 8 – 9

21000 여생에 더욱 큰 공헌을 하겠다 / 마준유 // 연변교육. – 1980,(5). – 11 – 12

21001 회고와 결의 / 리추자 // 연변교육. – 1980,(5). – 12

21002 곤명의 봄 / 한수동 // 연변문예. – 1980,(6). – 47 – 49

21003 아스마의 고향을 찾아서 / 김해연 // 연변문예. – 1980,(6). – 44 – 46

21004 잊을수 없는 회억 / 장지명 // 연변문예. – 1980,(6). – 28 – 33

21005 한평생 잊을수 없는 날 / 장덕언 // 동북민병. – 1980,(7). – 12 – 13

21006 잊을수 없는 교시 / 훤명사 // 소년아동. – 1980,(8). – 3 – 9

21007 주강삼각주의 바다가에서 / 김순기 // 연변문예. – 1980,(8). – 16 – 20

21008 학문을 닦기가 어려우랴!: 강명춘교원에 대한 이야기 // 연변교육. – 1980,(8). – 9

21009 스웨덴학자 조승복교수를 찾아서 / 최상철 // 연변문예. – 1980,(9). – 21 – 23

21010 아름답게 엮어가는 민족단결의 노래 / 남일성 // 연변교육. – 1980,(9). – 7 – 9

21011 영웅어머니 / 김운룡 // 연변문예. – 1980,(9). – 41 – 47

21012 다함없는 충성 / 허정근 // 연변교육. – 1980,(10). – 9 – 13

21013 아버지를 추모하여 / 류애금 // 지부생활. – 1980,(10). – 29 – 33

21014 성스러운 직책을 지켜: 화룡현 투도제2중학교 교장 윤승오동무에 대한 이야기 / 김성주 // 연변교육. – 1980,(11). – 14

21015 소골령의 이름난 사냥군을 찾아서 / 유학림 // 대중과학. – 1980,(12). – 30 – 31

21016 대학시험에서 1등한 사람을 찾아서 / 릉계요 // 청년생활. – 1981,(1). – 13 – 15

21017 모든것은 쉽게 오지 않았다 / 김진석 // 청년생활. – 1981,(1). – 43 – 44

21018 새해벽두에 드리는 인사: 연변의 부분적 농학자들과의 이야기 / 김영근 // 대중과학. – 1981,(1). – 2 – 3.7

21019 중앙공격수의 혼례:롱구명수 목철주가 련애한 이야기 / 부붕 // 청년생활. − 1981,(1). − 35 − 36

21020 ≪해하≫의 기대 / 포진하 // 동북민병. − 1981,(1). − 20 − 23

21021 리상과 사랑 / 문창남 // 청년생활. − 1981,(2). − 12 − 16

21022 ≪리향양≫이 민병유격대를 담론 / 리중서 등 // 동북민병. − 1981,(3). − 37 − 40

21023 연변연극단이 걸어온 길 / 김창길 수집정리 // 문학예술연구. − 1981,(3). − 52 − 64

21024 참된 삶의 노래: 모범공청단원 리명학에 대한 이야기 / 황학룡; 리광평 // 청년생활. − 1981,(3). − 7 − 11

21025 알카리땅에 피여난 진달래꽃: 영구현 수원공사 신광대대를 찾아서 / 허경룡 // 연변문예. − 1981,(6). − 39 − 43

21026 행복한 회억,빛나는 정신 / 양남안 등 // 동북민병. − 1981,(7). − 15 − 19

21027 가야하반에 피여난 문화의 꽃송이 / 윤태호 // 연변교육. − 1981,(8). − 57 − 59

21028 오대련지약수터 / 김주식 // 대중과학. − 1981,(8). − 18 − 19

21029 음악가의 일생 / 한창희 // 연변문예. − 1981,(8). − 3 − 12

21030 문명의 꽃 피여나는 배움의 요람 / 허정근 // 연변교육. − 1981,(9). − 3 − 7

21031 ≪영화황제≫김염을 찾아서 / 황장석 // 연변문예. − 1981,(9). − 21 − 26

21032 활짝 피라, 망거초원의 붉은 나리여 / 리중서 등 // 동북민병. − 1981,(9). − 12 − 15

21033 작곡가 유덕수 / 김운 // 연변문예. − 1981,(10). − 32 − 33

21034 그를 능력이 없다고 할수 있는가? / 학춘 등 // 동북민병. − 1981,(12). − 19 − 22

21035 나라의 기둥감을 키우는 중책을 떠메고 / 서청룡 // 연변교육. − 1981,(12). − 15

21036 농촌에서 빛뿌리는 청춘 / 호헌무;리춘복 // 동북민병. − 1981,(15). − 25 − 26

21037 아,오동꽃 / 소영강 // 동북민병. − 1981,(15). − 31 − 33

21038 영용하고 슬기롭게 범죄자와 싸운 전직무장간부:김강 / 관련혜 // 동북민병. − 1981,(18). − 42 − 43

21039 영광은 이런 사람들에게 속한다 / 호헌무 // 동북민병. − 1981,(23 − 24). − 6 − 10

21040 고목에도 꽃이 핍니다 / 샘물 // 대중문예. − 1982,(1). − 66 − 70

21041 당위서기와 총공정사 // 지부생활. − 1982,(1). − 43 − 48

21042 실종된 신부 / 방룡주 // 청년생활. − 1982,(1). − 18 − 20

21043 진짜와 가짜 / 진사익 // 장백산. − 1982,(1). − 52 − 56

21044 참된 사랑의 힘 / 김원범; 김환 // 청년생활. − 1982,(1). − 14 − 17

21045 그이는 또다시 일어섰다 / 리백설 // 연변문예. − 1982,(2). − 33 − 36

21046 날아온 신부 / 로경복 // 장백산. − 1982,(2). − 50 − 52

21047 서어머니가 미시가루를 나른 이야기 / 류전상 정리 // 장백산. − 1982,(2). − 47 − 49

21048 연변가무단이 걸어온 길 / 박장수 수집정리 // 문학예술연구. − 1982,(2). − 45 − 64

21049 무기관리를 중시하는 지도일군 / 박승덕 // 동북민병. − 1982,(3). − 41 − 42

21050 서산의 봄 / 황지영 // 연변문예. − 1982,(3). − 26 − 30

21051 섬나라에서 / 문창남 // 청년생활. − 1982,(4). − 18 − 22

21052 그는 집체에 마음을 두었다 / 림배영 등 // 동북민병. − 1982,(6). − 10 − 15

21053 불같은 청춘 눈같은 품성 / 오명지 등 // 동북민병. − 1982,(6). − 4 − 9

21054 세계배구의 고봉으로 오르는 길에서 / 공원제 // 청년생활. − 1982,(6). − 3 − 5

21055 ≪좀벌레≫를 잡아낸 젊은이 / 황파 // 청년
생활. - 1982,(6). - 6 - 11

21056 청년들의 심령을 계발하는 사람: 북경사범
학원 중국언어문학학부강사 리연결에 대한 이
야기 // 연변교육. - 1982,(6). - 11 - 15

21057 ≪림해설원≫으로부터 온 사람 / 장수림 등
// 동북민병. - 1982,(7). - 17 - 20

21058 ≪샘물≫은 솟구친다: 화룡현 제2중학교
조선어문조를 찾아서 / 한영군; 장금손 // 연변교
육. - 1982,(7). - 63 - 64

21059 성스러운 일터 드높은 봉사성 / 조경숙 //
지부생활. - 1982,(7). - 23 - 26

21060 삶의 노래:한 불구자와 그의 안해에 대
한 이야기 / 주현남 // 은하수. - 1982,(8). - 9 - 18

21061 당의 해빛아래 륭성발전하는 변강공사들
// 지부생활. - 1982,(9). - 46 - 49

21062 저명한 종양전문가 김현택교수 // 대중과학.
- 1982,(9). - 2 - 5

21063 참된 안해 / 조성희 // 연변문예. - 1982,(9). -
16 - 19

21064 탐구의 길 / 가소형; 뢰조록 // 연변문예. -
1982,(9). - 5 - 11

21065 해란강반에 울리는 민족단결의 노래 / 손
창림;마문룡 // 연변교육. - 1982,(9). - 22 - 24

21066 혈육 / 김성수 // 연변문예. - 1982,(9). - 12 - 15

21067 아름다운 청춘 / 정사 // 지부생활. - 1982,(10).
- 41 - 43

21068 역경속에서 성장한 박사 / 기숙영; 문은수
// 은하수. - 1982,(10). - 40 - 44

21069 진종혜와 만권서의 사랑 / 장동현 작;금필
역 // 연변문예. - 1982,(10). - 58 - 63

21070 리부장에 대한 토막이야기 / 조충화 등 //
동북민병. - 1982,(11). - 29 - 32

21071 빈곤호를 위해 공장을 꾸린 두지국 / 옥
림 등 // 동북민병. - 1987,(11). - 38

21072 사랑의 권리: 림창송과 원련숙의 혼사이
야기 / 김수국 // 연변문예. - 1982,(11). - 46 - 55

21073 영웅적행동은 어디에 기초했는가? / 탕보

화;장춘우 // 동북민병. - 1982,(11). - 25 - 28

21074 푸른 꿈 / 홍호 // 은하수. - 1982,(11). - 44 - 51

21075 과학연구에서의 용감한 첫시험 / 성조굉 //
은하수. - 1982,(12). - 50 - 52

21076 립성련장이여, 그대는 무엇을 위해서? /
설선련 등 // 동북민병. - 1982,(14). - 2 - 6

21077 날라리가 바른길에 들어서다 / 예음송;장
광지 // 동북민병. - 1982,(15). - 41 - 42

21078 ≪류교아≫의 연분 / 왕충구;상내역 // 동북
민병. - 1982,(15). - 18 - 21

21079 공산주의정신이 빛발치는 발자취 / 해연 등
// 동북민병. - 1982,(21). - 2 - 10

21080 청운하기슭의 한그루 버드나무 / 왕만도 등
// 동북민병. - 1982,(23). - 13 - 14

21081 마이산의 ≪범≫ / 두진영 // 동북민병 - 1982,(24).
- 19 - 22

21082 헌신적으로 사업하는 사람:왕수인 / 왕학
의 등 // 동북민병. - 1982,(24). - 23 - 24

21083 어린 시인 리하 / 한화 // 송화강. - 1983,(1).
- 50

21084 개척자의 노래 // 동북민병. - 1983,(2). - 9 - 21

21085 고통속에 의지는 굳어져:한 과외작가에
게 / 김순호 // 송화강. - 1983,(2). - 60 - 62

21086 배움의 찬가 / 리흥국 // 청년생활. - 1983,(2).
- 14 - 20

21087 일편단심 / 윤봉분 // 지부생활. - 1983,(2). -
44 - 47

21088 재간둥이 아가씨 / 손인규 // 장백산. - 1983,(2).
- 82 - 86

21089 조선족화가 한탁연동지를 회상하여 / 상
서홍 // 문학예술연구. - 1983,(2). - 70 - 72

21090 복현에 핀 한떨기의 진달래 / 송진하 // 조
선어 학습과 연구. - 1983,(3). - 16

21091 셋째며느리 / 정덕교 // 연변문예. - 1983,(3).
- 25 - 27

21092 초중졸업생이 공정사로 // 대중과학. - 1983,(3).
- 3 - 5

21093 변함없는 사랑 / 김원범 // 청년생활. - 1983,(4).

－5－9
21094 한 녀성이 부른 노래 / 정기수;김순호 // 송화강.－1983,(4).－50－54
21095 그들이 걸어야 할 길:신흥대대를 찾아서 / 허경룡 // 연변문예.－1983,(5).－54－56
21096 승덕의 여름: 피서산장을 찾아서 / 김호근 // 송화강.－1983,(5).－51－53
21097 천지개벽한 곳에서: 오대련지기행수기 / 박태진 // 은하수.－1983,(5).－63－65
21098 내가 본 일본:도꾜방문기 / 허광일 // 은하수.－1983,(6).－53－64
21099 무장사업에 모를 박은 ≪로기준병≫ / 칙국 등 // 동북민병.－1983,(6).－14－17
21100 작가의 안해 / 범일송 // 은하수.－1983,(6).－6－8
21101 티끌만치도 사심없는 ≪멍청이부장≫ / 장조 등 // 동북민병.－1983,(6).－10－13
21102 한 심령의 소생 / 왕극;두장복 // 동북민병.－1983,(6).－2－7
21103 구사일생 / 리룡신 // 대중과학.－1983,(7).－44－47
21104 돌우에 핀 꽃 / 김양금 // 연변문예.－1983,(7).－32－39
21105 앞장서서 으뜸을 쟁취 / 조락당 등 // 동북민병.－1983,(7).－15－16
21106 장해적의 입당기 / 왕숭선 // 지부생활.－1983,(7).－13－14
21107 방천에 핀 군민친선의 꽃 / 박기덕 // 지부생활.－1983,(8).－21－22
21108 삶의 참된 거울:장해적의 사적을 학습하고서 / 리진숙 // 연변교육.－1983,(8).－61－62
21109 ≪연변예술극장≫참관 / 최금자 // 연변교육.－1983,(8).－62－63
21110 장해적을 본받아 참된 삶의 길을 따라 나가도록:연길시제3중학교에서 / 리송수 // 연변교육.－1983,(8).－5－6
21111 진정 / 리웅 // 연변문예.－1983,(8).－49－51
21112 ≪화자량≫탈주기 / 감공백 // 지부생활.－1983,(8).－45－48
21113 그들은 시비앞에서 눈을 밝게 뜬다 / 강덕발 등 // 동북민병.－1983,(9).－28－31
21114 모자간의 사랑 / 윤용수 // 연변문예.－1983,(9).－42－48
21115 봄볕처럼 언 마음을 녹여준다 / 왕극 등 // 동북민병.－1983,(9).－25－29
21116 앞장서서 본보기를 보여주는 지휘원 / 리시수 등 // 동북민병.－1983,(9).－23－24
21117 고향의 민들레 / 황천 // 지부생활.－1983,(10).－37－38
21118 진취심이 강한 처녀 / 류검영 // 동북민병.－1983,(10).－14－15
21119 ≪농업과학연구에 반한 사람≫ / 학지국 // 동북민병.－1983,(11).－17－18
21120 신농공사민병들이 엮은 토막이야기 / 김광일 // 동북민병.－1983,(11).－31－33
21121 진≪사령≫ / 두지민 // 지부생활.－1983,(11).－56－58
21122 함박꽃처녀 / 장문 // 연변문예.－1983,(11).－51－56
21123 그는 기능을 배워가지고 고향에 돌아왔다 / 홍도 등 // 동북민병.－1983,(12).－26－27
21124 농기계전람회 참관기 / 김룡호 // 대중과학.－1983,(12).－8－10
21125 ≪비단의 통로≫를 따라:돈황유람기 / 량오진 // 연변문예.－1983,(12).－56－59
21126 사람을 소생시키는 사업 / 진조분 // 지부생활.－1983,(12).－58－63
21127 조국.어머니.본보기 / 화성 // 지부생활.－1983,(12).－54
21128 총 한자루 / 리곡성 // 지부생활.－1983,(12).－55－57
21129 강철도시의 첫 녀민병교련원 주법 // 동북민병.－1983,(13－14).－24－26
21130 남의 일도 제 일처럼 / 리현당 등 // 동북민병.－1983,(13－14).－28－31
21131 파카산방문기 / 봉양;손한소 // 동북민병.－

1983,(13－14).－16
21132 알심을 들인 보람/정의;임귀//동북민병.－1983,(15).－25－26
21133 ≪온돌교실≫(외1편)/한명발 등//동북민병.－1983,(15).－23－24
21134 진동을 받은 마음/류지청 등//동북민병.－1983,(15).－2－4
21135 무장부장의 심사/호현무//동북민병－1983,(16).－2－9
21136 수리개 창공을 련모하듯/수군;림빈//동북민병.－1983,(16).－30－34
21137 장해적을 따라배워 참된 인생의 길을 걷는다/곽명준; 관련혜//동북민병.－1983,(18).－22－25
21138 주인공의 마음의 노래/림배영//동북민병.－1983,(18).－17－22
21139 사업을 첫자리에 놓는 믿음직한 무장간부/리재익//동북민병.－1983,(19).－39－40
21140 ≪아버지≫/리광무; 왕극//동북민병－1983,(19).－21－25
21141 직장의 참다운 주인들/송호석//동북민병.－1983,(19).－40－42
21142 하수도에 들어가 나라재산을 구원/박동천//동북민병.－1983,(19).－42
21143 경찰복을 입지 않은 보위자/란사현 등//동북민병－1983,(20).－2－12
21144 당년의 그 솜씨로/고수해;리위국//동북민병.－1983,(21).－11－14
21145 산지도:류숙화/권동광//동북민병.－1983,(21).－25－26
21146 한 렬사어머니의 기쁨과 위안/왕백록 등//동북민병.－1983,(21).－2－6
21147 혼자서 살인범을 사로잡다/성국량 등//동북민병.－1983,(21).－24－25
21148 가을날의 감회/류지//동북민병.－1983,(22).－28－30
21149 고운 마음씨/곽안;소무//동북민병.－1983,(23).－16－19
21150 꼭 성과를 따내고야 마는 사람/오혜민//동북민병.－1983,(23).－14－15
21151 사원들에게 복을 마련해 주는 사람/오영;리금석//동북민병.－1983,(23).－39－40
21152 한 민병의 ≪로동보수≫/박만식//동북민병.－1983,(23).－38－39
21153 훈련개혁을 탐색하여 성과가 돌출하기에 기준병으로 되였다/시수 등//동북민병.－1983,(23).－26－27
21154 과감히 투쟁하는 훌륭한 민병:양덕상/류효광 등//동북민병.－1983,(24).－22－23
21155 추석날의 둥근 달/림배영//동북민병.－1983,(24).－9－18
21156 귀양기행/리상각//청년생활.－1984,(1).－48－51
21157 그는 꽃속에서 웃었다/가웅도//송화강.－1984,(1).－42－51
21158 ≪단결일보≫/백구령//장백산.－1984,(1).－124－126
21159 당비/김봉조//장백산.－1984,(1).－121－123
21160 뭇사람들이 즐겁게 명절을 쇨 때/관세무//동북민병.－1984,(1).－24－26
21161 삼문리 뉴스/교매//은하수.－1984,(1).－17－27
21162 생활과≪혜안≫/김민호//장백산.－1984,(1).－223－224
21163 생활이 피여날수록 나라일을 잊지 않는다/조장림//동북민병.－1984,(1).－21－23
21164 양계처녀의 흉금/경덕재 등//동북민병.－1984,(1).－19－20
21165 애청, 현대중국의 대시인/한창희//장백산.－1984,(1).－102－104
21166 외국에 가있는 진충/언위//연변녀성.－1984,(1).－30－31
21167 인간의 정신적미에 대한 송가: 연변 룡정현예술단 울란무치식공연대를 찬양하여/호대덕//문학예술연구.－1984,(1).－44－46

21168 인민의 보위자들 / 하보창 // 동북민병. − 1984,(1). − 2 − 8

21169 일본 도쿄견문 / 서명훈 // 송화강. − 1984,(1). − 52 − 56

21170 축구장에 나선 연변처녀들 / 김수국;윤효식 // 연변녀성. − 1984,(1). − 48 − 50

21171 큰집 맏며느리 / 김양금 // 연변녀성. − 1984,(1). − 16 − 18

21172 한 남편의 빠져린 참회 / 신현식;오순옥 // 연변녀성. − 1984,(1). − 34 − 35

21173 향항에서의 심취 / 호사승 // 연변녀성. − 1984,(1). − 38 − 41

21174 그 녀자의 운명 / 박문일 // 연변녀성. − 1984,(2). − 46 − 49

21175 기적을 쌓은 젊은이 // 대중과학. − 1984,(2). − 34 − 35

21176 녀호걸 / 한뢰 // 연변녀성. − 1984,(2). − 28 − 30

21177 대리의 서정 / 위작장 // 장백산. − 1984,(2). − 113 − 115

21178 레루우에서 울린 총소리 / 림진화 // 청년생활. − 1984,(2). − 48 − 51

21179 려산 진면목 / 김형직 // 장백산. − 1984,(2). − 105 − 108

21180 마을녀성들의 ≪친정어머니≫ // 연변녀성. − 1984,(2). − 7 − 9

21181 백두산천지를 찾아 / 마라친부 // 장백산. − 1984,(2). − 95 − 97

21182 백두성산을 다시 찾아 / 김철 // 장백산. − 1984,(2). − 98 − 104

21183 삶의 선률 / 최문섭 // 청년생활. − 1984,(2). − 5 − 10

21184 새 삶을 찾은 젊은이:우편통신원 박해룡에 대한 이야기 / 전재익 // 청년생활. − 1984,(2). − 11 − 14

21185 황과수폭포하상 / 마려 // 장백산. − 1984,(2). − 109 − 112

21186 김수철동지를 그리며 / 김내상 // 장백산. − 1984,(3). − 180 − 181

21187 김수철동지를 추모하여 / 남영전 // 장백산. − 1984,(3). − 177 − 179

21188 물노래 / 김범룡;전유성 // 동북민병. − 1984,(3). − 37 − 39

21189 새로 맡은 담임교원 / 설봉 // 연변녀성. − 1984,(3). − 13 − 16

21190 신숙의 드넓은 도량 / 소평 // 연변녀성. − 1984,(3). − 34 − 36

21191 용감한 소녀: 김소숙 / 리연록 // 연변녀성. − 1984,(3). − 4 − 6

21192 웃음 절로 춤도 절로 / 김국 // 도라지. − 1984,(3). − 75 − 76

21193 잊을수 없는 개간 / 우란각 구술 // 송화강. − 1984,(3). − 38 − 41

21194 청년호수가의 녀보위자 / 왕강휘 // 동북민병. − 1984,(3). − 17 − 24

21195 감옥에서 올린 결혼식 / 류소평;진모제 // 연변녀성. − 1984,(4). − 40 − 42

21196 명사수:리명자 / 조택룡 // 연변녀성. − 1984,(4). − 49 − 51

21197 불타는 심장을 다 바치여 / 조상여 // 연변녀성. − 1984,(4). − 12 − 16

21198 ≪아마니≫:연변연극단 배우 전정자에 대한 이야기 / 최봉석 // 연변녀성. − 1984,(4). − 57 − 59

21199 영웅의 나라 조선을 세번 찾아서 / 목청 // 청년생활. − 1984,(4). − 19 − 22

21200 중화를 위하여 / 금산;비수 // 장백산. − 1984,(4). − 85 − 101

21201 진지한 사랑 / 련해 // 연변녀성. − 1984,(4). − 5 − 9

21202 천고만난을 이겨낸 녀걸 / 소복흥 // 청년생활. − 1984,(4). − 35 − 43

21203 ≪천당≫에서 울려온 만가 / 양천복;왕연생 // 은하수. − 1984,(4 − 5). − 48 − 50

21204 한 처녀의 크낙한 포부 / 응향주;석룡 // 연변녀성. − 1984,(4). − 10 − 11

21205 현명한 결책,다감한 사랑 / 최덕은 // 장백

산.－1984,(4).－214－218
21206 그 처녀가 꾸리는 소매점 / 매백 // 연변녀성.－1984,(5).－18－19
21207 곽수환이 전국 농촌과학학습도입청년기준병으로 되였다 / 장봉양;류온종 // 동북민병.－1984,(5).－23－24
21208 녀공장장 / 김수국 // 연변녀성.－1984,(5).－3－7
21209 반짝이는 붉은 별 / 풍계휘 등 // 동북민병.－1984,(5).－2－8
21210 범의 굴을 뛰쳐나와 / 최명세 // 연변문예－1984,(5).－62－64
21211 악마가 조작한 전쟁 / 류아주 // 송화강.－1984,(5).－38－43
21212 재치있는 솜씨로 명성을 떨쳤다 / 임방문 등 // 동북민병.－1984,(5).－21－22
21213 《전형을 잘 틀어쥐는》최부장 / 왕계청 // 동북민병.－1984,(5).－38
21214 참된 삶:남을 구하기 위해 목숨바친 박일수청년의 사적 / 김장혁 // 청년생활.－1984,(5).－17－20
21215 그가 걸어온 길:연변대학 부교수 리증숙선생에 대한 이야기 / 박창윤 // 연변녀성.－1984,(6).－3－7
21216 때늦게 발표하는 보도묶음(7편) / 변영해 등 // 동북민병.－1984,(6).－17－23
21217 려객을 친인처럼 대하는 사람 / 강립파 // 동북민병.－1984,(6).－26－27
21218 부모가 리혼한 후에 내가 겪은 곤난 // 연변녀성.－1984,(6).－23－24
21219 삶의 가치:화룡진 미용미장원 김영에 대한 이야기 / 리강 // 연변녀성.－1984,(6).－28－31
21220 위덕이 엄마 / 김학철 // 연변녀성.－1984,(6).－51－52
21221 빛나라,중화의 얼이여! // 대중과학.－1984,(7).－20－22
21222 애도의 눈물 / 왕길 등 // 동북민병.－1984,(7).－2－9
21223 창무요새공격전을 회상하여 / 조선순 // 동북민병.－1984,(7).－27－33
21224 한 쵸로의 물 / 강장희 // 연변문예.－1984,(7).－47－52
21225 감격 / 황지영 // 연변문예.－1984,(8).－8－10
21226 금열쇠로 치부의 문을 연 사람 / 학지국 // 동북민병.－1984,(8).－25－26
21227 다함없는 행복:연변에 시찰오신 호요방동지를 모시고 / 김동기 // 연변문예.－1984,(8).－2－7
21228 불량자의 비수를 맞받아 / 류온평;정지기 // 동북민병.－1984,(8).－6－9
21229 슬기롭게 《말장사》를 붙잡다 / 정체탁;양광 // 동북민병.－1984,(8).－20－21
21230 시간은 금전이고 효률은 생명이다:심수경제특별구를 찾아서 / 안병균 // 은하수.－1984,(8).－48－52
21231 왕려군과 임정고 잔치를 하고 둘다 로무능수로 되였다 / 곽안 // 동북민병.－1984,(8).－2－3
21232 황식성이 민병패장네 집에 손님으로 갔다 / 반련지; 하려명 // 동북민병.－1984,(8).－4－5
21233 기간민병 동희하 1년동안에 다섯번 《꽃》을 달다 / 류시; 왕부 // 동북민병.－1984,(9).－9－10
21234 념원 / 리성 // 연변문예.－1984,(9).－40－47
21235 일떠선 농민들 / 모숭광 // 은하수.－1984,(9).－23－35
21236 조직의 신임은 나의 진취심을 불러일으켰다 / 류온평 // 동북민병.－1984,(9).－34－37
21237 청명날의 보슬비 / 류지 // 동북민병.－1984,(9).－11－20
21238 굳센 신념 / 박문일 // 은하수.－1984,(10).－45－49
21239 뢰봉학습기준병:정홍군 / 왕천승 // 동북민병.－1984,(10).－20－25
21240 모아산기슭의 《령지》 / 손약민;왕한생 // 동북민병.－1984,(10).－18－19

21241 무장간사 송경권이 향장으로 되였다 / 류문화;두점림 // 동북민병. - 1984,(10). - 16 - 17

21242 사랑의 샘 / 강영식 // 연변문예. - 1984,(10). - 49 - 52

21243 전적지에 얽힌 사연 / 김학철 // 연변문예. - 1984,(10). - 57

21244 그는 졸업증의 진정한 가치를 깨달았다 / 류유풍; 남경굉 // 동북민병. - 1984,(11). - 14 - 18

21245 농가에서 열린 ≪소식발표회≫ / 곽향우 등 // 동북민병. - 1984,(11). - 2 - 3

21246 농민녀화가:장옥염 / 황요선 // 동북민병. - 1984,(11). - 33 - 34

21247 농민대학생으로 된 민병련장 / 박만식 // 동북민병. - 1984,(11). - 42 - 43

21248 무장전선의 기발/ 류추군// 동북민병. - 1984,(11). - 36

21249 버들공예능수:장운정 / 곽자학 등 // 동북민병. - 1984,(11). - 34 - 35

21250 보통로동자로부터 부공장장으로:김영옥에 대한 이야기 / 리덕권;강진 // 은하수. - 1984,(11 - 12). - 29 - 31

21251 산골에서 청춘을 빛내는 사람 / 최태욱 // 동북민병. - 1984,(11). - 40 - 41

21252 염로인이 권력을 바쳤다 / 봉청 등 // 동북민병. - 1984,(11). - 4 - 5

21253 인간의 가치 / 김수국 // 연변문예. - 1984,(11). - 44 - 49

21254 잊을수 없는 두 전우 / 려영준 // 연변문예. - 1984,(11). - 53 - 55

21255 ≪폭발대왕≫진화금이 강의를 하였다 / 성지 등 // 동북민병. - 1984,(11). - 6

21256 ≪가정강무반≫에서 명포수들을 훈련해 낸 련장 / 장충신 등 // 동북민병. - 1984,(12). - 2 - 3

21257 동북골에서 개척한 새 길 / 장림 // 동북민병. - 1984,(12). - 21 - 26

21258 메황철나무의 눈물 / 맹효운 // 연변문예. - 1984,(12). - 73 - 80

21259 아버지 / 심예란 // 연변문예. - 1984,(12). - 43 - 48

21260 채탄공의 품격 / 학지국;마준 // 동북민병. - 1984,(12). - 14 - 15

21261 렬화속의 봉황 / 신국지;장외 // 동북민병. - 1984,(13). - 11 - 16

21262 허저족어촌의 ≪모르간≫ / 요명현 // 동북민병. - 1984,(13). - 29 - 30

21263 농업현대화의 길을 개척 / 고걸선 // 동북민병. - 1984,(14). - 17 - 22

21264 운남변방전선에서 보내여온 보고 / 문한정 // 동북민병. - 1984,(14). - 2 - 7

21265 전업호의 풍격 / 류충복 등 // 동북민병. - 1984,(14). - 23 - 25

21266 진경윤의 최근 형편 // 동북민병. - 1984,(15). - 29

21267 초빙받은 간부들이 무장전선에 나선 후 / 연오 등 // 동북민병. - 1984,(16). - 8 - 10

21268 형제간의 경쟁 / 녕금량 // 동북민병. - 1984,(16). - 5 - 6

21269 깊이 잠든 밤 / 류지 등 // 동북민병. - 1984,(17). - 16 - 21

21270 깨여진 금전꿈 / 왕강휘 // 동북민병. - 1984,(17). - 22 - 24

21271 ≪꽃으로 맺어진 사랑≫의 새 이야기 / 고봉학 // 동북민병. - 1984,(17). - 14 - 15

21272 진짜범죄자는 누구인가? / 장신 등 // 동북민병. - 1984,(17). - 26 - 29

21273 그들은 결혼후 달콤히 생활하고있다 / 동계평 // 동북민병. - 1984,(18). - 26 - 28

21274 녀기자 슬기롭게 검사관을 얼려넘기다 // 동북민병. - 1984,(18). - 38

21275 목철주 딸애를 손바닥에 놓고 논다 / 카록 // 동북민병. - 1984,(18). - 37

21276 피에 젖은 초가집 / 류춘래 // 동북민병. - 1984,(18). - 18 - 20

21277 한 시대의 기형아 / 왕작진 등 // 동북민병. - 1984,(18). - 2 - 10

21278 민병사업의 희망은 개혁에 있다 / 후유침

등 // 동북민병. – 1984,(19). – 2 – 7

21279 왕아침이 민병사업을 틀어쥔 이야기 / 심동민 등 // 동북민병. – 1984,(19). – 10 – 12

21280 죄는 지은데로 간다 / 강휘 // 동북민병. – 1984,(19). – 24 – 26

21281 그제는 붉은 꽃을 단 좌상객 이제는 쇠고랑을 찬 계하수 / 국량 등 // 동북민병. – 1984,(20). – 25 – 26

21282 농촌의 자랑 민병의 본보기 / 연정조;김광춘 // 동북민병. – 1984,(20). – 42 – 45

21283 두번이나 세계1등수상대에 오른 사람 / 우서전 // 동북민병. – 1984,(20). – 22 – 24

21284 수치스러운 협잡군 / 요옥빈 // 동북민병. – 1984,(20). – 17 – 19

21285 우봉지와 정가툰 / 손승리 // 동북민병. – 1984,(20). – 35 – 36

21286 절묘한 멜로디 청중이 많아라 / 리위국 등 // 동북민병. – 1984,(20). – 2 – 11

21287 채화삼 발을 물에 잠그어 모기를 방지 / 점림 // 동북민병. – 1984,(20). – 37

21288 민병련의 재간둥이들 / 주길원;관련혜 // 동북민병. – 1984,(21). – 39 – 42

21289 사격명장:김동상/ 선경유// 동북민병 – 1984,(21). – 27

21290 이상한 ≪특파원≫ / 손왕 등 // 동북민병. – 1984,(21). – 16 – 19

21291 정귀걸 난관을 돌파 / 서경화;대평 // 동북민병. – 1984,(21). – 38

21292 실무를 고심히 연찬하는 무장부장:왕기 / 임복침 // 동북민병. – 1984,(22). – 27

21293 재간을 배울 때도 길을 조심하여야 한다 / 유문 // 동북민병. – 1984,(23). – 25 – 26

21294 편제외의 ≪형사경찰≫:왕지승 / 림협 등 // 동북민병. – 1984,(23). – 10 – 13

21295 영화계에 새로 피여난 꽃송이:강려려 / 왕강휘 // 동북민병. – 1984,(24). – 28

21296 처녀무전수들 / 최장춘 // 동북민병. – 1984,(24). – 46

21297 첫날밤에 석탄가스 작간부려 신랑신부 위태했다 / 소원 등 // 동북민병. – 1984,(24). – 20

21298 고씨네 ≪영빈식당≫ / 류지 // 동북민병. – 1985,(1). – 24 – 30

21299 당은 그 처녀의 원한을 풀어주었다 / 리상 // 연변녀성. – 1985,(1). – 19 – 21

21300 도쿄의 이모저모 / 허경룡 // 천지. – 1985,(1). – 65 – 69

21301 룡지촌의 애가 // 청년생활. – 1985,(1). – 15 – 17

21302 생명의 불길은 영원히 타오르리라 / 신현철 // 청년생활. – 1985,(1). – 6 – 9

21303 아침은 빛나라 / 한창희 // 천지. – 1985,(1). – 56 – 61

21304 인간과 고향 / 리성권 // 천지. – 1985,(1). – 41 – 45

21305 친근한 조선작가들을 만나 / 한창희 // 도라지. – 1985,(1). – 45

21306 탐구로 불타는 젊은 가수들 :연변가무단의 청년가수들을 찾아서 / 전성호 // 문학과 예술. – 1985,(1). – 83 – 85

21307 특급료리사 김인숙 / 안진숙 // 연변녀성. – 1985,(1). – 36 – 39

21308 한 녀성당일군의 흉금 / 리서량;한대악 // 연변녀성. – 1985,(1). – 9 – 13

21309 꿀벌 치는 녀인 / 전우 // 연변녀성. – 1985,(2). – 54 – 56

21310 리향복의 어머니 최씨 // 연변녀성. – 1985,(2). – 23 – 25

21311 모란식당의 할머니경리 리은화 // 연변녀성. – 1985,(2). – 30 – 32

21312 새 삶의 길에서 / 곽정희;김진석 // 청년생활. – 1985,(2). – 3 – 6

21313 생활의 강자로 되기까지 / 왕식빙 // 연변녀성. – 1985,(2). – 40 – 44

21314 안무가 최옥주의 성망은 날로 // 문학과 예술. – 1985,(2). – 38

21315 암병도 앗아가지 못한 사랑 / 류성;오색경

// 연변녀성. － 1985,(2). － 26 － 28
21316 윤봉길 / 송백 // 장백산. － 1985,(2). － 126 － 131
21317 추악한 령혼의 끝장 / 한성원 // 청년생활. － 1985,(2). － 11 － 13
21318 해돋이 / 리수길 // 천지. － 1985,(2). － 52 － 56
21319 그는 소학교 졸업생이다 / 포뢰 // 연변녀성. － 1985,(3). － 3 － 6
21320 생활을 수놓아가는 사람 / 한천금 // 연변녀성. － 1985,(3). － 58 － 61
21321 장구와 더불어 30여년:저명한 무용가 리록순에 대한 이야기 / 최봉석 // 연변녀성. － 1985,(3). － 12 － 16
21322 파란 많은 사랑 / 김영택 // 청년생활. － 1985,(3). － 7 － 10
21323 건륭의 풍류일화 / 고양 // 장백산. － 1985,(4). － 109 － 114
21324 경종 / 리성 // 천지. － 1985,(4). － 34 － 39
21325 귀신행동계획 / 무명 // 장백산. － 1985,(4). － 74 － 102
21326 사기군모녀 / 배장청;손왕 // 동북민병. － 1985,(4). － 19 － 22
21327 성인 맹자의 어머니 구부인 // 연변녀성 － 1985,(4). － 55 － 59
21328 옷장사처녀 / 문상화 // 청년생활. － 1985,(4). － 7 － 9
21329 평양산원을 찾아서 / 김태근 // 연변녀성. － 1985,(4). － 37
21330 한 지식인의 심혈 / 김창남 // 대중과학. － 1985,(4). － 6 － 9
21331 과외시간을 뜻 깊게 보내는 사람 / 상신등 // 동북민병. － 1985,(5 － 6). － 27 － 30
21332 내가 왜 대만을 떠났는가 / 리대유 // 청년생활. － 1985,(5). － 54 － 56
21333 대학마크를 단 절도범 / 요옥빈 // 동북민병. － 1985,(5 － 6). － 32 － 34
21334 량평이 교묘하게 녀기자를 방조 / 삼공 // 동북민병. － 1985,(5 － 6). － 49 － 50
21335 범상치 않는 ≪5선보≫ / 천생호 // 문학과 예술. － 1985,(5). － 20 － 24
21336 송홍합 사사로이 탄약을 보관하여 어진 안해를 장송하였다 / 곡국인 // 동북민병. － 1985,(5 － 6). － 42 － 43
21337 원쑤와 벗 / 김학철 // 송화강. － 1985,(5). － 52 － 58
21338 73명의 마음과 그이의 마음 / 소위 // 천지. － 1985,(5). － 56 － 59
21339 하문청이 ≪관≫을 돌파 / 장장발 등 // 연변문예. － 1985,(5 － 6). － 13 － 19
21340 한 사형수의 타락 / 송춘남 // 천지. － 1985,(5). － 48 － 51
21341 기공료법에 능한 의사를 / 방철 // 청년생활. － 1985,(6). － 58 － 59
21342 들국화 / 류일석 // 천지. － 1985,(6). － 54 － 56
21343 로스안젤스를 찾아서 / 리헌영 // 청년생활. － 1985,(6). － 7 － 9
21344 시체투하안과 련명신 / 오련경 // 연변녀성. － 1985,(6). － 30 － 32
21345 영웅이 살인범으로 / 김민 편역 // 은하수. － 1985,(6). － 23 － 26
21346 예술의 길에서 / 천균 // 청년생활. － 1985,(6). － 10 － 14
21347 우울한 눈길:녀배우 반홍에 대한 이야기 // 연변녀성. － 1985,(6). － 64 － 66
21348 잊을수 없는 녀전사 / 김운 역 // 송화강. － 1985,(6). － 61 － 63
21349 정혜자아주머니를 찾아서 / 리화숙 // 연변녀성. － 1985,(6). － 48 － 51
21350 하얀 봇나무 / 황지영 // 천지. － 1985,(6). － 30 － 34
21351 국제녀간첩 / 풍육걸 // 천지. － 1985,(7). － 58 － 64
21352 벼재배왕 － 렴룡묵 // 은하수. － 1985,(7). － 36 － 38
21353 불타는 저녁노을 / 류연산 // 천지. － 1985,(7). － 43 － 46

21354 세균의 비극 / 장범 // 천지. – 1985,(7). – 77 – 84
21355 억센 사나이의 강타 / 오국안 // 은하수. – 1985,(7). – 15 – 18
21356 일본인상 / 석희만 // 천지. – 1985,(7). – 55 – 57
21357 설레이는 숲 / 김창규 // 천지. – 1985,(8). – 56 – 58
21358 왜 친자식을 죽이게 되였는가? / 오학 / 은하수. – 1985,(9). – 51
21359 파멸된 한 가정 / 림수산 편역 // 은하수. – 1985,(9). – 48 – 50
21360 개척자의 풍격:어문교원 우의선생이 걸어온 발자취를 더듬어 // 연변교육. – 1985,(10). – 17 – 18
21361 교영공장의 훌륭한 공장장:서인권교원에 대한 이야기 / 리춘혁 // 연변교육. – 1985,(10). – 9 – 10
21362 리조린장군의 부인을 찾아서 / 소복 // 지부생활. – 1985,(10). – 45 – 50
21363 사랑스러운 우리 독자:도문시 월청향을 찾아서 // 대중과학. – 1985,(10). – 32 – 34
21364 ≪삼광단≫의 내막 / 최룡관 // 천지. – 1985,(10). – 74 – 78
21365 서장견문 / 류장현 // 은하수. – 1985,(10). – 57 – 61
21366 ≪백만장자≫의 하루 / 김철학 // . – 1985,(11). – 38 – 42
21367 한 교화인의 혼사 / 은하 편역 // 은하수. – 1985,(11). – 19 – 21
21368 사형장으로 통한 길 / 리성 // 천지. – 1985,(12). – 58 – 64
21369 개혁에 모를 박고 창업에서 은을 내다 / 일왈 // 은하수. – 1986,(1). – 28 – 29
21370 겨레의 자랑 / 한창희 // 장백산. – 1986,(1). – 138 – 144
21371 괴상한 련애편지 // 청년생활. – 1986,(1). – 9 – 10
21372 그는 겨우 24살이다 / 리임원 // 연변녀성. – 1986,(1). – 61 – 64
21373 나는 살련다 / 최성자 // 연변녀성. – 1986,(1). – 15 – 20
21374 때늦은 후회 / 장보석 등 // 동북민병. – 1986,(1). – 31 – 33
21375 로동메달 / 남세풍 // 천지. – 1986,(1). – 48 – 52
21376 붉게 타는 단풍 / 허봉남 // 청년생활. – 1986,(1). – 11 – 13
21377 사신과 박투하는 녀의사:암치료연구에 20여년을 바쳐온 박순식의사에 대한 이야기 / 한일웅;하동 // 장백산. – 1986,(1). – 120 – 124
21378 왕구환이 참군하였다 / 모문웅;왕작진 // 동북민병. – 1986,(1). – 11 – 16
21379 이리보고 저리봐도 우리 춤의 얼굴은 네로다:저명한 무용가 리록순의 춤판을 보고서 / 최봉석 // 문학과 예술. – 1986,(1). – 37
21380 전 후회해요 / 리태옥 // 연변녀성. – 1986,(1). – 67 – 69
21381 죽음의 무덤을 판 결의형제 / 김길 // 청년생활. – 1986,(1). – 42 – 43
21382 청년시절의 추억 / 김학철 // 청년생활. – 1986,(1). – 3 – 4
21383 평양기행 / 한진건 // 은하수. – 1986,(1). – 42 – 44
21384 한 검찰관에 대한 이야기 / 상류 // 청년생활. – 1986,(1). – 40 – 41
21385 한 작가의 사랑 / 려위민 // 청년생활. – 1986,(1). – 6 – 8
21386 현대의 로반:오금철 / 김창남 // 대중과학. – 1986,(1). – 8 – 11
21387 화와 복 / 박일 // 은하수. – 1986,(1). – 37 – 38
21388 ≪가난≫한 만원호 / 리월주;서극 // 동북민병. – 1986,(2). – 16 – 21
21389 그 처녀의 길 / 박월선;황상박 // 연변녀성. – 1986,(2). – 30 – 32

21390 금시계를 주은 일로부터 / 엽조위 // 청년생활. – 1986,(2). – 16 – 17
21391 금실은실로 수놓여진 군민의 마음 / 허룡석 // 동북민병. – 1986,(2). – 38 – 40
21392 녀살임범의 회개의 눈물 / 주성일 // 청년생활. – 1986,(2). – 13 – 15
21393 리상의 밝은 별:철학연구생으로 된 리춘원동무에 대한 이야기 / 김건 // 청년생활. – 1986,(2). – 10 – 12
21394 민족의 넋은 여기에서 / 김도 // 도라지. – 1986,(2). – 73 – 75
21395 박광우의 어머니 장씨 / 조영선 // 연변녀성. – 1986,(2). – 24 – 25
21396 사랑의 찬미곡 / 김문학 // 천지. – 1986,(2). – 43 – 48
21397 ≪3년후에 와보십시오!≫ / 황지영 // 천지. – 1986,(2). – 49 – 54
21398 애들을 지난날의 나처럼 만들고 싶지 않아요 / 김덕화 // 조선어문. – 1986,(2). – 20 – 21
21399 자욱마다 고인 분투의 땀방울 / 허순옥 // 연변녀성. – 1986,(2). – 54 – 56
21400 탐욕과 범죄의 발자취 / 방삭 // 청년생활. – 1986,(2). – 19 – 21
21401 내 고향의 자랑:친우에게 보내는 편지 / 윤상수 // 장백산. – 1986,(3). – 104 – 110
21402 무장부와 그의 세 ≪특수병≫ / 정지기;류운평 // 동북민병. – 1986,(3). – 3 – 8
21403 봄바람에 강남촌이 푸른단장 하였구나 / 고명생; 리선 // 동북민병. – 1986,(3). – 13 – 14
21404 분투로 빛나는 10년:목단강시 군중서점이 걸어온 길을 더듬어 / 안병균 // 은하수. – 1986,(3). – 61 – 63
21405 ≪천지≫창업의 발자취를 더듬어 / 채택룡 // 청년생활. – 1986,(3). – 34 – 36
21406 첫날밤의 종소리 / 해철 편역 // 은하수. – 1986,(3). – 40 – 43
21407 코기러기 / 리광수 // 청년생활. – 1986,(3). – 3 – 5
21408 해빛아래 그늘진 곳 / 가로생 // 은하수. – 1986,(3). – 13 – 18
21409 희망의 전야에서 / 차순복 // 연변녀성. – 1986,(3). – 3 – 6
21410 강골의 동상 / 지청;력가 // 동북민병. – 1986,(4). – 4 – 9
21411 금목수화토 / 김홍문;장춘우 // 동북민병 – 1986,(4). – 20 – 22
21412 눈먼 사랑 / 강리화 // 청년생활. – 1986,(4). – 16 – 18
21413 다시 빼앗은 권총 / 리은우 // 송화강. – 1986,(4). – 58 – 59
21414 변강의 장한 어린이들 / 왕세명 // 꽃동산. – 1986,(4). – 12
21415 빠스아리야 / 류심무 // 천지. – 1986,(4). – 78 – 91
21416 산고양이별장 / 자문 // 청년생활. – 1986,(4). – 41 – 46
21417 생의 불길 / 김호철; 안성남 // 청년생활. – 1986,(4). – 7 – 9
21418 신동의 비결은 노력입니다 / 좌조성 // 꽃동산. – 1986,(4). – 2
21419 심수견문 / 박일찬 // 지부생활. – 1986,(4). – 50 – 54
21420 26년전의 일대 사기사건 / 류조강 // 청년생활. – 1986,(4). – 22 – 23
21421 카나다견문 / 고영일 // 청년생활. – 1986,(4). – 56 – 57
21422 푸르러 가는 마음 / 김철학 // 천지. – 1986,(4). – 60 – 65
21423 곤난호들을 념두에 두고 / 박명식;정문국 // 동북민병. – 1986,(5). – 22 – 23
21424 과거를 계승하고 미래를 개척하면서 새로운 발걸음을 내디디였다 / 요광발 // 동북민병. – 1986,(5). – 11 – 13
21425 나의 상급:김해진주필과 함께 20여년 / 리상각 // 천지. – 1986,(5). – 16 – 18
21426 담찬 시골녀인 / 리화숙 // 연변녀성. – 1986,(5). – 30 – 33

21427 란서의 ≪불꽃≫ / 탕보화 등 // 동북민병. − 1986,(5). − 3 − 10

21428 량산의 매복에 고까덴다로 개죽음을 당했다 / 통도 // 동북민병. − 1986,(5). − 38 − 41

21429 리묵연의 서구라파행차 / 왕강휘 // 동북민병. − 1986,(5). − 25 − 27

21430 맘속의 ≪태양성≫ / 양극림 // 연변녀성. − 1986,(5). − 36 − 38

21431 명량촌의 별 / 조승인 // 동북민병. − 1986,(5). − 15 − 16

21432 무지가 낳은 죄악 / 리성 // 천지. − 1986,(5). − 66 − 73

21433 ≪백락≫의 선률 / 서림 // 청년생활. − 1986,(5). − 3 − 6

21434 삼년간의 민맹생활을 회상하여 / 도성환 // 장백산. − 1986,(5). − 135 − 139

21435 쌍년이: 우리 어머니 / 김학철 // 연변녀성. − 1986,(5). − 55 − 56

21436 ≪053호 발해처녀≫ / 송림박 // 동북민병. − 1986,(5). − 28 − 30

21437 영웅도 어머니였다 / 리선근 // 연변녀성. − 1986,(5). − 52 − 54

21438 의학자의 본문 / 조금란 // 대중과학. − 1986,(5). − 3 − 5

21439 이국의 동포애 / 최미선 // 청년생활. − 1986,(5). − 53 − 55

21440 중국인의 패기:당오경의 미국류학에 대한 이야기 / 방비 // 대중과학. − 1986,(5). − 38 − 39

21441 청백해야 마음이 편하다:한 절도범의 자수 // 지부생활. − 1986,(5). − 54 − 55

21442 공부하러 가는 길 / 정길운 // 천지. − 1986,(6). − 37 − 43

21443 그는 한포기 이름없는 작은 풀 / 김홍문 // 동북민병. − 1986,(6). − 29 − 30

21444 기업소민병사업에서의 ≪랭≫과 ≪열≫의 변증법 / 소복항;장춘우 // 동북민병. − 1986,(6). − 22 − 25

21445 송경이 사람쓰던 이야기로부터 / 정진경 // 지부생활. − 1986,(6). − 54 − 55

21446 애급려객기랍치사건 / 정상범 편역 // 장백산. − 1986,(6). − 110 − 113

21447 얼빠진 사랑 / 맹소용 // 청년생활. − 1986,(6). − 15 − 18

21448 은인 / 인성 // 청년생활. − 1986,(6). − 23 − 24

21449 인간관계 / 강장희 // 천지. − 1986,(6). − 66 − 71

21450 저녁노을 붉게 타오른다 / 효소 // 동북민병. − 1986,(6). − 20 − 21

21451 전매특허권을 획득한 나젊은 처녀 / 류덕량 // 연변녀성. − 1986,(6). − 60 − 62

21452 천리지하교통선에서 / 윤봉문 // 지부생활. − 1986,(6). − 50 − 54

21453 친구지간의 ≪정의≫가 빚어낸 죄과 / 설운 // 청년생활. − 1986,(6). − 13 − 15

21454 그 이름 길이 빛나라 / 정화 // 지부생활. − 1986,(7). − 49 − 50

21455 디스코 ≪왕자≫와 돌격대의 ≪령혼≫ / 왕화평 // 동북민병. − 1986,(7). − 3 − 9

21456 우주항행사업을 위하여 몸 바친 사람들 / 박창화 // 대중과학. − 1986,(7). − 18 − 19

21457 장인강기슭의 소나무 / 박장성 // 지부생활. − 1986,(7). − 53 − 55

21458 포화속에서의 시련 / 정영석;서청룡 // 청년생활 − 1986,(7). − 3 − 6

21459 피타는 노력,꽃피는 희망:도문철도제1소학교 조선족녀음악교원 김정자에 대한 이야기 / 김영자 // 중국조선족교육. − 1986,(7). − 150 − 152

21460 한 대학졸업생이 선택한 인생로 / 리일우 // 은하수. − 1986,(7). − 19 − 23

21461 그 녀와 그 녀밖의 세계 / 김순호 // 천지. − 1986,(8). − 40 − 45

21462 끝나지 않은 사랑 / 박철산 // 청년생활. − 1986,(8). − 25 − 28

21463 남조선에서의 5주야 / 경위 // 동북민병. − 1986,(8). − 15 − 17

21464 력사상 미녀들의 비극 / 수란 // 은하수. - 1986,(8). - 42

21465 야자수 설레이는 섬나라:나의 하와이기행 / 정판룡 // 은하수. - 1986,(8). - 60 - 64

21466 왕장군과 그의 안해 / 왕작진 // 동북민병. - 1986,(8). - 40 - 44

21467 왕헌지의 서법비결 // 은하수. - 1986,(8). - 16

21468 우리의 스승 / 장일민 // 천지. - 1986,(8). - 17 - 20

21469 잊지 못할 나날 / 김세균 // 천지. - 1986,(8). - 21 - 22

21470 통과되지 못한 ≪박사론문≫ / 류우청 // 은하수. - 1986,(8). - 17

21471 한 녀전사의 문학경력: 청년작가 방천서에 대한 이야기 / 양순 // 동북민병. - 1986,(8). - 25 - 27

21472 더러운 교역 / 장검협 // 동북민병. - 1986,(9). - 21 - 22

21473 마음속에 희열 / 남세풍 // 천지. - 1986,(9). - 58 - 60

21474 사랑의 반역 / 원아평 // 은하수. - 1986,(9). - 5 - 13

21475 억지 사랑의 비극 / 박룡 // 청년생활. - 1986,(9). - 21 - 23

21476 오이대왕 / 홍성빈 // 청년생활. - 1986,(9). - 5 - 8

21477 죄악의 심연으로 / 김영근 // 청년생활. - 1986,(9). - 16 - 20

21478 향항무술영화계의 명배우 리소룡 / 장예붕 // 청년생활. - 1986,(9). - 37 - 40

21479 경솔의 대가 / 리미선 // 청년생활. - 1986,(10). - 17 - 19

21480 그 처녀가 걸어온 길 / 강송운 // 청년생활. - 1986,(10). - 11 - 12

21481 ≪농민교육가≫의 이야기 / 우서전;양경당 // 동북민병. - 1986,(10). - 3 - 6

21482 도꾜에로 진출한 어린 보모 / 리복강;등옥화 // 은하수. - 1986,(10). - 21 - 24

21483 동년의 꿈에서 장사비결을… / 여안화 // 은하수. - 1986,(10). - 38 - 39

21484 마음마음에 정히 받들려 / 김천 // 천지. - 1986,(10). - 31 - 35

21485 무장전선의 선전사업에 대하여 / 송걸;오혜민 // 동북민병. - 1986,(10). - 33 - 34

21486 ≪민병로≫와 이어진 로장군의 정 / 장춘우;소복항 // 동북민병. - 1986,(10). - 7 - 8

21487 신기루 / 리선근 // 천지. - 1986,(10). - 67 - 72

21488 우렁찬 포소리로 처녀와 영결하자 / 김민편역 // 은하수. - 1986,(10). - 3 - 5

21489 자멸의 길로 / 욱항 // 동북민병. - 1986,(10). - 20 - 23

21490 폴리네시아 문화중심을 찾아서 / 정판룡 // 은하수. - 1986,(10). - 45 - 49

21491 피고석에 오른 검찰관 / 원청 // 은하수. - 1986,(10). - 53 - 55

21492 한 정방공처녀의 마음 / 조희천 // 청년생활. - 1986,(10). - 8 - 10

21493 내가 걸어온 길 / 석희만 // 천지. - 1986,(11). - 49 - 56

21494 복수 / 진한 // 은하수. - 1986,(11). - 58 - 60

21495 사랑을 ≪장성≫에 바쳐 / 림소선 등 // 동북민병. - 1986,(11). - 10 - 15

21496 산야의 붉고 푸른 잎사귀 / 남경굉 // 동북민병. - 1986,(11). - 9 - 12

21497 세번 사절한 금강 / 우서전 등 // 동북민병. - 1986,(11). - 33 - 34

21498 역경속에서 무르익은 발명:김동련공정사에 대한 이야기 / 방종혁 // 대중과학. - 1986,(11). - 3 - 5

21499 요직에 올라앉은 ≪색마≫ / 학지국 // 동북민병. - 1986,(11). - 20 - 22

21500 창업의 나날에 / 최문섭 // 청년생활. - 1986,(11). - 3 - 6

21501 치부의 길로… / 황련승 등 // 동북민병. - 1986,(11). - 26 - 27

21502 파멸된 사랑 / 은녀 // 청년생활. – 1986,(11). – 29 – 30
21503 고향려행 / 책변 / 동북민병. – 1986,(12). – 35 – 36
21504 금녀의 불행 / 정형섭 // 청년생활. – 1986,(12). – 15 – 17
21505 꼭 닫힌 문창 / 김홍문 // 동북민병. – 1986,(12). – 28 – 31
21506 꿋꿋한 젊은이 / 강진 // 은하수. – 1986,(12). – 51 – 54
21507 문명건설의 골간이 되여 일터에서 보다 많이 기여하자 / 장민 // 동북민병. – 1986,(12). – 3 – 5
21508 미친 ≪룡≫과의 대결:룡정을 찾아서 / 황지영; 홍천룡 // 천지. – 1986,(12). – 12 – 17
21509 반짝이는 별 / 류효병; 왕녕군 // 동북민병. – 1986,(12). – 6 – 8
21510 보답 / 리위국 등 // 동북민병. – 1986,(12). – 13 – 15
21511 분김에 빚어낸 악과 / 전강 // 청년생활. – 1986,(12). – 28 – 29
21512 암환자들에게 복음을 주고저 / 백리동 // 청년생활. – 1986,(12). – 8 – 11
21513 엮어지고있는 개선가: 왕청을 찾아서 / 류흥식; 송성만 // 천지. – 1986,(12). – 18 – 21
21514 전률속에서의 혈투:화룡을 찾아서 / 리원길; 윤정삼 // 천지. – 1986,(12). – 6 – 11
21515 조서기가 무장을 관심한 이야기 / 소지빈; 리광무 // 동북민병. – 1986,(12). – 23
21516 충성의 마음:김신자교원에 대한 이야기 / 리용; 장영식 // 중국조선족교육. – 1986,(12). – 10 – 11
21517 키운 정 / 우서전 // 동북민병. – 1986,(12). – 37 – 41
21518 태풍과 경신사람들:훈춘을 찾아서 / 림원춘 등 // 천지. – 1986,(12). – 22 – 27
21519 가수 한국화의 꿈 // 문학과 예술. – 1987,(1). – 41
21520 국화꽃이 활짝 핀 예술무대 / 김창호 // 문학과 예술. – 1987,(1). – 93
21521 꼬마화가 마춘의 이야기 / 서아평 // 꽃동산. – 1987,(1). – 2 – 3
21522 나래펴고 있는 서란현 조선족문예창작 / 문옥 // 문학과 예술. – 1987,(1). – 92
21523 나의 아버지 / 진효로 // 지부생활. – 1987,(1). – 32 – 38
21524 남쪽변강의 민병들 / 원상무;장언위 // 동북민병. – 1987,(1). – 17 – 19
21525 머나먼 산간마을에서 / 복항 등 // 동북민병. – 1987,(1). – 4 – 8
21526 불구자의 갸륵한 마음 // 연변녀성. – 1987,(1). – 72 – 73
21527 사랑의 비극 / 리수길 // 천지. – 1987,(1). – 26 – 32
21528 새 세대의 꿈 / 사열 // 은하수. – 1987,(1). – 34 – 36
21529 생활의 강자 / 정영식 // 청년생활. – 1987,(1). – 3 – 5
21530 서부감옥에서 날아온 기러기 / 전승일 편역 // 은하수. – 1987,(1). – 49 – 51
21531 수치스러운 비법결혼증 / 효백 // 은하수. – 1987,(1). – 28 – 30
21532 실종된 어린이를 찾아서 / 은파도 // 청년생활. – 1987,(1). – 13 – 19
21533 쏘련의 다섯살난 아이가 독주음악모임을 // 문학과 예술. – 1987,(1). – 37
21534 주목할만한 극단개혁 // 문학과 예술. – 1987,(1). – 91
21535 ≪특수조치를 취하는 수밖에 없다≫: 대련시 조선족기숙제학교를 찾아서 / 윤혁교 // 중국조선어문. – 1987,(1). – 39 – 40
21536 한 학생작문이 일으킨 파문 / 김장혁 // 중국조선어문. – 1987,(1). – 76
21537 황하의 넋 / 리연국 // 지부생활. – 1987,(1). – 44 – 48
21538 황하제 / 리연국; 필덕력 // 천지. – 1987,(1).

－50－55
21539 강권아래의 원혼/ 육문// 연변녀성.－1987,(2).－16－20
21540 그 정,그 사랑… / 조동명 // 동북민병.－1987,(2).－31－33
21541 령장과 모표를 달지 않은 군관들 / 희봉기 등 // 동북민병.－1987,(2).－26－27
21542 미더운 인민의 젊은 검사들 / 주소월 // 청년생활.－1987,(2).－4－8
21543 반지를 낀 녀전사 / 강정 // 연변녀성.－1987,(2).－9－11
21544 보통인간의 참된 사랑 / 계순 // 청년생활.－1987,(2).－9－12
21545 빠스우의 초병들 // 동북민병.－1987,(2).－29－30
21546 사랑탑 / 박철산 // 연변녀성.－1987,(2).－59－61
21547 ≪샹그리라≫로부터 온 공습 / 장효림 // 동북민병.－1987,(2).－19－21
21548 서안사변과 한 련락병 / 상서성;후전좌 // 동북민병.－1987,(2).－24－25
21549 ≪약삭바른≫녀인의 눈물 / 장춘산 // 청년생활.－1987,(2).－25－26
21550 예쁜 처녀와 불구자총각 / 곽춘효 // 동북민병.－1987,(2).－4－7
21551 참된 간호원이 되리라 / 종혜령 // 소년아동.－1987,(2).－4－7
21552 한 인간의 보람찬 어제와 부끄러운 오늘 / 김민 // 은하수.－1987,(2).－17－20
21553 흰꽃 도라지씨 시비 / 최남빈 // 청년생활.－1987,(2).－49－50
21554 개 한마리로 인한 살인사건 / 양명곤;리수림 // 동북민병.－1987,(3).－16－18
21555 그분은 갔어도－전용일동지를 회억하여 / 남영전 // 장백산.－1987,(3).－3－7
21556 기개를 떨치는 꼬마예술가들: 도문철도제1소의 붉은넥타이악대를 두고 / 예광 // 문학과 예술.－1987,(3).－91
21557 나의 미술학습과 야수파 / 석희만 // 문학과 예술.－1987,(3).－71－72
21558 ≪대학생가정≫: 조선족농민 리대원가정을 찾아서 / 박동화; 김광현 // 대중과학.－1987,(3).－43
21559 변태적교역 / 최남빈 // 청년생활.－1987,(3).－22－23
21560 복면한 두 강도/ 전국록// 청년생활.－1987,(3).－24－25
21561 ≪부릉도원≫계시록/ 리성권// 천지.－1987,(3).－22－32
21562 사랑의 변조 / 리춘염 // 은하수.－1987,(3).－24－25
21563 새 제품에 담긴 두 녀성기술일군의 기여 // 대중과학.－1987,(3).－31
21564 애인이 체포된후/ 허환룡// 은하수.－1987,(3).－12－14
21565 역경에서 솟아나온 연구생 / 차순복 // 청년생활.－1987,(3).－3－6
21566 연극배우 렴청자 // 문학과 예술.－1987,(3).－88－89
21567 연길시조선족예술단이 걸어온 5년 / 최현 // 문학과 예술.－1987,(3).－86－87
21568 27년을 벙어리로 있다가 / 송건 // 지부생활.－1987,(3).－56－57
21569 일본기행 / 강효근 // 도라지.－1987,(3).－42－44
21570 정진택과 왕세영의 애정비극 // 문학과 예술.－1987,(3).－85
21571 제2차 ≪동기과학기술보급활동≫은 어떻게? / 장모; 탕보화 // 동북민병.－1987,(3).－29－30
21572 참회 / 장흔민 // 지부생활.－1987,(3).－58－60
21573 촬영가 정희주에 대한 이야기 / 김창대 // 문학과 예술.－1987,(3).－81－84
21574 평범한 사람 놀라운 기적: 리학박사 선우택에 대한 이야기/ 림웅기// 대중과학.－1987,(3).

－32－33

21575 한 초중졸업생의 업적 / 왕화평 // 동북민병.－1987,(3).－4－9

21576 할미꽃: 할머니를 추모하여 / 김학송 // 연변녀성.－1987,(3).－47－48

21577 허영심이 낳은 빈곤 / 림설령 // 은하수.－1987,(3).－37－43

21578 홀리보드를 놀래운 중국녀성: 진충 / 미용 // 연변녀성.－1987,(3).－45－46

21579 고구려의 건국 옛성터인 흘승골성에 올라 / 독고영 // 장백산.－1987,(4).－114－115

21580 고아의 기여 / 고명생; 발무 // 동북민병.－1987,(4).－5－11

21581 교실안을 채운 이야기 / 장조동 // 꽃동산.－1987,(4).－24－27

21582 꿈에도 되여보고싶은 조선어문교원 / 장수옥 // 중국조선어문.－1987,(4).－35－38

21583 내가 정말 범죄자라고 하여도: 인권유린을 당한 한 청년의 진술 / 윤평 // 은하수.－1987,(4).－13－15

21584 녀협잡군과 《고리대》 / 김민 편역 // 은하수.－1987,(4).－36－37

21585 때묻지 않은 우리 예술의 요람: 연변예술학교창립 서른돐에 즈음하여 / 문창남 // 도라지.－1987,(4).－27－29

21586 로동모범이 살인범으로:《9.29》강간사건특기 / 정영 // 청년생활.－1987,(4).－49－50

21587 로산에 깃든 정 / 황제국 등 // 동북민병.－1987,(4).－19－21

21588 무지몽매한 어두운 구석 / 리은희 // 연변녀성.－1987,(4).－13－15

21589 비라리청끝에 일어난 풍파 / 옥필 // 중국조선어문.－1987,(4).－5

21590 빈곤호를 치부에로 이끄는 선줄군 / 은덕발 // 동북민병.－1987,(4).－30－31

21591 사색에 맡길 비극 / 최림 // 은하수.－1987,(4).－16－17

21592 시골처녀: 모델: 대학생 / 류덕량 // 연변녀성.－1987,(4).－34－35

21593 안도현 예술단의 이 몇해 / 유영호 // 문학과 예술.－1987,(4).－94

21594 작곡가 김봉호를 찾아서 / 김성 // 문학과 예술.－1987,(4).－78－79

21595 저명한 고생물학자 안태상교수 / 박충록 // 민족단결.－1987,(4).－24－28

21596 정신문명의 찬가 / 고원명 // 동북민병.－1987,(4).－11－12

21597 진경윤의 소년시절 / 장보위 // 소년아동.－1987,(4).－74－79

21598 흑산기슭에서 《쥐무리》를 잡은 이야기 / 한위지; 경덕재 // 동북민병.－1987,(4).－27－28

21599 감옥에서 쓴 혈서 / 좌가; 문성 // 동북민병.－1987,(5).－25－27

21600 공장의 젊은 주인들 / 황파 // 청년생활.－1987,(5).－2－3

21601 기공사의 신비로운 손 / 동심 // 청년생활.－1987,(5).－47－48

21602 꽃봉오리들의 미더운 선전원 / 리혜영 // 소년아동.－1987,(5).－4－7

21603 나젊은 민족기업가: 도문시 민족비닐공장 공장장 조광훈의 사적 / 류명철 // 대중과학.－1987,(5).－10－11

21604 녀용사들의 어제와 오늘 / 남진 // 연변녀성.－1987,(5).－2－6

21605 노력가의 멜로디 / 방용선 // 천지.－1987,(5).－18－25

21606 닭배상으로 군견을 죽이였다 / 정일민 // 꽃동산.－1987,(5).－28

21607 대관절 누구의 잘못인가 / 위제화 // 은하수.－1987,(5).－45－49

21608 《대장부》의 후회막급 // 은하수.－1987,(5).－51－53

21609 동방의 《뽈랑만》 / 리유 // 청년생활.－1987,(5).－49－53

21610 동해산 빈곤호를 방문하여 800리 // 동북민병.－1987,(5).－8－9

21611 뛰여난 조선족기업가 석산린 / 리선근 // 청년생활. - 1987,(5). - 3 - 6
21612 로산에서 온 젊은이 / 황전희 // 지부생활. - 1987,(5). - 31 - 34
21613 ≪복장녀왕≫과 잠재적격류 / 진방 // 연변녀성. - 1987,(5). - 13 - 15
21614 39년전에 있은 일 / 장자신 // 동북민병. - 1987,(5). - 20
21615 3중영웅 고광동 / 황기섭 // 청년생활. - 1987,(5). - 4 - 5
21616 생활이 꽃피는 곳 / 강장희 // 천지. - 1987,(5). - 48 - 50
21617 신화냐?기적이냐?:조선족 기공의사 리동진에 대한 이야기 / 리영수 // 청년생활. - 1987,(5). - 15 - 20
21618 옥중에서의 장애진 / 조마 // 연변녀성. - 1987,(5). - 35 - 37
21619 용감하게 ≪범≫을 추격하였다 / 곤문; 춘옥 // 동북민병. - 1987,(5). - 22 - 23
21620 지혜롭게 ≪색마≫를 사로잡았다 / 세훈; 강휘 // 동북민병. - 1987,(5). - 23 - 24
21621 ≪풍류사나이≫를 찾아가 꼴좋게 / 임휘 // 은하수. - 1987,(5). - 58 - 60
21622 힐톤호텔의 초빙풍파 / 장원 // 연변녀성. - 1987,(5). - 40 - 42
21623 감로수 / 김창규 // 천지. - 1987,(6). - 26 - 30
21624 견강한 소년 / 리광인 // 소년아동. - 1987,(6). - 46 - 50
21625 고통 / 로요 // 청년생활. - 1987,(6). - 37 - 41
21626 과일이 주렁졌을 때 / 요광발 // 동북민병. - 1987,(6). - 15 - 17
21627 금강산기행 / 정상현 // 장백산. - 1987,(6). - 114 - 124
21628 기적의 시대, 영웅적인민 / 안병균 // 은하수. - 1987,(6). - 10 - 17
21629 동심원: 남방백화상점 녀경리와 그의 남편 / 류명 // 연변녀성. - 1987,(6). - 29 - 32
21630 렬차안에서 / 신경묵 // 중국조선어문. - 1987,(6). - 54 - 57
21631 류랑아를 대학생으로 / 리은화 // 연변녀성. - 1987,(6). - 54 - 56.65
21632 류보주가 눈물을 세번 떨군 사연 / 배장청 // 동북민병. - 1987,(6). - 22
21633 리상과 청춘 / 진효선 // 은하수. - 1987,(6). - 2 - 4
21634 밤중의 울음소리 / 진광군 // 은하수. - 1987,(6). - 44 - 45
21635 부르기 어려운 명곡: 정소홍과 그의 식료품공장 / 웅정 // 연변녀성. - 1987,(6). - 15 - 17
21636 북경의 가정복무원 / 김양금 // 청년생활. - 1987,(6). - 35 - 36
21637 삼각련애의 비극 / 지심 // 청년생활. - 1987,(6). - 18 - 20
21638 연변룡정술공장을 찾아서 / 주영섭 // 대중과학. - 1987,(6). - 10
21639 젠니 / 오핑 // 동북민병. - 1987,(6). - 39 - 41
21640 조씨네 일가 / 엽영렬 // 은하수. - 1987,(6). - 5 - 9
21641 주산황후의 고민 / 김영금 // 천지. - 1987,(6). - 20 - 24
21642 패기있는 녀경리 / 김양금 // 연변녀성. - 1987,(6). - 2 - 5
21643 과학의 화원에서 날아예는 한쌍의 원앙새:김경림부부 // 대중과학. - 1987,(7). - 28 - 29
21644 꿇어라, 죄악의 무릎을 / 요옥빈 // 동북민병. - 1987,(7 - 8). - 35 - 40
21645 나어린 귀찰대원 / 세문 // 소년아동. - 1987,(7). - 14 - 19
21646 도문강반의 새별: ≪전국우수담임교원≫, ≪인민교원≫영예수상자 최정옥교원에 대한 이야기 / 리송수 // 중국조선족교육. - 1987,(7 - 8). - 34 - 37
21647 래일이 오면 / 오핑 // 동북민병. - 1987,(7 - 8). - 53 - 55
21648 민정사업의 선줄군 / 계력가 // 동북민병. - 1987,(7 - 8). - 43 - 44

21649 밤정적을 깨뜨린 울음소리 / 승민 편역 // 은하수. - 1987,(7). - 49 - 51

21650 불과 피의 5월:진광화동지와 석정동지를 추모하여 / 최채 // 천지. - 1987,(7). - 21 - 27

21651 숨겨두었던 사랑의 비극// 청년생활. - 1987,(7). - 42 - 44

21652 아, 렬화속의 예비역부대 / 송걸 // 동북민병. - 1987,(7 - 8). - 4 - 12

21653 웃어야 할지 울어야 할지 / 장희 // 청년생활. - 1987,(7). - 9 - 12

21654 일흔세시간: ≪5.2≫특대무기절도살인범 나포기 / 김진석 // 장백산. - 1987,(6). - 96 - 103

21655 전야의 탐구자 / 장언위; 왕술량 // 동북민병. - 1987,(7 - 8). - 18 - 24

21656 지방에 귀속된 후 / 장천방 // 동북민병. - 1987,(7 - 8). - 29 - 30

21657 청춘의 보람: 청년보육원 리계영의 사적 / 남금철 // 은하수. - 1987,(7). - 40 - 41

21658 기적의 나라 비약의 나라 / 김득순 // 청년생활. - 1987,(8). - 37 - 41

21659 길은 제발로 걸어야 한다 / 주소월 // 청년생활. - 1987,(8). - 29 - 31

21660 누나의 편지와 동생 류안림 / 오병호 // 지부생활. - 1987,(8). - 36 - 37

21661 렬화와의 박투에서 떨친 해방군의 위용 / 조건 // 지부생활. - 1987,(8). - 46 - 49

21662 만년필에 깃든 이야기 / 세문 // 소년아동. - 1987,(8). - 16 - 21

21663 보내지 않은 편지 / 문복상 // 지부생활. - 1987,(8). - 20

21664 27년만에 입을 연 사람 // 청년생활. - 1987,(8). - 51 - 52

21665 정강산을 찾아서 / 김진석 // 지부생활. - 1987,(8). - 50 - 51

21666 피로 절인 군인의 풍채 / 서량 // 소년아동. - 1987,(8). - 4 - 9

21667 118갈래의 방선에서 / 하건명 // 지부생활. - 1987,(9). - 49 - 53

21668 고난과 굴욕의 나날에 / 양자장 // 은하수. - 1987(9). - 7 - 12

21669 꿀벌마냥 부지런한 사람 / 세문 // 소년아동. - 1987,(9). - 29 - 33

21670 노력가의 아름다운 선물 / 연서문 // 소년아동. - 1987,(9). - 4 - 11

21671 분발자의 모습:일본 와세다대학 첫 외국인공학박사 홍병용 / 림군 // 은하수. - 1987,(9). - 30 - 33

21672 찰나와 불행 / 차수남 // 은하수. - 1987,(9). - 19 - 25

21673 책임: 심옥진안과의사에 대한 이야기 / 계룡복 // 천지. - 1987,(9). - 24 - 27

21674 추억의 페지 / 김창대 // 천지. - 1987,(9). - 28 - 31

21675 피와 불의 세례 / 무경민;고복강 // 동북민병. - 1987,(9). - 22 - 23

21676 가정≪정변≫기 / 주화 // 은하수. - 1987,(10). - 13

21677 깨여진 금전몽 / 영남 // 청년생활. - 1987,(10). - 25 - 26

21678 도문강반의 꼬마작가 / 동심 // 소년아동. - 1987,(10). - 89 - 93

21679 드팀없이 음악인재양성의 한길을 걸어온 40년 / 김민수 // 중국조선족교육. - 1987,(10). - 79 - 80

21680 바른 길로만 달리는 운전수 / 옥산;전빈 // 동북민병. - 1987,(10). - 20 - 22

21681 사색의 갈피에서 / 김민 // 은하수. - 1987,(10). - 52 - 53

21682 산골의 원예사 / 윤용수 // 청년생활. - 1987,(10). - 3 - 5

21683 세상물정을 모르는 사람 / 천근철 // 은하수. - 1987,(10). - 24 - 26

21684 ≪야곡≫ / 세문 // 소년아동. - 1987,(10). - 4 - 8

21685 우주의 별:공간기술학자 강경산에 대한 이야기 / 김의천 // 천지. - 1987,(10). - 26 - 35

21686 잊지 못할 나날 / 김세균 // 천지. – 1987,(10). – 38 – 39
21687 피눈물의 7만원 / 김영호 // 은하수. – 1988,(10). – 14 – 19
21688 한 대장부의 비극 / 동칠 // 은하수. – 1987,(10). – 26 – 29
21689 한 사형수의 자백 / 강영철 편역 // 은하수. – 1987,(10). – 34 – 35
21690 개혁의 선구자: 릉방주공장장의 임대 실기 // 은하수. – 1987,(11). – 43 – 44
21691 결의형제의 희생품 / 기원 // 은하수. – 1987,(11). – 23 – 24
21692 ≪경쟁전문호≫ / 동문 // 청년생활. – 1987,(11). – 2 – 3
21693 그녀가 사형수라니?! / 왕남 // 은하수. – 1987,(11). – 10 – 12
21694 꿇어라, 죄악의 무릎을 / 요옥빈 // 동북민병. – 1987,(11). – 40 – 45
21695 두가지 문명건설의 대오속에서 / 박택금;묘제 // 동북민병. – 1987,(11). – 23 – 24
21696 뛰여난 녀간첩 / 습인 // 청년생활. – 1987,(11). – 26 – 29
21697 붉은 넥타이를 매였다 / 남재 // 동북민병. – 1987,(11). – 29
21698 약수동의 애솔나무 / 향춘 // 소년아동. – 1987,(11). – 52 – 55
21699 옛숭터 / 바우 편역 // 은하수. – 1987,(11). – 13 – 16
21700 타오르라 ≪불꽃≫이여 / 류중평 // 동북민병. – 1987,(11). – 13 – 14
21701 탈옥기 / 윤봉문 // 지부생활. – 1987,(11). – 56 – 60
21702 특수한 전선 / 리진국 // 동북민병. – 1987,(11). – 5 – 9
21703 한 수의일군 / 룡덕;장희 // 천지. – 1987,(11). – 32 – 35
21704 한 영예군인의 추구 / 조보화 // 동북민병. – 1987,(11). – 15 – 16
21705 구사일생 / 철남 // 동북민병. – 1987,(12). – 42 – 44
21706 금강석으로 인한 기쁨과 고충 / 손청송 // 청년생활. – 1987,(12). – 9 – 10
21707 기이한 련정 / (향항) 리휘영 // 청년생활. – 1987,(12). – 41 – 45
21708 나는 내나름으로 : 녀자건강미시합1등 허근화의 고백 // 청년생활. – 1987,(12). – 7 – 8
21709 누구를 탓하랴 / 김일천 // 청년생활. – 1987,(12). – 54
21710 보람찬 새 생활 / 남재 // 동북민병. – 1987,(12). – 39
21711 생활이 그대를 속이더라도 / 문하 // 청년생활. – 1987,(12). – 13 – 15
21712 황경선과 그의 아들들 / 손영군 // 동북민병. – 1987,(12). – 12 – 14
21713 ≪황금함≫의 꿈 / 류빙 // 동북민병. – 1987,(12). – 16 – 20
21714 나의 희망 : 조득현무용연구소를 설립하면서 / 조득현 // 예술세계. – 1988,(1). – 4 – 5
21715 다시 취직하는 녀성로동자들 / 려철력 // 연변녀성. – 1988,(1). – 52 – 54
21716 땅을 떠난 사람 / 임홍해 // 은하수. – 1988,(1). – 42 – 44
21717 사랑스런 ≪천사≫들을 보호 / 윤성;경유 // 동북민병. – 1988,(1). – 16 – 17
21718 사르르의 유혹 / 전소령 // 은하수. – 1988, (1). – 44 – 46
21719 사철푸른 나라 / 림원춘 // 천지. – 1988,(1). – 54 – 61
21720 새 언덕으로 / 방태옥 // 연변녀성. – 1988,(1). – 2 – 4
21721 선진부장 / 리다준;전심 // 동북민병. – 1988,(1). – 14 – 15
21722 소발명을 한 애숭이 / 영홍;원령 // 소년아동. – 1988,(1). – 4 – 13
21723 시퍼런 대낮에 빚어진 죄악 / 전호 편역 // 은하수. – 1988,(1). – 39 – 41

21724 심연을 헤치고 / 라봉 // 은하수. – 1988,(1). – 51 – 52

21725 15년동안 다정했던 부부가…… / 지영순 // 청년생활. – 1988,(1). – 40 – 42

21726 안강의 품에 안겨 / 남재 // 동북민병. – 1988,(1). – 22

21727 우매로부터 온 실패 / 순금 편역 // 은하수. – 1988,(1). – 53

21728 이 세상의 불행아들에게 / 송석만 // 청년생활. – 1988,(1). – 3 – 6

21729 이야기대왕 – 강용군 // 꽃동산. – 1988,(1). – 2 – 3

21730 종횡만리 / 김학철 // 천지. – 1988,(1). – 4 – 16

21731 진의와 장천의 사랑 // 청년생활. – 1988, (1). – 7 – 10

21732 타고난 녀인이다 / 룩성아 // 장백산. – 1988,(1). – 114 – 130

21733 텔레비죤영화대본을 쓰는 가정주부 / 원곤 // 연변녀성. – 1988,(1). – 49 – 52

21734 특별초청변호사 / 서극 // 동북민병. – 1988, (1). – 15

21735 한 박사생의 륜락 / 마홍서 // 은하수. – 1988,(1). – 59 – 60

21736 광주의 겨레들을 찾아서 / 최영 // 중국조선어문. – 1988,(2). – 60 – 62

21737 그녀의 세계 : 룡정현영광원 원장 전영자에 대한 이야기 / 김춘극 // 연변녀성. – 1988,(2). – 52 – 54

21738 꼬마시인 류청청 / 세문 // 소년아동. – 1988,(2). – 4 – 10

21739 나는 노래 부르련다 : 녀배우 최암광 침몰기 / 몽경향 // 연변녀성. – 1988,(2). – 2 – 8

21740 도박판의 흥망록 / 장려아 ; 리소병 // 장백산. – 1988,(2). – 12 – 44

21741 두번째 결승전 / 류보법 // 소년아동. – 1988,(2). – 102 – 108

21742 때이르게 내린 찬서리 / 최미옥 // 청년생활. – 1988,(2). – 44 – 46

21743 례물 / 김례삼 // 문학과 예술. – 1988,(2). – 44 – 45

21744 룡두산의 녀투사 / 리광인 // 연변녀성. – 1988,(2). – 34 – 35

21745 모자의 상봉 / 리영 // 청년생활. – 1988,(2). – 53 – 55

21746 ≪백룡소≫의 지난날을 더듬어 / 백수 // 문학과 예술. – 1988,(2). – 85 – 86

21747 삶의 부등식? / 정등 // 은하수. – 1988,(2). – 3 – 7

21748 새각시가 강간범으로 / 장사덕 // 은하수. – 1988,(2). – 56 – 58

21749 서하객과 그의 어머니 // 소년아동. – 1988,(2). – 84 – 85

21750 쓰러질줄 모르는 꽃 / 김홍란 // 도라지. – 1988,(2). – 66 – 70

21751 ≪영화마저 제 말로…≫ / 장일민 // 예술세계. – 1988,(2). – 72 – 74

21752 우리 민족의 ≪오신≫ / 김증진 // 천지. – 1988,(2). – 4 – 8

21753 장사덕이 희생된후 / 증가순 // 지부생활. – 1988,(2). – 52 – 53

21754 전우들의 안전을 위하여 / 송철 // 지부생활. – 1988,(2). – 16 – 21

21755 정직은 외처에서 신음한다 / 해유한 // 은하수. – 1988,(2). – 22 – 24

21756 제비는 작아도 강남을 간다 / 황지영 // 천지. – 1988,(2). – 38 – 41

21757 조국의 변강을 지켜선 민병영웅들 / 리병태 // 동북민병. – 1988,(2). – 13 – 15

21758 차바퀴밑의 비극 / 학경당;포역공 // 장백산. – 1988,(2). – 45 – 57

21759 참군 / 철남 // 동북민병. – 1988,(2). – 4

21760 특공공로자 고전갑 / 사국웅;왕학해 // 장백산. – 1988,(2). – 58 – 64

21761 한 실패자의 고백 / 마승민 // 은하수. – 1988,(2). – 9 – 11

21762 기적이 나오기까지 / 원병 // 연변녀성. – 1988,(3).

－50－53
21763 꺼져버린 불씨:한≪행운아≫의 비극과 령혼투시 / 일우 편역 // 은하수.－1988,(3).－15－17
21764 녀장부의 선택 / 리봉; 도춘 // 동북민병.－1988,(3).－14
21765 명함장은 고발한다 / 한립 편역 // 은하수.－1988,(3).－18－20
21766 생사를 앞두고 있은 돈 흥정 / 번지신 // 은하수.－1988,(3).－13－14
21767 술공장의 부부 / 주익남 // 연변녀성.－1988,(3).－2－5
21768 신방에서 생긴 참혹한 사건 // 은하수.－1988,(3).－6－7
21769 신심: 성공의 비결 / 왕원림 // 동북민병.－1988,(3).－20－21
21770 아버지를 그리며 / 김정옥 // 문학과 예술.－1988,(3).－54－56
21771 언제나 군인의 기백으로 / 영수;춘룡 // 동북민병.－1988,(3).－9
21772 인신매매실록 / 왕령서 // 장백산.－1988,(3).－72－91
21773 잊기 어려운 사랑 / 문선희 // 청년생활.－1988,(3).－11－12
21774 잔치날에 받은 신부의 편지 / 정종호 // 천지.－1988,(3).－34－42
21775 주렁진 포도송이 / 리진국 // 동북민병.－1988,(3).－4－7
21776 중국사람의 존엄 / 류아주 // 청년생활.－1988,(3).－16－19
21777 진눈깨비 내리는 밤 / 요적; 우강 // 동북민병.－1988,(3).－35－36
21778 청춘을 꽃피우는 젊은이 / 남현빈 // 동북민병.－1988,(3).－33
21779 치부의 길을 개척하는 선줄군 / 최금철 // 동북민병.－1988,(3).－8
21780 푸른 꿈을 키워가는 처녀 / 금림;중평 // 동북민병.－1988,(3).－15－16
21781 훈춘벌에서 꽃피는 소년과외예술학교 / 박계동; 최호림 // 문학과 예술.－1988,(3).－84－85
21782 휘남현조선문인쇄공장 종업원들 겨레의 교육문화발전에 이바지 / 윤혁교 // 중국조선어문.－1988,(3).－22－23
21783 금전욕에 거매진 심령 / 당옥명;리사꾕 // 동북민병.－1988,(4).－41－42
21784 농민지위서기 / 리연국 // 장백산.－1988,(4).－110－130
21785 돈,미쳐난 야수 / 사덕위 // 장백산.－1988,(4).－157－168
21786 두 검은 유령 / 웅복근 // 동북민병.－1988,(4).－44－48
21787 두 렬차가 부딪친후 / 허경헌 // 동북민병.－1988,(4).－29－30
21788 말 세필이 실종된 계집애를 구원 / 장경생 // 동북민병.－1988,(4).－34
21789 몰부은 심혈 주렁진 열매 / 윤혁교 // 중국조선어문.－1988,(4).－17－18
21790 민족시인 로정원 / 김일 // 천지.－1988,(4).－46－48
21791 ≪발자국전문가≫의 이야기 / 최아빈 // 소년아동.－1988,(4).－47－53
21792 보슬비 내리는 밤 / 곽애주 // 청년생활.－1988,(4).－9－12
21793 사랑의 ≪부등식≫:≪백조≫와 ≪못생긴 새끼오리≫ / 한정일 // 도라지.－1988,(4).－58－63
21794 아리랑 열두고개:무용가 최옥주의 이야기 / 류원무 // 문학과 예술.－1988,(4).－76－79
21795 어려운 선택 / 혹성;문상 // 동북민병.－1988,(4).－16－17
21796 어머니로서의 박순자 / 김진석 // 연변녀성.－1988,(4).－14－15
21797 영원히 녹쓸지 않는 나사못 / 남재 // 동북민병.－1988,(4).－15
21798 외로운 사람 / 계룡복 // 천지.－1988,(4).－22－25
21799 인간 문정일 / 김학철 // 도라지.－1988,(4).

－2－16

21800 인생의 가치 / 황제국 // 동북민병.－1988,(4).－11－15

21801 재정국에서 목을 매겠다던 사람:류전상동지를 추모하여 / 남영전 // 장백산.－1988,(4).－130－132

21802 치정에 빠진 사나이 / 병삼 // 청년생활.－1988,(4).－13－19

21803 피비린 비극 // 동북민병.－1988,(4).－37－40

21804 한 녀기업가의 추구 / 형만신 // 연변녀성.－1988,(4).－2－4

21805 혈로/ 진안; 하색요// 은하수.－1988,(4).－3－5

21806 경각을 다투면서도: 박무수동지를 추모하여 / 남영전 // 장백산.－1988,(5).－88－89

21807 고향의 혼백을 찾아 / 김원도 // 도라지.－1988,(5).－55－58

21808 ≪내밀성부장≫ / 조승인// 동북민병.－1988,(5).－27

21809 ≪녀무송≫전기/ 왕령서// 연변녀성.－1988,(5).－18－21

21810 력사는 증명한다 / 왕술량 // 동북민병.－1988,(5).－19－21

21811 모스크바견문 / 려제 // 지부생활.－1988,(5).－59－60

21812 바다를 날아넘은 두루미 / 김천 // 천지.－1988,(5).－22－25

21813 벼슬을 ≪산≫ 이야기 / 리훈 // 연변녀성.－1988,(5).－51－53

21814 별스런 인연 / 역극삼;진기 // 연변녀성.－1988,(5).－16－17

21815 봉황새 / 손계충 // 소년아동.－1988,(5).－31－34

21816 빚더미를 차고일어선 젊은이 / 문성춘 // 동북민병.－1988,(5).－34－35

21817 사랑스러운 ≪머저리≫ / 광연 // 동북민병.－1988,(5).－7

21818 사랑의 시편 / 요광발; 윤성 // 동북민병.－1988,(5).－13－18

21819 사직한 뒤에 따른 고초 / 시방 // 연변녀성.－1988,(5).－39－40

21820 아침새:내몽골 후른벨 기행 / 터. 싸인바얀 // 동북민병.－1988,(5).－90－95

21821 영원한 화제 / 곽염추 // 연변녀성.－1988,(5).－23－24

21822 잊어야 할 사랑 / 전가 // 청년생활.－1988,(5).－19－22

21823 탈출의 길 / 장민부 작;박무수 역 // 장백산.－1988,(5).－111－121

21824 ≪편한 림종≫안건에 대한 론쟁 / 호경 // 연변녀성.－1988,(5).－8－9

21825 학도병에 걸렸던 나날을 회억하여 / 리도영 // 천지.－1988,(5).－52－56

21826 한 과부의 분투사 / 호훈벽;왕위거 // 연변녀성.－1988,(5).－43－47

21827 겨레의 얼 민족의 빛 / 한창선 // 장백산.－1988,(6).－27－43

21828 근면한 원예사 / 경홍 // 동북민병.－1988,(6).－24

21829 금전의 세계에서 헤매며 / 안발승 // 은하수.－1988,(6).－32

21830 눈물에 젖은 인생 / 강장희 // 연변녀성.－1988,(6).－13－15

21831 둔한 새도 먼저 날수 있어요 / 류보법 // 꽃동산.－1988,(6).－2－4

21832 리계향선생님과 그의 중국기행문 / 남영전 // 장백산.－1988,(6).－109－113

21833 번개불 / 김병욱 // 장백산.－1988,(6).－94－100

21834 섭위평과 공상명 / 주정청 // 연변녀성.－1988,(6).－10－12

21835 성공의 비결:기업가 선천봉에 대한 이야기 / 강진 // 송화강.－1988,(6).－58－63

21836 수학가 왕원에 대한 이야기 / 림옥림 // 소년아동.－1988,(6).－100－104

21837 시위청사에 나선 가수 / 원병 // 연변녀성.－

1988,(6).－2－4

21838 실패속에서 실패하지 않은 젊은이 / 김학봉 // 동북민병.－1988,(6).－34－35

21839 11살에 나는 대학생 / 단전양 // 소년아동.－1988,(6).－4－12

21840 웽그리아견문 // 지부생활.－1988,(6).－56－60

21841 전투로 쉰 룡년의 음력설 / 해연 등 // 동북민병.－1988,(6).－40－43

21842 중국 예비역부대의 탄생 / 원생강;고명생 // 동북민병.－1988,(6).－14－25

21843 지력개발의 기회를 찾은 비서 / 조세천 // 은하수.－1988,(6).－23

21844 특대강도집단의 전멸 / 일우 편역 // 은하수.－1988,(6).－12－13

21845 8월19일 장초의 급보 / 리군 // 은하수.－1988,(6).－25－27

21846 한 녀죄수의 어제와 오늘 / 리종철 편역 // 은하수.－1988,(6).－36－40

21847 황량몽 // 은하수.－1988,(6).－34－35

21848 가시덤불을 헤치는 사람 / 원해빈;우학리 // 동북민병.－1988,(7).－4－10

21849 그와 그녀는 잃었던 사랑을 되찾았다 / 서화 // 은하수.－1988,(7).－13－16

21850 나의 스승 / 류원무 // 천지.－1988,(7).－46－51

21851 녀기공사의 인생행로 // 대중과학.－1988,(7).－6－8

21852 도덕의 충돌 / 철려 // 은하수.－1988,(7).－24－26

21853 독일련방공화국견문 / 왕치국 // 지부생활.－1988,(7).－60－62

21854 동서방관념의 충돌 / 서유화 // 연변녀성.－1988,(7).－2－5

21855 뜻깊은 상봉 / 리정룡 // 지부생활.－1988,(7).－37－43

21856 무도장으로부터 심연에로 / 종철 편역 // 은하수.－1988,(7).－22－23

21857 믿음직한 뒤심 / 리수림 // 동북민병.－1988,(7).－31－32

21858 범인이 아니여야 할 약자 / 락홍 // 은하수.－1988,(7).－27－29

21859 산산이 부서진 꿈 / 방동춘 // 청년생활.－1988,(7).－24－25

21860 새 조류:가정교사 / 관경인; 동가경 // 연변녀성.－1988,(7).－7－9

21861 생일날 / 곽춘화 // 동북민병.－1988,(7).－36.43

21862 시련을 이겨낸 불구자학생 / 조충지 // 소년아동.－1988,(7).－4－9

21863 압력변주곡 / 황지영 // 천지.－1988,(7).－36－39

21864 우리 촌장 / 김순림 // 지부생활.－1988,(7).－23－24

21865 잊을수 없는 나날 / 전영옥 // 연변녀성.－1988,(7).－12－15

21866 장백산경제발전공사 경리－장홍길 / 박일찬 // 지부생활.－1988,(7).－64

21867 중국의 신비한 마력 / 진중복 // 연변녀성.－1988,(7).－44－45

21868 푸른 바다에 정을 두고 / 주립승 // 동북민병.－1988,(7).－25－26

21869 한 ≪민병호≫촌기업소의 어제와 오늘 / 장복군; 장운통 // 동북민병.－1988,(7).－22－24

21870 헌신적으로 일하는 사람: 길림성특등로력모범 리소민 / 장도상 // 대중과학.－1988,(7).－16－18

21871 개천에서 솟은 룡/ 전춘애// 연변녀성－1988,(8).－2－3

21872 검사와 감금된≪새각시≫ / 오천경;장혜군 // 연변녀성.－1988,(8).－5－9

21873 경사진 평형 / 리건평 // 은하수.－1988,(8).－50－53

21874 귀중한 청춘을 국방후비력건설에 / 은덕발;박명식 // 동북민병.－1988,(8).－29

21875 류랑자로부터 공장장으로 / 리종원 // 은하수.－1988,(8).－8－9

21876 마을을 치부에로 이끄는 련장 / 류의 // 동북민병. − 1988,(8). − 27 − 29

21877 모범남편이 되려면 / 주명 // 청년생활. − 1988,(8). − 6 − 7

21878 무덤앞에 올린 산꽃 / 영매 // 청년생활. − 1988,(8). − 13 − 18

21879 밤중에 울린 비명 / 장희 // 청년생활. − 1988,(8). − 23 − 25

21880 산간마을의 ≪오색길≫ / 윤성 // 동북민병. − 1988,(8). − 45 − 46

21881 ≪순수한 정신련애추구자≫의 꿈 / 청일문 // 청년생활. − 1988,(8). − 26 − 28

21882 신방에서 저지른 건달죄 / 홍성건 // 청년생활. − 1988,(8). − 53 − 54

21883 신에게 ≪예포≫된 12명 신부 // 은하수. − 1988,(8). − 10 − 15

21884 언제나 무장사업을 념두에 두고 / 한위지;경전곤 // 동북민병. − 1988,(8). − 44.46

21885 이런 이야기도 있다 / 천운 등 // 동북민병. − 1988,(8). − 33 − 35

21886 중국 ≪아치퍼≫의 피눈물 / 명학 // 청년생활. − 1988,(8). − 19 − 22

21887 중으로 된 녀대학생 / 왕영 // 연변녀성. − 1988,(8). − 36 − 41

21888 ≪가난뱅이≫사 주인의 오늘:왕국번을 찾아서 / 금강 // 지부생활. − 1988,(9). − 40 − 42

21889 개산툰화학섬유팔프공장의 반세기 / 김문세 // 천지. − 1988,(9). − 76 − 77

21890 계산해낸 만원호 / 등뢰 // 은하수. − 1988,(9). − 28 − 34

21891 고소못한 사건 / 김수봉 // 청년생활. − 1988,(9). − 15 − 17

21892 꼬마우편통신원 / 융림 // 소년아동. − 1988,(9). − 15 − 23

21893 꽃봉오리들의 미더운 ≪원예사≫ / 연소동 // 소년아동. − 1988,(9). − 4 − 8

21894 ≪남진≫신호 / 전계강; 란정도 // 동북민병. − 1988,(9). − 31 − 32

21895 미국에 간 중국인들 / 상봉강 // 연변녀성. − 1988,(9). − 2 − 13

21896 벼랑바위를 날아예는 수리개:저명한 조선족미용사 동창림에 대한 이야기 / 류일석 // 대중과학. − 1988,(9). − 3 − 6

21897 산에 ≪호구≫를 붙인 젊은이 / 한창진 // 동북민병. − 1988,(9). − 14 − 15

21898 아버지를 추모하여 / 리선호 // 은하수. − 1988,(9). − 35 − 37

21899 언제나 앞자리에 서서: 경장진무장부 지위계시록 / 순효;경부 // 동북민병. − 1988,(9). − 15 − 16

21900 올려다보이는 사람 / 강진 // 은하수. − 1988,(9). − 40 − 45

21901 외국상인들과 거래하는 민병들 / 동청년 등 // 동북민병. − 1988,(9). − 24 − 26

21902 원수들의 기대를 저버리지 않고 / 왕술량 // 동북민병. − 1988,(9). − 34 − 35

21903 의심쩍은 207안건 / 양수생 // 은하수. − 1988,(9). − 17 − 27

21904 자신 · 자강 · 성공 : 한 제대병사의 치부경력 / 서극;마삼 // 동북민병. − 1988,(9). − 27

21905 ≪천사≫의 참회 / 소련 // 청년생활. − 1988,(9). − 23 − 24

21906 청춘을 꽃피우는 젊은이 / 부윤위;류존귀 // 동북민병. − 1988,(9). − 28 − 29

21907 한 군계공의 선택 / 장복군;왕래춘 // 동북민병. − 1988,(9). − 47 − 48

21908 해안방어건설을 위하여 / 요광발;곡배승 // 동북민병. − 1988,(9). − 33.35

21909 공개하고 싶지 않은 사생활 / 주학명 // 은하수. − 1988,(10). − 29 − 31

21910 그들은 전야에서 분투하고있다 / 춘호;세굉 // 동북민병. − 1988,(10). − 30 − 31

21911 녀꼬마촬영가 / 강하 // 소년아동. − 1988,(10). − 27 − 34

21912 동심세계의 창조속에서:아동영문타자뇌기능훈련의 발명가 구가성선생을 찾아서 // 대

중과학. – 1988,(10). – 18 – 19

21913 류부장과 ≪도박왕≫ / 류연춘 // 동북민병. – 1988,(10). – 32

21914 부향장자리를 내놓은 무장부장 / 리수문 // 동북민병. – 1988,(10). – 18

21915 아버지는 삼림 / 강혜룡 // 청년생활. – 1988,(10). – 4 – 7

21916 엎친데 덮친 격 / 김춘극 // 청년생활. – 1988,(10). – 18 – 20

21917 외국사람들이 탄복하는 ≪민간전문가≫ / 전계강; 량방구 // 동북민병. – 1988,(10). – 20 – 29

21918 정의촌방송소 / 랑지위 // 동북민병. – 1988,(10). – 16

21919 지하철기공진료소를 찾아서 / 추엽 // 청년생활. – 1988,(10). – 41 – 42

21920 매혹된 동행자 / 허봉남 // 청년생활. – 1988,(11). – 17 – 20

21921 맹인대학생과 그의 아버지 // 소년아동. – 1988,(11). – 98 – 100

21922 물우로 걸어다니는 사람 // 은하수. – 1988,(11). – 55 – 57

21923 시골의사의 발자국 / 정창환 // 지부생활. – 1988,(11). – 37 – 38

21924 시대의 도전속에서;연변석유정제공장 공장장 차덕원에 대한 이야기 / 리정효 // 대중과학. – 1988,(11). – 3 – 6

21925 신비한 녀성≪농민기업가≫ / 봉파 // 연변녀성. – 1988,(11). – 21 – 23

21926 영원히 살아있으리라 / 류중평 // 동북민병. – 1988,(11). – 38 – 39

21927 오동을 찾은 봉황 / 김룡운 // 청년생활. – 1988,(11). – 9 – 10

21928 지방당위와 정부의 뜨거운 보살핌속에서 / 정혁봉 // 동북민병. – 1988,(11). – 19 – 20

21929 패기있는 북대황의 후손 / 오기해;위민 // 동북민병. – 1988,(11). – 37.39

21930 푸른산에 정을 두고 / 원해빈;하덕청 // 동북민병. – 1988,(11). – 21.20

21931 하늘에서 나래치는 새 / 모복충 // 소년아동. – 1988,(11). – 4 – 10

21932 교동반도에 핀 진달래꽃 / 류의무 // 동북민병. – 1988,(12). – 17

21933 꽃봉오리들과 더불어 30년 / 왕허지 // 지부생활. – 1988,(12). – 28 – 30

21934 별이라면 빛을 뿌려야 / 왕환매 // 동북민병. – 1988,(12). – 28 – 29

21935 부장,청장과 국장들 / 도계학;리광무 // 동북민병. – 1988,(12). – 11 – 12

21936 비극은 우연한 순간에 // 은하수. – 1988,(12). – 47 – 49

21937 산간마을의 ≪관음보살≫ / 조승인 // 동북민병. – 1988,(12). – 32 – 33

21938 산골에서 나온 녀변호사 / 장인 // 연변녀성. – 1988,(12). – 2 – 5

21939 성로동모범으로 당선된 녀기간민병 / 문국 등 // 동북민병. – 1988,(12). – 29

21940 시어머니 / 리영애 // 천지. – 1988,(12). – 51 – 54

21941 신랑신부의 부탁을 받고 / 류지 // 동북민병. – 1988,(12). – 4 – 6

21942 신부를 대신한 어리광대극 / 명호 편역 // 은하수. – 1988,(12). – 25 – 27

21943 알바니아기행 / 정일 편역 // 지부생활. – 1988,(12). – 59

21944 정보시대의 나젊은 척후병들 / 추엽 // 청년생활. – 1988,(12). – 61 – 62

21945 조국에 보답하는 열혈남아들 / 리광전 // 동북민병. – 1988,(12). – 22 – 23

21946 한 무용가의 희로애락 / 김영금 // 청년생활. – 1988,(12). – 16 – 19

21947 한 무장간부 안해의 마음 / 우빈 // 동북민병. – 1988,(12). – 33

21948 개혁자의 발자취 / 배수기 // 민족단결. – 1989,(1). – 33 – 35

21949 곡절많은 일생 / 정판룡 // 천지. – 1989,(1). – 22 – 29

21950 권력과 욕망의 유혹앞에서 빛나는 당성 원칙 / 리강 // 민족단결. – 1989,(1). – 15 – 17

21951 ≪꼴지≫로부터 ≪일등≫으로 / 세문 // 소년아동. – 1989,(1). – 7 – 11

21952 끝나지 않은 비극/ 최주봉// 장백산. – 1989,(1). – 39 – 68

21953 눈에 삼삼 귀에 쟁쟁 : 아버지 리욱을 그리며 / 리선호 // 장백산. – 1989,(1). – 126 – 130

21954 민족인재의 양성기지:중앙민족학원 조선어문강좌 / 박연 // 민족단결. – 1989,(1). – 26 – 27

21955 바다밑 비밀의 탐구자:조선족과학자 허동우에 대한 이야기 / 다켄 // 민족단결. – 1989,(1). – 28 – 30

21956 백두의 기발 / 김홍란 // 도라지. – 1989,(1). – 66 – 70

21957 부랑자의 어제와 오늘 / 전계강;량방구 // 동북후비군. – 1989,(1). – 30 – 31

21958 사랑의 천평 / 한정화 // 도라지. – 1989,(1). – 71 – 74

21959 소사하의 인삼달/ 허봉남// 민족단결. – 1989,(1). – 39 – 41

21960 시대의 앞장에서/ 허경화// 연변녀성. – 1989,(1). – 38 – 39

21961 열혈남아:≪골목길에서의 상봉≫:석산린전기 / 장외; 류자성 지음; 김운 번역 // 송화강. – 1989,(1). – 45 – 59

21962 인체전기기공에 대한 신기한 이야기 // 대중과학. – 1989,(1). – 28 – 29

21963 전문앞거리의 벼락부자들 / 라래용;진지빈 // 민족단결. – 1989,(1). – 60 – 63

21964 죽음의 신과 싸우며 국방사업에 헌신 / 리광무 등 // 동북후비군. – 1989,(1). – 9 – 12

21965 차진숙어머니 / 리상봉 // 천지. – 1989,(1). – 35 – 36

21966 천근무게의 수술칼 / 조위동 // 지부생활. – 1989,(1). – 42 – 44

21967 친절한 배려 복구사업의 담보 / 리건휘 // 민족단결. – 1989,(1). – 12 – 13

21968 하달강반에 타오르는 진달래:영길현조1중을 찾아서 / 리학 // 도라지. – 1989,(1). – 60 – 65

21969 한 문학청년의 길 / 서정일 // 동북후비군. – 1989,(1). – 23 – 24

21970 강자의 노래 / 김엽 // 청년생활. – 1989,(2). – 4 – 8

21971 공장장의 ≪병사≫사용담 / 반복충;요광발 // 동북후비군. – 1989,(2). – 20 – 21

21972 공정하게 처사하여 병원의 질을 담보 // 동북후비군. – 1989,(2). – 36 – 37

21973 금문도를 포격 / 엽비 // 민족단결. – 1989,(2). – 62 – 64

21974 금전에 미친 사람들 / 김정자 편역 // 은하수. – 1989,(2). – 26 – 29

21975 기묘한 공갈편지/ 오위동// 은하수. – 1989, (2). – 49 – 51

21976 나의 길 / 김재연 // 도라지. – 1989,(2). – 31 – 33

21977 눈물을 흘리고있는 영웅들 / 조문도 // 은하수. – 1989,(2). – 47 – 48

21978 ≪당의≫를 찾아서 / 소옥화 // 지부생활. – 1989,(2). – 20 – 22

21979 대자연의 참된 주인:농민원예사 최규환 / 서청룡 // 대중과학. – 1989,(2). – 25 – 26

21980 부자들이 낳은 비극 / 림수산 편역 // 은하수. – 1989,(2). – 22 – 25

21981 서로군 녀전사 수난기 / 동한치 // 연변녀성. – 1989,(2). – 58 – 63

21982 송화강반의 민병작업반 / 희상 등 // 동북후비군. – 1989,(2). – 26 – 27

21983 얻은것과 잃은것 / 허정화 // 도라지. – 1989,(2). – 28 – 31

21984 완전자동교환기에 몰부은 정성: 북경장거리전화국 기술과 과장 리해운고급공정사에 대한 이야기 / 한민 // 민족단결. – 1989,(2). – 18 – 21

21985 용감한 촬영가/ 최국새// 동북후비군. – 1989,(2). – 48

21986 월계관과 수쇄의 변주곡 / 고로 // 은하수. － 1989,(2). － 10 － 15

21987 잊을수 없는 광복거리 / 김두필 // 청년생활. － 1989,(2). － 39 － 40

21988 중국에서의 화류병 / 강건 // 장백산. － 1989,(2). － 70 － 89

21989 청해, 칠성판에 오른 3만명 채금농민들 / 왕운지 // 민족단결. － 1989,(2). － 43 － 46

21990 한 창업자의 발자취:연길시 제2양털옷공장 윤옥선공장장에 대한 이야기 / 김원범 // 민족단결. － 1989,(2). － 23 － 25

21991 한 처녀도적의 자백 / 석홍단 // 은하수. － 1989,(2). － 44 － 46

21992 허반제의 옥중생활 / 리진위 // 소년아동. － 1989,(2). － 39 － 54

21993 후비군의 모습 / 관세무 // 동북후비군. － 1989,(2). － 28 － 29

21994 경요의 곡절많은 사랑 / 호시진 // 청년생활. － 1989,(3). － 12 － 14

21995 고급공예미술사:황수금 / 정연 // 연변녀성. － 1989,(3). － 46 － 48

21996 군인본색을 잃지 않는 사람 / 곽춘효;범경부 // 동북후비군. － 1989,(3). － 20 － 21

21997 귀향창업기 / 장심가 // 민족단결. － 1989,(3). － 36 － 39

21998 그녀가 선택한 길 / 장경숙 // 연변녀성. － 1989,(3). － 2 － 4

21999 금술좋던 원앙새의 비극 / 리정일 // 연변녀성. － 1989,(3). － 23 － 24

22000 금전에서 내비친 반사광선 / 하대신 // 은하수. － 1989,(3). － 29 － 31

22001 꽃피는 교정 문명의 요람:길림시 조선족중학교건교 40돐에 부쳐 / 김원도 // 도라지. － 1989,(3). － 43 － 45

22002 나라의 대동맥을 위하여;조선족철도교량전문가 김동찬에 대한 이야기 / 한묵 // 민족단결. － 1989,(3). － 12 － 14

22003 려옥미용청 / 리화 // 연변녀성. － 1989,(3). － 14 － 15

22004 리해의 노래 / 포량옥 // 동북후비군. － 1989,(3). － 19

22005 미국땅을 밟아본다 / 김파 // 장백산. － 1989,(3). － 60 － 66

22006 미의 창조자 / 리선근 // 민족단결. － 1989,(3). － 28 － 33

22007 민족의 사명 자랑찬 로정:중앙민족출판사 조선문편집실을 찾아서 / 왕인 // 민족단결. － 1989,(3). － 15 － 18

22008 빈곤호를 정성껏 부축하였다 / 리광무;장복군 // 동북후비군. － 1989,(3). － 38 － 39

22009 세계를 향하여 / 홍만호 // 천지. － 1989,(3). － 17 － 26

22010 소녀의 빛나는 최후 / 리광인 // 소년아동. － 1989,(3). － 4 － 10

22011 시련속에서:만천재의 오늘 / 고성하 // 도라지. － 1989,(3). － 39 － 42

22012 신비한 부자 / 승일 편역 // 은하수. － 1989,(3). － 27 － 28

22013 아까운 사람…만억훤선생을 추모하여 / 남영전 // 장백산. － 1989,(3). － 85 － 87

22014 알콜은 중화민족을… / 소건신 // 연변녀성. － 1989,(3). － 10 － 13

22015 잊을수 없는 열아흐레 / 리해식 // 청년생활. － 1989,(3). － 9 － 11

22016 지독한 처녀 / 김춘극 // 청년생활. － 1989,(3). － 39 － 44

22017 촌장－경리 / 권원화 // 천지. － 1989,(3). － 32 － 35

22018 피로 물든 민병잡지 / 장동청 // 동북후비군. － 1989,(3). － 31

22019 한차례 무효취재에 관한 보고 / 류빈안 지음;리장춘 중역 // 송화강. － 1989,(3). － 41 － 48

22020 고향을 찾은 박사 / 림망 // 지부생활. － 1989,(4). － 40 － 41

22021 공장의 위병들 / 왕충덕 // 동북후비군. － 1989,(4). － 19 － 20

22022 광명의 사절 / 종성의 // 동북후비군. – 1989,(4). – 22 – 23

22023 그들이 보여준 세계 / 홍만호 // 송화강. – 1989,(4). – 52 – 57

22024 꿈 / 채점화;류문구 // 동북후비군. – 1989,(4). – 37 – 38

22025 날개없는 ≪기러기≫ / 장인;강표 // 동북후비군. – 1989,(4). – 18 – 19

22026 마배화농장의 위력 / 임홍문 // 민족단결. – 1989,(4). – 44 – 45

22027 상품생산을 발전시켜 산지대의 경제를 춰세우는데 기여 / 리광무 등 // 동북후비군. – 1989,(4). – 32 – 33

22028 시대의 조률사 / 김엽 // 청년생활. – 1989,(4). – 5 – 8

22029 아,운명이여! / 장위 // 연변녀성. – 1989,(4). – 4 – 16

22030 야정상의 꿈 / 안언명 // 민족단결. – 1989,(4). – 40 – 43

22031 운남란창대지진 실기 / 동수영 // 장백산. – 1989,(4). – 47 – 60

22032 저명한 고생물학자 안태상교수 / 박충록 // 민족단결. – 1989,(4). – 4 – 8

22033 진경윤의 소년시절 / 장보위 // 소년아동. – 1989,(4). – 74 – 78

22034 진실한 생활 진실한 연기:화룡림업국≪산처녀≫극조를 찾아서 // 문학과 예술. – 1989,(4). – 71 – 73

22035 특수려행권 / 하창 // 청년생활. – 1989,(4). – 48 – 52

22036 가슴에서 반짝이는 5 · 1로력훈장 / 리문 // 소년아동. – 1989,(5). – 4 – 9

22037 닻 없는 배 / 차순복 // 청년생활. – 1989, (5). – 10 – 14

22038 뢰봉정신을 발양하여 / 오계청;오계삼 // 동북후비군. – 1989,(5). – 12 – 13

22039 맹호영웅 오룡진 / 오형모 // 동북후비군. – 1989,(5). – 22 – 24

22040 밤악마의 말로 / 주소월 // 청년생활. – 1989,(5). – 42 – 44

22041 범죄자의 어제와 오늘 / 위회장 // 동북후비군. – 1989,(5). – 25

22042 보람찬 10년 풍성한 수확 / 전흥렬 // 민족단결. – 1989,(5). – 15 – 18

22043 산림의 젊은 주인 / 고청학 // 동북후비군. – 1989,(5). – 26 – 27

22044 색바랜 무지개 / 리성권 // 천지. – 1989,(5). – 19 – 29

22045 수학을 즐긴 홍대용 / 김충실 // 소년아동. – 1989,(5). – 48 – 50

22046 스테비아개발의 풍파속에서; 흑룡강성 오상철서공업회사 홍경리 강호규에 대한 이야기 / 리수봉 // 민족단결. – 1989,(5). – 44 – 45

22047 신비한 816번지 / 리세걸 // 청년생활. – 1989,(5). – 32 – 33

22048 아,드넓은 오아시스여 / 류경화 // 민족단결. – 1989,(5). – 9 – 12

22049 의미심장한 력사의 명시 / 소효강 // 연변녀성. – 1989,(5). – 24 – 27

22050 천금주고도 살수 없는 인간애 / 황현옥;석봉 // 민족단결. – 1989,(5). – 21 – 24

22051 친선의 다리에 슴배인 한 외교일군의 심혈 / 박일선;김춘자 // 민족단결. – 1989,(5). – 19 – 20

22052 혼례변주곡 / 곽춘효 // 동북후비군. – 1989,(5). – 28 – 35

22053 가시덤불 헤치며 걸어온 창업의 길:강호규공장장에 대한 이야기 / 박종석;임국현 // 송화강. – 1989,(6). – 50 – 58

22054 경쟁의 협곡을 뛰여넘어 / 진민중;고정선 // 민족단결. – 1989,(6). – 20 – 22

22055 고마운 아저씨 / 김민 // 꽃동산. – 1989,(6). – 2 – 4

22056 광명을 주는 천사 / 김엽 // 청년생활. – 1989,(6). – 4 – 8

22057 그녀는 말을 타고 나섰다 / 김춘극 // 연변

녀성. − 1989,(6). − 49 − 51

22058 글라스고에서의 박투 / 조평 // 연변녀성. − 1989,(6). − 20 − 25

22059 기층예술단은 제길을 찾아야:화룡현예술단을 찾아서 // 문학과 예술. − 1989,(6). − 63

22060 당지의 자연우세를 리용하여 근로치부의 길에 들어선 조선족농민 / 김인석 // 민족단결. − 1989,(6). − 42 − 44

22061 대중들에게 돌린 방송마이크:≪라지오대중가요무대≫를 두고 // 문학과 예술. − 1989,(6). − 66 − 67

22062 두 조선족고아에게 베풀어진 사랑 / 강송훈 // 민족단결. − 1989,(6). − 39 − 40

22063 땅밑의 보물을 찾아서: 절강대학 지질학부 조선족부교수 류지청에 대한 이야기 / 경계영 // 민족단결. − 1989,(6). − 26 − 28

22064 렴결봉공의 모범:심양군구 모 부대 조선족영장 차만식에 대한 이야기 / 리태문 // 민족단결. − 1989,(6). − 29 − 30

22065 마방직공장의 사복경찰 / 후전좌 // 동북후비군. − 1989,(6). − 20 − 21

22066 목욕수건에 깃든 희로애락 / 김옥 // 은하수. − 1989,(6). − 55 − 63

22067 미담을 엮어가는 자매 / 배립전 // 동북후비군. − 1989,(6). − 16 − 17

22068 반생을 식료공업에 바쳐: 식료품공정사 정동호에 대한 이야기 / 박정웅 // 대중과학. − 1989,(6). − 6 − 8

22069 변강땅에 우뚝 솟은 텔레비죤철탑 / 김진석 // 민족단결. − 1989,(6). − 22 − 25

22070 병사가 공정사로 되기까지 / 주건의;한복청 // 동북후비군. − 1989,(6). − 18 − 19

22071 빈궁우환록 / 정실 // 민족단결. − 1989,(6). − 9 − 12

22072 석산린 인상기 / 문창남 // 도라지. − 1989,(6). − 34 − 35

22073 석탄주이장원: 리춘학 / 진해 등 // 동북후비군. − 1989,(6). − 34

22074 선물 / 박정근 // 연변녀성. − 1989,(6). − 7 − 10

22075 세파의 시련속에서 / 황파 // 청년생활. − 1989,(6). − 21 − 24

22076 ≪소경리≫ / 윤선룡 // 민족단결. − 1989,(6). − 45 − 46

22077 얼룩점이 찍힌 넥타이 / 왕보귀 // 청년생활. − 1989,(6). − 44 − 52

22078 인생의 갈림길에서: 청소년범죄게시록 // 대중과학. − 1989,(6). − 28 − 31

22079 자기를 되찾은 사람:윤종은에 대한 이야기 / 강진; 김광익 // 송화강. − 1989,(6). − 59 − 62

22080 잔혹한 밤의 장막/ 서광순// 장백산. − 1989,(6). − 3 − 25

22081 중남해에 가본 사람 / 망일민 등 // 동북후비군. − 1989,(6). − 35

22082 촬영예술세계에 뛰여든 애숭이 / 사민귀 // 소년아동. − 1989,(6). − 4 − 8

22083 한 녀류작가에 대한 일화 // 중국조선어문. − 1989,(6). − 34

22084 해방직후의 나날/ 엄주식// 송화강. − 1989,(6). − 46 − 50

22085 ≪강철장성≫의 초석 / 무명 // 동북후비군. − 1989,(7). − 10 − 11

22086 광소촌의 충복 / 남세풍 // 천지. − 1989,(7). − 52 − 56

22087 녀경리의 디스코악장 / 하흠 // 연변녀성. − 1989,(7). − 2 − 4

22088 다 같은 그날 밤이건만 / 박준범 // 청년생활. − 1989,(7). − 12 − 13

22089 리윤 41만원을 창조한 사람 / 변경의;황청갑 // 동북후비군. − 1989,(7). − 34 − 35

22090 말썽 많은 인체예술전람 / 기일;채화 // 연변녀성. − 1989,(7). − 29 − 34

22091 무한 모터찌클기사들의 수난기 / 요경문 // 연변녀성. − 1989,(7). − 18 − 21

22092 병영과 이어진 마음 / 류위인;장덕례 // 동북후비군. − 1989,(7). − 7 − 9

22093 아득한 지평선 / 김응룡 // 천지. – 1989,(7). – 27 – 34

22094 《아무것도 없어》;중국쟈즈음악과 최건 / 허경룡 // 천지. – 1989,(7). – 35 – 37

22095 지향 / 고명생;무경민 // 동북후비군. – 1989,(7). – 14 – 20

22096 철창속의 눈물 / 김춘극 // 청년생활. – 1989,(7). – 57 – 60

22097 개혁자의 발자취:길림성화룡기계공장 공장장 김상진에 대한 이야기 / 김광호 // 대중과학. – 1989,(8). – 3 – 6

22098 경침을 베면서 고심히 학습 // 소년아동. – 1989,(8). – 54 – 55

22099 꿀벌골의 보물사건 / 리경의 // 청년생활. – 1989,(8). – 44 – 49

22100 렬화속의 충혼 / 소복항;부표 // 동북후비군. – 1989,(8). – 33 – 35

22101 로력과 과학으로 행복을 가꿔가는 사람 / 리건국 // 동북후비군. – 1989,(8). – 12

22102 《로병》은 누구? / 류경창 등 // 동북후비군. – 1989,(8). – 14 – 15

22103 망각을 위한 회억 / 양다혜 // 연변녀성. – 1989,(8). – 52 – 56.15

22104 먹어서 가난해진 중국 / 백설만 // 은하수. – 1989,(8). – 3 – 7

22105 민족의 얼을 지닌 사람 / 김동호 // 천지. – 1989,(8). – 25 – 31

22106 부단히 추구하는 《로무장》 / 호파 // 동북후비군. – 1989,(8). – 6 – 7

22107 세대주 / 강장희 // 천지. – 1989,(8). – 32 – 34

22108 신동을 키워내기까지 / 엄병국 // 연변녀성. – 1989,(8). – 2 – 4

22109 씨없는 수박을 배육해낸 우장춘 / 김충실 // 소년아동. – 1989,(8). – 32 – 34

22110 오해 / 리문 // 청년생활. – 1989,(8). – 9 – 11

22111 왕념리의 세가지 추구 / 백승상 // 동북후비군. – 1989,(8). – 13

22112 운명의 배신자 / 김양금 // 연변녀성. – 1989,(8). – 39 – 41

22113 피의 대가 // 은하수. – 1989,(8). – 18 – 19

22114 한 검사의 수기 / 최정학 // 청년생활. – 1989,(8). – 42 – 43

22115 한 성병의사의 수기 / 문래 // 연변녀성. – 1989,(8). – 5 – 11

22116 한 소년발명자가 걸어온 길 / 정화 // 소년아동. – 1989,(8). – 4 – 9

22117 황씨부자 / 위회장 // 동북후비군. – 1989,(8). – 38 – 39

22118 거룡이여, 눈을 뜨라 / 채화;기일 // 연변녀성. – 1989,(9). – 10 – 14

22119 공동치부의 선줄군 / 왕래춘;방용 // 동북후비군. – 1989,(9). – 35

22120 군인의 본색 / 나무한 // 동북후비군. – 1989,(9). – 33 – 34

22121 꼬마배우들을 양성하는 길에서 / 주희영 // 소년아동. – 1989,(9). – 62 – 64

22122 누구의 죄인가 / 호일 편역 // 은하수. – 1989,(9). – 24 – 26

22123 덫에 뛰여든 승냥이 / 방림 // 청년생활. – 1989,(9). – 41 – 42

22124 도적잡이에 나선 칠순할머니 / 소주 // 연변녀성. – 1989,(9). – 17 – 19

22125 래일을 위하여:활발히 전개되고있는 도문시생물화학제약공장의 종업원교육 / 서광 // 대중과학. – 1989,(9). – 3 – 6

22126 민병대오속의 《발명가》: 류해렬 / 조강;림문국 // 동북후비군. – 1989,(9). – 14

22127 변치 않은 마음 // 소년아동. – 1989,(9). – 3 – 5

22128 부자간이 다 서법가로 되였다 // 소년아동. – 1989,(9). – 40 – 41

22129 불타는 마음 / 주건의;리일평 // 동북후비군. – 1989,(9). – 7 – 10

22130 40년간 생사를 협박받다 / 리휘 // 은하수. – 1989,(9). – 53

22131 삼각련애가 빚어낸 비극 / 주소월 // 청년

생활. – 1989,(9). – 29 – 30
22132 손련장이 ≪아들≫을 삼다 / 맹번보;장승리 // 동북후비군. – 1989,(9). – 34 – 35
22133 숨가쁘기 그지없는 철로 / 은호 // 은하수. – 1989,(9). – 26 – 30
22134 연변의 ≪오신≫:한옥희 / 리은화;리호림 // 연변녀성. – 1989,(9). – 2 – 5
22135 오늘의 진보도 / 황명송 // 지부생활. – 1989,(9). – 43 – 44
22136 ≪인젠 웃어야지!≫ / 리범 // 은하수. – 1989,(9). – 50 – 51
22137 장난꾸러기애들에 대하여 / 윤추 // 소년아동. – 1989,(9). – 76 – 82
22138 ≪지방악대≫의 죄악 / 손량성 // 은하수. – 1989,(9). – 17 – 20
22139 집법자의 반역 / 신세량; 덕행 // 연변녀성. – 1989,(9). – 34 – 39
22140 창업의 초행길 / 리흥국 // 청년생활. – 1989,(9). – 33 – 36
22141 한 대학생의 수기 / 량건 // 연변녀성. – 1989,(9). – 24 – 26
22142 한 로동모범의 고뇌 / 류삼성 // 연변녀성. – 1989,(9). – 7 – 9
22143 ≪가정울타리≫로부터 감옥에로 / 박문학 편역 // 은하수. – 1989,(10). – 48 – 49
22144 고향길 / 정길운 // 천지. – 1989,(10). – 42 – 48
22145 나의 꼬마출판가들 / 주영강 // 연변녀성. – 1989,(10). – 48 – 49
22146 돈으로 열지 못하는 문 / 주소월 // 청년생활. – 1989,(10). – 31 – 33
22147 동공에서 약동하는 태양 // 소년아동. – 1989,(10). – 8 – 14
22148 따사로운 손길 / 류중평 // 동북후비군. – 1989,(10). – 16 – 17
22149 로출된 ≪돈과 권리의 거래≫: 절강성 백만원기편안건 기사 / 경림 // 은하수. – 1989,(10). – 15 – 18
22150 마흔번째 문턱 / 공응념;서영 // 연변녀성. – 1989,(10). – 19 – 25
22151 만난을 박차고:연변화학공업본공장 공장장 김명수의 사적 / 김신생 // 대중과학. – 1989,(10). – 3 – 5
22152 만원호의 ≪빈곤≫ / 주영신 // 연변녀성. – 1989,(10). – 2 – 11
22153 망울을 터친 진달래 / 황파 // 청년생활. – 1989,(10). – 7 – 10
22154 백만장자의 입당풍파 / 하춘일 편역 // 은하수. – 1989,(10). – 11 – 14
22155 버들공예품에 깃든 미담 / 곽춘효;리세굉 // 동북후비군. – 1989,(10). – 46 – 47
22156 섣달 그믐날 / 설봉 // 연변녀성. – 1989,(10). – 12 – 14.26
22157 쏘련방문일기 10편 / 장경명 // 동북후비군. – 1989,(10). – 24 – 28
22158 울고 웃는 별세상:인간세상에서 망각된 구석 / 김수국 // 천지. – 1989,(10). – 70 – 79
22159 인민정권의 견강한 위병 계엄부대의 유력한 조수 / 왕백정;하광고 // 동북후비군. – 1989,(10). – 7 – 9
22160 종점없는 출발 / 조성희 // 천지. – 1989,(10). – 39 – 41
22161 ≪주보≫첨가제가 세상에 나오기까지 / 아생;산지 // 동북후비군. – 1989,(10). – 36 – 38
22162 책방에서 생기는 우려 / 일우 // 은하수. – 1989,(10). – 52 – 53
22163 개척자의 발자취 / 류명기 // 동북후비군. – 1989,(11 – 12). – 32
22164 고마운 마음 / 서정일 // 동북후비군. – 1989,(11 – 12). – 18
22165 과학기술보급선진향의 주력군 / 조문성 // 동북후비군. – 1989,(11 – 12). – 28 – 29
22166 국경지대의 기문 / 서평 // 천지. – 1989,(11). – 55 – 61
22167 그는 어떻게 기로에 들어섰는가? / 송위평 // 동북후비군. – 1989,(11 – 12). – 25 – 26

22168 기계처럼 돌아가는 사람 / 김동화 // 동북후비군. − 1989,(11 − 12). − 30
22169 기업가의 안해 / 장경숙 // 연변녀성. − 1989,(11). − 57 − 58
22170 꿈속에서도 자유를 바라는 죄인 / 전청파 // 은하수. − 1989,(11). − 8 − 9
22171 나는 자투리로 되고싶지 않다 / 금실 // 청년생활. − 1989,(11). − 17 − 18
22172 녀중학생들의 변태적행위 / 임월;상청 // 연변녀성. − 1989,(11). − 37 − 40
22173 도를 닦는 사람들 / 초야 // 연변녀성. − 1989,(11). − 27 − 28
22174 마지막에 웃으려는 녀인 / 장외 // 연변녀성. − 1989,(11). − 29 − 37
22175 막내동생이 받는 첫 월급봉투 / 박동선 // 연변녀성. − 1989,(11). − 24 − 26
22176 백만장자의 입당을 두고 / 류흠흠;하대신 // 연변녀성. − 1989,(11). − 9 − 12
22177 보리고개를 넘는 사람들 / 하태렬 // 천지. − 1989,(11). − 68 − 70
22178 북방의 사다왕황기 / 리경파 // 동북후비군. − 1989,(11 − 12). − 37 − 41.43
22179 사랑과 권력앞에서 / 기석 // 연변녀성. − 1989,(11). − 13 − 15
22180 술때문에 생긴 비극 / 지검 // 청년생활. − 1989,(11). − 38 − 40
22181 쉘비그의 노래 / 아수 // 연변녀성. − 1989,(11). − 8 − 9
22182 암풀세계의 주인 / 김엽 // 청년생활. − 1989,(11). − 7 − 10
22183 약손 / 가영동 // 동북후비군. − 1989,(11 − 12). − 31
22184 오작교우에서 / 모남 // 청년생활. − 1989,(11). − 13 − 15
22185 이스라엘견문 // 대중과학. − 1989,(11). − 40 − 41
22186 작가 파금의 가정생활 / 차지화 // 은하수. − 1989,(11). − 59
22187 정구계에 새로 나타난 명수 장덕배 // 소년아동. − 1989,(11). − 110 − 112
22188 죽은 남편과의 재혼신청 / 진청 // 청년생활. − 1989,(11). − 32 − 35
22189 중국의 쟈즈음악과 최건 / 상봉 // 청년생활. − 1989,(11). − 11 − 12
22190 진지한 정 / 왕종언;류서량 // 연변녀성. − 1989,(11). − 44 − 46
22191 처녀합동공들 / 포영란 // 연변녀성. − 1989,(11). − 2 − 6
22192 ≪페물왕≫왕의운 / 왕시준 // 소년아동. − 1989,(11). − 4 − 10
22193 학적부에 오르지 않은 학생 / 최계옥 // 연변녀성. − 1989,(11). − 48 − 49
22194 항암령의 발명가 / 한창희 // 천지. − 1989,(11). − 12 − 16
22195 화자산기슭의 식수모범 / 한위지;초백추 // 동북후비군. − 1989,(11 − 12). − 63 − 64
22196 국경지대의 기문 / 서평 // 천지. − 1989, (12). − 62 − 67
22197 ≪돼지아이≫ / 장인부 // 은하수. − 1989,(12). − 25 − 33
22198 ≪로처녀≫공장장이 얻은것과 잃은것 / 유교 // 연변녀성. − 1989,(12). − 2 − 5
22199 변방전사와 도주녀 / 황일욱 // 청년생활. − 1989,(12). − 9 − 13
22200 부르하통하강반의 기공사 / 추엽 // 청년생활. − 1989,(12). − 37 − 38
22201 붉은넥타이봉사대 / 장대위 // 소년아동. − 1989,(12). − 3 − 8
22202 사랑의 쏘나타 / 리수락 // 연변녀성. − 1989,(12). − 18 − 21
22203 역경속에서 성장한 ≪수학왕자≫ // 소년아동. − 1989,(12). − 83 − 87
22204 유리빛 반짝인다 / 김송죽 // 천지. − 1989,(12). − 32 − 37
22205 저주로운 도박판 / 로일비 // 지부생활. − 1989,(12). − 38 − 39

22206 청년법의의 고백/환장//청년생활.-1989,(12).-43-46

22207 초행길을 더듬어/방란//소년아동.-1989,(12).-88-91

22208 개척정신이 있는 기업가-장일철/강려철//민족단결.-1990,(1).-42-43

22209 개혁의 불을 높이 받쳐들고/오석균//대중과학.-1990,(1).-42-44

22210 계절은 겨울부터 시작이다/경민//문학과 예술.-1990,(1).-30-38

22211 국방을 위하는 마음/서진청;은덕발//동북후비군.-1990,(1).-27-29

22212 국제시장을 겨냥하고서:심양 천금강제곡관유한공사 리사장 김성수에 대한 이야기/한정현//민족단결.-1990,(1).-24-27

22213 도고한 기백,드넓은 마음/김명//꽃동산.-1990,(1).-2-4

22214 떠다니는 ≪외국령토≫에서/염사걸 등//동북후비군.-1990,(1).-13-17

22215 량심의 빛/김영강//청년생활.-1990,(1).-69-71

22216 례절을 차려도 분수있어야 한다/최영편역//중국조선어문.-1990,(1).-28-30

22217 만원호야사/소군//연변녀성.-1990,(1).-6-9

22218 법제의 길로/효곽//동북후비군.-1990,(1).-18-20

22219 산에 정을 붙인 녀인:양봉장원 장송월방문기/박향숙//연변녀성.-1990,(1).-11-12

22220 3만원은 어떻게 왔는가?/김정애//연변녀성.-1990,(1).-47-48

22221 생명의 기적;혀암을 전승한 한 보통녀인의 이야기/위혁지//연변녀성.-1990,(1).-14-17

22222 신심과 의력으로 살아온 한생:포창선생의 서거 1돐을 기념하여/염의//장백산.-1990,(1).-120-123

22223 왕곰보진료소와 왕홍상의사/김원//민족단결.-1990,(1).-50-52

22224 은사를 추모하여/장리국//장백산.-1990,(1).-124-125

22225 응집력의 비결:한 가난퇴치향에서 온 보고/주효파//민족단결.-1990,(1).-18-20

22226 인삼향기행/마정량//민족단결.-1990,(1).-44-45

22227 청춘의 장례:한 기층녀간부가 한 이야기/왕숙평//은하수.-1990,(1).-24-25

22228 추구·박애·성공:우리 나라 첫번째 개체정신병원 의사 왕혜금의 이야기/림위국;증소평//연변녀성.-1990,(1).-37-39

22229 한송이 장미꽃:화룡현면직공장실기/강철규//천지.-1990,(1).-77-78

22230 고향떠나 50년/정판룡//장백산.-1990,(2).-111-129

22231 국가안전부에서 온 보고/초국력//연변녀성.-1990,(2).-49-51

22232 그는 뢰봉같은 ≪바보≫이다/리진국//동북후비군.-1990,(2).-9-14

22233 남극을 정복한 첫 녀인/손효운//연변녀성.-1990,(2).-2-6

22234 달갑게 밑지며 의무를 리행하는 사람/상수성;왕추명//동북후비군.-1990,(2).-34

22235 들장미사건/원천//청년생활.-1990,(2).-59-65

22236 ≪린색≫한 일본사람/장자룡//동북후비군.-1990,(2).-47-48

22237 망각된 인간들속에서/최문섭//청년생활.-1990,(2).-42-47

22238 무함당한 사람/권원화//천지.-1990,(2).-30-32

22239 비둘기언어/심벽연//소년아동.-1990,(2).-12-18

22240 새로운 자아를 창조하자/채옥명//연변녀성.-1990,(2).-40-43

22241 생명의 위험을 무릎쓰고/정영승//동북후비군.-1990,(2).-23

22242 성공속에서의 첫 시작 / 최연 // 예술세계. – 1990,(2). – 41 – 43
22243 아,도라지 / 후성 // 청년생활. – 1990,(2). – 3 – 4
22244 아름다운 무지개 / 김응룡 // 천지. – 1990,(2). – 4 – 11
22245 12살짜리 ≪상좌참모장≫ / 춘천 // 동북후비군. – 1990,(2). – 36
22246 59명의 생명을 위하여 / 당림 등 // 동북후비군. – 1990,(2). – 29 – 30
22247 정의가 호소할 때… / 오운남;양뢰 // 은하수. – 1990,(2). – 22 – 26
22248 한 경리의 장사비결 / 김양금 // 연변녀성. – 1990,(2). – 18 – 20
22249 견습공이 유리대왕으로:싱가포르 화흥유리공정유한회사 주석 진가화 / 개방 // 민족단결. – 1990,(3). – 52 – 53
22250 ≪고집쟁이부장≫ / 주건의;조사문 // 동북후비군. – 1990,(3). – 30 – 31
22251 국장의 로맨스 / 김동호 // 천지. – 1990,(3). – 4 – 14
22252 그 토요일 밤 / 류겸 // 청년생활. – 1990,(3). – 4 – 5
22253 금문도를 포격 / 염비 // 민족단결. – 1990,(3). – 62 – 64
22254 녀성주장 / 장사하 등 // 민족단결. – 1990,(3). – 36 – 37
22255 리히텐슈타인견문 / 리념배 // 대중과학. – 1990,(3). – 34 – 37
22256 명리를 따지지 않는 부장:함장춘 // / 동북후비군. – 1990,(3). – 29.31
22257 무거운 고리대금 / 염보휘 // 은하수. – 1990,(3). – 20 – 23
22258 문화가 없는 ≪과학≫ / 대은보 // 은하수. – 1990,(3). – 36 – 41
22259 민족지향의 자세: 연변민족경제발전공사 발전개략 / 남설 // 문학과 예술. – 1990,(3). – 80
22260 박탈당한 사랑의 권리 / 리중우 // 청년생활. – 1990,(3). – 40 – 42
22261 변강의 진달래 / 송연 // 청년생활. – 1990,(3). – 43 – 44
22262 병실에서 쓴 편지 / 리복민 // 소년아동. – 1990,(3). – 29 – 35
22263 ≪북경돈 좀 만져봅시다≫ / 장춘식;서영빈 // 민족단결. – 1990,(3). – 33 – 35
22264 불타는 석양빛:윤영숙교원의 이야기 / 성진숙 // 장백산. – 1990,(3). – 73 – 82
22265 세개의 붉은별 / 설창진 // 소년아동. – 1990,(3). – 8 – 18
22266 유곡에서 걸어나온 사람 / 리광무 등 // 동북후비군. – 1990,(3). – 10 – 15
22267 자동차기술혁신의 길에서:교통부 도로과학연구소 부소장 박하홍고급공정사를 찾아서 / 김창남 // 민족단결. – 1990,(3). – 25 – 27
22268 천추만대의 사업을 위하여 / 소복항 등 // 동북후비군. – 1990,(3). – 22 – 24
22269 한송이 보라색 도라지꽃: 흑룡강성 녕안현 해림진 오동촌의 오영자녀인에 대한 이야기 / 김동진 // 민족단결. – 1990,(3). – 56 – 58
22270 홍군로맨스 / 철죽위 // 연변녀성. – 1990,(3). – 6 – 11
22271 가슴속에 남은 후회 / 최계옥 // 연변녀성. – 1990,(4). – 55 – 56
22272 개척자들: 연변하하공업본공장실기 / 주희옥 // 천지. – 1990,(4). – 50 – 53
22273 객지의 꿈 / 박정근 // 청년생활. – 1990,(4). – 49 – 51
22274 길림성우수공장장 – 박성렬 / 한정일 // 민족단결. – 1990,(4). – 25 – 26
22275 길림성우수농민기업가 – 김형섭 // 민족단결. – 1990,(4). – 26 – 27
22276 길림화학공업공사의 조선족종업원들 / 원시희 // 민족단결. – 1990,(4). – 30 – 31
22277 길은 어디에? / 왕옥국 // 동북후비군. – 1990,(4). – 31 – 32
22278 김염과 진이의 사랑 / 서위민 // 민족단결.

－1990,(4).－62－64
22279 꼬마서예가 왕리란 / 황릉 // 소년아동.－1990,(4).－8－12
22280 ≪두 농민≫의 ≪한담≫ / 황편 // 지부생활.－1990,(4).－45
22281 두번째 눈물:김성휘선생님을 추모하여 / 림연 // 송화강.－1990,(4).－60－61
22282 배끄는 사람의 노래 / 무경민 등 // 동북후비군.－1990,(4).－10－14
22283 시인은 가고 작품만 남아 / 한창희 // 장백산.－1990,(4).－49－51
22284 심연속으로 / 진녕강 // 장백산.－1990,(4).－103－124
22285 아버지 영상을 우러러 / 김예풍 // 도라지.－1990,(4).－27－28
22286 아버지의 발자취를 따라 / 지평 // 지부생활.－1990,(4).－40
22287 암을 정복하는 길에서:중국중의연구원 광안문병원 박병규부원장을 찾아서 / 전홍렬 // 민족단결.－1990,(4).－9－12
22288 연변에 피여난 소림무술의 꽃 / 추엽 // 청년생활.－1990,(4).－2－7
22289 인류보호가의 꿈 / 림원 // 문학과 예술.－1990,(4).－38－41
22290 인민대회당 주방에서 / 오정 // 청년생활.－1990,(4).－37－39
22291 자멸의 길로 / 좌련벽;사단 // 동북후비군.－1990,(4).－24－26
22292 중학생소비일별 / 동나 // 연변녀성.－1990,(4).－16－19
22293 진주항의 풍운 / 조창욱 // 대중과학.－1990,(4).－34－38
22294 청년문사－송몽규 / 한정길 // 문학과 예술.－1990,(4).－42－44
22295 청춘기의 인간수업 / 황봉룡 // 천지.－1990,(4).－66－71
22296 특수경찰대대의 녀경찰 / 마보강 // 연변녀성.－1990,(4).－2－7
22297 한 불구자녀성의 창업사: 녀공장장 채봉순에 대한 이야기 / 김춘극; 리분옥 // 연변녀성.－1990,(4).－38－40
22298 한락연을 회억하여 / 판결자 // 예술세계.－1990,(4).－9－10
22299 한생을 청춘으로:저명한 시인 김성휘선생을 추모하여 / 김기형 // 송화강.－1990,(4).－58－59
22300 희망은 손저어 부른다 / 량방구;리병복 // 동북후비군.－1990,(4).－22－23
22301 그녀가 엮은 서사시: 전국로동모범 김순희에 대한 이야기 / 최룡관 // 연변녀성.－1990,(5).－36－37
22302 기구를 발명한 꼬마형제 / 왕건국 // 꽃동산.－1990,(5).－12
22303 나래없는 매 / 두식 // 꽃동산.－1990,(5).－6－7
22304 대지의 풍작을 위하여:농민육종가 박삼덕이 걸어온 길 / 전은종 // 민족단결.－1990,(5).－18－19
22305 록색의 성격 / 남경굉 // 동북후비군.－1990,(5).－17－22
22306 뢰봉의 두번째 고향의 인민무장간부들 / 왕조군 // 동북후비군.－1990,(5).－9.11
22307 뢰봉초상의 작자 / 리규근 // 동북후비군.－1990,(5).－10－11
22308 성실한 사람 / 황지영 // 천지.－1990,(5).－25－31
22309 스러진 달맞이꽃 / 차순복 // 청년생활.－1990,(5).－38－42
22310 신기한 침 / 박철화 // 연변녀성.－1990,(5).－56－57
22311 어머니를 잘 돕는 훌륭한 어린이 // 소년아동.－1990,(5).－92－93
22312 얼음조각예술세계를 그려가는 녀걸 / 한백금 // 연변녀성.－1990,(5).－26－30
22313 인생의 열두고개 / 차진찬 // 장백산.－1990,(5).－60－70

22314 창업의 한길에서:연변곰연구소 최송웅소장을 찾아서 / 윤봉현 // 민족단결. - 1990,(5). - 20 - 23

22315 핍박에 의해 량산에 오르다:연변복리실업공사 박시욱총경리 방문기 / 리선근 // 민족단결. - 1990,(5). - 14 - 17

22316 하고싶은 말 / 진경윤 // 지부생활. - 1990,(5). - 38

22317 흰색의 세계에서··· / 허영순 // 연변녀성. - 1990,(5). - 2 - 4

22318 광산의 ≪페물왕≫ / 구위 등 // 동북후비군. - 1990,(6). - 13

22319 과학연구의 한길에서:중국조선족녀성고급지식인계렬실화 / 김영금 // 도라지. - 1990,(6). - 41 - 45

22320 꿈에도 못본 사람:1급연출 진가림의 길 / 류화례 // 천지. - 1990,(6). - 62 - 69

22321 농민의 ≪보호신≫ / 지영;귀신 // 동북후비군. - 1990,(6). - 9

22322 눈보라속의 갈매기 / 손운효 // 소년아동. - 1990,(6). - 84 - 95

22323 다시 찾은 사랑 / 윤용수 // 천지. - 1990,(6). - 40 - 44

22324 두 공신의 이야기 / 최호 // . - 1990,(6). - 14 - 21

22325 량심의 저울추: 강석우동지에 대한 이야기 / 강진 // 송화강. - 1990,(6). - 52 - 54

22326 뢰봉사진을 전문 찍은 촬영가 / 곽춘효 // 동북후비군. - 1990,(6). - 4 - 9

22327 뢰봉의 발자취를 더듬어: 목단강시 선봉석탄공급소 김룡길청년에 대한 이야기 / 김수철 // 은하수. - 1990,(6). - 18 - 20

22328 맨주먹으로 공장을 일떠세우다 / 강정길 // 민족단결. - 1990,(6). - 38 - 39

22329 미신을 믿었다가 / 손미향 // 청년생활. - 1990,(6). - 28 - 29

22330 사람을 구하는 마음 / 황지영 // 청년생활. - 1990,(6). - 48 - 50

22331 3백원으로 일어선 개체호 / 진숙웅 // 연변녀성. - 1990,(6). - 2 - 4

22332 새별 / 한일웅 // 장백산. - 1990,(6). - 61 - 76

22333 석산린 / 리성권 // 장백산. - 1990,(6). - 102 - 108

22334 신비한 이야기 / 류원무 // 장백산. - 1990,(6). - 30 - 36

22335 ≪아리랑의 노래≫주인공 김산의 안해와 아들 / 한창희 // 천지. - 1990,(6). - 20 - 24

22336 열두살에 난 국제장기대사 / 하춘 // 소년아동. - 1990,(6). - 82 - 83

22337 인생의 좁은 길에서 / 왕래춘;장복군 // 동북후비군. - 1990,(6). - 26 - 30

22338 자각성:인생의 가치를 실현하는 층대 / 동지신;류전욱 // 동북후비군. - 1990,(6). - 14 - 16

22339 장어머니와 그의 서른여덟 ≪아들≫ / 왕세충 // 동북후비군. - 1990,(6). - 23

22340 중국 신형백만장자의 흥망성쇠 / 량가 // 민족단결. - 1990,(6). - 51 - 53

22341 ≪치부부장≫강진산 / 류방 // 동북후비군. - 1990,(6). - 31

22342 태양이 오래 머무르는 곳:후룬베르초원기행 / 고신일 // 도라지. - 1990,(6). - 46 - 51

22343 헌신자의 발자취 / 양희문;우도 // 동북후비군. - 1990,(6). - 11 - 13

22344 혁신능수 주유군 / 왕지가;류귀 // 동북후비군. - 1990,(6). - 32

22345 희망찬 전야에서 / 탕옥산 // 동북후비군. - 1990,(6). - 38 - 39

22346 개천에서 난 룡 / 곽영공 // 연변녀성. - 1990,(7). - 19 - 23

22347 고산의 아들 / 류지; 왕문조 // 동북후비군. - 1990,(7). - 4 - 9

22348 곽지군이 쓴 원고가 신문에 많이 실린 비결 / 장복영 // 동북후비군. - 1990,(7). - 23 - 24

22349 교원의 사랑은··· / 김기덕 // 연변녀성. - 1990,(7). - 40 - 41

22350 교육개혁의 선구자 // 지부생활. - 1990,(7).

－46
22351 그는 보통사람 / 허영순 // 천지.－1990,(7).－39－45
22352 ≪꼬마예술가≫의 어머니 / 박향숙 // 연변녀성.－1990,(7).－37－39
22353 녀능수의 손끝에서 봄빛 무르녹는 산 / 리수문 // 동북후비군.－1990,(7).－25
22354 두 로인의 기이한 유서 / 장조영 // 은하수.－1990,(7).－17－19
22355 뢰봉식처녀의 고뇌 / 여제 // 연변녀성.－1990,(7).－53－56
22356 리공장장 부임기: 화룡제약공장 공장장 리명선의 이야기 / 일삼 // 은하수.－1990,(7).－24－30
22357 배움의 길 알찬 열매 / 김영화 // 소년아동.－1990,(7).－4
22358 빛뿌리는 양어장 / 명기 // 동북후비군.－1990,(7).－26
22359 사랑의 힘 / 김룡운 // 청년생활.－1990,(7).－41－43
22360 사명 / 전심;리다준 // 동북후비군.－1990,(7).－13－14
22361 성공은 근면한 사람에게 속한다 / 허조형 // 소년아동.－1990,(7).－92
22362 어찌 싸움터에만 희생이 있으랴 / 청갑 등 // 동북후비군.－1990,(7).－19－22
22363 오동마을에 피여난 도라지꽃 / 녕문 // 연변녀성.－1990,(7).－48－49
22364 웅심과 웅담 / 순영 // 연변녀성.－1990,(7).－42
22365 인공위성의 종적을 밟는 초병들 / 주봉신 // 대중과학.－1990,(7).－23－25
22366 장백산기슭의 비닐꽃바다 / 김엽 // 청년생활.－1990,(7).－4－7
22367 참된 인간 / 허영순 // 연변녀성.－1990,(7).－28－31
22368 천고의 수수께끼를 풀기까지 / 서복 // 청년생활.－1990,(7).－8－10
22369 추구속에서 행복을 찾는 녀인 / 리하청 // 연변녀성.－1990,(7).－2－5
22370 ≪코기러기≫:연길시장백신용합작사 전인수에 대한 이야기 / 김출 // 천지.－1990,(7).－63－65
22371 한 책에서 맺어진 우정:성휘형을 추모하여 / 한창희 // 천지.－1990,(7).－18－20
22372 헤로인밀수사건 수사기 / 흔민 // 청년생활.－1990,(7).－54－57
22373 확연해지는 창업의 발자국 / 방종혁 // 대중과학.－1990,(7).－3－5
22374 거스름돈 / 김웅걸 // 청년생활.－1990,(8).－45－47
22375 국제전람회의 메달을 따낸 민병 / 분복신 등 // 동북후비군.－1990,(8).－32
22376 다섯 금화 / 김호철 // 연변녀성.－1990,(8).－7－9
22377 도고한 녀상위 / 황세맹 // 연변녀성.－1990,(8).－2－6
22378 뜻은 저멀리: 도문시전자기재공장 림상욱 공장장의 이야기 / 황지영 // 천지.－1990,(8).－76－79
22379 려객수송대에 온 ≪뢰봉≫ / 주건의 // 동북후비군.－1990,(8).－26
22380 려객수송전선에서 꽃피는 청춘 / 손효홍 // 동북후비군.－1990,(8).－25
22381 ≪력사≫의 오점 / 유연길 // 청년생활.－1990,(8).－35－36
22382 명배우의 추태극 // 소년아동.－1990,(8).－112
22383 모욕당한 안해를 두고 / 장강 // 연변녀성.－1990,(8).－24－25
22384 세가지로 불리워진 군가 / 김덕균 // 천지.－1990,(8).－35－37
22385 인생을 개발하는 녀성 / 희영 // 연변녀성.－1990,(8).－37－39
22386 청춘을 무장사업에 바치였다 / 축상 등 // 동북후비군.－1990,(8).－31

22387 총령사집에 들어간 중국보모 / 홍산 // 연변녀성. – 1990,(8). – 45 – 47

22388 ≪호랑이≫를 족치는 사람 / 강보재 // 동북후비군. – 1990,(8). – 11 – 16

22389 ≪금융위사≫:담헌충 / 하군 // 연변녀성. – 1990,(9). – 17 – 19

22390 과학자들의 발명이야기 // 대중과학. – 1990,(9). – 54 – 55

22391 교정의 불로송 / 정호원 // 소년아동. – 1990,(9). – 93 – 97

22392 꽃봉오리들을 위한 마음 / 조려홍 // 소년아동. – 1990,(9). – 4 – 13

22393 눈물이 아니라 땀을 흘리는 녀성 / 무경민;류만창 // 동북후비군. – 1990,(9). – 11 – 13

22394 량로인의 웃음소리 / 주력 // 동북후비군. – 1990,(9). – 35 – 37

22395 뢰녕의 토막이야기 // 소년아동. – 1990,(9). – 3 – 7

22396 멍에를 들쓴 령혼들 // 은하수. – 1990,(9). – 13 – 17

22397 미래를 위하여 / 리광일 // 연변녀성. – 1990,(9). – 2 – 5

22398 민들레 / 리은화 // 연변녀성. – 1990,(9). – 26 – 29

22399 ≪백가지 할머니≫:모범공산당원이며 시 ≪3.8붉은기수≫ 리백년할머니에 대한 이야기 / 김청송 // 연변녀성. – 1990,(9). – 9 – 10

22400 변함없는 사랑 / 리성석 등 // 동북후비군. – 1990,(9). – 14 – 15

22401 사람들에게 따사로움을 안겨주는 녀성들 / 리경파 등 // 동북후비군. – 1990,(9). – 4 – 9

22402 스스로 타죽은 ≪검은 모란꽃≫ / 장령 // 은하수. – 1990,(9). – 26 – 27

22403 ≪쓴약≫에 사랑도 살짝… / 류소령 // 연변녀성. – 1990,(9). – 37 – 39

22404 열아홉살 인생 / 김명 // 은하수. – 1990,(9). – 3 – 7

22405 친척나들이를 가는 길에서 / 채점화;하춘인 // 동북후비군. – 1990,(9). – 15

22406 평범한 사람의 공헌 / 왕건 // 동북후비군. – 1990,(9). – 3

22407 귀신같은 진맥,용한 의술 / 순영 // 연변녀성. – 1990,(10). – 62 – 63

22408 그들은 웃으며 산다 / 하태렬 // 청년생활. – 1990,(10). – 11 – 12

22409 녀과학자와 병사 / 장령 // 연변녀성. – 1990,(10). – 47 – 50

22410 녀성이여, 그대는? / 양경동 // 연변녀성. – 1990,(10). – 2 – 6

22411 농사집에서 자라난 박사 // 대중과학. – 1990,(10). – 26 – 27

22412 ≪동해≫의 침몰 / 홍만호 // 천지. – 1990,(10). – 48 – 56

22413 민간에서 활약하는 민병치안대들 / 구리봉;모전강 // 동북후비군. – 1990,(10). – 18 – 19

22414 밤 / 강철구 // 청년생활. – 1990,(10). – 43

22415 봄날의 비곡 / 김성룡 // 청년생활. – 1990,(10). – 54 – 55

22416 부디 사나이다우라 / 최명광 // 청년생활. – 1990,(10). – 33 – 34

22417 삼자매에 대한 이야기: 양말, 양성량, 백양에 대한 이야기 / 서란 // 은하수. – 1990,(10). – 47 – 50

22418 생활의 강자 / 서정일 // 동북후비군. – 1990,(10). – 47

22419 아들을 잃은 사장 / 황세맹 // 연변녀성. – 1990,(10). – 34 – 39

22420 ≪얼굴검은 사나이≫:장유상 / 사선봉;방용 // 동북후비군. – 1990,(10). – 14

22421 웃는 얼굴 / 지숙자 // 연변녀성. – 1990,(10). – 52 – 53

22422 일편단심:민족교육사업에 헌신한 리동숙녀성의 이야기 / 최숙 // 연변녀성. – 1990,(10). – 44 – 46

22423 잔플의 마음 / 장정선; 악전봉 // 동북후비군. – 1990,(10). – 15 – 17

22424 친정집에 돌아간 부련회부주임 / 만엽 // 연변녀성. − 1990,(10). − 25 − 27

22425 카라코룸을 지켜선 공화국의 초병들 / 라주병 // 청년생활. − 1990,(10). − 2 − 6

22426 그는 10년 앞당겨 21세기에 들어섰다 / 동소걸 // 동북후비군. − 1990,(11 − 12). − 22 − 23

22427 녀인노릇하기보다 자신심가지기가 더 힘들어 / 왕평 // 연변녀성. − 1990,(11). − 39 − 42

22428 마를줄 모르는 ≪옹달샘≫: 연변대학 화학학부 부교수 리경숙의 이야기 / 김영금 // 연변녀성. − 1990,(11). − 2 − 4

22429 마을의 안녕을 위하여 / 주건의;소시의 // 동북후비군. − 1990,(11 − 12). − 27 − 28

22430 불멸의 군인령혼 / 리경파;리수림 // 동북후비군. − 1990,(11 − 12). − 4 − 6

22431 사심없이 빈곤호를 부축한 사람 / 류방 // 동북후비군. − 1990,(11 − 12). − 38

22432 살아있는 ≪지원군렬사≫ / 왕붕 // 동북후비군. − 1990,(11 − 22). − 19 − 22

22433 ≪애솔≫을 키우는 처녀 / 리호림 // 연변녀성. − 1990,(11). − 11 − 13

22434 우량종번식에 반한 젊은이 / 장운통 // 동북후비군. − 1990,(11 − 12). − 51 − 52

22435 우리 민족의 천재적 화가 리정 // 소년아동. − 1990,(11). − 3 − 12

22436 ≪전지방콩오리≫ / 장하지 // 천지. − 1990,(11). − 45

22437 총소리 없는 전선에서 / 왕야;천균 // 청년생활. − 1990,(11). − 47 − 50

22438 코기러기 / 허영산;한태익 // 천지. − 1990,(11). − 40 − 44

22439 푸른 희망을 안겨주는 사람들 / 장근 // 동북후비군. − 1990,(11 − 12). − 62 − 63

22440 한 농촌청년이 걸어온 성공의 길 / 강휘;장복민 // 동북후비군. − 1990,(11 − 12). − 30 − 31

22441 호란하기슭에서 꽃피는 이야기 / 류중평 // 동북후비군. − 1990,(11 − 12). − 29 − 30

22442 가는 정 오는 정 / 리설희 // 청년생활. − 1990,(12). − 7 − 8

22443 그의 길 / 허만석 // 천지. − 1990,(12). − 32 − 38

22444 그이는 갔어도 / 량현 // 지부생활. − 1990,(12). − 32 − 35

22445 눈물 고인 발자국 / 박영옥 // 연변녀성. − 1990,(12). − 25 − 26

22446 ≪무쇠망치≫ 량평 // 소년아동. − 1990,(12). − 86 − 88

22447 어머님의 ≪재산≫ / 리춘일 // 연변녀성. − 1990,(12). − 35

22448 우정 반세기 / 김학철 // 천지. − 1990,(12). − 4 − 10

I26 산 문

22449 勇敢한 兄弟 / 劉白羽 // 연변문예. − 1951,(4). − 10 − 13

22450 조선으로 나가기전 / 주옥명 // 연변문예. − 1951,(6). − 22 − 25

22451 농촌생활 체험기 / 한매(寒梅) 저; 주수 역 // 연변문예. − 1954,(1). − 25 − 34

22452 공용가방 // 연변문예. − 1954,(3). − 25 − 26

22453 지평선에서 / 장희 // 연변문예. − 1954,(6). − 18 − 22

22454 ≪새 선생≫맞이 / 리욱 // 연변문예. − 1954,(7). − 25 − 27

22455 밝아지는 우리 마을 / 김순녀 // 소년아동. − 1955,(8). − 17

22456 아버지에게 보내는 편지 / 최정자 // 소년아동. − 1955,(9). − 12

22457 빛나는 력사: 국경절 6주년을 맞이하여 / 리홍규 // 연변문예. − 1955,(10). − 29 − 30

22458 조국의 꽃봉오리 − 어린이들에게 / 저세영 // 연변문예. − 1955,(10). − 35 − 36

22459 생활의 첫해: 어머니에게 보내는 편지 / 리동혁 // 연변문예. − 1955,(12). − 40 − 45

22460 아름다운 처녀 − 쇼치 / 벽야 // 연변문예. −

1955,(12). − 50 − 56
22461 앞날의 농촌 // 소년아동. − 1955,(12). − 3
22462 나어린 목축가 / 김덕천 // 연변문예. − 1956,(1). − 7 − 11
22463 집단농장에 자보하는 날 밤 / 길운 // 연변문예. − 1956,(1). − 12 − 16
22464 파리한 처녀 / 한룡욱 // 연변문예. − 1956, (1). − 65
22465 허튼 불평쟁이들 / 김광출 // 연변문예. − 1956,(1). − 21
22466 얼음 속에서 / 김룡택 // 연변문예. − 1956,(2). − 17 − 18
22467 ≪춘양전≫무대 뒤에서 / 리영 // 연변문예. − 1956,(2). − 41 − 42
22468 한 농업 생산 합작사 녀 부주임의 이야기 / 리행복 // 연변문예. − 1956,(2). − 12 − 16
22469 새벽의 고조! / 리욱 // 연변문예. − 1956,(3). − 11 − 16
22470 사상 문제 / 정종혁 // 연변문예. − 1956,(4). − 30 − 32
22471 산골 마을의 사회주의 / 홍성도 // 연변문예. − 1956,(4). − 1 − 3
22472 박창권 할아버지 / 리근전 // 연변문예. − 1956,(4). − 4 − 11
22473 부서진 울바자 / 김범수 // 연변문예. − 1956,(4). − 27 − 29
22474 송아지 / 한태악 // 연변문예. − 1956,(5). − 40 − 43
22475 인민이 수요로 하는 작가가 되겠다 / 황봉룡 // 연변문예. − 1956,(5). − 51 − 53
22476 생활수기 / 김동구 // 연변문예. − 1956,(6). − 62 − 69
22477 연변 청년 미술 전람회를 보고서 / 석희만 // 연변문예. − 1956,(7). − 61 − 69
22478 평두고원 / 전세홍 // 연변문예. − 1956,(8). − 35 − 38
22479 한권의 노래집 / 현룡 // 연변문예. − 1956,(9). − 44 − 45
22480 당의 배려에 보답하겠다 / 윤지현 // 연변문예. − 1956,(10). − 66 − 68
22481 전원의 사시가 / 량재대 // 연변문예. − 1956,(10). − 59 − 60
22482 조국 화원의 한떨기 꽃으로 피여라:중국 작가 협회 연변 분회 성립대회에서 한 축사 / 康濯 // 연변문예. − 1956,(10). − 5 − 11
22483 종소리 나기전 / 김강 // 연변문예. − 1956,(10). − 47 − 50
22484 청도 해수 욕장 / 김창걸 // 연변문예. − 1956,(10). − 55 − 58
22485 흥릉고원 기행 / 김창석 // 연변문예. − 1956,(11). − 31 − 35
22486 리수의 미래 / 박금숙 // 연변문예. − 1956,(12). − 24 − 25
22487 민족 단결의 밤 / 한창희 // 연변문예. − 1956,(12). − 21 − 23
22488 우의 / 友聲 // 연변문예. − 1956,(12). − 54 − 55
22489 아버지의 비밀 / 강철 // 아리랑. − 1957,(1). − 24 − 26
22490 늙은 소학생 / 김정률 // 아리랑. − 1957,(3). − 44 − 46
22491 작가 시인 평론가들의 친목 좌담회 기 // 아리랑. − 1957,(3). − 55 − 60
22492 ≪철없는 병아리≫ / 홍성도 // 아리랑. − 1957,(3). − 54
22493 한 업여 창작자에게 보내는 글 / 矛盾 // 아리랑. − 1957,(3). − 50 − 52
22494 관청 저수지를 찾아서 / 김창남 // 아리랑. − 1957,(4). − 5 − 6
22495 혼강 기슭의 녀 건설자 / 오군 // 아리랑. − 1957,(4). − 1 − 4
22496 개고기 / 김동구 // 아리랑. − 1957,(7). − 23 − 24
22497 돌문안골의 전망:고중 필업생 리 창수의 전변 / 홍성도 // 아리랑. − 1957,(7). − 5 − 8
22498 뻬떼피 − 혁명의 가수:그의 서거 108주년을 기념하여 / 김태갑 // 아리랑. − 1957,(7). − 27 − 29

22499 북방 청년 시인 방문기 / 리행복 // 아리랑. －1957,(8).－42－45

22500 김 창걸 선생을 찾아서 / 박상일 // 아리랑. －1957,(9).－45－46

22501 달밤 / 고창립 // 아리랑.－1957,(9).－47－48

22502 학비 / 김용무 // 아리랑.－1957,(10).－50－52

22503 명경대 / 耿龍祥 // 아리랑.－1957,(10).－53－55

22504 편지 용지 / 마상욱 // 아리랑.－1957,(10).－68－69

22505 모쓰크바에서 돌아와서: ≪제6차 세계 청년 학생 련환절≫귀환 보고 / 정진옥 // 아리랑.－1957,(11).－34－38

22506 김 로인네 살림 / 장신숙 // 아리랑.－1957,(12). －47－48

22507 장백 기행 / 백호연 // 아리랑.－1957,(12).－31－35

22508 찬란한 연변의 군중 무대 예술 // 아리랑 // 아리랑.－1957,(12).－58－59

22509 창작 수난 시대 / 김창걸 // 아리랑.－1957,(12). －43－46

22510 나의 고향－변강 마을:변 도범 동무의 이야기 / 홍성도 // 아리랑.－1958,(1).－8－11

22511 어머니 / 리근전 // 아리랑.－1958,(1).－12－13

22512 연변 농구 공장 참관기 / 본간 기자 // 아리랑.－1958,(1).－5－7

22513 영원히 잊지 말라! / 리근전 // 아리랑.－1958, (1).－13－14

22514 우리네 자랑 / 최현숙 // 아리랑.－1958,(1). －15－17

22515 ≪괴상한 휴가≫속편 / 성철호 // 아리랑.－1958,(2).－25－28

22516 일편 단심 / 최현숙 // 아리랑.－1958,(2).－49－50

22517 혈연적 사업: 팔가자 삼공국 방문기 / 정철우, 리범진 // 아리랑.－1958,(2).－36－37

22518 그는 돌아 왔다! / 송영 // 아리랑.－1958,(3). －8－9

22519 로신 선생의 묘를 찾아서 / 김해진 // 아리랑.－1958,(3).－61－62

22520 직장 주임－리 현욱 / 남인순 // 아리랑.－1958,(3).－5－7

22521 철증 / 안창욱 // 아리랑.－1958,(3).－12－13

22522 풍작의 서곡 / 차창준 // 아리랑.－1958,(3). －2－4

22523 한 군속의 수기 / 마상욱 // 아리랑.－1958, (3).－51－53

22524 보람찬 생활속에서 / 김병기 // 아리랑.－1958,(4).－40－41

22525 3시간 40분! / 최형동 // 아리랑.－1958,(4). －6－9

22526 석탄 한덩이라도 / 홍순길 // 아리랑.－1958,(4). －27－29

22527 땀방울 / 정관석 // 아리랑.－1958,(5).－16－17

22528 산촌의 달밤 / 공원식 // 아리랑.－1958,(5). －53－54

22529 자랑찬 열흘 / 안창욱 // 아리랑.－1958,(5). －3－6

22530 판매원 / 박영록 // 아리랑.－1958,(5).－17－18

22531 그들의 뜻은 이룩되리라 / 리자룡 // 아리랑.－1958,(6).－5－6

22532 약진의 불길 높이 / 홍순길 // 아리랑.－1958, (6).－2－4

22533 향토 / 리창역 // 아리랑.－1958,(6).－34－35

22534 걸기 / 마상욱 // 아리랑.－1958,(7).－37－39

22535 권교장 / 박기옥 // 아리랑.－1958,(7).－39－41

22536 당에 충실한 사람:김 인환 공장장의 수기에서 / 최현숙 // 아리랑.－1958,(7).－20－24

22537 소춘전 / 박련성 // 아리랑.－1958,(7).－25－30

22538 학생 일기 / 심희섭 // 아리랑.－1958,(7).－13－15

22539 녀 선반공－최아주머니 / 리현숙 // 아리랑. －1958,(8).－54－55

22540 따발굴 / 전홍범 // 아리랑. – 1958,(8). – 62 – 63
22541 선물 / 윤동호 // 아리랑. – 1958,(8). – 27 – 29
22542 자동 종합 탈곡기 창조자 – 엄창섭 / 한수동 // 아리랑. – 1958,(8). – 56 – 58
22543 장백의 전사 / 리자룡 // 아리랑. – 1958,(8). – 60 – 62
22544 전사와 어머니 / 최정록 // 아리랑. – 1958,(8). – 64 – 66
22545 감화 / 정덕교 // 아리랑. – 1958,(9). – 25 – 26
22546 고향 마을을 위하여 / 최형동 // 아리랑. – 1958,(9). – 42 – 43
22547 궂은비 내리는 날 / 김룡국 // 아리랑. – 1958,(9). – 36 – 39
22548 대약진의 종소리 / 최현숙 // 아리랑. – 1958,(9). – 47
22549 도홍 공사를 보고서 / 엄상준 // 아리랑. – 1958,(9). – 55 – 56
22550 ≪떠다니는 사람≫ / 고창립 // 아리랑. – 19 58,(9). – 30 – 32
22551 민가 / 한수동 // 아리랑. – 1958,(9). – 51 – 52
22552 송아지 동무 / 채택룡 // 아리랑. – 1958,(9). – 53 – 54
22553 아름다운 처녀들 / 최현숙 // 아리랑. – 1958,(9). – 49
22554 전등불 / 황봉룡 // 아리랑. – 1958,(9). – 50
22555 8대 대장 / 김문수 // 아리랑. – 1958,(9). – 44 – 46
22556 할머니들의 지원 / 최현숙 // 아리랑. – 1958,(9). – 48
22557 혁명 / 리홍규 // 아리랑. – 1958,(9). – 40 – 41
22558 국경절에 드리는 례물 / 손홍영 // 아리랑. – 1958,(10). – 43 – 45
22559 나의 대학 / 최동식 // 아리랑. – 1958,(10). – 15 – 16
22560 내가 걸은 길 / 송병관 // 아리랑. – 1958,(10). – 52 – 55
22561 병상우의 해연 / 안창욱 // 아리랑. – 1958,(10). – 56 – 60
22562 서리 / 려근택 // 아리랑. – 1958,(10). – 13 – 15
22563 아름다운 농촌 / 김시룡 // 아리랑. – 1958,(10). – 3 – 6
22564 약진하는 라자구의 기적 / 공원식 // 아리랑. – 1958,(10). – 40 – 42
22565 일장 풍파를 거치고 / 김순애 // 아리랑. – 1958,(10). – 21 – 23
22566 자랑스럽소 동갑에게 보내는 편지 / 오복이 // 아리랑. – 1958,(10). – 27 – 28
22567 ≪정말 좋은 시대요≫ / 안동규 // 아리랑. – 19 58,(10). – 45
22568 통분한 과거, 빛나는 생활 / 안정숙 // 아리랑. – 1958,(10). – 46 – 48
22569 가던 길에 들은 말 / 림화 // 아리랑. – 1958,(11,12). – 64 – 65
22570 가슴의 불길 / 김동관 // 아리랑. – 1958,(11,12). – 79 – 80
22571 그는 불구자가 아니다 / 채영석 // 아리랑. – 1958,(11,12). – 52 – 51
22572 녀 로전공 / 김신홍 // 아리랑. – 1958,(11,12). – 27 – 28
22573 녀성 강철 전사들 / 장동운 // 아리랑. – 1958,(11,12). – 32 – 34
22574 로동의 멜로디 / 원 // 아리랑. – 1958,(11,12). – 72 – 73
22575 문 로인의 소원 / 박하림 // 아리랑. – 1958,(11,12). – 46 – 48
22576 밤길 / 조국선 // 아리랑. – 1958,(11,12). – 29 – 31
22577 불길은 타오른다 / 심룡철 // 아리랑. – 1958,(11,12). – 74
22578 새로운 결정 / 성귀석 // 아리랑. – 1958,(11,12). – 35 – 36
22579 쇠물이 흐른다 / 림원춘 // 아리랑. – 1958,(11,12). – 16 – 19
22580 시간을 지배하는 할머니 / 최현숙 // 아리랑. – 1958,(11,12). – 54 – 55
22581 안해에게서 온 편지 / 황옥주 // 아리랑. – 1958,(11,12). – 20 – 21

22582 ≪야간 전투≫ / 손금성 // 아리랑. – 1958,(11,12). – 34 – 35
22583 어머니 전사 / 최현숙 // 아리랑. – 1958,(11,12). – 52 – 53
22584 열의 / 윤국일 // 아리랑. – 1958,(11,12). – 12 – 15
22585 영웅호와 강철전사들 / 김택중 // 아리랑. – 1958,(11,12). – 8 – 11
22586 전방을 지원 / 최현숙 // 아리랑. – 1958,(11,12). – 53 – 54
22587 참 삶의 보람 / 장금손 // 아리랑. – 1958,(11,12). – 25 – 26
22588 첫 자동차 달릴 때 / 박충일 // 아리랑. – 1958,(11,12). – 71 – 72
22589 콕쓰≪가물≫방지 / 방철수 // 아리랑. – 1958,(11,12). – 19 – 20
22590 공보를 환호한다 / 주필충 // 아리랑. – 1959,(1). – 19 – 20
22591 조국은 빛나라! / 하명안 // 아리랑. – 1959,(1). – 20
22592 현명한 대조 / 량룡영 // 아리랑. – 1959,(2). – 8 – 9
22593 고객의 집 / 최영철 // 아리랑. – 1959,(3). – 31 – 32
22594 벗 / 김신홍 // 아리랑. – 1959,(3). – 48 – 49
22595 어머니의 마음 / 김영기 // 아리랑. – 1959,(3). – 51
22596 영업원 / 장동운 // 아리랑. – 1959,(3). – 32 – 34
22597 영원히 당을 따라 / 김병기 // 아리랑. – 1959,(3). – 34 – 36
22598 우체원의 하루 / 방죽송 // 아리랑. – 1959,(3). – 16 – 19
22599 천하무적 / 김병기 // 아리랑. – 1959,(4). – 49
22600 뜻깊은 상봉 / 안창욱 // 아리랑. – 1959,(5). – 40 – 41
22601 로동절 날 아침 / 윤금철 // 아리랑. – 1959,(5). – 25 – 27
22602 충실한 사람 / 리복만 // 아리랑. – 1959,(5). – 27 – 28
22603 투료원 이야기 / 백호연 // 아리랑. – 1959,(5). – 60 – 62
22604 휴양 생활 / 최장춘 // 아리랑. – 1959,(6). – 45 – 47
22605 골안으로 가는 길 / 서옥희 // 연변문학. – 1959,(7). – 35 – 37
22606 싸움군의 고백 / 조병택 // 연변문학. – 1959,(7). – 34
22607 토요일 저녁 / 류병수 // 연변문학. – 1959,(7). – 10
22608 향수려 // 지부생활. – 1959,(8). – 23 – 26
22609 마반산 / 하명안 // 아리랑. – 1959,(10). – 49
22610 새 생활 / 김진석 // 아리랑. – 1959,(10). – 32 – 34
22611 인민 공사는 태양 / 리원일 // 아리랑. – 1959,(10). – 37 – 38
22612 장백산을 찾아서 / 리봉권 // 아리랑. – 1959,(10). – 50 – 52
22613 다지와 아버지 / 고영 // 연변문학. – 1959,(11). – 38 – 47
22614 수도 꼭지 / 근봉 // 아리랑. – 1959,(11). – 25 – 28
22615 잃었던 아들 / 엄죽송 // 연변문학. – 1959,(11). – 56 – 60
22616 하늘로 날아온 물고기 / 길운 // 아리랑. – 1959,(11). – 22 – 24
22617 줄기찬 생활의 감격 / 박하림 // 아리랑. – 1959,(12). – 22 – 25
22618 한곬으로 흐르는 격류 // 아리랑. – 1959,(12). – 57 – 58
22619 두 광주리의 닭알 // 지부생활. – 1959,(14). – 28 – 31
22620 백일홍 / 길운 정리 // 연변문학. – 1960,(1). – 45 – 47
22621 키잡이 / 매원 // 연변문학. – 1960,(3). – 15
22622 사양원처녀 / 곽흥성 // 연변문학. – 1960,(7). – 45 – 46
22623 농촌에 뿌리 박고 꽃피자 / 림욱 // 연변문

학. – 1960,(12). – 14 – 15
22624 혁명의 씨앗 / 려영준 // 연변문학. – 1961,(1). – 7 – 9
22625 한 가정 주부의 이야기 / 백복녀 // 연변. – 1962,(2). – 35 – 38
22626 수감 4칙 // 연변. – 1962,(4). – 29
22627 한계 / 한민 // 연변. – 1962,(4). – 20
22628 동지 – 숭고한 칭호 / 조원 // 연변. – 1962,(5). – 37
22629 나의 귀향 생활 / 장인길 // 연변. – 1962,(6). – 20 – 21
22630 시간은 사람을 기다리지 않는다 / 우흔방 // 연변. – 1962,(9). – 33
22631 행복의 원천 / 천광익 // 연변. – 1962,(9). – 18 – 19
22632 ≪대천지≫와 ≪소천지≫ / 궁실 // 연변. – 1962,(11). – 11 – 12
22633 사양원의 일기 / 리상각 // 연변. – 1963,(2). – 42 – 43
22634 공인과 농민 사이 / 수운 // 연변. – 1963,(5). – 16 – 17
22635 ≪원천≫에 대한 체득 / 리준 // 연변. – 1963,(5). – 48
22636 청춘 찬가 / 민학송 // 연변. – 1963,(5). – 31
22637 마을의 큰 주머니 / 리상각 // 연변. – 1963,(6). – 32 – 38
22638 공량 바치러 가는 길에서 / 란수봉 // 연변. – 1963,(12). – 28 – 30
22639 창작과 생활에 대한 소감 / 철권 // 연변. – 1964,(4). – 43
22640 매대 역시 혁명 사업 강위이다 / 려이선 // 연변. – 1964,(5). – 25 – 26
22641 고향 사람 / 안창욱 // 연변. – 1964,(6). – 34 – 36
22642 푸른 락원 / 김철 // 연변. – 1964,(10). – 32 – 34
22643 연안 산기 / 리행복 // 연변. – 1965,(3). – 46 – 47
22644 령을 넘으며 / 윤태삼 // 연변. – 1965,(4). – 47 – 48
22645 사랑하는 홍 형님 // 연변. – 1965,(5). – 46 – 48
22646 령을 넘으며 / 윤태삼 // 연변. – 1965,(6). – 47 – 48
22647 편지지 한 장 // 연변. – 1965,(6). – 24
22648 하늘 절반 떠인 우리 못해낼 일 무엇이냐 / 박철길 // 동북민병. – 1975,(1) – 47
22649 ≪충호≫설의 반동본질 / 김훈 // 연변문예. – 1975,(4). – 45 – 47
22650 로인이 찾는 사람 / 김길련; 강정일 // 연변문예. – 1975,(6). – 25 – 28
22651 단풍잎 / 왕흥동 // 연변문예. – 1975,(8). – 4 – 8
22652 들끓는 전야에서 / 리룡칠 // 연변문예. – 1975,(8). – 23 – 25
22653 홍석촌에서 / 백효선 // 연변문예. – 1975,(8). – 8 – 10
22654 논벌에 깃든 이야기 / 윤정철 // 연변문예. – 1975,(9). – 28 – 32
22655 고향의 변천 / 주재송 // 연변문예. – 1975,(11). – 3 – 6
22656 장백림해에 넘치는 꿀향기 / 김창규 // 연변문예. – 1975,(11). – 19 – 25
22657 스물여덟의 편지 / 우지춘 // 연변문예. – 1975,(12). – 46 – 49
22658 도홍색 아침노을 / 김룡길 // 연변문예. – 1976,(1). – 20 – 25
22659 진군의 나팔소리 울리자 / 전간 // 연변문예. – 1976,(1). – 30
22660 불로송 / 정세봉 // 연변문예. – 1976,(3). – 42 – 46
22661 새 전투를 앞두고 / 박명룡 // 연변문예. – 1976,(4). – 33 – 38
22662 장백산하의 새모습 / 도성방 본지기자 // 연변문예. – 1976,(5). – 19 – 25
22663 변자군과 환향단 / 김의천 // 연변문예. – 1976,(6). – 52 – 53

22664 철옹성 / 훈문 // 연변문예. - 1976,(8). - 44 - 48
22665 늦어온 대표 / 허정윤 // 연변문예. - 1976,(10). - 43 - 46
22666 푸르하통강반에 축포울린다 / 강장희 // 연변문예. - 1976,(12). - 19 - 23
22667 ≪모자공장≫파산 / 리순 // 연변문예. - 1977,(1). - 45 - 46
22668 높은 봉에 오르는 사람들 / 리재익 // 연변문예. - 1977,(2). - 81 - 83
22669 달리는 렬차우에서 / 전명길 // 연변문예. - 1977,(3). - 14 - 16
22670 뢰봉정신 본받아 / 최길자 // 연변문예. - 1977,(3). - 12 - 13
22671 봄빛 무르녹은 빙상경기장 / 본지기자 // 연변문예. - 1977,(3). - 55 - 58
22672 강철운수선 / 조양천공무단 창작조 // 연변문예. - 1977,(4). - 9 - 13
22673 보람찬 길에서 / 리태호 // 연변문예. - 1977,(4). - 43 - 45
22674 봄물결 / 권정춘 // 연변문예. - 1977,(4). - 40 - 42
22675 공농병을 위한 길에서 / 한춘야 // 연변문예. - 1977,(5). - 20 - 22
22676 대경의 창업정신 본받아 / 김길련 // 연변문예. - 1977,(5). - 23 - 26
22677 영웅적 기관사들 / 엽련생 // 연변문예. - 1977,(5). - 32 - 34
22678 꽃피는 합작의료잠 / 최현 // 연변문예. - 1977,(6). - 6 - 9
22679 그가 가는 길 / 최균선; 김정룡 // 연변문예. - 1977,(6). - 17 - 19
22680 뻐꾹새 운다 / 김근충 // 연변문예. - 1977,(7). - 29 - 33
22681 이름없는≪선생≫ / 오창호 // 연변문예. - 1977,(7). - 49 - 51
22682 전초병 / 전성호 // 연변문예. - 1977,(7). - 38 - 42
22683 파룡 / 림원춘 // 연변문예. - 1977,(7). - 25 - 29
22684 진붉은 기발 / 장존창 // 연변문예. - 1977,(8). - 15 - 17
22685 공장순례기 / 윤효식 // 연변문예. - 1977,(10). - 52 - 56
22686 기름 방울 / 박춘순 // 연변문예. - 1977,(11). - 44 - 46
22687 전고를 울리는 사람들 / 강장희; 최기선 // 연변문예. - 1977,(11). - 47 - 48
22688 모주석의 유용을 우러러보고 / 허대진 // 연변문예. - 1977,(12). - 22 - 27
22689 우리는 소산의 진달래를 사랑한다 / 모안청; 소화 // 연변문예. - 1977,(12). - 27 - 30
22690 그의 수기 / 리순 // 연변문예. - 1978,(1). - 39 - 43
22691 과거 현재 및 미래 / 장정일 // 연변문예. - 1978,(1). - 62 - 63
22692 혹 뗀 이야기 / 김진 // 연변문예. - 1978,(2). - 42 - 43
22693 찬란한 해빛아래 / 리동규 // 연변문예. - 1978,(5). - 41
22694 뜨거운 마음 / 왕복생 // 연변문예. - 1978,(7). - 32 - 35
22695 홍군이 심은 나무 / 손의당 // 연변문예. - 1978,(9). - 16 - 17
22696 밀타작을 하던 날 / 락파 // 연변문예. - 1978,(10). - 33 - 34
22697 새날 / 채영춘 // 연변문예. - 1978,(10). - 37 - 39
22698 인민영웅기념비 앞에서 / 허성 // 연변문예. - 1978,(10). - 35 - 36
22699 작문 / 조룡남 // 연변문예. - 1978,(10). - 31 - 32
22700 교량 / 채영춘 // 연변문예. - 1978,(11). - 14 - 18
22701 내 고향 / 최현 // 연변문예. - 1978,(11). - 19 - 23
22702 분초를 다투는 사람 / 정문준 // 연변문예. - 1978,(11). - 24 - 25
22703 봄노래 / 계진교 // 연변문예. - 1978,(12). -

39－42
22704 노래와 춤의 고향 / 패원 // 청년생활.－1980,(1).－88
22705 ≪선생님!≫정덕교 // 연변교육.－1980,(1).－58－59
22706 자정향 / 금수 // 장백산.－1980,(2).－127
22707 장백산기행 / 최문전 // 장백산.－1980,(2).－128－129
22708 청차관 / 김진석 // 장백산.－1980,(2).－13－135
22709 곤난을 꺾어야 성과를 거둔다 / 류충신 // 지부생활.－1980,(3).－32－33
22710 ≪공헌≫에 따라 탄알을 분배 / 만성 // 동북민병.－1980,(3).－32
22711 진달래에 대한 이야기 / 김수철 // 대중과학.－1980,(3).－36－38
22712 한 삼농의 수기 / 김영근 // 대중과학.－1980,(3).－22－24
22713 한벌의 옷을 두고 / 김진석 // 연변문예.－1980,(5).－35－36
22714 ≪또 식었구나≫ / 왕안보 // 동북민병.－1980,(6).－40
22715 존사애생 / 류춘생 // 연변교육.－1980,(7).－58－59
22716 황금 500량으로 말대가리를 사다 / 옹근순 // 지부생활.－1980,(7).－43
22717 은혜로은 품 / 문창남 // 연변문예.－1980,(8).－21－23
22718 참회 / 정현자 // 연변교육.－1980,(9).－59
22719 리해관계 // 지부생활.－1980,(10).－33
22720 수름분2편 // 지부생활.－1980,(11).－46－47
22721 가로등 / 리망우 // 동북민병.－1980,(12).－38
22722 안전을 위해서 / 총수재 // 동북민병.－1980,(12).－39
22723 ≪하나≫에서 받은 계시 / 김진석 // 지부생활.－1980,(12).－48
22724 담배 끊다 / 류명생 // 동북민병.－1980,(17).－36
22725 ≪공성계≫ / 길언 // 동북민병.－1980,(19).－34
22726 기름으로 기름을 바꾸다 / 맹번춘 // 동북민병.－1980,(22).－41
22727 ≪동무들,발언하오…≫ / 길언 // 동북민병.－1980,(24).－39
22728 강변의 글소리 / 윤태숙 // 장백산.－1981,(1).－85
22729 또 가고싶은 장백산 / 리성태 // 장백산.－1981,(1).－31－34
22730 송화석벼루 / 소신 // 장백산.－1981,(1).－18－19
22731 시간의 주인으로 되려면 / 최수산 // 청년생활.－1981,(1).－44－46
22732 암호의 간파 / 담상백 // 대중과학.－1981,(1).－46－49
22733 장백의 아들딸 / 증조원 // 장백산.－1981,(1).－48－54
22734 추석날 / 김응 // 연변문예.－1981,(1).－33－36
22735 강산은 더 새로워 / 소풍 // 장백산. －1981,(2).－77－80
22736 ≪로민병은 갈수 없어≫ / 문계 // 동북민병.－1981,(2).－43
22737 물 한모금 / 문창남 // 장백산.－1981,(2).－104－106
22738 백산이 노래 / 문목 // 연변문예.－1981,(2).－49
22739 꽃피는 시골을 찾아 / 김풍 // 장백산. －1981,(3－4).－151－153
22740 나팔꽃 / 김철룡 // 장백산. －1981,(3－4).－153－154
22741 ≪새해 세배드립니다≫김정송 // 장백산. －1981,(3－4).－155
22742 이날이 오리라곤 / 리승호 // 장백산.－1981,(3－4).－25
22743 로작가를 찾아서 / 강장희 // 연변문예.－1981,(4).－56－58
22744 먹물이 진해야 글씨도 진하다 / 한원국 //

문학예술연구. – 1981,(4). – 35 – 38
22745 미룰수는 있어도 점해서는 안된다 / 리승리; 장축상 // 동북민병. – 1981,(4). – 38
22746 성악화원의 한떨기 꽃 / 본사기자 // 연변문예. – 1981,(4). – 54
22747 영예를 양도하다 / 려경위 // 동북민병. – 1981,(5). – 36
22748 잊을수 없는 녀인 / 송정환 // 연변문예. – 1981,(5). – 49 – 51
22749 남들은 산소에 가도 / 문창남 / 연변문예. – 1981,(6). – 44 – 45
22750 고구마 / 강홍도 // 동북민병. – 1981,(7). – 35
22751 고요한 개울 / 왕문걸 // 동북민병. – 1981,(7). – 34
22752 두만강반의 새 기상 / 리상각 // 연변문예. – 1981,(7). – 44 – 48
22753 요람속에서 / 김진석 // 연변문예. – 1981,(7). – 52
22754 장강의 주요원인/ 길언// 동북민병. – 1981,(7). – 34 – 35
22755 찬란한 뭇별을 바라보며 / 리효화 // 동북민병. – 1981,(7). – 38
22756 한 초학자에게 보내는 편지 / 최현숙 // 연변문예. – 1981,(7). – 53 – 55
22757 1년후에 결혼하자요 / 정옥발 // 동북민병. – 1981,(9). – 40
22758 고향 / 리혜남 // 연변문예. – 1981,(11). – 33 – 34
22759 웃물이 맑아야 아래물도 맑다 / 장문권 // 동북민병. – 1981,(11). – 39
22760 해돋이 / 장경률 // 연변문예. – 1981,(12). – 29 – 31
22761 영원히 사라지지 않는 망치소리 / 주아남 // 동북민병. – 1981,(16). – 34
22762 땀물송 / 도연 // 동북민병. – 1981,(17). – 30
22763 우리는 저마다 포사격능수라네 / 호세종 // 동북민병. – 1981,(20). – 4
22764 때가 되면 나온다 / 장경학; 왕충구 // 동북민병. – 1981,(22). – 41
22765 무제 / 김해연 // 연변문예. – 1982,(1). – 27 – 28
22766 졸 / 김성휘 // 연변문예. – 1982,(1). – 26 – 27
22767 초원의 봄 / 허경룡 // 연변문예. – 1982,(1). – 28 – 30
22768 글과 추고 / 김용식 // 연변문예. – 1982,(2). – 24
22769 라통산 / 남영전 // 장백산. – 1982,(2). – 73 – 75
22770 맑은 옹달샘 / 양신 // 송화강. – 1982,(2). – 57
22771 모교에 대한 생각 / 정덕교 // 연변문예. – 1982,(2). – 25 – 26
22772 무도장에서의 련상 / 정향 // 송화강. – 1982,(2). – 48 – 50
22773 장백산의≪미인송≫ / 황극 // 동북민병. – 1982,(2). – 33 – 34
22774 한 책이 세상에 나오게 되기까지 // 문학예술연구. – 1982,(2). – 25 – 29
22775 고추 / 최룡관 // 연변문예. – 1982,(3). – 44
22776 릉원에 핀 시꾸라꽃/ 전원// 장백산. – 1982,(3). – 75 – 76
22777 문학의 화원에서 맞이한 보람찬 나날 / 김용식 // 연변문예. – 1982,(3). – 22 – 25
22778 세상인심 / 김형직 // 도라지. – 1982,(3). – 59 – 60
22779 주추돌에 대한 생각 / 량명석 // 송화강. – 1982,(3). – 49
22780 고향의 정자나무 / 리로 // 도라지. – 1982,(4). – 34 – 35
22781 말발굽꽃 / 김내선 // 도라지. – 1982,(4). – 36 – 37
22782 북대하유기 / 소풍 // 장백산. – 1982,(4). – 51 – 53
22783 삼각룡만 / 문창남 // 장백산. – 1982,(4). – 54 – 57

22784 잊지 못할 그날의 감격 / 최현 // 연변문예. − 1982,(4). − 18

22785 ≪한 관리의 죽음≫에서 받은 계시 / 진달 // 연변문예. − 1982,(4). − 19 − 20

22786 개간지 / 문창남 // 송화강. − 1982,(5). − 43 − 47

22787 느낌 / 황장석 // 지부생활. − 1982,(5). − 41

22788 주의가 바르거늘 머리가 날아난들 두려울소냐 // 지부생활. − 1982,(5). − 39

22789 형수 / 남주길 // 연변문예. − 1982,(5). − 41

22790 웃는 얼굴, 밝은 세상: 한 평범한 일에서 받은 계시 / 박경식 // 연변문예. − 1982,(6). − 41 − 42

22791 진정한 사랑 / 홍성표 // 송화강. − 1982,(6). − 53 − 54

22792 길이 번영하라 / 김해진 // 연변문예. − 1982,(7). − 56 − 57

22793 더욱 향기를 뿜어라 / 김창석 // 연변문예. − 1982,(7). − 59 − 60

22794 백일잔치 / 김철 // 연변문예. − 1982,(7). − 57 − 58

22795 상록수 설레이는 섬나라 / 김철 // 연변문예. − 1982,(7). − 44 − 51

22796 싱싱한 화초가 되여주기를 / 김용식 // 연변문예. − 1982,(7). − 58 − 59

22797 안해의 천성 / 김창대 // 은하수. − 1982,(7). − 53 − 54

22798 애틋한 품 / 최형동 // 연변문예. − 1982,(7). − 58

22799 여름날 아침에 / 임효원 // 연변문예. − 1982,(7). − 56 − 57

22800 웃음의 철학 / 리욱 // 연변문예. − 1982,(7). − 57

22801 ≪인생의 길에서≫를 읽고 / 신인숙 // 은하수. − 1982,(7). − 71

22802 한통의 편지:≪인생의 길에서≫를 읽고 // 은하수. − 1982,(7). − 69 − 71

22803 할머니 / 남영전 // 연변문예. − 1982,(7). − 52 − 55

22804 황금시절 / 한수동 // 연변문예. − 1982,(7). − 59

22805 ≪내가 죽으면 추도회를 열지 말아주오≫ / 강창언 // 지부생활. − 1982,(8). − 43

22806 푸른색 / 조책전 // 지부생활. − 1982,(8). − 19

22807 함박눈 / 김철룡 // 연변문예. − 1982,(8). − 29 − 30

22808 책꽂이를 두고 / 장정일 // 연변문예. − 1982,(10). − 65

22809 봄무지개 / 문창남 // 연변문예. − 1982,(11). − 70 − 71

22810 아름다움은 청춘의 동반자: 기록영화≪아름다움의 부름≫의 설화에서 발취 / 진광충 // 은하수. − 1982,(11). − 4

22811 응암촌을 다시 찾아 / 윤용수 // 연변문예. − 1982,(11). − 68 − 69

22812 령혼, 눈, 언어 / 범증 // 은하수. − 1982,(12). − 76

22813 료리사의 솜씨와 손님의 입맛 / 박문일 // 연변문예. − 1982,(12). − 66

22814 연변의 자랑 / 김병활 // 연변문예. − 1982,(12). − 64 − 65

22815 붉은등과 푸른등(외1편) / 후옥침 등 // 동북민병. − 1982,(14). − 37

22816 ≪전통적 전법≫ / 서국청; 공윤상 // 동북민병. − 1982,(15). − 43

22817 지도자부터…(외1편) / 엄빈 // 동북민병. − 1982,(15). − 42

22818 관건적인 시각에 / 주붕비 // 동북민병. − 1982,(18). − 39

22819 ≪왜 진작 말하지 않았니?≫ / 로군 // 동북민병. − 1982,(21). − 45

22820 유격전 / 요장상 // 동북민병. − 1982,(23). − 31

22821 ≪곧음≫을 찬미하노라 / 림배영 // 동북민병. − 1982,(24). − 16 − 17

22822 ≪긴급통지≫ / 양안 // 동북민병. − 1982,(24).

－29
22823 국외견문 / 정판룡 // 은하수. － 1983,(1). － 19 － 24
22824 꿈 / 김성휘 // 연변문예. － 1983,(1). － 6 － 7
22825 나의 선생님 / 최성자 // 장백산. － 1983,(1) － 64 － 65
22826 만년필 / 엄정자 // 도라지. － 1983,(1). － 53 － 54
22827 방직공의 기쁨 / 김성수 // 연변문예. － 1983,(1). － 8 － 10
22828 보람찬 일터 무거운 책임 / 황은철 // 조선어 학습과 연구. － 1983,(1). － 43 － 44
22829 부부감정 // 도라지. － 1983,(1).45 － 46
22830 빛나는 성과 / 김순금 // 문학예술연구. － 1983,(1). － 78 － 80
22831 뿌리 례찬 / 증헌삼 // 은하수. － 1983,(1). － 40
22832 새해를 맞으면서 / 황국주 // 동북민병. － 1983,(1). － 34 － 35
22833 생명수 / 김철룡 // 장백산. － 1983,(1). － 61 － 63
22834 설레이는 경기장에서 / 장정일 // 장백산. － 1983,(1). － 7 － 8
22835 영원한 길동무처럼 // 연변문예. － 1983,(1). － 10 － 11
22836 회상 · 련상 · 명상 / 리병철 // 송화강. － 1983, (1). － 51 － 53
22837 경박호견문 / 홍성표 // 송화강. － 1983,(2). － 41 － 43
22838 봄 물결 / 문창남 // 송화강. － 1983,(2). － 40 － 41
22839 상봉 / 강효근 // 도라지. － 1983,(2). － 34 － 35
22840 나의 아버지 / 김송학 // 송화강. － 1983,(3). － 51 － 52
22841 단오놀이 / 문창남 // 도라지. － 1983,(3). － 34 － 36
22842 ≪복수해줄 사람≫ / 왕덕승 // 동북민병. － 1983,(3). － 36
22843 백두례찬 / 김형직 // 장백산. － 1983,(3 － 4). － 114 － 115
22844 잊을수 없는 녀인들 / 김양금 // 연변문예. － 1983,(3) . － 62. － 28 － 29
22845 판소리도 불렀으면 / 김용식 // 문학예술연구. － 1983,(3). － 63 － 69
22846 고개길 / 김재국 // 도라지. － 1983,(4). － 53 － 54
22847 ≪동명≫은 누군가? / 왕덕평 // 동북민병. － 1983,(4). － 43
22848 봄바람 / 최문섭 // 연변문예. － 1983,(4). － 62
22849 서호를 찾아서 / 김창호 // 연변문예. － 1983,(4). － 55 － 57
22850 송화호 해돋이 / 김근총 // 도라지. － 1983,(4). － 33 － 34
22851 오늘은 송화강에서 래일은 바다에서 / 홍천룡 // 도라지. － 1983,(4). － 35 － 36
22852 제자들의 술잔을 받아들고 / 최련향 // 청년생활. － 1983,(4). － 19 － 20
22853 늦어진 사랑(외1편) / 시주련 등 // 동북민병. － 1983,(5). － 38
22854 문명건설의 주인들 / 강장희 // 연변문예. － 1983,(5). － 46 － 47
22855 성장의 길에서 / 윤용수 // 연변문예. － 1983, (5). － 47 － 48
22856 승리자의 노래 / 김례호 // 송화강. － 1983,(5). － 18
22857 거미의 계발을 받은 이야기 / 렴승우 // 대중과학. － 1983,(6). － 48
22858 발해의 기와 / 김형직 // 송화강. － 1983,(6). － 51
22859 백조의 비극 / 돈명 // 지부생활. － 1983,(6). － 42
22860 보람찬 나날: －중국작가협회문학강습소 일기에서 / 김호근 // 연변문예. － 1983,(6). － 42 － 46
22861 새싹 · 희망 / 철인 // 연변문예. － 1983,(6). － 18

22862 생활과 상상 / 류원무 // 연변문예. – 1983,(6). – 50 – 51
22863 어머니의 손 / 리은화 // 청년생활. – 1983,(6). – 50 – 51
22864 여섯번째 부류의≪패왕≫ / 김화석 // 송화강. – 1983,(6). – 41 – 44
22865 자책 / 렴정자 // 연변문예. – 1983,(6). – 19
22866 기해가 현명한자를 추천하다 / 추국 // 지부생활. – 1983,(7). – 42
22867 ≪적합한 대상≫신석 // 지부생활. – 1983,(7). – 33
22868 지식의 궁전 / 김룡덕 // 연변문예. – 1983,(7). – 23
22869 비단폭포 / 오우범 // 연변문예. – 1983,(8). – 51 – 52
22870 새별을 키웁니다: 한 교원의 수기에서 / 신현철 // 연변교육. – 1983,(8). – 24
22871 신망은 자기의 행동에 의하여 결정된다 / 정길월 // 지부생활. – 1983,(8). – 29
22872 ≪씨앗≫은≪토양≫을 떠날수 없다 / 오정일 // 지부생활. – 1983,(8). – 28
22873 첫 걸음 / 최성자 // 연변문예. – 1983,(8). – 52 – 53
22874 카스카르의 얼굴 / 김순기 // 연변문예. – 1983,(8). – 35 – 39
22875 나리꽃 / 서금화 // 연변문예. – 1983,(9). – 51
22876 늙지 않는 묘방 / 김영금 // 연변문예. – 1983,(9). – 49 – 50
22877 어머니의 미소 / 박일석 // 연변교육. – 1983,(9). – 60 – 61
22878 우리 고향의 입쌀 / 조금숙 // 연변문예. – 1983,(9). – 60
22879 원대한 리상을 지닌 사람 / 차수남 // 연변문예. – 1983,(9). – 61 – 62
22880 지식 / 진진방 // 지부생활. – 1983,(9). – 27
22881 친선의 도가니속에서 / 최재우 // 연변문예. – 1983,(9). – 52 – 55
22882 티없이 맑은 마음 / 김보옥 // 연변교육. – 1983,(9). – 59
22883 다시 만난 은사 / 김옥인 // 연변문예. – 1983,(10). – 44 – 45
22884 맞춤히 하고 그만두다 / 류온평 // 동북민병. – 1983,(10). – 34
22885 ≪공평합리≫한 방법 / 종화 // 동북민병. – 1983,(11). – 30
22886 대소의 달밤 / 김진석 // 연변문예. – 1983,(11). – 57 – 58
22887 살뜰한 사감선생님 / 김명근 // 연변교육. – 1983,(11). – 61 – 62
22888 석양 / 최균선 // 연변교육. – 1983,(11). – 62
22889 솔개골샘물 / 문창남 // 연변문예. – 1983,(11). – 37 – 39
22890 해연이 나래친다 / 안진영 // 연변교육. – 1983,(11). – 60
22891 누에 / 장경률 // 연변문예. – 1983,(12). – 54 – 55
22892 렬화학생에 대한 일화 / 고애자 // 연변교육. – 1983,(12). – 54
22893 수직원의 꿈 / 장운봉 // 동북민병. – 1983,(12). – 38
22894 원예사의 땀방울 구슬로 반짝인다 / 채월순 // 연변교육. – 1983,(12). – 51
22895 잊지 못할 사연 / 정신숙 // 연변교육. – 1983,(12). – 52
22896 장해적동무에게 / 강경숙 // 연변교육. – 1983,(12). – 53 – 54
22897 정성이 지극하면 돌우에도 꽃이 핀다 / 김복자 // 연변교육. – 1983,(12). – 52 – 53
22898 행복한 추억 / 황남국 // 연변문예. – 1983,(12). – 38
22899 시간문제 2편 / 왕청순 // 동북민병. – 1983,(13 – 14). – 50
22900 자물쇠 / 백아군 // 동북민병. – 1983,(13 – 14). – 51
22901 ≪음양≫량용 / 우홍승 // 동북민병. – 1983,(18). – 39

22902 감사신 세통을 떼우다 / 로명성 // 동복민병. − 1983,(21). − 34

22903 ≪긴급전보≫로 ≪조전≫을 바꿔오다 / 고등소 등 // 동북민병. − 1983,(21). − 33 − 34

22904 ≪대장부는 녀자들과 겨루지 않는다≫ / 주풍기 // 동북민병. − 1983,(22). − 43

22905 자유주의의 발로 / 주국신 // 동북민병 − 1983,(24). − 43

22906 나의 말 / 김성휘 // 조선어 학습과 연구. − 1984,(1). − 30 − 31

22907 내 고향의 얼굴 / 김진석 // 연변문예 − 1984,(1). − 35 − 36

22908 녀성들이여 생활의 강자로 되자 / 거붕지 // 연변녀성. − 1984,(1). − 8 − 9

22909 두 녀인 / 리병철 // 송화강. − 1984,(1). − 37 − 39

22910 신 / 박준범 // 도라지. − 1984,(1). − 47 − 48

22911 지렁이 / 리주천 // 은하수. − 1984,(1). − 36

22912 참회 / 홍표 // 송화강. − 1984,(1). − 40 − 41

22913 봄노래 / 김대현 // 연변문예. − 1984,(2). − 42 − 43

22914 스스로 조난을 겪다 // 대중과학. − 1984,(2). − 24 − 26

22915 탕왕벌에서 / 홍천룡 // 은하수. − 1984,(2). − 61 − 63

22916 함형술집에서 / 김태산 // 은하수. − 1984,(2). − 27 − 31

22917 황금의 가을에 / 박상복 // 도라지. − 1984,(2). − 56 − 59

22918 거스름돈 / 김영명 // 장백산. − 1984,(3). − 187 − 188

22919 고무지우개 / 손순덕 // 장백산. − 1984,(3). − 183 − 184

22920 공공뻐스에서 / 김명월 // 장백산. − 1984,(3). − 189 − 190

22921 모판 / 장금자 // 장백산. − 1984,(3). − 186

22922 물이 불으면 배도 그만큼 높아진다 / 정전부 // 동북민병. − 1984,(3). − 48

22923 바가지 / 김형직 // 도라지. − 1984,(3). − 36 − 37

22924 버드나무 / 엄정자 // 연변문예. − 1984,(3). − 42 − 43

22925 봄눈 / 김련화 // 장백산. − 1984,(3). − 190 − 191

22926 새로운 항로로! / 로증걸 // 연변녀성. − 1984,(3). − 29 − 31

22927 안해의 일기 / 김순호 // 도라지. − 1984,(3). − 54 − 55

22928 어머니가 내신 시험문제 / 현춘옥 // 장백산. − 1984,(3). − 188 − 189

22929 억울한 강아지 / 로춘용 // 장백산. − 1984,(3). − 190

22930 언약 / 오혜숙 // 조선어 학습과 연구. − 1984,(3). − 32 − 33

22931 영각소리 / 서금화 // 연변문예. − 1984,(3). − 43 − 44

22932 절절한 기대 / 김영희 // 천지. − 1984,(3). − 182 − 183

22933 책 / 김재호 // 장백산. − 1984,(3). − 184 − 185

22934 토끼띠와 뱀띠 / 애청 // 장백산. − 1984,(3). − 139 − 145

22935 거울 / 허설매 // 장백산. − 1984,(4). − 153 − 154

22936 고목에 핀 꽃 / 리영우 // 도라지. − 1984,(4). − 62 − 63

22937 고향 / 림국웅 // 은하수. − 1984,(4 − 5). − 90 − 91

22938 관대한 처분 / 남춘자 // 장백산. − 1984,(4). − 146 − 147

22939 꽃피는 송화강반 / 김극 // 도라지. − 1984,(4). − 29 − 31

22940 꿈이런가 생시런가 / 김철룡 // 장백산. − 1984,(4). − 110

22941 누나의 부탁 / 김학송 // 청년생활. − 1984,(4). − 57

22942 매력 / 김재옥 // 은하수. − 1984,(4 − 5). − 28

22943 봄꽃 / 박정근 // 연변문예. – 1984,(4). – 42
22944 사과꽃 필 때 / 김동규 // 장백산. – 1984,(4). – 102 – 103
22945 산 로친 / 리상각 // 연변문예. – 1984,(4). – 36 – 40
22946 쌀자루 / 김춘화 // 장백산. – 1984,(4). – 149
22947 아버지의 뉘우침 / 박기선 // 장백산. – 1984,(4). – 154 – 155
22948 어머님의 마음 / 김응 // 도라지. – 1984,(4). – 25 – 28
22949 우리 동창들 / 박길춘 // 송화강. – 1984,(4). – 48 – 49
22950 정자우에서 / 김순희 // 송화강. – 1984,(4). – 33 – 34
22951 ≪정전≫편지 / 리명화 // 장백산. – 1984,(4). – 151 – 152
22952 ≪팔부≫오빠 / 조화옥 // 장백산. – 1984,(4). – 150 – 151
22953 형제적친선의 나라를 찾아서 / 리룡식 // 은하수. – 1984,(4 – 5). – 41 – 47
22954 환갑상 / 손영철 // 장백산. – 1984,(4). – 148
22955 황금의 가을 / 김정숙 // 장백산. – 1984,(4). – 147
22956 고향의 박새꽃 / 리병태 // 송화강. – 1984,(5). – 44 – 46
22957 문인과 수필 / 김용식 // 연변문예. – 1984,(5). – 45 – 46
22958 방사공의 노래 / 최룡관 // 연변문예. – 1984,(5). – 40
22959 새 시대의 부름 / 해연 // 동북민병. – 1984,(5). – 26
22960 선조들이 물려준 옷 / 김양금 // 도라지. – 1984,(5). – 34 – 35
22961 책을 사온 후 / 왕희태 // 동북민병. – 1984,(5). – 31 – 32
22962 담배를 떼다 / 조문붕 // 동북민병. – 1984,(6). – 37
22963 ≪몽당치마≫는 행운아 / 림원춘 // 연변문예. – 1984,(6). – 4 – 7
22964 사꾸라 / 최선화 // 연변문예. – 1984,(6). – 39
22965 산간의 메아리 / 홍성도 // 송화강. – 1984,(6). – 54 – 55
22966 장모 / 김창대 // 도라지. – 1984,(6). – 49 – 50
22967 참나무의 성격 / 김영섭 // 은하수. – 1984,(6). – 38
22968 란초 / 리만송 // 은하수. – 1984,(7). – 59
22969 바라노니 사람들 길이 함께 / 송건화 // 동북민병. – 1984,(7). – 34 – 35
22970 밤하늘의 명상 / 리광순 // 은하수. – 1984,(7). – 49
22971 아홉번과 한번 / 류온평 // 동북민병. – 1984,(7). – 22
22972 기러기야 날아오너라 / 채영남 // 은하수. – 1984,(8). – 44 – 45
22973 물청굽에 선 푸른 바위 / 윤용수 // 연변문예. – 1984,(8). – 50 – 51
22974 민들레꽃 / 리삼월 // 은하수. – 1984,(8). – 55
22975 아름다운 형상 / 철인 // 연변문예. – 1984,(8). – 80
22976 야초 / 하연 // 은하수. – 1984,(8). – 5
22977 운무를 헤치며 / 문목 // 연변문예. – 1984,(8). – 55
22978 작가와 자연 / 차룡순 // 연변문예. – 1984,(8). – 79 – 80
22979 조사기록 / 엄실 // 동북민병. – 1984,(8). – 34
22980 고추장의 별미 / 박철준 // 은하수. – 1984,(9). – 54 – 55
22981 꽃을 보고서 / 조가락 // 동북민병. – 1984,(9). – 41 – 42
22982 바다길 하늘길에서 / 정세봉 // 연변문예. – 1984,(9). – 50 – 52
22983 사업 – 인생의 상록수 / 류빈걸 // 은하수. – 1984,(9). – 5
22984 아동저수지를 찾아서 / 강철 // 연변문예. – 1984,(9). – 38 – 39
22985 아,민병사업축기여 / 손계무 // 동북민병. –

1984,(9). – 43
22986 유혹에 대하여 / 교맹산 // 은하수. – 1984,(9). – 21
22987 한마디 적게 했을뿐이요 / 진동화 // 동북민병. – 1984,(9). – 37
22988 꽃물결 이는 거리에서 / 강장희 // 연변문예. – 1984,(10). – 38 – 39
22989 례절 / 김필 편역 // 은하수. – 1984,(10). – 54
22990 오얏나무 / 김송죽 // 은하수. – 1984,(10). – 50 – 51
22991 왜 이끌어주지도 못하게 하오? / 오대방 // 동북민병. – 1984,(10). – 33
22992 복받은 로인들 / 조성희 // 연변문예. – 1984,(11). – 48 – 50
22993 ≪비둘기표≫공작조 / 로문 // 동북민병. – 1984,(11). – 38
22994 ≪형이상학≫에 대한 새로운 해석 / 우중은 // 동북민병. – 1984,(11). – 38
22995 뜨개보 / 리준 // 연변문예. – 1984,(12). – 49
22996 자동차타기 / 시만림 // 동북민병. – 1984,(12). – 35
22997 통지에 관한 통지 / 우홍주 // 동북민병. – 1984,(13). – 38
22998 일만과 만일 / 장운붕 // 동북민병. – 1984,(15). – 19
22999 관건은 과녁보고원을 잘 고르는데 있소 / 요장상 // 동북민병. – 1984,(19). – 39
23000 끝내 기술을 배우는구만 / 동은복 등 // 동북민병. – 1984,(20). – 34
23001 계시 / 위군 // 동북민병. – 1984,(24). – 42
23002 세계적으로 가장 짧은 글 / 장군 // 동북민병. – 1984,(24). – 36
23003 ≪검열≫ / 소치 // 지부생활. – 1985,(1). – 54
23004 꿈에서 받은 계시 / 리해수 // 장백산. – 1985,(1). – 139 – 140
23005 동년시절 / 김란옥 // 장백산. – 1985,(1). – 142 – 143
23006 려산기행 / 박을룡 // 송화강. – 1985,(1). – 39 – 41
23007 수지 / 문창남 // 송화강. – 1985,(1). – 37 – 38
23008 어머니 품속에서 / 박정근 // 도라지. – 1985,(1). – 76 – 77
23009 ≪온돌쟁이≫바우형님 / 김성호 // 장백산. – 1985,(1). – 140 – 141
23010 천지송 / 김해연 등 // 천지. – 1985,(1). – 4 – 7
23011 구두 / 박문일 // 송화강. – 1985,(2). – 50 – 51
23012 꿈속에서 받은 천벌 / 지홍란 // 조선어 학습과 연구. – 1985,(2). – 41 – 42
23013 레닌의 고향에서 / 왕몽 // 천지. – 1985,(2). – 62 – 66
23014 변화 / 장성원 // 조선어 학습과 연구. – 1985,(2). – 35
23015 병신 / 김옥녀 // 조선어 학습과 연구. – 1985,(2). – 39 – 40
23016 사진 한장 / 리병태 // 도라지. – 1985,(2). – 55 – 58
23017 석별 / 김홍위 // 조선어 학습과 연구. – 1985,(2). – 37
23018 석회 / 박순희 // 조선어 학습과 연구. – 1985,(2). – 38
23019 웃음거리 자랑거리 / 김홍화 // 조선어 학습과 연구. – 1985,(2). – 43 – 44
23020 자책 / 량문화 // 조선어 학습과 연구. – 1985,(2). – 42 – 43
23021 저녁술을 들기전 / 최동해 // 조선어 학습과 연구. – 1985,(2). – 36
23022 포도나무 / 김학송 // 천지. – 1985,(2). – 60 – 61
23023 푸른 가방 / 향천 / 송화강. – 1985,(2). – 52 – 53
23024 한족판매원 / 배상근 // 조선어 학습과 연구. – 1985,(2). – 44
23025 할아버지의 마음 / 박룡길 // 장백산. – 1985,(2). – 167 – 168
23026 황산의 저녁노을 / 한창희 // 장백산. – 1985,(2). – 122 – 123

23027 ≪흑풍구≫를 지나다 / 기람 // 천지. − 1985,(2). − 51
23028 귀향 / 김영화 // 천지. − 1985,(3). − 58 − 60
23029 녀성의 매력 / 김양금 // 천지. − 1985,(3). − 36 − 37
23030 붉은 꽃 / 량재록 // . − 1985,(3). − 21 − 23
23031 소원 / 최무삼 // 연변교육. − 1985,(3). − 27
23032 옷장 / 김여 // 천지. − 1985,(3). − 61
23033 우리 마을 부녀들 / 김광희 // 장백산. − 1985,(3). − 150
23034 자전거부대 / 조사상 // 동북민병. − 1985,(3). − 19
23035 점선의 계시 / 리묵 // 송화강. − 1985,(3). − 59 − 60
23036 첫눈 / 류필란 // 천지. − 1985,(3). − 38 − 39
23037 추억의 물결: 송화강반에서 / 김철 // 도라지. − 1985,(3). − 21 − 24
23038 푸른 잎사귀 / 은벽경 // 은하수. − 1985,(3). − 13
23039 관계 / 손계무 // 동북민병. − 1985,(4). − 38
23040 교정의 종소리 / 리문걸 // 장백산. − 1985,(4). − 139
23041 기자의 번민 / 김창규 // 천지. − 1985,(4). − 42 − 43
23042 길 / 허미화 // 연변녀성. − 1985,(4). − 60 − 62
23043 눈 / 장금자 // 장백산. − 1985,(4). − 108
23044 명산을 두루 밟고 / 김철 // 송화강. − 1985,(4). − 42 − 50
23045 아버지 / 김춘근 // 송화강. − 1985,(4). − 51 − 52
23046 원족 / 최계자 // 도라지. − 1985,(4). − 61
23047 책장 / 리광순 // 송화강. − 1985,(4). − 40 − 41
23048 가을의 회포 / 리화숙 // 도라지. − 1985,(5). − 54
23049 고향마을 사람들 / 김춘실 // 송화강. − 1985,(5). − 35 − 36
23050 군사비밀을 지킨다 / 병식 // 동북민병. − 1985,(5 − 6). − 55
23051 그처럼 억세게 / 한창희 // 천지. − 1985,(5). − 28 − 29
23052 다리 / 리은화 // 천지. − 1985,(5). − 56 − 54
23053 선주전 / 문창남 // 장백산. − 1985,(5). − 111 − 130
23054 오얏꽃 / 김일량 // 천지. − 1985,(5). − 52
23055 현명한 판결 / 리종석 // 장백산. − 1985,(5). − 131 − 136
23056 흰색에 대한 명상 / 한춘 // 장백산. − 1985,(5). − 107 − 110
23057 고향을 만리밖에 두고 / 주현남 // 은하수. − 1985,(6). − 39 − 40
23058 나는 자연의 주인 / 리화숙 // 송화강. − 1985,(6). − 59
23059 별과 함께 / 리만금 // 천지. − 1985,(6). − 52 − 53
23060 상수로 흐르는 정 // 문학과 예술. − 1985,(6). − 38 − 39
23061 싹트는 시절에 / 리계향 // 문학과 예술. − 1985,(6). − 36 − 37
23062 안해여, 량해해다오 / 신현철 // 연변녀성. − 1985,(6). − 21 − 22
23063 어머니의 손길 / 마정운 // 은하수. − 1985,(6). − 37 − 38
23064 잔설 // 문학과 예술. − 1985,(6). − 37 − 38
23065 ≪정성≫ / 김선희 // 장백산. − 1985,(6). − 133 − 134
23066 창작의 제한성과 돌파 / 최삼룡 // 도라지. − 1985,(6). − 59 − 60
23067 ≪천지≫의 새 얼굴:편집부에 보내는 편지 / 김철 // 천지. − 1985,(6). − 4 − 5
23068 ≪보수를 탐내지 않았다≫는 이야기로부터 / 주점장 // 지부생활. − 1985,(7). − 62
23069 십전짜리 지전 / 김진석 // 지부생활. − 1985,(7). − 60 − 61
23070 새끼기계소리 / 김만춘 // 은하수. − 1985,(7). − 46
23071 영광의 땅 − 준의 / 한창희 // 은하수. − 1985,(7). − 41 − 43

23072 떡잎 / 정향자 // 연변교육. − 1985,(8). − 61 − 62
23073 료동벌을 달리면서 / 허태일 // 은하수. − 1985,(8). − 28 − 29
23074 박 / 박명휘 // 연변교육. − 1985,(8). − 62 − 63
23075 봄누에 / 리상백 // 은하수. − 1985,(8). − 42 − 45
23076 봄바람 / 김룡운 // 은하수. − 1985,(8). − 38 − 39
23077 봄빛 / 김영옥 // 연변교육. − 1985,(8). − 63 − 64
23078 생일날에 있은 일 / 김순금 // 연변교육. − 1985,(8). − 64
23079 시장의 한모퉁이에서 / 리춘매 // 연변교육. − 1985,(8). − 63
23080 청년늪 / 김룡덕 // 천지. − 1985,(8). − 41 − 42
23081 하늘보다 더 넓은 그의 마음 / 은하 편역 // 은하수. − 1985,(8). − 32 − 33
23082 고향길 / 김세균 // 천지. − 1985,(9). − 39
23083 꾀꼬리가 울기까지 / 조룡남 // 천지. − 1985,(9). − 48 − 56
23084 ≪자유녀신≫의 나라에서 / 조득현 // 천지. − 1985,(9). − 40 − 47
23085 처음 교사절에 즈음하여 // 연변교육. − 1985,(9). − 5 − 9
23086 가령 내가 어문교원이라면… / 정화남 // 연변교육. − 1985,(10). − 20
23087 가을의 사색 / 임효원 // 천지. − 1985,(10). − 29
23088 간판왕 / 김학철 // 은하수. − 1985,(10). − 37 − 38
23089 내가 만약 교원이라면… / 료요청 // 연변교육. − 1985,(10). − 19
23090 막 돌 / 가평요 // 지부생활. − 1985,(10). − 62 − 63
23091 모교의 종소리 / 리만송 // 연변교육. − 1985,(10). − 55 − 56
23092 북방의 코스모스 / 김두필 // 은하수. − 1985,(10). − 34 − 36
23093 은하마을의 착한 며느리 / 최창순 // 은하수. − 1985,(10). − 23 − 25
23094 일엽지추 / 강효삼 // 천지. − 1985,(10). − 30 − 31
23095 조직규률성문제 / 양유류 // 지부생활. − 1985,(10). − 64
23096 노래소리는 그리 멀지 않은 곳에서 / 천지. − 1985,(12). − 80 − 82
23097 강낭떡에 얽힌 사연 / 김학철 // 송화강. − 1986,(1). − 57 − 58
23098 격류속의 도라지 / 리현숙 // 도라지. − 1986,(1). − 2 − 3
23099 고향의 달 / 장해옥 // 도라지. − 1986,(1). − 47 − 48
23100 그리운 사람들 / 박기관 // 장백산. − 1986,(1). − 137
23101 급행렬차에서 / 김영금 // 천지. − 1986,(1). − 53 − 54
23102 눈 / 김춘근 // 송화강. − 1986,(1). − 20
23103 단란한 가정의 파멸 / 운봉 // 청년생활. − 1986,(1). − 44 − 46
23104 마음속에 비낀 검은 그림자 / 정사류 // 청년생활. − 1986,(1). − 57 − 59
23105 무도곡속에서 타락된 처녀 / 류건공 // 청년생활. − 1986,(1). − 14 − 16
23106 술이란 물건은 / 아갑 // 동북민병. − 1986,(1). − 28
23107 고향 / 한창희 // 송화강. − 1986,(2). − 56
23108 교단에 오르면서 / 리선옥 // 청년생활. − 1986,(2). − 45 − 46
23109 그리운 어머니 꿈 / 조경숙 // 지부생활. − 1986,(2). − 54 − 55
23110 길가에 핀 꽃 / 강금단 // 장백산. − 1986,(2). − 67
23111 누가 먼저≪천당≫에 들어가야 하는가 / 관종인 // 지부생활. − 1986,(2). − 52 − 53
23112 눈내리던 날 / 문창남 // 송화강. − 1986,(2).

－61－62
23113 불합격 남편 / 김학철 // 도라지.－1986,(2).－43－44
23114 사유방법을 고치자 // 연변녀성.－1986,(2).－65－66
23115 ≪3년후에 와보십시오!≫ / 황지영 // 천지.－1986,(2).－49－54
23116 세 악마의 죽음 / 김학철 // 천지.－1986,(2).－55－56
23117 시간앞에서 달리는 사람들 / 주봉기 // 동북민병.－1986,(2).－48
23118 아버지의≪독백≫ // 연변녀성.－1986,(2).－59
23119 오월의 푸른 하늘과 마주하고 / 박춘길 // 송화강.－1986,(2).－56
23120 우리 겨레 / 리종포 // 도라지.－1986,(2).－45－46
23121 태백성 / 김파 // 장백산.－1986,(2).－51－55
23122 35성상의 길동무 / 홍성도 // 천지.－1986,(3).－39－40
23123 ≪새잡이≫ / 박상복 // 도라지.－1986,(3).－52－54
23124 술맛 / 란사현 // 동북민병.－1986,(3).－41－44
23125 아기별 / 김성휘 // 천지.－1986,(3).－38
23126 아,백두산 / 한창희 // 장백산.－1986,(3).－94－95
23127 ≪애비만 꼭 닮아라≫ / 양문훈 // 동북민병.－1986,(3).－32
23128 어머니께 보내는 편지 / 김순녀 // 연변녀성.－1986,(3).－42－44
23129 우리 민족과 도라지 / 황유목 // 도라지.－1986,(3).－57－60
23130 우정 애정 우정 // 은하수.－1986,(3).－56－58
23131 처녀시절 / 현옥희 // 은하수.－1986,(3).45－48
23132 하룩궁술집 나이트클럽 / 김철학 // 청년생활.－1986,(3).－44－46
23133 한 사형수가 남긴 일기 / 김영근 // 청년생활.－1986,(3).－16－18
23134 할머니가 가르쳐준 인생의 길 창작의 길 (외1편)남영전 // 장백산.－1986,(3).－89－93
23135 경쟁가운데서 협조를 잊지 말아야 한다 / 주춘생 // 동북민병.－1986,(4).－39
23136 기억속의 새별 / 산천 // 장백산.－1986,(4).－50－52
23137 ≪노력이 천재다≫리상각 // 천지.－1986,(4).－20－23
23138 두만강 여울소리 / 한창희 // 도라지.－1986,(4).－36
23139 로산에서 보내온 편지 / 문원 // 지부생활.－1986,(4).－22－24
23140 메밀묵 / 장옥순 // 장백산.－1986,(4).－53－54
23141 사업도 정속에서 / 정향 // 송화강.－1986,(4).－24
23142 시골맛 / 문창남 // 도라지.－1986,(4).－37－40
23143 아, 푸른빛 / 장수철 // 청년생활.－1986,(4).－40
23144 잔풀,그대를 사랑하노라 / 류진륙;부표 // 동북민병.－1986,(4)－46
23145 천지물 쏟아진다 / 허광일 // 천지.－1986,(4).－19
23146 피로 맺어진 정분/ 조문신// 장백산.－1986,(4).－3－12
23147 하늘과 땅 바람을 깨우고픈 목울음 / 한창선 // 송화강.－1986,(4).－54－55
23148 한순간을 살아도 / 강장희 // 지부생활.－1986,(4).－58－59
23149 회상과 축원 / 리홍규 // 천지.－1986,(4).－17－18
23150 갈망 / 박련옥 // 도라지.－1986,(5).－46
23151 난 날 사랑해요 / 락자 // 연변녀성.－1986,(5).－7－8

23152 변천의 35년 / 김학철 // 천지. – 1986,(5). – 15
23153 빛나는 모습 / 손권 // 송화강. – 1986,(5). – 59 – 61
23154 술을 삼가하시라 / 조헌각 // 동북민병. – 1986,(5). – 34
23155 시인의 품격 / 김학철 // 도라지. – 1986,(5). – 47 – 48
23156 아,≪아리랑≫ / 임호원 // 천지. – 1986,(5). – 13 – 14
23157 어머니의 눈물 / 김복순 // 연변녀성. – 1986,(5). – 16 – 18
23158 왕아저씨는 찾을수 없지만 / 최창학 // 송화강. – 1986,(5). – 61 – 63
23159 장백산 줄기줄기 / 한창희 // 천지. – 1986,(5). – 19
23160 조선작가들의 이모저모 / 김성휘 // 천지. – 1986,(5). – 82 – 83
23161 1967년의 2월에 / 소국심 // 장백산. – 1986,(5). – 84 – 132
23162 취재수첩을 펼치고 / 김정 // 송화강. – 1986,(5). – 57 – 59
23163 호주머니,머리 및 그 관계 / 조헌문 // 지부생활. – 1986,(5). – 61 – 62
23164 가장 기쁠때 / 김봉웅 // 은하수. – 1986,(6). – 33
23165 나의 고통: 환갑을 맞으며 젊은이들에게 하고픈 한마디 / 양문훈 // 청년생활. – 1986,(6). – 3 – 4
23166 내가 걸은 문학의 길 / 리영 // 은하수. – 1986,(6). – 59 – 60
23167 도문강유보도에서 / 리광순 // 은하수. – 1986,(6). – 55 – 56
23168 딸애의 이름 / 석화 // 연변녀성. – 1986,(6). – 46 – 48
23169 벗에 대한 생각 / 현승걸 // 도라지. – 1986,(6). – 48 – 49
23170 붓꽃 / 강보재 // 동북민병. – 1986,(6). – 35 – 36
23171 38선의 봄 / 김순호 // 천지. – 1986,(6). – 44 – 45
23172 30년만에 만난 주인공들 / 박유학 // 도라지. – 1986,(6). – 51 – 52
23173 상봉 / 최장춘 // 천지. – 1986,(6). – 78 – 79
23174 샘물 / 김일권 // 장백산. – 1986,(6). – 135
23175 성위서기의 집 / 상청 // 지부생활. – 1986,(6). – 49
23176 쏘파의≪흠≫ / 황철군 // 동북민병. – 1986,(6). – 32
23177 5월의 금산 / 김재옥 // 송화강. – 1986,(6). – 50 – 51
23178 우리 민족의 호랑이 / 황유복 // 송화강. – 1986,(6). – 56 – 62
23179 인간관계 / 강장희 // 천지. – 1986,(6). – 66 – 71
23180 자신의 가치 / 김복순 // 천지. – 1986,(6). – 76 – 77
23181 조약돌 / 김문학 // 장백산. – 1986,(6). – 134
23182 찬미한다 용접봉이여 / 종천 // 지부생활. – 1986,(6). – 56 – 57
23183 청혼 / 마옥평 // 동북민병. – 1986,(6). – 48
23184 택시안에서 / 리현숙 // 은하수. – 1986,(6). – 17
23185 포고문앞에서의 사색… / 류장정; 장경산 // 동북민병. – 1986,(6). – 44 – 45
23186 포도나무 / 김순호 // 송화강. – 1986,(6). – 42 – 43
23187 푸른하늘: 길림육문중학교 교정에서 / 권정웅 // 도라지. – 1986,(6). – 50
23188 한 녀류작가 / 김학철 // 천지. – 1986,(6). – 8 – 9
23189 황천 / 리계향 // 문학과 예술. – 1986,(6). – 66 – 67
23190 회전식당 / 조혜민 // 동북민병. – 1986,(6). – 33 – 34
23191 가짜기자의 기편술 / 강윤주 // 은하수. – 1986,(7). – 30 – 31
23192 ≪고향≫의 새모습 / 한정남 // 동북민병. – 1986,(7). – 28 – 30

23193 두만강의 노래소리 / 리수길 // 천지. – 1986,(7). – 33 – 34
23194 ≪맛≫문제 / 김학철 // 은하수. – 1986,(7). – 6 – 7
23195 명언초록 / 오태호 // 지부생활. – 1986,(7). – 61 – 62
23196 부르하통하 / 김의천 // 천지. – 1986,(7). – 31 – 32
23197 식칼을 파는 사람 / 장진생 // 동북민병. – 1986,(7). – 48
23198 아,바다 / 김문학 // 천지. – 1986,(7). – 35 – 36
23199 ≪입당지원서≫를 쓰는 시각에 / 한동철 // 지부생활. – 1986,(7). – 59 – 60
23200 지식은 곧 힘이다 / 복군 // 동북민병. – 1986,(7). – 47
23201 친오누이부부 / 등릉풍 // 은하수. – 1986,(7). – 64
23202 그 동무를 료해나 해요? / 정영숙 // 은하수. – 1986,(8). – 34 – 35
23203 손목시계 / 김인선 // 천지. – 1986,(8). – 80 – 81
23204 심상찮은 소경력 / 김학철 // 청년생활. – 1986,(8). – 12 – 14
23205 준비 / 오화 // 동북민병. – 1986,(8). – 47
23206 ≪짓밟힌 정조≫후일담(외1편) / 김학철 // 천지. – 1986,(8). – 68 – 70
23207 고임돌 / 차수남 // 은하수. – 1986,(9). – 40 – 42
23208 노랑나비 / 석동준 // 천지. – 1986,(9). – 78 – 79
23209 ≪도전자≫호의 최종수역 / 왕공준 // 은하수. – 1986,(9). – 43 – 48
23210 말공부쟁이의 교훈 / 최석승 // 지부생활. – 1986,(9). – 60
23211 참된 삶 / 안진영 // 지부생활. – 1986,(9). – 31
23212 폭발사건에 대한 소감 / 문곽 // 동북민병. – 1986,(9). – 25
23213 꿀벌과 같은 창조정신이 있어야 한다 / 왕왈문 // 동북민병. – 1986,(10). – 38
23214 들풀 / 하연 // 은하수. – 1986,(10). – 25
23215 소승 / 암석 // 지부생활. – 1986,(10). – 63
23216 우매와 극≪좌≫사조 / 음봉 // 지부생활. – 1986,(10). – 64
23217 ≪자유시간≫을 어떻게 보낼것인가? / 곽자학 // 동북민병. – 1986,(10). – 39
23218 자책,선물 / 최무삼 // 중국조선족교육. – 1986,(10 – 11). – 150 – 152
23219 굴뚝에 맺힌 감회 / 리선호 // 천지. – 1986,(11). – 82 – 84
23220 친구여, 과감히 탐험하시라 / 류검흔 // 동북민병. – 1986,(11). – 32
23221 푸른 숲의 주인 / 윤송 // 천지. – 1986,(11). – 60 – 65
23222 경박의 푸른 물결 / 장경숙 // 은하수. – 1986,(12). – 55 – 56
23223 인재로 되려면 도덕적수양을 홀시하지 말아야 한다 / 주춘생 // 동북민병. – 1986,(12). – 32 – 33
23224 ≪정신적회뢰≫를 경계하여야 한다 / 장신재 // 동북민병. – 1986,(12). – 33
23225 큰물과의 싸움 / 리상각 // 천지. – 1986,(12). – 5
23226 고통의 심도 / 김학철 // 문학과 예술. – 1987(1). – 4 – 5
23227 변방선을 따라 천리 / 림원춘 // 은하수. – 1987,(1). – 4 – 9
23228 불개미같은 저 해를… / 석화 // 문학과 예술.1987,(1). – 38
23229 빈곤에 대한 사색 / 정중 // 은하수. – 1987,(1). – 14 – 21
23230 빈궁의 세계에 발을 묻고 / 정세봉 // 문학과 예술.1987,(1). – 39
23231 서리의 성격 / 효쌍 // 동북민병. – 1987,(1). – 40
23232 시대성이 강한 작품을… / 동희철 // 문학과

예술.1987,(1).－40
23233 신수 / 박상봉 // 도라지.－1987,(1).－25－27
23234 신정과 소망 / 산천 // 은하수.－1987,(1).－43－45
23235 ≪양을 잃고 우리를 고친다≫에 대하여 / 왕료랭 // 동북민병.－1987,(1).－39
23236 우공정신에 대한 소감 / 류급광 // 동북민병.－1987,(1).－39
23237 우리 민족 문화동산에서 만나는 토끼 / 황유복;전신자 // 장백산.－1987,(1).－132－136
23238 일본·365 / 최응구 // 장백산.－1987,(1).－167－176
23239 ≪진정한 친구≫ / 장진생 // 동북민병.－1987,(1).－35
23240 태산길－인생길 / 김학송 // 천지.－1987,(1).－94－96
23241 한번만 더!－친구 응구의 편지를 받고 / 림원춘 // 문학과 예술.1987,(1).－62－64
23242 흉 / 라안명 // 동북민병.－1987,(1).－40
23243 고백 / 리원길 // 문학과 예술.－1987,(2).－62－63
23244 나의 집－문화궁전: －한빈 조선족문화궁전 락성식에 즈음하여. / 김철 // 송화강－1987,(2).－47
23245 달노래 / 김의진 // 연변녀성.－1987,(2).－47－48
23246 등지고 한 속심말 / 정화 // 연변녀성.－1987,(2).－66－68
23247 사는 곳이≪서울≫ / 리현숙 // 도라지.－1987,(2).－42－43
23248 아, 두만강! / 홍호 // 은하수.－1987,(2).－26－29
23249 아버지는 왜 안 오실가?: 나어린 대만기생의 자백 / 조군 // 연변녀성.－1987,(2).－45－47
23250 아, 어지강이여 / 싸인 바얄 // 장백산.－1987,(2).－85－90
23251 ≪열로 열을 친다≫는데 대하여 / 리비생;석충무 // 동북민병.－1987,(2).－40
23252 우리 외삼촌 / 김학철 // 도라지.－1987,(2).－33－34
23253 작가의 개성 / 류원무 // 천지.－1987,(2).－27－30
23254 전, 포, 포탄 / 조학서 // 동북민병.－1987,(2).－48
23255 갈망: 박련옥씨의≪갈망≫에 회답함 / 수풀 // 도라지.－1987,(3).－75－76
23256 ≪괜찮아≫ / 고충위 // 연변녀성.－1987,(3).－23
23257 그 남자의≪굳은 맹세≫ / 길리 // 동북민병.－1987,(3).－38
23258 그이는 갔어도 / 리수강 // 천지.－1987,(3).－58－59
23259 글과 인생 / 김용식 // 문학과 예술.－1987,(3).－13
23260 글이 글답도록 / 김용식 // 문학과 예술.－1987,(3).－9
23261 네 녀대학생의 부동한 귀결 / 흑열 // 연변녀성.－1987,(3).－49－51
23262 묘향산 / 심조관 // 장백산.－1987,(3).－107
23263 비너스탁상등 / 리은화 // 천지.－1987,(3).－60－61
23264 안해를 다스리려다가 / 김금자 // 연변녀성.－1987,(3).－65－66
23265 우정에 대한 생각 / 김송철 // 도라지.－1987,(3).－74－75
23266 책찾기 / 장문구 // 동북민병.－1987,(3).－35
23267 휴지통과 타구 / 서극 // 동북민병.－1987,(3).－47
23268 흙주머니 / 리병대 // 도라지.－1987,(3).－24－26
23269 갈망 / 강효삼 // 중국조선어문.－1987,(4).－6
23270 다시 가지는 생각 / 김성덕 // 천지.－1987,(4).－52－53
23271 동창생에게 보내는 편지 / 정예화 // 중국조선어문.－1987,(4).－39
23272 뻬이안(北安) / 리계향 // 천지.－1987,(4).－

50－51

23273 시집을 내고 / 강효삼 // 도라지.－1987,(4).－51－52

23274 쓰고싶은 글 / 리현숙 // 천지.－1987,(4).－54－55

23275 푸른 잔디 / 김의천 // 천지.－1987,(4).－56－57

23276 한 직업녀성의 하루 / 구월란 // 연변녀성.－1987,(4).－8

23277 건망증 / 김학철 // 은하수.－1987,(5).－18－20

23278 고향 / 송병식 // 송화강.－1987,(5).－42－43

23279 꽃방석 / 채영남 // 천지.－1987,(5).－53－54

23280 닭울음소리 / 산천 // 도라지.－1987,(5).－17－19

23281 로인왕국 / 장일민 // 도라지.－1987,(5).－51－53

23282 리해하기 어려운 세계 / 채희 // 연변녀성.－1987,(5).－63

23283 무엇으로 미소에 답례할것인가 / 조동명 // 동북민병.－1987,(5).－29

23284 백발 / 강효삼 // 송화강.－1987,(5).－44－45

23285 어머니,돈을 꿔주세요 / 황연 // 연변녀성.－1987,(5).－20

23286 친구에 대한 생각 / 리철룡 // 천지.－1987,(5).－43－45

23287 가령 큐리부부가… / 림완수 // 연변녀성.－1987,(6).－57－58

23288 돌아온 백조 / 조룡남 // 연변녀성.－1987,(6).－27－28

23289 말에 대한 책임감을 두고 / 김수국 // 중국조선어문.－1987,(6).－21－22

23290 벌리를 찾아서 / 리상각 // 천지.－1987,(6).－62－64

23291 별은 언제나 반짝인다 / 산천 // 송화강.－1987,(6).－47－48

23292 ≪복중에 복을 모른다≫ / 리상각 // 중국조선어문.－1987,(6).－27

23293 생활의 진면모대로 / 주벽화 // 연변녀성.－1987,(6).－13－14

23294 서역에 살고있는 겨레들 / 남영전 // 장백산.－1987,(6).－91－95

23295 수양문제 / 김학철 // 도라지.－1987,(6).－10－16

23296 아, 아버지、이제라도 / 엄빙 // 연변녀성.－1987,(6).－69

23297 영수의 참회 / 박순희 // 중국조선어문.－1987,(6).－39－40

23298 옥희 울음에서 받은 계시 / 강장희 // 중국조선어문.－1987,(6).－31

23299 의심병과 두렴증 / 양철 // 동북민병.－1987,(6).－48

23300 조선말－불사조 / 김학철 // 중국조선어문.－1987,(6).－28－30

23301 평범한 일터 빛나는 업적 // 지부생활.－1987,(6).－14－16

23302 행복 / 김응룡 // 천지.－1987,(6).－65－66

23303 황성옛터 / 한창희 // 장백산.－1987,(6).－85－90

23304 家鄉的春天 / 안선희(安仙姬) // 중국조선족교육.－1987,(7－8).105

23305 골치아픈 군공메달 / 김민 편역 // 은하수.－1987,(7).－3

23306 심수견문기 / 리근전 // 천지.－1987,(7).－28－33

23307 뜨락의 향기 / 김은철 // 천지.－1987,(8).－50－52

23308 록음짙은 숲 / 황지영 // 천지.－1987,(8).－34－37

23309 어머니 부디 안녕히 계십시오 / 마점복 // 지부생활.－1987,(8).－17－19

23310 오솔길 / 최룡관 // 천지.－1987,(8).－53

23311 담배향기에 실린 이왕지사 / 반약 // 동북민병.－1987,(9).－43－45

23312 ≪료리 두가지에 국 한가지≫ / 손조동 // 동북민병.－1987,(9).－46

23313 북대하의 유혹 / 김두필 // 천지. – 1987,(9). – 48
23314 산도시의 얼굴 / 한정남 // 천지. – 1987,(9). – 49 – 50
23315 잊어버렸던 일 / 리홍규 // 문학과 예술. – 1987,(9 – 10). – 56 – 57
23316 절대≪소소한 일≫이 아니다 / 리국충 // 동북민병. – 1987,(9). – 36
23317 화장거울과 역사유 / 리문우 // 은하수. – 1987,(9). – 16 – 17
23318 내가 본 량영자 / 가지려 // 천지. – 1987,(10). – 59 – 60
23319 담화 / 상의 // 은하수. – 1987,(10). – 21
23320 ≪뢰봉을 따라배우는≫활동에 대한 생각 / 비성 // 동북민병. – 1987,(10). – 36
23321 ≪반달≫에 얽힌 사연 / 김학철 // 천지. – 1987,(10). – 36 – 37
23322 고개길 / 박문일 // 천지. – 1987,(11). – 49 – 50
23323 길이 전해질 미담 / 전경신 // 지부생활. – 1987,(11). – 30
23324 다리목에 서서 / 강효삼 // 은하수. – 1987,(11). – 62
23325 도대체 무엇을… / 왕일주 // 은하수. – 1987,(11). – 6 – 9
23326 새 꿈을 바라는 마음 / 강효삼 // 천지. – 1987,(11). – 47 – 48
23327 인상소품 / 황창화 // 은하수. – 1987,(11). – 56
23328 지식은 힘의 원천이다 / 양문훈 // 동북민병. – 1987,(11). – 47
23329 추억따라 세월따라 / 리계향 // 문학과 예술. – 1987,(11 – 12). – 7 – 10
23330 記一件小事 / 박군(朴軍) // 중국조선족교육. – 1987,(12). – 65
23331 서량의 노래를 듣고 / 책혜방 // 동북민병. – 1987,(12). – 47
23332 신비로운 땅 / 리상각 // 천지. – 1987,(12). – 36 – 43
23333 안해의 생일례물 / 한정길 // 청년생활. – 1987,(12). – 46 – 47
23334 근심의 비밀 / 정호원 // 청년생활. – 1988,(1). – 50
23335 남자절을 한 어머니 / 방옥분 // 연변녀성. – 1988,(1). – 10
23336 령혼의 닻줄을 끌어당기는 고향 / 한창희 // 송화강. – 1988,(1). – 55 – 56
23337 무정(외1편) / 문첨지 // 도라지. – 1988,(1). – 85 – 86
23338 ≪물교자≫ / 김창군 // 중국조선어문. – 1988,(1). – 62 – 63
23339 사랑은 울보 / 리파 // 송화강. – 1988,(1). – 57 – 58
23340 사색하는 동물 / 김학철 // 장백산. – 1988,(1). – 142 – 144
23341 처녀는 좀 오만해도 별일 없어요 / 효인 // 연변녀성. – 1988,(1). – 45 – 46
23342 취미의 력사 / 김학철 // 은하수. – 1988,(1). – 62 – 64
23343 가장 훌륭한 례물 / 료지동 // 연변녀성. – 1988,(2). – 51 – 52
23344 그 모습 그 인끔 / 김학철 // 송화강. – 1988,(2). – 51 – 52
23345 나를 버리지 말고 살자 / 리화숙 // 도라지. – 1988,(2). – 46
23346 나의 늘그막 리상과 추구 / 오명 // 연변녀성. – 1988,(2). – 49 – 50
23347 랑만의 세계 / 김학철 // 천지. – 1988,(2). – 36 – 37
23348 묘향산을 찾아서 / 오수자 // 장백산. – 1988,(2). – 70 – 73
23349 사나이 감정 / 조기여 작; 문샘 역 // 도라지. – 1988,(2). – 56 – 58
23350 사나이의 흉금 / 리수길 // 송화강. – 1988,(2). – 52 – 59
23351 소원 / 최선화 // 도라지. – 1988,(2). – 44 – 45
23352 쑥 엿 / 최성자 // 도라지. – 1988,(2). – 48 –

49
23353 아지미 들었나요? / 소자 // 연변녀성. – 1988,(2). – 33 – 34
23354 자명종 / 명월 // 중국조선어문. – 1988,(2). – 12
23355 조선의 높푸른 하늘아래서 / 김성우 // 은하수. – 1988,(2). – 38 – 39
23356 ≪기발한 사람≫들을 두고 / 최균선 // 중국조선어문. – 1988,(3). – 16 – 17
23357 래일을 드리렵니다 / 지미화 // 천지. – 1988,(3). – 29 – 30
23358 맘속에 솟은 기념비 / 신현철 // 천지. – 1988,(3). – 32 – 33
23359 머나먼 초행길 / 김영금 // 천지. – 1988,(3). – 28 – 29
23360 민들레꽃 / 최순자 // 천지. – 1988,(3). – 31
23361 백두산정에 올라 / 한창희 // 송화강. – 1988,(3). – 52 – 54
23362 생기로 차넘치는 년대 / 설령 // 은하수. – 1988,(3). – 31
23363 성공의 비결 / 동지화 // 연변녀성. – 1988,(3). – 13 – 14
23364 어머니의 일기 / 자화균 // 연변녀성. – 1988,(3).46 – 47
23365 인정과 동심 / 리병태 // 도라지. – 1988,(3). – 44 – 47
23366 추모문 2편 / 남영전 // 장백산. – 1988,(3). – 116 – 121
23367 황혼의 단상 / 김학철 // 문학과 예술. – 1988,(3). – 52 – 53
23368 황홀한 단풍 / 김재국 // 청년생활. – 1988,(3). – 36 – 37
23369 근들이술 / 김일량 // 천지. – 1988,(4). – 49
23370 꽃없는 화분통 / 리은화 // 도라지. – 1988,(4). – 51 – 52
23371 미소사기 / 주봉기 // 동북민병. – 1988,(4). – 42
23372 반영론과 꿈 / 리삼월 // 문학과 예술. – 1988,(4). – 64
23373 사랑이여, 그대의 이름은… / 김진석 // 청년생활. – 1988,(4). – 7 – 8
23374 사랑이여, 안녕! / 리화숙 // 송화강. – 1988,(4). – 55 – 56
23375 안개낀 협곡 / 허봉남 // 송화강. – 1988,(4). – 30 – 37
23376 옆자리 쪽걸상에 앉은 수필 / 산천 // 도라지. – 1988,(4). – 47 – 50
23377 친구에 대한 단상 / 리인풍 // 동북민병. – 1988,(4). – 34
23378 한 처녀의 비망록 / 신현철 // 청년생활. – 1988,(4). – 48 – 49
23379 내가 본 미국 / 김희덕 // 천지. – 1988,(5). – 46 – 51
23380 례포의 유혹 / 송병식 // 송화강. – 1988,(5). – 61 – 62
23381 룡꿈 / 석화 // 도라지. – 1988,(5). – 50
23382 비지떡작가 / 김학철 // 송화강. – 1988,(5). – 59 – 60
23383 시조를 위한 변호 / 장학규 // 문학과 예술. – 1988,(5). – 53
23384 예술가와 녀성의 유혹 / 관홍 // 문학과 예술. – 1988,(5). – 20
23385 위대한 삶 / 김학철 // 천지. – 1988,(5). – 60 – 61
23386 ≪패전장군≫을 과감히 등용하는데 대하여 / 리국충 // 동북민병. – 1988,(5). – 37 – 38
23387 하얀 갈망 / 강효삼 // 도라지. – 1988,(5). – 51
23388 ≪횡재≫ / 서영희 // 연변녀성. – 1988,(5). – 33 – 35
23389 가랑잎 경기 / 김학철 // 송화강. – 1988,(6). – 41 – 42
23390 가마목학문 / 정광춘 // 천지. – 1988,(6). – 44 – 45
23391 갓난애의 기원 / 한소안 // 연변녀성. – 1988,(6). – 4
23392 꿈의 계시 / 김옥란 // 송화강. – 1988,(6). –

57
23393 뒤늦게 보낸 사랑의 편지 / 야명 // 은하수. − 1988,(6). − 33
23394 마음의 안식처 / 태송죽 // 도라지. − 1988,(6). − 59 − 60
23395 문학도끼리 / 김학철 // 천지. − 1988,(6). − 46 − 53
23396 민족의 치욕 / 김학철 // 문학과 예술. − 1988,(6). − 38 − 39
23397 별은 언제나 반짝인다 / 산천 // 송화강. − 1988,(6). − 47 − 48
23398 봄 / 백학범 // 중국조선어문. − 1988,(6) − 48
23399 봉선화 / 리만송 // 천지. − 1988,(6). − 19
23400 사명 / 강효삼 // 중국조선어문. − 1988,(6) − 34
23401 섣달의 느낌 / 김단 // 도라지. − 1988,(6). − 56 − 57
23402 섣달의 느낌 / 김봉선 // 도라지. − 1988,(6). − 58 − 59
23403 섣달의 느낌 / 김학수 // 도라지. − 1988,(6). − 58
23404 섣달의 느낌 / 김운 // 도라지. − 1988,(6). − 55 − 56
23405 섣달의 느낌 / 량춘식 // 도라지. − 1988,(6). − 57 − 58
23406 섣달의 느낌 / 최태렬 // 도라지. − 1988,(6). − 54 − 55
23407 잊을수 없는 키스 / 려경 // 문학과 예술. − 1988,(6). − 49 − 50
23408 ≪토끼사양≫ / 남풍 // 동북민병. − 1988,(6). − 47
23409 ≪내 저고리가 어딜 갔어?≫ // 동북민병. − 1988,(7). − 47
23410 손녀 / 석희만 // 천지. − 1988,(7). − 41 − 42
23411 ≪양속이 물고기를 매달아 놓은 일≫로부터 / 원광군; 안강 // 동북민병. − 1988,(7). − 35
23412 왕임중동지를 찾아 원고를 부탁 / 조벽도 // 은하수. − 1988,(7). − 50 − 51
23413 인생의 씨름판에서 / 채철호 // 연변녀성. − 1988,(7). − 25 − 26
23414 자기의 용모에 책임져야 한다 / 남채 // 연변녀성. − 1988,(7). − 24 − 26
23415 청명날, 꿈속에서 흘린 산의 눈물 / 사평; 전연 // 동북민병. − 1988,(7). − 33 − 34
23416 추구에 대하여 / 왕료랭 // 동북민병. − 1988,(7). − 34
23417 실패는 성공보다 값진것 / 오상원 // 연변녀성. − 1988,(8). − 4
23418 우정 / 산천 // 청년생활. − 1988,(8). − 47 − 48
23419 가을의 목소리 / 산천 // 천지. − 1988,(9). − 36 − 37
23420 개혁에서의 득실에 대하여 / 리동녕 // 동북민병. − 1988,(9). − 39
23421 고분자세계의 척후병 / 김의천 // 천지. − 1988,(9). − 29 − 34
23422 교묘한 형벌 / 김학철 // 천지. − 1988,(9). − 54 − 55
23423 까만 눈과 파란 눈의 사유차별 / 유원 // 연변녀성. − 1988,(9). − 26 − 28
23424 나의 안해 / 윤희언 // 연변녀성. − 1988,(9). − 43 − 45
23425 동년 / 리봉금 // 동북민병. − 1988,(9). − 38 − 39
23426 성과가 있어야 지위가 올라간다 / 수로 // 동북민병. − 1988,(9). − 36
23427 연길교 / 김룡덕 // 천지. − 1988,(9). − 27 − 28
23428 입자국 난 월병 / 모탁 // 지부생활. − 1988,(9). − 54 − 55
23429 ≪집안허물≫을 공개하는것이 좋다 / 오소전 // 동북민병. − 1988,(9). − 32
23430 철준이의 길 / 량재록; 복학철 // 천지. − 1988,(9). − 47 − 51
23431 공화국의 젊은 벗들앞에서 / 신현철 // 청년생활. − 1988,(10). − 38 − 39
23432 녀성의 아름다움 / 김학철 // 연변녀성. − 1988,(10). − 7 − 8.13

23433 서남 5천리 먼먼 길에서 / 송호석 // 천지. – 1988,(10). – 38 – 44

23434 ≪소극적영향≫을 소극적으로 대하지 말아야 한다 / 황동남; 도명지 // 동북민병. – 1988,(10). – 45 – 46

23435 식수 10만그루 / 남풍 // 동북민병. – 1988,(10). – 46

23436 우리는 더 부유해지고 성숙해졌는가 / 산천 // 은하수. – 1988,(10). – 10 – 12

23437 우산밑에 싹튼 꿈 / 장위 // 연변녀성. – 1988,(10). – 19 – 29

23438 한 녀성의 힘 / 허련순 // 천지. – 1988,(10). – 26 – 31

23439 회억과 부탁 / 김세균 // 천지. – 1988,(10). – 79 – 80

23440 감옥의 별 / 김영금 // 천지. – 1988,(11). – 26 – 31

23441 곰취맛 / 김학송 // 천지. – 1988,(11). – 38 – 39

23442 녀성의 자위≪무기≫ / 오치송 // 연변녀성. – 1988,(11). – 23

23443 되돌아온 편지 / 허옥 // 천지. – 1988,(11). – 46 – 51

23444 리욱시비제막사 / 김성휘 // 천지. – 1988,(11). – 24

23445 성대한 잔치 빛나는 전망 / 김호근 // 천지. – 1988,(11). – 40 – 41

23446 손가락없는 연주가 / 역사 // 연변녀성. – 1988,(11). – 34

23447 우거진 록음을 물려주자 / 류검흔 // 동북민병. – 1988,(11). – 36

23448 중국사람이여,당신은 왜 성내지 않는가 / (대만)룡응대 // 연변녀성. – 1988,(11). – 33 – 35

23449 호곡령마루에 선 리욱시비 / 김동호 // 천지. – 1988,(11). – 25

23450 그녀들이 찾은 길 / 마준민 // 연변녀성. – 1988,(12). – 29 – 30

23451 나와 편집선생 / 김송죽 // 천지. – 1988,(12). – 45 – 48

23452 량심을 어긴뒤의 고뇌 / 랭순강 // 연변녀성. – 1988,(12). – 25

23453 리계향수필 / 리계향 // 천지. – 1988,(12). – 36 – 37

23454 무엇때문에≪재정규률대검사≫가 그칠새없는가? / 장희산; 우전국 // 동북민병. – 1988,(12). – 21

23455 선택: 사회의 변혁에서의 청년지식인 / 성영 // 은하수. – 1988,(12). – 18 – 22

23456 중국의≪북극≫ / 김철학 // 천지. – 1988,(12). – 24 – 31

23457 고상한 넋 / 김학철 // 천지. – 1989,(1). – 37 – 38

23458 나의 고백 / 김호웅 // 도라지. – 1989,(1). – 37 – 39

23459 나의≪하나님≫ / 강효삼 // 송화강. – 1989,(1). – 60 – 61

23460 락마 / 리계향 // 연변녀성. – 1989,(1). – 18

23461 력사의 발자취 / 한창희 // 천지. – 1989,(1). – 30 – 34

23462 문둥이 마을 / 문창남 // 장백산. – 1989,(1). – 131 – 132

23463 벌금만능 / 최용린 // 도라지. – 1989,(1). – 40 – 41

23464 빵 사준다고 쫓아가지 말아라 / 박신자 // 연변녀성. – 1989,(1). – 59 – 60

23465 사무친 그 정 / 신연하 // 은하수. – 1989,(1) – 16 – 20

23466 사색의 순간 / 리화숙 // 도라지. – 1989,(1). – 41 – 42

23467 성이 날 때... / 김홍문 // 동북후비군. – 1989,(1). – 29

23468 ≪20세기의 신화≫ / 김학철 // 도라지. – 1989,(1). – 35 – 36

23469 하늘에 날려보는 사색 / 신현철 // 도라지. – 1989,(1). – 43 – 44

23470 희열뒤의 고민 / 송병식 // 은하수. – 1989,(1)

－38－39
23471 힘과 사랑의 옹골샘 / 김철 // 민족단결.－1989,(1).－8
23472 고독 / 리파 // 송화강.－1989,(2).－52－53
23473 리욱시비를 우러러보면서 / 남영전 // 장백산.－1989,(2).－100－101
23474 먼 산 / 황해암 // 도라지.－1989,(2).－18－19
23475 빛과 열을 찾기 위하여 / 파금 // 은하수.－1989,(2).－16
23476 사랑의 환멸과 부활 / 송대뢰 // 연변녀성.－1989,(2).－10－14
23477 산까치 / 김일량 // 천지.－1989,(2).－34－35
23478 새벽 감수 / 김성휘 // 도라지.－1989,(2).－12－13
23479 세 무덤의 계시 / 정판룡 // 도라지.－1989,(2).－10－12
23480 이상현상 / 김학철 // 장백산.－1989,(2).－102－103
23481 인생길 / 허승호 // 도라지.－1989,(2).－16－18
23482 자리바뀜 / 오위성; 탕효군 // 연변녀성.－1989,(2).－45－47
23483 조선말 조선글 / 최용린 // 도라지.－1989,(2).－13－16
23484 칼도마 / 왕문걸 // 동북후비군.－1989,(2).－40－41
23485 투사나무 / 방태길 // 천지.－1989,(2).－53
23486 ≪한 길을 저물때까지 간다≫는 속담을 놓고 / 리국충 // 동북후비군.－1989,(2).－27
23487 개와 고양이의 소송을 놓고 / 양택 // 동북후비군.－1989,(3).－29
23488 고독과 나 / 량오진 // 도라지.－1989,(3).－31－32
23489 ≪권주자≫들에게 하고싶은 말 / 김홍문 // 동북후비군.－1989,(3).－30－31
23490 나의 길 / 김훈 // 도라지.－1989,(3).－27－29
23491 노란 편지 / 저미화 // 천지.－1989,(3).－28－29
23492 떡갈나무 / 리수길 // 송화강.－1989,(3).－49－50
23493 사내가 가는 길엔 바람이 세다 / 김광현 // 도라지.－1989,(3).－26－27
23494 섣달의 느낌 / 엄정자 // 천지.－1989,(3).－30－31
23495 아, 어머니 어머니도 참! / 한국청 // 연변녀성.－1989,(3).－52－53
23496 안해의 손길 / 강효삼 // 도라지.－1989,(3).－32－34
23497 인간자화상 / 최현 // 도라지.－1989,(3).－29－31
23498 자아기편 / 박정근 // 청년생활.－1989,(3).－32
23499 크고 작아보이는 세상 / 김경일 // 도라지.－1989,(3).－24－26
23500 결초보은 / 김학철 // 송화강.－1989,(4).－56
23501 고독이 주는 유혹 / 전미화 // 도라지.－1989,(4).－36－38
23502 공일날의 번뇌 / 김영근 // 대중과학.－1989,(4).－56
23503 깜장치마 / 엄정자 // 도라지.－1989,(4).－38－40
23504 나의 결점 / 최현 // 송화강.－1989,(4).－59
23505 녀자의 눈물 / 문정희 // 연변녀성.－1989,(4).－22
23506 노을 비낀 만무과원 / 백설야 // 문학과 예술.－1989,(4).－74－75
23507 더덕 판 돈 40원 / 최철호 // 천지.－1989,(4).32－33
23508 미국땅을 밟아본다 / 김파 // 장백산.－1989,(4).－74－78
23509 밝아오는 아침과 함께 / 오준국 // 중국조선어문.－1989,(4).－55
23510 숨겨진 비밀 / 잠헌청 // 장백산.－1989,(4).－70－73

23511 야릇한 인연 / 김학철 // 문학과 예술. − 1989,(4). − 43
23512 약자와 강자 / 김충 // 도라지. − 1989,(4). − 40 − 41
23513 외나무다리우에서 / 한순희 // 천지. − 1989,(4). − 31
23514 울었다, 그녀는… / 김재 // 연변녀성. − 1989,(4). − 2 − 3
23515 자물쇠의 세례 / 한광일 // 송화강. − 1989,(4). − 60
23516 활화산같은 사랑을(외2편) / 문정희 // 도라지. − 1989,(4). − 33 − 34
23517 고향새 / 전춘식 // 연변녀성. − 1989,(5). − 54 − 56
23518 고향에 대한 사색 / 강효삼 // 송화강. − 1989,(5). − 49 − 50
23519 고향의 자랑 / 서영홍 // 중국조선어문. − 1989,(5). − 41
23520 남편들은 이렇게 / 조옥립 // 연변녀성. − 1989,(5). − 56 − 57
23521 멋 / 목삼 // 문학과 예술. − 1989,(5). − 35
23522 물이 그립습니다 / 강태화 // 도라지. − 1989,(5). − 25 − 26
23523 불효자는 웁니다 / 최명광 // 장백산. − 1989,(5). − 70 − 71
23524 산의 비망록 / 정호원 // 송화강. − 1989,(5). − 50 − 51
23525 새끼비둘기 / 리해양 // 도라지. − 1989,(5). − 26 − 27
23526 손에 손잡고 / 김극민 // 천지. − 1989,(5). − 36
23527 인정세계 / 리상각 // 천지. − 1989,(5). − 30 − 35
23528 자전거와 나 / 리란 // 연변녀성. − 1989,(5). − 33 − 34
23529 전설의 고장 / 리상각 // 도라지. − 1989,(5). − 18 − 23
23530 전장터에서 / 해순 중역 // 은하수. − 1989,(5). − 59
23531 코골이왕 / 문창남 // 천지. − 1989,(5). − 54 − 55
23532 탐미의 축복 / 문정희 // 은하수. − 1989,(5). − 63
23533 홀로 서있는 사람에게 / 문정희 // 장백산. − 1989,(5). − 68 − 69
23534 홍안의 교수들과 백발의 부교수들 / 송정환 // 도라지. − 1989,(5). − 24
23535 곡절 49년 / 김학철 // 은하수. − 1989,(6). − 23 − 24
23536 꿈속의 그대 / 상금파 // 은하수. − 1989,(6). − 10 − 13
23537 나비가 되련다(외2편) / 백운금 // 은하수. − 1989,(6). − 64
23538 내 가슴속의 풀밭: 외3편 / 문정희 // 천지. − 1989,(6). − 34 − 35
23539 령혼으로 만난 보름달 / 김원도 // 도라지. − 1989,(6). − 21 − 22
23540 문정희 산문3편 / 문정희 // 장백산. − 1989,(6). − 65 − 67
23541 사색의 여운 / 림원춘 // 문학과 예술. − 1989,(6). − 41
23542 인생3부곡 / 김정애 // 장백산. − 1989,(6). − 59 − 64
23543 전근문제 / 최영옥 // 도라지. − 1989,(6). − 23 − 24
23544 춤추는 강촌마을 / 김동진 // 민족단결. − 1989,(6). − 65 − 66
23545 할빈역 / 전정미 // 송화강. − 1989,(6). − 44 − 45
23546 허승호 수필 묶음 / 허승호 // 도라지. − 1989,(6). − 17
23547 가련한 인생 / 김학철 // 은하수. − 1989,(7). − 28 − 29
23548 북고성의 달밤 / 허룡구 // 천지. − 1989,(7). − 38 − 41
23549 신비한 예언가 // 연변녀성. − 1989,(7). − 21 − 22

23550 화로강사화 / 김학철 // 천지. – 1989,(7). – 21 – 23
23551 화장론 / 홍기삼 // 연변녀성. – 1989,(7). – 23 – 24
23552 가장 사랑하는 녀인 / 최춘일 // 연변녀성. – 1989,(8). – 28
23553 고향의 길 / 김응준 // 천지. – 1989,(8). – 35 – 37
23554 딸 / 신동희 // 연변녀성. – 1989,(8). – 44
23555 량해 / 석결여 // 연변녀성. – 1989,(8). – 51
23556 사랑은 그리움이다 / 최룡국 // 천지. – 1989,(8). – 79
23557 사진 / 백광진 // 청년생활. – 1989,(8). – 41
23558 어머니로 되던 날 / 리민 // 연변녀성. – 1989,(8). – 14 – 15
23559 전 어쩌면 좋아요? / 리첩 // 연변녀성. – 1989,(8). – 50
23560 한 녀인의 고백 / 류명 // 연변녀성. – 1989,(8). – 29 – 37
23561 그 남자들에게≪NO!≫하고 대답해줘요 / 황인 // 연변녀성. – 1989,(9). – 56 – 57
23562 백의동포의 함성 / 김세균 // 천지. – 1989,(9). – 37 – 38
23563 사랑의 잔디밭 / 김응룡 // 청년생활. – 1989,(9). – 25
23564 연변에 기여든 유령 / 황지영 // 천지. – 1989,(9). – 28 – 35
23565 자백 / 룡응대 // 연변녀성. – 1989,(9). – 20 – 21
23566 찢어진 사랑 / 지미화 // 천지. – 1989,(9). – 36 – 37
23567 키스,젊음의 상징 / 장녕정 // 연변녀성. – 1989,(9). – 58 – 59
23568 ≪기사시대≫는 지나갔다 / 추명 // 연변녀성. – 1989,(10). – 15 – 16
23569 봄빛 넘치는 모란봉 / 최상철 // 천지. – 1989,(10). – 36 – 38
23570 사랑의 마음을 더 가지세요 / 루정파 // 연변녀성. – 1989,(10). – 30 – 31
23571 색동저고리 / 리만송 // 연변녀성. – 1989,(10). – 10 – 11
23572 수도에서 본 조선족 / 리룡 // 연변녀성. – 1989,(10). – 18
23573 애력의≪구세주≫/ 아수 // 연변녀성. – 1989,(10). – 39 – 40
23574 자기를 되찾은 그녀 / 리화화; 왕월화 // 연변녀성. – 1989,(10). – 35 – 37
23575 내가 받은 감수 / 륙유명 // 지부생활. – 1989,(11). – 40 – 42
23576 단풍 즛는 녀자애 / 차순복 // 연변녀성. – 1989,(11). – 16 – 17
23577 스포츠팬의 꿈 / 박정근 // 청년생활. – 1989,(11). – 54
23578 옛집을 찾아가 떠오른 생각 / 류국림 // 은하수. – 1989,(11). – 19 – 20
23579 조용히 내미세요, 그대의 손을 / 허숙 // 은하수. – 1989,(11). – 21
23580 한 젊은 부현장의 자백 / 리귀평 // 연변녀성. – 1989,(11). – 46 – 47
23581 나의 형수 / 림원철 // 연변녀성. – 1989,(12). – 7 – 9
23582 녀인의 서른고개 / 엄정자 // 연변녀성. – 1989,(12). – 43.21
23583 량심의 천평우에서 / 허옥 // 천지. – 1989,(12). – 49 – 50
23584 사랑의 선택 / 려평 // 문학과 예술. – 1989,(12). – 66 – 67
23585 쑥을 뜯으며 / 전예린 // 연변녀성. – 1989,(12). – 6
23586 아빠의 주부화시대 / 서영빈 // 천지. – 1989,(12). – 38 – 39
23587 어머니의 눈물 / 김명금 // 천지. – 1989,(12). – 51 – 52
23588 자전거길에서 달리는 사람 / 엄정자 // 은하수. – 1989,(12). – 24
23589 고구마에 깃든 정 / 고월택 // 동북후비군.

－1990,(1).－39・38

23590 고기잡이 / 신기덕 // 도라지.－1990,(1).－22－23

23591 그리움 / 성호 편역 // 은하수.－1990,(1).－48

23592 꽃에 대한 생각 / 조성희 // 연변녀성.－1990,(1).－52－53

23593 나와≪도라지≫,나와 고신일선생 / 윤림호 // 도라지.－1990,(1).－19－20

23594 나의 장모님 / 황재건 // 연변녀성.－1990,(1).－51

23595 나의 참회 / 김학철 // 장백산.－1990,(1).－112－113

23596 눈물 모르는 남자, 유혹품은 녀성 / 김창영 // 도라지.－1990,(1).－21

23597 동화의 슬픔 / 리혜선 // 천지.－1990,(1).－43－44

23598 들국화: 스승의 5년제령전에 삼가 드림 / 김재호 // 중국조선어문.－1990,(1).－42

23599 묘한 존재 / 리희승 // 문학과 예술.－1990,(1).－53

23600 부모님의 마음 / 최정학 // 청년생활.－1990,(1).－65－66

23601 산나물 / 로천명 // 문학과 예술.－1990,(1).－53－54

23602 삼촌대 / 김룡태 // 꽃동산.－1990,(1).－10

23603 ≪생활 빈혈증≫ / 김명택 // 문학과 예술.－1990,(1).－61

23604 어린 매 / 허룡구 // 천지.－1990,(1).－59

23605 어여쁜 서른살 / 학철홍 // 연변녀성.－1990,(1).－35－36

23606 은비녀 / 성진숙 // 장백산.－1990,(1).－114－116

23607 일기를 쓰다가 / 임효원 // 중국조선어문.－1990,(1).－39－41

23608 잊지 못할 여름 / 리일우 편역 // 은하수.－1990,(1).－5－7

23609 적막의 향수 / 황선영 // 은하수.－1990,(1).－44－45

23610 강물에서 만나는 령혼 / 김원도 // 송화강.－1990,(2).－52－53

23611 고향 / 박송 // 문학과 예술.－1990,(2).－69

23612 글의 사색 / 박태근 // 도라지.－1990,(2).－42－43

23613 나의 이름 / 전춘식 // 연변녀성.－1990,(2).－13－14

23614 남녀불평등 / 김학철 // 연변녀성.－1990,(2).－8－9

23615 네모난 밥상 / 엄정자 // 도라지.－1990,(2).－38－39

23616 단풍잎이 떨어지던 날 / 안영수 // 도라지.－1990,(2).－43－44

23617 버드나무와 함께 찍은 사진 / 장휘; 황청갑 // 동북후비군.－1990,(2).－37

23618 사람에게 모든 꿈을 걸고: 외1편 / 김혜숙 // 송화강.－1990,(2).－50－51

23619 사람은 가도 기억은 남아… / 한창희 // 장백산.－1990,(2).－99－104

23620 안해의 곡경 / 윤희언 // 연변녀성.－1990,(2).－46－48

23621 애오라지 사명감을 자각한 사람들만이 / 윤혁교 // 중국조선어문.－1990,(2).－4－8

23622 외손녀 / 정진권 // 천지.－1990,(2).－25

23623 울다가 웃을 일 / 허경룡 // 장백산.－1990,(2).－96－98

23624 음주문제 / 허영순 // 천지.－1990,(2).－42－44

23625 ≪지도간부≫안해의 위치 / 김영금 // 연변녀성.－1990,(2).－43－45

23626 창밖의 나무 / 오결 // 송화강.－1990,(2).－54

23627 퇴근길에서 / 최영옥 // 도라지.－1990,(2).－40－42

23628 기름짜기 타령 / 김문학 // 송화강.－1990,(3).－54－55

23629 남자는 세상을 다스리고 녀자는 남자를

다스린다 / 송효기 // 연변녀성. – 1990,(3). – 12 · 42
23630 내가 만약 시장이라면 / 김계화 // 꽃동산. – 1990,(3). – 23
23631 녀인의 형상에 대하여 / 곽달 // 연변녀성. – 1990,(3). – 50 – 53
23632 떠도는 말을 경솔히 믿지 말자 / 송위평 // 동북후비군. – 1990,(3). – 37
23633 뚫린 간막이 / 김홍란 // 도라지. – 1990,(3). – 16 – 17
23634 ≪린색≫한 일본사람 / 장자룡 // 은하수. – 1990,(3). – 30 – 31
23635 망각: 외1편 / 강효삼 // 송화강. – 1990,(3). – 52 – 53
23636 미안하다, 나의 조선글간판아: 명색뿐인 ××시조선족상점앞에서 / 강효삼 // 중국조선어문. – 1990,(3). – 30
23637 버들꽃 / 강금단 // 장백산. – 1990,(3). – 116
23638 봄의 순정 / 박초란 // 연변녀성. – 1990,(3). – 30
23639 사랑의 실현 / 김혜숙 // 도라지. – 1990,(3). – 14 – 15
23640 선생님 / 석화 // 천지. – 1990,(3). – 39
23641 세상에 부럼 없어라 / 애비 // 연변녀성. – 1990,(3). – 43
23642 순간적인 고뇌를 적어본다 / 오결 // 송화강. – 1990,(3). – 56
23643 시골의 딸 / 전춘식 // 천지. – 1990,(3). – 34 – 35
23644 아들애가 지은 밥 / 김명자 // 연변녀성. – 1990,(3). – 26
23645 야심 · 량심 · 항심 / 정호원 // 문학과 예술. – 1990,(3). – 31 – 32
23646 어머니의 명절 / 김성룡 // 연변녀성. – 1990,(3). – 34
23647 어머니의 참된 아들딸로 / 신혜영 // 중국조선어문. – 1990,(3) – 40
23648 얼떨떨한≪절반론≫ / 순소선 // 연변녀성. – 1990,(3). – 25 – 26
23649 엽몽수필특집: 오가는 길 / 엽몽 // 도리지. – 1990,(3). – 2 – 11
23650 자신을 사랑하자! / 정호원 // 연변녀성. – 1990,(3). – 11
23651 전라도 마을 / 최용린 // 도라지. – 1990,(3). – 54 – 55
23652 종이떡 그리기 / 김문학 // 도라지. – 1990,(3). – 12 – 13
23653 참된 행복의 비밀 / 수암 // 연변녀성. – 1990,(3). – 58 · 53
23654 충복 / 리영애 / 천지. – 1990,(3). – 40 – 42
23655 친정어머니가 담가준 김치 / 엄련화 // 연변녀성. – 1990,(3). – 39 – 41
23656 현대≪흥수≫ / 만천; 익온 // 연변녀성. – 1990,(3). – 46 – 47
23657 가시밭길 / 김학철 // 문학과 예술. – 1990,(4). – 46 – 47
23658 녀성의 매력 / 주위문 // 연변녀성. – 1990,(4). – 12 – 13
23659 달래에 깃든 정 / 김영금 // 연변녀성. – 1990,(4). – 49
23660 두 세계 사이 / 담묵 // 은하수. – 1990,(4). – 45
23661 랭면 아닌≪랭면≫ / 김경일 // 중국조선어문. – 1990,(4). – 36
23662 북두성 / 고설봉 // 연변녀성. – 1990,(4). – 14 – 15
23663 사망선에서의 굴기 / 읍인 // 은하수. – 1990,(4). – 56 – 59
23664 송화강반의 서리꽃 / 김문창 // 천지. – 1990,(4). – 23
23665 슬픔을 어떻게 해석해줄가 / 허무궁 // 도라지. – 1990,(4). – 22 – 23
23666 안해와 로친 / 김원도 // 도라지. – 1990,(4). – 23 – 24
23667 어머니가 선택한 생활 / 장려 // 연변녀성. – 1990,(4). – 24 – 25

23668 쥐굴 / 왕문걸 // 동북후비군. – 1990,(4). – 37 – 39
23669 참인간 / 류흥식 // 천지. – 1990,(4). – 26 – 32
23670 하얀 넋의 시인 / 문창남 // 도라지. – 1990,(4). – 29 – 30
23671 개한테 물리고서 / 강효삼 // 도라지. – 1990,(5). – 32 – 33
23672 그리움의 여운 / 김동우 // 청년생활. – 1990,(5). – 39
23673 꽃치마 / 전춘식 // 연변녀성. – 1990,(5). – 34 – 35
23674 나의 고백 / 방주봉 // 청년생활. – 1990,(5). – 50 – 51
23675 다실의 악어 // 문학과 예술. – 1990,(5). – 39
23676 도적(외1편) / 류원무 // 도라지. – 1990,(5). – 35 – 36
23677 뒤늦게 찾아든 고뇌 / 고금숙 // 중국조선어문. – 1990,(5). – 25
23678 떠오르는 생각 / 최집길 // 중국조선어문. – 1990,(5). – 49 – 50
23679 바깥세상과 나 / 조성희 // 천지. – 1990,(5). – 41
23680 사랑깃든 배움의 길에서 / 신현철 // 중국조선어문. – 1990,(5). – 51 – 53
23681 산촌에 나래 펼친 코기러기 / 정만교 // 은하수. – 1990,(5). – 28 – 29
23682 선조의 발자국 찍힌 곳에서 / 김송죽 // 도라지. – 1990,(5). – 65 – 66
23683 순간을 넘은 긴 이야기 / 김문학 // 장백산. – 1990,(5). – 100 – 102
23684 술과 료리로 빚어진 부상 / 김석 // 은하수. – 1990,(5). – 38 – 41
23685 5월은 어머님의 날 / 양은희 // 연변녀성. – 1990,(5). – 32 – 33
23686 인생관과 문예관 잡감 / 김학천 // 문학과 예술. – 1990,(5). – 80
23687 잊혀지지 않는 선생님들 // 도라지. – 1990,(5). – 37 – 38
23688 작은 들가방 / 배형진 // 장백산. – 1990,(5). – 103
23689 잠자는 시계 / 임종철 // 연변녀성. – 1990,(5). – 47 – 48
23690 조정래 / 김학철 // 도라지. – 1990,(5). – 33 – 35
23691 ≪집에서와 똑같이 먹었습니다≫ / 상걸 // 동북후비군. – 1990,(5). – 39
23692 ≪초연이 없는 세계대전≫에 경각성을 높여야 한다 / 류리달 // 동북후비군. – 1990,(5). – 37
23693 추억 / 김수택 // 민족단결. – 1990,(5). – 50 – 51
23694 허무속 그리움 / 리병학 // 문학과 예술. – 1990,(5). – 38
23695 겨울은 무슨 계절일가 / 허무궁 // 천지. – 1990,(6). – 71 – 72
23696 결코 등한시할수 없다 / 마송학 // 중국조선어문. – 1990,(6). – 40
23697 난 멍청이였어요 / 양범 // 연변녀성. – 1990,(6). – 24
23698 내가 만약 촌장이라면 / 김화 // 꽃동산. – 1990,(6). – 21 – 23
23699 늦잠에 대한 생각 / 리정수 // 도라지. – 1990,(6). – 38 – 39
23700 동명이 준 불행 / 금파도 // 청년생활. – 1990,(6). – 44 – 45
23701 ≪둔재≫의 고백 / 도방 // 연변녀성. – 1990,(6). – 51
23702 둘러리 / 리병태 // 도라지. – 1990,(6). – 34 – 36
23703 맘마,안녕히! / 전태숙 // 연변녀성. – 1990,(6). – 6
23704 ≪민족시인 로정원≫을 읽고 떠오르는바 있어 / 리만송 // 천지. – 1990,(6). – 24 – 25
23705 빈 봉투의 계시 / 김영금 // 천지. – 1990,(6). – 70

23706 사람 팔자 알수 없다 / 고삼곤 // 민족단결. − 1990,(6). − 63 − 64
23707 세배 / 장일민 // 천지. − 1990,(6). − 17
23708 숫눈에 남기고픈 이름 / 류성 // 천지. − 1990,(6). − 39
23709 싱거운 나 / 고금숙 // 연변녀성. − 1990,(6). − 23 − 24
23710 ≪암고양이를 쫓아버려요≫ // 동북후비군. − 1990,(6). − 47
23711 애주가의 변辯 / 서영빈 // 도라지. − 1990,(6). − 36 − 37
23712 약속 / 동철 // 연변녀성. − 1990,(6). − 59 − 60
23713 엽전에 깃든 이야기 / 동서미 // 연변녀성. − 1990,(6). − 38
23714 용감한 안해와 비겁한 남편 / 전고우 // 연변녀성. − 1990,(6). − 25
23715 일년감을 보존하는대로부터 떠오른 생각 / 쟁영 // 동북후비군. − 1990,(6). − 34
23716 잊을수 없는 편달 / 김동수 // 중국조선어문. − 1990,(6). − 43
23717 정의 척도 / 오결 // 송화강. − 1990,(6). − 51 − 52
23718 참된 인간을 배웠습니다 / 리송옥 // 연변녀성. − 1990,(6). − 26 − 27
23719 호박꽃 / 차순복 // 연변녀성. − 1990,(6). − 5 − 6
23720 고향의 시인 / 임효원 // 천지. − 1990,(7). − 16
23721 꿈편지 / 최룡국 // 천지. − 1990,(7). − 17
23722 끓는 피를 조국에 // 지부생활. − 1990,(7). − 45
23723 남성들도 량해를 바란다 / 비가문 // 연변녀성. − 1990,(7). − 30 − 31
23724 누룽지에 깃든 이야기 / 윤봉희 // 연변녀성. − 1990,(7). − 57
23725 무지개 / 남소희 // 천지. − 1990,(7). − 50 − 51
23726 봄행렬차 / 김문학 // 청년생활. − 1990,(7). − 44
23727 악수의 매력 / 류협 // 연변녀성. − 1990,(7). − 26 − 27
23728 어머니의 등불 / 윤태호 // 천지. − 1990,(7). − 66 − 67
23729 우리의 음주문화 / 정판룡 // 천지. − 1990,(7). − 46 − 48
23730 하얀 눈과 홍콩아가씨 / 김복선 // 청년생활. − 1990,(7). − 45
23731 가짜 머리약 / 김영순 // 연변녀성. − 1990,(8). − 48 − 49
23732 감정의 교차점 / 김채순 // 천지. − 1990,(8). − 60
23733 고독한 향수 / 리동권 // 천지. − 1990,(8). − 44
23734 그 향기, 그 추억 / 장경혜 // 연변녀성. − 1990,(8). − 26 − 28
23735 나도 멋따고싶어 / 장봉운 // 연변녀성. − 1990,(8). − 32 − 33
23736 녀성의 권리 / 장학규 // 연변녀성. − 1990,(8). − 50
23737 딸애의 괴상한 론리 / 리혜선 // 연변녀성. − 1990,(8). − 15 − 16
23738 락수물소리 / 김문학 // 천지. − 1990,(8). − 61 − 62
23739 마음속의≪천평≫ / 강진 // 은하수. − 1990,(8). − 60 − 62
23740 술욕심을 부리지 말자 / 쟁영 // 동북후비군. − 1990,(8). − 30
23741 안해 / 전원 // 은하수. − 1990,(8). − 63
23742 어머님의 소원 / 류미옥 // 연변녀성. − 1990,(8). − 32 − 33 · 31
23743 인정 / 문창남 // 천지. − 1990,(8). − 53
23744 자장가에 깃든 정 / 남복실 // 연변녀성. − 1990,(8). − 10 − 11
23745 가을빛은 아직 멀어 / 송미려 // 연변녀성. − 1990,(9). − 48
23746 고양이의 성격 / 류원무 // 천지. − 1990,(9). − 27
23747 공중도덕의 위기 / 왕국진; 왕주파 // 연변녀성. − 1990,(9). − 49 − 51

23748 그립던 얼굴 / 강장희 // 천지. － 1990,(9). － 28 － 29
23749 나의 야심 / 양문훈 // 동북후비군. － 1990,(9). － 29 － 30
23750 나의 장모님 / 정문준 // 천지. － 1990,(9). － 34 － 35
23751 《낡은 문서》에 대한 소감 / 강휘 // 동북후비군. － 1990,(9). － 30
23752 미이라 / 김학철 // 천지. － 1990,(9). － 24 － 25
23753 속삭이는 말 / 리숙 // 연변녀성. － 1990,(9). － 16
23754 속심 / 문창남 // 천지. － 1990,(9). － 26
23755 아Q의 아들이 참군하려다가… / 리지심 // 동북후비군. － 1990,(9). － 38
23756 여름날 황혼 / 정결 // 은하수. － 1990,(9). － 25
23757 울음의 의미 / 장립근 // 은하수. － 1990,(9). － 46 － 47
23758 이웃집 마부 / 김순희 // 천지. － 1990,(9). － 32 － 33
23759 저 산 저 너머에는 무엇이 있을가? / 춘향 // 연변녀성. － 1990,(9). － 31 － 32
23760 정감의 합류 / 김성룡 // 천지. － 1990,(9). － 30 － 31
23761 참나무숲의 메아리 / 차홍윤 // 청년생활. － 1990,(9). 45 － 46
23762 개구리와 그, 그리고 나 / 심연 // 은하수. － 1990,(10). － 10 － 11
23763 망막의 기대 / 만추 // 은하수. － 1990,(10). － 19 － 21
23764 모성애 / 정춘화 // 청년생활. － 1990,(10). － 13
23765 봉황을 그리며 / 리일우 // 은하수. － 1990,(10). － 63
23766 아버지의 사랑 / 군영 // 연변녀성. － 1990,(10). － 60 － 61
23767 어머닌 곱지 않아 / 영애 // 은하수. － 1990,(10). － 27
23768 엄마 / 리영옥 // 천지. － 1990,(10). － 30 － 31
23769 여름의 황혼 / 정결 // 연변녀성. － 1990,(10). － 43
23770 우주의 뿌리는 사랑이다 / 한익환 // 천지. － 1990,(10). － 47
23771 이신작칙 / 한정길 // 천지. － 1990,(10). － 46 － 47
23772 입의 재난 / 김학철 // 은하수. － 1990,(10). － 28 － 29
23773 한점 부끄럼없이 / 렴복희 // 천지. － 1990,(10). － 47 － 48
23774 마지막 술잔 / 림원춘 // 청년생활. － 1990,(11). － 51
23775 불원만리 원천리 / 리상각 // 은하수. － 1990,(11). － 20 － 25
23776 생활속에서 / 김인덕 // 천지. － 1990,(11). － 50 － 51
23777 손톱이 준 계시 / 최영애 // 연변녀성. － 1990,(11). － 45
23778 아, 단풍 / 김창규 // 천지. － 1990,(11). － 46 － 47
23779 인간의 가치 / 황파 // 청년생활. － 1990,(11). － 52 － 53
23780 인정과 인생과 기다림과 그리고 또 / 김재국 // 천지. － 1990,(11). － 48 － 49
23781 흰 원피스 / 리명순 // 청년생활. － 1990,(11). － 54
23782 가장 고와지는 때 / 지옥사 // 연변녀성. 1990,(12). － 34
23783 공청단휘장 / 한정길 // 청년생활. － 1990,(12). － 40
23784 꿈속의 인생 / 란심 // 연변녀성. － 1990,(12). － 28
23785 나의 어머니 / 녕파 // 연변녀성. － 1990,(12). － 45
23786 녀자는 증명할 필요가 없다 / 리휘 // 연변녀성. － 1990,(12). － 7 － 8
23787 두 어머니 / 박정근 // 연변녀성. － 1990,(12). － 43 － 44

23788 여든에 인생회억/ 소건// 은하수. − 1990,(12). − 22 − 23

23789 옛길, 옛말 / 강효삼 // 은하수. − 1990,(12). − 55

23790 이름 / 김철호 // 천지. − 1990,(12). − 52 − 53

23791 재빛하늘 / 임선영 // 천지. − 1990,(12). − 47 − 51

I27 민간문학

23792 아이오까 // 소년아동. − 1954,(5). − 22 − 23

23793 작품모음 // 소년아동. − 1954,(5). − 27

23794 무지개 // 소년아동. − 1954,(7). − 30 − 31

23795 형제 / 차준 // 소년아동. − 1954,(9). − 29 − 30

23796 신기한 맷돌/ 리동근// 소년아동. − 1954,(11). − 28 − 29

23797 장정과 중 / 김용식 // 연변문예. − 1955,(9). − 98

23798 민요/ 윤동호 수집// 연변문예. − 1955,(10). − 63

23799 진달래/ 주선우 정리// 연변문예. − 1955,(10). − 60 − 62

23800 수수께끼/ 길운 수집// 연변문예. − 1955,(11). − 39

23801 힘센 총각/ 길운 정리// 연변문예. − 1955,(11). − 23 − 24

23802 아버지의 유언 / 임경재 수집 // 연변문예. − 1955,(12). − 56 − 57

23803 젊은 과부의 설음 / 락파 정리 // 연변문예. − 1955,(12). − 9

23804 붉은 병아리와 얼룩 병아리 / 최중룡 // 연변문예. − 1956,(1). − 67

23805 수수께끼/ 리윤봉, 권녕근// 연변문예. − 1956,(1). − 67

23806 총명한 아주머니 // 연변문예. − 1956,(1). − 44 − 45

23807 딱다구리(만담) / 홍성도 // 연변문예. − 1956,(2). − 53 − 54

23808 세가지 보배/ 길운 정리// 연변문예. − 1956,(4). − 36 − 38

23809 제 자랑 / 심해수 // 연변문예. − 1956,(4). − 71

23810 제 자랑 / 심해수 // 연변문예. − 1956,(6). − 71

23811 나비 한쌍/ 길운 정리 // 연변문예. − 1956,(9). − 29 − 33

23812 길북과 길남의 논/ 박은// 연변문예. − 1956,(10). − 61

23813 ≪모범 누나≫/ 김영옥// 연변문예 − 1956,(10). − 62

23814 어린 법관/ 채택룡// 연변문예. − 1956,(11). − 19 − 23

23815 그럴듯한 끝장/ 장혜봉// 연변문예. − 1956,(12). − 47 − 53

23816 라이러와 룽무춰: 장족민간전설 / 딴정꿍부 // 연변문예. − 1956,(12). − 1 − 12

23817 빌려준 체 / 김강 // 아리랑. − 1957,(1). − 26

23818 잃었던 아들 / 길운 // 아리랑. − 1957,(1). − 34 − 36

23819 ≪기쁨≫ / 금록 // 아리랑. − 1957,(2). − 23

23820 회과 / 황백하 // 아리랑. − 1957,(3). − 34 − 43

23821 고려장 / 박동빈 // 아리랑. − 1957,(4). − 17 − 20

23822 꾀 많은 차돌이 / 채홍 // 아리랑. − 1957,(4). − 36 − 41

23823 돌쌈: 항일련군 투쟁이야기 / 성귀석 // 아리랑. − 1957,(4). − 14 − 17

23824 룡담지 / 원시희 // 아리랑. − 1957,(5). − 12 − 14

23825 총명한 사람 / 문동규 // 아리랑. − 1957,(5). − 42 − 43

23826 오디 / 서보옥 // 아리랑. − 1957,(8). − 27 − 29

23827 재판관 / 채규언 // 아리랑. − 1957,(8). − 18

23828 배뱅이 굿 / 리근전 // 아리랑. − 1957,(9). − 22 − 27

23829 금송아지 / 길운 // 아리랑. − 1957,(11). − 23 − 25

23830 고추가루 / 정종호 // 아리랑. − 1958,(2). − 35

23831 장기판의 이야기 // 대중과학. − 1958,(3). − 47 − 48

23832 로산 도사(勞山道士) / 포송령 // 아리랑. – 1958,(4). – 35 – 36
23833 개 껍질을 쓴 량반 / 김억준 // 아리랑. – 1958,(5). – 42
23834 서울가는 길에서 / 황백하 // 아리랑. – 1958,(6). – 39 – 40
23835 주인 / 남영 // 아리랑. – 1958,(11,12). – 37 – 40
23836 전 귀머거리의 큰 낫자루 / 장사걸 // 연변문학. – 1959,(5). – 53
23837 왕로인 / 임영호 수집;길운 정리 // 연변문학. – 1959,(7). – 43 – 44
23838 장호랑이 / 호호(浩皓)정리 // 연변문학. – 1959,(7). – 45
23839 삼형제 / 장범 // 연변문학. – 1959,(8). – 34
23840 해란강 / 허봉화;길운 // 연변문학. – 1959,(8). – 49 – 50
23841 버섯피리 / 량재태 // 연변문학. – 1959,(12). – 63 – 64
23842 왕굴자리 / 길운 개작 // 연변문학. – 1960,(8). – 28 – 29
23843 한집 식구 / 한수동 // 연변. – 1961,(9). – 38 – 40
23844 박지형 / 김승국;길운 // 연변. – 1961,(11). – 47 – 48
23845 호미 이야기 / 리룡득 // 연변. – 1961,(11). – 40 – 41
23846 곱사등을 치료한 의사 / 유명 // 연변. – 1962,(3). – 28
23847 맹자의 어머니가 베'날을 끊다 // 연변. – 1962,(4). – 20
23848 증자가 돼지를 잡다 // 연변. – 1962,(4). – 20
23849 두 며느리 // 연변. – 1962,(6). – 43
23850 다시 뜬 눈 / 길운 // 연변. – 1962,(8). – 39 – 42
23851 ≪보나 안 보나……≫ / 리룡득 // 연변 – 1963,(4). – 48
23852 철 아닌 가을 / 길운 // 연변. – 1963,(6). – 39
23853 사냥'군과 ≪황둥개≫ / 리설봉 // 연변. – 1963,(8). – 44 – 46
23854 소금 맛이 천하 일미니라 / 김택훈 // 연변. – 1963,(8). – 48
23855 공작과 백학 // 연변. – 1964,(7). – 18
23856 교만한 나귀 // 연변. – 1964,(7). – 18
23857 농부와 선비 / 박학준 // 연변. – 1964,(10). – 28
23858 철의 녹과 뻬빠 // 연변. – 1964,(11). – 17
23859 수탉과 해 // 연변. – 1965,(1). – 13
23860 목상이 바다에 들어 갔던 이야기 // 연변. – 1965,(2). – 32
23861 경박호의 유래 / 김용식 정리 // 연변문예. – 1979,(5). – 33 – 36
23862 달거리 / 리윤규 정리 // 연변문예. – 1979,(6). – 32 – 33
23863 삼태성 / 김명한 정리 // 연변문예. – 1979,(6). – 42 – 44
23864 끓는 죽가마 / 장해철 // 소년아동. – 1980,(1). – 54
23865 나어린 머슴 / 리원화 정리 // 장백산. – 1980,(1). – 160 – 161
23866 리강룡과 리해룡 / 김성택 정리 // 장백산. – 1980,(1). – 99 – 103
23867 삼남매 / 김선종 정리 // 장백산. – 1980,(1). – 156 – 159
23868 세놈이 다 그놈 / 권영구 정리 // 장백산. – 1980,(1). – 103 – 104
23869 소녀와 승냥이 / 김선화 정리 // 장백산. – 1980,(1). – 105 – 107
23870 여의주 / 박호순 정리 // 장백산. – 1980,(1). – 180 – 181
23871 욕심많은 동생 / 강송훈 정리 // 장백산. – 1980,(1). – 182 – 183
23872 인삼새와 산왕새 / 양경운 구술;강장 정리 // 장백산. – 1980,(1). – 3 – 8
23873 쥐이야기 / 강동철 정리 // 장백산. – 1980,(1).

－130－131
23874 지붕에는 왜 버섯이 자라게 되였는가 / 박승명 정리 // 장백산.－1980,(1).－166－167
23875 진달래 / 로경복 // 장백산.－1980,(1).－9－13
23876 차돌이 / 김운택 정리 // 장백산.－1980,(1).－132－133
23877 형과 동생 / 박관무 정리 // 장백산.－1980,(1).－134－135
23878 거지감사 / 손호남 정리 // 장백산.－1980,(2).－113－115
23879 남잡이가 제잡이 / 최성자 정리 // 장백산.－1980,(2)－88
23880 돌이와 두꺼비 / 김장규 정리 // 장백산.－1980,(2).－61－64
23881 류랑과 인삼처녀 / 량지 수집장리 // 장백산.－1980,(2).－22－27
23882 보리밥 / 강창종 수집정리 // 장백산.－1980,(2).－130－132
23883 빈 술병을 받은 부자 // 소년아동.－1980,(2).－60
23884 이내랑군 자랑일세 / 배민옥 // 연변문예.－1980,(2).－18
23885 인삼왕 / 김수영 정리 // 장백산.－1980,(2).－68－71
23886 교오한 장군 / 강형원;혜민 // 동북민병.－1980,(4).－34
23887 길을 막은 범의 끝장 / 서택금 // 동북민병.－1980,(4).－40
23888 나무군한테 얻어맞은 왕 / 정영석 정리 // 연변문예.－1980,(4).－51－52
23889 하나가 열을 당하다 / 하조 // 동북민병.－1980,(4).－37
23890 ≪여봐라 생원≫ / 김화석 정리 // 연변문예.－1980,(5).－29
23891 ≪내 머리는 밖에 있지 않니?≫ / 함창도 // 소년아동.－1980,(6).－38
23892 기장나무 // 소년아동.－1980,(7).－38－45
23893 사람보다 새가 더 중한가 // 소년아동.－1980,(7).－49
23894 화등의 서울길 / 최현 정리 // 연변문예.－1980,(7).－46－47
23895 남의 잘못을 말하지 않는 사람 // 소년아동.－1980,(8).－33
23896 입총으로 범을 쏘다 / 리룡득 // 소년아동.－1980.(8).－61
23897 쇠공이로 바늘만들기 // 소년아동.－1980,(9).－21
23898 배뱅이굿 / 장동운 정리 // 연변문예.－1980,(10).－36－45
23899 이사가는 부엉이 // 소년아동.－1980,(10).－37
23900 불자동차 / 리률 // 소년아동.－1980(11).－61
23901 소경과 해님 // 소년아동.－1980,(11).－24
23902 맹목적인 숭배 // 소년아동.－1980,(12).－34
23903 북두칠성 / 리룡득 정리;최금녀 구술 // 연변문예.－1980,(12).－27－29
23904 고려장 / 백재호 // 장백산.－1981,(1).－82－84
23905 미욱한 원님 / 최계자 // 장백산.－1981,(1).－20－22
23906 벼슬길 / 리종석 // 장백산.－1981,(1).－34－41
23907 약수 / 리룡득 // 장백산.－1981,(1).－76－82
23908 자라바위 / 장영호 // 장백산.－1981,(1).－107－109
23909 태왕비석 / 강운초 // 장백산.－1981,(1).－93－96
23910 ≪현명한≫새 사포 / 리룡득 장리 // 청년생활.－1981,(1).－60
23911 까마귀의 고집(외1편) / 로서 // 장백산.－1981,(2).－108
23912 당나귀귀를 가진 임금님 // 연변교육.－1981,(2).－58
23913 백룡강변에 깃든 이야기 / 손염규 // 장백산.－1981,(2).－114－117
23914 불옷 / 차금산 // 장백산.－1981,(2).－124－128

23915 속담 / 서은왕 // 장백산. – 1981,(2). – 80
23916 와호봉 / 리룡득 // 장백산. – 1981,(2). – 5 – 8
23917 의연정 / 태룡근 // 장백산. – 1981,(2). – 129 – 138
23918 초롱불 / 우제원 // 장백산. – 1981,(2). – 118 – 122
23919 통화 / 왕람추 // 장백산. – 1981,(2). – 110 – 113
23920 덕사공의 종소리 / 리종석 // 장백산. – 1981,(3 – 4). – 122 – 125
23921 뛰는놈우에 나는놈 있다 / 리광식 // 장백산. – 1981,(3 – 4). – 133 – 134
23922 록명봉 / 김흠 // 장백산. – 1981,(3 – 4). – 143 – 144
23923 보물도적을 잡아낸 이야기 / 리건설 // 청년생활. – 1981,(3). – 35 – 37
23924 붉은 청첩 / 장영호 // 장백산. – 1981,(3 – 4). – 131 – 132
23925 옥황산 / 안창규 // 장백산. – 1981,(3 – 4). – 145 – 146
23926 은혜갚은 호랑이 / 김례삼 정리;김길선 구술 // 연변문예. – 1981,(3). – 43 – 47
23927 친구 / 박준범 정리 // 청년생활. – 1981,(3). – 65 – 66
23928 피리 / 리창인 // 장백산. – 1981,(3 – 4). – 126 – 130
23929 혼강의 전설 / 포성 // 장백산. – 1981,(3 – 4). – 147 – 150
23930 소생한 소녀 / 도규섭 정리;정창구 구술 // 연변문예. – 1981,(5). – 46 – 48
23931 어사된 숫쟁이 아들 / 리광수 구술;리창인 정리 // 연변문예. – 1981,(6). – 46 – 51
23932 ≪짜개바지≫ / 장동운 정리 // 연변문예. – 1981,(8). – 50 – 52
23933 두 형제 / 방흥룡 구술;리룡득 정리 // 연변문예. – 1981.(11). – 37 – 38
23934 계동못 / 리종석 정리 // 장백산. – 1982,(1). – 120 – 124
23935 999석군과 천석군 / 박기종 수집정리 // 대중문예. – 1982,(1). – 57 – 61
23936 그네뛰기 // 장백산. – 1982,(1). – 93
23937 농악놀이 / 민성 제공 // 장백산. – 1982,(1). – 157
23938 도적놈과 범 / 김송학 정리 // 장백산. – 1982,(1). – 117 – 119
23939 리랑과 호랑이 / 성태;진영 수집정리 // 장백산. – 1982,(1). – 125 – 129
23940 ≪밀양아리랑≫이야기 // 연변문예. – 1982,(1). – 25
23941 시아버지와 며느리 / 리창인 정리 // 연변문예. – 1982,(1). – 53 – 54
23942 세번째 그린 그림 / 박명걸 구술;박상복 정리 // 대중문예. – 1982,(1). – 60 – 61
23943 유부렬녀 / 최근오 구술;리룡득 정리 // 대중문예. – 1982,(1). – 27 – 28
23944 고양이띠는 왜 없는가? / 서홍신;리룡수 정리 // 장백산. – 1982,(2). – 55 – 57
23945 곰장군 / 한영걸 // 도라지. – 1982,(2). – 48
23946 맏동서 / 김상련 정리 // 장백산. – 1982,(2). – 53 – 54
23947 새색시 / 김창석 정리 // 장백산. – 1982,(2). – 62 – 65
23948 아버지와 아들 / 남봉우 // 송화강. – 1982,(2). – 32
23949 오빠 / 홍천룡 // 도라지. – 1982,(2). – 49 – 55
23950 장인과 세 사위 / 김남현 정리 // 장백산. – 1982,(2). – 136 – 137
23951 황봉사에게 속은 김선달 / 구운촌 수집정리 // 송화강. – 1982,(2). – 53 – 56
23952 개한테 고기를 떼운 서생 / 리룡득 수집정리 // 송화강. – 1982,(3). – 44 – 45
23953 견우교 / 리룡득;리천록 수집정리 // 장백산. – 1982,(3). – 117 – 118
23954 똥먹은 사또 / 황현걸 정리 // 장백산. – 1982,(3). – 109 – 113
23955 박어사와 등집장사 / 박순암 구술;박창묵 정리 // 도라지. – 1982,(3). – 61 – 64

23956 수탉과 황소 / 정치수 // 도라지. − 1982,(3). − 49
23957 쏘기만 하면 왼쪽 눈깔 / 장봉조 정리 // 송화강. − 1982,(3). − 45 − 48
23958 아반티의 이야기 // 송화강. − 1982,(3). − 42 − 43
23959 차돌이와 인삼처녀 / 김성택 정리 // 장백산. − 1982,(3). − 114 − 116
23960 개미의 불평 / 량동섭 // 송화강. − 1982,(4). − 59
23961 규방에서 들려온 노래소리 / 김순녀 구술; 태휘 정리 // 청년생활. − 1982,(4). − 47 − 48
23962 담배장사와 솜장사 / 홍갑순 구술;김창대 정리 // 송화강. − 1982,(4). − 60
23963 사또가 고른 세종 / 남영전 수집정리 // 장백산. − 1982,(4). − 80 − 84
23964 소금장사와 그의 아들 / 박창묵 정리 // 장백산. − 1982,(4). − 85 − 91
23965 아버지의 소원 / 리영실 구술;김청호 정리 // 도라지. − 1982,(4). − 54 − 60
23966 위렬삼대 / 우운상 정리 // 장백산. − 1982,(4). − 92 − 96
23967 한 은사의 위국충심 / 리상달 구술;장봉조 정리 // 도라지. − 1982,(4). − 37 − 38
23968 백옥공주의 거울 / 리장춘 // 송화강. − 1982,(5). − 56 − 59
23969 냄새를 잘 맡는 아이 / 박백림 수집정리 // 송화강. − 1982,(6). − 55 − 57
23970 련실전 / 황옥선 구술;박창묵 정리 // 연변문예. − 1982,(6). − 49 − 54
23971 새끼낳이를 하는 함지 / 리룡득 정리 // 송화강. − 1982,(6). − 58
23972 왜 사위가 오면 닭을 잡는가? / 박병관 구술;김권 정리 // 청년생활. − 1982,(6). − 50 − 51
23973 아리의 원한 // 은하수. − 1982,(7). − 66 − 68
23974 우리 농촌 좋을시구 / 림창철 // 은하수. − 1982,(7). − 49 − 52
23975 장재비와 며늘아기 / 리룡득 수집정리 // 은하수. − 1982,(7). − 48
23976 쌍둥이의 지혜 / 박병관 구술;김권 정리 // 연변문예. − 1982,(8). − 31 − 33
23977 백정과 량반 / 김한영 정리 // 은하수. − 1982,(9). − 69 − 74
23978 성부와 리랑 // 은하수. − 1982,(10). − 59 − 61
23979 아랑의 절개 / 리유근 // 은하수. − 1982,(12). − 65 − 68
23980 마안산에 깃든 전설 / 류영제 // 동북민병. − 1982,(17). − 38 − 41
23981 선녀목란꽃에 깃든 이야기 / 류윤란;필문고 // 동북민병. − 1982,(21). − 43 − 45
23982 마지막 함흥차사 / 최준 // 송화강. − 1983,(1). − 54 − 57
23983 바우돌과 현부인 / 박창묵 // 연변문예. − 1983,(1). − 46 − 52
23984 백정의 아들 / 김재권 정리 // 장백산. − 1983,(1). − 73 − 75
23985 숙종대왕 / 길운 정리 // 장백산. − 1983,(1). − 66 − 68
23986 여우와 천리황 / 김명윤 // 연변문예. − 1983,(1). − 11
23987 을룡이와 옥당춘 / 박순암 구술;박기준 정리 // 도라지. − 1983,(1). − 61 − 66
23988 ≪자그마한≫차별 // 장백산. − 1983,(1). − 59
23989 춘동이와 선향이 / 리종석 정리 // 장백산. − 1983,(1). − 76 − 81
23990 터무니없는 거짓말 / 정창환 // 송화강. − 1983,(1). − 29
23991 해골수 / 남부혜 정리 // 장백산. − 1983,(1). − 69 − 72
23992 ≪귀≫신잡이 능수 / 차금산 정리 // 장백산. − 1983,(2). − 77 − 78
23993 나도 밤나무 / 원문상 구술;차중남 정리 // 청년생활. − 1983,(2). − 51 − 55
23994 덕 입힌 덕 / 리석범 구술;리종철 정리 // 도라지. − 1983,(2). − 67 − 69

23995 돌이 / 황인철 구술;학의 정리 // 도라지. – 1983,(2). – 64 – 67
23996 령지 / 리룡득 정리 // 장백산. – 1983,(2). – 79 – 81
23997 뺨 얻어맞은 사또 / 리룡득 // 송화강. – 1983,(2). – 50 – 52
23998 시골상객이 사돈을 곯리다 / 정창환 정리 // 은하수. – 1983,(2). – 54
23999 울음과 담배 / 김의 정리 // 도라지. – 1983,(2). – 39
24000 진주 좁쌀 / 배재수 정리 // 장백산. – 1983,(2). – 76
24001 파랑새 / 김중애 // 송화강. – 1983,(2). – 47 – 50
24002 행주치마에 깃든 이야기 / 최준 // 송화강. – 1983,(2). – 44 – 46
24003 화동과 공주 / 리성태 수집정리 // 장백산. – 1983,(2). – 72 – 75
24004 농춘가 / 한석남 창;박기준 정리 // 도라지. – 1983,(3). – 58 – 59
24005 당신은 나의 안해이니깐…(외1편) / 최홍광 // 송화강. – 1983,(3). – 54
24006 두깍쟁이의 상봉 / 림파 // 송화강. – 1983,(3). – 57
24007 렬녀로 된 앵앵이 / 김준술;기암 // 송화강. – 1983,(3). – 55
24008 리한림의 혼사 / 박병대 정리 // 장백산. – 1983,(3 – 4). – 132 – 140
24009 목동이 풍월을 뗀 이야기 / 김관웅 정리 // 도라지. – 1983,(3). – 56 – 58
24010 아판띠 려행기 / 허광일 정리 // 장백산. – 1983,(3 – 4). – 155 – 157
24011 예쁜 얼굴 어디로 갔는가 / 한화 // 송화강. – 1983,(3). – 52 – 53
24012 조밥과 찰떡 / 전경업 // 송화강. – 1983,(3). – 56
24013 주지를 처단한 동자 / 박창묵 정리 // 장백산. – 1983,(3 – 4). – 141 – 144
24014 천안삼거리 능수버들 / 리병호 구술;리창인 정리 // 청년생활. – 1983,(3). – 58 – 61
24015 총명한 농부의 이야기 / 륙건 // 은하수. – 1983,(3). – 27 – 28
24016 강바닥과 애기파도 / 왕동염 // 은하수. – 1983,(4). – 17
24017 농악놀이 // 은하수. – 1983,(4). – 74 – 75
24018 보황금 / 김명성;리창인 // 송화강. – 1983,(4). – 55 – 58
24019 조카를 장가 보낸 김선달 / 최송춘 정리 // 은하수. – 1983,(4). – 77 – 78
24020 준수와 호랑이 / 박창묵 // 송화강. – 1983,(4). – 48 – 49
24021 금강산팔선녀 // 은하수. – 1983,(5). – 66 – 70
24022 청산골에 깃든 이야기 / 양영진 수집정리 // 은하수. – 1983,(5). – 71
24023 떡쟁이와 갓쟁이 / 리룡득 // 송화강. – 1983,(6). – 60
24024 량반과 그의 아들(외1편) / 정창환 // 은하수. – 1983,(6). – 60
24025 리익은 내가 다 먹었으니까…(외1편) / 리은우 // 송화강. – 1983,(6). – 59 – 60
24026 사주팔자 / 리광수 // 송화강. – 1983,(6). – 52 – 54
24027 쥐들이 두만강을 건넌 이야기 / 김영범 // 송화강. – 1983,(6). – 54 – 56
24028 황산벌싸움 / 송정환 엮음 // 청년생활. – 1983,(6). – 66 – 69
24029 재상과 노복 / 종순 // 지부생활. – 1983,(7). – 43
24030 종달새와 부엉이 / 후옥침 // 동북민병. – 1983,(13 – 14). – 51
24031 ≪닭잡아 원숭이에게 보인다≫ / 주국량 // 동북민병. – 1983,(22). – 40
24032 골동품:외1편 / 허광일 수집 // 도라지. – 1984,(1). – 69
24033 금날개 / 김강 // 연변녀성. – 1984,(1). – 62
24034 돌개바람의 죄 / 문청 정리 // 송화강. – 1984,(1). – 35 – 36

24035 배생원의 벼슬사기 / 윤상수 // 장백산. − 1984,(1). − 105 − 112
24036 삿도 장성 쌓게 된 이야기 // 연변녀성. − 1984,(1). − 42 − 43
24037 색시그루는 다홍치마적에 / 리룡득 정리 // 도라지. − 1984,(1). − 67 − 68
24038 ≪우리의…≫(외5편) // 연변녀성. − 1984,(1). − 26
24039 의구비 / 박창묵 정리 // 도라지. − 1984,(1). − 65 − 67
24040 칠선녀와 마디풀 / 리룡득 // 장백산. − 1984,(1). − 119 − 120
24041 8장수와 앉은뱅이 / 김재권 // 장백산. − 1984,(1). − 113 − 118
24042 한 미인의 불운지사 / 장봉조 정리 // 도라지. − 1984,(1). − 62 − 64
24043 호랑이와 청개구리 / 고성찬 구술;박철규 정리 // 송화강. − 1984,(1). − 57 − 59
24044 ≪그러길래 승승하지≫ / 안종섭 // 송화강. − 1984,(2). − 26
24045 다와도르 // 청년생활. − 1984,(2). − 59 − 62
24046 망신당한 지주 / 리선일 정리 // 송화강. − 1984,(2). − 43
24047 명궁수와 련꽃송이 / 박창묵 정리 // 은하수. − 1984,(2). − 51 − 54
24048 묘방 / 김명범 // 연변문예. − 1984,(2). − 65
24049 무궁화 / 남영식 정리 // 도라지. − 1984,(2). − 62 − 65
24050 부마생질 / 김용식 // 장백산. − 1984,(2). − 116 − 121
24051 손님접대, 림기응변, 싹 변하다,엎음갚음, 5분만, ≪시집살이≫ // 연변녀성. − 1984,(2). − 50
24052 시골사람과 서울량반 / 김경무 // 장백산. − 1984,(2). − 122
24053 신을 찾아신다 // 연변문예. − 1984,(2). − 23
24054 심산에 피여난 꽃 / 박창묵 // 연변문예. − 1984,(2). − 49 − 53
24055 아버지와 딸 / 정창한 // 송화강. − 1984,(2). − 60
24056 얽음뱅이 강냉이(외1편) / 량동섭 // 송화강. − 1984,(2). − 62 − 63
24057 인지미덕 / 최봉규 // 장백산. − 1984,(2). − 222 − 223
24058 총명한 하인 // 연변녀성. − 1984,(2). − 64
24059 고 눈깔 봐라 / 장은락 // 장백산. − 1984,(3). − 173
24060 깍쟁이 우에 상깍쟁이 / 조광성 // 송화강. − 1984,(3). − 44
24061 도토리 참봉 / 황구현 구술;김재권 정리 // 도라지. − 1984,(3). − 58 − 60
24062 동자삼 / 리운창 구술;정해철 정리 // 송화강. − 1984,(3). − 46 − 47
24063 량반과 세 아들 // 조선어 학습과 연구. − 1984,(3). − 36 − 37
24064 ≪명가수≫(외1편) / 김례호 // 송화강. − 1984,(3). − 43
24065 맥주 / 김순금 // 송화강. − 1984,(3). − 43
24066 무궁화 / 오점목 구술;남영식 정리 // 도라지. − 1984,(3). − 56 − 58
24067 백룡회 / 리천 // 연변문예. − 1984,(3). − 61 − 63
24068 비모해사모해 / 리종석 // 장백산. − 1984,(3). − 162 − 169
24069 소금장사와 협잡군 / 리화선 // 송화강. − 1984,(3). − 45
24070 숙종왕이 민간을 돌아본 이야기 / 장구연 구술;장봉조 정리 // 도라지. − 1984,(3). − 60 − 61
24071 웅변가와 청중 / 리묵 // 송화강. − 1984,(3). − 43
24072 장쇠의 진단 / 김철호 // 송화강. − 1984,(3). − 47 − 48
24073 호랑이 은혜 갚다 / 리창인 // 장백산. − 1984,(3). − 170 − 172
24074 도라지 / 황덕균 구술;황정익 정리 // 도라지. − 1983,(4). − 55 − 56
24075 밤자고 나면 래일이지 / 허호 // 송화강. − 1984,(4). − 51

24076 백년도사 / 박기준 정리 // 도라지. − 1984,(4). − 64 − 67
24077 불효자식 / 김윤호 // 송화강. − 1984,(4). − 51
24078 석수쟁이 아들 / 정해철 정리 // 장백산. − 1984,(4). − 137 − 141
24079 선비와 그의 개 / 윤상수 정리 // 장백산. − 1984,(4). − 142 − 145
24080 ≪울먹≫자주 / 량춘식 정리 // 송화강. − 1984,(4). − 24
24081 잃었던 병부를 찾은 이야기 / 박병대 정리 // 장백산. − 1984,(4). − 131 − 136
24082 청루에서 난 비명소리 / 장봉조 정리 // 송화강. − 1984,(4). − 52 − 58
24083 초막에서 만난 유부녀 / 리룡득 수집정리 // 은하수. − 1984,(4 − 5). − 68 − 70
24084 춘풍희비사 / 문창남 정리 // 장백산. − 1984,(4). − 119 − 130
24085 팔광주: 외2편 / 김득희 정리 // 도라지. − 1984,(4). − 68 − 71
24086 혈연 / 박순암 구술;김재권 정리 // 도라지. − 1983,(4). − 57 − 59
24087 혼쌀먹은 중 / 박기준 정리 // 도라지. − 1983,(4). − 60 − 63
24088 가정화목의 비결 / 리옥섭 정리 // 도라지. − 1984,(5). − 70 − 71
24089 김삿갓의 이야기 / 송정환 엮음 // 송화강. − 1984,(5). − 55 − 58
24090 늙은 농부와 린색한 부자 / 서종식 // 송화강. − 1984,(5). − 59 − 60
24091 승냥이와 돼지 // 연변문예. − 1984,(5). − 61
24092 아리랑고개 / 청산 정리 // 도라지. − 1984,(5). − 68 − 69
24093 외고집 // 연변문예. − 1984,(5). − 60
24094 유복자 / 최균선 // 연변녀성. − 1984,(5). − 32 − 36
24095 을파소의 뉘우침 / 송정환 // 연변문예. − 1984,(5). − 47 − 48
24096 푸른 솔 한 그루 / 김파 // 도라지. − 1984,(5). − 36 − 38
24097 ≪호미난방≫과 ≪고망착호≫ / 최금산 수집정리 // 도라지. − 1984,(5). − 72
24098 ≪계결년에 지었수다≫ / 안종섭 // 송화강. − 1984,(6). − 57
24099 글귀시합 / 허태일 // 도라지. − 1984,(6). − 23
24100 ≪나에게도 마누라가 있다≫정창환 // 송화강. − 1984,(6). − 31
24101 놀부령감 / 강학현 // 송화강. − 1984,(6). − 28
24102 배속이 텅텅 비였도다 / 설야 // 송화강. − 1984,(6). − 38
24103 벌에 쏘인 원님:외1편 / 윤상수 정리 // 도라지. − 1984,(6). − 57
24104 선비와 두 과부 / 리룡득 수집정리 // 송화강. − 1984,(6). − 55 − 56
24105 한많은 세상 / 리근전 // 도라지. − 1984,(6). − 15 − 23
24106 홍매화 / 리룡득 정리 // 도라지. − 1984,(6). − 41 − 43
24107 고양이 전설 / 최인철 // 은하수. − 1984,(7). − 37 − 41
24108 범잡은 사람 / 박기준 정리 // 은하수. − 1984,(8). − 53 − 54
24109 황천고랑 귀곡성 / 림창철 // 연변문예. − 1984,(10). − 53 − 56
24110 지신제와 도적놈 / 리은우 정리 // 은하수. − 1984,(11 − 12). − 57 − 60
24111 진시며느리 / 최선애 // 연변문예. − 1984,(11). − 34 − 39
24112 경박호에 깃든 아름다운 전설 / 제철남 // 동북민병. − 1984,(17). − 31 − 34
24113 들입자산 / 리룡득 // 동북민병. − 1984,(20). − 33 − 34
24114 ≪대장부는 녀자와 겨루지 않는다≫ // 동북민병. − 1984,(22). − 36
24115 주옥의 정성에 감심되여 천궁선녀 다리를 놓다 / 계력가 // 동북민병. − 1984,(23). − 30 − 33

24116 봉황새바위 / 리룡득 // 동북민병. – 1984,(24). – 47 – 48
24117 근심없는 로인 / 박성녀 구술;림창철 정리 // 송화강. – 1985,(1). – 53 – 55
24118 까마귀날 / 강맹산 // 청년생활. – 1985,(1). – 54 – 56
24119 나무군과 범 / 김창만 // 천지. – 1985,(1). – 62 – 64
24120 넋살 먹은 중 / 림창철 정리 // 은하수. – 1985,(1). – 38 – 42
24121 독룡삼 / 김성택 // 장백산. – 1985,(1). – 135 – 138
24122 되돌아온 떡 / 김영실 // 송화강. – 1985,(1). – 52
24123 두 탁주장사 / 리창국 // 송화강. – 1985,(1). – 29
24124 룡문전설 / 림승환;리승렬 // 꽃동산. – 1985,(1). – 5 – 7
24125 맹사생 / 배재수 // 장백산. – 1985,(1). – 123 – 127
24126 무당의 귀신놀음 / 황구연 구술;김재권 정리 // 도라지. – 1985,(1). – 63 – 65
24127 바우와 진주처녀 / 로서 // 장백산. – 1985,(1). – 132 – 134
24128 박꽃과 나팔꽃 / 림파 // 송화강. – 1985,(1). – 10
24129 선비의 이야기 / 리근전 // 도라지. – 1985,(1). – 12 – 19
24130 세 장수 / 리상각 정리 // 도라지. – 1985,(1). – 57 – 60
24131 ≪시인≫형제 / 래천 // 송화강. – 1985,(1). – 36
24132 아려라 고개 / 문학과 예술. – 1985,(1). – 53 – 55
24133 아리의 원한 / 문학과 예술. – 1985,(1). – 50 – 53
24134 아버두 // 천지. – 1985,(1). – 77
24135 적선여경 / 리종석 // 장백산. – 1985,(1). – 117 – 122
24136 중이 그림을 팔다 / 종애군 // 동북민병. – 1985,(1). – 38
24137 홍참봉과 도적 / 리룡득 // 장백산. – 1985,(1). – 128 – 131
24138 건망초 // 연변녀성. – 1985,(2). – 69
24139 김선달과 백두산산신령 / 박창묵 // 장백산. – 1985,(2). – 132 – 137
24140 꾀 약은 청주사람 // 문학과 예술. – 1985,(2). – 33
24141 ≪너무 먹어서 걱정이외다≫ / 맹호길 // 도라지. – 1985,(2). – 27
24142 달래 / 조보명 // 장백산. – 1985,(2). – 141 – 143
24143 달음박질쳐 집에 돌아가다 // 연변녀성. – 1985,(2). – 69
24144 돌무지에 묻힌 처녀시체 / 서종식 // 송화강. – 1985,(2). – 45 – 47
24145 소나기 / 백몽현 // 장백산. – 1985,(2). – 138 – 140
24146 인의골목 / 류승풍; 류석오 // 연변녀성. – 1985,(2). – 56
24147 잔치집에 간 림제 // 문학과 예술. – 1985,(2). – 32
24148 장인 잃고 곤장 맞은 선비 // 조선어 학습과 연구. – 1985,(2). – 62 – 63
24149 절받은 량반 / 김영범 // 송화강. – 1985,(2). – 39
24150 접대의 비밀 // 문학과 예술. – 1985,(2). – 33
24151 제주도 사랑 / 황영자 구술;남영식 정리 // 도라지. – 1985,(2). – 59 – 64
24152 진도 아리랑 // 문학과 예술. – 1985,(2). – 12 – 14
24153 천당으로 간 백지주와 중 / 유경환 정리 // 송화강. – 1985,(2). – 48 – 49
24154 투쟈족과 개 // 천지. – 1985,(2). – 59
24155 홍도령 / 최세옥 // 천지. – 1985,(2). – 57 – 58

24156 김삿갓이 훈장을 정해주다 / 리룡득 정리 // 조선어 학습과 연구. – 1985,(3). – 54 – 55
24157 닭알로 도적을 잡은 박문수 / 리룡득 정리 // 송화강. – 1985,(3). – 61
24158 바보신랑 / 리광수 정리 // 은하수. – 1985,(3). – 36 – 37
24159 백옥랑 / 장봉조 // 장백산. – 1985,(3). – 107 – 112
24160 보석산 // 천지. – 1985,(3). – 57
24161 생금인줄 알았더니 // 문학과 예술. – 1985,(3). – 65
24162 서천령의 장기수 // 문학과 예술. – 1985,(3). – 65
24163 성부와 리랑 // 문학과 예술. – 1985,(3). – 25 – 27
24164 세차례 같은 판결 // 은하수. – 1985,(3). – 34 – 35
24165 우관까루 // 장백산. – 1985,(3). – 116 – 120
24166 진정문의 출세담 / 장구연 구술;장봉조 정리 // 도라지. – 1985,(3). – 59 – 62
24167 진주꾐 / 님부혜 // 장백산. – 1985,(3). – 113 – 115
24168 효자효부 / 정창환 // 송화강. – 1985,(3). – 62
24169 거짓말에 속은 홍진사 / 맹호길 // 송화강. – 1985,(4). – 62
24170 광주리를 심문 // 천지. – 1985,(4). – 69 – 70
24171 두꺼비아들 / 강윤일 구술;박창묵 정리 // 도라지. – 1985,(4). – 49 – 53
24172 리서방과 그의 안해 / 김봉관 // 천지. – 1985,(4). – 44 – 47
24173 매화꽃 전설 / 림설령 정리 // 은하수. – 1985,(4). – 51 – 54
24174 방랑시인 김삿갓의 일화 / 김재권 // 장백산. – 1985,(4). – 115 – 124
24175 아랑의 절개 // 문학과 예술. – 1985,(4). – 43 – 49
24176 아리산 // 천지. – 1985,(4). – 39 – 40
24177 옹색한 훈장을 호되게 꾸짖은 김삿갓 // 문학과 예술. – 1985,(4). – 68
24178 ≪이건 무슨 술이야≫ / 홍설매 // 장백산. – 1985,(4). – 128
24179 한 사냥군의 말로 / 리백설 // 장백산. – 1985,(4). – 125 – 127
24180 함속에 책을 넣은 유효통 // 문학과 예술. – 1985,(4). – 78 – 79
24181 함흥차사 // 문학과 예술. – 1985,(4). – 66 – 67
24182 교하에 깃든 이야기 / 리창로 수집정리 // 도라지. – 1985,(5). – 42 – 45
24183 령지초 / 황영자 구술;남영식 정리 // 도라지. – 1985,(5). – 46 – 51
24184 로인을 하대하면 코가 깨진다 / 리룡득 정리 // 도라지. – 1985,(5). – 40 – 45
24185 매미 // 장백산. – 1985,(5). – 64
24186 목동과 백조 // 천지. – 1985,(5). – 75
24187 방아타령과 백결선생 // 문학과 예술. – 1985,(5). – 18 – 19
24188 삯 장가 / 소민 정리;리창하 구술 // 송화강. – 1985,(5). – 58 – 61
24189 산중량신 / 허창식 정리 // 은하수. – 1985,(5). – 56 – 57
24190 여우고개 // 문학과 예술. – 1985,(5). – 25 – 26
24191 울음소리만 듣고도 / 리윤규 // 천지. – 1985,(5). – 54 – 55
24192 참새로 화공하다 / 조가락 // 동북민병. – 1985,(5 – 6). – 36
24193 홍길동이 합천 해인사 떨어먹듯 // 장백산. – 1985,(5). – 97
24194 김서방의 힘자랑 / 최금산 정리. – 1985,(6). – 52 – 55
24195 들쥐의 혼인 // 문학과 예술. – 1985,(6). – 29
24196 림백공 / 김재권 정리 // 도라지. – 1985,(6). – 49 – 53
24197 망나니의 꿈 / 홍봉운 // 장백산. – 1985,(6).

－126－129
24198 봉선화의 유래 // 문학과 예술.－1985,(6).－68－70
24199 수염좋은 사나이와 중국사신 // 문학과 예술.－1985,(6).－28
24200 오빠를 그리는 돌 // 천지.－1985,(6).－27
24201 춘향의 집 가는 길 같다 // 장백산.－1985,(6).－141
24202 코 떼운 이야기 / 홍성빈 // 송화강.－1985,(6).－60－61
24203 한왕산 / 향천 정리 // 청년생활.－1985,(6).－40
24204 효자와 효부 / 강신극 정리 // 은하수.－1985,(7).－59－60
24205 오뉴월 백설 / 박창묵 // 천지.－1985,(8).－34－37
24206 ≪현명≫한 원님 / 리룡득 정리 // 은하수.－1985,(8).－49
24207 방이와 방삼이 / 김재권 정리 // 천지.－1985,(9).－57－58
24208 팔자판단 / 태룡근 정리 // 은하수.－1985,(9).－30－33
24209 신유복전 / 현순복 // 천지.－1985,(10).－82－83
24210 마부와 량반 / 신달룡 구술;박상로 정리 // 은하수.－1985,(11).－43－45
24211 로반과 그의 안해 // 천지.－1985,(12).－93
24212 범잡은 령감과 머슴군 / 리영린 정리 // 은하수.－1985,(12).－21
24213 삼촌과 조카 / 김철범 정리 // 은하수.－1985,(12).－20－21
24214 천지 / 김례삼 // 천지.－1985,(12).－76－78
24215 총명한 아꾸둠바 // 천지.－1985,(12).－86－87
24216 고약한 말버릇에 된벌을 안기다 / 리룡득 수집정리 // 조선어문.－1986,(1).－60－62
24217 농부와 량반 / 백룡산 // 송화강.－1986,(1).－60
24218 바보녀석아 // 장백산.－1986,(1).－155
24219 백일홍 / 문학과 예술.－1986,(1).－53－55
24220 버섯꽃 / 문학과 예술.－1986,(1).－51－53
24221 변학도 잔치에 리도령 상 // 장백산.－1986,(1).－119
24222 생눈알 빼먹는 세상 / 리창국 // 송화강.－1986,(1).－56
24223 생불 / 리종석 // 도라지.－1986,(1).－58－61
24224 어리석은 사람들 // 장백산.－1986,(1).－144
24225 왕소 / 김득희 정리;리주경 구술 // 도라지.－1986,(1).－74－76
24226 하느님 맙시사,감사합니다 / 리궁완 // 꽃동산.－1986,(1).－16
24227 훈장과 귀동어머니 / 리종수 // 장백산.－1986,(1).－149－151
24228 녀자를 박대하다 이마빼기 터졌다 / 리룡득 정리 // 도라지.－1986,(2).－29－31
24229 두 번대머리중의 래력 / 황구연 구술;김재권 정리 // 송화강.－1986,(2).－57－60
24230 만능한≪1≫자 / 리룡득 // 지부생활.－1986,(2).－56－57
24231 메아리소리 / 김창석 // 조선어문.－1986,(2).－56
24232 십리국 / 문학과 예술.－1986,(2).－29－31
24233 은혜갚은 노루 / 차병걸 구술;림승환 정리 // 꽃동산.－1986,(2).－14－16
24234 저 버릇 개 못 떼준다 / 홍성빈 // 송화강.－1986,(2).－46－47
24235 화분의 우려 / 장진생 // 동북민병.－1986,(2).－46
24236 거지 부부 / 리상백 // 송화강.－1986,(3).－59
24237 거짓말,린색한 집안,트럼프 // 연변녀성.－1986,(3).－78
24238 두꺼비전 / 정기화 // 장백산.－1986,(3).－119－122
24239 인삼총각 / 윤근배 구술;문창호 정리 // 도라지.－1986,(3).－46－49

24240 지팽이령감과 욕심쟁이령감 / 진령;문광 // 송화강. – 1986,(3). – 62 – 63

24241 천지일주 / 친룡 // 장백산. – 1986,(3). – 115 – 118

24242 청개구리 // 장백산. – 1986,(3). – 42

24243 최씨 앉은 자리에는 풀도 안난다 // 장백산. – 1986,(3). – 93

24244 곱돌장사귀 / 김정숙 구술;정해철 정리 // 송화강. – 1986,(4). – 60 – 62

24245 뻐꾸기와 딱따구리 / 류전상 // 장백산. – 1986,(4). – 92 – 93

24246 세 거짓말쟁이 / 리서광 // 송화강. – 1986,(4). – 16

24247 쇠똥구리가 된 천녀 / 리룡득 // 천지. – 1986,(4). – 66 – 69

24248 음덕양보 / 리종석 정리 // 장백산. – 1986,(4). – 80 – 88

24249 인삼처녀 / 리창인 정리 // 장백산. – 1986,(4). – 89 – 91

24250 굼벵이로 된 음녀 / 리룡득 // 장백산. – 1986,(5). – 140 – 144

24251 김후직 / 남영식 정리 // 도라지. – 1986,(5). – 40 – 45

24252 농부의 안해 / 양문훈 // 천지. – 1986,(5). – 86 – 87

24253 만적이 / 리성덕 // 문학과 예술. – 1986,(5). – 74

24254 이부렬녀 / 리명순 구술;리룡득 정리 // 송화강. – 1986,(5). – 51 – 53

24255 정몽주 / 문학과 예술. – 1986,(5). – 85

24256 향랑과 산 유화가 / 문학과 예술. – 1986,(5). – 92 – 95

24257 김금덕 / 김창죽 정리 // 장백산. – 1986,(6). – 128 – 131

24258 두 게으름뱅이 / 서종식 // 송화강. – 1986,(6). – 63

24259 룡사의 노래 // 문학과 예술. – 1986,(6). – 68 – 69

24260 배사공과 사신 / 박기준 정리 // 도라지. – 1986,(6). – 39

24261 생이발 빼운 중 / 김봉관 // 천지. – 1986,(6). – 88 – 89

24262 선인교 / 리진재 정리 // 장백산. – 1986,(6). – 132 – 133

24263 외도끝에 동태가 되다 / 리룡득 정리 // 도라지. – 1986,(6). – 53 – 55

24264 착한 두 형제 / 리군필 // 장백산. – 1986,(6). – 125 – 128

24265 태원의 세가지 보배 / 연민 // 천지. – 1986,(7). – 75 – 79

24266 강도를 감동시킨 두 형제 / 김영학 정리 // 은하수. – 1986,(8). – 17

24267 동강난 벼루돌 / 리영애 정리 // 천지. – 1986,(8). – 71 – 73

24268 사지동무 / 김창죽 정리 // 은하수. – 1986,(8). – 25

24269 량반의 후예 / 김수봉 정리 // 천지. – 1986,(9). – 61 – 64

24270 ≪남자도 수절할라니…≫ / 리룡득 수집정리 // 은하수. – 1986,(10). – 63 – 64

24271 가래질소리(외1수) / 리룡득 // 천지. – 1986,(11). – 94

24272 불두루미기 / 정해철 정리 // 은하수. – 1986,(11). – 55 – 57

24273 도끼산장 / 김재권 // 천지. – 1986,(12). – 66 – 68

24274 효성 / 장덕산 // 동북민병. – 1986,(12). – 47

24275 김진사의 이야기 / 송영애 // 은하수. – 1987,(1). – 31 – 33

24276 버릴수없는 녀인 / 정무선;장봉조 // 송화강. – 1987,(1). – 54 – 56

24277 장생불로하는 명약 / 리룡득 // 천지. – 1987,(1). – 86 – 87

24278 전해지지 못한 명약 / 리윤국 // 송화강. – 1987,(1). – 60

24279 경경일사 / 리종석 // 장백산. – 1987,(2). – 105

－109
24280 김서방과 리서방/강효삼//소년아동.－1987,(2).－62－68
24281 도깨비감투/차병걸 구술;림승환 정리//꽃동산.－1987,(2).－28－30
24282 말못할 량반/문학과 예술.－1987,(2).－59
24283 무성동자/리명순 구술;리룡득 정리//송화강.－1987,(2).－52－56
24284 소보다 미련한 정승의 아들/문학과 예술.－1987,(2).－87
24285 열쇠/김지용//소년아동.－1987,(2).－54
24286 우스운 이야기(7편)/량학수//송화강.－1987,(2).－63
24287 ≪토끼전≫의 출처//문학과 예술.－1987,(2).－48－50
24288 농부와 련꽃공주/최준//지부생활.－1987,(3).－61－63
24289 을파소의 명재판//문학과 예술.－1987,(3)60－64
24290 장승을 길들인 군수/김재권 정리//도라지.－1987,(3).－73－74
24291 접척궁 부채/차병걸 구술;림승환 정리//은하수.－1987,(3).－58－60
24292 지혜로운 꼬마법관/김중화 구술;김득희 정리//도라지.－1987,(3).－27
24293 천보산/향천//소년아동.－1987,(3).－80－85
24294 친자식보다 나은 양아들/영수 정리//장백산.－1987,(3).－108－110
24295 크게 놀고볼 일//도라지.－1987,(3).－45－49
24296 필가산에 이어진 천교/양문훈//천지.－1987,(3).－65－67
24297 귀가 먹지 않은 귀머거리/김운//송화강.－1987,(4).－27
24298 ≪바가지≫도적/리룡득//꽃동산.－1987,(4).－2－3
24299 박문수전//장백산.－1987,(4).－173－174
24300 보쌈에서 맺은 인연/박창묵 정리//천지.－1987,(4).－60－64
24301 새끼 세발/리광 정리//장백산.－1987,(4).－109－111
24302 생주정/김운//송화강.－1987,(4).－53
24303 세파속의 꽃철/리월순 구술;장봉조 정리//도라지.－1987,(4).－38－46
24304 우스운 이야기 한묶음//송화강.－1987,(4).－64
24305 육포의 시원/리룡득//문학과 예술.－1987,(4).－70－72
24306 왕거지/차병걸 구술;림승환 서종식 정리//송화강.－1987,(4).－62－63
24307 조째보 유째보/차병걸 구술;광일 종식 정리//은하수.－1987,(4).－38－39
24308 집지키는 두루미/류강도//연변녀성.－1987,(4).－12
24309 가산을 탕진한 만석군/박채봉 구술;조병조 정리//은하수.－1987,(5).－35－37
24310 머슴과 보물/림승환;한광일 정리//장백산.－1987,(5).－114－117
24311 복받은 외동이/소민//송화강.－1987,(5).－61－64
24312 복자의 래력/정평적 수집정리//천지.－1987,(5).－90－91
24313 원쑤갚은 오빠/최란//소년아동.－1987,(5).－72－75
24314 하루살이량반/서종식//송화강.－1987,(5).－45
24315 가재는 왜 돌밑에 사나?/리룡득//꽃동산.－1987,(6).－6－7
24316 곡하다도 웃을노릇/장봉조//송화강.－1987,(6).－39
24317 다욕한자 랑패보다/류한필 구술;리광수 정리//은하수.－1987,(6).－42－43
24318 선랑이의 기연/리종석 정리//장백산.－1987,(6).－125－132

24319 아둔한 사또 / 정치수 // 송화강. – 1987,(6). – 40

24320 알건달 ≪김봉익≫ / 조사남 구술;양문훈 정리 // 송화강. – 1987,(6). – 58 – 60

24321 죄는 지은데로 / 홍봉운 // 도라지. – 1987,(6). – 51 – 52

24322 친구사이 / 리명순 구술;리룡득 정리 // 송화강. – 1987,(6). – 57

24323 빰을 맞고 천거하다 / 리동수 구술;박승길 정리 // 은하수. – 1987,(7). – 53 – 55

24324 옥되리 / 최준 // 소년아동. – 1987,(7). – 85 – 91

24325 웃음주머니:반달 / 서재식 // 소년아동. – 1987,(7). – 96

24326 표적바위 / 향천 // 소년아동. – 1987,(7). – 39 – 43

24327 말 잘하는 리방의 실수 / 김재권 수집정리 // 천지. – 1987,(8). – 38 – 40

24328 봉황새와 불로초 / 리균필 // 천지. – 1987,(8). – 72

24329 흰련꽃무더기속의 붉은 련꽃 // 소년아동. – 1987,(8). – 49 – 52

24330 게사니배속에서 나온 구슬 / 송정환 // 소년아동. – 1987,(10). – 16 – 19

24331 김인향전 / 정순모 필사;강신근;림승환정리 // 은하수. – 1987,(10). – 41 – 47

24332 ≪명관≫의 재판 / 문희준 // 소년아동. – 1987,(10). – 88

24333 갸륵한 두 농부 / 김석률 구술;리룡득 정리 // 문학과 예술. – 1987,(11 – 12). – 81 – 83

24334 ≪피장파장이네라≫ / 리룡득 정리 // 은하수. – 1987,(11). – 5

24335 황송포 / 리룡득 // 소년아동. – 1987,(11). – 75 – 83

24336 원쑤를 장인으로 / 리룡득 정리 // 천지. – 1987,(12). – 59 – 64

24337 공박을 당한 큰사위 // 중국조선어문. – 1988,(1). – 19

24338 삼쾌사 / 김계한 구술;리룡득 정리 // 예술세계. – 1988,(1). – 78 – 80

24339 숯구이총각과 공주 / 일룡 구술;서종식 정리 // 송화강. – 1988,(1). – 59 – 62

24340 시골선비와 팥죽장사할미 / 황구연 구술;박창묵 정리 // 예술세계. – 1988,(1). – 35 – 38

24341 ≪십년공부 나무아미타불≫ / 김창죽 수집 // 은하수. – 1988,(1). – 49 – 50

24342 이상한 화살 / 주봉숙;장봉조 // 연변녀성. – 1988,(1). – 41 – 42

24343 잃었던 은반지 / 리로 // 도라지. – 1988,(1). – 46 – 57

24344 장백산 들쭉 / 신의순 구술;정해철 정리 // 예술세계. – 1988,(1). – 81

24345 판소리 / 김창봉 // 예술세계. – 1988,(1). – 93

24346 한 궁수의 연분 / 손창석 정리 // 천지. – 1988,(1). – 52 – 53

24347 해란강 / 김대섭 구술;김명한 정리 // 예술세계. – 1988,(1). – 41

24348 당나귀알 / 윤재윤 수집정리 // 장백산. – 1988,(2). – 125 – 129

24349 떡 한개 // 꽃동산. – 1988,(2). – 16 – 17

24350 류버벌이 / 정길운 정리 // 예술세계. – 1988,(2). – 38 – 39

24351 박과부와 백도적 / 리룡득 정리 // 장백산. – 1988,(2). – 119 – 124

24352 반리덕 / 양문훈 정리 // 천지. – 1988,(2). – 52 – 54

24353 베개산과 사랑늪 / 김충묵 수집정리 // 예술세계. – 1988,(2). – 96

24354 봉선화의 유래 / 리윤규 정리 // 예술세계. – 1988,(2). – 28 – 30

24355 상경룡천부 / 태병희 구술;강신극 정리 // 예술세계. – 1988,(2). – 85 – 86

24356 새털두루마기 / 진승기 // 은하수. – 1988,(2). – 51 – 53

24357 13릉우물에 깃든 이야기 / 리택홍 구술;리광 정리 // 예술세계. – 1988,(2). – 28 – 29

24358 오수나무/ 김례삼 정리// 예술세계. - 1988,(2). - 31
24359 자라바위/ 장영호 정리// 예술세계. - 1988,(2). - 77 - 78
24360 차돌이 / 한정춘 // 소년아동. - 1988,(2). - 37 - 43
24361 말못할 량반 // 중국조선어문. - 1988,(3). - 23
24362 빨간새와 파랑새 / 림성숙 구술;박기준 정리 // 도라지. - 1988,(3). - 62 - 66
24363 안해가 죽인 ≪손님≫ / 리룡득 정리 // 송화강. - 1988,(3). - 59 - 60
24364 일곱째며느리 / 리성태 수집정리 // 장백산. - 1988,(3). - 122 - 126
24365 임금을 놀려준 목동 / 김일파 // 소년아동. - 1988,(3). - 101 - 103
24366 재치있게 통치배를 조소 / 리룡득 수집정리 // 중국조선어문. - 1988,(3). - 28 - 29
24367 한 은사의 위국충심 / 장봉조 정리 // 송화강. - 1988,(3). - 61 - 62
24368 관일폭포 / 천룡 // 소년아동. - 1988,(4). - 32 - 36
24369 김효진이 대리장가를 가다 / 리송죽 구술;리태관 정리 // 도라지. - 1988,(4). - 64 - 65
24370 누구의 갓난애기일가요? // 꽃동산. - 1988,(4). - 32
24371 돌이의 심부름 / 영성 // 소년아동. - 1988,(4). - 65
24372 뛰여난 효자 / 황섭 // 소년아동. - 1988,(4). - 54 - 58
24373 룡산에 깃든 전설 / 김광석 // 중국조선어문. - 1988,(4). - 41 - 42
24374 막동이장군 / 림호 // 꽃동산. - 1988,(4). - 23 - 25
24375 못이 천개 박힌 신/ 복흥// 꽃동산. - 1988,(4). - 16 - 17
24376 민담 3편 / 조보명 정리 // 천지. - 1988,(4). - 63 - 64
24377 봉이 김선달:봉이 김선달의 래력 // 중국조선어문. - 1988,(4). - 61 - 64
24378 슬기로운 오텅 / 양덕신 // 소년아동. - 1988,(4). - 59 - 63
24379 암행어사를 쫓은 이야기 / 설송 수집 // 은하수. - 1988,(4). - 29 - 32
24380 괴사 / 김근환 정리 // 장백산. - 1988,(5). - 106 - 110
24381 김부자네 셋째며느리 / 방건국 // 중국조선어문. - 1988,(5). - 39
24382 도라지 / 리용준 // 문학과 예술. - 1988,(5). - 19
24383 벙어리장갑 / 동소 // 소년아동. - 1988,(5). - 83
24384 봉이 김선달:족집게 도사 // 중국조선어문. - 1988,(5). - 62 - 64
24385 신비로운 검정박달나무함 / 최준 // 소년아동. - 1988,(5). - 57 - 65
24386 신선피리 / 김성옥 // 꽃동산. - 1988,(5). - 22 - 23
24387 회과 / 황백하 // 도라지. - 1988,(5). - 59 - 65
24388 경상도 문둥이/ 장철 수집// 송화강. - 1988,(6). - 64
24389 곰보안해를 얻은 정승 / 리영자 구술;림설령 정리 // 은하수. - 1988,(6). - 19 - 22
24390 구석편과 룡녀/ 박창묵 정리// 천지. - 1988,(6). - 67 - 68
24391 꾀많은 아이 // 꽃동산. - 1988,(6). - 16 - 18
24392 봉이 김선달:꽃놀이// 중국조선어문. - 1988,(6). - 60 - 64
24393 알건달 ≪김봉익≫ / 조사남 구술;양문훈 정리 // 송화강. - 1988,(6). - 58 - 60
24394 왕자의 글공부 // 꽃동산. - 1988,(6). - 29 - 31
24395 조선민족의 전설에 관하여 / 김금자 // 장백산. - 1988,(6). - 173 - 176
24396 조 한이삭 // 은하수. - 1988,(7). - 62 - 64
24397 지성이면 감천/ 리룡득 정리// 천지. - 1988,(7). - 62 - 64

24398 패가망신한 좌수 / 리영달 구술;안승일 정리 // 은하수. − 1988,(8). − 20 − 21
24399 락방거지 / 지영 // 은하수. − 1988,(9). − 9 − 16
24400 량반의 말 // 소년아동. − 1988,(10). − 102
24401 불사초 / 최준 // 소년아동. − 1988,(10). − 60 − 65
24402 죽마고우 / 김창죽 수집정리 // 은하수. − 1988,(10). − 32 − 37
24403 묵은 장꿩과 작은 매 / 리성비 // 소년아동. − 1988,(11). − 69 − 72
24404 옥천의 구슬 // 은하수. − 1988,(11). − 45 − 47
24405 화석정 / 박창묵 // 천지. − 1988,(11). − 64
24406 량미간을 찌프리면 꾀가 나온다 // 소년아동. − 1988,(12). − 57
24407 경상감사 고유의 출세담 / 리창화 구술;리영우 정리 // 도라지. − 1989,(1). − 45 − 48
24408 금마하의 전설 / 박기준 정리 // 예술세계. − 1989,(1). − 52 − 53
24409 룡문 / 전성호 구술;림승환 정리 // 예술세계. − 1989,(1). − 36 − 37
24410 박문수가 중매를 서다 / 리룡득 수집 // 은하수. − 1989,(1). − 44 − 47
24411 서당훈장의 곶감 / 김길선 구술;김례삼 정리 // 소년아동. − 1989,(1). − 78 − 82
24412 천지 / 남영전 정리 // 예술세계. − 1989,(1). − 56 − 57
24413 토끼전 / 장수철 // 소년아동. − 1989,(1). − 31 − 44
24414 귀신을 잡은 이야기 / 신성단 구술;리영애 정리 // 예술세계. − 1989,(2). − 64 − 66
24415 다시 이은 글귀 / 리달윤 구술;장봉조 정리 // 도라지. − 1989,(2). − 39 − 42
24416 백두공 / 김상보 구술;김세영 정리 // 예술세계. − 1989,(2). − 62 − 64
24417 시골 덜먹총각과 서울 미인 / 김현섭 정리 // 문학과 예술. − 1989.(2). − 71 − 74
24418 장기의 유래 // 동북후비군. − 1989,(2). − 12
24419 천생배필 / 길운 정리 // 예술세계. − 1989,(2). − 34 − 36
24420 총명한 풍운의 안해 / 림환 // 은하수. − 1989,(2). − 17 − 21
24421 태평가옥 / 전록식 구술;서종식 정리 // 송화강. − 1989,(2). − 59 − 60
24422 힘센 총각 / 길운 정리 // 예술세계. − 1989,(2). − 32 − 33
24423 계란에도 뼈가 있다 / 중국조선어문. − 1989,(3). − 58 − 59
24424 고쳐진 편액 / 리룡득 정리 / 중국조선어문. − 1989,(3). − 26
24425 독교바위 / 리창인 정리 // 장백산. − 1989,(3). − 88 − 89
24426 두벌 벗긴 범가죽 // 은하수. − 1989,(3). − 49 − 52
24427 삼동서 / 김수룡 정리 // 송화강. − 1989,(3). − 51 − 52
24428 양자로 된 최서방 / 리룡득 정리 // 송화강. − 1989,(3). − 54 − 55
24429 어부와 룡녀 / 최준 // 소년아동. − 1989,(3). − 103 − 106
24430 한 농부의 회심 / 강기태 구술;장봉조 정리 // 송화강. − 1989,(3). − 53
24431 구지봉전설 // 은하수. − 1989,(4). − 38 − 41
24432 말문이 막힌 서당선생님 // 중국조선어문. − 1989,(4). − 20
24433 봉이 김선달:대동강 매매계약(1) // 중국조선어문. − 1989,(4). − 61 − 64
24434 어머니와 아들 // 소년아동. − 1989,(4). − 42
24435 은혜갚은 두꺼비 / 김룡운 // 소년아동. − 1989,(4). − 108 − 111
24436 장사 잘하는 사위 // 은하수. − 1989,(4). − 36 − 37
24437 참새는 작아도 일만 잘한다 / 리룡득 // 중국조선어문. − 1989,(4). − 60
24438 코끼리와 씨앗 / 최분자 // 중국조선어문. − 1989,(4). − 37 − 38

24439 한 석경시에 담긴 일화 / 장봉조 정리 // 송화강. – 1989,(4). – 61
24440 강강수월래 // 중국조선어문. – 1989,(5). – 52
24441 밀양부사 / 최인관 구술;손창석 정리 // 송화강. – 1989,(5). – 61 – 64
24442 수염이 대자라도 먹어야 량반 // 중국조선어문. – 1989,(5). – 55
24443 천지 / 리천록;최룡관 수집정리 // 장백산. – 1989,(5). – 79 – 80
24444 견우와 직녀 // 소년아동. – 1989,(6). – 84 – 88
24445 금동이 이야기 / 차병걸 구술;림설령 정리 // 은하수. – 1989,(6). – 47 – 48
24446 꿈은 해리할 탓 / 리룡득 정리 // 장백산. – 1989,(6). – 115 – 116
24447 봇나무와 만병초 / 리천록;최룡관 수집정리 // 장백산. – 1989,(6). – 107 – 109
24448 봉이 김선달:내 보따리 내놓아요 // 중국조선어문. – 1989,(6). – 60 – 63
24449 비렁뱅이로 된 김대감의 손자 / 황섭 // 소년아동. – 1989,(6). – 54 – 60
24450 임금님 귀는 당나귀귀 // 소년아동. – 1989,(6). – 29 – 33
24451 점쟁이 아닌 점쟁이 / 리룡득 정리 // 도라지. – 1989,(6). – 52 – 55
24452 꼴망태속에서 죽은 게으름뱅이 / 전영하 구술;김길자 정리 // 소년아동. – 1989,(7). – 16 – 19
24453 신기한 피리 / 양덕신 // 소년아동. – 1989,(7). – 52 – 56
24454 월견화 / 정해철 // 소년아동. – 1989,(7). – 39 – 44
24455 하늘 공주 옥녀 / 리일 정리 // 은하수. – 1989,(7). – 25 – 28
24456 덤비는 두 사나이 / 한정영 // 소년아동. – 1989,(8). – 111
24457 롱을 잘하는 임금 / 박창묵 정리 // 천지. – 1989,(8). – 65 – 66
24458 백만원짜리 말 / 김용준 // 소년아동. – 1989,(8). – 91
24459 화가와 새 / 기화 // 소년아동. – 1989,(8). – 93 – 107
24460 도적을 잡은 이야기 / 리룡득 // 소년아동. – 1989,(9). – 27 – 30
24461 록족부인 / 선화 // 연변녀성. – 1989,(9). – 15 – 16
24462 부귀영화는 일장춘몽 / 정종수 구술;장봉조 정리 // 은하수. – 1989,(9). – 40 – 42
24463 북두칠성이 된 형제들 // 소년아동. – 1989,(9). – 107 – 108
24464 기생의 유혹을 물리친 유혹 / 리룡득 정리 // 천지. – 1989,(10). – 68 – 69
24465 늙은 농부와 린색한 부자 / 고애숙 구술;서종식 정리 // 은하수. – 1989,(10). – 43 – 44
24466 아들을 새집 팔게 한 황정승 / 리룡득 // 지부생활. – 1989,(11). – 24
24467 어벌이와 안해 / 주영준 구술;김수봉 정리 // 은하수. – 1989,(11). – 10 – 13
24468 은혜갚은 까치 // 소년아동. – 1989,(11). – 68 – 72
24469 울로초의 전설 / 리영한 정리 // 은하수. – 1989,(12). – 53 – 54
24470 룡두바위와 호두바위 / 정해철 정리 // 예술세계. – 1990,(1). – 23
24471 룡정전설 / 김태갑 정리 // 예술세계. – 1990,(1). – 21 – 22
24472 말이란 아해 다르고 어해 다르다 / 리룡득 // 중국조선어문. – 1990,(1). – 58
24473 백두폭포 / 리천록;최룡관 // 장백산. – 1990,(1). – 126 – 129
24474 은혜갚은 간부 / 최원식 구술;리룡득 정리 // 송화강. – 1990,(1). – 53 – 58
24475 죽마고우 / 현명운 수집 // 은하수. – 1990,(1). – 38 – 40
24476 해당화 / 리룡득 // 도라지. – 1990,(1). – 43 – 46
24477 ≪귀머거리≫시형 / 오정애 구술;오경희 정

리 // 송화강. – 1990,(2). – 61

24478 룡두산의 전설 / 박기준 정리 // 예술세계. – 1990,(2). – 63 – 64

24479 사냥군과 그의 안해 / 렴성련 수집 // 은하수. – 1990,(2). – 60 – 62

24480 키 작은 며느리 / 구운촌 정리 // 송화강. – 1990,(2). – 51

24481 골탕먹은 서울량반 / 조영규 정리 // 예술세계. – 1990,(3). – 23 – 24

24482 내두산과 칠성봉 / 리천록;최룡관 // 장백산. – 1990,(3). – 117 – 119

24483 두 친구 / 강윤교 구술;손창석 정리 // 송화강. – 1990,(3). – 59 – 60

24484 땅문서를 불사른 재상 / 리룡득 정리 // 송화강. – 1990,(3). – 57 – 58

24485 림씨어머니 / 방채옥 정리 // 예술세계. – 1990,(3). – 21 – 22

24486 뾰로통해진 돌쇠 / 장한충 // 꽃동산. – 1990,(3). – 9

24487 사랑에서의 유모아의 힘 / 리원근 // 연변녀성. – 1990,(3). – 19

24488 어릴적부터 머리를 쓴 강정승 / 리룡득 // 소년아동. – 1990,(3). – 64 – 67

24489 이도백하 / 리룡득 정리 // 예술세계. – 1990,(3). – 24 – 25

24490 인삼과 홍송 / 강윤교 구술;손창식 정리 // 도라지. – 1990,(3). – 59 – 62

24491 전화위복 / 최문혁 정리 // 은하수. – 1990,(3). – 57 – 61

24492 치마굽이 / 김영남 정리 // 예술세계. – 1990,(3). – 58 – 59

24493 할머니 덕분에 장원급제한 장영원 / 김재권 정리 // 예술세계. – 1990,(3). – 17 – 21

24494 해님과 달님 / 리수 // 소년아동. – 1990,(3). – 78 – 83

24495 개를 나눈 두 형제 // 꽃동산. – 1990,(4). – 19

24496 되잃은 금종 / 김길자 // 소년아동. – 1990,(4). – 38 – 42

24497 봉이 김선달:장님 혼내준 이야기 // 중국조선어문. – 1990,(4). – 59 – 62

24498 외동이와 김정승의 셋째딸 / 김창만 수집 // 은하수. – 1990,(4). – 30 – 32

24499 천지속의 룡궁 / 리천록;최룡관 // 장백산. – 1990,(4). – 85 – 88

24500 초산군수 / 박기준 정리 // 장백산. – 1990,(4). – 88 – 97

24501 퉁소의 유래:외2편 / 박봉만 구술;김길자 정리 // 예술세계. – 1990,(4). – 55 – 57

24502 호랑이장군과 시골아이 / 전파 // 꽃동산. – 1990,(4). – 29

24503 경박호 / 김용식 // 민족단결. – 1990,(5). – 61 – 64

24504 남잡이가 제잡이 // 소년아동. – 1990,(5). – 112

24505 다시 찾은 혈육 / 김재호 구술;장봉조 정리 // 송화강. – 1990,(5). – 57 – 61

24506 망부석 / 리천록;최룡관 // 장백산. – 1990,(5). – 107 – 108

24507 봉이 김선달:돈이 얼마나 필요하니? // 중국조선어문. – 1990,(5). – 60 – 64

24508 부처를 짓부셔버린 스님 / 리룡득 정리 // 천지. – 1990,(5). – 67 – 68

24509 열두가지 띠중에 왜 고양이띠가 없는가? / 초학 정리 // 송화강. – 1990,(5). – 53

24510 왕자의 모험 / 전경화 구술;전경업 정리 // 은하수. – 1990,(5). – 57 – 59

24511 뜻밖의 재난 // 소년아동. – 1990,(6). – 78

24512 룡정의 전설 / 김태갑 // 민족단결. – 1990,(6). – 65 – 67

24513 마음씨 어진 두 선비 / 장철 정리 // 송화강. – 1990,(6). – 57 – 58

24514 세기안:외1편 / 김창수 정리 // 송화강. – 1990,(6). – 54 – 56

24515 오곡밥의 전설 / 강윤교 구술;손창석 정리 // 은하수. – 1990,(6). – 58 – 59

24516 웃음주머니:누가 계걸쟁인가? // 소년아동. − 1990,(6). − 110

24517 인삼과 꽃사슴 / 리천록;최룡관 정리 // 장백산. − 1990,(6). − 89 − 92

24518 임금의 후한 상을 받은 백성들 / 리룡득 정리 // 장백산. − 1990,(6). − 84 − 89

24519 총명한 군수 / 설음 정리 // 송화강. − 1990,(6). − 59 − 60

24520 형제바위 / 원룡운 // 소년아동. − 1990,(6). − 70 − 77

24521 회룡봉 / 한정춘 // 소년아동. − 1990,(6). − 111 − 115

24522 문둥병에 걸린 공주 / 김을병 정리 // 은하수. − 1990,(7). − 46 − 50

24523 발해 고왕 대조영 / 기로삼 구술;림승환 정리 // 은하수. − 1990,(8). − 35 − 37

24524 불개 / 리호순 // 소년아동. − 1990,(8). − 51 − 54

24525 짐을 이게 된 유래 / 방건국 // 연변녀성. − 1990,(8). − 59

24526 보배부채 / 백광진 // 은하수. − 1990,(9). − 50 − 53

24527 흥부와 놀부 / 김봉호 // 소년아동. − 1990,(9). − 41 − 54

24528 꾀많은 토끼 / 김옥선 정리;차병걸 구술 // 은하수. − 1990,(10). − 54 − 55

24529 술 한동이와 엽전 한푼 // 소년아동. − 1990,(10). − 116 − 117

24530 시누이를 시집 보내다 / 김재권 정리 // 천지. − 1990,(10). − 43 − 46

24531 황보황의 이야기 / 김길자 // 소년아동. − 1990,(10). − 84 − 89

24532 봉황황후 / 박준범 // 소년아동. − 1990,(11). − 74 − 79

24533 어느것이 더 귀중한가? // 은하수. − 1990,(11). − 63

24534 금덩이와 효성 / 박창묵 정리 // 은하수. − 1990,(12). − 51 − 52

I28 아 동문학

24535 늙은 승냥이와 야장 / 왕추 그림; 근령 편 // 소년아동. − 1954,(3). − 22 − 24

24536 만연필 / 장항용 저; 윤정석 역 // 소년아동. − 1954,(3). − 33

24537 우리 집 황소 / 김현만 // 소년아동. − 1954,(3). − 18

24538 왕사결의 2점 / 윤걸 // 소년아동. − 1954,(3). − 27 − 28

24539 광명한 길 / 하돈화 말; 주패곤 저 // 소년아동. − 1954,(4). − 1 − 2

24540 나는 커서 건설기사가 되겠다 / 허주원 // 소년아동. − 1954,(4). − 24

24541 로어사전 // 소년아동. − 1954,(4). − 22 − 23

24542 시간과 경쟁한다 / 완범 // 소년아동. − 1954,(4). − 17 − 19

24543 시계 / 박응호 // 소년아동. − 1954,(4). − 10 − 11

24544 장난꾸러기 야니크 // 소년아동. − 1954,(4). − 19

24545 까치와 여우 // 소년아동. − 1954,(5). − 32 − 33

24546 나는 크거들랑 / 류수화 // 소년아동. − 1954,(5). − 8

24547 내가 기른 양배추 / 리옥정 // 소년아동. − 1954,(5). − 20 − 21

24548 동무 / 윤정석 // 소년아동. − 1954,(5). − 28 − 31

24549 상학 때와 하학 때 // 소년아동. − 1954,(5). − 15

24550 위대한 리상 / 오효균 // 소년아동. − 1954,(5). − 16

24551 꼬마흰토끼 // 소년아동. − 1954,(6). − 20 − 22

24552 누구에게든지 한가지 희망이 있다 / 남춘우 // 소년아동. − 1954,(6). − 30 − 33

24553 민들레 씨 / 최형동 // 소년아동. − 1954,(6). − 8

24554 용감한 소년가수 / 하위 // 소년아동. − 1954,(6). − 12 − 13

24555 흑판 지우개 / 리분 // 소년아동. − 1954,(6). − 14 − 15

24556 공산당은 우리의 어머니 / 최형동 // 소년아동. – 1954,(7). – 1
24557 뻐꾹새 / 로풍 글; 하중달 그림 // 소년아동. – 1954,(7). – 21 – 23
24558 앞날의 꽃동산을 꾸리자 / 애로 저; 윤정석 역 // 소년아동. – 1954,(7). – 8 – 9
24559 자전거와 산술 / 강산야 저; 대민 역 // 소년아동. – 1954,(7). – 25 – 27
24560 나의 동생 / 허정희 // 소년아동. – 1954,(8). – 21
24561 나의 비행기 / 한생 // 소년아동. – 1954,(8). – 22
24562 미희네 삼형제 / 최금란 // 소년아동. – 1954,(8). – 12 – 15
24563 벽돌 박사 / 천일 // 소년아동. – 1954,(8). – 16 – 17
24564 영웅 땅크 / 리행복 // 소년아동. – 1954,(8). – 4
24565 성실한 소년 / 조영모 // 소년아동. – 1954,(9). – 23 – 25
24566 시냇물 / 현명식 // 소년아동. – 1954,(9). – 22
24567 졸업식 날 / 장희 // 소년아동. – 1954,(9). – 31 – 33
24568 종자의 려행 / 선청한 // 소년아동. – 1954,(9). – 20 – 21
24569 나무 / 리늑춘 // 소년아동. – 1954,(10). – 32
24570 나의 기쁨 / 방근철 // 소년아동. – 1954,(10). – 22 – 23
24571 나의 일기장 / 허정희 // 소년아동. – 1954,(10). – 28
24572 모주석 초상 / 백화 저; 최형동 역 // 소년아동. – 1954,(10). – 33 – 35
24573 모주석께 밥을 지여드렸다 // 소년아동. – 1954,(10). – 15 – 17
24574 초가을 / 창원 // 소년아동. – 1954,(10). – 27 – 28
24575 신춘문예 작품모집 // 소년아동. – 1954,(11). – 30 – 33
24576 쏟아진 잉크 / 박진옥 // 소년아동. – 1954,(11) – 21 – 22
24577 우리의 노래 / 임효원 // 소년아동. – 1954,(11). – 5
24578 재축돌이와 뻔뻔돌이 / 홍림 // 소년아동. – 1954,(11). – 6 – 7
24579 하얀 사기알 / 김학철 // 소년아동. – 1954,(11). – 23 – 26
24580 눈 할아버지의 려행기 / 홍림 // 소년아동. – 1954,(12). – 28 – 30
24581 라마와 목수 / 느·홋자 // 소년아동. – 1954,(12). – 18 – 20
24582 서리와 싸워 이긴 날 밤 / 송룡섭 // 소년아동. – 1954,(12). – 25 – 26
24583 시험 // 소년아동. – 1954,(12). – 21 – 22
24584 꼬마 해방군 // 소년아동. – 1955,(7). – 20
24585 량식의 가치 // 소년아동. – 1955,(7). – 22
24586 림진남과 위쨔 / 림강 // 소년아동. – 1955,(7). – 9 – 10
24587 모래알 하나 // 소년아동. – 1955,(7). – 6
24588 아침 / 전성균 // 소년아동. – 1955,(7). – 13
24589 영광스러운 소식 // 소년아동. – 1955,(7). – 14
24590 우리 교재원은 자라고 자란다 / 오명옥 // 소년아동. – 1955,(7). – 12
24591 우리 중대의 여름방학 활동계획 // 소년아동. – 1955,(7). – 3
24592 우수상을 받고 // 소년아동. – 1955,(7). – 14
24593 재주있는 솜씨들 / 윤 // 소년아동. – 1955,(7). – 19
24594 적을 보고 창을 간다 / 화군무 // 소년아동. – 1955,(7). – 11 – 12
24595 정혜 동무와 해바라기 / 강두관 // 소년아동. – 1955,(7). – 11 – 12
24596 조국의 꽃봉오리 // 소년아동. – 1955,(7). – 15 – 16
24597 지구에서 화성으로 / 정문광 // 소년아동. – 1955,(7). – 17 – 18

24598 고무줄모타가 달린 배만들기 // 소년아동. − 1955,(8). − 18

24599 나는 대만해방하려 가련다 // 소년아동. − 1955,(8). − 19 − 20

24600 나는 이렇게 선전했어요 / 주청산 // 소년아동. − 1955,(8). − 22

24601 닭과 쥐 // 소년아동. − 1955,(8). − 15 − 16

24602 동무 / 김승길 // 소년아동. − 1955,(8). − 7

24603 량식을 절약하고 랑비를 반대하자! // 소년아동. − 1955,(8). − 14

24604 할아버지와 손녀 / 박걸 // 소년아동. − 1955,(8). − 8

24605 해바라기는 커가요. / 리종률 // 소년아동. − 1955,(8). − 20

24606 호지명 대통령의 편지 // 소년아동. − 1955,(8). − 3

24607 떨어질수 없는 동무 // 소년아동. − 1955,(9). − 19 − 20

24608 베짱이와 지렁이 / 소문 // 소년아동. − 1955,(9). − 22

24609 학문이 있는 사람과 총명한 친구 / 조련생 역편; 정십발 작도 // 소년아동. − 1955,(9). − 15 − 16

24610 새들의 합창단 / 화묘 // 소년아동. − 1955,(10). − 18 − 19

24611 숙제 / 윤광주; 심해수 // 연변문예. − 1955,(10). − 17 − 20

24612 영원히 모주석의 좋은 어린이로 되겠습니다 // 소년아동. − 1955,(10). − 9

24613 유격대원의 아들 // 소년아동. − 1955,(10). − 15 − 16

24614 조국의 아름다운 건설을 위해 / 라전신 // 소년아동. − 1955,(10). − 3 − 4

24615 사탕 고양이 / 종자망 // 소년아동. − 1955,(11). − 17 − 18

24616 새끼 청어가 황하에서 // 소년아동. − 1955,(11). − 9 − 10

24617 손에 손잡고 // 소년아동. − 1955,(11). − 22

24618 조국에 대한 례물 // 소년아동. − 1955,(11). − 14

24619 조야는 사람들의 맘속에 살아있다 // 소년아동. − 1955,(11). − 15 − 16

24620 커다란 임무 // 소년아동. − 1955,(11). − 8

24621 형님들의 도움을 받고 / 석 // 소년아동. − 1955,(11). − 13

24622 벽보는 웨친다 // 소년아동. − 1955,(12). − 14

24623 세 동갑 / 도해성 // 소년아동. − 1955,(12). − 9 − 10

24624 시험 전과 후(만화) // 소년아동. − 1955,(12). − 18

24625 영식동무의 기쁨 / 김종만 // 소년아동. − 1955,(12). − 22

24626 용감한 정신을 배양 // 소년아동. − 1955,(12). − 19 − 20

24627 저놈을 잡아라!(련환화) // 소년아동. − 1955,(12). − 11 − 13

24628 지나온 한해 / 서현 // 소년아동. − 1955,(12). − 5 − 6

24629 코가 말할수 있다면 // 소년아동. − 1955,(12). − 21

24630 걸상 / 김동진 // 연변문예. − 1956,(2). − 32 − 33

24631 걸상 / 김동진 // 연변문예. − 1956,(6). − 32 − 33

24632 누가 한 일인가 / 리동혁 // 연변문예. − 1956,(6). − 22 − 24

24633 두 아이 / 주선우 // 연변문예. − 1956,(6). − 34

24634 약점 진공 / 이도 // 연변문예. − 1956,(6). − 38 − 45

24635 유치원의 하루 / 한천금 // 연변문예. − 1956,(6). − 35 − 37

24636 해바라기 / 최형동 // 연변문예. − 1956,(6). − 26 − 33

24637 봄노래 / 배선도 // 연변문예. − 1956,(8). − 34

24638 시험 / 최형동 // 연변문예. － 1956,(11). － 11 － 18
24639 병수의 뉘우침 / 렴광현 // 아리랑. － 1957,(1). － 27 － 30
24640 마음은 날아날아 / 리행복 // 아리랑. － 1957,(2). － 27
24641 나팔꽃 / 윤정석 // 아리랑. － 1957,(3). － 31
24642 잎배 / 아기별 // 아리랑. － 1957,(3). － 31
24643 고추 가루:아동 혁명단 이야기 / 성귀석 // 아리랑. － 1957,(6). － 30 － 32
24644 꽃리봉 / 김정순 // 아리랑. － 1957,(6). － 43
24645 꿀벌 / 채택룡 // 아리랑. － 1957,(6). － 16 － 19
24646 나무 한그루 심어 놓고 / 리행복 // 아리랑. － 1957,(6). － 27
24647 내 고향의 자랑:고소 졸업생들에게 / 서헌 // 아리랑. － 1957,(6). － 25
24648 딱친구 / 채택룡 // 아리랑. － 1957,(6). － 26 － 27
24649 락수물 음악회(외1수) / 김례삼 // 아리랑. － 1957,(6). － 28
24650 런닝그 / 박영철 // 아리랑. － 1957,(6). － 12 － 15
24651 봄나비 / 리범주 // 아리랑. － 1957,(6). － 25
24652 봄처녀와 눈할아버지 / 金近 // 아리랑. － 1957,(6). － 29
24653 샘물 / 배영수 // 아리랑. － 1957,(6). － 19
24654 소고수 / 윤정석 // 아리랑. － 1957,(6). － 33 － 39
24655 어머니의 마음 / 크・안데르센 // 아리랑. － 1957,(6). － 20 － 23
24656 옛 동요 / 김철 등 // 아리랑. － 1957,(6). － 15
24657 옥수수 두 이삭 / 蘭秀峰 // 아리랑. － 1957,(6). － 9 － 11
24658 지각 / 최형동 // 아리랑. － 1957,(6). － 6 － 8
24659 천안문 / 임효원 // 아리랑. － 1957,(6). － 28
24660 행복의 요람 / 최현숙 // 아리랑. － 1957,(6). － 3 － 5
24661 꽃웃음 / 김해룡 // 아리랑. － 1957,(7). － 35
24662 발표치 않은 성적 / 심해수 // 아리랑. － 1957,(8). － 24 － 26
24663 날아 온 편지 / 윤정석 // 아리랑. － 1958,(5). － 7 － 9
24664 정다운 남매 / 서보옥 // 아리랑. － 1958,(5). － 40 － 42
24665 중요한 일과 / 윤정석 // 연변문학. － 1959,(3). － 23 － 24
24666 해바라기 밭 / 윤정석 // 연변문학. － 1959,(6). － 20 － 22
24667 무인 문구점 / 오찬근 // 연변문학. － 1959,(7). － 30 － 33
24668 잊을 수 없는 이야기(동시 3수) / 리행복 // 연변문학. － 1959,(8). － 33
24669 인민 공사 만세(동시 7수) / 리행복 // 연변문학. － 1959,(10). － 40
24670 마음 속의 이야기 / 김덕순 // 연변. － 1965,(7). － 42 － 43
24671 ≪휴－즈≫에서 받은 계시 / 김성덕 // 연변. － 1965,(7). － 43
24672 비료광주리 / 김영남 // 연변문예. － 1975,(4). － 39 － 44
24673 순철이와≪나비코≫ / 정세봉 // 연변문예. － 1977,(6). － 38 － 42
24674 고슴도치도 제털이 보드랍다고한다 / 김운택 // 연변문예. － 1978,(1). － 25
24675 딱친구 / 김근 // 연변문예. － 1978,(6). － 6 － 9
24676 금빛꿀벌 / 조룡남 // 소년아동. － 1980,(1). － 58
24677 낚시줄을 늘이여 / 엽영렬 // 소년아동. － 1980,(1). － 42 － 53
24678 ≪놀란말≫을 쫓아서 / 류원무 // 소년아동. － 1980,(1). － 6 － 16
24679 렬차야 달려라, 아버지 싣고 / 김욱 // 소년아동. － 1980,(1). － 37 － 39
24680 물고기 형제 / 리성동 정리 // 장백산. － 1980,(1). － 168 － 169
24681 불꽃 // 소년아동. － 1980,(1). － 21
24682 새해의 인사 / 김파 // 소년아동. － 1980,(1). － 3 － 5

24683 소년영웅들을 따라 배우자 / 고병춘 // 소년아동. – 1980,(1). – 20 – 24
24684 신비로운 붓 / 홍신도 // 소년아동. – 1980,(1). – 27 – 36
24685 재미있는 책들 / 장지범 // 소년아동. – 1980,(1). – 19
24686 나는 왜 엄마가 둘인가? / 정생 // 대중과학. – 1980,(2). – 42
24687 바드민톤과 나 // 연변교육. – 1980,(2). – 64
24688 배움에 대한 세가지 비유 // 소년아동. – 1980,(2). – 61
24689 서점의 누나 / 김문 // 소년아동. – 1980,(2). – 58
24690 어느새에 // 소년아동. – 1980,(2). – 55
24691 우리는 꼬마기상대원 / 박룡석 // 소년아동. – 1980,(2). – 59
24692 정직한 소년 // 소년아동. – 1980,(2). – 20 – 22
24693 키다리 원숭이의 교훈 / 리영철 // 소년아동. – 1980,(2). – 48 – 54
24694 곰형과 토끼동생 / 정덕교 // 소년아동. – 1980,(3). – 16 – 17
24695 누가 제일 기뻐할가요? / 최문섭 // 소년아동. – 1980,(3). – 14 – 15
24696 누가 총명한가? // 소년아동. – 1980,(3). – 25 – 28
24697 먼지 / 최석동 // 소년아동. – 1980,(3). – 19 – 24
24698 3등이 꼴등 / 정치수 // 소년아동. – 1980,(3). – 61
24699 ≪손에 익었을뿐이요!≫ // 소년아동. – 1980,(3). – 49 – 50
24700 숲이여 무성하라 / 리행복 // 소년아동. – 1980,(3). – 29 – 31
24701 아동단원 방아타령 / 한석윤 // 소년아동. – 1980,(3). – 3
24702 지혜로운 오누이 / 리선호 // 소년아동. – 1980,(3). – 51 – 60
24703 풍년눈 / 박상철 // 소년아동. – 1980,(3). – 43
24704 남잡이가 제잡이 / 정치수 // 소년아동. – 1980,(4). – 18 – 20
24705 단문짓기 하자야 / 김동호 // 소년아동. – 1980,(4). – 10 – 11
24706 신비한 옷 / 엽영렬 // 소년아동. – 1980,(4). – 50 – 61
24707 우리 학교 흑판보 / 박덕준 // 소년아동. – 1980,(4). – 26
24708 원 생김새가 제일이야 // 소년아동. – 1980,(4). – 28 – 35
24709 후대들의 웃음거리가 될가봐 // 소년아동. – 1980,(4). – 27
24710 꽃을 심자야 / 김문회 // 소년아동. – 1980,(5). – 15
24711 동무를 사귀려는 반디 / 손유군 // 소년아동. – 1980,(5). – 6 – 7
24712 두호와 참새 / 김엽 // 소년아동. – 1980,(5). – 22 – 29
24713 신어 // 소년아동. – 1980,(5). – 39
24714 파리 / 최석동 // 소년아동. – 1980,(5). – 35 – 38
24715 개구리들이 띄운 긴급편지 / 장지민 // 소년아동. – 1980,(6). – 57 – 61
24716 꽃향기 싣고 뻐스 달리죠 / 윤창환 // 소년아동. – 1980,(6). – 39
24717 누구를 상좌에 모셔야 하는가 // 소년아동. – 1980,(6). – 32
24718 물의 려행 / 류충걸 // 소년아동. – 1980,(6). – 18 – 21
24719 미래의 농장 // 소년아동. – 1980,(6). – 34 – 38
24720 밤노을 / 리임원 // 소년아동. – 1980,(6). – 17
24721 새로 사귄 동무 / 강길 // 소년아동. – 1980,(6). – 6 – 17
24722 에네르기의 원천 // 소년아동. – 1980,(6). – 53
24723 괴상한 안경 / 엽영렬 // 소년아동. – 1980,(7). – 30 – 32
24724 까마귀는 또 꾀임에 들었다 / 강계재 // 소년아동. – 1980,(7). – 17 – 21

24725 나무잎과 그늘/ 리화숙// 소년아동. − 1980,(7). − 59 − 60
24726 달밤에/ 전춘식// 소년아동. − 1980,(7). − 33
24727 등산운동/ 리주표// 소년아동. − 1980,(7). − 16
24728 살구꽃 웃어요/ 김수복// 소년아동. − 1980,(7). − 8
24729 새로 이사온 집 아이/ 김창규/ 소년아동. − 1980,(7). − 50 − 58
24730 잊을수 없는 선생님/ 지송철// 소년아동. − 1980,(7). − 34 − 37
24731 꽃은 왜 아름다운가/ 한승악// 대중과학. − 1980,(8). − 44 − 46
24732 나팔꽃/ 박덕준// 소년아동. − 1980,(8). − 10
24733 방학하던 날/ 리원길// 소년아동. − 1980,(8). − 19 − 25
24734 배에 대한 이야기/ 위백상 글; 방옥부 그림// 소년아동. − 1980,(8). − 53 − 55
24735 살아있는 황계광식영웅/ 양신민 글; 서복화 그림// 소년아동. − 1980,(8). − 12 − 18
24736 아빠트로 이사하는 날/ 김욱// 소년아동. − 1980,(8). − 11
24737 알룩고양이와 토끼부부/ 정덕교// 소년아동. − 1980,(8). − 32 − 33
24738 이렇게 하자꾸나/ 마업문// 소년아동. − 1980,(8). − 47 − 52
24739 ≪호시노마루≫의 수수께끼/ 로극// 소년아동. − 1980,(8). − 34 − 43
24740 나의 ≪비행≫// 소년아동. − 1980.(9). − 32
24741 랑랑한 글소리여, 울려가라!/ 조룡남// 소년아동. − 1980,(9). − 7 − 10
24742 물에 빠진 수탉/ 김재걸// 소년아동. − 1980,(9). − 29 − 31
24743 물오이 동동/ 리상호// 소년아동. − 1980,(9). − 53
24744 사과배나무야/ 김문일// 소년아동. − 1980,(9). − 40 − 41
24745 오얏/ 조여장// 소년아동. − 1980,(9). − 54 − 55
24746 해와 달의 이야기/ 엄철섭 개편; 권도순 그림// 소년아동. − 1980,(9). − 22 − 28
24747 벼짚과녁으로 화살을 얻어 온 이야기// 소년아동. − 1980,(10). − 25 − 29
24748 시월의 아침/ 류성근// 소년아동. − 1980,(10). − 3 − 4
24749 우리 할아버지/ 임대림// 소년아동. − 1980,(10). − 49 − 60
24750 재빛토끼의 후회/ 최청길// 소년아동. − 1980,(10). − 38 − 42
24751 전자계산기와 함께/ 려동운// 소년아동. − 1980,(10). − 43
24752 즐거운 하령영생활/ 허범// 소년아동. − 1980,(10). − 47 − 48
24753 기러기와 여우/ 최룡관// 소년아동. − 1980,(11). − 41 − 43
24754 꾀동이/ 모국보// 소년아동. − 1980,(11). − 36 − 40
24755 나머지공부 하기전에/ 한솔// 소년아동. − 1980,(11). − 25
24756 새싹/ 정영석// 소년아동. − 1980,(11). − 50 − 56
24757 오동꽃 필 때/ 왕윤자// 소년아동. − 1980,(11). − 11 − 24
24758 개구리를 놀려주던 원숭이/ 리영탁// 소년아동. − 1980,(12). − 50 − 51
24759 기차의 발명/ 로지성// 소년아동. − 1980,(12). − 24 − 28
24760 내가의 글소리/ 김응준// 소년아동. − 1980,(12). − 8
24761 누구의 탓인가?/ 전춘식// 소년아동. − 1980,(12). − 47
24762 새 출발/ 한석윤// 소년아동. − 1980,(12). − 9 − 19
24763 스케트를 타고/ 윤태삼// 소년아동. − 1980,(12). − 28 − 29
24764 참 별난 애 다보네/ 허봉남// 소년아동. − 1980,(12). − 23

24765 까마귀와 고기형제 / 배영진 // 동북민병. − 1981,(3) − 41 − 42
24766 모기와 도적 / 리운명 // 동북민병. − 1981,(13). − 35
24767 배은망덕한 범 / 배영진// 동북민병. − 1981,(13). − 33 − 35
24768 노루와 승냥이 / 박철준// 동북민병. − 1981,(23 − 24). − 60
24769 단풍나무와 소나무(우화) / 로방 // 동북민병. − 1982,(1). − 45
24770 닭한테 세배 온 족제비 / 륙옥경 // 송화강. − 1982,(2). − 50
24771 원숭이의 호령 / 김봉하 // 송화강. − 1982,(2) − 51 − 52
24772 권총 / 리여천 // 장백산. − 1982,(3). − 70 − 74
24773 원숭이와 여우 / 정치수 // 송화강. − 1982,(5). − 48
24774 고양이와 범 / 김장필 // 송화강. − 1982,(6). − 59 − 60
24775 산간마을의 변화/ 렴련화// 연변문예. − 1982,(6). − 21
24776 영예로운 가족 / 박춘송// 대중과학. − 1982,(6). − 5
24777 외할아버지네 일가 / 김청 // 연변문예. − 1982,(6). − 20
24778 ≪선봉장군≫ / 가재 // 동북민병. − 1982,(24). − 38
24779 다함없는 어머니 사랑으로: 하학하는 길에서 / 김보옥 // 연변교육. − 1983,(1). − 22 − 23
24780 농부와 나비 / 정치수 // 송화강. − 1983,(2). − 54
24781 다툼질하던 콩알과 콩나물 / 봉정 // 대중과학. − 1983,(3). − 29
24782 가련하게 죽은 산양 / 김봉하 // 송화강. − 1983,(4). − 59 − 60
24783 청노새의 망상 / 정치수 // 송화강. − 1983,(5). − 57 − 58
24784 우화묶음(4편) / 주남 // 동북민병. − 1983,(7). − 36 − 38
24785 나의 선생님 / 리민덕 // 연변교육. − 1983,(10). − 60 − 61
24786 잊혀지지 않는 방선생님 / 남철호 // 연변교육. − 1983,(10). − 61 − 62
24787 무엇일가요, 함께 계산해보자요 // 연변녀성. − 1984,(1). − 62
24788 누가 민들레의 딱친구일가요 / 정치수 // 도라지. − 1984,(2). − 64 − 67
24789 원숭이 / 량영석 // 송화강. − 1984,(2). − 61 − 62
24790 거만한 사자 // 연변녀성. − 1984,(3). − 64
24791 승냥이와 박투한 리영군 / 부화 // 꽃동산. − 1989,(4). − 8 − 9,
24792 학급영예 / 리화숙 // 도라지. − 1984,(4). − 44 − 48
24793 우리 선생님 / 류원무 // 도라지. − 1984,(6). − 71 − 77
24794 복숭아세기 / 한검 // 동북민병. − 1984,(18). − 38
24795 승냥이와 여우 / 리지유 // 동북민병. − 1984,(22). − 48
24796 등수배렬하기 / 한검 // 동북민병. − 1984,(24). − 43
24797 고기배 파랑새 / 임효원 // 꽃동산. − 1985,(1). − 13
24798 고양이의 끝장 / 리룡득 // 꽃동산. − 1985,(1). − 26
24799 교훈 / 신현철 // 조선어 학습과 연구. − 1985,(1). − 40 − 41
24800 구름을 몰아온 복둥이 / 김동진 // 꽃동산. − 1985,(1). − 23
24801 누가 자기 아이를 제일 사랑할가요 / 리화숙 // 꽃동산. − 1985,(1). − 30 − 32
24802 눈이 내려요 / 김파 // 꽃동산. − 1985,(1). − 23
24803 모범선거 / 정태선 // 꽃동산. − 1985,(1). − 8 − 10

24804 미움받던 옆집 수탉 / 함수호 // 꽃동산. – 1985,(1). – 25

24805 빨간 자전거 / 최원련 // 꽃동산. – 1985,(1). – 2 – 4

24806 새 궁전 지을테야/ 정문준// 꽃동산. – 1985,(1). – 13

24807 소나무 / 김동규 // 꽃동산. – 1985,(1). – 15

24808 얼룩고양이 / 안분옥 // 꽃동산. – 1985,(1). – 24

24809 우리 말로는 맛내기라고 해요 / 김귀화 // 조선어 학습과 연구. – 1985,(1). – 39 – 40

24810 의무검사원 / 최옥산 // 조선어 학습과 연구. – 1985,(1). – 37 – 38

24811 파리 / 김영옥 // 꽃동산. – 1985,(1). – 14

24812 평생을 뼈와 함께/ 박창화// 꽃동산. – 1985,(1). – 11 – 12

24813 가로등 / 임학록 // 문학과 예술. – 1985,(2). – 75

24814 그림보고 글짓기 // 꽃동산. – 1985,(2). – 31

24815 꿈 / 김영호 // 꽃동산. – 1985,(2). – 18

24816 내 손으로 풀었다 / 리금남 // 꽃동산. – 1985,(2). – 11

24817 버들개지 / 오대룡 // 꽃동산. – 1985,(2). – 12

24818 봄소식 / 강길 // 꽃동산. – 1985,(2). – 12

24819 소원 / 량춘식 // 꽃동산. – 1985,(2). – 2 – 4

24820 애기별 / 한석윤 // 꽃동산. – 1985,(2). – 14

24821 우리 집 뚝딱이 / 한성애 // 꽃동산. – 1985, (2). – 11

24822 잔디 / 강효삼 // 꽃동산. – 1985,(2). – 12

24823 지구의 나이는 얼마나 될가요? / 지량 // 꽃동산. – 1985,(2). – 13 – 14

24824 지레대의 원리 // 꽃동산. – 1985,(2). – 28 – 29

24825 지혜로운 아동단원 / 리국진; 최창준 // 꽃동산. – 1985,(2). – 5

24826 총명한 나무아이 / 리옥 각색; 함성호 그림 // 꽃동산. – 1985,(2). – 6 – 7

24827 가책 / 최태순 // 꽃동산. – 1985,(3). – 25

24828 그림자를 묘하게 리용 // 꽃동산. – 1985,(3). – 8

24829 금빛글자 새기죠/ 전복록// 꽃동산. – 1985,(3). – 30

24830 나의≪선생님≫ / 김성택 // 조선어 학습과 연구. – 1985,(3). – 46

24831 나의 일기책 / 윤정순 // 꽃동산. – 1985,(3). – 17

24832 나의≪참회록≫ / 김동수 // 조선어 학습과 연구. – 1985,(3). – 45

24833 딱곰과 꼬마염소 / 김창석 // 꽃동산. – 1985, (3). – 6 – 7

24834 뚱보학교 / 김학 각색; 함성호 그림 // 꽃동산. – 1985,(3). – 9

24835 문학가정 / 차영국 // 조선어 학습과 연구. – 1985,(3). – 38 – 39

24836 미래의 옷감 / 최재순 // 꽃동산. – 1985,(3). – 20 – 21

24837 방목공의 꿈 / 양성걸 // 연변녀성. – 1985,(3). – 56

24838 방목처녀 / 김학 // 꽃동산. – 1985,(3). – 11

24839 비자루감을 하였다 / 선춘자 // 꽃동산. – 1985,(3). – 24

24840 승냥이와 같이 산 아이 // 꽃동산. – 1985,(3). – 26

24841 승냥이의 눈물 / 서두남 // 꽃동산. – 1985,(3). – 29

24842 신기한 잠의 세계 // 꽃동산. – 1985,(3). – 12 – 13

24843 어머니의 근심 / 최국진 // 조선어 학습과 연구. – 1985,(3). – 41 – 42

24844 연구원이 되자요 // 꽃동산. – 1985,(3). – 18

24845 영실이의 전변 / 계선화 // 조선어 학습과 연구. – 1985,(3). – 39 – 40

24846 오두막 짓고 22년을 기다려 / 꽃동산. – 1985,(3). – 27

24847 욕심많은 원숭이 / 최혁수// 꽃동산. – 1985,(3). – 26 – 27

24848 웃는 별아 / 박덕준 // 꽃동산. – 1985,(3). – 17
24849 종이왕국의 기사 / 로극 // 대중과학. – 1985,(3). – 46 – 47
24850 파란가위어휘수첩 / 최용 // 조선어 학습과 연구. – 1985,(3). – 40 – 41
24851 피카소가 그린 평화비둘기 / 류지로 // 연변녀성. – 1985,(3). – 56 – 57
24852 하고싶은 말 / 강효삼 // 조선어 학습과 연구. – 1985,(3). – 16
24853 한 아이의 고민 / 리태호 // 꽃동산. – 1985,(3). – 2 – 5
24854 꽃장판 / 방복순 // 꽃동산. – 1985,(4). – 21
24855 리발 / 림영파 // 꽃동산. – 1985,(4). – 20 – 21
24856 배움의 락원에서 / 리강화 // 꽃동산. – 1985,(4). – 7 – 10
24857 비온 뒤에 고인물 // 꽃동산. – 1985,(4). – 22
24858 선생님은 고마운 어머니 / 박춘연 // 꽃동산. – 1985,(4). – 16 – 17
24859 세계제일 동물 // 꽃동산. – 1985,(4). – 2 – 12
24860 욕심쟁이의 끝장 / 장향빈 // 꽃동산. – 1985,(4). – 29 – 31
24861 우리만 먹어서야 되겠니? / 리설화 // 꽃동산. – 1985,(4). – 27 – 29
24862 월계꽃과 호박꽃 / 리영희 // 꽃동산. – 1985,(4). – 12
24863 할미꽃 / 황기철 // 꽃동산. – 1985,(4). – 2 – 6
24864 할아버지의 유언 / 오미화 // 조선어 학습과 연구. – 1985,(4). – 41 – 42
24865 고양이와 쥐 / 리군 // 꽃동산. – 1985,(5). – 16 – 17
24866 나의 언니 / 리정림 // 꽃동산. – 1985,(5). – 22
24867 누가 주역일가? // 꽃동산. – 1985,(5). – 26
24868 동동 / 김학송 // 꽃동산. – 1985,(5). – 20
24869 미더운 어머니 / 복학철 // 꽃동산. – 1985,(5). – 28
24870 아, 나도 인젠… / 허종호 // 문학과 예술. – 1985,(5). – 92 – 93
24871 우리 집 꼬마 ≪위생부≫ / 리금영 // 꽃동산. – 1985,(5). – 27
24872 2000년을 향해 출발! // 꽃동산. – 1985,(5). – 32
24873 정말 몰랐어요 / 강향숙 // 꽃동산. – 1985,(5). – 21
24874 황제와 화가 // 꽃동산. – 1985,(5). – 29 – 30
24875 과수원집 아이 / 허범 // 꽃동산1985,(6). – 2 – 5
24876 글쓰는 소리 / 김선화 // 꽃동산. – 1985,(6). – 28 – 29
24877 꿀꿀이의 꿀밤따기 / 서정화 // 꽃동산. – 1985,(6). – 18 – 20
24878 나의 어머니 / 김성두 // 꽃동산. – 1985,(6). – 29
24879 ≪배움의 락원에서≫를 읽고 / 김명욱 // 꽃동산. – 1985,(6). – 16 – 17
24880 소녀사공 / 박준범 // 꽃동산. – 1985,(6). – 12 – 16
24881 원숭이의 요술 // 꽃동산. – 1985,(6). – 8 – 9
24882 쥐와 뱀 / 꽃동산. – 1985,(6). – 31
24883 흰구름 / 최룡관 // 꽃동산. – 1985,(6). – 11
24884 고음 중음 저음 / 성룡화 // 송화강. – 1986,(1). – 20
24885 도끼없이 나무토막 패다 / 최호 // 꽃동산. – 1986,(1). – 25
24886 미영이 / 리화숙 // 꽃동산. – 1986,(1). – 2 – 4
24887 별 하나 나 하나 / 홍용암 // 꽃동산. – 1986,(1). – 1 – 12
24888 꽃나비 / 강성자 // 꽃동산. – 1986,(2). – 32
24889 꽃노을의 끝장 / 차룡철 // 도리지. – 1986,(2). – 77
24890 나의 아버지 / 장경발 // 꽃동산. – 1986,(2). – 26 – 27
24891 누구의 탓인가? / 석상철 // 꽃동산. – 1986,(2). – 12 – 13

24892 다시 웃게 된 억쇠 / 김영금 // 꽃동산. − 1986,(2). − 4 − 6
24893 록음기의 고민 / 김춘화 // 도라지. − 1986,(2). − 76 − 77
24894 버들개지 / 동심 // 꽃동산. − 1986,(2). − 7
24895 아버지의 시집살이 / 리화 // 조선어문. − 1986,(2). − 45
24896 애기범 / 로병 // 꽃동산. − 1986,(2). − 20 − 23
24897 엄마다람쥐의 옛말 / 김동진 // 꽃동산. − 1986,(2). − 24
24898 원숭이와 여우 / 려영암 // 동북민병. − 1986,(2). − 32 − 33
24899 원인은 어디에? / 전홍인 // 조선어문. − 1986,(2). − 44
24900 총명한 쥐 / 류희성 // 꽃동산. − 1986,(2). − 25 − 26
24901 과학만화 / 김강 // 꽃동산. − 1986,(3). − 19
24902 교묘한 눈의 위치 / 최청길 // 꽃동산. − 1986,(3). − 6 − 7
24903 귀뚜라미 / 우종순 // 꽃동산. − 1986,(3). − 8
24904 길수리 / 김순옥 // 꽃동산. − 1986,(3). − 31 − 32
24905 ≪목재도적≫ / 허기 저; 김문 역 // 꽃동산. − 1986,(3). − 2 − 5
24906 백양나무아씨와 소나무아씨 / 김미화 // 문학과 예술. − 1986,(3). − 91
24907 빈자리(외2편) / 력서 등 // 동북민병. − 1986,(3). − 48
24908 아, 돈! / 황해연 // 조선어문. − 1986,(3). − 30
24909 앓는 아이 / 강길 // 꽃동산. − 1986,(3). − 23 − 25
24910 여우와 매 / 장진생 // 동북민병. − 1986,(3). − 45
24911 울엄마 / 김영옥 // 꽃동산. − 1986,(3). − 12
24912 원숭이의 사건 // 꽃동산. − 1986,(3). − 27
24913 이상한 글쪽지 / 소고 저; 동산 역 // 꽃동산. − 1986,(3). − 28 − 30
24914 이웃사이 / 강의 // 조선어문. − 1986,(3). − 31 − 32
24915 절름발이로 된 알락토끼 / 허범 // 꽃동산. − 1986,(3). − 15 − 17
24916 검둥이와 범둥이 / 조해원 // 꽃동산. − 1986,(4). − 24 − 26
24917 달님과 초불 / 리상백 // 꽃동산. − 1986,(4). − 28 − 29
24918 돌쇠와 배돌이 / 위일 개작; 왕복림 그림 // 꽃동산. − 1986,(4). − 2 − 11
24919 떡방아소리 / 김선화 // 꽃동산. − 1986,(4). − 29
24920 매를 맞은 망아지 / 방종지 // 꽃동산. − 1986,(4). − 14
24921 민들레 / 김강 // 꽃동산. − 1986,(4). − 15
24922 분김에 생긴 일 / 김창석 // 꽃동산. − 1986,(4). − 6 − 11
24923 새싹을 키우면서 / 리만송, 렴진자 // 문학과 예술. − 1986,(4). − 94 − 95
24924 아름다운 꽃 / 손근 // 꽃동산. − 1986,(4). − 17
24925 집 분배와 어머니 / 송호빈 // 문학과 예술. − 1986,(4). − 93 − 94
24926 꼬마음악가 최광 / 김덕윤 // 문학과 예술. − 1986,(5). − 90 − 91
24927 꽃송이우에 맺힌 이슬 / 허봉남 // 꽃동산. − 1986,(5). − 2 − 6
24928 누구의 죄일가요? / 조연 // 꽃동산. − 1986,(5). − 10 − 11
24929 승냥이의 눈물 / 위위 // 꽃동산. − 1986,(5). − 11
24930 신기한 례물 / 유부 // 꽃동산. − 1986,(5). − 26 − 29
24931 알락고양이 / 조력구 // 꽃동산. − 1986,(5). − 22 − 24
24932 언니 / 홍성실 // 꽃동산. − 1986,(5). − 32
24933 열매 / 호수화 // 꽃동산. − 1986,(5). − 20
24934 옷상점에 간 새우 / 허두남 // 꽃동산. − 1986,(5). − 21

24935 원두막 / 전춘식 // 꽃동산. – 1986,(5). – 6
24936 자자 / 조려화 // 꽃동산. – 1986,(5). – 25
24937 저녁노을 / 김학송 // 꽃동산. – 1986,(5). – 21
24938 총명한 여우와 《수수께끼나라》 / 풍수림 // 꽃동산. – 1986,(5). – 12 – 16
24939 글감과 창발성 / 리순옥 // 문학과 예술. – 1986,(6). – 93
24940 꼬마코끼리의 대답 / 벽한영 // 꽃동산. – 1986,(6). – 18 – 19
24941 나의 동생 / 리금 // 꽃동산. – 1986,(6). – 21
24942 나의 어머니 / 김설매 // 꽃동산. – 1986,(6). – 23
24943 늙다리말과 등에 / 김평 // 꽃동산. – 1986,(6). – 19
24944 성숙된 게 / 장진생 // 동북민병. – 1986,(6). – 45
24945 아버지 / 리순옥 // 문학과 예술. – 1986,(6). – 93 – 94
24946 우는 달 웃는 해 / 조일만 // 꽃동산. – 1986,(6). – 25
24947 우리 집 어미닭 / 한봉 // 꽃동산. – 1986,(6). – 20
24948 인재를 육성 / 황수청 // 꽃동산. – 1986,(6). – 27 – 28
24949 절름발이가 된 라라 / 주효문 // 꽃동산. – 1986,(6). – 26
24950 쪼각달 / 백영길 // 꽃동산. – 1986,(6). – 10
24951 채 끝나지 않은 련속방송극 / 권선자 // 꽃동산. – 1986,(6). – 2 – 5
24952 칠색비단 / 홍청 // 꽃동산. – 1986,(6). – 25
24953 학교 가는 길 / 김해연 // 꽃동산. – 1986,(6). – 23
24954 악어와 초 / 장진생 // 동북민병. – 1986,(8). – 46
24955 축구공의 의문 / 장진생 // 동북민병. – 1986,(9). – 48
24956 여우들의 한담 / 장진생 // 동북민병. – 1986,(11). – 35
24957 총명한 여우 / 연욱 // 동북민병. – 1986,(12). – 48
24958 괴이한 돌 / 로극 // 소년아동. – 1987,(1). – 49 – 58
24959 굼벵이의 측량 / 동심 // 꽃동산. – 1987,(1). – 26 – 28
24960 《깍쟁이》언니 / 김영옥 // 꽃동산. – 1987,(1). – 22 – 23
24961 누가 승리자인가? / 오대룡 // 소년아동. – 1987,(1). – 23 – 29
24962 락제대장 / 리진생 // 소년아동. – 1987,(1). – 13 – 23
24963 미련둥이 암탉 / 허범 // 소년아동. – 1987,(1). – 59
24964 봉남이의 배짱 / 최호철 // 꽃동산. – 1987,(1). – 6 – 7
24965 불룡의 이야기 / 김동진 // 꽃동산. – 1987,(1). – 9
24966 새해의 일력앞에 서서 / 허봉남 // 소년아동. – 1987,(1). – 4 – 6
24967 신비한 벽시계 / 동운 각색; 소목 그림 // 소년아동. – 1987,(1). – 60 – 67
24968 어미말과 어미돼지 // 꽃동산. – 1987,(1). – 8 – 9
24969 오또기 / 현규동 // 소년아동. – 1987,(1). – 72
24970 우리 할머니 / 김태봉 // 꽃동산. – 1987,(1). – 30
24971 우연한 상봉 / 장랍매 // 꽃동산. – 1987,(1). – 16 – 17
24972 우정 / 한봉선 // 소년아동. – 1987,(1). – 68 – 69
24973 잊을수 없는 일 / 갑경화 // 소년아동. – 1987,(1). – 70 – 71
24974 척척 할아버지를 찾아간 영팔이 / 조연 // 소년아동. – 1987,(1). – 84 – 86
24975 춤을 추자야 / 강일선 // 소년아동. – 1987,(1). – 1
24976 형님 누나들의 하고싶은 말: 많은 지식이 있어야겠어요 / 정영 // 꽃동산. – 1987,(1). – 14

－15
24977 간첩 죠르게 / 마준 // 동북민병.－1987,(2).－36－40
24978 감기와 호랑이 / 주강 // 꽃동산.－1987,(2).－2－14
24979 겨울의 노래: 겨울바람 / 최룡관 // 소년아동.－1987,(2).－8－9
24980 곤충채집 갔던 날 / 전영매 // 꽃동산.－1987,(2).－31
24981 까치가 우짖는다 / 전춘식 // 소년아동.－1987,(2).－56－62
24982 놈쟁이 미미 / 벽현영 // 꽃동산.－1987,(2).－22
24983 덤벙이일가 / 진결 // 꽃동산.－1987,(2).－24－26
24984 돈지갑 / 왕출 // 꽃동산.－1987,(2).－8－11
24985 동화세계 / 강길 // 소년아동.－1987,(2).－33－34
24986 따라읽기 / 최철호 // 문학과 예술.－1987,(2).－88－89
24987 말리꽃 / (대만)양사심 // 소년아동.－1987,(2).－10－23
24988 모두모두 모른대 / 리룡두 // 꽃동산.－1987,(2).－15
24989 봄눈 / 김학송 // 꽃동산.－1987,(2).－21
24990 비가 교정에 내려요 / 동명이 // 꽃동산.－1987,(2).－32
24991 뿔들의 싸움 / 태휘 // 소년아동.－1987,(2).－79－81
24992 ≪소림사≫꿈을 꾼 소년 / 문월 // 소년아동.－1987,(2).－49
24993 심판받은 영호 / 강병록 // 소년아동.－1987,(2).－24－26
24994 ≪어머니, 절 리해해줘요≫ / 안도4중(3학년) 리홍매 // 문학과 예술.－1987,(2).－90－91
24995 얼음등 구경 / 박희봉 // 꽃동산.－1987,(2).－14
24996 우체통 / 리욱일 // 소년아동.－1987,(2).－61
24997 응이모험기 / 주규 // 꽃동산.－1987,(2).－2－6
24998 지난일 / 고향 // 꽃동산.－1987,(2).－20－21
24999 지혜로운 선동이 / 조연 // 소년아동.－1987,(2).－35－42
25000 콤파스쌍둥이형제 / 조경출 // 소년아동.－1987,(2).－55
25001 텔레비죤구경 / 진정무 // 꽃동산.－1987,(2).－17
25002 프랑스의 꼬마영웅 / 효진 각색; 송옥성 그림 // 소년아동.－1987,(2).－43－48
25003 피피로의 모험기 / 정연결 // 소년아동.－1987,(2).－69－78
25004 개미들의 싸움 // 꽃동산.－1987,(3).－7
25005 공기방석에 앉은 비르 / 고계민 // 소년아동.－1987,(3).－68－76
25006 그늘 / 강길 // 꽃동산.－1987,(3).－13－15
25007 기편당한 새끼오리 / 림국영 // 꽃동산.－1987,(3).－8－9
25008 꽃노래 / 김응준 // 소년아동.－1987,(3).－28－30
25009 끝나지 않은 재판 // 대중과학.－1987,(3).－48－50
25010 남으로 날아간 기러기떼 / 장진생 // 동북민병.－1987,(3).－41
25011 논판의 초병 / 박룡석 // 꽃동산.－1987,(3).－7
25012 도서상자속의 비밀 / 오대룡 // 꽃동산.－1987,(3).－18－21
25013 동년과 미래 / 고문락 // 꽃동산.－1987,(3).－2－3
25014 배나무잎과 뿌리 / 박형규 // 꽃동산.－1987,(3).－30
25015 배움의 언덕길 / 한동해 // 소년아동.－1987,(3).－1
25016 봄 / 김미영 // 꽃동산.－1987,(3).－25
25017 봄이 왔다 삐쪼롱 / 박명룡 // 소년아동.－1987,(3).－31
25018 비가 오기전 // 꽃동산.－1987,(3).－12
25019 아침등교 / 오천 // 꽃동산.－1987,(3).－4－5
25020 원숭이의 자만 // 꽃동산.－1987,(3).－32

25021 푸른 숲 / 조룡남 // 꽃동산. – 1987,(3). – 15
25022 풀려진 오해/ 손홍매// 문학과 예술. – 1987,(3). – 92 – 93
25023 개학/ 박덕준 // 소년아동. – 1987,(4). – 24 – 28
25024 그들의 특점 / 김봉숙 // 꽃동산. – 1987,(4). – 10
25025 나의 꿈 / 리혜숙 // 꽃동산. – 1987,(4). – 26
25026 난 어쩌면 좋아요/ 강효삼// 꽃동산. – 1987,(4). – 23
25027 높이 뜬 흰구름/ 김학송// 소년아동. – 1987,(4). – 48 – 49
25028 달깍 자물쇠 / 윤영호 // 꽃동산. – 1987,(4). – 23
25029 두 늙은 승냥이의 대화 / 의인 // 꽃동산. – 1987,(4). – 9
25030 두 형제 // 손년아동. – 1987,(4). – 29 – 43
25031 들놀이 좋아요 / 김령연 // 꽃동산. – 1987,(4). – 23
25032 류공권의 글씨련습 / 증소안 각색; 류홍안 그림 // 소년아동. – 1987,(4). – 44 – 47
25033 맹호와 산림 / 벽파 // 소년아동. – 1987,(4). – 50 – 54
25034 변하는 토끼 // 꽃동산. – 1987,(4). – 29
25035 보약 // 꽃동산. – 1987,(4). – 20 – 21
25036 봄날 / 김응룡 // 소년아동. – 1987,(4). – 22 – 23
25037 새파란 편지 / 리영철 // 소년아동. – 1987,(4). – 73 – 82
25038 섣달그믐날밤의 일/ 섭대춘// 꽃동산. – 1987,(4). – 4 – 7
25039 10년후 나는 어디에 / 리광빈 // 꽃동산. – 1987,(4). – 16
25040 어른과 아이 / 조소민 // 소년아동. – 1987,(4). – 11 – 16
25041 오리아가씨의 정보 / 왕리가 저; 리종순 역 // 꽃동산. – 1987,(4). – 30 – 31
25042 의지와 지혜 / 장문호 // 꽃동산. – 1987,(4). – 7
25043 ≪일조일석≫ // 꽃동산. – 1987,(4). – 14 – 15
25044 잔꾀를 부리던 쩔뚝발이여우 / 김욱 // 소년아동. – 1987,(4). – 64 – 68
25045 저의 어머니 / 윤정화// 문학과 예술. – 1987,(4). – 89 – 90
25046 풀피리 불며는 / 최문섭 // 꽃동산. – 1987,(4). – 11
25047 가을바람 솔솔 / 김동호 // 꽃동산. – 1987,(5). – 10
25048 까마귀독창가수 / 장세종 // 꽃동산. – 1987,(5). – 18 – 20
25049 내가 스무살때면 / 김미녀 // 꽃동산. – 1987,(5). – 23
25050 내가 스무살때면/ 전향리 // 꽃동산. – 1987,(5). – 24
25051 다툼끝에 든 정 / 장광조 // 소년아동. – 1987,(5). – 20 – 22
25052 로보트 / 허하하 // 소년아동. – 1987,(5). – 19
25053 말 / 문준 // 소년아동. – 1987,(5). – 58 – 59
25054 복숭아를 먹자던 꼬마원숭이 / 의죽 // 꽃동산. – 1987(5). – 15 – 16
25055 봄누에의 대답 / 진삼주 // 꽃동산. – 1987,(5). – 2
25056 봄아씨 와요 / 최웅 // 소년아동. – 1987,(5). – 1
25057 빨래하죠 / 장금선 // 꽃동산. – 1987,(5). – 29
25058 성에꽃 / 한춘 // 꽃동산. – 1987,(5). – 3
25059 수박황후와 줄당콩황후 / 정윤흥 // 소년아동. – 1987,(5). – 60 – 67
25060 신비한 길동무 / 종개화// 소년아동. – 1987(5). – 10 – 14
25061 애비쥐와 아들쥐/ 장진생// 동북민병. – 1987,(5). – 47
25062 오색령롱한 꿈 / 장소위 // 꽃동산. – 1987,(5). – 4 – 5
25063 5월이 왔다 / 류성근 // 소년아동. – 1987,(5). – 8 – 9
25064 우리 선생님 / 정금화 // 소년아동. – 1987,(5). – 23
25065 우쭐대는 7층집 / 김학송 // 꽃동산. – 1987,(5).

－14

25066 은전 두잎 / 호광향 // 꽃동산. － 1987,(5). － 13

25067 재수없는 하루 / 아농 // 소년아동. － 1987,(5). － 81 － 87

25068 총명한 머슴애 / 여건 글; 가문도 그림 // 소년아동. － 1987,(5). － 42 － 49

25069 하얀 바탕 까만 점 / 허봉남 // 꽃동산 － 1987,(5). － 7 － 9

25070 헌 양산과 병든 만년필 / 소정려 // 소년아동. － 1987,(5). － 32 － 35

25071 ≪그럼 나도 틀렸어!≫ / 변성 // 소년아동. － 1987,(6) － 88

25072 개암알 / 리룡득 // 꽃동산. － 1987,(6). － 8

25073 그네 / 전설매 // 소년아동. － 1987,(6). － 26 － 28

25074 꼬마고양이의 뉘우침 / 최두성 // 꽃동산. － 1987,(6). － 9

25075 꼬마다람쥐 / 엄문정 // 소년아동. － 1987,(6). － 17 － 25

25076 꼬마비자루 / 로진 // 소년아동. － 1987,(6). － 28 － 29

25077 나의 나쁜 버릇 / 윤첨룡 // 꽃동산. － 1987,(6). － 20 － 21

25078 나의 아버지 / 정영석 // 소년아동. － 1987,(6). － 10 － 16

25079 ≪나의 하루≫ / 서길화;장문호 // 꽃동산. － 1987,(6). － 21

25080 노새 새끼낳이 / 고정식 // 송화강. － 1987,(6) － 40 － 41

25081 되돌아온 참대곰 / 림음전 // 소년아동. － 1987,(6). － 64 － 70

25082 딱따구리네 일가 / 채택룡 // 소년아동. － 1987,(6). － 36 － 42

25083 떠날수 없어 / 김영범 // 꽃동산. － 1987,(6). － 28

25084 망원경 / 서호 // 꽃동산. － 1987,(6). － 5

25085 민들레 / 정미화 // 꽃동산. － 1987,(6). － 12

25086 별과 나 / 오은화 // 꽃동산. － 1987,(6). － 13

25087 시내물 / 심석종 // 소년아동. － 1987,(6). － 9

25088 어리석은 까마귀 // 꽃동산. － 1987,(6). － 23

25089 용이 / 효연 각색; 우화리 그림 // 소년아동. － 1987,(6). － 31 － 35

25090 1전 / 박금희 // 소년아동. － 1987,(6). － 29 － 30

25091 천지의 맑은 물 / 김창석 // 소년아동. － 1987,(6) － 62 － 63

25092 편지 / 선종인 // 꽃동산. － 1987,(6). － 31 － 32

25093 흉내 // 소년아동. － 1987,(6). － 57 － 61

25094 ≪귀를 잃은≫ 이야기 / 서초 // 소년아동. － 1987,(7). － 26 － 29

25095 깨여진 거울 // 소년아동. － 1987,(7). － 76 － 77

25096 꼬마알락수닭 / 엄문정 // 소년아동. － 1987,(7). － 20 － 21

25097 꽃송이와 해님 / 최문섭 // 소년아동. － 1987,(7). － 44 － 46

25098 꿈 / 리강 // 소년아동. － 1987,(7). － 55

25099 도박판에 걸려든 후 / 류연 // 소년아동. － 1987,(7). － 68 － 71

25100 두 중대위원 / 김영길 // 소년아동. － 1987,(7). － 23 － 25

25101 레간총통한테서 수표를 받은 처녀애 / 추서 각색; 등룡 그림 // 소년아동. － 1987,(7). － 34 － 38

25102 마음의 노래 / 한솔 // 소년아동. － 1987,(7). － 10 － 13

25103 벨 할아버지의 수리소 // 소년아동. － 1987,(7). － 58 － 62

25104 살구나무 / 림금산 // 소년아동. － 1987,(7). － 46

25105 수업시간에 소란을 피우면 / 보도원 // 소년아동. － 1987,(7). － 72 － 75

25106 시내물의 노래 / 엄문정 // 소년아동. － 1987,(7). － 63 － 67

25107 신비로운 녀간첩 / 리책 // 동북민병. － 1987,(7 － 8). － 61 － 63

25108 아, 사랑하는 어머니 / (대만)애이 // 소년아동. － 1987,(7). － 30 － 33

25109 우리 집 알룩이 / 김강 // 소년아동. － 1987,(7). － 56 － 57

25110 즐거운 원족놀이/홍영란//소년아동.－1987,(7).－52－54
25111 지각/오천//소년아동.－1987,(7).－7－9
25112 책장의 하소연/황순옥//소년아동.－1987,(7).－50－51
25113 하늘나라/최문섭//소년아동.－1987,(7).－3
25114 가책/전현옥//소년아동.－1987,(8).－68－70
25115 갈가의 코스모스/김만석//소년아동.－1987,(8).－42－43
25116 나무가지에 걸린 고무풍선/오천//소년아동.－1987,(8).－10－15
25117 동생의 대답/맨호//소년아동.－1987,(8).－73
25118 바보캉가루 제크/갈맹//소년아동.－1987,(8).－22－33
25119 상품/최승을//소년아동.－1987,(8).－44－48
25120 아름다운 칠색꽃/강길 글; 정근포 그림//소년아동.－1987,(8).－77－88
25121 우리의 거리/조룡남//소년아동.－1987,(8).－74－76
25122 우리 집 귀염둥이/황춘녀//소년아동.－1987,(8).－72－73
25123 ≪일기≫에 대한 고민//소년아동.－1987,(8).－34－39
25124 팔씨름/김동걸//소년아동.－1987,(8).－70－71
25125 팽군장이 서소고를 처단한 이야기/진려흠;황계채//소년아동.－1987,(8).－63－67
25126 거미의 재간/류성덕//동북민병.－1987,(9).－46
25127 검사전/기동군 각색;역지군 그림//소년아동.－1987,(9).－61－64
25128 교내운동대회날/조연//소년아동.－1987,(9).－11－21
25129 귀의 이야기/정윤홍//소년아동.－1987,(9).－78－86
25130 네거리에서 생긴 일/박영애//소년아동.－1987,(9).－69－70
25131 노력은 성공의 어머니/구영화//소년아동.－1987,(9).－67－68
25132 사생의 노래/김욱//소년아동.－1987,(9).－22－28
25133 수양버들과 백양나무/정호원//소년아동.－1987,(9).－34－39
25134 아, 세월은 흘렀지만/홍용암//소년아동.－1987,(9).－65－66
25135 지렁이/채홍삼//소년아동.－1987,(9).－50－55
25136 훌륭한 책의 벗으로 되자/보도원//소년아동.－1987,(9).－56－60
25137 거미눈에 든 꿀벌/녕유자//소년아동.－1987,(10).－86
25138 검은 점/어재양//소년아동.－1987,(10).－33－34
25139 꼬마거미가 단 금질메달/리천석//소년아동.－1987,(10).－64－70
25140 꽝포쟁이 허철이/태수//소년아동.－1987,(10).－9－12
25141 나무상자와 구리띠소고/애로//소년아동.－1987,(10).－87
25142 리사광의 어린시절/윤가 각색;단파 그림//소년아동.－1987,(10).－20－25
25143 별나라/김동호//소년아동.－1987,(10).－13－15
25144 보슬비/홍란희//소년아동.－1987,(10).－49
25145 새들은 왜 못날아가나?/장백록//소년아동.－1987,(10).－61－63
25146 수술을 앞둔 빨간눈/주예//소년아동.－1987,(10).－42－48
25147 자매새/전춘식//소년아동.－1987,(10).－74－79
25148 ≪평화조약≫을 짓밟은 승냥이/김례삼//소년아동.－1987,(10).－27－32
25149 학생일기/조설화//소년아동.－1987,(10).－38－41

25150 가을밤 / 정치수 // 소년아동. – 1987,(11). – 17
25151 꼬리를 빌려단 토끼 / 방복순 // 소년아동. – 1987,(11). – 18 – 25
25152 나는 불 피우기를 배웠다 / 채경화 // 소년아동. – 1987,(11). – 29 – 30
25153 녀자소대장 / 렴광현 // 소년아동. – 1987,(11). – 38 – 42
25154 등산복 / 김상호 // 소년아동. – 1987,(11). – 31 – 32
25155 땀흘리는 사과 / 오조심 // 소년아동. – 1987,(11). – 58 – 59
25156 빨간 사과 두알 / 강선영 // 소년아동. – 1987,(11). – 28
25157 소방울소리 / 김윤범 // 소년아동. – 1987,(11). – 1 – 7
25158 우주손님이 당한 뜻밖의 봉변 / 팽의 // 소년아동. – 1987,(11). – 62 – 74
25159 유감이 없는 2점 / 위반해 // 소년아동. – 1987,(11). – 8 – 16
25160 첫걸음 떼는 동생아 / 허봉남 // 소년아동. – 1987,(11). – 48 – 51
25161 고양이 / 박길수 // 소년아동. – 1987,(12). – 33 – 39
25162 과학동화묶음 // 소년아동. – 1987,(12). – 66 – 69
25163 괴상한 ≪닭알≫ / 안부길 // 소년아동. – 1987,(12). – 46 – 47
25164 마당에 고인 물 / 황홍화 // 소년아동. – 1987,(12). – 44 – 45
25165 아버지와 아들 // 소년아동. – 1987,(12). – 84 – 86
25166 웃음꽃 / 류상근 // 소년아동. – 1987,(12). – 48 – 50
25167 잘못을 뉘우친 비닐꽃아씨 / 최상철 // 소년아동. – 1987,(12). – 56 – 60
25168 저금통 / 김강 // 소년아동. – 1987,(12). – 42 – 43
25169 지혜로운 젊은이 / 소석 개편;구도 그림 // 소년아동. – 1987,(12). – 61 – 65
25170 ≪큐리부인이지요≫ / 벽화 // 소년아동. – 1987,(12). – 93
25171 풍년자랑 / 강효삼 // 소년아동. – 1987,(12). – 28 – 32
25172 학교가는 길에서 / 한영순 // 소년아동. – 1987,(12). – 40 – 41
25173 흰고니안건 / 장건평 // 소년아동. – 1987,(12). – 14 – 20
25174 값싼 보물 / 왕혜평 각색; 진모수 그림 // 소년아동. – 1988,(1). – 105 – 110
25175 개미와 매미 / 원혁 // 꽃동산. – 1988,(1). – 19
25176 걸어갔어요 / 박성우 // 소년아동. – 1988,(1). – 70 – 72
25177 괴상한 도리 / 오금선 // 중국조선어문. – 1988,(1). – 54 – 55
25178 꼬마말의 강 건느기 // 꽃동산. – 1988,(1). – 14 – 15
25179 꼬마메추리와 여우 / 홍세권 // 꽃동산. – 1988,(1). – 8 – 9
25180 나는야 미래의 의학자 / 태승국 // 소년아동. – 1988,(1). – 73 – 74
25181 나팔꽃 / 강호걸 // 꽃동산. – 1988,(1). – 8 – 9
25182 ≪내뒤를 바싹 따라오십시오≫ / 변성 // 소년아동. – 1988,(1). – 127
25183 눈토끼조각 / 려청습 // 꽃동산. – 1988,(1). – 4 – 7
25184 동년시절의 푸른꿈 / 김미화 // 중국조선어문. – 1988,(1). – 51
25185 동년은 시, 동년은 노래 / 여지강 // 꽃동산. – 1988,(1). – 20 – 22
25186 맨처음 남새 사러 갔던 날 / 진견 // 꽃동산. – 1988,(1). – 18 – 19
25187 못된 버릇 떼준 아이 / 조연 // 꽃동산. – 1988,(1). – 15
25188 묵은밥 / 최미옥 // 꽃동산. – 1988,(1). – 32
25189 미역동무 / 조연 // 꽃동산. – 1988,(1). – 30 – 31

25190 밤하늘 / 박룡 // 꽃동산. － 1988,(1). － 29
25191 뱀을 잡은 철이 / 고병형 각색; 조국경 그림 // 소년아동. － 1988,(1). － 46 － 48
25192 비렁뱅이로 된 노랑다람쥐 / 허범 // 소년아동. － 1988,(1). － 26 － 30
25193 사탕약/ 김유일// 소년아동. － 1988,(1). － 96 － 100
25194 샤크의 작문/ 장성신// 소년아동. － 1988,(1). － 31 － 33
25195 ≪성냥파는 처녀애≫의 속편 / 동서 // 소년아동. － 1988,(1). － 78 － 83
25196 ≪앵앵≫왕국의 멸망/ 서초// 꽃동산. － 1988,(1). － 24 － 28
25197 어머니,재가하세요! / 강송매 // 중국조선어문. － 1988,(1). － 52 － 53
25198 오빠 / 전채옥// 소년아동. － 1988,(1). － 14 － 22
25199 우리 모두의것/ 강길// 소년아동. － 1988,(1). － 61 － 64
25200 웃음소리 하하하/ 박명룡// 소년아동. － 1988,(1). － 1
25201 20전/ 장품성; 팽강흥 // 소년아동. － 1988,(1). － 65 － 69
25202 종달새는 봄에 노래불러요 / 반만제 // 소년아동. － 1988,(1). － 40 － 45
25203 해돋이 / 리상각 // 소년아동. － 1988,(1). － 23 － 25
25204 흰눈이 살살 / 김학송 // 꽃동산. － 1988,(1). － 7
25205 가버린 고양/ 황려홍// 중국조선어문. － 1988,(2). － 54 － 56
25206 게, 너구리에게 속히운 사자 / 의인 // 꽃동산. － 1988,(2). － 2 － 3
25207 까치의 겸손 / 일념 // 꽃동산. － 1988,(2) － 9 － 11
25208 꼬마돼지의 보복 / 서남 // 꽃동산. － 1988,(2). － 18 － 19
25209 꽃이 질 때 / 채명희 / 꽃동산. － 1988,(2). － 31
25210 꾀많은 노루 / 김봉련 // 소년아동. － 1988,(2) － 123 － 125
25211 나의 동생 / 김춘봉 // 소년아동. － 1988,(2). － 61 － 62
25212 네 게으름뱅이 / 오성준// 소년아동. － 1988,(2). － 96
25213 누구의 탓 일가요? / 로정순 // 중국조선어문. － 1988,(2). － 51 － 52
25214 두 번째 언약 / 리성 // 꽃동산. － 1988,(2). － 20 － 21
25215 모기와 승냥이의 론쟁 / 여덕화 // 꽃동산. － 1988,(2). － 22
25216 배우선발 / 옥신 글; 송정옥 그림 // 소년아동. － 1988,(2). － 23 － 28
25217 벽보란의 붉은별/ 주문호// 소년아동. － 1988,(2). － 60
25218 봄바람편지 / 김학송 // 꽃동산. － 1988,(2). － 7
25219 봄비 / 심영화// 중국조선어문. － 1988,(2). － 57
25220 사과 // 동북민병. － 1988,(2). － 48
25221 삶과 여우의 고발질 / 박준범 // 소년아동. － 1988,(2). － 64 － 66
25222 수박팔던 날 / 고연도 // 꽃동산. － 1988,(2). － 29
25223 수탉과 매미 // 소년아동. － 1988,(2). － 109 － 110
25224 썰매소조 / 리영철 // 소년아동. － 1988,(2). － 11 － 16
25225 아버지 어머니에게 하고싶은 말 // 소년아동. － 1988,(2). － 55
25226 아버지의 품 / 전상훈 // 꽃동산. － 1988,(2). － 4 － 6
25227 아이들의 ≪왕국≫ / 최문섭 // 소년아동. － 1988,(2). － 20 － 22
25228 ≪어른≫과 맞선 아이들 / 동상 // 소년아동. － 1988,(2). － 92 － 96
25229 어머니의 손 / 리진 // 꽃동산. － 1988,(2). － 27 － 28
25230 용감한 화가 / 아위 각색; 라미 그림 // 소년아동. － 1988,(2). － 97 － 101
25231 우리는 ≪왕≫, 우리는 궁전이 있다네 / 김영범 // 꽃동산. － 1988,(2). － 32
25232 우쭐대던 배꽃/ 김원숙// 소년아동. － 1988,(2).

－29－30
25233 ≪유식≫이≪무식≫ // 중국조선어문.－1988,(2) －13
25234 ≪작은 고추≫ / 리금애 // 중국조선어문.－1988,(2).－53－54
25235 잠자리대왕려행기/ 역장리// 소년아동.－1988,(2). －44－54
25236 ≪전기가 갔는데요 뭐...≫ / 성파 // 소년아동.－1988,(2).－101
25237 조롱박을 산 순화/ 전춘식// 꽃동산.－1988,(2). －13－14
25238 축구시합 / 리찬 // 소년아동.－1988,(2).－62－63
25239 키스 // 동북민병.－1988,(2).－48
25240 파란 잔디 / 강효삼 // 꽃동산.－1988,(2).－30
25241 호랑이밥이 된 농부 / 정치수 // 소년아동.－1988,(2).－78－83
25242 기적소리 / 김만석 // 소년아동.－1988,(3).－48－49
25243 ≪까마귀와 여우의 이야기≫후기 / 고령중 // 꽃동산.－1988,(3)－32
25244 깨여진 ≪모델≫꿈 / 장광조 // 소년아동.－1988,(3).－60－63
25245 꼬마다람쥐와 애솔나무 / 조기삼 // 꽃동산. －1988,(3).－3－5
25246 꼬마수탉과 꼬마잉어 / 최청길 // 소년아동. －1988,(3).－77－79
25247 꼬마원숭이와 큰 복숭아 / 여영삼 // 소년아동.－1988,(3).－85－95
25248 ≪군자란 박사≫ / 박해선 // 중국조선어문. －1988,(3).－44
25249 나는 시골아이 / 홍용암 // 꽃동산.－1988,(3). －21
25250 나의 동생 / 림영민 // 꽃동산.－1988,(3).－22－23
25251 나팔꽃 / 김명근 // 소년아동.－1988,(3).－71
25252 날려던 쥐 // 꽃동산.－1988,(3).－13
25253 다리를 비웃던 무지개 // 꽃동산.－1988,(3). －23
25254 동생의 꿈 / 김미복 // 소년아동.－1988,(3). －124－125
25255 문명한 어린이로 됩시다 / 박덕준 // 소년아동.－1988,(3).－32－37
25256 버섯 / 한석윤 // 꽃동산.－1988,(3).－5
25257 분이 / 람범 글; 손승민 그림 // 소년아동.－1988,(3).－72－76
25258 사랑의 교실 / 김응준 // 소년아동.－1988,(3). －4－8
25259 산꼭대기에 묻힌 씨앗 / 양애진 // 꽃동산.－1988,(3).－8－11
25260 서로 도와야지 / 김영금 // 소년아동.－1988,(3).－64－70
25261 승냥이와 거울 / 왕옥곤 // 동북민병.－1988,(3)－48
25262 아기성성이 혈액저장고 / 최청길 // 꽃동산.－1988,(3).－18－20
25263 아침달리기 / 배명희 // 소년아동.－1988,(3).－123－124
25264 ≪영예군인경찰대≫ / 조신옥 // 중국조선어문.－1988,(3).－45－46
25265 옛성에서 생긴 일 / 류덕새 각색; 성관륜 그림 // 소년아동.－1988,(3).－24－27
25266 제비배달부 / 김학송 // 꽃동산.－1988,(3)－13
25267 지혜롭게 도박군을 붙잡다 / 양겸 // 소년아동. －1988,(3).－96－100
25268 칭찬/ 우영애// 소년아동.－1988,(3).－122－123
25269 할아버지 용서해 주세요 / 리봉 / 꽃동산.－1988,(3).－24
25270 훌륭한 대답 / 룡백개 // 소년아동.－1988,(3). －28
25271 고양이발톱과 철이 / 허충남 // 소년아동.－1988,(4).－97－98
25272 괴벽스러운 꿀꿀이 / 허두남 // 소년아동.－1988,(4).－28－30
25273 구렝이를 족친 알락이와 달락이 / 주덕진 //

소년아동. − 1988,(4). − 99 − 102
25274 까마귀네 삼형제/ 김재원// 소년아동. − 1988,(4). − 31
25275 나의 마음 / 로복자 // 소년아동. − 1988,(4). − 114 − 115
25276 누가 불을 질렀을가? / 창기// 꽃동산. − 1988,(4). − 4
25277 두 우표수집애호가/ 종휘// 소년아동. − 1988,(4). − 93 − 96
25278 락서를 즐기는 영철이 / 변호 // 소년아동. − 1988,(4). − 119
25279 ≪매운 고추≫와 ≪쏠로리부대≫ / 홍용암 // 소년아동. − 1988,(4). − 43 − 46
25280 백두산토끼 / 한석윤 // 꽃동산. − 1988,(4). − 14 − 15
25281 범새 − 리야 / 왕동 // 소년아동. − 1988,(4). − 75 − 83
25282 빠알간 맨드라미 / 왕연 // 꽃동산. − 1988,(4). − 19 − 20
25283 3색원주필 / 배자 // 꽃동산. − 1988,(4). − 6 − 7
25284 소 세 마리와 승냥이 / 엽장 각색; 교장의 그림 // 소년아동. − 1988,(4). − 108 − 111
25285 아버지의 성미 / 박순란 // 중국조선어문. − 1988,(4). − 42 − 43
25286 어머니 아십니까? / 주호산 // 소년아동. − 1988,(4). − 105 − 107
25287 어머니 이러지 마세요 / 손영애 // 소년아동. − 1988,(4). − 103 − 105
25288 어미닭 날개는요/ 정문준// 소년아동. − 1988,(4). − 89
25289 엄마생각을 하던 노랑이 / 서광억 // 소년아동. − 1988,(4). − 66 − 69
25290 여우와 닭 / 류기노 // 꽃동산. − 1988,(4). − 29
25291 열중은 성공의 열쇠/ 진위// 꽃동산. − 1988,(4). − 3 − 4
25292 오붓한 나의 집 / 함성호 // 꽃동산. − 1988,(4). − 31
25293 우리가 심은 둥글파와 마늘 / 리순금 // 꽃동산. − 1988,(4). − 21 − 22
25294 우리 반 유리창/ 김려화// 소년아동. − 1988,(4). − 113 − 114
25295 우리 집 금붕어/ 심춘광// 소년아동. − 1988,(4). − 112 − 113
25296 정탐능수 − 오리선생 / 백충모 // 소년아동. − 1988,(4). − 70 − − 74
25297 택시 모는 누나 / 최웅 // 소년아동. − 1988,(4). − 64 − 65
25298 함께 식사하다 // 소년아동. − 1988,(4). − 84 − 88
25299 흑두루미의 이야기 / 리태학 // 소년아동. − 1988,(4). − 37 − 42
25300 가로수를 꺾는 영철이 / 연성 // 소년아동. − 1988,(5). − 52
25301 구름의 옷 / 조룡남 // 소년아동. − 1988,(5). − 27 − 30
25302 나의 필갑통 / 김련화 // 소년아동. − 1988,(5). − 54 − 55
25303 당콩잎딱통 / 리태학 // 꽃동산. − 1988,(5). − 25
25304 두꺼비의 수단 / 류휘수 // 꽃동산. − 1988,(5). − 32
25305 ≪명포수≫의 자랑 / 리봉림 // 소년아동. − 1988,(5). − 103 − 104
25306 반디벌레장군 / 채진흥 // 꽃동산. − 1988,(5). − 28
25307 산을 산 들쥐 / 임동성 // 꽃동산. − 1988, (5). − 20 − 22
25308 선생님이 계시지 않던 날 / 권오광 // 소년아동. − 1988,(5). − 53 − 54
25309 안전등 / 한동해 // 소년아동. − 1988,(5). − 1
25310 애기별 / 황영복 // 소년아동. − 1988,(5). − 1
25311 애탄 마음 / 리상백 // 소년아동. − 1988,(5). − 9 − 116
25312 어머니의 사랑/ 강결// 중국조선어문. − 1988,(5). − 53
25313 옥토끼의 꽃가루/ 장준범// 소년아동. − 1988,(5).

－12－23
25314 우리 마을 촌장 / 김선화 // 중국조선어문.－1988,(5).－54
25315 우물을 그릴래 / 리전창 // 소년아동.－1988,(5).－56
25316 잊을수 없는 일 / 양현숙 // 꽃동산.－1988,(5).－26－27
25317 자책감에 젖은 일기 / 황선화 // 중국조선어문.－1988,(5).－51
25318 전변 / 여홍화 // 소년아동.－1988,(5).－73－81
25319 ≪전통파≫아버지 / 황애화 // 중국조선어문.－1988,(5).－50
25320 지혜롭게 도적놈을 붙잡은 이야기 / 구괴 각색; 설문준 그림 // 소년아동.－1988,(5).－46－51
25321 토끼와 거부기의 두번째 경주 / 려의 // 꽃동산.－1988,(5)－10－11
25322 혼빵맞은 하얀 쥐 / 리학중 // 소년아동.－1988,(5).－118－125
25323 개미 / 주영 // 꽃동산.－1988,(6).－24
25324 ≪긴머리의 풍파≫ / 김수청 // 꽃동산－1988,(6).－22－23
25325 꾀많은 꼬마사슴 // 꽃동산.－1988,(6).－21－22
25326 나의 동무 / 윤경복 // 소년아동.－1988,(6).－77
25327 달나라 / 윤문섭 // 꽃동산.－1988,(6).－23
25328 도토리 줏기 신나요 / 김철만 // 소년아동.－1988,(6).－26
25329 동요묶음 / 김득만 // 소년아동.－1988,(6).－13－18
25330 등산복 / 안진영 // 소년아동.－1988,(6).－55
25331 배은망덕한 까마귀 // 꽃동산.－1988,(6).－32
25332 범벅이말 / 최향숙 // 중국조선어문.－1988,(6).－49
25333 붉은등을 마사놓은 후 / 려리 // 소년아동.－1988,(6).－63－64
25334 사람을 잡아먹는≪양≫ / 당풍출 // 꽃동산.－1988,(6).－6－7
25335 삶은 소가 웃다가 꾸레미 / 터지겠다 // 꽃동산.－1988,(6).－18
25336 3원색고무풍선 // 꽃동산.－1988,(6).－12
25337 삼촌의 사랑 / 리순화 // 중국조선어문－1988,(6).－50
25338 생일 / 장운청 // 꽃동산.－1988,(6).－25
25339 암탉과 여우 / 리소백 // 꽃동산.－1988,(6).－14－15
25340 야웅이와 갈갈이 / 고중홍 // 꽃동산－1988,(6).－8－9
25341 어머니께 준 휴가 / 손척령 // 소년아동.－1988,(6).－19－221
25342 ≪우리는 다 좋아졌다!≫ // 중국조선어문.－1988,(6).－27－28
25343 우물안의 개구리 / 하군영 // 꽃동산－1988,(6).－9
25344 타조 옐브 / 문호 각색; 풍원 그림 // 소년아동.－1988,(6).－41－49
25345 특수공능이야기 / 주효문 // 소년아동.－1988,(6).－82－98
25346 한집에 사는 정 / 리영혁 // 소년아동－1988,(6).－23－25
25347 ≪황제자리≫ / 양우인 // 꽃동산－1988,(6).－10－12
25348 흉수는 누구? // 소년아동.－1988,(6).－56－57
25349 흰 구름과 애기풀 / 벽파 // 소년아동.－1988,(6).－61－62
25350 거리의 천사 / 렴길호 // 소년아동.－1988, (7).－36－37
25351 관절염기상대 / 주예 // 소년아동.－1988 ,(7).－74－84
25352 국왕의 호위병 선발 / 로국년 글; 정심기 각색 // 소년아동.－1988,(7).－26－28
25353 꽃씨 / 리임원 // 소년아동.－1988,(7).－1
25354 도적은 누구? // 소년아동.－1988,(7).－91
25355 되돌아온 막내동생침목 / 최상철 // 소년아동.－1988,(7).－105－109

25356 산제비 / 김욱 // 소년아동. − 1988,(7). − 34
25357 작곡가가 될래요 // 소년아동. − 1988,(7). − 69
25358 총명한 돌쇠 / 리보정 각색; 화리 그림 // 소년아동. − 1988,(7). − 70 − 73
25359 카시야와 콩새 / 허봉남 // 소년아동. − 1988,(7). − 41 − 47
25360 탁상등 / 정순옥 // 소년아동. − 1988,(7). − 38 − 39
25361 개의 자술 / 장두욱 // 소년아동. − 1988,(8). − 99 − 103
25362 공작새와 두루미 / 허청화 // 소년아동. − 1988,(8). − 89 − 92
25363 꾀병 / 송국개 글; 왕립헌 그림 // 소년아동. − 1988,(8) − 24 − 27
25364 나의 생일날 / 박혜영 // 소년아동. − 1988,(8). − 74 − 75
25365 두견화를 구경하고서 / 박리영 // 소년아동. − 1988,(8). − 75 − 76
25366 ≪례물≫ / 정화 // 소년아동. − 1988,(8). − 85 − 88
25367 먼산 / 오대룡 // 소년아동. − 1988,(8). − 28
25368 반디벌레의 초롱불 / 한초 // 소년아동. − 1988,(8). − 106 − 107
25369 ≪본보기≫ / 석정애 // 소년아동. − 1988,(8). − 93 − 98
25370 새벽이슬 / 리욱일 // 소년아동. − 1988,(8). − 1
25371 얼음사람과 눈사람 / 림일송 // 소년아동. − 1988,(8). − 84
25372 쥐와 딸랑방울 / 하계 글; 소유 그림 // 소년아동. − 1988,(8). − 63 − 65
25373 책임은 누구한테? // 소년아동. − 1988,(8). − 72
25374 천산대왕을 이긴 봄아씨 / 염홍 // 소년아동. − 1988,(8). − 54 − 62
25375 철호의 고자질 / 민영 // 소년아동. − 1988,(8). − 73
25376 총명한 알락토끼 / 지은화 // 소년아동. − 1988,(8). − 80 − 83
25377 교수봉 / 리명철 // 소년아동. − 1988,(9). − 14
25378 다정한 동무 / 김홍준 // 소년아동. − 1988, (9). − 881
25379 ≪마미≫가 팔려가던 날 / 리순자 // 소년아동. − 1988,(9). − 82 − 83
25380 만년필 / 리학정 // 소년아동. − 1988,(9). − 84
25381 바다속의 무지개동산 / 원도흥 // 소년아동. − 1988,(9). − 85 − 97
25382 백마 / 소국정 각색; 용개은 그림 // 소년아동. − 1988,(9). − 38 − 40
25383 벌방과일과 시골과일 / 최청길 // 소년아동. − 1988,(9). − 24 − 28
25384 생일 / 박범 // 소년아동. − 1988,(9). − 9 − 13
25385 성실 / 기동근 각색; 위지강 그림 // 소년아동. − 1988,(9). − 98 − 100
25386 소내기 / 리주근 // 소년아동. − 1988,(9). − 123 − 124
25387 아빠기러기 / 량박 // 소년아동. − 1988,(9). − 61 − 76
25388 알락까치야 / 김학송 // 소년아동. − 1988,(9). − 1
25389 야심쟁이의 끝장 / 리영분 // 소년아동. − 1988,(9). − 78 − 79
25390 화해 못할 사이 / 강금희 // 소년아동. − 1988,(9). − 51 − 53
25391 과외써클 좋아요 / 리일석 // 소년아동. − 1988,(10). − 26
25392 꽃자동차 / 김영훈 // 소년아동. − 1988,(10). − 1
25393 끝나지 않은 경기 / 리영철 // 소년아동. − 1988,(10). − 92 − 100
25394 날마다 피는 꽃 / 리혜영 // 소년아동. − 1988, (10). − 66 − 67
25395 ≪네탈내탈≫ / 김복자 // 소년아동. − 1988,(10). − 10 − 22
25396 수탉이 알을 낳는대요 / 심송보 // 소년아동. − 1988,(10). − 71 − 75
25397 순희의 어머니 / 첨대얼 글; 서중익 그림 // 소년아동. − 1988,(10). − 23 − 25
25398 알락이와 멍멍이 / 박춘연 // 소년아동. − 19

88,(10). − 1 − 7 − 109
25399 암페르의 이야기 / 장수영 글; 위지강 그림 // 소년아동. − 1988,(10.) − 90 − 91
25400 애기풀과 바람할아버지 / 김애자 // 소년아동. − 1988,(10). − 116
25401 죄범은 누구인가? / 소년아동. − 1988,(10). − 101
25402 콩짐 실은 당나귀 // 소년아동. − 1988,(10). − 84 − 86
25403 꿈을 꾸었어요 / 김수련 // 소년아동. − 1988,(11). − 11
25404 나의 조카 / 리금옥 // 소년아동. − 1988,(11). − 82
25405 내가 보낸 성적증 / 김숙 // 소년아동. − 1988,(11). − 1
25406 누구의 공로일가 / 장광조 // 소년아동. − 1988,(11). − 55 − 63
25407 눈밝은 경관 // 소년아동. − 1988,(11). − 54
25408 불쌍한 아이 / 김화선 // 소년아동. − 1988,(11). − 83 − 84
25409 삶은 닭알 다섯알 / 개개 글; 곽길 그림 // 소년아동. − 1988,(11). − 50 − 54
25410 새빨간 일요일 / 차수남 // 소년아동. − 1988,(11). − 12 − 23
25411 선생님과 학생 // 소년아동. − 1988,(11). − 112 − 113
25412 앵두와 국왕 / 림선덕 글; 조혁한 그림 // 소년아동. − 1988,(11). − 94
25413 할아버지나무와 손자나무 / 림금산 // 소년아동. − 1988,(11). − 26 − 27
25414 금주와 석두 / 우일 각색; 왕복림 그림 // 소년아동. − 1988,(12). − 100 − 105
25415 김경석 동요묶음 / 김경석 // 소년아동. − 1988,(12). − 83 − 89
25416 땀방울 / 최상철 // 소년아동. − 1988,(12). − 122
25417 미래의 ≪환상소설가≫ / 리명호 // 소년아동. − 1988,(12). − 91 − 92
25418 아버지가 1등 / 변성 // 소년아동. − 1988,(12). − 125
25419 주머니를 떼운 염소할머니 / 김진렬 // 소년아동. − 1988,(12). − 90
25420 쥐네 사형제 / 장두욱 // 소년아동. − 1988,(12). − 38 − 41
25421 짐승들이 세운 기념비 / 허범 // 소년아동. − 1988,(12). − 72 − 82
25422 한가위날 밤의 달 / 포광만 // 소년아동. − 1988,(12). − 15 − 29
25423 곰과 여우 / 박준범 // 소년아동. − 1989,(1). − 12 − 18
25424 기묘한 궁전 / 조국명 // 소년아동. − 1989,(1). − 57 − 61
25425 기쁜 소식 // 꽃동산. − 1989,(1). − 16
25426 나의 어머니 / 김시봉 // 소년아동. − 1989,(1). − 62 − 63
25427 달나라 / 윤문섭 // 소년아동. − 1989,(1). − 65
25428 동생참개구리의 뉘우침 / 최성학 // 중국조선어문. − 1989,(1). − 15
25429 두령이 된 토끼 / 루비보 // 꽃동산. − 1989,(1). − 20 − 22
25430 똑딱선 / 리홍순 // 소년아동. − 1989,(1). − 27 − 29
25431 린색한 지주 / 김민 // 꽃동산. − 1989,(1). − 14
25432 매미 / 황상박 정리 // 예술세계. − 1989,(1). − 84
25433 봄눈 / 고선화 // 꽃동산. − 1989,(1). − 31
25434 봄제비 / 최룡국 // 꽃동산. − 1989,(1). − 29
25435 비누풍선 / 강길 // 소년아동. − 1989,(1). − 56
25436 빠치의 머리 / 웅효란 // 소년아동. − 1989,(1). − 99 − 109
25437 새끼곰 / 최룡국 // 꽃동산. − 1989,(1). − 25
25438 생쥐와 범 / 붕상 // 꽃동산. − 1989,(1). − 24 − 25
25439 세발짜리 구운닭 / 리일군 // 소년아동. − 1989,(1). − 110 − 115
25440 쇠돈 한잎 / 방용 // 꽃동산. − 1989,(1). − 17
25441 숭산에 올라서 / 림려홍 // 소년아동. − 1989,(1).

－63－65
25442 숲속의 검은 그림자 / 가보성 개편; 주사달 그림 // 소년아동.－1989,(1).－45－49
25443 위생검열 / 리욱일 // 소년아동.－1989,(1).－72－74
25444 인상 / 백령 // 꽃동산.－1989,(1).－18－19
25445 잔꾀를 부리다 // 소년아동.－1989,(1).－61
25446 책상 / 문려화 // 꽃동산.－1989,(1)－15－16
25447 철이와 철수 / 리성일 // 꽃동산.－1989,(1).－8－10
25448 축하문 // 꽃동산.－1989,(1).－5
25449 필통안에서의 쟁론 / 증도 // 꽃동산.－1989,(1).－28－29
25450 하나로 이어진 고무줄 / 전춘식 // 소년아동.－1989,(1).－83－93
25451 할아버지와 여우 // 꽃동산.－1989,(1).－12－14
25452 혀와 이발 / 다빈치 // 꽃동산.－1989,(1).－19
25453 고드름 / 강효삼 // 꽃동산.－1989,(2).－3
25454 그의 운명이 어떻게 될지 / 최홍매 // 중국조선어문.－1989,(2).－47－49
25455 금성에 가서 살렵니다 // 소년아동.－1989,(2).－111
25456 꽃바람이 부는 날 / 리영옥 // 소년아동.－1989,(2).－66－71
25457 나는… / 야초 // 꽃동산.－1989,(2).－14
25458 나의 어머니는 개체로동자예요 / 도려 // 꽃동산.－1989,(2).－15
25459 남동생 / 최성화 // 중국조선어문.－1989,(2).－54
25460 널 뛰기터 / 조해연 // 중국조선어문.－1989,(2).－57
25461 다같은 여름이건만 / 예정 // 소년아동.－1989,(2).－86－93
25462 달아가씨와 반디불 / 정치수 // 소년아동.－1989,(2).－29－35
25463 두만강은 나의 고향 / 김학송 // 소년아동.－1989,(2).－73
25464 량수 / 한정춘 // 소년아동.－1989,(2).－101－104
25465 무슨 색갈이 제일 아름다울가요? / 포천근 // 꽃동산.－1989,(3).－6－8
25466 무엇때문일가요? / 림향매 // 중국조선어문.－1989,(2).－58－59
25467 물고기의 색갈 / 장익봉 // 꽃동산.－1989,(2).－16
25468 봉변당한 황새 / 김영학 // 꽃동산.－1989,(2).－20－21
25469 봉창에 든 다람쥐 / 김복자 // 꽃동산.－1989,(2).－18－19
25470 ≪새끼다람쥐≫ / 정문준 // 꽃동산.－1989,(2)－8
25471 새빨간 거짓말 // 소년아동.－1989,(2).－119
25472 세개의 민들레씨 / 성문 // 꽃동산.－1989,(2).－24－25
25473 수탉의 뉘우침 // 꽃동산.－1989,(2).－30－31
25474 숲속의 꽃망울들 / 석정애 // 중국조선어문.－1989,(2).－50
25475 아버지께 부치는 편지 / 소백 // 꽃동산.－1989,(2).－11－12
25476 아버지의 고충 / 오영자 // 중국조선어문.－1989,(2).－52
25477 애고사리 / 김학송 // 꽃동산.－1989,(2).－12
25478 어머니의 사랑 / 김룡찬 // 소년아동.－1989,(2).－108－109
25479 엉큼한 거미 // 소년아동.－1989,(2).－105－107
25480 우리 집≪왕≫ / 조홍화 // 중국조선어문.－1989,(2).－51
25481 잃은것과 얻은것 / 리은화 // 중국조선어문.－1989,(2).－56
25482 잊혀지지 않는 모습 / 리옥화 // 중국조선어문.－1989,(2).－53
25483 자책 / 허명해 // 소년아동.－1989,(2).－109

－110
25484 철이의 이야기 / 사금 글; 주가기 그림 // 소년아동. － 1989,(2). － 78 － 85
25485 캉가루권투왕 / 채진홍 // 소년아동. － 1989,(2). － 94 － 98
25486 토끼와 코끼리 // 꽃동산. － 1989,(2). － 27 － 28
25487 해숙이 / 김주필 // 꽃동산. － 1989,(2). － 4 － 7
25488 형제 / 박덕준 // 소년아동. － 1989,(2). － 111
25489 흰색과 붉은색 / 조영방 // 꽃동산. － 1989,(2). － 13
25490 힘 / 제대위 // 꽃동산. － 1989,(2). － 14
25491 가을의 자랑 / 신홍화 // 꽃동산. － 1989,(3). － 28
25492 가죽장화를 산 얼룩고양이 / 왕리아 // 꽃동산. － 1989,(3). － 22 － 23
25493 ≪경험교류≫ // 연병 // 소년아동. － 1989,(3). － 109
25494 고니와 들오리 / 엽위 // 꽃동산. － 1989,(3). － 18
25495 꼬리가 길면 밟힌다 // 꽃동산. － 1989,(3). － 27
25496 꽃방석 / 김희현 // 소년아동. － 1989,(3). － 44 － 45
25497 나의 ≪보따리≫ / 양향화 // 중국조선어문. － 1989,(3). － 41 － 42
25498 나의 생일 / 정금산 // 꽃동산. － 1989,(3). － 29
25499 난 거짓말쟁이로 되었어요 / 홍성금 // 중국조선어문. － 1989,(3). － 39 － 40
25500 난 크면 간호원이 될래요 / 임용 // 소년아동. － 1989,(3). － 52 － 54
25501 난 크면 군대가 되리라 / 조립민 // 소년아동. － 1989,(3). － 49 － 51
25502 눈이 온다야 / 방태길 // 소년아동. － 1989,(3). － 1
25503 만딸라를 절도당한 후 // 소년아동. － 1989,(3). － 107 － 109
25504 면장이 되려다가 / 윤영민 // 소년아동. － 1989,(3). － 116 － 117
25505 무지개 / 김득만 // 꽃동산. － 1989,(3). － 8
25506 백설전투 / 안성범 // 중국조선어문. － 1989,(3). － 44
25507 사슴을 찾아온 오소리 / 김박문 // 소년아동. － 1989,(3). － 114 － 115
25508 선생님의 생일 / 진추영 // 소년아동. － 1989,(3). － 11 － 21
25509 성공 / 허지용 // 소년아동. － 1989,(3). － 46 － 47
25510 ≪소년부사≫의 눈물 / 김혁 // 소년아동. － 1989,(3). － 77 － 84
25511 쓰레기의 자랑 / 허봉남 // 소년아동. － 1989,(3). － 22 － 23
25512 아버지의 마음 / 김순실 // 중국조선어문. － 1989,(3). － 45 － 46
25513 어머니, 자유를 주세요 / 류홍매 // 중국조선어문. － 1989,(3). － 43 － 44
25514 영광과 기쁨을 느껴요 / 김홍란 // 중국조선어문. － 1989,(3). － 47
25515 원숭이의 재판 // 꽃동산. － 1989,(3). － 24 － 26
25516 유리창문 닦아요 / 최영란 // 소년아동. － 1989,(3). － 48
25517 윤아와 은룡이 / 조진태 // 꽃동산. － 1989,(3). － 16 － 18
25518 처음 빈 돈으로 / 부영녕 글; 채해리 그림 // 소년아동. － 1989,(3). － 27 － 31
25519 친구없는 고뇌 / 김춘식 // 꽃동산. － 1989,(3). － 4 － 5
25520 코끼리와 들쥐 / 김봉련 // 소년아동. － 1989,(3). － 56 － 70
25521 코떼운 허풍쟁이 / 서용활 // 소년아동. － 1989,(3). － 110 － 111
25522 걸상소리, 마치소리 / 김성권 // 소년아동. － 1989,(4). － 15
25523 고의적인 행위 // 소년아동. － 1989,(4). － 95
25524 고추밭에서 / 강춘영 // 꽃동산. － 1989,(4). －

6－7
25525 금돈 두잎 / 려덕화 // 꽃동산.－1989,(4).－4
25526 나팔주둥이 / 최문섭 // 꽃동산.－1989,(4).－9
25527 낯선 이국땅에서 / 석정정 // 꽃동산.－1989,(4).－12－14
25528 동북범의 변명 / 최청길 // 소년아동.－1989,(4).－36－39
25529 동생의 숙제책 / 민경림 // 소년아동.－1989,(4).－80－82
25530 민들레 / 박설화 // 꽃동산.－1989,(4).－29
25531 바이올린수 / 하남 각색; 성관륜 그림 // 소년아동.－1989,(4).－51－57
25532 보석 / 엄동화 // 꽃동산.－1989,(4).－14
25533 봄을 찾아 / 김춘애 // 꽃동산.－1989,(4).－30
25534 생일선물 / 유요진 // 꽃동산.－1989,(4).－11
25535 세배 / 송희 // 소년아동.－1989,(4).－85－86
25536 시내물 / 강운룡 // 소년아동.－1989,(4).－1
25537 신 한짝 / 최옥현 // 꽃동산.－1989,(4).－28
25538 열쇠와 자물쇠의 쟁론 / 반문림 // 소년아동.－1989,(4).－87－94
25539 우리를 부른 봄 / 맹봉은 // 꽃동산.－1989,(4).－27
25540 우리 학교 운동대회 / 조원혜 // 꽃동산.－1989,(4).－31
25541 젊은 사냥군들의 울음소리 / 주요혜; 범립명 // 소년아동.－1989,(4).－13－14
25542 젖이 / 범석림 // 소년아동.－1989,(4)－16－34
25543 쫓겨난 멍멍이 / 김원숙 // 소년아동.－1989,(4).－69－73
25544 참새 / 리경매 // 꽃동산.－1989,(4).－32
25545 할머니의 생일날 / 김명옥 // 소년아동.－1989,(4).－83－84
25546 가정오락회 / 정요화 // 중국조선어문.－1989,(5).－50
25547 거미와 손님 / 최옥자 // 중국조선어문.－1989,(5).－42－43
25548 고모의 비밀 / 상장강 // 꽃동산.－1989,(5).－15
25549 꽃사슴의 비극 / 왕건국 // 꽃동산.－1989, (5).－32
25550 꿀을 사온 꼬마곰 / 왕건국 // 꽃동산.－1989,(5).－10
25551 꿈 / 김옥 // 소년아동.－1989,(5).－16－19
25552 꿈 / 윤봉선 // 소년아동.－1989,(5).－69－71
25553 딱친구 / 석연미 // 꽃동산.－1989,(5).－23－25
25554 나도 꼭 달나라에 오를테야 / 송희 // 중국조선어문.－1989,(5).－49
25555 나와 병아리 / 강해란 // 꽃동산.－1989,(5).－26－27
25556 내가 만약 어른이라면... / 조사해 // 소년아동.－1989,(5).－71－73
25557 내가 한 일 / 남호성 // 꽃동산.－1989,(5).－27
25558 눈사람 / 강수련 // 꽃동산.－1989,(5).－16－17
25559 단추에 깃든 이야기 / 임홍복 글; 서무림 글 // 소년아동.－1989,(5).－29－31
25560 대포쟁이 / 왕지충 // 꽃동산.－1989,(5).－7
25561 량심을 잃어버린 안건 / 방숭지 // 소년아동.－1989,(5).－20－28
25562 메뚜기농사 / 주덕진 // 소년아동.－1989,(5).－66－67
25563 미국의 한 10살나는 어린이가 부모에 대한 9가지 요구 // 꽃동산.－1989,(5).－13
25564 보모질하던 날 / 강련화 // 중국조선어문.－1989,(5).－51
25565 봄날의 눈물 / 김중근 // 꽃동산.－1989,(5).－22
25566 살구장사군과 식칼장사군 / 왕영락 개편; 관수신 그림 // 소년아동.－1989,(5).－101－102
25567 아버지 / 채선옥 // 중국조선어문.－1989,(5).－48
25568 아주머니가 재가하던 날 / 박룡남 // 중국조선어문.－1989,(5).－45
25569 아침과 저녁 / 아수근 // 꽃동산.－1989,(5).－12

25570 어머니께 드리는 선물 / 김련화 // 중국조선어문. – 1989,(5). – 47
25571 오가는 마음 / 박영철 // 소년아동. – 1989,(5). – 74 – 87
25572 원쑤갚은 병아리 / 황의청 // 소년아동. – 1989,(5). – 103 – 105
25573 재미나는 도화시간 / 리성진 // 소년아동. – 1989,(5). – 1
25574 지혜로 거부기를 이긴 고양이 / 홍경업 // 꽃동산. – 1989,(5). – 8 – 10
25575 징검다리 / 남미란 // 중국조선어문. – 1989,(5). – 46
25576 창밖에 던진 가방 / 민병양 // 소년아동. – 1989,(5). – 119
25577 초불은 탄다 / 전명화 // 중국조선어문. – 1989,(5). – 44
25578 친선의 놀이터 / 김령연 // 꽃동산. – 1989,(5). – 21
25579 티끌모아 태산 // 꽃동산. – 1989,(5). – 31
25580 파아란 손수건 / 김홍 // 소년아동. – 1989,(5). – 68 – 69
25581 항아리와 마치 / 오대룡 // 소년아동. – 1989,(5). – 10 – 11
25582 호기심이 많은 도크 // 소년아동. – 1989,(5). – 83 – 87
25583 가정방문 / 김주일 // 꽃동산. – 1989,(6). – 31
25584 거부기의 눈 / 리소백 // 소년아동. – 1989,(6). – 109 – 113
25585 나의 고민 / 조홍매 // 중국조선어문. – 19 89,(6). – 43 – 44
25586 나의 필갑통 / 리홍매 // 소년아동. – 1989,(6). – 48 – 49
25587 노을속에 걷는 길 / 김응준 // 소년아동. – 1989,(6). – 9 – 10
25588 량심 / 리향옥 // 소년아동. – 1989,(6). – 11 – 15
25589 렬차칸에서 있은 일 / 박선희 // 소년아동. – 1989,(6). – 51 – 53
25590 마무리지 못한 안건 / 요흠림 // 소년아동. – 1989,(6). – 99 – 102
25591 머리에 베개가 붙은 아이 / 엄민수 // 소년아동. – 1989,(6). – 16 – 18
25592 ≪면목모를 할머니≫ / 천금란 // 소년아동. – 1989,(6). – 49 – 50
25593 반디불 / 박련화 // 소년아동. – 1989,(6). – 47
25594 보석도적은 누구? // 소년아동. – 1989,(6). – 94 – 95
25595 서생의 초가집 / 소백 // 꽃동산. – 1989,(6). – 8
25596 소꿉동무 철이 / 김순희 // 중국조선어문. – 1989,(6). – 41 – 42
25597 싸움 / 변홍 // 소년아동. – 1989,(6). – 95
25598 아,축구뽈 / 류덕화 // 꽃동산. – 1989,(6). – 5 – 7
25599 우리 선생님 / 허경남 // 꽃동산. – 1989,(6). – 24 – 25
25600 의심스러운 축구시합 / 수일심 // 소년아동. – 1989,(6). – 63 – 79
25601 임자없는 돈가방 / 호묵인 // 꽃동산. – 1989,(6). – 12 – 13
25602 입학한 첫날 / 장지군 // 꽃동산. – 1989,(6). – 10 – 11
25603 잊을수 없는 그 여자애 / 주춘화 // 중국조선어문. – 1989,(6). – 45
25604 참새 / 왁방 // 꽃동산. – 1989,(6). – 4
25605 첫눈 / 김학송 // 꽃동산. – 1989,(6). – 19
25606 파란 잔디 / 강효삼 // 소년아동. – 1989,(6). – 1
25607 포도 / 김소향 // 꽃동산. – 1989,(6). – 25
25608 형님과 동생 / 기동군 글;정서림 그림 // 소년아동. – 1989,(6). – 43 – 46
25609 ≪깍쟁이≫ / 류성근 // 소년아동. – 1989,(7). – 66 – 67
25611 남호공원에서 / 리봉화 // 소년아동. – 1989,(7). – 91 – 92
25612 도적 / 김일명 글;룩녀호 그림 // 소년아동. – 1989,(7). – 60 – 63

25613 어머니의 비밀 / 풍광 // 소년아동. - 1989,(7). - 3 - 6
25614 우리 마을 과수원 / 허향비 // 소년아동. - 1989,(7). - 93
25615 제 무덤을 판 승냥이 / 강형만 // 소년아동. - 1989,(7). - 68 - 69
25616 참관 / 박덕준 // 소년아동. - 1989,(7). - 45 - 51
25617 처음으로 찾아온 아침 / 리지록 // 소년아동. - 1989,(7). - 32 - 36
25618 철을 모르는 꿀꿀이 / 박유라 // 소년아동. - 1989,(7). - 57 - 59
25619 키크는 우리 집 / 장용환 // 소년아동. - 1989,(7). - 37 - 38
25620 풍파 / 김복자 // 소년아동. - 1989,(7). - 7 - 10
25621 군대형님이 보내온 편지 / 김성화 // 소년아동. - 1989,(8). - 69 - 71
25622 꼬마월계화 / 우약 // 소년아동. - 1989,(8). - 112 - 116
25623 누가 더 관심하나 / 허두남 // 소년아동. - 1989,(8). - 19 - 20
25624 도주자를 붙잡다 // 소년아동. - 1989,(8). - 92
25625 래일 / 문준 // 소년아동. - 1989,(8). - 89 - 91
25626 마지막 축구시합 // 소년아동. - 1989,(8). - 50 - 53
25627 머리 아홉개 달린 도적 // 소년아동. - 1989,(8). - 22 - 31
25628 실패끝에 성공 / 김강 // 소년아동. - 1989,(8). - 71 - 72
25629 ≪융통성≫ // 소년아동. - 1989,(8). - 80 - 81
25630 자기를 잃어버린 아이 / 허봉남 // 소년아동. - 1989,(8). - 82 - 88
25631 진짜일요일 / 심호성 // 소년아동. - 1989,(8). - 73 - 79
25632 황소의 꿈 / 허범 // 소년아동. - 1989,(8). - 56 - 61
25633 꼬마낚시군 / 김만석 // 소년아동. - 1989,(9). - 75
25634 낚시질하러 가던 길에 / 정문준 // 소년아동. - 1989,(9). - 44 - 48
25635 누가 했을가 / 김세련 // 소년아동. - 1989,(9). - 42
25636 눈이 빨개진 재롱이 / 최상철 // 소년아동. - 1989,(9). - 31 - 36
25637 ≪사랑의 매≫ / 김홍화 // 소년아동. - 1989,(9). - 95 - 96
25638 생일선물 / 리진우 // 소년아동. - 1989,(9). - 54 - 56
25639 숲속의 길동무 / 허충남 // 소년아동. - 1989,(9). - 49 - 53
25640 쌀독에 든 쥐 / 황화성 // 소년아동. - 1989,(9). - 74
25641 아침달리기를 하던 날 / 장순화 // 소년아동. - 1989,(9). - 97 - 99
25642 연이와 버들잎소년 // 소년아동. - 1989,(9). - 65 - 74
25643 지혜로운 로인들 / 림목 글;김위창 그림 // 소년아동. - 1989,(9). - 57 - 61
25644 그 인사가 나는야 좋아 / 홍광표 // 소년아동. - 1989,(10). - 1
25645 기특한 마음 / 신철민 // 소년아동. - 1989,(10). - 38 - 40
25646 도박 / 백창룡 // 소년아동. - 1989,(10). - 103 - 104
25647 마음속의 검은 점 / 강수영 // 소년아동. - 1989,(10). - 35 - 36
25648 바람 / 전춘식 // 소년아동. - 1989,(10). - 41 - 46
25649 불타는 바위 / 황령아 // 소년아동. - 1989,(10). - 22 - 34
25650 붉어진 얼굴 / 김창학 // 소년아동. - 1989,(10). - 4 - 7
25651 새끼참새 / 리경매 // 소년아동. - 1989,(10). - 101 - 102
25652 소음국 / 설옥상 글;류지강 그림 // 소년아동. - 1989,(10). - 15 - 18

25653 숨겨왔던 바구니 / 박응준 // 소년아동. – 1989,(10). – 72 – 78
25654 아침달리기 / 남영실 // 소년아동. – 1989,(10). – 37
25655 ≪6.1절≫공연 / 방방 글;황길국 그림 // 소년아동. – 1989,(10). – 68 – 71
25656 잠자리의 공소/ 장두욱// 소년아동. – 1989,(10). – 93 – 94
25657 조약돌 / 최문섭 // 소년아동. – 1989,(10). – 19 – 21
25658 청개구리와 딱따구리 // 소년아동. – 1989,(10). – 79
25659 춤추는 호랑이 // 소년아동. – 1989,(10). – 105 – 107
25660 팔목걸이를 훔친자는 누구? // 소년아동. – 1989,(10). – 80
25661 강변에 심은 꿈 / 최동일 // 소년아동. – 1989,(11). – 18 – 22
25662 거울에 비낀 얼굴 / 정윤흠 // 소년아동. – 1989,(11). – 95 – 109
25663 돈지갑사건 / 주경 // 소년아동. – 1989,(11). – 25 – 33
25664 돌이의 대답 / 동소 // 소년아동. – 1989,(11). – 109
25665 동전과 바꾼 목숨 / 리주흠 // 소년아동. – 1989,(11). – 23 – 24
25666 별 / 최옥 // 소년아동. – 1989,(11). – 73 – 74
25667 빗쪼르릉 고운 새야 / 윤복진 // 소년아동. – 1989,(11). – 1
25668 삼림속에서 / 장홍 // 소년아동. – 1989,(11). – 11 – 15
25669 여우와 포도 // 소년아동. – 1989,(11). – 47 – 49
25670 재봉사와 학도 / 호상 글;조류부 그림 // 소년아동. – 1989,(11). – 52 – 58
25671 하고싶은 말 / 허청화 // 소년아동. – 1989,(11). – 42 – 46
25672 감자의 출국꿈 / 대진 // 소년아동. – 1989,(12). – 64 – 67
25673 거부기의 눈 / 벽파 // 소년아동. – 1989,(12). – 69 – 73
25674 거울 / 방성란 // 소년아동. – 1989,(12). – 74 – 76
25675 귀밀주머니 / 초풍 글;락명상 그림 // 소년아동. – 1989,(12). – 40 – 44
25676 꽃동산극장에서 생긴 일 / 림철 // 소년아동. – 1989,(12). – 54 – 56
25677 낚시질 / 박광문 // 소년아동. – 1989,(12). – 77 – 79
25678 노래주머니 / 리원수 // 소년아동. – 1989,(12). – 57 – 63
25679 말하는 거울/ 김득순 // 소년아동. – 1989,(12). – 45 – 51
25680 아기진달래 / 리태학 // 소년아동. – 1989,(12). – 68
25681 엉뚱한 대답 // 소년아동. – 1989,(12). – 120 – 122
25682 왜가리의 안경 / 안도성 // 소년아동. – 1989,(12). – 92 – 99
25683 우정 / 최상화 // 소년아동. – 1989,(12). – 25 – 28
25684 이웃들의 알륵 // 소년아동. – 1989,(12). – 118 – 119
25685 하늘에 올라 / 김학송 // 소년아동. – 1989,(12). – 52 – 53
25686 현장의 딸 / 김창규 // 소년아동. – 1989,(12). – 9 – 16
25687 흰소리치던 염소 / 리송필 // 소년아동. – 1989,(12). – 37 – 39
25688 곱다가도 미운 남동생 / 최설화 // 중국조선어문. – 1990,(1). – 45
25689 구름 / 진현란 // 꽃동산. – 1990,(1). – 29
25690 꿈 / 주명명 // 꽃동산. – 1990,(1). – 4
25691 렴치없는 기름개구리 / 구형회 // 꽃동산. – 1990,(1). – 31 – 32
25692 목욕하던 날 / 김연매 // 중국조선어문. –

1990,(1).－43
25693 100점이 무엇이길래 / 방명 // 중국조선어문. －1990,(1).－43
25694 뽕나무와 사마귀 / 장의 // 꽃동산.－1990,(1). －23
25695 선생님께 드리는 선물 / 리연니 // 꽃동산.－1990,(1).－16
25696 손님대접 / 류검 // 꽃동산.－1990,(1).－15
25697 알게 될거야 / 강효삼 // 꽃동산.－1990,(1).－7
25698 애나무잎동화 / 김파 // 꽃동산.－1990,(1).－8
25699 이쑤시개를 쓰지 말자요 / 위자 // 꽃동산.－1990,(1).－27
25700 집에 돌아간 뒤 / 황수기 // 꽃동산.－1990,(1). －5－7
25701 짤룩이는 무엇을 몰랐나 / 김우경 // 꽃동산. －1990,(1).－21－23
25702 쫓겨난 너구리 / 김박문 // 꽃동산.－1990,(1). －25－26
25703 축구시합 / 방일청 // 중국조선어문.－1990,(1). －44
25704 가짜증거 // 소년아동. －1990,(2).－94
25705 거울 / 김현순 // 꽃동산.－1990,(2).－22
25706 게사니는 왜 고기를 먹지 않는가? / 박세일 // 소년아동.－1990,(2).－95－96
25707 금눈원숭이의 야간순찰 / 장극명 // 꽃동산. －1990,(2).－4－6
25708 까불이 룡일이 / 안호언 // 꽃동산.－1990,(2). －25－26
25709 꼭 보내고야말 편지 / 김단 // 중국조선어문.－1990,(2).－52－53
25710 나비를 잡다 / 리지군 // 소년아동.－1990,(2). －48－49
25711 너무나 옹졸했댔어요 / 채영실 // 중국조선어문.－1990,(2).－45－46
25712 눈사람과 꼬마토끼 / 개여익 // 꽃동산.－1990,(2).－19
25713 ≪도적≫이 되였던 주인 / 리희건 // 꽃동산.－1990,(2).－18－19
25714 먹물 마신 곰대왕 / 오대룡 // 소년아동.－1990,(2).－110－111
25715 반쪽이 / 리원수 // 소년아동.－1990,(2).－50 －59
25716 봄소식 / 손인회 // 꽃동산.－1990,(2).－7
25717 부모의 ≪사랑≫ / 동명숙 // 소년아동.－1991,(2).－45－47
25718 사자와 여우 / 설현영 // 꽃동산.－1990,(2). －32
25719 새파란 승냥이 // 꽃동산.－1990,(2).－20－21
25720 서예경연을 앞두고 / 주원룡 / 소년아동.－1990,(2).－40－43
25721 설날의 골치거리 / 현연희 // 꽃동산.－1990,(2). －28
25722 수양버들 / 홍용암 // 꽃동산.－1990,(2).－12
25723 시험 / 김동호 // 소년아동.－1990,(2).－19
25724 실종된 수상자 / 한진 // 소년아동.－1990, (2).－20－32
25725 애솔나무의 불행 / 왕개빈 // 소년아동.－1990,(2).－90－92
25726 여우와 토끼 / 팽국량 글;팽명화 그림 // 소년아동.－1990,(2).－38－39
25727 오빠의 후회 / 최억금 // 꽃동산.－1990,(2).－24－25
25728 온천 / 장추생 // 꽃동산.－1990,(2).－14－15
25729 우리집 오락회 / 라경호 // 소년아동.－1990,(2). －93
25730 일이 약이다 // 꽃동산.－1990,(2).－29
25731 잊을수 없는 일본아지미 / 장청란 // 중국조선어문.－1990,(2).－50－51
25732 점박이와 얼룩이 / 렴정선 // 중국조선어문.－1990,(2).－48－49
25733 조롱박열매와 잎사귀 / 락연 글;조순림 그림 // 소년아동.－1990,(2).－97－99
25734 조롱박영웅 / 윤매화 // 중국조선어문.－1990,(2). －47－48
25735 진짜효동이 / 신국봉 // 소년아동.－1990,(2).－

100－104
25736 차표를 샀어요 / 리영 // 꽃동산.－1990,(2).－10－11
25737 《텔레비감독》과 《텔레비귀신》 / 지연 // 중국조선어문.－1990,(2).－53－54
25738 황새와 도적 // 꽃동산.－1990,(2).－30－31
25739 개미가 본 집 / 현영 // 꽃동산.－1990,(3).－10
25740 경찰의 책임 / 정성형 // 꽃동산.－1990,(3).－17
25741 기쁨 / 안향순 // 꽃동산.－1990,(3).－26－27
25742 꼭 그런것도 아닙니다 / 장영장 // 꽃동산.－1990,(3).－13
25743 꽃이 웃는 곳 / 전춘식 // 소년아동.－1990,(3).－36－43
25744 나와 봄잔디 / 성연일 // 소년아동.－1990,(3).－68
25745 년하장 / 오은희 // 꽃동산.－1990,(3).－28
25746 노력의 열매 / 김영옥 // 중국조선어문.－1990,(3).－48
25747 누구탓일가 / 전승화 // 소년아동.－1990,(3).－28
25748 눈물 / 김옥매 // 꽃동산.－1990,(3).－24－25
25749 《달력재판장》의 충고 / 정호원 // 소년아동.－1990,(3).－73－77
25750 달빛에 깃든 수수께끼 // 소년아동.－1990,(3).－101
25751 말벌과 말거미 / 장두욱 // 소년아동.－1990,(3).－69－72
25752 봄아씨마중 / 김신옥 // 중국조선어문.－1990,(3).－43－44
25753 비누풍선 / 김욱 // 꽃동산.－1990,(3).－12
25754 사과 두알 / 양만봉 // 소년아동.－1990,(3).－48－4
25755 사과 세알 / 조금산 // 소년아동.－1990,(3).－52－57
25756 삼월개띠 / 최지광 // 중국조선어문.－1990,(3).－44
25757 승냥이의 참회 / 왕건국 // 꽃동산.－1990,(3).－13－15
25758 아버지,언제면…. / 최홍매 // 중국조선어문.－1990,(3).－45
25759 영웅소년 뢰녕 / 장수영 글;장매 그림 // 소년아동.－1990,(3).－4－7
25760 오빠의 련애편지 / 김윤일 // 중국조선어문.－1990,(3).－42－43
25761 이름난 정탐 베베 / 곽량 // 꽃동산.－1990,(3).－11－12
25762 이마터진 《까불이》 / 허두남 // 꽃동산.－1990,(3).－30
25763 이상야릇한 감정 / 김연자 // 중국조선어문.－1990,(3).－46－47
25764 21세기 려행기 / 리용군 // 꽃동산.－1990,(3).－21－22
25765 자꾸자꾸 / 김득만 // 소년아동.－1990,(3).－100
25766 저울눈과 저울추 / 방란 // 소년아동.－1990,(3).－92
25767 전해들은 이야기 / 가란방 // 꽃동산.－1990,(3).－4
25768 점수 / 리리 // 소년아동.－1990,(3).－50－51
25769 정의를 지키다 / 장삼 // 꽃동산.－1990,(3).－18－19
25770 청소 / 김영애 // 소년아동.－1990,(3).－47－48
25771 코 떼버린 꼬마코끼리 / 정문준 // 꽃동산.－1990,(3).－5－6
25772 햇내기선생님 / 리해옥 // 중국조선어문.－1990,(3).－47
25773 흰나비의 끝장 / 리진성 // 소년아동.－1990,(3).－62－63
25774 거부기직일관 / 만우학 // 꽃동산.－1990,(4).－10－11
25775 고간에 갇힌 곰 / 김동학 // 소년아동.－1990,(4).－43－44
25776 고추와 수박(외 3편) / 왕근송 // 동북후비군.－1990,(4).－48
25777 과학적인 구상 / 한정희 // 소년아동.－1990,(4).－78－81

25778 그림 / 류영 // 소년아동. – 1990,(4). – 93 – 94
25779 날다리미 / 최문섭 // 꽃동산. – 1990,(4). – 27
25780 너럭바위우에 있는 올챙이 / 사화 // 꽃동산. – 1990,(4). – 5 – 6
25781 당나귀와 천리마 / 전흔보 // 꽃동산. – 1990,(4). – 31
25782 되돌린 100점 / 리효명 // 꽃동산. – 1990,(4). – 13
25783 ≪뚝보≫아버지 / 최송희 // 중국조선어문. – 1990,(4). – 41 – 42
25784 마지막 한 문제 / 홍정선 // 소년아동. – 1990,(4). – 88 – 91
25785 ≪멍청이≫아버지 / 리림 // 꽃동산. – 1990,(4). – 15
25786 봄비 / 최상철 // 소년아동. – 1990,(4). – 64
25787 불동이와 물동이 / 종이병 // 꽃동산. – 1990,(4). – 22 – 23
25788 생일상을 못 받은 산토끼 / 김의훈 // 소년아동. – 1990,(4). – 51 – 52
25789 선생님 물음 / 류광희 // 소년아동. – 1990,(4). – 104
25790 세가지 보물 / 리원 // 소년아동. – 1990,(4). – 53 – 59
25791 수리개와 까마귀 / 전흔보 // 꽃동산. – 1990,(4). – 12
25792 시간을 훔친 아이 / 손청봉 // 소년아동. – 1990,(4). – 65 – 77
25793 알락고양이 / 전금란 // 꽃동산. – 1990,(4). – 14
25794 여우의 돈주머니 / 렴득우 // 소년아동. – 1990,(4). – 101 – 103
25795 전자유희놀이터에서 / 강해연 // 꽃동산. – 1990,(4). – 17
25796 종이 한장 / 장혜영 // 소년아동. – 1990,(4). – 92 – 93
25797 하고싶은 말 / 한홍자 // 중국조선어문. – 1990,(4). – 43 – 44
25798 호랑이를 ≪타고달아난≫ 동번 / 광항조 글;조정양 그림 // 소년아동. – 1990,(4). – 46 – 50
25799 황금몽 / 정복순 // 꽃동산. – 1990,(4). – 16
25800 거울 / 리춘화 // 중국조선어문. – 1990,(5). – 44 – 45
25801 김영환아저씨의 연설 // 꽃동산. – 1990,(5). – 2
25802 눈사람 / 김영옥 // 꽃동산. – 1990,(5). – 10 – 11
25803 달콤한 복숭아 / 영심 // 꽃동산. – 1990,(5). – 8 – 9
25804 동년의 노래 / 조설매 // 꽃동산. – 1990,(5). – 22 – 23
25805 락엽 / 서진우 // 꽃동산. – 1990,(5). – 24
25806 루루 / 전춘식 // 꽃동산. – 1990,(5). – 5
25807 마음은 바다로 / 안미란 // 중국조선어문. – 1990,(5). – 47
25808 물과 벼 / 조광성 // 꽃동산. – 1990,(5). – 27 – 28
25809 사탕 여섯알 / 최옥현 // 꽃동산. – 1990,(5). – 26
25810 새로운 높이에로 뛰여오르자 / 김민 // 꽃동산. – 1990,(5). – 3 – 4
25811 18세 소녀 / 리명자 // 중국조선어문. – 1990,(5). – 48
25812 아름다운 마음 / 리영 // 꽃동산. – 1990,(5). – 20 – 21
25813 아버지를 닮아야지 / 로경철 // 중국조선어문. – 1990,(5). – 46
25814 여우와 포도송이 // 소년아동. – 1990,(5). – 113 – 115
25815 출장길에서 / 소단 각색;첩신 그림 // 소년아동. – 1990,(5). – 68 – 72
25816 톨기의 이야기 / 장우흥 // 꽃동산. – 1990,(5). – 17
25817 할머니의 병시중 / 진군 // 소년아동. – 1990,(5). – 94 – 105
25818 호랑이와 소나기 / 남환 // 꽃동산. – 1990,(5). – 31 – 32
25819 훌륭한 스승,미더운 길동무 / 리봉련 // 소년아동. – 1990,(5). – 2
25820 거리에서 얻은 공짜시계 / 관의 // 소년아

동. − 1990,(6). − 8 − 13
25821 꼬마뢰봉,꼬마뢰녕 / 김철우 // 소년아동. − 1990,(6). − 7
25822 나는 못난이 / 정순매 // 중국조선어문. − 1990,(6). − 46
25823 나팔꽃 / 김분녀 // 중국조선어문. − 1990,(6). − 45
25824 뢰녕 작문과 일기 / 뢰녕 // 소년아동. − 1990,(6). − 34 − 36
25825 마음속의 행동 / 허충남 // 소년아동. − 1990,(6). − 45 − 50
25826 맘속 꿈 / 맹봉은 // 꽃동산. − 1990,(6). − 20
25827 미래의 기둥감으로 자라나겠다:뢰봉아저씨의 사적을 읽고서 / 박춘란 // 소년아동. − 1990,(6). − 43 − 44
25828 발해만에서 당한 봉변 / 리태학 // 소년아동. − 1990,(6). − 26 − 33
25829 벽시계 / 김령연 // 소년아동. − 1990,(6). − 116.
25830 별 / 홍청 // 꽃동산. − 1990,(6). − 15
25831 보모를 찾는 곰 / 김민 // 꽃동산. − 1990,(6). − 16 − 17
25832 빙설우에 피여난 붉은 꽃 / 김은화 // 소년아동. − 1990,(6). − 41 − 42
25833 빨간 눈 파란 눈 / 김욱 // 꽃동산. − 1990, (6). − 8
25834 사시절 / 김응준 // 소년아동. − 1990,(6). − 79
25835 새로 전학해 온 동무 / 송강 // 꽃동산. − 1990,(6). − 7 − 8
25836 소년영웅 뢰녕:뢰녕의 사적을 학습하고서 / 리상철 // 소년아동. − 1990,(6). − 39 − 40
25837 여우와 나그네 / 전철봉 // 소년아동. − 1990,(6). − 96 − 101
25838 영화 <<뢰봉이야기>>를 보고서 / 박미향 // 소년아동. − 1990,(6). − 42 − 43
25839 용감히 폭도와 싸운 전숙연 / 송국개 글;왕립생 그림 // 소년아동. − 1990,(6). − 22 − 25
25840 은인을 원쑤로 대하다 / 김민 // 꽃동산. − 1990,(6). − 11 − 12
25841 잊을수 없는 날 / 정혜숙 // 꽃동산. − 1990,(6). − 22 − 23
25842 주은 돈지갑 / 문추월 // 소년아동. − 1990,(6). − 38 − 39
25843 청개구리와 수탉 / 손광례 // 꽃동산. − 1990,(6). − 18
25844 깜장암탉과 그의 귀염둥이들 / 예수근 // 소년아동. − 1990,(7). − 97 − 103
25845 나절로 갈래요 / 최균선 // 소년아동. − 1990, (7). − 61
25846 내기에서 진 전자계산기 / 허두남 // 소년아동. − 1990,(7). − 28
25847 대합실에서 / 김란 // 소년아동. − 1990,(7). − 41
25848 도시의 면모를 개변시킨 아이들 // 소년아동. − 1990,(7). − 104 − 106
25849 뢰녕처럼 책을 탐독하겠다 / 박미령 // 소년아동. − 1990,(7). − 43
25850 변영당 / 역란 글;제갈증인 그림 // 소년아동. − 1990,(7). − 53 − 60
25851 시력 // 동북후비군. − 1990,(7). − 26
25852 식당에서 일어난 풍파 // 소년아동. − 1990,(7). − 46
25853 아버지의 사랑 / 박려란 // 소년아동. − 1990, (7). − 37 − 38
25854 여우와 원숭이 / 황화선 // 소년아동. − 1990,(7). − 39 − 40
25855 전자유희와 숙제 / 김성광 // 소년아동. − 1990,(7). − 29 − 36
25856 철길에 바라오른 달팽이 // 소년아동. − 1990,(7). − 47 − 49
25857 철직당한 학급장 / 류충혁 // 소년아동. − 1990,(7). − 107 − 112
25858 코 떨어진 강아지 / 손유근 // 소년아동. − 1990,(7). − 14 − 21
25859 훌륭한 거울 / 김은영 // 소년아동. − 1990,(7). − 42
25860 고집스런 매 / 김편 글;손홍문 그림 // 소년아동. − 1990,(8). − 31 − 32
25861 금덩이 / 진붕강 // 소년아동. − 1990,(8). − 22 −

24
25862 단풍 / 홍자 // 소년아동. – 1990,(8). – 93
25863 되돌린 10전 / 김기연 // 소년아동. – 1990,(8). – 96
25864 뢰녕식 어린이로 자라날래요 / 김해연 // 소년아동. – 1990,(8). – 102
25865 뢰녕처럼 고향을 사랑하리라 / 리설호 // 소년아동. – 1990,(8). – 94 – 95
25866 말할줄 아는 새 // 동북후비군. – 1990,(8). – 21
25867 매사에서 뢰녕처럼 / 손귀봉 // 소년아동. – 1990,(8). – 99 – 101
25868 변형금강 / 김혁 // 소년아동. – 1990,(8). – 15 – 21
25869 비누풍선을 띄우는 꼬마쥐 / 갈경 // 소년아동. – 1990,(8). – 67 – 73
25870 세팔이의 <<입병>> / 리영철 // 소년아동. – 1990,(8). – 42 – 51
25871 수박밭에서 생긴 일 / 주건아 // 소년아동. – 1990,(8). – 56 – 66
25872 어머니 손 / 리창혁 // 소년아동. – 1990,(8). – 55
25873 위생을 잘 지킬래요 / 김광은 // 소년아동. – 1990,(8). – 96 – 97
25874 참다운 간호원 / 동북후비군. – 1990,(8). – 16
25875 초생달 / 정호원 // 소년아동. – 1990,(8). – 14
25876 칭찬 / 리려화 // 소년아동. – 1990,(8). – 97 – 98
25877 피마주 / 뢰녕 // 소년아동. – 1990,(8). – 91 – 92
25878 한박눈이 내리던 날 / 소평 / 소년아동. – 1990,(8). – 25 – 30
25879 글짓기콩클의 풍파 / 리호 // 소년아동. – 1990,(9). – 55 – 60
25880 별장의 도난사건 // 소년아동. – 1990,(9). – 40
25881 생일날 / 김원섭 // 소년아동. – 1990,(9). – 98 – 126
25882 세동갑 / 동총 // 소년아동. – 1990,(9). – 22 – 25
25883 세팔이의 눈병 / 리영철 // 소년아동. – 1990,(9). – 61 – 68
25884 시장의 아들 / 해애; 해산 // 소년아동. – 1990,(9). – 26 – 39
25885 언약 / 매수 글; 진혜손 그림 // 소년아동. – 1990,(9). – 80 – 87
25886 통곡한 고슴도치어머니 // 대중과학. – 1990,(9). – 7
25887 고스란히 돌려주다 // 소년아동. – 1990,(10). – 79
25888 꼬꼬닭의 시름 / (대만)목자 // 소년아동. – 1990,(10). – 90 – 92
25889 《기남이》 / 리일 // 소년아동. – 1990,(10). – 49 – 50
25890 나의 아버지 / 리봉화 // 소년아동. – 1990,(10). – 52 – 54
25891 나의 언니 / 문혜란 // 소년아동. – 1990,(10). – 44 – 45
25892 뢰녕은 나의 본보기 / 김림호 // 소년아동. – 1990,(10). – 51 – 52
25893 보물을 사온 형제들 / 동총 // 소년아동. – 1990,(10). – 95 – 99
25894 부끄럽던 일 / (대만)일명 // 소년아동. – 1990,(10). – 29 – 30
25895 생일엽서 / 홍영란 // 소년아동. – 1990,(10). – 111 – 115
25896 성공의 비결 / 백매 글; 리전충 그림 // 소년아동. – 1990,(10). – 21 – 27
25897 시장의 아들 / 해산 해애 // 소년아동. – 1990,(10). – 63 – 70
25898 여우의 잔꾀 / 김민 // 소년아동. – 1990,(10). – 33 – 35
25899 의심많은 여우 / 정치수 // 소년아동. – 1990,(10). – 6 – 7
25900 이붓어머니의 생일 / 최척 // 소년아동. – 1990,(10). – 100 – 110
25901 《작문》 / 김영강 // 소년아동. – 1990,(10). – 31 – 33

25902 지워진 이름 / 전춘식 // 소년아동. − 1990,(10). − 80 − 83
25903 집에 갇힌 아이 / (향항)하자 // 소년아동. − 1990,(10). − 55 − 57
25904 파란 책가방 / 김경석 // 소년아동. − 1990,(10). − 74 − 77
25905 《파랑새》 / 김영수 // 소년아동. − 1990,(10). − 45 − 46
25906 풍년잔치상 / 한일남 // 소년아동. − 1990,(10). − 77 − 78
25907 누가 빚어낸 비극인가 / 류금천 // 소년아동. − 1990,(11). − 102 − 110
25908 달과 반디불 // 소년아동. − 1990,(11). − 113
25909 뜻깊은 일요일 / 한휘광 // 소년아동. − 1990,(11). − 43 − 50
25910 뢰녕공연대 / 손련순 // 소년아동. − 1990,(11). − 54 − 55
25911 뢰녕을 닮은 어린이 / 박려란 // 소년아동. − 1990,(11). − 55 − 56
25912 뢰녕처럼 로동을 사랑하리라 / 박미란 // 소년아동. − 1990,(11). − 53
25913 《뢰봉할아버지》 / 김혜영 // 소년아동. − 1990,(11). − 57 − 58
25914 무시무시한 보초막 / 여존선 // 소년아동. − 1990,(11). − 24 − 34
25915 별 / 방태길 // 소년아동. − 1990,(11). − 73
25916 새싹은 햇병아리 / 최문섭 // 소년아동. − 1990,(11). − 13 − 14
25917 시간 / 계우 개편;송보산 그림 // 소년아동. − 1990,(11). − 35 − 39
25918 약속 / 권기현 // 소년아동. − 1990,(11). − 80 − 82
25919 이상한 도난사건 / 마민 // 소년아동. − 1990,(11). − 15 − 23
25920 탐오 // 소년아동. − 1990,(11). − 117
25921 푸른색 연 / 금자 // 소년아동. − 1990,(11). − 94 − 101
25922 하얀 손수건 / 최동일 // 소년아동. − 1990,(11). − 8 − 12
25923 개와 소의 눈 / 허내시 // 소년아동. − 1990,(12). − 63
25924 교예배우가 되려던 아이의 운명 / 손의 // 소년아동. − 1990,(12). − 66 − 70
25925 더운물주머니 / 조후남 // 소년아동. − 1990,(12). − 4 − 11
25926 범잡이 / 리진위 // 소년아동. − 1990,(12). − 16 − 28
25927 엉큼한 승냥이 / 최준 // 소년아동. − 1990,(12). − 72 − 75
25928 총명해지는 비방 / 장국개 글;장복룡 그림 // 소년아동. − 1990,(12). − 29 − 32
25929 한통의 특수한 위문편지 / 한휘광 // 소년아동. − 1990,(12). − 89 − 94
25930 향기풍기는 그림 / 서창길 // 소년아동. − 1990,(12). − 50 − 61
25931 협잡군 // 소년아동. − 1990,(12). − 62

I312 조선문학, 한국문학

25932 말귀달린 왕 // 소년아동. − 1954,(5). − 25 − 26
25933 림꺽정 / (조선)홍명희 // 연변문예. − 1955,(10). − 39 − 43
25934 춘향전의 주제와 시대성 / 리갑기 // 연변문예. − 1955,(10). − 44 − 47
25935 고향이야기 / (조선)채규철 // 연변문예. − 1956,(6). − 51 − 61
25936 리 인영에게 주는 말(爲李仁榮贈言) / 정다산 // 연변문예. − 1956,(7). − 44 − 45
25937 반동적 부르죠아 작가들의 반혁명 문학 활동의 죄행 / 김명수 // 연변문예. − 1956,(8). − 43 − 57
25938 고기먹는 법 / (조선)박경수 // 연변문예. − 1956,(11). − 67 − 70
25939 전원 사시가(상) / 리율곡 // 아리랑. − 1957,(1). − 44 − 46

25940 창극에 대하여 / 리원배 // 아리랑. – 1957, (3). – 48 – 49
25941 시조 문학 형식에 대하여 / 김창걸 // 아리랑. – 1957,(4). – 41 – 44
25942 ≪고려 가요≫의 내용과 형식 / 김창걸 // 아리랑. – 1957,(6). – 45 – 49
25943 어린 것의 이름으로! / (조선)허진계 // 아리랑. – 1958,(2). – 12
25944 렬녀 함양 박씨전 / 박지원 // 아리랑. – 1958,(3). – 17 – 19
25945 박 지원의 시 3수 / 박지원 // 아리랑. – 1958,(3). – 19
25946 박 지원의 탁월한 사실주의 문학:탄생 221주년에 제하여 / 리욱 // 아리랑. – 1958,(3). – 14 – 16
25947 ≪친선의 우물≫ / 김신복 // 아리랑. – 1958,(11,12)
25948 조선 시초 / 주문운 // 연변문학. – 1959,(4). – 33
25949 전단대(傳單隊) / (조선)최석두 // 연변문학. – 1959,(5). – 12 – 13
25950 렬녀 함양박씨전 / 박지원 // 연변문학. – 1959,(10). – 17 – 18
25951 박지원의 탁월한 사실주의문학: 탄생 221주년에 제하여 / 리욱 // 연변문학. – 1959,(10). – 14 – 16
25952 규중비사 / 김용식 // 연변문예. – 1980,(1). – 2 – 9
25953 장화홍련전 // 연변문예. – 1980,(1). – 60 – 64
25954 풍자시인 김삿갓 / 리원길 // 장백산. – 1980,(2). – 141 – 145
25955 시2수 / (한국)김지하 // 연변문예. – 1980,(3). – 55
25956 잠나라병정들 / (조선)김재원 // 소년아동. – 1980,(3). – 36 – 43
25957 김지하작품선 / (한국)김지하 // 연변문예. – 1980,(4). – 53 – 60
25958 민족고전소설≪춘향전≫에 대하여 / 정판룡 // 연변문예. – 1980,(5). – 4 – 10
25959 우리 선생님 / (조선)장기성 // 연변교육. – 1980,(6). – 62 – 64
25960 길가에서 생겨난 자동차 / (조선)허원길 // 소년아동. – 1980,(8). – 27 – 31
25961 선산대사와 사명당의 이야기 / (조선)조연 // 소년아동. – 1988,(8). – 43 – 46
25962 허생전 / (조선)박지원 // 연변문예. – 1980,(8). – 60 – 64
25963 콩쥐팥쥐 // 연변문예. – 1980,(9). – 63 – 64
25964 문학언어사용에서 거둔 새로운 성과: 력사소설≪규중비사≫를 읽고 / 김진용 // 연변문예. – 1980,(11). – 46 – 50
25965 황진이와 그의 시문학 / 김용식 // 문학예술연구. – 1981,(2). – 12 – 21
25966 고전소설≪심청전≫에 대하여 / 서일권 // 문학예술연구. – 1981,(3). – 22 – 31
25967 최치원과 그의 문학 / 김동훈 // 문학예술연구. – 1981,(3). – 6 – 19
25968 가사문학의 특성과 그 발전경위: 조선고전시가에 대한 력사적고찰 / 허문섭 // 문학예술연구. – 1981,(4). – 44 – 45
25969 그가 서야 할 자리 / (조선)김형윤 // 연변교육. – 1981,(10). – 61 – 64
25970 벙어리 삼룡이 / (조선)라도향 // 장백산. – 1982,(1). – 103 – 110
25971 서정시 / (조선)허수산 // 대중문예. – 1982,(1). – 62 – 65
25972 유한부인 / (조선)리기영 // 장백산. – 1982,(3). – 33 – 39
25973 풍자시인 김삿갓의 시에 대하여 / 박충록 // 은하수. – 1982,(7). – 55 – 60
25974 꽃 / (조선)림제 // 장백산. – 1983,(1). – 120
25975 리규보의 미학사상 / 리암 // 문학예술연구. – 1983,(1). – 44 – 49
25976 옥랑자전 / (조선) // 은하수. – 1983,(1). – 73 – 77
25977 원치서 / (조선)리기영 // 장백산. – 1983,(1). – 98 – 113

25978 보석반지 / (조선)최서해 // 장백산. − 1983,(2). − 92 − 100
25979 아려라 고개 // 은하수. − 1983,(2). − 71 − 72
25980 김시습과 《금오신화》 / 한창희 // 문학예술연구. − 1983,(3). − 42 − 50
25981 단군설화 // 장백산. − 1983,(3 − 4). − 148 − 149
25982 달속에 비낀 토끼 / 김진 역 // 장백산. − 1983,(3 − 4). − 145 − 147
25983 리상화 시3수: 시인에게 / (조선)리상화 // 은하수. − 1983,(5). − 41
25984 원한의 락화암 / 송정환 // 송화강. − 1983,(5). − 54 − 57
25985 여름밤의 이야기: 한 지원군영웅에 대한 추억중에서 / (조선)김청남 // 연변문예. − 1983,(10). − 34 − 39
25986 친선의 다리 / 한원희 // 연변문예. − 1983,(10). − 43
25987 누가 진짜엄마인가? // 연변문예. − 1984,(1). − 47
25988 리규보의 《동명왕편》과 민간문학 / 리암 // 문학예술연구. − 1984,(1). − 6 − 15
25989 매월이 / (조선)최서해 // 장백산. − 1984,(1). − 127 − 133
25990 오늘의 조선문학 / 한창희 // 문학예술연구. − 1984,(1). − 60 − 68
25991 한시간의 수업을 두고 / (조선)현성일 // 연변교육. − 1984,(1). − 57 − 58
25992 고려왕조의 멸망 / 송정환 // 장백산. − 1984,(2). − 133 − 145
25993 량반전 / (조선)박지원 // 장백산. − 1984,(2). − 154 − 156
25994 인면암 / (재일조선인) 리희성 // 장백산. − 1984,(2). − 157 − 172
25995 포성이 멎은 뒤 / (조선)조필수 // 연변문예. − 1984,(2). − 57 − 65
25996 한 전류속에 형제 / (조선)한기운; 김휘조 // 장백산. − 1984,(2). − 85
25997 박문수전 / (조선) // 장백산. − 1984,(3). − 198 − 202
25998 오빠의 비밀편지 / (조선)리기영 // 도라지. − 1984,(5). − 58 − 64
25999 처녀작을 어떻게 썼는가 / (조선)리기영 // 도라지. − 1984,(5). − 52 − 57
26000 사씨남정기 / 김만중 원작; 리헌환 윤색 // 은하수. − 1984,(6). − 66 − 71
26001 검은 십자가 / 장소천 // 은하수. − 1984,(9). − 44 − 50
26002 바랑끈 한토막 / 김파 // 은하수. − 1984,(10). − 69 − 73
26003 광개토왕 // 장백산. − 1985,(1). − 148 − 161
26004 민족적저항시인 김소월 − 그의 미발표자필유고를 두고 / 리해산 // 문학과 예술. − 1985,(1). − 4 − 9
26005 새로 발굴된 김소월의 미발표작 / 김소월 // 문학과 예술. − 1985,(1). − 10 − 12
26006 수난 2대 / 하근찬 // 천지. − 1985,(1). − 86 − 90
26007 고향 / (한국)전봉건 // 도라지. − 1985,(2). − 46
26008 들국화 / (조선)윤병규 // 도라지. − 1985,(2). − 18
26009 을지문덕 // 장백산. − 1985,(2). − 144 − 158
26010 황진이의 생애와 그의 시문학 / 김용식 // 문학과 예술. − 1985,(2). − 4 − 10
26011 《가시나》 / 리정숙 // 청년생활. − 1985,(3). 34 − 36
26012 봄, 봄 / (조선)김유정 // 천지. − 1985,(3). − 86 − 90
26013 백치 아다다 / (한국)계용묵 // 연변녀성. − 1985,(3). − 20 − 26
26014 갯마을 / (한국)오영수 // 문학과 예술. − 1985,(4). − 10 − 17
26015 조선류행가 가사묶음: 눈물젖은 두만강 // 천지. − 1985,(4). − 85 − 88
26016 계성장군 / 허해룡 // 천지. − 1985,(5). − 67 − 74
26017 동전 네잎 // 청년생활. − 1985,(5). − 34 − 36
26018 운수좋은 날 / (한국)현진건 // 도라지. − 19

85,(5).－61－66
26019 뿌리 / (한국)림성숙 // 도라지.－1985,(6).－46
26020 이젠 춥지 않아요 / (한국)정연희 // 은하수.－1985,(6).－16－22
26021 주체의 나라－천리마의 고향을 찾아서 / 지원순 // 은하수.－1985,(6).－57－61
26022 바람아 멎으라 / 김경준 // 천지.－1985,(7).－25
26023 산림속에서 발견된 남자시체… / 김민 편역 // 은하수.－1985,(7).－28
26024 오끼나와에서 온 편지 / (한국)김정한 // 은하수.－1985,(7).－50－56
26025 껍질과 알맹이 / (한국)리규정 // 천지.－1985,(8).－90－96
26026 옹고집전 // 은하수.－1985,(8).－50－55
26027 살아있는 소문 / (한국)문순태 // 천지.－1985,(9).－75－80
26028 처용랑 // 천지.－1985,(10).－63
26029 그 넋의 그림자 / (한국)최미나 // 천지.－1985,(11).－78－87
26030 봉덕못 // 천지.－1985,(11).－95－96
26031 림꺽정과 그의 부대 / 바우 수집 // 은하수.－1985,(12).－18－19
26032 신동엽 시5수 / (한국)신동엽 // 천지.－1985,(12).－82－84
26033 현진건의 단편소설≪운수 좋은 날≫에 대하여 / 김도권; 박경식 // 은하수.－1985,(12).－29－32
26034 갈매기 / (조선)문동식 // 도라지.－1986,(1).－73
26035 귀촉도 / 한국)서정주 // 도라지.－1986,(1).－73
26036 단장 / (한국)민영 // 도라지.－1986,(1).－73
26037 망향탄 / 한국)리희승 // 도라지.－1986,(1).－73
26038 실비명 / 김리석 // 문학과 예술.－1986,(1).－9－15
26039 어린 령혼 / (조선)리광수 // 천지.－1986,(1).－88－91
26040 어머니의 무릎 / (조선)리광수 // 천지.－1986,(1).－92－93
26041 해오라기 / (조선)리광수 // 천지.－1986,(1).－91
26042 남조선 저항파시인 한룡윤 시묶음 / 한룡운 // 장백산.－1986,(2).－63－66
26043 양산도전설 // 문학과 예술.－1986,(2).－23－24
26044 장길산 / (한국)황석영 // 장백산.－1986,(2).－75－141
26045 고이 잠드시라, 독립군 용사여 / 리영남 // 도라지.－1986,(3).－21
26046 금전과 마귀 // 연변녀성.－1986,(3).－66
26047 ≪북향≫과 강경애 / 최형순 // 천지.－1986,(3).－48－50
26048 아무데나 봐 형님 / 리규정 // 문학과 예술.－1986,(3).－12－20
26049 강순 서정시 / 강순 // 장백산.－1986,(4).－63－64
26050 반처녀 / (한국)정비석 // 천지.－1986,(4).－92－96
26051 가시내: 경상도 편 / 전홍렬 제공 // 도라지.－1986,(5).－68－70
26052 판매사업에서 기적을 쌓은 사나이 // 청년생활.－1986,(5).－40－41
26053 나를 부르는 기적소리 / (조선)안순희 // 도라지.－1986,(6).－47
26054 청춘극장 / (한국)김래성 // 장백산.－1986,(6).－153－160
26055 그대는 우리와 함께(외1수): 중국인민지원군무명전사 묘 앞에서 / (조선)박함집 // 천지.－1986,(7).－30
26056 단추 / (조선)장수근 // 천지.－1986,(9).－90－96
26057 기념비 / (조선)현승걸 // 천지.－1986,(10).－19

26058 눈동자와 같이 / (조선)리종렬 // 천지. – 1986,(10). – 20 – 21

26059 가실 / (조선)리광수 // 도라지. – 1987,(1). – 47 – 55

26060 금빛댕기 / (조선)리종렬 // 도라지. – 1987,(1). – 34 – 36

26061 김삿갓 // 도라지. – 1987,(1). – 56 – 64

26062 B사감과 련애편지 / (조선)현진건 // 천지. – 1987,(1). – 88 – 89

26063 희세(稀世)의 외교관 안자(晏子)(외2편) / 리계향 // 송화강. – 1987,(2). – 48 – 51

26064 고려 청자기 / (조선)정연진 // 문학과 예술. – 1987,(3). – 14 – 24

26065 마귀의 거울 // 천지. – 1987,(3). – 82 – 83

26066 청개구리이야기 / (조선) // 꽃동산. – 1987,(3). – 28 – 29

26067 중국은 봄이다 / (조선)진재환 // 장백산. – 1987,(4). – 176

26068 미로의 저쪽 / (한국)김성종 // 도라지. – 1987,(6). – 63 – 77

26069 사명당 / 정길운 // 천지. – 1987,(7). – 34 – 39

26070 백두산 / 조기천 // 동북민병. – 1987,(9). – 40 – 42

26071 윤동주 시묶음 / (조선)윤동주 // 천지. – 1987,(12). – 27 – 29

26072 돌아온 거부기 / 박상용 // 소년아동 – 1988,(1). – 49 – 60

26073 ≪묘향산 8경≫ / (조선)박창식 // 도라지. – 1988,(1). – 92

26074 묘향산아(외4수) / (조선)김석주 // 도라지. – 1988,(2). – 51 – 52

26075 우리의 기발 / (조선)정준기 // 장백산. – 1988,(2). – 74

26076 아는것이 힘이다 / (조선) // 꽃동산. – 1988,(3). – 7

26077 조국땅 어데가 좋은가 / (조선)정서촌 // 장백산. – 1988,(3). – 107

26078 꾀많은 개구리 / (조선)꽃동산. – 1988,(4). – 18 – 19

26079 ≪쌍녀분≫의 소설적 제 요소에 관하여 / 정성범 // 은하수. – 1988,(4). – 46 – 47

26080 중국방문시초 / (조선)홍현양 // 장백산. – 1988,(4). – 137

26081 세계의 빛…어린이 / (한국)리원범 // 꽃동산. – 1988,(5). – 13

26082 어제도 오늘도 래일도 / (조선)김일규 // 장백산. – 1988,(5). – 105

26083 비도덕인을 데려가는 집 / (조선)오영재 // 천지. – 1988,(6). – 54 – 55

26084 소중한것 / (조선)박은경 // 소년아동. – 1988,(7). – 92 – 104

26085 길가에 떨어진 씨앗 / (조선)리의섭 // 소년아동. – 1988,(10). – 18 – 22

26086 북해공원에서 / (조선)김영민 // 천지. – 1988,(10). – 25

26087 꼬부랑이야기 / (조선)소파 // 꽃동산. – 1989,(1). – 10

26088 두더지와 아가씨 / (조선)신고송 // 꽃동산. – 1989,(1). – 7

26089 일곱개의 장미송이 / (한국)김성종 // 장백산. – 1989,(1). – 139 – 160

26090 혈육의 정 / (조선)손귄 // 장백산. – 1989,(1). – 133 – 134

26091 조선왕조 오백년 야사 / 윤태영; 구소청 엮음 // 장백산. – 1989,(2). – 3 – 23

26092 곡산부자와 김병연 / 박승길 정리 // 은하수. – 1989,(3). – 53 – 56

26093 껍데기? / (한국)고원정 // 문학과 예술. – 1989,(3). – 26 – 32

26094 피아노살인 / (한국)김성종 // 도라지. – 1989,(3). – 66 – 77

26095 헤여져 살아도 남이 아니다 / (조선)홍현양 // 도라지. – 1989,(3). – 35 – 37

26096 만원뻐스속에서의 생(외2편) / (한국)문정희 // 송화강. – 1989,(4). – 58

26097 조선인과 일본인: 조일비교문화연구 / (재

일조선인)김양기 지음; 김문학 옮김 // 문학과 예술. - 1989,(4). - 22 - 26

26098 한 생명을 위하여 / 중국 심양주재 조선 총령사관 제공 // 도라지. - 1989,(4). - 2 - 3

26099 11월에 떠오르는 그리운 얼굴들 / (한국) 문정희 // 문학과 예술. - 1989,(5). - 39

26100 잉어가 전한 편지 // 은하수. - 1989,(5). - 39 - 40

26101 제5의 사나이 / (한국)김성종 // 장백산. - 1989,(5). - 116 - 159

26102 가슴 뜨거운 생각 / (조선)박유학 // 장백산. - 1989,(6). - 84 - 85

26103 감회깊은 방문 잊지 못할 추억 / (한국)전병학 // 중국조선어문. - 1989,(6). - 51 - 53

26104 거리의 인상 한마디 / (조선)장수근 // 장백산. - 1989,(6). - 86

26105 교원의 모습 / (조선)리덕진 // 장백산. - 1989,(6). - 83

26106 내가 가는 곳에 조국이 있다 / (조선)김일규 // 장백산. - 1989,(6). - 80 - 82

26107 새 계절 / (조선)김석천 // 장백산. - 1989,(6). - 83

26108 압록강의 영원한 흐름처럼 / (조선)배민옥 // 장백산. - 1989,(6). - 68 - 76

26109 조선독립군노래 / 황현걸 수집 정리 // 장백산. - 1989,(6). - 101 - 102

26110 침략자를 물리친 처녀 / (조선) // 꽃동산. - 1989,(6). - 26 - 28

26111 랑만주의발전과 고전소설≪구운몽≫ / 김춘선 // 은하수. - 1989,(8). - 46 - 53

26112 열일곱사람의 웃음 / (조선)김정 // 도라지. - 1990,(1). - 13 - 18

26113 남조선당대시문학과 서구문학 / 채미화 // 문학과 예술. - 1990,(2). - 46 - 49

26114 처녀는 제 혼자 오지 않았네 / (조선)김송남 // 장백산. - 1990,(2). - 131

26115 천국의 계단 / 최인호 // 도라지. - 1990,(2). - 73 - 78

26116 고추장 / 유인형 // 장백산. - 1990,(3). - 86 - 88

26117 금강산에서 / (조선)박호범 // 장백산. - 1990,(3). - 85

26118 림수경의 옥중편지 // 도라지. - 1990,(3). - 10 - 11

26119 새 날에(외3수) / (한국)한춘섭 // 도라지. - 1990,(3). - 46 - 47

26120 새 달력을 걸며 / (조선)김창덕 // 장백산. - 1990,(3). - 83

26121 세계는 넓고 할일은 많다 / (한국)김우중 // 천지. - 1990,(3). - 58 - 69

26122 친선의 정 넘치는 땅에서 / (조선주재 중국대사관 문화참사) 백예 // 장백산. - 1990,(3). - 108 - 109

26123 고향 / (조선)림종상 // 천지. - 1990,(4). - 24 - 25

26124 궁인창 / (조선)김소월 // 장백산. - 1990,(4). - 82

26125 리기영과 그의 문학 / 김봉웅 // 도라지. - 1990,(4). - 57 - 58

26126 밭머리의 아낙네 / (조선)안축 // 장백산. - 1990,(4). - 82

26127 원보 / 리기영 // 도라지. - 1990,(4). - 59 - 64

26128 나의 띠, 소띠 / (한국)김혜숙 // 연변녀성. - 1990,(5). - 35

26129 도토리 / (조선)꽃동산. - 1990,(5). - 16

26130 씨름 / 한설야 // 도라지. - 1990,(5). - 50 - 59

26131 아들의 마음 / (조선)계훈 // 장백산. - 1990,(5). - 104

26132 한설야와 그의 문학 / 김봉웅 // 도라지. - 1990,(5). - 45 - 49

26133 송영과 그의 문학 / 김봉웅 // 도라지. - 1990,(6). - 65 - 68

26134 하얀 나비 / (조선)한태수 // 소년아동. - 1990,(10). - 71 - 73

26135 노래부른 까마귀 / (조선)송경찬 // 소년아동. - 1990,(11). - 92 - 93

I313 일본문학

26136 나무: 일본 공산당 창립33주년을 기념하면서 / (일본)쯔보이 시게지 // 아리랑. – 1957,(10). – 48

26137 탐험사에서의 발기: 북극을 혼자서 탐험한 실기 / 구라무라 우에미 // 청년생활. – 1980,(1). – 38 – 41

26138 대해의 청첩 / (일본)사사자와 세호 // 연변문예. – 1980,(5). – 55 – 64

26139 오오꾸라선생님 / (일본)기야마 쇼헤이 // 소년아동. – 1980,(6). – 40 – 52

26140 거미줄 / (일본)아꾸다가와 류노스께 // 연변문예. – 1980,(8). – 58 – 59

26141 악마의 피리소리 / (일본)요꼬미조 세이시 작; 김해연 역 // 연변문예. – 1980,(11). – 57 – 64

26142 차간에서 벌어진 일 / (일본)호시 아라따이지 // 장백산. – 1982,(1). – 111 – 116

26143 원숭이와 게: 일본동화 / 문승의 역 // 장백산. – 1982,(2). – 58 – 61

26144 악마의 락원 / (일본)모리무라 세이이찌 // 송화강. – 1982,(6). – 36 – 50

26145 할머니의 죄 / (일본)모리무라 세이이찌 // 은하수. – 1982,(10). – 26 – 35

26146 우정 / (일본)야우찌 겐이 // 은하수. – 1982,(12). – 30

26147 불쌍한 코끼리 / (일본)쓰지에 유끼오 // 송화강. – 1983,(2). – 52 – 54

26148 N씨의 련애삽곡 / (일본)호시아라가즈 // 청년생활. – 1983,(2). – 47 – 49

26149 새로 부임된 지배인 / (일본)호시아라이찌 // 대중과학. – 1983,(3). – 52 – 53

26150 증언 / (일본)마쯔모도 세이죠 // 장백산. – 1983,(3 – 4). – 168 – 176

26151 세멘트통에 든 편지 / (일본)하야마 요시다쯔; 동오 상호 // 연변문예. – 1983,(4). – 69 – 70

26152 신념 / (일본)다께다 다이쥰 // 은하수. – 1983,(4). – 45

26153 왕비의 목걸이 / (일본)미요시 도오루 // 청년생활. – 1983,(5). – 62 – 66

26154 애꾸눈이와 두눈 가진 사람 / (일본) // 은하수. – 1983,(6). – 26

26155 으뜸가는 자랑 / (일본)스나다 히로시 작; 김진 역 // 송화강. – 1983,(6). – 35 – 40

26156 선로공 / (일본)야마우찌겡꼬 저; 한동오; 김상호 번역 // 연변문예. – 1983,(9). – 76 – 80

26157 마귀의 그물 / (일본)구로이와 주오고; 김해연 중역 // 연변문예. – 1983,(10). – 68 – 80

26158 딱따구리계획 / (일본)호시아라가즈 // 문학과 예술. – 1984,(1). – 26 – 27

26159 속도시대 / (일본)호시아라가즈 // 문학예술연구. – 1984,(1). – 27 – 28

26160 악마 / (일본)엔도우 슈사꾸 // 장백산. – 1984,(1). – 134 – 146

26161 야심발발한 계획 / (일본)호시아라가즈 // 문학예술연구. – 1984,(1). – 23 – 25

26162 천애방초 / (일본)하야시 무라세이찌 // 도라지. – 1984,(2). – 67 – 70

26163 갓난애로 변한 할머니 / (일본) // 장백산. – 1984,(3). – 175 – 176

26164 콩트 3편 / (일본)호시 싱이찌 // 장백산. – 1984,(4). – 190 – 202

26165 춤아가씨 / (일본)모리 오오가이; 현상남 역 // 연변문예. – 1984,(10). – 72 – 79

26166 나 – 야마구찌 모모에 / 야마구찌 모모에 // 문학과 예술. – 1985,(1). – 36 – 38

26167 사찌요시의 조롱 / (일본)소오노 아야꼬 // 천지. – 1985,(1). – 92 – 96

26168 나팔소리 / (일본)호시 신이찌 // 대중과학. – 1985,(2). – 34

26169 다로오귀뚜라미 / (일본)이마니시 스께유끼 // 꽃동산. – 1985,(2). – 8 – 9

26170 라생문 / (일본)아꾸다가와 류노스께 // 천지. – 1985,(2). – 89 – 91

26171 일본 정보소설에 대하여 / 담정화 // 문학

과 예술. – 1985,(2). – 76 – 78

26172 토지사기군 / 가지야마 도시유끼; 남상현 역 // 문학과 예술. – 1985,(2). – 98 – 94

26173 후까가와의 사랑도피선 / (일본)남바라미끼오; 박상렬 역 // 문학과 예술. – 1985,(3). – 40 – 44

26174 밤꾀꼬리별장 / (일본)아가사 크리스띠에 // 은하수. – 1985,(4). – 24 – 29

26175 간도빨지산의 노래 / (일본)마끼무라 히로시; 전국권 역 // 장백산. – 1985,(6). – 147 – 150

26176 녀성의 심리를 모르는 범죄자 / (일본)사사지와 사호 // 송화강. – 1985,(6). – 43 – 50

26177 밤비 내릴 때 / (일본)오오니시 아까히도 // 문학과 예술. – 1985,(6). – 79 – 80

26178 ≪과학적관리법≫의 의심쩍은 안건 / (일본)모리무라세이 // 대중과학. – 1985,(8). – 40 – 43

26179 코 / (일본)아꾸다가와 류노스께 // 천지. – 1985,(10). – 91 – 94

26180 청춘의 증명 / (일본)모리무라 세이이찌 // 은하수. – 1985,(11). – 57 – 60

26181 환생 / (일본)시가 나오야 // 천지. – 1985,(12). – 94 – 96

26182 망향의 여름: 리민우교수를 만나서 / 가와구찌 마사꼬 // 송화강. – 1986,(2). – 52 – 55

26183 검은 옷을 입은 성모 / (일본)야마다 후따로 // 천지. – 1986,(3). – 85 – 95

26184 잠재한 살인 / (일본)마쯔모도 세이죠 // 도라지. – 1986,(3). – 68 – 74

26185 아버지의 우산 / (일본)야마시모 메이세이 // 꽃동산. – 1986,(4). – 18 – 20

26186 흙으로 빚은 강아지 / (일본)니끼에 쯔꼬 // 장백산. – 1986,(4). – 67 – 77

26187 삼현금에 깃든 사랑 / (일본)단바 후미오 // 천지. – 1986,(5). – 74

26188 안개속에 잠겨버린 석양빛 / (일본)모리무라 세이이찌 작; 김일 역 // 문학과 예술. – 1986,(5). – 50 – 58

26189 도깨비의 부채 / (일본)오노쬐우고우 글; 정광자 역 // 꽃동산. – 1986,(6). – 15 – 17

26190 올가미 / (일본)호시아라가즈 // 청년생활. – 1986,(9). – 33 – 35

26191 절반 남은 담배대 / (일본)다까기 아끼미쯔 // 청년생활. – 1986,(11). – 47 – 54

26192 기린이 병을 치료했어요 / (일본)오오이시마꼬도 // 꽃동산. – 1987,(1). – 12 – 13

26193 일본고대동화 2편: 두 깍쟁이 // 소년아동. – 1987,(1). – 30 – 32

26194 녀모델 / (일본)마사노브 히로시 저; 문암 역 // 도라지. – 1987,(2). – 50

26195 K선생의 로맨스 / (일본)세이신이찌 저; 김홍란 중역 // 도라지. – 1987,(3). – 55 – 56

26196 두루미처녀 / (일본)하마다 히로스께 // 소년아동. – 1987,(3). – 38 – 47

26197 세를 주고 얻어온≪부인≫ / (일본)고마쯔사교우 // 장백산. – 1987,(3). – 104 – 106

26198 원숭이의 물고기낚기 / (일본) // 꽃동산. – 1987,(3). – 16

26199 첫사랑 / (일본)사에아쯔 작; 김성 중역 // 문학과 예술. – 1987,(4). – 15 – 26

26200 에찌젠 참대인형 / (일본)미나가미쯔도무 // 장백산. – 1987,(5). – 73 – 96

26201 영예롭게 승급한 후 / (일본)모리무라 세이이찌 // 천지. – 1987,(5). – 66 – 77

26202 깨여진 별 / (일본)구로이와 쥬고 // 청년생활. – 1987,(6). – 42 – 47

26203 녀요귀의 오동나무상자 // 천지. – 1987,(6). – 95 – 96

26204 무형의 올가미 / (일본)진순신 // 송화강. – 1987,(6). – 23 – 31

26205 빨간귀신의 눈물 / (일본) // 꽃동산. – 1987,(6). – 25 – 27

26206 가짜안해와 진짜안해 / (일본)사노 히로시 // 청년생활. – 1987,(8). – 21 – 26

26207 간사한 독계 / (일본)모리무라 세이이찌; 허동철 중역 // 문학과 예술. – 1987,(9 – 10) – 36

－46

26208 금빛 발자국/(일본)무꾸하도가즈// 소년아동.－1987,(9).－40－49

26209 비상사건에 대한 특별수사/(일본)가도다야스아끼// 천지.－1987,(9).－68－80

26210 검찰관들의 기량/(일본)사노미// 천지.－1987,(10).－61－66

26211 정실/(일본)겐지 게이다// 청년생활.－1987,(11).－52－54

26212 소년의 비애/(일본)구니기다 돗보// 천지.－1987,(12).－65－68

26213 월궁공주/(일본)// 소년아동.－1987,(12).－21－24

26214 하느님의 노색/모리무라 세이이찌// 동북민병.－1987,(12).－34－39

26215 결혼/(일본)하시다 스가꼬// 예술세계.－1988,(1).－6－29

26216 생활과 미용/(일본)고바야시 데라꼬// 연변녀성.－1988,(1).－57

26217 유산/(일본)유기 마사지// 은하수.－1988,(1).－57－58

26218 조롱박/(일본)시가나오야 작; 박련옥 일역// 도라지.－1988,(1).－43－45

26219 천길나락/(일본)나시무라 교우다로 작; 김덕부 중역// 문학과 예술.－1988,(1).－18－25

26220 고명한 수술칼/(일본)본타라이메이 원작; 하시끼리노 각색// 예술세계.－1988,(2).－30－50

26221 일본문학이 어데로 가는가// 문학과 예술.－1988,(2).－82

26222 죽음, 사랑과 파도/(일본)이노우에야스 저; 박범 역// 송화강.－1988,(2).－24－31

26223 피로 물든 9월/(일본)에마나가시// 장백산.－1988,(2).－65－69

26224 빙점/(일본)미아라아야꼬// 연변녀성.－1988,(3).－39－46

26225 초속운전/(일본)모리무라 세이이찌 작; 남흥범 중역// 문학과 예술.－1988,(3).－67－68

26226 충직한 다로마루/(일본)// 은하수.－1983,(3).－66

26227 한송이의 포도/(일본)아리사마 다께오 저; 김환기 역// 송화강.－1988,(3).－37－40

26228 도량넓은 사나이/(일본)호시 아라가즈// 청년생활.－1988,(4).－46－47

26229 식당차칸에서 벌어진 살인사건/(일본)니시무라 게이다로 저; 박범 중역// 송화강.－1988,(4).－47－54

26230 남에게 쥐인 꼬리/(일본)마쯔모도 기요하리 저; 김운 중역// 송화강.－1988,(5).－39－46

26231 녀살인범의≪행운≫/(일본)모리무라 세이이찌 저; 량학수 중역// 송화강.－1988,(5).－47－54

26232 과일상점/(일본)스기비 노리꼬// 소년아동.－1988,(6).－72－76

26233 새, 짐승, 벌레와 고기/(일본)요시유끼 쥰노스께 저; 박범 중역// 송화강.－1988,(6).－30－38

26234 독장미꽃 암살행동/(일본)아까가와 지로오// 청년생활.－1988,(7).－30－36

26235 어둠의 잔치/(일본)가쯔모꾸 아주싸// 천지.－1988,(7).－66－79

26236 꿈속의 돈뭉치/(일본)호시 싱이찌// 청년생활.－1988,(8).－44－46

26237 흡혈귀/(일본)에도가와 람뽀; 서송봉 역// 천지.－1988,(8).－71－80

26238 남자의 심리/(일본)시로이시 기요이찌// 연변녀성.－1988,(9).－45－48

26239 밤중에 노크하는 사람/(일본)호시 싱이찌// 청년생활.－1988,(9).－38－40

26240 잠옷과 행주치마/(일본)모리// 연변녀성.－1988,(9).－59－60

26241 현대녀성의 생활부호/(일본)이시가와 구와이찌// 연변녀성.－1988,(9).－62－63

26242 달할아버지와 꼬마잉어/(일본)하마다 히로스께// 소년아동.－1988,(10).－50－55

26243 녀간호원/(일본)이시사까 요지로// 은하

수. − 1988,(11). − 48 − 54

26244 빨간 은방울꽃 / (일본)사노 히로시 // 연변녀성. − 1988,(12). − 49 − 56

26245 랍치당한 녀자 / (일본)가찌에 아즈사 // 문학과 예술. − 1989,(1). − 40 − 51

26246 어둠의 잔치 / (일본)가쯔모꾸 아주싸 // 천지. − 1989,(1). − 50 − 59

26247 리발관 살인안건 / (일본)모리무라 세이이찌 저; 량학수 중역 // 송화강. − 1989,(2). − 35 − 46

26248 북극처녀 / (일본)히라이와 유미에 저; 정해룡 번역 // 송화강. − 1989,(2). − 26 − 34

26249 모델자매 / (일본)도모도 기이찌 // 은하수. − 1989,(3). − 9 − 23

26250 신비로운 편지 / (일본)호시 싱이찌 // 청년생활. − 1989,(3). − 24 − 26

26251 흰밀실 / (일본)아유가와체 쯔나리 저; 허천섭 역 // 도라지. − 1989,(3). − 59 − 65

26252 ≪종업원천당≫: 동북독일 견문기 / (일본)야마다 도서히꼬 // 대중과학. − 1989,(4). − 34 − 35

26253 죄악의 동맹자 / (일본)모리무라 세이이찌 // 송화강. − 1989,(5). − 35 − 42

26254 식인화 / (일본)가쯔메 아즈사 저; 리상 중역 // 도라지. − 1989,(6). − 44 − 51

26255 푸른 마굴속에서의 일곱사람 / (일본)니시무라 쯔네끼 // 천지. − 1989,(6). − 51 − 66

26256 눈보라치는 갈림길 / (일본)시다미자와사호 // 청년생활. − 1989,(7). − 26 − 29

26257 무시무시한 지문 / (일본)요꼬미조 마사찌가 // 연변녀성. − 1989,(8). − 22 − 27

26258 침대특급살인사건 / 니시무라교따로 // 동북후비군. − 1989,(10). − 39 − 45

26259 우동 한그릇 / (일본)구로 료헤이 // 청년생활. − 1989,(11). − 27 − 29

26260 셈이 들 때 / (일본)시마자끼 도우손 작; 최연 역 // 도라지. − 1990,(1). − 40 − 43

26261 목련(외1수) / (일본)최화국 // 장백산. − 1990,(1). − 118

26262 혈서와 검은 손 / (일본)나쯔기시즈꼬 저; 박범 중역 // 송화강. − 1990,(1). − 29 − 41

26263 삼수탑 / (일본)요꼬미조 마사시 // 문학과 예술. − 1990,(2). − 50 − 68

26264 유미꼬와 치와와개 / (일본)마쯔모도 세이죠 // 연변녀성. − 1990,(2). − 33 − 39

26265 재난 / (일본)오오야부 하루너꼬 저; 량우 중역 // 송화강. − 1990,(2). − 37 − 44

26266 특수공능: 외1편 / (일본)호시 싱이찌 저; 박범 중역 // 송화강. − 1990,(2). − 62 − 64

26267 죽은 사람이 산사람에게 보낸 편지 / (일본)사사자와 사호 저 // 송화강. − 1990,(3). − 39 − 46

26268 담배파는 처녀 / (일본)겐지 도리후도 // 송화강. − 1990,(4). − 40 − 44

26269 미련한 인간들 / (일본)시마다 가즈오 // 청년생활. − 1990,(4). − 20 − 26

26270 유일한 증인 / (일본)호사아라이찌 // 은하수. − 1990,(4). − 19 − 23

26271 동자중과 여우 / (일본) // 소년아동. − 1990,(5). − 89 − 91

26272 사랑의 궤적 / (일본)호시싱이찌 저; 량우 번역 // 송화강. − 1990,(5). − 41 − 44

26273 누가 그녀를 죽였는가? / (일본)모리무라 세이이찌 저; 량우 중역 // 송화강. − 1990,(6). − 36 − 45

26274 삼색고양이 / (일본)아까가와지로오 // 천지. − 1990,(6). − 73 − 79

26275 천벌 / (일본)호시싱이찌 // 송화강. − 1990,(6). − 62 − 63

26276 련인의 음모 / (일본)와꾸순잔 // 청년생활. − 1990,(7). − 27 − 33

26277 련인의 수수께끼 / (일본)니시무라 교오다로오 // 청년생활. − 1990,(11). − 40 − 46

26278 안경 / (일본)고바야시 // 소년아동. − 1990,(11). − 83 − 88

26279 사랑의 궤적 / (일본)호시노 신이찌 // 청년생활. − 1990,(12). − 35 − 38

I333 인도문학

26280 학과 고기 / (인도)안네이드 // 연변문예. – 1955,(11). – 45 – 46
26281 나의 친구의 아들 / (인도)크리샨 챤다르 // 아리랑. – 1957,(10). – 29 – 33
26282 법관과 하인 / (인도)타고르 작; 김응 중역 // 연변문예. – 1982,(10). – 66 – 69
26283 하느님의 보물고 / (인도)에칼라윈 // 청년생활. – 1983,(3). – 54 – 56
26284 라다란니 / (인도)반킴메 차터지 // 청년생활. – 1984,(3). – 42 – 47
26285 편지 / (인도)뚬께뚜; 김동호 중역 // 연변문예. – 1984,(5). – 65
26286 한 기생이 보낸 편지 / (인도)쑤쿠말린 버드카트 // 연변녀성. – 1985,(2). – 48 – 52
26287 타고르와 그의 작품 / 정경호 // 은하수. – 1985,(7). – 47
26288 집시처녀 / (인도)아지란 // 청년생활. – 1986,(6). – 36 – 40
26289 타골과 그의 시 / 금력 // 문학과 예술. – 1988,(3). – 63
26290 타골시 9수 / 타골 // 문학과 예술. – 1988,(3). – 59 – 62
26291 연회와 독사 / (인도)모나 쟈랑 // 은하수. – 1988,(10). – 13
26292 조롱에서 살아난 앵무새 / (인도) // 꽃동산. – 1989,(6). – 14 – 15
26293 꽃목걸이 / (인도)고로바 나가바리 // 청년생활. – 1989,(12). – 26 – 30
26294 새들의 다툼질 / (인도) // 꽃동산. – 1990,(1). – 30
26295 한 처녀에 숱한 남자 / (인도)크리싼 쩬달 // 청년생활. – 1990,(3). – 25 – 31
26296 흰 깃털 / (인도)츙 지르바쎈 // 청년생활. – 1990,(12). – 32 – 34

I338 말레이시아문학

26297 선물 / (말레이시아)림진진 // 소년아동. – 1988,(1). – 75 – 77
26298 빨간 연필 / (말레이시아)아리 마지드 // 소년아동. – 1988,(2). – 67 – 77
26299 개울에 빠진 호랑이 / (말레이시아) // 꽃동산. – 1989,(4). – 16 – 17
26300 큰 우산 / (말레이시아)년홍 // 꽃동산. – 1990,(6). – 4 – 6

I374 토이기문학

26301 목동 알리 / (토이기)나즴 히크메트 // 아리랑. – 1957,(5). – 4
26302 수속 / (토이기)아키즈네신 // 청년생활. – 1983,(4). – 47 – 51
26303 나는 어떻게 자살하였는가? / (토이기)네씨느 // 송화강. – 1986,(5). – 33 – 34
26304 국민의무 / (토이기)아기찌・나르신 // 천지. – 1987,(4). – 76 – 79
26305 마니마이드 / (토이기)야싸르 케마르 // 은하수. – 1987,(5). – 61 – 64
26306 자살광의 죽음찾기 / (토이기)아지즈네신 작; 남홍번 중역 // 문하과 예술. – 1988,(3). – 35 – 37

I512 쏘련문학

26307 위대한 인민예술가 고리끼: 쏘련작가소개 // 연변문예. – 1951,(2). – 18 – 19
26308 인민에게 영예를 / 이싸꼽스끼 // 연변문예. – 1951,(3). – 17
26309 레닌은 우리와 함께 계시다 / 마야꼽스끼 // 연변문예. – 1951,(5). – 17 – 18
26310 나는 쓰달린동지를 영원히 잊을수 없다 / 딸후빠야르 // 소년아동. – 1954,(3). – 5 – 6
26311 쓰달린께서 보내온 의사 / (쏘련)니나・수리야끄 // 소년아동. – 1954,(3). – 11 – 12

26312 쏘련동화: 내 손으로 하겠다 / 웨 · 오쎄예와 // 소년아동. – 1954,(10). – 24 – 26
26313 까짜누나의 복수 / (쏘련)웨 · 오쎄예와 // 소년아동. – 1954,(11). – 17 – 18
26314 스케트장에서 / (쏘련)웨 · 오쎄예와 // 소년아동. – 1954,(12). – 27
26315 요새 사귄 녀자 / (쏘련)위 · 베뜨리오완노이 // 연변문예. – 1955,(10). – 10 – 16
26316 10월이여! / (쏘련)빅똘 · 곤챠로브 // 연변문예. – 1955,(11). – 25 – 26
26317 두 깃발 / (쏘련)쎄르게이 쓰미르노브 // 연변문예. – 1955,(12). – 61 – 62
26318 쏘련동요: 붉은빛 / (쏘련)다닐 아트닐로브 // 소년아동. – 1955,(12). – 15
26319 참된 사랑 / (쏘련)카우체르 // 지부생활. – 1955,(13 – 14). – 74
26320 믿지를 마오! / (쏘련)무싸 · 자릴 // 연변문예. – 1956,(3). – 9 – 10
26321 새벽 / (쏘련)쁘 · 빠브렌꼬 // 연변문예. – 1956,(4). – 15 – 22
26322 설계도의 수수께끼 / (쏘련)니꼬라이 또만 // 연변문예. – 1956,(4). – 50 – 65
26323 인민의 정신 / (쏘련)레브 · 오샤닌 // 연변문예. – 1956,(7). – 33
26324 4월 / (쏘련)라쑬 감자또브 // 아리랑. – 1957,(4). – 10
26325 자장가 / (쏘련)씰와 까뿌찌갼 // 아리랑. – 1957,(6). – 8
26326 로씨야 / 알렉쎄이 · 마르꼬브 // 아리랑. – 1957,(11). – 39 – 40
26327 원쑤 / M · 숄로호브 // 아리랑. – 1957,(11). – 42 – 48
26328 시계 / (쏘련)보리쓰 주비윈 // 아리랑. – 1957,(12). – 36 – 39
26329 사랑에 대하여 / 아 · 파제예브 // 아리랑. – 1958,(1). – 54 – 56
26330 중국의 노래 / (아르메니야)게보르그 에민 // 아리랑. – 1958,(1). – 21
26331 와씰료끄 / 쎄르게이 · 안또노브 // 아리랑. – 1958,(2). – 51 – 56
26332 노래의 전설 // 아리랑. – 1958,(6). – 55 – 57
26333 새 주소 / (쏘련)에쓰 · 포겔쏜 // 아리랑. – 1958,(6). – 41 – 48
26334 구리 단추 / (쏘련)레브 · 오와로브;브 · 깔라친죠브 // 연변문학. – 1959,(1). – 60 – 64
26335 쏘베트 기발 / (쏘련)찌호노브 // 연변문학. – 1959,(5). – 12
26336 쏘베트 문학은 형제적 문학 / 무흐따르 아우에조브 // 연변문학. – 1959,(9). – 47 – 48
26337 우리의 기자 / (쏘련)보리센꼬 // 연변문학. – 1959,(9). – 38 – 39
26338 내 나라 목소리 / (쏘련)니꼴라이 아계예브 // 연변문학. – 1959,(11). – 29
26339 믿어운 심정 / 까 · 워로비요브 // 연변문학. – 1959,(11). – 30 – 37
26340 7개년 계획의 첫 신호 / (쏘련)엔 · 따라쎈꼬 // 연변문학. – 1959,(11). – 29
26341 사냥군 / (로씨야)끄릴로브 // 소년아동. – 1980,(1). – 17 – 18
26342 가난한 사람 / (로씨야)레브 · 똘스또이 // 소년아동. – 1980,(4). – 12 – 17
26343 개미의 모험기 / (쏘련)위딸리 · 비안끼 // 소년아동. – 1980,(4). – 36 – 44
26344 가스에 대한 이야기 / (쏘련)예 · 뻬르마끄 // 소년아동. – 1980,(9). – 42 – 52
26345 크레물리궁에서의 회견 / 안도노브 // 지부생활. – 1980,(11). – 41 – 45
26346 빈병 / (쏘련)노라 아다멘 // 송화강. – 1982,(2). – 38 – 48
26347 나의 리상 / (쏘련)엔 아오쓰뜨롭쓰끼 // 은하수. – 1982,(10). – 24 – 25
26348 시계 / (쏘련)고리끼 // 은하수. – 1982,(11). – 41 – 43
26349 류드위크 / (쏘련)아 · 드네쁘르브 // 장백산. – 1983,(1). – 114 – 118
26350 영원한 전사 / 올헤시 곤챠르 // 연변교육. –

1983,(1).－59－62

26351 푸른 소 / (쏘련)일리나 · 락씨야 // 도라지.－1983,(1).－67－73

26352 나의≪배우자≫ / (로씨야)안똔 체호브 // 은하수.－1983,(2).－78

26353 로씨야 성격 / (쏘련)알렉쎄이 똘스또이 // 은하수.－1983,(2).－41－45

26354 최대의 걸작 / 김파 // 송화강.－1983,(2).－59

26355 삼루블 / (로씨야)이완 알렉쎄위치 푸닝 저; 남영식 역 // 도라지.－1983,(3).－60－62

26356 최근 2년래 쏘련 문학계의 이모저모 // 문학예술연구.－1983,(4).－57－60

26357 나의 환상 / (쏘련)오쓰뜨롭쓰끼 // 은하수.－1983,(6).－24－25

26358 짐까 / (쏘련)에프 드로드쯔 저; 남설우 편역 // 연변문예.－1983,(8).－69－80

26359 난 그 애한테 일생을 바쳤어 / (쏘련)위레싸예브 저; 리철준 역 // 연변문예.－1983,(11).－77

26360 불빛 / (쏘련)꼬로렌꼬 // 은하수.－1984,(1).－64

26361 사랑의 섬 / (쏘련)쎄우라닌 // 도라지.－1984,(1).－70－73

26362 새로운 탐구를 보여준 위국전쟁제재소설: 와씰리에브와 그의 소설≪여기 려명은 고요하여라≫ / 예예금 // 문학예술연구.－1984,(1).－69－71

26363 사나이다와야 한다 / (쏘련)쏘꼴롭쓰끼 저; 리철준 역 // 은하수.－1984,(2).－86－88

26364 진눈깨비 / (쏘련)B 우스찌노와 작; 최일 역 // 연변문예.－1984,(2).－66－72

26365 까쮸샤 / 엠 이싸꼽쓰끼 // 도라지－1984,(4).－33

26366 나약한 사람 / (로씨야)체호브 저; 김해룡 역 // 은하수.－1984,(4－5).－35－36

26367 레닌의 편지 / (쏘련)아 베크 작; 리철준 역 // 연변문예.－1984,(4).－66－70

26368 불과 금강석 / 이완 · 안드레예위치 · 그릴로브 // 연변문예.－1984,(4).－27

26369 수정같은 마음 / (쏘련)쑤크쎈 // 도라지－1984,(4).－56－58

26370 체호브단편소설의 특색 / 김해룡 // 은하수.－1984,(4－5).－37－40

26371 큰 봇나무 / 아르쵸와 // 연변녀성.－1984,(4).－35－37

26372 세월이 흘러간 뒤 / (쏘련)쎄르끼이 우라닌; 김국 역 // 도라지－1984,(5).－39－43

26373 어머니에게서 온 편지 / (쏘련)끌라브친끄 // 도라지－1984,(5).－43－44

26374 행복 / 고리끼; 리철준 번역 // 연변문예.－1984,(7).－72－73

26375 마야꼽쓰끼의 죽음을 두고 / (쏘련)장정화; 리철준 역 // 문학과 예술.－1985,(2).－39－45

26376 사랑은 아껴야 하는것 / (쏘련)쉬빠쵸브 // 문학과 예술.－1985,(2).－1

26377 삶이 그에게 준것은… / (쏘련)쎄드게닌 · 우란쯔끼 저; 김국 역 // 도라지.－1985,(2).－65－71

26378 창문 / (쏘련)리진 // 송화강.－1985,(2).－26－29

26379 귀환병 / (쏘련)치헤이제 저; 리철준 역 // 도라지.－1985,(3).－66－77

26380 숄로호브의 소설≪인간의 운명≫에 대하여 / 전국권 // 문학과 예술.－1985,(3).－78－79

26381 인간의 운명 / (쏘련)미하일 숄로호브 // 문학과 예술.－1985,(3).－79－94

26382 작별 / (쏘련)엘 · 이싸꼽쓰끼 // 문학과 예술.－1985,(3).－1

26383 거울 / (쏘련)쎄르게이 미하일꼬브 // 꽃동산.－1985,(4).－11－12

26384 그의 길 / (쏘련)아멜리크 씨모냔 // 연변녀성.－1985,(4).－66－68

26385 나의 그녀 / (로씨야)체호브 // 천지.－1985,(4).－96

26386 선장의 곰방대 / (쏘련)N · 아이론보 // 천지.－1985,(4).－89－96

26387 청소년제재 문학에 관한 쏘련문예계의 토론 / 왕효경 // 문학과 예술. − 1985,(4). − 62 − 65

26388 함박꽃 / (쏘련)이린나 · 라크샤 // 문학과 예술. − 1985,(4). − 86 − 91

26389 한심한 방살이군 / (쏘련)아자예브; 김월성 역 // 문학과 예술. − 1985,(5). − 61 − 67

26390 교훈 / (쏘련)보리스 · 싸첸까 // 문학과 예술. − 1985,(6). − 91 − 93

26391 해돋이구경 / (쏘련)H · 호드쟈 // 지부생활. − 1985,(7). − 56 − 58

26392 ≪통≫이 큰 사람 / (쏘련)이 · 일프예 · 뻬뜨로브 // 은하수. − 1985,(11). − 27 − 29

26393 공정한 법관 / (로씨아)레브똘스또이 // 꽃동산. − 1986,(1). − 13 − 15

26394 교양의의가 있는 이야기 / (쏘련)미하일 죠센꼬 // 문학과 예술. − 1986,(1). − 60 − 62

26395 금요일 / (쏘련)뽀 · 와씰리예브 // 도라지. − 1986,(1). − 62 − 72

26396 대도시의 빛 / (쏘련)미하일 죠센꼬 // 문학과 예술. − 1986,(1). − 62 − 64

26397 보내지 않은 편지 / (쏘련)아델 꾸뚜이 // 청년생활. − 1981,(1). − 51 − 66

26398 달빛쏘나타 / (쏘련)막쓰드 까리예브 // 연변녀성. − 1986,(2). − 60 − 62

26399 처녀승무원 / (쏘련)류우와로와 // 도라지. − 1986,(2). − 54 − 61

26400 50년대이래의 쏘련 시가문학 / 정판룡 // 문학과 예술. − 1986,(2). − 65 − 71

26401 겁쟁이 / (쏘련)르판제레예브 // 연변녀성. − 1986,(3). − 67

26402 추억 / (쏘련)노 돈바쩨 // 도라지. − 1986,(3). − 61 − 68

26403 쏘련문학 현상태 일별 // 문학과 예술. − 1986,(4). − 67 − 68

26404 들작약화 / (쏘련)이 라끄샤 저; 문암 중역 // 도라지. − 1986,(5). − 62 − 66

26405 숨쉬는 불꽃 / (쏘련)예 노쏘브; 문검 중역 // 도라지. − 1986,(5). − 66 − 67

26406 가정그루빠 / (쏘련)따지얀나 고르브린나 // 은하수. − 1986,(6). − 41 − 45

26407 마리야의 바위 / (쏘련)써르게이 위로닌 작; 리철준 역 // 문학과 예술. − 1986,(6). − 33 − 37

26408 메 두릅 / (쏘련)로 에르모제와 저; 고성 역 // 도라지. − 1986,(6). − 63 − 71

26409 밀월이 끝난후 / (쏘련)엘 꼬왈료바 // 연변녀성. − 1986,(6). − 5 − 6

26410 ≪용서하세요, 우리를!≫ / (쏘련)유본 · 다레브 // 천지. − 1986,(6). − 90 − 91

26411 ≪평화,감탄표≫ / (쏘련)보리스 · 와실리예브 작; 김성 중역 // 문학과 예술. − 1986,(6). − 70 − 77

26412 전처 / (쏘련)보리스 크라브친꼬 // 청년생활. − 1986,(7). − 51

26413 제니까: 갈랴를 기념하여 / (쏘련)뱌체슬라브 꼰트라찌예브; 리철준 역 // 천지. − 1986,(8). − 82 − 96

26414 절반렬차원 / (쏘련)엘 · 우와보바 // 은하수. − 1986,(9). − 25 − 33

26415 결투 / (로씨야)꾸브린 원저 // 은하수. − 1986,(11). − 61 − 64

26416 당대 단편소설의 경향과 특점 / (쏘련)나 · 이와노와 // 천지. − 1986,(11). − 95 − 96

26417 알료샤 고르쇼끄 / (로씨야)레브 똘스또이 // 은하수. − 1986,(12). − 60 − 62

26418 겨울 밤 / (쏘련)예 · 안드레예와 저; 한정화 중역 // 도라지. − 1987,(1). − 41 − 45

26419 딸애에게 보낸 편지 / (쏘련)B · A · 수호므린스끼 // 연변녀성. − 1987,(1). − 30 − 31

26420 고리끼가 처녀작을 발표한 이야기 // 송화강. − 1987,(2). − 39

26421 어린 시절 / (쏘련)윅또리야 브라낀스까야 // 연변녀성. − 1987,(2). − 69

26422 오직 그대 만을… / (쏘련)아나똘리 · 찌마로브 // 장백산. − 1987,(2). − 38 − 66

26423 해후 / (쏘련)와 라스뿌찐 저; 고성 역 // 도라지. − 1987,(2). − 44 − 49

26424 가려움이 일으킨 풍파 / (쏘련)레 · 뜨리예르 작; 한강수 중역 // 문학과 예술. – 1987,(3). – 53 – 55

26425 공중요술 / (쏘련)아따라쓰낀 저; 김홍란 중역 // 도라지. – 1987,(3). – 54 – 55

26426 이동하는 섬 / (쏘련)아나똘리 김 작; 리철준 역 // 문학과 예술. – 1987,(3). – 34 – 41

26427 버림받은 뒤 / (쏘련)아쓰마가렌꼬 // 연변녀성. – 1987,(4). – 25 – 30

26428 쉬빠쵸브 시묶음 / (쏘련)쉬빠쵸브 // 도라지. – 1987,(4). – 53 – 54

26429 쥬와고의사의 비극 / (쏘련)빠스뗄나크 작; 김일 역 // 문학과 예술. – 1987,(4). – 55 – 59

26430 세번째 심장 / (쏘)야 · 프로비모브 저; 김란 중역 // 도라지. – 1987,(5). – 38 – 43

26431 열쇠 / (쏘련)스마나예브 // 소년아동. – 1987,(5). – 24 – 31

26432 겨울 상수리나무 / (쏘련)유리 나찌빈 // 소년아동. – 1987,(6). – 51 – 56

26433 고슴도치의 가마 / (쏘련) // 꽃동산. – 1987,(6). – 22 – 23

26434 그는 돌아오리라 / (쏘련)뽀 리삐야닌 저; 성하 중역 // 도라지. – 1987,(6). – 25 – 32

26435 사랑의 편지 / (쏘련)가리쓰 // 장백산. – 1987,(6). – 137

26436 다람쥐와 승냥이 / (로씨아)엘 · 엔 똘스또이 // 소년아동. – 1987,(12). – 87 – 88

26437 아버지 / (쏘련)A · 아레크신 // 소년아동. – 1987,(12). – 9 – 13

26438 장난꾸러기 / (로씨야)안똔 · 체호브 작; 김재호 중역 // 문학과 예술. – 1987,(11 – 12). – 75 – 77

26439 허락 / (쏘련)이 · 레온찌예브 작; 최흥수 중역 // 문학과 예술. – 1988,(1). – 17 – 23

26440 련정 / (쏘련)세 · 월로닌 작; 곽근순 역 // 문학과 예술. – 1988,(2). – 60 – 64

26441 사격 / (로씨야)뿌쉬낀 // 청년생활. – 1988,(2). – 33 – 39

26442 첫 사랑 / (쏘련)B 보꼬모로브 // 연변녀성. – 1988,(2). – 25 – 26

26443 태워버린 노트(외3수) / (쏘련)안나 아트마호와; 문돌 역 // 도라지. – 1988,(2). – 53

26444 게으름뱅이 / (로씨야) // 꽃동산. – 1988,(3). – 28 – 31

26445 네가지 소원 / (쏘련)우신스끼 // 꽃동산. – 1988,(3). – 6

26446 《모스크바신문》쏘련명작《금별영웅》을 비판 // 문학과 예술. – 1988,(3). – 88

26447 셋째아들 / (쏘련)안드레이 쁠라또노브 // 천지. – 1988,(3). – 65 – 67

26448 렬차원 조야 / (쏘련)류드밀라 우와노와 작; 오재윤 중역 // 문학과 예술. – 1988,(4). – 52 – 59

26449 쓰쩨냐 / (쏘련)이 제니쏘브 // 은하수. – 1988,(4). – 23 – 25

26450 고골리에 대한 수수께끼(3편) // 문학과 예술. – 1988,(5). – 86 – 87

26451 소나기 / (쏘련)엠 · 바이지제브 작; 리철준 역 // 문학과 예술. – 1988,(5). – 11 – 18

26452 소년위트의 번뇌 / (쏘련)미조쩬꼬 // 도라지. – 1988,(5). – 68

26453 생활 / (쏘련)아 · 야꼬벤꼬; 성하 중역 // 도라지. – 1988,(5). – 66 – 70

26454 세가지 의견 // (쏘련) // 꽃동산. – 1988,(5). – 17

26455 첫눈에 든 정 / (쏘련)체 아이마또브 // 청년생활. – 1988,(5). – 53 – 55

26456 소나기 / (쏘련)엠 · 바이지예브 작; 리청준 역 // 문학과 예술. – 1988,(6). – 74 – 83

26457 쌍둥이자매 / (쏘련)아루꼬브 저; 리장춘 역 // 송화강. – 1988,(6). – 23 – 29

26458 자기 견해 / (쏘련)그라닌 // 은하수. – 1988,(7). – 34 – 39

26459 처음 이룩한 위훈 / (쏘련)엘 빤젤레예브 // 은하수. – 1988,(9). – 50 – 55

26460 병사들 / (쏘련)아 · 두따에브 작; 리단실 중역 // 예술세계. – 1989,(1). – 12 – 30

26461 이와노브의 가정 / 안드레이 뽈라또노브 저; 리철준 역 // 천지. - 1989,(2). - 56 - 67

26462 새앙쥐와 연필 / (쏘련)웨 쑤쩨예브 // 꽃동산. - 1989,(3). - 9

26463 작은 빵 / (로씨아)리영 역 // 꽃동산. - 1989,(3). - 14 - 15

26464 개구리려행기 / (쏘련)B · M · 까르쎈 // 소년아동. - 1989,(4). - 43 - 50

26465 볼가강과 바주자강 / (로씨아) // 꽃동산. - 1989,(4). - 10

26466 이렇듯 사랑하다니… / (쏘련)쥐첸꼬 // 은하수. - 1989,(4). - 32 - 34

26467 해변목욕장 / (쏘련)루싸꼬브 저; 고성하 중역 // 도라지. - 1989,(6). - 36 - 43

26468 나의 한평생 / (쏘련)베롭스끼 // 연변녀성. - 1989,(10). - 16

26469 에리노라 / (쏘련)와 · 로스리아꼬브 // 천지. - 1989,(11). - 71 - 78

26470 왕진하러 갔다가 / (로씨야)체호브 // 은하수. - 1989,(11). - 26 - 33

26471 까흐까새 / (쏘련) // 소년아동. - 1990,(2). - 68 - 72

26472 쏘련문단에 늦게 핀 꽃들: 최근 쏘련문학동태 / 정판룡 // 문학과 예술. - 1990,(2). - 41 - 45

26473 남색과 푸른색 / (쏘련)유리 까자꼬브 저; 김희광 역 // 장백산. - 1990,(3). - 67 - 72

26474 복수 / (재쏘동포)아나똘이 김; 고하 중역 // 도라지. - 1990,(3). - 18 - 24

26475 가장 행복한 하루 / (쏘련)나하비나 // 꽃동산. - 1990,(4). - 3 - 4

26476 불타는 심장 / (쏘련)고리끼 // 소년아동. - 1990,(4). - 29 - 37

26477 고집쟁이 꼬마산양 / (쏘련)손민 역 // 꽃동산. - 1990,(5). - 14 - 15

26478 발사 / (로씨야)뿌쉬낀 // 은하수. - 1990,(5). - 13 - 20

26479 우편함 / (쏘련)야따이츠 // 소년아동. - 1990,(6). - 102 - 107

26480 위협 / (로씨야)체호브 // 송화강. - 1990,(6). - 62

26481 비방자 / (쏘련)레오니또와 // 연변녀성. - 1990,(8). - 12 - 14

26482 엄마 / (쏘련)안드레이 뽈라또노브 // 소년아동. - 1990,(8). - 33 - 41

26483 가장 행복한 하루 / (쏘련)나하뻬나 // 소년아동. - 1990,(12). - 81 - 85 I515 웽그리아문학

26484 뻬떼피 시9수 / (웽그리아)뻬떼피;김태갑(역) // 아리랑. - 1957,(7). - 30 - 31

26485 뻬떼피시선 / (웽그리아)뻬떼피 // 연변문예. - 1980,(6). - 50 - 53

26486 호수밑에 던져진 종 / (웽그리아) // 천지. - 1985,(12). - 84 - 85

26487 기생과 그녀의 아들 / (웽그리아)크리스티나 아르노티 // 청년생활. - 1988,(10). - 31 - 37

I516 독일문학

26488 하이네 시 5수 / (독일)하이네 // 연변문예. - 1979,(4). - 60 - 61

26489 괴테시 6수 / (독일)괴테 // 연변문예. - 1979,(5). - 42 - 43

26490 백설공주 / (독일)원작 그림; 하오문 개편 그림 // 소년아동. - 1980,(2). - 24 - 31

26491 도적과 주인의 편지거래 / (독일)오토 · 네빌 저; 장민 중역 // 연변문예. - 1981,(8). - 48 - 49

26492 괴상한 처녀와 총각 / (독일)괴테 // 청년생활. - 1983,(5). - 57 - 60

26493 웃음파는 사람 / (서부독일)하인리시볼 저; 리철준 역 // 은하수. - 1984,(2). - 90 - 91

26494 양아들 / (독일)클레스트 // 청년생활. - 1984,(5). - 52 - 59

26495 사자왕국탐험기 / (서부독일)베 커쿠메크 // 대중과학. - 1984,(6). - 46 - 49

26496 독일의 혁명적민주주의시인 하이네 // 은하

수.－1984,(8).－57

26497 그녀를 잊으라 / (련방독일)빌트 헬므 // 연변녀성.－1985,(4).－68－80

26498 련애하는 청년 / (독일)헬만헷세 // 은하수.－1985,(9).－41－42

26499 개선문 / (독일)뢰마크 작 // 은하수.－1986,(10).－50－52

26500 칠레의 지진 / (독일)클레이스트 // 연변녀성.－1987,(1).－75－80

26501 나와 나뽈레옹 / (독일)안나마리 샤린그 // 천지.－1987,(7).－56－66

26502 갈릴레이전 / (독일)브레히트 // 은하수.－1987,(9).－45－47

26503 상급을 맞이하는 연회 / (독일)윌리 브레호스트 // 은하수.－1987,(10).－12

26504 대마도는 우리 땅? / (련방독일)오석근 // 장백산.－1988,(3).－92－106

26505 네 사람의 서양녀자 / (서부독일)오석근 // 장백산.－1988,(4).－88－109

26506 하이네와 그의 시 / 금력 // 문학과 예술.－1988,(5).－52

26507 불청객 / (서부독일)위크터 체르나크 // 은하수.－1988,(10).－42－43

26508 규정대로 하다 / (민주독일)라리브 위넬 // 은하수.－1989,(6).－26

26509 꿀빌 마야의 모험 / (독일)본젤스 // 소년아동.－1989,(9).－8－26

26510 누님에게 보낸 련애 편지 / (련방독일)칸드스폰 // 연변녀성.－1990,(8).－18－19

26511 이상한 마을 / (독일)시미트본 // 소년아동.－1990,(11).－59－72

I521 오지리문학

26512 웨터르로의 일분간 / (오지리)쯔바이크 // 은하수.－1982,(12).－36－42

26513 레나의 비극 / (오지리)쵸·러드레르 // 청년생활.－1984,(1).－41－18

26514 녀가정교사 / (오지리)츠웨이그 // 천지.－1985,(11).－70－77

26515 대장부의 안해 / (오지리)스니츠러 // 송화강.－1986,(2).－19－25

26516 기아예술가 / (오지리)프랑쯔·카프카 작; 김득만 중역 // 문학과 예술.－1987,(2).－33－38

26517 동정이 빚어낸 죄 / (오지리)스·츠우이그 // 천지.－1987,(6).－92－94

26518 현자의 안해 / (오지리)아 스니츠르 저; 고하 중역 // 도라지.－1990,(5).－16－22

I524 체스꼬슬로벤스꼬문학

26519 평화의 노래 / (체코슬로바키야)위쩨슬라브·네즈왈 // 연변문학.－1959,(5).－13

26520 삽살개 학교로 간다 / (체코) // 천지.－1985,(1).－78－79

26521 두 자매 / (체스꼬슬로벤스꼬)뽀르나 넴쪼와 // 청년생활.－1986,(1).－31－39

26522 행복의 단추 / (체스꼬슬로벤스꼬)엘리 옥리크드 // 소년아동.－1987,(10).－15－60

I541 알바니야문학

26523 국경선에서 / (알바니야)루안·카페저치 // 연변.－1962,(2).－45－48

26524 국경선에서 / (알바니야)루안·카페저치 // 연변.－1962,(2).－45－48

26525 완고통 / (알바니야) 파터밀·찌야따이 // 연변.－1963,(3).－44－46

I542 로므니아문학

26526 ≪배달부≫ / (로므니아)미르챠·쓰띤부리아누 // 소년아동.－1980,(2).－6－17

26527 빵 한쪼각 / (로므니아)프란치스크 믄데야누; 성호 역 // 연변문예.－1984,(6).－72－75

26528 목소리 / (로므니아)실위야·신카 저; 리상학 중역 // 도라지.－1987,(1).－37－40

26529 껠레라쉬 의용병 / (로므니아)미하일 싸도뱌누 // 은하수. – 1990,(6). – 42 – 45

I543 유고슬라비아문학

26530 브릴레 / (유고슬라비아)이완 · 뽀뽀위치 // 연변문예. – 1978,(11). – 43 – 46

26531 나무장사 / (유고슬라비아)안드리치 // 송화강. – 1982,(5). – 23 – 30

26532 질투 / (유고슬라비아)알렉산다르 띠스마 // 은하수. – 1982,(8). – 31 – 40

26533 례물 / (유고슬라비아)제 뽀소위치 // 은하수. – 1986,(8). – 33

I545 희랍문학

26534 알제리야 태양 / (희랍)알렉씨쓰 · 바르니쓰 // 연변문학. – 1959,(6). – 29 – 33

26535 기발을 든 사람 / (희랍)뻬뜨로스 안데오스 // 연변문학. – 1959,(9). – 16

26536 팔리운 애미나 / (희랍)크쎄 노프로스 // 은하수. – 1982,(7). – 29 – 34

26537 파도우의 꿈 / (희랍)파파지아만티스 저; 해연 중역 // 도라지. – 1983,(4). – 64 – 68

26538 자아 초청 / (희랍)베 베베뚜까수 저; 한정화 중역 // 도라지. – 1987,(3). – 50 – 53

I546 이딸리아문학

26539 시시리레몬 / (이딸리아)피란델로 // 연변문예. – 1980,(7). – 59 – 64

26540 데카메론 / (이딸리아)보카치오 // 장백산. – 1984,(2). – 173 – 179

26541 마귀의 바지 / (이딸리아) // 도라지. – 1985,(1). – 60 – 62

26542 어머니를 찾아서 3만리 / (이딸리아)아미치스 // 꽃동산. – 1985,(1). – 16 – 19

26543 40개의 고무총 / (이딸리아)모스카 // 연변녀성. – 1985,(3). – 40 – 43

26544 십일담(련재)(이딸리아)보카치오 // 장백산. – 1985,(3). – 167 – 184

26545 시칠리아레몬 / (이딸리아)피란델로 // 청년생활. – 1986,(8). – 45 – 51

26546 죽지 말아야 할 화가 / (이딸리아)띄노 · 프자티 작; 박광룡 중역 // 문학과 예술. – 1987,(1). – 42 – 44

26547 ≪자신을 찾으시라≫ / (이딸리아)단떼 // 은하수. – 1987,(6). – 30 – 31

26548 보이지 않는 또니노 / (이딸리아)로따리 // 꽃동산. – 1990,(3). – 7 – 8

I561 영국문학

26549 인디안도의 심비한 모살사건 / (영국)크리스티 원저; 부도도 편역 // 청년생활. – 1980,(2). – 59 – 65

26550 행복한 왕자 / (영국)오스카 와일드 // 소년아동. – 1980,(11). – 26 – 35

26551 밤꾀꼬리별장 / (영국)아가쉐이 크리스티 저; 리여천;리명숙 역 // 소년아동. – 1981,(1). – 110 – 119

26552 만능두뇌파안기 / (영국)엘 · 지 · 앨리잔드 // 대중과학. – 1981,(3). – 50 – 53

26553 4인 서명 / (영국)코난도일 작; 남설우 역 // 연변문예. – 1982,(1). – 58 – 64

26554 실련한 롤랑 / 장광기 // 은하수. – 1982,(10). – 45 – 46

26555 점심 한끼 / (영국)윌리암 섬어셋트 모옴 // 청년생활. – 1983,(3). – 50 – 52

26556 수직 사다리 / (영국)윌리암 쌈손 // 문학과 예술. – 1984,(1). – 89 – 96

26557 아테네의 처녀여 / 바이론 // 도라지. – 1984,(3). – 29

26558 바이론 시 3수 / (영국)바이론 // 은하수. – 1984,(4 – 5). – 34

26559 밤꾀꼬리별장 / (영국)아가사크리스띠에 // 은하수. – 1985,(3). – 49 – 55

26560 영원한 점유 / (영국)그레옹 · 그린; 리경구 역 // 문학과 예술. – 1985,(5). – 10 – 16

26561 추격받는 사람 / (영국)로버트 오네일 등 // 천지. – 1985,(9). – 90 – 96

26562 특권 / (영국)프리더리크 푸싸이쓰 // 천지. – 1985,(9). – 81 – 89

26563 끝나지 않는 이야기 / (영국) 천지. – 1985,(10). – 73

26564 대좌 부인 / (영국)W · S몸 // 장백산. – 1986,(5). – 145 – 152

26565 꽃 요귀 / (영국)김 · 와브리 저 // 천지. – 1986,(7). – 91 – 95

26566 짝사랑 / (영국)안똔 호프 // 청년생활. – 1986,(7). – 46 – 50

26567 죽음의 궁전 / (영국)란 · 블라이밍 // 대중과학. – 1986,(9). – 34 – 36

26568 영원한 보물 / (영국)이 · 지 · 체푸리나 // 청년생활. – 1986,(11). – 43 – 46

26569 매표원처녀들 / (영국)다위드 로렌스 // 청년생활. – 1987,(2). – 31 – 37

26570 카진아저씨의 유서 / (영국)나젤 · 니엘 // 송화강. – 1987,(3). – 28 – 34

26571 허영의 시장 / (영국)쌔커리 // 은하수. – 1987,(3). – 54 – 57

26572 대도시로 통한 길 / (영국)다리스 · 레신 저; 리상 역 // 도라지. – 1987,(4). – 47 – 51

26573 비밀혼인 / (영국)하아디 // 송화강. – 1987,(4). – 39 – 44

26574 박사와 그의 아버지 / (영국)젬스 보우드원 // 연변녀성. – 1987,(6). – 60 – 61

26575 정부의 담비털외투 / (영국)롤드 다르 // 청년생활. – 1987,(7). – 32 – 38

26576 외팔이도적 / (영국) // 소년아동. – 1987,(8). – 57 – 62

26577 사랑도적 / (영국)바 카테란 // 은하수. – 1988,(1). – 22 – 25

26578 한곡조의 두단락 / (영국)조이스 작; 김청선 중역 // 문학과 예술. – 1988,(1). – 62 – 67

26579 바늘귀 / (영국)켄 프레이트 // 은하수. – 1988,(2). – 27 – 32

26580 《C – 98》밀방 / (영국)오니스 저; 량학수 역 // 송화강. – 1988,(3). – 41 – 50

26581 얼룩끄나불 / (영국)코난도일 // 청년생활. – 1988,(3). – 23 – 30

26582 거부기 일가 / (영국) // 꽃동산. – 1988,(5). – 14 – 15

26583 나쁜녀자 / (영국)로 · 월크쎈 작; 정민 역 // 문학과 예술. – 1988,(5). – 26 – 29

26584 수박을 사다 / (영국)미엘스미스 // 꽃동산. – 1988,(5). – 13

26585 유희장의 잠자는 미녀 / (영국)죤 · 코릴 작; 적송 역 // 문학과 예술. – 1988,(6). – 52 – 59

26586 표현기교 / (영국)에부레터 희거지 저; 리상 역 // 도라지. – 1989,(2). – 46 – 49

26587 정부 / (영국)롤드 다르 저; 량우 번역 / 송화강. – 1989,(4). – 39 – 45

26588 바보 재크 / (영국) // 꽃동산. – 1989,(5). – 28 – 29

26589 왕비의 유혹 / (영국)웰린 로르깐 저; 박범중역 // 송화강. – 1989,(5). – 27 – 34

26590 빠리의 심판 / (영국)런나드 메르크 // 은하수. – 1989,(8). – 54 – 60

26591 소원대로 / (영국)켄 메쏠드 // 소년아동. – 1989,(11). 34 36

26592 남을 도와주려면 / (영국)엘리스 밀레다엔스 // 연변녀성. – 1990,(1). – 4 – 5

26593 유락장의 잠든 미녀 / (영국)요한크릴 저; 리장춘 중역 // 송화강. – 1990,(1). – 20 – 28

26594 감옥을 방문한 녀배우 / (영국)미렌다 로렌스 // 연변녀성. – 1990,(3). – 22 – 24

26595 시인의 존엄 / (영국)A파크 // 송화강. – 1990,(6). – 62

26596 로빈손크루소 / (영국) // 소년아동. – 1990,(7). – 62 – 74

26597 죽음에 관하여 / (영국)베이꼰 // 은하수. – 1990,(11). – 62 – 63

I565 프랑스문학

26598 평화를 위해 나섰다 / (프랑스)그 · 라싸린 // 소년아동. - 1954,(6). - 6 - 8
26599 두 친구 / (불란서)모파쌍 // 연변문예. - 1978,(12). - 56 - 59
26600 녀의자수리공 / (불란서)모파쌍 // 연변문예. - 1979,(5). - 59 - 62
26601 난쟁이 / (프랑스)에 · 라불레 // 소년아동. - 1980,(5). - 40 - 53
26602 두마리의 사자 / (프랑스) // 연변교육. - 1981,(8). - 63 - 64
26603 몽떼크리스또백작 / (프랑스)대듀마 // 청년생활. - 1982,(1). - 29 - 43
26604 모파쌍과 그의 단편 ≪목걸이≫ / 일엽 // 송화강. - 1982,(3). - 55 - 56
26605 목걸이 / (프랑스)모파쌍 // 송화강. - 1982,(3). - 50 - 56
26606 별들 / (불란서)도데 작; 최일 중역 // 연변문예. - 1982,(8). - 42 - 44
26607 금덩이 / (프랑스) // 은하수. - 1982,(10). - 68 - 69
26608 로마의 밤 / (프랑스)안나마리엘 // 은하수. - 1982,(11). - 54 - 58
26609 거지 / (프랑스)모파쌍 // 연변문예. - 1983,(11). - 78 - 80
26610 로마의 밤 / (프랑스)안나 마리엘 // 은하수. - 1984,(1). - 50 - 56
26611 마떼오 팔코네 / (프랑스)메리메 작; 석심 중역 // 연변문예. - 1984,(1). - 74 - 80
26612 만종이네 어머니 / (프랑스)모파쌍 // 연변녀성. - 1984,(2). - 54 - 58
26613 체육송가 / (프랑스)피엘 더구베단 // 은하수. - 1984,(6). - 8
26614 훈장미치광이 / (프랑스)모파쌍 // 연변문예. - 1984,(11). - 75 - 78
26615 기암성 / (프랑스)모리스 르블랑 // 청년생활. - 1985,(1). - 30 - 38
26616 왕자가 배운 일 // 천지. - 1985,(2). - 88
26617 아슬아슬한 려행 / (프랑스)루이 라프라스 // 연변녀성. - 1985,(4). - 30 - 33
26618 한 프랑스소녀와의 담화 / 김민 편역 // 은하수. - 1985,(5). - 26 - 27
26619 정욕과 도덕 / (프랑스)푸로벨 // 천지. - 1985,(7). - 85 - 96
26620 미치광이 / (프랑스)모파쌍 작 // 문학과 예술. - 1986,(1). - 88 - 91
26621 사형수의 상소 / (프랑스)안드레 반지몰라 // 연변녀성. - 1986,(1). - 70 - 79
26622 황천길 / (프랑스)아드레이 모리아 작; 유철 중역 // 문학과 예술. - 1986,(3). - 75 - 82
26623 전화를 걸어온 로파 / (프랑스)페에로 · 뻬레마 작; 야크 · 안또완, 김영춘 역 // 문학과 예술. - 1986,(4). - 71 - 76
26624 혼인소개소 / (프랑스)빠잔 // 송화강. - 1986,(4). - 36 - 42
26625 양산 / (프랑스)모파쌍 // 송화강. - 1986,(6). - 23 - 27
26626 죽은 사람과 결혼한 프랑스처녀 / 방령 // 은하수. - 1986,(11). - 60
26627 금전 / (프랑스)졸라 원작 // 은하수. - 1986,(12). - 37 - 39
26628 침묵을 지키는 인간 / (프랑스)까뮤 저; 리일우 중역 // 은하수. - 1986,(12). - 21 - 29
26629 기다림 / 모파쌍 작; 김태갑 중역 // 문학과 예술. - 1987,(1). - 33 - 35
26630 참회록 / (프랑스)루쏘 // 은하수. - 1987,(1). - 22 - 23
26631 경적 / (프랑스)벨리 말 안또니 // 연변녀성. - 1987,(2). - 49 - 51
26632 베레니스성좌 / (프랑스)끌로드 씨몽 // 은하수. - 1987,(2). - 31 - 36
26633 화폐위조자 / (프랑스)앙드레 지드 // 은하수. - 1987,(4). - 51 - 52
26634 세기아의 고백 / (프랑스)뮈쎄 // 은하수. - 1987,(6). - 20 - 22

26635 동백꽃아가씨 / (프랑스)듀마 휘스 // 은하수. – 1987,(7). – 61 – 64

26636 암호 / (프랑스)모파쌍 // 은하수. – 1987,(10). – 36 – 37

26637 방탕녀 / (프랑스)고스다부 · 향터클라이; 리상 중역 // 도라지. – 1988,(1). – 25 – 32

26638 방탕녀략전 / (프랑스)구스다부 쌍터크레 저; 학수 중역 // 송화강. – 1988,(1). – 42 – 49

26639 방탕한 녀인 / (프랑스)구스타프 샹트크라일 // 청년생활. – 1988,(1). – 25 – 32

26640 애정위기 / (프랑스)모파쌍 // 도라지. – 1988,(1). – 35 – 39

26641 지옥에 빠진 처녀 / (프랑스)비벨러마르 // 연변녀성. – 1988,(2). – 45 – 49

26642 자유 / (프랑스)모파쌍 // 도라지. – 1988,(3). – 58 – 61

26643 수정마개 / (프랑스)르블랑 // 은하수. – 1988,(4). – 57 – 64

26644 생명의 빈구석 / (프란스)피에르 베레마르 // 청년생활. – 1989,(2). – 33 – 37

26645 말할줄 아는 장미꽃 / (프랑스) // 소년아동. – 1989,(5). – 88 – 94

26646 물레방아간 전투 / (프랑스)졸라 // 청년생활. – 1989,(8). – 24 – 30

26647 갈망 / (프랑스)로쟈리 // 송화강. – 1990,(5). – 25 – 27

26648 성탄절전야의 수수께끼 / (프랑스)지나트 브리옹 // 연변녀성. – 1990,(5). – 40 – 45

26649 마떼오 파르꼬네 / (프랑스)메리메 // 은하수. – 1990,(7). – 56 – 62

26650 예기의 죽음 / (프랑스)쟝 부루스 // 연변녀성. – 1990,(12). – 49 – 59 I711 카나다문학

26651 김인숙 시4수 / (카나다 조선인)김인숙 // 장백산. – 1986,(3). – 111 – 114

26652 사랑과 다툼 / (카나다)힐라 · 헬리 // 연변녀성. – 1987,(2). – 21 – 23

26653 김인숙시묶음 / (카나다조선인)김인숙 // 천지. – 1987,(10). – 55 – 57

26654 그날 / (카나다조선인)반병섭 // 장백산. – 1989,(1). – 120

26655 조난당한 잠수함에서 / (카나다)매크르 불루스 // 청년생활. – 1989,(1). – 34 – 35

26656 카나다문학의 특성과 현대시인 / 김인 // 장백산. – 1989,(4). – 88 – 90

26657 풀잎 / (카나다조선인)유인형 // 장백산. – 1989,(4). – 99 – 101

26658 새해 아침에 / (카나다)반병섭 // 장백산. – 1990,(2). – 133 – 136

26659 어머니, 가시다니요 / (카나다)김인 // 장백산. – 1990,(2). – 130 – 131

26660 8천메터 상공에서 연로가 떨어져 / (카나다)윌리암 호퍼 // 장백산. – 1990,(3). – 31 – 46

26661 아름다운것 / (카나다)리석현 // 장백산. – 1990,(4). – 83 – 84

26662 멋은 어디에 / (카나다)장석환 // 장백산. – 1990,(5). – 105 – 106

I712 아메리카문학

26663 흑인소년 타니 / 방명 // 소년아동. – 1954,(6). – 18 – 19

26664 도적질 / (미국)말츠 // 아리랑. – 1957,(2). – 44 – 47

26665 말츠의 단편소설≪노적질≫에 대하여 / 김학철 // 아리랑. – 1957,(2). – 48 – 50

26666 너를 위하여 오 민주주의여 / (미국)휘트만 // 연변문학. – 1959,(5). – 13

26667 경찰 / (미국)아이 · 말쯔 // 연변문예. – 1979,(2). – 53 – 63

26668 호르래기 / (미국)프랑크린 저; 박성무 중역 // 장백산. – 1980,(2). – 136 – 137

26669 ≪천당≫ / (미국)아이 · 신져 // 소년아동. – 1980,(7). – 9 – 15

26670 여름옷을 입은 처녀들 / (미국)오웬 · 쇼 저; 최일 중역 // 연변문예. – 1981,(9). – 38 – 40

26671 랭혹한 평형 / (미국)톰 게데윈 // 은하수. –

1982,(8).－42－51
26672 도로 찾은 나의 삶/(미국)헬린 캘러//은하수.－1982,(9).－9－13
26673 비판의 예술성/(미국)저즈 웨인버그//은하수.－1983,(1).－51－52
26674 자멸/(미국)D·M서로위크 원작; 엽영렬 속편//연변문예.－1983,(1).－53－60
26675 처녀일가? 호랑일가?/(미국)프랭크 아 쓰똑턴//장백산.－1983,(2).－101－103
26676 사랑과 희생/(미국)오 헨리 저; 남영식 역//도라지.－1983,(3).－63－66
26677 날마다 15분씩…/(미국)루이스 쏠스//은하수.－1983,(5).－43
26678 언약/(미국)S·L·기리//연변문예.－1983,(5).－57－58
26679 용기/(미국)D·C·스니//연변문예.－1983,(5).－58－59
26680 백작과 혼례귀빈/(미국)오헨리//연변문예.－1983,(7).－62－65
26681 자멸/(미국)아씨모브 저; 라악봉 개편//대중과학.－1983,(8).－50－53
26682 사람과 뱀/(미국)안브로스 벨스//연변문예.－1984,(3).－77－79
26683 장군과 녀자애/(마크 트웬//연변녀성.－1984,(3).－50－56
26684 송씨네 세자매/(미국)로비·유엘손; 금연경 역//연변문예.－1984,(4).－52－59
26685 나의 석주일계획/(미국)아냐 베트만//연변녀성.－1984,(5).－28
26686 달에서 생긴 모살안/(미국)아씨모브//대중과학.－1984,(5).－44－49
26687 모델/(미국)마라·머더; 성신 역//연변문예.－1984,(9).－62－63
26688 ≪환자≫/(미국)아트 부츠월드; 리현영 역//연변문예.－1984,(10).－71
26689 한시간 사이/(미국)캐드·쇼핀 작; 요조 개편; 방방본 그림//문학과 예술.－1985,(1).－68－71
26690 만약 이런걸 말하지 않는다면…/(미국)젠니//은하수.－1985,(2).－52－54
26691 여름옷을 입은 녀인들/(미국)어윈쇼//도라지.－1985,(2).－72－77
26692 모델/(미국)마라므드//장백산.－1985,(3).－134－137
26693 사랑의 꽃을 활짝 피게 하려면/(미국)리차드 쎄드//은하수.－1985,(3).－4
26694 운수좋은 상금증권/(미국)고든·제이 스카이르; 장영 개편; 서통조 그림//문학과 예술.－1985,(3).－56－58
26695 태평양에서 날아온 시/(미국적조선인)곽상희//도라지.－1985,(4).－30－31
26696 검정고양이/(미국)에드가 엘렌포우//은하수.－1985,(5).－7－10
26697 경찰국장의 아들딸/(미국)즈·체스너트 저; 김파 역//천지.－1985,(5).－88－96
26698 살인패/(미국)에네스트·에밍웨이//천지.－1985,(5).－76－80
26699 이름속에 숨은 비밀/(미국)아시모브//대중과학.－1985,(6).－32－36
26700 중공과 스노/(미국적조선인)현응//도라지.－1985,(6).－61－62
26701 고자쟁이 심장/(미국)에드가 엘레포우//은하수.－1985,(9).－38－40
26702 미국의≪통속문학≫//문학과 예술.－1986,(1).－84－85
26703 배상금 700만딸라/(미국)시드니 셀톤//연변녀성.－1986,(1).－24－28
26704 백악관의 살인사건/(미국)마그리트·트루맨//천지.－1986,(2).－89－96
26705 모르그거리의 살인사건/(미국)에드가 아·포//천지.－1986,(3).－76－84
26706 고무장갑을 낀 죄인/(미국)오르·쓰탄리·까드나 저; 남역식 중역//도라지.－1986,(4).－52－56
26707 부혼인상담기/(미국)오웬 헨리//청년생활.－1986,(5).－31－34

26708 차면허측험 / (미국)안지리카 · 지부스 // 천지. – 1986,(5). – 80 – 81

26709 현대거인 / (미국)테르 트드 // 청년생활. – 1986,(5). – 42 – 43

26710 빵 두개 / (미국)오헨리 // 송화강. – 1986,(6). – 54 – 55

26711 신호탑 / (미국)찰스 우즈워스 캔버 // 청년생활. – 1986,(10). – 34 – 42

26712 아버지와 아들 / (미국)롱스턴 휴즈; 김파역 // 천지. – 1986,(10). – 76 – 89

26713 리혼한 한 아버지의 필기 / (미국)필리프 쏘번 // 연변녀성. – 1987,(2). – 34 – 36

26714 모친절의 선물 / (미국)케웨버 // 연변녀성. – 1987,(2). – 39 – 41

26715 따뜻한 보살핌 / (미국)카론 · 매크로터 저; 비정평 각색 // 소년아동. – 1987,(3). – 32 – 37

26716 정부 / (미국)G · 아레산다 // 송화강. – 1987,(3). – 35

26717 정의를 위해 싸운 어머니 / (미국)스티븐 빠라스 // 연변녀성. – 1987,(3). – 10 – 14

26718 하느님이여, 난 왜? / (미국)라올라 M 하만 // 연변녀성. – 1987,(3). – 32 – 34

26719 꼬마수탉의 성공 / (미국) // 꽃동산. – 1987,(4). – 17

26720 돈은 누가 훔쳤나? / (미국)에드 레이또 // 연변녀성. – 1987,(4). – 9 – 11

26721 우연한 상봉 / (미국)G · 알렉산드라 // 장백산. – 1987,(4). – 112 – 113

26722 인디안인 열사람 / (미국)오미스터 헤밍웨이 작; 곽근순 중역 // 문학과 예술. – 1987,(4). – 41 – 43

26723 청혼 / (미국)포트라스키 // 청년생활. – 1987,(4). – 29 – 35

26724 함정 / (미국)아부트 페쎈트쒼 // 천지. – 1987,(4). – 80 – 92

26725 승냥이 호수 / (미국)아렌 · 볼 · 엘스톤 // 천지. – 1987,(6). – 85 – 91

26726 자식을 위해 분발한 어머니 / (미국)죠셉 부랑크 // 연변녀성. – 1987,(6). – 6 – 7

26727 한 남자애의 어머니 / (미국)로리스 // 소년아동. – 1987,(6). – 75 – 80

26728 행복을 놓치지 말아요 / (미국)다위드 카내키 // 연변녀성. – 1987,(6). – 59

26729 기이한 흉기 / (미국)롤드 달 // 은하수. – 1987,(7). – 30 – 32

26730 음험한 그림자 / (미국)마리 크라크 // 청년생활. – 1987,(7). – 51 – 53

26731 남의 땅, 남의 골목길: 외3수 / (미국조선인)김병현 // 천지. – 1987,(8). – 24 – 25

26732 참회 / (미국)패리 쎄일러 // 청년생활. – 1987,(9). – 25 – 26

26733 가령 래일이 오면 / (미국)씨더니 쎄르트 // 은하수. – 1987,(11). – 19 – 22

26734 모자마술 / (미국)로벨트꾸벨 // 문학과 예술. – 1987,(11 – 12). – 54 – 58

26735 아버지의 꿈 / (미국)칸드트 // 연변녀성. – 1988,(1). – 43 – 45

26736 에밀리에게 바치는 장미 / (미국)제임스 · 포크너 작; 김소 중역 // 문학과 예술. – 1988,(1). – 40 – 45

26737 악한을 찾아 2년 / (미국)스코트 크레포드 // 연변녀성. – 1988,(2). – 11 – 12

26738 혼 / (미국)포트라스키 // 천지. – 1988,(2). – 55 – 60

26739 민주주의여, 너를 위하여: 생각에 잠겨 그리워한는 이 순간: 내가 정복자의 명성을 생각할 때 / (미국)휘트먼 // 문학과 예술. – 1988,(3 – 4). – 41 – 42

26740 어머니의 저금 / (미국)캘불버스 // 소년아동. – 1988,(3). – 116 – 119

26741 인질 / (미국)C · S · 프리스트 // 연변녀성. – 1988,(3). – 24 – 26

26742 코호내가에서 / (미국)모리스 // 청년생활. – 1988,(3). – 56 – 57

26743 흰고래 모비 딕 / (미국)허먼 멜빌 // 은하수. – 1988,(3). – 45 – 48

26744 적맞은 편지 / (미국)에드가 알엘렌 포우 // 은하수. – 1988,(4). – 48 – 55

26745 세계지도 / (재미조선인)김병헌 // 장백산. – 1988,(4). – 138 – 140

26746 인피초상화 / (미국)루알데따리 // 천지. – 1988,(5). – 62 – 69

26747 ≪서행만기≫가 조선과 일본에 미친 영향 / (재미조선인)현웅 // 장백산. – 1988,(6). – 135 – 136

26748 용감한 녀가수 / (미국)콘날 · 우리키 // 천지. – 1988,(6). – 56 – 66

26749 중국에 다녀왔습니다 / (재미조선인)리계향 // 장백산. – 1988,(6). – 113 – 134

26750 사랑과 혼인 / (미국)폰니게트 // 은하수. – 1988,(12). – 13 – 17

26751 객지에서 소를 보면 / (재미조선인)고원 // 장백산. – 1989,(1). – 118 – 120

26752 전문가의 말이면 다 옳은가? / (미국)죠 크드르트 // 연변녀성. – 1989,(1). – 10 – 11

26753 초가을 / (미국)랑스톤 하쩨스 // 문학과 예술. – 1989,(1). – 34

267547 딸라로 실현한 꿈 / (미국)메어리루 클린터 // 연변녀성. – 1989,(1). – 62 – 63

26755 객지 / (재미조선인)박이문 // 장백산. – 1989,(2). – 98 – 100

26756 가을채집 / (재미조선인)김문희 // 장백산. – 1989,(3). – 68 – 69

26757 검은고양이 일곱마리 / (미국)애를리 큐인 저; 박범 중역 // 송화강. – 1989,(3). – 26 – 33

26758 겨울준비 / (재미조선인)김유미 // 장백산. – 1989,(3). – 75 – 76

26759 굴뚝연기(외2수) / (재미교포)박이문 // 송화강. – 1989,(3). – 35 – 36

26760 그림 만들기(외1수) / (재미교포)송순태 // 송화강. – 1989,(3). – 36

26761 그림자 앞지르기 / (재미교포)배미순 // 송화강. – 1989,(3). – 40

26762 두 형제 / (미국)케이스 제니스 // 꽃동산. – 1989,(3). – 10 – 11

26763 망향별곡(외1수) / (재미교포)전달문 // 송화강. – 1989,(3). – 35

26764 배달겨레의 꿈 / (재미조선인)김영훈 // 장백산. – 1989,(3). – 67 – 68

26765 봄오는 소리 / (재미조선인)이풍호 // 장백산. – 1989,(3). – 74

26766 사랑의 그물 / (미국)예리스 하워더 저; 문암 중역 // 도라지. – 1989,(3). – 48 – 55

26767 생일(외1수) / (재미교포)김희숙 // 송화강. – 1989,(3). – 40

26768 숨쉬는 땅에(외1수) / (재미교포)고원 // 송화강. – 1989,(3). – 37

26769 안녕, 안녕 / (재미교포)박남수 // 송화강. – 1989,(3). – 34

26770 이른 봄(외1수) / (재미교포)김정희 // 송화강. – 1989,(3). – 38 – 39

26771 접목(외1수) / (재미교포)김문희 // 송화강. – 1989,(3). – 37

26772 ≪지상천국≫에서 / (재미조선인)배미순 // 장백산. – 1989,(3). – 73 – 74

26773 추석달 / (재미교포)김정기 // 송화강. – 1989,(3). – 38 – 39

26774 타향의 가을 / (재미조선인)송순태 // 장백산. – 1989,(3). – 70 – 71

26775 태풍전(외1수) / (재미교포)김용팔 // 송화강. – 1989,(3). – 39

26776 핏줄 / (재미조선인)한만선 // 장백산. – 1989,(3). – 77 – 84

26777 하늘의 새 / (재미조선인)김송희 // 장백산. – 1989,(3). – 72

26778 겨울새 / (재미조선인)김주영 // 장백산. – 1989,(4). – 33 – 45

26779 대통령일가의 음사 / (미국)마그리트 투루멘 // 연변녀성. – 1989,(4). – 35 – 45

26780 떠돌이인생 / (카나다조선인)박순배 // 장백산. – 1989,(4). – 102

26781 한피줄 / (미국)쓰따니쎌폰 작 // 예술세계. –

1989,(4).－4－22
26782 교포사회의 빛과 그림자/(재미조선인)김송희//장백산.－1989,(5).－92－96
26783 락마(落馬)/(재미조선인)리계향//장백산.－1989,(5).－90－91
26784 민들레네 집/(재미조선인)남소희//장백산.－1989,(5).－97－100
26785 비관도 복/(미국)에룬 스미스//은하수.－1989,(5).－58
26786 사랑의 꽃/(미국)쥬피 쿨트//연변녀성.－1989,(5).－5
26787 산타 모니카에서의 죽음/(재미조선인)송상옥//장백산.－1989,(5).－101－110
26788 유쾌한 로인의 얼굴/(재미조선인)김문희//장백산.－1989,(5).－88－90
26789 잊을수 없어요/(미국)뢰・브뢰뜨베리//문학과 예술.－1989,(5).－17－19
26790 천지: 내 영혼의 심연이여/(재미조선인)황영애//장백산.－1989,(5).－85－88
26791 한 ≪반역≫부인에 대한 이야기/(미국)마그리트 쌍그//연변녀성.－1989,(5).－8－10
26792 경이와 신비의 땅/(재미조선인)황영애//장백산.－1989,(6).－89－97
26793 마쟈 3부곡/(미국)할로스 로빈스//연변녀성.－1989,(6).－52－56
26794 유럽의 꽃, 빠리/(재미조선인)김문희//장백산.－1989,(6).－87－88
26795 곰과 박투한 용사/(미국)피리프양시//청년생활.－1989,(7).－33
26796 사막의 로맨스/(미국)루이스 라몰 저; 한수동 중역//천지.－1989,(7).－58－65
26797 이마벗어진 해오라기/(북아메리카)소년아동.－1989,(7).－20－24
26798 두번째 생명/(미국)알렉산드라 죠크//연변녀성.－1989,(8).－37－39
26799 도박쟁이 에이삐/(미국)캔 아델만//은하수.－1989,(9).－14－16
26800 우편국에서 벌어진 이야기/(미국)토로제스//연변녀성.－1989,(9).－49－50
26801 주어온 사랑/(미국)아노더 제인//청년생활.－1989,(9).－4－5
26802 신비한 도자기호랑이/(미국)리디야 그라버스끼//연변녀성.－1989,(12).－41－42
26803 신비한 실종/(미국)파・젤・마크탕나//천지.－1989,(12).－71－79
26804 이붓아버지 찾는 광고/(미국)에월 케니디//연변녀성.－1989,(12).－34－36
26805 물결/(미국)고원//장백산.－1990,(1).－117
26806 전통적형식기교에 대한 미국 당대 시가의 회귀//문학과 예술.－1990,(1).－79
26807 정구, 사랑과 고층건물/(미국)로산・카리작; 김란 중역//도라지.－1990,(1).－26－33
26808 주요한 증인/(미국)오웬 쇼//은하수.－1990,(1).－56－60
26809 에스바냐봉의 미개인사건/(미국)죤니 프랑쓰//대중과학.－1990,(2).－18－22
26810 크리스마스선물/(미국)오 헨리//청년생활.－1990,(2).－13－15
26811 사랑의 별곡/(미국)//은하수.－1990,(3).－24－30
26812 살인범은 도주하고있다/(미국)요한 훠킨스; 워드 훠킨스 저; 박범 중역//송화강.－1990,(3).－29－38
26813 빈자리/(미국)고현혜//장백산.－1990,(3).－84－85
26814 아버지와 아들/(미국)클레오//청년생활.－1990,(3).－8－9
26815 외지(외2수)/(미국)박이문//장백산.－1990,(3).－84
26816 정월대보름/(미국)박양권//장백산.－1990,(4).－83
26817 민들레꽃/(미국)염천석//장백산.－1990,(5).－106
26818 경박하게 논 대가/(미국)마크 브란트//송화강.－1990,(6).－63－64
26819 신비한 빛/(미국)리타 아리 헤이시이//꽃

동산. − 1990,(6). − 10

26820 20년 후 / (미국)오헨리; 박범 편역 // 송화강. − 1990,(6). − 60 − 61

26821 인생살이 / (미국)쇼꼬트 폰네고트 // 청년생활. − 1990,(6). − 31 − 33

26822 재미조선인문학에 대한 고찰 / 남영전 // 장백산. − 1990,(6). − 93 − 99

26823 아버지가 받은 상품 / (미국)로버트 프르기므 // 연변녀성. − 1990,(9). − 60 − 61

26824 저녁식탁 / (미국)리오 파스칼리아 // 연변녀성. − 1990,(9). − 46 − 47

26825 녀인과 죽음 / (미국)헬로우드 · 로빈손 // 천지. − 1990,(11). − 60 − 69

26826 신념 / (미국)페어 올라; 에밀리 돌레어 // 연변녀성. − 1990,(11). − 46 − 48

I755 큐바문학

26827 두 병사의 노래 / (큐바) 니꼬라스 · 지렌 // 연변. − 1962,(12). − 43

26828 이 자유를 위해 / (큐바) 파아더 · 하미스 // 연변. − 1962,(12). − 43

26829 쎈터크로스의 례물 / (큐바) 라울 · 곤자레스 · 드 · 카스코로 // 연변. − 1963,(2). − 44 − 46

I775 꼴롬비아문학

26830 마꼰도의 비를 관찰한 이사벨의 독백 / (꼴롬비아)가브리엘 가르씨아 마르께스 // 은하수. − 1987,(3). − 46 − 51

26831 사랑을 뛰여넘어 지속되는 죽음 / (꼴롬비아)가브리엘 가르씨아 마르께스 // 은하수. − 1989,(5). − 47 − 52

J 예술

26832 연변조선족자치주창립 30돐맞이 현상모집 예술축전 수상자명단 // 문학예술연구. − 1982,(4). − 59 − 64

26833 가무단의 첫 막을 올리면서 / 라단 // 은하수. − 1983,(1). − 79

26834 대중가요의 민족화와 현대화를 위하여 / 정창권 // 문학예술연구. − 1984,(1). − 50 − 54

26835 우리는 어떻게 창작을 틀어쥐였는가: / 화룡현 예술단 // 문학예술연구. − 1984,(1). − 56 − 59

26836 중국연극가협회 연변분회평론분과에서 평론모임을 가졌다 // 문학과 예술. − 1985,(2). − 45

26837 지난해 전 주 무대예술공연에 대한 고찰 / 최봉석 // 문학과 예술. − 1986,(2). − 59 − 63

26838 잊을수 없는 나날 / 장일민 // 문학과 예술. − 1986,(5). − 70 − 73

26839 조선족예술을 위한 새로운 발돋음 // 문학과 예술. − 1986,(5). − 38 − 41

26840 도문시가무단공연 인기를 끌어 // 문학과 예술. − 1987,(1). − 91

26841 천가만호에 환락의 웃음꽃을 // 문학과 예술. − 1988,(3). − 72 − 74

26842 무대에다 여생을 다 바치기오 / 김상옥; 량균 // 문학과 예술. − 1989,(3). − 46 − 47

26843 나의 예술생애 / 전영 // 예술세계. − 1990,(3). − 52 − 54

26844 우리도 보람있게 살아야 합니다 // 문학과 예술. − 1990,(3). − 74 − 75

26845 뿌리깊은 나무 무성하게 자라네: 연변가무단의 어제와 오늘 / 김창희 // 민족단결. − 1990,(4). − 12 − 15

26846 《태백산맥》에서 《아리랑》을 부르는 작가 // 문학과 예술.－1990,(4).－75－76

J0 예술리론

26847 색갈의 신기로운 작용 / 서가강 // 대중과학.－1984,(1).－35

26848 예술창작에서의 가장 적절한 각도 // 문학과 예술.－1985,(2).－71－72

26849 관중을 연구하자 / 리광수 // 문학과 예술.－1986,(1).－45－47

26850 예술에 대한 단상 / 석희만 // 문학과 예술.－1986,(2).－95－96

26851 심미공간파악과 예술공간확대: 연변가무단 새해맞이공연을 두고 / 예평 // 문학과 예술.－1987,(2).－82－83

26852 현대주의예술류파 개관 // 문학과 예술.－1987,(9).－69－70

26853 예술의 생명력－민족특색 / 김창호 // 문학과 예술.－1988,(3).－17

26854 초급단계문예의 기본특징 // 문학과 예술.－1988,(6).－94

26855 시대적미감과 민족특색이 짙은 예술무대: 제2차중국예술절을 관람하고서 / 최삼명 // 문학과 예술.－1990,(2).－71－72

J2 회화

26856 풍자만화에 대한 몇가지 소감 / 전세홍 // 연변문예.－1955,(11).－65－67

26857 연변청년미술전람회를 보고서 / 석희만 // 연변문예.－1956,(7).－61－67

26858 15관 / 漁人,匡縈王弘力 // 아리랑.－1957,(5).－72－74

26859 언제수축대회전공지 속사 / 로신미술학원민병련 // 동북민병.－1975,(5).－26－27

26860 한집식구(스케치) / 동춘생 // 동북민병.－1980,(2).－37

26861 고심히 학습하고 훈련 / 황복성 // 동북민병.－1980,(7).－17

26862 유화 《봄날》에 대한 소감 / 김영호 // 문학예술연구.－1980,(11－12).－40－42

26863 무대미술에 대하여 / 영호; 리준 // 문학예술연구.－1982,(1).－49－55

26864 아름답고도 생동한 예술화폭 / 영호; 상준 // 연변문예.－1982,(4).－50－51

26865 민병미술, 촬영작품가운데서 // 동북민병.－1982,(18).－38

26866 공업미술 / 왕기문 // 대중과학.－1983,(1).－10－12

26867 회화창작에서의 민족화 / 김영호 // 문학예술연구.－1983,(1).－29－32

26868 다빈치와 《모나 리자》의 로맨스 // 문학예술연구.－1984,(1).－77－80

26869 미술작품을 보고서 쓴 감상문(4편) / 한태익 등 // 동북민병.－1984,(6).－41－43

26870 전운강이 자체로 도화학습반을 꾸렸다 / 손영군 // 동북민병.－1984,(14).－28

26871 《10폭의 최우수 만화작품》선거 결과 // 동북민병.－1984,(17).－48

26872 인상주의와 르노와르 / 림연 // 문학과 예술.－1985,(2).－95－96

26873 이름모를 아가씨 / N・그림스꼬이 // 문학과 예술.－1985,(3).－96

26874 똘스또이가 그려낸 귀족녀성들의 초상 // 문학과 예술.－1985,(4).－82－84

26875 우리 미술계의 새별들－지평선청년유화전람을 보고서 / 김영호 // 문학과 예술.－1986,(3).－95－96

26876 생활의 진실과 예술의 진실－최근에 창작된 그림을 두고 / 림무웅 // 문학과 예술.－1986,(5).－83－84

26877 연변지평선청년유화회 화우들에게 / 황영성 // 문학과 예술.－1986,(6).－86

26878 우리 예술의 성과 우리 민족의 긍지 // 문학과 예술.－1986,(6).－79－80

26879 야수파와 그의 특성 / 호담 // 은하수. − 1986,(12). − 35

26880 붓글씨쓰기는 좋은 점이 많다 / 영역 // 중국조선어문. − 1987,(3). − 52

26881 천재적화가 부산의 벽화를 두고 / 김용식 // 문학과 예술. − 1987,(3). − 10

26882 유화 ≪북방의 달빛≫을 두고 / 림무웅 // 문학과 예술. − 1987,(9 − 10). − 35

26883 미술중의 현대주의류파 // 문학과 예술. − 1987,(11 − 12). − 78 − 79

26884 유화작품에서의 세부묘사 / 리준 // 예술세계. − 1988,(1). − 53 − 55

26885 라체화에 대한 나의 리해 / 김영호 // 예술세계. − 1988,(2). − 42 − 43

26886 35년간 실종되였던 녀류화가 // 문학과 예술. − 1988,(2). − 89 − 90

26887 이름없는 화가 홍창길 / 김득수 // 문학과 예술. − 1988,(4). − 88 − 89

26888 인상화파 // 문학과 예술. − 1988,(4). − 96

26889 석희만선생의 유화예술을 론함 / 림무웅 // 예술세계. − 1989,(4). − 41 − 43

26890 유화예술의 관념갱신문제 / 김영호 // 예술세계. − 1989,(4). − 28 − 30

26891 민병화가: 변철수 / 덕발 등 // 동북후비군. − 1989,(9). − 26 − 27

26892 국화에 담은 시대맥박: 국화가 전청송의 두 작품을 두고 / 임산 // 문학과 예술. − 1990,(1). − 72 − 73

26893 서방미술사조 충격하의 중국화 / 수천중 // 예술세계. − 1990,(1). − 75 − 78

26894 저명한 화가 한락연 유작전람좌담회 발언요지 // 예술세계. − 1990,(4). − 11 − 14

26895 한락연렬사의 예술과 혁명업적 / 성성 // 예술세계. − 1990,(4). − 6 − 8

26896 하란산바위그림의 비밀 / 리석 // 대중과학. − 1990,(6). − 27 − 28

26897 서방미술사의 에피소드 / 광한 // 은하수. − 1990,(7). − 44 − 45

J3 조각

26898 고대희랍의 조각예술은 왜 모두 라체인가? // 은하수. − 1986,(12). − 43

26899 생활과 조각예술: 하남교조각상을 중심으로 / 김길남 // 문학과 예술. − 1988,(5). − 79 − 80·

J4 촬영예술

26900 천연색사진원리 / 리태춘 // 대중과학. − 1981,(4). − 28 − 29

26901 신인촬영가 우금석 / 류경천; 소설봉 // 동북민병. − 1984,(9). − 33

26902 암실제작이≪고개너머≫에 준 형식미 / 리종걸 // 문학과 예술. − 1986,(4). − 95

26903 촬영소설에 대한 생각 / 박정근;김광영 // 문학과 예술. − 1986,(4). − 96

26904 촬영기와 더불어 30년: 강찬혁의 촬영작품전람을 보고 / 남룡해 // 문학과 예술. − 1987,(4). − 40

26905 새로운 얼굴모습 / 남룡해 // 예술세계. − 1988,(1). − 51 − 52

26906 촬영예술창작에서의 역광의 역할과 그 응용에 대하여 / 리광평 // 예술세계. − 1988,(1). − 49 − 50

26907 분투 성취 희망 / 리광평; 남룡해 // 예술세계. − 1988,(2). − 40 − 41

26908 촬영예술류파 소개 / 남룡해 제공 // 예술세계. − 1988,(2). − 52 − 53

26909 흑백촬영예술의 특점에 대하여 / 최일 // 예술세계. − 1988,(2). − 86 − 87

26910 촬영예술에 대한 소견 / 최일 // 예술세계. − 1989,(4). − 26 − 27

26911 생동한 형상, 희망찬 래일;≪공화국창건 40돐맞이 예술사진전람회≫를 보고 / 주경화 // 예술세계. − 1990,(1). − 32 − 34

26912 촬영가 박동춘의 사진전람을 보고 / 안충원 // 예술세계. − 1990,(1). − 79

26913 촬영예술의 창조성 // 예술세계. － 1990,(1). － 40

J6 음악

26914 歌曲『英勇한 朝鮮人民은 일어났다』에 對하여 / 李景洙 // 연변문예. － 1951,(5). － 9

26915 실걱질 노래 / 오정일;남하진 // 연변문예. － 1956,(3). － 38

26916 전원의 사시가 / 량재태 // 연변문예. － 1956,(10). － 59 － 60

26917 사회주의를 노래한다 / 리홍래 // 아리랑. － 1958,(8). － 9

26918 성악소상식 / 최승덕 // 대중과학. － 1964,(10). － 46

26919 성악예술에 대한 소감 / 김영준 // 연변문예. － 1978,(9). － 55 － 56

26920 훌륭한 문화유산 － 항일가요 / 김석균 // 문학예술연구. － 1980,(2). － 31 － 34

26921 판소리 / 문학소자전 // 장백산. － 1980,(2). － 71

26922 류행가에 대한 소감 / 김덕균 // 연변문예. － 1980,(3). － 59 － 61

26923 가사창작의 질적제고를 위하여 / 김성휘 // 문학예술연구. － 1980,(6). － 20 － 23

26924 경음악의 발전을 위하여 / 초산 // 연변문예. － 1980,(6). － 61 － 64

26925 류행가는 우리 민족의 보귀한 음악유산이다 / 김종수 // 연변문예. － 1980,(8). － 54 － 56

26926 류행가에 대한 시비문제 / 김성숙 // 연변문예. － 1980,(8). － 56 － 57

26927 ≪판소리≫음악 개황 / 리황훈 // 문학예술연구. － 1980,(8). － 27 － 33

26928 시조음악에 대한 략론 / 리황훈 // 문학예술연구. － 1980,(9). － 17 － 20

26929 음악의 민족성과 그 발전에 대하여 / 김형직 // 연변문예. － 1980,(10). － 51 － 55

26930 ≪나의 고향≫에 대하여 / 김덕균 // 문학예술연구. － 1981,(2). － 43 － 45

26931 시대의 맥박 력사의 자취 / 허창환 // 문학예술연구. － 1981,(2). － 28 － 33

26932 신민요에 대하여 // 문학예술연구. － 1981,(2). － 54 － 58

26933 가곡창작에서 주제를 심화하자 / 김덕윤 // 문학예술연구. － 1981,(3). － 37 － 38

26934 악식과 음악형상 / 초산 // 문학예술연구. － 1981,(4). － 25 － 32

26935 국가가 울린다 / 류추군 // 동북민병. － 1981,(18). － 16

26936 로동가요의 형상체계와 표현성격 / 리황훈 // 문학예술연구. － 1982,(1). － 32 － 39

26937 류행가에 대하여 / 리인희 // 도라지. － 1982,(2). － 79

26938 류행가의 분류문제 / 박화 // 도라지. － 1982,(2). － 75 － 78

26939 류행가와 민족음악발전에 대하여 / 정창권;김종수 // 도라지. － 1982,(3). － 78 － 86

26940 베토벤과 그의≪월광곡≫ / 동청삼 // 은하수. － 1982,(10). － 67

26941 작곡가 동희철의 가요작품에 대하여 / 허창환 // 문학예술연구. － 1983,(1). － 7 － 13

26942 가곡창작에서의 몇가지 문제 / 전성호 // 문학예술연구. － 1983,(2). － 31 － 35

26943 형제민족에게 소개된 음악작품 / 박장수 수집정리 // 문학예술연구. － 1983,(2). － 75 － 80

26944 ≪타령≫에 대하여 / 리황훈 // 문학예술연구. － 1983,(3). － 33 － 37

26945 작곡가 허원식의 음악작품에 대하여 / 김덕윤 // 문학예술연구. － 1983,(4). － 51 － 56

26946 조선족민요의 운률 / 조성일 // 문학예술연구. － 1983,(4). － 5 － 12

26947 가야금독주가 김성삼에 대한 이야기 / 최봉석 // 문학예술연구. － 1984,(1). － 67 － 71

26948 음악생애 30년: 작곡가 동희철에 대한 이야기 / 성룡철 // 문학예술연구. － 1984,(1). － 47 － 50

26949 작곡가 최삼명의 예술적기량 / 허창환 // 문학예술연구. – 1984,(1). – 38 – 44
26950 가요창작에서의 선률성문제 / 김덕윤 // 문학예술연구. – 1984,(2). – 22 – 25
26951 시홍악의 학생: 청년가수 임려위 / 요옥빈 // 동북민병. – 1984,(22). – 31
26952 가요창작의 길에서 / 방룡철 // 문학과 예술. – 1985,(1). – 43 – 47
26953 민요≪아리랑≫및 그 전설에 대하여 / 조성일 // 문학과 예술 . – 1985,(1). – 48
26954 그들은 다시 젊어지고 있다 // 문학과 예술. – 1985,(2). – 22 – 25
26955 장구독주를 무대에 올리기까지 / 김인석 // 문학과 예술. – 1985,(2). – 72 – 74
26956 음악의 매력 / 안가 // 대중과학. – 1985,(3). – 14 – 15
26957 조선족성악의 특징 / 전화자 // 문학과 예술. – 1985,(3). – 61 – 64
26958 소박한 언어, 숭고한 형상: 가요≪노래하며 살며는 젊어진다오≫에 대하여 / 남희철 // 문학과 예술. – 1985,(4). – 80 – 81
26959 음악, 민족의 넋 / 적송 // 문학과 예술. – 1985,(4). – 74 – 77
26960 전화속에서 탄생한≪제7교향곡≫: ≪쏘스따꼬비치생애의 편단≫중에서 / (쏘련)쏠로진쓰끼 // 문학과 예술. – 1985,(4). – 38 – 41
26961 시대적선률에 대한 진지한 탐구 / 김덕윤 // 문학과 예술. – 1985,(5). – 70 – 72
26962 중국음악가협회 제4차 대표대회에 출석한 연변대표들 // 문학과 예술. – 1985,(5). – 31
26963 투사의 넋을 위로한 송가≪선구자≫ // 적송 // 문학과 예술. – 1985,(5). – 96
26964 권길호의≪장단묶음≫감상토론기요 // 문학과 예술. – 1985,(6). – 50
26965 노래를 잘 부르려면 / 리원경 // 문학과 예술. – 1985,(6). – 24 – 27
26966 40년대 조선의용군에서 부른 노래 / 류동호 // 문학과 예술. – 1985,(6). – 86 – 90
26967 월광의 곡 / 홍란파 // 문학과 예술. – 1985,(6). – 51 – 52
26968 조선족음악사업에 대한 견해 // 문학과 예술. – 1985,(6). – 71 – 73
26969 피아노조곡≪장단묶음≫의 새로운 기법 / 남희철 // 문학과 예술. – 1985,(6). – 46 – 49
26970 피아노조곡≪장단묶음≫을 내여놓고서 / 권길호 // 문학과 예술. – 1985,(6). – 44 – 45
26971 음악과 능률 // 대중과학. – 1985,(8). – 20
26972 우리 말 노래의 가사전달을 두고 / 박정옥; 서방흥 // 조선어문. – 1986,(1). – 19 – 20
26973 현대화성소개 / 남희철 // 문학과 예술. – 1986,(1). – 38 – 41
26974 김성민의 가요≪아, 산간의 봄은 좋아≫ / 김덕윤 // 문학과 예술. – 1986,(2). – 71 – 73
26975 음악화는 예술발전의 대추세 / ≪발췌보≫에서 // 문학과 예술. – 1986,(2). – 85
26976 소수민족민간음악을 심중하게 대해야 한다 – 두아웅의≪조선족민요의 음악특색≫을 평함 / 남희철 // 문학과 예술. – 1986,(3). – 53 – 56
26977 조선족민요의 음악특색 / 두아웅 // 문학과 예술. – 1986,(3). – 49 – 52
26978 음악심리학의 각도로 본 조선족의 20 – 30년대 가요 / 전성호 // 문학과 예술. – 1986,(4). – 52 – 56
26979 가요창작의 류사성과 모방성 / 백두 // 문학과 예술. – 1986,(5). – 81 – 82
26980 민요가수 조옥형과의 현지대담 / 문학과 예술. – 1986,(5). – 67 – 69
26981 어린이들의 지력발전과 악기훈련 / 황성렬 // 문학과 예술. – 1986,(5). – 73
26982 류사성과 모방성의 차이 / 음륜 // 문학과 예술. – 1986,(6). – 87 – 89
26983 판소리와 창극의 유래 / 김창호 // 문학과 예술. – 1986,(6). – 41
26984 동무의 가요를 이렇게 고쳤습니다 / 김덕윤 // 문학과 예술. – 1987,(1). – 85 – 86
26985 모짜르트의 바이올린작품연주기교 / 박재범

// 문학과 예술. – 1987,(1). – 74 – 75
26986 슈베르트는 무대에 나서지 않았다 // 문학과 예술. – 1987,(1). – 23
26987 작곡가들에 대한 희망 / 리경득 // 문학과 예술. – 1987,(1). – 95
26988 윤행성이 연변가무단의 가수로… / 김정 // 문학과 예술. – 1987,(2). – 85
26989 조선민족의 혁명투쟁과 정률성의 음악 / 전성호 // 문학과 예술. – 1987,(3). – 4 – 8
26990 명가수 주선의 애정비극 // 문학과 예술. – 1987,(4). – 54
26991 바이올린연주에 관한 백고산과의 담화 / 김재청 // 문학과 예술. – 1987,(4). – 92 – 94
26992 작곡가 방룡철 / 김덕윤 // 문학과 예술. – 1987,(4). – 38
26993 제 민족의 얼굴을 가진 노래 / 김창희 // 문학과 예술. – 1987,(4). – 39
26994 노래부를 때의 몸자세와 입벌림 / 안파 // 문학과 예술. – 1987,(9 – 10). – 67 – 70
26995 소수민족지구의 악대문제 / 원병창 // 문학과 예술. – 1987,(9 – 10). – 89 – 90
26996 ≪쟈즈≫음악의 유래 / 류상만 // 문학과 예술. – 1987,(9 – 10). – 87
26997 피아노연주기초 / 로금 // 문학과 예술. – 1987,(9 – 10). – 90 – 91
26998 혁명음악활동가 최음피동지 / 남희칠 // 문학과 예술. – 1987,(9 – 10). – 86 – 87
26999 가요창작의 진흥을 위하여 // 문학과 예술. – 1987,(11 – 12). – 51
27000 ≪통속가요≫란 용어에 대한 소감 / 김덕균 // 문학과 예술. – 1987,(11 – 12). – 27
27001 허세록의 음악창작 / 남희철 // 문학과 예술. – 1987,(11 – 12). – 24 – 26
27002 근간에 류행되는 가요의 특징 / 김덕윤 // 문학과 예술. – 1988,(1). – 53 – 55
27003 민족특색이 짙은 노래: 가요≪달마중 님마중≫을 두고 / 최규봉 // 문학과 예술. – 1988,(1). – 17
27004 람찬 년대, 격정의 선률: 지휘가 유덕수의 생활편단 / 허창환 // 문학과 예술. – 1988,(1). – 56 – 58
27005 음악의 다원결구에 대하여 / 왕보림 // 예술세계. – 1988,(1). – 39 – 40
27006 일본 ≪철도창가≫와 그 류전 / 김성준; 박금해 // 문학과 예술. – 1988,(1). – 69 – 70
27007 조종수, 박정렬 두 민간예인 민간가수칭호를 / 민연 정리 // 예술세계. – 1988,(1). – 43
27008 특색있는 선률에 대한 단상 / 최규봉 // 문학과 예술. – 1988,(1). – 71
27009 가요 ≪살구나무≫의 통속성 / 김남호 // 예술세계. – 1988,(2). – 32 – 34
27010 가요창작에 대한 생각 / 정윤석 // 문학과 예술. – 1988,(2). – 69
27011 김병곤박사를 찾아서 / 안국민 // 예술세계. – 1988,(2). – 44 – 45
27012 똘스또이와 음악 / 백두 제공 // 예술세계. – 1988,(2). – 80
27013 미국의 음악신동 제마인 // 문학과 예술. – 1988,(2). – 83
27014 베토벤과 공작 // 문학과 예술. – 1988,(2). – 90
27015 베토벤의 귀가 주는 계시 / 백산 제공 // 예술세계. – 1988,(2). – 56
27016 음악과 색채 / 설봉 // 예술세계. – 1988,(2). – 51
27017 음악과 생활 / 설봉 // 예술세계. – 1988,(2). – 71
27018 음악창작에 관한 약간의 사색 / 남희철 // 예술세계. – 1988,(2). – 75 – 77
27019 통속가요가 많았으면 // 문학과 예술. – 1988,(2). – 90
27020 통속가요에 대한 단상 / 김창희 // 문학과 예술. – 1988,(2). – 79
27021 현대음악 / 김상호 제공 // 예술세계. – 1988,(2). – 78 – 79
27022 대문호와 대음악가 // 문학과 예술. – 1988,

(3).－37
27023 음악리론에 대한 력사적 반성 / 장정위 // 문학과 예술.－1988,(3).－21－22
27024 지나가버린 악장 / 황지명 // 문학과 예술.－1988,(3).－75－78
27025 한생을 악기와 더불어 / 강문구 // 문학과 예술.－1988,(3).－79－80
27026 모짜르트의 작은보폭무용곡 // 문학과 예술.－1988,(4).－27
27027 안삼불 // 문학과 예술.－1988,(4).－96
27028 오옹의 현대파음악을 담론 // 문학과 예술.－1988,(4).－85
27029 윤극명과 그의 음악활동 / 서홍 // 문학과 예술.－1988,(4).－62－64
27030 1945년 이후의 중국조선족음악 // 문학과 예술.－1988,(4).－4－8
27031 한생을 바이올린과 더불어 / 박재범 // 문학과 예술.－1988,(4).－66－67
27032 도문시음악일군들의 의견 // 문학과 예술.－1988,(5).－81
27033 민족음악의 발전을 두고 / 왕보림 // 문학과 예술.－1988,(5).－34－36
27034 저명한 지휘가 박우 / 최정수 // 문학과 예술.－1988,(5).－68－70
27035 호른연주가 권용현이 걸어온 길 / 백산 // 문학과 예술.－1988,(5).－91
27036 바이올린을 메고 몇천리 / 백산 // 문학과 예술.－1988,(6).－51
27037 안도현음악일군들의 의견 // 문학과 예술.－1988,(6).－67－68
27038 외래의 음악과 우리 민족음악의 발전 / 김덕윤 // 문학과 예술.－1988,(6).－32－33
27039 ≪조선≫,≪조식≫으로주터 본 서방현대음악 / 서철휘 // 문학과 예술.－1988,(6).－86－89
27040 어린이와 음악 // 대중과학.－1988,(8).－30－31
27041 김성민선생의 음악창작로정을 더듬어 / 남희철 // 예술세계.－1989,(1).－40－41
27042 미국의 향촌음악 / 장기동 // 문학과 예술.－1989,(1).－78
27043 민족음악가 김성민선생: 김성민작품음악회를 보고 / 안국민 // 예술세계.－1989,(1).－38－39
27044 시대적맥박이 높뛰는 서정가요 / 김남호 // 문학과 예술.－1989,(1).－39
27045 왕청현음악일군들의 생각 // 문학과 예술.－1989,(1).－53－54
27046 피아노수를 양성한 과정을 더듬어 // 문학과 예술.－1989,(1).－73－74
27047 ≪봉선화≫의 세계와 홍란파; 음계에서 본 그의 예술특징 / 남현 // 예술세계.－1989,(2).－19－23
27048 아동가사창작의 현상태와 혁신에 대한 생각 / 김선파 // 예술세계.－1989,(2).－28－31
27049 우리 가요에 남성적인 성격을 / 남희철 // 예술세계.－1989,(2).－24－25
27050 합주에서 현악성부에 제기되는 문제 / 방학춘 // 문학과 예술.－1989,(2).－68－70
27051 가곡과 가요에 대한 소견 / 정창권 // 예술세계.－1989,(3).－39－40
27052 민족음악에서의 장단과 록음의 상호관계 및 그 특징 / 김성삼 // 예술세계.－1989,(3).－14－15
27053 선성해의 작품이 쏘련서 발견 // 문학과 예술.－1989,(3).－77
27054 12음기법과 응급집합리론간의 비교 및 응용 / 권길호 // 예술세계.－1989,(3).－17－24
27055 우리 민족음악발전에서의 취주악의 지위 / 김덕균 // 예술세계.－1989,(3).－37－38
27056 우리 민족음악의 다양화를 위하여 / 안국민 // 예술세계.－1989,(3).－4－7
27057 우리 민족의 노래를 어떻게 부를것인가? / 김선옥 // 예술세계.－1989,(3).－16
27058 음악창작에서의 선률발전과 화성수법에 관하여 / 오금덕 // 예술세계.－1989,(3).－46－56
27059 전통음악 보존에 대한 단상 / 김성준 // 예술

세계. – 1989,(3). – 11 – 13

27060 조선궁정음악과 녀악에 대한 초보적고찰 / 리황훈 // 예술세계. – 1989,(3). – 44 – 45

27061 조선속악의 5성조식 및 음조특점 / 왕조림; 리황훈 // 예술세계. – 1989,(3). – 7 – 11

27062 조선족아동가요의 산생과 발전 / 김남호 // 예술세계. – 1989,(3). – 25 – 32

27063 조선족음악의 다성화에 대한 단상 / 신호 // 예술세계. – 1989,(3). – 41 – 43

27064 가창중의 감정처리 / 박장수 // 예술세계. – 1989,(4). – 67 – 68

27065 농촌에서 류행되는 가요의 특징 // 문학과 예술. – 1989,(4). – 78

27066 동희철음악창작 40돐을 기념 // 문학과 예술. – 1989,(4). – 76

27067 생신한 제재로 인기를 끄는 가요: 가요 ≪사랑아 어찌 늙으랴≫를 두고 / 윤금남 // 문학과 예술. – 1989,(4). – 47

27068 서양고대음악 력사개황 / 설봉 편저 // 예술세계. – 1989,(4). – 31 – 34

27069 군가는 이렇게 탄생되였다 // 문학과 예술. – 1989,(5). – 20

27070 민악작품 ≪종≫을 두고 / 권길호 // 문학과 예술. – 1989,(5). – 53 – 55

27071 한생을 북방음악사업에 / 김백산 // 문학과 예술. – 1989,(5). – 69 – 70

27072 녀인과 음악 // 문학과 예술. – 1989,(6). – 76 – 77

27073 변경지대의 특점을 구유한 해방전 훈춘음악 / 리춘석 // 문학과 예술. – 1989,(6). – 80

27074 지식편람: 노래≪공산당이 없으면 새 중국이 없다≫의 유래 // 민족단결. – 1989,(6). – 50 – 51

27075 겨레의 성악예술을 꽃피우는 조옥형 / 김영준 // 문학과 예술. – 1989,(11 – 12). – 86 – 87

27076 가요 ≪룡정의 노래≫출생담 // 문학과 예술. – 1990,(1). – 80

27077 가요평의와 심미관념 / 신경 // 문학과 예술. – 1990,(1). – 54

27078 목단강반에 울린 겨레의 노래: 박한규선생님의 작품을 내면서 / 김태갑 // 예술세계. – 1990,(1). – 60 – 61

27079 서양중세음악 력사개황 / 설봉 // 예술세계. – 1990,(1). – 62 – 66

27080 해방전의 중국조선족음악 / 김덕균 // 문학과 예술. – 1990,(1). – 74 – 76

27081 노래할때 호흡법 / 안파 // 문학과 예술. – 1990,(2). – 74 – 75

27082 라운규와 그의≪아리랑≫ / 양춘국 편역 // 예술세계. – 1990,(2). – 45 – 47

27083 ≪류행가≫에 대하여 / 승덕 // 예술세계. – 1990,(2). – 26 – 32

27084 문예부흥시기 및 그후 100년의 서양음악 력사개황 / 설봉 // 예술세계. – 1990,(2). – 48 – 49

27085 민요발성에 대한 약간한 소견 / 강신자 // 예술세계. – 1990,(2). – 58 – 59

27086 민족음악의 계승과 발전에 대한 천견 / 주문길 // 문학과 예술. – 1990,(2). – 73

27087 변체조식을 론함 / 왕보림 // 예술세계. – 1990,(2). – 25

27088 고전악파시기의 서양음악 력사개황 / 설봉 // 예술세계. – 1990,(3). – 60 – 65

27089 김태희, 연변예술동산의 신근한 원예사 / 김덕균 // 예술세계. – 1990,(3). – 43 – 46

27090 민가도 시대적미감에 맞게 // 문학과 예술. – 1990,(3). – 76

27091 조선족전통음악의 다성화를 두고 / 신호 // 문학과 예술. – 1990,(3). – 46 – 48

27092 중국의 첫 박사지휘가 // 예술세계. – 1990,(3). – 72 – 76

27093 통속가요의 운명이 짧다니 / 림송철 // 문학과 예술. – 1990,(3). – 77

27094 판소리 / 리황훈 // 예술세계. – 1990,(3). – 76 – 80

27095 랑만악파시기의 서양음악 력사개황 / 설봉 // 예술세계. – 1990,(4). – 49 – 54

27096 심령의 웨침, 시대의 구슬픈 노래: 챠이꼽쓰끼탄생 150주년을 기념하여 / 리서안 // 예술세계. – 1990,(4). – 59 – 60

27097 쏘련의 음악사업과 음악교육 / 조붕 // 예술세계. – 1990,(4). – 41 – 43

27098 민가창법에도 시대적 미감이 있어야: 전국 조선족 제1차성악콩클(복리컵)을 보고서 / 전화자 // 문학과 예술. – 1990,(5). – 57

27099 칸토창법에서 느껴지는 몇가지: 전국 조선족 제1차성악콩클(복리컵)을 보고서 / 림성호 // 문학과 예술. – 1990,(5). – 55 – 56

27100 아동가요창작에서의 녀성들의 우세 / 김경애 // 문학과 예술. – 1990,(5). – 53 – 54

J7 무용

27101 舞踊「勝利의 小鼓舞」를 論함 / 文克 // 연변문예. – 1951,(창간호). – 31

27102 農樂舞에 대한 몇가지 / 趙得賢 // 연변문예. – 1951,(4). – 15

27103 한강수타령 / 함귀봉 안무 // 연변문예. – 1955,(12). – 69 – 71

27104 『옹헤야』 / 최승희,함귀봉 // 연변문예. – 1956,(1). – 63 – 65

27105 춤에 미친 사람 / 권도순 // 연변문예. – 1956,(1). – 66

27106 복구 타령 / 함귀봉 // 연변문예. – 1956,(2). – 68 – 69

27107 완두꽃 춤 // 연변문예. – 1956,(4). – 66 – 68

27108 생활은 예술의 원천 / 최옥주 // 연변. – 1965,(5). – 41 – 43

27109 무용예술에서도 힘써 무산계급의 영웅형상을 부각하여야 한다 / 임범송 // 연변문예. – 1975,(3). – 49 – 51

27110 무용 ≪논물관리원≫에 대하여 / 리봉옥 // 연변문예. – 1978,(8). – 56 – 57

27111 새로운 모색과 탐구의 길에서: 쌍무≪벼파도 설레일 때≫를 창작하고 / 리승숙 // 문학예술연구. – 1980,(7). – 19 – 23

27112 새롭고 독창적인 무대형상을 창조하기까지: 무용 ≪논물관리원≫ 창작수기 / 최옥주 // 문학예술연구. – 1980,(8). – 10 – 16

27113 농악무에 대하여 / 조득현 // 문학예술연구. – 1980,(9). – 27 – 34

27114 날로 개화발전하는 조선의 무용예술 / 장영순 // 문학예술연구. – 1981,(1). – 43 – 47

27115 조선족무용기본동작 // 청년생활. – 1981,(3). – 67 – 71

27116 형상의 힘과 독특한 처리: 무용 ≪참된 사랑≫에 대하여 / 최봉석 // 문학예술연구. – 1982,(3). – 20 – 23

27117 무용은 소품화하여야 한다 // 문학예술연구. – 1983,(1). – 17 – 18

27118 무용화원에 곱게 핀 꽃송이: 독무 ≪파랑새≫에 대하여 / 최봉석 // 문학예술연구. – 1983,(1). – 13 – 16

27119 무용소품창작에서 나타내는 경향과 문제에 대하여 / 최봉석 // 문학예술연구. – 1983,(2). – 38 – 44

27120 민속무용창작수기 / 리신자 // 문학예술연구. – 1983,(3). – 58 – 62

27121 민족무용의 흐름 // 문학과 예술. – 1984,(1). – 81 – 84

27122 생활적인 무용을 많이 창작하자 / 김제홍 // 문학예술연구. – 1984,(1). – 80 – 82

27123 청산록수에 넘치는 정: 최옥주의 창작풍격을 론함 / 왕만력 // 문학예술연구. – 1984,(1). – 72 – 75

27124 안무가의 창작과제 / 리만금 // 문학과 예술. – 1984,(3). – 94 – 95

27125 사교춤의 기본보법 / 김춘화; 리양옥 // 은하수. – 1984,(11 – 12). – 74 – 79

27126 사교무에 대한 생각 / 왕복령 // 문학과 예술. – 1985,(1). – 58

27127 상모에 대한 생각 / 한세호;조인혜 // 문학과 예술. – 1985,(1). – 16 – 18

27128 연안시기의 사교무 // 문학과 예술. − 1985,(2). − 11
27129 원작과 개편의 관계 // 문학과 예술. − 1985,(2). − 15 − 18
27130 무용가 진애련이≪디스꼬≫를 론함 // 문학과 예술. − 1985,(3). − 18
27131 발끝에서 피여난 예술 − 바레춤 // 문학과 예술. − 1985,(3). − 95
27132 무용 ≪분배받은 기쁨≫창작에서 얻은 체득 / 최옥주 // 문학과 예술. − 1985,(5). − 28 − 30
27133 올림픽대회에 나타난 도립무 // 은하수. − 1985,(5). − 48
27134 무용의 제재선택과 무용양상 / 최봉석 // 문학과 예술. − 1985,(6). − 63 − 67
27135 가정무도회 주최예술 // 은하수. − 1985,(10). − 17
27136 무용예술의 갱신을 두고 / 최옥주 // 은하수. − 1986,(3). − 86 − 89
27137 무용예술에 대한 단상 / 조득현 // 문학과 예술. − 1986,(4). − 62 − 64
27138 우리 무용창작의 실태와 그 발전에 대한 사고 / 최봉석 // 문학과 예술. − 1986,(4). − 87 − 92
27139 저명한 무용가 조득현선생의 예술생애 / 문연필 // 문학과 예술. − 1986,(4). − 57 − 61
27140 우리 춤 풍격에 제멋을… // 문학과 예술. − 1986,(6). − 30 − 32
27141 니스코와 민족무용의 결합에서… / 리록순 // 문학과 예술. − 1987,(1). − 40
27142 ≪무용관념의 갱신≫에 대한 쟁명 // 문학과 예술. − 1987,(1). − 37
27143 낡은 격식의 도태와 무용창작의 혁신 / 최봉석 // 문학과 예술. − 1987,(2). − 40 − 42
27144 안무가의 창작과제 / 리만금 // 문학과 예술. − 1987,(3). − 94 − 95
27145 관중들이 생각하고 있는 무용은 // 문학과 예술. − 1987,(4). − 62
27146 부동한 지대의 민족무용특징 // 문학과 예술. − 1987,(4). − 62
27147 쏘련의 저명한 무용가 우라노와의 성공의 비결 / 조련웅 // 문학과 예술. − 1987,(4). − 95 − 96
27148 민속무용 // 문학과 예술. − 1987,(9 − 10). − 85
27149 우리 춤의 약한 고리 − 강한 동작기교를 높이자 / 박영광 // 문학과 예술. − 1987,(9 − 10). − 33 − 34
27150 자모결합식무용표기법 // 문학과 예술. − 1987,(9 − 10). − 73 − 76
27151 조선에서 새로 창제된 무용문자 // 문학과 예술. − 1987,(9 − 10). − 72 − 73
27152 무용배우의 신체소질훈련 / 로방 // 문학과 예술. − 1987,(11 − 12). − 89 − 90
27153 관념교체의 모대김을 보인 무용형상: 제2차≪연변의 여름≫예술절 무용종목을 보고 / 최봉석 // 문학과 예술. − 1988,(1). − 89
27154 관람후감과 희망: 제2차연변예술절 무용종목을 보고 / 향개명 // 예술세계. − 1988,(1). − 95 − 96
27155 무용사업발전에 과학적인 내포를… // 문학과 예술. − 1988,(1). − 82
27156 뭔가 새롭게 해보자는 시도에서: 무용≪홍록황남≫창작과정을 두고 / 김복순 // 문학과 예술. − 1988(1). − 90 − 91
27157 새로운 계시 / 윤청자 // 예술세계. − 1988,(1). − 76 − 78
27158 우리 춤 혁신에 대힌 사고 / 최봉석 // 예술세계. − 1988,(1). − 44 − 48
27159 조선민족전통무용강좌 // 예술세계. − 1988,(1). − 82 − 86
27160 국제표준사교무 / 리만금 // 예술세계. − 1988,(2). − 26 − 27
27161 무용특징에 관한 당대 연구 / 쌍백 역 // 예술세계. − 1988,(2). − 79 − 82
27162 민족무용과 기교 / 리만금 // 예술세계. − 1988,(2). − 35 − 37
27163 새로운것을 꾀하여 / 송미라 // 문학과 예술. − 1988,(2). − 84

27164 승무의 현실적가치 / 한세호 // 예술세계. - 1988,(2). - 70
27165 조선의 무용표기법 세계의 시선을 모으고 있다 // 문학과 예술. - 1988,(2). - 82
27166 볼수록 새로운 감수를 받는 무용: 무용 ≪달빛아래 서정≫을 두고 / 심연희 // 문학과 예술. - 1988,(3). - 81 - 82
27167 장단가락과 춤동작 / 배순복 // 문학과 예술. - 1988,(3). - 30
27168 몇분 동안에 창작된 명작 - ≪백조의 죽음≫ // 문학과 예술. - 1988,(4). - 95
27169 엉뚱한것을 창작해보려고 / 박미옥 // 문학과 예술. - 1988,(4). - 94 - 95
27170 아리랑 열두 고개: 무용가 최옥주의 이야기 / 류원무 // 문학과 예술. - 1988,(5). - 71 - 75
27171 무용예술교단에서 30여성상을 / 림선옥 // 문학과 예술. - 1988,(6). - 92 - 93
27172 내가 본 한편의 무용서정시: 무용 ≪태양을 받드는 천사≫를 두고 / 김득권 // 문학과 예술. - 1988,(9 - 10). - 63
27173 국제표준사교무 // 은하수. - 1988,(10). - 56 - 57
27174 로인디스코의 위력 / 김성철 // 대중과학. - 1988,(12). - 18
27175 농악무의 개편을 두고 / 한동국 // 문학과 예술. - 1989,(1). - 55
27176 목전의 무용창작에 대한 생각 / 오효방 // 예술세계. - 1989,(1). - 49 - 51
27177 무용 ≪날고 싶어요≫를 두고 // 문학과 예술. - 1989,(1). - 52 - 53
27178 쌍무 ≪아, 단풍≫창작을 두고 / 리송죽 // 예술세계. - 1989,(1). - 94
27179 민속무용≪꿍! 찌! 파!≫를 창작하고서 / 김송룡;배순복 // 문학과 예술. - 1989,(2). - 50
27180 이름난 무용가 - 리록순 / 일별 // 예술세계. - 1989,(2). - 52 - 55
27181 춤과 우리 시대 // 문학과 예술. - 1989,(2). - 77
27182 호흡, 신경, 률동 / 한세호 // 문학과 예술. - 1989,(2). - 76 - 77
27183 ≪갓춤≫의 어제와 오늘 / 최성국 // 문학과 예술. - 1989,(3). - 78
27184 한 무용가의 곡절많은 생애 / 장기동 // 문학과 예술. - 1989,(3). - 48
27185 ≪민족무용≫과 ≪민속무용≫ // 소년아동. - 1989,(4). - 35
27186 연변무용에 대한 단상 / 리덕수 // 예술세계. - 1989,(4). - 66
27187 조선춤의 발생과 변천 / 정병호 // 예술세계. - 1989,(4). - 23 - 27
27188 중국조선족 당대무용 개황 / 최봉석 // 문학과 예술. - 1989,(5). - 4 - 8
27189 무용의 작용에 대한 재인식; 겸하여 통속무용의 작용을 론함 / 오효방 // 예술세계. - 1989,(6). - 72 - 75
27190 민족무용의 얼굴: 서울기행수감 / 최옥주 // 문학과 예술. - 1989,(6). - 64 - 65
27191 나의 추구 / 한룡길 // 문학과 예술. - 1990,(1). - 76
27192 무용수의 형체훈련 / 한세호, 조인혜 // 예술세계. - 1990,(1). - 72 - 74
27193 조선장단과 춤 / 지복자 // 문학과 예술. - 1990,(1). - 68 - 71
27194 한생을 인물형상창조에 / 림선옥 // 문학과 예술. - 1990,(1). - 67
27195 무용언어와 안무가의 개성 / 리종환 // 문학과 예술. - 1990,(2). - 70
27196 아동무용 ≪난 여덟살이래요≫의 창작소감 / 정순자 // 예술세계. - 1990,(2). - 68 - 69
27197 아동무용창작의 현 상태에 대한 사고 / 허봉선 // 예술세계. - 1990,(2). - 65 - 68
27198 조선춤의 개요 // 예술세계. - 1990,(2). - 60 - 63
27199 환경조건과 체형미 / 리영욱 // 예술세계. - 1990,(2). - 54 - 55
27200 무극의 형상적특성 / 리만금 // 예술세계. -

1990,(3).－4－7

27201 무극≪춘향과 리도령≫ 아세아경기대회 예술축전에 // 문학과 예술.－1990,(3).－78

27202 무용의 생명력에 대한 단상 / 강상범 // 예술세계.－1990,(3).－30

27203 ≪부채춤≫의 계승과 발전을 두고 / 김송룡 // 예술세계.－1990,(3).－49

27204 중국조선족무용의 명맥과 뿌리 / 한세호;조인혜 // 예술세계.－1990,(3).－8－10

27205 남조선 서울시립무용단의 첫 공연 / 초소령 // 예술세계.－1990,(4).－35

27206 북경에서 영예를 떨친 대형무극≪춘향전≫ / 여민 // 예술세계.－1990,(4).－33－34

27207 아동무용의 동심 / 김송룡 // 예술세계.－1990,(4).－31－32

27208 전통민속무－살풀이 // 예술세계.－1990,(4).－60

27209 조선족무용의 률동훈련을 두고 / 한룡길 // 문학과 예술.－1990,(4).－73－74

27210 ≪건강미디스코≫를 출 때 주의할 몇가지 / 박련숙 // 은하수.－1990,(5).－60

27211 브렉딴스를 배우려면 / (쏘련)리히쯔카야 // 대중과학.－1990,(6).－33－34

J8 극예술

27212 俳優들生活體驗의 方向問題에關하여 // 연변문예.－1951,(2).－14

27213 業餘劇團에대한 意見 / 土香 // 연변문예.－1951,(2).－23

27214 延邊文藝工作團의 「七一」紀念公演觀後所感 / 文克 // 연변문예.－1951,(2).－15

27215 延吉縣太平區劇團은 이렇게 자랐다 / 洪成道 // 연변문예.－1951,(3).－19－20

27216 舞劇『和平을 깨뜨리는者는 누구냐』를 評함 / 金河洙 // 연변문예.－1951,(5).－7－8

27217 연기를 어떻게 할것인가 // 연변문예.－1954,(3).－45－52

27218 춘향이와 나 / 신덕순 // 연변문예.－1955,(12).－58－60

27219 우리 희곡들에 대한 몇가지 소감 / 최정연 // 연변문예.－1956,(2).－36－40

27220 하루 저녁의 무대 생활:연변 화극단의 고전극≪심청전≫무대를 찾아서 / 홍성도 // 아리랑.－1957,(5).－8－12

27221 8년만에 막을 올렸다: ≪콩쥐 팥쥐≫연출에서 본 연변 가무단의 약진 기상 / 김해민 // 아리랑.－1958,(5).－22－25

27222 연극≪장백의 아들≫을 보고 / 리백설 // 연변문학.－1959,(11).－61－62

27223 무대에서 말을 어떻게 할것인가? / 원주삼 // 연변문예.－1960,(2).－44－48

27224 화극 ≪붉은 선≫을 보고 / 권철 // 연변문예.－1960,(12).－54－57

27225 연원의 공농화는 일생의 대사다 / 허동활 // 연변.－1962,(5).－17－18

27226 다시 만난 박철: 화극 ≪장백의 아들≫을 보고 / 강장희 // 연변문예.－1978,(8).－37－38

27227 연극 ≪장백의 아들≫연출수기 / 허동활 // 문학예술연구.－1980,(5).－25－29

27228 극작가 황봉룡과 그의 창작특점 / 김기형 // 문학예술연구.－1980,(7).－2－14

27229 인간에 대한 뜨거운 사랑: 장막극≪눈속에 핀 꽃≫을 보고서 / 김기형 // 문학예술연구.－1981,(2).－22－27

27230 극성문제에 대한 몇가지 체득 / 황봉룡 // 문학예술연구.－1981,(3).－46－51

27231 ≪심청전≫을 형상하고서 / 원주삼 // 문학예술연구.－1981,(3).－31－36

27232 구연예술에 대한 력사적고증 / 최수봉 // 문학예술연구.－1981,(4).－21－24

27233 무대를 아름답게 장식하는 조명기술 / 정기호 글; 김영운 그림 // 대중과학.－1981,(4).－26－27

27234 재담에서 구가와 폭로문제 / 리동진 // 문학예술연구.－1982,(3).－24－28

27235 연변연극운동의 초보적고찰 / 홍성도; 원주삼 // 문학예술연구. - 1982,(4). - 53 - 58
27236 연변조선족연극운동에 대한 회고 / 홍성도; 원주삼 // 문학예술연구. - 1983,(1). - 56 - 62
27237 재담창작기교에 대한 소감 / 림창철 // 문학예술연구. - 1983,(1). - 25 - 28
27238 연극배우의 화술기교 / 허동활 // 조선어 학습과 연구. - 1983,(2). - 29 - 32
27239 연극창작에서 제기되는 몇개 문제들을 두고 / 방죽송 // 문학예술연구. - 1983,(2). - 18 - 22
27240 재담의 속성과 그 수법 / 최봉석 // 도라지. - 1983,(2). - 70 - 72
27241 극단관리에서도 경제적효과성을 높이자 / 황건강 // 문학예술연구. - 1983,(3). - 70 - 73
27242 ≪삼로인≫에 대한 소감 / 홍성도 // 문학예술연구. - 1983,(3). - 27 - 32
27243 연극 ≪혈해지창≫에 대하여 / 김운일 // 문학예술연구. - 1983,(3). - 18 - 26
27244 연극예술과 허동활 / 리화 // 문학예술연구. - 1983,(4). - 33 - 37
27245 묘한 연기≪가슴에서 돌꽃피우기≫ / 김수 // 대중과학. - 1983,(7). - 25
27246 배우의 언어행동과 대사형상 / 최수만 // 조선어 학습과 연구. - 1984,(4). - 32 - 33
27247 마술의 비밀 // 대중과학. - 1984,(5). - 34 - 36
27248 교예술에 숨은 력학 // 대중과학. - 1984,(11). - 10 - 13
27249 시대감과 희극성:장막희극≪도시+농민=?≫을 두고 / 김운일 // 문학과 예술. - 1985,(2). - 27 - 31
27250 현대희극은 통속성과 오락성에 류의해야 한다 // 문학과 예술. - 1985,(3). - 75
27251 연출가의 사업을 두고 몇마디 / 허동활 // 문학과 예술. - 1985,(4). - 22 - 23
27252 무대음향효과의 비밀 // 대중과학. - 1985,(5). - 25
27253 연극세계에서의 모험, 추구, 사색 / 김훈 // 문학과 예술. - 1985,(6). - 40 - 43
27254 항일시기에 창작된 연극 / 김운일 // 문학과 예술. - 1986,(2). - 81 - 85
27255 연극예술의 동작성과 갈등문제 / 황봉룡 // 문학과 예술. - 1986,(4). - 36 - 39
27256 연극관념에 대한 쟁론 // 문학과 예술. - 1987,(1). - 37
27257 무대예술공연도 시대에 맞추어야 - 연변가무단의 새해맞이공연을 보고 / 김희 // 문학과 예술. - 1987,(2). - 84 - 85
27258 연극 ≪장백의 아들≫의 창작과 공연 / 허동활 // 문학과 예술. - 1987,(2). - 81 - 82
27259 중청년배우들의 연극, 구연 콩클을 보고 / 허동활 // 문학과 예술. - 1987,(3). - 90
27260 연극 ≪그 총각과 택시아가씨≫의 인물설정 각도와 예술추구 / 적송 // 문학과 예술. - 1987,(4). - 35 - 37
27261 세련된 미학적 안목, 원숙한 필치: 최정연 선생의 희곡창작을 두고 / 김흠 // 문학과 예술. - 1987,(9 - 10). - 30 - 32
27262 연극 ≪혈해지창≫을 두고 / 김운일 // 문학과 예술. - 1987,(9 - 10). - 85
27263 60을 청춘으로 사는 허창석배우 / 김성 // 문학과 예술. - 1987,(9 - 10). - 88 - 89
27264 적들의 코앞에서 공연 / 허동활 // 문학과 예술. - 1987,(11 - 12). - 44 - 45
27265 한생을 연극예술에 바쳐가는 리영근배우 / 김성 // 문학과 예술. - 1987,(11 - 12). - 84 - 85
27266 무대감정에 대한 약간한 체득 / 남궁신숙 // 예술세계. - 1988,(1). - 32 - 33
27267 성격화에 대한 제시 / 신예분 // 예술세계. - 1988,(1). - 33 - 34
27268 연극 ≪결혼≫의 연출수기 / 김내천; 당애매 // 예술세계. - 1988,(1). - 30 - 31
27269 연극소품의 특점에 대하여 / 송호 // 예술세계. - 1988,(1). - 92
27270 우리 가극에 대한 생각 / 김덕윤 // 예술세계. - 1988,(1). - 74 - 75
27271 우리 극문학의 돌파의식 / 전성호 // 예술세

계. – 1988,(2). – 24 – 27

27272 문예작품의 인물선: 장막연극 ≪강자의 눈물≫을 읽고 / 리준 // 예술세계. – 1988,(3). – 23 – 25

27273 연극탐색중의 몇가지 문제 // 문학과 예술. – 1988,(4). – 83

27274 연극예술 및 진실성 / 허동활 // 문학과 예술. – 1988,(6). – 72 – 73

27275 연극예술과 관중학에 대한 소감 / 방미선 // 예술세계. – 1989,(1). – 81

27276 영화 ≪옛우물≫에 대한 쟁명종술 // 예술세계. – 1989,(1). – 54 – 55

27277 ≪희극정경≫에 대하여 / 주극웅 // 예술세계. – 1989,(1). – 82 – 83

27278 갈등선의 기점선택과 인물형상의 높이: 장막희극≪그 총각과 택시아가씨≫를 보고 / 야초 // 예술세계. – 1989,(2). – 43 – 46

27279 생명찬가: 단막극 ≪생명≫독후감 / 일평 // 예술세계. – 1989,(2). – 61

27280 생활에서 웃음을 발굴하자 / 허동활 // 예술세계. – 1989,(2). – 59

27281 조산아: 장막희극 ≪그 총각과 택시아가씨≫에 대하여 / 김해룡 // 예술세계. – 1989,(2). – 56 – 58

27282 희극의 지위 및 기타: 장막희극 ≪그 총각과 택시아가씨≫를 겸하여 론함 / 리종섭 // 예술세계. – 1989,(2). – 26 – 27

27283 관중심미특점과 우리 연극예술 / 김운일 // 문학과 예술. – 1989,(3). – 31 – 34

27284 구연예술에 대한 단상 / 김진석 // 예술세계. – 1989,(3). – 32

27285 우리 민족의 가극창작은 어느 길을 걸어야 하는가 / 남희철 // 예술세계. – 1989,(3). – 33 – 37

27286 프로사회자의 화술표현에 관하여 / 박홍섭 // 중국조선어문. – 1989,(3). – 56 – 57

27287 남조선 사실, 자연주의 희곡의 형성 / (한국) 리미원 // 문학과 예술. – 1989,(6). – 24 – 27

27288 당대쏘련희곡의 심미로정 / 백사룡 // 예술세계. – 1990,(1). – 18 – 20

27289 무대의 가정성과 예술의 진실성문제 / 전득주 // 예술세계. – 1990,(1). – 28 – 29

27290 연극예술에 대한 미학적사고를 진흥시키자 / 고점문 // 예술세계. – 1990,(1). – 34 – 35

27291 가극 ≪아리랑≫관후감 / 최승덕 // 예술세계. – 1990,(3). – 49 – 51

27292 만담예술과 나의 성장 / 강동춘 // 문학과 예술. – 1990,(3). – 72 – 73

27293 연출가의 작업 / 김수룡 // 예술세계. – 1990,(3). – 47 – 48

27294 단막극≪귀환병≫의 예술적구성을 론함 / 전영 // 예술세계. – 1990,(4). – 28 – 31

27295 대를 이어 불러온≪아리랑≫: 가극≪아리랑≫을 두고 // 문학과 예술. – 1990,(4). – 56 – 57

J9 영화, 텔레비죤 예술

27296 쏘聯映畵『黨員證』紹介 // 연변문예. – 1951,(창간호). – 33

27297 ≪이 일을 잊을수 없다≫ // 연변문예. – 1955,(7). – 67 – 68

27298 영화≪사가점의 량참≫을 보고서 / 림희광 // 연변문예. – 1955,(8). – 64 – 66

27299 립체영화 / 전준인;고팽수(田俊人；高彭壽) // 대중과학. – 1960,(9). – 26 – 28

27300 소수민족생활을 반영한 영화창작에시의 몇가지 문제 / 류변 // 문학예술연구. – 1980,(4). – 20 – 31

27301 차가 무딪치는 장면을 어떻게 촬영하는가? / 서택금 // 동북민병. – 1980,(11). – 34

27302 외국영화를 어떻게 볼것인가? // 동북민병. – 1980,(13). – 39 – 40

27303 영화제목알아맞추기 / 갱생; 제흔 // 동북민병. – 1981,(5). – 40 – 41

27304 영화의 어제와 래일 / 황신진 // 은하수. – 1982,(11). – 51

27305 영화해설원의 화술 / 황정길 // 조선어 학습

과 연구. − 1983,(2). − 32 − 34
27306 영화와 본따쥬: 텔레비죤예술영화 ≪어머니 시름놓으세요≫를 촬영하고 / 리태준 // 문학예술연구. − 1983,(4). − 38 − 41
27307 묘한 영화특기촬영 / 호가희 // 대중과학. − 1983,(7). − 38 − 39
27308 텔레비죤방송기교 / 리태춘 // 대중과학. − 1983,(9). − 46 − 47
27309 새 사람, 새 일, 새 풍모 / 왕서갑 등 // 동북민병. − 1983,(10). − 21 − 23
27310 영화구경에 제일 좋은 위치 // 동북민병. − 1983,(21). − 36
27311 영화해설에서의 록음기리용 / 황정길 // 대중과학. − 1984,(4). − 26 − 27
27312 그림영화는 어떻게 찍는가? // 대중과학. − 1984,(9). − 34 − 36
27313 립체영화의 산생과 전망 / 장영 // 대중과학. − 1984,(11). − 4
27314 추향동이 가정영화관을 꾸렸다 / 양수문 // 동북민병. − 1984,(15). − 15
27315 몽따쥬리론에 비추어 본 ≪약수동의 새 노래≫ / 김길련 // 문학과 예술. − 1985,(2). − 59 − 62
27316 특이한 영화 / 양중문 // 대중과학. − 1985,(2). − 20 − 21
27317 영화요술: 모형촬영과 중단촬영 / 오복길 // 대중과학. − 1985,(3). − 38 − 40
27318 영화요술: 몇가지 합성촬영법 / 오복길 // 대중과학. − 1985,(9). − 32 − 33
27319 립체영화 // 대중과학. − 1985,(11). − 18 − 19
27320 텔레비죤예술영화 창작지식 / 임언방 // 문학과 예술. − 1986,(1). − 48 − 50
27321 ≪낳은정 키운정을≫을 돌이켜보면서 // 문학과 예술. − 1986,(5). − 28 − 32
27322 영화요술: 상영합서법과 기교촬영법 / 오복길 // 대중과학. − 1986,(12). − 30 − 31
27323 영화특기의 비밀 / 오복길 // 대중과학. − 1987,(5). − 26 − 27
27324 운동화면의 구도특점 / 리태춘 // 문학과 예술. − 1987,(9 − 10). − 92 − 93
27325 영화 ≪붉은 수수≫의 매력 / 김정 // 예술세계. − 1988,(2). − 87
27326 몬따쥬수법 / 김진석 // 문학과 예술. − 1988,(3). − 83
27327 배음은 1+1=1이다 / 조경선 // 중국조선어문. − 1988,(3). − 42 − 43
27328 해설사업에서 쌓은 약간한 경험 / 조경선 // 문학과 예술. − 1988,(6). − 90 − 91
27329 화는 하나의 종합예술이다 // 소년아동. − 1988,(11). − 24 − 25
27330 향기로운 영화 // 소년아동. − 1989,(7). − 106 − 107

K 력사, 지리

K1 세계사

27331 덴벤푸 대승리 // 민병의 벗. − 1965,(10). − 31
27332 아세아의≪네마리 새끼룡≫ // 지부생활. − 1980,(4). − 28 − 32
27333 명절에 일어난 전쟁 / 가택종 // 동북민병. − 1981,(1). − 14 − 18
27334 력사상의 산업혁명 // 대중과학. − 1984,(3). − 28 − 29
27335 세계견문 // 은하수. − 1985,(5). − 38 − 39
27336 십자가의 래력 // 은하수. − 1985,(7). − 34 − 35

27337 텅 비여있는 옛성들 // 대중과학. - 1985,(7). - 28 - 30

27338 현대인종의 ≪뿌리≫는 아세아에 // 은하수. - 1986,(7). - 7

27339 제2차세계대전의 인구손실 // 동북민병. - 1988,(10). - 48

27340 독가스전비밀계획 // 대중과학. - 1989,(8). - 18 - 19

27341 치야하크의 조난혐의사건 / 왕군 // 대중과학. - 1990,(2). - 42 - 44

27342 북아메리카 중국이민들의 이모저모 / 단신 // 연변녀성. - 1990,(3). - 35 - 39

27343 웽그리아축구계에서 발생한 부정안건 // 대중과학. - 1990,(3). - 22 - 23

27344 런던에 겨눈 5만발의 유도탄:히틀러의≪V - 1계획≫의 실패 / 장화 // 은하수. - 1990,(4). - 62 - 64

27345 주검보초병 / 보량 // 동북후비군. - 1990,(4). - 30

27346 2차대전폭발시간에 대한 민주독일학자의 견해 // 동북후비군. - 1990,(11 - 12). - 23

K2 중국력사

27347 二만五천리장정 // 지부생활. - 1955,(3). - 16 - 18

27348 육군의 도해를 호송하여 일강산도를 해방하였다 // 지부생활. - 1955,(4). - 42 - 43

27349 우리 군대는 대진도,어산 령도 등을 해방하였다 // 지부생활. - 1955,(4). - 44

27350 정강산 // 지부생활. - 1955,(10). - 20 - 21

27351 일강산도에 붉은기 휘날린다 // 지부생활. - 1955,(13 - 14). - 41 - 46

27352 만수천산 // 지부생활. - 1956,(1). - 33 - 36

27353 금사강을 강행도하 / 홍생 // 지부생활. - 1957,(8). - 28 - 29

27354 ≪5.4≫운동 // 지부생활. - 1957,(8). - 43 - 45

27355 대반도의 저격전 / 장경길 // 지부생활. - 1957,(12). - 44 - 48

27356 제1차국내혁명전쟁시기 // 지부생활. - 1959,(14). - 27

27357 제2차국내혁명전쟁시기 // 지부생활. - 1959,(15). - 28

27358 항일전쟁시기 // 지부생활. - 1959,(16). - 35

27359 제3차국내혁명전쟁시기 // 지부생활. - 1959,(18). - 49

27360 승리한 설날아침 / 리민 // 지부생활. - 1960,(4). - 55 - 59

27361 정강산에서 // 지부생활. - 1960,(4). - 52 - 54

27362 천리원정기 / 피정균 // 연변문학. - 1961,(1). - 23 - 40

27363 혁명투쟁의 지남,혁명승리의 등대 // 지부생활. - 1961,(1). - 13 - 19

27364 조국의 위대한 력사를 학습하자 / 오함 // 연변. - 1961,(9). - 29 - 31

27365 신해혁명 // 연변. - 1961,(10). - 35

27366 력사상으로부터 본 전복된 계급의 복벽 / 김문 // 연변. - 1963,(1). - 32 - 33

27367 남하하는 길에서 / 왕록;견보귀 // 연변문예. - 1974,(12). - 55 - 57

27368 위대한 장정 // 동북민병. - 1975,(11). - 23 - 26

27369 장정승리 40주년을 기념한다 / ≪인민일보≫; ≪해방군보≫사론 // 동북민병. - 1975,(11). - 2 - 5

27370 상성을 회고하여 / 류백승 // 동북민병. - 1975,(11). - 6 - 22

27371 백골정의 권모술과≪4인패≫의 말로 / 장정일 // 연변문예. - 1977,(1). - 44 - 45

27372 홍군의 첫 비행기 / 왕국광 // 지부생활. - 1982,(12). - 40 - 41

27373 평화와 전쟁 / 동생 // 지부생활. - 1983,(4). - 15 - 17

27374 중국근대사문답 60개 문제 / 상윤화 // 지부생활. - 1983,(11). - 53 - 56

27375 중국근대백년사문답 / 방웅;라걸 편저 // 청년생활. - 1984,(3). - 56 - 60

27376 중국의≪3전≫ / 가립 // 대중과학. − 1985,(2). − 10 − 12
27377 ≪12.9≫학생운동 // 은하수. − 1985,(12). − 5
27378 장정 // 지부생활. − 1986,(8). − 58 − 59
27379 력사의 주석: ≪9.13≫사건을 돌이켜보며 / 웅뢰 // 청년생활. − 1987,(4). − 55 − 60
27380 교과서에 나오는 중국고대 여러 민족들 / 최태호 // 중국조선족교육. − 1989,(3). − 68 − 69
27381 10월의 봄우뢰 / 기회신 // 지부생활. − 1989,(3). − 42 − 45
27382 ≪5.4운동≫가운데서의 소수민족선진청년들 / 강기주 // 민족단결. − 1989,(4). − 36 − 40
27383 모주석께서 령솔하여 강을 건넜다 / 송지학 // 도라지. − 1989,(5). − 39
27384 2만5천리장정에 참가한 외국사람 // 은하수. − 1989,(8). − 42
27385 중화인민공화국의 탄생 / 화삼 // 은하수. − 1989,(10). − 25 − 26
27386 개국대전일화 / 가서운 // 청년생활. − 1989,(11). − 3 − 6
27387 ≪5.4≫운동과 흑룡강청년들 / 림파 // 은하수. − 1990,(5). − 64
27388 제국주의침략을 반대하여 싸운 근대 소수민족인민들의 투쟁 // 민족단결. − 1990,(5). − 44 − 46

K206 력사사료

27389 정성공과 대만 / 금란 // 소년아동. − 1954,(12). − 23 − 24
27390 중국 력사 기년표:하조로부터 청조에 이르기까지 // 연변. − 1962,(4). − 28
27391 의리있고 용맹하고 강직한 관우 / 효미 // 동북민병. − 1980,(1). − 42 − 43
27392 력사이야기 / 김호 // 지부생활. − 1980,(11). − 48
27393 위만궁정의 말일 / 정광원 // 청년생활. − 1984,(5). − 70 − 74
27394 송나라 명가들 독서를 담론 / 방춘녕 // 동북민병. − 1985,(5 − 6). − 55
27395 궁정생활내막 // 은하수. − 1985,(6). − 5 − 6
27396 ≪9.13사건≫과 인공지능 // 은하수. − 1985,(10). − 22
27397 자금성안에 살던 력대의 황제들 // 은하수. − 1985,(12). − 64
27398 발해사이야기 / 방학봉 // 은하수. − 1986,(2). − 55 − 58
27399 발해사화: 대문예사건 / 방학봉 // 은하수. − 1986,(3). − 49 − 53
27400 발해력사이야기 / 방학봉 // 은하수. − 1986,(4). − 56 − 58
27401 장춘교를 포격한 사건의 진상 / 호월위 // 장백산. − 1986,(6). − 81 − 109
27402 한때 전국을 들썽한≪모주석시사위조사건≫ / 감감 // 청년생활. −1986,(6). −51 − 54
27403 중국 1967년 3월 18일 // 은하수. − 1986,(7). − 8 − 9
27404 ≪4인무리≫를 붙잡아내던 나날에 / 소국심 // 청년생활. − 1986,(10). − 3 − 7
27405 국민당이 대만으로 도적질해간 금,은이 얼마나 되는가? // 청년생활. − 1987,(2). − 30
27406 강청≪ 일기≫사건 / 사준봉 // 청년생활. − 1987,(10). − 45 − 49
27407 중남해담장에 나붙은≪반동표어≫ // 청년생활. − 1988,(2). − 62 − 63
27408 리종인을 암살하려던 장개석의 음모 / 여방덕 // 청년생활. − 1988,(6). − 49 − 55
27409 중국의 운명을 결정한 28일 / 사동병;우촌 // 장백산. − 1989,(4). − 3 − 32
27410 새벽에 착륙한 비행기 / 양발훈 // 청년생활. − 1989,(7). − 42 − 44
27411 장개석이 대만으로 황금을 얼마나 날라갔는가? // 동북후비군. − 1990,(8). − 32

K28 민족력사

27412 경박호변에서 / 개무(凱撫) // 지부생활. − 1959,

(13). − 33 − 35

27413 12만 5천원 / 허대진 // 청년생활. − 1980,(2). − 20 − 24

27414 조선족이 연변에서 살게 된 유래 / 문향 // 소년아동. − 1980,(10). − 22 − 24

27415 반침략의 최전초:훈춘 / 전상정 // 동북민병. − 1980,(24). − 40 − 41

27416 매복전투 / 안미자 // 장백산. − 1981,(1). − 104 − 106

27417 불멸의 전사 조성두영웅 / 김운룡 // 청년생활. − 1981,(1). − 7 − 10

27418 통화외인감옥에서 / 리창인 // 장백산. − 1981,(1). − 86 − 91

27419 혁명회상기 · 민권의 적후에서 / 리성진 // 장백산. − 1981,(2). − 83 − 94

27420 ≪나의 직업은 혁명이다≫:주현갑렬사의 사적 / 김상헌 // 청년생활. − 1981,(3). − 3 − 5

27421 잊을수 없는 북방:해방직후 목단강지구문예활동의 일별 / 임효원 // 문학예술연구. − 1981,(4). − 55 − 64

27422 팔공산기슭에서의 격전 / 림홍;국정 // 동북민병. − 1981,(22). − 39

27423 리홍광지대를 회상하여 / 박창범 // 장백산. − 1982,(2). − 37 − 43

27424 통화전투 / 안형두 // 장백산. − 1982,(2). − 44 − 46

27425 항일투쟁의 불길속에서 / 정병삼 구술;근학 정리 // 장백산. − 1982,(3). − 94 − 100

27426 고구려 옛도읍 집안을 찾아서 / 최형순 // 청년생활. − 1982,(4). − 73 − 75

27427 남만조선족인민의 무장 − 리홍광지대 / 고응석 // 장백산. − 1982,(4). − 63 − 68

27428 륙군중학교를 회억하여:리홍광지대회상기 / 서판권 // 장백산. − 1982,(4). − 69 − 74

27429 서버리하투에서 / 김운룡 // 도라지. − 1982,(4). − 44 − 49

27430 세번 쓴 계약서 / 김태문 정리 // 도라지. − 1982,(4). − 61 − 65

27431 태항산에서의 조선족문예활동 / 창길;상준 // 문학예술연구. − 1982,(4). − 39 − 45

27432 민족의 숭고한 절개:강물에 몸을 던진 8녀용사의 이야기 / 김우종 // 은하수. − 1982,(9). − 29 − 30

27433 연변의 과거와 현재 // 지부생활. − 1982,(9). − 12 − 26

27434 조선족이 동북으로 이주해온 과정에 대하여 / 권립 // 지부생활. − 1982,(9). − 44 − 45

27435 ≪3일반동천하≫의 끝장 / 리석룡 // 송화강. − 1983,(1). − 31 − 33

27436 우리 나라 민주혁명에서의 조선족의 공헌 / 리정문 // 청년생활. − 1983,(1). − 30 − 34

27437 토비숙청의 길에서 / 고응석 // 장백산. − 1983,(1). − 89 − 91

27438 녀영웅 피뿌려 목단강 도도히 흐르누나 / 심휘 // 동북민병. − 1983,(3). − 32 − 35

27439 3지대가 창립되던 전후 / 류동호 // 송화강. − 1983,(3). − 44 − 50

27440 백리발해가의 조선족마을 / 로주철 // 청년생활. − 1983,(6). − 65

27441 이밀하 매복습격전 / 김창국 // 지부생활. − 1983,(11). − 58 − 59

27442 신항로의 개척:식민지략탈의 시작 // 연변교육. − 1984,(1). − 47 − 48

27443 ≪5.15≫반혁명반란을 진압한 이야기 / 리은우 // 은하수. − 1984,(1). − 37 − 40

27444 3지대와 독립11사의 문예활동 / 장만련 // 문학과 예술. − 1984,(2). − 28 − 30

27445 중국력사에서 우리 민족이 걸어온 길 / 고영일 // 청년생활. − 1984,(2). − 15 − 17

27446 3지대 창립초기의 공급사업 / 신덕관 // 송화강. − 1984,(3). − 51 − 54

27447 연변에서의 ≪5.4≫운동 / 김동화 // 청년생활. − 1984,(3). − 3 − 6

27448 강철용사들의 군상:두차례 전투에서의≪강철8련≫ / 김환 // 청년생활. − 1984,(4). − 4 − 10

27449 녀교통원 / 김운룡 정리 // 장백산. − 1984,(4).

－207－213
27450 우리 나라 체육사에서의 조선족선수들의 공헌 / 조택룡 // 청년생활.－1984,(4).－23－25
27451 3지대선전대를 회상하여 / 김삼진 // 송화강.－1984,(5).－47－54
27452 새 중국의 탄생을 위하여:해방전쟁에서의 연변조선족인민의 공헌 / 리송덕 // 청년생활.－1984,(5).－9－11
27453 일본령사관습격사건 / 서명훈 // 송화강.－1984,(6).－50－53
27454 성스러운 투쟁의 나날:14퇀 3영의 투쟁을 회상하여 / 강수봉 // 은하수.－1985,(1).－44－48
27455 5월반소탕과 조선의용군 / 김순기 // 청년생활.－1985,(1).－4－6
27456 3지대와 독립사의 문예활동 / 장만련 // 문학과 예술.－1985,(2).－66－67
27457 조선족문예대사기:(1945.8－1983.9) // 문학과 예술.－1985,(2).－63－64
27458 중국에 있어서 조선족의 실태와 그의 장래 / 황유복 // 도라지.－1985,(3).－51－58
27459 동북항일련군과 우리 민족 / 박청산 // 청년생활.－1985,(4).－3－6
27460 동만의 마경 천험촉도 72정자척파기 / 리욱 // 문학과 예술.－1985,(5).－32－37
27461 일제의 천도철도부설을 반대한 연변청년학생들의 투쟁 / 김동화 // 청년생활.－1985,(5).－4－8
27462 ≪제3지대≫의 후비간부가 왜 체포되게 되였는가 / 강하 // 지부생활.－1985,(5).－47－48
27463 혁명의 요람 ≪3.1≫학교 / 석승 // 지부생활.－1985,(5).－46
27464 ≪백두호부대≫를 섬멸하던 나날에 / 리창엽 // 천지.－1985,(6).－58－62
27465 태안에서의 아버지와 지하활동 / 김영숙 // 장백산.－1985,(6).－121－125
27466 연변인민혁명투쟁략사 // 지부생활.－1985,(7).－28－32
27467 일본령사관을 습격 / 사춘복 // 은하수.－1985,(8).－57
27468 랑아산전투 / 양성무 // 지부생활.－1985,(9).－54－58
27469 특수한 전투,싸움의 나날:사도령자조선족들이 토비들과 싸운 이야기 / 량재화 // 은하수.－1985,(9).－45－47
27470 경박호결사전 / 림승환 // 은하수.－1985,(10).－51－56
27471 항일싸움터에서의 조선의용군:항전승리 40돐을 맞으며 / 문정일 // 천지.－1985,(10).－32－38
27472 마희산토비숙청기 / 천수산 // 송화강.－1986,(1).－40－47
27473 영산의 넋 / 허룡구 // 은하수.－1986,(1).－49－53
27474 로북풍 한간을 처단하고 의용군 단합하여 항일에 / 통도 // 동북민병.－1986,(3).－37－40
27475 경도선군용렬차습격전투 / 박청산 // 청년생활.－1986,(4).－4－6
27476 중국전쟁마당에서의 조선의용군 / 문정일 // 장백산.－1986,(4).－65－66
27477 강물에 뛰여든 8녀용사 / 극검 // 꽃동산.－1986,(5).－7－9
27478 아성땅에서 타오른 불길:아성현조선족농민들의 감조감식투쟁 / 서명훈 // 송화강.－1986,(5).－48－49
27479 할빈에서의 민주련맹 / 리석룡;리치덕 // 송화강.－1986,(5).－45－47
27480 선렬들의 피로 물든 약수동 // 지부생활.－1986,(6).－59－61
27481 ≪9.18≫사변전후 동북의 혁명사업에서 일으킨 조선족의 역할 / 김창국 // 지부생활.－1986,(7).－46－47
27482 피로 물든 애하남산:안진원동지의 투쟁기 / 강신극 // 은하수.－1986,(8).－3－8
27483 향도자 / 안화응 // 청년생활.－1986,(8).－3－7
27484 하와이의 조선인사회 / 정판룡 // 은하수.－1986,(11).－35－44
27485 항일련군전사들이 목단강에서의 개선 / 량

재화 // 은하수. - 1986,(12). - 30 - 31

27486 황병길의 생애와 그의 반일활동 / 김동화 // 청년생활. - 1986,(12). - 3 - 7

27487 영원히 죽지 않는 얼:길림시 제6국민고등학교 반일파실기 / 중국조선족발자취 길림지구편집실 제공 // 도라지. - 1987,(2). - 19 - 20

27488 조선의용군의 발자취를 더듬어 / 김엽 // 은하수. - 1987,(2). - 54 - 60

27489 중국에 살아있는 조선족전통 / (미국)피터 현 // 장백산. - 1987,(2). - 110 - 111

27490 강물에 몸을 던진 여덟자매 // 지부생활. - 1987,(3). - 64

27491 인민정권을 보호한 조선족련대 / 김응삼 // 도라지. - 1987,(3). - 70 - 72

27492 남만혁명의 선구자:30년대 반석중심현위의 조선족간부들 / 길림시 조선족력사반공실 제공 // 도라지. - 1987,(4). - 61 - 62

27493 중공동만조직 개황과 항일투쟁 / 박석균 // 지부생활. - 1987,(4). - 55 - 57

27494 민족의 대재난 / 원시희;허만석 // 도라지. - 1987,(5). - 32 - 34

27495 폭풍속의 진달래:중공영길현 오리하자특별지부의 항일투쟁활동실기 / 길림시 조선족력사판공실 제공 // 도라지. - 1987,(6). - 4 - 42

27496 한 조선족녀혁명가가 걸어온 길 / 김환 // 청년생활. - 1987,(6). - 2 - 6

27497 중국조선족의 교육전통과 혁명전통에 대하여 / 조원섭;박상렬 // 중국조선족교육. - 1987,(7 - 8). - 71 - 74

27498 손중산선생을 찾은 조선사람 / 한금옥 // 천지. - 1987,(8). - 26 - 33

27499 해방전쟁시기 목단강시 조선족들의 연극활동 / 천수산 // 은하수. - 1987,(9). - 13 - 15

27500 항일투쟁의 렬화속에서 / 리송덕 // 지부생활. - 1987,(11). - 52 - 55

27501 황포강가에 울려퍼진 총소리 / 오기종 // 청년생활. - 1987,(12). - 3 - 6

27502 격류속의 사공들: - ≪8.15≫해방후 길림시 조선족혁명투쟁실기 / 원시희;허만석 // 도라지. - 1988,(1). - 22 - 25

27503 토비숙청의 나날에 / 정을권 // 은하수. - 1988,(1). - 17 - 21

27504 광복후 목단강에서의 연극활동 / 황봉룡 // 예술세계. - 1988,(2). - 57

27505 두송이 진붉은 꽃 / 원시희;허만석 // 도라지. - 1988,(2). - 37 - 40

27506 휘날리는 옷고름: - 항쟁시기 녀투사들에 대한 이야기 / 전신자 // 도라지. - 1988,(2). - 40 - 42

27507 독담영웅 / 김응삼 제공;원시희;허만석 정리 // 도라지. - 1988,(3). - 48 - 50

27508 사평전투에서 위훈 떨친 제1포의 조선족용사들 / 최성철 // 동북민병. - 1988,(3). - 26 - 27

27509 어랑촌격전 / 채동식 구술;리백설 정리 // 청년생활. - 1988,(3). - 5 - 6

27510 항일투쟁시기 연변조선족녀성들이 논 역할 / 리영홍 // 지부생활. - 1988,(3). - 28 - 30

27511 리홍광지대선전대의 발자취를 더듬어 / 서영화 // 문학과 예술. - 1988,(4). - 90 - 92

27512 명동학교와 김약연 / 조창혁 // 중국조선족교육. - 1988,(4). - 80

27513 移民의 恨이 서린 高麗鋪 : 하북성 풍윤현 고려포를 찾아서 / 황유복;전홍렬;김경식 // 도라지. - 1988,(4). - 66 - 70

27514 피끓는 투사들: - 조선의렬단의 반일애국투쟁정신을 더듬으며 / 원시희;허만석 // 도라지. - 1988,(4). - 38 - 40

27515 광복직후 목단강에서의 문예활동 / 김례삼 // 문학과 예술. - 1988,(5). - 88 - 90

27516 전화속에서 / 리동근 // 도라지. - 1988,(5). - 39 - 44

27517 평화속에 깃든 격전: - 북경성밖 치렬한 전투중의 조선족전사들 / 리정문 제공;원시희 정리 // 도라지. - 1988,(5). - 53 - 54

27518 목단라자공격전: - 화수관자해방전투중의 조선족전사들 / 원시희정리 // 도라지. - 1988,(6).

－52－53
27519 라자구습격전 / 장철근 // 지부생활.－1988,(7).－55－56
27520 박가구의 ≪조선인≫ / 정판룡 // 천지.－1988,(7).－43－45
27521 위만군 두놈을 지혜롭게 생포 / 리룡득 // 소년아동.－1988,(9).－32－37
27522 천도경편철도부설을 반대하기 위한 연변인민의 반일애국투쟁 / 김춘선 // 지부생활.－1988,(9).－56－60
27523 강서에 남긴 민족의 발자취 / 최명세 // 청년생활.－1988,(11).－4－9
27524 송강군구조선족부대 상지토비숙청기 / 박준기 // 은하수.－1988,(11).－42－44
27525 우리 민족의 다른 한면 / 최수산 // 청년생활.－1988,(11).－2－3
27526 한총령매복전 / 온야 // 지부생활.－1988,(11).－59－61
27527 조선족이 녕안현으로의 이주와 수전개발에 대한 초보적탐구 / 정을권 // 은하수.－1988,(12).－43－46
27528 그전날 메히꼬조선이민들의 참상 / 한민 // 민족단결.－1989,(1).－42－45
27529 대검거선풍:1944년 길림영신 농업학교에서 / 장일민 // 도라지.－1989,(2).－43－45
27530 대사하전투 / 류회군 // 지부생활.－1989,(2).－41－43
27531 그전날 미국 하와이주의 조선이민들 / 한민 // 민족단결.－1989,(3).－24－27
27532 장안의 신라고승:섬서성 서안시 장안현의 홍교사를 찾아서 / 황유복;전홍렬 // 도라지.－1989,(3).－55－59
27533 중국 항일전장에서의 조선의용군 / 문정일 // 민족단결.－1989,(3).－20－23
27534 해방전쟁시기 연변녀성들의 기여 / 김영홍 // 지부생활.－1989,(3).－32－33
27535 동만청년의용군 / 김동화 // 청년생활.－1989,(4).－2－3
27536 몸부림친 민족교육:해방전 조선족학교들 / 원시희 // 도라지.－1989,(4).－45－48
27537 천진전역에서의 조선족용사들 / 리송덕 // 지부생활.－1989,(4).－37－39
27538 반디불업적 / 원시희 // 도라지.－1989,(5).－32－34
27539 연변에서의 5.4운동의 반향 / 기원 // 지부생활.－1989,(5).－43－45
27540 대담하고 슬기로운 결책;지원군의 조선출병에 대하여 // 지부생활.－1989,(6).－43－44
27541 대사하 로금창전투 / 박춘일 // 지부생활.－1989,(6).－12－13
27542 산속에 울려퍼진 추도가 / 원시희 // 도라지.－1989,(6).－26－30
27543 안도현 초기중공조직 개황 / 류회군 // 지부생활.－1989,(6).－9
27544 청왕조시기 만족공동체내의 조선족 / 고영일 // 민족단결.－1989,(6).－47－49
27545 해방직후의 나날 / 엄주식 // 송화강.－1989,(6).－46－50
27546 황구－일좌모 / 조옥전 구술;남영식 정리 // 도라지.－1989,(6).－25－26
27547 ≪3.13≫반일시위투쟁 / 장철군 // 지부생활.－1989,(7).－40－41
27548 리민툰자위단의 무장을 지혜롭게 탈취 // 지부생활.－1989,(8).－44－45
27549 인민정권을 보위하던 나날에 / 박운국 // 지부생활.－1989,(9).－35－37
27550 봉오동전투 / 김춘선 // 지부생활.－1989,(10).－45－46
27551 광주에 뿌린 겨레의 피 / 김창호 // 천지.－1989,(11).－25－32
27552 영광은 렬사들에게 속합니다 / 유가 // 지부생활.－1989,(11).－17－18
27553 연길감옥투쟁 // 지부생활.－1989,(12).－42－44
27554 윤봉길과 홍구공원폭발사건 / 장옥산 // 은하수.－1989,(12).－55－58

27555 우리 집 가계표 / 리상각 // 은하수. – 1990, (1). – 28 – 37

27556 황포의 우리 겨레들 / 최봉룡 // 민족단결. – 1990,(1). – 46 – 48

27557 동굴속에 찍힌 발자취 / 한태악 // 송화강. – 1990,(2). – 57 – 60

27558 땀배인 월사금 / 채홍운;김보옥 // 은하수. – 1990,(2). – 38 – 44

27559 녀전사들 / 최윤옥;전신자 // 도라지. – 1990, (3). – 56 – 58

27560 반일투쟁마당에서의 되알진 나팔소리:훈춘 사건내막을 폭로규탄한 구추백의 신문기사 / 강기주 // 민족단결. – 1990,(3). – 38 – 40

27561 한 보통로동자의 발자국 / 김정옥 // 은하수. – 1990,(3). – 52 – 56

27562 산설고 물선 이 땅으로 / 리광웅;리룡득 // 은하수. – 1990,(4). – 9 – 12

27563 백화점장대전투 / 원시희 // 민족단결. – 1990, (5). – 29 – 30

27564 일본이민단의 토지략탈:녕안현조선족농민들이 쫓겨난 참상 / 석청송 // 송화강. – 1990,(5). – 50 – 51

27565 쪽박의 설음 / 박정숙 구술;전두만 정리 // 은하수. – 1990,(5). – 7 – 12

27566 피에 젖은 로흑산 / 리종수 // 송화강. – 1990, (5). – 51 – 52

27567 항일전쟁시기 연변청년들의 투쟁 / 김영주 // 지부생활. – 1990,(5). – 32 – 34

27568 서일과 그의 후예들 / 강룡권 // 장백산. – 1990,(6). – 76 – 83

27569 아라디땅에 묻힌 령혼 / 원시희;김춘란 // 민족단결. – 1990,(6). – 22 – 25

27570 외할머니의 눈물 / 김성호 // 은하수. – 1990, (6). – 22 – 25

27571 청산리전역 / 김선 // 지부생활. – 1990,(6). – 41 – 43

27572 루루 90년 발자취 / 장영욱 // 은하수. – 1990, (7). – 38 – 43

27573 토비두목 교석파의 멸망기 / 정을권 // 은하수. – 1990,(8). – 20 – 24

27574 4퇀과 대황구위만군의 의거 / 채광춘 // 지부생활. – 1990,(10). – 45 – 46

27575 망국노의 설음 / 리민덕 // 은하수. – 1990, (11). – 26 – 32

27576 항전의 나날 중국에서의 국제종대 – 조선의용대 / 조명철 // 은하수. – 1990,(11). – 16 – 19

27577 고대 조선녀성의 인격 / 송성만 // 연변녀성. – 1990,(12). – 2 – 6

27578 쪽바가지신세 / 유창남 구술;박철규 정리 // 은하수. – 1990,(12). – 56 – 59

K312 조선, 한국역사

27579 조선 정전길의 전투 / 쇼진무 // 연변문학. – 1960,(10). – 57 – 59

27580 민족해방전쟁사에서의 빛나는 편장 // 동북민병. – 1975,(5). – 60 – 61

27581 세계적의의를 갖고있는 위대한 승리 // 동북민병. – 1975,(5). – 61 – 63

27582 평양풍격 / 고뢰 // 청년생활. – 1981,(2). – 29 – 30

27583 의랑암에 살아있는 론개의 넋:조선중세기 한 녀류절사를 추모하여 / 김용식 // 은하수. – 1982,(12). – 57 – 59

27584 선죽교 피다리 / 김파 정리 // 도라지. – 1983, (2). – 36 – 40

27585 말세의 충신 / 송정환 엮음 // 도라지. – 1983, (3). – 37 – 39

27586 설랑과 가실이 / 송정환 엮음 // 장백산. – 1983, (3 – 4). – 158 – 162

27587 식민지하에서의 조선가요곡 / (일본)야마네도시로오 // 도라지. – 1983,(3). – 74 – 75

27588 궁예와 왕건 / 송정환 엮음 // 송화강. – 1984, (2). – 52 – 58

27589 중국력사에 이름을 남긴 고구려 백제 사람들 / 허태일 // 청년생활. – 1984,(3). – 68 – 71

27590 내가 본 조선 / 양학충 // 청년생활. − 1984, (5). − 20 − 23

27591 조선독립동맹을 회상하여 / 조경형 // 송화강. − 1985,(1). − 42 − 44

27592 견훤과 후백제 / 송정환 엮음 // 은하수. − 1985, (2). − 31 − 37

27593 황문환동지의 탈출경과 // 동북민병. − 1985, (3). − 34 − 35

27594 남조선반대당요인 김대중 / 신초 // 지부생활. − 1985,(6). − 64

27595 박정희암살사건 / 김진기 // 장백산. − 1985, (6). − 101 − 120

27596 의병장안해의 지혜 / 송정환 // 천지. − 1985, (9). − 64 − 66

27597 임오년의 소용돌이 / 송정환 // 도라지. − 1986, (1). − 49 − 57

27598 도꼬폭팔사건 // 청년생활. − 1986,(3). − 29 − 32

27599 창고로부터 세계에로 진출한 쏘니회사 / 크리스또프 // 청년생활. − 1986,(3). − 8 − 10

27600 김대중씨가 남조선으로 돌아가게 된 시말 // 은하수. − 1986,(7). − 36 − 37

27601 리제마와 ≪4상≫의학 // 청년생활. − 1986, (7). − 56 − 57

27602 고려왕씨 비운록 / 리송수 // 은하수. − 1986, (10). − 57 − 61

27603 김일성주석 길림시에서의 혁명활동 / 정악봉 // 도라지. − 1987,(1). − 18 − 19

27604 일본땅의 조선대학 / 허광일 // 은하수. − 1987, (1). − 61 − 64

27605 곧올재 / 전홍렬 // 도라지. − 1987,(2). − 65 − 67

27606 남조선에서 ≪손자병법≫열이 나타났다 / 중기 // 동북민병. − 1987,(2). − 35

27607 반만년 조선력사 / 강맹산 // 청년생활. − 1987, (3). − 52 − 53

27608 고려인 함보 / 허태일 // 청년생활. − 1988,(2). − 57

27609 고조선 단군신화 // 은하수. − 1988,(4). − 38 − 39

27610 안중근의 옥중실기 / 김운룡 // 장백산. − 1988, (6). − 75 − 84

27611 安重根의 義擧도운 劉東夏義士, 그 家族의 일대기 / (핀란드 조선인)고송무 // 장백산. − 1988,(6). − 85 − 93

27612 오늘의 서울 // 청년생활. − 1988,(9). − 25

27613 홍종학의 진면모:박정임은 홍범도의 손비가 아니다 / 강룡권 // 장백산. − 1989,(3). − 91 − 99

27614 올림픽기간에 본 남조선 // 대중과학. − 1989, (4). − 43 − 44

27615 후삼국을 통일한 왕건 / 김충실 // 소년아동. − 1989,(4). − 10 − 14

27616 벗들을 부르는 축전도시 평양 // 청년생활. − 1989,(7). − 47

27617 판문점담판의 전말 / 시성문;조용전 // 동북후비군. − 1989,(9). − 28 − 31

27618 3.1운동당시 조선녀성들의 반일구국투쟁 / 송정환 // 연변녀성. − 1990,(3). − 2 − 5

27619 임진왜란시 리순신과 진란사이의 전투적 친선 / 강기주 // 은하수. − 1990,(11). − 44 − 49

K313 일본역사

27620 일본사람들의 효률 // 은하수. − 1985,(8). − 45

27621 ≪남새왕국≫의 젊은이 // 은하수. − 1985, (9). − 53

27622 천황록음 쟁탈전 / 강건근 // 청년생활. − 1986, (1). − 54 − 56

27623 력사의 음지에 숨겨져온 일본군국주의 추악상:일본 ≪황군≫부대에 끌려온 조선인 종군위안부들의 참상 / 김호 // 은하수. − 1987,(4). − 22 − 29

27624 ≪저 먹자니 싫고 남 주자니 아깝다≫ / 한진건 // 청년생활. − 1988,(2). − 61

27625 너절한 일본인 / 림환 편역 // 은하수. − 1988, (4). − 16 − 17

27626 일본농촌의 일각 // 지부생활. – 1988,(10). – 59 – 61

27627 1923년 일본 간또대지진과 조선인 대학살사건 / 김성호 // 은하수. – 1989,(3). – 33 – 40

27628 일본민족의≪뿌리≫는 운남에 있다 / 이도홍 // 민족단결. – 1989,(5). – 46 – 48

27629 일본민족의 근원과 일본국의 강성에 대하여 / 바우 // 은하수. – 1989,(7). – 30 – 31

27630 일본의 ≪샐러리맨≫ / 풍운 // 은하수. – 1990,(6). – 40 – 41

K5 구라파역사

27631 오늘의 유고슬라비아 / 리동백 // 청년생활. – 1980,(2). – 69 – 70

27632 레닌을 살해하려던 흉수는 누구인가 // 은하수. – 1982,(12). – 73 – 75

27633 더위를 먹은 프랑스대군은 사기가 꺾이고 엄한을 만난 나뽈레옹은 참패를 당하다 / 가봉산 // 동북민병. – 1982,(15). – 36 – 37

27634 혹심한 엄한에 독일군은 11만의 동상자를 내고 그 추위를 타 쏘련군은 전면적인 대반격을 하였다 / 가봉산 // 동북민병. – 1982,(18). – 36 – 37

27635 수라의 새 외투에 깃든 이야기 // 은하수. – 1983,(4). – 37

27636 변절자에겐 자유가 없다:쓰딸린 딸의 고백 // 은하수. – 1985,(3). – 43 – 44

27637 쓰딸린암살미수사건: – ≪곰계획≫의 내막 // 장백산. – 1985,(3). – 74 – 97

27638 에펠철탑을 팔아 먹은 이야기 // 은하수. – 1985(3). – 27 – 29

27639 히틀러의 유물 // 청년생활. – 1985,(4). – 49 – 51

27640 로마의 백골박물관 // 은하수. – 1985,(8). – 60 – 61

27641 프랑스반간첩국 내막 // 대중과학. – 1986,(4). – 14 – 16

27642 이딸리아의≪아동공화국≫ // 은하수. – 1986,(8). – 59

27643 유태인들의 절묘한 돈벌이수단 / (일본)후지다 덴 // 청년생활. – 1987,(1). – 45 – 50

27644 씨비리아포로수용소 / 정수창 // 송화강. – 1987,(4). – 54 – 61

27645 585일의 소동:1981년 뽈스까사건 실기 / 양정영 // 은하수. – 1987,(9). – 36 – 38

27646 경제개혁의 물결속에 있는 동구라파나라들 / 장문우 // 지부생활. – 1987,(11). – 50 – 51

27647 1989년 쏘련민의측험 // 은하수. – 1990,(2). – 58 – 59

27648 단결로조회가 정권을 잡은후의 뽈스까 // 지부생활. – 1990,(3). – 46 – 47

27649 쏘련의 조선민들 / 최봉룡 // 민족단결. – 1990,(5). – 41 – 43

27650 쏘련에서 조국보위전쟁시기 인원손실에 관한 최신수자를 공포 // 동북후비군. – 1990,(11 – 12). – 26

K7 아메리카주역사

27651 미국의 어머니절과 아버지절 / 리숙연 // 은하수. – 1985,(2). – 55

27652 미국사람들에 대한 흥미있는 통계 / 길수 // 은하수. – 1986,(8). – 40

27653 미국의 비극 / 왕숙매 // 동북민병. – 1987,(5). – 38 – 39

27654 오늘의 꾸바 / 오영항 // 지부생활. – 1989,(9). – 45 – 46

27655 결코 천당이 아니다 / 추실 // 연변녀성. – 1990,(7). – 14 – 17

K81 세계인물전기

27656 호지명대통령의 이야기 // 소년아동. – 1955,(8). – 4

27657 비행기를 발명한 사람 // 소년아동. – 1955,(9). – 13 – 14

27658 조선작가 리기영 // 연변문예. – 1955,(9). – 95 – 96
27659 꼬에브원수 소개 // 지부생활. – 1955,(11). – 49
27660 덴마크의 탁월한 작가 안데르센 / 림음전 // 아리랑. – 1957,(6). – 24
27661 위로실로브동지의 간략 // 지부생활. – 1957,(9). – 1
27662 갈릴레이 / 도굉(陶宏) // 대중과학. – 1958,(1). – 33 – 36
27663 꺼지지 않는 모닥불 / 남상현 // 대중과학. – 1958,(2). – 36 – 37
27664 마리야 · 큐리부인 // 대중과학. – 1960,(3). – 45 – 47
27665 현대과학의 거인:아인슈타인 / 정철수 // 대중과학. – 1979,(10). – 35 – 38
27666 과학자와 사랑 / 장념춘;풍지준 // 대중과학. – 1979,(11). – 36 – 38
27667 파라데이 / 과홍 편역 // 대중과학. – 1979,(12). – 43 – 45
27668 과학자들의 문화생활 / 엽영렬 // 청년생활. – 1980,(1). – 72 – 73
27669 뉴톤의 일화 // 연변교육. – 1980,(1). – 60
27670 레브 · 똘스또이와 과학소품 // 소년아동. – 1980,(3). – 32 – 35
27671 시인 김지하 / 최준 // 연변문예. – 1980,(3). – 56 – 57
27672 열다섯살난 설계가 // 소년아동. – 1980,(3). – 18
27673 큐리부인과 라듐발견 / 과홍 // 대중과학. – 1980,(3). – 2 – 4
27674 걸출한 현대물리학자:보아 / 김창익 // 대중과학. – 1980,(4). – 44 – 46
27675 잔꼬브 // 연변교육. – 1980,(4). – 57
27676 파라데이에 대한 이야기 // 소년아동. – 1980,(4). – 24 – 25
27677 과학보급의 새별:아씨모브 / 변육린 // 대중과학. – 1980,(10). – 40 – 41
27678 물리교과서에 나오는 과학자소개 // 연변교육. – 1980,(11). – 53
27679 단편소설의 거장 모파쌍 / 서일권 // 연변문예. – 1980,(12). – 48 – 51
27680 나는 어떻게 혼자서 원자탄을 설계하였는가?:대학 1학년학생의 자술 / (미국)필리프스 // 청년생활. – 1981,(1). – 23 – 25
27681 리순신 / 계정희 // 청년생활. – 1981,(1). – 80 – 83
27682 ≪부엌데기≫가 과학자로 / 리보항 // 청년생활. – 1981,(1). – 20 – 21
27683 패한 짜리제도와 시인의 죽음 / 려호지 // 청년생활. – 1981,(1). – 52 – 53
27684 진리만을 믿고 산 라마르크 / 성찬 // 대중과학. – 1981,(1). – 50 – 52
27685 갈릴레이 / 리락복 // 청년생활. – 1981,(2). – 45 – 48
27686 리센꼬의 몰락기 / (쏘련)메드베제브 // 대중과학. – 1981,(3). – 54 – 56
27687 행성운동법칙의 창조자:케플레르 / 변덕배;섭숭세 // 대중과학. – 1981,(5). – 32 – 33
27688 20세기의 수학거작: ≪부르바키≫의 ≪수학원본≫ / 막유 // 대중과학. – 1981,(7). – 46 – 48
27689 천문애호자의 공훈 / 양정종 // 대중과학. – 1981,(10). – 16 – 17
27690 웽그리아 위대한 애국시인 – 뻬떼피 // 대중문예. – 1982,(1). – 25 – 26
27691 링컨과 케네디의 비슷한 점 // 동북민병. – 1982,(2). – 42 – 43
27692 숭고한 불길:고골리가 원고를 태운 이야기 // 문학예술연구. – 1982,(2). – 8
27693 위대한 생물학자 다윈 / 리수붕 // 대중과학. – 1982,(4). – 14 – 15
27694 링컨의 비극 / 륙영 // 청년생활. – 1982,(6). – 61
27695 학습에 대한 아인슈타인의 이야기 // 연변교육. – 1982,(6). – 5
27696 노벨상을 함께 받은 브래그부자 // 대중과

학. – 1982,(8). – 24 – 25
27697 과학의≪성인≫ – 카벤디쉬 / 려경의 // 대중과학. – 1982,(9). – 22 – 23
27698 대작가들의 유모어 / 주정화 // 은하수. – 1982,(9). – 39
27699 발자끄명작문고에 깃든 이야기 / 로곤 // 은하수. – 1982,(9). – 20 – 21
27700 분쟁속에서 태여난 노벨상 // 대중과학. – 1982,(10). – 10 – 11
27701 위대한 인물 링컨 / 제명 // 은하수. – 1982,(11). – 67 – 68
27702 찌또의 자녀교육 // 은하수. – 1982,(11). – 12
27703 그리냐르의 각성과 성공 // 은하수. – 1983,(1). – 71
27704 노벨과 노벨상금 / 김창대 제공 // 문학예술연구. – 1983,(1). – 53 – 55
27705 레닌의 어머니 / 왕천운 // 은하수. – 1983,(1). – 69 – 70
27706 아인슈타인의 고상한 품성 / 연과문 // 청년생활. – 1983,(1). – 37 – 39
27707 할빈역두의 총소리 / 송정환 // 장백산. – 1983,(1). – 82 – 88
27708 과학자들의 예술적소양 // 대중과학. – 1983,(2). – 32 – 33
27709 위대한 시인과 저명한 화가 / 림연 // 청년생활. – 1983,(4). – 53 – 54
27710 히틀러재생의 미몽 // 대중과학. – 1983,(4). – 32 – 33
27711 그뢰즈의 교훈 / 정수영 // 은하수. – 1983,(5). – 72
27712 갈릴레이 // 대중과학. – 1983,(6). – 55
27713 먹은 마음 굽히지 않고:전화발명가 벨에 대한 이야기 / 왕명봉 // 청년생활. – 1983,(6). – 78 – 79
27714 라부아제와 천평 / 려경의 // 대중과학. – 1983,(8). – 40 – 41
27715 베르누이일가 / 장광조 // 대중과학. – 1983,(9). – 20 – 21
27716 온 세상에 알려진 이름 / 리소강 // 연변녀성. – 1984,(1). – 44 – 45
27717 다시 등장하려는 야마구찌 모모에 / 허국광 // 연변녀성. – 1984,(2). – 52 – 53
27718 과학에 시집 간 녀인 / 등준봉 // 연변녀성. – 1984,(3). – 7 – 9
27719 홍석주의 어머니 서씨부인 // 연변녀성. – 1984,(3). – 38 – 39
27720 뿌쉬낀부인 일화 / (쏘련)아 · 끄네쪼와 //
27721 리순신장군의 어머니 // 연변녀성. – 1984,(4). – 46 – 47
27722 로멩롤랑의 사랑 / 향기 // 연변녀성. – 1984,(5). – 8
27723 미국처녀 자희의 초상화를 그리다 / 하평 // 연변녀성. – 1984,(5). – 61
27724 다윈의 안해:에마 / 임리덕 // 연변녀성. – 1984,(6). – 54
27725 론개 // 연변녀성. – 1984,(6). – 25 – 27
27726 수학의 왕자:독일 대수학자,물리학자,천문학자인 가우스에 대한 이야기 // 대중과학. – 1984,(6). – 24 – 26
27727 쓰딸린과 그의 아들 야꼬브 // 청년생활. – 1984,(6). – 3 – 5
27728 콜룸부스 / 주춘근 엮음 // 청년생활. – 1984,(6). – 55 – 57
27729 나이팅게일:간호사업의 선구자 / 김봉술 // 대중과학. – 1984,(7). – 45 – 47
27730 로씨야의 저명한 시인 – 레르몬또브 / 김은 // 은하수. – 1984,(7). – 19
27731 세월은 흘러도: – 육문중학시절의 김일성주석 / 상월;황지영 번역 // 연변문예. – 1984,(7). – 31 – 35
27732 독일계몽주의문학의 대표적인 시인 괴떼 / 김하 // 은하수. – 1984,(9). – 43
27733 50년만에 받은 노벨상 / 임정권 // 대중과학. – 1984,(10). – 8 – 9
27734 식물의 비밀을 밝혀낸 동물학자 // 대중과학. – 1984,(12). – 16 – 18

27735 외국 부부기문 / 책변 // 동북민병. − 1984, (19). − 40
27736 레간의 영화배우생애 / 손립주 // 동북민병. − 1984,(21). − 35
27737 ≪로케트미치광이≫꼬롤료브 / 왕립신 // 대중과학. − 1985,(1). − 46 − 49
27738 률곡선생의 어머니 신사임당 / 전청송 // 연변녀성. − 1985,(1). − 40 − 43
27739 자동차왕 포드 // 대중과학. − 1985,(1). − 42 − 44
27740 주기표중의 과학자들 // 대중과학. − 1985,(1). − 20
27741 리상을 실현하는 한길에서:우에무라죠꾸고에 대한 이야기 // 대중과학. − 1985,(2). − 36 − 38
27742 명인들에 대한 토막이야기 / 주일명 편역 // 은하수. − 1985,(2). − 48
27743 세계간첩력사에서의 전기적인물 / 주기 // 청년생활. − 1985,(2). − 44 − 46
27744 아인슈타인의 가정생활 // 연변녀성. − 1985, (2). − 3 − 5
27745 절많은 일생:레브 똘스똘이의 가정일화 / 전성박 // 연변녀성. − 1985,(3). − 7 − 8
27746 그는 어떻게 성공하였는가:미국의 한 젊은 ≪교육기업가≫에 대한 이야기 // 은하수. − 1985,(3). − 25 − 26
27747 나폴레옹의 어머니 레티지아 // 연변녀성. − 1985,(3). − 27 − 30
27748 리상을 실현하는 한길에서:우에무라죠꾸고에 대한 이야기 // 대중과학. − 1985,(3). − 20 − 22
27749 리조의 세 녀류시인 / 송정환 // 천지. − 1985, (3). − 53 − 56
27750 링컨이 사람을 등용하는 결책 // 은하수. − 1985,(3). − 44
27751 미국대통령일화 // 청년생활. − 1985,(3). − 45 − 46
27752 안중근과 그의 동료들 / 류동선 구술;김파 정리 // 송화강. − 1985,(3). − 48 − 58
27753 일본 비지네스스쿠 − 루리사장 − 오영석 / 최응구 // 은하수. − 1985,(3). − 45 − 48
27754 작가들가운데의 으뜸 // 청년생활. − 1985,(3). − 57
27755 탐욕스러웠던 링컨부인 / 륙신 // 연변녀성. − 1985,(3). − 62
27756 뉴톤의 이야기 // 꽃동산. − 1985,(4). − 14 − 15
27757 당대 로빈손자서전 // 은하수. − 1985,(4). − 30 − 31
27758 삯을 내서 매를 맞은 모파쌍 // 문학과 예술. − 1985,(4). − 84
27759 인슈타인의 머리 // 꽃동산. − 1985,(4). − 17
27760 지독한 어머니 / 리옥 // 연변녀성. − 1985,(4). − 46 − 48
27761 한 발명가의 안해 / 왕봉명 // 연변녀성. − 1985, (4). − 53 − 54
27762 미국 우주비행사들의 생활 // 대중과학. − 1985,(5). − 38 − 42
27763 뿌쉬낀의 죽음 / 김동규 제공 // 은하수. − 1985,(5). − 46
27764 사랑의 편지를 태워버린 대통령부인 // 연변녀성. − 1985,(5). − 28
27765 자진하여 씨비리로 류형간 녀성들 / 추진 // 연변녀성. − 1985,(5). − 6 − 9
27766 과학자들의 묘지명 / 범세충 // 대중과학. − 1985,(6). − 26 − 27
27767 녀류시인 황진이 / 윤신숙 // 천지. − 1985,(6). − 63 − 67
27768 노벨상을 받은 후 // 꽃동산. − 1985,(6). − 10 − 11
27769 세계 최초의 탐험가 피레아우스 // 꽃동산. − 1985,(6). − 30 − 31
27770 시인 헤르만 헤스 // 천지. − 1985,(6). − 87 − 89
27771 프랭클린의 자아수양 / 왕의성 // 청년생활. − 1985,(6). − 6
27772 레이건 딸의 혼사 // 은하수. − 1985,(7). − 22
27773 북극점을 찾아 탐험 / 광한 // 은하수. − 1985,

(9). – 36 – 37
27774 어머니의 교육:괴테와 그의 어머니 // 은하수. – 1985,(9). – 60
27775 손자에 대한 제퍼슨대통령의 훈계 // 은하수. – 1985,(10). – 22
27776 현대 원자물리학의 창시인:보아 / 리원백 // 대중과학. – 1985,(10). – 30 – 31
27777 히틀러가 자결하기 전후 // 지부생활. – 1985,(11 – 12). – 127
27778 무정장군 / 김순기 // 은하수. – 1985,(12). – 6 – 8
27779 맨 처음으로 노벨문학상을 거절한 작가 // 문학과 예술. – 1986,(1). – 96
27780 방사학의 창시자:큐리부인 / 형윤청;김오륜 // 연변녀성. – 1986,(1). – 3 – 8
27781 볼떼르가 낸 수수께끼 / 서공 // 동북민병. – 1986,(1). – 46
27782 엘리자베드왕태후 // 청년생활. – 1986,(1). – 47 – 49
27783 70년대 남조선의 수출대왕 김우중 / 두장오 // 송화강. – 1986,(1). – 48 – 56
27784 발자끄의 창작일화 // 은하수. – 1986,(2). – 38
27785 히틀러죽음의 진상 / 효리 // 동북민병. – 1986,(2). – 43
27786 나뽈레옹의 사랑과 혼인 / 기추산 // 연변녀성. – 1986,(3). – 12 – 18
27787 도죠 히데끼의 죽음 / 길수 // 은하수. – 1986,(3). – 31 – 37
27788 맛내기를 발명한 사람:이께다기꾸나에 // 대중과학. – 1986,(3). – 9
27789 축구계의 왕 – 베리 // 청년생활. – 1986,(3). – 26 – 28
27790 한 미국대통령의 해군생애 / 수유 // 동북민병. – 1986,(3). – 33 – 35
27791 청년시절의 드골 / 도항 // 동북민병. – 1986,(4). – 31 – 33
27792 남조선의 수출대왕 – 김우중 / 장오 // 청년생활. – 1986,(5). – 50 – 52
27793 음악가 헨델과 고아들 // 문학과 예술. – 1986,(5). – 27
27794 명창을 길러낸 신재효 // 문학과 예술. – 1986,(6). – 94 – 95
27795 서반구의 첫 녀대통령 // 연변녀성. – 1986,(6). – 48
27796 워싱톤어머니의 념원 // 은하수. – 1986,(6). – 63
27797 진격의 일생 / 려부 // 연변녀성. – 1986,(6). – 2 – 5
27798 체호브의≪합법적인 안해≫ // 문학과 예술. – 1986,(6) – 59
27799 그루쏘와 워털루전역 / 리명 // 동북민병. – 1986,(7). – 32 – 34
27800 략탈과 피로 얼룩진 원양항해 / 리광수 // 대중과학. – 1986,(7). – 40 – 43
27801 베쭌의 유언 // 지부생활. – 1986,(7). – 63
27802 아,푸르른 전원이여 / 송일주 // 청년생활. – 1986,(7). – 7 – 8
27803 똘스또이와 스포츠 / 황은봉 // 동북민병. – 1986,(8). – 48
27804 세계 3대 단편소설왕 / 손림생 // 은하수. – 1986,(8). – 41
27805 참된 사랑을 찾은 로맹 롤랑 // 청년생활. – 1986,(9). – 15
27806 나의 아버지 레간 // 청년생활. – 1986,(10). – 51 – 52
27807 쏘련의≪성인≫ 쥬나 // 대중과학. – 1986,(11). – 46 – 47
27808 링컨의 구레나룻 / 시충 // 청년생활. – 1986,(12). – 48 – 50
27809 청년시절의 고르바쵸브 / 허근 // 청년생활. – 1986,(12). – 47
27810 찌또대통령 유산안건 / 주기문 // 연변녀성. – 1987,(1). – 48 – 49
27811 태쳐부인전기 // 연변녀성. – 1987,(1). – 2 – 6
27812 끌로드 씨몽과≪베리니스성좌≫ // 은하수.

－1987,(2).－36
27813 세계 3대 단편소설의 왕 // 문학과 예술.－1987,(2).－8
27814 아인슈타인과 음악 // 소년아동.－1987,(2).－87
27815 유고와 쥬리에 // 문학과 예술.－1987,(2).－32
27816 챠플린의 어머니－하나 // 연변녀성.－1987,(2).－6－7
27817 코라손 아키노 / 리형숙 // 연변녀성.－1987,(2).－43－46
27818 베쥰의 혼인일사 / 용천 // 동북민병.－1987,(3).－47
27819 햄－미국기업계의 전기인물 // 은하수.－1987,(3).－44－45
27820 체호브와 뚱뚱보 // 문학과 예술.－1987,(4).－6
27821 하루도 허송하지 않았다 // 문학과 예술.－1987,(4).－6
27822 히틀러의 괴상한 버릇 // 청년생활.－1987,(4).－19
27823 8대모순을 한몸에 지닌 노벨 // 송화강.－1987,(4).－51
27824 다빈치의 어머니:카테리나 / 화선 // 연변녀성.－1987,(5).－57－58
27825 엔 설리반녀사 / 옥활 // 연변녀성.－1987,(6).－66－68
27826 대 작곡가 챠이꼽쓰끼와 그의 녀성벗 / 일우 편역 // 은하수.－1987,(7).－58－60
27827 크레믈리궁의 제1부인 / 동유안 // 대중과학.－1987,(7).－30－31
27828 챠플린과 모나 // 문학과 예술.－1987,(9－10).－58
27829 승화된 애정:로씨야작곡가 챠이꼽쓰끼의 애정일화 // 은하수.－1987,(10).－48－50
27830 쓰라린 동년 / 남재 // 동북민병.－1987,(10).－19
27831 베토벤이 창조한 영웅형상은 영원히 우리와 함께 / 허원식 // 문학과 예술.－1987,(11－12).－45－46
27832 60만딸라짜리 친필원고 // 문학과 예술.－1988,(1).－27
27833 일을 저지른 후:노벨상금획득자들의 어린 시절이야기 / 진설량 // 연변녀성.－1988,(1).－55－56
27834 충절의 꽃:력사상의 하밀톤부인 // 연변녀성.－1988,(3).－15－19
27835 곤충과 함께 생활한 사람 / 로러 // 꽃동산.－1988,(4).－2
27836 과학자의 성격 // 소년아동.－1988,(4).－9－13
27837 노벨의 8대 모순 // 은하수.－1988,(4).－28
27838 아인슈타인과 그의 운전수 // 중국조선어문.－1988,(4).－52
27839 발자크와 그의 선생님 / 허교의 // 소년아동.－1988,(5).－66－67
27840 수학자－가우스 // 소년아동.－1988,(5).－24－26
27841 신동 // 꽃동산.－1988,(5).－2－3
27842 워싱톤과 앵두나무 // 소년아동.－1988,(5).－82－83
27843 중학교화학에서 나오는 일부 과학자들에 대한 간단한 소개 / 최병현 // 중국조선족교육.－1988,(5).－75
27844 고리끼와 꼬마촬영사 // 소년아동.－1988,(6).－70－71
27845 ≪공산주의자란 이 영광스러운 칭호를 한평생 수호하련다:웽그리아사회로동당총비서 까다르 야노쉬의 성격≫ / 진건장 // 지부생활－1988,(6).－54－55
27846 국외에 있는 달레라마의 신세 / 설화 // 지부생활.－1988,(6).－49－51
27847 마크트웬의 청혼 // 문학과 예술.－1988,(6).－85
27848 명인들이 담배를 끊은 이야기 // 지부생활.－1988,(6).－52

27849 세계체육계를 들썽한 모시사건 // 청년생활. − 1988,(6). − 59 − 60

27850 로태우와 그의 안해 / 강빈 // 청년생활. − 1988,(7). − 47 − 48

27851 구화산의 지장보살 김교각 / 리병태;박숙자 // 은하수. − 1988,(8). − 32 − 40

27852 일본의 투시안녀인들 // 대중과학. − 1988,(8). − 60 − 62

27853 70년후에 되찾은 금메달 / 조택룡 // 대중과학. − 1988,(8). − 34 − 36

27854 쏘련력사상의 부하린 / 임상 // 지부생활. − 1988,(9). − 52 − 53

27855 쓰딸린안해 나쟈가 자살한 수수께끼 // 지부생활. − 1988,(9). − 63

27856 위대한 발명가 막스웰 / 세문 // 소년아동. − 1988,(10). − 4 − 9

27857 꾸준한 젊은이들 / 장예 // 청년생활. − 1988,(11). − 35 − 36

27858 지칠줄 모르는 전사:뽈스까통일로동당 중앙제1비서 보이쩨흐 야루젤쓰끼에 대한 이야기 / 동복생 // 지부생활. − 1988,(11). − 56 − 57

27859 해상탐험가 콜룸부스 // 소년아동. − 1988,(11). − 114 − 115

27860 세계에서 제일 뛰여난 문지기:프바브 // 대중과학. − 1988,(12). − 48 − 49

27861 유고슬라비아공산주의자련맹주석단 신임주석 쉐바르 / 조영비 // 지부생활. − 1988,(12). − 62 − 63

27862 르바쵸브 / 메드위예브 // 지부생활. − 1988,(13). − 59 − 63

27863 과학사에서 있은 한차례의 놀라운 박해사건 // 대중과학. − 1989,(1). − 10 − 13

27864 북국땅의 백의 혼:애국지사 손정도목사의 생애 // 도라지. − 1989,(1). − 32 − 34

27865 아인슈타인의 첫사랑 // 은하수. − 1989,(1). − 21 − 23

27866 다빈치의 의력 // 소년아동. − 1989,(2). − 36 − 39

27867 쓰딸린의 두 아들 // 지부생활. − 1989,(2). − 44

27868 음악가 베토벤 / 세문 // 소년아동. − 1989,(2). − 55 − 64

27869 개를 쏴죽인 안중근 / 김충실 // 소년아동. − 1989,(3). − 100 − 102

27870 과학자들의 발명이야기 // 대중과학. − 1989,(3). − 16 − 17

27871 라이트형제 / 세문 // 소년아동. − 1989,(3). − 32 − 43

27872 액운을 이겨낸 베토벤 / 리려 // 꽃동산. − 1989,(3). − 2 − 3

27873 을지문덕장군의 어린 시절 / 충실문 // 소년아동. − 1989,(3). − 112 − 113

27874 미국대통령 암살사건진상 // 대중과학. − 1989,(4). − 45 − 46

27875 베르나의 열여섯번째 투고 // 동북후비군. − 1989,(4). − 27

27876 인디안추장으로 된 프랑스인 / 조룡남 편역 // 대중과학. − 1989,(4). − 39 − 41

27877 《체조녀왕》코마네치 // 소년아동. − 1989,(4). − 112

27878 플로렌스 나이팅게일 / 은혜 // 연변녀성. − 1989,(4). − 59 − 61

27879 예제를 페지한 내통령 링컨 / 세문 // 소년아동. − 1989,(5). − 57 − 65

27880 미국 신임 제1부인;바발라 부쉬 / 사신령 // 연변녀성. − 1989,(5). − 47 − 48

27881 일본 《소니》전기기구회사의 창설자:모리다 데루오 / 홍영 // 대중과학. − 1989,(5). − 32 − 35

27882 고려말의 충신 − 정몽주 / 김충실 // 소년아동. − 1989,(6). − 61 − 62

27883 《대리쓰딸린》 / (쏘련)이 끄로일 // 청년생활. − 1989,(6). − 15 − 16

27884 미국대통령을 따라 10년:한 미국특공일군의 실록 // 지부생활. − 1989,(6). − 45 − 46

27885 진리를 위하여 싸웠다 // 소년아동. − 1989,(6). − 96 − 98

27886 피카소의 로맨스/엘리안나 스티신노펠로스// 연변녀성.－1989,(6).－14－19
27887 흐루쇼브의 지난 일// 은하수.－1989,(6).－51－52
27888 베리의 축구생애/조택룡// 대중과학.－1989,(7).－36－38
27889 아인슈타인의 명리관// 대중과학.－1989,(7).－12
27890 자동차왕－포오드/세문// 소년아동.－1989,(7).－25－31
27891 중국의사와 영국포로/리원// 지부생활.－1989,(7).－37－38
27892 두각을 나타낸 고르바쵸브// 청년생활.－1989,(8).－53－55
27893 레간대통령의 마지막연설// 청년생활.－1989,(8).－56－58
27894 베 부토의 혼례/기석// 연변녀성.－1989,(8).－20－21
27895 부쉬부부가 북경에서 보낸 두해/소생// 청년생활.－1989,(8).－51－52
27896 시정에 산 황진이/예란// 연변녀성.－1989,(8).－57－60
27897 쓰딸린의 정부/다위또와// 연변녀성.－1989,(8).－10－13
27898 조선한문학의 시조－최치원/리성애// 소년아동.－1989,(8).－108－109
27899 애국지사 리률곡/김충실// 소년아동.－1989,(9).－37－39
27900 외국수뇌자들의 자녀들/원명// 은하수.－1989,(9).－58－59
27901 정계에서 물러난뒤의 외국수뇌자들// 청년생활.－1989,(9).－11
27902 쥬꼬브와 노몽한사변/김봉// 청년생활.－1989,(9).－26－27
27903 참된 녀성 신사임당/리성애// 소년아동.－1989,(9).－100－101
27904 고르바쵸부의 자아공개// 지부생활.－1989,(10).－47－48
27905 고리끼의 사망에 대한 새로운 해석/소념성// 은하수.－1989,(10).－58
27906 곤충학자－파브르/세문// 소년아동.－1989,(10).－81－92
27907 로모노쏘브의 구학정신// 소년아동.－1989,(10).－60－61
27908 모나꼬 공주 스티븐니의 추구/홍영// 연변녀성.－1989,(10).－28－29
27909 부마도위 흥망기/고풍의// 청년생활.－1989,(10).－57－59
27910 지혜로운 재상 리항복/리성애// 소년아동.－1989,(10).－66－67
27911 고르바쵸브의 하루// 대중과학.－1989,(11).－18－20
27912 사랑의 천사－나이팅게일/세문// 소년아동.－1989,(11).－59－66
27913 화학자－리비히// 소년아동.－1989,(11).－16－17
27914 광견병왁찐을 발견한 파스퇴르/세문// 소년아동.－1989,(12).－29－36
27915 몬고멜리의 중국방문/동보존// 연변녀성.－1989,(12).－25－33
27916 와씰렙스끼와 원동해방전역/김봉// 청년생활.－1989,(12).－53－54
27917 고르바쵸브와 고향땅// 대중과학.－1990,(1).－10－11
27918 김우중수필선/김우중// 송화강.－1990,(1).－48－52
27919 명인일화:하이네의 대답// 꽃동산.－1990,(1).－9
27920 찌또의 자녀교양// 청년생활.－1990,(1).－24
27921 떼목을 타고 태평양을 건느다// 소년아동.－1990,(2).－61－67
27922 명인들은 어떻게 필기를 하였는가// 소년아동.－1990,(2).－33－37
27923 명인들의 시간관념// 중국조선어문.－1990,(2).－57
27924 100여년을 갇혀있은 전쟁포로/려보광// 동북후비군.－1990,(2).－36

27925 명배우와 그의 아버지 / 마건영 // 연변녀성. – 1990,(3). – 59
27926 명인과 음악 / 양춘활 // 소년아동. – 1990,(3). – 58 – 61
27927 과학자의 미덕 // 소년아동. – 1990,(4). – 27
27928 나뽈레옹의 마지막실수 / 엽화림 // 동북후비군. – 1990,(4). – 30
27929 성공앞에서 // 소년아동. – 1990,(4). – 28
27930 세계정구명수 베케르 / 용현 // 소년아동. – 1990,(4). – 111 – 114
27931 축구명수 베리 / 라양 // 꽃동산. – 1990,(4). – 7 – 8
27932 나뽈레옹에게 복수한 녀인 / 서홍일 // 연변녀성. – 1990,(6). – 46 – 48
27933 프랑스핵발전소 총경리 마티나 / 장웅위 // 연변녀성. – 1990,(6). – 33 – 34
27934 무산계급작가 오스뜨롭스끼 // 소년아동. – 1990,(7). – 50 – 52
27935 로씨야문학의 선구자 뿌쉬낀 // 소년아동. – 1990,(8). – 76 – 78
27936 독재자의 괴상한 련정 // 대중과학. – 1990,(10). – 13
27937 저명한 작가 듀마 // 소년아동. – 1990,(10). – 3 – 7
27938 조선의 마지막 왕비 – 리방자 / 량홍서 // 청년생활. – 1990,(10). – 64 – 65
27939 전기학창시자 프랭클린 // 소년아동. – 1990,(11). – 40 – 42
27940 브레쥬네브의≪횡포한 공주≫ / (쏘련)P미데웨이예브 // 연변녀성. – 1990,(12). – 59 – 61
27941 저명한 희극배우 챠플린 // 소년아동. – 1990,(12). – 12 – 14

K82 중국인물전기

K825.2 군사(인물전기)

27942 라성교가 어렸을 때 / 송상향 // 소년아동. – 1954,(3). – 29 – 30
27943 양정우장군 // 소년아동. – 1954,(11). – 15 – 16
27944 조국의 변강을 건설하다 희생된 공산당원 장복림아저씨 / 초림 그림 // 소년아동. – 1955,(7). – 7 – 8
27945 간고하게 싸우고 영용불굴하였다 // 지부생활. – 1957,(7). – 33 – 34
27946 ≪꼼짝말라!≫항일련군 로전사 김명주의 이야기 / 김동구 // 지부생활. – 1957,(14). – 9 – 12
27947 그도 원쑤였다 / 성귀석 // 연변문학. – 1959,(10). – 28 – 30
27948 꼬마팔로군 / 화산 // 연변문학. – 1960,(6). – 47 – 49
27949 로화공 / 위군의 // 연변문학. – 1960,(7). – 47 – 57
27950 파옥:김명주동지의 혁명투쟁회상기 / 리철준;김병수 정리 // 연변문학. – 1960,(7). – 17 – 29
27951 연안항일군정대학에서 / 림봉 // 지부생활. – 1961,(4). – 54 – 55
27952 최대의 매국적 – 장개석 // 연변. – 1962,(8). – 20 – 24
27953 민족영웅 – 정성공 // 연변. – 1962,(10). – 24 – 25
27954 유명한 군사가 – 손부 // 연변. – 1962,(11). – 28 – 29
27955 뢰봉 동지의 빛나는 사적 // 연변. – 1963,(4). – 8 – 10
27956 장사덕동지를 추억 / 고원흥 // 지부생활. – 1964,(11). – 40 – 41
27957 오기의 전투적인 일생 / 조중읍 // 연변문예. – 1975,(1). – 47 – 49
27958 붉은 태양 송가 / 류백우 // 연변문예. – 1977,(2). – 34 – 39
27959 리대소렬사의 이야기 / 장건국 // 소년아동. – 1980,(1). – 40 – 41
27960 영원한 추억 / 김수남 // 장백산. – 1980,(1). – 62 – 64
27961 주구 소본량을 일곱번 족치다 / 탁흔 // 장백

산. – 1980,(1). – 43 – 55
27962 폭파약:항일련군이야기 / 류전상 // 장백산. – 1980,(1). – 38 – 42
27963 폭파영웅 조성두용사 / 김운룡 // 장백산. – 1980,(1). – 80 – 89
27964 허광달장군에 대한 토막이야기 / 두문용 // 청년생활. – 1980,(1). – 14 – 18
27965 남만에서의 리홍광동지 / 김운룡 // 장백산. – 1980,(2). – 89 – 96
27966 장군의 발자취 / 탁흔 // 장백산. – 1980,(2). – 50 – 53
27967 길홍창이 법을 지켜 조카를 죽이다 / 심건국 // 동북민병. – 1980,(6). – 37
27968 항일혁명영웅 – 양림동지의 빛나는 일생 / 허대진 // 지부생활. – 1980,(7). – 32 – 36
27969 ≪눈은 빼앗겼어도 나는 환히 본다≫ / 허대진 // 지부생활. – 1980,(8). – 45 – 48
27970 리홍광렬사에 대한 이야기 / 허대진 // 지부생활. – 1980,(9). – 44 – 48
27971 항일렬사 정응수동지에 대한 이야기 / 허대진 // 지부생활. – 1980,(10). – 42 – 48
27972 우리는 진군장을 만나뵈였다 / 양배청 // 소년아동. – 1980,(11). – 3 – 7
27973 항일렬사 황정해동지에 대한 이야기 / 허대진 // 지부생활. – 1980,(12). – 40 – 43
27974 일본해적을 물리친 영웅 척계광 / 소죽 // 동북민병. – 1980,(16). – 42 – 43
27975 목숨바쳐 항전한 관천배 / 조양화 // 동북민병. – 1980,(22). – 30 – 31
27976 반침략군사사상가 위원 / 조양봉 // 동북민병. – 1981,(1). – 35 – 36
27977 영용하게 잘 싸운 진옥성 / 릉철 // 동북민병. – 1981,(5). – 42 – 43
27978 백절불굴의 녀공산당원 / 리선근 정리 // 연변문예. – 1981,(7). – 49 – 51
27979 충왕 리수성 / 립진 // 동북민병. – 1981,(7). – 39 – 40
27980 웰남을 지원하여 프랑스의 침략에 대항한 류영복 / 조양화 // 동북민병. – 1981,(13). – 36 – 37
27981 해군명장 등세창 / 종경 // 동북민병. – 1981,(20). – 40 – 41
27982 중국로농홍군 제1방면군을 따라 장정에 참가한 30명의 녀성동지들 / 김청 // 지부생활. – 1982,(3). – 34 – 37
27983 양사령이 희생되기 전후 / 동택 // 장백산. – 1982,(4). – 58 – 62
27984 인민에 대한 뜨거운 사랑(외1편) / 한화 // 송화강. – 1982,(6). – 34
27985 굴함없는 전사 / 권립 // 지부생활. – 1982,(7). – 34 – 35
27986 만주성위서기 라동현 / 장혜 // 지부생활. – 1982,(8). – 39
27987 잊지 못할 우리의 합동(哈東)사령원 – 리복림동지 // 은하수. – 1982,(8). – 66 – 67
27988 우리 시대의 불사조 / 김파 // 은하수. – 1982,(11). – 78 – 79
27989 김순희렬사 / 조녕 // 은하수. – 1982,(12). – 44 – 46
27990 항일렬사 김충진 / 려영준 // 지부생활. – 1982,(12). – 44 – 45
27991 혁명렬사의 유서 // 은하수. – 1983,(1). – 33
27992 그가 혁명하지 않아도:장국도의 원 경위원 장해동지에 대한 이야기 // 청년생활. – 1983,(3). – 13 – 14
27993 불멸의 투사 황정해 / 정영식 // 청년생활. – 1983,(3). – 9 – 13
27994 항일영웅 류만희 / 김운룡 // 청년생활. – 1983,(5). – 9 – 12
27995 중공 남만특위서기 리동광렬사 / 김창국 // 지부생활. – 1983,(6). – 43 – 44
27996 호매한 기개 영원하리:모안영렬사에 대한 이야기 / 김진림 // 청년생활. – 1983,(6). – 8 – 11
27997 홍혜순렬사 략전 / 리광인 // 지부생활. – 1983,(8). – 42 – 44
27998 조일만이 체포된 후:일본의 한 전쟁범의 공술 // 은하수. – 1984,(1). – 44 – 47

27999 주문빈 / 김환 // 청년생활. − 1984,(1). − 6 − 9
28000 항일투쟁의 나날에 / 장정화 // 연변녀성. − 1984,(1). − 3 − 7
28001 ≪끝까지 항일하자!≫:항일렬사 리성림에 대한 이야기 / 리영 정리 // 은하수. − 1984,(2). − 13 − 15
28002 위대한 인민의 충복 / 장좌량 // 연변녀성. − 1984,(2). − 3 − 6
28003 절벽에 새겨진 이름 / 설야 // 송화강. − 1984,(2). − 63
28004 한 녀성혁명가의 사랑 / 계죽 // 연변녀성. − 1984,(2). − 38 − 39
28005 북만로농의용대 대장 − 김근 // 은하수. − 1984,(4 − 5). − 74 − 76
28006 견정한 항일전사 − 박봉남 // 은하수. − 1984,(6). − 39 − 41
28007 영생의 전사 − 김광무 // 은하수. − 1984,(7). − 29 − 33
28008 로홍군전사 최정무 / 박문호;리상각 // 연변문예. − 1984,(8). − 47 − 49
28009 그는 류호란과 같은 나이였다 / 조수선;부입 // 은하수. − 1984,(9). − 18 − 20
28010 옥중의 방지민동지 / 소화;위민;유운 // 은하수. − 1984,(10). − 42 − 44
28011 모안영동지의 전우 류사제의 최근 정황 // 동북민병. − 1984,(16). − 32
28012 우리 나라에서 수여한 원수,대장,상장 // 동북민병. − 1984,(18). − 36
28013 첫번째로 지원군에 참가할것을 신청한 사람 // 동북민병. − 1984,(23). − 34
28014 박관규렬사의 이야기 / 리송덕 // 지부생활. − 1985,(1). − 50 − 53
28015 강감찬장군 // 청년생활. − 1985,(4). − 47 − 48
28016 조선족항일련군녀전사 − 리소봉에 대한 이야기 / 류건국 // 은하수. − 1985,(4). − 32 − 35
28017 혁명의 선구자 / 요작기 // 지부생활. − 1985,(4). − 32 − 33
28018 황포군관학교의 첫번째교장은 정잠 // 동북민병. − 1985,(4). − 39 − 40
28019 대만의≪참모총장≫ / 한백촌 // 동북민병. − 1985,(5 − 6). − 57
28020 모안영이 희생되기 전후 / 주해 // 지부생활. − 1985,(5). − 58 − 59
28021 우리 나라에서 원수,대장,상장 군사칭호를 수여받은 사람들 // 은하수. − 1985,(5). − 23
28022 혁명선렬 100명의 간력표 // 지부생활. − 1985,(5). − 50 − 53
28023 피로써 문제를 푼 제갈량 // 꽃동산. − 1985,(6). − 6 − 7
28024 학강의 녀인:박정애동지의 회상기 / 리상각 정리 // 은하수. − 1985,(6). − 42 − 45
28025 중국혁명에 대한 왕가상의 기여 // 지부생활. − 1985,(7). − 51
28026 ≪장울화동지는 나와 생사고락을 같이한 옛 전우입니다≫ / (조선)류병기;최창격 // 천지. − 1985,(8). − 25 − 33
28027 베쮼의사의 신변에서 일할 때 / 진창업 // 지부생활. − 1985,(10). − 51 − 53
28028 동북항일구국투쟁에서의 주보중동지의 력사적공헌 / 양미청 // 청년생활. − 1986,(2). − 7 − 9
28029 전화속에서 굳혀진 공산주의신념 // 지부생활. − 1986,(2). − 16 − 19
28030 토지혁명전쟁시기 저명한 무장봉기의 주요 지도자들 // 지부생활. − 1986,(2). − 46 − 49
28031 혁명의 한길에서:박효조와 공선조에 대한 회억단편 / 박초일 // 도라지. − 1986,(2). − 47 − 53
28032 홍군녀사령관 강극청 // 연변녀성. − 1986,(2). − 45
28033 양호성장군은 친분을 보지 않고 유능한 사람을 등용하였다 // 지부생활. − 1986,(5). − 64 // 도라지. − 1986,(5). − 49 − 52
28034 옌지강은 말한다: − 항일렬사 장영헌에 대한 이야기 / 김룡덕 // 천지. − 1986,(7). − 42 − 45
28035 장백의 수리개 / 장철근 // 지부생활. − 1986,(8). − 54 − 58
28036 그이의 신변에서 일하던 나날에 / 박갑성 //

지부생활.－1986,(9).－23－25
28037 장군의 죽음/왕평위//지부생활.－1986,(9).－51－55
28038 풍점해는 길림에서 군사를 일으키고 궁장해는 나라 위해 항일에 나섰다/통도//동북민병.－1986,(9).－36－38
28039 불멸의 자욱/교훈//지부생활.－1986,(10).－34－40
28040 악수속에서 씌여진 력사/로청료//청년생활.－1986,(11).－11－15
28041 력사가 잊을수 없는 그녀/왕행견//은하수.－1986,(12).－57－59
28042 불멸의 자욱/영결//지부생활.－1987,(1).－54－60
28043 장군의 눈물－항일전쟁중에서 나라 위해 몸 바친 민족영웅을 삼가 기념하여/류아주//장백산.－1987,(1).－125－131
28044 전화속에서 성장하는 청춘/림성//지부생활.－1987,(1).－10－13
28045 죽어도 굴할줄 모르는 소녀:리어순렬사에 대한 이야기/연소동//소년아동.－1987,(1).－7－12
28046 옛싸움터를 찾은 하장군/류진륙//동북민병.－1987,(3).－27－28
28047 항쟁의 그 나날에/문정일//도라지.－1987,(5).－44－50
28048 리화림－반세기/김학철//천지.－1987,(7).－49－51
28049 마지막 당비/연소동//소년아동.－1987,(7).－4－6
28050 ≪나를 향해 포를 쏘십시오≫//지부생활.－1987,(8).－27－28
28051 내가 ≪결사대≫가 되겠습니다//지부생활.－1987,(8).－24－26
28052 적들을 날래게 족친 기습대/왕등령//지부생활.－1987,(8).－21－24
28053 청춘의 피로 지은 악장/주동수//지부생활.－1987,(8).－13－16
28054 강학제와 ≪상야의 붉은 피≫/리광인//지부생활.－1987,(9).－45－46
28055 항영이 피살된 경과/오소전//동북민병.－1987,(10).－22
28056 항일투사－박길송/장철근//지부생활.－1987,(10).－42－45
28057 그는 애국자였다/세문//소년아동.－1987,(11).－4－7
28058 장군의 조직생활/주쟁평//지부생활.－1987,(11).－37－38
28059 불요불굴의 항일투사 리광/리춘익//은하수.－1988,(3).－35－39
28060 영생하는 전사/남문//동북민병.－1988,(8).－36
28061 원수들이 군사관등급을 수여받던 날/서웅//지부생활.－1988,(8).－25－27
28062 장강도하전투의 승리를 위하여:차춘모렬사에 대한 이야기/리송덕//지부생활.－1988,(8).－45－50
28063 동방녀성의 발자국/림옥수//소년아동.－1988,(9).－54－60
28064 ≪민족의 노래≫/세문//소년아동.－1988,(9).－29－31
28065 ≪아들을 잘 키워주오≫:리붕총리의 부친 리석훈동지의 희생경과실기/하홍//청년생활.－1989,(2).－22－23
28066 푸른 얼:반일독립투사 김대진선생/김주영//장백산.－1989,(5).－48－67
28067 항일영웅 리홍광/조려경//민족단결.－1989,(5).－36－37
28068 리습무장군일화/장경핑;범세공//동북후비군.－1989,(8).－16.18
28069 영웅 양자영은 어떻게 희생되였는가?/류의무//동북후비군.－1989,(8).－40－41
28070 항미원조전야의 등화장군/라인문//지부생활.－1989,(10).－39－44
28071 월남에서의 진갱장군/정헌법//지부생활.－1989,(11).－46－47

28072 30년은 하동,30년은 하서 / 권년적 // 청년생활. - 1989,(12). - 47 - 51
28073 길홍창장군의 최후 / 희용 // 지부생활. - 1990,(2). - 36 - 37
28074 백악관의 고위급관원 조소란 / 요설금 // 연변녀성. - 1990,(2). - 30 - 32
28075 유격대의≪큰 언니≫ / 최선 // 소년아동. - 1990,(2). - 3 - 11
28076 항일투사 오응룡 / 김철훈 // 송화강. - 1990,(2). - 55 - 57
28077 꼬마영웅 채건화 / 부화 // 꽃동산. - 1990,(3). - 2 - 3
28078 대흥동의 녀투사 / 김영홍 // 소년아동. - 1990,(3). - 20 - 27
28079 조국에 바치는 마음 / 최호 // 지부생활. - 1990,(4). - 23 - 25
28080 라세문렬사의 마지막 편지 / 척뢰 // 지부생활. - 1990,(5). - 35 - 36
28081 불굴의 녀공산당원 김순희 / 강기주 // 민족단결. - 1990,(6). - 42 - 44
28082 걸출한 녀성혁명가 하영 / 매흥무 // 연변녀성. - 1990,(10). - 7 - 12
28083 항미원조 때의 양용장군 / 마효춘 // 지부생활. - 1990,(10). - 38 - 43

K825.4 문화, 교육, 체육(인물전기)

28084 학자 마인초의 양생법 / 여홍 // 청년생활. - 1981,(1). - 78 - 79
28085 체육명수들의 명언 // 은하수. - 1986,(9). - 54 - 55
28086 국가 2팀의 조선족주력선수 / 장창진;김룡철 // 청년생활. - 1987,(11). - 4
28087 축구계의 조선족운동건장들 / 김룡철 // 청년생활. - 1988,(5). - 3
28088 이름난 조선족교육활동가 량정봉동지 // 중국조선족교육. - 1988,(12). - 13 - 14
28089 조선민족교육사업에 충성다한 모범간부 박창식동지 // 중국조선족교육. - 1988,(12). - 14
28090 조선족교육사업에 몸바쳐 일해온 남일동지 // 중국조선족교육. - 1988,(12). - 14
28091 체육무대:새중국의 첫 금메달획득자 // 소년아동. - 1989,(8). - 110 - 111
28092 대지에 뿌리박은 사회학가 // 지부생활. - 1990,(10). - 36 - 37

K825.6 문학(인물전기)

28093 위대한 시인 - 두보 // 연변. - 1962,(5). - 30 - 31
28094 위대한 애국 시인 - 굴원 / 지희겸 // 연변. - 1963,(5). - 26 - 27
28095 조수리의 우스개 / 려보광;장위군 // 동북민병. - 1985,(2). - 40
28096 솔거와 황룡사의 로송 // 문학과 예술. - 1985,(5). - 81
28097 리백의 기백 // 문학과 예술. - 1986,(1). - 94 - 96
28098 읊수 없는 정령동지 / 남영전 // 장백산. - 1986,(4). - 47 - 49
28099 사의≪작은 흙집≫ // 문학과 예술. - 1986,(6). - 59
28100 인민들을 가송한 작가 - 양말 / 세문 // 소년아동. - 1987,(1). - 41 - 48
28101 조수리와 돈 // 문학과 예술. - 1987,(2). - 32
28102 탁월한 문호 김택영 / 김동훈 // 문학과 예술. - 1987,(4). - 7 - 11
28103 원보진에서의 주립파동지 / 한위지;경덕재 // 동북민병. - 1988,(1). - 26 - 27
28104 윤동주를 추억하여 / 전종록 구술;류기천 정리 // 문학과 예술. - 1988,(3). - 66
28105 파금과 ≪아리랑≫ / 권혁수 // 민족단결. - 1989,(5). - 60 - 61
28106 작가의 량심:두보에 대한 단상 / 김의천 // 천지. - 1989,(8). - 60 - 61

K825.7 예술(인물전기)

28107 조선족영화배우－김염 // 청년생활.－1980,(2).－66－67

28108 전우 정률성동지를 추억하여 / 리화림 // 청년생활.－1983,(3).－4－8

28109 조선족화가이며 로혁명가인 한락연동지 / 김희관 // 연변문예.－1983,(4).－45－50

28110 기념탑의 설계자:저명한 조선족화가 신룡검동지를 추모하여 / 임효원 // 은하수.－1985,(11).－35－36

28111 서비홍과 국가 // 지부생활.－1986,(4).－60

28112 나의 아버지 정률성 / 정소세 // 문학과 예술.－1986,(6).－5－8

28113 정률성동지를 그리며 / 왕진 // 문학과 예술.－1986,(6).－4－5

28114 정률성략력 / 량무춘;정소제 // 문학과 예술.－1986,(6).－9

28115 정률성이 딸의 이름을 지은 이야기 // 문학과 예술.－1986,(6).－44

28116 섭이와 신성해를 뒤이어 / 김덕균 // 천지.－1986,(12).－45－48

28117 정률성을 추억하여 / 김학철 // 청년생활.－1987,(1).－11－12

28118 정률성동지의 음악창작과 생활 / 초산 // 문학과 예술.－1987,(2).－29－30

28119 세계무대에 올라선 조선족청년 / 안철호 // 청년생활.－1987,(6).－7－8

28120 인민음악가 신성해 / 세문 // 소년아동.－1988,(1).－34－39

28121 우리 당 창건초기의 조선족예술가－한락연 / 김창호 // 민족단결.－1989,(6).－31－33

28122 청나라 때의 이름난 서화수집가 안기 / 방학봉 // 민족단결.－1989,(6).－54

28123 소몰이로부터 명화가로 // 소년아동.－1989,(12).－82

28124 정률성동지를 회억하면서 / 시락몽 // 예술세계.－1990,(1).－36－37

28125 화가 한락연동지를 추모하여 / 상서홍 // 예술세계.－1990,(4).－4－5

28126 경극출연예술가 매란방 // 소년아동.－1990,(9).－8－10

K826.1 자연과학, 공정기술(인물전기)

28127 저명한 수학가 화라경교수 / 장국광(張國光) // 대중과학.－1958,(5).－38－40

28128 위대한 애국 과학가－서광계 // 연변.－1962,(12).－28－29

28129 붉고도 전공한 과학자:리사광에 대한 이야기 // 대중과학.－1980,(1).－24－25

28130 방직기술혁신자－황도파 // 청년생활.－1980,(2).－90－91

28131 조충지와 원주률 // 청년생활.－1980,(2).－89

28132 ≪소띠를 띤≫과학자:핵물리학전문가 전삼강에 대한 이야기 / 왕영강 // 청년생활.－1981,(1).－63－64

28133 화타에 대한 이야기 / 주춘근 // 청년생활.－1981,(1).－61－62

28134 화라경이 성공한 비결 / 왕복홍 // 청년생활.－1986,(2).－47－48

28135 우리 나라 녀성과학자들 / 리증숙 // 대중과학.－1986,(3).－14－16

28136 우리 나라 화학분야에서 두각을 나타낸 조선족과학자 김일광 / 록방 // 청년생활.－1981,(3).－37－38

28137 저명한 수학자:화라경 / 한주용;윤석걸 // 대중과학.－1986,(6).－18－20

28138 발명은 생활로부터:꼬마발명가 호북려의 달콤한 회억 // 꽃동산.－1987,(1).－18－20

28139 핵물리전문가 전삼강의 사랑이야기 / 왕춘강 // 연변녀성.－1990,(4).－33－36

K827 사회정치인물(인물전기)

28140 주덕동지의 이야기 / 오선은 // 소년아동.－

1955,(12).－7－8

28141 하룡장군의 발자국 // 지부생활.－1957,(8).－46－47

28142 주총사령과 한현장 // 지부생활.－1957,(17).－17－18

28143 림백거동지 불행하게 서거 // 지부생활.－1960,(12).－1

28144 모주석께서 채소를 심으셨다 / 황량성 // 연변.－1961,(2).－45－48

28145 잊을수 없는 항일근거지의 생활 / 하수(夏修) // 지부생활.－1961,(3).－57－59

28146 모주석의 신변에 있을 때 / 장건민 // 지부생활.－1964,(12).－44－46

28147 잊을수 없는 형상:주덕해동지에 대한 사적 이야기 / 진정하 // 연변문예.－1978,(9).－18－20

28148 경애하는 주총리를 그리며 / 범금표 // 지부생활.－1980,(1).－15－20

28149 잊을수 없는 지난 일:팽덕회사령원을 회상하여 / 고극공 // 청년생활.－1980,(1).－12－14

28150 ≪꼭 인민의 참된 아들딸로 되여야 한다≫:아버지 류소기에 대한 류평평,류원,류정정의 회상 // 청년생활.－1980,(2).－3

28151 팽덕회동지에 대한 이야기 // 소년아동.－1980,(2).－3－5

28152 경위원의 학습을 관심하신 주총리 // 소년아동.－1980,(3).－47－49

28153 하룡동지의 혁명적절개 / 차영인 // 지부생활.－1980,(3).－34－35

28154 당중앙을 보위하던 나날에:상해에 있을 때의 진갱동지 / 태동 // 지부생활.－1980,(4).－42－48

28155 안원에 온 류소기 // 소년아동.－1980,(5).－16－21

28156 류소기동지가 자녀들을 교양하신 이야기 / 탕고재 // 소년아동－1980,(6).－3－5

28157 섭이의 어린 시절 이야기 / 응계 // 소년아동.－1980,(7).－3－7

28158 당창건에 대한 동필무동지의 회상기 // 지부생활.－1980,(9).－41－43

28159 류소기동지의 신변에 있을 때 / 만가록 // 지부생활.－1980,(9).－33－35

28160 화국봉동지께서 려대를 시찰하실 때 / 매성 // 지부생활.－1980,(10).－38－39

28161 상해에 있을 때의 모안영의 삼형제 / 동수기 // 지부생활.－1980,(11).－20－24

28162 장정의 길에서의 서특립 / 진경기 // 지부생활.－1980,(12).－36－39

28163 주총사령과 호위병 / 사간생 // 소년아동.－1980,(12).－3－7

28164 명조의 건국공신 서달 / 효미 // 동북민병.－1980,(15).－41－42

28165 돈을 태워버린 장국도 / 소영정 // 청년생활.－1981,(1).－54－55

28166 가을의 백화:아버지 구추백과 어머니 양지화를 회상하여 / 구독이 // 청년생활.－1981,(2).－9－12

28167 60년래 중국혁명에 중요한 공헌을 한 력사인물소개 // 지부생활.－1982,(1).－27－28

28168 주덕동지가 장국도와 투쟁한 토막이야기 / 정욱 // 지부생활.－1982,(1).－41－42

28169 로혁명가들이 조직생활에 참가한 이야기 // 지부생활.－1982,(2).－32－33

28170 청렴하게 벼슬한 상장군 채악 / 립진 // 동북민병.－1982,(2).－31－32

28171 2만5천리장정에 대한 등영초동지의 이야기 // 지부생활.－1982,(4).－30－32

28172 변절자 장국도의 가련한 죽음 // 지부생활.－1982,(5).－40

28173 연안시기의 동지관계를 회상하여 / 김철군 // 지부생활.－1982,(5).－36－38

28174 리대소와 그의 안해 // 은하수.－1982,(7).－52

28175 진의동지의 이야기 // 지부생활.－1982,(7).－40－41

28176 내가 가장 경모하는 채창동지 / 구몽각 // 지부생활.－1982,(10).－35－38

28177 용병에 능한 류백승원수 / 양국우 // 지부생활. – 1982,(10). – 31 – 34
28178 주은래동지의 한마디 명언에서 / 목림 // 지부생활. – 1982,(10). – 14 – 15
28179 팽덕회의 자술 // 지부생활. – 1982,(10). – 44 – 48
28180 팽덕회장군의 생애의 마지막 나날 / 호사승 // 은하수. – 1982,(10). – 47 – 54
28181 다정한 전우:주은래동지와 등영초동지에 대한 토막이야기 // 은하수. – 1982,(11). – 5 – 12
28182 리대소와 그의 안해 / 권연 // 청년생활. – 1983,(1). – 9
28183 구추백 / 남양 // 지부생활. – 1983,(11). – 51 – 52
28184 류백승의 오른쪽 눈은 원세개를 토벌하다 잃은것이다 // 지부생활. – 1983,(11). – 55
28185 고상한 혁명정신:주은래동지의 생애의 마지막 나날 // 은하수. – 1984,(1). – 57
28186 호요방총서기와 그의 스승 / 장진국 // 청년생활. – 1984,(5). – 3 – 4
28187 청나라 조선인고급관리 – 김간 / 송춘 // 은하수. – 1984,(6). – 75
28188 미국에 있는 송미령의 최근 정황 // 동북민병. – 1984,(20). – 38 – 39
28189 강청의 최근 정황 / 강휘 // 동북민병. – 1984,(21). – 36
28190 신용을 지키지 않은 장개석 / 지강;시량 // 동북민병. – 1984,(21). – 36
28191 자희태후의 하루 // 동북민병. – 1984,(22). – 34
28192 장천동지를 회억하여 / 진모 // 동북민병. – 1984,(22). – 38 – 40
28193 장경국의 청년시절 // 동북민병. – 1984,(24). – 32
28194 강청과 그 신변의 사람들 / 민재 // 장백산. – 1985,(1). – 70 – 105
28195 호요방동지의 일가 // 동북민병. – 1985,(1). – 36 – 37
28196 류소기의 죽음 // 동북민병. – 1985,(2). – 37 – 38
28197 림표의 몇가지 문제에 관하여 / 섭영진 // 지부생활. – 1985,(3). – 44 – 48
28198 북경에 계실 때의 리대소동지 / 김길선 // 지부생활. – 1985,(3). – 52 – 54
28199 전한동지의 혼인생활 // 동북민병. – 1985,(3). – 35 – 36
28200 주은래동지의 가법과 가풍 // 동북민병. – 1985,(3). – 34
28201 ≪문화대혁명≫에서의 진의 / 철죽위 // 장백산. – 1985,(4). – 142 – 160
28202 조선민족의 자랑:청나라의 걸출한 조선족 학자 김간에 대한 이야기 / 허태일 // 도라지. – 1985,(4). – 54 – 56
28203 조자양동지의 략전 // 지부생활. – 1985,(4). – 21
28204 호요방동지 의미심장하게 옛일을 담론 // 동북민병. – 1985,(4). – 39
28205 감방에 있는≪4인무리≫ // 은하수. – 1985,(5). – 61
28206 대만에서의 장학량 / 손옥청 // 지부생활. – 1985,(5). – 60 – 62
28207 팽진위원장 사교무를 추는데 대해 찬성 // 동북민병. – 1985,(5 – 6). – 48
28208 리선념략전 // 지부생활. – 1985,(6). – 16 – 17
28209 장개석은 왜 송미령과 결혼을 하였는가 // 은하수. – 1985,(6). – 39
28210 ≪만세!≫를 거절한 손중산 // 은하수. – 1985,(7). – 35
28211 진의동지에 대한 이야기 / 하효로 // 지부생활. – 1985,(7). – 44 – 47
28212 리립삼동지의≪지기≫:리싸동지에 대한 이야기 / 장충우 // 은하수. – 1985,(8). – 30 – 31
28213 진운략전 // 지부생활. – 1985,(8). – 48 – 49
28214 호북에서의 주덕해동지 / 장백림 // 지부생활. – 1985,(8). – 31 – 36
28215 내가 본 강청 / 사택팽 // 지부생활. – 1985,

(11－12).－120－121

28216 림표를 어떻게 평가할것인가 // 지부생활.－1985,(11－12).－128

28217 팽진략전 // 지부생활.－1985,(11－12).－93

28218 경애하는 주총리를 추모하여 / 전인영 // 지부생활.－1986,(1).－51－52

28219 주총리께서 지혜롭게 구룡술잔을 되찾으신 이야기 // 동북민병.－1986,(3).－44

28220 주총리의 이야기 / 소숙양 // 지부생활.－1986,(3).－49－52

28221 ≪9차당대회≫에서의 진의 / 곤륜 // 지부생활.－1986,(4).－43－44

28222 동필무동지의 풍격 / 연문 // 지부생활.－1986,(4).－42

28223 ≪문화대혁명≫에서의 진의 / 철죽위 // 장백산.－1986,(4).－101－123

28224 장춘에 있을 때의 진운동지 / 두희공 // 지부생활.－1986,(4).－36－41

28225 전사들의 친근한 벗:소화동지를 추모하여 / 박효조 // 도라지.－1986,(4).－40－44

28226 가정에서의 주덕해 // 연변녀성.－1986,(5).－9－11

28227 주은래가 고궁문을 닫으라고 명령 // 지부생활.－1986,(5).－64

28228 호풍의 불운한 운명 // 문학과 예술.－1986,(5).－42

28229 기쁨과 슬픔으로 얼룩진 세월:－김영순동지의 추억속에 남아있는 주덕해동지의 애정과 가정생활 단편 / 주현남 // 송화강.－1986,(6).－28－34

28230 주은래동지가 염석산을 만나보다 // 지부생활.－1986,(6).－62－63

28231 주은래동지는 생명의 마지막 나날에도… / 고문겸 // 은하수.－1986,(6).－31－32

28232 가풍도 바르게:류백승동지에 대한 이야기 // 지부생활.－1986,(7).－48

28233 등영초와 우리 당의 첫 ≪지부생활≫ // 지부생활.－1986,(9).－62

28234 인민령수들사이에 / 주인 // 지부생활.－1986,(9).－41

28235 주덕해동지의 기념비앞에서 / 최채 // 지부생활.－1986,(9).－14－19

28236 주덕해동지의 부인을 찾아서 / 량재현 // 지부생활.－1986,(9).－20－22

28237 주덕해의 일생(발취) // 천지.－1986,(9).－10－12

28238 대채로 돌아간 진영귀의 넋 / 풍파 편역 // 은하수.－1986,(11).－51－54

28239 류소기동지의 최후의 나날 / 대천 // 은하수.－1986,(11).－45－49

28240 호요방댁을 찾아서 / 부생 // 지부생활.－1986,(12).－61

28241 ≪문화대혁명≫중의 ≪큰 인물≫들은 // 지부생활.－1987,(1).－63

28242 정률성을 추억하여 / 김학철 // 청년생활.－1987,(1).－11－12

28243 ≪궁전에 뛰여든≫팽총사령원 // 은하수.－1987,(2).－21－25

28244 류채에 왔을 때의 주덕해동지 / 리진욱 // 지부생활.－1987,(9).－11－12

28245 당년의 우리 등정위 / 류단조 // 지부생활.－1987,(10).－47

28246 ≪엽검영이 유생들과 론전하다≫ / 채변 // 지부생활.－1987,(10).－48－49

28247 자기를 ≪처분≫한 주보중동지 / 환휘동 // 지부생활.－1987,(10).－50－51

28248 억울하게 죽은 원수 / 소복항 // 동북민병.－1987,(11).－30－32

28249 장정길에서의 허세우 / 리청보 // 청년생활.－1987,(11).－5－9

28250 송미령과 장개석의 혼사 // 청년생활.－1987,(12).－62

28251 주덕해동지와 우리 문공단 // 문학과 예술.－1988,(1).－59－61

28252 소남에서의 진의와 장천 / 효치 // 지부생활.－1988,(2).－54－57

28253 진갱이 신부맞으러 나가다:주은래결혼식날에 있은 이야기 // 지부생활.－1988,(2).－50
28254 당중앙을 보위하던 나날에:상해에 있을 때의 진갱동지 / 태동 // 지부생활.－1988,(3).－43－50
28255 장경국의 후임자－리등휘 // 지부생활.－1988,(4).－61
28256 주은래부부와 리붕 // 지부생활.－1988,(5).－6－7
28257 류백승할아버지의 어린시절 / 류영 // 꽃동산.－1988,(6).－5
28258 출중한 외교가－주은래 / 바우 편역 // 은하수.－1988,(6).－43－44
28259 류백승원수의 눈수술 / 강기주 // 은하수.－1988,(7).－52－53
28260 어머님께 효성한 진의 // 지부생활.－1988,(7).－63
28261 조자양동지의 사업절주 // 지부생활.－1988,(9).－62
28262 동란초기의 북경위수구 사령 / 동보존 // 청년생활.－1988,(10).－55－59
28263 동만특위 제1임서기－료여원 / 리창 역 // 지부생활.－1988,(10).－53－56
28264 주은래의 죽음 / 류아주 // 연변녀성.－1988,(10).－2－6
28265 나와 모택동,강청 / 권연적 // 연변녀성.－1988,(11).－9－12
28266 당생활회의에서의 등영초동지 / 등문 // 지부생활.－1988,(11).－31－32
28267 원수직함을 수여하던 날 // 청년생활.－1988,(12).－5
28268 일상생활중의 허세우 // 청년생활.－1988,(12).－51－52
28269 공산주의운동의 선구자－주달문 / 왕방영 // 지부생활.－1989,(1).－33－36
28270 섭위평의 시발점 / 종주 // 소년아동.－1989,(2).－3－16
28271 건국초기의 모택동과 강청 / 권연적 // 장백산.－1989,(3).－3－33
28272 류소기의 최후운명 / 하조영 // 청년생활.－1989,(3).－45－46
28273 주은래동지가 받은 조기교양 // 대중과학.－1989,(4).－30－31
28274 대별산의 아들:허세우장군에 대한 이야기 / 서량문 // 지부생활.－1989,(6).－40－42
28275 연하기슭에서 눈물짓던 주은래 / 년유가 // 은하수.－1989,(7).－3－4
28276 우리 나라 당원수에 대한 세가지 통계 // 지부생활.－1989,(8).－40
28277 주덕과 포로병들 // 지부생활.－1989,(8).－41
28278 주은래의 골회를 조국대지에 뿌린 경과 // 지부생활.－1989,(9).－48
28279 림표의 ≪눈물≫ / 설문 // 청년생활.－1989,(10).－53－56
28280 손중산의 세가지 유언 // 지부생활.－1989,(12).－48
28281 강택민동지와 그의 가정 / 상필 // 지부생활.－1990,(4).－46－47
28282 주총리의 흉금 // 지부생활.－1990,(4).－42－45
28283 주총리의 흉금 // 지부생활.－1990,(5).－27－30
28284 총창으로 테프를 끊은 장군 / 종련걸 // 동북후비군.－1990,(5).－35
28285 동필무동지가 청렴하게 정사를 본 이야기 / 진건명 // 지부생활.－1990,(6).－33－34
28286 림표와 세 녀인 // 청년생활.－1990,(6).－53
28287 장개석이 왜 장학량을 살해하지 못했는가? // 동북후비군.－1990,(8).－10
28288 동필무가정에서 생긴 일 // 지부생활.－1990,(10).－34－35
28289 ≪림표전≫은 사실과 엄청나게 어긋난다 // 동북후비군.－1990,(11－12).－48
28290 병사로 내려온 허세우사령원 / 하방 // 지부생활.－1990,(12).－36－40

K828 사회각계인물(인물전기)

28291 농업 제1선에 나선 후근 전사:석정 분소점 영업원 한 인숙 동무의 이야기 / 김성호;김성기 // 연변. – 1961,(5). – 25 – 27

28292 ≪추고≫의 유래 / 한화 // 송화강. – 1982,(4). – 40

28293 강도에게 지어준 시 / 한화 // 송화강. – 1982,(5). – 53

28294 새 중국의 이름난 로동모범들 // 지부생활. – 1982,(6). – 28 – 30

28295 민족단결의 꽃 // 지부생활. – 1982,(9). – 40 – 41

28296 엽군은 가짜당원이였다 / 남지 // 은하수. – 1982,(10). – 70 – 73

28297 강청과 ≪머슴≫ 진계정 / 리예 // 장백산. – 1983,(2). – 69 – 71

28298 포송령에 대한 이야기 / 동균륜;강원 // 장백산. – 1983,(3 – 4). – 150 – 154

28299 내가 알고있는 황재연 / 김학철 // 청년생활. – 1983,(5). – 13 – 14

28300 세 백성 / 곽이실 // 대중과학. – 1983,(11). – 25

28301 부걸의 혼인과 가정 / 진종순 // 청년생활. – 1984,(6). – 51 – 54

28302 풍옥상이 사위에게 한 당부 // 은하수. – 1984,(8). – 24

28303 현숙한 조씨네 넷째아가씨:장학량의 부인에 대한 주락균의 회고담 / 조진중 // 은하수. – 1984,(8). – 32 – 37

28304 당문생과 왕해용이 지금 어디에 있는가? // 동북민병. – 1984,(18). – 36

28305 모안영부부의 결혼식 / 류빈 // 동북민병. – 1984,(21). – 35

28306 장학량의 부인:조씨네 넷째아씨 / 주준 // 동북민병. – 1984,(22). – 33

28307 궁녀 / 김학철 // 천지. – 1985,(1). – 46 – 47

28308 류소기의 막내아들이 현장으로 // 동북민병. – 1985,(1). – 37

28309 황하의 자손 / 방비 // 대중과학. – 1985,(3). – 3 – 5

28310 동지 부부 남매 / 대명구 // 연변녀성. – 1985,(5). – 3 – 5

28311 엽검영원수의 딸:릉자의 최근 정황 / 용의적 // 동북민병. – 1985,(5 – 6). – 51

28312 신비한 로인 / 림환 // 은하수. – 1985,(12). – 17

28313 용국단의 죽음 / 김산 // 청년생활. – 1986,(1). – 51 – 53

28314 대가와 명성 // 문학과 예술. – 1986,(2). – 80

28315 대만거인 장영무의 최후 // 은하수. – 1986,(2). – 48

28316 등영초와 그의 어머니 / 위원 // 지부생활. – 1986,(2). – 58

28317 이 한 목숨바쳐 10억인민의 행복을 바꿔오리 // 지부생활. – 1986,(2). – 20

28318 쑤로옌의 소가죽북 / 송지학 // 도라지. – 1986,(3). – 55 – 56

28319 잠 못 이룬 지휘자 // 문학과 예술. – 1986,(4). – 39

28320 나는 주총리께 비행기를 몰아드렸다 / 장세애 // 청년생활. – 1986,(7). – 19 – 23

28321 장경국의 로씨아부인 // 은하수. – 1986,(7). – 41 – 42

28322 장개석의 딸 진요광 // 청년생활. – 1986,(8). – 16

28323 고상한≪평민의식≫:팽진동지의 맏아들 부평과 며느리 왕숙현을 찾아서 // 은하수. – 1986,(10). – 33 – 34

28324 준엄한 시련속에서 입당 // 지부생활. – 1986,(10). – 50

28325 ≪우리는 모두 인민의 충복이지요≫ / 림아금 // 지부생활. – 1986,(12). – 62 – 63

28326 특수한 례물 / 리우 // 꽃동산. – 1987,(1). – 4 – 5

28327 우윤탁을 찾아서 / 리해구 // 지부생활. – 1987,

(5).－57－58
28328 장대위와 그의 안해 / 김민 편역 // 은하수. －1987,(5).－29－34
28329 조선족녀변호사 / 조경숙 // 지부생활.－1987, (5).－45－48
28330 경요의 로맨스 / 사마운주 // 천지.－1987,(6). －67－73
28331 모안청의 지금 // 은하수.－1987,(6).－29
28332 잊을수 없는 그 나날－369일 / 류영 // 지부 생활.－1987,(7).－31－34
28333 주은래의 세 어머니 // 청년생활.－1987,(7). －7
28334 로산에 우뚝 솟은≪금자탑≫ / 반계검 // 지 부생활.－1987,(8).－32－36
28335 중국사람의 넋 // 청년생활.－1987,(8).－61 －63
28336 주은래를 구원한적이 있는 황포군인 // 지 부생활.－1987,(11).－63
28337 소년영웅 증만이 / 리광인 // 소년아동.－1987, (12).－4－8
28338 양귀비 / 오연 // 연변녀성.－1988,(1).－32－ 35
28339 로사와 그의 어머니 마씨 / 세문 // 소년아 동.－1988,(3).－80－84
28340 사진첩을 펼치고:모택동,주은래의 통역을 맡아 / 한창희 // 장백산.－1988,(4).－81－87
28341 아버지와 아들 / 세문 // 소년아동.－1988,(5). －4－8
28342 ≪9.13≫이후의 림표의 딸 / 주송내 // 청년 생활.－1988,(6).－56－58
28343 왕력할아버지가 자습한 이야기 // 소년아동. －1988,(7).－23－24
28344 나의 마음속의 요람－서화청 / 진사륜 // 지 부생활.－1988,(8).－6－7
28345 모택동의 손자 모신우 / 원후춘 // 청년생활. －1988,(12).－25－26
28346 림표네 집에서 보낸 최후의 나날들 / 형호 손 // 연변녀성.－1989,(1).－42－48
28347 10년동안 자취를 감추었던 오계현 // 지부 생활.－1989,(1).－23－24
28348 중조문화교류사에 이름을 남긴 홍대용 / 방 학봉 // 민족단결.－1989,(2).－52－54
28349 김택영과 중조문화교류 / 박충록 // 민족단결. －1989,(3).－49－52
28350 맨처음 대채문제를 적발한 사람 // 지부생 활.－1989,(3).－47
28351 ≪비홍의 생명≫ / 연문 // 소년아동.－1989, (3).－24－26
28352 장락평과 계몽선생 // 꽃동산.－1989,(3).－3
28353 전국 조선족 ≪5.1로력메달≫획득자들 / 리 달 // 민족단결.－1989,(3).－11
28354 명인들의 소년시기 과외생활 / 효금 // 꽃동 산.－1989,(4).－2－3
28355 중국의 세 조선족꼬마명인 / 주장수 // 민족 단결.－1989,(4).－19
28356 난관속에서 탄생한 명인들 // 소년아동.－ 1989,(5).－12－15
28357 전설적인 녀인:광주주재 볼리비아총령사 황 의교 / 김영근 편역 // 대중과학.－1989,(5).－3－5
28358 중국의 초인간 엄신 // 청년생활.－1989,(6). －56
28359 강청의 딸－리눌의 어제와 오늘 / 소위 // 은하수.－1989,(7).－22
28360 그는 필경 젊은이였다:모택동의 손자 모 신우 방문기 / 장려문;풍상영 // 은하수.－1989,(8). －39－41
28361 ≪료재선생≫ // 소년아동.－1989,(11).－37 －38
28362 장군으로부터 외교가로 // 지부생활.－1989, (12).－45
28363 장량과 그의 처 왕정주 / 당사복 // 연변녀성. －1989,(12).－37－40
28364 꼬마영웅 오수매 / 부화 // 꽃동산.－1990,(1). －28－29
28365 남녁땅을 누비는 동북범들 / 리태운 // 청년 생활.－1990,(1).－3－6

28366 베쮸동지가 한턱 낸 이야기 // 지부생활. − 1990,(1). − 48

28367 장군의 딸 / 왕종인 // 연변녀성. − 1990,(1). − 49 − 51

28368 해등법사와 우상숭배 // 대중과학. − 1990,(2). − 34 − 37

28369 길림지구조선족지도일군 소개 // 민족단결. − 1990,(4). − 18 − 19

28370 마지막 황제 부의와 그의 련적 / 소선 // 청년생활. − 1990,(4). − 43

28371 모택동의 딸 리눌과 나 / 권연혁 // 청년생활. − 1990,(4). − 40 − 42

28372 곽봉련의 어제와 오늘 / 리인호 // 지부생활. − 1990,(6). − 37 − 38

28373 국내외명인 성공계시록 // 지부생활. − 1990,(6). − 46 − 47

28374 기명할머니와 ≪중국소년선봉대 대가≫ / 조인복 // 소년아동. − 1990,(6). − 4 − 6

28375 자희의 치정에 걸려든 어의 / 양주휘 // 청년생활. − 1990,(8). − 58 − 63

28376 마지막 황비의 오늘 // 청년생활. − 1990,(10). − 50 − 51

28377 세번 추도회를 연 사람 / 진팽 // 청년생활. − 1990,(10). − 60 − 61

28378 40년 숨어있는 영웅 / 필국순 // 은하수. − 1990,(12). − 8 − 13

28379 성자산의 산성과 토성촌의 토성 / 박진석 // 연변. − 1963,(6). − 28 − 29

K85 문물, 고고학

28380 투라유적의 비밀 // 대중과학. − 1982,(2). − 57

28381 발해정효공주무덤 / 정영진 // 대중과학. − 1982,(3). − 4 − 5

28382 길이 빛날 항일력사유물들 / 김연석 // 지부생활. − 1982,(9). − 60 − 64

28383 금곡에서 출토된 신석기시대의 유적 / 박룡연 제공 // 청년생활. − 1983,(6). − 71 − 72

28384 북경고궁박물원 / 한정숙 // 대중과학. − 1983,(10). − 14 − 16

28385 세개의 수정사람머리 / 장량 // 대중과학. − 1983,(11). − 40 − 41

28386 명13릉과 정릉지하궁전 / 한정숙 // 대중과학. − 1984,(1). − 24 − 26

28387 신비한 성녀상 / 려백금 // 대중과학. − 1984,(1). − 21

28388 샘터의 보물 / 지회비 // 대중과학. − 1984,(6). − 40 − 41

28389 연변지구에서의 청동기시대와 철기시대초기의 문화유적 // 청년생활. − 1984,(6). − 64 − 65

28390 피라미트에서 방출된 독가스 // 대중과학. − 1985,(1). − 21

28391 3천7백년전 어느 한 순간에 벌어진 참극 // 대중과학. − 1985,(6). − 17 − 19

28392 천안문의 설계자 // 지부생활. − 1985,(9). − 59

28393 옛 성새가 살인한 수수께끼 // 대중과학. − 1985,(12). − 36 − 38

28394 진릉지하묘실의 수수께끼 // 대중과학. − 1986,(1). − 38 − 40

28395 구리기둥 / 최석승 // 청년생활. − 1986,(4). − 55

28396 덕혜현에서 청나라 한림의 비석을 발견 / 양자침 // 동북민병. − 1987,(2). − 27

28397 수암현에서 보기 드문 석포옥을 캐냈다 / 전민 // 동북민병. − 1987,(3). − 26

28398 천산의 생식숭배석각 // 대중과학. − 1989,(3). − 7

28399 사람을 죽인 600년전의 암전(외3편) / 라운군 등 // 동북후비군. − 1990,(9). − 31

K89 풍속습관

28400 농악무의 재생을 환호한다 / 최수봉 // 연변문예. − 1978,(5). − 52

28401 널뛰기 / 윤정숙 // 장백산. − 1981,(1). − 106

28402 동방나라들에서의 설맞이 / 양정삼 // 청년생

활. － 1981,(1). － 28 － 29
28403 민족명칭의 유래 / 곽륙희 // 청년생활. － 1981,(1). － 59
28404 우리 민족의 민속놀이 / 정길운 정리 // 청년생활. － 1981,(1). － 26 － 27
28405 국외의 혼인풍속 // 청년생활. － 1981,(2). － 98 － 99
28406 씨름 / 윤정숙 // 장백산. － 1981,(2). － 123
28407 우리 민족 친척의 명칭과 호칭 / 장탑 // 청년생활. － 1981,(2). － 37 － 41
28408 장기 / 민성 // 장백산. － 1981,(2). － 82 － 83
28409 화전놀이 // 문학예술연구. － 1981,(3). － 19 － 21
28410 옹헤야놀이 / 정필 // 장백산. － 1981,(3 － 4). － 146
28411 널뛰기 // 문학예술연구. － 1981,(4). － 33 － 34
28412 그네뛰기 // 문학예술연구. － 1982,(3). － 41 － 44
28413 씨름 // 문학예술연구. － 1982,(4). － 32 － 33
28414 친척을 부르는 우리말의 특성과 유래 / 박경휘 // 청년생활. － 1982,(4). － 26 － 28
28415 나시족의 유별난 ≪아주≫혼인 / 허광일 // 은하수. － 1982,(7). － 77 － 78
28416 집시인 // 은하수. － 1982,(7). － 76
28417 대나무다락에서 울려나오는 노래소리:부랑족의 혼인풍속에 관한 이야기 / 허광일 // 은하수. － 1982,(8). － 75 － 76
28418 소수민족들의 손님대접 / 진위 // 은하수. － 1982,(10). － 80
28419 민간 아동실내유희 몇가지 / 리룡득 수집정리 // 문학예술연구. － 1983,(1). － 67 － 68
28420 미국청년들의 혼례식 // 은하수. － 1983,(3). － 17
28421 우리 민족의 옛 결혼식 / 최영철 제공 // 은하수. － 1983,(3). － 52 － 53
28422 조선민족이 즐기는 떡 / 박경휘 제공 // 은하수. － 1983,(3). － 51
28423 민속놀이에 대한 단상 / 리룡득 // 문학예술연구. － 1983,(4). － 12 － 13
28424 조선민족의 결혼식에 영향을 준 몇가지 결혼식 // 은하수. － 1983,(4). － 76
28425 화동춤 // 문학예술연구. － 1983,(4). － 53
28426 우리 민족의 재래식 장례법 / 최영철 제공 // 은하수. － 1983,(5). － 75
28427 세계 여러 나라의 새해풍습 / 한진건 제공 // 청년생활. － 1983,(6). － 72 － 73
28428 쏘련의 신식혼례식 / 림학 // 은하수. － 1983,(6). － 52
28429 외국의 흥미있는 인사법 / 장리걸 // 청년생활. － 1983,(6). － 75
28430 외국풍속 // 은하수. － 1983,(6). － 11
28431 환갑,진갑,회혼례 / 리선한 // 청년생활. － 1983,(6). － 74
28432 벌가리아의 ≪데릴사위절≫ // 연변녀성. － 1984,(1). － 47
28433 우리 민족의 옛 제사법 / 최영철 제공 // 은하수. － 1984,(1). － 75 － 76
28434 이처인의 혼례 / 홍망 // 연변녀성. － 1984,(1). － 46
28435 조선사람 성씨의 유래와 특성 / 박경휘 // 청년생활. － 1984,(1). － 68 － 70
28436 한쪽나들이:우리 민족의 옛 혼인풍습 / 천수산 // 은하수. － 1984,(1). － 72 － 74
28437 모친절 / 류가분 // 연변녀성. － 1984,(2). － 51
28438 상모에 대한 생각 / 한세호;조인혜 // 문학예술연구. － 1984,(2). － 16 － 18
28439 다른 나라의 몇가지 풍속습관 // 연변녀성. － 1984,(3). － 28
28440 화전놀이 / 김태산 제공 // 은하수. － 1984,(4 － 5). － 92 － 93
28441 조선민족의 성씨와 본 / 김천석 // 은하수. － 1984,(6). － 44 － 48
28442 결혼식에 가서 지켜야 할 례절 / 오진호 // 은하수. － 1984,(7). － 75
28443 특수한 외국풍습 // 은하수. － 1984,(7). － 66
28444 씨름 // 은하수. － 1984,(8). － 29

28445 ≪조선민족의 성씨와 본에≫대한 보충설명 / 김천석 // 은하수. − 1984,(11 − 12). − 44 − 45

28446 에스빠냐녀성들의 부채는 ≪말할줄≫ 안다 // 동북민병. − 1984,(24). − 43

28447 정초의 민속놀이 // 문학과 예술. − 1985,(1). − 86 − 87

28448 친척사이의 촌수와 부르는 말 // 조선어 학습과 연구. − 1985,(1). − 11 − 14

28449 흥미있는≪처녀추격≫ / 오우용 등 // 동북민병. − 1985,(1). − 35

28450 선생님을 존경하는 풍습 / 애생 // 꽃동산. − 1985,(2). − 10

28451 봄철의 민속놀이 // 문학과 예술. − 1985,(3). − 55

28452 집단식선보기 / 류덕윤 // 연변녀성. − 1985,(3). − 33

28453 남편버선 보고 부인의 솜씨를 안다 / 민성 // 문학과 예술. − 1985,(4). − 21

28454 여름철의 민속놀이 // 문학과 예술. − 1985,(4). − 20 − 21

28455 오이씨같은 발 / 민성 // 문학과 예술. − 1985,(4). − 21

28456 가을철의 민속놀이 // 문학과 예술. − 1985,(5). − 80

28457 ≪녀성남편≫ / 랑단 // 연변녀성. − 1985,(5). − 47

28458 외국손님들의 풍속습관 / 김릉 // 은하수. − 1985,(5). − 28

28459 겨울철의 민속놀이 // 문학과 예술. − 1985,(6). − 23

28460 마한의 솟대놀이 // 문학과 예술. − 1985,(6). − 85

28461 8월의 한가위 // 문학과 예술. − 1985,(6). − 78

28462 흰옷의 유래 / 최영철 // 은하수. − 1985,(6). − 56

28463 국수 // 은하수. − 1985,(8). − 39

28464 넥타이의 유래 / 왕남기 // 은하수. − 1985,(9). − 34

28465 인도녀성들의 ≪성풀이 명절≫ / 바우 편역 // 은하수. − 1985,(11). − 61

28466 장족의 생활풍모 / 류장현 // 은하수. − 1985,(12). − 49 − 52

28467 로인절과 그 전통 / 성숙 // 문학과 예술. − 1986,(1). − 74 − 75

28468 일부 나라와 지구의 명절풍속 / 길리 // 동북민병. − 1986,(2). − 41 − 42

28469 나라안팎의 기괴한 세태풍속 // 청년생활. − 1986,(3). − 55 − 56

28470 조선인의 일생 / 장문 // 장백산. − 1986,(6). − 145 − 146

28471 맥주의 래력 / 주정배 // 은하수. − 1986,(8). − 28

28472 손님들이 붐비는 ≪관술집≫ / 도정 // 은하수. − 1986,(8). − 43

28473 조선민족의 족보와 성명 / 리은우 // 은하수. − 1986,(8). − 36 − 37

28474 신부맞이 // 동북민병. − 1986,(11). − 44

28475 자작나무를 중매군으로 // 동북민병. − 1986,(12). − 36

28476 일본에서 텔레비죤잔치 류행 / 심생 // 동북민병. − 1987,(3). − 28

28477 옛날 조선민족의 혼례범절 // 은하수. − 1987,(4). − 20 − 21

28478 카렌족의 신부맞이 / 진려영 // 동북민병. − 1987,(5). − 37

28479 기이한 풍속 / 잠리 // 동북민병. − 1987,(6). − 36

28480 옛날 조선민족의 상례범절 // 은하수. − 1987,(6). − 62 − 63

28481 조선민속에서의 호랑이숭배 / 황유복;전신자 // 도라지. − 1987,(6). − 53 − 55

28482 큰 돌건물의 수수께끼 / 증소주 // 대중과학. − 1987,(7). − 40 − 41

28483 제례범절과 회갑상 // 은하수. − 1987,(9). − 53

28484 ≪놋다리밟기≫ / 리은우 제공 // 은하수. −

1988,(1).－48
28485 민속놀이 // 중국조선어문.－1988,(1).－59
28486 재미나는 씨름청혼 / 왕곤륜 // 연변녀성.－1988,(1).－63
28487 줄다리기 / 연민 제공 // 예술세계.－1988,(1).－42
28488 그네뛰기 // 예술세계.－1988,(2).－93－94
28489 세계일주:흥미있는 민족 // 소년아동.－1988,(2).－11
28490 연등놀이 // 중국조선어문.－1988,(2).－23
28491 조선민족의 식생활풍습 / 명선 // 은하수.－1988,(2).－25
28492 조선족민간무용 《박춤》 / 리신자 // 은하수.－1988,(3).－41
28493 화전놀이 // 중국조선어문.－1988,(3).－49
28494 꼭두각시놀이 // 중국조선어문.－1988,(4).－58
28495 조선민족의 특별음식－떡 // 은하수.－1988,(4).－45
28496 방천놀이 // 은하수.－1988,(8).－16－17
28497 슬그머니 혼인하는 풍속 / 잠리 // 동북민병.－1988,(10).－31
28498 관혼상제리사회 // 동북민병.－1988,(12).－41
28499 수상혼례 / 리길 // 동북민병.－1988,(12).－14
28500 사철에 따르는 우리 겨레의 세시습속 / 김서문 // 민족단결.－1989,(1).－48－49
28501 장기를 두어 사위를 고른다 / 잠리 // 동북후비군.－1989,(1).－27
28502 친척의 종류와 범위 및 촌수법 / 박경휘 // 은하수.－1989,(2).－32－35
28503 조선민족의 동성불혼습속에 대하여 / 천수산 // 민족단결.－1989,(3).－8－10
28504 중국료리식사범절 / 김명 // 은하수.－1989,(3).－41－42
28505 커피맛에 의해 혼인이 결정된다 // 동북후비군.－1989,(3).－13
28506 활을 쏘아 청혼한다 / 용천 // 동북후비군.－1989,(3).－37
28507 새를 중매군으로 삼는다 // 동북후비군.－1989,(4).－35
28508 우리 민족의 친척계촌법 / 김금자 // 민족단결.－1989,(5).－58－60
28509 쾌지나 칭칭 나네 / 바우 수집 // 은하수.－1989,(5).－11－12
28510 부부다툼오락 / 리집 // 동북후비군.－1989,(6).－41
28511 길쌈놀이 / 리일 정리 // 은하수.－1989,(7).－23－24
28512 조선에 고유한 민족료리:조선료리 / 문봉준 // 대중과학.－1989,(7).－27
28513 사위붙잡기 / 효잠 // 동북후비군.－1989,(8).－41
28514 조선민족 성씨에 깃든 이야기 / 김상 // 은하수.－1989,(8).－36－38
28515 조선민족의 부엌세간풍습 / 정선택 // 은하수.－1989,(9).－55－56
28516 조선에 고유한 민족료리:조선료리 / 김양흡 // 대중과학.－1989,(10).－10
28517 우리 민족의 화전놀이 / 일우 수집 // 은하수.－1989,(11).－35－37
28518 탈놀이 // 중국조선어문.－1990,(1).－56
28519 우리 나라:소수민족들의 설맞이 // 민족단결.－1990,(1).－58
28520 연띄우기 // 소년아동.－1990,(4).－45
28521 사꾸라나라의 례의범절 / 장민 // 청년생활.－1990,(6).－62
28522 특이한 풍속:식인장례 // 대중과학.－1990,(8).－28－30
28523 윷놀이에서 도,개,걸,윷,모의 원뜻 // 은하수.－1990,(9).－63
28524 천자문(千字文)의 유래 // 은하수.－1990,(9).－63
28525 다리밟이놀이 / 바우 // 은하수.－1990,(10).－45－46
28526 로씨야농촌의 결혼풍속 // 동북후비군.－1990,

(11－12).－52

28527 봉죽놀이 / 바우 정리 // 은하수.－1990,(12).－14－15

K9 지리

28528 무한의 양자강철교 // 소년아동.－1954,(4).－29

28529 대만은 우리 나라의 령토다 // 소년아동.－1954,(9).－3－4

28530 볼가리아려행기 / 주복동 // 소년아동.－1954,(10).－8－10

28531 볼가강의 수력발전소 // 소년아동.－1954,(11).－3－4

28532 젊어지고 있는 로두구진 / 최수봉 // 지부생활.－1957,(17).－28－30

28533 친선의 강:흑룡강 / 오철인(吳哲人) // 대중과학.－1958,(4).－26－27

28534 사랑스러운 우리 나라 // 연변.－1962,(2).－29－30

28535 누가 가장 일찌기 아메리카주를 발견하였는가? / 진화신 // 연변.－1962,(4). －26－27

28536 료양백탑 / 류광 // 동북민병.－1980,(3).－43－44

28537 아프가니스탄에 대한 간단한 소개 // 동북민병.－1980,(3).－34

28538 서장을 찾아서 / 송해원 // 대중과학.－1980,(4).－2－4

28539 탑 // 소년아동.－1980,(4).－45－47

28540 섬의 나라 // 소년아동.－1980,(5).－58－59

28541 아름다운 송화호 / 전리 // 동북민병.－1980,(6).－44

28542 흥미있는 호수들 / 남원우 // 소년아동.－1980,(7).－46－48

28543 금자탑수수께끼 / 김술 // 대중과학.－1980,(8).－47－48

28544 경치가 아름다운 려산의 관음각 / 류전원 // 동북민병.－1980,(9).－39

28545 금주교탑 / 추명덕 // 동북민병.－1980,(9).－38

28546 지리지식 // 소년아동.－1980,(9).－41

28547 광천의 나라－체스꼬슬로벤스꼬 // 소년아동.－1980,(11).－84－86

28548 만리장성 / 최장성 // 대중과학.－1980,(12).－16－17

28549 옛도시 흥성 / 류문해 // 동북민병.－1980,(12).－41

28550 아름다운 강변도시－단동 / 경태;안보 // 동북민병.－1981,(7).－41－42

28551 동방의 금자탑:장군묘 / 왕극;장인발 // 동북민병.－1981,(9).－38－39

28552 압록강 / 류복감 // 대중과학.－1981,(9).－50－51

28553 세계의 명승:금강산 / 남원우 // 대중과학.－1981,(12).－44－45

28554 아름다운 연해도시:대련 / 서택금;곡배승 // 동북민병.－1981,(16).－35－36

28555 수도명칭이 나라명칭과 같은 나라 // 동북민병.－1982,(2).－43

28556 세계상의 기이한 도시 // 동북민병.－1982,(2).－41－42

28557 아름다운 계림산천 / 류일석 // 대중과학.－1982,(2).－35

28558 석유의 왕국 쿠웨이트 // 대중과학.－1982,(3).－20－21

28559 아름다운 섬도시－하문 / 리희태 // 대중과학.－1982,(5).－50

28560 천하의 명산－태산 / 리명준 // 청년생활.－1982,(6).－71－73

28561 세계 최대도시－메히꼬성 // 대중과학.－1982,(7).－53

28562 아름다운 문화도시:연길 / 리혜;박송학 // 대중과학.－1982,(8).－10－11

28563 아름다운 려산 // 대중과학.－1982,(10).－26－27

28564 호수의 나라 핀란드 // 대중과학.－1982,(11).

－13
28565 태산 / 류일석 // 대중과학.－1982,(12).－5
28566 북국의 절경－지하삼림 / 천수산 // 청년생활.－1983,(2).－66
28567 세 유엔도시 // 대중과학.－1983,(2).－40－41
28568 력대 조선의 명칭 / 허태일 // 청년생활.－1983,(3).－69－70
28569 오대징과 룡호석각 / 최석승 // 청년생활.－1983,(3).－73－74
28570 청해호의 철새섬 / 여수초 // 대중과학.－1983,(3).－37
28571 아세아 여러 나라 명칭의 유래 / 한진건 // 청년생활.－1983,(4).－69
28572 조선의 명승:모란봉 / 남원우 // 대중과학.－1983,(6).－30－31
28573 조국의 수도:북경 / 한정숙 // 대중과학.－1983,(9).－22－24
28574 조선인민대학습당 / 권정 // 대중과학.－1983,(11).－18－19
28575 타크마대교의 훼멸 // 대중과학.－1983,(11).－20－21
28576 흥개호 / 조내량 등 // 동북민병.－1983,(11).－29
28577 소림무술의 고향 // 대중과학.－1983,(12).－26－27
28578 룡수산 / 정유국 // 동북민병.－1983,(15).－39－40
28579 대고산의 옛절 / 왕청순 // 동북민병.－1983,(19).－37－38
28580 사가위자수동의 기묘한 절경 / 조락당 // 동북민병.－1983,(21).－37－38
28581 동북에서의 전국의 으뜸(외1편) // 동북민병.－1983,(22).－42
28582 외패산성의 청천사 / 필문고 등 // 동북민병.－1983,(24).－39－40
28583 위대한 조국의 국경과 국토 // 연변교육.－1984,(1).－63
28584 7대주이름의 래력 / 오서근 // 은하수.－1984,(1).－66
28585 황산 // 대중과학.－1984,(2).－36－37
28586 한개 진이 두개 나라로 // 연변녀성.－1984,(4).－18
28587 우리 나라의 신성한 령토:향항 // 대중과학.－1984,(5).－38－39
28588 승덕피서산장 / 한정숙 // 대중과학.－1984,(6).－34－36
28589 영구의 서포대 / 곽만상 // 동북민병.－1984,(7).－39－40
28590 아름답고 부요한 연변 / 춘산;일석 // 대중과학.－1984,(9).－8－10
28591 기이한 샘들 / 정중 // 동북민병.－1984,(10).－31
28592 대만의 괴이한 호수 // 동북민병.－1984,(21).－37
28593 우리 나라의 ≪9대관≫ / 가위군 // 동북민병.－1985,(2).－39
28594 아메리카,대양주 여러 나라 명칭의 유래 / 한진건 엮음 // 청년생활.－1985,(3).－49－50
28595 지하세계 // 대중과학.－1985,(4).－36－38
28596 세상의 유일한 녀성도시 // 은하수.－1985,(5).－63
28597 전국 주요도시 해방일표 // 동북민병.－1985,(5－6).－52
28598 흑룡강의 으뜸 // 은하수.－1985,(6).－48
28599 훈춘성 / 최석승 // 청년생활.－1985,(6).－51
28600 우리 성의 수산자원 // 은하수.－1985,(7).－21
28601 흑룡강의 토지자원 / 김영기 // 은하수.－1985,(9).－64
28602 부분적 거리명사의 유래와 뜻 / 심혜숙 제공 // 중국조선족교육.－1986,(2).－68
28603 호남: ≪장군의 고향≫ // 동북민병.－1986,(3).－46
28604 서장의 부다라궁 / 한정숙 // 대중과학.－1986,(6).－36－37

28605 세계의 4대 ≪죽음의 골짜기≫ / 손의 // 동북민병. − 1986,(9). − 20
28606 ≪소인국≫을 찾아서 / 손성문 // 대중과학. − 1987,(1). − 29 − 31
28607 아름다운 바다가도시:청도 // 대중과학. − 1987,(1). − 21 − 23
28608 첩채산에 올라 // 소년아동. − 1987,(1). − 81 − 83
28609 두 대륙에 속해있는 나라들 // 소년아동. − 1987,(3). − 90
28610 신강기행 / 리금남 // 지부생활. − 1987,(3). − 52 − 55
28611 승덕에 이르러 // 소년아동. − 1987,(4). − 69 − 72
28612 세계에서 가장 뛰여난 지리대상 / 남원우 // 중국조선족교육. − 1987,(4). − 75 − 77
28613 신비로운 도시 // 소년아동. − 1987,(5). − 88 − 89
28614 바다가명승지 − 북대하 / 임진석 // 소년아동. − 1987,(6). − 43 − 45
28615 신비하고 물산이 풍부한 남극주 // 소년아동. − 1987,(6). − 86 − 87
28616 아름답고 풍요한 송화호 / 남원우 // 대중과학. − 1987,(7). − 46 − 47
28617 특별도시 − 주해 / 김진석 // 소년아동. − 1987,(7). − 47 − 49
28618 백년만에 돌아온 황학루 / 김진석 // 소년아동. − 1987,(8). − 53 − 56
28619 대련 성해공원에 이르러 // 소년아동. − 1987,(9). − 75 − 77
28620 세계의 제일 높은 봉 − 쵸몰라마봉 // 소년아동. − 1987,(10). − 71 − 73
28621 섭이묘지를 우러러 // 소년아동. − 1987,(11). − 60 − 61
28622 호구에 이르러 // 소년아동. − 1987,(12). − 77 − 78
28623 흥미있는 세계의 여러 나라 수도 // 소년아동. − 1987,(12). − 79 − 80
28624 삼림의 나라,호수의 나라 − 핀란드 // 소년아동. − 1988,(4). − 116 − 119
28625 청도에 이르러 / 후기명 // 소년아동. − 1988,(12). − 58 − 63
28626 아름답고 살기좋은 연변 / 엄증국;채영춘 // 민족단결. − 1989,(1). − 9 − 11
28627 전략적위치가 중요한 도시;적봉 / 류군 // 동북후비군. − 1989,(2). − 24
28628 조선의 명산 − 금강산을 찾아서 / 박충록 // 소년아동. − 1989,(2). − 74 − 77
28629 부요한 쏘련의 원동지구 / 남원우 // 대중과학. − 1989,(6). − 23 − 25
28630 아름답고 부요한 안도현 / 리룡득 // 지부생활. − 1989,(6). − 10 − 11
28631 조선의 자랑;금강산 // 대중과학. − 1989,(10). − 12 − 13
28632 기이한 섬들 // 대중과학. − 1989,(12). − 54
28633 동요공원 // 소년아동. − 1989,(12). − 111 − 116
28634 나라안의 나라:모나꼬공국 / (프랑스)랑・크라이 // 대중과학. − 1990,(1). − 12 − 13
28635 우물려관 // 소년아동. − 1990,(3). − 119 − 121
28636 세계지리표식 / 온장은 // 대중과학. − 1990,(4). − 9 − 11
28637 아침의 나라:조선 // 대중과학. − 1990,(8). − 18 − 21
28638 해만지구・중동・아랍국가 // 동북후비군. − 1990,(9). − 32
28639 적도의 겨울 // 소년아동. − 1990,(10). − 118 − 120

0 수리과학과 화학

01 수학

28640 계산자 / 장동범 // 대중과학. − 1958,(2). − 43 − 44

28641 주산 승법 / 한건 // 대중과학. − 1958,(4). − 39 − 41

28642 어떻게 거리를 판단할것안가 / 왕영(王榮) // 대중과학. − 1960,(7). − 47

28643 생산을 위해 복무하는 학과: 운주학 / 도배화; 리위정(陶培華;李爲政) // 대중과학. − 1960,(12). − 30 − 31

28644 원형 계산척 / 왕화암(王化岩) // 대중과학. − 1960,(12). − 31 − 32

28645 속산법에 대한 몇개 문제 / 장동범 // 대중과학. − 1964,(11). − 12 − 13

28646 속산법 몇가지 / 최수일 // 대중과학. − 1965,(11). − 42

28647 농촌부기원과 상제법 / 리항복 // 대중과학. − 1966,(7). − 58 − 59

28648 집합 / 한주용 // 대중과학. − 1979,(10). − 42 − 44

28649 서랍원리와 그의 응용 / 량정모 // 대중과학. − 1980,(5). − 32

28650 평균치와 그 응용 / 리상길 // 대중과학. − 1980,(7). − 24 − 25

28651 2진제 산술 / 채일석 // 대중과학. − 1980,(8). − 26 − 28

28652 경제리득과 선형계획법 // 대중과학. − 1980, (9). − 24 − 25

28653 론리대수 / 채일석 // 대중과학. − 1980,(12). − 36 − 39

28654 재미있는 2차3항식 인수분해 / 리상길 // 대중과학. − 1981,(1). − 61

28655 재미있는 순렬과 조합 / 장무삼 // 대중과학. − 1981(2). − 24 − 25

28656 실용쾌속승법검산법 / 현종오 // 대중과학. − 1982,(1). − 42 − 43

28657 수리운영학의 기원과 발전 / 왕영건 // 대중과학. − 1982,(5). − 26 − 27

28658 명인들이 낸 수학유희문제 / 류흥천 // 대중과학. − 1982,(7). − 8 − 10

28659 사회과학에로 침투되는 수학 / 풍손장 // 대중과학. − 1982,(9). − 12 − 13

28660 새로운 학과: 모호수학 / 윤석걸 // 대중과학. − 1983,(8). − 17

28661 알바베트 수학유희 // 대중과학. − 1984,(6). − 28 − 29

28662 기수차환방의 수자배렬 / 윤석걸 // 대중과학. − 1985,(11). − 26

28663 수학과 생명과학연구 / 윤석걸 // 대중과학. − 1986,(2). − 30 − 31

28664 무와 평방의 환산법 / 손의 // 동북민병. − 1986,(12). − 46

28665 ≪도≫의 함의 / 영무 // 동북민병. − 1987,(1). − 33

03 력학

28666 힘의 절약: 관성의 리용 // 대중과학. − 1959, (7). − 41 − 42

28667 여기에도 과학적도리가 있다 / 허일선 // 대중과학. − 1965,(2). − 34

28668 이런 도리에서 / 김인선 // 대중과학. − 1965, (6). − 33

28669 물체의 부침현상 / 허일선 // 대중과학. − 1965, (8). − 41 − 42

28670 만물의 지배력 / 채일석 // 대중과학. − 1980, (4). − 28 − 30

28671 력학복습에서 주의할 몇개 문제 / 리상락 // 대중과학. − 1981,(2). − 32 − 34

28672 중력이 존재하는가 // 대중과학. – 1989,(6). – 18 – 19

28673 새로운 학과 문란학 // 대중과학. – 1989,(11). – 8 – 9

04 물리학

28674 원자에네르기의 기본원리 / 김창익 // 대중과학. – 1958,(2). – 1 – 4

28675 원자에네르기의 평화적리용 / 채인석; 리수봉 // 대중과학. – 1958,(2). – 4 – 8

28676 인공태양 / (쏘련) A.빠라빠노브 // 대중과학. – 1958,(2). – 46

28677 초음파와 그의 리용 / 진철 // 대중과학. – 1958,(4). – 22 – 25

28678 우리 나라 물리학의 진전 / 주배원(周培源) // 대중과학. – 1959,(10). – 4 – 6

28679 음성의 렬차 / 고국서(高國瑞) // 대중과학. – 1960,(5). – 27 – 29

28680 적외선과 그의 산생 / 황고구;주몽(黃古球；周夢) // 대중과학. – 1960,(9). – 12 – 13

28681 자외선과 적외선 / 주가흡(朱家洽) // 대중과학. – 1960,(11). – 39

28682 어데서나 볼수있는 물체의 가열에 의한 팽창과 랭각에 의한 수축 / 조희권 // 대중과학. – 1964,(12). – 37

28683 고에네르기물리 / 오국태 편역 // 대중과학. – 1979,(11). – 18 – 19

28684 신기한 초도체 / 채문 // 대중과학. – 1979,(12). – 22 – 23

28685 물리학에서의 네차례 돌파 / 황도남 // 대중과학. – 1980,(5). – 30 – 31

28686 특수상대론의 개황 / 김해산 // 대중과학. – 1980,(5). – 44 – 45

28687 물질구조의 탐구 / 정철수 // 대중과학. – 1980,(6). – 7 – 9

28688 물질의 존재상태 / 허규석 // 대중과학. – 1980,(6). – 44

28689 보이지 않는 광선 // 동북민병. – 1980,(11). – 35 – 36

28690 량자론의 산생과 발전 / 정철수 // 대중과학. – 1981,(2). – 47 – 50

28691 전원을 포함한 부분회로의 량단전압을 구하는 몇가지 방법 / 최복순 // 대중과학. – 1981,(5). – 36 – 37

28692 공해의 으뜸: 잡음 / 화정 // 대중과학. – 1981,(10). – 2 – 3

28693 두가지 저명한 물리실험: 전자의 발견 / 백당 // 대중과학. – 1981,(10). – 18 – 20

28694 물질과 반물질 / 정철수 // 대중과학. – 1981,(12). – 17 – 19

28695 초저음파와 우리 생활 / 김해선 // 대중과학. – 1982,(1). – 20 – 22

28696 고에네르기 가속장치 / 림진호 // 대중과학. – 1983,(3). – 16 – 17

28697 새로운 변두리과학: 생물소리학 / 김학수 // 대중과학. – 1983,(5). – 7

28698 물리학에서의 새로운 돌파: 자기 단극자의 발견 // 대중과학. – 1983,(6). – 50

28699 물질의 존재상태 / 김용수 // 대중과학. – 1985,(1). – 17

28700 빛의 속도 // 대중과학. – 1985,(6). – 30 – 31

28701 사반속의 《공기배》 // 꽃동산. – 1986,(2). – 17

28702 별찌는 왜 빛을 낼가요? // 꽃동산. – 1986,(6). – 22

28703 떨어지지 않는 고무풍선 // 꽃동산. – 1988,(3). – 27

28704 기묘한 광학현상: 신기루 / 송리학 // 대중과학. – 1988,(7). – 44 – 45

28705 빛의 속도는 어떻게 측정하였는가 / 오철호 // 대중과학. – 1988,(8). – 26 – 27

28706 자동분수기 // 소년아동. – 1989,(1). – 125 – 126

28707 제절로 팽창하는 기구 // 소년아동. – 1989,(5). – 117 – 118

28708 발동기가 없는 ≪배≫ // 소년아동. − 1989,(7). − 123 − 124

28709 고온초전도체의 특허권은 누구에게 속하는가 // 대중과학. − 1989,(9). − 54 − 55

28710 상대론적세계로의 려행 / 정문규 역 // 대중과학. − 1989,(10). − 46 − 49

28711 팔에서 나오는 전기빛 // 소년아동. − 1989,(12). − 109 − 110

06 화학

28712 화학이란 무엇인가 / 리상선 // 대중과학. − 1958,(7). − 42 − 43

28713 기초적인 화학개념과 법칙 / 리상선 // 대중과학. − 1958,(8). − 44 − 45

28714 화학방정식 / 리상선 // 대중과학. − 1958,(9). − 46 − 47

28715 용액 / 리상선 // 대중과학. − 1958,(10). − 45 − 47

28716 주기률 / 리상선 // 대중과학. − 1959,(1). − 49 − 51

28717 간편한 증류수 자동제조장치 / 박생훈 // 대중과학. − 1959,(8). − 37

28718 화학원소소개 // 대중과학. − 1960,(1). − 24 − 25

28719 고분자화학 // 대중과학. − 1960,(2). − 43 − 44

28720 복사와 화학 / 므.카배루로브 // 대중과학. − 1960,(9). − 10 − 11

28721 특별한 무계의 단위 / 리근반 // 대중과학. − 1965,(12). − 30

28722 화학계산문제의 여러가지 해법 / 려경의 // 대중과학. − 1979,(10). − 39 − 41

28723 4개현대화와 화학 / 양석선 // 대중과학. − 1980,(1). − 16 − 19

28724 산화 − 환원반응을 정확히 알려면 / 려경의; 남창범 // 대중과학. − 1980,(1). − 30 − 32

28725 산화 − 환원반응의 평형에 관하여 / 로서 // 대중과학. − 1980,(3). − 28 − 29

28726 자체로 만들수있는 증류수기 / 황남준 // 대중과학. − 1980,(4). − 24

28727 화학의 기본개념 // 대중과학. − 1980,(4). − 26 − 27

28728 전기분해 / 려경의 // 대중과학. − 1980,(5). − 28 − 30

28729 새로운 분리분석기술: 기상 크로마토그라프법 / 허종수; 김홍준 // 대중과학. − 1980,(6). − 12 − 13

28730 원소주기률의 발견 / 라영선 편역 // 대중과학. − 1980,(7). − 26 − 27

28731 화학원소이름의 유래 / 정청송 // 대중과학. − 1980,(8). − 11

28732 새 에네르기원천: 수소, 중수소, 초중수소 / 곽군 // 대중과학. − 1980,(10). − 10 − 11

28733 원소에서 으뜸 / 축강 // 대중과학. − 1980,(11). − 30 − 31

28734 전도 양양한 희토류원소 / 적화 // 대중과학. − 1980,(12). − 13 − 14

28735 수소연료와 금속수소화물 / 명수 // 대중과학. − 1981,(1). − 16 − 17

28736 결정류형과 그 성질 / 리명구 // 대중과학. − 1981,(2). − 41 − 43

28737 PH소개 / 화정 // 대중과학. − 1981,(2). − 38 − 40

28738 화학계산에서 몰수의 응용 / 려경의 // 대중과학. − 1981,(3). − 24 − 26

28739 원자, 분자, 이온에 관하여 / (일본) 시로이 미찌오; 스즈기 히로도모 // 대중과학. − 1981,(5). − 20 − 22

28740 혼합물에 대한 화학계산 / 육신 // 대중과학. − 1981,(8). − 30 − 31

28741 유기화학영어명명법 / 김성철 // 대중과학. − 1981,(9). − 40 − 41

28742 화학에서의 계산기응용 / 진념이 // 대중과학. − 1981,(9). − 10 − 11

28743 어려운 화학실험 몇가지 / 최룡선 // 대중과학. − 1981,(11). − 32 − 33

28744 촉매와 그의 역할 / (조선) 백일현 // 대중과학. – 1981,(12). – 32 – 33

28745 화학문제풀이에서의 부동한 사고방법 / 김상익 // 대중과학. – 1982,(2). – 40 – 41

28746 몇가지 화학실험 / 최룡선 // 대중과학. – 1982,(7). – 55

28747 착화합물화학과 그의 응용 / 리현장 // 대중과학. – 1982,(7). – 46 – 47

28748 화학을 자습하려면 / 감란약 // 대중과학. – 1982,(8). – 5

28749 현대 련금술과 인공원소 / 황남준 // 대중과학. – 1982,(11). – 54 – 55

28750 분자에 궤도가 있는가? // 대중과학. – 1982,(12). – 24 – 26

28751 인공원소: 초우란원소 / 육신; 채문 // 대중과학. – 1983,(5). – 36 – 37

28752 화학원소명칭의 유래 / 육신 // 대중과학. – 1983,(7). – 37

28753 미래의 제3위 금속: 티탄 / 육신 // 대중과학. – 1983,(10). – 24 – 31

28754 누가 불소를 질들일수 없다고 했는가 // 대중과학. – 1985,(3). – 26 – 27

28755 새로 발견된 원소들은 어떻게 불러주는가 // 대중과학. – 1986,(2). – 16

28756 화학과 인류생활 // 대중과학. – 1990,(2). – 14 – 15

P 천문학, 지구과학

P1 천문학

28757 우주려행의 현실성 / 전학삼 // 대중과학. – 1958,(1). – 14 – 17

28758 인공지구위성 / 김룡운 // 대중과학. – 1958,(1). – 10 – 13

28759 연변에서도 극광을 보았다 / 고옥근(高玉瑾) // 대중과학. – 1958,(3). – 46

28760 인공지구위성과 지구물리 / 주강곤(朱崗崑) // 대중과학. – 1958,(4). – 37 – 38

28761 떨어지는 별: 류성 / 채석 // 대중과학. – 1958,(10). – 24 – 25

28762 달은 어떤 세계인가 / 강문석 역 // 대중과학. – 1959,(7). – 1 – 2

28763 하늘사람들 // 대중과학. – 1959,(7). – 5 – 6

28764 견우성과 직녀성 // 대중과학. – 1959,(8). – 45

28765 우주의 소식 // 대중과학. – 1959,(9). – 41 – 42

28766 춘하추동은 왜 생기는가? // 대중과학. – 1959,(9). – 42 – 43

28767 우리 가까이에 있는 천체 / 한원철 // 대중과학. – 1959,(10). – 34 – 36

28768 하늘시계 / 류봉(劉鋒) // 대중과학. – 1959,(10). – 37

28769 달의 뒷면은 어떠한가 // 대중과학. – 1959,(12). – 15

28770 겨울의 밤하늘 / 한원철 // 대중과학. – 1960,(1). – 44

28771 24절기 / 최호순 편역 // 대중과학. – 1960,(1). – 45

28772 봄의 밤하늘 / 한원철 // 대중과학. – 1960,(4). – 45

28773 시간의 저축 / 월성(月星) // 대중과학. – 1960,(4). – 44

28774 여름의 밤하늘 / 한원철 // 대중과학. – 1960,(7). – 15

28775 가을의 밤하늘 / 한원철 // 대중과학. – 1960,(10). – 41

28776 중국 고대 천문학상에서의 몇 개 위대한

성취 / 문일 // 연변. - 1962,(6). - 30 - 31
28777 절기의 ≪음양≫문제 / 김용혁 // 대중과학. - 1964,(12). - 26
28778 표준시간은 어떻게 얻어지는가?김용혁 // 대중과학. - 1965,(1). - 40 - 41
28779 달나라에 공기가 있는가? / 리상락 // 대중과학. - 1965,(2). - 36
28780 하지 / 김용혁 // 대중과학. - 1965,(6). - 40
28781 삼복 / 김용혁 // 대중과학. - 1965,(7). - 40
28782 일식과 월식 / 허일선 // 대중과학. - 1966,(1). - 43 - 44
28783 윤달이 일찌기 들면 세월이 좋고 늦게들면 세월이 나쁘다 / 유성독 // 대중과학. - 1966,(4). - 48
28784 태양은 얼마나 더 ≪살≫수 있는가? / 태산 // 대중과학. - 1979,(11). - 13
28785 태양계의 개황 // 대중과학. - 1979,(12). - 14 - 15
28786 손가락력서 / 장동권 // 대중과학. - 1980,(1). - 40
28787 인공위성과 우주속도 / 하룡년 // 대중과학. - 1980,(1). - 34 - 36
28788 행성의 거인 // 대중과학. - 1980,(1). - 42 - 44
28789 밤모르는 세계 / 한천금 // 대중과학. - 1980,(2). - 8 - 9
28790 현실로 된 신화 / 서장서 // 청년생활. - 1980,(2). - 75 - 76
28791 4계절은 왜 생기는가? / 양호춘 // 대중과학. - 1980,(3). - 15
28792 지구에서 ≪하늘밖의 손님≫을 접대한적이 있는가? // 동북민병. - 1980,(3). - 34 - 35
28793 무슨 요일인가를 어떻게 아는가? / 장복군; 장정위 // 동북민병. - 1980,(4). - 41
28794 은혜로운 천체: 태양 / 남원우 // 대중과학. - 1980,(4). - 6 - 7
28795 가까이에서 본 토성 / 옹사달 // 대중과학. - 1980,(5). - 47 - 48
28796 태양흑점 / 리원백 // 대중과학. - 1980,(7). - 3
28797 금성 / 한성수 // 대중과학. - 1980,(8). - 36 - 37
28798 우주문명세계와의 대화 / 정태선 // 대중과학. - 1980,(8). - 14 - 15
28799 작고도 빠른 수성 / 한순원 // 대중과학. - 1980,(9). - 34 - 35
28800 붉은 행성: 화성 // 대중과학. - 1980,(10). - 44 - 45
28801 우주괴물: 흑동 / 김해산 // 대중과학. - 1980,(11). - 28 - 29
28802 우주에서 온 손님 / 류문재 // 대중과학. - 1980,(11). - 32
28803 가없이 넓은 우주 / 김명윤 // 대중과학. - 1980,(12). - 2 - 4
28804 우주를 탐구하는 눈: 전파 망원경 / 박창화 // 대중과학. - 1981,(1). - 18 - 19
28805 본세기 천문학의 전망 // 대중과학. - 1981,(2). - 16 - 18
28806 보름달과 인류의 생활 / 리문위 // 대중과학. - 1981,(3). - 45
28807 이름난 하레혜성 / 장삼환 // 대중과학. - 1981,(3). - 42 - 44
28808 누워서 돌아가는 천왕성 / 한설 // 대중과학. - 1981,(4). - 63
28809 4절기 / 오건 // 동북민병. - 1981,(5). - 36 - 37
28810 적도의 주야시간 / 림상욱 // 대중과학. - 1981,(5). - 63 - 64
28811 태양계의 ≪여덟째≫와 ≪아홉째≫ // 대중과학. - 1981,(5). - 10 - 12
28812 열번째 행성이 있는가 / 김명윤 // 대중과학. - 1981,(6). - 10 - 13
28813 달나라의 ≪새모습≫ / 신포 // 대중과학. - 1981,(8). - 24 - 25
28814 협정세계시란? / 박창화 // 대중과학. - 1981,(8). - 4
28815 고생물종과 날이 길어진것과의 비밀 / 손관룡 // 대중과학. - 1981,(9). - 27
28816 ≪신기한 시계≫로 불리우는 소녀 / 소과

// 동북민병. – 1981,(9). – 41
28817 태양: 지구공간의 비밀 / 남원우 // 대중과학. – 1981,(9). – 18 – 20
28818 과학적우주관의 승리 / 마성원 // 대중과학. – 1981,(11). – 10 – 12
28819 하늘의 ≪동물원≫ – 별자리 / 남원우 // 대중과학. – 1982,(1). – 26 – 28
28820 무엇때문에 2월의 날자가 적은가? / 류영륜 // 동북민병. – 1982,(2). – 35
28821 양력 음력과 음양력 / 서인길 // 대중과학. – 1982,(2). – 28 – 29
28822 항성세계의 이모저모 / 륙정화 // 대중과학. – 1982,(4). – 10 – 12
28823 왜 어떤때는 낮에도 달을 볼수 있는가? / 홍택룡 // 대중과학. – 1982,(6). – 60 – 61
28824 소행성 / 박창화 // 대중과학. – 1982,(7). – 38 – 39
28825 우주의 눈꽃 // 대중과학. – 1982,(8). – 15
28826 8대행성이름의 유래 / 변육린 // 대중과학. – 1982,(9). – 52 – 54
28827 ≪지구는 여전히 돌고 있다≫ – 천문학에서의 갈릴레이의 공훈 / 리향 글; 장도홍 그림 // 대중과학. – 1982,(11). – 32 – 33
28828 겨울밤의 별자리 / 박창화 // 대중과학. – 1982,(12). – 28 – 29
28829 뭇별들과 사귀려면 // 대중과학. – 1982,(12). – 27
28830 천체의 거리측정 / 두영빈 // 대중과학. – 1983,(1). – 18 – 20
28831 우주공간에 소립자가 얼마나 있는가 / 지상 // 대중과학. – 1983,(2). – 5
28832 봄밤의 별자리 / 박창화 // 대중과학. – 1983,(3). – 20 – 22
28833 금성에서 생긴 비극 / 오월진 // 대중과학. – 1983,(4). – 16 – 17
28834 우주손님: 류성 / 남원우 // 대중과학. – 1983,(5). – 44 – 45
28835 21세기는 어느날부터 계산해야 하는가 / 주적 // 은하수. – 1983,(5). – 79
28836 여름밤의 별자리 / 박창화 // 대중과학. – 1983,(6). – 40 – 41
28837 보이지 않는 우주손님: 우주선 // 대중과학. – 1983,(7). – 5
28838 가을밤의 별자리 / 박창화 // 대중과학. – 1983,(9). – 48 – 49
28839 미래의 인류생활기지 / 진지강 // 대중과학. – 1983,(9). – 14 – 16
28840 새로 발견된 ≪태양계≫ // 대중과학. – 1983,(10). – 21
28841 우주인이 어디에? // 대중과학. – 1983,(11). – 8 – 9
28842 대행성의 폭발인가? / 온계 편역 // 대중과학. – 1984,(1). – 10 – 11
28843 ≪윤초≫란 무엇인가? / 김동수 // 동북민병. – 1984,(2). – 44
28844 태양계의 기원 / 륙정화 // 대중과학. – 1984,(2). – 20 – 21
28845 금성을 두번째 고향으로 / 공소우 // 대중과학. – 1984,(4). – 36 – 37
28846 밤낮,4계절변화와 지구운동 / 지란; 서보신 // 대중과학. – 1984,(4). – 8 – 9
28847 ≪1≫초를 둘러싸고 // 대중과학. – 1984,(7). – 26
28848 열번째 대행성의 수수께끼 // 대중과학. – 1984,(11). – 32 – 33
28849 80년대초기 천문학의 새로운 발견 / 주장초; 등천종 // 대중과학. – 1985,(1). – 3 – 5
28850 방향을 잃었을 때 / 서승 // 동북민병. – 1985,(3). – 40
28851 달의 기원에 대하여 / 리예평 // 대중과학. – 1985,(4). – 14 – 15
28852 신비한 우주 려행자 – 혜성 // 꽃동산. – 1985,(6). – 26
28853 안녕한가, 할레혜성 // 대중과학. – 1985,(9). – 6 – 8
28854 해가 셋이 돼 보이는것은? / 중언 // 은하수.

－1985,(11).－18
28855 인류의 새로운 기지: 달 // 대중과학.－1986,(1).－3－5
28856 지금으로부터 135년 후에? // 대중과학.－1986,(2).－57
28857 ≪별나라 사람≫을 찾아서 / 장위위 // 대중과학.－1986,(3).－46－47
28858 태양계밖의 첫 행성 발견 / 온학시 // 대중과학.－1986,(3).－10－11
28859 ≪려행자 2호≫천왕성 방문 // 대중과학.－1986,(7).－8－9
28860 쌍둥이별의 세계 // 대중과학.－1986,(7).－39
28861 신비로운 ≪UFO≫ / 포량옥 // 동북민병.－1986,(9).－46
28862 우주의 7가지 기이한 현상 // 대중과학.－1986,(9).－42－43
28863 우주의 6가지 수수께끼 / 박창화 // 대중과학.－1987,(5).－51－53
28864 항성간화학 // 대중과학.－1987,(7).－8－9
28865 신비한 소리와 기이한 공중괴물 / 진집 // 동북민병.－1988,(4).－24－25
28866 위성의 기묘한 응용 // 대중과학.－1989,(1).－8－9
28867 태양반성가설에 대하여 // 대중과학.－1989,(1).－46－48
28868 금성에로 진군 // 대중과학.－1989,(3).－28－30
28869 태양계를 벗어나 // 대중과학.－1989,(4).－53－55
28870 지구에 울리는 경종 // 대중과학.－1989,(7).－44－46
28871 보이지 않는 우주 // 대중과학.－1989,(8).－11
28872 ≪올베르스역설≫의 수수께끼 / 류립 // 대중과학.－1990,(3).－46－47
28873 만년요일측정법 / 허영헌 // 대중과학.－1990,(4).－22
28874 우주공간에서의 국제협력 / 데이비드 스퍼전 // 대중과학.－1990,(5).－13
28875 80년대에 천문학에서 거둔 중대한 성과 / 조군량 // 대중과학.－1990,(6).－3－5
28876 우주공간에서 본 지구 // 대중과학.－1990,(7).－38
28877 빛쪼임과 농작물의 관계 // 대중과학.－1990,(8).－8
28878 화성의 삼각형괴물 // 대중과학.－1990,(8).－35
28879 우주의 문화시대 / 엄춘우 // 대중과학.－1990,(9).－38－41
28880 승강기를 타고 우주공간에로 / 왕영창 // 대중과학.－1990,(10).－28－29

P3 지구물리학

28881 대기중의 자유전자 / 속세걸(束世杰) // 대중과학.－1958,(6).－38－39
28882 빙운석 // 대중과학.－1959,(7).－47
28883 0°C이하에서도 물이 증발할수 있는가? / 김용운 // 대중과학.－1964,(12).－32
28884 물은 10°C에서 끓는가? / 김정룡 // 대중과학.－1965,(11).－31
28885 공기속에 무엇이 들어있는가 / 림영수 // 대중과학.－1966,(6).－50－51
28886 장백산화산 // 대중과학.－1979,(10).－25
28887 우리 나라 지열자원과 그 리용 / 장삼환 // 대중과학.－1980,(3).－40－41
28888 CO2와 생태위기 / 량도순 // 대중과학.－1980,(4).－10
28889 인류의 고향: 지구 / 박희준 // 대중과학.－1980,(11).－8－9
28890 지구의 물은 어데서 왔는가 / 한천금 중역 // 대중과학.－1981,(1).－34－36
28891 산과 물 / 림포전 // 대중과학.－1982,(3).－27
28892 7대주는 어떻게 형성되였는가? / 김한산 // 대중과학.－1982,(6).－54－55
28893 세계 물자원위기 // 대중과학.－1982,(9).－

46－47
28894 지구자전속도와 시간 / 이상 // 대중과학.－1982,(10).－45
28895 신비한 자기현상 / 전홍림 // 대중과학.－1982,(11).－16－17
28896 물의 래원 / 장봉화 // 대중과학.－1983,(1).－52－53
28897 대기압과 10.3m의 물기둥 / 김호범 // 대중과학.－1983,(3).－44
28898 불타고있는 지구 / 오곤 // 대중과학.－1983,(9).－52
28899 무시무시한 룡권 / 허봉평 // 대중과학.－1983,(12).－22－24
28900 정반대되는 지구설 // 대중과학.－1984,(6).－20－21
28901 물의 괴상한 작용 // 대중과학.－1984,(7).－27
28902 사경에서 벗어난 페리만선장 // 대중과학.－1984,(12).－34－37
28903 다시 생기지 말아야 할 비극: 일본 간또대지진 / 문무 // 대중과학.－1986,(4).－32－33
28904 땅속의 비밀 / 수선 // 대중과학.－1985,(4).－22－23
28905 우물의 위생적처리 / 최성호 // 대중과학.－1986,(4).－20－21
28906 지구에 사람이 얼마 살수 있는가 // 대중과학.－1988,(8).－14－15
28907 중국의 물위기 // 대중과학.－1988,(10).－3－5
28908 오존과 인류생존 // 대중과학.－1989,(6).－15
28909 지구의 변화 / 총백지 // 동북후비군.－1989,(6).－38
28910 지구의 말일 // 대중과학.－1989,(12).－50－51
28911 지구의 나이는 얼마나 될가요? / 장준영 // 꽃동산.－1990,(2).－8－9
28912 미래의 세계에 대한 온실효과의 충격 // 대중과학.－1990,(4).－59－60
28913 20세기 대지진 // 대중과학.－1990,(5).－53
28914 90년대에 인류가 개척해야 할 새로운 출로 // 대중과학.－1990,(6).－37－38
28915 보배중의 보배 물 // 대중과학.－1990,(7).－52

P4 대기과학(기상학)

28916 무송(霧淞)은 어떻게 형성되는가 / 고옥근(高玉瑾) // 대중과학.－1958,(1).－43－44
28917 높은 산에 오르면 왜 더 추운가 / 황염(黃炎) // 대중과학.－1958,(3).－41
28918 농촌 소형기상관측소 / 마진청(馬振淸) // 대중과학.－1958,(6).－4－6
28919 번개 / 김기종 // 대중과학.－1958,(8).－31－32
28920 상재를 어떻게 방지할것인가 / 김학선 // 대중과학.－1958,(9).－1－3
28921 금년의 일식과 월식 // 대중과학.－1959,(3).－38
28922 인공강우, 조운, 소무 / 왕붕비(王鵬飛) // 대중과학.－1959,(4).－43－45
28923 거머리에 의한 천기예측 / 곽재운(郭再云) // 대중과학.－1959,(6).－35
28924 연변지구의 6월내의 강우량과 온도의 예고 / 김산 // 대중과학.－1959,(6).－48
28925 상해의 위해성과 그의 예방 // 대중과학.－1959,(9).－10－11
28926 왜서 때론 천기예보가 잘 맞지 않는가 / 김산 // 대중과학.－1959,(9).－31
28927 한조의 재해를 예방하자 // 대중과학.－1959,(9).－9
28928 대륙성 기후와 해양성 기후란 / 풍극가(馮克嘉) // 대중과학.－1959,(12).－34
28929 겨울엔 왜 창문에 꽃무늬형의 서리가 맺히는가? / 장원기(張元錡) // 대중과학.－1960,(1).－36－37
28930 3한 4온 / 영 // 대중과학.－1960,(1).－46

28931 기이한 눈송이 / 한원철 // 대중과학. − 1960, (12). − 34 − 35
28932 온도계 / 리기순 // 대중과학. − 1964,(12). − 30 − 31
28933 공기의 습도 / 현봉철 // 대중과학. − 1965,(1). − 44
28934 건습구 습도계 / 최상하 // 대중과학. − 1965, (2). − 33
28935 구름의 종류 / 유성록 // 대중과학. − 1965,(2). − 27
28936 왜서 금년 봄 기온이 낮았는가 / 유성록 // 대중과학. − 1965,(7). − 34 − 35
28937 7.8월의 강수량 / 리립학 // 대중과학. − 1965, (7). − 35
28938 강우량의 구별 / 유성록 // 대중과학. − 1965, (8). − 42
28939 삼한 사온이란 / 유성록 // 대중과학. − 1965, (12). − 44
28940 방위판정법 몇가지 / 전진 // 대중과학. − 1966, (8). − 62 − 63
28941 인공기후실 / 왕홍춘 // 대중과학. − 1979,(10). − 8
28942 삼한사온 / 장삼환 // 대중과학. − 1979,(12). − 46
28943 과학 ≪천리안≫:원격측정에 대한 소개 / 장춘웅 편역 // 대중과학. − 1980,(3). − 16 − 17
28944 번개와 무지개의 비밀 / 김학림 // 대중과학. − 1980,(6). − 36 − 37
28945 우박 / 리종활 // 대중과학. − 1980,(7). − 17
28946 제비가 낮추 날면 비가 오는가 // 소년아동. − 1980,(8). − 59
28947 북대황의 훌륭한 기상원 / 덕희 등 // 동북민병. − 1980,(18). − 24 − 25
28948 겨울에 왜 때아닌 ≪봄≫이 깃들었는가? / 홍춘식 // 대중과학. − 1981,(2). − 15
28949 동무는 지구상의 어느곳에서 사는가 / 심혜숙 // 대중과학. − 1981,(3). − 30 − 31
28950 번개의 과오와 공로 / 우진파 // 대중과학. − 1981,(8). − 44 − 45
28951 산성비 / 박근배 / 대중과학. − 1981,(8). − 5
28952 서리의 오랜 원한 / 우호녕 // 대중과학. − 1981, (9). − 21
28953 광풍속에서 반짝이는 붉은 별 / 리위국 // 동북민병. − 1981,(14). − 22 − 23
28954 인공강우 / 서인길 // 대중과학. − 1982,(4). − 24 − 25
28955 우박의 인공방지 // 대중과학. − 1982,(6). − 12
28956 괴상한 비 / 리종활 // 대중과학. − 1982,(7). − 40 − 41
28957 풍작의 지남: 생물기후학 / 남원우 // 대중과학. − 1982,(8). − 12 − 14
28958 조국각지의 기후: 우리 나라의 ≪남극주≫ / 륙정화 // 대중과학. − 1982,(10). − 9
28959 최고기온과 최저기온이란? (외1편) // 동북민병. − 1982,(24). − 30
28960 겨울눈 / 륙정화 // 대중과학. − 1983,(1). − 9
28961 지구가 차질가 더워질가 / 오월진 // 대중과학. − 1983,(2). − 17
28962 새봄아씨 찾아올 때 / 륙정화 // 대중과학. − 1983,(4). − 21
28963 번개와 피뢰침 / 손익 // 대중과학. − 1983,(5). − 46 − 47
28964 여름철의 시작 / 륙정화 // 대중과학. − 1983, (6). − 43
28965 지구기후와 인류활동 // 대중과학. − 1984,(5). − 37 − 39
28966 동북각지의 해동기 / 한세천 // 대중과학. − 1986,(2). − 37
28967 구름과 날씨 // 대중과학. − 1986,(6). − 22 − 23
28968 서리해를 막는 새로운 방도 // 대중과학. − 1988,(8). − 21
28969 이상한 지구기후 // 대중과학. − 1989,(11). − 50 − 51
28970 치명적인 오염물: 산성비 // 대중과학. − 1989, (12). − 12 − 14

P5 지질과학

28971 연변의 지질 / 류충걸 // 대중과학. – 1958,(1). – 23 – 24
28972 연변의 지질과 지하수 / 류충걸 // 대중과학. – 1959,(3). – 26 – 27
28973 연변지구 지질특징 및 탐광방향 / 사은택; 장조곤(謝恩澤;張兆崑) // 대중과학. – 1960,(9). – 21 – 22
28974 암석의 파괴 / 금명(今明) // 대중과학. – 1960,(11). – 40
28975 지하보물고의 열쇠: 지질학 / 진경여 // 대중과학. – 1980,(5). – 27
28976 연변의 지질은 어떻게 형성되였는가 / 류충걸 // 대중과학. – 1980,(9). – 30 – 31
28977 최근 지구화학탐사의 발전동향 // 대중과학. – 1988,(10). – 14 – 16
28978 혼자 다녀온 북극 // 대중과학. – 1990,(10). – 6 – 7

P7 해양과학

28979 바다가 지구의 기후에 주는 영향 / 김학선 // 대중과학. – 1958,(4). – 13 – 15
28980 마귀해역 / 최상범 // 대중과학. – 1983,(5). – 15
28981 대서양바다밑의 세가지 기적 / 모명 // 대중과학. – 1984,(8). – 32 – 34
28982 인류에게 복을 안겨주는 해양 / 왕성민 // 대중과학. – 1985,(1). – 11
28983 인류의 새로운 거주지 / 뢰종우 // 대중과학. – 1985,(11). – 6 – 7
28984 신비한 앨니노 // 동북민병. – 1987,(5). – 36 – 37
28985 앞으로 대양과 바다의 개발전망 // 대중과학. – 1988,(12). – 6 – 8
28986 바다≪괴물≫ USO // 대중과학. – 1989,(8). – 30 – 31
28987 태평양 // 대중과학. – 1989,(9). – 28 – 29
28988 마귀바다의 수수께끼 // 대중과학. – 1989,(10). – 20 – 22
28989 바다밑 금자탑 // 대중과학. – 1989,(11). – 37
28990 발찍해 / 최룡길 // 대중과학. – 1990,(6). – 23 – 24
28991 대양심처에서 받은 습격 / 쎈든.까레 // 대중과학. – 1990,(10). – 48 – 50
28992 바다물면의 변화 // 대중과학. – 1990,(10). – 56 – 57

P9 자연지리학

28993 남극주와 그의 탐험 / 한원철 // 대중과학. – 1958,(5). – 41 – 43
28994 연변의 산지 / 류충걸 // 대중과학. – 1979,(12). – 36 – 38
28995 장백산 // 청년생활. – 1980,(1). – 85 – 87
28996 대흥안령 // 동북민병. – 1980,(2). – 43 – 44
28997 초원의 개량과 관리 / 김호남; 한민창 // 대중과학. – 1980,(4). – 11 – 12
28998 백두산천지 / 남원우 // 대중과학. – 1980,(5). – 38 – 39
28999 염수호발전 / 공보정 // 대중과학. – 1980,(11). – 14
29000 아름답고 부요한 경박호 / 남원우 // 대중과학. – 1981,(4). – 2 – 4
29001 대자연의 화폭 / 왕몽호 // 대중과학. – 1981,(9). – 32 – 33
29002 남극주 // 대중과학. – 1981,(11). – 30 – 31
29003 북극지구 / 김록순 // 대중과학. – 1982,(1). – 46 – 47
29004 세계에서 가장 큰 섬– 그린랜드 // 대중과학. – 1982,(4). – 40 – 41
29005 기이한 환상산의 형성 // 대중과학. – 1982,(7). – 36
29006 앞날의 제8대주 / 수남 // 대중과학. – 1982,(8). – 40 – 41
29007 백두산의 기후 / 최상범 // 대중과학. – 1983,

(9).－41

29008 남극주에서의 새로운 발견 // 대중과학.－1984,(3).－13

29009 밀림속의 도시: 앙코르 / 소려 // 대중과학.－1984,(3).－35－37

29010 구화산 / 황해룡 // 청년생활.－1984,(4).－69－70

29011 미지의 땅: 남극에로의 진군 / 장광조 // 대중과학.－1984,(5).－24－25

29012 북극탐험의 선구자들 / 장광조 // 대중과학.－1984,(9).－22－23

29013 남극주는 어떤 곳일가요? // 꽃동산.－1985,(4).－18－19

29014 남극대륙에 제일 먼저 간 사람 / 백연 // 대중과학.－1985,(9).－31

29015 남극《장성》 고찰소건물 // 대중과학.－1985,(10).－40－41

29016 아프리카주의 사막화추세 // 대중과학.－1986,(2).－8－9

29017 옮겨가는 북극 // 대중과학.－1986,(8).－20－21

29018 백두산천지 // 대중과학.－1987,(7).－20－22

29019 나라의 으뜸 / 주창일 // 꽃동산.－1988,(2).－28

29020 베르데갑군도에서 목격한 기이한 현상 // 대중과학.－1988,(11).－54－56

29021 남색의 별－지구 / (쏘련) 아나똘리 따미린 // 꽃동산.－1989,(5).－6－7

29022 알고 있나요: 태양은 얼마나 큰가 // 소년아동.－1989,(5).－112－117

29023 지구에 울리는 경종 / 류녕영; 전봉 // 대중과학.－1989,(6).－3－5

29024 방위를 알아내는 방법 / 장창진 // 소년아동.－1990,(2).－112－114

Q 생물과학

Q1 일반생물학

29025 신흥변두리과학: 생물모방학 / 왕승발 // 대중과학.－1979,(10).－12－13

29026 생태계통 / 마세준 // 대중과학.－1980,(1).－15

29027 생물과 지하보물찾기 / 섭상원 // 대중과학.－1980,(3).－41

29028 기묘한 생물시계 / 류천개 // 대중과학.－1980,(11).－36－37

29029 생물통계기초지식 / 김윤범; 주재윤 // 대중과학.－1981,(9).－24－27

29030 생물의 진화를 어떻게 아는가? / 김철수 // 대중과학.－1981,(11).－54－56

29031 동식물의 구별점 / 왕흥릉 // 대중과학.－1981,(12).－9

29032 밝혀진 서인의 진상 / 리주석 // 대중과학.－1981,(12).－28－29

29033 생물의 진화와 생물학의 발전 / 동작소; 로계전 // 대중과학.－1981,(12).－2－4

29034 대자연이 준 잠수재간 // 대중과학.－1982,(6).－6－7

29035 고기가 사람으로 / 려찬량 // 대중과학.－1983,(10).－13

29036 달밤에 깃든 상상 / 소국림 // 대중과학.－1984,(11).－14－15

29037 동식물의 고향은 어디인가 / 주립명 // 대중과학.－1985,(8).－44

29038 섭씨250도 고온에서의 생명 // 대중과학.－1985,(12).－3

29039 우주문명에 대한 탐색 / 박창화 역 // 대중과학. − 1989,(6). − 20 − 22

29040 인류가 무의식중에 빚어낸 어리석은 짓 / 송지성 // 연변녀성. − 1990,(6). − 42 − 44

29041 생명과 환경 // 대중과학. − 1990,(7). − 58 − 59

29042 생물의 주기적멸종에 대한 새로운 가설 // 대중과학. − 1990,(12). − 18 − 19

Q3 유전자과학

29043 유전성이란 무엇인가 // 대중과학. − 1959,(7). − 43 − 44

29044 유전학 약간 문제에 관한 쟁론: 획득성의 유전과 진화 // 대중과학. − 1959,(9). − 34 − 35

29045 유전자공학이란 무엇인가 / 방종혁 // 대중과학. − 1980,(3). − 18 − 20

29046 유전학의 어제와 오늘 / 박현수 // 대중과학. − 1980,(8). − 20 − 21

29047 량친이 없는 후대 / 왕정원 // 대중과학. − 1980,(12). − 40 − 41

29048 잡종강세의 리용과 전망 / 장기건 // 대중과학. − 1981,(1). − 40 − 41

29049 리센꼬의 몰락기 / (쏘련) 메드베제브 // 대중과학. − 1981,(4). − 43 − 45

29050 유전자의 ≪보금자리≫: 염색체 // 대중과학. − 1981,(9). − 38 − 39

29051 무엇때문에 후대가 선대를 닮게 되는가 // 대중과학. − 1981,(10). − 40 − 42

29052 동식물의 교잡 / 주장초 // 대중과학. − 1981,(11). − 7

29053 실험방법과 발견 / 장소기 // 대중과학. − 1982,(2). − 17

29054 사람의 성별은 어떻게 결정되는가? / 량경화 // 연변녀성. − 1984,(3). − 59

29055 전도가 유망한 저온생물학 // 대중과학. − 1988,(8). − 3 − 5

Q6 생물물리학

29056 빛과 생명 / 아.마.아이만 // 대중과학. − 1958,(8). − 24 − 25

29057 생물물리학과 생물화학 연구사업을 강화하여 생물화상에서의 새롭고도 광활한 도로를 개척하자 / 동제주(童第周) // 대중과학. − 1960,(4). − 41 − 42

29058 생물모방력학 / 허상림 // 대중과학. − 1981,(7). − 14 − 16

29059 빛과 생물 // 대중과학. − 1982,(3). − 25

29060 생물의 적외선기능 / 송리학 // 대중과학. − 1984,(7). − 14 − 15

29061 기이한 생물전자기파 // 대중과학. − 1986,(10). − 18 − 19

29062 태양의학이란 무엇인가? // 대중과학. − 1986,(10). − 10 − 11

29063 기묘한 인체공학 / 진복민 // 대중과학. − 1987,(8). − 26 − 27

Q93 미생물학

29064 세균과 우리의 생활 / 박은주 // 대중과학. − 1958,(8). − 38 − 39

29065 토매소의 제조방법과 응용 / 지룡욱 // 대중과학. − 1960,(6). − 37 − 39

29066 미생물 / 류사 // 대중과학. − 1979,(11). − 42 − 43

29067 토양의 주인: 미생물 / 진위진 // 대중과학. − 1983,(10). − 17 − 18

Q94 식물학

29068 미츄린은 사과배를 어떻게 창조하였는가? // 소년아동. − 1954,(4). − 12 − 14

29069 식물의 무성번식 // 대중과학. − 1958,(5). − 46 − 47

29070 식물에 대한 광물질의 생리적작용 // 대중

과학.－1959,(6).－16
29071 잡교친본의 선택은 어떻게 하는가? // 대중과학.－1959,(8).－14－15
29072 사해를 소멸할수있는 식물 / 김수철 // 대중과학.－1960,(8).－38－39
29073 지유를 원료로 한 단닝생산 / 로서 // 대중과학.－1960, (11).－9－10
29074 유기물질의 전환과 수송 / 김광춘 // 대중과학.－1964, (8).－22－23
29075 식물의 겨울생활 / 김형완 // 대중과학.－1964, (11).－26
29076 식물의 영양원소 / 황원극 // 대중과학.－1965, (6).－21
29077 식물의 광합성작용 / 김형완 // 대중과학.－1965,(7).－21－22
29078 토양을 보호하는 식물 / 홍승진 // 대중과학.－1965,(7).－18－19
29079 자주개자리의 채종 / 강길룡 // 대중과학.－1965,(8).－18
29080 식물의 호흡작용 / 원상진 // 대중과학.－1965, (10).－22－23
29081 식물의 발육 / 박창일 // 대중과학.－1965, (11).－22－23
29082 록색의 정보원: 표식식물 / 김수철 // 대중과학.－1965,(12).－3－5
29083 식물의 생리적기능 / 김형완 // 대중과학.－1965,(12).－21
29084 기름나무: 문관과 / 조홍철 // 대중과학.－1979, (11).－39
29085 식물은 무엇을 먹고 자라는가 / 염개란 // 대중과학.－1979,(12).－12－13
29086 벌레를 잡아먹는 식물 / 진좌충 // 대중과학.－1980,(7).－35
29087 푸른잎의 비밀 / 계약림 // 대중과학.－1980, (7).－30－31
29088 왜 철없이 꽃이 피는가 / 교빈 // 대중과학.－1980,(9).－45
29089 흥미있는 나무들 // 소년아동.－1980,(10).－61－62
29090 식물이 병을 저항하는 능력 / 적원발 // 대중과학.－1981,(1).－26－27
29091 식물뿌리의 구조와 기능 // 대중과학.－1981, (2).－44－46
29092 식물과 수분 // 대중과학.－1981,(3).－28－29
29093 식물의 수정 // 대중과학.－1981,(4).－30－31
29094 식물의 줄기 // 대중과학.－1981,(5).－38－39
29095 젖이 나는 신기한 식물들 // 대중과학.－1981, (5).－34－35
29096 식물의 잎 // 대중과학.－1981,(6).－34－36
29097 몇가지 야생식물소개 / 주춘근 // 대중과학.－1981,(7).－6－7
29098 식물의 열매 // 대중과학.－1981,(7).－10－12
29099 식물의 씨앗 // 대중과학.－1981,(8).－26－27
29100 어머니없는 식물 / 리호철 // 대중과학.－1981, (8).－57
29101 장백산식물은 왜 아름다운가? / 왕영명 // 대중과학.－1981,(8).－8－10
29102 홀시할수 없는 식물영양: 미량원소 / 리재식 // 대중과학.－1981,(8).－42－43
29103 식물에도 감정이 있는가 / 정강 // 대중과학.－1981,(9).－14－16
29104 세차례 돌파: 전진하고있는 륙생식물 / 류옥성 // 대중과학.－1981,(10).－24－25
29105 식물공장 // 대중과학.－1982,(1).－34－36
29106 식물지간의 의존과 배척 / 주조기 // 대중과학.－1982,(2).－38－39
29107 식물기관 // 대중과학.－1982,(3).－24
29108 식물에도 심장 혈형 체온이 있다 / 호단 // 대중과학.－1982,(4).－13
29109 식물병독의 자술 / 한철 // 대중과학.－1982, (5).－13
29110 엽상화 // 대중과학.－1982,(5).－13
29111 식물냄새의 비밀 / (일본) 이와나미 요조 // 대중과학.－1982,(9).－30－31
29112 록색식물의 위대한 업적 / 한중일 // 대중과학.－1982,(10).－6－7

29113 식물은 어떻게 겨울을 나는가 / 룡원개 // 대중과학. – 1982,(11). – 26 – 27

29114 지시식물의 공헌 / 김학림 // 대중과학. – 1982,(11). – 28 – 29

29115 식물생장의 비밀 / 계요림 // 대중과학. – 1982,(12). – 30 – 31

29116 식물과 생태평형 / 조희복 // 대중과학. – 1983,(7). – 3 – 4

29117 꽃은 어떻게 생겨났는가? // 대중과학. – 1983,(8). – 21

29118 식물의 성별과 통제 / 관초 // 대중과학. – 1983,(8). – 27

29119 재배식물의 고향 / 림지황 // 대중과학. – 1983,(9). – 37 – 38

29120 무척 달콤한 사탕풀: 첨국 / 김례숙 // 대중과학. – 1983,(11). – 3 – 5

29121 잎면적이 가장큰 수생식물: 왕련 / 신하 // 대중과학. – 1983,(11). – 35

29122 전기와 식물 // 대중과학. – 1983,(11). – 28 – 29

29123 보배풀: 전동싸리 // 대중과학. – 1984,(1). – 17

29124 식물의 자위반격 / 김효정 // 대중과학. – 1984,(7). – 49

29125 식물의 시험관번식 // 대중과학. – 1984,(10). – 31

29126 식물탐광 // 대중과학. – 1984,(12). – 43

29127 경제식물쾌속번식 / 주지청 // 대중과학. – 1985,(1). – 18 – 20

29128 식물과 아스피린 / 김영숙 // 대중과학. – 1985,(5). – 36

29129 도깨비바늘의 새로운 용도 / 은점당 // 대중과학. – 1985,(6). – 51

29130 초급식물 / 주립명 // 대중과학. – 1985,(8). – 10 – 11

29131 토양을 떠나 식물을 재배할수 있는가? // 대중과학. – 1985,(8). – 6 – 7

29132 식물과 곤충의 공방전 // 대중과학. – 1985,(11). – 40 – 42

29133 우리 나라 식물세포공학의 현상과 전망 / 전영청 등 // 대중과학. – 1985,(11). – 14 – 15

29134 체세포교잡으로 얻은 새 식물 / 리향휘 // 대중과학. – 1985,(12). – 4 – 5

29135 식물의 비루스병을 막는 새 방법 // 대중과학. – 1986,(7). – 17

29136 식물체내에서의 새로운 발견 // 대중과학. – 1986,(10). – 15

29137 식물가운데서의 내한발성≪영웅≫ // 대중과학. – 1986,(11). – 45

29138 과학지식: 해바라기는 무엇때문에 태양을 따를가요? // 꽃동산. – 1987,(3). – 17

29139 인류와 식물 // 꽃동산. – 1987,(3). – 6

29140 천연세계 // 소년아동. – 1987,(8). – 93 – 94

29141 단풍 // 소년아동. – 1987,(10). – 80 – 82

29142 식물의 전요성비밀 // 대중과학. – 1988,(8). – 40 – 41

29143 식물의 지혜 / 립명 // 대중과학. – 1988,(10). – 40 – 41

29144 엄동설한과 식물의 생명 // 대중과학. – 1988,(10). – 22 – 24

29145 왜 가을이 돌아오면 나무잎이 누르러집니까? // 소년아동. – 1988,(10). – 115

29146 버섯의 힘 // 소년아동. – 1988,(12). – 115 – 120

29147 사람을 웃게 하는 식물 // 꽃동산. – 1989,(3). – 19

29148 명약 알로에 / 리송웅; 왕영명 // 대중과학. – 1989,(4). – 52

29149 척척할아버지, 봄이 되면 왜 가로수의 밑부분에 석회칠을 합니까 // 소년아동. – 1989,(5). – 123

29150 식물의 광합작용 / 문일 // 꽃동산. – 1989,(6). – 28

29151 왜 오리는 물속에 들어갔다가 나와도 털이 젖지 않고 마른대로 있습니까? // 소년아동. – 1989,(6). – 113

29152 훌륭한 목초품종: 달구지풀 / 최일순 // 대중과학. – 1989,(7). – 49

Q95 동물학

29153 세계에서 제일 큰 동물 – 고래 / 축하 // 소년아동. – 1954,(4). – 30 – 31
29154 집토끼의 조상 / 매청 // 소년아동. – 1954,(5). – 17
29155 곤충들의 음악회 // 소년아동. – 1954,(10). – 20 – 21
29156 곤충들은 어떻게 겨울을 지내나? // 소년아동. – 1954,(11). – 27
29157 연길공원에 있는 주요동물의 소개 // 대중과학. – 1959,(7). – 46 – 47
29158 하마 / 리수봉 // 대중과학. – 1966,(4). – 28
29159 동물에 의한 기상관측 // 대중과학. – 1966,(8). – 72
29160 흥취있는 동물의 휴면 / 구춘림 // 대중과학. – 1979,(12). – 24 – 26
29161 조류의 ≪애정≫ // 동북민병. – 1980,(5). – 40 – 41
29162 다종다양한 장백산 야생동물 / 리수봉 // 대중과학. – 1980,(8). – 7
29163 기묘한 개구리눈 // 동북민병. – 1980,(9). – 40 – 41
29164 흰두루미의 고향은? // 동북민병. – 1980,(10). – 40 – 41
29165 동물은 어떻게 체온을 조절하는가 / 소성일 // 대중과학. – 1980,(12). – 46 – 47
29166 동물에게 ≪사상≫이 있는가 / 서영경 // 대중과학. – 1981,(1). – 59 – 61
29167 동물의 애정 / 리수봉 // 대중과학. – 1981,(2). – 31
29168 생물공장 / 원달성 // 대중과학. – 1981,(4). – 59
29169 말할줄 아는 꽃사슴 / 김려산 // 대중과학. – 1981,(5). – 46
29170 독사와 무독사의 감별 // 대중과학. – 1981,(6). – 37
29171 웅담과 그의 감별 / 리경도 // 대중과학. – 1981,(6). – 45
29172 동물의 자기보호 / 리수봉 // 대중과학. – 1981,(7). – 33
29173 범은 왜 이마에 ≪왕≫자가 있는가? / 김광릉 // 대중과학. – 1981,(7). – 17
29174 동물의 ≪애정≫생활 / 조명단 // 동북민병. – 1981,(8). – 39 – 41
29175 진귀한 약용동물: 기름개구리 / 왕영명 // 대중과학. – 1981,(12). – 10 – 11
29176 동물상식을 장악하기 바란다 / 중박 // 동북민병. – 1981,(14). – 35 – 36
29177 금주만에서 생긴 비극: 고래의 집체자살 / 주신학; 시우인 // 대중과학. – 1982,(2). – 48 – 49
29178 도마뱀의 교묘한 꼬리 // 대중과학. – 1982,(4). – 41
29179 호위를 잘하는 동물들 / 손철수 // 대중과학. – 1982,(6). – 23
29180 동물들의 ≪사랑의 선물≫ // 대중과학. – 1982,(7). – 41
29181 동물의 자애로운 어머니 / 연생 // 대중과학. – 1982,(9). – 64
29182 세계의 특이한 짐승: 락타 // 대중과학. – 1983,(2). – 39
29183 동물의 ≪문명례절≫ / 연생 // 대중과학. – 1983,(3). – 23
29184 진귀한 동물: 무소 / 렴승우 // 대중과학. – 1983,(4). – 24
29185 투명골격견본 제작방법 / 왕영명 // 대중과학. – 1983,(6). – 49
29186 새왕국의 명수들 // 대중과학. – 1983,(8). – 32 – 33
29187 진귀한 동물: 한호조와 오서 / 렴승우 // 대중과학. – 1983,(8). – 54
29188 동물은 물건의 개수를 셀줄 아는가? / (일본) 오오야 신이찌 // 대중과학. – 1983,(10). – 29

29189 사람을 구해주는 돌고래 // 대중과학. − 1983,(10). − 22 − 23

29190 어둠속의 레이다전 // 대중과학. − 1983,(10). − 34 − 35

29191 오락가락하는 야생동물의 운명 // 대중과학. − 1983,(10). − 48 − 49

29192 동물교예배우 / 방신량; 황아웅 // 대중과학. − 1983,(12). − 11 − 13

29193 세상에서 가장 큰 짐승: 고래 // 대중과학. − 1983,(12). − 25

29194 날줄 아는 특이한 동물들 / 철주 // 대중과학. − 1984,(4). − 49

29195 동물계의 ≪모권≫ // 연변녀성. − 1984,(5). − 54 − 55

29196 동물의 혀 // 대중과학. − 1984,(5). − 20 − 21

29197 두꺼비의 의약적용도 / 호지위 // 동북민병. − 1984,(7). − 38

29198 쥐에 대한 과학자들의 흥취 // 동북민병. − 1984,(7). − 37

29199 너구리 / 량봉석 // 대중과학. − 1984,(8). − 28 − 29

29200 동물도 물리학을 안다 // 대중과학. − 1984,(9). − 20 − 21

29201 량극지역의 기이한 동물 // 대중과학. − 1984,(9). − 55

29202 아메리카의 진귀한 동물 // 대중과학. − 1984,(9). − 22 − 23

29203 원숭이 ≪사회≫의 등급제도 // 대중과학. − 1984,(10). − 30 − 31

29204 경찰부대에서 복무하는 쥐 / 문철 // 동북민병. − 1985,(3). − 19 − 20

29205 동물원구경의 알맞는 시간 / 진란 // 대중과학. − 1985,(4). − 26

29206 코끼리학교 / 황력유 // 연변녀성. − 1985,(4). − 38 − 39

29207 ≪말≫하는 새 // 대중과학. − 1985,(5). − 10 − 11

29208 연변의 유일한 독사: 살모사 / 김광릉 // 대중과학. − 1985,(5). − 19

29209 참대곰의 ≪사생활≫ // 연변녀성. − 1985,(5). − 38 − 39

29210 동물들의 겨울준비 // 꽃동산. − 1985,(6). − 32

29211 박쥐와 나비의 초음파공중전 // 꽃동산. − 1985,(6). − 24 − 25

29212 원숭이의 세 녀동료 / 윤이홍; 비지평 // 연변녀성. − 1985,(6). − 23 − 24

29213 형형색색의 동물학교 // 대중과학. − 1985,(7). − 42 − 43

29214 높이뛰기능수 캉가루 / 방원 // 대중과학. − 1985,(8). − 23

29215 동물의 눈 // 대중과학. − 1985,(10). − 47

29216 초형동물의 탄생 // 대중과학. − 1985,(10). − 36

29217 동물의 갖가지 자는 형태 / 화순 // 꽃동산. − 1986,(1). − 11 − 12

29218 동물의 갖가지 형식의 장례 // 꽃동산. − 1986,(1). − 10

29219 동물들의 혼사 // 대중과학. − 1986,(3). − 36 − 38

29220 승냥이 // 대중과학. − 1986,(3). − 38

29221 동물의 품행 // 대중과학. − 1986,(5). − 44

29222 바다거부기의 인조발가락 // 꽃동산. − 1986,(6). − 11

29223 동물의 청혼 // 대중과학. − 1986,(8). − 42

29224 동북에서 보호하여야 할 진귀한 동물 // 대중과학. − 1986,(8). − 14

29225 무엇이 공룡들을 멸종시켰는가? // 대중과학. − 1986,(8). − 16 − 17

29226 대자연의 음악가 // 대중과학. − 1986,(9). − 26 − 27

29227 인류의 이웃: 류인원 // 대중과학. − 1986,(9). − 46 − 47

29228 개구리류의 방어술 // 대중과학. − 1986,(10). − 27

29229 동물과 지진징조 // 대중과학. − 1986,(10). − 45

29230 새로 취임된 동물《경찰》// 대중과학.－1986,(10).－40－41
29231 동물의 《협동작전》// 대중과학.－1986,(11).－35
29232 무덤새 // 대중과학.－1986,(12).－9
29233 짐승의 성별통제 // 대중과학.－1986,(12).－23
29234 대뢰조는 왜 때론 귀머거리로 되는가 // 대중과학.－1987,(1).－44
29235 산림속의 《나무의사》: 딱따구리 // 대중과학.－1987,(1).－51
29236 북극곰의 도시 // 대중과학.－1987,(3).－16－17
29237 원숭이왕 // 소년아동.－1987,(3).－86－89
29238 산공룡 발견 // 대중과학.－1987,(4).－4－6
29239 동물들의 미덕 // 꽃동산.－1987,(6).－32
29240 생물의 수명 // 대중과학.－1987,(7).－34－35
29241 기이한 쥐들 / 무굉 // 동북민병.－1987,(9).－30
29242 땅우에서 제일 큰 동물 // 소년아동.－1987,(9).－91－93
29243 고슴도치의 먹이찾기 / 양영청 // 꽃동산.－1988,(2).－30
29244 술을 마시는 코끼리 / 양영청 // 꽃동산.－1988,(2).－31
29245 왜 흰토끼의 눈만은 붉은색을 띠였습니까? // 소년아동.－1988,(2).－125
29246 거부기의 방문 // 꽃동산.－1988,(3).－16
29247 동물에게도 방언이 있답니다 // 꽃동산.－1988,(4).－26－27
29248 곰의 호기심 / 수로 // 동북민병.－1988,(5).－23
29249 동물들의 병치료 // 꽃동산.－1988,(6).－26
29250 동물의 으뜸 // 대중과학.－1988,(7).－20－21
29251 꼬리의 작용 / 송철수 // 대중과학.－1988,(10).－54－55
29252 말가슈도의 진귀한 동물 / 강동춘 // 대중과학.－1988,(10).－52－53
29253 동물의 짝무이와 번식 // 대중과학.－1988,(11).－48－50
29254 수컷이 새끼를 기르다 // 대중과학.－1989,(1).－49
29255 곤충은 어떻게 윙윙 소리를 내는가 // 소년아동.－1989,(2).－112－115
29256 《문명》한 동물들 / 김성 // 꽃동산.－1989,(2).－22－23
29257 애절한 코끼리장례 // 대중과학.－1989,(3).－27
29258 근무를 서는 앵무새 // 꽃동산.－1989,(4).－20－21
29259 동물의 범죄활동 // 대중과학.－1989,(4).－57－58
29260 왜 어떤 어미토끼는 새끼를 잡아먹습니까? // 소년아동.－1989,(4).－117
29261 동물들의 신호 // 대중과학.－1989,(5).－20
29262 동물은 산 《청우계》 / 요석영 // 꽃동산.－1989,(5).－5
29263 동물의 눈 / 손철수 // 대중과학.－1989,(7).－24－26
29264 원숭이가 정말 이를 잡아먹을가? // 소년아동.－1989,(7).－98－102
29265 거부기기문 // 소년아동.－1989,(8).－117－121
29266 동물원의 범은 왜 낮에 굴안에 들어가 자기만 합니까 // 소년아동.－1989,(11).－120
29267 고양이는 왜 털을 핥는가 // 소년아동.－1989,(12).－105－108
29268 바다뱀 / 손철수 // 대중과학.－1989,(12).－48－49
29269 사람을 잡아먹는 게 // 리환 // 꽃동산.－1990,(2).－23
29270 구렝이 / 민대 // 꽃동산.－1990,(3).－29－30
29271 동물세계의 성선택과 우생학에 관하여 / 김은순; 김경림 // 대중과학.－1990,(4).－27
29272 몇몇 동물의 선조들 // 꽃동산.－1990,(6).－24－25

29273 자라의 자기희생적정신 // 꽃동산. − 1990,(6). − 13
29274 티끌모아 태산 // 꽃동산. − 1990,(6). − 25
29275 동물의 번식으뜸 / 리수붕 // 대중과학. − 1990,(7). − 57
29276 동물의 부부 // 대중과학. − 1990,(7). − 53
29277 기이한 짐승들 // 대중과학. − 1990,(8). − 25
29278 ≪바느질≫하는 새 // 소년아동. − 1990,(8). − 121 − 124
29279 말할줄 아는 고양이 // 대중과학. − 1990,(10). − 12
29280 세계에서 가장 작은 돼지 // 소년아동. − 1990,(10). − 123 − 124
29281 흑룡강성의 4대진품 / 류약민 // 동북후비군. − 1990,(10). − 33
29282 까마귀떼 날아옌다 / 포량옥 // 동북후비군. − 1990.(11 − 12). − 37
29283 동물의 잠자기 // 대중과학. − 1990,(12). − 21

Q96 곤충학

29284 파리, 모기,빈대 // 대중과학. − 1958,(6). − 19
29285 벼룩과 바퀴 / 장문선 // 대중과학. − 1958,(7). − 41
29286 야도충의 발생,경과 과정에 대하여 / 리수천 편역 // 대중과학. − 1959,(7). − 20 − 21
29287 어떻게 꿀벌이의 설사를 방치할것안가 // 대중과학. − 1960,(10). − 24
29288 왕벌의 수명 // 대중과학. − 1966,(7). − 57
29289 동충하초 / 주홍민 // 대중과학. − 1979,(12). − 26
29290 농작물의 훌륭한 조수: 꿀벌 / 김창규 // 대중과학. − 1981,(5). − 29 − 30
29291 흥미를 자아내는 곤충의 감각 / 송룡법 // 대중과학. − 1981,(8). − 40 − 41
29292 바퀴포살기 // 대중과학. − 1982,(1). − 23
29293 곤충의 구기 / 왕림요 // 대중과학. − 1982,(7). − 14 − 15
29294 곤충의 ≪냄새언어≫—페로몬 / 송룡범 // 대중과학. − 1982,(7). − 18 − 19
29295 그물뜨기능수 − 거미 / 우진파 // 대중과학. − 1982,(8). − 18 − 19
29296 개미왕국을 찾아서 // 대중과학. − 1982,(9). − 18 − 20
29297 곤충의 신기한 비행본능 // 대중과학. − 1983,(10). − 46 − 47
29298 사랑삼부곡 / 황계선 // 대중과학. − 1983,(12). − 44 − 45
29299 ≪3억여살≫에 나는 바퀴 // 대중과학. − 1984,(8). − 38 − 39
29300 해충의 공로 // 대중과학. − 1984,(9). − 24
29301 곤충의 ≪안테나≫ / 류덕보 // 대중과학. − 1984,(11). − 34 − 35
29302 장군무 파리구데기를 도입하여 닭을 친다 / 소벽춘; 조언구 // 동북민병. − 1984,(20). − 20
29303 파리의 계시 / 왕진곤 // 대중과학. − 1985,(4). − 9
29304 흥미있는 곤충 // 대중과학. − 1985,(4). − 16 − 17
29305 동물의 왕: 육식개미 // 대중과학. − 1985,(8). − 31
29306 사람들의 찬탄을 자아내는 개미 / 서승 // 동북민병. − 1986,(6). − 46
29307 범죄자의 정체를 드러내는 곤충 / 모진기 // 대중과학. − 1986,(12). − 14 − 16
29308 곤충들의 통신비밀을 찾아서 // 대중과학. − 1988,(7). − 36 − 38
29309 곤충의 기묘한 입기관 / 김봉술 편 // 대중과학. − 1988,(9). − 44 − 46
29310 곤충세계의 으뜸 // 대중과학. − 1988,(12). − 34 − 35
29311 곤충과 안건사출 / 채경원 // 대중과학. − 1989,(10). − 23
29312 회충의 자백 // 대중과학. − 1989,(11). − 15

Q98 인류학

29313 인간의 기원 // 대중과학. – 1959,(3). – 44 – 46
29314 유전학계시: 성별을 통제하는 자유왕국에로 // 대중과학. – 1979,(10). – 14 – 15
29315 어떻게 평생의 배필을 무을것인가 / 류횡 // 대중과학. – 1981,(3). – 2 – 3
29316 ≪야생인≫의 종적을 찾아 / 남영 // 대중과학. – 1981,(5). – 48 – 50
29317 빙설세계에서 사는 사람들 / 강정철 // 대중과학. – 1982,(2). – 22 – 23
29318 생명은 하늘에서 왔다 / 문금 // 대중과학. – 1982,(2). – 27
29319 외로운 인류 / (미국) I. 아씨모브 // 대중과학. – 1984,(1). – 15
29320 ≪야인≫연구의 새 소식 / 강휘 // 동북민병. – 1984,(20). – 37
29321 인종의 차이 / 정적 // 동북민병. – 1986,(4). – 42
29322 북아메리카주에서 야생인의 발견 // 대중과학. – 1986,(5). – 40 – 41
29323 인체의 하루변화법칙 / 효일 // 동북민병. – 1986,(6). – 46
29324 발가락이 두개인 사람들 // 대중과학. – 1986,(9). – 20 – 21
29325 신기한 동물 / 왕봉 // 동북민병. – 1986,(10). – 8
29326 ≪괴상한 애들≫의 괴상한 일 / 진려 // 동북민병. – 1986,(12). – 43 – 44
29327 사람의 힘은 얼마나 되는가? // 동북민병. – 1987,(6). – 41
29328 인류자체생산단위를 론함 / 왕뢰 // 연변녀성. – 1988,(12). – 40 – 41
29329 희귀한 사람 기이한 일 / 류군 // 동북후비군. – 1989,(2). – 37
29330 괴상한 사람들 / 림후 // 연변녀성. – 1989,(3). – 51
29331 짐승이 키운 아이들 / 조룡남 편역 // 대중과학. – 1989,(3). – 24 – 27
29332 세주일간 랭동되였던 남자애 살아났다 // 동북후비군. – 1989,(5). – 9
29333 인류의 반성 // 대중과학. – 1990,(1). – 25
29334 사람은 왜 지금의 모양일가? // 대중과학. – 1990,(3). – 54 – 55
29335 3000년의 인류 // 대중과학. – 1990,(9). – 30 – 31

R 의약, 위생

R1 예방의학, 위생학

29336 사람은 어떻게 하여야만 장수할수 있는가? // 대중과학. – 1958,(1). – 40 – 42
29337 수면과 불면 // 대중과학. – 1958,(2). – 20 – 21
29338 혈형과 수혈 / 심창권 // 대중과학. – 1958,(2). – 22 – 23
29339 두가지 새로운 피임도구 / 황덕방(黃德芳) // 대중과학. – 1958,(3). – 34
29340 청춘기녀성의 보건 // 대중과학. – 1958,(3). – 29 – 31
29341 건강과 비타민 // 대중과학. – 1958,(5). – 44 – 45
29342 생채를 많이 먹는것이 나쁜 습관인가? / 엄준 // 대중과학. – 1958,(6). – 34
29343 고온작업에서의 보건 // 대중과학. – 1958,(7). – 35 – 36

29344 뚱뚱보와 여위대기 / 장문선 // 대중과학. − 1958,(8). − 46 − 47

29345 간편한 자동용해기 / 리계순 // 대중과학. − 1958,(10). − 30

29346 체육이 신체에 주는 영향 // 대중과학. − 1959,(1). − 47 − 48

29347 농촌탁아소의 보건사업 / 동소출;서사길(同素出 ; 徐乍吉) // 대중과학. − 1959,(2). − 38 − 39

29348 로동생활과 위생 // 대중과학. − 1959,(2). − 44 − 45

29349 일광욕 / 정상환 // 대중과학. − 1959,(2). − 42

29350 인민공사의 식당위생을 어떻게 잘할것인가 / 장인걸(蔣人杰) // 대중과학. − 1959,(3). − 34

29351 로동생산가운데서의 부녀들의 위생 // 대중과학. − 1959,(6). − 38

29352 밤공작은 건강에 해로운가 / 춘화(春和) // 대중과학. − 1959,(6). − 33 − 34.32

29353 랭수를 마시면 몸에 해롭다 / 왕등림(王登林) // 대중과학. − 1959,(7). − 29 − 30

29354 유아원어린이들의 세수하는데 대하여 // 대중과학. − 1959,(7). − 45

29355 잠을 어떻게 누워자는것이 좋은가 / 김영숙 역 // 대중과학. − 1959,(7). − 33

29356 목욕을 자주하면 몸에 어떻게 좋은가? // 대중과학. − 1959,(8). − 32 − 33

29357 젖을 오래 먹이면 피임될수 있는가 // 대중과학. − 1959,(10). − 23

29358 산후운동 / 탁정여(桌晶如) // 대중과학. − 1959,(11). − 37 − 38

29359 뉘집 어린이가 더 빨리 크는가 // 대중과학. − 1959,(12). − 33

29360 어린애의 음식위생 / 리정해(李廷海) // 대중과학. − 1959,(12). − 45

29361 부녀들의 로동위생 / 김석진 // 대중과학. − 1960,(3). − 39 − 40

29362 사람은 왜 잠을 자야 하는가? // 연변. − 1962,(1). − 33

29363 사람은 일생동안 얼마나 자는가? // 연변. − 1962,(1). − 33

29364 몇가지 지혈방법 / 김학준 // 대중과학. − 1964,(10). − 47 − 48

29365 식용소다의 내복 / 태창송 // 대중과학. − 1964,(10). − 15

29366 증량법에 의한 작식의 좋은점 / 리성덕 // 대중과학. − 1960,(10). − 5

29367 첫애기 어머니들에게 / 리성덕 // 대중과학. − 1960,(10). − 47

29368 술과 건강 / 류병일 // 대중과학. − 1964,(11). − 32

29369 로동과 건강 / 류병일 // 대중과학. − 1965,(5). − 44

29370 활동의 전후준비활동과 정리활동 / 장정식 // 대중과학. − 1965,(7). − 38 − 39

29371 심리상태와 음식물의 소화 / 리재익 // 대중과학. − 1965,(9). − 43

29372 장거리달리기 / 리소화 // 대중과학. − 1966,(2). − 53 − 54

29373 계획생육 / 안규현 // 대중과학. − 1966,(3). − 59

29374 만혼의 과학적도리 / 김옥분 // 대중과학. − 1966,(4). − 52 − 53

29375 피임환이란? / 김창권 // 대중과학. − 1966,(4). − 49 − 51

29376 압축분무기의 사용과 진단 / 류영 // 대중과학. − 1966,(7). − 64 − 65

29377 랭수마찰과 건강 // 대중과학. − 1966,(9). − 76 − 77

29378 내복피임환의 공능 / 김승희 // 대중과학. − 1979,(10). − 29

29379 어린이 지력측정 // 대중과학. − 1979,(10). − 30 − 34

29380 당대의 피임기술 / 리환;고건 // 대중과학. − 1979,(11). − 10 − 12

29381 비타민 C는 어떤 나물에 많은가 / 류금 // 대중과학. − 1979,(11). − 39

29382 흰입쌀과 각기병 / 진문경 // 대중과학. − 1979,

(11).－44－45
29383 뚱뚱보와 건강 / 장문선 편역 // 대중과학.－1979,(12).－32－34
29384 찬물로 얼굴을 씻으면 어째서 감기를 예방할수 있는가? // 대중과학.－1980,(2).－42－43
29385 어떤 사람은 무엇때문에 여위는가 / 요덕홍 // 대중과학.－1980,(3).－38
29386 일본사람의 키가 커진 요인 // 대중과학.－1980,(4).－21
29387 키 크는 방법 // 소년아동.－1980,(5).－60
29388 남녀의 지력차이는 선천적인가? / 김영식 // 연변교육.－1980,(6).－53－54
29389 근시안의 원인과 그의 예방 / 허철안;허광년;리웅걸 // 연변교육.－1980,(7).－48－50
29390 하루음식의 단백질 배치 / 장소심 // 대중과학.－1980,(8).－2－3
29391 기억의 비밀 / (미국)로아.로완 // 대중과학.－1980,(9).－26－28
29392 8－9개월되는 애기키우기 // 대중과학.－1980,(10).－47－48
29393 밥먹을 때 아이를 욕하지 말아야 한다 / 양학례 // 대중과학.－1980,(11).－38
29394 우생학과 계획생육 / 허철안;허광년 // 대중과학.－1980,(11).－34－35
29395 의용 생체공학 / 채인석 // 대중과학.－1980,(11).－10－11
29396 로년기의 음식요구 // 대중과학.－1980,(12).－12
29397 학생들의 기형적척추굴곡에 주의를 돌리자 / 리정현 // 연변교육.－1980,(12).－53－56
29398 과식의 엄중성 / 장경추 // 대중과학.－1981,(4).－53
29399 수명을 연장시키는 새로운 혈장지방질 / 종립문;등충 // 대중과학.－1981,(4).－57
29400 일상생활과 건강 / 응문휘 // 대중과학.－1981,(4).－42
29401 지력로동과 영양 / 장소심 // 대중과학.－1981,(5).－30－31
29402 건강달리기 / 김수산 // 대중과학.－1981,(6).－26－27
29403 애기와 어린이의 지력발달 / (상해)호가희 // 대중과학.－1981,(7).－4－5
29404 고급영양보건식료품:식물단백고기 / 박왈록;김동만 // 대중과학.－1981,(9).－53－54
29405 곡식의 ≪보금자리≫:토양 / 리종철 // 대중과학.－1981,(10).－4
29406 단세포단백질 / 허규석 번역 // 대중과학.－1981,(10).－38－39
29407 술중독환자들에게 // 대중과학.－1981,(10).－14－15
29408 심장이 돌연히 정지될 때의 구급 / 전순길 // 대중과학.－1981,(10).－58
29409 아이들의 식료품 / (서부독일)거터루트・스렌크 // 대중과학.－1981,(10).－8－10
29410 근시의 예방과 음식 / 고림 // 대중과학.－1981,(11).－6
29411 단백질중의 보배 / 양봉 // 대중과학.－1981,(11).－49
29412 어린이의 지력발전을 돕는 식료품 / 장소심 // 대중과학.－1981,(11).－58－59
29413 청춘기를 보다 건강하고 아름답게 / 추태화 // 대중과학.－1981,(11).－16－18
29414 테트라시클린과 소젖, 콩을 동시에 먹어서는 안된다 / 황진동 // 대중과학.－1981,(11).－57
29415 로동과 건강 / 김우권 // 대중과학.－1981,(12).－51
29416 무우를 먹으면 인체에 좋다 / 왕홍생 // 대중과학.－1982,(1).－11
29417 전등불을 켜고 자면 // 대중과학.－1982,(1).－32
29418 여러가지 양분의 기능 // 대중과학.－1982,(2).－41
29419 일본사람의 장수와 음식 / 동령 // 대중과학.－1982,(3).－41
29420 딴딴한 베개를 베면 건강에 리롭다 // 동북민병.－1982,(4).－35

29421 술을 마실때 담배를 피우면 나쁘다 / 감행인 // 동북민병. – 1982,(4). – 35
29422 산성음식물과 알카리성음식물 // 대중과학. – 1982,(5). – 9
29423 의학과 기후 / 리종활 // 대중과학. – 1982,(5). – 36 – 37
29424 음악과 건강 / 동천은 // 대중과학. – 1982,(6). – 22 – 23
29425 술 마실 때 담배를 피우면 ...// 은하수. – 1982,(7). – 65
29426 생활의 정취와 건강 / 등수훈 // 은하수. – 1982,(7). – 74
29427 여름철과 식중독 // 대중과학. – 1982,(7). – 37
29428 비타민이 결핍할 때 생기는 질병 / 임양근 // 대중과학. – 1982,(8). – 53 – 54
29429 술담배는 우생의 대적 / 엽음 // 은하수. – 1982,(8). – 73 – 74 –
29430 암과 음식 / 신문강 // 대중과학. – 1982,(8). – 34 – 36
29431 약술과 건강 / 허죽송 // 대중과학. – 1982,(8). – 52 – 53
29432 조선족의 키가 얼마나 커졌는가? / 류병일 // 대중과학. – 1982,(8). – 14
29433 건강자아검사법 // 대중과학. – 1982,(9). – 47
29434 인체내에서의 당분의 작용 // 은하수. – 1982,(9). – 38
29435 장래성있는 영양소:비타민E // 대중과학. – 1982,(9). – 24 – 25
29436 우생과 환경보호 / 백상화 // 대중과학. – 1982,(10). – 4 – 5
29437 젖먹이는 상식 / 예옥진 // 은하수. – 1982,(10). – 78
29438 미량원소와 암 // 대중과학. – 1982,(11). – 24 – 25
29439 웃음의 리로운 점 / 릉릉 // 은하수. – 1982,(11). – 70
29440 한돐전 애기의 단백질식료품 // 대중과학. – 1982,(11). – 35
29441 산후에 미역국 먹는 도리 / 정학철 // 대중과학. – 1982,(12). – 15
29442 식용단백질의 새로운 래원 // 대중과학. – 1983,(1). – 24 – 25
29443 중년이후의 음식조절 / 사백장 // 대중과학. – 1983,(1). – 6 – 8
29444 질병과 사회적요소 / 윤운걸 // 대중과학. – 1983,(1). – 50
29445 찬물을 마시면 어떤가 / 허립언 // 은하수. – 1983,(1). – 78
29446 갓난애기를 목욕시키는 방법 / (조선)리유호 // 대중과학. – 1983,(2). – 42
29447 달리기운동과 심장 / 심철관 // 대중과학. – 1983,(2). – 12 – 13
29448 찬물을 마시면 좋은가? / 허립언 // 대중과학. – 1983,(2). – 43
29449 부녀의 잠자세 // 대중과학. – 1983,(3). – 39
29450 청년부부의 화목에 영향주는 질병 / 죽천 // 대중과학. – 1983,(3). – 48 – 49
29451 청춘기의 심리위생 / 리복령 // 은하수. – 1983,(3). – 18 – 19
29452 피임약과 피임도구 사용 // 대중과학. – 1983,(3). – 38 – 39
29453 비타민이란 무엇입니까? // 대중과학. – 1983,(4). – 44 – 45
29454 심리적요소와 청춘의 건강미 / 하문의 // 은하수. – 1983,(4). 65
29455 청춘기의 정신위생 / 양음창 // 은하수. – 1983,(4). – 51 – 52
29456 피곤감을 없애려면 / 리욱 // 은하수. – 1983,(4). – 38
29457 년령과 장수 / 전순길 // 대중과학. – 1983,(5). – 10 – 11
29458 울음과 건강 / 정지위 // 은하수. – 1983,(5). – 77 – 78
29459 놀라운 후과:중학생들이 담배를 피우면 // 대중과학. – 1983,(6). – 34
29460 상극되는 음식물과 약물 // 대중과학. – 1983,

(6).－28－29
29461 중년시절에 이르면/정작상 편역//은하수.－1983,(6).－34
29462 지식이 많을수록 장수한다/마지림//은하수.－1983,(6).－13
29463 별쪼임과 비타민 D형성/최규철//대중과학.－1983,(7).－54－55
29464 아이들이 음식을 가릴 때//대중과학.－1983,(7).－52
29465 우는데도 좋은 점이 있다//동북민병.－1983,(7).－35
29466 병자와 과일/왕유량//대중과학.－1983,(8).－58
29467 베개를 높이 베고자면//동북민병.－1983,(8).－48
29468 아이키가 크자면/주명인//대중과학.－1983,(9).－42－43
29469 식사후 인차 필을 들지 말아야 한다//동북민병.－1983,(10).－34
29470 환경요소와 우생/안소란//대중과학.－1983,(11).－30－31
29471 우주비행사의 음식/진경파//대중과학.－1983,(12).－27
29472 베개에 대하여/장사왕//동북민병.－1983,(20).－42
29473 결혼전검사의 좋은 점/윤순복//대중과학.－1984,(1).－54
29474 로년기녀성들의 음식/동천은//연변녀성.－1984,(1).－19
29475 암증예방과 음식물/김창길//대중과학.－1984,(1).－28－30
29476 만혼과 우생/지무//연변녀성.－1984,(2).－45
29477 잠과 어린이//연변녀성.－1984,(2).－23
29478 임신부,산모와 음식//연변녀성.－1984,(2).－23
29479 가정구급에서 주의할 점/증정빈//연변녀성.－1984,(3).－37
29480 장수의 비결//대중과학.－1984,(3).－30－31
29481 낮잠을 오래 자면 좋은가?/정은택//대중과학.－1984,(4).－45
29482 닭알의 노란자위는 기억력을 증강시킨다//은하수.－1984,(4－5).－67
29483 만년을 유쾌하게 보내려면//연변녀성.－1984,(4).－34
29484 머리를 많이 쓰면 빨리 늙는가/최선//대중과학.－1984,(4).－10－11
29485 성생활에서 주의할 점//연변녀성.－1984,(4).－52
29486 암예방상식 12가지/리승수//대중과학.－1984,(4).－11
29487 여섯가지 양생법//은하수.－1984,(4－5).－67
29488 젖 뗀 애기와 음식/오병해//연변녀성.－1984,(4).－4
29489 중풍을 예방할수 있는가/김일환//대중과학.－1984,(5).－52－53
29490 새로운 수면지식/동군화//은하수.－1984,(6).－79
29491 아연과 어린이의 키/김웅갑//연변녀성.－1984,(6).－45
29492 정서가 좋지 못할 때면…/광령//은하수.－1984,(6).－80
29493 시력을 보호하는 효과적인 방법//연변교육.－1984,(7).－57
29494 어린이에게 어떤 옷을 입히면 좋은가/김성//대중과학.－1984,(7).－12
29495 지력과 영양/(일본)이노세즈오//대중과학.－1984,(7).－16－18
29496 걷기운동과 건강과의 관계/바우 편역//은하수.－1984,(10).－15
29497 비타민약은 보약인가? //대중과학.－1984,(10).－38－39
29498 예방접종/김창길//대중과학.－1984,(10).－12
29499 어린이들의 키를 크게 키우려면/장만치//

은하수. – 1984,(11 – 12). – 46 – 47

29500 어린이들이 용수철침대에서 자면 좋지 않다 // 동북민병. – 1984,(15). – 27

29501 허리병을 고치는 새 방법 / 지위 // 동북민병. – 1984,(17). – 13

29502 찬물로 세수하면 좋은 점이 많다 / 변록 // 동북민병. – 1984,(19). – 27

29503 기상요소와 인체건강 // 대중과학. – 1985,(1). – 28

29504 로인들의 불면증 // 연변녀성. – 1985,(1). – 55

29505 비타민결핍의 자각증상 // 연변녀성. – 1985,(1). – 55

29506 중년지식인들의 음식 // 대중과학. – 1985,(1). – 16 – 17

29507 피부와 건강 // 대중과학. – 1985,(1). – 45

29508 곰파이 낀 음식물을 먹지 맙시다 / 항인 // 연변녀성. – 1985,(2). – 45

29509 비타민들의 ≪협동작전≫ // 대중과학. – 1985,(2). – 31

29510 인체의 생활절주 / 진민화 // 은하수. – 1985,(2). – 22

29511 피로를 방지하는 여덟가지 방법 / 종화 // 동북민병. – 1985,(2). – 35 – 36

29512 중학생들의 영양과 음식 / 서경부 // 대중과학. – 1985,(3). – 16 – 17

29513 녀성들의 유방안마법 / 효량 // 연변녀성. – 1985,(4). – 15

29514 단백질의 영양가치를 높이려면 // 은하수. – 1985,(4). – 54

29515 인간의 수명에 대하여 // 은하수. – 1985,(4). – 35

29516 성기능이 감퇴되는 원인 // 은하수. – 1985,(5). – 59

29517 인간의 평균키는 왜 늘어나는가 // 은하수. – 1985,(5). – 58

29518 젊은 녀성들의 비대증을 방지하려면 // 은하수. – 1985,(5). – 49

29519 검은 머리가 나게 하려면 / 서락정 // 은하수. – 1985,(6). – 34

29520 여름철의 건강관리 // 대중과학. – 1985,(6). – 16

29521 소아마비후유증과 신체기능단련 / 김재호 // 연변교육. – 1985,(7). – 30

29522 중풍을 예방하려면 / 약위민 // 대중과학. – 1985,(7). – 54

29523 인간의 수명에 대한 문답 / 곽관구 // 은하수. – 1985,(8). – 59

29524 미래의 의학발전전망 // 대중과학. – 1985,(9). – 3 – 4

29525 발전전도가 유망한 단세포 단백질공장 / 리백강 // 대중과학. – 1985,(9). – 24 – 25

29526 살찌게 하는 식사안내표 // 은하수. – 1985,(9). – 63

29527 특이한 보건방법 / 록미 // 은하수. – 1985,(9). – 59

29528 혈압을 낮추는 식물들 // 은하수. – 1985,(9). – 63

29529 굽높은 구두를 늘 신는 처녀들 10년후에 후회막급 // 은하수. – 1985,(10). – 14

29530 어떻게 어린애들의 기억력을 높일것인가? / 김시해 // 대중과학. – 1985,(10). – 12 – 13

29531 인체에 아연이 결핍하면 / 고명웅 // 대중과학. – 1985,(10). – 29

29532 어린이건강에 좋은 몇가지 차 // 대중과학. – 1985,(11). – 44

29533 학령기어린이와 영양 / 오기화 // 대중과학. – 1985,(11). – 12

29534 어린이 젖떼기와 영양 // 대중과학. – 1985,(12). – 30 – 31

29535 음식과 암병예방 // 은하수. – 1985,(12). – 38

29536 겨울철 건강증진에 적합한 곰탕료리 / 전진식;정대성 // 대중과학. – 1986,(1). – 49

29537 습진과 그 치료 / 김현옥 // 대중과학. – 1986,(1). – 41

29538 인체에 필수적인 미량원소:셀렌 // 대중과학. – 1986,(1). – 48 – 49

29539 녀성피부의 건강미와 음식물영양 // 청년생활. － 1986,(2). － 58
29540 생활방식과 건강 // 대중과학. － 1986,(2). － 43
29541 음식과 건강미 / 진병염 // 대중과학. － 1986,(2). － 42
29542 음식물에 의하여 전염되는 기생충병 / 왕리신 // 대중과학. － 1986,(2). － 11
29543 의학지리학 / 등배원;성동이 // 대중과학. － 1986,(2). － 26 － 27
29544 임신부와 텔레비존 // 대중과학. － 1986,(2). － 56
29545 장수와 음식물 / 승창호 // 대중과학. － 1986,(2). － 22 － 24
29546 간장병과 술 / 수산 // 은하수. － 1986,(3). － 26
29547 낮잠과 건강 / 최강 // 은하수. － 1986,(3). － 39
29548 사탕금지:발달한 나라에서 류행되는 또 하나의 추세 // 동북민병. － 1986,(3). － 40
29549 고등학교 입학시험기간의 영양 / 요영;포신문 // 대중과학. － 1986,(4). － 56
29550 눈에 리로운 음식 / 장소신 // 대중과학. － 1986,(4). － 54
29551 더운 음식과 찬 음식 // 대중과학. － 1986,(4). － 36
29552 걷기운동과 건강 // 대중과학. － 1986,(5). － 42 － 43
29553 결혼과 모성보건 / 김창권 // 대중과학. － 1986,(5). － 9
29554 과음하면 / 류병일 // 대중과학. － 1986,(5). － 56
29555 미국위생보건의 새로운 추세 // 대중과학. － 1986,(5). － 30 － 31
29556 소젖과 그의 위생 // 대중과학. － 1986,(5). － 57
29557 수명이 길고 짧은 원인 // 동북민병. － 1986,(5). － 41
29558 왜 청소년들의 머리칼이 희여지는가 // 대중과학. － 1986,(5). － 22 － 23
29559 뇌에 유익한 음식물 몇가지 / 김삼성 // 대중과학. － 1986,(6). － 31
29560 어떤 사람이 장수할수 있는가 // 동북민병. － 1986,(6). － 34
29561 장수의 비결 / 응문휘 // 연변녀성. － 1986,(6). － 53
29562 남새를 많이 먹으면 암증을 방지 // 은하수. － 1986,(7). － 23
29563 늙는것을 막는 밭미나리 / 한원철 // 대중과학. － 1986,(7). － 15
29564 성격과 식물의 관계 / 김호 // 은하수. － 1986,(7). － 52
29565 수영은 몸에 어떻게 좋은가 // 대중과학. － 1986,(7). － 12.11
29566 온수욕 / 김정옥 // 대중과학. － 1986,(9). － 52
29567 일본사람들이 장수할수 있는 비결 // 대중과학. － 1986,(9). － 14 － 15
29568 잠,성격,수명 및 베개 // 대중과학. － 1986,(10). － 36 － 37
29569 남성성기능장애와 음식료법 / 류병일 // 대중과학. － 1986,(11). － 56
29570 겨울철의 건강과 식사 // 대중과학. － 1986,(12). － 17
29571 큰 웃음을 삼가야 할 사람들 // 동북민병. － 1986,(12). － 41
29572 아동보건의 중심을 가정에로 / 량경곤 // 대중과학. － 1987,(1). － 10
29573 기형아를 낳지 않으려면 / 김광선 // 대중과학. － 1987,(2). － 43
29574 미량원소와 어린이건강 // 대중과학. － 1987,(2). － 10 － 11
29575 어린이가 실할수록 좋은가 / 위덕순 // 대중과학. － 1987,(2). － 30
29576 피부와 비타민 // 대중과학. － 1987,(2). － 27
29577 수면과 녀성미 / 곡청 // 연변녀성. － 1987,(3). － 6
29578 건달이냐 병자이냐 // 대중과학. － 1987,(4). － 45 － 46
29579 키가 크려면 / 류수은 // 대중과학. － 1987,(4).

－28－29
29580 ≪텔레비존병≫에 대하여 // 대중과학.－1987,(5).－46
29581 건강에 좋은 미나리 // 대중과학.－1987,(6).－19
29582 남새를 많이 먹으면 // 대중과학.－1987,(6).－58
29583 달리기와 남성성기능 // 대중과학.－1987,(6).－46
29584 비대증을 고치려면... // 동북민병.－1987,(6).－36－37
29585 술과 건강 / 정신옥;김철만 // 대중과학.－1987,(6).－50－51
29586 얼마나 오래 살수 있는가 알아보시죠 // 대중과학.－1987,(7).－45.44
29587 장수법의 오늘과 래일 / 장우림 등 // 대중과학.－1987,(7).－52－54
29588 진기운행법 / 최선 // 대중과학.－1987,(7).－43－44
29589 사이다와 소주를 섞어마시지 말아야 한다 // 동북민병.－1987,(9).－37
29590 잠자기전에 발을 씻는것이 보약먹기보다 낫다 / 굉집 // 동북민병.－1987,(9).－48
29591 청춘의 시간표:목의 피부 / 청림 // 동북민병.－1987,(11).－39
29592 어린이들의 건강에 해로운 열가지 점 // 소년아동.－1988,(2).－121－122
29593 거짓말하면 심신건강에 해롭다 // 소년아동.－1988,(3).－120－121
29594 너무 맵게 먹지 말자 / 애화 // 연변녀성.－1988,(3).－5
29595 미용 CDE / 소서 // 연변녀성.－1988,(3).－48－49
29596 애기를 업으면 나빠요 / 오병개 // 연변녀성.－1988,(3).－8
29597 꿀:아이들의 건강식료품 / 계성철 // 연변녀성.－1988,(4).－4
29598 청소년들의 눈보건위생에 주의를 돌리자 / 리약년;리옥향 // 중국조선족교육.－1988,(5).－67－69
29599 신비로운 비타민 E // 대중과학.－1988,(7).－19
29600 아이들이 더욱 총명해지게 하려면 // 대중과학.－1988,(7).－11
29601 기후와 인체건강 // 대중과학.－1988,(8).－13
29602 자기에게 알맞는 피임방법을 // 대중과학.－1988,(8).－22－23
29603 대뇌도 절도있게 써야 / 허응한 // 대중과학.－1988,(10).－20－21
29604 물고기를 많이 먹으면 // 대중과학.－1988,(10).－17
29605 비타민과 미량원소 // 대중과학.－1988,(10).－43－44
29606 0－3살 어린이 지력측험법 / 양수 // 연변녀성.－1988,(10).－17－18
29607 젊음을 보장하는 20가지 방법 / 조연 편역 // 은하수.－1988,(10).－44
29608 칼슘영양과 음식구조의 개혁 // 대중과학.－1988,(10).－9
29609 결혼 생육하기에 좋은 나이 // 대중과학.－1988,(11).－24
29610 비밀세계에서 울려오는 신음소리 // 대중과학.－1988,(11).－22－24
29611 지력수준이 낮은 어린이 // 대중과학.－1988,(11).－44－45
29612 출혈을 멎게 하려면 // 소년아동.－1988,(11).－109－111
29613 건강증진 보행단련법 // 대중과학.－1988,(12).－9
29614 병을 뗄수 있는 죽 // 대중과학.－1988,(12).－43
29615 피형과 부처관계 / 광현 편역 // 은하수.－1988,(12).－39－42
29616 유선성질병과 결혼 / 리수봉 // 대중과학.－1989,(1).－26－27
29617 피로를 푸는 묘방 / 황기평 // 대중과학.－

1989,(1). − 42 − 43
29618 어린이에 대한 영양관념 // 대중과학. − 1989,(2). − 50 − 51
29619 인류소질과 관계되는 영양학 비밀 // 대중과학. − 1989,(3). − 36 − 38
29620 가정고문:거친 음식은 위장암을 방지한다 // 민족단결. − 1989,(4). − 58 − 59
29621 음식물 안전준칙 열가지 // 대중과학. − 1989,(4). − 13
29622 인류생장에 필요한 미량원소 // 대중과학. − 1989,(4). − 5
29623 괴이한 몽유병 // 대중과학. − 1989,(5). − 13
29624 비타민에 관하여 // 은하수. − 1989,(5). − 31 − 32
29625 장수비방 / 동천은 // 연변녀성. − 1989,(5). − 32
29626 청소년들이 키 크는데 대한 실태조사 / 김춘련 // 중국조선족교육. − 1989,(5). − 65 − 66
29627 늦잠의 나쁜 점 / 김순덕 // 대중과학. − 1989,(6). − 9
29628 등소평의 건강비결 // 은하수. − 1989,(6). − 33
29629 명인과 체육운동 // 대중과학. − 1989,(6). − 26 − 27
29630 어떻게 청소년들의 기억력을 높일것인가 // 대중과학. − 1989,(6). − 52 − 53
29631 명인과 체육운동 / 김룡철 편역 // 대중과학. − 1989,(7). − 30 − 31
29632 술과 정신질병 // 대중과학. − 1989,(7). − 7 − 9
29633 아세아의 헤로인온역 // 대중과학. − 1989,(7). − 47 − 48
29634 베개를 베는 학문 / 곽금홍 // 연변녀성. − 1989,(8). − 21
29635 음식을 가려보는 법 // 은하수. − 1989,(9). − 63
29636 단백질은 생명이 존재하는 형식이다 // 대중과학. − 1989,(10). − 36 − 37
29637 영양학교수 음식균형에 대하여 / 류곤 // 대중과학. − 1989,(10). − 38 − 39
29638 남성의 갱년기 / 렴관일 // 대중과학. − 1989,(11). − 25
29639 환자를 호송할 때 // 대중과학. − 1989,(11). − 45 − 46
29640 세계에서 가장 비대한 사람 // 대중과학. − 1989,(12). − 44 − 46
29641 식생활에서의 착오적관념 // 대중과학. − 1989,(12). − 8 − 9
29642 음식을 짜게 먹지 말아야 한다 // 은하수. − 1990,(1). − 13
29643 인체속에 숨은 비밀 // 대중과학. − 1990,(1). − 22 − 24
29644 한담과 건강 // 민족단결. − 1990,(1).56 − 57 −
29645 가정분위기와 건강 / 장학명 // 대중과학. − 1990,(2). − 48
29646 건강에 해로운 자극성음식 // 대중과학. − 1990,(2). − 37
29647 음식에 대한 틀린 관념 // 은하수. − 1990,(2). − 20 − 21
29648 꿈이 많으면 ... / 추명 // 연변녀성. − 1990,(3). − 59
29649 남편의 건강에는 안해가 제일 // 대중과학. − 1990,(3). − 44 − 45
29650 도박과 질병 // 대중과학. − 1990,(3). − 13
29651 어린이들의 말더듬증을 예방하려면 / 리성진 // 소년아동. − 1990,(3). − 107 − 108
29652 왜 어린이들은 음식을 짜게 먹지 말아야 합니까? // 소년아동. − 1990,(3). − 125
29653 봄철에 신체단련을 할 때 주의할 점 // 소년아동. − 1990,(4). − 124
29654 건강과 위생:대변볼 때에 책이나 신문을 보지 말아야 한다 // 소년아동. − 1990,(5). − 105 − 106
29655 공기조절보건신의 파문 // 대중과학. − 1990,(5). − 56
29656 사람은 하루에 물을 얼마나 마셔야 하는가 // 대중과학. − 1990,(5). − 41
29657 술의 공적과 과오 // 대중과학. − 1990,(5). − 10 − 12

29658 애기음식의 조리법 // 대중과학. – 1990,(5). – 57 – 58

29659 인체에 대한 공기조절보건신의 보건작용 // 대중과학. – 1990,(5). – 54 – 55

29660 국내의 새로운 의료기계 // 대중과학. – 1990,(6). – 9

29661 남성의 수명은 어째서 짧은가 / 양세초 // 은하수. – 1990,(6). – 21

29662 미량원소와 건강 // 대중과학. – 1990,(6). – 49 – 51

29663 사탕과 질병 / 왕옥평 // 연변녀성. – 1990,(6). – 37

29664 어려서 담배를 피우면 어떤 나쁜 점이 있습니까? // 소년아동. – 1990,(6). – 124

29665 음식영양과 어린이의 지력 // 대중과학. – 1990,(6). – 35 – 36

29666 일상생활에서 주의해야 할 일곱가지 / 진서금 // 연변녀성. – 1990,(6). – 61

29667 잠을 자는 학문 / 일승 // 대중과학. – 1990,(6). – 41 – 43

29668 잠자기전의 위생 // 소년아동. – 1990,(6). – 117

29669 사탕을 많이 먹으면 나쁘다는데 정말입니까 / 류국천 // 대중과학. – 1990,(7). – 56

29670 소년기학생들의 근시안예방 / 정국서 // 중국조선족교육. – 1990,(7 – 8). – 149 – 150

29671 당신의 아이는 생장발육이 정상적표준에 도달되는가 // 대중과학. – 1990,(8). – 27

29672 영양제와 성조숙 / 전위법 // 연변녀성. – 1990,(8). – 6

29673 총각들의 번뇌 // 대중과학. – 1990,(8). – 26 – 27

29674 당신의 ≪몸년령≫은 얼마인가요 // 대중과학. – 1990,(9). – 11

29675 정상적인 사람은 비타민알약을 먹을 필요가 있는가 // 대중과학. – 1990,(9). – 56

29676 청소년학생과 차물 // 소년아동. – 1990,(9). – 72 – 73

29677 현대인들의 음식 / 김광호 // 대중과학. – 1990,(9). – 14 – 15

29678 건강하게 만년을 보내려면 / 최명철 // 대중과학. – 1990,(10). – 30

29679 ≪적십자회≫의 래력 / 자장 // 동북후비군. – 1990,(10). – 38

29680 피곤을 제거하려면 / 순철 // 은하수. – 1990,(10). – 41

29681 생명의 천사들: 연변적십자병원을 찾아서 / 김순희 // 대중과학. – 1990,(11). – 59 – 60

29682 뇌와 미량원소 // 대중과학. – 1990,(12). – 35

29683 식후에 주의할 몇가지 // 대중과학. – 1990,(12). – 11

29684 암증을 예방하는 10가지 조치 / 일우 // 은하수. – 1990,(12). – 50

29685 왜 잘 먹이는데 살이 안질가? / 추역홍 // 연변녀성. – 1990,(12). – 42

29686 탈모증을 예방하는 10가지 비결 / 강흥 // 은하수. – 1990,(12). – 64

R2 중국의학

29687 우리 나라 의학유산인 침구료법 / 리준태 // 대중과학. – 1959,(2). – 43 – 45

29688 기공료법의 치료효과 / 홍춘걸 // 대중과학. – 1959,(8). – 27

29689 중약을 어떻게 달일것인가? / 리전응(李傳應) // 대중과학. – 1959,(9). – 13

29690 대중침구료법 // 대중과학. – 1966,(1). – 52 – 54

29691 한약을 달이어먹는 방법 / 정국 편역 // 대중과학. – 1966,(7). – 70

29692 중약을 어떻게 달일것인가 / 오영환 // 대중과학. – 1980,(5). – 25

29693 현대과학으로 본 중의학의 과학성 / 김봉수 // 대중과학. – 1981,(9). – 2 – 3

29694 침구학의 원리 / 허죽송 // 대중과학. – 1982,(3). – 26

29695 중약으로 리질을 치료 / 리용희 // 대중과학. −1982,(6). −42
29696 맥만 보고 병을 진단할수 있는가 / 김봉수 // 대중과학. −1983,(4). −56
29697 산삼 / 류연 // 대중과학. −1983,(8). −26
29698 전자계산기중의 / 갈정 // 대중과학. −1983, (9). −3−4
29699 련잎 달인 물로 비대증을 치료할수 있다 / 패방 // 연변녀성. −1984,(5). −55
29700 침치료 // 대중과학. −1984,(11). −54
29701 불임증을 치료하는 중의처방 / 오성란 // 대중과학. −1985,(4). −52
29702 중의는 어떻게 진단하는가 / 허숙송 // 대중과학. −1985,(5). −29
29703 침구로 중풍을 예방 / 리동철 // 대중과학. −1986,(9). −56
29704 신기한 기공외기 / 오국창 // 대중과학. −1987, (6). −20−21
29705 어떻게 자기에게 알맞는 기공단련방법을 선택할것인가 / 최선 // 대중과학. −1988,(9). −40−41
29706 기공이 일으키는 정신적질병 // 대중과학. −1989,(4). −38
29707 륙자결 / 최선 // 대중과학. −1989,(9). −41
29708 기공으로 병을 뗄수 있는가 // 대중과학. −1990,(12). −15

R3 기초의학

29709 인체의 식물가공공장 / 일로(一爐) // 대중과학. −1958,(8). −36−37
29710 녀자가 남자로 변할수 있겠는가 / 란육(蘭育) // 대중과학. −1959,(8). −30
29711 월경기의 위생 / 김빈(金蘋) // 대중과학. −1959,(11). −35−36
29712 청년들의 백발 // 대중과학. −1960,(4). −33−34
29713 생리상식 / 장숙 // 대중과학. −1960,(9). −39−40
29714 착각과 과학공작 / 석림(石林) // 대중과학. −1960,(11). −26−28
29715 기생물 체내의 기생물 / 리형연 // 대중과학. −1964,(12). −21
29716 인체의 조성과 련결 / 김현종 // 대중과학. −1964,(12). −25
29717 똥이 굳었을 때 왜 비누를 깎아 밑구멍에 넣는가? / 최정삼 // 대중과학. −1966,(8). −67
29718 남자성기능장애 / 오덕홍 // 대중과학. −1979, (12). −28−30
29719 남자애들은 녀자애들보다 더 총명한가? / 진순 // 청년생활. −1980,(2). −99
29720 자기와 의학 / 주만송 // 대중과학. −1980,(2). −40−41
29721 손톱과 질병 / 방영락 // 대중과학. −1980,(6). −25
29722 정말 귀로 볼수 있는가: 인체생명과학의 새로운 과제 / 주문빈 // 대중과학. −1980,(9). −6−7
29723 처녀애의 건강과 유방발육 / 량중 // 대중과학. −1980,(10). −39
29724 혈형이 성격을 결정짓는가 / 지원위 // 대중과학. −1980,(10). −5
29725 녀성의 면역력 // 대중과학. −1980,(12). −34−35
29726 신혼기의 위생 / 영월 // 대중과학. −1980, (12). −14
29727 의식의연원 // 동북민병. −1980,(15). −29−30
29728 청춘기녀학생의 생리 심리 특점 / 진회창 편역 // 대중과학. −1981,(5). −7−9
29729 사람의 성장과 발달 // 연변교육. −1981,(6). −11−14
29730 오물어져들어간 젖꼭지 / 신정숙 // 대중과학. −1981,(9). −57
29731 인체에 들어있는 수자 / 황암 // 대중과학. −1981,(12). −8
29732 남성≪임신≫의 비밀 / 언자은 편집; 단조신 그림 // 대중과학. −1982,(7). −32−33

29733 사람의 대뇌 / 손용강 // 은하수. – 1982,(7). – 9
29734 현훈이 날 때의 자아진단 / 임양근 // 대중과학. – 1982,(7). – 42 – 43
29735 생명과 진동 / 오운;송광례 // 대중과학. – 1982,(8). – 22 – 23
29736 청소년들과 신경쇠약 / 부무왕 // 은하수. – 1982,(8). – 69
29737 사람에게 무엇이 필요되는가? / 조승복 // 은하수. – 1982,(9). – 67 – 74
29738 신기한 최면술 / 호가희 // 대중과학. – 1982,(9). – 28 – 29
29739 젊은이들에게 흰머리가 생기는 원인은? // 은하수. – 1982,(11). – 35
29740 남녀의 차이점 / 임영 // 은하수. – 1982,(12). – 69 – 70
29741 람의 수명에 관하여 / 오덕재 편역 // 은하수. – 1982,(12). – 78
29742 사람이 로쇠해지는 열가지 특징 / 장대녕 // 은하수. – 1982,(12). – 80
29743 죽은 사람이 살아나는것은 무엇때문인가? (외1편) // 동북민병. – 1982,(20). – 36 – 37
29744 청춘기의 발육과 보건 / 안창빈 // 대중과학. – 1983,(4). – 10 – 11
29745 혈형의 비밀 / 김호 // 대중과학. – 1983,(4). – 8 – 9
29746 인체의 혈액량 / 손수영 // 대중과학. – 1983,(6). – 48
29747 유방위생 // 대중과학. – 1983,(8). – 56 – 57
29748 정신로동의 간거성 / 장춘동 // 대중과학. – 1983,(8). – 23
29749 아름다운 체형의 형성 // 대중과학. – 1983,(10). – 28 – 29
29750 왜 어떤 사람의 몸에서 냄새가 나는가? / 김현옥 // 대중과학. – 1983,(11). – 55
29751 청소년편평족 // 대중과학. – 1983,(11). – 38 – 39
29752 기계와 인류건강 / 숭혜 // 대중과학. – 1983,(12). – 18 – 19
29753 머리카락과 화학 / 오국창 // 대중과학. – 1983,(12). – 30 – 31
29754 헤르니아 / 안창빈 // 대중과학. – 1983,(12). – 38 – 39
29755 신경쇠약에 걸리지 않으려면 / 양명모 // 은하수. – 1984,(1). – 62 – 63
29756 아픔을 모르는 녀자애 // 연변녀성. – 1984,(1). – 59
29757 곤경에 처한 세균들의 ≪극비밀회의≫ / 윤운걸 // 대중과학. – 1984,(2). – 38 – 39
29758 대뇌와 시력, 청력과의 관계 / 김성호;윤운걸 // 은하수. – 1984,(2 – 3). – 94
29759 사람의 몸에서 // 대중과학. – 1984,(4). – 34 – 35
29760 딸국질을 할 때 / 최명철 // 대중과학. – 1984,(6). – 51 – 52
29761 구경 누가 생명의 지배자인가 / 허죽송 // 대중과학. – 1984,(7). – 13
29762 아픔을 모르는 사람들 / 진박 // 대중과학. – 1984,(9). – 28 – 29
29763 머리카락과 대머리 // 대중과학. – 1984,(10). – 25
29764 처녀막이란 / 안영희 // 대중과학. – 1984,(12). – 24
29765 남녀간의 차별 / 진광휘 // 대중과학. – 1985,(1). – 49
29766 정서와 건강 / 홍보익 // 은하수. – 1985,(3). – 57
29767 남녀유별 // 은하수. – 1985,(5). – 47
29768 체온의 변화 // 꽃동산. – 1985,(5). – 9
29769 사람의 몸에 있는 갖가지 ≪생물시계≫ / 모송찬 // 대중과학. – 1985,(6). – 45
29770 대장부의 심화병:음위 // 대중과학. – 1985,(8). – 14
29771 두통과 질병 / 여명덕 // 대중과학. – 1985,(8). – 30
29772 잠을 자면서 이를 갈면 / 허호 // 대중과학. – 1985,(8). – 52 – 53

29773 유정 / 안창빈 // 대중과학. – 1985,(9). – 56
29774 생물은행 / 리본정 // 대중과학. – 1985,(10). – 43
29775 수음과 그 위해 // 대중과학. – 1985,(10). – 46
29776 체의 비밀 // 대중과학. – 1985,(10). – 42
29777 혈형도 유전되는가 // 대중과학. – 1985,(11). – 43
29778 피뽑기와 건강 // 대중과학. – 1985,(12). – 20
29779 심장병환자와 성생활 / 강성재 // 대중과학. – 1986,(1). – 14
29780 가정불화 및 그로 인한 질병 / 려흥구 // 청년생활. – 1986,(2). – 57
29781 발바닥의 비밀 / 장락우 // 대중과학. – 1986,(3). – 57
29782 고민에서 해탈되는 묘법 / 담림해 // 은하수. – 1986,(7). – 62
29783 기이한 사람들 // 대중과학. – 1986,(7). – 48 – 49
29784 남성갱년기와 그후의 성생활 // 대중과학. – 1986,(8). – 43
29785 면역반응과 면역현상 // 대중과학. – 1986,(8). – 22 – 23
29786 손바닥이 벗겨지면 / 우가명 // 대중과학. – 1986,(9). – 56
29787 인간의 절묘한 감각기관 // 대중과학. – 1986,(9). – 32 – 33
29788 인체의 비밀 // 지부생활. – 1986,(9). – 64
29789 인체의 생물시계 24시간 / 란전군 // 대중과학. – 1986,(9). – 16
29790 인체에 관한 수자 / 건군 // 동북민병. – 1986,(12). – 36
29791 피줄과 그 역할 // 대중과학. – 1986,(12). – 36 – 37
29792 성반응과 성생활 // 대중과학. – 1987,(2). – 36 – 38
29793 남성뇌와 녀성뇌 / 주남 // 연변녀성. – 1987,(3). – 72 – 73
29794 남자의 대뇌+녀자의 몸 // 대중과학. – 1987,(4). – 30 – 31
29795 딸을 낳게 된것은 누구의 탓인가 // 대중과학. – 1987,(6). – 47
29796 초급남성 // 대중과학. – 1988,(8). – 28 – 29
29797 군사계와 인연을 맺은 특수기능 / 진운금; 주랑 // 대중과학. – 1988,(11). – 17 – 19
29798 인류는 아픔과 고별할것이다 / 요사 // 대중과학. – 1988,(12). – 38 – 40
29799 후각에 대한 새로운 발견 // 대중과학. – 1989,(1). – 35 – 36
29800 사람의 몸에 있는 ≪세계의 으뜸≫ / 김일 // 꽃동산. – 1989,(2). – 8
29801 ≪시험관아이≫는 어떻게 태여나는가 // 대중과학. – 1989,(2). – 44
29802 인체에는 몇가지 액체가 있는가 // 대중과학. – 1989,(3). – 58 – 59
29803 로년기와 성생활 / 조로 // 대중과학. – 1989,(7). – 42
29804 면상과 질병 / 김삼성 // 대중과학. – 1989,(7). – 51
29805 부녀들의 다섯가지 성비밀 // 은하수. – 1989,(8). – 28 – 29
29806 남녀의 37가지 다른 점 / 강백룡 // 은하수. – 1989,(10). – 63 – 64
29807 생육에서의 신기한 일 // 대중과학. – 1989,(10). – 9
29808 인체의 좌우에 대한 이야기 // 대중과학. – 1989,(10). – 50 – 51
29809 남편의 성기능장애에는 안해가 제일 좋은 의사 // 대중과학. – 1989,(11). – 25
29810 인체속에 숨은 비밀 // 대중과학. – 1989,(12). – 28 – 30
29811 로인들의 성 특징 / 영파 중역 // 대중과학. – 1990,(1). – 26 – 27
29812 인공수정의 리로운 점과 해로운 점 // 대중과학. – 1990,(7). – 34 – 35
29813 인체기관이식의 오늘 // 대중과학. – 1990,(7). – 54 – 55

29814 그는 로보트인가? / 황위민 // 대중과학. - 1990, (8). - 22 - 24

29815 뇌기능에 대한 소리의 영향 // 대중과학. - 1990,(8). - 12

29816 안해의 젖몸질병 남편의 책임 // 대중과학. - 1990,(10). - 54 - 55

29817 혈형과 로쇠 // 대중과학. - 1990,(10). - 12 - 13

29818 암증환자들의 심리치료 // 대중과학. - 1990, (11). - 30 - 31

29819 중국의 첫 인류정자 저장고 / 조위 // 대중과학. - 1990,(11). - 20 - 23

29820 사람이 죽기전의 징조 / 조비 // 은하수. - 1990, (12). - 27

29821 생명륜리:미국에서 가장 골치아픈 일 // 은하수. - 1990,(12). - 38

29822 젖몸이 작은 녀성들에게 // 대중과학. - 1990, (12). - 37

R4 림상의학

29823 백발 예방퇴치제 // 대중과학. - 1982,(4). - 49

29824 주사성둔대근련축증 / 방정식 // 대중과학. - 1982,(5). - 53 - 54

29825 구원신호 ≪SOS≫ / 명수 // 대중과학. - 1982, (8). - 37

29826 열이 날 때의 자아진단 / 임양근 // 대중과학. - 1982,(10). - 58 - 59

29827 위하수 의료보건체조 // 대중과학. - 1984,(6). - 32 - 33

29828 주사자리가 아파날 때 / 리정애;최금선 // 대중과학. - 1984,(6). - 50 - 51

29829 가정에서 급증환자가 생겼을 때 / 박진숙 // 대중과학. - 1984,(9). - 40 - 41

29830 풍부하고 다채로운 자연료법 // 대중과학. - 1984,(9). - 42

29831 심장병환자에 대한 간호 / 범무종;륙조룡 // 대중과학. - 1985,(3). - 52

29832 쇼크의 침구치료 / 리동철 // 대중과학. - 1985, (7). - 53

29833 점적주사의 부작용이 생기면 / 홍순찬 등 // 대중과학. - 1985,(8). - 53

29834 랭수는 화상을 구급하는 ≪좋은 약≫ / 순철 // 꽃동산. - 1986,(1). - 22

29835 귀에서 소리가 나고 현훈증이 나면 / 라인귀 // 대중과학. - 1986,(8). - 57

29836 열이 날 때 알콜로 몸을 닦는 방법 / 리춘옥 // 대중과학. - 1986,(12). - 50 - 51

R5 내과학

29837 수두병의 예방과 치료 / 박은주 // 대중과학. - 1958,(2). - 18 - 19

29838 방성갑상선종의 예방 / 황중식 // 대중과학. - 1958,(8). - 41

29839 폐결핵의 예방과 치료 / 김만수 // 대중과학. - 1958,(10). - 32 - 33

29840 백일해의 예방과 치료 / 김석진 // 대중과학. - 1959,(2). - 41

29841 류행성뇌막염의 예방 // 대중과학. - 1959,(4). - 39

29842 무엇때문에 근 몇년래에 류행성감모가 특별히 류행되는가? / 리완선(李婉先) // 대중과학. - 1959,(4). - 36 - 37

29843 리질의 위해성과 그의 예방 // 대중과학. - 1959,(7). - 27 - 28

29844 기관지디루료법으로서의 폐결핵공동을 치료 / 류춘희 // 대중과학. - 1959,(10). - 26 - 27

29845 위병을 어떻게 방치할것인가 // 대중과학. - 1959,(10). - 27

29846 골결핵과 림파선결핵의 치료경험 / 김재환 // 대중과학. - 1959,(11). - 11 - 12

29847 어린이들의 폐염에 대한 예방 / 김영석 // 대중과학. - 1959,(11). - 22

29848 장질부사의 예방 / 왕등림(王登林) // 대중과학. - 1959,(11). - 23

29849 경동맥 독구봉페로 고혈압을 치료 / 리재익 // 대중과학. - 1959,(12). - 29

29850 류행성감기와 보통감기 // 대중과학. - 1960,(1). - 33 - 34

29851 조충의 예방치료 / 최진우 // 대중과학. - 1960,(5). - 40 - 41

29852 간경화의 원인과 치료 / 하새주(賀賽珠) // 대중과학. - 1960,(9). - 36 - 37

29853 극산병의 예방 / 박동호;왕정옥 // 대중과학. - 1960,(10). - 43

29854 폐결핵과 임신 / 전홍원(錢洪源) // 대중과학. - 1960,(11). - 41 - 42

29855 인체내의 ≪화학 공장≫:간장 // 연변. - 1961,(11). - 33

29856 전염성 간염 // 연변. - 1961,(11). - 33

29857 류행성출혈열 / 림길송 // 대중과학. - 1964,(11). - 33 - 34

29858 백일해의 예방과 호리 / 김영석 // 대중과학. - 1964,(12). - 39

29859 비.씨.지와 결핵병 / 임익근 // 대중과학. - 1965,(4). - 49

29860 지방성갑상선종의 예방 / 림준철 // 대중과학. - 1965,(9). - 41

29861 음주와 간염 / 박영학;전순길 // 대중과학. - 1966,(1). - 55 - 56

29862 홍역의 예방 / 왕영 // 대중과학. - 1966,(2). - 55 - 56

29863 폐결핵은 일찌기 진단할수록 좋다 / 한룡서 // 대중과학. - 1966,(3). - 60

29864 간염환자와 닭알 / 리기 // 대중과학. - 1966,(4). - 53

29865 결핵병을 예방하려면 비, 씨, 지를 접종해야 한다 / 류춘희 // 대중과학. - 1966,(5). - 46 - 47

29866 날씨가 차면 왜 기관지염이 잘 생기는가? / 주분선 // 대중과학. - 1966,(9). - 80 - 81

29867 위병환자가 중조를 먹는것이 좋은가? / 리원종 // 대중과학. - 1966,(9). - 65

29868 고혈압환자의 자체료양 / (일본)이쯔시마 유이찌로 // 대중과학. - 1980,(9). - 44 - 45

29869 기침치료처방 몇가지 / 조승인 // 대중과학. - 1980,(10). - 8

29870 출혈열치료에서 얻은 새로운 체험 / 현덕권 // 대중과학. - 1980,(10). - 2 - 4

29871 변비의 간이료법 / 저유충 // 대중과학. - 1980,(11). - 26

29872 위수술은 왜 2 / 3를 떼여버려야 하는가 / 곽문정 // 대중과학. - 1980,(11). - 39

29873 궤양병환자의 음식 / 범정상 // 대중과학. - 1980,(12). - 35

29874 초약으로 미친개병을 예방 / 조승인 // 대중과학. - 1980,(12). - 24

29875 지방성갑상선종 / 하찬희 // 대중과학. - 1981,(1). - 55 - 56

29876 동맥죽양경화 / 최은택 // 대중과학. - 1981,(7). - 34 - 35

29877 백일해치료 / 조승인 // 대중과학. - 1981,(10). - 56

29878 폐결핵과 폐암의 증상은 같지 않다 / 리보영 // 대중과학. - 1981,(10). - 56

29879 심장기능을 검사하는 방법 / 전위보 // 대중과학. - 1981,(11). - 57

29880 심장병환자의 결혼 생육과 보건 / 양진원 // 대중과학. - 1981,(12). - 48 - 49

29881 기관지염을 치료하는 약방문 / 리춘양 // 동북민병. - 1981,(23 - 24). - 56

29882 병독성간염의 진단과 치료방법 / 현덕권 // 대중과학. - 1982,(1). - 16 - 18

29883 극산병을 정복하는 길에서 / 백금 // 대중과학. - 1982,(2). - 8 - 10

29884 경각성을 높여야 할 소중풍 / 김영수 // 대중과학. - 1982,(4). - 46 - 47

29885 만성결장염 / 배봉욱 // 대중과학. - 1982,(4). - 52 - 53

29886 관심병 / 전순길 // 대중과학. - 1982,(7). - 30 - 31

29887 파세도시병 / 리종범 // 대중과학. – 1982,(7). – 44
29888 간이 크다고 다 간염인가? / 현덕권 // 대중과학. – 1982,(9). – 56
29889 결핵병의 과거와 현재 // 대중과학. – 1982,(9). – 8 – 9
29890 만성위염 / 배봉욱 // 대중과학. – 1982,(9). – 56 – 57
29891 간염의 음식료법 // 대중과학. – 1982,(10). – 8 – 9
29892 파상풍 / 안창빈 // 대중과학. – 1982,(11). – 49 – 50
29893 중형비루스성간염 / 현덕권 // 대중과학. – 1983,(3). – 49
29894 고혈압병의 음식료법 / 허죽송 // 대중과학. – 1983,(5). – 55 – 56
29895 당뇨병이 눈에 미치는 영향 / 리웅걸 // 대중과학. – 1983,(5). – 56
29896 왜 트란스아미나제가 높아지는가 / 현덕권 // 대중과학. – 1983,(6). – 56 – 57
29897 목이 메는 병 / 안창빈 // 대중과학. – 1983,(7). – 48 – 49
29898 철결핍성빈혈 / 문지훈 // 대중과학. – 1983,(7). – 55
29899 B형간염 / 김삼성 // 대중과학. – 1983,(8). – 48 – 49
29900 자화수로 비뇨도결석을 치료 / 강윤진;류형숙 // 대중과학. – 1983,(8). – 56
29901 어혈 / 김봉수 // 대중과학. – 1983,(9). – 55 – 56
29902 닭알껍질로 십이지장궤양병을 치료할수 있다 // 동북민병. – 1983,(11). – 30
29903 로년성고혈압의 특징 / 김영빈 // 대중과학. – 1984,(1). – 56
29904 관심병의 위험인소에 관하여 / 전순길 // 대중과학. – 1984,(2). – 54 – 55
29905 위점막탈수증 / 배봉욱 // 대중과학. – 1984,(2). – 56
29906 혈압병의 조기발견 / 임양근 // 대중과학. – 1984,(4). – 53 – 54
29907 대인홍역 / 김창길 // 대중과학. – 1984,(4). – 53
29908 호박가루로 당뇨병을 치료 / 김영빈 // 대중과학. – 1984,(4). – 52
29909 심장과 페의 하소연 / 윤운걸 // 대중과학. – 1984,(5). – 16 – 17
29910 민간료법 / 임양근 // 대중과학. – 1984,(7). – 52 – 53
29911 심근병이란 / 전순길 // 대중과학. – 1984,(7). – 53 – 54
29912 위의 공소 / 윤운길 // 대중과학. – 1984,(7). – 36 – 37
29913 거미발출혈반점이 생기면 다 간경변증인가? / 박영학 // 대중과학. – 1984,(10). – 54
29914 피미세순환과 수씨리론 // 대중과학. – 1984,(11). – 42
29915 분통이 터지게 된 편도선 / 윤운걸 // 대중과학. – 1985,(1). – 55
29916 간염이나 간경변증 환자들이 주의해야 할 음식물 / 박영학 // 대중과학. – 1985,(3). – 53 – 54
29917 만성위염과 음식료법 / 우국충;장서원 // 대중과학. – 1985,(5). – 52
29918 소젖으로 고혈압을 예방 / 공헌중;장주은 // 대중과학. – 1985,(5). – 52 – 53
29919 동맥경화와 관상동맥경화증에 좋은 초약 / 임양근 // 대중과학. – 1985,(6). – 54
29920 리질의 민간료법 / 임양근 // 대중과학. – 1985,(7). – 52 – 53
29921 농민의 직업병:농민페 / 조서우 // 대중과학. – 1985,(9). – 13
29922 B형간염왁찐이 공급되기 시작 / 류병일 // 대중과학. – 1985,(10). – 54
29923 과산화지질과 동맥경화 // 대중과학. – 1985,(12). – 11
29924 B형간염비루스휴대자 / 정신옥 // 대중과학. – 1985,(12). – 56

29925 만성위염 / 배봉욱 // 대중과학. – 1986,(1). – 57 – 58
29926 간염환자들의 련애 결혼 산아 // 대중과학. – 1986,(3). – 8 – 9
29927 갑상선질병 / 방명 // 대중과학. – 1986,(4). – 34 – 35
29928 고혈압병의 치료 / 리정룡 // 대중과학. – 1986,(4). – 55
29929 당뇨병에 걸리면 / 박영학 // 대중과학. – 1986,(4). – 54 – 55
29930 문화쇼크증이란 / 안창빈 // 대중과학. – 1986,(7). – 53
29931 학령전어린이에게 B형간염왁찐을 / 함수운 // 대중과학. – 1986,(7). – 9
29932 고혈압병환자들이 알아야 할 지식 / 옹신식 // 대중과학. – 1986,(10). – 22 – 23
29933 청춘기고혈압병을 예방하려면 / 김영빈 // 대중과학. – 1986,(11). – 56 – 57
29934 저혈압에도 주의를 돌려야 한다 / 임양근 // 대중과학. – 1987,(1). – 45
29935 간경변증환자들의 음식 // 대중과학. – 1987,(2). – 42 – 43
29936 간염환자들의 련애, 혼인, 생육 // 대중과학. – 1987,(3). – 37
29937 소화성궤양과 꿀료법 / 오송길 // 대중과학. – 1987,(3). – 23
29938 봄에 잘 류행되는 전염병과 그의 예방 / 을봉 // 대중과학. – 1987,(4). – 16
29939 수혈에 관하여 / 강민성 // 대중과학. – 1988,(7). – 25
29940 감기에 대한 새로운 견해 / 리인옥 // 대중과학. – 1988,(8). – 38 – 39
29941 빈혈은 왜 일어나는가 / 최송자 // 대중과학. – 1988,(11). – 6
29942 심장호르몬의 발견으로부터 / 김영자;김영완 // 대중과학. – 1988,(11). – 20 – 21
29943 심장기능등급은 무엇을 의미하는가 / 라인귀 // 대중과학. – 1989,(1). – 16
29944 피속의 신기한 세포들 // 대중과학. – 1989,(1). – 27
29945 혈관속의 ≪청소부≫ // 대중과학. – 1989,(1). – 23
29946 A형간염과 B형간염의 부동점 // 대중과학. – 1989,(2). – 33
29947 취장의 자술 / 김성철 // 대중과학. – 1989,(2). – 24
29948 폐결핵병의 화학료법 / 리동길 // 대중과학. – 1989,(2). – 10 – 11
29949 고혈압병의 원인:칼슘결핍 / 황계선 // 대중과학. – 1989,(3). – 59
29950 D형간염이란 / 임양근 // 대중과학. – 1989,(4). – 25
29951 위경과 렌트겐선 검사의 우결점 / 영초;축봉 // 대중과학. – 1989,(4). – 12 – 13
29952 당뇨병근치를 조선족의학에서 / 허재익 // 대중과학. – 1989,(8). – 17
29953 닭알꿀초탕으로 당뇨병을 치료 / 종연안 // 대중과학. – 1989,(8). – 23
29954 현대 홍진의 특점과 치료 / 황계선 // 대중과학. – 1989,(8). – 32
29955 폐장의 기소장 / 김성철 // 대중과학. – 1989,(9). – 60
29956 어린이들의 건강을 해치는 흉수:폐염 // 대중과학. – 1990,(2). – 30
29957 리질을 치료하는 방법 / 라인귀 // 대중과학. – 1990,(6). – 14
29958 고혈압환자들이 인삼을 먹어도 되는가? // 대중과학. – 1990,(10). – 8
29959 갑상선기능항진증환자들이 알아두어야 할 점 // 대중과학. – 1990,(11). – 44 – 45
29960 만성위염에 관하여 // 대중과학. – 1990,(12). – 36 – 37
29961 묘방으로 위장염을 치료 / 안다손 // 대중과학. – 1990,(12). – 9

R6 외과학

29962 동상의 예방 / 신국상 // 대중과학. – 1958,(1). – 30 – 31

29963 작은 상처를 어떻게 처리할것인가? / 오울연(吳蔚然) // 대중과학. – 1958,(4). – 42

29964 대골 두절병 / 최진우 // 대중과학. – 1958,(7). – 37 – 38

29965 뱀에게 물리웠을 때의 구급 / 김석진 // 대중과학. – 1958,(8). – 40

29966 관절염과 단련 / 허승문(許胜文) // 대중과학. – 1959,(6). – 28 – 29

29967 구루병체질에 대한 어머니와 의사의 문답 / 안창렬 // 대중과학. – 1959,(9). – 19 – 20

29968 고봉에 오른 우리 나라의 외과수술 / 황가사(黃家駟) // 대중과학. – 1959,(12). – 26 – 27

29969 풍습성관절염의 예방 / 주공남(周公南) // 대중과학. – 1960,(12). – 45

29970 사지기형과 외과수술 / 리상범 // 대중과학. – 1964,(11). – 34

29971 언곳을 치료하는 민간료법 / 소유민 // 대중과학. – 1965,(12). – 24

29972 광견병 / 범계정 // 대중과학. – 1966,(7). – 30

29973 물에 빠진 사람을 어떻게 구급할것인가 / 소유민 // 대중과학. – 1966,(7). – 71 – 72

29974 먼거리달리기운동을 하면 관절염이 생기는가? / 박학송 // 대중과학. – 1966,(8). – 73

29975 허리가 풀떡 놀랐을 때 / 홍법 // 대중과학. – 1980,(11). – 22 – 23

29976 동상치료밀방 // 동북민병. – 1980,(22). – 40

29977 신우신염 / 최은택 // 대중과학. – 1981,(9). – 57

29978 어떻게 절골환자를 구급할것인가? / 리희정 // 대중과학. – 1981,(11). – 57 – 58

29979 동상의 예방치료 / 강유룡 // 대중과학. – 1981,(12). – 50

29980 록두마늘탕으로 신염을 치료 / 정천걸 // 대중과학. – 1982,(4). – 52

29981 신염환자는 결혼할수 있는가? / 단연 // 대중과학. – 1982,(5). – 52 – 53

29982 랭수욕을 하면 관절염을 예방할수 있다(외 1편) // 동북민병. – 1982,(14). – 35

29983 선천성고관절탈구 / 리희정 // 대중과학. – 1983,(3). – 47 – 48

29984 건강한 개에게 물렸을 때 / 장문선 // 대중과학. – 1983,(4). – 57

29985 운전사의 습증병예방 및 조기치료 / 리장원;김재권 // 대중과학. – 1983,(4). – 25

29986 소년아동의 척추만곡 / 유림 // 대중과학. – 1983,(5). – 50 – 51

29987 어깨 팔이 아픈병:≪50견≫ / 엄상묵 // 대중과학. – 1983,(5). – 55

29988 발에 난 티눈을 치료하는 민간법 / 단원원 // 동북민병. – 1983,(6). – 43

29989 추운날에 소변색갈이 흐렸다고 놀라지 말아야 한다 / 채성남 // 대중과학. – 1984,(2). – 55 – 56

29990 부고환염 / 안창빈 // 대중과학. – 1985,(1). – 55

29991 광견병과 그 예방 / 류병일 // 대중과학. – 1985,(7). – 26

29992 어떤 사람이 쌍겹눈수술을 하면 좋은가? / 주유장 // 연변녀성. – 1986,(6). – 20

29993 신혼생활과 신우신염 / 황룡림 // 대중과학. – 1989,(4). – 16 – 17

29994 절골환자들의 기능단련 / 김수성 // 대중과학. – 1989,(4). – 17

29995 수술자리의 간호 / 임양근 편역 // 대중과학. – 1989,(6). – 60 – 61

29996 수술을 거절해야 할 경우 // 대중과학. – 1989,(10). – 8

29997 관절염환자들에게 하고픈 말 / 지성녀 // 대중과학. – 1990,(3). – 12

29998 선천성기형정형수술을 하기에 적합한 나이 / 김광선 // 대중과학. – 1990,(7). – 49

29999 신장질병 // 대중과학. – 1990,(8). – 47 – 49

30000 인체의 려과기:신장 // 대중과학. − 1990,(12). − 40

R71 부산과학

30001 어떻게 되여 쌍둥이를 낳는가 / 정기화 // 대중과학. − 1958,(3). − 32 − 33
30002 산부의 중서 / 설군악(薛軍岳) // 대중과학. − 1959,(8). − 31
30003 인공류산의 위해성 / 림철심 // 대중과학. − 1959,(8). − 26
30004 자궁탈수병:중약치료를 100% // 대중과학. − 1959,(8). − 28
30005 녀성 성기출혈에 대하여 / 림철심 // 대중과학. − 1959,(9). − 18 − 19
30006 백대란 / 림철심 // 대중과학. − 1959,(11). − 43
30007 산후출혈의 예방 / 김창권 // 대중과학. − 1959,(12). − 25
30008 자궁탈수병 / 동룡호 // 대중과학. − 1960,(5). − 42
30009 인공류산과 건강 / 박대권 // 대중과학. − 1964,(12). − 38
30010 빈병으로 인공류산을 할수 있는가? / 김창권 // 대중과학. − 1966,(3). − 38 − 39
30011 월경기의 위생 / 리종영 // 대중과학. − 1966,(6). − 70 − 71
30012 수정관결찰이란 / 김창권 // 대중과학. − 1966,(8).44 − 46 −
30013 처녀막은 어떤 경우에 파렬되는가 / 강리 // 대중과학. − 1980,(7). − 38
30014 백대하는 왜 생기는가? / 주인렬 // 대중과학. − 1980,(8). − 34 − 35
30015 음식과 태아의 성별 / 절류 // 대중과학. − 1981,(2). − 8 − 10
30016 녀성의 성기능장애 / 임양근 // 대중과학. − 1981,(9). − 8 − 9
30017 임신중독증 / 김옥분 // 대중과학. − 1981,(9). − 56
30018 임신부와 약 / 최선옥 // 대중과학. − 1982,(4). − 53
30019 임신기의 빈혈 / 박영진 // 대중과학. − 1982,(5). − 53
30020 어떤 병에 걸리면 애기를 낳지 말아야 하는가? // 대중과학. − 1982,(6). − 44
30021 배를 가르고 애기를 내우면 / 진여균 // 대중과학. − 1982,(8). − 52
30022 임신초기의 구토증과 그의 예방치료 / 요덕홍 // 은하수. − 1982,(8). − 70 − 71
30023 인공류산의 해로운 점 / 고승웅 // 은하수. − 1982,(9). − 13
30024 XY와 성별 / 당지웅 // 은하수. − 1982,(10). − 79
30025 임신부의 정서와 우생 / 란전군 // 은하수. − 1983,(2). − 58
30026 녀성들의 유방위생 / 리영 // 은하수. − 1983,(3). − 63
30027 어머니젖의 영양 / 박원철 // 대중과학. − 1983,(5). − 54 − 55
30028 월경이상 / 김창권 // 대중과학. − 1983,(7). − 54
30029 산모가 빨리 늙는 현상 // 대중과학. − 1983,(8). − 55
30030 보건용전자가슴띠, 도적방지조명장치, 자성편지종이, 미묘한 그라프, 씻지 않는 사발 // 연변녀성. − 1984,(1). − 60
30031 어느 달에 임신하는것이 좋은가 // 연변녀성. − 1984,(1). − 19
30032 불임증 / 안창빈 // 대중과학. − 1984,(5). − 53 − 54
30033 임신부의 정서와 태아의 성장 / 장기량 // 은하수. − 1984,(6). − 76
30034 청춘기처녀들의 번뇌 // 대중과학. − 1984,(12). − 19
30035 부인랭병 / 임양근 // 대중과학. − 1985,(1). − 56
30036 젖이 적을 때 / 임양근 // 대중과학. − 1985,

(4). — 54

30037 음부소양증과 중약치료 / 허죽송 // 대중과학.
— 1985,(6). — 53

30038 신혼 ≪밀월병≫이란? / 주원 // 은하수. — 1985,
(9). — 35

30039 외음부궤양병을 치료하려면 / 리순금 // 대중
과학. — 1986,(4). — 55

30040 임신말기에 유방을 자극하면 좋다 / 오중호
// 대중과학. — 1986,(5). — 57

30041 수란관맺기수술을 해도 다시 생육할수 있
다 / 김정옥 // 대중과학. — 1986,(7). — 57

30042 녀성 ≪성교장애≫와 그 치료 // 대중과학.
— 1986,(12). — 22.28

30043 음식으로 임신오조를 덜려면 / 하려 // 연변
녀성. — 1987,(5). — 33

30044 풍속습관과 산모의 건강 // 대중과학. — 1989,
(6). — 9

30045 임신한 녀성들의 이몸에서 피가 잘 나는
원인 / 허의 // 대중과학. — 1989,(6). — 17

30046 임신부의 체육단련 / 조택룡 // 대중과학. —
1990,(4). — 20 — 21

30047 지금은 왜 배가르기해산을 하는 녀성들이
점점 많아지는가 / 김순덕 // 대중과학. — 1990,(4).
— 21

30048 정황에 따른 임신시기 / 진위연 // 연변녀성.
— 1990,(5). — 13

30049 자궁외임신이란 // 대중과학. — 1990,(7). — 35

30050 술과 임신:무엇때문에 량립될수 없는가 //
대중과학. — 1990,(9). — 35

R72 소아과학

30051 홍역의 예방 및 치료 / 김석진 // 대중과학. —
1959,(2). — 39 — 40

30052 앓는 어린이를 어떻게 간호할것인가? / 태
우(太雨) // 대중과학. — 1959,(4). — 37 — 38

30053 소아마비증의 예방 / 허명록 // 대중과학. —
1959,(6). — 36 — 37

30054 어린이들의 소화불량증에 대하여 / 안창렬
// 대중과학. — 1959,(7). — 31 — 32

30055 어린애가 풍을 일으킬 때엔 어떻게 할것
인가? / 서곡(徐谷) // 대중과학. — 1959,(11). — 34

30056 입떼지개와 륙가락 / 유풍림 // 대중과학. —
1959,(12). — 28

30057 소아마비증의 새 예방법 / 고종보(顧宗保) //
대중과학. — 1960,(9). — 45

30058 홍역에 걸린 어린이에 대한 간호 / 강인숙
// 대중과학. — 1965,(1). — 45

30059 어린이의 페염에 대하여 / 려청하 // 대중과
학. — 1965,(11). — 41 — 42

30060 열이 나는 어린이의 시중 // 대중과학. — 1966,
(1). — 57 — 58

30061 어린이의 구루병 예방 / 장례현 // 대중과학.
— 1966,(3). — 57 — 58

30062 요충병과 어린이의 건강 / 강태경 // 대중과
학. — 1966,(6). — 68 — 69

30063 왜 기형아가 생기는가 / 김창권 편역 // 대
중과학. — 1980,(2). — 28

30064 갓난애기를 어떻게 기를것인가 / 황모천 //
대중과학. — 1980,(4). — 22 — 23

30065 어린애가 열이 몹시 날 때 / 인성 // 대중과
학. — 1980,(6). — 11

30066 애기가 설사에 걸리면 / 김영석 // 대중과학.
— 1980,(7). — 16

30067 녀자애기의 오줌똥을 처리할 때 / 라인귀 //
대중과학. — 1982,(4). — 54

30068 온순한 어린애라고 하여 다 좋은가 / 김영
석 // 대중과학. — 1982,(7). — 43 — 44

30069 애기오줌경보기 / 상철;명수 // 대중과학. —
1983,(3). — 56 — 57

30070 어린애의 페염 / 장학송 // 은하수. — 1983,(3).
— 19

30071 어린이의 병독성심근염 / 최서향 // 대중과학.
— 1983,(4). — 57

30072 학령아동기의 특점 / 안창빈 // 대중과학. —
1983,(4). — 58

30073 애기머리에 앉은 때를 어떻게 지울가? / 정진명 // 대중과학. – 1983,(5). – 49
30074 갓난애기에게 인차 젖과 물을 먹이여야 한다 / 전상근 // 대중과학. – 1983,(6). – 56
30075 태아의 안정신호:태동 / 임양근 // 대중과학. – 1984,(6). – 51
30076 조동증후근과 그 치료법 / 리주선 // 대중과학. – 1984,(12). – 49 – 50
30077 장뇌환과 어린이병 / 마천리 // 연변녀성. – 1985,(2). – 45
30078 어린이들의 두드러기병 / 김현옥 // 대중과학. – 1985,(4). – 53 – 54
30079 어린애들의 구루병을 예방하려면 / 윤향화 // 대중과학. – 1985,(7). – 52
30080 어린애가 밥을 먹기 싫어하면 / 왕철천 // 대중과학. – 1985,(9). – 54
30081 어린애가 야뇨증에 걸리면 / 김웅갑 // 대중과학. – 1986,(1). – 58
30082 어린이의 아연결핍종합증 / 리주선 // 대중과학. – 1986,(4). – 56
30083 산전휴가와 아기, 아기와 낮잠 / 림철심 // 연변녀성. – 1986,(5). – 27
30084 아이들 코구멍에 들어간 콩알은… / 지경화 // 연변녀성. – 1986,(5). – 29
30085 어린애가 영양성빈혈에 걸리면 / 류병일 // 대중과학. – 1986,(9). – 15
30086 제일 이른 조산아 / 황유민 // 연변녀성. – 1987,(1). – 47
30087 신생아의 패혈증 / 황국철 // 연변녀성. – 1987,(2). – 42
30088 어린이 울음의 감별 / 민영섭 // 연변녀성. – 1988,(11). – 8
30089 갓난애기의 간호 // 대중과학. – 1989,(8). – 51
30090 어리이만성영양불량증 / 안동준;리귀현 // 대중과학. – 1989,(8). – 46 – 47
30091 어린애의 특수표정 / 렴관일 // 연변녀성. – 1990,(5). – 4
30092 태아가 보내는 신호:태동 / 민영섭 // 대중과학. – 1990,(5). – 46 – 47

R73 종류학

30093 담배 피우는것과 폐암과의 관계 / 정기화 // 대중과학. – 1959,(9). – 21 – 22
30094 자궁경암의 조기 발견 / 김승희 // 대중과학. – 1964,(11). – 35
30095 암의 경보신호 / 허량중 // 대중과학. – 1979,(11). – 8 – 10
30096 목재식료품은 암을 치료한다 / 위덕보 // 대중과학. – 1981,(10). – 46 – 47
30097 암증조기증상 58가지 / 김창길 // 대중과학. – 1983,(4). – 57 – 58
30098 위암 // 대중과학. – 1983,(9). – 54 – 55
30099 암이 전염되는가 / 박재천 // 대중과학. – 1983,(10). – 55
30100 혈관종양 / 김현옥 // 대중과학. – 1983,(10). – 56
30101 암치료에서의 새 능수 / 정철수 // 대중과학. – 1984,(8). – 18 – 19
30102 암이 생기는 내적요인과 외적요인 / 단봉서 // 대중과학. – 1984,(12). – 50
30103 암세포만 죽이는 약이 있는가? / 류타화 // 대중과학. – 1985,(2). – 13
30104 암증과 성생활 // 은하수. – 1985,(4). – 58
30105 암에 쓰는 몇가지 민간료법 // 대중과학. – 1986,(5). – 17
30106 암유전자는 암환자에게만 있는가?:암유전자에 관한 인류의 새로운 인식 / 윤종주 // 대중과학. – 1986,(7). – 10 – 11
30107 흉선인자가 암환자의 골수기능에 대한 작용 / 한후철 // 대중과학. – 1986,(9). – 17
30108 어떤 사람들이 쉽게 암에 걸리는가 // 대중과학. – 1990,(5). – 34 – 35
30109 암증과 유전, 비루스, 환경 // 대중과학. – 1990,(9). – 34 – 35
30110 왜 암을 떼기 힘든가 // 대중과학. – 1990,

(12).－41

R74 신경병학과 정신병학

30111 운동과 신경계통 / 단비안 // 대중과학.－1958,(9).－36－38

30112 신경쇠약의 예방 / 리룡수 // 대중과학.－1958,(10).－37－38

30113 정신병환자에게 결박제도를 해방한 경험 // 대중과학.－1958,(11－12).－75

30114 내관혈침구로 히스테리환자를 치료 / 리용수 // 대중과학.－1959,(11).－13

30115 노보카인주사로 현훈증을 치료 / 리재익 // 대중과학.－1959,(11).－12

30116 중, 서약으로 정신병 50례를 치료 / 리용주 // 대중과학.－1960,(1).－32

30117 정신병과 신경병은 같지 않다 / 양화유 // 대중과학.－1981,(1).－15

30118 정신병환자에 대한 가정간호 // 대중과학.－1982,(6).－42－43

30119 학습에 영향주는 정신성질병 / 채능;류국방 // 대중과학.－1982,(11).－6－8

30120 전간의 치료방법 / 김영수 // 대중과학.－1983,(2).－56－57

30121 정신병환자의 결혼과 생육 / 김응갑 // 대중과학.－1984,(4).－52

30122 정신분렬증의 재발을 예방하려면 / 김응갑 // 대중과학.－1985,(2).－54

30123 뇌혈관병의 징조 현훈증 // 은하수.－1985,(5).－21

30124 로년기우울증과 그 치료 / 김응갑 // 대중과학.－1986,(3).－54

30125 정신발육장애와 백치학자 // 대중과학.－1986,(11).－26

30126 히스테리란 어떤 병인가 / 안창빈 // 대중과학.－1986,(11).－57

30127 강박증과 그 치료 / 김응갑 // 대중과학.－1987,(7).－16

30128 괴상한 히스테리 // 대중과학.－1989,(9).－52－53

30129 지럼증의 원인 / 최인석 // 대중과학.－1989,(10).－25

30130 홀시하기 쉬운 어린이전간 // 대중과학.－1990,(3).－14－15

30131 두통에 대하여 // 대중과학.－1990,(10).－55

30132 신경쇠약은 골을 지나치게 쓴탓인가 // 대중과학.－1990,(10).－31

R75 피부병학과 성병학

30133 여드름은 어째서 생기는가 / 장문선 // 대중과학.－1958,(2).－45

30134 무엇을 버즘이라 하는가 / 김정훈 // 대중과학.－1958,(9).－22

30135 수전성피염 / 오해림 // 대중과학.－1982,(4).－52

30136 기미가 흑색소류로 되는가? / 김현옥 // 대중과학.－1982,(5).－54

30137 문둥병의 조기증상 / 리금덕;동휘 // 대중과학.－1982,(7).－42

30138 개선병치료 / 오해림 // 대중과학.－1983,(10).－54－55

30139 사마귀를 떼려면 / 리을순 // 대중과학.－1985,(1).－54

30140 내장질병을 비춰주는 거울:피부 // 대중과학.－1985,(4).－39

30141 획득성면역결손종합증 / 주희민 // 대중과학.－1986,(6).－21

30142 더운물찜질은 피부병에 해롭다 / 김성복 // 대중과학.－1986,(7).－57

30143 소버짐에 향항무좀약을 / 김철선 // 대중과학.－1986,(7).－56

30144 32년간 자취를 감춘 괴상한 병 // 대중과학.－1986,(9).－40－41

30145 여드름의 예방과 치료 / 김현옥 // 대중과학.－1987,(4).－44－45

30146 에이즈병의 주요한 증상 / 왕건군 // 동북민병. − 1987,(6). − 38
30147 경종을 울려야 할 성병:림병 / 김하섭 // 대중과학. − 1988,(9). − 41
30148 새로운 성병:콘디롬마 / 리영국 // 대중과학. − 1989,(2). − 33
30149 성병:림질 // 대중과학. − 1989,(7). − 26
30150 머리피부가렴증과 머리털이 빠지는 병 / 김성복 // 대중과학. − 1989,(10). − 24 − 25
30151 B형전염병:에이즈병 / 리광녕 // 대중과학. − 1989,(12). − 17
30152 에이즈병에 관하여 // 대중과학. − 1990,(7). − 39

R76 이비후두과학

30153 어린이의 귀병 / 리춘식 // 대중과학. − 1964,(12). − 45 − 46
30154 귀앓이는 구실인가 / 장순하 // 대중과학. − 1966,(1). − 59 − 60
30155 ≪빨간코≫병의 새 치료방법 / 조승인 // 대중과학. − 1980,(11). − 31
30156 귀앓이 / 리수근 // 대중과학. − 1981,(10). − 39
30157 어떻게 청력을 보호할것인가? / 윤웅걸 // 대중과학. − 1982,(7). − 44
30158 얼굴에 관계되는 위생상식 / 중화 // 동북민병. − 1982,(17). − 41
30159 코피 날 때 / 지경화 // 대중과학. − 1986,(1). − 56 − 57
30160 귀를 잘 보호하자요 // 꽃동산. − 1986,(6). − 13
30161 코구멍을 우비지 말자 // 소년아동. − 1988,(10). − 111
30162 어린이급성화농성중이염 / 리광녕 // 대중과학. − 1989,(1). − 16 − 17
30163 코물과 코병 / 리광녕 // 대중과학. − 1989,(4). − 16
30164 코메기와 코병 / 리광녕 // 대중과학. − 1989,(5). − 37
30165 코병과 후각장애 / 리광녕 // 대중과학. − 1989,(6). − 16
30166 알레르기아성코염 / 리광녕 // 대중과학. − 1989,(11). − 44 − 45

R77 안과학

30167 눈과 눈(眼) / 전진명(田振明) // 대중과학. − 1958,(1). − 47
30168 도라홈을 홀시하지 말자 / 림화국(林華國) // 대중과학. − 1959,(8). − 33
30169 근시안의 예방과 교정 // 대중과학. − 1959,(10). − 28
30170 눈병의 예방 / 강진관 // 대중과학. − 1960,(5). − 39
30171 보귀한 눈 // 대중과학. − 1965,(2). − 41 − 42
30172 눈의 외상과 구급처치 / 리웅걸 // 대중과학. − 1980,(5). − 9
30173 색약과 색맹 / 리웅걸 // 대중과학. − 1980,(12). − 50 − 51
30174 학생근시안의 예방 / 리웅걸 // 대중과학. − 1981,(8). − 12 − 14
30175 눈에 구데기가 쓸수 있는가? / 김춘실 // 대중과학. − 1982,(5). − 54
30176 근시와 크롬 // 대중과학. − 1982,(7). − 60
30177 급성록내장 / 심옥진 // 대중과학. − 1982,(9). − 57
30178 안경사용상식 / 리웅걸 // 대중과학. − 1982,(10). − 34 − 35
30179 어린이의 사팔눈을 제때 치료해야 한다 / 오렬휘 // 대중과학. − 1982,(11). − 48 − 49
30180 로인성백내장 / 심옥진 // 대중과학. − 1982,(12). − 52
30181 색맹의 유전비밀 / 리웅걸 // 대중과학. − 1983,(2). − 57 − 58
30182 전기성안염의 예방과 치료 / 심옥진 // 대중과학. − 1983,(4). − 56

30183 천연수정안경을 쓰면 눈을 보호할수 있는가 / 리웅걸 // 대중과학. − 1983,(6). − 58

30184 티눈을 치료하는 민간료법 / 김장춘 // 대중과학. − 1983,(9). − 55

30185 근시안을 치료하는 새로운 방법 / 빈은분 // 대중과학. − 1984,(6). − 50

30186 눈다래끼치료법 / 리웅걸 // 대중과학. − 1984,(11). − 52

30187 조명과 시력보호 / 진경성 // 대중과학. − 1985,(1). − 40 − 41

30188 근시안을 치료하는 음식료법 // 대중과학. − 1985,(4). − 5

30189 속눈섭이 안쪽으로 들어가면 / 리웅걸 // 대중과학. − 1985,(9). − 56

30190 눈안에 쇠붙이가 들어갔을 때 / 지경화 // 대중과학. − 1986,(6). − 57

30191 돼지목갈기털침으로 근시를 치료 // 대중과학. − 1986,(6). − 30 − 31

30192 근시의 예방과 치료 / 김춘실 // 대중과학. − 1986,(11). − 6

30193 백내장에 걸리면 / 김춘실 // 대중과학. − 1987,(1). − 56

30194 콘택트렌즈의 사용에 관하여 / 김춘실 // 대중과학. − 1989,(7). − 23

30195 굴광불정에 관하여 / 김춘실 // 대중과학. − 1989,(12). − 43

R78 구강과학

30196 이발을 고르게 자래우려면 / 황경생 // 대중과학. − 1980,(5). − 10 − 11

30197 너리증 / 허호 // 대중과학. − 1981,(10). − 57 − 58

30198 아구창 / 허호 // 대중과학. − 1982,(6). − 43

30199 이몸에서 피가 날 때 / 허호 // 대중과학. − 1982,(9). − 57 − 58

30200 무엇때문에 이발이 누렇게 되는가? // 은하수. − 1982,(11). − 27

30201 입귀가 헐 때 / 허호 // 대중과학. − 1983,(1). − 48

30202 덧이예방 / 허호 // 대중과학. − 1983,(10). − 56

30203 이앓이민간료법 / 염경량 // 동북민병. − 1983,(24). − 43

30204 지치관주위염 / 허호 // 대중과학. − 1984,(3). − 52 − 53

30205 입안이 헐 때 / 허호 // 대중과학. − 1984,(7). − 52

30206 이발위생 / 허호 // 대중과학. − 1984,(11). − 53

30207 이발을 상했을 때 / 허호 // 대중과학. − 1985,(2). − 53

30208 이를 뺀후 의치를 해넣으려면 / 허호 // 대중과학. − 1985,(10). − 54 − 55

30209 의치를 해넣은후 주의할 몇가지 / 을봉 // 대중과학. − 1986,(2). − 55

30210 충치의 발생원인과 예방 / 허호 // 소년아동. − 1988,(10). − 112 − 114

30211 이발을 가쯘하게 하려면 / 허호 // 소년아동. − 1988,(11). − 107 − 109

30212 왜 지금의 아이들은 충치가 많은가 / 허호 // 대중과학. − 1989,(3). − 56

30213 이를 뺀후 주의해야 할 몇가지 / 허호 // 대중과학. − 1989,(5). 37

30214 로년기에 이가 빠지면 / 허호 // 대중과학. − 1989,(12). − 16

30215 치석과 치담 / 허호 // 대중과학. − 1990,(4). − 21

30216 덧이로 된 송곳이는 마음대로 빼지 말아야 한다 / 허호 // 대중과학. − 1990,(6). − 14

R8 특종의학

30217 밝은데서 투시할수 있는 투시기 / 전송암 // 대중과학. − 1958,(10). − 29

30218 월경기간의 훈련 / 진장호(陳章豪) // 대중과학. − 1959,(6). − 27

30219 운동과 땀 // 대중과학. − 1959,(8). − 40

30220 의학상에서의 X선 검사 / 리수영 // 대중과학. – 1960,(7). – 33
30221 병의 정체를 찾아내는 CT기술 // 대중과학. – 1980,(5). – 15 – 16
30222 기초체력양성에서의 새 혁신 // 대중과학. – 1982,(3). – 42 – 43
30223 X선의 발견 // 대중과학. – 1982,(4). – 48 – 49
30224 약물과 올림픽경기 / 윤학주 // 대중과학. – 1982,(7). – 54 – 55
30225 병을 보는 원자 / 김무웅 // 대중과학. – 1984,(3). – 19
30226 과연 그럴가 / 음묵 // 대중과학. – 1985,(2). – 14 – 15
30227 올림픽과 흥분제 / 림혁우 // 대중과학. – 1986,(11). – 48 – 49
30228 세계체육계를 휩쓰는 스테로이드《온역》// 대중과학. – 1989,(11). – 26 – 27
30229 아세아운동회의 정직한 법관 // 대중과학. – 1990,(9). – 18 – 21
30230 흥분제와 체육경기 // 대중과학. – 1990,(9). – 60

R9 약학

30231 약에 대하여 / 안연(安娟) // 대중과학. – 1958,(1). – 48
30232 상용약품 / 김석진 // 대중과학. – 1958,(7). – 39 – 40
30233 효과있는 민간약처방 // 대중과학. – 1958,(9). – 40 – 41
30234 독사에 물렸을 때의 좋은 약 기덕승 사약편 / 석견(石堅) // 대중과학. – 1959,(8). – 29
30235 약물람용의 위해성 / 박재순 // 대중과학. – 1964,(10). – 18
30236 가스중독 / 김정순 // 대중과학. – 1964,(12). – 14 –
30237 회충약:피페라찐 / 라인귀 // 대중과학. – 1965,(4). – 33
30238 한약재 / 지광운;최송남 // 대중과학. – 1965,(11). – 28 – 29
30239 소아마비 예방약:비루스왁진 / 유병일 // 대중과학. – 1965,(12). – 31 – 32
30240 한약재:원호 / 소유민 // 대중과학. – 1966,(1). – 32
30241 화혈단의 비밀 / 심세악 // 대중과학. – 1966,(3). – 56
30242 한약재:패모 / 소유민 // 대중과학. – 1966,(4). – 25
30243 익모초 / 류성 // 대중과학. – 1966,(6). – 72
30244 홍역예방주사약 / 류정 // 대중과학. – 1966,(9). – 98 – 99
30245 새로운 간염약:익간령 / 교정곤 // 대중과학. – 1980,(1). – 29
30246 약물의 변질여부를 알려면? / 심균당 // 대중과학. – 1980,(6). – 43
30247 새로운 기침약:지해유 // 대중과학. – 1980,(7). – 28
30248 사향은 어떻게 얻어지는가 / 김려산 // 대중과학. – 1980,(8). – 31
30249 항균제를 망탕 써서는 안된다 / 장문선 // 대중과학. – 1980,(8). – 30
30250 아스피린의 새로운 공헌 / 임양근 // 대중과학. – 1980,(9). – 48
30251 보약을 어떻게 쓸것인가 / 리경도 // 대중과학. – 1980,(10). – 46
30252 기이한 환상제 // 동북민병. – 1980,(20). – 36 – 37
30253 옥도정기와 빨간 약을 동시에 쓰면 안된다 / 감행민 // 동북민병. – 1981,(7). – 36
30254 사향감별법 / 류영진 // 대중과학. – 1981,(9). – 20
30255 코약과 귀약을 쓰는 방법 / 양성철 // 대중과학. – 1982,(7). – 43
30256 우리 나라에서 도태시킨 127가지 약품 // 대중과학. – 1982,(12). – 54

30257 127가지 약품을 도태시킬데 대한 보충통지 // 대중과학. – 1983,(8). – 37

30258 수면제를 사용할 때 / 리룡주 // 대중과학. – 1983,(12). – 46 – 47

30259 장백산의 또 하나의 보배:불로초 / 팽만명 // 대중과학. – 1983,(12). – 56

30260 약을 잘못 먹었을 때 / 계지 // 연변녀성. – 1984,(6). – 45

30261 민간약초 채집과 가공 / 임양근 // 대중과학. – 1984,(7). – 37

30262 구충제의 효과를 높이려면 / 김영빈 // 대중과학. – 1985,(1). – 54

30263 대황의 새로운 용도 / 김영빈 // 대중과학. – 1985,(5). – 7

30264 어린애에게 에리트로미신약을 쓸 때 / 김춘옥;홍순찬 // 대중과학. – 1985,(6). – 53

30265 고혈압병치료약을 끊을 때 / 김웅갑 // 대중과학. – 1985,(8). – 52

30266 약을 쓸 때 주의해야 할 음식물 / 김웅갑 // 대중과학. – 1986,(2). – 54

30267 어린애에게 리진을 먹일 때 / 리진관 // 대중과학. – 1986,(3). – 54

30268 몇가지 가정약 / 단괭권 // 대중과학. – 1986,(4). – 12 – 13

30269 신기한 령약:생물독소 / 왹일천 // 대중과학. – 1986,(6). – 38 – 40

30270 살구씨에 중독되면 / 허죽송 // 대중과학. – 1986,(8). – 56 – 57

30271 마이싱중독과 귀머거리병 / 최인석 // 대중과학. – 1986,(9). – 56 – 57

30272 록용과 록태의 사용법 / 허죽송 // 대중과학. – 1986,(10). – 49

30273 약물사용지식 // 대중과학. – 1986,(11). – 20 – 21

30274 녀성미용보혈죽 / 하소화 // 연변녀성. – 1988,(11). – 18

30275 귀중한 약재의 대용품 / 장희준 // 대중과학. – 1988,(12). – 55

30276 회충약의 효과를 높이려면 / 김춘옥;방련화 // 대중과학. – 1989,(5). – 37

30277 점비약을 쓸 때 알아야 할 점 / 리광녕 // 대중과학. – 1989,(7). – 18

30278 중약에 갑자기 중독되였을 때 / 허죽송 // 대중과학. – 1989,(7). – 17

30279 약물성질병의 원인과 예방 / 김영빈 // 대중과학. – 1989,(10). – 19

30280 보약을 쓰는 틀린 방법 // 대중과학. – 1990,(11). – 45

S 농업과학

S1 농업기초과학

30281 연변의 토양 류형과 특점 및 분포 / 박창준 // 대중과학. – 1958,(1). – 24 – 25

30282 무엇때문에 거름을 내는가 / 김창정 // 대중과학. – 1958,(2). – 15 – 16

30283 비물의 토양침식 / 조희복 // 대중과학. – 1958,(2). – 12 – 14

30284 니탄의 비료가치 / 김철수 // 대중과학. – 1958,(4). – 30 – 31

30285 왜 기경해야 하는가 / 최송길;리충 // 대중과학. – 1958,(4). – 8 – 9

30286 비료 삼요소의 함량표와 비료용량 계산법 / 교생휘(喬生輝) // 대중과학. – 1958,(6). – 27 – 28

30287 연변의 기상과 농업 / 김학선 // 대중과학. – 1958,(6). – 2 – 3

30288 결구성토양이란 어떤것인가 // 대중과학.－1958,(8).－23
30289 밭을 깊게 갈면 어떤 좋은 점이 있는가 / 장세현(張世賢) // 대중과학.－1958,(10).－8－9
30290 우리 나라의 토양 경작에 대한 새로운 요구와 새로운 방법 / 리극좌(李克佐) // 대중과학.－1958,(11－12).－63－65
30291 가마에서 훌륭한 비료를 구워낸다 / 황개동(黃開冬) // 대중과학.－1959,(2).－20－21
30292 흙을 굽는 새 방법 / 방유토(方儒土) // 대중과학.－1959,(2).－18－19
30293 농언과 과학 / 한원철 // 대중과학.－1959,(4).－46－47
30294 토양비력의 속성 측정법 // 대중과학.－1959,(4).－23－24
30295 청초를 어떻게 썩이는것이 좋은가 // 대중과학.－1959,(8).－9
30296 10년래 중국 농업생산대약진과 농업과학 / 정조헌(程照軒) // 대중과학.－1959,(10).－2－3
30297 농업중의 력학문제 / 전학림(錢學林) // 대중과학.－1959,(11).－4－5
30298 심경의 효과와 금후 심경에서의 몇개 문제 / 김인철 // 대중과학.－1959,(11).－16－17
30299 농가비료의 질을 어떻게 제고할것인가 / 강철 // 대중과학.－1960,(1).－15
30300 농업생산과 화학 / 조희복 // 대중과학.－1960,(1).－7－8
30301 세균비료란 무엇인가? // 대중과학.－1960,(1).－11－12
30302 초탄의 비료적가치와 그의 리용 / 박창준 // 대중과학.－1960,(1).－13－14
30303 혼합세균비료 / 진자영(陳子英) // 대중과학.－1960,(2).－31－32
30304 부동한 작물은 부동한 비료를 수요한다 / 강철 // 대중과학.－1960,(3).－6
30305 세균비료의 질을 어떻게 제고하겠는가? / 류린(劉麟) // 대중과학.－1960,(3).－7－8－
30306 연변의 토양류형과 토양개량문제 / 김인철 // 대중과학.－1960,(3).－5
30307 토법설비에서 양화학비료의 생산 / 김두일 역 // 대중과학.－1960,(6).－22－23
30308 록비를 다량으로 생산하자 / 최영봉 // 대중과학.－1960,(7).－41
30309 초목회의 리용 / 리호원 // 대중과학.－1960,(8).－24－25
30310 쓰레기와 분변의 무해처리법 / 박상희 // 대중과학.－1960,(9).－38
30311 오줌의 종합리용 / 모량영(毛亮英) // 대중과학.－1960,(9).－8
30312 농업을 위해 복무하는 화학 / (쏘련)푸르부커위치 // 대중과학.－1960,(12).－19
30313 농업 기술 개혁에 대한 몇개 문제 // 연변.－1963,(3).－23
30314 대대에서 통일적으로 계획하고 대에 따라 연구 항목을 배정:신민 대대 당지부의 과학 실험 지도 경험 // 연변.－1965,(3).－5－8
30315 대중적 농업 과학 실험 활동을 널리 전개하여 농업 생산의 새 고조를 촉 진하자 / 주덕해 // 연변.－1965,(3).－2－5
30316 고분자토양개량제 / 김건;만거 // 대중과학.－1964,(10).－44
30317 량식온도측정기 / 박철호 // 대중과학.－1964,(10).－40
30318 몇가지 토양의 성상 // 대중과학.－1964,(10).－7
30319 퇴비의 제조방법 / 김려수 // 대중과학.－1964,(10).－25－26
30320 잎의 면적 계산 / 김천규 // 대중과학.－1964,(11).－43
30321 토양:식물의 량식창고 // 대중과학.－1964,(11).－5－7
30322 그들은 과학실험을 통해서 어떻게 농업생산을 추동했는가? // 대중과학.－1964,(12).－6－8
30323 연변지구 논토양의 주요 류형과 생산성능 / 리종철 // 대중과학.－1964,(12).－9－10
30324 농촌과학실험소조에 보내는 편지 // 대중과

학. − 1965,(1). − 27 − 28
30325 농업과학실험활동경험을 총화하고 금년도의 생산고조를 영접하자! / 김명한 // 대중과학. − 1965,(1). − 2 − 6
30326 농업생산을 위해 복무하는 기상관측소 / 리립학 // 대중과학. − 1965,(1). − 29 − 30
30327 룡원 석회질소 시비기 / 오국권 // 대중과학. − 1965,(1). − 14 − 16
30328 거름을 어떻게 줄것인가 / 최태승 // 대중과학. − 1965,(2). − 7
30329 대비시험의 설계에 대하여 / 김윤범 // 대중과학. − 1965,(2). − 11 − 12
30330 회재대대의 화적비 방법 / 맹충렬 // 대중과학. − 1965,(2). − 8 − 9
30331 대중적농업과학실험활동을 광범히 전개하여 농업생산의 새로운 고조를 촉진하자 / 주덕해 // 대중과학. − 1965,(3). − 1 − 4
30332 비료시험의 포전설계 / 김신옥 // 대중과학. − 1965,(3). − 23 − 25
30333 염화비닐막에 의한 벼모키우기에서 제기되는 기상조건의 관찰 // 대중과학. − 1965,(3). − 11 − 13
30334 퇴비의 발효는 일거량득 / 박상희 // 대중과학. − 1965,(3). − 7
30335 논벼밀식 시험설계 // 대중과학. − 1965,(4). − 23 − 24
30336 농업과학실험은 반드시 농업생산을 위하여 복무하여야 한다 / 김명한 // 대중과학. − 1965,(4). − 1 − 6
30337 비료시험의 포전관찰기록방법 / 김신옥 // 대중과학. − 1965,(4). − 21 − 22
30338 시범포전, 시험포전, 종자포전이란 / 장창식 // 대중과학. − 1965,(4). − 18
30339 콩, 조 밀식시험의 조사방법과 기록항목 / 김량숙 // 대중과학. − 1965,(4). − 25 − 26
30340 논벼 밀식시험의 포전조사항목과 기록방법 / 리철수 // 대중과학. − 1965,(5). − 15
30341 논벼품종 비교시험의 조사항목과 기록방법 / 김인철 // 대중과학. − 1965,(5). − 16
30342 덧거름과 물주기 / 염정운 // 대중과학. − 1965,(5). − 26
30343 질소비료의 합리적사용에 대하여 // 대중과학. − 1965,(5). − 12 − 14
30344 과린산석회와 그의 시용기술 / 유철흡 // 대중과학. − 1965,(7). − 7 − 8
30345 룡원 3대에서 거름을 모으고 가공한 경험 / 김용산 // 대중과학. − 1965,(7). − 22
30346 오줌통 // 대중과학. − 1965,(7). − 5 − 6
30347 우리는 자급비료를 어떻게 모았는가? / 리동세 // 대중과학. − 1965,(7). − 6
30348 종합식변소 // 대중과학. − 1965,(7). − 11
30349 질좋은 자급비료를 힘써 많이 생산하자 / 김승렬 // 대중과학. − 1965,(7). − 3 − 4
30350 간이농업기상관측 / 배춘자 // 대중과학. − 1965,(8). − 32 − 33
30351 포전토양조사 / 류충걸;박일성 // 대중과학. − 1965,(9). − 18 − 19
30352 암모니아수의 저장에 대하여 / 김신옥;박련분 // 대중과학. − 1965,(10). − 3 − 5
30353 겨울에 소똥을 썩이는 방법 / 김봉현 // 대중과학. − 1965,(11). − 5
30354 농작물수확량 계산분석 // 대중과학. − 1965,(11). − 15 − 16
30355 북데기에 석회질소를 넣으면 ... ? / 김천석 // 대중과학. − 1965,(11). − 10
30356 습도, 바람, 비 / 조봉기 // 대중과학. − 1965,(11). − 35 − 36
30357 조관파 밀식 시범포전총화를 어떻게 지을것인가? // 대중과학. − 1965,(11). − 14 − 15
30358 붉은질토양과 저습지토양의 개량에 대한 의견 / 리종철 // 대중과학. − 1965,(12). − 8 − 9
30359 토양의 생산성능 / 류충걸;박일성 // 대중과학. − 1965,(12). − 43
30360 분변의 통일관리와 위생 // 대중과학. − 1966,(1). − 50 − 51
30361 비료의 3요소와 과수 // 대중과학. − 1966,(1).

－36
30362 산과 물을 다스려 안전한 다수확농토를 건설하자 // 대중과학.－1966,(1).－2－5
30363 실험제목을 어떻게 확정하는가? // 대중과학.－1966,(1).－6－7
30364 인분뇨와 채소 / 함홍석 // 대중과학.－1966,(1).－37
30365 토양침식 / 전룡범 // 대중과학.－1966,(1).－17－18
30366 쌍당 수확고를 59.3% 높인 비결 // 대중과학.－1966,(2).－16－17
30367 쓰레기의 용도 // 대중과학.－1966,(2).－10－11
30368 자급비료의 영양분류실을 방지하는 예술 / 최태숭 // 대중과학.－1966,(2).－2－4
30369 온도계의 사용과 보관 / 김승만 // 대중과학.－1966,(3).－50－51
30370 콩과 몰리브덴산암모늄 // 대중과학.－1966,(4).－26－27
30371 논에 암모니아수를 어떻게 사용하는가 // 대중과학.－1966,(5).－6－7
30372 농사속담 2수 / 유성록 // 대중과학.－1966,(5).－35
30373 린비료를 사용한 이야기 / 채량 // 대중과학.－1966,(6).－22－24
30374 밭곡식도 간식을 먹어야 한다 // 대중과학.－1966,(6).－25－27
30375 비료의 효과와 N / 김찬 // 대중과학.－1966,(6).－19－20
30376 각종 자급비료의 3요소함량표 / 김신옥 // 대중과학.－1966,(7).－29
30377 돼지는 자급비료공장 / 심욱 // 대중과학.－1966,(8).－32－34
30378 풀거름을 썩일 때 / 건민 // 대중과학.－1966,(8).－35－36
30379 토양조사의 기술요점 / 초안 // 대중과학.－1979,(10).－9－11
30380 동기고온비료제조법 / 김득송 // 대중과학.－1979,(11).－24－25
30381 세계를 휩쓸고있는 이상기후 / 박창일 // 대중과학.－1980,(1).－9
30382 토양의 구성 // 대중과학.－1980,(1).－33
30383 닭똥사료 / 오백청 // 대중과학.－1980,(2).－37
30384 벼랭해의 생리와 표현 / 박창일 // 대중과학.－1980,(2).－2－4
30385 달에서의 농사질 / 장리걸 // 대중과학.－1980,(4).－16
30386 농업에서 방사성동위원소의 리용 / 리춘홍 // 대중과학.－1980,(5).－13
30387 위성으로 농작물의 수확고를 예측 / 영근 // 대중과학.－1980,(8).－10－11
30388 록색혁명의 이모저모 // 대중과학.－1980,(9).－4－5
30389 생물질소고정의 광활한 전도 / 신민;로사 // 대중과학.－1980,(12).－5－7
30390 일본의 록색에네르기원천계획 / (일본)이도우 요우 // 대중과학.－1980,(12).－21－24
30391 화학이 농업에 대한 새 공헌 / 왕유근 // 대중과학.－1980,(12).－28－29
30392 오곡풍작을 위하는 사람 / 방립상;왕위 // 동북민병.－1980,(22).－22
30393 부식토는 낟알더미이다 // 대중과학.－1981,(1).－28－29
30394 밭농사의 물질교환 / 박춘송 // 대중과학.－1981,(2).－6－7
30395 토양PH를 측정하는 간이방법 / 박련분 // 대중과학.－1981,(2).－40
30396 과학적영농의 바탕:토지대장 / 림창호 // 대중과학.－1981,(9).－11
30397 농작물과 색갈 / 방종혁 // 대중과학.－1981,(11).－14－15
30398 토양경작이 일으키는 작용 // 대중과학.－1981,(11).－28－29
30399 포전시험결과에 대한 몇가지 통계분석법 / 김윤범;주재윤 // 대중과학.－1981,(12).－24－

26
30400 논벼의 물질적토대:논토양 // 대중과학.－1982,(1).－12－13
30401 미리 풍년을 보여주는 겨울눈 / 소위국 // 대중과학.－1982,(1).－5
30402 올해의 분투목표:량식생산지표 / 김호남;안창범 // 대중과학.－1982,(1).－2－5
30403 이산화탄소와 농업증산 / 진상 // 대중과학.－1982,(2).－20－21
30404 토양가운데의 린영양 / 주명쟁 // 대중과학.－1982,(2).－26－27
30405 량식생산공장의 모터 / 한일섭 // 대중과학.－1982,(4).－38－39
30406 식물생장조절제:식물호르몬 // 대중과학.－1982,(4).－36－37
30407 한 과학자의 재미있는 과학실험으로부터 / 안정수;천수산 // 대중과학.－1982,(4).－22
30408 새로운 식물생장조절제 / 김영숙 // 대중과학.－1982,(6).－14－15
30409 토양비옥도를 높이는 주요도경 / 엄철수;리재식 // 대중과학.－1982,(7).－12－13
30410 토양은 어떻게 생겨났는가 // 대중과학.－1982,(8).－20－21
30411 농업에서의 세포학의 응용 / 한승 // 대중과학.－1982,(9).－39
30412 서리해의 인공방지 / 인기;종활 // 대중과학.－1982,(9).－6－7
30413 작물의 영양 / 유림 // 대중과학.－1982,(9).－40－41
30414 탄수화물 제조공장 / (일본)쯔노 유긴도 // 대중과학.－1982,(10).－14－16
30415 벼군체의 빛에네르기리용 / (일본)쯔노 유긴도 // 대중과학.－1982,(11).－18－19
30416 비료지식 / 뇨소 // 대중과학.－1982,(11).－30－31
30417 2000년도에 대한 예측 // 대중과학.－1982,(12).－35
30418 뇨소와 목재가공 / 리견 // 대중과학.－1983,(1).－61
30419 유기질과 토양비옥도 // 대중과학.－1983,(1).－26－27
30420 재거름 // 대중과학.－1983,(1).－54－
30421 농업생산의 세개 직장 / 한일섭 // 대중과학.－1983,(2).－22－23
30422 비료창고에서 생긴 사건 // 대중과학.－1983,(2).－26－27
30423 집중시비의 좋은점 // 대중과학.－1983,(2).－39
30424 토양을 살찌우는 록비작물 // 대중과학.－1983,(2).－31
30425 논비료를 어떻게 주어야 하는가? / 최중현 // 대중과학.－1983,(4).－15
30426 주요농작물의 포전관리 // 대중과학.－1983,(6).－6
30427 록비 / 박순희 // 대중과학.－1983,(7).－43
30428 일기예보에 관한 민간속담 / 리종활 // 대중과학.－1983,(7).－14－15
30429 평범하고도 신기한 토양 / 한일섭 // 대중과학.－1983,(8).－10－11
30430 기상조건과 작물생장 / 조아초 // 대중과학.－1983,(9).－18－19
30431 토양간이식별법 / 오국권 // 대중과학.－1983,(9).－44－45
30432 미량원소와 농작물 / 박생훈 // 대중과학.－1983,(10).－8
30433 시비의 생리적토대 / 오국권 // 대중과학.－1983,(11).－16－17
30434 새로운 복합비료:다원소알맹이비료 / 심하감 // 대중과학.－1983,(12).－29
30435 늘 쓰는 몇가지 칼륨비료 // 대중과학.－1984,(1).－26
30436 바람과 농업생산 / 사재영 // 대중과학.－1984,(1).－30
30437 부식산류비료 / 박생훈 // 대중과학.－1984,(3).－38－39
30438 시비의 증산원인 / 오국권 // 대중과학.－1984,

(4).－12－13
30439 잎거름/렴군//대중과학.－1984,(5).－28－29
30440 농업생태계통과 현대화농업/장춘웅//대중과학.－1984,(7).－6－7
30441 비료가족의 새로운 성원들//대중과학.－1984,(8).－12－13
30442 제2차농업혁명/조흥화//대중과학.－1984,(8).－17
30443 농업집약화와 농업현대화/당명봉//대중과학.－1984,(9).－4－5
30444 토양PH를 측정하려면//대중과학.－1984,(10).－37
30445 핵기술과 농업/리수화;진검//대중과학.－1984,(10).－6－7
30446 농업에서 전자계산기의 응용//대중과학.－1984,(11).－20
30447 논비료를 얼마 사들여야 하는가/오국권//대중과학.－1984,(12).－15
30448 땅의 웨침/석영//대중과학.－1984,(12).－12－14
30449 치부에 도움주는 훌륭한 약품:751호르몬/종련금//동북민병.－1985,(3).－30
30450 남새생산에서 식물생장조절제의 리용/목우//대중과학.－1985,(4).－42－43
30451 눈을 박아야 할 립체농업//대중과학.－1985,(6).－6
30452 밭곡식에 덧거름주기/장관//대중과학.－1985,(6).－20－21
30453 생물기술과 농업혁명/리장구;하시운//대중과학.－1985,(7).－6－7
30454 우리 나라의 농업기술/로량서//대중과학.－1985,(10).－3－5
30455 목하 량식생산가운데서 해결해야 할 몇개 문제/종광군//대중과학.－1985,(11).－3－5
30456 기술직함이 있는 서구라파의 농민/류수흠//대중과학.－1985,(12).－35
30457 전자두뇌와 농사질/영현//대중과학.－1985,(12).－6－7
30458 2000년도의 중국농업/우약봉 등//대중과학.－1986,(2).－6－7
30459 어떤 비료들을 섞어쓸수 있는가//대중과학.－1986,(3).－35
30460 비료의 경제적효과성을 높이려면/리종철//대중과학.－1986,(4).－27
30461 식물생장자극제 멜리실알콜//지부생활.－1986,(4).－64
30462 대용화학비료의 용량계산//대중과학.－1986,(5).－29
30463 새로운 다종원소복합비료:잎거름의 증산효과/오국권//대중과학.－1986,(5).－18－19
30464 농사질을 하여 부유해질수 있는가/류웅상//대중과학.－1986,(6).－12－13
30465 무장부문에서는 응당 민병들의 과학기술학습을 중요한 과제로 삼아야 한다/가청강//동북민병.－1986,(6).－15－16
30466 발전시켜야 할 뜨락농업//대중과학.－1986,(7).－55
30467 과망간산칼륨의 묘한 쓰임//대중과학.－1986,(8).－19
30468 현대농업과학의 발전과 당면한 임무//대중과학.－1986,(8).－6－8
30469 비료가족의 새 성원 희토류//대중과학.－1986,(9).－18－19
30470 질소비료의 오염과 그 위해/장부도//대중과학.－1986,(11).－22－24
30471 생물의 성별통제와 그 리용//대중과학.－1987,(3).－62
30472 자급비료를 만들 때//대중과학.－1987,(7).－42
30473 연변지구 토양중의 유기질, 질소, 린 사이의 상관관계/조영숙//대중과학.－1988,(9).－7－8
30474 신기한 뇨소//대중과학.－1988,(10).－10－11
30475 자급비료를 잎거름으로//대중과학.－1989,

(1). − 45

30476 혼합비료만들기 // 대중과학. − 1989,(1). − 55

30477 산성탄산암모늄의 합리적인 사용 // 대중과학. − 1989,(2). − 49

30478 저온년에도 풍작을 / 장룡석 // 대중과학. − 1989,(4). − 3

30479 인삼고효능생물복합비료 / 리세창 // 대중과학. − 1989,(5). − 60

30480 흔히 쓰는 미량원소비료 // 대중과학. − 1989,(5). − 47

30481 광합비료와 남새생산 / 서위성;조생 // 대중과학. − 1989,(7). − 11 − 12

30482 농업령역에서 새 기술의 응용 // 대중과학. − 1989,(11). − 5 − 7

30483 토끼똥의 종합리용 // 대중과학. − 1989,(11). − 58

30484 세계농업과학연구중점의 전변 // 대중과학. − 1989,(12). − 4.6

30485 일본현대농업의 특점 // 대중과학. − 1989,(12). − 5

30486 농민기술원들의 경험담 // 대중과학. − 1990,(2). − 6 − 7

30487 우량종을 배육하는 사람 / 왕문조;장옥국 // 동북후비군. − 1990,(5). − 38 − 39

30488 장에성랭해의 방지대책 / 서규철 // 대중과학. − 1990,(7). − 7 − 8

30489 칼륨자급비료의 개발리용 // 대중과학. − 1990,(8). − 15

30490 신기한 비료 // 대중과학. − 1990,(10). − 25

S2 농업공정

30491 산협지구에서의 수전용수에 대하여 // 대중과학. − 1958,(1). − 21 − 22

30492 경사지게 밭지경을 수축한 경험 / 정룡범 // 대중과학. − 1958,(5). − 8 − 9.17

30493 룡정 철목농구사에서 만든 쌍층 심경쟁기 / 김동춘;리춘광 // 대중과학. − 1958,(10). − 10

30494 차순삼이 만든 인력벼수확기 / 김계춘 // 대중과학. − 1958,(10). − 12

30495 광성륜의 리용에 대하여 // 대중과학. − 1959,(1). − 52 − 53

30496 동기관개를 어떻게 할것인가 / 최현빈 // 대중과학. − 1959,(1). − 30 − 31

30497 동기수리시공의 판법과 공구 // 대중과학. − 1959,(1). − 32 − 33

30498 샘물줄기를 어떻게 찾는가 // 대중과학. − 1959,(1). − 34 − 35

30499 벼모이앙기의 초보적성공 // 대중과학. − 1959,(3). − 14

30500 관개경작의 원전화 / 최현빈 // 대중과학. − 1959,(4). − 20 − 22

30501 만능파종기 // 대중과학. − 1959,(4). − 2 − 3

30502 새로 개작한 걸기 // 대중과학. − 1959,(4). − 4

30503 연농약진1호 벼모이앙기 // 대중과학. − 1959,(4). − 1 − 2

30504 자동수추양수기의 원리 및 사용 / 장월(張鉞) // 대중과학. − 1959,(4). − 5 − 7

30505 효률이 높고 쓰기 편리한 정지공구와 비료운반기 // 대중과학. − 1959,(4). − 3 − 4

30506 풍동력을 리용한 량곡분쇄기 / 류계귀(劉繼貴) // 대중과학. − 1959,(7). − 17 − 18

30507 뜨락또르 / 리주복 // 대중과학. − 1960,(1). − 22 − 23

30508 ≪東方紅≫뜨락또르 / 룡학검(龍學儉) // 대중과학. − 1960,(2). − 21

30509 뜨락도르강좌 / 리주복 // 대중과학. − 1960,(2). − 17 − 20

30510 ДТ54 뜨락또르의 기동보조와 운전 / 리주복 // 대중과학. − 1960,(3). − 11 − 12

30511 농기계로서의 경작기술 / 박동화 // 대중과학. − 1960,(4). − 12 − 13

30512 수전원림화의 규획과 설계 / 장형옥 // 대중과학. − 1960,(4). − 9 − 11

30513 기계화와 자동화 / 황선환(黃善煥) // 대중과학. − 1960,(6). − 7

30514 다품종전동식부량기 // 대중과학. − 1960,(6). − 4 − 5

30515 황연이묘기 / 김형선 // 대중과학. − 1960,(6). − 6

30516 종합성탈곡기 / 리춘광(李春光) // 대중과학. − 1960,(10). − 4

30517 한전통용탈곡기 / 리춘광(李春光) // 대중과학. − 1960,(10). − 4

30518 농구개혁과 농업의 반기계화는 농업기계화실현의 전제조건이다 / 김일한 // 대중과학. − 1960,(11). − 5

30519 ≪선구 2호≫조탈곡기 / 김일한 // 대중과학. − 1960,(11). − 6

30520 룡수 공사 농업 기술 복무참의 공작 경험 / 김윤 // 연변. − 1963,(4). − 22

30521 가물과 장마에도 안정하고 높은 수확고를 확보할수 있는 농토를 건설하자 / 오영빈 // 대중과학. − 1965,(2). − 1 − 3

30522 명안대대 사원들은 ≪무재산≫을 정복 / 리치권 // 대중과학. − 1965,(2). − 3 − 6

30523 수로식단절공 / 조희복 // 대중과학. − 1965,(8). − 20

30524 절초기 / 최창룡 // 대중과학. − 1965,(8). − 37 − 38

30525 농업에서 기계경작의 작용 // 대중과학. − 1965,(9). − 3 − 4

30526 원통식탈곡기 / 김익준 // 대중과학. − 1965,(9). − 39 − 40

30527 간이등고선측량기 / 전재선 // 대중과학. − 1965,(12). − 17 − 18

30528 습지개량과 배수로 / 김홍도 // 대중과학. − 1965,(12). − 6 − 7

30529 장남대대 계획수토보호 // 대중과학. − 1965,(12). − 19 − 20

30530 제방 경사면의 보호 / 왕극인 // 대중과학. − 1965,(12). − 13 − 14

30531 FS − 403만능분쇄기 / 주봉천 // 대중과학. − 1966,(1). − 39 − 40

30532 농 − 4 수전용쟁기 / 주봉천 // 대중과학. − 1966,(2). − 39 − 40

30533 간단한 기구:쐐기 / 주금철 // 대중과학. − 1966,(3). − 44 − 45

30534 논 원전화의 설계 / 장형옥 // 대중과학. − 1966,(3). − 17 − 19

30535 방풍장말뚝구멍을 쉽게 파려면 / 손덕훈 // 대중과학. − 1966,(3). − 48 − 49

30536 연동:66형 인력모판파종기 / 주봉천 // 대중과학. − 1966,(4). − 10 − 11

30537 계획용수 / 박창호 // 대중과학. − 1966,(5). − 8 − 9

30538 뜨락또르로도 써레질을 한다 // 대중과학. − 1966,(5). − 44 − 45

30539 지하수의 리용 / 리택선 // 대중과학. − 1966,(5). − 31 − 32

30540 축력제초기의 작용 / 량문식 // 대중과학. − 1966,(6). − 41 − 42

30541 개량한 원통식탈곡기 // 대중과학. − 1966,(9). − 56

30542 동력탈곡기로도 종자벼를 칠수 있다 / 최창룡 // 대중과학. − 1966,(9). − 54 − 55

30543 5YQ − 918형수직기류식풍선기 / 김익준 // 대중과학. − 1966,(9). − 51 − 53

30544 연변6형영양단지제조기 // 대중과학. − 1979,(11). − 26 − 27

30545 연변12형영양단지이식기 // 대중과학. − 1979,(12). − 20 − 21

30546 MGZ2 − II형검정귀버섯 나무구멍뚫는 기계 / 김학수 // 대중과학. − 1980,(1). − 8

30547 한 농기계연구일군의 생각 / 주봉천 // 대중과학. − 1980,(6). − 24 − 25

30548 모래논과 습지논 개량 / 학림 // 대중과학. − 1981,(1). − 11

30549 S402형모내기기계 조작기술 / 주봉천 // 대중과학. − 1981,(5). − 16 − 18

30550 독특한 풍격을 가진 뜨락또르 / 모복평 // 대중과학. − 1981,(8). − 11

30551 신식파종제초기 / 무익민;조영 // 대중과학. - 1982,(1). - 33

30552 뜨락또르발전사 / 최석동 // 대중과학. - 1982,(8). - 26 - 27

30553 겨울철 뜨락또르사용 // 대중과학. - 1982,(12). - 46 - 47

30554 농촌에서의 뜨락또르 경영관리 / 왕내적 // 대중과학. - 1983,(1). - 21

30555 뜨락또르를 살 때에 // 대중과학. - 1983,(1). - 20

30556 새로운 전지톱 / 박장만 // 대중과학. - 1983,(1). - 40 - 41

30557 오염없는 생물에네르기원천 / 리춘홍;조운옥 // 대중과학. - 1983,(1). - 60

30558 농촌토지측량법 / 리명철 // 대중과학. - 1983,(2). - 14 - 16

30559 뜨락또르의 마력과 견인력 / 현상묵 // 대중과학. - 1983,(2). - 21

30560 논물관리 / 허도원 // 대중과학. - 1983,(5). - 6 - 7

30561 분무기 산분기의 사용과 보관 / 황정수 // 대중과학. - 1983,(5). - 28 - 29

30562 뜨락또르배기가스의 색갈로부터 // 대중과학. - 1983,(6). - 27

30563 디젤기관의 ≪초고속회전≫ // 대중과학. - 1983,(7). - 46

30564 손잡이뜨락또르의 반조향현상 / 주영호 // 대중과학. - 1983,(8). - 22

30565 토양염류농도를 측정하는 간편한 방법 / (일본)히와다리 고우이찌 // 대중과학. - 1983,(10). - 30 - 31

30566 연유, 윤활유 상식 / 주영호 // 대중과학. - 1984,(2). - 16 - 17

30567 뜨락또르에는 왜 디젤발동기를 동력으로 쓰는가? / 최석동 // 대중과학. - 1984,(5). - 58

30568 농기계작업대 생산가운데서 공을 세웠다 / 장외 // 동북민병. - 1984,(9). - 28

30569 손잡이뜨락또르의 길들이기 / 리성률 // 대중과학. - 1984,(9). - 19

30570 연변제1차농업기계전시주문회의 / 권정혜 // 대중과학. - 1984,(12). - 10 - 11

30571 문명촌건설에 기여 / 박철산 // 동북민병. - 1984,(23). - 39 - 40

30572 다락식밭. 붉은빛. 이산화탄소 // 대중과학. - 1985,(9). - 5

30573 진펄풀밭을 일구어 인삼밭을 만들자 / 김창정 // 대중과학. - 1986,(4). - 40 - 41

30574 금년도 전국농업기계시장 예측 // 대중과학. - 1987,(2). - 13

30575 한 실농군의 웨침 / 김영환 // 대중과학. - 1990,(5). - 45

30576 위험시기전 10일간의 깊은물관리 / (일본)사다께 데쯔오 // 대중과학. - 1990,(7). - 6 - 7

S3 농학(농예학)

30577 밭에서의 선종과 그의 우월성 / 최창수 // 대중과학. - 1958,(9). - 21 - 22

30578 종자의 온탕침종법 / 김철수 // 대중과학. - 1959,(3). - 25

30579 식물의 생장을 촉진시키는 저매소 // 대중과학. - 1959,(8). - 11 - 13

30580 작물의 원연잡교 / 로영근(盧永根) // 대중과학. - 1960,(4). - 39 - 40

30581 한전관개 / 장형옥 // 대중과학. - 1960,(6). - 28 - 30

30582 종자보관법 / 최송길 // 대중과학. - 1960,(10). - 17 - 18

30583 채소의 수확과 저장 / 김철수 // 대중과학. - 1960,(10). - 19 - 20

30584 농부산품으로 대용식품을 제조 // 대중과학. - 1960,(11). - 7 - 8

30585 농산품의 가공 / 김철수 편저 // 대중과학. - 1960,(11). - 12 - 14

30586 량식보관을 잘하자 / 황수산 // 대중과학. - 1960,(11). - 11

30587 후기 전간 관리를 강화하여 초포산을 쟁취하자 / 박룡수 // 연변. - 1961, (8). - 9 - 10

30588 종자의 저장과 보관에 대하여 / 장창식;김순철 // 대중과학. - 1964,(10). - 8 - 9

30589 작물의 교량자:품종 인입과 기상 / 전범룡 역 // 대중과학. - 1964,(11). - 3 - 4

30590 종자속에서 진행되는 생리과정 / 리영훈 // 대중과학. - 1965,(1). - 31 - 32

30591 우량품종 소개 / 김인철;김량숙 // 대중과학. - 1965,(2). - 9 - 10

30592 작물종자의 발아 / 박춘송 // 대중과학. - 1965, (2). - 19 - 21

30593 종자발아시험 // 대중과학. - 1965,(2). - 13

30594 농작물의 생장 / 박창일 // 대중과학. - 1965, (3). - 29 - 31

30595 륙상육모법에 의한 튼튼한 모기르기 // 대중과학. - 1965,(3). - 9 - 10

30596 밭곡식의 종자소독에 대하여 / 악종대 // 대중과학. - 1965,(3). - 19

30597 농작물과 수분 / 천금학 // 대중과학. - 1965, (4). - 29 - 31

30598 밭곡식의 씨를 빈틈없이 / 장은굉 // 대중과학. - 1965,(5). - 11

30599 논벼의 중경제초에 대하여 / 안동문 // 대중과학. - 1965,(6). - 7 - 8

30600 논벼시범포전 관리기술조치 // 대중과학. - 1965,(7). - 13 - 14

30601 길상대대에서는 어떻게 논벼의 우량종화를 실현했는가? // 대중과학. - 1965,(8). - 3 - 4

30602 몇가지 콩우량품종의 주요한 특징 / 안창범 // 대중과학. - 1965,(8). - 11 - 12

30603 가을갈이에 대한 농업기술적요구 / 주봉천 // 대중과학. - 1965,(9). - 7

30604 종자의 후숙 // 대중과학. - 1965,(9). - 5 - 6

30605 논벼품종의 합리한 배치에 대하여 / 박창준 // 대중과학. - 1965,(10). - 7

30606 량식은 어째서 변질되는가 // 대중과학. - 1965,(10). - 8 - 9

30607 원시 재료포의 종자보관 / 황복금 // 대중과학. - 1965,(10). - 14

30608 종자의 수분을 짐작하는 방법 / 김창봉 정리 // 대중과학. - 1965,(10). - 18

30609 종자의 저장과 수명 // 대중과학. - 1965,(10). - 13 - 14

30610 량종의 청춘을 오래 빛내자 // 대중과학. - 1965,(11). - 3 - 4

30611 종자의 다섯가지 검사 / 최송길 // 대중과학. - 1965,(11). - 9

30612 새 품종을 인입할 때 주의할 점 / 허유만 // 대중과학. - 1966,(1). - 13 - 14

30613 염색법:종자 발아률을 측정하는 좋은 방법 / 리초 // 대중과학. - 1966,(1). - 8 - 9

30614 종자는 알이 굵고 통통해야 한다 / 허;김 // 대중과학. - 1966,(1). - 11 - 12

30615 토굴최아법에 성공 // 대중과학. - 1966,(2). - 5.4

30616 우량 종자의 번식기지 채종포 / 리명근 // 대중과학. - 1966,(3). - 7 - 8

30617 작물종자와 온습도 / 김량숙 // 대중과학. - 1966,(3). - 4

30618 종자의 파종심도 / 리명선 // 대중과학. - 1966, (3). - 2 - 3

30619 개량수상육모관리의 중심고리 / 박병철 // 대중과학. - 1966,(4). - 12 - 13

30620 보식 // 대중과학. - 1966,(4). - 4 - 5

30621 싹틔워 파종하는것이 좋은가 / 장원 // 대중과학. - 1966,(4). - 14

30622 종자의 실제 파종량 / 허유만 // 대중과학. - 1966,(4). - 16

30623 채소에 4 - D의 사용 / 김금순 // 대중과학. - 1966,(4). - 33 - 34

30624 김매기 // 대중과학. - 1966,(5). - 17 - 18

30625 밭곡식은 왜 북을 돋구어주는가 / 김학수 // 대중과학. - 1966,(7). - 34 - 35

30626 동남조 / 최창우 // 대중과학. - 1966,(8). - 38 - 39

30627 어떻게 꽃과 잎을 보고 콩의 잡종을 제거할것인가? // 대중과학. - 1966,(8). - 40 - 41

30628 농작물의 수확고를 예측하는 방법 // 대중과학. - 1966,(9). - 67 - 69

30629 시범포전총화에 대한 우리의 타산 // 대중과학. - 1966,(9). - 58 - 61

30630 어느 때 채종하는것이 좋은가? / 김량숙 // 대중과학. - 1966,(9). - 74 - 75

30631 작물품종의 순도 측정 / 신동춘 // 대중과학. - 1966,(9). - 72 - 74

30632 포전선종이 좋은 점 / 허봉환 // 대중과학. - 1966,(9). - 78 - 79

30633 쌀겨의 종합적리용 / 전인림 // 대중과학. - 1979,(12). - 6

30634 종자의 맥을 짚어보는 염색법 / 장의균;리보규 // 대중과학. - 1980,(2). - 10 - 11

30635 기묘한 식물생장자극소:트리아곤타놀 / 리현장 // 대중과학. - 1980,(3). - 31

30636 종자의 숨은 적 / 원백 // 대중과학. - 1980,(3). - 21

30637 잡종2대는 왜 분리현상이 생기는가 / 박현수 // 대중과학. - 1980,(9). - 38 - 39

30638 뜻대로 새 품종을 육성할수 있는가 / 박현수 // 대중과학. - 1980,(10). - 32

30639 움에 저장한 배추가 왜 썩는가 / 적원발 // 대중과학. - 1980,(10). - 4 - 5

30640 국제 종자공사의 이모저모 // 대중과학. - 1981,(2). - 12 - 14

30641 웅성불념성과 다수확 / 장기건 // 대중과학. - 1981,(2). - 28 - 29

30642 종자의 저장과 생리적변화 / 김철 // 대중과학. - 1981,(2). - 35

30643 비닐박막륙상바트육모법 / 박금순 // 대중과학. - 1981,(3). - 4 - 5

30644 온실바트육모용상토 / 곽만석 // 대중과학. - 1981,(3). - 15

30645 육모형식의 단일화를 피면하자 / 최중현 // 대중과학. - 1981,(3). - 15

30646 종자소독 / 류성덕 // 대중과학. - 1981,(3). - 14 - 15

30647 종자의 생활력 / 리재식 // 대중과학. - 1981,(3). - 14

30648 파종량과 모의 소질 / 최중현 // 대중과학. - 1981,(3). - 15

30649 남새와 과일의 ≪보위병≫ // 대중과학. - 1981,(12). - 27

30650 농사차비와 고대의 선종 / 왕영후 // 대중과학. - 1982,(1). - 38 - 39

30651 왜 농작물에 식초를 주면 증산하는가? // 대중과학. - 1982,(1). - 52

30652 농업기술소사전 // 대중과학. - 1982,(3). - 44 - 45

30653 순환식심경 / 엄철수 // 대중과학. - 1982,(3). - 7

30654 재간둥이종자 // 대중과학. - 1982,(3). - 30 - 31

30655 활창대비닐박막일복설비 / 김기현 // 대중과학. - 1982,(4). - 44 - 45

30656 6월의 논관리 / 안동문 // 대중과학. - 1982,(5). - 2 - 4

30657 비닐박막주머니에 종자를 넣지 말자 / 최규동 // 대중과학. - 1982,(9). - 50

30658 농산물저장의 생리기초 / 유림 // 대중과학. - 1982,(10). - 22 - 23

30659 품종소개 / 로영자;박춘근 // 대중과학. - 1982,(11). - 24 - 25

30660 다수확리론이 생산실천에로의 전환 / (일본)쯔노유긴도 // 대중과학. - 1983,(1). - 14 - 16

30661 륙상육모판의 물자준비 // 대중과학. - 1983,(1). - 54

30662 종자는 알이 큰것으로 골라야 한다 // 대중과학. - 1983,(1). - 27

30663 비닐박막륙상육모 / 방창헌 // 대중과학. - 1983,(3). - 6 - 7

30664 전통적밭곡식재배기술을 발전시키자 / 안창범 // 대중과학. - 1983,(3). - 25

30665 종자발아시험 // 대중과학. – 1983,(3). – 30 – 31
30666 밭곡식의 씨솎음 // 대중과학. – 1983,(5). – 23
30667 벼출수후 종자포전관리와 수확 / 박춘회 // 대중과학. – 1983,(8). – 45
30668 남새움에 들어갈때 / 리성률 // 대중과학. – 1983,(11). – 23
30669 논벼희식재배기술요점 / 서규철 // 대중과학. – 1984,(1). – 6 – 8
30670 농작물의 신기한 령약 멜리실알콜 / 한승악 // 대중과학. – 1984,(2). – 48 – 49
30671 농작물의 영양흡수 / 오국권 // 대중과학. – 1984,(2). – 14 – 15
30672 도라지재배법 / 김기현 // 대중과학. – 1984,(2). – 13
30673 종자의 수명 / 관종 // 대중과학. – 1984,(2). – 30 – 31
30674 농업기술 몇가지 // 대중과학. – 1984,(4). – 40
30675 평패모재배법 / 김기현 // 대중과학. – 1984,(4). – 28 – 29
30676 벼분얼기 포전관리요점 / 박춘회 // 대중과학. – 1984,(5). – 19
30677 벼종자의 포전선종 / 최웅범 // 대중과학. – 1984,(8). – 24
30678 주요밭곡식의 선종 / 리창권 // 대중과학. – 1984,(8). – 6 – 7
30679 논 간이경작법 / 오국권 // 대중과학. – 1984,(9). – 12 – 13
30680 몇가지 남새의 저장법 / 최승환 // 대중과학. – 1984,(10). – 18 – 19
30681 종자의 저장방법 / 리창권 // 대중과학. – 1984,(10). – 10
30682 농작물품종 소개 / 리춘수 // 대중과학. – 1985,(1). – 6 – 8
30683 규소창문기체 조절주머니 / 종봉 // 대중과학. – 1985,(2). – 30
30684 종자의 발아시험을 잘하려면 // 대중과학. – 1985,(2). – 22
30685 종자의 질을 감별하는 방법 // 대중과학. – 1985,(2). – 18 – 19
30686 먹이풀의 품종 / 최일순 // 대중과학. – 1985,(3). – 24 – 25
30687 몇 가지 종자소독법 / 김상포 // 대중과학. – 1985,(3). – 19
30688 종자의 쾌속발아시험법:보온병발아시험법 / 백보장 // 대중과학. – 1985,(3). – 41
30689 몇가지 남새품종 소개 / 윤련옥 // 대중과학. – 1985,(4). – 27
30690 신기한 산성아류산나트륨 / 서함 // 대중과학. – 1985,(7). – 55
30691 생물의 종과 품종 // 대중과학. – 1985,(8). – 34 – 35
30692 씨앗은 어느 때에 거두어들여야 하는가? // 대중과학. – 1985,(9). – 48
30693 낟알털기방법과 벼종자싹트기률 / 리해식 // 대중과학. – 1985,(11). – 42
30694 남새의 몇가지 새로운 품종소개 / 윤련옥 // 대중과학. – 1986,(1). – 54 – 55
30695 량식을 저장하는 새 방법 // 대중과학. – 1986,(7). – 37
30696 품종인입을 잘하려면 / 위홍빈 // 대중과학. – 1986,(7). – 6 – 7
30697 한무에서 소출을 얼마 낼수 있는가 // 대중과학. – 1986,(9). – 12 – 13
30698 남새쾌속랭동가공저장기술 / 안옥발 // 대중과학. – 1986,(11). – 10 – 11
30699 올해의 농사차비를 앞두고 / 허경 // 대중과학. – 1987,(1). – 12 – 15
30700 종자소독 / 김정희 // 대중과학. – 1987,(3). – 15
30701 과실과 남새를 저장하는 방법 // 꽃동산. – 1988,(6). – 13
30702 올해에 공급할 농작물품종들 / 리주환 // 대중과학. – 1989,(1). – 3 – 6

30703 뿌리균을 비콩과식물에 // 대중과학. – 1989,(3). – 55

30704 증산균의 응용과 사용기술 / 백진환 // 대중과학. – 1989,(3). – 34 – 35

30705 몇가지 식물생장조절제의 사용기술 // 대중과학. – 1989,(5). – 10 – 12

30706 육종실천과 갑작변이 / 김의섭 // 대중과학. – 1989,(8). – 36

30707 치부의 복음:새로운 식물생장소 / 장해룡 // 대중과학. – 1990,(5). – 24 – 25

30708 어떻게 재해손실을 방지할것인가 / 박영주;박경호 // 대중과학. – 1990,(7). – 13

30709 작물성숙을 촉진시키는 조치 // 대중과학. – 1990,(8). – 14 – 15

30710 종자의 저장과 표준함수량 // 대중과학. – 1990,(9). – 22 – 23

30711 남새씨의 수명과 보존기한 // 대중과학. – 1990,(10). – 39

S4 식물보호

30712 쥐, 참새, 파리, 모기의 해처 // 대중과학. – 1958,(3). – 18 – 19

30713 농약 666 / 김희민 // 대중과학. – 1958,(6). 29 – 30

30714 들쥐의 생활습성과 활동규률 / 조이수(曹依秀) // 대중과학. – 1958,(9). – 25 – 26

30715 민간방법으로 광물성농약의 제조방법 / 최영봉 편저 // 대중과학. – 1959,(4). – 42

30716 몇가지 새로운 농약 / 송규원 // 대중과학. – 1960,(3). – 15

30717 작잠병해의 예방 / 김량균 // 대중과학. – 1960,(7). – 42

30718 능재를 먹으면 어째서 중독되는가 / 박상히 // 대중과학. – 1960,(8). – 40

30719 식물병원균의 월동과 예방퇴치 / 김문연 // 대중과학. – 1964,(12). – 17

30720 과수해충에 대한 인공포살 / 한상길 // 대중과학. – 1965,(3). – 41

30721 과원에서 농약을 칠 때 / 염정운;정완남 // 대중과학. – 1965,(3). – 32 – 33

30722 월동파리의 소멸 / 고견청 // 대중과학. – 1965,(3). – 15

30723 늦벌레 예찰 예고 방법 / 리영실 // 대중과학. – 1965,(4). – 27 – 28

30724 배의 주요 병해충 구제 / 한상길 // 대중과학. – 1965,(4). – 45 – 46

30725 벼모에 흔히 생기는 병해의 진단 / 김금석 // 대중과학. – 1965,(4). – 37 – 38

30726 벼잎파리 / 김석 // 대중과학. – 1965,(4). – 39

30727 금연길정충 / 관상유 // 대중과학. – 1965,(5). – 33

30728 표면장력과 액체농약의 효력 / 황룡수 // 대중과학. – 1965,(5). – 39 – 40

30729 도열병의 간이감별법 / 륙상 // 대중과학. – 1965,(6). – 11

30730 도열병의 비밀 // 대중과학. – 1965,(6). – 9 – 11

30731 도열병의 예방 구제에 대하여 // 대중과학. – 1965,(6). – 3

30732 열병의 예찰 예고 방법 // 대중과학. – 1965,(6). – 15

30733 딥테렉쓰와 로골 / 류봉운 // 대중과학. – 1965,(6). – 12

30734 28점무당벌레 / 김동춘 // 대중과학. – 1965,(6). – 8

30735 과수의 해충:목두충 / 정완남 // 대중과학. – 1965,(7). – 28

30736 송모충 / 허종소 // 대중과학. – 1965,(8). – 26 – 27

30737 식물병해표본만들기 / 김문연 // 대중과학. – 1965,(8). – 17

30738 채소의 병해충 / 서광윤;류봉운 // 대중과학. – 1965,(8). – 24 – 25

30739 농약은 어떻게 보관해야 하는가? / 서광윤 // 대중과학. – 1965,(9). – 9 – 10

30740 병해충의 월동과 기후조건 / 악종대 // 대중과학. – 1965,(10). – 10 – 11
30741 병해충의 월동기주 / 류봉운 // 대중과학. – 1965,(10). – 5 – 6
30742 논벼의 대적:가래 / 김수철 // 대중과학. – 1966,(4). – 18 – 19
30743 조 벼룩 벌레 / 장성원 // 대중과학. – 1966,(4). – 6 – 7
30744 지하해충 / 악종대 // 대중과학. – 1966,(4). – 23 – 24
30745 가정에서의 딮테렉스사용 / 리경도 // 대중과학. – 1966,(5). – 37 – 38
30746 농약의 사용농도 계산 / 한경순 // 대중과학. – 1966,(5). – 5
30747 늦벌레는 삭두엄인가? / 한호정 // 대중과학. – 1966,(6). – 28 – 30
30748 어떤 농약들을 혼합하여 쓸수 있는가 / 리구심 // 대중과학. – 1966,(6). – 21
30749 유기린농약중독과 그의 구급 / 리경도 // 대중과학. – 1966,(6). – 64 – 65
30750 해충과 농약 / 김제룡 // 대중과학. – 1966,(6). – 30 – 31
30751 농약은 어째서 한데 섞어 보관하지 말아야 하는가? / 박천일;송봉남 // 대중과학. – 1966,(7). – 36
30752 회충병의 위해성과 그의 예방 / 리형연 // 대중과학. – 1966,(7). – 46 – 47
30753 무우파리 / 장춘란 // 대중과학. – 1966,(8). – 58 – 59
30754 복숭아속벌레의 예측예보 // 대중과학. – 1966,(8). – 60 – 61
30755 왜 풀만 죽이게 되는가? / 림성극 // 대중과학. – 1980,(2). – 26 – 27.32
30756 부식산살충제 / 강귀길 // 대중과학. – 1980,(4). – 38
30757 해충과 농약 / 송룡범 // 대중과학. – 1980,(4). – 32 – 33
30758 인삼립고병 / 김창정 // 대중과학. – 1980,(5). – 46
30759 농약오염과 그것의 잔여 / 윤승혁 // 대중과학. – 1980,(6). – 18 – 19
30760 좋은 농약:창포 / 최창원 // 대중과학. – 1981,(5). – 12
30761 몇가지 주요해충의 예방퇴치지표 / 백진항 // 대중과학. – 1981,(6). – 29
30762 해충의 천적 / 송규원 // 대중과학. – 1981,(7). – 24
30763 식물병원진균 / 리구심 // 대중과학. – 1981,(9). – 16 – 17
30764 농작물해충의 겨울지내기 / 백진항 // 대중과학. – 1981,(11). – 22
30765 쥐를 잡아 량식풍작을 확보 / 장평 // 동북민병. – 1981,(23 – 24). – 49
30766 가렬한 생물싸움 / 생평;로택 // 대중과학. – 1982,(2). – 14 – 15
30767 남새모병해의 예방퇴치 / 백진항 // 대중과학. – 1982,(3). – 21
30768 논잡초 // 대중과학. – 1982,(3). – 38 – 40
30769 담배주요병충해 예방퇴치 / 김명자 // 대중과학. – 1982,(3). – 6
30770 배흑성병의 예방퇴치 / 조성범 // 대중과학. – 1982,(5). – 35
30771 밭잡초 / 김수철 // 대중과학. – 1982,(6). – 16 – 18
30772 새로운 해충퇴치법 / 삼보 // 대중과학. – 1982,(6). – 18
30773 농작물과 잡초간의 싸움 // 대중과학. – 1982,(7). – 27
30774 쥐는 좀도적인가 / 김경린 // 대중과학. – 1982,(8). – 38 – 39
30775 모기의 재주 // 대중과학. – 1982,(9). – 16
30776 해충은 왜 자살했는가 / 자준 // 대중과학. – 1982,(9). – 38
30777 보이지 않는 방화범 / 희토 // 대중과학. – 1982,(12). – 60 – 61
30778 벼종자소독 / 리영실 // 대중과학. – 1983,(2).

－20
30779 늘 쓰는 몇가지 화학살초제 / 백진항 // 대중과학.－1983,(3).－14－15
30780 돗벌레 예방퇴치 / 최영한 // 대중과학.－1983,(3).－18－19
30781 늘 쓰는 몇가지 농약 / 백진항 // 대중과학.－1983,(4).－22－24
30782 몇가지 해충 예방퇴치 // 대중과학.－1983,(5).－22－23
30783 집짐승과 독풀 // 대중과학.－1983,(5).－38－39
30784 666의 대용농약 / 허옥선 // 대중과학.－1983,(6).－14－15
30785 해충 예방퇴치 // 대중과학.－1983,(6).－7
30786 여름철 주요병충해 예방퇴치 // 대중과학.－1983,(7).－8－9
30787 파리포살기 // 대중과학.－1983,(7).－29
30788 화분꽃 병충해 / 허창률 // 대중과학.－1983,(7).－24
30789 농약보관 / 리영실 // 대중과학.－1983,(8).－7
30790 쥐의 번식기능 // 대중과학.－1983,(10).－45
30791 해를 끼치는 쥐 // 대중과학.－1984,(1).－40－41
30792 가정용쥐덫 // 대중과학.－1984,(2).－27
30793 몇가지 살초제 사용방법 // 은하수.－1984,(2).－26
30794 남새모 병해 및 퇴치방법 / 리봉주 // 대중과학.－1984,(3).－51
30795 농약 보르도액 / 주영섭 // 대중과학.－1984,(3).－40－41
30796 배축엽벽슬 / 조성범 // 대중과학.－1984,(3).－50
30797 벼립고병 예방퇴치 / 리영실 // 대중과학.－1984,(3).－5
30798 새로운 벼립고병예방퇴치약 D801 / 백진환 // 대중과학.－1984,(3).－5
30799 과수원살초제:글리포사트 / 김종선 등 // 대중과학.－1984,(4).－50
30800 과학영농시범호들의 논화학살초경험 / 백진환 // 대중과학.－1984,(4).－4－5
30801 남새밭의 화학살초 / 피련생 // 대중과학.－1984,(5).－15
30802 해충퇴치에서의 새로운 농약사용법 / 백진항 // 대중과학.－1984,(5).－10－12
30803 새로운 쥐잡이방법 / 강운전 // 동북민병.－1984,(8).－34
30804 신형의 생물자극제 ≪장－751≫석유조장제 / 김장복;김운길 // 대중과학.－1984,(10).－50
30805 해충의 겨울나이와 충해예측 / 백진환 // 대중과학.－1984,(11).－5
30806 무엇때문에 수벼가 생기는가 / 백진환 // 대중과학.－1985,(2).－16－17
30807 죽은 벌레로 산 벌레를 퇴치 // 대중과학.－1985,(2).－42
30808 흔히 쓰는 농약의 무게와 체적과의 관계 // 대중과학.－1985,(2).－19
30809 농약소개 // 대중과학.－1985,(3).－18
30810 사과나무집벌레 / 조성범 // 대중과학.－1985,(3).－33
30811 용균병해의 예방퇴치 / 주종준 // 대중과학.－1985,(3).－12－13
30812 화학살초제의 사용기술 / 백진환 // 대중과학.－1985,(3).－6－7
30813 ≪D801≫과 벼립고병 / 김정희 // 대중과학.－1985,(4).－45
30814 돗벌레잡이능수 피레트린류살충제 / 최영환 // 대중과학.－1985,(4).－55
30815 새로운 화학살초제소개 // 대중과학.－1985,(4).－18－19
30816 화학살초제의 사용기술 / 백진환 // 대중과학.－1985,(4).－35
30817 과수해충잡이능수 2.5%데카메트린 / 김장복 // 대중과학.－1985,(5).－37
30818 농약의 세가지 새 류형 / 막희우 // 대중과학.－1985,(5).－20－21
30819 벼도열병을 예방퇴치하는 몇가지 농약 /

류홍수 // 대중과학. − 1985,(5). − 15
30820 벼똥집벌레와 벼잎파리 / 김정희 // 대중과학. − 1985,(5). − 21
30821 오얏속벌레 / 조성범 // 대중과학. − 1985,(5). − 9
30822 벼도열병의 발생과 예방퇴치법 / 김정희 // 대중과학. − 1985,(6). − 37
30823 벼문고병의 발생과 예방퇴치 / 심순택;김필한 // 대중과학. − 1985,(6). − 41
30824 비닐박막온실의 오이로균병을 예방퇴치하려면 / 진자단 // 대중과학. − 1985,(6). − 9
30825 피레트린류농약을 사용할 때 // 대중과학. − 1985,(7). − 47
30826 콩심식충의 예방퇴치 // 대중과학. − 1985,(8). − 25
30827 포전해충의 천적들 / 백진환 // 대중과학. − 1985,(9). − 42 − 43
30828 과일방부제 S − M와 S − P − M / 한상길 // 대중과학. − 1985,(10). − 53
30829 화학살초제와 그것의 발전 / 소소천 // 대중과학. − 1985,(11). − 10 − 11
30830 옥수수내병육종의 중대한 성과:중단2호 / 석덕권 // 대중과학. − 1985,(12). − 12 − 13
30831 주요병해충의 예방퇴치력 / 연변식물보호검역소 // 대중과학. − 1986,(1). − 35
30832 관개수로의 수생잡초를 잡으려면 / 박찬의;리해식 // 대중과학. − 1986,(2). − 20 − 21
30833 락엽송양묘장의 풀잡이능수 세토시팀 / 정린모 // 대중과학. − 1986,(3). − 53
30834 립고병예방퇴치의 명약:타치가렌 / 박명규 // 대중과학. − 1986,(3). − 40 − 41
30835 새로운 구충약과 그 사용방법 / 라인귀 // 대중과학. − 1986,(3). − 56
30836 벼의 세가지 병 감별법 / 김호철 // 대중과학. − 1986,(4). − 45
30837 아마밭의 풀을 잡으려면 / 리금란 // 대중과학. − 1986,(4). − 53
30838 농약을 희석할 때 // 대중과학. − 1986,(6). − 7
30839 농약을 합리하게 혼합해쓰려면 // 대중과학. − 1986,(7). − 50
30840 콩속벌레를 퇴치하는 농약들 // 대중과학. − 1986,(7). − 36 − 37
30841 해충을 잡는 물리적방법 // 대중과학. − 1986,(7). − 28 − 29
30842 생물농약:다항매소 / 김동학 // 대중과학. − 1987,(1). − 46
30843 오이 6가지 병해의 식별과 예방퇴치 // 대중과학. − 1987,(2). − 22
30844 인삼의 병해충을 예방퇴치하는 농약 / 김창정 // 대중과학. − 1987,(3). − 26 − 27
30845 벼수직파에서의 화학살초 / 리영실 // 대중과학. − 1987,(4). − 39
30846 서양삼의 병해충예방퇴치 / 백정준 // 대중과학. − 1987,(4). − 18 − 19
30847 포전에서의 화학살초 / 류금철 // 대중과학. − 1987,(5). − 22 − 23
30848 관개수로의 화학살초에서 주의할 점 / 리해식 // 대중과학. − 1987,(6). − 53
30849 도마도병을 예방퇴치하려면 / 리홍식 // 대중과학. − 1987,(6). − 28 − 29
30850 벼도열병이 발생하면 / 김정희 // 대중과학. − 1987,(6). − 30
30851 가을배추병을 예방퇴치하려면 / 리홍식 // 대중과학. − 1987,(7). − 23
30852 곡식의 비료주기와 병해충예방퇴치 // 대중과학. − 1987,(7). − 6 − 7
30853 농약의 안전잔류기 / 범지선 // 대중과학. − 1987,(7). − 60
30854 농약의 혼합사용기술 // 대중과학. − 1988,(7). − 10 − 11
30855 쥐와 그의 소멸 / 김경림;김은순 // 대중과학. − 1987,(7). − 18 − 19
30856 새로운 생물농약:선충 // 대중과학. − 1988,(9). − 38 − 39
30857 식물농약 몇가지 / 최창원 // 대중과학. − 1988,(9). − 58 − 60

30858 도열병에 효과가 좋은 농약 ≪트리시크라졸≫ / 김성철;태준철 // 대중과학. － 1988,(10). － 18 － 19

30859 해충을 막는 새로운 무기:항식소 // 대중과학. － 1988,(10). － 24

30860 식물검역 / 송규원 // 대중과학. － 1988,(12). － 40 － 41

30861 농약과 농업용 LS － 1형점착제 / 한상길 // 대중과학. － 1989,(1). － 14 － 15

30862 농약의 희석방법 // 대중과학. － 1989,(1). － 31

30863 토법으로 농약을 // 대중과학. － 1989,(2). － 8

30864 농약을 합리하게 사용하려면 / 윤상화 // 대중과학. － 1989,(4). － 36

30865 살충제는 이렇게 쳐야 // 대중과학. － 1989,(6). － 36 － 37

30866 농업자연재해에 대한 통계표준 / 박옥란 // 대중과학. － 1989,(9). － 30 － 31

30867 봄철과 가을철의 화재방지 / 박경호;박영두 // 대중과학. － 1990,(11). － 10

S5 농작물

30868 옥수수의 리용 / 김도겸 // 대중과학. － 1958,(2). － 26 － 27

30869 어째서 심경세작하는가 / 지성뢰 // 대중과학. － 1958,(3). － 24 － 25

30870 파종전의 벼종자처리 / 최송길 // 대중과학. － 1958,(3). － 22 － 23

30871 연변에서의 벼기계건직파 / 리량 // 대중과학. － 1958,(4). － 10 － 12

30872 동북지구의 야생식용버섯 / 허호범 // 대중과학. － 1958,(5). － 24 － 26

30873 벼육묘기의 병충해 / 최영봉 // 대중과학. － 1958,(5). － 10 － 12

30874 싹이 나온 마령서를 먹지 말자 / 김장욱 // 대중과학. － 1958,(5). － 7

30875 벼의 도열병과 그의 방치 / 최영봉 // 대중과학. － 1958,(6). － 14 － 16

30876 사람은 장래에 어떤 량식을 먹게 될것인가 // 대중과학. － 1958,(6). － 17 － 18

30877 연변의 야생식물도 보배를 낳기 시작 / 김도겸 // 대중과학. － 1958,(6). － 20 － 21

30878 정곡과 잡곡 // 대중과학. － 1958,(6). － 41

30879 벼의 유성잡교 / 김학선 // 대중과학. － 1958,(7). － 28 － 29

30880 야생약재식물의 채집 / 범훈 // 대중과학. － 1958,(7). － 21 － 23

30881 차물의 작용 / 리성덕 // 대중과학. － 1958,(9). － 44

30882 1958년 벼 밀식과 직파 문제의 초보적고찰과 의견 / 박문필 역 // 대중과학. － 1959,(1). － 39 － 41

30883 벼랭상묘의 육묘관리 / 김영활 // 대중과학. － 1959,(3). － 20 － 21

30884 조선의 인삼재배경험 / 김리 // 대중과학. － 1959,(3). － 22 － 24

30885 벼밀식에 대한 의견 / 박창준 // 대중과학. － 1959,(4). － 18 － 19

30886 벼의 증기속성육묘법 / 심록부(深祿富) // 대중과학. － 1959,(4). － 25 － 27

30887 벼의 도복문제에 대하여 / 김영활 편저 // 대중과학. － 1959,(6). － 11 － 12

30888 수도의 관개에 대하여 // 대중과학. － 1959,(6). － 13

30889 벼의 잡교:원연잡교 // 대중과학. － 1959,(7). － 22

30890 라자구인민공사 밀 대면적풍산기술경험 // 대중과학. － 1959,(10). － 19 － 20

30891 258쌍의 대면적에서의 벼 풍산경험 // 대중과학. － 1959,(11). － 9 － 10

30892 1959년도 연변지구 벼밀식의 기본경험과 금후의 의견 / 박창준 // 대중과학. － 1959,(12). － 16 － 17

30893 대두의 종합리용 // 대중과학. － 1960,(1). － 9 － 10

30894 종자의 발아조건과 발아시험 / 최송길 // 대

중과학. – 1960,(2). – 33 – 34
30895 변에서 벼 증기속성육묘법의 체험 / 최혜원 // 대중과학. – 1960,(3). – 9 – 10
30896 해바라기의 용도 / 허태렬 역 // 대중과학. – 1960,(3). – 16
30897 벼육묘에서의 몇가지 문제 / 김인철 // 대중과학. – 1960,(4). – 8 – 9
30898 수도수온상승제 / 리성덕 역 // 대중과학. – 1960,(6). – 19 – 20
30899 수도이앙이후의 해충방치 / 박천술 // 대중과학. – 1960,(6). – 31 – 32
30900 벼의 원연잡교 / 김정희 // 대중과학. – 1960,(7). – 27 – 28
30901 농작물의 전간선종 벼, 콩, 옥수수, 조 / 최송길 // 대중과학. – 1960,(8). – 34 – 35
30902 벼의 대면적유성잡교를 위한 간이거웅방법 / 류창은 // 대중과학. – 1960,(8). – 37
30903 유용한 야생식물을 감별, 화험하는 토방법 // 대중과학. – 1960,(8). – 26 – 27
30904 야생식물을 대량적으로 리용하여 많은 량식을 절약하자 // 대중과학. – 1960,(9). – 30 – 31
30905 량식의 보관 / 허장록 편역 // 대중과학. – 1960,(10). – 8
30906 벼의 증기속성육묘의 좋은 점 // 대중과학. – 1960,(10). – 25 – 26
30907 야생식물로 인조솜을 만든 경험 / 장룡욱 // 대중과학. – 1960,(10). – 11
30908 야생식물에서의 방향유 / 김현 // 대중과학. – 1960,(10). – 13
30909 야생식물유로 윤활제를 제조 / 김수란(金秀蘭) // 대중과학. – 1960,(10). – 14 – 15
30910 야생식물의 저장방법 / 장룡욱 // 대중과학. – 1960,(10). – 9
30911 ≪연변1호≫벼수확기 / 김일환 // 대중과학. – 1960,(10). – 3
30912 옥수수껍질과 보리짚에서 전분을 뽑아낸 경험 // 대중과학. – 1960,(11). – 10
30913 움에다 벼종자를 저장한 경험 / 리종설 // 대중과학. – 1960,(11). – 38
30914 연길시 하남인민공사 신풍관리구 벼증산경험 / 백광준 // 대중과학. – 1960,(12). – 5 – 7
30915 ≪3묘≫가 용공을 다투는 모순을 어떻게 해결할 것인가? / 한민 // 연변. – 1962,(5). – 28 – 29
30916 왜 종자는 해마다 골라야 산량이 높아진다고 하는가? // 연변. – 1962, (12). – 23
30917 가을갈이와 벼의 증산효과 / 오국권 // 대중과학. – 1964,(10). – 31 – 32
30918 명년사리논벼의 모판준비 / 안창범 // 대중과학. – 1964,(10). – 10
30919 벼의 실내감정 / 황복금 // 대중과학. – 1964,(10). – 3 – 4
30920 옥수수의 실내감정 / 청숙 // 대중과학. – 1964,(10). – 5 – 6
30921 조의 실내감정 / 장은웅 // 대중과학. – 1964,(10). – 5
30922 콩의 실내감정 / 김량숙 // 대중과학. – 1964,(10). – 4
30923 과학적논물관리경험 / 김희웅 // 대중과학. – 1965,(1). – 11 – 13
30924 최죽송의 벼 다수확재배경험 / 왕량천 // 대중과학. – 1965,(1). – 7 – 11
30925 담배의 유리온실육모기술 / 김호산 // 대중과학. – 1965,(2). – 18
30926 소석회로 벼종자를 소독한 경험 // 대중과학. – 1965,(2). – 28
30927 고산지대에서 벼모를 길러낸 경험 / 류창은 // 대중과학. – 1965,(3). – 8
30928 당귀는 어떻게 재배하는가 / 김창정 // 대중과학. – 1965,(3). – 39
30929 상토를 어떻게 펴는것이 모를 뜨기 헐한가? // 대중과학. – 1965,(3). – 28
30930 우리는 벼종자싹을 이렇게 틔웠다 / 김수천;김기춘 // 대중과학. – 1965,(3). – 14 – 15
30931 우리는 제때에 벼종자를 성기게 락종하여 튼튼한 모를 키웠다 / 김원극 // 대중과학. – 1965,(3).

－16

30932 조는 씨를 넓게 두는것이 증수하는가? // 대중과학.－1965,(3).－27－28

30933 콩과 조 밀식 시험설계 / 장은굉 // 대중과학.－1965,(3).－21－22

30934 튼튼한 벼모를 키우기 위한 준비사업을 잘하자 // 대중과학.－1965,(3).－17－18

30935 논벼의 병목식재배 / 리종언 // 대중과학.－1965,(4).－16－17

30936 논벼의 합리적밀식 / 리철수 // 대중과학.－1965,(4).－14－16

30937 논벼품종비교시험의 포전설계 // 대중과학.－1965,(4).－19－21

30938 논에 물을 일찍 대여두면 좋다 / 연관 // 대중과학.－1965,(4).－36

30939 모판물관리를 과학적으로 / 리해식 // 대중과학.－1965,(4).－34－35

30940 건실한 벼모란? / 리봉렬 // 대중과학.－1965,(5).－21

30941 물의 온도를 높이는것은 본답물관리의 중심고리 // 대중과학.－1965,(5).－7－8

30942 물코의 미숙에 대하여 / 백응범 // 대중과학.－1965,(5).－5－6

30943 벼가 쓰러지지 않게 하려면? // 대중과학.－1965,(5).－8－9

30944 벼시범포전을 꾸린 경험 // 대중과학.－1965,(5).－3－5

30945 조시범포전을 이렇게 // 대중과학.－1965,(5).－17

30946 논벼의 원줄기와 아지 / 김형완;김광춘 // 대중과학.－1965,(6).－16

30947 콩진디물 / 서광윤 // 대중과학.－1965,(6).－11

30948 ≪금성≫담배의 색을 잘 내려면? / 김호산 // 대중과학.－1965,(7).－17

30949 논벼가 쓰러지게 되면 어떻게 하는가? / 안창범 // 대중과학.－1965,(7).－12

30950 로농의 눈짐작 / 리해식 // 대중과학.－1965,(7).－10

30951 논벼의 우량품종 특징소개 / 장창식 // 대중과학.－1965,(8).－4

30952 논벼채종포의 관리 / 리명근 // 대중과학.－1965,(8).－19

30953 당귀의 가공 // 대중과학.－1965,(8).－28

30954 삿갓콩의 공헌 / 리광림 구술 // 대중과학.－1965,(8).－5－6

30955 조, 옥수수의 포전개체선발 // 대중과학.－1965,(8).－8－9

30956 농작물표본만들기 / 김호남 // 대중과학.－1965,(9).－16－17

30957 시험포전의 수확과 탈곡 / 황복금 // 대중과학.－1965,(9).－14－15

30958 논벼밀식시험총화 // 대중과학.－1965,(10).－17

30959 논벼시범포전기술총화를 어떻게 지을것인가? // 대중과학.－1965,(10).－15－16

30960 친속이 없는 식물 // 대중과학.－1965,(11).－11－12

30961 록두를 가마에 삶으면 왜 거머지는가? // 대중과학.－1965,(12).－12

30962 벼모판에 모래를 펴는것이 좋은가? / 리칠 // 대중과학.－1965,(12).－24

30963 벼수확고를 높이기 위한 조치:뜨락또르걸기질 / 주봉천 // 대중과학.－1965,(12).－40－41

30964 농작물의 발육상 관측 // 대중과학.－1966,(1).－41－42

30965 소금물과 쌀바구미 / 왕봉산 // 대중과학.－1966,(1).－16

30966 총각옥수수란? // 대중과학.－1966,(1).－19－20

30967 콩 ≪갈지자 모≫는 왜 소출이 더 나는가? / 김선준 // 대중과학.－1966,(1).－15－16

30968 담배온실내의 소기후측정 / 천금학 // 대중과학.－1966,(2).－46

30969 담배 유리온실육모에서 주의할 점 / 김호산 // 대중과학.－1966,(2).－18－19

30970 콩과 옥수수 혼작의 증수원인 // 대중과학. - 1966,(2). - 12 - 13
30971 콩밭에도 거름을 내야 한다 / 박춘송 // 대중과학. - 1966,(2). - 14 - 15
30972 감자의 육모 / 함홍석 // 대중과학. - 1966,(3). - 26 - 27
30973 담배모의 대적:졸도병과 립고병 / 옥량윤 // 대중과학. - 1966,(3). - 5 - 6
30974 벼염화비닐박막육모 기술문답 // 대중과학. - 1966,(3). - 12 - 14
30975 벼종자는 왜 물에 담그는가? / 장원 // 대중과학. - 1966,(3). - 9
30976 아마파종 / 김석배 // 대중과학. - 1966,(3). - 28 - 29
30977 원전화의 보람:벼 무당소출 천근고비를 넘다 // 대중과학. - 1966,(3). - 20 - 21
30978 피마주심기 / 금석 // 대중과학. - 1966,(4). - 44
30979 논벼의 아지와 소출 / 김찬 // 대중과학. - 1966,(5). - 10 - 11
30980 벼 채종포의 면적과 파종량 / 김흥국 // 대중과학. - 1966,(5). - 25 - 26
30981 아마용도 / 황창렬 // 대중과학. - 1966,(5). - 59 - 60
30982 조모의 합리한 밀도 // 대중과학. - 1966,(5). - 12 - 13
30983 씨는 어느 때 솎는것이 좋은가? / 김기춘 // 대중과학. - 1966,(5). - 21 - 22
30984 담배건조실에서의 석탄절약 / 한태현 // 대중과학. - 1966,(6). - 37 - 39
30985 담배진디물 / 리명희 // 대중과학. - 1966,(6). - 32
30986 벼가 쓰러지는것과 논물관리 / 리택선 // 대중과학. - 1966,(6). - 18 - 19
30987 신풍대대의 ≪3고정1충당≫논물관리기술 // 대중과학. - 1966,(6). - 13 - 15
30988 아마의 수확과 건조 / 황창렬 // 대중과학. - 1966,(6). - 60 - 61
30989 담배의 순치기와 아지따기 / 전병욱 // 대중과학. - 1966,(7). - 38 - 39
30990 담배잎을 어느 때 따야 하는가? / 옥량윤 // 대중과학. - 1966,(7). - 40
30991 룡수공사에서는 후기논물관리를 어떻게 하였는가? / 김창봉 // 대중과학. - 1966,(7). - 26 - 27
30992 미숙을 방지하는 논물관리의 비결 // 대중과학. - 1966,(7). - 23 - 25
30993 밭곡식이 물에 잠기면 왜 여물지 못하는가 // 대중과학. - 1966,(7). - 32 - 33
30994 버섯 / 김수철 // 대중과학. - 1966,(7). - 50 - 52
30995 담배종자채집 / 최창래 // 대중과학. - 1966,(8). - 42 - 43
30996 벼종자의 순도를 어떻게 높였는가 / 김일권 // 대중과학. - 1966,(8). - 75 - 76
30997 벼종자의 함수량을 판단하는 간편한 방법 / 소약곡 // 대중과학. - 1966,(9). - 66
30998 아마종자의 선종과 소독 / 황창렬 // 대중과학. - 1966,(9). - 92
30999 옥수수채종경험 // 대중과학. - 1966,(9). - 70 - 71
31000 일본의 벼생산 / 정원수 // 대중과학. - 1979,(10). - 6 - 7
31001 새로운 품종소개 // 대중과학. - 1979,(11). - 20 - 21
31002 담배생산과 품질 / 권룡봉 // 대중과학. - 1980,(1). - 7
31003 감자와 고구마 / 리화숙 // 소년아동. - 1980,(2). - 56 - 57
31004 강냉이의 고향 // 소년아동. - 1980,(2). - 43
31005 담배모의 간이가식판 / 권룡봉 // 대중과학. - 1980,(2). - 36
31006 증산예비가 많은 콩생산 / 안창범 // 대중과학. - 1980,(2). - 29 - 30
31007 피마주와 그의 재배 / 채종석 // 소년아동. - 1980,(4). - 22 - 23
31008 벼랭해의 류형과 방지대책 / 박창일 // 대중

과학. – 1980,(5). – 4 – 6
31009 벼의 잎나이는 어떻게 세는가 / 서규철 // 대중과학. – 1980,(6). – 31
31010 영양흡수로부터 본 콩의 시비체계 / 안창범 // 대중과학. – 1980,(6). – 14 – 15
31011 장백산의 진귀한 식물:자인삼 / 리수붕 편역 // 대중과학. – 1980,(6). – 23
31012 몇가지 야생식물 소개 / 김철수 // 대중과학. – 1980,(7). – 32 – 33
31013 미래의 식량 / 장서림 // 대중과학. – 1980,(7). – 10 – 11
31014 벼농사의 열두달 / (일본)와다나베마사노브 // 대중과학. – 1980,(9). – 16 – 17
31015 인삼의 얼굼해와 예방대책 / 김창정 // 대중과학. – 1980,(10). – 6
31016 해바라기 / 길과험 // 대중과학. – 1980,(10). – 16 – 17
31017 이상기후와 벼의 개화생리 / 박창일 // 대중과학. – 1980,(11). – 4 – 5
31018 콩과 인류의 생명 / 천금학;부위걸 // 대중과학. – 1980,(11). – 6 – 7
31019 80년대의 세계식량과학기술의 전망 / 영근 // 대중과학. – 1980,(11). – 16 – 17
31020 미국에서의 콩의 생산과 리용정황 // 대중과학. – 1981,(1). – 22 – 23
31021 벼온실바트육모관리 / 곽만석 // 대중과학. – 1981,(4). – 11 – 12
31022 콩소출을 높이는 요인 / 안창범 // 대중과학. – 1981,(4). – 21
31023 감칠맛나는 산나물 / 주춘근 // 대중과학. – 1981,(5). – 13
31024 검정귀버섯을 썩지 않게 하려면 / 리학선 // 대중과학. – 1981,(5). – 47 – 48
31025 교묘한 동반자:콩과 뿌리혹균 // 대중과학. – 1981,(6). – 60 – 61
31026 논벼생산에서의 주요고비:7월의 포전관리 / 김윤식 // 대중과학. – 1981,(6). – 2 – 3
31027 논벼의 질소영양진단 // 대중과학. – 1981,(6). – 28 – 29
31028 보건식료품:느타리의 인공재배법 / 리국준 // 대중과학. – 1981,(6). – 42 – 43
31029 감자는 왜 추운곳에서 잘 되는가 // 대중과학. – 1981,(7). – 43
31030 돌콩 / 강청석 // 대중과학. – 1981,(7). – 31
31031 신기한 고구마잎재배법 // 대중과학. – 1981,(7). – 22 – 23
31032 옥수수잡교종은 왜 해마다 만들어내야 하는가? / 장기건 // 대중과학. – 1981,(8). – 35
31033 세계의 벼생산 // 대중과학. – 1981,(10). – 22 – 23
31034 세계의 옥수수생산 // 대중과학. – 1981,(11). – 20 – 22
31035 세계 콩생산에 대한 분석 // 대중과학. – 1981,(12). – 20 – 23
31036 논벼의 수확량에 영향주는 요소 / 김정희 // 대중과학. – 1982,(1). – 44 – 45
31037 새로운 황연품종 – 7417과 7519 / 룡봉 // 대중과학. – 1982,(2). – 2 – 3
31038 논벼전기열온수최아기 / 곽만석 // 대중과학. – 1982,(3). – 43
31039 량식을 인공합성할수 있는가 / 장정대 // 대중과학. – 1982,(3). – 14 – 15
31040 교묘한 락화생 / 김학림 // 대중과학. – 1982,(6). – 30 – 31
31041 논벼잎나이지수 / 최웅범 // 대중과학. – 1982,(6). – 39
31042 인삼꽃의 생물학적특성 / 김창정 // 대중과학. – 1982,(6). – 21
31043 잎담배의 순치기와 두벌담배기르기 / 김정수 // 대중과학. – 1982,(6). – 20 – 21
31044 논벼출수개화결실기의 생리특성 // 대중과학. – 1982,(7). – 16 – 17
31045 맛이 구수한 잎담배를 얻으려면 / 김정수 // 대중과학. – 1982,(7). – 2 – 3
31046 인삼종자의 최아처리 / 김기현 // 대중과학. – 1982,(8). – 30 – 31

31047 콩생장발육법칙의 연구성과 / 안창범 등 // 대중과학. – 1982,(8). – 6 – 9
31048 물질생산으로부터 본 벼다수확기술 / (일본)쯔노 유긴도 // 대중과학. – 1982,(12). – 12 – 14
31049 새로운 벼육모법:산성영양액육모 / 엄철수; 김영숙 // 대중과학. – 1983,(1). – 2 – 3
31050 연변잎담배 1호와 2호 / 김정수 // 대중과학. – 1983,(1). – 4 – 5
31051 다수확벼 / (일본)쯔노 유긴도 // 대중과학. – 1983,(2). – 6 – 8
31052 새로운 벼품종:≪빈욱≫ / 박춘희 // 대중과학. – 1983,(2). – 36
31053 천마재배기술 / 김성기 // 대중과학. – 1983,(2). – 44 – 46
31054 담배모판관리 / 김정수 // 대중과학. – 1983,(3). – 19
31055 새로운 벼종자처리방법 / 리룡일 // 대중과학. – 1983,(3). – 32 – 33
31056 새로운 벼품종:H390(화127) / 리철수 // 대중과학. – 1983,(3). – 22
31057 콩생산에서의 몇가지 새로운 기술대책 / 손문연 등 // 대중과학. – 1983,(4). – 12 – 14
31058 새로운 줄모내기법 // 대중과학. – 1983,(5). – 19
31059 콩의 일생 / 리금란 // 대중과학. – 1983,(5). – 16 – 17
31060 논벼관리 / 박춘회 // 대중과학. – 1983,(6). – 8
31061 목본산나물:두릅 / 김효정 // 대중과학. – 1983,(7). – 18
31062 벼결실계단의 포전관리요점 / 박춘희 // 대중과학. – 1983,(7). – 43
31063 조의 기여 / 선수경 // 대중과학. – 1983,(7). – 13
31064 새로운 조품종:연곡9호 // 대중과학. – 1983,(8). – 7
31065 종자용천마의 겨울관리 / 김기현 // 대중과학. – 1983,(9). – 38 – 39
31066 주요밭곡식의 수확과 포전선종 / 학림 // 대중과학. – 1983,(9). – 8 – 9
31067 벼최고무당수확고 / 림룡준 // 대중과학. – 1983,(10). – 45
31068 감자소출을 높이는 새로운 기술대책 / 최승환 등 // 대중과학. – 1983,(12). – 16 – 17
31069 논벼재배에서의 새로운 혁신:논벼희식재배법 / 서규철 // 대중과학. – 1983,(12). – 6
31070 아마의 두벌농사 / 박곤일 // 대중과학. – 1984,(1). – 43
31071 향벼 / 조청운 // 대중과학. – 1984,(1). – 53
31072 담배모를 어떻게 기를것인가 // 대중과학. – 1984,(2). – 18 – 19
31073 참깨재배기술 // 대중과학. – 1984,(2). – 31
31074 도거리호풍산경험 / 유학림 // 대중과학. – 1984,(3). – 6 – 7
31075 벼륙상육모 모판관리 // 대중과학. – 1984,(3). – 41
31076 ≪재간둥이≫가 벼농사를 짓다 / 고월 // 동북민병. – 1984,(3). – 34 – 36
31077 담배생산에서의 재식밀도 / 권룡봉 // 대중과학. – 1984,(4). – 17
31078 최령감의 논물관리경험 / 리주민 // 대중과학. – 1984,(5). – 7
31079 담배기술자 한경송동무를 찾아서 / 주영섭 // 대중과학. – 1984,(6). – 11
31080 도열병에 대하여 / 석보 // 은하수. – 1984,(6). – 78
31081 벼유수발육계단의 포전관리요점 / 박춘회 // 대중과학. – 1984,(6). – 5
31082 엽령지수로 옥수수유수분화기를 판단하는 방법 // 대중과학. – 1984,(6). – 10
31083 옥수수증산조치 몇가지 // 대중과학. – 1984,(6). – 14
31084 삼농군들과 하고싶은 말 / 김창정 // 대중과학. – 1984,(7). – 8 – 9
31085 옥수수의 보충수분법 // 대중과학. – 1984,(7). – 31
31086 옥수수품종을 인입함에 있어서 / 박춘근 //

대중과학. – 1984,(8). – 16 – 17
31087 옥수수교잡종은 왜 소출이 높은가 / 홍명자 // 대중과학. – 1984,(10). – 41
31088 논벼의 긴싹수직파 / 류창은 // 대중과학. – 1984,(11). – 8 – 9
31089 벼껍데기의 새로운 용도 / 마진국 // 대중과학. – 1984,(11). – 28
31090 강냉이껍질공예품판로가 넓다 / 책변 // 대중과학. – 1984,(21). – 15
31091 새로운 인삼재배법 / 왕영명 // 대중과학. – 1985,(2). – 50
31092 새로운 화건담배품종소개 / 권룡봉 // 대중과학. – 1985,(2). – 8 – 9
31093 콩소출을 높이는 효과적인 기술대책 / 리창권 // 대중과학. – 1985,(2). – 24 – 25
31094 천마를 재배하여 한해에 2만원을 벌었다 / 조국림 // 동북민병. – 1985,(3). – 28
31095 고사리 / 김효정 // 대중과학. – 1985,(4). – 55
31096 벼비닐박막지면피복재배기술 / 최중현 // 대중과학. – 1985,(4). – 10 – 11
31097 수확량이 높은 올감자:동농303 / 최철관 // 대중과학. – 1985,(4). – 50 – 51
31098 이렇게 모를 내면 / 정만춘 // 대중과학. – 1985,(5). – 42
31099 잎담배순막이능수 25%엠어치 – 30수제 / 상룡석 // 대중과학. – 1985,(5). – 51
31100 화건담배의 생산기술규범요점 / 권룡봉 // 대중과학. – 1985,(5). – 8 – 9
31101 옥수수의 잎수를 세는 방법 / 김상포 // 대중과학. – 1985,(6). – 21
31102 옥수수잡종의 채종 / 박춘근 // 대중과학. – 1985,(6). – 13 – 15
31103 벼생식생장계단의 포전관리 / 김학림;김명학 // 대중과학. – 1985,(7). – 10 – 11
31104 탐색중에 있는 약용식물 / 왕중화 // 대중과학. – 1985,(7). – 31
31105 강냉이이삭껍질로도 돈벌이를 // 은하수. – 1985,(8). – 49
31106 벼다수확재배기술:잎길이진단법 / 김장범 // 대중과학. – 1985,(9). – 16 – 18
31107 벼다수확재배기술:비효선을 확인하는 방법 / 김장범 // 대중과학. – 1985,(10). – 8 – 10
31108 담배씨뿌리기와 온실모판관리 / 리주환 // 대중과학. – 1986,(1). – 24 – 25
31109 새로운 벼품종 ≪송갱1호≫ // 대중과학. – 1986,(1). – 47
31110 알곡작물 열두달농사 / 안창범 // 대중과학. – 1986,(1). – 6 – 7
31111 인삼재배에서 ≪5406≫균비료의 사용 / 김필한 등 // 대중과학. – 1986,(1). – 15
31112 진귀한 벼품종:향벼 / 문상하 // 대중과학. – 1986,(1). – 22
31113 벼영양액육모기술 / 엄철수 등 // 대중과학. – 1986,(2). – 12 – 13
31114 해바라기를 가을에 심으면 소출이 많다 / 백설 // 동북민병. – 1986,(2). – 9
31115 담배모가식판관리 / 김정수 // 대중과학. – 1986,(3). – 22 – 23
31116 심어볼만한 감미종옥수수 // 대중과학. – 1986,(3). – 34 – 35
31117 아마는 어떻게 심어야 하는가 / 리금란 // 대중과학. – 1986,(3). – 19
31118 서양삼재배기술 / 백정준 // 대중과학. – 1986,(4). – 8 – 10
31119 포전에 담배모옮기기 / 김명자 // 대중과학. – 1986,(4). – 10 – 11
31120 담배의 순치기 / 김정수 // 대중과학. – 1986,(6). – 35
31121 담배의 포전관리 / 권룡봉 // 대중과학. – 1986,(6). – 44 – 45
31122 666의 대용농약 // 대중과학. – 1986,(6). – 40
31123 잎담배말리우기 / 김정수 // 대중과학. – 1986,(7). – 54
31124 화건담배말리우기 / 권룡봉 // 대중과학. – 1986,(7). – 20 – 21
31125 담배를 감별하는 방법 // 동북민병. – 1986,

(9).－46
31126 잣/ 강귀길// 대중과학.－1986,(9).－29
31127 못쓸 차잎의 묘한 용도/ 료남// 동북민병.－1987,(1).－40
31128 새로운 화건담배품종 소개/ 김명자// 대중과학.－1987,(1).－18－19
31129 새로운 잎담배품종 소개/ 김정수// 대중과학.－1987,(2).－6－7
31130 옥수수잡종의 소출을 늘이려면/ 문상하// 대중과학.－1987,(2).－34－35
31131 벼규범화생산 요점/ 곽만석// 대중과학.－1987,(3).－5－7
31132 보약의 왕 인삼사포닌/ 리성복// 대중과학.－1987,(3).－38－39
31133 산간지대에서의 콩다수확재배기술/ 양홍안// 대중과학.－1987,(3).－30
31134 아마품종소개/ 김석상// 대중과학.－1987,(3).－18－19
31135 옥수수영양단지재배법/ 허도원;장윤동// 대중과학.－1987,(3).－36－37
31136 검은송이수구리의 모양만들기와 가지자르기/ 김종선// 대중과학.－1987,(4).－26－27
31137 산간지대에서의 벼수직파 기술요점// 대중과학.－1987,(4).－34
31138 섬유용아마의 다수확재배 기술요점/ 리호철// 대중과학.－1987,(4).－48－49
31139 옥수수비닐박막지면피복재배 기술요점// 대중과학.－1987,(4).－54－55
31140 감자의 퇴화를 막아내려면/ 최철관// 대중과학.－1987,(5).－54.23
31141 담배와 비료주기/ 궁장영// 대중과학.－1987,(5).－14－15
31142 아마밭의 풀을 잡으려면/ 리금란// 대중과학.－1987,(5).－44
31143 당대산삼왕/ 류의// 동북민병.－1987,(12).－41
31144 ≪산삼군≫과 산삼캐기/ 뢰경화// 동북민병.－1988,(1).－12
31145 벼결실계단의 포전관리// 대중과학.－1988,(7).－15
31146 화건담배잎의 건조기술/ 리주환// 대중과학.－1988,(7).－30－31
31147 화건담배잎의 수확기술/ 김명자// 대중과학.－1988,(7).－48－49
31148 돌외의 개발과 리용/ 김수철;김영숙// 대중과학.－1988,(9).－24－25
31149 포전에서의 인삼재배/ 김창정;리승헌// 대중과학.－1988,(9).－30－31
31150 벼의 랭해에 대하여/ 박금순// 대중과학.－1988,(12).－14－15
31151 섬유용아마의 다수확재배기술/ 리호철// 대중과학.－1989,(1).－24－25
31152 조선에서의 차, 담배의 유래// 민족단결.－1989,(1).－55
31153 벼의 랭해에 대하여/ 박금순;최일룡// 대중과학.－1989,(2).－6－8
31154 ≪인삼재배왕≫:추춘해// 동북후비군.－1989,(2).－23
31155 벼영양단지 뿌림식재배기술/ 석동길// 대중과학.－1989,(3).－4－6
31156 콩나물은 인삼에 버금가는 건강식료품// 대중과학.－1989,(4).－42
31157 천마의 감별/ 허죽송// 대중과학.－1989,(6).－57
31158 콩의 도복/ 위호명// 대중과학.－1989,(6).－46
31159 7월의 논벼관리기술/ 허창원// 대중과학.－1989,(7).－3－4
31160 옥수수부산물의 종합리용/ 주지명// 대중과학.－1989,(8).－43
31161 인삼재배문답 70가지/ 류병인// 대중과학.－1989,(8).－20－22
31162 담배농사차비는 이렇게/ 김명자;김정수// 대중과학.－1990,(1).－18－20
31163 건강식물:감자/ 김숙자// 연변녀성.－1990,(2).－29

31164 온실담배모를 어떻게 기를것인가 / 김명자 // 대중과학. − 1990,(2). − 12 − 13

31165 김운룡의 벼육모실기 / 현을봉 // 대중과학. − 1990,(3). − 60

31166 단지모재배와 건실한 모 키우기 / 서규철 // 대중과학. − 1990,(3). − 4 − 7

31167 담배가식모판관리 / 김정수;김명자 // 대중과학. − 1990,(3). − 38 − 39

31168 모내기철의 논농사기술 / 서규철 // 대중과학. − 1990,(4). − 3 − 4

31169 섬유용아마의 다수확재배기술 / 리호철 // 대중과학. − 1990,(4). − 14 − 15

31170 벼다수확재배에서 아지치기기술 / 서규철 // 대중과학. − 1990,(5). − 8 − 9

31171 벼이삭배기시기 저온장애의 기온지표 / 서규철 // 대중과학. − 1990,(6). − 10 − 11

31172 옥수수 련작 및 다수확재배에 대한 자료 // 대중과학. − 1990,(9). − 23

31173 화분인삼재배 / 김도철;안기철 // 대중과학. − 1990,(9). − 42 − 43

S6 원예

31174 과수전정법 / 박영희 // 대중과학. − 1958,(7). − 26 − 27

31175 과수의 아접법 / 리순재 // 대중과학. − 1958,(8). − 20

31176 연변의 사과배 / 박영희 // 대중과학. − 1958,(9). − 20

31177 소채의 저장 // 대중과학. − 1958,(10). − 13 − 14

31178 결과전 포도관리에 대하여 / 관치승(關致昇) // 대중과학. − 1959,(6). − 14 − 15

31179 소채식물의 가접 // 대중과학. − 1959,(8). − 10

31180 연변지구에서 어떻게 과수를 재식할것인가 / 관치승(關致昇) // 대중과학. − 1959,(9). − 12 − 13

31181 겨울에 실내에서 화분을 어떻게 가꿀것인가 / 리정길 // 대중과학. − 1959,(12). − 23

31182 홍당무우 / 악릉비(鄂陵菲) // 대중과학. − 1960,(1). − 26

31183 화단형식과 꽃의 배렬 / 리종만 // 대중과학. − 1960,(4). − 46

31184 어떻게 일년감을 감자에 가접할것인가 / 김세준 // 대중과학. − 1960,(5). − 31 − 32

31185 일년감을 잘 기르려면 / 김양숙 // 대중과학. − 1960,(5). − 32

31186 배추와 무우의 재배기술 / 김철수 // 대중과학. − 1960,(7). − 29 − 30

31187 핑궈리의 저장 / 관치승;림소금(關致昇；林素琴) // 대중과학. − 1960,(9). − 29

31188 사과배의 수분수와 인공보조수분 // 대중과학. − 1960,(11). − 36 − 37

31189 소채의 동기재배 // 대중과학. − 1960,(12). − 10 − 11

31190 인공광조에 의한 소채배육 / (쏘련)A.P.요베 // 대중과학. − 1960,(12). − 12 − 14

31191 과수동해의 원인과 예방 / 장병욱 // 대중과학. − 1964,(10). − 38

31192 무우의 공소 / 리영훈 // 대중과학. − 1964,(10). − 30

31193 겨울에 신선한 배를 먹으려면? / 김성기 // 대중과학. − 1964,(11). − 13

31194 겨울에 화초를 관상하려면 / 김수철 // 대중과학. − 1964,(11). − 30 − 31

31195 소채를 간단히 저장하는 방법 / 함홍석 // 대중과학. − 1964,(11). − 27 − 28

31196 로서대대의 과수풍산경험 // 대중과학. − 1965,(1). − 19 − 20

31197 염화비닐박막으로 담배모를 키운 경험 // 대중과학. − 1965,(1). − 16 − 17

31198 사과배나무의 적합한 수형 / 가립방 // 대중과학. − 1965,(2). − 22 − 24

31199 사과배나무의 전지 // 대중과학. − 1965,(3). − 34 − 36

31200 염화비닐막에 의한 튼튼한 벼모기르기 //

대중과학. - 1965,(3). - 5 - 7
31201 올호박육모 / 번전생 // 대중과학. - 1965,(3). - 26
31202 일년감육모기술 / 번전생 // 대중과학. - 1965,(3). - 40 - 41
31203 사과배의 인공보충수분 / 조홍철 // 대중과학. - 1965,(4). - 42 - 43
31204 사과배나무의 여름철가지자르기 / 최병길 // 대중과학. - 1965,(6). - 24 - 25
31205 가을배추의 심기와 관리 // 대중과학. - 1965,(7). - 30
31206 머루 / 남대근 // 대중과학. - 1965,(8). - 27
31207 과수동해의 방지대책 / 량성한;한상길 // 대중과학. - 1965,(9). - 36
31208 과실의 수확과 분등포장 / 관상유;염정운 // 대중과학. - 1965,(9). - 29
31209 포도의 가지자르기와 묻어주기 / 황길준 // 대중과학. - 1965,(9). - 27 - 28
31210 과실종자의 모래처리 / 장병욱 // 대중과학. - 1965,(10). - 30
31211 과수원에서 할 일 / 염정운 // 대중과학. - 1965,(11). - 26 - 27
31212 무엇때문에 과수의 수관을 형성시키고 가지를 자르는가? // 대중과학. - 1965,(11). - 30 - 31
31213 살구나무의 가지자르기 / 한상길 // 대중과학. - 1965,(11). - 33
31214 고산지대에서 채소재배시험 성공 / 최승환 // 대중과학. - 1965,(12). - 25 - 27
31215 사과나무의 수관형성과 가지자르기 / 관상유;염정운 // 대중과학. - 1966,(1). - 29 - 31
31216 사과부란병전염의 비밀 // 대중과학. - 1966,(1). - 34 - 35
31217 언 사과는 왜 찬물에 녹이는가? // 대중과학. - 1966,(1). - 38
31218 과수접붙이기 도리 / 금성 // 대중과학. - 1966,(2). - 36 - 37
31219 온상과 온실토양의 처리 / 김문연 // 대중과학. - 1966,(2). - 35 - 36
31220 채소 우량품종들 / 최승환 // 대중과학. - 1966,(2). - 29 - 31
31221 석류합제의 살균 살충 / 김문연 // 대중과학. - 1966,(3). - 25
31222 염화비닐박막모판내의 소기후측정 / 김금송 // 대중과학. - 1966,(3). - 42 - 43
31223 과수에 암모니아수 주기 / 김승록 // 대중과학. - 1966,(4). - 36 - 37
31224 과수에 왜 인공보충수분을 하는가 / 조성범 // 대중과학. - 1966,(4). - 30 - 31
31225 복숭아속벌레 / 심윤권;윤석봉 // 대중과학. - 1966,(5). - 53 - 55
31226 포도 여름철가지자르기 / 우정순 // 대중과학. - 1966,(5). - 56 - 57
31227 가을채소의 우량품종들 / 최승환 // 대중과학. - 1966,(6). - 54 - 56
31228 과수원에 물이 고이면 / 금성 // 대중과학. - 1966,(6). - 72
31229 생채와 위생 / 춘초 // 대중과학. - 1966,(6). - 65
31230 가을배추와 암모니아수 // 대중과학. - 1966,(7). - 56 - 57
31231 사과배에 수분수 접하기 / 고과 // 대중과학. - 1966,(7). - 53 - 55
31232 배오가리 / 류완영 // 대중과학. - 1966,(8). - 37
31233 산과 들에 풍부한 야생과실들 / 최장원 // 대중과학. - 1966,(8). - 54 - 56
31234 채소를 말리우는 방법 // 대중과학. - 1966,(8). - 74
31235 과수에 석회수를 바르는 도리 // 대중과학. - 1966,(9). - 90 - 91
31236 배꽃이 일년에 두번 피는것은? // 대중과학. - 1966,(9). - 94 - 95
31237 과일나무가지숙음의 생리적기초 // 대중과학. - 1979,(12). - 16 - 18
31238 균류식료품과 암예방 / 마연생 // 대중과학. -

1979,(12).－35

31239 옥수수고갱이로 검정귀버섯균을 배양 / 리학선 // 대중과학.－1979,(12).－31

31240 민둥산이 과일동산으로 / 곽안 // 동북민병.－1980,(1).－27－30

31241 과일나무의 번민 / 조홍철 // 대중과학.－1980,(2).－21－22

31242 앞날의 남새생산 / 최승환 // 대중과학.－1980,(3).－10－11

31243 찔광이와 건강 / 최동하 // 대중과학.－1980,(3).－20

31244 감칠맛나는 산나물? / 주춘근 // 대중과학.－1980,(5).－33

31245 희귀한 들버섯 / 리국준 // 대중과학.－1980,(5).－24－25

31246 가을배추심기의 요령 / 최승환 // 대중과학.－1980,(6).－6－7

31247 과일나무의 여름가지자르기 / 조성범 // 대중과학.－1980,(6).－26－27

31248 남새는 생신한것으로! / 소학성 // 대중과학.－1980,(6).－38－39

31249 송이버섯 / 오정호 // 대중과학.－1980,(8).－23

31250 아름다운 꽃:군자란 / 천경산 // 대중과학.－1980,(8).－35

31251 과일나무의 얼굼방지 / 조성범 // 대중과학.－1980,(9).－2－3

31252 사과배는 어느 때 따야 하는가 / 김동권 // 대중과학.－1980,(9).－13

31253 사시장철 생생하도록 과일을 보관하자면 / 김동권 // 대중과학.－1980,(10).－31

31254 시금치의 자술 / 학림 // 대중과학.－1980,(10).－30

31255 과일나무는 왜 접붙임하는가 // 대중과학.－1980,(11).－33

31256 온실에서 큰 수박을 배육 / 조홍희;장해도 // 동북민병.－1980,(15).－16

31257 인민을 위하여 맛좋은 포도를 배육한 사람 / 염덕희 // 동북민병.－1980,(15).－22－23

31258 북방사과재배에서의 새로운 혁신 / 윤석봉 // 대중과학.－1981,(1).－24－25

31259 해빛리용률과 과일증산 / 장병욱 // 대중과학.－1981,(2).－26－27

31260 남새가꾸기에서의 변증법 / 장소문 // 대중과학.－1981,(3).－16－18

31261 마늘고자리 / 전순자 // 대중과학.－1981,(3).－18

31262 어떻게 꽃밭을 가꿀가? / 허창률 // 대중과학.－1981,(3).－57

31263 남새의 접붙임 / 왕영명 // 대중과학.－1981,(4).－49

31264 비닐박막지면피복재배기술 / 최승환 // 대중과학.－1981,(4).－13

31265 사과배가지마름병 / 김덕호 // 대중과학.－1981,(4).－35

31266 사과배꽃에 왜 인공보충수분을 하는가? / 방병욱 // 대중과학.－1981,(4).－9－10

31267 포도가 주렁지게 / 조성범 // 대중과학.－1981,(4).－20

31268 오이를 주렁주렁 열리게 하려면 // 대중과학.－1981,(6).－13

31269 의술이 고명한 과일나무의사 / 류완영 // 대중과학.－1981,(7).－36－37

31270 식용균균종과 식용균재배 / 리종현 // 대중과학.－1981,(8).－36－37

31271 식용균균종생산에서의 대적:잡균오염방지에 관하여 / 리종현 // 대중과학.－1981,(11).－50－51

31272 꽃왕 / 국상 // 동북민병.－1981,(17).－40

31273 포도를 한해에 여러번 달리게 / 류자명 // 대중과학.－1982,(2).－16－17

31274 거주환경의 미화 // 대중과학.－1982,(4).－20－21

31275 과류식물의 산량과 질을 높이는 새로운 도경 // 대중과학.－1982,(4).－6－7

31276 꽃버섯재배법 / 리종현 // 대중과학.－1982,

(5). − 40 − 41
31277 사과배의 액체수분법 / 리준 // 대중과학. − 1982,(5). − 19
31278 산사와 깁베렐린 / 한상길 // 대중과학. − 1982,(5). − 18 − 19
31279 왜 어떤 군자란은 꽃이 피지 않는가? / 허창률 // 대중과학. − 1982,(5). − 61
31280 들버섯과 자화수 / 리국준 // 대중과학. − 1982,(7). − 15
31281 군자란가꾸기 / 허창률 // 대중과학. − 1982,(8). − 19
31282 습생록평의 겨울나이 / 최창원 // 대중과학. − 1982,(8). − 9
31283 맛좋은 산과실:다래 / 김학수 // 대중과학. − 1982,(9). − 45
31284 화분꽃과 그의 생활환경 / 허창률 // 대중과학. − 1982,(9). − 51
31285 과수원의 후기관리 / 한상길 // 대중과학. − 1982,(10). − 17
31286 꽃을 오래 피게 하는 처방 // 대중과학. − 1982,(10). − 50
31287 과수의 왕:호두나무 / 한상길 // 대중과학. − 1982,(11). − 5
31288 노루꽁댕이버섯재배 / 리종현 // 대중과학. − 1982,(11). − 6 − 7
31289 과수나무의 영양진단 / 조성범 // 대중과학. − 1982,(12). − 38 − 39
31290 오이열매에 난 잎 / 왕영명 // 대중과학. − 1983,(1). − 63 − 64
31291 일본의 남새공장 // 대중과학. − 1983,(2). − 27
31292 왜 과일나무의 로수피를 깍는가? / 한상길 // 대중과학. − 1983,(3). − 36
31293 비닐박막지면덮기재배법 / 류성덕 // 대중과학. − 1983,(4). − 40
31294 봉미버섯재배 / 리종현 // 대중과학. − 1983,(5). − 20 − 21
31295 가을배추포전관리 // 대중과학. − 1983,(8). − 43
31296 가을마늘재배법 / 안동문 // 대중과학. − 1983,(9). − 45
31297 겨울철의 마늘싹 온돌생산 / 리성선 // 대중과학. − 1983,(10). − 40
31298 가정에서 봉미버섯기르기 / 리지초 // 대중과학. − 1983,(12). − 34 − 35
31299 무우의 묘한 용도(외2편) // 동북민병 // 대중과학. − 1983,(20). − 43
31300 메히꼬의 남새왕, 지남수, 소인국, 괴상한 나무 // 연변녀성. − 1984,(1). − 61
31301 새 남새품종 소개 / 최철관 // 대중과학. − 1984,(1). − 22 − 23
31302 푸른 남새의 일곱번째 영양소 // 대중과학. − 1984,(1). − 4
31303 비늘버섯재배기술 / 리국준 // 대중과학. − 1984,(3). − 24 − 25
31304 사과배의 액체수분 / 리준 // 대중과학. − 1984,(4). − 51
31305 화분에 포도를 기르려면 / 류완영 // 대중과학. − 1984,(4). − 16 − 17
31306 가을무우재배기술요점 / 최승환 // 대중과학. − 1984,(6). − 37
31307 도마도의 유성교잡 / 왕영명 // 대중과학. − 1984,(6). − 44
31308 과일나무의 잎면시비 / 장병욱 // 대중과학. − 1984,(8). − 10 − 11
31309 포도나무의 월동방법 / 조성범 // 대중과학. − 1984,(10). − 36
31310 마늘의 다섯가지 작용 / 최선 // 대중과학. − 1984,(11). − 53
31311 버섯을 씻는 방법 / 호지위 // 동북민병. − 1984,(14). − 16
31312 농업에서 유색비닐박막의 리용 / 김순덕;장석주 // 대중과학. − 1985,(1). − 29
31313 팽나무버섯재배 / 리국준 // 대중과학. − 1985,(1). − 24 − 25
31314 화분건습경보기 // 대중과학. − 1985,(2). − 23
31315 과수접의 새로운 방법:자엽모접 / 최진국 //

대중과학.－1985,(3).－50
31316 맛좋은 올종참외:대만밀 / 최철관 // 대중과학.－1985,(3).－45
31317 수박껍질은 훌륭한 반찬감 / 상여정 // 연변녀성.－1985,(4).－45
31318 수박비닐박막피복재배기술 / 류성덕 // 대중과학.－1985,(4).－24－25
31319 천연적완전영양식료품:화분 / 한상길;염금자 // 대중과학.－1985,(6).－7－9
31320 일본의 남새공장화생산 / 리식군 // 대중과학.－1985,(10).－11
31321 오이와 검은씨호박의 접방법 / 장춘봉 // 대중과학.－1985,(11).－53
31322 길잡1호의 재배기술요점 / 윤련옥 // 대중과학.－1986,(2).－44
31323 사과배의 풍산대책:조기왜화밀식재배법 / 김종선 // 대중과학.－1986,(3).－24－25
31324 화초의 꽃을 뜻대로 피게 하려면 / 왕영명 // 대중과학.－1986,(4).－17－19
31325 중국명화 열두가지 // 대중과학.－1986,(5).－20－21
31326 장백산의 몇가지 야생과일나무 / 장춘봉 // 대중과학.－1986,(8).－36－37
31327 장수화 / 서면생 // 대중과학.－1986,(8).－29
31328 검정귀버섯 균종표준 / 정화순 // 대중과학.－1986,(9).－10－11
31329 나라의 꽃 / 리수봉 // 대중과학.－1986,(9).－22－23
31330 노랑버섯재배 / 정화순 // 대중과학.－1986,(10).－8－9
31331 기이한 버섯들 // 대중과학.－1986,(11).－30－31
31332 비닐박막하우스의 오이다수확재배기술경험 / 전덕철 // 대중과학.－1987,(1).－42－43
31333 비닐박막사용기술 / 윤상화 // 대중과학.－1987,(2).－28
31334 옥수수밭에서의 느타리재배 / 박천금 // 대중과학.－1987,(5).－4－5
31335 가을배추의 재배기술 / 리춘자 // 대중과학.－1988,(7).－52－53
31336 남새를 가공할 때 // 대중과학.－1988,(7).－9
31337 열두달의 과일농사 / 김장복 // 대중과학.－1988,(7).－3－5
31338 금실호박재배기술 / 양홍안 // 대중과학.－1989,(2).－52－53
31339 훌륭한 남새:고추잎 / 류국천 // 대중과학.－1989,(2).－21
31340 남새재배에서의 에트레르의 리용 // 대중과학.－1989,(4).－15
31341 재래식건조실에서의 기계건조기술 / 김태공 // 대중과학.－1989,(5).－44－45
31342 증산효과가 뚜렷한 회색비닐박막차광설비 / 김창정 등 // 대중과학.－1989,(6).－56
31343 홍당무우의 영양과 재배 // 대중과학.－1989,(7).－10
31344 온실오이재배기술 새 돌파 // 대중과학.－1989,(8).－10
31345 온실생산과 에네르기절약 / 정보민 // 대중과학.－1989,(9).－18－19
31346 빛갈곱고 맛좋은 ≪황금시대≫참외 / 박천금;류성덕 // 대중과학.－1990,(1).－34
31347 검정귀버섯의 새로운 용도 // 대중과학.－1990,(10).－3
31348 궁륭식온실에서 이산화탄소시비 // 대중과학.－1990,(12).－46

S7 림업

31349 락엽송조림 / 김룡복 // 대중과학.－1958,(3).－13－15
31350 양수의 조림 / 박원형 // 대중과학.－1958,(3).－15－17
31351 홍송직파조림 / 허종소(許宗劭) // 대중과학.－1958,(4).－28－29
31352 느릅나무종자채집과 육묘조림 / 김성진 // 대

중과학. – 1958,(5). – 16 – 17
31353 림구에서의 삼림뇌염의 예방 // 대중과학. – 1958,(5). – 18 – 19
31354 유림에 대한 무육관리 / 김룡복 // 대중과학. – 1958,(6). – 25 – 26
31355 삼림과 농업과의 관계 / 김성진 // 대중과학. – 1958,(8). – 21 – 22
31356 농전방호림대의 조림 / 박원형 // 대중과학. – 1958,(9). – 17 – 18
31357 파종조림 / 김룡복 // 대중과학. – 1958,(9). – 19 – 20
31358 묘포조림 / 허종소(許宗劭) // 대중과학. – 1959,(4). – 28 – 30
31359 삼림화재의 예보 / 왕정비(王正非) // 대중과학. – 1959,(11). – 18 – 19
31360 벌목기술과 안전문제 / 리진현 // 대중과학. – 1960,(1). – 18 – 20
31361 묘포의 병충해방치 / 왕립창(王立昌) // 대중과학. – 1960,(7). – 28
31362 묘목의 월동관리 / 왕립창(王立昌) // 대중과학. – 1960,(10). – 21
31363 삼림을 보호하고 림업을 발전시키자 / 왕석성 // 연변. – 1961,(10). – 18 – 20
31364 조국의 삼림 / 림청 // 연변. – 1961,(12). – 33 – 36
31365 나무의 용도 / 림청 // 연변. – 1962,(4). – 29
31366 시기를 틀어쥐고 향토의 록화 사업을 착실하게 진행하자 / 장기성 // 연변. – 1963,(3). – 19 – 20
31367 활착률을 높이는 요점 / 허종교 // 대중과학. – 1964,(10). – 20
31368 삼림:농업의 보위자 // 대중과학. – 1964,(11). – 1 – 2
31369 태평대대 묘포가꾸기경험 / 임승혁 // 대중과학. – 1965,(3). – 42
31370 수토를 보호하는 나무:싸리 / 량도순 // 대중과학. – 1965,(9). – 20 – 21
31371 파종조림 / 왕립창 // 대중과학. – 1965,(9). – 32
31372 우리의 길잡이군들 / 왕내선 // 대중과학. – 1966,(1). – 20 – 21
31373 농토보호림대 / 장기봉 // 대중과학. – 1966,(2). – 20 – 21
31374 어떤 나무를 심는것이 좋은가 / 홍승진 // 대중과학. – 1966,(3). – 10 – 11
31375 나무종자채집 / 리보윤 // 대중과학. – 1966,(8). – 48 – 49
31376 삼림은 기후를 조절한다 / 반봉선 // 대중과학. – 1966,(8). – 66 – 67
31377 싸리씨 채집과 심기 / 리성 // 대중과학. – 1966,(9). – 87 – 88
31378 화재를 방지하여 삼림을 보호하자 / 안가준 // 대중과학. – 1979,(10). – 26 – 27
31379 삼림의 작용 / 량도순 // 대중과학. – 1979,(11). – 6 – 7
31380 어떻게 민용묘포를 꾸릴것인가 / 림영권 // 대중과학. – 1980,(3). – 5
31381 후손만대에 복을 안겨주는 장성 / 양림 // 대중과학. – 1980,(3). – 8 – 9
31382 대기를 맑게 하는 도시록화 / 반봉선 // 대중과학. – 1980,(4). – 5
31383 삼림의 파괴자:삼림병해 // 대중과학. – 1980,(5). – 7 – 8
31384 삼림은 록색보물고 / 두점림 // 동북민병. – 1980,(7). – 34 – 35
31385 묘목의 고백:묘목의 겨울나이에 대하여 / 학림 // 대중과학. – 1980,(9). – 18 – 19
31386 나무의 년륜 / 장춘웅 // 대중과학. – 1980,(10). – 45
31387 나무종자의 겨울나이저장 / 림영권 // 대중과학. – 1980,(11). – 44 – 45
31388 삼림으로 오염을 제거하는 새 방도 // 대중과학. – 1981,(4). – 25
31389 나무껍질은 보배 / 왕운장;장승구 // 대중과학. – 1982,(2). – 18 – 19
31390 식수. 시간. 수자 / 고결선 등 // 동북민병. –

1982,(6).－28－29
31391 기이한 부녀나무 / 진홍생 // 대중과학.－1982,(9).－27
31392 삼림과 지구 / 구만춘 // 대중과학.－1982,(9).－17
31393 가구용나무의 성질과 사용 / 김계봉 // 대중과학.－1982,(12).－10－11
31394 속성나무:백양 / 호창조 // 대중과학.－1983,(1).－44－45
31395 도시록화를 어떻게 할것인가 / 반봉선 // 대중과학.－1983,(2).－18－19
31396 경제적나무품종:물푸레나무 / 호창조 // 대중과학.－1983,(3).－33
31397 잔디밭가꾸기 / 허창률 // 대중과학.－1983,(6).－20
31398 고향을 푸른단장시킨다 / 림의승 등 // 동북민병.－1983,(10).－27－28
31399 삼림화재 위험예보 / 리종활 // 대중과학.－1983,(10).－6－7
31400 세계삼림자원 / 김산 // 대중과학.－1983,(10).－37
31401 나무의 종합리용 / 리춘홍;조운옥 // 대중과학.－1983,(12).－7
31402 에네르기나무 / 리림초 // 대중과학.－1984,(1).－38
31403 지구에 푸른옷을 입히자 / 만문 // 대중과학.－1984,(2).－6－7
31404 신탄림을 가꾸면 / 정봉락;임금철 // 대중과학.－1984,(3).－26
31405 진귀한 나무들 / 량복서 // 대중과학.－1984,(4).－41
31406 피나무의 신세타령 / 정린모 // 대중과학.－1984,(6).－16－17
31407 식용유를 산생하는 나무 // 대중과학.－1984,(7).－48－49
31408 잔디밭의 좋은 점 / 조흥화 // 대중과학.－1984,(7).－44
31409 이깔나무의 조기봉정 / 정린모 // 대중과학.－1985,(3).－55
31410 아마존의 신기한 떨기나무 / 생문 // 동북민병.－1986,(1).－5
31411 록색≪만리장성≫ / 왕만창 // 대중과학.－1986,(2).－34－35
31412 우리 나라에서 새로 발견한 기이한 나무 / 리복희 // 대중과학.－1986,(5).－49
31413 빛을 내는 버드나무 // 대중과학.－1986,(7).－13
31414 보리수아재비의 개발리용 // 대중과학.－1986,(8).－28－29
31415 기이한 나무들 / 배장청 // 동북민병.－1987,(4).－40
31416 방목하지 말아야 할 구역 / 려리 // 소년아동.－1988,(7).－110－111
31417 불로써 불을 끄기 // 대중과학.－1988,(8).－41
31418 신비로운 보리수 / 방립상 // 동북민병.－1988,(8).－47
31419 불을 겁내지 않는 나무 / 곽혜여 // 대중과학.－1988,(10).－45
31420 세상에 삼림이 없으면... / 류덕재 // 동북민병.－1988,(10).－46
31421 년륜:나무의 눈 / 제수원 // 대중과학.－1988,(12).－20－21
31422 전도가 유망한 산나물:두릅 / 박태호 // 대중과학.－1989,(6).－53
31423 두릅나무인공재배법 / 박태호;장송자 // 대중과학.－1990,(11).－8－9
31424 핵과류의 좋은 접그루 풀또기 / 조성범 // 대중과학.－1990,(11).－29

S8 축목, 동물의학, 사냥, 잠사, 양봉

31425 가축의 근친번식과 그 피해 / 리향 // 대중과학.－1958,(3).－39－40
31426 병아리의 육성 / 신동 // 대중과학.－1958,(4).－32－34
31427 토끼의 사양관리 // 대중과학.－1958,(5).－

29－30
31428 포유기에 있는 새끼돼지의 사양관리 / 장성길 // 대중과학.－1958,(5).－31－32
31429 돼지의 대용사료 / 장성길 // 대중과학.－1958,(6).－42－43
31430 소의 번식 / 장길 // 대중과학.－1958,(6).－46－47
31431 돼지의 비육 / 리종현 // 대중과학.－1958,(7).－16－17
31432 매초사료 / 최춘산 // 대중과학.－1958,(7).－30－31
31433 소의 고모도치 / 남수홍 // 대중과학.－1958,(7).－36
31434 소의 여름방목 / 리익 // 대중과학.－1958,(7).－32－33
31435 가축의 간흡충병 / 김성 // 대중과학.－1958,(8).－26－27
31436 돼지의 낭충 / 최동춘 // 대중과학.－1958,(8).－22
31437 소의 가을방목 / 엄일준 // 대중과학.－1958,(9).－23－24
31438 석현농업사 동흥생산대에서 양돈업을 발전시킨 경험 // 대중과학.－1958,(10).－21
31439 훈춘현 영화사에서는 어떻게 목축업을 발전시켰는가 // 대중과학.－1958,(10).－19－20
31440 금매소사료 // 대중과학.－1958,(11－12).－66－68
31441 작잠 종자고치의 월동보관방법 / 김창정 // 대중과학.－1958,(11－12).－69
31442 돼지의 비육법 / 송근(宋勤) // 대중과학.－1959,(1).－42－43.51
31443 가축의 임신일력 / 백화영 편역 // 대중과학.－1959,(2).－21
31444 한시간 30분에 닭 한마리가 6개의 알을 낳았다 // 대중과학.－1959,(4).－35
31445 2화1방의 작잠제종기술 / 김창정 // 대중과학.－1959,(6).－17－18
31446 돼지울과 우사를 리용하여 양계를 발전시킬수 있다 // 대중과학.－1959,(9).－16
31447 매초사료제조 / 임양근 // 대중과학.－1959,(9).－14－15
31448 추통부화와 육추 / 장서한(張書翰) // 대중과학.－1959,(10).－21
31449 돼지천식병의 침구치료 / 양도(楊途) // 대중과학.－1959,(11).－21－22
31450 흔히 볼수 있는 토끼의 질병 // 대중과학.－1959,(11).－20
31451 돼지의 생물학적특징과 사양관리 / 리익 // 대중과학.－1959,(12).－20
31452 축사의 위치선택과 건축 // 대중과학.－1959,(12).－21－22
31453 마, 소의 류산과 예방 // 대중과학.－1960,(1).－42
31454 소의 곰팡이사료중독 / 지룡욱 // 대중과학.－1960,(1).－40－41
31455 가축의 인공수정 // 대중과학.－1960,(2).－6－7
31456 돼지사료의 몇가지 조리방법 // 대중과학.－1960,(2).－14
31457 돼지의 질병과 예방 / 장중인(張重仁) // 대중과학.－1960,(2).－9
31458 새끼돼지의 접산 / 김영빈 // 대중과학.－1960,(2).－8
31459 양돈에서의 몇가지 선진공구 // 대중과학.－1960,(2).－10－11
31460 적외선과 양돈 / 김인선 역 // 대중과학.－1960,(2).－12
31461 돼지의 몇가지 비육방법 / 엄일준 역 // 대중과학.－1960,(3).－23－25
31462 몇가지 간편한 돼지우리의 소개 // 대중과학.－1960,(3).－18
31463 병아리의 토방법부화 // 대중과학.－1960,(3).－26
31464 자화목숙의 생물학적 특징과 재배방법 / 조희복 // 대중과학.－1960,(3).－25
31465 돼지의 품종개량 / 김명철 // 대중과학.－1960,

(4).－21－22

31466 암퇘지의 다태다산법 / 류화;황송빈(劉華；黃松浜) // 대중과학.－1960,(4).－22－23

31467 병아리의 백리병 / 지룡욱 // 대중과학.－1960,(5).－38

31468 새끼돼지의 성활률을 제고하려면 / 엄일준 역 // 대중과학.－1960,(7).－34

31469 사료의 왕 소구조 // 대중과학.－1960,(8).－41－43

31470 사슴이의 사양관리 / 임양근 // 대중과학.－1960,(8).－44－45

31471 토화제온약독역묘의 제조법 / 지룡욱 // 대중과학.－1960,(9).－35－36

31472 풀씨와 나무씨를 대량적으로 채집하여 가축의 사료를 해결하자 / 지룡욱 // 대중과학.－1960,(10).－10

31473 각종 야생초로 어떻게 가축의 우질사료를 만들것인가 / 방명숙 // 대중과학.－1960,(11).－30

31474 번식률이 높은 양돈번식장 / 장성길 // 대중과학.－1960,(11).－31

31475 연변의 황소를 어떻게 젖소로 개량할것인가 / 리호섭 // 대중과학.－1960,(11).－32－33－

31476 가축의 사료중독 및 그의 방치법 / 최남규 // 대중과학.－1960,(12).－21

31477 수의지식 / 리종현 // 대중과학.－1960,(12).－23－24

31478 초탄은 좋은 돼지사료다 / 김익수 // 대중과학.－1960,(12).－44

31479 닭이 알을 많이 낳게 하려면 // 연변.－1961,(9).－33

31480 꿀벌의 과동준비 / 남근대 // 대중과학.－1964,(10).－34－35

31481 돼지의 배추중독 / 로영춘;막가장 // 대중과학.－1964,(10).－41

31482 소간질충의 구출 / 오신민 // 대중과학.－1964,(10).－39

31483 축사의 보온 / 박병화 // 대중과학.－1964,(10).－21－22

31484 가축의 옴병 / 김성 // 대중과학.－1964,(11).－41

31485 송아지의 배육 / 김병진 // 대중과학.－1964,(11).－21－22

31486 구제역의 예방과 치료 / 김영후 // 대중과학.－1964,(12).－12－13

31487 왜 가축에게 식염을 먹이는가 / 리종락 // 대중과학.－1964,(12).－29

31488 동명대대의 소의 과학실험활동 / 문도순 // 대중과학.－1965,(1).－33

31489 룡수작잠풍산기술 // 대중과학.－1965,(1).－21－23

31490 왜 가축에게 예방주사를 놓는가? / 장덕순 // 대중과학.－1965,(1).－30

31491 새끼돼지의 백리병 / 김재운 // 대중과학.－1965,(2).－43－44

31492 숭민대대의 양의 선택 선육 경험 / 최도석 // 대중과학.－1965,(2).－29－30

31493 짚을 삶아 먹이면? / 박병화 // 대중과학.－1965,(2).－35

31494 연변의 모피수 / 리수붕 // 대중과학.－1965,(2).－44

31495 소는 어째서 새김질하는가? / 김생철 // 대중과학.－1965,(3).－31

31496 15매 개량식벌통 // 대중과학.－1965,(3).－37

31497 독초와 가축의 중독 / 리성모;최관석 // 대중과학.－1965,(5).－32

31498 방목지의 리용 / 문도순 // 대중과학.－1965,(5).－27

31499 벌진드기 / 김병록;남대근 // 대중과학.－1965,(5).－35－36

31500 분봉 / 유호준 // 대중과학.－1965,(5).－30－31

31501 뽕누에치기 / 박경호 // 대중과학.－1965,(5).－28－29

31502 소고무도치의 치료 / 강태영;왕보산 // 대중과학.－1965,(5).－33

31503 암소를 교미시킬 때 / 김영빈 // 대중과학.－

1965,(5). − 25
31504 꿀을 많이 내려면 / 김병록;남대근 // 대중과학. − 1965,(6). − 29
31505 방목 / 김생철 // 대중과학. − 1965,(6). − 23
31506 참나무누에치기 / 김의복 // 대중과학. − 1965,(6). − 26 − 28
31507 누에의 병해충 / 박경호;김의복 // 대중과학. − 1965,(7). − 26 − 27
31508 소의 쪽새 / 송군선 // 대중과학. − 1965,(7). − 24
31509 연변소의 시범시험 // 대중과학. − 1965,(7). − 15
31510 질좋은 사료:건초 / 김성 // 대중과학. − 1965,(7). − 23 − 24
31511 꿀벌의 안전과동 // 대중과학. − 1965,(8). − 31
31512 도봉방지 / 장민국;김창규 // 대중과학. − 1965,(8). − 30
31513 참나무누에의 생활습성 / 김의복 // 대중과학. − 1965,(8). − 29
31514 꿀벌의 안전과동 / 장민국;김창규 정리 // 대중과학. − 1965,(9). − 30
31515 넝에 / 현호철 // 대중과학. − 1965,(9). − 21
31516 외양간의 설계 // 대중과학. − 1965,(9). − 24 − 26
31517 참나무누에고치 따기와 고르기 / 김의복 // 대중과학. − 1965,(9). − 36
31518 겨울동안 꿀벌의 리질 / 리덕화;방용진 // 대중과학. − 1965,(10). − 31 − 32
31519 부림소의 겨울사양 // 대중과학. − 1965,(10). − 23 − 25
31520 소의 급성고창증 / 김성 // 대중과학. − 1965,(10). − 34
31521 양의 약물목욕 / 리태원 // 대중과학. − 1965,(10). − 45
31522 작잠종자고치의 보관 / 김창정 // 대중과학. − 1965,(10). − 26 − 27
31523 돼지털 / 김영순 // 대중과학. − 1965,(11). − 7
31524 새끼 밴 면양의 후기 사양관리 / 김동철 // 대중과학. − 1965,(11). − 36
31525 잠장의 정리 / 김백록 // 대중과학. − 1965,(11). − 34
31526 꿀벌들의 겨울생활 / 김창규;장민국 // 대중과학. − 1965,(12). − 28
31527 면양이 새끼 낳을 때 시중 / 김동철 // 대중과학. − 1965,(12). − 22 − 23
31528 낮은 사료단위로써 살을 더 찌게 하자면 // 대중과학. − 1966,(1). − 27 − 28
31529 새끼양의 백근병 / 함유복 // 대중과학. − 1966,(1). − 24 − 25
31530 소가 어느때 새끼를 낳겠는지? / 복경국 // 대중과학. − 1966,(1). − 26
31531 20년간 돼지병, 닭병이 없은 곳 // 대중과학. − 1966,(1). − 22 − 23
31532 가축의 전염성류산병 / 김영후 // 대중과학. − 1966,(2). − 27 − 28
31533 누에의 화성이란? / 김의복 // 대중과학. − 1966,(2). − 34
31534 소에게 몸을 빗겨주면 / 송봉녀 // 대중과학. − 1966,(2). − 26
31535 소에게 벼짚만 먹이면 왜 설사를 하는가 / 리종락;전운학 // 대중과학. − 1966,(2). − 25
31536 어떻게 종자수소를 고를것인가 / 김영빈 // 대중과학. − 1966,(2). − 24 − 25
31537 돼지회충약 딥테렉스 / 류성재 // 대중과학. − 1966,(3). − 37
31538 밭갈이소의 사양과 사역 / 문도순 // 대중과학. − 1966,(3). − 30 − 31
31539 뽕나무접붙이기 / 박경호 // 대중과학. − 1966,(3). − 22 − 24
31540 생후 한달사이의 송아지 배육 / 리성모 // 대중과학. − 1966,(3). − 33 − 34
31541 질좋은 양털을 얻자면 / 리룡순 // 대중과학. − 1966,(3). − 36
31542 소가 태를 낳지 못하면? / 려조유 // 대중과학. − 1966,(4). − 32
31543 소의 수태률을 100%로 높인 경험 // 대중

과학. – 1966,(4). – 20 – 22
31544 양의 품질감정 / 리맹익 // 대중과학. – 1966,(4). – 35
31545 돼지의 온몸은 보배 / 허태렬 // 대중과학. – 1966,(5). – 27 – 28
31546 양의 털을 깎을 때 / 김강룡 // 대중과학. – 1966,(5). – 15 – 16
31547 어떻게 송아지를 방목시켰는가 // 대중과학. – 1966,(5). – 29 – 30
31548 참나무누에의 실내산란과 알 소독 / 김의복 // 대중과학. – 1966,(5). – 58 – 59
31549 가축의 농약중독 / 김병준 // 대중과학. – 1966,(6). – 44.6
31550 소의 고창증 / 려덕인 // 대중과학. – 1966,(6). – 43
31551 싸리밭을 가꾸면 일거량득 / 리성모 // 대중과학. – 1966,(6). – 45 – 46
31552 참나무누에의 어린시기 시중 / 계요 // 대중과학. – 1966,(6). – 58 – 59
31553 가축의 폐충증 / 리찬수 // 대중과학. – 1966,(7). – 48 – 49
31554 돼지가 풀에 중독되면 ... / 김성 // 대중과학. – 1966,(7). – 31
31555 돼지의 자궁탈의 치료 / 리충성 // 대중과학. – 1966,(7). – 49
31556 어떻게 소를 여름방목시켰는가 // 대중과학. – 1966,(7). – 41 – 42
31557 장마철 토끼기르기 // 대중과학. – 1966,(7). – 28
31558 청초사료를 가공하는 방법 // 대중과학. – 1966,(7). – 44 – 45
31559 돼지페스트 예방주사문답 / 송상우;려조유 // 대중과학. – 1966,(8). – 51 – 53
31560 딮테렉스로 양의 옴을 치료했다 / 최관석;김한봉 // 대중과학. – 1966,(8). – 50 – 51
31561 소의 안충증 / 함룡덕 // 대중과학. – 1966,(8). – 47
31562 마늘로 새끼돼지의 병을 치료 / 권재관;류문청 // 대중과학. – 1966,(9). – 97
31563 뽕나무동해의 예방 / 박경호 // 대중과학. – 1966,(9). – 84 – 85
31564 소의 고무도치병을 예방치료 // 대중과학. – 1966,(9). – 82 – 83
31565 소의 혀바늘의 치료 / 김춘규 // 대중과학. – 1966,(9). – 83
31566 양의 밑살을 올린 경험 // 대중과학. – 1966,(9). – 86 – 87
31567 메추리 / 현진순 // 대중과학. – 1979,(11). – 23
31568 연변소의 특징과 전망 / 김병진 // 대중과학. – 1979,(11). – 1 – 2
31569 돼지고기를 살 때 주의할 몇가지 // 대중과학. – 1979,(12). – 18
31570 쓸모 많은 반세모양 / 리맹익 // 대중과학. – 1979,(12). – 19
31571 토끼의 야생습성 // 대중과학. – 1980,(1). – 21
31572 외국의 고기소품종 / 최일순;리찬수 // 대중과학. – 1980,(3). – 6 – 7
31573 병아리를 어떻게 가릴것인가 / 마임류 // 대중과학. – 1980,(4). – 47 – 48
31574 염소를 많이 키우자 / 김강룡 // 대중과학. – 1980,(4). – 17
31575 족제비는 무엇을 먹는가 / 장자강 // 대중과학. – 1980,(4). – 47
31576 집짐승의 쌍붙임시간 / 허가강 // 대중과학. – 1980,(4). – 12
31577 부지런한 꿀벌 / 기전상 // 대중과학. – 1980,(5). – 34 – 35
31578 풀과 바꿀수 있는 동물성식료품 / 문도순 // 대중과학. – 1980,(5). – 26
31579 소와 양에게 테라마이신류약을 먹이지 말자 / 주사준 // 대중과학. – 1980,(6). – 35
31580 외국에서 들여온 토끼 / 강춘생 // 대중과학. – 1980,(6). – 10 – 11
31581 꿀벌의 언어 / 우춘 // 대중과학. – 1980,(7). – 34 – 35
31582 날짐승의 이발:근위 / 보희민 // 대중과학. –

1980,(7).－36－37
31583 소 랭동정액 / 함덕인 // 대중과학.－1980,(7).－29
31584 소 부결핵의 진단과 예방대책 / 김영후 // 대중과학.－1980,(7).－2
31585 꿀벌의 겨울먹이 / 김창규 // 대중과학.－1980,(8).－6
31586 양의 과학적사양관리 // 대중과학.－1980,(8).－18
31587 돼지의 아질산염중독과 예방치료 / 리송천 // 대중과학.－1980,(9).－21
31588 랭동정액으로 수정시켜 내운 송아지기르기 / 함덕인 // 대중과학.－1980,(9).－20
31589 연변소의 기생충병 / 강창무 // 대중과학.－1981,(9).－54
31590 간질증의 예방치료 / 박영화;염창환 // 대중과학.－1980,(10).－35
31591 개에 대한 잡담 / 우진파 // 대중과학.－1980,(10).－36
31592 새끼밴 어미소의 사양관리 / 함덕인 // 대중과학.－1980,(10).－34
31593 돼지의 톡소플라즈마병 / 금자 // 대중과학.－1980,(11).－27
31594 원숭이사냥 / 정문 // 소년아동.－1980,(11).－60－61
31595 집짐승의 성별 지배 / 리문용 // 대중과학.－1980,(11).－15
31596 자라지 않는 돼지를 어떻게 살찌우겠는가 / 곽현보 // 대중과학.－1980,(12).－58
31597 암소의 동시발정 / 복경국 // 대중과학.－1981,(1).－29
31598 집짐승의 배태이식 / 최영진 // 대중과학.－1981,(2).－14
31599 수의상용소독약의 배합과 사용 / 서초련 // 대중과학.－1981,(3).－9
31600 어떻게 살고지돼지를 배육할것인가 / 시계순 // 대중과학.－1981,(3).－20－21
31601 통신비둘기 / 하량권 // 대중과학.－1981,(3).－31
31602 곰의 생활습성 몇가지 // 대중과학.－1981,(4).－58
31603 어떻게 병아리를 기를것인가 // 대중과학.－1981,(4).－48－49
31604 집짐승의 행위학 / 진명문 // 대중과학.－1981,(4).－16
31605 집짐승의 먹이단위 / 리종락 // 대중과학.－1981,(5).－14－15
31606 닭알을 많이 낳게 하려면 / 김분옥 // 대중과학.－1981,(7).－13
31607 염소젖산량을 높이려면 / 김강룡 // 대중과학.－1981,(8).－21
31608 집짐승피의 과학적리용 / 강희약 // 대중과학.－1981,(8).－56
31609 고기소의 잡교우세 / 문도순 // 대중과학.－1981,(10).－5
31610 흔히 생기는 토끼병치료 / 강춘생 // 대중과학.－1981,(10).－36－37
31611 새끼양의 사는률을 높이려면 / 김강룡 // 대중과학.－1981,(11).－24－25
31612 어미돼지에게 먹이를 먹이는 방법 / 조식문 // 대중과학.－1981,(12).－40
31613 암소의 새끼배기 / 복경국 // 대중과학.－1982,(1).－29
31614 병아리의 온돌부화방법 / 김철석;동홍중 // 대중과학.－1982,(2).－42－43
31615 후더운 ≪의무수의≫ / 리삼영 // 동북민병.－1982,(2).－19－20
31616 암토끼의 새끼배기 // 대중과학.－1982,(3).－37
31617 왜 닭은 날개를 잘라버리면 더 빨리 자라는가? // 대중과학.－1982,(3).－19
31618 자기의 병을 자체로 치료 / 연생 // 대중과학.－1982,(3).－16－17
31619 소 피하망충증 / 최도순 // 대중과학.－1982,(4).－47
31620 우량한 닭품종 / 박동길 // 대중과학.－1982,

(4). – 8 – 9
31621 인기를 끄는 강장제:메티오닌과리진 / 림영철 // 대중과학. – 1982,(4). – 26 – 27
31622 꿀벌의 잡종강세리용 / 김용진 // 대중과학. – 1982,(5). – 22 – 23
31623 수지맞는 가둑누에치기 / 한동학 // 대중과학. – 1982,(5). – 14 – 15
31624 토끼의 생물학적특성 // 대중과학. – 1982,(5). – 20 – 21
31625 닭과 기상 / 남수홍 // 대중과학. – 1982,(6). – 28 – 29
31626 집짐승의 옴병 / 강창무 // 대중과학. – 1982,(6). – 29
31627 꿀벌들은 꿀을 어떻게 빚는가? / 김용진 // 대중과학. – 1982,(7). – 11
31628 청저사료 / 정운학 // 대중과학. – 1982,(7). – 58
31629 비타민과 집짐승 / 리종락 // 대중과학. – 1982,(8). – 42 – 43
31630 알 잘 낳은 암탉 / 권재관 // 대중과학. – 1982,(9). – 48
31631 염소의 젖산량 / 김강룡 // 대중과학. – 1982,(9). – 50 – 51
31632 가둑누에종자 고르기와 보관 / 한동학 // 대중과학. – 1982,(10). – 40 – 41
31633 토끼의 온 몸은 보배 // 대중과학. – 1982,(10). – 36
31634 닭치기문답 // 대중과학. – 1982,(11). – 60 – 62
31635 어떻게 기르면 특등소로 자라나는가 / 함덕인 // 대중과학. – 1982,(12). – 34 – 35
31636 토끼치기상식 / 염창환 // 대중과학. – 1983,(1). – 28 – 29
31637 닭치기문답 / 권재관 // 대중과학. – 1983,(2). – 34 – 35
31638 오리치기 / 함덕인 // 대중과학. – 1983,(3). – 44
31639 중병아리키우기 // 대중과학. – 1983,(5). – 48
31640 알낳이준비 // 대중과학. – 1983,(6). – 51
31641 메돼지의 본능 // 대중과학. – 1983,(7). – 21
31642 알닭의 영양수요 // 대중과학. – 1983,(7). – 23
31643 알닭의 털갈이 / 리맹익 // 대중과학. – 1983,(8). – 11
31644 어떻게 젖소를 고를것인가 / 김병진 // 대중과학. – 1983,(9). – 40 – 41
31645 1초동안에 닭 한마리를 // 대중과학. – 1983,(9). – 32 – 33
31646 군견의 후각 // 대중과학. – 1983,(10). – 19
31647 토종돼지를 살고기돼지로 / 지룡준 // 대중과학. – 1983,(10). – 18
31648 무슨 품종의 닭을 기를것인가 / 남홍수;렴창환 // 대중과학. – 1983,(11). – 52 – 53
31649 GLJD – 2형 닭우리 / 방명숙 // 대중과학. – 1983,(12). – 36
31650 씨암퇘지고기와 병든 돼지고기를 가려내자면 // 연변녀성. – 1984,(1). – 63
31651 닭우리에 불을 때지 않는 겨울알낳이방법 / 박경도 // 대중과학. – 1984,(2). – 52
31652 갓난 송아지와 어미소에 대한 시중 / 유룡호 // 대중과학. – 1984,(3). – 31
31653 갓병아리에게 첫모이주기 / 남홍수;렴창환 // 대중과학. – 1984,(3). – 50
31654 병아리들에게 흔히 생기는 병 // 대중과학. – 1984,(3). – 12 – 13
31655 닭목을 베지 않고 피를 받는 방법 / 황학룡 // 대중과학. – 1984,(4). – 45
31656 어미고양이는 어째 나갔을가요? / 증삼 // 연변녀성. – 1984,(4). – 64
31657 꿀벌왕국에 대한 새로운 발견 // 대중과학. – 1984,(5). – 14 – 15
31658 꿀벌이 농작물수확고를 높여준다 / 관건 // 동북민병. – 1984,(5). – 37 – 38
31659 젖먹이송아지 키우기 / 유룡호 // 대중과학. – 1984,(5). – 55
31660 어떤 암탉들은 왜 기형알을 낳는가 / 김금자 // 대중과학. – 1984,(6). – 38 – 39
31661 집짐승에게 사탕물을 먹이면 좋다 / 염창

환 // 대중과학. - 1984,(6). - 45

31662 토끼에게 먹이지 말아야 할 풀 // 대중과학. - 1984,(7). - 32 - 34

31663 수의학령역에서 레이자의 응용 / 김광릉 // 대중과학. - 1984,(10). - 50

31664 염소가 새끼를 많이 낳게 하려면 / 정인호 // 대중과학. - 1984,(10). - 39

31665 가정에서 지렁이를 어떻게 기를것인가 / 양진기 // 대중과학. - 1984,(11). - 22 - 23

31666 돼지에게 배합먹이를 먹이면 좋다 // 대중과학. - 1984,(11). - 41

31667 통이 크게 돼지를 치는 진연충 / 김광일 // 동북민병. - 1984,(11). - 43

31668 흔히 보는 메추리병 // 대중과학. - 1984,(11). - 36

31669 동북범의 고향에서 / 김영훈 // 대중과학. - 1984,(12). - 20 - 21

31670 사향쥐키우기 // 대중과학. - 1984,(12). - 26 - 27

31671 연변소들에게 흔히 생기는 눈병 / 설종원 // 대중과학. - 1984,(12). - 18

31672 국제시장에서 토끼털이 잘 팔린다 // 동북민병. - 1984,(21). - 14 - 15

31673 비닐온실에서 닭을 치면 닭이 알을 잘 낳는다 / 책변 // 동북민병. - 1985,(1). - 34

31674 암소의 이상발정 / 문홍순 // 대중과학. - 1985,(1). - 52

31675 유망한 가정부업:담비기르기 / 반옥민 // 동북민병. - 1985,(1). - 34

31676 꿀벌의 봄철관리 / 김용진 // 대중과학. - 1985,(2). - 26 - 27

31677 병아리의 다종비타민중독 / 김병준 // 대중과학. - 1985,(2). - 51

31678 새끼염소고르기 / 김강룡 // 대중과학. - 1985,(2). - 51

31679 개사양이 유망하다 / 류봉옥 // 동북민병. - 1985,(3). - 29

31680 물따쥐사양에 성공하였다 / 두영해;방희란 // 동북민병. - 1985,(3). - 29

31681 사향노루 // 대중과학. - 1985,(3). - 23

31682 진기한 동물 / 마세영 // 동북민병. - 1985,(3). - 37

31683 톱밥을 짐승의 먹이로 / 곡국빈 // 대중과학. - 1985,(3). - 40

31684 너구리의 사양관리 // 은하수. - 1985,(4). - 55 - 56

31685 닭먹이와 비타민 // 대중과학. - 1985,(4). - 40 - 41

31686 구데기를 닭먹이로 // 은하수. - 1985,(5). - 11 - 12

31687 너구리장과 너구리우리 // 대중과학. - 1985,(5). - 18

31688 돼지사료배합방법 // 은하수. - 1985,(5). - 20

31689 염소의 뿔을 없애려면 / 김강룡 // 대중과학. - 1985,(5). - 11

31690 로쓰닭 / 박동철 // 대중과학. - 1985,(6). - 24

31691 토끼가 즐겨먹는 풀 // 대중과학. - 1985,(6). - 28 - 29

31692 고양이키우기 // 대중과학. - 1985,(7). - 19

31693 너구리의 병 // 대중과학. - 1985,(7). - 38 - 39

31694 달팽이의 번식 // 대중과학. - 1985,(7). - 19

31695 류밀기의 꿀벌관리 / 김용진 // 대중과학. - 1985,(7). - 16 - 17

31696 벌레를 키워 닭을 먹인다 // 대중과학. - 1985,(7). - 39

31697 양계전업호의 전망 // 은하수. - 1985,(7). - 48 - 49

31698 털토끼의 번식 // 대중과학. - 1985,(7). - 39

31699 돼지몸에서의 금식물 / 진소협 // 대중과학. - 1985,(8). - 36

31700 집짐승의 좋은 먹이풀 관엽송진초 / 임문천 // 대중과학. - 1985,(8). - 51

31701 환영을 받는 토끼품종 // 대중과학. - 1985,(8). - 21

31702 닭먹이의 절약 // 대중과학. - 1985,(9). - 34 - 35

31703 먹이첨가제 몇가지 / 최세준 // 대중과학.－1985,(9).－19
31704 한 양계전업호의 비밀 // 은하수.－1985,(9).－20
31705 비둘기의 사랑 / 박경숙 // 대중과학.－1985,(10).－24－25
31706 전갈을 어떻게 키웁니까 // 대중과학.－1985,(10).－20
31707 긴털토끼키우기문답 // 대중과학.－1985,(11).－22－23
31708 동물의 기이한 성변화 // 대중과학.－1985,(11).－27
31709 우량종황소 // 대중과학.－1985,(11).－13
31710 메추리먹이 배합비 // 대중과학.－1985,(12).－16
31711 흔히 보는 돼지병 // 대중과학.－1985,(12).－26－27
31712 꿩치기 // 대중과학.－1986,(1).－23
31713 닭장에서 키우는 닭들에게 흔히 생기는 병 // 대중과학.－1986,(1).－59
31714 뤄만고기닭치기 // 대중과학.－1986,(1).－53－54
31715 암퇘지의 새끼낳이시중 // 대중과학.－1986,(1).－53
31716 어떻게 닭페스트를 예방할것인가 // 대중과학.－1986,(1).－59
31717 어떻게 새끼염소를 키울것인가 // 대중과학.－1986,(1).－54
31718 어떻게 하면 칠면조를 잘 기를수 있는가? / 심생 // 동북민병.－1986,(1).－29－30
31719 게사니키우기 // 대중과학.－1986,(2).－25
31720 늘 보는 오리병 // 대중과학.－1986,(2).－17
31721 닭의 산란률을 높이려면 // 은하수.－1986,(2).－63
31722 로스병아리키우기 // 대중과학.－1986,(2).－52－53
31723 밑천이 적게 들고 리익이 괜찮은 가정부업:산양기르기 / 장청;우언명 // 동북민병.－1986,(2).－10－11
31724 닭의 배타발육과정 // 대중과학.－1986,(3).－12－13
31725 백근병 // 대중과학.－1986,(3).－31
31726 세무푸 579병아리키우기 // 대중과학.－1986,(3).－30－31
31727 고양이가 개젖을 빤다 / 양봉림 // 동북민병.－1986,(5).－16
31728 앙고라토끼키우기 // 대중과학.－1986,(5).－45
31729 여우키우기 // 대중과학.－1986,(5).－52
31730 가금중독병 // 대중과학.－1986,(6).－17
31731 개키우기 // 대중과학.－1986,(6).－41
31732 닭먹이 // 대중과학.－1986,(6).－34
31733 고기소와 연변소의 잡종 / 문도순 // 대중과학.－1986,(8).－15
31734 게사니기르기의 효과성높이기 // 대중과학.－1986,(8).－44－45
31735 돼지의 생물학적특성 // 대중과학.－1986,(8).－15
31736 토끼의 점액종증 // 대중과학.－1986,(8).－45
31737 갓난 송아지의 급성위장장애 // 대중과학.－1986,(9).－47
31738 닭의 일상관리 요령 // 대중과학.－1986,(9).－28
31739 닭치기와 어분질 // 대중과학.－1986,(10).－17
31740 닭페스트를 예방할수 있는 민간료법 // 대중과학.－1986,(10).－7
31741 비닐박막온실에서 닭키우기 / 홍덕인 // 대중과학.－1986,(10).－5
31742 소의 류행성감기 // 대중과학.－1986,(10).－31
31743 여우의 질병 // 대중과학.－1986,(10).－16－17
31744 닭장에서 알낳이닭 키우기 // 대중과학.－1986,(11).－15
31745 동북사향노루의 사양관리 / 김성일 // 대중과

학.－1986,(11).－24－25
31746 새끼양에게 흔히 생기는 병 // 대중과학.－1986,(11).－15
31747 토끼병을 치료할수 있는 중초약 // 대중과학.－1986,(11).－41
31748 곰 // 대중과학.－1986,(12).－18－19
31749 돼지키우기 새방법 // 대중과학.－1986,(12).－39
31750 왜 유기질비료를 많이 모아야 하는가 // 대중과학.－1986,(12).－6－8
31751 곰키우기 / 량봉석 // 대중과학.－1987,(1).－40
31752 일본의 양계업 // 대중과학.－1987,(1).－50－51
31753 비루스성전염병:닭페스트 / 오기헌 // 대중과학.－1987,(2).－47
31754 가금아스페르길루스증과 그 예방 / 남수홍 // 대중과학.－1987,(3).－22
31755 나의 닭치기경험 / 중남 // 대중과학.－1987,(4).－7
31756 닭치기에 갖추어야 할 소독약 / 옥민 // 대중과학.－1987,(4).－60
31757 소의 수정란이식 // 대중과학.－1987,(4).－50－51
31758 개디스템퍼병치료 / 오기헌 // 대중과학.－1987,(5).－21
31759 새로운 집짐승용구충제 / 방룡산 // 대중과학.－1987,(5).－21
31760 육용비둘기기르기 // 대중과학.－1987,(5).－17
31761 인공초지와 축산업발전 / 임수룡 // 대중과학.－1987,(5).－62
31762 젖소의 젖이 많이 나게 하려면 // 대중과학.－1987,(5).－41
31763 곰의 열물뽑기 // 대중과학.－1987,(6).－44－45
31764 앵두곡오리는 기를만하다 / 최기철 // 대중과학.－1987,(6).－37
31765 인공우황생산기술 / 정만홍 // 대중과학.－1987,(6).－16－18
31766 개병에 좋은 약 / 엄금옥 // 대중과학.－1987,(7).－11
31767 산 오리나 게사니의 털을 뽑는 방법 / 주영섭 // 동북민병.－1987,(7－8).－33－34
31768 새끼돼지에게 앙이가 있는가 / 김광수 // 대중과학.－1987,(7).－11
31769 닭의 생물학적특성 // 대중과학.－1988,(2).－59
31770 고기용비둘기를 기르는 방법 / 수석린 // 동북민병.－1988,(4).－31－33
31771 비둘기의 으뜸 / 석린 // 동북민병.－1988,(4).－33
31772 야생너구리를 길들인 녀성 / 전좌 등 // 동북민병.－1988,(5).－28
31773 전장에서의 군견 / 쟁문 // 동북민병.－1988,(5).－48
31774 개고기섬모충과 그 해독성 / 리종현 // 대중과학.－1988,(7).－43
31775 고기메추리기르기 // 대중과학.－1988,(7).－39
31776 사료성분분석 / 리순녀 // 대중과학.－1988,(7).－58
31777 알낳이 닭에게 소다를 먹이면 좋다 / 김영숙 // 대중과학.－1988,(7).－43
31778 알낳이률을 높이는 새로운 방법 / 박동길 // 대중과학.－1988,(7).－43
31779 연변소의 나이감별 / 김영빈 // 대중과학.－1988,(7).－58
31780 사슴에게 소다를 먹이면 좋다 / 박영화 // 대중과학.－1988,(8).－11
31781 양돈호에서 알아야 할 몇가지 / 김재일 // 대중과학.－1988,(8).－31
31782 연변소의 교잡개량 / 박영송 // 대중과학.－1988,(8).－59
31783 닭을 잡을 때 / 김재일 // 대중과학.－1988,(11).－21

31784 돼지내장으로 만드는 약 / 김진 // 대중과학. – 1988,(11). – 45 – 46
31785 린산뇨소첨가제 / 김원수 // 대중과학. – 1988,(11). – 51
31786 소에게 뇨소를 / 김원수 // 대중과학. – 1988,(11). – 47
31787 알낳이닭과 사료 / 김동철 // 대중과학. – 1988,(11). – 21
31788 어미돼지의 새끼낳이률을 높이려면 / 김동철 // 대중과학. – 1988,(11). – 51
31789 육류의 질을 어떻게 감별할것인가 / 리종현 // 대중과학. – 1988,(11). – 51
31790 누에의 일생 // 대중과학. – 1988,(12). – 31
31791 닭에게 모이를 주는 새 방법 / 김동철 // 대중과학. – 1988,(12). – 53
31792 갓난 새끼돼지와 온도 / 김동철 // 대중과학. – 1989,(1). – 38 – 39
31793 수의위생검역 / 김광수 // 대중과학. – 1989,(1). – 60
31794 주보사료복합첨가제의 사용방법 // 동북후비군. – 1989,(2). – 33.32
31795 집짐승의 독미나리중독 / 김광수 // 대중과학. – 1989,(2). – 51
31796 프랑스대형메추리기르기 // 대중과학. – 1989,(3). – 18 – 19
31797 닭에 대한 빛의 작용 / 김동철 // 대중과학. – 1989,(4). – 29
31798 닭페스트왁찐 / 황룡수 // 대중과학. – 1989,(4). – 24
31799 토끼가죽이기기 / 김동철 // 대중과학. – 1989,(4). – 29
31800 가둑누에치기 / 김의복 // 대중과학. – 1989,(6). – 13 – 14
31801 사향쥐의 인공사양 / 정만홍 // 대중과학. – 1989,(6). – 44 – 45
31802 곰 사양과 웅담생산량 / 안희선 // 대중과학. – 1989,(7). – 41 – 42
31803 곰이 쉽게 걸리는 병과 그 치료 / 김휘 // 대중과학. – 1989,(7). – 58
31804 닭의 셀렌결핍증 / 홍순석 // 대중과학. – 1989,(7). – 49
31805 흰두루미의 애정비극 / 포량옥;위민 // 대중과학. – 1989,(7). – 34 – 35
31806 고양이가 전파하는 질병들 / 렴관일 // 대중과학. – 1989,(8). – 25
31807 닭치기경험 몇가지 / 김동철 // 대중과학. – 1989,(8). – 37
31808 양기르기에서 주의할 몇가지 / 홍순석 // 대중과학. – 1989,(8). – 23
31809 진주닭기르기 // 대중과학. – 1989,(8). – 50 – 51
31810 닭과 토끼를 한데서 기르지 말자 / 김동철 // 대중과학. – 1989,(9). – 11
31811 집짐승의 광물질결핍증 // 대중과학. – 1989,(9). – 26 – 27
31812 알낳이률을 높이는 방법 몇가지 // 대중과학. – 1989,(10). – 14 – 16
31813 가둑누에종자보호 / 김의복 // 대중과학. – 1989,(11). – 39
31814 건강한 토끼와 병든 토끼의 감별 / 홍순석 // 대중과학. – 1989,(11). – 39
31815 메추리의 알낳이률을 높이려면 // 대중과학. – 1989,(11). – 28
31816 이태동안에 새끼돼지 다섯배 // 대중과학. – 1989,(12). – 6 – 7
31817 장백산기슭의 뱀사양왕 / 고암;왕옥국 // 동북후비군. – 1990,(1). – 29
31818 전망성있는 부업거리:해리서기르기 / 장남규;안희선 // 대중과학. – 1990,(1). – 47 – 49
31819 닭모이에 왜 모래를 섞어야 합니까? // 소년아동. – 1990,(2). – 116
31820 양기르기 // 대중과학. – 1990,(3). – 30 – 31
31821 뱀의 독으로 암을 치료 / 상민 // 연변녀성. – 1990,(4). – 40
31822 메추리병과 그 치료 // 대중과학. – 1990,(5). – 14 – 15

31823 서담통약으로 곰담낭염을 치료 / 리송웅;김인숙 // 대중과학. – 1990,(5). – 50
31824 소고기낭충을 검사하려면 / 강송란;최도순 // 대중과학. – 1990,(5). – 51
31825 송아지는 젖을 일찍 떼는것이 좋다 / 홍순석 // 대중과학. – 1990,(5). – 50
31826 MM – 3공정와찐으로 새끼돼지리질병을 치료 / 왕채상 // 대중과학. – 1990,(5). – 50 – 51
31827 돼지먹이절약 / 리원 // 대중과학. – 1990,(6). – 47
31828 어떻게 암퇘지의 새끼낳이률을 높일것인가 / 김기복 // 대중과학. – 1990,(6). – 47 – 48
31829 토끼의 나쁜 버릇 고쳐주기 / 리영숙 // 대중과학. – 1990,(6). – 47
31830 가둑누에다수확기술 / 김의복 // 대중과학. – 1990,(7). – 36 – 37
31831 돼지기르기 // 대중과학. – 1990,(8). – 52 – 54
31832 실내에서 새를 기를 때 // 대중과학. – 1990,(9). – 58 – 59
31833 토끼기르기 // 대중과학. – 1990,(9). – 8 – 10
31834 고기비둘기기르기 // 대중과학. – 1990,(11). – 24 – 25
31835 신기한 개 // 대중과학. – 1990,(12). – 45

S9 수산, 어업

31836 담수양어 / 진관순(陳關順) // 대중과학. – 1959,(4). – 32 – 34
31837 양어의 월동 / 진관순(陳關順) // 대중과학. – 1959,(10). – 22 – 23
31838 8자양어법 / 진관순(陳關順) // 대중과학. – 1960,(4). – 26
31839 논밭양어 / 진관순(陳關順) // 대중과학. – 1960,(7). – 42
31840 연변에서 기를수 있는 물고기 / 대룡문 // 대중과학. – 1966,(5). – 14 – 15
31841 물고기의 운동 / 연생 // 대중과학. – 1981,(9). – 23
31842 물고기도 잠을 자는가 / 한중일 // 대중과학. – 1981,(10). – 48 – 49
31843 물고기≪건축가≫:삼극가시고기 / 흔문 // 대중과학. – 1982,(2). – 7
31844 논배미양어 / 정덕성;리용대 // 대중과학. – 1982,(5). – 51
31845 수산자원을 보호하자 / 양수훈;리동규 // 대중과학. – 1982,(10). – 24 – 25
31846 종합적양어의 좋은점 // 대중과학. – 1982,(10). – 16
31847 몇가지 담수어류의 생활습성 / 왕옥성;주작유 // 대중과학. – 1983,(1). – 22 – 23
31848 낚시터의 선택 / 리종활 // 대중과학. – 1983,(5). – 49
31849 못양어 / 왕옥성;주작유 // 대중과학. – 1983,(5). – 42 – 43
31850 금붕어 / 김광릉 // 대중과학. – 1983,(7). – 42
31851 물고기비늘 / 한위 // 대중과학. – 1983,(11). – 39
31852 괴이한 ≪반려≫ / 왕경덕 등 // 동북민병. – 1983,(23). – 37
31853 해마 / 송철주 // 대중과학. – 1984,(1). – 9
31854 그는 어떻게 달팽이를 양식했는가? / 장외 // 동북민병. – 1984,(18). – 22 – 23
31855 기름개구리키우기 // 대중과학. – 1985,(2). – 28 – 29
31856 슬기롭게 바다뱀장어를 잡다 / 당정충 // 동북민병. – 1985,(2). – 27
31857 양어기술 // 은하수. – 1985,(6). – 49 – 51
31858 귀중한 양용벌레:전갈기르기 // 동북민병. – 1986,(3). – 19 – 21
31859 수가방 우량종전갈과 그 양식기술을 제공한다 // 동북민병. – 1986,(3). – 21
31860 시기를 틀어쥐고 물고기를 많이 기르자 / 책변 // 동북민병. – 1986,(4). – 23 – 24
31861 새로운 가정양식업:소개구리기르기 / 유생 등 // 동북민병. – 1986,(6). – 17 – 19
31862 물고기겨울나이 // 대중과학. – 1986,(12). –

38－39

31863 금붕어기르기 // 대중과학.－1987,(2).－52

31864 새끼고기의 운반 / 리동규 // 대중과학.－1987,(5).－50

31865 물고기병의 예방과 치료 / 리동규 // 대중과학.－1987,(7).－26－27

31866 세계상의 특이한 물고기 // 대중과학.－1988,(9).－20－21

31867 논판양어에 단맛을 / 리룡대 // 대중과학.－1989,(1).－38

31868 바다≪괴물≫:문어 // 대중과학.－1989,(1).－21

31869 연변에는 몇가지 종류의 물고기가 있는가 / 리동규 // 대중과학.－1989,(1).－50－53

31870 새로운 고기품종:빙어 / 태동철 // 대중과학.－1989,(2).－28－29

31871 이재승 기름개구리를 길러 부유해졌다 // 동북후비군.－1989,(2).－23－24

31872 논판양어의 필수적조건 / 리해식 // 대중과학.－1989,(3).－39

31873 고기잡이와 낚시질 특기 8가지 // 대중과학.－1989,(4).－14－15

31874 무당 잉어 250kg을 / 정철호;리동규 // 대중과학.－1989,(5).－24－25

31875 논판 양어경험 몇가지 / 리룡대 // 대중과학.－1990,(1).－21

31876 고기비늘은 무슨 작용을 하는가 // 대중과학.－1990,(9).－59

31877 재간있는 물고기 // 대중과학.－1990,(10).－58－59

T 공업기술

TB 일반공업기술

31878 천연색영화 / 김종덕 // 대중과학.－1958,(1).－41－43

31879 계량사업의 중요성 / 리상근 // 대중과학.－1960,(1).－43

31880 주정계를 어떻게 정확히 사용할것인가 / 서영철 // 대중과학.－1960,(2).－45

31881 천평사용상 몇개 주의사항 / 오룡수 // 대중과학.－1960,(12).－33

31882 표준 및 표준화란? // 연변.－1962,(3).－12

31883 천평 / 리상락 // 대중과학.－1965,(1).－42

31884 수은 및 알콜 온도계의 측정범위 / 허일선 // 대중과학.－1965,(6).－45

31885 앉은뱅이저울 / 리두원 // 대중과학.－1965,(9).－35

31886 용수철식압력계의 사용과 보양 / 김승만 // 대중과학.－1965,(10).－37－38

31887 손저울과 멜대저울 / 주송산 // 대중과학.－1965,(11).－39

31888 소리듣는 놀음감애기 / 하관선 // 대중과학.－1980,(2).－43

31889 계량이란 무엇인가? / 리경호 // 대중과학.－1980,(8).－31

31890 수감요소와 그 응용 / 김광철 // 대중과학.－1981,(4).－54－57

31891 국제단위제SI / 문지환 // 대중과학.－1981,(9).－6－7

31892 사진기의 사용문답 / 사경기 // 대중과학.－1981,(9).－52－53

31893 공기방석기술과 그의 리용 / 정서렬 편역 // 대중과학.－1981,(10).－44－45

31894 영상의 크기를 마음대로: 가변 초점거리렌즈 / 리태춘 // 대중과학.－1981,(10).－6－7

31895 텔레비죤록화란? // 대중과학.－1982,(3).－49
31896 초음속운동의 비밀 / 량석지 // 대중과학.－1982,(6).－2－4
31897 데시벨이란 무엇인가 // 대중과학.－1982,(7).－24－26
31898 음량이 작고도 고저음이 더욱 풍부하게 / 사경정 // 대중과학.－1983,(1).－17
31899 금속알루미늄판 사진 / 박근배 // 대중과학.－1983,(2).－9－10
31900 기급수 / 백운하 // 대중과학.－1983,(2).－30－31
31901 노래음부속의 비밀정보 // 대중과학.－1983,(4).－37
31902 온도와 온도계의 만담 / 리종활 // 대중과학.－1983,(4).－35
31903 밀도의 세계 / 회전 // 대중과학.－1983,(6).－35
31904 표준의 제정과 종류 / 리종철 // 대중과학.－1983,(6).－10－11
31905 유람사진을 어떻게 찍을것인가 / 김영호 // 대중과학.－1983,(9).－50－52
31906 온도계의 유래 // 대중과학.－1983,(11).－36－37
31907 기준이란 / 고봉춘 // 대중과학.－1983,(12).－37
31908 가지각색 수감요소 / 임치정 // 대중과학.－1984,(3).－20－21
31909 촬영지식문답10가지 // 대중과학.－1984,(7).－42－44
31910 열쇠로 되는 눈 / 송전상 // 동북민병.－1985,(5－6).－35－36
31911 천연색사진을 어떻게 찍을것인가 / 전죽송 // 대중과학.－1985,(10).－26－28
31912 우리 나라에서 법정계량단위를 통일적으로 실시할데 관한 국무원의 명령 // 대중과학.－1985,(12).－8－10
31913 도청과 반도청 / 기문: 진원 // 대중과학.－1986,(1).－45－47
31914 형형색색의 사진기 // 대중과학.－1986,(1).－34
31915 촬영기술: 요동하는 물체를 어떻게 찍을것인가 // 대중과학.－1986,(5).－34－35
31916 국제단위계의 기본단위란 / 유철흡 // 대중과학.－1987,(1).－7
31917 사진기 보호상식 // 대중과학.－1987,(2).－20
31918 비가 내릴 때 마음에 드는 사진을 찍으려면 // 대중과학.－1987,(4).－47
31919 방공굴을 랭장고로 리용 / 김영권 // 대중과학.－1987,(7).－55

TD 광업공학

31920 세계 첫 지하 석탄가스 발전소 // 대중과학.－1958,(3).－38
31921 민간적방법으로의 코크스 제련 / 렴두성 // 대중과학.－1958,(10).－6
31922 가마없이 목탄 굽는 방법 / 김계춘 // 대중과학.－1958,(11－12).－12
31923 민간적 쾌속 코크스제련법 / 김홍길 // 대중과학.－1958,(11－12).－9－11
31924 초탄파기와 소토, 훈토를 진행한 정황 // 대중과학.－1959,(1).－36－38
31925 몇가지 초탄발효법 소개 / 류위(劉偉) 등 // 대중과학.－1959,(2).－22
31926 초탄의 종합적리용 // 대중과학.－1959,(3).－5－6
31927 소형철광 로천개발법 / 강응성 // 대중과학.－1959,(7).－12－14
31928 무연탄을 어떻게 때는가? / 매건; 경리부 // 대중과학.－1959,(8).－44－45
31929 석탄가스 발생로 조작중의 약간 문제 / 풍헌장(馮憲章) // 대중과학.－1960,(6).－18
31930 연변의 광물자원 / 김백록 // 대중과학.－1982,(4).－16－18

31931 황금과 그의 채굴 / 강선옥 // 대중과학. – 1983,(7). – 20 – 21

31932 보귀한 천연자원: 니탄 / 조운출; 조흥철 // 대중과학. – 1983,(8). – 24 – 25

319335 대로천탄전 / 공집 // 대중과학. – 1983,(9). – 6 – 7

31934 변강의 대동력기지: 건설중의 훈춘탄광 / 상국풍 // 대중과학. – 1983,(11). – 22 – 23

TE 석유, 천연가스공업

31935 연변에서도 인조석유를 생산하게 된다 / 김흥렬 // 대중과학. – 1958,(6). – 9 – 11

31936 물을 넣어 휘발유를 절약 // 대중과학. – 1960,(2). – 25 – 26

31937 유기합성공업의 기초 석유화학공업 // 대중과학. – 1964,(10). – 11 – 15

31938 석유화학산품 / 손문온 // 대중과학. – 1964,(11). – 11

31939 장판기름이 굳어지면 어떻게 하는가? / 강희근 // 대중과학. – 1965,(2). – 17

31940 백리유전을 싸움터로 삼아 / 본지통신원 // 동북민병. – 1975,(9). – 49 – 50

31941 한해에 백만톤의 휘발유를: 기름을 절약하는 9공편에 대한 소개 / 손수연 // 대중과학. – 1979,(12). – 27 – 28

31942 손에 묻은 기름을 지우려면 / 리청수 // 대중과학. – 1981,(3). – 5

31943 석유 / 장봉화 // 대중과학. – 1981,(9). – 42 – 43

31944 디젤유에 물을 섞는 연유절약방법 / 방승웅 // 대중과학. – 1983,(4). – 34

31945 유전개발에 깃든 이야기 / 장자추; 장음본 // 대중과학. – 1985,(3). – 10 – 11

31946 디젤유와 그 사용 / 장봉화 // 대중과학. – 1985,(5). – 22 – 24

TF 야금공업

31947 쇠물이 잘 흐르는 소용광로 // 대중과학. – 1958,(10). – 1 – 3

31948 철광을 어떻게 찾는가 // 대중과학. – 1958,(10). – 22 – 23

31949 간단한 고풍기의 제작 // 대중과학. – 1958,(11 – 12). – 42 – 44

31950 강철을 감별하는 몇가지 민간적방법 / 제홀병(齊笏屏) // 대중과학. – 1958,(11 – 12). – 57 – 59

31951 로의 첫 작업에서 알아야 할 몇가지 // 엽지강(叶志强) // 대중과학. – 1958,(11 – 12). – 17 – 19

31952 로전작업을 잘 하자 // 엽지강(叶志强) // 대중과학. – 1958,(11 – 12). – 20 – 21

31953 민간용광로의 과동에 대한 몇가지 의견 / 리자부; 엽지강(李子夫; 叶志强) // 대중과학. – 1958,(11 – 12). – 40 – 41

31954 벼짚으로 로강에 얼어붙은 철덩이를 녹일 수 있다 / 량보삼(梁保森) // 대중과학. – 1958,(11 – 12). – 31

31955 상성현의 저온제강법 // 대중과학. – 1958,(11 – 12). – 49 – 52

31956 소형용광로가 얼어붙는 원인과 처리 / 왕소류; 척이신(王筱留; 戚以新) // 대중과학. – 1958,(11 – 12). – 29 – 31

31957 소형용광로의 가스폭발을 어떻게 방지하는가 / 주취정; 척이신(周取定; 戚以新) // 대중과학. – 1958,(11 – 12). – 32 – 33

31958 소형용광로의 수명을 연장하자 / 척이신; 동일성(戚以新; 董一誠) // 대중과학. – 1958,(11 – 12). – 37 – 39

31959 소형용광로의 안전위생 // 대중과학. – 1958,(11 – 12). – 60 – 62

31960 소형용광로의 증산의 길 / 손기문(孫基文) // 대중과학. – 1958,(11 – 12). – 34 – 36

31961 소형회전로제강에 대한 간단한 소개 / 허영

환 // 대중과학. – 1958,(11 – 12). – 47 – 48
31962 생철의 질을 판단하는 방법 // 대중과학. – 1958,(11 – 12). – 22
31963 용광로의 각종 사고의 예방과 처리 / 엽지강(叶志强) // 대중과학. – 1958,(11 – 12). – 26 – 28
31964 육안으로 용광로 정황을 판단할수 있는 근거 / 척이신(戚以新) // 대중과학. – 1958,(11 – 12). – 23 – 24
31965 정주 민간 반사로제강법 // 대중과학. – 1958,(11 – 12). – 54 – 56
31966 철제련에 관한 간단한 리론 // 대중과학. – 1958,(11 – 12). – 4 – 8
31967 풍압, 풍량을 측정하는 간단한 방법 // 대중과학. – 1958,(11 – 12). – 25.79
31968 민간방법으로 규소철 제조 // 대중과학. – 1959,(1). – 24 – 25
31969 민간방법으로의 알루미늄제련 / 예군(予群) // 대중과학. – 1959,(1). – 28 – 29
31970 민간 회전로로의 제강 // 대중과학. – 1959,(1). – 9 – 14
31971 생철의 질을 제고하려면 어데로부터 착수해야 하는가? / 장당과(張棠科) // 대중과학. – 1959,(1). – 25 – 26
31972 소용광로로의 동의 제련 / 김홍섭 역 // 대중과학. – 1959,(1). – 27
31973 장작으로의 강철제련 // 대중과학. – 1959,(1). – 18 – 20
31974 철광석으로 직접 강철을 제련한 경험 // 대중과학. – 1959,(1). – 21
31975 충천로로 어떻게 제강하는가 // 대중과학. – 1959,(1). – 19 – 20
31976 토철로 어떻게 제강하는가 / 여경생(余景生) // 대중과학. – 1959,(1). – 13 – 17
31977 회전로 기술 조작중의 일부 문제 / 여경생(余景生); 리용철 역 // 대중과학. – 1959,(1). – 22 – 23
31978 민간적코크스제련에서의 화학산품의 회수 // 대중과학. – 1959,(2). – 31 – 33.47
31979 탈유는 어떻게 할 것인가? / 정호연 // 대중과학. – 1959,(2). – 29 – 30
31980 현대화 길에 들어선 연변강철공업 // 대중과학. – 1959,(10). – 7 – 9
31981 10년래 우리 나라 강철공업의 성취 // 대중과학. – 1959,(11). – 1 – 3
31982 야금공업의 혁명 // 대중과학. – 1960,(7). – 22 – 24
31983 철과 강 / 허영창 // 대중과학. – 1964,(12). – 33
31984 강철가족 / 김술 // 대중과학. – 1980,(9). – 36 – 37
31985 강철생산에서의 돌격대 / 심양시 대동구민병지휘부 보도조 // 동북민병. – 1975,(9). – 42 – 44
31986 알루미늄이야기 / 왕혜천 // 대중과학. – 1980,(10). – 9
31987 황금 // 대중과학. – 1980,(10). – 7 – 8
31988 앞날의 제강소 / 려신 // 대중과학. – 1980,(11). – 2 – 3
31989 강철성질의 개혁자: 열처리 / 김술 // 대중과학. – 1981,(6). – 58 – 59
31990 희유금속은 공간시대의 첨단재료 // 대중과학. – 1981,(8). – 16 – 17
31991 쇠톱질을 잘하려면 // 대중과학. – 1981,(10). – 54 – 55
31992 몇가지 금속의 용접 / 리성률 // 대중과학. – 1981,(11). – 42 – 45
31993 가장 귀중한 보석 – 금강석 // 대중과학. – 1982,(3). – 10 – 12
31994 저융점합금의 묘한 리용 // 대중과학. – 1982,(6). – 45
31995 기이한 금속 // 대중과학. – 1982,(9). – 32
31996 폐정착액에서 은을 회수하는 방법 / 최송학 // 대중과학. – 1982,(11). – 23
31997 불수강과 우리 생활 // 대중과학. – 1984,(4). – 42 – 43
31998 동 / 김동섭 // 대중과학. – 1986,(4). – 5.21

TG 금속학, 금속공예

31999 용접기와 용법봉이 없이 용접하는 방법 / 박운산 // 대중과학. – 1959,(6). – 21 – 22

32000 금속의 최고 // 대중과학. – 1959,(8). – 28

32001 새로운 선반스파나 / 양화 // 대중과학. – 1980,(4). – 17

32002 교묘한 리베트련결 // 대중과학. – 1980,(12). – 43 – 46

32003 금속의 부식 / 우복주 // 대중과학. – 1981,(4). – 14 – 16

32004 금속의 교정작업 / 김휘 // 대중과학. – 1981,(7). – 52 – 53

32005 목공용손톱의 질을 알려면 / 김용수 // 대중과학. – 1982,(3). – 53

32006 금속가족의 새 식구들 // 대중과학. – 1984,(11). – 18 – 19

TH 기계, 의기공업

32007 비약적으로 발전한 기계공업 // 소년아동. – 1954,(12). – 1 – 2

32008 기계의 맹아 // 대중과학. – 1958,(8). – 28 – 30

32009 사용하기 편리한 도리루 // 대중과학. – 1959,(4). – 9

32010 영동기는 가능한가 // 대중과학. – 1959,(9). – 29 – 31

32011 영동기는 가능한가 / 유곡원(喩谷源) // 대중과학. – 1959,(10). – 31 – 32

32012 영동기는 가능한가 / 왕여상(王汝祥) // 대중과학. – 1959,(11). – 28 – 29

32013 영동기는 가능한가 / 도이규(屠頤規) // 대중과학. – 1959,(12). – 44 – 45

32014 영동기는 가능한가 / 리당(李棠) // 대중과학. – 1960,(1). – 25 – 26

32015 영동기는 가능한가 / 김룡운 // 대중과학. – 1960,(3). – 34 – 35

32016 기계로 손을 대체한다 / 진효광(陳曉光) // 대중과학. – 1960,(4). – 1 – 3.7

32017 기계화 반자동화에로 진군하는 연길시기계1창 // 대중과학. – 1960,(4). – 4 – 5

32018 "뇌"를 쓸줄 아는 기대 / 장서(張曙) // 대중과학. – 1960,(5). – 5 – 7

32019 볼록륜과 특종운동 / 진효광(陳曉光) // 대중과학. – 1960,(7). – 7

32020 자동화검험 / 방화(方華) // 대중과학. – 1960,(7). – 4 – 5

32021 어떻게 유해한 마찰을 감소할것인가 / 자악(紫萼) // 대중과학. – 1960, (8). – 10 – 11

32022 내연기의 최신 발전 회전식피스톤원동기 / 류숭소(劉崇素) // 대중과학. – 1960,(9). – 14 – 15

32023 디젤기관이 발동걸리지 않으면 / 최창룡 // 대중과학. – 1979,(10). – 4 – 5

32024 손목시계 사용문답 // 대중과학. – 1980,(1). – 22 – 23

32025 시계의 발명사 / 김창익 // 대중과학. – 1980,(6). – 39

32026 석영전자손목시계 / 박갑룡 // 대중과학. – 1980,(8). – 8 – 9

32027 공작기계와 그의 사용상식 / 김동휘 // 대중과학. – 1980,(10). – 42 – 43

32028 사발시계의 사용과 보양 // 동북민병. – 1980,(16). – 41

32029 기계도면을 어떻게 볼것인가 / 김성일; 김성환 // 대중과학. – 1981,(2). – 62 – 64

32030 액압기술과 그 리용 / 백운하 // 대중과학. – 1981,(2). – 21 – 23

32031 자동벨제작 / 김범수 // 대중과학. – 1981,(11). – 48 – 49

32032 수자표시식전자손목시계의 사용과 수리 / 김태원 // 대중과학. – 1982,(2). – 50 – 51

32033 안전생산을 담보하는 안전초병들 / 상청; 문욱 // 동북민병. – 1983,(7). – 42

32034 형형색색의 전자손목시계 / 리극민 // 대중과학. – 1984,(2). – 28 – 29

32035 2000년의 우리 나라 기계공업 // 대중과학.

－1984,(3).－8－9

32036 기계가공에서 폭발의 응용∥대중과학.－1984,(8).－14－15

32037 보통기계방수손시계를 차고 유영할수 있는가?/무검화∥동북민병.－1984,(12).－35

32038 처녀가 선반기술을 배워 농가뜨락에 공장을 앉히였다/정덕우∥동북민병.－1984,(16).－13－14

TJ 무기공업

32039 유도탄이란 무엇인가/장세운∥대중과학.－1958,(1).－6－9

32040 원자무기와 그의 방어∥대중과학.－1958,(3).－9－12

32041 합비폭발약공장에서 민간적폭발약 6종을 제조/리지명(李芝明) 등∥대중과학.－1959,(2).－37

32042 대폭파시공에서의 몇가지 기술/김학선; 연동섭∥대중과학.－1959,(3).－17－19

32043 폭파에 관한 몇가지 지식/연동섭∥대중과학.－1959,(3).－15－16

32044 유도탄전자학∥대중과학.－1959,(9).－25－27

32045 나무자루수류탄/전승경∥대중과학.－1965,(1).－37－38

32046 폭파기술/정수인; 박양주∥대중과학.－1965,(5).－37－38

32047 강선의 작용/최금석∥대중과학.－1966,(4).－38－39

32048 중성자폭탄/오계강∥대중과학.－1980,(2).－15－17

32049 대륙간유도탄이란 어떤것인가/류소구; 리현림∥대중과학.－1980,(10).－24－25

32050 ≪손금≫을 남긴 폭탄/(미국) K. S. R. 언걸∥대중과학.－1981,(11).－60－61

32051 82, 60 박격포장탄광전현시기/심동훈∥동북민병.－1983,(18).－7

32052 혁신동태 (2편)/손수청 등∥동북민병.－1983,(19).－35

32053 82박격포간이발사용교련탄을 만들다 (외 1편)/류효광∥동북민병.－1983,(21).－10

32054 원시무기시대의 ≪총≫ (총의 력사1)∥동북민병.－1984,(20).－30

32055 화승총 (총의 력사2) ∥동북민병.－1984,(21).－25

32056 자동총/동춘발∥동북민병.－1984,(22).－29

32057 특종총/동춘발∥동북민병.－1984,(23).－28－29

32058 총의 발전추세/동춘발∥동북민병.－1984,(24).－11－12

32059 쏘련의 우주무기∥대중과학.－1986,(1).－20－21

32060 2000년까지의 땅크/만영∥동북민병.－1988,(3).－32

32061 ≪연길작탄≫∥지부생활.－1989, (9).－37

32062 현대 ≪아더왕의 화살≫/위신원∥동북후비군.－1990,(7).－36

TK 에네르기, 동력공학

32063 교관동력기 소개/리창순 역∥대중과학.－1959,(4).－8－9

32064 열 손실을 방지하자∥강촌(羌村)∥대중과학.－1960,(12).－16－18

32065 태양전지/리춘홍∥대중과학.－1979, (11).－32

32066 태양온수기/리춘홍∥대중과학.－1980, (4).－16

32067 에네르기원천/최명수∥대중과학.－1980,(12).－18－20

32068 증기기관은 어떻게 발명되였는가?/김창익∥대중과학.－1981,(1).－44－45

32069 태양에네르기의 화학적전환/문학수∥대중과학.－1981,(7).－18－19

32070 중력식열관과 그의 리용 / 최송학 // 대중과학. – 1981,(8). – 38 – 39
32071 지구상의 에네르기자원 // 대중과학. – 1982,(2). – 25
32072 태양에네르기 목재건조장치 / 리춘홍 // 대중과학. – 1982,(3). – 13
32073 마찰윤활 에네르기절약 / 장봉화 // 대중과학. – 1982,(7). – 22 – 23
32074 흡입관성과급기술 / 주영호 // 대중과학. – 1982,(11). – 14 – 15
32075 에네르기와 에네르기자원 / 허상림 // 대중과학. – 1983,(3). – 50 – 51
32076 에네르기농장 / 위수괴 // 대중과학. – 1983, (5). – 18 – 19
32077 원자에네르기의 위력 / 주주모 // 대중과학. – 1983,(5). – 29
32078 태양에네르기의 래원 // 대중과학. – 1983,(8). – 18 – 20
32079 지하의 ≪대형화로≫ / 황비전 // 대중과학. – 1983,(9). – 17
32080 현대에네르기저축기술 / 풍택군 // 대중과학. – 1983,(12). – 3 – 5
32081 인류에게 복을 주는 태양에네르기 / 주연 // 대중과학. – 1984,(6). – 8 – 9
32082 에네르기,리용률, 절약 / 풍택군 // 대중과학. – 1984,(9). – 18 – 19
32083 미생물과 현대의 에네르기원천 // 대중과학. – 1985,(12). – 28 – 29
32084 여름철시간제와 에네르기절약 // 대중과학. – 1986,(9). – 9

TL 원자에네르기기술

32085 원자력과 원자력발전소 // 소년아동. – 1954,(9). – 1 – 2
32086 우리 나라는 원자시대에 들어섰다 / 김성남(金星南) // 대중과학. – 1958,(8). – 6 – 7
32087 원자능시대의 인류의 미래 / H.H.쎄모노브 // 대중과학. – 1959,(3). – 30 – 31
32088 원자에네르기와 우라늄 / 현일 // 대중과학. – 1959,(3). – 28 – 29
32089 열핵폭발이란? / 김창익 // 대중과학. – 1966,(7). – 68 – 70
32090 원자에네르기 / 한동린 // 대중과학. – 1979,(10). – 16 – 18
32091 원자의학 / 김무웅 // 대중과학. – 1981,(1). – 12 – 14
32092 세계핵전기발전형세 / 채문 // 대중과학. – 1981,(3). – 12 – 13
32093 무궁무진한 에네르기원천: 조종핵융합반응 / 팽위선 // 대중과학. – 1981,(6). – 14 – 16
32094 방사선의 발견 // 대중과학. – 1982,(5). – 28 – 29
32095 원자력의 평화적리용 / 주천옥 글; 교령 그림 // 대중과학. – 1982,(8). – 32 – 33
32096 중대한 돌파: Z_0 립자를 발견 // 대중과학. – 1983,(8). – 41
32097 무궁무진한 원자력의 탐구: 터카마커의 접화성공 / 두계득 // 대중과학. – 1983,(11). – 27
32098 원자시대의 ≪월등봉황≫ / 김유극 // 대중과학. – 1984,(4). – 3
32099 인류생활에서 핵기술의 응용 // 대중과학. – 1986,(7). – 10 – 11
32100 세계를 놀래운 핵사고 // 대중과학. – 1987,(3). – 40 – 41
32101 원자력과 탄소섬유 // 대중과학. – 1989,(2). – 34 – 35

TM 전기공학

32102 력공업 / 서달고(徐達古) // 대중과학. – 1958,(1). – 18 – 19
32103 간단한 전동기제작 / 최시호 // 대중과학. – 1958,(5). – 33 – 35
32104 안전전기용접 // 대중과학. – 1958,(6). – 12 – 13
32105 감응전동기의 사용상식 / 영평(英平) // 대중

과학. – 1958,(9). – 13 – 15

32106 공기전지의 제작 / 주현생(周賢生) // 대중과학. – 1958,(9). – 5 – 7

32107 도해법으로 평행련결한 회로의 저항계산 / 왕숙민(王淑敏) // 대중과학. – 1958,(9). – 16

32108 장갈현 홍기공장에서 제조한 5마력감응발전기 // 대중과학. – 1959,(2). – 25 – 26

32109 민간발전기제작 / 림자룡 편역 // 대중과학. – 1959,(3). – 10 – 12

32110 보일러의 증기힘으로 발전한 경험 / 풍극치(馮克熾) // 대중과학. – 1959,(3). – 8

32111 조명 및 비생산용 전기를 어떻게 절약할것인가 / 주상근(周祥根) // 대중과학. – 1959,(3). – 13

32112 목제배전판 / 리정경(李正慶) // 대중과학. – 1959,(4). – 15 – 17

32113 왕청현창안발전소 / 전영순 // 대중과학. – 1959,(4). – 16 – 17

32114 소나기 내리는 철의 안전용전 / 허전근(許全根) // 대중과학. – 1959,(8). – 20 – 22

32115 간단한 광전지의 제조 / 주천주(周天柱) // 대중과학. – 1959,(10). – 33

32116 정전하지 않고 전력선로를 검수 / 오남서(伍南瑞) // 대중과학. – 1959,(10). – 13 – 16

32117 태양에네르기를 포집하는 자석 / 탕문치;변적지(湯文治;卞寂之) // 대중과학. – 1959,(11). – 30 – 32

32118 몇가지 자동신호기 / 림창덕 // 대중과학. – 1960,(6). – 2 – 3

32119 저항과 축전기 / 김상철 등 // 대중과학. – 1960,(6). – 10 – 12

32120 감응코일 / 김철 // 대중과학. – 1960,(7). – 13 – 14

32121 발광기술의 신령역: 장치발광 / 정사정(鄭思定) // 대중과학. – 1960,(8). – 16 – 19

32122 2극진공관 / 임태관 // 대중과학. – 1960, (8). – 8 – 9

32123 몇가지 발전기 / 양영배(楊永培) // 대중과학. – 1960,(9). – 18 – 19

32124 발전기의 원리 / 양영배(楊永培) // 대중과학. – 1960,(9). – 18

32125 3극관 / 임태관 // 대중과학. – 1960,(9). – 24 – 25

32126 전동기의 안전사용상식 / 박동명 // 대중과학. – 1964,(10). – 22

32127 감전에 영향하는 몇개 요소 / 박동명 // 대중과학. – 1964,(11). – 47

32128 직류전동기 / 림찬준 // 대중과학. – 1964,(11). – 14 – 16

32129 가정에서의 전기절약 / 리봉구 // 대중과학. – 1965,(4). – 48

32130 농촌전기설비의 장치 / 리봉구 // 대중과학. – 1965,(9). – 37 – 38

32131 감전된 사람을 발견했을 때 / 리봉구 // 대중과학. – 1965,(10). – 21

32132 휴즈와 그의 용도 / 김오진 // 대중과학. – 1965,(12). – 39

32133 전기회로 / 리영근 // 대중과학. – 1966,(3). – 52 – 53

32134 110과 220 / 김인선 // 대중과학. – 1966,(4). – 45 – 46

32135 전기가 사람을 흡인하였기 때문인가? / 최복순 // 대중과학. – 1966,(5). – 48 – 49

32136 직류와 교류의 구별 / 김주헌 // 대중과학. – 1966,(7). – 62 – 63

32137 어떻게 건전지를 사용할것인가? // 대중과학. – 1966,(8). – 57

32138 전류의 일과 전류의 공률 // 대중과학. – 1979,(11). – 14 – 16

32139 자동식전기밥가마 / 심성수; 안광섭 // 대중과학. – 1980,(2). – 46

32140 가정용세탁기 / 황려공 // 대중과학. – 1980,(4). – 8 – 9

32141 가정용공기음이온발생기의 재작 / 시능상 // 대중과학. – 1980,(6). – 16 – 17

32142 농업용전동기 고장퇴치 / 김옥균; 김술 // 대

중과학. – 1980,(6). – 45 – 46

32143 조명등 / 차신 // 대중과학. – 1980,(8). – 40 – 42

32144 자유전자와 전류 / 김종기 // 대중과학. – 1980,(9). – 29

32145 3상전동기의 단상운행방지 / 전병칠 // 대중과학. – 1980,(11). – 21

32146 간이신호주입기 / 기일명 // 대중과학. – 1981,(1). – 42 – 43

32147 그것들의 ≪심장≫은 똑같다 / 전홍림 // 대중과학. – 1981,(3). – 40 – 41

32148 전류계의 내부저항측정법 / 백운하 // 대중과학. – 1981,(3). – 34 – 35

32149 여러가지 전지 / 리춘홍 // 대중과학. – 1981,(4). – 18 – 19

32150 가정전기용품에서 축전기의 묘한 쓰임 / 정유경 // 대중과학. – 1981,(5). – 42 – 43

32151 번호다는 방법으로 등가회로그리기 / 한태환 // 대중과학. – 1981,(6). – 38 – 40

32152 력률을 높여야 한다 / 최복순 // 대중과학. – 1981,(7). – 26 – 27

32153 집적연산증폭기 사용방법 / 류수민 // 대중과학. – 1981,(8). – 34

32154 태양전지전기철조망 / 리춘홍 // 대중과학. – 1981,(9). – 12 – 13

32155 폐물을 보물로 만드는 훌륭한 전공: 신무기 / 도보하 // 동북민병. – 1981,(12). – 41 – 42

32156 건전지의 사용수명을 연장하는 방법 / 전홍림 // 대중과학. – 1982,(3). – 12

32157 일광등의 배선방법 / 전구천 // 대중과학. – 1982,(6). – 41

32158 감전사고와 안전전압 / 리청수 // 대중과학. – 1982,(7). – 4 – 5

32159 생활에서의 안전용전 // 대중과학. – 1982,(12). – 9

32160 적산전력계 / 신장현 // 대중과학. – 1982,(12). – 36 – 37

32161 실내조명등의 응급수리 // 대중과학. – 1983,(1). – 30 – 31

32162 인공빛과 그의 위해 // 대중과학. – 1983,(1). – 42 – 43

32163 조명등의 몇가지 전기절약조치 / 제복선 // 대중과학. – 1983,(1). – 51

32164 전열기구의 공률과 전력소비량 // 대중과학. – 1983,(2). – 8

32165 생산작업에서의 전기안전사용대책 / 김용수 // 대중과학. – 1983,(3). – 10 – 11

32166 전기납땜인두의 사용상식 / 김재권 // 대중과학. – 1983,(4). – 28 – 29

32167 전력공업의 거창한 임무 / 소근흥 // 대중과학. – 1983,(6). – 3 – 5

32168 전압과 전위 // 대중과학. – 1983,(6). – 21

32169 세계에서 제일 큰 발전소들 // 대중과학. – 1983,(7). – 13

32170 연변최대송변전공사 / 가대악 // 대중과학. – 1983,(7). – 6 – 7

32171 우리 나라의 첫 원자력발전소: 진산원자력발전소 / 강철문 // 대중과학. – 1983, (8). – 3 – 4

32172 간단한 레벨지시기 / 리해영 // 대중과학. – 1983,(10). – 25

32173 웅대한 ≪SSPS≫ 계획 / 위이 // 대중과학. – 1983,(10). – 10 – 12

32174 일광등에 흔히 생기는 고장과 수리 / 최복순 // 대중과학. – 1983,(10). – 42 – 43

32175 간단한 출력지시기 / 조본원 // 대중과학. – 1983,(12). – 43

32176 전자변음경보기 / 장연봉 // 대중과학. – 1983,(12). – 5

32177 농촌에서의 전자기술 응용실례 // 대중과학. – 1984,(1). – 5

32178 일본 가정전기용품의 발전 // 대중과학. – 1984,(3). – 18

32179 세탁기에는 어떤 류형이 있는가 // 대중과학. – 1984,(5). – 18 – 19

32180 가정용전기제품과 전기절약 / 리인혜 // 대중과학. – 1984,(6). – 30 – 31

32181 대전작업 / 가대악 // 대중과학. – 1984,(6). –

12－13
32182 유도식검전계 // 대중과학.－1985,(1).－13
32183 전기를 얻는 새로운 방도 // 대중과학.－1985,(5).－16－17
32184 전기요의 온도를 조절하는 방법 / 허청호 // 대중과학.－1985,(7).－36
32185 가정용전기기구와 위생 // 대중과학.－1985,(9).－26－28
32186 전기요를 수리하는 간단한 방법 / 허청호 // 대중과학.－1985,(9).－51
32187 가정용전기기구의 실내배치 // 대중과학.－1986,(2).－14－15
32188 가정용전기기구 사용상식 10가지 // 대중과학.－1986,(3).－39
32189 다공능소리제어 스위치 // 대중과학.－1986,(8).－26－27
32190 랭동기의 사용과 보호 // 대중과학.－1986,(8).－32－33
32191 겨울철 가정용전기기구사용에서 주의할 점 // 대중과학.－1987,(1).－23
32192 가정용전기기구사용에서 피면해야 할 열가지 // 대중과학.－1987,(2).－21
32193 전류안전기의 휴즈를 알맞게 선택하려면 / 김일수 // 대중과학.－1987,(4).－24
32194 초전도체재료의 새로운 개발 / 정철수 // 대중과학.－1987,(7).－4－5
32195 랭동기사용에서 주의할 몇가지 / 오철호 // 대중과학.－1989,(7).－14－15
32196 랭동기의 소음을 없애려면 // 대중과학.－1989,(9).－55
32197 전기랭동기의 기후형 // 대중과학.－1989, (9).－6
32198 전자고양이 / 손정상 // 대중과학.－1990,(5).－23
32199 태양에네르기의 조절과 리용 // 대중과학.－1990,(8).－50－51
32200 형형색색의 랭장고 // 대중과학.－1990,(11).－50－51

TN 무선전전자학, 전신기술

32201 광석수음기 / 오관주(吳觀周) // 대중과학.－1958,(1).－37－39
32202 유선방송용호설비에 대한 몇가기 기술상식 / 박철호 // 대중과학.－1958,(2).－40－42
32203 반도체와 그의 응용 / 김석만 // 대중과학.－1958,(3).－5－8
32204 무선전기술의 발명과 응용 / 오관주(吳觀周) // 대중과학.－1958,(5).－35
32205 쌍광석수음기 / 박철호 // 대중과학.－1958, (6).－36－37
32206 광석수음기는 어떻게 방송음을 듣게 하는가 / 림보류(林葆瀏) // 대중과학.－1958,(10).－41－42
32207 구식일본제라지오를 개작하는 법 / 하병(賀兵) // 대중과학.－1959,(6).－19－20
32208 초소형광석수음기 / 손경원(孫景遠) // 대중과학.－1959,(6).－22
32209 간단한 전화 회의기 / 박운산 // 대중과학.－1959,(7).－25－26
32210 광석수음기를 어떻게 보호할 것인가? // 대중과학.－1959,(8).－18
32211 유선방송의 원리와 선로가설 / 박철호 // 대중과학.－1959,(8).－16－18
32212 방송에서의 전자파에네르기응용 / 김상철 // 대중과학.－1959,(9).－36－37
32213 수신의 기본원리 / 김상철 // 대중과학.－1960,(2).－27－29
32214 유선방송에서 전선이 접지된 곳을 검사하는 방법 / 박철호 // 대중과학.－1960,(3).－32－33
32215 무선전회로도를 어떻게 볼것인가? / 김철 // 대중과학.－1960,(4).－18－19
32216 무선전전자학을 발전시키는 중요 의의 / 사유(司維) // 대중과학.－1960,(5).－24－26
32217 유선방송자동공제기 / 최용길; 손승활 // 대중과학.－1960,(8).－6－7
32218 광석 수음기의 보호와 수리 // 대중과학.－

1960,(10). - 37 - 38

32219 일구수신기 / 김상철 // 대중과학. - 1960,(10). - 35 - 36

32220 적외선기술의 응용 / 황고구(黃古球) 등 // 대중과학. - 1960,(10). - 29 - 32

32221 삼구수신기 / 김상철 // 대중과학. - 1960,(11). - 22 - 23

32222 확성기를 달수 있는 광석 수음기 / 박철호 // 대중과학. - 1960,(12). - 28 - 29

32223 무선전통신원리와 전자학의 응용 / 최시호 // 대중과학. - 1964,(11). - 44 - 45

32224 왕복식단구 반도체 라지오 / 박철호 // 대중과학. - 1964,(12). - 4 - 6

32225 유선방송소리를 높이는 요소: 인입선 / 박철호 // 대중과학. - 1965,(6). - 37

32226 자외선과 그의 응용 / 황도남 // 대중과학. - 1966,(8). - 69 - 70

32227 반도체라지오는 왜 방향성이 있는가? / 리범철 // 대중과학. - 1966,(9). - 89

32228 먼적외선건조기술 / 김동휘 // 대중과학. - 1979,(10). - 3

32229 텔레비죤수상기의 설치 // 대중과학. - 1980,(1). - 10 - 11

32230 텔레비죤수상기의 조정 / 남수남 // 대중과학. - 1980,(3). - 25 - 27

32231 교수용무선마이크 / 반익선 등 // 대중과학. - 1980,(4). - 18 - 20

32232 텔레비죤의 발전추세 / 채관익 // 대중과학. - 1980,(5). - 14

32233 음질이 좋은 혼합식라지오 / 리상철 // 대중과학. - 1980,(7). - 6 - 7

32234 현대통신기술 / 김기준 // 대중과학. - 1980, (7). - 12 - 13

32235 레다 / 채문 // 대중과학. - 1980,(11). - 42 - 43

32236 트란지스터라지오제작실험 / 윤운택 // 대중과학. - 1981,(2). - 54 - 55

32237 재미있는 빛 / 장경려; 등정여 // 대중과학. - 1981,(4). - 32 - 33

32238 전자기파 / 림영수 // 대중과학. - 1981,(5). - 18 - 20

32239 진짜사진기술: 홀로그래피 / 차신 // 대중과학. - 1981,(5). - 44 - 47

32240 가세트록음자기테프 // 대중과학. - 1981,(6). - 22 - 23

32241 낡은 전자관라지오의 음질개선 / 서윤괴 // 대중과학. - 1981,(6). - 62

32242 천연색텔레비죤의 통속적원리 / 리태춘; 김수산 // 대중과학. - 1981,(6). - 18 - 19

32243 라지오전자관의 대용 / 계성강 // 대중과학. - 1981,(7). - 16

32244 록음기교 몇가지 / 채룡국; 김수산 // 대중과학. - 1981,(7). - 8 - 9

32245 비누거품꽃무늬 / 최복순 // 대중과학. - 1981,(11). - 38 - 40

32246 5석라지오보청기의 제작 / 리상철 // 대중과학. - 1981,(11). - 23

32247 유리판에서의 형광 / 류비 // 대중과학. - 1981,(11). - 13

32248 스테레오음향기술 / 위명 // 대중과학. - 1981,(12). - 38 - 40

32249 5석라지오실험 / 리상철 // 대중과학. - 1982,(1). - 48 - 49

32250 공업에서의 레이자리용 / 최호응 // 대중과학. - 1982,(3). - 2 - 3

32251 IC전압안정전원 // 대중과학. - 1982,(3). - 48

32252 《소년전자실험》 키트 / 원영명 // 대중과학. - 1982,(4). - 2 - 5

32253 HG - IC ㅍ형 OCL확성기 / 김동혁 // 대중과학. - 1982,(4). - 58 - 59

32254 플립플롭회로 / 황원삼 // 대중과학. - 1982, (6). - 36 - 38

32255 휴대용3석라지오 / 원영명 글; 왕세혜 그림 // 대중과학. - 1982,(7). - 5 - 7

32256 진폭변조방송과 주파수변조방송 / 리인용 // 대중과학. - 1982,(9). - 36 - 37

32257 라지오 겸 통신기 / 진강 // 대중과학. - 1982,

(10). − 37
32258 북극광의 출현 // 대중과학. − 1982,(11). − 39
32259 집적연산증폭기와 그의 응용 / 황원삼 // 대중과학. − 1982,(11). − 40 − 42
32260 무선전원격조종 원리와 실험 / 원영명 글; 왕세혜 그림 // 대중과학. − 1982,(12). − 48 − 50
32261 자기록음기의 발달과 전망 // 대중과학. − 1983,(1). − 36 − 37
32262 남 − 록색레이자통신 / 화위 // 대중과학. − 1983,(2). − 28 − 29
32263 무선전원격측정기술 / 원영명 // 대중과학. − 1983,(2). − 52 − 54
32264 주파수변조스테레오방송원리 / 수산 // 대중과학. − 1983,(2). − 50 − 51
32265 30W+30W집적회로 스테레오증폭기 // 대중과학. − 1983,(3). − 8 − 9
32266 중성미자통신 / 정철수 // 대중과학. − 1983,(4). − 42 − 43
32267 텔레비죤프로제작 몇가지 / 리태춘 // 대중과학. − 1983,(4). − 26 − 27
32268 자기테프록음기의 잡음 // 대중과학. − 1983,(6). − 46 − 47
32269 텔레비죤수상기는 어떤 간섭을 쉽게 받는가 // 대중과학. − 1983,(6). − 52
32270 텔레비죤수상기의 수명을 연장하려면 // 대중과학. − 1983,(6). − 42 − 43
32271 텔레비죤은 누가 발명하였는가? / 홍택룡 // 대중과학. − 1983,(6). − 9
32272 광섬유와 광통신 // 대중과학. − 1983,(7). − 16 − 17
32273 통신과 경제발전 / 주학범 // 대중과학. − 1983,(7). − 10 − 11
32274 텔레비죤격자신호발생기 / 장수명 // 대중과학. − 1983,(7). − 36
32275 텔레비죤수상관 / 김수산 // 대중과학. − 1983,(7). − 30 − 31
32276 무선전파의 출입구: 안테나 // 대중과학. − 1983,(8). − 34 − 35
32277 텔레비죤의 X선 // 대중과학. − 1983,(8). − 31
32278 수자통신입문 / 채소명 // 대중과학. − 1983,(11). − 14 − 15
32279 실용적인 무선마이크 / 정복해 // 대중과학. − 1983,(11). − 44
32280 록음기의 정지장치 / 정복해 // 대중과학. − 1983,(12). − 13
32281 소형헤테로다인식4석라지오 / 주병원 // 대중과학. − 1984,(1). − 27
32282 위성텔레비죤방송 / 허중명 // 대중과학. − 1984,(1). − 42 − 43
32283 라지오중계방송의 마이컴관리 / 김선호 // 대중과학. − 1984,(2). − 46 − 47
32284 텔레비죤의 송수신특징 / 리태춘 // 대중과학. − 1984,(4). − 22 − 23
32285 신기술혁명과 미래의 전자기술 / 황원삼 // 대중과학. − 1984,(9). − 6 − 7
32286 집적연산증폭기의 성능을 판정하는 간단한 방법 / 림찬준 // 대중과학. − 1984,(9). − 16
32287 음향설비의 출력 // 대중과학. − 1984,(10). − 16
32288 집적회로증폭기의 출력을 높이는 방법 / 박재일 // 대중과학. − 1984,(10). − 40
32289 간단한 온도조절장치 / 박재일 // 대중과학. − 1984,(11). − 40
32290 텔레비죤수상기의 자동스위치회로 / 류필준; 기위상 // 대중과학. − 1984,(12). − 28 − 29
32291 집적연상증폭기의 보호회로 / 림찬준 // 대중과학. − 1985,(1). − 34 − 35
32292 스피카시스템의 제작상식 / 수선 // 대중과학. − 1985,(3). − 30 − 32
32293 테프뢰감기지시등장치 / 림위부 // 대중과학. − 1985,(4). − 21
32294 어떻게 전자기술을 배울것인가? // 대중과학. − 1985,(7). − 12 − 13
32295 텔레비죤수상기의 선택과 감별 // 대중과학. − 1985,(7). − 22 − 24
32296 텔레비죤공용안테나 / 김수산 // 대중과학. −

1985,(9). - 9

32297 실외안테나는 높이 세울수록 좋은가 // 대중과학. - 1985,(10). - 21

32298 전자학: 인류문명의 비약 / 장광조 // 대중과학. - 1985,(11). - 16 - 17

32299 5소자쌍층단렬방향성안테나 가설방법 // 대중과학. - 1985,(12). - 17 - 18

32300 자동경보기 // 대중과학. - 1986,(2). - 36 - 37

32301 간이 채색음악제어기 몇가지 // 대중과학. - 1986,(5). - 32 - 33

32302 전도가 유망한 빛 섬유통신 // 대중과학. - 1986,(8). - 38 - 39

32303 열독환경조도감시기 // 대중과학. - 1986,(9). - 24 - 25

32304 집적회로천연색텔레비죤수상기고장의 시험도분석 // 대중과학. - 1986,(9). - 48 - 50

32305 라지오수신 신호수송 신호발생에 쓰는 3용기 // 대중과학. - 1987,(1). - 26 - 27

32306 텔레비죤수상기의 감도를 높이는 3가지 조치 // 대중과학. - 1987,(2). - 12 - 13

32307 UHF주파수단의 텔레비죤수신안테나 / 리운철 // 대중과학. - 1987,(2). - 32 - 33

32308 새로 건설되는 연길시 전보전화통신중심청사 / 리천순 // 대중과학. - 1987,(3). - 3 - 4

32309 텔레비죤수상기를 검사수리하는 기본방법 10가지 // 대중과학. - 1987,(4). - 52 - 53

32310 텔레비죤수상기의 믿음성에 대하여 // 대중과학. - 1987,(5). - 12 - 13

32311 반도체소자에 관한 기본지식 / 전홍림 // 대중과학. - 1988,(9). - 22 - 23

32312 흑백수상관의 고장에 대한 검사수리 // 대중과학. - 1988,(11). - 38 - 39

32313 천연색텔레비죤수상기안테나의 감도를 높이기 // 대중과학. - 1988,(12). - 11

32314 텔레비죤안테나증폭기의 수신환경 // 대중과학. - 1989,(6). - 58 - 59

32315 무선기초지식 반도체3극관 / 전홍림 // 대중과학. - 1990,(10). - 22 - 24

32316 간단한 전통로수신안테나 / 라운봉 // 대중과학. - 1990,(12). - 9

TP 제어, 계산기기술

32317 전자계산기 / 리면수 // 대중과학. - 1959,(12). - 12 - 14

32318 전자계산기와 그의 응용 / 장동범 // 대중과학. - 1965,(1). - 39

32319 전자계산기 / 허하진 // 대중과학. - 1979,(10). - 22 - 24

32320 기계사람 / 황도남 // 대중과학. - 1979,(11). - 30 - 31

32321 발전하고있는 공업용기계사람 // 대중과학. - 1980,(2). - 12 - 14

32322 휴대용전자계산기 / 최명수 // 대중과학. - 1980,(3). - 12 - 14

32323 살림군: 브러스린 / (미국) 빌, 호킨 // 대중과학. - 1981,(2). - 4 - 5

32324 전자계산기도적 / 리량시 // 대중과학. - 1981,(3). - 62 - 64

32325 론리문회로 // 대중과학. - 1981,(9). - 28 - 30

32326 전자계산기연산속도 / 리지명 // 대중과학. - 1981,(11). - 61

32327 조선문자계산기주입법 / 김호범 // 대중과학. - 1981,(11). - 2 - 6

32328 계산기문화 / 진명원 // 대중과학. - 1981,(12). - 14 - 16

32329 마이크로콤퓨터 // 대중과학. - 1982,(1). - 30 - 32

32330 전자수자화기술이란? // 대중과학. - 1982,(2). - 11

32331 전자계산기의 특점 // 대중과학. - 1982,(6). - 10 - 11

32332 최신로보트 / 조권; 채문 // 대중과학. - 1982,(8). - 2 - 4

32333 만능박사: 제5세대컴퓨터 / 광휘; 채문 // 대중과학. - 1983,(3). - 26 - 28

32334 전자계산기중매균 / 박흥영; 최호성 // 대중과학. − 1983,(6). − 38
32335 집을 나서지 않고도 // 대중과학. − 1983,(6). − 22 − 23
32336 사람을 대신하는 기계: 로보트 / (조선) 유진국 // 대중과학. − 1983,(8). − 14 − 16
32337 계산기산업첩보전 / 채일석 // 대중과학. − 1983,(12). − 14 − 15
32338 중국의 계산기수준과 선진국과의 거리 / 엄실; 정염 // 대중과학. − 1983,(12). − 31
32339 세계에서 가장 큰 컴퓨터제조회사 / 고문복 // 대중과학. − 1984,(4). − 20 − 21
32340 번역의 전자화 / 풍소규 // 대중과학. − 1984,(5). − 3 − 6
32341 신기술혁명의 도전과 그에 대한 응전 // 대중과학. − 1984,(6). − 3 − 4
32342 3A혁명 / 풍소규 // 대중과학. − 1984(8). − 3 − 5
32343 마이컴지식문답 / 엽로; 군건 // 대중과학. − 1984,(9). − 14 − 16
32344 신기술혁명의 ≪기둥≫ 전자계산기 / 김창익 // 대중과학. − 1984,(10). − 26 − 29
32345 전자계산기 BASIC계산법언어 사용상식 / 조희권 // 대중과학. − 1985,(7). − 40 − 41
32346 전자계산기 BASIC계산법영어 사용상식 / 조희권 // 대중과학. − 1985,(9). − 36 − 37
32347 전자두뇌와 인류생활 / 리연 // 대중과학. − 1985,(12). − 18 − 19
32348 신형의 로보트 // 대중과학. − 1986,(4). − 6 − 7
32349 전자계산기의 사용과 보호 // 대중과학. − 1987,(2). − 20
32350 전자계산기를 아시나요? / 왕영연 // 꽃동산. − 1987,(5). − 11 − 12
32351 미국과 일본을 휩쓴 전자계산기 <<비루스>> // 대중과학. − 1989,(4). − 58
32352 재간둥이 컴퓨터 / 진복민 // 대중과학. − 1990,(4). − 55 − 57

TQ 화학공업

32353 민간적화학비료 제조 / 왕항(王恒) // 대중과학. − 1958,(2). − 3
32354 비누의 세척작용 / 리의학; 허영희 // 대중과학. − 1958,(2). − 47
32355 우리 나라 인조섬유공업의 개시 / 조춘렬(趙春烈) 등 // 대중과학. − 1958,(2). − 24
32356 인조물질의 시대 / 추인윤(鄒仁鋆) // 대중과학. − 1958,(2). − 28 − 31
32357 목재가 낳는 공업품 / 류걸(劉杰) // 대중과학. − 1958,(3). − 3 − 4
32358 의복의 새로운 원천: 합성섬유 / 강귀길 // 대중과학. − 1958,(4). − 5 − 7
32359 비누는 어떻게 만드는가 / 김학 // 대중과학. − 1958,(5). − 27 − 28
32360 우리 나라 가소물공업의 전망 / 리세진(李世瑨) // 대중과학. − 1958,(5). − 13 − 15
32361 산소봄베에 기름이 떨어지면 왜 폭발하는가? / 황준 // 대중과학. − 1958,(6). − 30
32362 유기합성화학공업의 어머니 카바이드 / 림애근(林愛勤) // 대중과학. − 1958,(6). − 7 − 8
32363 연길에 일어서는 화학비료공장 // 대중과학. − 1958,(7). − 8 − 9
32364 지방성 세멘트의 제조방법 / 리광호 // 대중과학. − 1958,(7). − 10 − 11
32365 동의 탐사상식 / 엄수학 // 대중과학. − 1958,(8). − 33
32366 묘령세멘트공장 / 리광호 // 대중과학. − 1958,(8). − 1 − 2
32367 분변으로 어떻게 메탄가스를 제조하는가? / 김규선 편역 // 대중과학. − 1958,(8). − 4 − 5
32368 철에 대한 상식 / 허룡원 // 대중과학. − 1958,(8). − 34 − 35
32369 귀중한 화학공업원료 푸르푸롤 / 약아(若芽) // 대중과학. − 1958,(9). − 11 − 12
32370 기묘한 유리 섬유 / 진례임(陳禮任) // 대중과학. − 1958,(9). − 28

32371 민간적 동의 제련법 / 한극검(韓克儉) // 대중과학. – 1958,(9). – 4
32372 산화아연중독 / 주동현 // 대중과학. – 1958, (9). – 38 – 39
32373 연변의 유색금속공업 / 박승윤 // 대중과학. – 1958,(9). – 9 – 10
32374 민간화학비료의 발전방향 / 풍백화(馮伯華) // 대중과학. – 1959,(3). – 1 – 3
32375 석탄가스로 전기를 얻은 경험 / 김관심;배복동 // 대중과학. – 1959,(3). – 9 – 10
32376 속효성 린의 간이분석법 // 대중과학. – 1959, (3). – 6
32377 오줌으로의 민간화학비료 제조에 대하여 // 대중과학. – 1959,(3). – 4
32378 인조섬유판이란 무엇인가 / 안룡운 // 대중과학. – 1959,(3). – 24
32379 자체로 만들수 있는 메탄가스등 / 요정방 // 대중과학. – 1959,(3). – 41 – 47
32380 백토로 비누를 만든다 / 리상선 역 // 대중과학. – 1959,(4). – 27
32381 거대한 재부 / 조석영(趙石英) // 대중과학. – 1959,(6). – 6 – 8
32382 비누보다 더 좋은 합성세척제 / 리수천 // 대중과학. – 1959,(6). – 9 – 10
32383 섬유판의 제법과 기술문제 / 안룡운 편저 // 대중과학. – 1959,(6). – 3 – 5
32384 세초세 2,4 – D의 제소법 / 리봉석 // 대중과학. – 1959,(6). – 41
32385 용광로중의 동위원소 / 요.유.까깡노브;한영철 중역 // 대중과학. – 1959,(7). – 10 – 11
32386 첨단기술중의 붕소 / 철안년(鐵安年) // 대중과학. – 1959,(7). – 8 – 9
32387 규산염공업 // 대중과학. – 1959,(8). – 7 – 8
32388 돈화삼공국에서 질량이 미국을 초월한 활성탄을 제조 // 대중과학. – 1959,(9). – 6 – 7
32389 소형카바이드창 // 대중과학. – 1959,(9). – 8 – 9
32390 야생식물로써 섬유판을 만든다 / 조일민 // 대중과학. – 1959,(9). – 2 – 4
32391 경제탄산칼슘의 생산경험 // 대중과학. – 1959, (10). – 16
32392 인조대리석의 제조방법 / 리상선 // 대중과학. – 1959,(11). – 14 – 15
32393 석탄의 종합리용 / 강귀길 // 대중과학. – 1959, (12). – 8 – 10
32394 석탄절약 / 진백천(陳柏泉) // 대중과학. – 1959, (12). – 39 – 40
32395 토방법으로의 분필의 제조 / 최원종 // 대중과학. – 1959,(12). – 41 – 42
32396 갱내의 유독기체와 통풍 / 박승윤 // 대중과학. – 1960,(1). – 30 – 31
32397 화학차간에서의 안전문제 / 지위(志偉) // 대중과학. – 1960,(1). – 27 – 28
32398 도자기공장에서의 진애의 예방 / 왕구례(王述禮) // 대중과학. – 1960,(4). – 32
32399 토방법으로의 섬유판생산 / 김수길 // 대중과학. – 1960,(5). – 21
32400 효률이 높은 토석탄가스단식가열로 // 대중과학. – 1960,(7). – 16 – 17
32401 야생섬유의 생산과 종합리용 / 강만석 // 대중과학. – 1960,(9). – 7
32402 가루석탄과 물 사이의 비밀 / 유철흡 // 대중과학. – 1960,(10). – 44 – 45
32403 신형의 화학비료 호민산 / 강응성 // 대중과학. – 1960,(10). – 22 – 23
32404 야생섬유의 탈교 / 한수재(韓樹才) // 대중과학. – 1960,(10). – 12
32405 어떻게 린광을 찾을것인가 // 대중과학. – 1960,(10). – 39 – 40
32406 캉퀸의 성질과 제법 // 대중과학. – 1960,(11). – 15 – 17
32407 비료의 가온속성발효방법 / 최영봉 // 대중과학. – 1960,(12). – 7 – 9
32408 의학을 위해 복부하는 이온교환제 / 가금(歌今) // 대중과학. – 1960,(12). – 37 – 38
32409 다공질가소물 / 림성극 // 대중과학. – 1964,

(11).－40
32410 우리 나라에서의 련합소다제조법의 발전 / 후덕방 // 대중과학.－1965,(2).－38－39
32411 암모니아수의 시비기술 / 양건구 // 대중과학.－1965,(3).－46
32412 효률 높은 전합성화학 / 강귀길 편역 // 대중과학.－1979,(11).－3－5
32413 미래의 화학섬유 // 대중과학.－1979,(12).－13
32414 보이라축열장치 / 차도명 // 대중과학.－1980,(2).－31－32
32415 고분자세계 / 김종천 // 대중과학.－1980,(4).－13－15
32416 금속의 이모저모 / 염계상 // 대중과학.－1980,(5).－22－23
32417 늪가스굴쌓기와 보온장치 / 최인동;최현순 // 대중과학.－1980,(7).－4－5
32418 액체결정 / 김주헌 // 대중과학.－1980,(7).－23－24
32419 석탄 한톤 땔 때 생기는 유해물질 / 서장송 // 대중과학.－1980,(11).－5
32420 국외 화학비료의 발전추세 / 한철 // 대중과학.－1981,(7).－12
32421 고체상태의 ≪액체≫－유리 / 최호웅 // 대중과학.－1982,(1).－50－52
32422 유망한 에네르기원천:CH4 / 위겸;혜정 // 대중과학.－1982,(1).－6－8
32423 유리거울에 깃든 이야기 / 최준 // 대중과학.－1982,(3).－46－47
32424 메탄의 제법과 성질 실험 / 최룡선 // 대중과학.－1982,(4).－23
32425 탄소와 우리 생활 // 대중과학.－1982,(4).－42－43
32426 칠감과 우리 생활 / 주춘근 // 대중과학.－1982,(5).－38
32427 간이키프장치와 전열식반응관 / 최룡선 // 대중과학.－1982,(6).－26－27
32428 새로운 장식도료 / 박남철 // 대중과학.－1982,(6).－13
32429 몇몇 점착제의 제조법 // 대중과학.－1982,(8).－39
32430 화장품과 화장 / 장봉화 // 대중과학.－1982,(8).－28－29
32431 원소와 꽃불 / 김종천 역 // 대중과학.－1982,(9).－35
32432 파유리의 오늘과 래일 / 최호응 // 대중과학.－1982,(10).－12－13
32433 새롭게 쓰일 연료 메틸알콜 // 대중과학.－1982,(11).－10－12
32434 수소와 그의 리용 / 려경의 // 대중과학.－1982,(12).－40－41
32435 인조호박 / 김유극 // 대중과학.－1982,(12).－47
32436 물과 기름이 인연을 맺은 이야기 / 김종천 // 대중과학.－1983,(2).－47
32437 복합비료의 식별 // 대중과학.－1983,(2).－49
32438 유리창문과 해빛 / 리춘홍 // 대중과학.－1983,(2).－38
32439 가소물세계 / 박홍영;최호성 // 대중과학.－1983,(3).－12－13
32440 류다른 섬유 // 대중과학.－1983,(4).－36－37
32441 인류가 맨처음 만들어낸 가소물:셀룰로이드 / 최호성;박흥영 // 대중과학.－1983,(5).－27
32442 인체에 해로운 금속:연 / 김하봉 // 대중과학.－1983,(6).－36－37
32443 갈수록 젊어지는 가소물:베클라이트 / 최호성;박흥영 // 대중과학.－1983,(7).－12
32444 물때를 지우는 정화제 // 대중과학.－1983,(7).－28
32445 색갈의 비밀 / 송리학 // 대중과학.－1983,(7).－34－36
32446 유기원소화합물의 응용 / 리학송 // 대중과학.－1983,(7).－22－23
32447 불소의 용도 / 김종천 // 대중과학.－1983,(8).－44

32448 폴리아미드섬유:나일론66의 발명 / 오국창 // 대중과학. - 1983,(8). - 36 - 37

32449 C1화학의 부흥 / 고영준 // 대중과학. - 1983,(8). - 8 - 9

32450 나일론 6의 발명 / 오국창 // 대중과학. - 1983,(9). - 53

32451 ≪재간≫많은 희토류원소 // 대중과학. - 1983,(10). - 9

32452 화학공정의 새로운 분과:화학반응공정학 / 리복록 // 대중과학. - 1983,(10). - 36 - 37

32453 합성고분자의 오늘과 래일 / 김응태 // 대중과학. - 1983,(11). - 6 - 7

32454 목탄의 새로운 용도 / 리춘홍;조운옥 // 대중과학. - 1984,(3). - 27

32455 비닐주머니아구리를 봉하는 방법 / 등경평 // 동북민병. - 1984,(7). - 38

32456 화학비료보관에서 // 대중과학. - 1984,(7). - 30

32457 화학섬유집단의 새 성원들 // 대중과학. - 1984,(7). - 38 - 39

32458 변질한 화장품을 어떻게 가려낼것인가? // 대중과학. - 1984,(8). - 27

32459 현대도자기 / 황세요 // 대중과학. - 1984,(8). - 8 - 9

32460 화학비료는 얼마 사들여야 하는가 // 대중과학. - 1984,(9). - 20 - 21

32461 비누의 묘한 쓰임 / 구호룡 // 대중과학. - 1985,(2). - 49

32462 섬유판생산에서 GZ - A파라핀의 리용 / 류서근;비춘신 // 대중과학. - 1985,(6). - 51

32463 가소물의 왕:폴리염화비닐 / 최호성;박홍영 // 대중과학. - 1985,(8). - 32 - 33

32464 광감성비닐박막 // 대중과학. - 1985,(8). - 24 - 25

32465 열을 내는 철:화학발열체 / 오국창 // 대중과학. - 1985,(11). - 20 - 21

32466 래일의 가정용세척제 // 대중과학. - 1986, (2). - 9 - 10

32467 선풍기를 다시 쓸 때엔 / 해옥수 // 대중과학. - 1986,(5). - 50

32468 폴리아크릴니트릴섬유의 발명 / 오국창 // 대중과학. - 1986,(7). - 14 - 15

32469 니탄과 그 리용 / 김동섭 // 대중과학. - 1986,(9). - 37

32470 색갈의 신비로운 작용 / 한일 // 대중과학. - 1986,(10). - 38 - 39

32471 화학비료사용상식 / 장금출 // 대중과학. - 1987,(2). - 18 - 19

32472 도시난방용연료의 리용동향 // 대중과학. - 1988,(8). - 24 - 25

32473 오작품이 이름을 떨치기까지 // 대중과학. - 1988,(8). - 12 - 13

32474 유기규소화합물의 응용 / 박생훈 // 대중과학. - 1988,(10). - 28 - 29

32475 90년대의 공해: 석면 // 대중과학. - 1989,(9). - 37

32476 인류물질문명의 기둥: 화학공업 // 대중과학. - 1989,(10). - 6 - 7

TS 경공업, 수공업

32477 두부는 어떻게 형성되는가? / 김태식 // 대중과학. - 1958,(4). - 31

32478 석현제지공장에서 아류산페액으로부터 알콜을 제조 / 박창식 // 대중과학. - 1958,(4). - 35 - 36

32479 소금과 화학공업 / 김화 // 대중과학. - 1958,(5). - 1 - 4

32480 종이는 어떻게 만들어지는가 / 정기형 // 대중과학. - 1958,(5). - 5 - 7

32481 황색연초의 수확과 건조 / 김호산 // 대중과학. - 1958,(7). - 14 - 15

32482 벼짚으로 ≪인조고기≫를 만든다 / 조광인(曹广仁) // 대중과학. - 1958,(8). - 2

32483 소형제지공장 / 류정재(劉廷才) // 대중과학. - 1958,(9). - 8

32484 옷을 어떻게 표백할것인가? / 리성덕 // 대중과학. – 1958,(9). – 26

32485 약진패 검척권포기 / 리금손 // 대중과학. – 1958,(10). – 28

32486 1.1쌍에서 황연 7000근의 기록을 창조한 경험 / 김호산 // 대중과학. – 1958,(10). – 18

32487 벼짚으로 문화용지를 제조한 경험 / 륙덕항(陸德恒) // 대중과학. – 1959,(2). – 36 – 37

32488 우리 주에서 처음 제작한 소형목제제지기 / 류정재(劉廷才) // 대중과학. – 1959,(2). – 34 – 35

32489 염료를 쓰지 않고도 가지가지의 색갈이 나게 할수 있다 / 량수해(梁樹楷) // 대중과학. – 1959,(3). – 35 – 37

32490 담배대와 담배꽁초의 용도 / 리성덕 편저 // 대중과학. – 1959,(4). – 39

32491 잡초로의 팔프제조 / 김종천 역 // 대중과학. – 1959,(6). – 1 – 2

32492 톱밥의 종합적리용 / 김정록 편저 // 대중과학. – 1959,(8). – 1 – 3

32493 인조면직품의 보호상식 / 추현(鄒顯) // 대중과학. – 1959,(9). – 32

32494 채소볶을 때의 영양가 / 고사기(高士其) // 대중과학. – 1959,(9). – 32 – 33

32495 방향유의 제조방법 / 김수길 // 대중과학. – 1959,(10). – 17

32496 목재의 화학 // 대중과학. – 1960,(5). – 18 – 20

32497 목재종합리용의 광활한 길 / 리창석 // 대중과학. – 1960,(5). – 16 – 17

32498 솔갱이를 끓여서 송향을 제조하는 방법 / 김수길 // 대중과학. – 1960,(5). – 22

32499 토방법으로의 코쟈(탄닝)생산 / 김수길 // 대중과학. – 1960,(5). – 23

32500 팔프를 토법으로 자연발효하여 만드는 법 / 강만석 // 대중과학. – 1960,(6). – 21

32501 거울은 어떻게 만드는가? / 현룡수 // 대중과학. – 1960,(8). – 25

32502 황연의 속성건조법 / 김호산 // 대중과학. – 1960,(8). – 36 – 37

32503 합성섬유혼합방직물 / 북수; 장복 // 대중과학. – 1964,(10). – 42 – 43

32504 활성염료의 새로운 발전 // 대중과학. – 1964,(12). – 10 – 12

32505 채소의 주요 영양가 / 오국용 // 대중과학. – 1965,(6). – 49

32506 채소를 어떻게 료리할것인가 / 오국룡 // 대중과학. – 1965,(7). – 44

32507 확대경 / 강문식 // 대중과학. – 1965,(10). – 41

32508 나일론 6인조사지의 특점과 사용 / 박갑룡 // 대중과학. – 1965,(12). – 18

32509 기묘한 ≪디최량≫ / 신경택 // 대중과학. – 1966,(5). – 39

32510 손풍금을 어떻게 보양하겠는가 / 김학철 // 대중과학. – 1980,(1). – 37

32511 세계적으로 류행되는 판식가구 / 로지권 // 대중과학. – 1980,(2). – 5 – 7

32512 신발의 과학 / 리하 // 대중과학. – 1980,(3). – 30

32513 두부의 력사이야기 / 홍광주 // 대중과학. – 1980,(5). – 36

32514 만들기 쉬운 전기키타 / 리범철 // 대중과학. – 1980,(5). – 20 – 21

32515 모태주는 어떻게 만들어지는가 / 경천 // 대중과학. – 1980,(5). – 16

32516 사이다만들기 // 소년아동. – 1980,(5). – 62

32517 옷에 묻은 때자국을 지우는 방법 / 김석봉 // 대중과학. – 1980,(5). – 40 – 41

32518 련달린 소매옷 / 려명;류숙철 // 대중과학. – 1980,(6). – 47

32519 망원경은 어떻게 발명되였는가 / 김창익 // 대중과학. – 1980,(7). – 37

32520 자체로 만들수 있는 사이다 / 김은혁 // 대중과학. – 1980,(7). – 38

32521 재봉침고장수리 / 리성률 편역 // 대중과학. – 1980,(7). – 42 – 44

32522 홍차균 / 정옥 // 대중과학. − 1980,(8). − 32 − 33
32523 김치를 맛있게 담그자면 / 옥정 // 대중과학. − 1980,(9). − 8 − 9
32524 복장개혁과 현대화 / 진미 // 대중과학. − 1980,(9). − 14 − 15
32525 현미경의 발명과 발전 / 김창익 // 대중과학. − 1980,(9). − 23
32526 끊어진 만년필대를 잇자면 / 정청룡 // 대중과학. − 1980,(11). − 15
32527 명성높은 강화식료품 / 장해강;장국성 // 대중과학. − 1980,(11). − 12 − 13
32528 명태료리 / (조선) 박진숙 // 대중과학. − 1980,(12). − 25 − 27
32529 분유기를 연구제작 / 장덕순 // 동북민병. − 1980,(16). − 14
32530 얼굴모양과 옷깃양식 // 동북민병. − 1980,(23). − 32
32531 명태로 만드는 젓갈 몇가지 / (조선)김숙자 // 대중과학. − 1981,(1). − 53 − 54
32532 연변의 잎담배품종소개 / 김정수 // 대중과학. − 1981,(2). − 2 − 3
32533 제절로 만들수 있는 손세탁기 / 승전송 // 대중과학. − 1981,(2). − 36 − 37
32534 들나물의 영양 // 대중과학. − 1981,(3). − 39
32535 세수수건이 왜 꽛꽛해지는가 / 조진세 // 대중과학. − 1981,(4). − 41
32536 압력가마의 사용과 건사 / 서안전 // 대중과학. − 1981,(4). − 17
32537 봄나물반찬 몇가지 / (조선) 정순화 // 대중과학. − 1981,(5). − 35
32538 미래의 식료품공장 / 림성통 // 대중과학. − 1981,(6). − 4 − 7
32539 흰천의 표백 / 신현모 // 대중과학. − 1981,(6). − 17
32540 황연의 건조원리 / 김정수 // 대중과학. − 1981,(6). − 7 − 9
32541 다채로운 조선족이불장 / 리성률 // 대중과학. − 1981,(7). − 38 − 39
32542 이부자리에 풀을 먹이면 나쁘다 // 동북민병. − 1981,(7). − 36
32543 ZCJ − A 형도살채혈기 / 리경화 // 대중과학. − 1981,(7). − 49
32544 록평두부 / 최창원 // 대중과학. − 1981,(8). − 10
32545 영양가 높은 쌀겨기름 / 박왈록;김동만 // 대중과학. − 1981,(8). − 6 − 7
32546 김치담그기 // 대중과학. − 1981,(9). − 4 − 5
32547 목가구색칠법 / 리성률;김춘화 // 대중과학. − 1981,(9). − 22 − 23
32548 전분의 요술 / 장동권 // 대중과학. − 1981,(9). − 55
32549 고추장담그는 법 // 대중과학. − 1981,(10). − 43
32550 김과 그의 작식법 // 대중과학. − 1981,(10). − 59
32551 알콜분자구조측정 / 리청 // 대중과학. − 1981,(10). − 53 − 54
32552 어린이의 낡은 옷 고치기 / 창법 // 대중과학. − 1981,(10). − 31
32553 찐빵이 누렇게 되면? // 동북민병. − 1981,(11). − 40
32554 ≪행복≫패손풍금 / 리수문;강림진 // 동북민병. − 1981,(11). − 24
32555 ≪흑룡≫패스케트날 / 고현정;류춘상 // 동북민병. − 1981,(11). − 25
32556 삼대음료의 하나: 차물 / 최영수 // 대중과학. − 1981,(12). − 12 − 13
32557 합성섬유직물세탁법 / 장봉화 // 대중과학. − 1981,(12). − 30 − 31
32558 취사소상식 / 고국중;진립신 // 동북민병. − 1981,(15). − 36
32559 설날음식 몇가지 / 김병수;림춘범 편역 // 대중과학. − 1982,(1). − 60 − 61
32560 애기오락침대 // 대중과학. − 1982,(1). − 43
32561 조선된장담그기 / 박근 // 대중과학. − 1982, (2).

－52－53
32562 겨울옷의 보관 // 대중과학.－1982,(3).－59
32563 맵시나는 조선옷의 미를 살리려면 // 대중과학.－1982,(3).－29
32564 유리칼을 다룰 때 // 대중과학.－1982,(3).－17
32565 빨래와 효소 / 류광성 // 대중과학.－1982,(4).－19
32566 산나물의 영양 / (조선) 정순화 // 대중과학.－1982,(4).－30
32567 실용공작 간단한 제본기술 // 대중과학.－1982,(4).－31－33
32568 옥수수국수의 맛을 돋구는 방법 // 대중과학.－1982,(4).－9
32569 비겨보자!누구의 것이 더 멀리 나는가를 / 원영명;로수삼 // 대중과학.－1982,(5).－7－9
32570 옷을 잘 다리려면 // 대중과학.－1982,(5).－47
32571 가유제란 // 대중과학.－1982,(6).－19
32572 간장담그기 // 대중과학.－1982,(6).－4
32573 마술립방체복원법 // 대중과학.－1982,(6).－33－35
32574 여름철 창문장식 / (조선) 유치종 // 대중과학.－1982,(6).－48－49
32575 50배로 확대하는 천문망원경 // 대중과학.－1982,(6).－24－25
32576 종이모형비행기를 멀리 날게 / 원영명 글; 왕세혜 그림 // 대중과학.－1982,(6).－40－41
32577 여름반찬 세가지 // 대중과학.－1982,(7).－48－49
32578 맥주의 영양과 약용 // 대중과학.－1982,(8).－43
32579 국수의 맛을 돋구려면 // 은하수.－1982,(9).－19
32580 제2대의 마술립방체 // 대중과학.－1982,(9).－34
32581 조선김치의 유래와 그의 과학성 // 대중과학.－1982,(9).－10－11
32582 아동영양품－참깨장 / 류군 // 대중과학.－1982,(9).－49
32583 다음색전자풍금의 원리와 제작 / 왕위민 // 대중과학.－1982,(10).－54－57
32584 세탁기고장과 그의 제거 // 대중과학.－1982,(11).－51
32585 꿩고기료리 / 상연 // 대중과학.－1982,(12).－55
32586 약물치약의 품종과 작용 // 대중과학.－1982,(12).－18
32587 옷안의 ≪기후≫ / 리하 // 대중과학.－1982,(12).－4
32588 실은 어떻게 만드는가? // 대중과학.－1983,(1).－12
32589 찬장 / 유치종 // 대중과학.－1983,(1).－46
32590 꿀과 건강 / 황동일 // 은하수.－1983,(2).－77－78
32591 위생분필 // 대중과학.－1983,(2).－37
32592 고기료리를 맛있게 만들려면 // 대중과학.－1983,(3).－57
32593 다시마를 어떻게 먹어야 하는가? / 류무 // 동북민병.－1983,(4).－43
32594 마음에 드는 재봉침을 고르려면 // 대중과학.－1983,(4).－18－20
32595 새로운 조선글전자타자기 // 대중과학.－1983,(4).－39
32596 톱은 어느때 발명되였는가? / 박창화 // 대중과학.－1983,(4).－51
32597 효소의 작용 / 김천 // 대중과학.－1983,(4).－38
32598 사카린의 합리적사용 // 대중과학.－1983, (7).－49
32599 생닭알을 먹으면 좋지 않다 // 동북민병.－1983,(9).－39
32600 가죽구두를 어떻게 보양할것인가? // 동북민병.－1983,(12).－38
32601 법랑철기를 땜질하는 방법 // 동북민병.－1983,(23).－35－36

32602 끓인 우유를 보온병에 넣지 맙시다 // 연변녀성. – 1984,(1). – 63
32603 섬유판가구가 부풀어오르지 않게 하려면 // 연변녀성. – 1984,(1). – 64
32604 식료품의 복사저장 // 대중과학. – 1984,(1). – 46 – 47
32605 쌀은 찬물로 씻읍시다 // 연변녀성. – 1984,(1). – 63
32606 오이료리 // 연변녀성. – 1984,(2). – 62 – 63
32607 처녀들은 짙은 화장을 삼가합시다 / 리봉 // 연변녀성. – 1984,(2). – 37
32608 통졸임통뚜껑을 여는 간단한 방법 // 동북민병. – 1984,(3). – 42
32609 가정에서의 식용기름보관법 / 김학수 // 대중과학. – 1984,(4). – 35
32610 무우장아찌 / 안순옥 // 연변녀성. – 1984,(4). – 62
32611 풀리에스테르섬유: 테릴렌의 발명 / 오국창 // 대중과학. – 1984,(4). – 44 – 45
32612 양복 입는 상식 / 산홍 // 대중과학. – 1984,(5). – 30 – 31
32613 주방에서의 과학 / 장선치 // 연변녀성. – 1984,(5). – 44
32614 집안일을 할 때의 바른 자세 / 옹인량 // 연변녀성. – 1984,(5). – 62 – 63
32615 고추기름을 어떻게 졸이는가? / 황발명 // 동북민병. – 1984,(6). – 37
32616 식료품공업의 현대화와 인민의 영양 / 두자단 // 대중과학. – 1984,(6). – 6 – 7
32617 담배의 력사 / 박창화 // 대중과학. – 1984,(8). – 30 – 31
32618 누렁흙으로 닭알을 절이는 방법 / 원초; 충복 // 동북민병. – 1984,(9). – 30
32619 생명의 열쇠 / 오호원; 호환연 // 대중과학. – 1984,(9). – 32 – 33
32620 우유의 영양과 음용 // 대중과학. – 1984,(9). – 27
32621 화학파마의 좋은 점 / 김한유 // 대중과학. – 1984,(9). – 38
32622 두부료리 / 김인숙 // 대중과학. – 1984,(11). – 21
32623 독언저리에 칼을 갈면 칼날이 인차 무딘다 / 등경평 // 동북민병. – 1984,(18). – 32
32624 차물을 마시면 열가지 좋은점이 있다 / 효흔 // 동북민병. – 1984,(22). – 32
32625 21세기의 복장 / 류유정 // 대중과학. – 1985,(1). – 50
32626 다후다직솜옷을 씻을 때 / 류안백 // 대중과학. – 1985,(2). – 49
32627 료리할 때 소금을 두는 비결 / 서안전 // 연변녀성. – 1985,(2). – 71
32628 맛있고 영양가 높은 명태 / (조선) 송진국 // 대중과학. – 1985,(2). – 35
32629 생물공학과 식료품공업 // 대중과학. – 1985,(2). – 6 – 7
32630 열두가지 미용법 / 련중원 // 연변녀성. – 1985,(2). – 21 – 22
32631 된장의 영양가치 // 대중과학. – 1985,(3). – 8 – 9
32632 맛내기를 어떻게 쳐야하는가 // 대중과학. – 1985,(3). – 9
32633 책에 묻은 잡것을 지우는 방법 / 박련곤 // 동북민병. – 1985,(3). – 41
32634 털실수명을 느리려면 / 하익군 // 대중과학. – 1985,(3). – 48
32635 솜신안의 습기를 빼는 방법 / 호지위 // 동북민병. – 1985,(4). – 38
32636 닭알을 보관하는 방법 // 은하수. – 1985,(5). – 49
32637 식욕을 돋구는 풋고추 / 전진식; 정대성 // 대중과학. – 1985,(7). – 43
32638 폴리비닐알콜섬유: 비날론의 발명 / 오국창 // 대중과학. – 1985,(7). – 20 – 21
32639 가마치가 붙지 않는 가마, 기름때가 끼지 않은 남비 / 박생훈 // 대중과학. – 1985,(8). – 12 – 13

32640 맛을 조절하는 몇가지 방법 // 대중과학.－1985,(8).－13
32641 몸매에 따르는 나뉜옷차림 // 대중과학.－1985,(8).－29
32642 식생활에서 너무 맵게 먹으면 / 오국용 // 대중과학.－1985,(8).－28－29
32643 맛의 백화점: 조선김치 / 김숙희 // 대중과학.－1985,(9).－10－12
32644 종이로 지은 집 // 대중과학.－1985,(9).－14－15
32645 세탁기의 빨대통은 어떤것이 좋은가? // 대중과학.－1985,(10).－49
32646 개고기를 먹으면 / 류병일 // 대중과학.－1985,(11).－54
32647 건강음료,마늘소 // 대중과학.－1985,(11).－39
32648 머리단장의 예술미 / 리건 // 대중과학.－1985,(11).－45
32649 세탁기사용상식 // 대중과학.－1985,(11).－24－25
32650 음식의 과학화와 재질제고 // 대중과학.－1985,(11).－8－9
32651 가정주부의 몇가지 비결 // 은하수.－1985,(12).－36
32652 고단백식료품: 부죽 / 류송고 // 대중과학.－1985,(12).－22－23
32653 과일즙이 진짜인가를 간별하는 방법 // 대중과학.－1985,(12).－52
32654 람메스2세와 담배 // 대중과학.－1985,(12). －39－41
32655 미래의 식료품 / 로인 // 대중과학.－1986,(1).－16－17
32656 넥타이와 옷차림 // 대중과학.－1986,(3).－45
32657 전통적음식: 막걸리, 청주, 엿 / 윤분원 등 // 연변녀성.－1986,(3).－52－53
32658 개성있는 몸가꾸기 / 쏘피아 롤랑 // 연변녀성.－1986,(5).－44－46
32659 맥주는 조미료 / 진덕명 // 연변녀성.－1986,(6).－48
32660 머리모양,화장 및 풍채 / 류효평 // 연변녀성.－1986,(6).－39
32661 몇가지 전자놀이감제작법 // 대중과학.－1986,(6).－28－29
32662 바야흐로 보급되고 있는 음료들 / 김철만 // 대중과학.－1986,(6).－10－11
32663 인기를 끄는 식용유화향정 // 대중과학.－1986,(7).－38
32664 무력증에는 미꾸라지국 // 은하수.－1986, (8).－46
32665 세계에서 제일 큰 료리: 락타구이 / 향집 // 동북민병.－1986,(8).－14
32666 화건담배등급은 국가표준대로 / 최중현;김주한 // 대중과학.－1986,(8).－12－13
32667 가정용수동식편직기 / 리체량 // 대중과학.－1986,(9).－55
32668 비지가 생기지 않게 두부를 앗는 방법 // 대중과학.－1986,(9).－5
32669 시원하고 영양가 높은 회료리 / 전진식;정대성 // 대중과학.－1986,(9).－21
32670 흥미있는 자물쇠 / 서승 // 동북민병.－1986,(10).－47
32671 감자의 가공기술 // 대중과학.－1986,(11).－7－9
32672 볶음료리와 기름 / 서영일 // 대중과학.－1986,(11).－53
32673 옥수수의 종합적리용 / 류애군; 모청송 // 대중과학.－1986,(12).－34－35
32674 식료품의 저장과 수분 / 김태식 // 대중과학.－1987,(1).－11
32675 집안의 잡내를 없애는 방법 / 명량 // 연변녀성.－1987,(1).－60
32676 식품건강비밀 // 은하수.－1987,(2).－64
32677 성능이 특이한 모자 / 증빈평 // 연변녀성.－1987,(3).－17
32678 간장 된장을 담글 때 알아둘 점 // 대중과

학.－1987,(4).－35

32679 한가지 영양물질이 제일 많이 들어있는 음식물 / 강소화 // 동북민병.－1987,(4).－48

32680 넥타이의 유래 / 고철 // 연변녀성.－1987,(5).－66

32681 몇가지 식용야생식물영양분석 / 최창원 // 대중과학.－1987,(7).－10

32682 오리고기는 어떻게 가공해야 맛있는가 // 대중과학.－1987,(7).－39

32683 버들공예능수: 우추려 / 립파 등 // 동북민병.－1987,(12).－24

32684 명태반찬 / 송희 // 연변녀성.－1988(1).－58

32685 버들공예품으로 외화를 바꿔올수 있다 / 맹번보;로림위 // 동북민병.－1988,(1).－17

32686 어떤 술이 진짜 명주인가? / 리향동 // 동북민병.－1988,(1).－48

32687 미용보건상식 // 은하수.－1988,(6).－14

32688 된장과 장수 // 대중과학.－1988,(7).－23－24

32689 과일을 먹는 학문 // 대중과학.－1989,(1).－22－23

32690 국과 건강 // 대중과학.－1989,(1).－43

32691 몸매와 옷모양 // 대중과학.－1989,(1).－37

32692 건강미운동 / 리만길 // 대중과학.－1989,(2).－9

32693 균형보건운동 줄뛰기 // 대중과학.－1989,(2).－27

32694 옷의 색갈과 무늬 // 대중과학.－1989,(2).－42－43

32695 닭알을 삶아 인차 찬물에 담그면 // 대중과학.－1989,(3).－15

32696 소금 초 술의 묘한 용법 / 동운탁 // 대중과학.－1989,(6).－34

32697 쓸모 많은 갈구리 / 홍화 // 연변녀성.－1989,(6).－19

32698 조선에 고유한 민족료리 / 문봉준 // 대중과학.－1989,(6).－34

32699 김치의 맛을 살리자면 / 당호 // 은하수.－1989,(9).－64

32700 아동식료품의 산, 알칼리 평형 // 대중과학.－1989,(9).－7

32701 털신매대 참모 // 대중과학.－1989,(10).－11

32702 음식그릇소독법 몇가지 // 대중과학.－1989,(11).－12

32703 재질에 따르는 옷손질법 // 대중과학.－1989,(11).－59

32704 음식물의 별난 냄새 제거방법 // 대중과학.－1989,(12).－32

32705 참기름의 용처 / 소집 // 연변녀성.－1989, (12).－24

32706 주름살이 지는것과 그 예방 / 김광선 // 대중과학.－1990,(1).－15

32707 금 은 장식품의 사용 // 대중과학.－1990,(2).－48

32708 작식과 영양 / 류국천 // 대중과학.－1990,(2).－50

32709 젖가슴을 풍만하게 하는 방법 / 김광선 // 연변녀성.－1990,(2).－48

32710 하기 쉬운 미용법 / 마명자 // 연변녀성.－1990,(2).－20

32711 버들공예품공장과 추명월공장장 / 양덕림; 하덕청 // 동북후비군.－1990,(5).－23

32712 피아노식 오르내림아동용 책상과 걸상 / 손덕청 // 대중과학.－1990,(6).－44

32713 부엌에서 할수 있는 미용법 / 소엽 // 연변녀성.－1990,(8).－28

32714 옷에 묻은 오물은 이렇게 // 대중과학.－1990,(10).－18－19

32715 기이한 사탕 // 대중과학.－1990,(11).－12

32716 과일껍질로 미용을… / 고백근 // 연변녀성.－1990,(12).－8

TU 건축공학

32717 성음과 건축 / 타유(馱猷) // 대중과학.－1960,(6).－8－9

32718 콩크리트의 배합비례 / 정승안 // 대중과학.－1966,(4).－54－56
32719 세멘트의 호수 / 장기봉 // 대중과학.－1966,(5).－33－35
32720 벽돌로 벽을 어떻게 쌓을것인가? / 장기봉 // 대중과학.－1966,(6).－52－53
32721 세멘트와 부뚜막의 견고성 / 장기봉 // 대중과학.－1966,(8).－64－65
32722 암모니아수저장용 세멘트굴 // 대중과학.－1966,(9).－62－64
32723 현대적살림집과 신식구들 / 조광묵 // 대중과학.－1980,(8).－4－5
32724 30이형부뚜막 / 차영순 // 대중과학.－1980, (9).－32
32725 조선족구들을 놓는 새 방법 / 주영창 // 대중과학.－1981,(3).－8－9
32726 우리의 살림집을 더 멋지게: 농촌조선족 주택건설제의안 몇가지 // 대중과학.－1981,(4).－5－8
32727 방안꾸리기에서의 색조화 // 은하수.－1983,(2).－74
32728 방안에 어떤 색을 칠하면 좋은가? // 동북민병.－1983,(3).－36
32729 건물의 장식품: 규회석고령 토타일 / 김가이 // 대중과학.－1983,(4).－51
32730 바다물로 지은 집 / 라악봉; 채강비 // 대중과학.－1983,(4).－41
32731 부석은 훌륭한 건재 / 임세명; 류금강 // 대중과학.－1983,(4).－14
32732 전기화부엌간 참관기 / 정전 // 대중과학.－1984,(1).－12－14
32733 래일의 도시주택 // 대중과학.－1984,(3).－10－11
32734 살림집도 더 아름답게: 농촌조선족주택설계안 몇가지 // 대중과학.－1984,(3).－32－33
32735 방바닥채색장식법 // 대중과학.－1984,(9).－37
32736 마음에 드는 구들을 놓으려면 / 최해룡; 최철수 // 대중과학.－1984,(10).－34－35
32737 가정환경과 색채 / 리명; 은생 // 연변녀성.－1985,(2).－46－47
32738 새로운 건축재료: MS－A형 인조대리석 / 허종수 // 대중과학.－1985,(3).－5
32739 우리 나라의 고층건물들 // 은하수.－1985,(6).－38
32740 세계의 최고층건물 / 위봉 // 대중과학.－1986,(5).－6－8
32741 우리의 생활에 일대변혁을 안겨주는 온수온돌난방 / 허진환 // 대중과학.－1986,(8).－3－5
32742 건축재료의 한떨기 꽃: GRC / 해송선 // 대중과학.－1987,(5).－20
32743 빠리의 개선문 // 소년아동.－1987,(7).－82－84

TV 수문학

32744 만리 장강의 대교 / 왕충(王冲) // 대중과학.－1958,(1).－28－29
32745 수문지질과 공정지질 / 장갱생(張更生) // 대중과학.－1958,(1).－20
32746 소형저수지 / 김학선 // 대중과학.－1958,(2).－9－12
32747 소형수력발전소건설의 몇개 기본지식 / 리득송 // 대중과학.－1958,(3).－35－37
32748 농촌의 전기화를 실현하자 // 대중과학.－1958,(4).－1
32749 목제프로펠라수차 / 남길송 // 대중과학.－1958,(4).－2－4
32750 홍수방지 / 최현빈 // 대중과학.－1958,(7).－12－13
32751 소형수력발전소를 어떤데 건립할것인가 / 장덕흠(張德鑫) // 대중과학.－1958,(8).－8
32752 하천의 류량측정 / 박승팔 // 대중과학.－1958,(8).－9
32753 간단한 수평기 / 최현빈 // 대중과학.－1958,(9).－34－35

32754 소형수력발전소의 출력계산 / 림창덕 // 대중과학. − 1958,(9). − 16

32755 해란강을 다스리는 웅장한 규획 / 연동섭 // 대중과학. − 1958,(10). − 15 − 17

32756 양양지구에서 산구의 자류관개망을 수축한 경험 / 조수(趙修) // 대중과학. − 1959,(2). − 14 − 17

32757 어떻게 샘물을 팔것인가 / 곽가(郭克) // 대중과학. − 1959,(2). − 13

32758 지하수의 리용 / 김학선 // 대중과학. − 1959,(2). − 10 − 12

32759 소형수력발전소의 건립조건과 설비 // 대중과학. − 1959,(4). − 13 − 14

32760 동기수리시공에 대한 몇개 문제 / 김학선 // 대중과학. − 1959,(12). − 18 − 19

32761 안도저수지 채석공정 대폭파경험 / 리택선 // 대중과학. − 1960,(1). − 16 − 17

32762 수리시공중에서 대폭파에 관한 안전문제 / 리택선 // 대중과학. − 1960,(2). − 3

32763 농촌수력발전소의 자동화 / 림창덕 // 대중과학. − 1960,(3). − 29 − 31

32764 어떻게 홍수를 방지할 것인가 / 리택선 // 대중과학. − 1960,(7). − 25 − 26

32765 몇가지 수력타빈 / 권홍범 // 대중과학. − 1960,(8). − 11 − 13

32766 홍수재해를 어떻게 방지할 것인가 / 김학선 // 대중과학. − 1960,(10). − 27 − 28

32767 황하는 중국 인민의 손에 의해 정복되고 있다 / 박숙 // 연변. − 1962,(7). − 35 − 36

32768 산간의 야명주: 소형수력발전소 / 김천길 // 대중과학. − 1980,(1). − 4 − 7

32769 살진 물 / 경지명 // 대중과학. − 1981,(9). − 43

32770 잠재수가로막이공사 / 김경덕 // 대중과학. − 1982,(11). − 8 − 9

32771 지하수의 분포법칙과 개발리용 / 김경덕 // 대중과학. − 1982,(12). − 22 − 23

32772 쓰기좋은 물뽐프 // 대중과학. − 1983,(1). − 13

32773 만리장강의 수력자원 // 대중과학. − 1983, (10). − 35

32774 동북지구의 최대 수력발전소: 백산수력발전소 / 김천길 // 대중과학. − 1984,(1). − 3 − 4

32775 명성높은 이천약수 // 대중과학. − 1986,(3). − 20 − 21

32776 ZYG: 2형자동압력급수설비 / 최만길 // 대중과학. − 1986,(10). − 37

U 교통운수

32777 세계 첫 원자쇄빙선 진수 / 마여룡(馬如龍) // 대중과학. − 1958,(2). − 32 − 35

32778 발동기의 윤활유 / 김형관 // 대중과학. − 1960,(3). − 13

32779 자전거의 과학 // 대중과학. − 1960,(7). − 8 − 9

32780 바퀴 없는 자동차 / 류승소(劉崇素) // 대중과학. − 1960,(8). − 14 − 15

32781 자동차와 뜨락또르의 부속품의 마손 / 김형관 // 대중과학. − 1964,(12). − 42 − 43

32782 ≪매화≫송 / 위승안; 도기만 // 동북민병. − 1980,(7). − 23 − 24

32783 하이야의 어제 오늘, 래일 / 손개남 // 대중과학. − 1980,(12). − 9 − 12

32784 분초를 다투어 조국을 빛내다 / 황명송; 양애정 // 동북민병. − 1980,(13). − 28 − 29

32785 자동차엔진의 가장 훌륭한 공기: 연유비조절변 / 엽경위 // 대중과학. − 1981,(1). − 4 − 6

32786 현대적교통 / 류경지 // 대중과학. − 1982,(3).

－32－33
32787 신흥의 자동차공업기지 제2자동차공장 // 대중과학.－1982,(10).－2－3
32788 발전중에 있는 자전거 / 허상림 // 대중과학.－1982,(11).－20－22
32789 기차의 자동련결기는 누가 발명했는가? / 박창화 // 대중과학.－1983,(1).－45
32790 형형색색의 길 / 정수안 // 대중과학.－1983,(9).－25
32791 형형색색의 자동차 / 시학군 // 대중과학.－1983,(10).－20－21
32792 일미의 자동차쟁탈전 // 대중과학.－1984, (2).－10－12
32793 고속도도로 // 대중과학.－1984, (12).－8－9
32794 기차의 ≪언어≫ / 정의 // 동북민병.－1984,(20).－36
32795 작은바퀴자전거 / 등성기 // 대중과학.－1985,(2).－7
32796 북경의 지하철도 / 한정숙 // 대중과학.－1985,(8).－8－9
32797 철도신호 / 범사악 // 대중과학.－1985,(11).－31
32798 렬차를 어떻게 구별하는가 / 영의; 소화 // 동북민병.－1986,(12).－36
32799 미래의 가정용소형승용차 // 동북민병.－1986,(12).－45
32800 서울의 지하철 / 하지수 // 대중과학.－1987,(2).－39
32801 륙지에서 제일 빨리 달린 사람 / 김광현 역 // 대중과학.－1988,(12).－27
32802 물밑유람선 // 소년아동.－1989,(5).－120－123
32803 자동차고효능에네르기절약정황 JJZ－I형증력구 // 대중과학.－1990,(3).－8－9
32804 도시려객수송의 대동맥: 지하철도 / 리춘남 // 대중과학.－1990,(8).－34－35
32805 30년 간난곡절을 겪어온 ≪붉은기≫표 승용차 / 옥춘; 학광 // 대중과학.－1990,(9).－26－29

V 항공우주공학

32806 광량자로케트 / 구지 // 대중과학.－1958,(6).－33
32807 우주로케트와 성제려행 // 대중과학.－1959,(2).－4－7
32808 우주로부터 지구에로 돌아오자면 / 아. 스델엔휄드 // 대중과학.－1959,(7).－3－4
32809 로케트에서의 생물학에 관한 약간 문제 / 려하(麗夏) // 대중과학.－1959,(9).－38－39
32810 자력발동기와 자력제동 / 쎄반노브 // 대중과학.－1959,(9).－23－24
32811 왜서 세개우주로케트의 발사 일기는 각기 다른가 // 대중과학.－1959,(11).－42
32812 우주로케트의 몇개 기술문제 / 허영환 // 대중과학.－1959,(11).－6－7
32813 사람이 우주비행중에서 / 집상(集祥) // 대중과학.－1960,(1).－47
32814 쏘련에서 위성식우주비행선 발사에 성공 / 왕경일(王慶一) // 대중과학.－1960,(6).－15－16
32815 우주비행선의 발사로부터 본 쏘련로케트 동력의 성취 / 고국균(高國鈞) // 대중과학.－1960,(6).－16
32816 우주 비행에 관한 몇 개 문제 // 연변.－1961,(5).－48
32817 공중비적 미국 U－2, P2 V 간첩비행기 / 오형모 // 대중과학.－1964,(10).－16
32818 공간과학기술 / 온원개 // 대중과학.－1979,

(12). − 40 − 42

32819 우리 나라의 첫 현대화비행장 / 상국 // 대중과학. − 1979,(12). − 1 − 3

32820 공중도시 / 한승악 // 대중과학. − 1980,(7). − 8 − 9

32821 항천비행기 / 강란 // 대중과학. − 1980,(11). − 24 − 26

32822 태양에네르기비행기 // 대중과학. − 1981,(1). − 20 − 21

32823 UFO비밀탐구 / (미국) 림문위 // 대중과학. − 1981,(1). − 8 − 10

32824 우주공간에서의 싸움 / 진병귀 // 청년생활. − 1981,(2). − 82

32825 하늘에서의 만능자: 직승기 / 오소춘 // 대중과학. − 1981,(5). − 24 − 25

32826 ≪인류사절≫의 우주려행 / 김편 // 대중과학. − 1981,(12). − 6 − 8

32827 비행기와 새 // 대중과학. − 1982,(2). − 24 − 25

32828 세개 위성을 하나의 로케트로 // 대중과학. − 1982,(3). − 18

32829 국외의 소형려객기 // 대중과학. − 1982,(5). − 24

32830 전기로케트 / 비양 // 대중과학. − 1982,(8). − 16 − 17

32831 항천비행기안의 식물 / 장위위 // 대중과학. − 1982,(9). − 5

32832 하늘의 ≪쓰레기≫ // 대중과학. − 1983,(6). − 51

32833 핵자로케트 // 대중과학. − 1983,(6). − 26 − 27

32834 비행기를 타면 위험한가 // 대중과학. − 1983,(8). − 42 − 43

32835 해빛의 힘으로 날게된 비행기 / 림화 // 대중과학. − 1983,(9). − 5

32836 형형색색의 인공위성 // 대중과학. − 1984,(2). − 32 − 33

32837 첫 정기려객기 탄생 // 대중과학. − 1984,(3). − 23

32838 우주항행의 선구자들 / 염수아 // 대중과학. − 1984,(5). − 8 − 9

32839 우주에서의 보행 / 장림 // 대중과학. − 1984,(6). − 18 − 19

32840 통신위성이란? / 일화 // 대중과학. − 1984,(7). − 22

32841 항공력사에서 보기드문 일 / 유홍우; 뢰세호 // 대중과학. − 1984,(8). − 35

32842 우리 나라 통신위성의 작용 // 대중과학. − 1984,(9). − 3

32843 기이한 소문에 대한 재탐구 // 대중과학. − 1984,(11). − 37 − 39

32844 날개있는 위성 // 대중과학. − 1985,(1). − 12 − 13

32845 페리소조는 행동한다 / 조덕준 // 대중과학. − 1985,(1). − 26 − 28

32846 21세기의 공중교통수단 // 대중과학. − 1985,(5). − 3 − 6

32847 세계에서 제일 비싼 옷: 우주비행복 // 대중과학. − 1985,(11). − 36 − 37

32848 ≪공중목동≫ // 대중과학. − 1986,(1). − 26 − 27

32849 ≪도전자≫ 호 우주비행선에서 / 류림란 // 청년생활. − 1986, (2). − 54 − 55

32850 우주에서 온 간첩 // 대중과학. − 1986,(3). − 32 − 33

32851 우리 나라 민용수송기 볓가지 // 대중과학. − 1986,(6). − 8 − 9

32852 우리 나라에 건립된 국내위성통신망 // 대중과학. − 1986,(9). − 6 − 7

32853 ≪려행자≫들의 빛나는 공훈 // 대중과학. − 1986,(10). − 12 − 13

32854 우리 나라에서 력대로 발사한 인공위성 // 대중과학. − 1986,(10). − 44

32855 현대군용비행기 // 대중과학. − 1987,(2). − 44 − 46

32856 미국유인우주비행의 어제와 래일 // 대중과학. − 1987,(3). − 44 − 45

32857 UFO목격기 // 대중과학. − 1987,(5). − 8 − 9
32858 쏘련의 우주개발 / 박창화 // 대중과학. − 1988,(10). − 56 − 58
32859 ≪천국≫에 오르는 길 // 대중과학. − 1988,(10). − 46 − 48
32860 ≪남천문≫에로 // 대중과학. − 1988,(11). − 52 − 54
32861 ≪광한궁≫에로 // 대중과학. − 1988,(12). − 28 − 30
32862 왜 우주정류소를 건설하는가 // 대중과학. − 1989,(2). − 60 − 61
32863 아폴로11호의 월구상륙기 / 조창욱 // 대중과학. − 1989,(3). − 50 − 53
32864 탄소섬유와 비행기 // 대중과학. − 1989,(7). − 28 − 29
32865 장정의 새로운 시발점: ≪아세아1호≫위성발사실기 // 대중과학. − 1990,(12). − 4 − 7

X 환경공학, 안전공학

32866 굴내와 그의 영양 / 박생훈 // 대중과학. − 1958,(1). − 32 − 33
32867 로동과 힘 / 허승문(許勝文) // 대중과학. − 1958,(3). − 27 − 28
32868 봄철의 환경위생 / 신국상 // 대중과학. − 1958,(3). − 20 − 21
32869 산업진애의 위해성과 그의 예방 / 김영철 // 대중과학. − 1958,(5). − 19 − 21
32870 페품의 리용 / 장룡욱 // 대중과학. − 1958,(7). − 24 − 25
32871 생산과정에서 산생되는 먼지가 인체에 주는 영향과 예방 / 장선 // 대중과학. − 1959,(6). − 31 − 32
32872 끝없이 무진장한 재부: 페품리용 / 한신 // 대중과학. − 1959,(8). − 3 − 6
32873 굴뚝의 페기가 농업생산을 위해 복무케 하자 / 심윤강(沈允鋼) // 대중과학. − 1960,(12). − 15
32874 환경보호 생명존망의 주되는 요소 / 윤승혁 // 대중과학. − 1979,(11). − 28 − 29
32875 공기오염과 그의 위해 / 조봉택 // 대중과학. − 1981,(1). − 38 − 39
32876 물오염과 그의 위해 / 조봉택; 윤승혁 // 대중과학. − 1981,(3). − 32 − 33
32877 페물을 보물로 / 주춘근 // 대중과학. − 1981,(10). − 12 − 13
32878 부대를 도와 렬화와 박투 / 황진령 등 // 동북민병1982,(2). − 20
32879 광화학내굴안개 / 박근배 // 대중과학. − 1982,(5). − 48 − 49
32880 디젤유오염의 위해 및 방지 / 최석동 // 대중과학. − 1982,(7). − 20 − 21
32881 불을 꺼 살림을 보호, 의무배달원으로 15년 / 주련복 등 // 동북민병. − 1982,(8). − 9 − 10
32882 불을 꺼 국가재산을 보호 / 송영관 // 동북민병. − 1982,(18). − 43
32883 미국 시카코의 한차레 큰 화재 / 주조화 // 대중과학. − 1983,(2). − 24 − 25
32884 사고과학 // 대중과학. − 1983,(3). − 34 − 35
32885 보이지 않는 폭발물 // 대중과학. − 1983,(5). − 30
32886 연길시의 소음오염 / 리성훈; 장일호 // 대중과학. − 1983,(5). − 8 − 9
32887 로동보호란? / 주영종 // 대중과학. − 1983,(7). − 47
32888 대기중의 암원질: 3.4펜조파렌 / 우정 // 대중과학. − 1983,(8). − 47

32889 열오염 / 서승곡 // 대중과학. – 1983,(8). – 30

32890 담배꽁초로부터 일어난 화재 / 충복 등 // 동북민병. – 1983,(13 – 14). – 32 – 34

32891 세상에서 가장 엄중한 공해사건 / 여문도 // 대중과학. – 1985,(7). – 14 – 15

32892 주의를 돌려야할 실내공기오염 // 대중과학. – 1987,(1). – 24 – 25

32893 얄미운 굴뚝연기 / 김인숙; 안창해 // 대중과학. – 1987,(5). – 24 – 25

32894 담배연기의 독성 // 대중과학. – 1988,(9). – 36 – 37

32895 전 사회에 엄중한 해를 끼치고 있는 교통사고 / 유춘근 // 대중과학. – 1988 (11). – 34 – 36

32896 생명이 있는 지시기 // 대중과학. – 1989,(1). – 44 – 45

32897 끌어들인 재난 // 대중과학. – 1989,(2). – 48 – 49

32898 대기오염과 인류의 생존 // 대중과학. – 1989,(2). – 56 – 58

32899 경종편: 우리 나라 환경오염으로 인한 경제손실액 해마다 근 700억원 // 민족단결. – 1989,(4). – 60

32900 대기오염의 위해성 / 유성춘 편역 // 대중과학. – 1989,(4). – 4 – 5

32901 재난으로 뒤덮인 1988년 // 대중과학. – 1989,(7). – 5 – 6

32902 위기에 처한 세계환경 // 대중과학. – 1989,(8). – 54 – 55

32903 환경,환경오염, 환경과학 // 대중과학. – 1989,(8). – 44 – 45

32904 지구는 앞으로 어떻게 변할가 // 대중과학. – 1989,(9). – 8 – 10

32905 1985 – 1989 세계에서 가장 엄중한 오염사건 // 대중과학. – 1989,(9). – 58

32906 연변의 환경오염 / 윤승혁 등 // 대중과학. – 1990,(2). – 46 – 47

32907 환경과 대뇌사용효률 / 최춘희 // 연변녀성. – 1990,(2). – 45

32908 전 지구적 규모의 대기오염 / 윤승혁 // 대중과학. – 1990,(7). – 14 – 16

32909 재해손실방지문답 / 박영주; 박경호 // 대중과학. – 1990,(9). – 36

32910 전 인류가 직면한 도전 // 대중과학. – 1990,(9). – 3 – 5

32911 1989년 연변지구 환경오염 통계분석과 변화추세 / 김송자 // 대중과학. – 1990,(9). – 52 – 53

1. 중국인저자목록

ㄱ
가금(歌今) 32408
가녕 5122
가대악 32170
가대악 32181
가동서 4327
가란방 25767
가람 23027
가람 11342
가령 487
가로생 21408
가립 27376
가립방 31198
가명존 4408
가문 4136
가문의 3556
가보성 6664
가보성;주사달 25442
가봉산 5145
가봉산 5146
가봉산 5173
가봉산 6066
가봉산 6081
가봉산 6096
가봉산 6135
가봉산 6190
가봉산 6199
가봉산 6227
가봉산 6231
가봉산 27633
가봉산 27634
가봉산 등 6201
가봉산;강보안 5242
가사남;한화 103
가서운 27386
가소형;뢰조록 21064
가숙방 20143
가쌍의 3832
가영동 22183
가운 19739
가운;유철 19803
가운로 454
가웅도 21157
가위군 28593
가인 6714
가재 24778
가전무 5374
가중평 13989
가중평 13970
가지려 23318
가진 18803
가진 18929
가진 6743
가청강 5433
가청강 30465
가택종 27333
가평요 23090
가행년 4575
간봉 3132
간제 4097
갈경 25869
갈림 56
갈림 69
갈맹 25118
갈서덕 4463
갈석 3362
갈장대 937
갈정 6703
갈정 29698
갈중화;부작재 5363
갈풍 5104
갈학지(葛學志) 2270
갈효인 4977
갈효임 1861
감감 10221
감감 27402
감공백 21112
감란약 28748
감발 332
감발 3863
감발 3875
감봉 1008
감봉 3134
감사걸 10073
감섬 5036
감학철 14758
감행민 30253
감행인 29421
갑경화 24973
갑소보 285
강건 601
강건 21988
강건근 5159
강건근 27622
강걸 25312
강경리;박명호 5615
강경숙 22896
강계운 등 9920
강계윤 8960
강계재 24724
강곤 4234
강광자 3904
강광주 6630
강광주 6635
강광현 16635
강국민;류신덕 3983
강국봉 5518
강국봉 6001
강귀길 30756
강귀길 31126
강귀길 32358
강귀길 32393
강귀길 32412
강근순 9032
강금단 23110
강금단 23637
강금단 8180
강금단 8397
강금달 19726
강금달 4428
강금쌍 5894
강금희 25390
강기만 1819
강기수 13876
강기암 2573
강기정 8613
강기주 27382
강기주 27560
강기주 27619
강기주 28081
강기주 28259
강기태;장봉조 24430
강길 14255
강길 14298
강길 14321
강길 14775
강길 15641
강길 15677
강길 16423
강길 24721

강길 24818
강길 24909
강길 24985
강길 25006
강길 25199
강길 25435
강길봉;리준 20841
강길;정근포 25120
강길군 19158
강길룡 29079
강덕발 등 21113
강동옥 8992
강동철 23873
강동춘 9945
강동춘 27292
강동춘 29252
강동학 14320
강두관 24595
강란 32821
강란 2799
강려옥 3394
강려철 5528
강려철 22208
강려청 738
강련숙 12419
강련숙 12435
강련순 12710
강련화 25564
강련홍 1853
강룡 9088
강룡권 9218
강룡권 27568
강룡권 27613
강룡범 9454
강룡범 9458
강룡운 8252
강룡운(姜龍云) 8312
강룡학 9586
강룡학 9622
강룡한 3187
강룡화 15231
강리 30013
강리화 21412
강림파 등 4171
강립국 4708
강립파 6181
강립파 21217
강립파;려언림 5738
강만석 32401
강만석 32500
강맹산 24118
강맹산 27607
강명뢰 507
강명뢰 4550
강명뢰;로정위 5120
강명월 19344
강문 408
강문 4360
강문구 27025
강문석 28762
강문식 32507
강문옥 13699
강민성 29939
강백룡 10138
강백룡 29806
강병 10405
강병두 1148
강병록 24993
강보유 10814
강보유 10944
강보재 23170
강보재 22388
강복록 13441
강복록 13539
강복자 19530
강봉춘 10721
강빈 27850
강산 6418
강산야;대민 24559
강상범 27202
강상언 20832
강생금 17952
강서창 1524
강석창 1804
강석창 2168
강선영 25156
강선옥 31931
강성구 2159
강성란 16499
강성자 24888
강성재 29779
강소중 2108
강소화 32679
강소화 848
강소화;왕보권 5502
강송란;최도순 31824
강송매 25197
강송옥 16124
강송옥 16269
강송옥 16743
강송운 21480
강송훈 23871
강송훈 22062
강송훈 9307
강수련 25558
강수백 594
강수봉 27454
강수영 25647
강수원 7046
강수일 8757
강순 26049
강순금 298
강순금 6292
강순자;리순애(姜順子;李順愛) 8320
강승일 18995
강신국 17468
강신극 27482
강신극 24204
강신자 27085
강연파 5472
강영 편역 574
강영길;윤학주 10326
강영덕 6884
강영덕 7030
강영덕 7751
강영덕 10631
강영수 4256
강영식 14454
강영식 21242
강영식 7477
강영식 12573
강영준 9219
강영준 12702
강영철 21689
강영철;김국범 9072
강오금; 리문혁 8971
강용길 17873
강운교;손창석 24490
강운룡 25536
강운우 6579
강운전 30803
강운초 23909
강웅걸 9537
강웅걸 9830
강원방 2808
강원삼 17703
강원식 10487
강위룡 20705
강유룡 29979
강유평 20048
강유평 20061

강유평 ……………… 20084
강윤교;손창석 …… 24483
강윤교;손창석 …… 24515
강윤렬 ……………… 2263
강윤렬 ……………… 2291
강윤일;박창묵 …… 24171
강윤주 ……………… 23191
강윤진;류형숙 …… 29900
강윤철 ……………… 7365
강윤철 ……………… 10334
강윤추 ……………… 4627
강응성 ……………… 31927
강응성 ……………… 32403
강응천 ……………… 7073
강응천 ……………… 7082
강의 ………………… 24914
강의서 ……………… 12722
강인숙 ……………… 9470
강인숙 ……………… 30058
강일덕 ……………… 15008
강일선 ……………… 24975
강임석 ……………… 8721
강장희 ……………… 14525
강장희 ……………… 15559
강장희 ……………… 18879
강장희 ……………… 19249
강장희 ……………… 22666
강장희 ……………… 22743
강장희 ……………… 22854
강장희 ……………… 22988
강장희 ……………… 23148
강장희 ……………… 23179
강장희 ……………… 23298
강장희 ……………… 23748
강장희 ……………… 20935
강장희 ……………… 21224
강장희 ……………… 21449
강장희 ……………… 21616
강장희 ……………… 21830
강장희 ……………… 22107
강장희 ……………… 11102
강장희 ……………… 11393
강장희 ……………… 11424
강장희 ……………… 11990
강장희 ……………… 12271
강장희 ……………… 12277
강장희 ……………… 12302
강장희 ……………… 12350
강장희 ……………… 12480
강장희 ……………… 12489
강장희 ……………… 12518
강장희 ……………… 12571
강장희 ……………… 12634
강장희 ……………… 27226
강장희;임범송 …… 12313
강장희;최기선 …… 22687
강정 ………………… 21543
강정국 ……………… 13689
강정길 ……………… 22328
강정남 ……………… 8112
강정숙 ……………… 19151
강정숙 ……………… 19674
강정숙;김정숙 …… 8084
강정일 ……………… 17671
강정일 ……………… 17677
강정일 ……………… 17988
강정일 ……………… 18328
강정일 ……………… 19177
강정자 ……………… 8296
강정자;림충석 …… 10236
강정철 ……………… 29317
강종환 ……………… 8833
강중조 ……………… 3255
강진 ………………… 18979
강진 ………………… 23739
강진 ………………… 19970
강진 ………………… 21506
강진 ………………… 21835
강진 ………………… 21900
강진 ………………… 22325
강진 ………………… 1696
강진;김광익 ……… 22079
강진관 ……………… 30170
강진수 ……………… 15961
강진화 ……………… 4152
강창걸 ……………… 17538
강창걸 ……………… 20604
강창록 ……………… 18078
강창무 ……………… 31589
강창무 ……………… 31626
강창언 ……………… 22805
강창종 ……………… 23882
강천민;홍천 ……… 18390
강철 ………………… 17583
강철 ………………… 17586
강철 ………………… 22489
강철 ………………… 22984
강철 ………………… 9168
강철 ………………… 30299
강철 ………………… 30304
강철구 ……………… 22414
강철규 ……………… 22229
강철문 ……………… 32171
강철송 ……………… 6896
강철송 ……………… 6969
강철송 ……………… 7554
강철송 ……………… 8155
강철송 ……………… 8678
강철송 ……………… 8686
강철송 ……………… 8718
강철송 ……………… 8796
강철송 ……………… 8811
강철송 ……………… 8825
강철송 ……………… 8842
강철송 ……………… 9594
강철송 ……………… 9639
강철송 ……………… 10513
강철송;조선숙 …… 8272
강청석 ……………… 31030
강청원 ……………… 13465
강촌(羌村) ………… 32064
강춘생 ……………… 31580
강춘생 ……………… 31610
강춘영 ……………… 25524
강춘우;진유세 …… 3717
강치생 ……………… 18261
강치생 ……………… 18440
강칠봉 ……………… 9656
강탁(康濯) ………… 11772
강탁(康濯) ………… 11348
강탁(康濯) ………… 22482
강태경 ……………… 30062
강태영;왕보산 …… 31502
강태원 ……………… 6500
강태화 ……………… 23522
강태화 ……………… 20216
강택민 ……………… 1203
강택일 ……………… 14798
강하 ………………… 21911
강하 ………………… 27462
강학현 ……………… 24101
강한 ………………… 17242
강해란 ……………… 25555
강해봉 ……………… 19295
강해연 ……………… 25795
강해옥 ……………… 8566
강해천 ……………… 4272
강향숙 ……………… 24873
강형만 ……………… 25615
강형원;혜민 ……… 23886
강혜룡 ……………… 21915
강호 ………………… 20190

강호걸 …… 25181
강호근 …… 12512
강호웅 …… 10339
강호혁 …… 13997
강호혁 …… 14012
강호혁 …… 14037
강호혁 …… 14063
강호혁 …… 14114
강호혁 …… 14126
강호혁 …… 14209
강호혁 …… 14232
강호혁 …… 14332
강호혁 …… 14458
강호혁 …… 13925
강홍도 …… 22750
강홍도 …… 558
강홍도 …… 3724
강홍수 …… 12454
강홍수 …… 12491
강홍수 …… 12509
강홍진 …… 7296
강홍진 …… 9549
강홍진 …… 9704
강효 …… 15338
강효근 …… 17962
강효근 …… 18123
강효근 …… 18225
강효근 …… 18363
강효근 …… 18670
강효근 …… 18679
강효근 …… 18738
강효근 …… 18754
강효근 …… 18854
강효근 …… 18875
강효근 …… 19083
강효근 …… 19115
강효근 …… 19267
강효근 …… 19612
강효근 …… 19770
강효근 …… 19852
강효근 …… 19875
강효근 …… 22839
강효근 …… 20144
강효근 …… 20182
강효근 …… 20365
강효근 …… 20413
강효근 …… 20466
강효근 …… 20499
강효근 …… 20534
강효근 …… 21569
강효근 …… 11476
강효근 …… 13565
강효명 …… 8716
강효삼 …… 14518
강효삼 …… 14532
강효삼 …… 14825
강효삼 …… 14827
강효삼 …… 14910
강효삼 …… 14963
강효삼 …… 14987
강효삼 …… 15131
강효삼 …… 15225
강효삼 …… 15387
강효삼 …… 15427
강효삼 …… 15457
강효삼 …… 15488
강효삼 …… 15549
강효삼 …… 15642
강효삼 …… 15722
강효삼 …… 15782
강효삼 …… 15852
강효삼 …… 15863
강효삼 …… 15962
강효삼 …… 15997
강효삼 …… 16087
강효삼 …… 16336
강효삼 …… 16393
강효삼 …… 16487
강효삼 …… 16508
강효삼 …… 16515
강효삼 …… 16586
강효삼 …… 16611
강효삼 …… 16740
강효삼 …… 16825
강효삼 …… 16855
강효삼 …… 16918
강효삼 …… 16963
강효삼 …… 17027
강효삼 …… 17029
강효삼 …… 17102
강효삼 …… 17135
강효삼 …… 17184
강효삼 …… 17510
강효삼 …… 23094
강효삼 …… 23269
강효삼 …… 23273
강효삼 …… 23284
강효삼 …… 23324
강효삼 …… 23326
강효삼 …… 23387
강효삼 …… 23400
강효삼 …… 23459
강효삼 …… 23496
강효삼 …… 23518
강효삼 …… 23635
강효삼 …… 23636
강효삼 …… 23671
강효삼 …… 23789
강효삼 …… 24280
강효삼 …… 24822
강효삼 …… 24852
강효삼 …… 25026
강효삼 …… 25171
강효삼 …… 25240
강효삼 …… 25453
강효삼 …… 19922
강효삼 …… 19948
강효삼 …… 10545
강효삼 …… 10591
강효삼 …… 12413
강효삼 …… 25606
강효삼 …… 25697
강효초;하우발 …… 5917
강효휘 …… 2097
강휘 …… 28189
강휘 …… 23751
강휘 …… 21280
강휘 …… 4959
강휘 …… 11677
강휘 …… 29320
강휘 등 …… 5019
강휘;장복민 …… 22440
강흥 …… 29686
강희근 …… 31939
강희근 …… 9813
강희약 …… 31608
개개;곽길 …… 25409
개군 …… 1612
개림 …… 10089
개무(凱憮) …… 27412
개방 …… 20497
개방 …… 22249
개성 …… 11696
개소보 …… 576
개여익 …… 25712
갱생; 제흔 …… 27303
거곤등 …… 5714
거붕지 …… 22908
건군 …… 5021
건군 …… 29790
건명 …… 1724
건민 …… 30378

건인 …………………… 3208
건훈 …………………… 13934
검문 …………………… 1718
검역 …………………… 10692
검흔 등 ……………… 4096
격광 …………………… 10094
견우 …………………… 19679
겸여 …………………… 3579
경강 …………………… 3709
경개 …………………… 12823
경계영 ………………… 22063
경광 …………………… 6043
경굉 …………………… 3877
경굉 …………………… 3897
경굉 …………………… 5078
경굉 …………………… 5093
경당 …………………… 20002
경덕재 등 …………… 1589
경덕재 등 …………… 21164
경룡상 ………………… 18577
耿龍祥 ………………… 22503
경림 …………………… 22149
경문찬 ………………… 4929
경물오 ………………… 2710
경민 …………………… 5834
경민 …………………… 22210
경법 …………………… 5060
경보 …………………… 1277
경부;김응 ………… 18232
경수;리산 …………… 2184
경수;상준 …………… 20815
경순 …………………… 10071
경애 …………………… 8099
경요 …………………… 19503
경요 …………………… 19551
경요 …………………… 19685
경요 …………………… 19427
경용 …………………… 127
경위 …………………… 21463
경유 …………………… 1899
경유 …………………… 10338
경유충;방거례 ……… 6032
경정등 ………………… 5547
경중 …………………… 10410
경지명 ………………… 32769
경천 …………………… 32515
경추옥 ………………… 19982
경춘 …………………… 504
경태;안보 …………… 28550
경평 …………………… 436
경홍 …………………… 4479
경홍 …………………… 21828
경희 등 ……………… 837
계광현 ………………… 18026
계귀민 ………………… 14107
계근호 등 …………… 3337
계력가 ………………… 24115
계력가 ………………… 21648
계룡복 ………………… 21673
계룡복 ………………… 21798
계만호 ………………… 8780
계보산;양계록 ……… 5680
계봉오(桂風梧) …… 9008
계부화 ………………… 4202
계선화 ………………… 24845
계성강 ………………… 32243
계성건 ………………… 10768
계성건 ………………… 13170
계성덕 ………………… 10044
계성철 ………………… 29597
계순 …………………… 21544
계약림 ………………… 29087
계연휘 ………………… 631
계영화 ………………… 8227
계옥단 ………………… 8088
계요 …………………… 31552
계요림 ………………… 29115
계용묵 ………………… 20196
계용묵 ………………… 20469
계용묵 ………………… 20517
계우;송보산 ………… 25917
계일덕 ………………… 10394
계정희 ………………… 27681
계죽 …………………… 28004
계지 …………………… 30260
계진교 ………………… 22703
계진수 ………………… 8509
계학문;묘제 ………… 6516
계화 …………………… 4510
고간지 ………………… 4954
고거 …………………… 3960
고건기 ………………… 1921
고걸선 ………………… 3243
고걸선 ………………… 4095
고걸선 ………………… 21263
고걸선 등 …………… 4100
고걸선 등 …………… 6197
고걸선 등 …………… 31390
고걸선;정사토 ……… 6511
고걸선;조은청 ……… 5238
고견청 ………………… 30722
고경림 ………………… 18580
고계굉;고청학 ……… 2555
고계민 ………………… 25005
고계천 등 …………… 276
고과 …………………… 31231
고국균(高國鈞) …… 32815
고국서(高國瑞) …… 28679
고국중;진립신 ……… 32558
고극공 ………………… 28149
고금명 ………………… 10063
고금숙 ………………… 23677
고금숙 ………………… 23709
고기상 ………………… 1954
고대립 ………………… 10075
고동요 ………………… 19647
고등소 등 …………… 22903
고령중 ………………… 25243
고로 …………………… 21986
고뢰 …………………… 27582
고리끼;리철준 번역
……………………………… 26374
고림 …………………… 659
고림 …………………… 29410
고명생;리선 ………… 21403
고명생;무경민 ……… 22095
고명생;발무 ………… 21580
고명웅 ………………… 29531
고명태 ………………… 5663
고목 …………………… 5326
고문 …………………… 5693
고문 …………………… 6024
고문겸 ………………… 28231
고문락 ………………… 25013
고문복 ………………… 32339
고문진;고지국 ……… 5687
고문학 ………………… 6192
고백근 ………………… 32716
고병춘 ………………… 24683
고병형;조국경 …… 25191
고복순 ………………… 13682
고봉 …………………… 8136
고봉 …………………… 8258
고봉 …………………… 12788
고봉춘 ………………… 31907
고봉학 ………………… 21271
고붕장 ………………… 748
고사기(高士其) …… 32494
고산 …………………… 4521
고삼곤 ………………… 23706
고상 …………………… 3756
고상섭 등 …………… 1830

고생 12186
고서 413
고서금 10635
고선화 25433
고설봉 20401
고설봉 23662
고성루 18058
고성찬;박철규 24043
고성하 22011
고성하 18186
고성하 18382
고성학;전인구 2182
고세명 4507
고송기 7674
고수남 13770
고수해;리위국 21144
고승웅 30023
고신일 11548
고신일 12404
고신일 12587
고신일 20356
고신일 20504
고신일 22342
고신일 17956
고신일 17994
고신일 18060
고신일 18143
고신일 18219
고신일 18338
고신일 18470
고신일 18482
고신일 18516
고신일 18560
고신일 18584
고신일 18718
고신일 18767
고신일 18838
고신일 19029
고신일 19094
고신일 19360
고신일 19464
고신일 19627
고신일 19766
고신일 19769
고신일 19802
고신일 19832
고심(高深) 13135
고암;보상 10291
고암;왕옥국 31817
고애숙;서종식 24465
고애자 22892
고양 5385
고양 6167
고양 21323
고역 18171
고연도 25222
고연배 20979
고영 22613
고영일 27445
고영일 27544
고영일 21421
고영자 8813
고영전 19877
고영절 4054
고영준 32449
고옥근(高玉瑾) 28759
고옥근(高玉瑾) 28916
고옥종 19893
고원 10194
고원 18781
고원등 6532
고원명 5109
고원명 21596
고원명;장홍군 4565
고원홍 27956
고월 463
고월 31076
고월택 23589
고위걸 20456
고은 16854
고은희 20428
고응석 27427
고응석 27437
고응석 19631
고인자 13469
고인자 13473
고적 2085
고적 6389
고적 6416
고전영 3360
고점문 27290
고정식 25080
고종걸 13704
고종달 8499
고종보(顧宗保) 30057
고종석 16524
고준 10840
고준시 19990
고중홍 25340
고지견 6761
고지방 10059
고진용;기철 19540
고창립 13257
고창립 20736
고창립 17639
고창립 17694
고창립 17776
고창립 17777
고창립 17787
고창립 17804
고창립 22501
고창립 22550
고철 11786
고철 17261
고철 18736
고철 32680
고청학 22043
고청학;강국봉 6522
고충위 23256
고패영;장리군 5857
고평원 3995
고풍의 27909
고하 19825
고해 2958
고향 24998
고현정 4107
고현정;고계천 6168
고현정;류춘강 32555
고현청 5896
고협생 5421
고혜영 8485
고혜영; 마봉명 9207
고혜영;마봉명 7093
고혜영;마봉명 8369
고혜영;마봉명 9211
고홍 245
고홍진 19516
고화 4611
고회유 5614
고효명 10070
고효생;금이 18128
고효성 18019
고휘 596
곡가왕 385
곡국빈 31683
곡국인 21336
곡덕수 등 4106
곡덕수;김홍문 4080
곡란 4342
곡배승 등 3793
곡배승;왕국지 6495
곡복귀 5510

곡소 4779
곡수충 3625
곡유원 16401
곡자 4523
곡청 29577
곤륜 28221
곤문;춘옥 21619
공락진 398
공란곡 12985
공량 19160
공량 19201
공령미 2112
공록경 4911
공립조 5658
공망설 10383
공목 12791
공목 15329
공번희 6208
공보정 28999
공비홍 3326
공상화 581
공상화 586
공성행 10246
공소우 28845
공쌍인 2691
공요람 6171
공원식 13611
공원식 20704
공원식 20756
공원식 22528
공원식 22564
공원제 21054
공응념;서영 22150
공잡 1925
공전 3327
공집 31933
공헌중;장주은 29918
공회복 17799
과양 20135
과전명; 손청민 5397
과천 12721
과홍 27673
과홍 27667
곽가(郭克) 32757
곽강포 2360
곽강화 19545
곽건모 12673
곽건성 350
곽걸;왕증명 10310
곽경판;왕붕 5760
곽관구 29523
곽관호 13709
곽광 20727
곽구 9016
곽구 9675
곽구;강명규 9628
곽군 28732
곽근순 20968
곽금산 602
곽금상 10256
곽금홍 29634
곽달 23631
곽란방 5595
곽량 25761
곽려화 7356
곽륙희 28403
곽만상 28589
곽만석 30644
곽만석 31021
곽만석 31038
곽만석 31131
곽만영 6228
곽만영 19403
곽말약 11360
곽말약 11839
곽말약 12257
곽말약 13967
곽말약 14110
곽말약 15518
곽명준;관련혜 21137
곽명준;박명식 4660
곽문무 7520
곽문복 5343
곽문정 29872
곽문현;한몽 10137
곽백동 6202
곽병예 4703
곽보순 등 6088
곽복 15407
곽복 15877
곽봉 5832
곽석기 7685
곽석후 등 3676
곽성현 10128
곽소 286
곽소천 13285
곽소천 13897
곽수전 2523
곽숙청 등 18815
곽안 3765
곽안 21231
곽안 31240
곽안 등 4967
곽안;소무 21149
곽애주 21792
곽염추 21821
곽영공 22346
곽옥란 6140
곽옥란 6159
곽옥산 8217
곽운몽 20108
곽원덕 9345
곽이실 28300
곽자학 23217
곽자학 등 21249
곽장우 등 3827
곽재운(郭再云) 28923
곽전 253
곽정원 6189
곽정희;김진석 21312
곽제신 6937
곽척진 8133
곽철 4658
곽철룡 19085
곽철룡 19457
곽춘화 21861
곽춘효 4991
곽춘효 5479
곽춘효 10174
곽춘효 21550
곽춘효 22052
곽춘효 22326
곽춘효 19349
곽춘효;리세핑 22155
곽춘효;범경부 6535
곽춘효;범경부 21996
곽택유;진내조 5441
곽필순 8526
곽하신 20409
곽향우 등 21245
곽현보 31596
곽혜여 31419
곽홍하 5581
곽흔신 6776
곽흥성 22622
관강평 19813
관건 31658
관경인;동가경 21860
관국보 6877
관련혜 4837
관련혜 21038
관무 5702

관복림 …… 3021
관봉정 …… 5703
관봉정;장복군 …… 5736
관봉화;윤생 …… 6017
관상유 …… 30727
관상유;염정운 …… 31208
관상유;염정운 …… 31215
관서서;범영무 …… 4203
관세무 …… 21160
관세무 …… 21993
관세무 등 …… 19439
관세무;강수남 …… 4073
관안빈 …… 5394
관옥 …… 2714
관옥생 …… 3303
관우;성례 …… 3700
관유림 …… 20157
관의 …… 25820
관종 …… 30673
관종인 …… 23111
관지호 …… 2547
관초 …… 29118
관치승 …… 6538
관치승(關致昇) …… 31178
관치승(關致昇) …… 31180
관치승;림소금(關致昇;林素琴) …… 31187
관택현 …… 1319
관한 …… 6354
관홍 …… 23384
관화;문암 …… 20505
광령 …… 29492
광륜 …… 4646
광문 …… 4208
광문평 …… 11995
광문희 …… 3713
광발등 …… 5653
광수 …… 508
광순 …… 12536
광순 …… 12558
광우;욱재 …… 5253
광춘 …… 5467
광학 등 …… 4842
광한 …… 26897
광한 …… 27773
광한 …… 10205
광한 …… 941
광항조;조정양 …… 25798
광현 …… 709
광현 …… 29615
광휘;채문 …… 32333
광휘단약 …… 903
굉연 …… 21817
굉위;손과 …… 18135
굉자 …… 4956
굉자 …… 11727
굉자 …… 20197
굉집 …… 29590
교건 …… 19628
교건;리장춘 …… 19755
교검 …… 18793
교덕봉 …… 7998
교매 …… 21161
교맹산 …… 22986
교빈 …… 29088
교생휘(喬生輝) …… 30286
교수귀 …… 20697
교수전 …… 5208
교영결 …… 8801
교영화 등 …… 11272
교전운 …… 18851
교전운 …… 18868
교전운 …… 19435
교전운;김국 …… 19019
교전운;김일 …… 19864
교정곤 …… 30245
교제평 …… 9789
교현금 …… 148
교훈 …… 28039
구걸 …… 5436
구계지 …… 10278
구괴;설문준 …… 25320
구금숙 …… 6841
구금숙 …… 9250
구독이 …… 28166
구력 …… 4260
구력 …… 4314
구리봉;모전강 …… 22413
구만리 …… 4613
구만춘 …… 31392
구만회 …… 19462
구명호 …… 1595
구몽각 …… 28176
구본청 …… 4392
구빈 …… 17494
구사릉 …… 333
구산 …… 4852
구성일 …… 4821
구양동회;릉평호 … 20266
구연흥 …… 16125
구영문 …… 17284
구영화 …… 25131
구요 …… 18731
구용기 …… 18825
구용기 …… 19024
구용기 …… 19639
구용의;루육업 …… 18819
구운촌 …… 24480
구운촌 …… 23951
구월란 …… 23276
구위 등 …… 22318
구의 …… 6223
구장발 …… 19953
구중삼 …… 14193
구지 …… 32806
구지학 …… 2605
구춘림 …… 29160
구학보 …… 18659
구형회 …… 25691
구호룡 …… 32461
국 경추 …… 11089
국경 …… 5168
국경추 …… 11980
국량 등 …… 21281
국산림 …… 12046
국상 …… 31272
국상 등 …… 3727
국성혜 …… 5948
국성혜 …… 5959
국성혜 …… 5973
국성혜 등 …… 5668
국성혜;강연파 …… 5446
국성혜;양충군 …… 6014
국성혜;진함 …… 5505
국필 …… 2966
군간 …… 3403
군덕전 …… 2666
군병 …… 2953
군병 …… 5263
군실 …… 19969
규어 …… 1857
군영 …… 23766
군해;빈화 …… 4108
궁결 …… 19207
궁실 …… 544
궁실 …… 22632
궁장영 …… 31141
권경혁 …… 11600
권기영 …… 10506
권기영 …… 10561
권기영 …… 10567
권기영 …… 10572

권기영 …… 10581
권기영 …… 10618
권기현 …… 25918
권길호 …… 26970
권길호 …… 27054
권길호 …… 27070
권년적 …… 28072
권녕수 …… 14954
권도순 …… 27105
권동광 …… 21145
권동광;리광무 …… 4347
권동필 …… 8089
권동필 …… 10030
권동활 …… 13874
권룡봉 …… 31002
권룡봉 …… 31005
권룡봉 …… 31077
권룡봉 …… 31092
권룡봉 …… 31100
권룡봉 …… 31121
권룡봉 …… 31124
권룡준 …… 13832
권립 …… 27434
권립 …… 27985
권범수 …… 17063
권병록 …… 11013
권복순 …… 8565
권분석 등 …… 1799
권서영 …… 10134
권선자 …… 18216
권선자 …… 18450
권선자 …… 24951
권성호 …… 16089
권수만 …… 9018
권수만 …… 9239
권수만 …… 9265
권수만 …… 9310
권수만 …… 14446
권수만 …… 14639
권수만 …… 14769
권수만 …… 14776
권수만 …… 15192
권수만 …… 15580
권수주 …… 8080
권순교 …… 8046
권순남 …… 10897
권순창 …… 16949
권연 …… 28182
권연적 …… 28265
권연적 …… 28271
권연적 …… 93
권연적 …… 97
권연혁 …… 28371
권영구 …… 23868
권영수 …… 15196
권영수 …… 15241
권영식 …… 8235
권영철 …… 4394
권영철 …… 17477
권오광 …… 25308
권오선 …… 10624
권오선 …… 10665
권오진;리갑진
(權伍震;李甲振) · 9160
권옥분 …… 7332
권옥분 …… 8165
권옥분 …… 8706
권옥선 …… 13509
권원화 …… 22017
권원화 …… 22238
권원화 …… 16613
권원화 …… 16633
권원화 …… 16818
권원화 …… 17026
권원화 …… 17083
권원화 …… 17089
권원화 …… 17099
권원화 …… 17148
권재관 …… 31630
권재관 …… 31637
권재관;류문청 …… 31562
권재영 …… 17807
권정 …… 28574
권정옥 …… 8240
권정옥 …… 11599
권정웅 …… 23187
권정춘 …… 22674
권정혜 …… 30570
권종식 …… 7271
권종식 …… 9782
권종식 …… 9807
권종환 …… 13883
권중철 …… 20067
권중철 …… 20345
권중철 …… 18759
권중철 …… 18961
권중철 …… 18970
권중환;한윤호 …… 9363
권진국 …… 15436
권철 …… 27224
권철 …… 107
권철 …… 11196
권철 …… 11252
권철 …… 11303
권철 …… 11361
권철 …… 11793
권철 …… 11810
권철 …… 11827
권철 …… 11841
권철 …… 11981
권철 …… 12283
권철 …… 12285
권철 …… 12592
권철 …… 12979
권철;박상봉 …… 12209
권철;박상봉 …… 12246
권철;정판룡 …… 12322
권철;조성일 …… 11099
권청길 …… 9585
권춘택 …… 3090
권태준 …… 6922
권태준 …… 7044
권태준 …… 17568
권해범 …… 12751
권혁근;최석주 …… 3721
권혁수 …… 28105
권혁철 …… 19641
권홍범 …… 32765
궐명 …… 18669
균검 …… 4867
극검 …… 27477
극무 …… 6533
근가민 …… 4151
근건명 …… 10124
근발 …… 20566
근보충 …… 4874
근봉 …… 20715
근봉 …… 22614
금강 …… 4372
금강 …… 21888
금경 …… 4376
금경 …… 12863
금경 …… 12873
금길 …… 439
금길 …… 4284
금동춘 …… 14872
금동춘 …… 15186
금동춘 …… 15378
금동춘 …… 16211
금동춘 …… 16374
금동춘 …… 16745
금란 …… 27389

금력 ······ 11693
금력 ······ 12613
금력 ······ 12868
금력 ······ 12908
금력 ······ 12958
금력 ······ 26289
금력 ······ 26506
금록 ······ 23819
금리 ······ 4265
금림;중평 ······ 21780
금명(今明) ······ 28974
금무;려군 ······ 12010
금봉 ······ 18170
금산;비수 ······ 21200
금새 ······ 13884
금서 ······ 12755
금석 ······ 1060
금석 ······ 5659
금석 ······ 10197
금석 ······ 13797
금석 ······ 30978
금선 ······ 4462
금성 ······ 11538
금성 ······ 12602
금성 ······ 12750
금성 ······ 12816
금성 ······ 12855
금성 ······ 12879
금성 ······ 12923
금성 ······ 12939
금성 ······ 12961
금성 ······ 13392
금성 ······ 31218
금성 ······ 31228
금수 ······ 22706
금신 ······ 18002
금실 ······ 22171
금심 ······ 20022
금언 ······ 4540
금연경 ······ 18729
금운;왕의 ······ 18288
금이 ······ 11440
금이 ······ 11960
금이 ······ 12237
금자 ······ 25921
금자 ······ 31593
금중학 ······ 7784
금진의 ······ 13201
금집 ······ 492
금천 ······ 12114
금파도 ······ 4458
금파도 ······ 23700
금혁 ······ 11705
금희 ······ 19662
긍극 ······ 1282
기군 ······ 5909
기녕 ······ 17788
기동군;역지군 ······ 25127
기동군;정서림 ······ 25608
기동근;위지강 ······ 25385
기로삼;림승환 ······ 24523
기무 ······ 4147
기문: 진원 ······ 31913
기민;림평 ······ 18841
기빈동 ······ 1574
기병남 ······ 6845
기병남 ······ 7191
기병남 ······ 7894
기병남 ······ 9036
기봉식(奇奉植) ······ 9164
기빈동 ······ 1262
기사 ······ 11955
기석 ······ 20291
기석 ······ 22179
기석 ······ 27894
기숙 ······ 3371
기숙영;문은수 ······ 21068
기시 ······ 1794
기원 ······ 21691
기원 ······ 27539
기일;채화 ······ 22090
기일명 ······ 32146
기전상 ······ 31577
기정 ······ 4250
기추산 ······ 27786
기형 ······ 10887
기화 ······ 24459
기회신 ······ 4027
기회신 ······ 27381
길검 ······ 489
길과험 ······ 31016
길광 ······ 259
길근식 ······ 16735
길근식 ······ 17080
길로시;박택현 ······ 1797
길리 ······ 23257
길리 ······ 4511
길리 ······ 28468
길문군 ······ 18449
길문택 ······ 548
길미자 ······ 16911
길사동 ······ 5678
길성룡 ······ 10297
길성룡 ······ 10299
길수 ······ 616
길수 ······ 27652
길수 ······ 27787
길언 ······ 22725
길언 ······ 22727
길언 ······ 22754
길우 ······ 5487
길운 ······ 17560
길운 ······ 17593
길운 ······ 17755
길운 ······ 22463
길운 ······ 22616
길운 ······ 23818
길운 ······ 23829
길운 ······ 23850
길운 ······ 23852
길운 ······ 20716
길운 ······ 23842
길운 ······ 23800
길운 ······ 22620
길운 ······ 23801
길운 ······ 23808
길운 ······ 23811
길운 ······ 23985
길운 ······ 24419
길운 ······ 24422
길일 ······ 8402
길전인 ······ 18993
길전인 ······ 19025
길전인 ······ 4158
길전인 ······ 19911
길정;구무 ······ 4114
길정순;리창세 ······ 9937
길철웅 ······ 13838
길학패 ······ 17810
김가이 ······ 32729
김감 ······ 734
김감 ······ 8019
김갑철 ······ 1452
김강 ······ 14829
김강 ······ 14853
김강 ······ 14920
김강 ······ 15001
김강 ······ 15004
김강 ······ 25628
김강 ······ 15014
김강 ······ 15116
김강 ······ 15596

김강 15846
김강 17233
김강 17238
김강 17240
김강 17608
김강 22483
김강 23817
김강 24033
김강 24901
김강 24921
김강 25109
김강 25168
김강;김혁 17502
김강룡 31546
김강룡 31574
김강룡 31607
김강룡 31611
김강룡 31631
김강룡 31678
김강룡 31689
김강철 13332
김건 21393
김건 14577
김건 15542
김건 16337
김건;만거 30316
김걸 8572
김걸 8787
김걸 8800
김경덕 32770
김경덕 32771
김경련 20088
김경련 20563
김경련 18478
김경련 18532
김경련 18796
김경련 19104
김경련 19216
김경련 19302
김경련 19547
김경련 19797
김경련 19889
김경린 13722
김경린 30774
김경림;김은순 30855
김경모 17982
김경무 24052
김경석 13998
김경석 14021
김경석 14070
김경석 14092
김경석 14125
김경석 25904
김경석 14147
김경석 14172
김경석 14190
김경석 14247
김경석 14270
김경석 14351
김경석 14391
김경석 14469
김경석 14487
김경석 14539
김경석 14558
김경석 14679
김경석 14731
김경석 14965
김경석 15095
김경석 15678
김경석 16593
김경석 17104
김경석 17198
김경석 10997
김경석 13842
김경석 25415
김경수 13751
김경숙;림충석 8153
김경식 15447
김경식 16328
김경애 27100
김경애 18719
김경일 20010
김경일 19722
김경일 23499
김경일 23661
김경준 26022
김경중 8994
김경학 14403
김경학 3103
김경화 20132
김경화 16173
김경화 16341
김경화 16717
김경화 3077
김경환 10158
김경훈 10452
김경훈 10459
김경훈 11472
김경훈 12456
김경훈 12482
김경훈 12651
김경훈 12691
김경훈 12777
김경훈 12842
김경훈 12910
김경훈 12952
김경희 20054
김경희 9935
김계봉 31393
김계순 8231
김계순 8477
김계순 8769
김계순 9906
김계춘 30494
김계춘 31922
김계한;리룡득 24338
김계화 15556
김계화 15780
김계화 23630
김과태 9419
김관세 13102
김관세 13117
김관세 13182
김관심;배복동 32375
김관영 9816
김관영 9833
김관영 9845
김관영 9865
김관영 9884
김관웅 18033
김관웅 18094
김관웅 18097
김관웅 18207
김관웅 18317
김관웅 18460
김관웅 18748
김관웅 10750
김관웅 24009
김광 14595
김광 14791
김광남;남궁복 7315
김광률 9659
김광률 9692
김광릉 29173
김광릉 29208
김광릉 31663
김광릉 31850
김광복 9544
김광석 13759
김광석 24373
김광선 29573
김광선 29998

김광선 ……………… 32706
김광선 ……………… 32709
김광섭 ……………… 14202
김광손 ……………… 9528
김광손;김장춘 ……… 8659
김광수 ……………… 188
김광수 ……………… 231
김광수 ……………… 3714
김광수 ……………… 3738
김광수 ……………… 6377
김광수 ……………… 7020
김광수 ……………… 31768
김광수 ……………… 31793
김광수 ……………… 31795
김광숙 ……………… 8954
김광숙 ……………… 9718
김광숙 ……………… 9722
김광식 ……………… 18441
김광식 ……………… 18601
김광식 ……………… 18931
김광엽 ……………… 13144
김광옥 ……………… 20834
김광원;조해화 …… 10726
김광은 ……………… 25873
김광익;고종석 …… 19660
김광일 ……………… 21120
김광일 ……………… 3847
김광일 ……………… 3855
김광일 ……………… 6506
김광일 ……………… 6566
김광일 ……………… 31667
김광조 ……………… 18211
김광주 ……………… 19376
김광철 ……………… 16075
김광철 ……………… 31890
김광춘 ……………… 29074
김광춘 ……………… 7587
김광춘 ……………… 7630
김광출 ……………… 22465
김광해 ……………… 9587
김광현 ……………… 16446
김광현 ……………… 16545
김광현 ……………… 19870
김광현 ……………… 23493
김광현 역 ………… 32801
김광호 ……………… 22097
김광호 ……………… 29677
김광황 ……………… 1648
김광훈 ……………… 2617
김광희 ……………… 23033
김구춘 ……………… 64
김구춘 ……………… 9451
김국 ……………… 21192
김국범 ……………… 12473
김국봉 ……………… 13495
김국삼 ……………… 15531
김군 ……………… 7381
김권 ……………… 17321
김권 ……………… 17642
김권 ……………… 11208
김귀화 ……………… 24809
김규선 ……………… 32367
김규천 ……………… 17077
김규태 ……………… 17970
김규태 ……………… 17999
김규필 ……………… 15237
김규필 ……………… 16864
김규필 ……………… 7561
김규필 ……………… 10007
김규필 ……………… 10557
김균 ……………… 10422
김극 ……………… 22939
김극민 ……………… 18506
김극민 ……………… 19096
김극민 ……………… 19294
김극민 ……………… 23526
김근 ……………… 14788
김근 ……………… 17892
김근 ……………… 17917
김근 ……………… 4307
김근 ……………… 24675
김근총 ……………… 19944
김근총 ……………… 20131
김근총 ……………… 20342
김근총 ……………… 14311
김근총 ……………… 14395
김근총 ……………… 14447
김근총 ……………… 18489
김근총 ……………… 18905
김근총 ……………… 19245
김근총 ……………… 19325
김근총 ……………… 19473
김근총 ……………… 17983
김근총 ……………… 18239
김근총 ……………… 18281
김근총 ……………… 22680
김근총 ……………… 22850
김근환 ……………… 20325
김근환 ……………… 8412
김근환 ……………… 8462
김근환 ……………… 8531
김근환 ……………… 9222
김근환 ……………… 24380
김금 ……………… 18029
김금 ……………… 18847
김금녀 ……………… 14256
김금란 ……………… 7448
김금석 ……………… 30725
김금송 ……………… 31222
김금순 ……………… 30623
김금옥 ……………… 137
김금옥 ……………… 151
김금옥 ……………… 3164
김금옥 ……………… 8739
김금옥 ……………… 9126
김금자 ……………… 19501
김금자 ……………… 10260
김금자 ……………… 10609
김금자 ……………… 12707
김금자 ……………… 28508
김금자 ……………… 23264
김금자 ……………… 24395
김금자 ……………… 31660
김금환 ……………… 10161
김기남 ……………… 9437
김기대 ……………… 2301
김기덕 ……………… 15177
김기덕 ……………… 15865
김기덕 ……………… 16070
김기덕 ……………… 16190
김기덕 ……………… 16218
김기덕 ……………… 16359
김기덕 ……………… 16403
김기덕 ……………… 16544
김기덕 ……………… 16677
김기덕 ……………… 16687
김기덕 ……………… 16765
김기덕 ……………… 16872
김기덕 ……………… 16985
김기덕 ……………… 17070
김기덕 ……………… 17074
김기덕 ……………… 8278
김기덕 ……………… 8563
김기덕 ……………… 22349
김기련 ……………… 18463
김기련 ……………… 18714
김기련 ……………… 7511
김기련 ……………… 9325
김기만 ……………… 7346
김기만 ……………… 7980
김기범 ……………… 13321
김기복 ……………… 31828

김기석 ················ 6329
김기석 ················ 6733
김기연 ················ 25863
김기종 ················ 14538
김기종 ················ 28919
김기종 ················ 9366
김기종 ················ 10828
김기종 ················ 10832
김기종 ················ 10929
김기종 ················ 10989
김기종 ················ 10990
김기종 ················ 12351
김기종 ················ 13669
김기준 ················ 32234
김기춘 ················ 30983
김기하 ················ 10031
김기현 ················ 30655
김기현 ················ 30672
김기현 ················ 30675
김기현 ················ 31046
김기현 ················ 31065
김기형 ················ 11513
김기형 ················ 11850
김기형 ················ 12328
김기형 ················ 12345
김기형 ················ 12360
김기형 ················ 12373
김기형 ················ 12374
김기형 ················ 12729
김기형 ················ 12740
김기형 ················ 27228
김기형 ················ 27229
김기형 ················ 22299
김길 ················ 21381
김길남 ················ 26899
김길련 ················ 17842
김길련 ················ 17940
김길련 ················ 17967
김길련 ················ 18024
김길련 ················ 18274
김길련 ················ 18696
김길련 ················ 19148
김길련 ················ 19253
김길련 ················ 11423
김길련 ················ 11454
김길련 ················ 12400
김길련 ················ 12770
김길련 ················ 27315
김길련 ················ 20909
김길련 ················ 20956
김길련 ················ 22676
김길련;강정일 ······ 22650
김길봉 ················ 9696
김길산 ················ 6795
김길선 ················ 28198
김길선;김례삼 ······ 24411
김길송 ················ 8821
김길송 ················ 9911
김길일 ················ 9217
김길일 ················ 9227
김길일 ················ 9279
김길일 ················ 10502
김길자 ················ 4389
김길자 ················ 20039
김길자 ················ 24496
김길자 ················ 24531
김단 ················ 23401
金近 ················ 24652
김남범 ················ 20448
김남진;손상명 ······· 2468
김남현 ················ 19956
김남현 ················ 18887
김남현 ················ 19512
김남현 ················ 19655
김남현 ················ 23950
김남호 ················ 27009
김남호 ················ 27044
김남호 ················ 27062
김내상 ················ 21186
김내상 ················ 11856
김내선 ················ 22781
김내천;당애매 ······ 27268
김단 ················ 17422
김단 ················ 25709
김달원 ················ 7418
김달원 ················ 13109
김대규 ················ 13080
김대규 ················ 13112
김대규 ················ 13119
김대규 ················ 13139
김대규 ················ 13215
김대봉 ················ 10320
김대사 ················ 6830
김대사 ················ 7086
김대섭;김명한 ······ 24347
김대원 ················ 13397
김대현 ················ 11240
김대현 ················ 14274
김대현 ················ 14537
김대현 ················ 15295
김대현 ················ 18153
김대현 ················ 20900
김대현 ················ 20964
김대현 ················ 22913
김대현;오재윤 ······· 4078
김덕균 ················ 4625
김덕균 ················ 11380
김덕균 ················ 12289
김덕균 ················ 26922
김덕균 ················ 26930
김덕균 ················ 27000
김덕균 ················ 27055
김덕균 ················ 27080
김덕균 ················ 27089
김덕균 ················ 28116
김덕균 ················ 22384
김덕룡 ················ 19145
김덕성 ················ 14572
김덕성 ················ 17971
김덕순 ················ 24670
김덕윤 ················ 8110
김덕윤 ················ 9970
김덕윤 ················ 11488
김덕윤 ················ 26933
김덕윤 ················ 26945
김덕윤 ················ 26950
김덕윤 ················ 26961
김덕윤 ················ 26974
김덕윤 ················ 26984
김덕윤 ················ 26992
김덕윤 ················ 27002
김덕윤 ················ 27038
김덕윤 ················ 27270
김덕윤 ················ 24926
김덕진 ················ 1932
김덕천 ················ 20663
김덕천 ················ 22462
김덕현 ················ 8682
김덕호 ················ 31265
김덕화 ················ 21398
김도 ················ 21394
김도겸 ················ 30868
김도겸 ················ 30877
김도권:박경식 ······ 12563
김도권; 박경식 ···· 26033
김도권;박경석 ······ 12386
김도권;박경식 ······ 12203
김도권;박경식 ······ 12575
김도철;안기철 ······ 31173
김동걸 ················ 15070
김동걸 ················ 25124
김동경 ················ 14225

김동관 ······ 17704
김동관 ······ 22570
김동구 ······ 17574
김동구 ······ 17602
김동구 ······ 27946
김동구 ······ 22476
김동구 ······ 22496
金東久 ······ 11755
김동국 ······ 9496
김동권 ······ 31252
김동권 ······ 31253
김동규 ······ 9485
김동규 ······ 14804
김동규 ······ 18265
김동규 ······ 18337
김동규 ······ 18445
김동규 ······ 19041
김동규 ······ 19173
김동규 ······ 22944
김동규 ······ 24807
김동규 ······ 27763
김동기 ······ 2923
김동기 ······ 12118
김동기 ······ 21227
김동기 등 ······ 2467
김동기 등 ······ 3124
김동기;김익헌 ······ 2403
김동만;허재길 ······ 9624
김동범 ······ 17234
김동산 ······ 13492
김동산 ······ 13494
김동산 ······ 13526
김동선 ······ 12340
김동섭 ······ 31998
김동섭 ······ 32469
김동섭;리순 ······ 20892
김동수 ······ 18407
김동수 ······ 28843
김동수 ······ 23716
김동수 ······ 24832
김동술 ······ 9584
김동술 ······ 9620
김동식 ······ 4530
김동식 ······ 12105
김동식 ······ 17844
김동식 ······ 17899
김동식 ······ 17912
김동식 ······ 17938
김동식 ······ 20902
김동식 ······ 20932
김동식 ······ 20945
김동우 ······ 23672
김동욱 ······ 8688
김동운 ······ 18766
김동원 ······ 15161
김동원 ······ 16144
김동원 ······ 17337
김동익 ······ 10931
김동인 ······ 19478
김동주 ······ 16539
김동준;리춘혁 ······ 7579
김동진 ······ 14757
김동진 ······ 14840
김동진 ······ 14844
김동진 ······ 14916
김동진 ······ 14967
김동진 ······ 14999
김동진 ······ 15043
김동진 ······ 15082
김동진 ······ 15112
김동진 ······ 15145
김동진 ······ 15170
김동진 ······ 15242
김동진 ······ 15316
김동진 ······ 15328
김동진 ······ 15416
김동진 ······ 15450
김동진 ······ 15515
김동진 ······ 15525
김동진 ······ 15581
김동진 ······ 15615
김동진 ······ 15688
김동진 ······ 15800
김동진 ······ 15833
김동진 ······ 15894
김동진 ······ 16038
김동진 ······ 16042
김동진 ······ 16055
김동진 ······ 16224
김동진 ······ 16225
김동진 ······ 16254
김동진 ······ 16339
김동진 ······ 16402
김동진 ······ 16436
김동진 ······ 16444
김동진 ······ 16636
김동진 ······ 16637
김동진 ······ 16663
김동진 ······ 16758
김동진 ······ 16815
김동진 ······ 16877
김동진 ······ 16890
김동진 ······ 16934
김동진 ······ 17000
김동진 ······ 17024
김동진 ······ 17042
김동진 ······ 17045
김동진 ······ 17114
김동진 ······ 17485
김동진 ······ 7540
김동진 ······ 9326
김동진 ······ 9333
김동진 ······ 9353
김동진 ······ 10702
김동진 ······ 10703
김동진 ······ 10913
김동진 ······ 12670
김동진 ······ 22269
김동진 ······ 23544
김동진 ······ 24630
김동진 ······ 24631
김동진 ······ 24800
김동진 ······ 24897
김동진 ······ 24965
김동찬 ······ 15850
김동철 ······ 31524
김동철 ······ 31527
김동철 ······ 31787
김동철 ······ 31788
김동철 ······ 31791
김동철 ······ 31792
김동철 ······ 31797
김동철 ······ 31799
김동철 ······ 31807
김동철 ······ 31810
김동춘 ······ 7406
김동춘 ······ 8560
김동춘 ······ 9200
김동춘 ······ 9998
김동춘 ······ 10426
김동춘 ······ 30734
김동춘;리춘광 ······ 30493
김동학 ······ 25775
김동학 ······ 30842
김동혁 ······ 12396
김동혁 ······ 32253
김동호 ······ 14113
김동호 ······ 14218
김동호 ······ 14363
김동호 ······ 14444
김동호 ······ 14485
김동호 ······ 14553

김동호 ……………… 14596
김동호 ……………… 14720
김동호 ……………… 14942
김동호 ……………… 15053
김동호 ……………… 15100
김동호 ……………… 15270
김동호 ……………… 15579
김동호 ……………… 15794
김동호 ……………… 15901
김동호 ……………… 15984
김동호 ……………… 16018
김동호 ……………… 16112
김동호 ……………… 16213
김동호 ……………… 16264
김동호 ……………… 16311
김동호 ……………… 16469
김동호 ……………… 16526
김동호 ……………… 16579
김동호 ……………… 16581
김동호 ……………… 13062
김동호 ……………… 13099
김동호 ……………… 13244
김동호 ……………… 16704
김동호 ……………… 17144
김동호 ……………… 22105
김동호 ……………… 22251
김동호 ……………… 25723
김동호 ……………… 23449
김동호 ……………… 24705
김동호 ……………… 25047
김동호 ……………… 25143
김동호 등 ………… 16457
김동화 ……………… 3872
김동화 ……………… 27447
김동화 ……………… 27461
김동화 ……………… 27486
김동화 ……………… 27535
김동화 ……………… 22168
김동활 ……………… 12817
김동활 ……………… 12911
김동활 ……………… 16618
김동활 ……………… 16706
김동훈 ……………… 11435
김동훈 ……………… 12355
김동훈 ……………… 12438
김동훈 ……………… 12440
김동훈 ……………… 12481
김동훈 ……………… 12604
김동훈 ……………… 12797
김동훈 ……………… 28102
김동훈 ……………… 25967
김동휘 ……………… 32027
김동휘 ……………… 32228
김동희 ……………… 10926
김두수 ……………… 9114
김두일 ……………… 30307
김두천 ……………… 8008
김두천 ……………… 8051
김두천 ……………… 8354
김두천 ……………… 8357
김두천 ……………… 8484
김두천 ……………… 8507
김두천 ……………… 8534
김두천 ……………… 10720
김두천 ……………… 10724
김두천 ……………… 14234
김두천 ……………… 14249
김두천;전복록 ……… 8347
김두필 ……………… 21987
김두필 ……………… 23092
김두필 ……………… 23313
김두호 ……………… 9196
김득권 ……………… 27172
김득만 ……………… 13735
김득만 ……………… 14085
김득만 ……………… 14443
김득만 ……………… 16323
김득만 ……………… 25765
김득만 ……………… 25329
김득만 ……………… 25505
김득복 ……………… 13252
김득선 ……………… 2582
김득송 ……………… 30380
김득수 ……………… 26887
김득순 ……………… 230
김득순 ……………… 11902
김득순 ……………… 21658
김득순 ……………… 25679
김득준 ……………… 13205
김득진 ……………… 8880
김득희 ……………… 12899
김득희 ……………… 18429
김득희 ……………… 24085
김득희;리주경 …… 24225
김등림 ……………… 7597
김락균 ……………… 13337
김란 ……………… 25847
김란옥 ……………… 13624
김란옥 ……………… 23005
김량균 ……………… 30717
김량군 ……………… 15824
김량숙 ……………… 30339
김량숙 ……………… 30617
김량숙 ……………… 30630
김량숙 ……………… 8763
김량숙 ……………… 30922
김려화 ……………… 25294
김려국 ……………… 9849
김려산 ……………… 29169
김려산 ……………… 30248
김려수 ……………… 30319
김려수 ……………… 13803
김려평;류벽봉 …… 19909
김련숙 ……………… 7588
金蓮淑 ……………… 11072
김련순 ……………… 20484
김련순 ……………… 7988
김련순 ……………… 8028
김련순 등 ………… 14380
김련옥 ……………… 4512
김련옥 ……………… 7355
김련옥 ……………… 8169
김련옥 ……………… 8625
김련옥 ……………… 8632
김련옥 ……………… 8648
김련옥 ……………… 8658
김련옥 ……………… 8715
김련옥 ……………… 8740
김련옥 ……………… 8828
김련옥 ……………… 13531
김련화 ……………… 8061
김련화 ……………… 9321
김련화 ……………… 10569
김련희 ……………… 10183
김련화 ……………… 22925
김련화 ……………… 25302
김련화 ……………… 25570
김령미 등 ………… 10117
김령연 ……………… 25829
김령연 ……………… 25578
김령연 ……………… 25031
김례삼 ……………… 24214
김례삼 ……………… 24649
김례삼 ……………… 25148
김례삼 ……………… 24358
김례삼;김길선 …… 23926
김례삼 ……………… 27515
김례삼 ……………… 20686
김례삼 ……………… 21743
金禮三 ……………… 11333
金禮三 ……………… 13002
金禮三 ……………… 13011

金禮三 ················ 13026
金禮三 ················ 13034
김례삼 ················ 14131
김례삼 ················ 14150
김례삼 ················ 14194
김례삼 ················ 14495
김례삼 ················ 14529
김례삼 ················ 14730
김례삼 ················ 14868
김례삼 ················ 15111
김례삼 ················ 15315
김례삼 ················ 16375
김례삼 ················ 16512
김례삼 ················ 13120
김례삼 ················ 13204
김례삼 ················ 13839
김례숙 ················ 29120
김례호 ················ 22856
김례호 ················ 24064
김례호 ················ 18810
김례호 ················ 8290
김록산 ················ 14122
김록산 ················ 2205
김록순 ················ 29003
김룡 ················ 4370
김룡걸 ················ 3520
김룡검 ················ 20795
김룡검 ················ 20805
김룡구 ················ 330
김룡구 ················ 4304
김룡구 ················ 9023
김룡구 ················ 9103
김룡구 ················ 9817
김룡국 ················ 22547
김룡길 ················ 22658
김룡길 ················ 20901
김룡길 ················ 20914
김룡길 ················ 20923
김룡길 ················ 20942
김룡길 ················ 20946
김룡길 ················ 17934
김룡길 ················ 133
김룡길 ················ 12902
김룡남 ················ 19425
김룡덕 ················ 22868
김룡덕 ················ 23080
김룡덕 ················ 23427
김룡덕 ················ 28034
김룡덕 ················ 20927
김룡덕;김영기 ······ 17883
김룡래 ················ 17348
김룡래 ················ 17835
김룡만 ················ 8759
김룡문 ················ 16102
김룡범 ················ 14430
김룡범 ················ 17358
김룡범 ················ 17365
김룡복 ················ 31349
김룡복 ················ 31354
김룡복 ················ 31357
김룡수 ················ 20367
김룡수 ················ 10915
김룡식 ················ 20299
김룡식 ················ 16725
김룡식 ················ 12885
김룡운 ················ 23076
김룡운 ················ 24435
김룡운 ················ 32015
김룡운 ················ 28758
김룡운 ················ 19915
김룡운 ················ 20222
김룡운 ················ 21927
김룡운 ················ 22359
김룡운 ················ 14998
김룡운 ················ 15750
김룡운 ················ 16176
김룡운 ················ 16646
김룡운 ················ 17453
김룡운 ················ 17461
김룡운 ················ 17473
김룡운 ················ 17528
김룡운 ················ 19548
김룡운 ················ 19561
김룡운 ················ 11311
김룡운 ················ 12092
김룡운 ················ 12567
김룡운 ················ 12624
김룡운 ················ 12790
김룡운 ················ 12851
김룡운 ················ 12905
김룡운 ················ 12956
김룡운;량계홍 ······· 8555
김룡운;량계홍 ······· 8594
김룡종 ················ 9771
김룡주 ················ 20015
김룡주 ················ 19350
김룡주(金龍舟) ······ 9148
김룡찬 ················ 25478
김룡철 ················ 28087
김룡철 ················ 10384
김룡철 ················ 29631
김룡태 ················ 23602
김룡택 ················ 22466
김룡택 ················ 17595
김룡택 ················ 1702
김룡택 ················ 1704
김룡택 ················ 1877
김룡택 ················ 2012
김룡택 ················ 2142
김룡한 ················ 6576
김룡해 ················ 18092
김룡호 ················ 21124
김룡호 ················ 14222
김룡호 ················ 15248
김룡호 ················ 15514
김룡호 ················ 15815
김룡호 ················ 16478
김룡호 ················ 16929
김룡호 ················ 17189
김릉 ················ 28458
김리 ················ 30884
김리석 ················ 26038
김린유 ················ 9788
김림 ················ 1943
김림;홍빈 ············ 3784
김림호 ················ 25892
김만길 ················ 8666
김만길 ················ 9308
김만석 ················ 9304
김만석 ················ 10688
김만석 ················ 10958
김만석 ················ 11402
김만석 ················ 11528
김만석 ················ 12719
김만석 ················ 12737
김만석 ················ 12768
김만석 ················ 12784
김만석 ················ 12826
김만석 ················ 12833
김만석 ················ 13698
김만석 ················ 25115
김만석 ················ 25242
김만석 ················ 25633
김만석;김순희 ······· 9276
김만석;김진우 ······ 20845
김만수 ················ 9334
김만수 ················ 13312
김만수 ················ 17356
김만수 ················ 17372
김만수 ················ 17409
김만수 ················ 29839
김만욱 ················ 8859

김만중;리헌환 ······ 26000
김만창 ··········· 6504
김만창 ··········· 20995
김만춘 ··········· 23070
김명 ··········· 6766
김명 ··········· 28504
김명 ··········· 22213
김명 ··········· 22404
김명 ··········· 935
김명 ··········· 4134
김명근 ··········· 16759
김명근 ··········· 22887
김명근 ··········· 25251
김명금 ··········· 23587
김명남 ··········· 14277
김명란 ··········· 9231
김명범 ··········· 7247
김명범 ··········· 24048
김명봉 ··········· 9972
김명섭 ··········· 1807
김명성;리창인 ······ 24018
김명수 ··········· 1716
김명수 ··········· 11932
김명수 ··········· 25937
김명숙 ··········· 8315
김명숙 ··········· 8962
김명숙(金明淑) ······ 9132
김명애 ··········· 9065
김명옥 ··········· 15574
김명옥 ··········· 15726
김명옥 ··········· 15781
김명옥 ··········· 16456
김명옥 ··········· 18683
김명옥 ··········· 25545
김명욱 ··········· 13283
김명욱 ··········· 14160
김명욱 ··········· 24879
김명월 ··········· 22920
김명윤 ··········· 28803
김명윤 ··········· 28812
김명윤 ··········· 23986
김명자 ··········· 8295
김명자 ··········· 23644
김명자 ··········· 30769
김명자 ··········· 31119
김명자 ··········· 31128
김명자 ··········· 31147
김명자 ··········· 31164
김명자;김정수 ······ 31162
김명제 ··········· 7596
김명제 ··········· 7851
김명준 ··········· 2359
김명준 ··········· 9701
김명준 ··········· 13888
김명철 ··········· 6595
김명철 ··········· 18809
김명철 ··········· 18988
김명철 ··········· 19044
김명철 ··········· 19342
김명철 ··········· 31465
김명택 ··········· 23603
김명한 ··········· 1517
김명한 ··········· 2459
김명한 ··········· 3020
김명한 ··········· 3954
김명한 ··········· 6488
김명한 ··········· 7334
김명한 ··········· 30325
김명한 ··········· 30336
김명한 ··········· 23863
김명화 ··········· 8540
김명화 ··········· 19195
김명희 ··········· 4426
김명희 ··········· 14749
김명희 ··········· 15795
김명희 ··········· 16219
김명희 ··········· 16582
김명희 ··········· 17524
김명희;리권도 ······ 11724
김무금 ··········· 18856
김무길 ··········· 7136
김무길 ··········· 7454
김무길 ··········· 10669
김무웅 ··········· 30225
김무웅 ··········· 32091
김문 ··········· 1101
김문 ··········· 2040
김문 ··········· 10162
김문 ··········· 14349
김문 ··········· 14398
김문 ··········· 15493
김문 ··········· 16577
김문 ··········· 16816
김문 ··········· 19738
김문 ··········· 24689
김문 ··········· 27366
김문길 ··········· 9591
김문보 ··········· 6809
김문보 ··········· 3148
김문봉 ··········· 20116
김문섭 ··········· 3167
김문세 ··········· 16232
김문세 ··········· 16370
김문세 ··········· 21889
김문수 ··········· 11797
김문수 ··········· 12183
김문수 ··········· 12281
김문수 ··········· 14163
김문수 ··········· 22555
김문승 ··········· 6295
김문연 ··········· 30719
김문연 ··········· 30737
김문연 ··········· 31219
김문연 ··········· 31221
김문원 ··········· 2070
김문일 ··········· 24744
김문자 ··········· 8911
김문창 ··········· 23664
김문하 ··········· 6466
김문학 ··········· 11224
김문학 ··········· 12160
김문학 ··········· 12933
김문학 ··········· 15404
김문학 ··········· 15717
김문학 ··········· 18788
김문학 ··········· 23181
김문학 ··········· 23198
김문학 ··········· 23628
김문학 ··········· 23652
김문학 ··········· 23683
김문학 ··········· 23726
김문학 ··········· 23738
김문학 ··········· 21396
김문협 ··········· 13223
김문회 ··········· 14705
김문회 ··········· 24710
김문희 ··········· 14484
김문희 ··········· 14880
김문희 ··········· 14975
김문희 ··········· 15279
김문희 ··········· 15589
김문희 ··········· 15933
김문희 ··········· 16309
김문희 ··········· 16355
김문희 ··········· 16494
김문희 ··········· 17019
김문희 ··········· 17195
김문희 ··········· 16997
김미녀 ··········· 25049
김미령 ··········· 19731
김미복 ··········· 25254
김미선 ··········· 4402

김미선 ······ 19935
김미영 ······ 25016
김미옥 ······ 13657
김미자 ······ 6984
김미자 ······ 10577
김미자 ······ 10930
김미자 ······ 11587
김미화 ······ 8580
김미화 ······ 24906
김미화 ······ 25184
김미화 ······ 19661
김민 ······ 4875
김민 ······ 4877
김민 ······ 5103
김민 ······ 6783
김민 ······ 10198
김민 ······ 25431
김민 ······ 21552
김민 ······ 21681
김민 ······ 22055
김민 ······ 25810
김민 ······ 25831
김민 ······ 25840
김민 ······ 25898
김민 ······ 4251
김민 ······ 753
김민 ······ 778
김민 ······ 1052
김민 ······ 4249
김민 ······ 4258
김민 ······ 23305
김민 ······ 26618
김민 ······ 28328
김민 ······ 26023
김민 ······ 21345
김민 ······ 21488
김민 ······ 21584
김민성 ······ 9191
김민성 ······ 9271
김민성 ······ 9313
김민수 ······ 8872
김민수 ······ 8883
김민수 ······ 8913
김민수 ······ 21679
김민옥 ······ 3799
김민호 ······ 21162
김박문 ······ 25702
김박문 ······ 25507
김백록 ······ 31525
김백록 ······ 31930
김백산 ······ 27071
김범룡;전유성 ······ 21188
김범수 ······ 17599
김범수 ······ 22473
김범수 ······ 32031
김범진 ······ 9531
김범진 ······ 9566
김범진 ······ 9569
김범진 ······ 9606
김병권 ······ 20742
김병규 ······ 13649
김병기 ······ 17632
김병기 ······ 17658
김병기 ······ 17674
김병기 ······ 17686
김병기 ······ 17797
김병기 ······ 13183
김병기 ······ 22524
김병기 ······ 22597
김병기 ······ 22599
김병록;남대근 ······ 31499
김병록;남대근 ······ 31504
김병민 ······ 12635
김병수 ······ 17795
김병수;림춘범 ······ 32559
김병식 ······ 1654
김병욱 ······ 21833
김병운 ······ 10664
김병준 ······ 31549
김병준 ······ 31677
김병진 ······ 31485
김병진 ······ 31568
김병진 ······ 31644
김병활 ······ 12424
김병활 ······ 12709
김병활 ······ 12948
김병활 ······ 12994
김병활 ······ 22814
김보옥 ······ 8434
김보옥 ······ 8912
김보옥 ······ 22882
김보옥 ······ 24779
김복겸 ······ 9262
김복겸 ······ 9289
김복겸 ······ 9315
김복겸 ······ 9373
김복만 ······ 8338
김복만 ······ 8847
김복선 ······ 20070
김복선 ······ 23730
김복순 ······ 27156
김복순 ······ 9252
김복순 ······ 13450
김복순 ······ 23157
김복순 ······ 23180
김복순;동금순 ······ 13501
김복영 ······ 4734
김복자 ······ 25620
김복자 ······ 22897
김복자 ······ 25395
김복자 ······ 25469
김봉 ······ 27902
김봉 ······ 27916
김봉관 ······ 24172
김봉관 ······ 24261
김봉근 ······ 8229
김봉금 ······ 7652
김봉금 ······ 8975
김봉남 ······ 7531
김봉남 ······ 9060
김봉남 등 ······ 120
김봉련 ······ 25210
김봉련 ······ 25520
김봉선 ······ 20364
김봉선 ······ 16001
김봉선 ······ 16909
김봉선 ······ 23402
김봉수 ······ 29693
김봉수 ······ 29696
김봉수 ······ 29901
김봉숙 ······ 10540
김봉숙 ······ 25024
김봉술 ······ 27729
김봉술 ······ 29309
김봉실 ······ 4440
김봉웅 ······ 26125
김봉웅 ······ 26132
김봉웅 ······ 26133
김봉웅 ······ 714
김봉웅 ······ 11126
김봉웅 ······ 11152
김봉웅 ······ 11153
김봉웅 ······ 11325
김봉웅 ······ 11412
김봉웅 ······ 11413
김봉웅 ······ 11421
김봉웅 ······ 11429
김봉웅 ······ 11433
김봉웅 ······ 11437
김봉웅 ······ 11444
김봉웅 ······ 11451
김봉웅 ······ 11462

김봉웅 …………… 11470
김봉웅 …………… 11474
김봉웅 …………… 11477
김봉웅 …………… 11503
김봉웅 …………… 11529
김봉웅 …………… 11565
김봉웅 …………… 11574
김봉웅 …………… 11579
김봉웅 …………… 12109
김봉웅 …………… 12349
김봉웅 …………… 12411
김봉웅 …………… 12421
김봉웅 …………… 12450
김봉웅 …………… 12513
김봉웅 …………… 12610
김봉웅 …………… 12620
김봉웅 …………… 12652
김봉웅 …………… 12667
김봉웅 …………… 12682
김봉웅 …………… 12712
김봉웅 …………… 12715
김봉웅 …………… 12716
김봉웅 …………… 12728
김봉웅 …………… 12771
김봉웅 …………… 12798
김봉웅 …………… 12941
김봉웅 …………… 23164
김봉익 …………… 8263
김봉익 …………… 8266
김봉익 …………… 8270
김봉익 …………… 8274
김봉익 …………… 8282
김봉익 …………… 8286
김봉조 …………… 21159
김봉하 …………… 10492
김봉하 …………… 24771
김봉하 …………… 24782
김봉학 …………… 7340
김봉학 …………… 8699
김봉학 …………… 8737
김봉현 …………… 30353
김봉호 …………… 24527
김부 …………… 8717
김부 …………… 8777
김분녀 …………… 25823
김분순 …………… 8160
김분옥 …………… 31606
김빈(金蘋) …………… 29711
김사립 …………… 483
김사섭 …………… 136
김사섭 …………… 3175
김사섭 …………… 3425
김산 …………… 31400
김산 …………… 28924
김산 …………… 28926
김산 …………… 28313
김산 …………… 20424
김산덕;김창호 …………… 824
김산선 …………… 20395
김산호 …………… 1613
김삼성 …………… 15301
김삼성 …………… 29559
김삼성 …………… 29804
김삼성 …………… 29899
김삼진 …………… 27451
김삼철 …………… 13738
김상 …………… 28514
김상곤 …………… 7513
김상기(金相基) …………… 9009
김상기;안성숙 …………… 9142
김상락 …………… 13726
김상련 …………… 23946
김상렬 …………… 20863
김상룡 …………… 8898
김상보;김세영 …………… 24416
김상봉 …………… 10232
김상옥;량균 …………… 26842
김상욱 …………… 3177
김상원 …………… 10636
김상익 …………… 28745
김상준 …………… 17963
김상준 …………… 18126
김상준 …………… 18201
김상준;윤정철 …………… 17927
김상철 …………… 32212
김상철 …………… 32213
김상철 …………… 32219
김상철 …………… 32221
김상철 …………… 6999
김상철 등 …………… 32119
김상포 …………… 30687
김상포 …………… 31101
김상헌 …………… 27420
김상호 …………… 25154
김상호 …………… 27021
김상화 …………… 13302
김생금 …………… 9414
김생금 …………… 9850
김생철 …………… 31495
김생철 …………… 31505
김서권 …………… 11977
김서문 …………… 929
김서문 …………… 28500
김석 …………… 23684
김석 …………… 30726
김석 …………… 17669
김석균 …………… 26920
김석률;리룡득 …………… 24333
김석만 …………… 32203
김석배 …………… 30976
김석봉 …………… 32517
김석상 …………… 31134
김석용 …………… 9523
김석인 …………… 3905
김석종 …………… 1219
김석진 …………… 29361
김석진 …………… 29840
김석진 …………… 29965
김석진 …………… 30051
김석진 …………… 30232
김석현 …………… 10872
김석환 …………… 13936
김선 …………… 19831
김선 …………… 27571
김선 …………… 20321
김선녀 …………… 9043
김선녀 …………… 15932
김선량 …………… 818
김선옥 …………… 27057
김선옥;최선애 …………… 8250
김선일 …………… 13403
김선자 …………… 13781
김선자;김명옥 …………… 8545
김선종 …………… 23867
김선준 …………… 30967
김선파 …………… 10022
김선파 …………… 10028
김선파 …………… 10994
김선파 …………… 11392
김선파 …………… 12793
김선파 …………… 12915
김선파 …………… 27048
김선학 …………… 15790
김선호 …………… 32283
김선화 …………… 24876
김선화 …………… 24919
김선화 …………… 25314
김선화 …………… 14594
김선화 …………… 15085
김선화 …………… 15175
김선화 …………… 16326
김선화 …………… 23869

김선희 …… 23065
김선희 …… 8113
김설매 …… 24942
김설매 …… 19916
김설봉 …… 13905
김설수 …… 855
김설영 …… 17820
김설준 …… 9890
김성 …… 31435
김성 …… 31484
김성 …… 31510
김성 …… 31520
김성 …… 31554
김성 …… 13620
김성 …… 14383
김성 …… 14564
김성 …… 14588
김성 …… 14691
김성 …… 14797
김성 …… 14903
김성 …… 15069
김성 …… 15159
김성 …… 15495
김성 …… 16035
김성 …… 16605
김성 …… 16927
김성 …… 17167
김성 …… 29256
김성 …… 29494
김성 …… 27263
김성 …… 27265
김성 …… 20839
김성 …… 21594
김성 기 …… 20800
김성계 …… 3277
김성계 …… 3295
김성계 …… 12086
김성광 …… 25855
김성권 …… 25522
김성권 …… 16644
김성권 …… 16867
김성규 …… 13767
김성기 …… 31053
김성기 …… 31193
김성기 …… 2315
김성기 …… 3504
김성기 …… 20794
김성남(金星南) …… 32086
김성녀 …… 13602
김성덕 …… 23270
김성덕 …… 24671
김성덕 …… 8200
김성덕 …… 8899
김성두 …… 24878
김성렬 …… 12245
김성룡 …… 23646
김성룡 …… 23760
김성룡 …… 10421
김성룡 …… 16859
김성룡 …… 18179
김성룡 …… 18362
김성룡 …… 18557
김성룡 …… 18976
김성룡 …… 19436
김성룡 …… 19507
김성룡 …… 20042
김성룡 …… 20178
김성룡 …… 22415
김성률;장해파 …… 9765
김성률;장해파 …… 9781
김성률;장해파 …… 10015
김성만 …… 7854
김성묵 …… 13471
김성복 …… 30142
김성복 …… 30150
김성빈 …… 9513
김성빈 …… 9520
김성삼 …… 27052
김성수 …… 22827
김성수 …… 10558
김성수 …… 13710
김성수 …… 15560
김성수 …… 21066
김성숙 …… 26926
김성순 …… 10447
김성순 …… 10479
김성엽 …… 971
김성오 …… 9914
김성오 …… 9919
김성오;김광준 …… 9921
김성옥 …… 24386
김성우 …… 23355
김성우 …… 2427
김성우 …… 2540
김성우 …… 3035
김성우 …… 3135
김성우 …… 11029
김성우 …… 11904
김성우 …… 12629
김성우 …… 12674
김성우 …… 15162
김성우 …… 15313
김성우 …… 15494
김성우 …… 15744
김성우 …… 16177
김성우 …… 16210
김성우 …… 16283
김성우 …… 16413
김성우 …… 18296
김성우 …… 19374
김성운 …… 10443
김성일 …… 31745
김성일 …… 11008
김성일;김성환 …… 32029
김성종 …… 20279
김성주 …… 21014
김성준 …… 27059
김성준;박금해 …… 27006
김성진 …… 31352
김성진 …… 31355
김성진 …… 2343
김성철 …… 13123
김성철 …… 13206
김성철 …… 17531
김성철 …… 29947
김성철 …… 29955
김성철 …… 27174
김성철 …… 28741
김성철;태준철 …… 30858
김성택 …… 24121
김성택 …… 24830
김성택 …… 23866
김성택 …… 23959
김성호 …… 23009
김성호 …… 12139
김성호 …… 12168
김성호 …… 12520
김성호 …… 12970
김성호 …… 19108
김성호 …… 19225
김성호 …… 19266
김성호 …… 19421
김성호 …… 19700
김성호 …… 19745
김성호 …… 19807
김성호 …… 27570
김성호 …… 27627
김성호 …… 20068
김성호 …… 20377
김성호 …… 20507
김성호;김성기 …… 28291
김성호;김성기 …… 20773

김성호;윤운걸 …… 29758
김성화 …………… 25621
김성휘 …………… 22766
김성휘 …………… 22824
김성휘 …………… 22906
김성휘 …………… 23125
김성휘 …………… 23160
김성휘 …………… 23444
김성휘 …………… 23478
김성휘 …………… 8319
김성휘 …………… 11285
김성휘 …………… 11936
김성휘 …………… 12235
김성휘 …………… 12317
김성휘 …………… 12593
김성휘 …………… 12653
김성휘 …………… 12731
김성휘 …………… 13086
김성휘 …………… 13111
김성휘 …………… 13235
김성휘 …………… 13355
김성휘 …………… 13370
김성휘 …………… 13393
김성휘 …………… 13406
김성휘 …………… 13636
김성휘 …………… 13744
김성휘 …………… 13772
김성휘 …………… 13778
김성휘 …………… 13833
김성휘 …………… 13835
김성휘 …………… 13948
김성휘 …………… 13965
김성휘 …………… 13972
김성휘 …………… 13991
김성휘 …………… 13996
김성휘 …………… 14010
김성휘 …………… 14027
김성휘 …………… 14134
김성휘 …………… 14162
김성휘 …………… 14171
김성휘 …………… 14217
김성휘 …………… 14282
김성휘 …………… 14347
김성휘 …………… 14387
김성휘 …………… 14429
김성휘 …………… 14459
김성휘 …………… 14478
김성휘 …………… 14536
김성휘 …………… 14604
김성휘 …………… 14626
김성휘 …………… 14641
김성휘 …………… 14647
김성휘 …………… 14674
김성휘 …………… 14721
김성휘 …………… 14739
김성휘 …………… 14811
김성휘 …………… 14866
김성휘 …………… 14871
김성휘 …………… 14907
김성휘 …………… 14921
김성휘 …………… 14949
김성휘 …………… 14961
김성휘 …………… 14973
김성휘 …………… 15077
김성휘 …………… 15097
김성휘 …………… 15153
김성휘 …………… 15202
김성휘 …………… 15205
김성휘 …………… 15258
김성휘 …………… 15275
김성휘 …………… 15323
김성휘 …………… 15326
김성휘 …………… 15419
김성휘 …………… 15489
김성휘 …………… 15519
김성휘 …………… 15527
김성휘 …………… 15530
김성휘 …………… 15576
김성휘 …………… 15645
김성휘 …………… 15668
김성휘 …………… 15683
김성휘 …………… 15716
김성휘 …………… 15873
김성휘 …………… 15953
김성휘 …………… 15964
김성휘 …………… 16068
김성휘 …………… 16095
김성휘 …………… 16143
김성휘 …………… 16250
김성휘 …………… 16286
김성휘 …………… 16297
김성휘 …………… 16445
김성휘 …………… 16475
김성휘 …………… 16485
김성휘 …………… 16516
김성휘 …………… 16557
김성휘 …………… 16598
김성휘 …………… 16641
김성휘 …………… 16657
김성휘 …………… 16753
김성휘 …………… 16767
김성휘 …………… 16801
김성휘 …………… 16875
김성휘 …………… 16988
김성휘 …………… 17106
김성휘 …………… 17175
김성휘 …………… 18052
김성휘 …………… 18287
김성휘 …………… 26923
김성희 …………… 13377
김성희 …………… 13749
김세걸 …………… 7805
김세균 …………… 23082
김세균 …………… 23439
김세균 …………… 23562
김세균 …………… 15379
김세균 …………… 15684
김세균 …………… 16510
김세균 …………… 21469
김세균 …………… 21686
김세련 …………… 25635
김세욱;허석보 …… 7248
김세준 …………… 31184
김세형 …………… 17319
김세형 …………… 17394
김세형 …………… 17403
김세형 …………… 17406
김소월 …………… 26005
김소월 …………… 15417
김소향 …………… 13401
김소향 …………… 13670
김소향 …………… 13783
김소향 …………… 13850
김소향 …………… 25607
김송 ……………… 1029
김송 ……………… 10834
김송룡 …………… 27203
김송룡 …………… 27207
김송룡;배순복 …… 27179
김송암 …………… 8012
김송암 …………… 10335
김송암 …………… 10355
김송자 …………… 32911
김송자 …………… 13454
김송죽 …………… 22990
김송죽 …………… 23451
김송죽 …………… 23682
김송죽 …………… 11274
김송죽 …………… 12546
김송죽 …………… 15994
김송죽 …………… 16049
김송죽 …………… 16525

김송죽 ……………… 16567
김송죽 ……………… 16995
김송죽 ……………… 17061
김송죽 ……………… 18774
김송죽 ……………… 19366
김송죽 ……………… 19729
김송죽 ……………… 20598
김송죽 ……………… 22204
김송철 ……………… 23265
김송필 ……………… 20865
김송학 ……………… 22840
김송학 ……………… 23938
김송해 ……………… 9512
김송해 ……………… 9517
김송해 ……………… 9543
김수 ……………… 1128
김수 ……………… 27245
김수국 ……………… 23289
김수국 ……………… 13951
김수국 ……………… 14029
김수국 ……………… 14102
김수국 ……………… 14120
김수국 ……………… 14154
김수국 ……………… 14215
김수국 ……………… 14468
김수국 ……………… 19784
김수국 ……………… 20878
김수국 ……………… 21072
김수국 ……………… 21208
김수국 ……………… 21253
김수국 ……………… 22158
김수국;김두천 …… 20786
김수국;윤효식 …… 21170
김수길 ……………… 32399
김수길 ……………… 32495
김수길 ……………… 32498
김수길 ……………… 32499
김수남 ……………… 27960
김수란(金秀蘭) …… 30909
김수련 ……………… 25403
김수룡 ……………… 24427
김수룡 ……………… 17428
김수룡 ……………… 27293
김수림 ……………… 15250
김수복 ……………… 24728
김수봉 ……………… 24269
김수봉 ……………… 13098
김수봉 ……………… 21891
김수산 ……………… 32275
김수산 ……………… 32296
김수산 ……………… 29402
김수성 ……………… 29994
김수영 ……………… 23885
김수영 ……………… 17957
김수영 ……………… 17991
김수천;김기춘 …… 30930
김수철 ……………… 22711
김수철 ……………… 30742
김수철 ……………… 30771
김수철 ……………… 30994
김수철 ……………… 31194
김수철 ……………… 29072
김수철 ……………… 29082
김수철 ……………… 22327
김수철;김영숙 …… 31148
김수청 ……………… 25324
김수택 ……………… 23693
김숙 ……………… 25405
김숙련 ……………… 2227
김숙련 ……………… 2510
김숙자 ……………… 31163
김숙자 ……………… 7358
김숙자 ……………… 8187
김숙자 ……………… 8993
김숙자 ……………… 9294
김숙자 ……………… 11056
김숙희 ……………… 32643
김순금 ……………… 22830
김순금 ……………… 23078
김순금 ……………… 24065
김순금 ……………… 11328
김순금 ……………… 12463
김순기 ……………… 22874
김순기 ……………… 11397
김순기 ……………… 11763
김순기 ……………… 12195
김순기 ……………… 13051
김순기 ……………… 13070
김순기 ……………… 13078
김순기 ……………… 13091
김순기 ……………… 13113
김순기 ……………… 13129
김순기 ……………… 14632
김순기 ……………… 17618
김순기 ……………… 17625
김순기 ……………… 17629
김순기 ……………… 17973
김순기 ……………… 18030
김순기 ……………… 18072
김순기 ……………… 18151
김순기 ……………… 18294
김순기 ……………… 18335
김순기 ……………… 18747
김순기 ……………… 18786
김순기 ……………… 18945
김순기 ……………… 18964
김순기 ……………… 19052
김순기 ……………… 19105
김순기 ……………… 27455
김순기 ……………… 27778
김순기 ……………… 21007
김순녀 ……………… 22455
김순녀 ……………… 23128
김순녀 ……………… 8646
김순녀 ……………… 8779
김순녀 ……………… 8783
김순녀 ……………… 16907
김순녀 ……………… 17090
김순녀;태휘 ……… 23961
김순덕 ……………… 29627
김순덕 ……………… 30047
김순덕;장석주 …… 31312
김순동 ……………… 8139
김순림 ……………… 2338
김순림 ……………… 21864
김순배 ……………… 10791
김순배 ……………… 10875
김순복 ……………… 8561
김순복 ……………… 13364
김순복 ……………… 16204
김순선 ……………… 8068
김순실 ……………… 25512
김순애 ……………… 22565
김순애 ……………… 7369
김순애 ……………… 8001
김순애 ……………… 8037
김순애 ……………… 10274
김순애 ……………… 10431
김순옥 ……………… 24904
김순옥 ……………… 7307
김순옥 ……………… 7632
김순옥 ……………… 8147
김순옥 ……………… 8178
김순옥 ……………… 8542
김순옥 ……………… 8556
김순옥;김은희 …… 8574
김순월 등 ………… 7535
김순일 ……………… 8077
김순자 ……………… 8219
김순자 ……………… 8786
김순자 ……………… 13622
김순자 ……………… 15445

김순자 …………… 15569
김순자 …………… 15687
김순자 …………… 15779
김순자 …………… 15955
김순자 …………… 15985
김순자 …………… 16134
김순자 …………… 16736
김순호 …………… 22927
김순호 …………… 23171
김순호 …………… 23186
김순호 …………… 12527
김순호 …………… 14620
김순호 …………… 20881
김순호 …………… 21085
김순호 …………… 21461
김순호 등 ………… 20876
김순희 …………… 22950
김순희 …………… 23758
김순희 …………… 10497
김순희 …………… 10956
김순희 …………… 19231
김순희 …………… 29681
김순희 …………… 25596
김순희 ………… 17495
김술 ……………… 31984
김술 ……………… 31989
김술 ……………… 28543
김승광 …………… 16665
김승국;길운 ……… 23844
김승길 …………… 24602
김승길 …………… 9076
김승길 …………… 17676
김승렬 …………… 1618
김승렬 …………… 2374
김승렬 …………… 6441
김승렬 …………… 6451
김승렬 …………… 6473
김승렬 …………… 6483
김승렬 …………… 6490
김승렬 …………… 12290
김승렬 …………… 30349
김승록 …………… 31223
김승만 …………… 31886
김승만 …………… 30369
김승산 …………… 4362
김승운 …………… 7341
김승운 …………… 8291
김승운 …………… 9082
김승운 …………… 9120
김승운 …………… 9977
김승일 …………… 19409
김승종 …………… 16088
김승필 …………… 13623
김승희 …………… 29378
김승희 …………… 30094
김시룡 …………… 22563
김시룡 …………… 1847
김시룡 …………… 6443
김시룡 …………… 13590
김시룡 …………… 13795
김시룡 …………… 20819
김시봉 …………… 25426
김시선(金時善) …… 9130
김시해 …………… 10090
김시해 …………… 29530
김신복 …………… 25947
김신생 …………… 22151
김신숙 …………… 15891
김신옥 …………… 30332
김신옥 …………… 30337
김신옥 …………… 30376
김신옥 …………… 25752
김신옥;박련분 …… 30352
김신춘 …………… 3535
김신홍 …………… 22572
김신홍 …………… 22594
김신홍 …………… 9410
김신홍 …………… 10034
김신후 …………… 262
金淳基 …………… 13004
金曙暎 …………… 13025
김암 ……………… 18608
김암 ……………… 19007
김암 ……………… 19480
김애자 …………… 25400
김양금 …………… 20295
김양금 …………… 21104
김양금 …………… 21171
김양금 …………… 21636
김양금 …………… 21642
김양금 …………… 22112
김양금 …………… 22248
김양금 …………… 16391
김양금 …………… 19045
김양금 …………… 22844
김양금 …………… 22960
김양금 …………… 23029
김양미 …………… 4335
김양숙 …………… 31185
김양흡 …………… 28516
김어금 …………… 15789
김어금 …………… 16056
김어금 …………… 8592
김어금 …………… 13313
김억준 …………… 23833
김여 ……………… 23032
김여운 …………… 16351
김여운 …………… 16453
김연건 …………… 17110
김연건 …………… 17149
김연매 …………… 25692
김연석 …………… 28382
김연자 …………… 25763
김연호 …………… 14001
김연호 …………… 14032
김연호 …………… 14036
김연호 …………… 14062
김연호 …………… 14091
김연호 …………… 14109
김연호 …………… 14197
김염 ……………… 415
김엽 ……………… 27488
김엽 ……………… 19929
김엽 ……………… 20565
김엽 ……………… 17985
김엽 ……………… 18016
김엽 ……………… 18105
김엽 ……………… 18227
김엽 ……………… 18333
김엽 ……………… 21970
김엽 ……………… 22028
김엽 ……………… 22056
김엽 ……………… 22182
김엽 ……………… 22366
김엽 ……………… 592
김엽 ……………… 24712
김엽 ……………… 424
김영 ……………… 16560
김영 ……………… 16824
김영 ……………… 19626
김영 ……………… 4116
김영강 …………… 25901
김영강 …………… 20211
김영강 …………… 22215
김영강 …………… 4525
김영건 …………… 16046
김영건 …………… 16205
김영건 …………… 16541
김영건 …………… 16652
김영건 …………… 16689
김영건 …………… 17014
김영건 …………… 17030

김영건 17044
김영걸 13712
김영권 31919
김영규 9615
김영규 12874
김영근 17342
김영근 20283
김영근 21018
김영근 21477
김영근 6543
김영근 6720
김영근 11751
김영근 22712
김영근 23133
김영근 23502
김영근 28357
김영금 18660
김영금 19531
김영금 19816
김영금 19845
김영금 20175
김영금 20327
김영금 20581
김영금 20830
김영금 21641
김영금 21946
김영금 22319
김영금 22428
김영금 22876
김영금 23101
김영금 23359
김영금 23440
김영금 23625
김영금 23659
김영금 23705
김영금 24892
김영금 25260
김영금;어훈 20861
김영기 14793
김영기 28601
김영기 22595
김영길 16268
김영길 7413
김영길 25100
김영남 9377
김영남 9894
김영남 24672
김영남 24492
김영대 14782
김영대 13165
김영림 14379
김영림 1888
김영림 1939
김영림 2337
김영림 2805
김영림 9316
김영만 132
김영만 232
김영만 1102
김영만 2402
김영만 2949
김영만 4021
김영만 7775
김영만 11866
김영만 12055
김영매 16897
김영명 22918
김영무 13930
김영배 7965
김영범 24027
김영범 24149
김영범 25083
김영범 25231
김영빈 29903
김영빈 29908
김영빈 29933
김영빈 30262
김영빈 30263
김영빈 30279
김영빈 31458
김영빈 31503
김영빈 31536
김영빈 31779
김영석 29847
김영석 29858
김영석 30066
김영석 30068
김영석 722
김영선 14242
김영선 18408
김영선 18727
김영선 11559
김영설 8406
김영설 8418
김영설 10476
김영설 10678
김영설 10686
김영설 10710
김영섭 22967
김영수 25905
김영수 29884
김영수 30120
김영수 2472
김영수 13273
김영숙 19135
김영숙 27465
김영숙 29128
김영숙 30408
김영숙 8203
김영숙 8383
김영숙 8410
김영숙 8460
김영숙 8795
김영숙 8885
김영숙 9565
김영숙 10266
김영숙 31777
김영숙 29355
김영순 273
김영순 8567
김영순 8831
김영순 9742
김영순 10005
김영순 10508
김영순 13785
김영순 23731
김영순 31523
김영식 29388
김영식 8756
김영식 9392
김영실 15200
김영실 15554
김영실 24122
김영실 15446
김영애 25770
김영애 9155
김영옥 25746
김영옥 25802
김영옥 18306
김영옥 20545
김영옥 8093
김영옥 8188
김영옥 10732
김영옥 23077
김영옥 23813
김영옥 24811
김영옥 24911
김영옥 24960
김영익 8958
김영일 18095
김영일 등 14377
김영일;종윤 20836

김영자 …………… 15455
김영자 …………… 20223
김영자 …………… 21459
김영자 …………… 6886
김영자 …………… 7140
김영자 …………… 8174
김영자 …………… 8294
김영자 …………… 8670
김영자 …………… 8762
김영자 …………… 9688
김영자 …………… 10365
김영자;김영완 …… 29942
김영주 …………… 27567
김영주 …………… 6913
김영주 …………… 7031
김영주 …………… 7304
김영주 …………… 7858
김영주 …………… 8457
김영주 …………… 8732
김영준 …………… 15965
김영준 …………… 26919
김영준 …………… 27075
김영준 …………… 12099
김영진 …………… 16193
김영진 …………… 840
김영철 …………… 16610
김영철 …………… 32869
김영춘 …………… 16714
김영춘 …………… 16896
김영춘 …………… 8917
김영춘 …………… 9943
김영춘 …………… 9951
김영춘 …………… 10050
김영춘 …………… 13346
김영춘 …………… 13625
김영춘;정국서 …… 8246
김영춘;정인자 …… 9897
김영택 …………… 21322
김영택 …………… 1710
김영표 …………… 19707
김영표 …………… 19978
김영학 …………… 7777
김영학 …………… 24266
김영학 …………… 25468
김영해 …………… 15009
김영해 …………… 15172
김영헌 …………… 1806
김영현 …………… 16938
김영호 …………… 26862
김영호 …………… 26867
김영호 …………… 26875
김영호 …………… 26885
김영호 …………… 26890
김영호 …………… 21687
김영호 …………… 24815
김영호 …………… 31905
김영홍 …………… 27534
김영홍 …………… 28078
김영화 …………… 16879
김영화 …………… 22357
김영화 …………… 12834
김영화 …………… 23028
김영화 등 ……… 20812
김영환 …………… 30575
김영환 …………… 11050
김영활 …………… 30883
김영활 편저 …… 30887
김영후 …………… 31486
김영후 …………… 31532
김영후 …………… 31584
김영훈 …………… 16120
김영훈 …………… 16157
김영훈 …………… 16261
김영훈 …………… 9213
김영훈 …………… 9275
김영훈 …………… 9277
김영훈 …………… 13371
김영훈 …………… 25392
김영훈 …………… 31669
김영흥 …………… 2623
김영희 …………… 8092
김영희 …………… 8837
김영희 …………… 8922
김영희 …………… 10182
김영희 …………… 10917
김영희 …………… 22932
김예풍 …………… 22285
김오진 …………… 32132
김옥 ……………… 15013
김옥 ……………… 22066
김옥 ……………… 2068
김옥 ……………… 25551
김옥균;김술 …… 32142
김옥녀 …………… 23015
김옥란 …………… 23392
김옥룡 …………… 3186
김옥매 …………… 25748
김옥명 …………… 8748
김옥별 …………… 13414
김옥별 …………… 13459
김옥분 …………… 29374
김옥분 …………… 30017
김옥선 …………… 15027
김옥선 …………… 1640
김옥선 …………… 8314
김옥선 …………… 8596
김옥선 …………… 8705
김옥선;차병걸 …… 24528
김옥순 …………… 7607
김옥순 …………… 10344
김옥순 …………… 13419
김옥순 …………… 13708
김옥인 …………… 20988
김옥인 …………… 22883
김옥자 …………… 8616
김옥춘 …………… 8366
김옥춘 …………… 8436
김옥춘 …………… 8536
김옥춘 …………… 10272
김옥희 …………… 3157
김완룡 …………… 7939
김완섭 …………… 14155
김완섭 …………… 17330
김용 ……………… 10086
김용강 …………… 15513
김용강 …………… 15778
김용무 …………… 22502
김용산 …………… 30345
김용선 …………… 13641
김용수 …………… 28699
김용수 …………… 32005
김용수 …………… 32165
김용식 …………… 25952
김용식 …………… 14530
김용식 …………… 16368
김용식 …………… 17622
김용식 …………… 18102
김용식 …………… 18416
김용식 …………… 18824
김용식 …………… 26881
김용식 …………… 27583
김용식 …………… 25965
김용식 …………… 26010
김용식 …………… 11166
김용식 …………… 11468
김용식 …………… 11505
김용식 …………… 12070
김용식 …………… 12222
김용식 …………… 12354
김용식 …………… 13074
김용식 …………… 13168
김용식 …………… 13217

김용식 ················ 22768
김용식 ················ 22777
김용식 ················ 22796
김용식 ················ 22845
김용식 ················ 22957
김용식 ················ 23259
김용식 ················ 23260
김용식 ················ 23797
김용식 ················ 24050
김용식 ················ 24503
김용식 ················ 23861
김용운 ················ 28883
김용준 ················ 24458
김용진 ················ 31622
김용진 ················ 31627
김용진 ················ 31676
김용진 ················ 31695
김용철 ················ 9679
김용해 ················ 8989
김용혁 ················ 28777
김용혁 ················ 28780
김용혁 ················ 28781
김우경 ················ 25701
김우권 ················ 29415
김우발 ················ 6176
김우석 ················ 14352
김우석 ················ 14449
김우석 ················ 14477
김우석 ················ 14498
김우종 ················ 27432
김우중 ················ 27918
김욱 ················ 25753
김욱 ················ 25833
김욱 ················ 140
김욱 ················ 14250
김욱 ················ 14284
김욱 ················ 14406
김욱 ················ 14417
김욱 ················ 14465
김욱 ················ 14479
김욱 ················ 14516
김욱 ················ 14599
김욱 ················ 14732
김욱 ················ 14950
김욱 ················ 15395
김욱 ················ 15442
김욱 ················ 15775
김욱 ················ 16025
김욱 ················ 16506
김욱 ················ 16755
김욱 ················ 1242
김욱 ················ 8014
김욱 ················ 24679
김욱 ················ 24736
김욱 ················ 25044
김욱 ················ 25132
김욱 ················ 25356
김욱;명진 ················ 3031
김운 ················ 17501
김운 ················ 17990
김운 ················ 18011
김운 ················ 18191
김운 ················ 18245
김운 ················ 19886
김운 ················ 19943
김운 ················ 20118
김운 ················ 20192
김운 ················ 21033
김운 ················ 23404
김운 ················ 24297
김운 ················ 24302
김운 ················ 21348
김운룡 ················ 18111
김운룡 ················ 18276
김운룡 ················ 18419
김운룡 ················ 18499
김운룡 ················ 18884
김운룡 ················ 19042
김운룡 ················ 19331
김운룡 ················ 19502
김운룡 ················ 19539
김운룡 ················ 19861
김운룡 ················ 27417
김운룡 ················ 27429
김운룡 ················ 27610
김운룡 ················ 27963
김운룡 ················ 27965
김운룡 ················ 27994
김운룡 ················ 27449
김운룡 ················ 19900
김운룡 ················ 20098
김운룡 ················ 20149
김운룡 ················ 20257
김운룡 ················ 21011
김운룡;김택원 ······ 17437
김운봉 ················ 13133
김운석 ················ 19776
김운석 ················ 20441
김운숙 ················ 7618
김운숙 ················ 8967
김운일 ················ 14051
김운일 ················ 14084
김운일 ················ 15130
김운일 ················ 17383
김운일 ················ 27243
김운일 ················ 27249
김운일 ················ 27254
김운일 ················ 27262
김운일 ················ 27283
김운일 ················ 11264
김운일 ················ 11406
김운일 ················ 12416
김운일 ················ 12502
김운일 ················ 12508
김운일 ················ 12779
김운택 ················ 24674
김운택 ················ 23876
김운현 ················ 1503
김웅갑 ················ 29491
김웅갑 ················ 30081
김웅갑 ················ 30121
김웅갑 ················ 30122
김웅갑 ················ 30124
김웅갑 ················ 30127
김웅갑 ················ 30265
김웅갑 ················ 30266
김웅걸 ················ 17527
김웅걸 ················ 20225
김웅걸 ················ 20306
김웅걸 ················ 20573
김웅걸 ················ 20613
김웅걸 ················ 22374
김웅범 ················ 9804
김원 ················ 18507
김원 ················ 22223
김원 ················ 761
김원갑 ················ 10368
김원극 ················ 30931
김원덕 ················ 17224
김원도 ················ 21807
김원도 ················ 22001
김원도 ················ 9051
김원도 ················ 12531
김원도 ················ 12585
김원도 ················ 12676
김원도 ················ 12705
김원도 ················ 12773
김원도 ················ 12780
김원도 ················ 12808
김원도 ················ 12843
김원도 ················ 12869
김원도 ················ 12913

김원도 ……………… 12920
김원도 ……………… 12955
김원도 ……………… 23539
김원도 ……………… 23610
김원도 ……………… 23666
김원범 ……………… 21093
김원범 ……………… 21990
김원범 ……………… 2615
김원범 ……………… 3273
김원범 ……………… 5877
김원범;김환 ……… 21044
김원섭 ……………… 25881
김원수 ……………… 31785
김원수 ……………… 31786
김원숙 ……………… 25232
김원숙 ……………… 25543
김원일 ……………… 20475
김원호 ……………… 17470
김월금 ……………… 8669
김월매 ……………… 9145
김월성 ……………… 14123
김월성 ……………… 11161
김월성 ……………… 11237
김월성 ……………… 12672
김월성 ……………… 12724
김월성 ……………… 12760
김월성 ……………… 12881
김위헌 ……………… 17716
김위헌 ……………… 17718
김위헌 ……………… 17723
김위헌 ……………… 17758
김위헌 ……………… 20719
김유 ……………… 60
김유 ……………… 73
김유극 ……………… 32098
김유극 ……………… 32435
김유기 ……………… 20848
김유일 ……………… 25193
김유정 ……………… 20346
김유훈 ……………… 1902
김유훈 ……………… 7405
김유훈 ……………… 13226
김윤 ……………… 30520
김윤 ……………… 4974
김윤 ……………… 6465
김윤동 ……………… 15220
김윤범 ……………… 16481
김윤범 ……………… 18898
김윤범 ……………… 30329
김윤범 ……………… 25157
김윤범;주재윤 …… 29029
김윤범;주재윤 …… 30399
김윤수 ……………… 1653
김윤식 ……………… 31026
김윤식 ……………… 3332
김윤일 ……………… 25760
김윤직 ……………… 7571
김윤호 ……………… 24077
김은 ……………… 27730
김은복 ……………… 9320
김은수 ……………… 9709
김은순;김경림 …… 29271
김은영 ……………… 25859
김은자 ……………… 9302
김은자 ……………… 9380
김은철 ……………… 18038
김은철 ……………… 18481
김은철 ……………… 18745
김은철 ……………… 18914
김은철 ……………… 18948
김은철 ……………… 19037
김은철 ……………… 19698
김은철 ……………… 23307
김은철 ……………… 12696
김은하 ……………… 4484
김은하 ……………… 9163
김은하(金銀河) …… 9129
김은혁 ……………… 32520
김은화 ……………… 25832
김을병 ……………… 24522
김을석 ……………… 18311
김을석 ……………… 18476
김을석 ……………… 18849
김을석 ……………… 18904
김을섭 ……………… 8908
김응 ……………… 14622
김응 ……………… 20965
김응 ……………… 20972
김응 ……………… 22734
김응 ……………… 22948
김응룡 ……………… 22093
김응룡 ……………… 22244
김응룡 ……………… 14452
김응룡 ……………… 14774
김응룡 ……………… 15303
김응룡 ……………… 16260
김응룡 ……………… 16278
김응룡 ……………… 16954
김응룡 ……………… 17013
김응룡 ……………… 17178
김응룡 ……………… 23302
김응룡 ……………… 23563
김응룡 ……………… 25036
김응룡;허봉남 …… 20918
김응삼 ……………… 27491
김응삼 등 ……… 27507
김응준 ……………… 25587
김응준 ……………… 25834
김응준 ……………… 14077
김응준 ……………… 14087
김응준 ……………… 14099
김응준 ……………… 14196
김응준 ……………… 14213
김응준 ……………… 14278
김응준 ……………… 14370
김응준 ……………… 14433
김응준 ……………… 14457
김응준 ……………… 14482
김응준 ……………… 14615
김응준 ……………… 14627
김응준 ……………… 14634
김응준 ……………… 14655
김응준 ……………… 14747
김응준 ……………… 14787
김응준 ……………… 14899
김응준 ……………… 14913
김응준 ……………… 14943
김응준 ……………… 14977
김응준 ……………… 14993
김응준 ……………… 15057
김응준 ……………… 15115
김응준 ……………… 15138
김응준 ……………… 15140
김응준 ……………… 15280
김응준 ……………… 15302
김응준 ……………… 15322
김응준 ……………… 15367
김응준 ……………… 15377
김응준 ……………… 15381
김응준 ……………… 15408
김응준 ……………… 15410
김응준 ……………… 15545
김응준 ……………… 15595
김응준 ……………… 15601
김응준 ……………… 15602
김응준 ……………… 15627
김응준 ……………… 15643
김응준 ……………… 15696
김응준 ……………… 15736
김응준 ……………… 15820
김응준 ……………… 15886
김응준 ……………… 15900

김응준 ······ 15911
김응준 ······ 15957
김응준 ······ 15991
김응준 ······ 16010
김응준 ······ 16152
김응준 ······ 16235
김응준 ······ 16271
김응준 ······ 16291
김응준 ······ 16308
김응준 ······ 16329
김응준 ······ 16367
김응준 ······ 16461
김응준 ······ 16465
김응준 ······ 16504
김응준 ······ 16521
김응준 ······ 16537
김응준 ······ 16595
김응준 ······ 16643
김응준 ······ 16661
김응준 ······ 16694
김응준 ······ 16723
김응준 ······ 16778
김응준 ······ 16783
김응준 ······ 16795
김응준 ······ 16800
김응준 ······ 16832
김응준 ······ 16926
김응준 ······ 16952
김응준 ······ 16981
김응준 ······ 16982
김응준 ······ 17038
김응준 ······ 23553
김응준 ······ 24760
김응준 ······ 25008
김응준 ······ 25258
김응준 ······ 13059
김응준 ······ 13227
김응준 ······ 13245
김응준 ······ 13309
김응준 ······ 13336
김응준 ······ 13695
김응철 ······ 7551
김응태 ······ 32453
김의 ······ 23999
김의복 ······ 31506
김의복 ······ 31513
김의복 ······ 31517
김의복 ······ 31533
김의복 ······ 31548
김의복 ······ 31800
김의복 ······ 31813
김의복 ······ 31830
김의섭 ······ 30706
김의영 ······ 4329
김의영 ······ 4336
김의진 ······ 20129
김의진 ······ 23245
김의천 ······ 28106
김의천 ······ 21685
김의천 ······ 22663
김의천 ······ 23196
김의천 ······ 23275
김의천 ······ 23421
김의훈 ······ 25788
김이금 ······ 18962
김익선 ······ 1631
김익수 ······ 31478
김익준 ······ 30526
김익준 ······ 30543
김익헌 ······ 368
김익헌 ······ 1836
김익헌 ······ 2837
김익헌 ······ 3140
김익헌 ······ 3144
김익헌 ······ 4036
김인 ······ 26656
김인 ······ 16903
김인 ······ 569
김인걸 ······ 19871
김인걸 ······ 10121
김인기 ······ 1821
김인덕 ······ 15714
김인덕 ······ 23776
김인덕 ······ 11324
김인석 ······ 26955
김인석 ······ 22060
김인선 ······ 28668
김인선 ······ 14460
김인선 ······ 14464
김인선 ······ 15021
김인선 ······ 15456
김인선 ······ 15637
김인선 ······ 15925
김인선 ······ 15943
김인선 ······ 15987
김인선 ······ 15989
김인선 ······ 23203
김인선 ······ 32134
김인선 ······ 31460
김인수 ······ 7591
김인숙 ······ 32622
김인숙 ······ 2600
김인숙 ······ 6298
김인숙;안창해 ······ 32893
김인원 ······ 17709
김인준 ······ 8887
김인준 ······ 13128
김인준 ······ 13224
김인준 ······ 13277
김인철 ······ 30298
김인철 ······ 30306
김인철 ······ 30341
김인철 ······ 30897
김인철 ······ 6110
김인철 ······ 7945
김인철 ······ 12264
김인철;김량숙 ······ 30591
김인하 ······ 13621
김인학 ······ 14011
김인학 ······ 11602
김인호 ······ 11859
김일 ······ 21790
김일 ······ 29800
김일 ······ 15331
김일 ······ 15648
김일 ······ 15656
김일 ······ 18997
김일 ······ 1558
김일 ······ 10239
김일;김길송 ······ 3826
김일권 ······ 16085
김일권 ······ 23174
김일권 ······ 30996
김일금 ······ 18899
김일남 ······ 5875
김일남 ······ 9668
김일남 ······ 10988
김일량 ······ 16876
김일량 ······ 23054
김일량 ······ 23369
김일량 ······ 23477
김일명 ······ 18652
김일명;륙녀호 ······ 25612
김일산 ······ 841
김일송 ······ 1559
김일수 ······ 32193
김일암 ······ 3196
김일천 ······ 21709
김일철 ······ 16932
김일파 ······ 16517
김일파 ······ 24365
김일파 ······ 8469

김일파 ……………… 10843
김일학 ……………… 1642
김일한 ……………… 30518
김일한 ……………… 30519
김일환 ……………… 29489
김일환 ……………… 30911
김임 ……………… 15358
김장규 ……………… 23880
김장록 ……………… 11014
김장범 ……………… 31106
김장범 ……………… 31107
김장복 ……………… 30817
김장복 ……………… 31337
김장복;김운길 …… 30804
김장선 ……………… 9382
김장숙 ……………… 7479
김장욱 ……………… 30874
김장춘 ……………… 30184
김장필 ……………… 24774
김장혁 ……………… 9329
김장혁 ……………… 11527
김장혁 ……………… 19921
김장혁 ……………… 21214
김장혁 ……………… 21536
김재 ……………… 23514
김재걸 ……………… 24742
김재관 ……………… 3379
김재관 ……………… 3878
김재관 ……………… 3908
김재관 ……………… 6523
김재관;김동학 …… 6011
김재관;전광일 …… 5529
김재국 ……………… 11580
김재국 ……………… 22846
김재국 ……………… 23368
김재국 ……………… 23780
김재국 ……………… 18697
김재국 ……………… 18752
김재국 ……………… 18908
김재국 ……………… 19016
김재국 ……………… 19122
김재국 ……………… 19463
김재국 ……………… 19654
김재국 ……………… 19671
김재국 ……………… 19839
김재국 ……………… 19872
김재국 ……………… 19913
김재국 ……………… 20191
김재국 ……………… 20265
김재국 ……………… 20276
김재국 ……………… 20314
김재국 ……………… 20400
김재국 ……………… 20460
김재국 ……………… 20468
김재국 ……………… 20474
김재국 ……………… 20477
김재권 ……………… 24041
김재권 ……………… 24174
김재권 ……………… 24273
김재권 ……………… 32166
김재권 ……………… 24327
김재권 ……………… 23984
김재권 ……………… 24196
김재권 ……………… 24207
김재권 ……………… 24290
김재권 ……………… 24493
김재권 ……………… 24530
김재규 ……………… 13644
김재덕 ……………… 16343
김재률 ……………… 6875
김재률 ……………… 6951
김재률 ……………… 6982
김재률 ……………… 7207
김재률 ……………… 7874
김재률 ……………… 8513
김재률 ……………… 10268
김재률 ……………… 10270
김재석 ……………… 2250
김재연 ……………… 17084
김재연 ……………… 21976
김재옥 ……………… 22942
김재옥 ……………… 23177
김재옥 ……………… 17131
김재옥 ……………… 18235
김재운 ……………… 31491
김재원 ……………… 25274
김재유 ……………… 8009
김재유 ……………… 13691
김재일 ……………… 31781
김재일 ……………… 31783
김재진 ……………… 19328
김재천 ……………… 13696
김재청 ……………… 26991
김재현 ……………… 14501
김재현 ……………… 14569
김재현 ……………… 14616
김재현 ……………… 14685
김재현 ……………… 14781
김재현 ……………… 14850
김재현 ……………… 15921
김재현 ……………… 16715
김재현 ……………… 16933
김재현 ……………… 17043
김재현 ……………… 17169
김재현 ……………… 17185
김재현 ……………… 17203
김재호 ……………… 4568
김재호 ……………… 8983
김재호 ……………… 9576
김재호 ……………… 9631
김재호 ……………… 9660
김재호 ……………… 10017
김재호 ……………… 11090
김재호 ……………… 11091
김재호 ……………… 13396
김재호 ……………… 22933
김재호 ……………… 23598
김재호 ……………… 15711
김재호 ……………… 16054
김재호 ……………… 16953
김재호 ……………… 17119
김재호 ……………… 29521
김재호;장봉조 …… 24505
김재환 ……………… 29846
김점순 ……………… 10495
김정 ……………… 23162
김정 ……………… 26988
김정 ……………… 27325
김정(金淨)등 ……… 9156
김정남 ……………… 12262
김정련 ……………… 9309
김정렬 ……………… 8062
김정록 ……………… 32492
김정룡 ……………… 28884
김정률 ……………… 22490
김정섭 ……………… 15435
김정수 ……………… 31043
김정수 ……………… 31045
김정수 ……………… 31050
김정수 ……………… 31054
김정수 ……………… 31115
김정수 ……………… 31120
김정수 ……………… 31123
김정수 ……………… 31129
김정수 ……………… 32532
김정수 ……………… 32540
김정수 ……………… 16137
김정수;김명자 …… 31167
김정숙 ……………… 8603
김정숙 ……………… 8768
김정숙 ……………… 8773
김정숙 ……………… 9806

김정숙 ……… 22955
김정숙;김걸 ……… 8416
김정숙;정해철 ……… 24244
김정순 ……… 9381
김정순 ……… 24644
김정순 ……… 30236
김정애 ……… 23542
김정애 ……… 22220
김정옥 ……… 9281
김정옥 ……… 27561
김정옥 ……… 21770
김정옥 ……… 29566
김정옥 ……… 30041
김정일 ……… 17702
김정자 ……… 7243
김정자 ……… 8050
김정자 ……… 21974
김정하 ……… 7396
김정학 ……… 20436
김정호 ……… 11307
김정호 ……… 13300
김정호 ……… 13310
김정호 ……… 13661
김정호 ……… 13745
김정호 ……… 14563
김정호 ……… 14669
김정호 ……… 14830
김정호 ……… 15024
김정호 ……… 15351
김정호 ……… 15918
김정호 ……… 15959
김정호 ……… 15976
김정호 ……… 16020
김정호 ……… 16251
김정호 ……… 16331
김정호 ……… 16405
김정호 ……… 16514
김정호 ……… 16738
김정호 ……… 16994
김정호 ……… 17040
김정호 ……… 17059
김정호 ……… 17103
김정호 ……… 16161
김정훈 ……… 30134
김정희 ……… 12074
김정희 ……… 12646
김정희 ……… 30700
김정희 ……… 30813
김정희 ……… 30820
김정희 ……… 30822
김정희 ……… 30850
김정희 ……… 30900
김정희 ……… 31036
김제 ……… 14164
김제룡 ……… 30750
김제홍 ……… 27122
김종국 ……… 7069
김종국 ……… 11812
김종근 ……… 13567
김종기 ……… 8641
김종기 ……… 9000
김종기 ……… 9784
김종기 ……… 9801
김종기 ……… 32144
김종길 ……… 4994
김종길 ……… 5000
김종길 ……… 5020
김종길 ……… 5022
김종길 ……… 5034
김종길 ……… 5111
김종남 ……… 6947
김종덕 ……… 31878
김종락 ……… 13376
김종만 ……… 24625
김종명 ……… 12058
김종명 ……… 12703
김종묵 ……… 9411
김종선 ……… 31136
김종선 ……… 31323
김종선 ……… 16002
김종선 ……… 18833
김종선 등 ……… 30799
김종수 ……… 11314
김종수 ……… 11584
김종수 ……… 12806
김종수 ……… 12904
김종수 ……… 12916
김종수 ……… 26925
김종수 등 ……… 12269
김종운 ……… 17447
김종운 ……… 18982
김종운 ……… 18987
김종운 ……… 19265
김종운 ……… 19477
김종운 ……… 20185
김종천 ……… 10444
김종천 ……… 32415
김종천 ……… 32436
김종천 ……… 32447
김종천 ……… 32431
김종천 ……… 32491
김종철 ……… 9371
김주봉 ……… 12936
김주식 ……… 21028
김주영 ……… 10661
김주영 ……… 28066
김주원 ……… 13512
김주일 ……… 25583
김주철 ……… 10468
김주철 ……… 10991
김주필 ……… 25487
김주학 ……… 3252
김주헌 ……… 32136
김주헌 ……… 32418
김주형 ……… 8726
김주호 ……… 7250
김주호 ……… 7350
김주호 ……… 9098
김주호 ……… 9862
김주휘 ……… 8249
김죽산 ……… 294
김죽석 ……… 1824
김준 ……… 20890
김준길 ……… 10971
김준술;기암 ……… 24007
김중근 ……… 25565
김중기 ……… 11017
김중복 ……… 13790
김중복 ……… 14057
김중복 ……… 17819
김중복 ……… 17827
김중섭 ……… 17397
김중섭;오홍진 ……… 17395
김중애 ……… 24001
김중철 ……… 17695
김중철 ……… 17798
김중철;김영춘 ……… 20772
김중화;김득희 ……… 24292
김증복 ……… 13586
김증손 ……… 11962
김증손 ……… 12239
김증진 ……… 21752
김지광 ……… 571
김지복 ……… 8158
김지복;송영철 ……… 7074
김지성 ……… 18960
김지연 ……… 19805
김지용 ……… 24285
김지하 ……… 16017
김지하 ……… 16828
김지훈 ……… 17870
김지훈 ……… 17887

김진 ··················· 22692
김진 ··················· 31784
김진 ··················· 15463
김진 ··················· 20896
김진 역 ··············· 25982
김진;리란 ··········· 12426
김진권 ················· 7007
김진기 ················ 27595
김진길 ················· 6955
김진렬 ················ 25419
김진룡 ················ 14723
김진룡 ················ 14805
김진룡 ················ 15557
김진림 ················ 27996
김진산 ·················· 856
김진산 ················ 10060
김진석 ·················· 296
김진석 ················· 3240
김진석 ················· 6941
김진석 ················· 6943
김진석 ················ 11241
김진석 ················ 11410
김진석 ················ 12596
김진석 ················ 22610
김진석 ················ 22708
김진석 ················ 22713
김진석 ················ 22723
김진석 ················ 22753
김진석 ················ 22886
김진석 ················ 22907
김진석 ················ 23069
김진석 ················ 23373
김진석 ················ 17823
김진석 ················ 27284
김진석 ················ 27326
김진석 ················ 28617
김진석 ················ 28618
김진석 ················ 21017
김진석 ················ 21654
김진석 ················ 21665
김진석 ················ 21796
김진석 ················ 22069
김진용 ················ 25964
김진용 ················ 10424
김진용 ················ 10719
김진용 ················ 10848
김진우 ················· 2583
김진춘 ················· 3762
김진춘 ················· 6646
김진춘;박성국 ······· 3702
김진홍 ················ 14636
김진화 ················ 16935
김진화 ················ 17109
金章哲 ················ 13013
金暢哲 ················ 13007
金暢哲 ················ 13019
김찬 ··················· 30979
김찬 ··················· 30375
김창걸 ················ 22484
김창걸 ················ 22509
김창걸 ················· 7052
김창걸 ················ 10454
김창걸 ················ 11352
김창걸 ················ 11818
김창걸 ················ 20501
김창걸 ················ 20670
김창걸 ················ 14183
김창걸 ················ 17573
김창걸 ················ 18312
김창걸 ················ 19371
김창걸 ················ 25941
김창걸 ················ 25942
김창국 ················· 1450
김창국 ················ 27441
김창국 ················ 27481
김창국 ················ 27995
김창군 ················ 23338
김창군 ················· 8822
김창권 ················· 9417
김창권 ················ 29375
김창권 ················ 29553
김창권 ················ 30007
김창권 ················ 30010
김창권 ················ 30012
김창권 ················ 30028
김창권 ················ 30063
김창규 ················ 22656
김창규 ················ 23041
김창규 ················ 23778
김창규 ················ 24729
김창규 ················ 31585
김창규 ················ 21357
김창규 ················ 21623
김창규 ················ 29290
김창규 ················ 14188
김창규 ················ 14276
김창규 ················ 14285
김창규 ················ 14472
김창규 ················ 14497
김창규 ················ 14748
김창규 ················ 14767
김창규 ················ 14936
김창규 ················ 14976
김창규 ················ 15464
김창규 ················ 15609
김창규 ················ 16267
김창규 ················ 18494
김창규 ················ 25686
김창규;장민국 ······ 31526
김창길 ·················· 122
김창길 ················ 29475
김창길 ················ 29498
김창길 ················ 29907
김창길 ················ 30097
김창길 ················ 16913
김창길 ················ 21023
김창남 ················ 22494
김창남 ················ 11005
김창남 ················ 21330
김창남 ················ 21386
김창남 ················ 22267
김창대 ················ 22797
김창대 ················ 22966
김창대 ················ 12991
김창대 ················ 21573
김창대 ················ 21674
김창대 ················ 14611
김창대 ················ 14831
김창대 ················ 15125
김창대 ················ 15344
김창대 ················ 16032
김창대 ················ 16074
김창대 ················ 16386
김창대 ················ 18001
김창대 ················ 18233
김창대 ················ 18356
김창대 ················ 18544
김창대 ················ 18932
김창대 ················ 19454
김창대 ················ 27704
김창대;김택원 ······ 17987
김창렬 ················ 13529
김창록 ················ 19327
김창룡 ················ 10668
김창만 ················ 24119
김창만 ················ 17951
김창만 ················ 24498
김창복 ················· 8919
김창봉 ················ 24345
김창봉 ················ 30991
김창봉 ················ 30608
김창석 ················ 22485

김창석 ······ 22793
김창석 ······ 24231
김창석 ······ 24833
김창석 ······ 24922
김창석 ······ 25091
김창석 ······ 887
김창석 ······ 4289
김창석 ······ 4325
김창석 ······ 4422
김창석 ······ 9185
김창석 ······ 11807
김창석 ······ 12188
김창석 ······ 12457
김창석 ······ 13069
김창석 ······ 13089
김창석 ······ 13142
김창석 ······ 13155
김창석 ······ 13169
김창석 ······ 13191
김창석 ······ 13198
김창석 ······ 13251
김창석 ······ 13254
김창석 ······ 13271
김창석 ······ 13734
김창석 ······ 13813
김창석 ······ 13893
김창석 ······ 13940
김창석 ······ 13961
김창석 ······ 13981
김창석 ······ 13984
김창석 ······ 20672
김창석 ······ 14005
김창석 ······ 14015
김창석 ······ 14105
김창석 ······ 14140
김창석 ······ 14661
김창석 ······ 14724
김창석 ······ 14742
김창석 ······ 14969
김창석 ······ 15036
김창석 ······ 15042
김창석 ······ 15105
김창석 ······ 15294
김창석 ······ 16044
김창석 ······ 16178
김창석 ······ 16973
김창석 ······ 17232
김창석 ······ 17244
김창석 ······ 17851
김창석 ······ 18354
김창석 ······ 18559
김창석 ······ 18711
김창석 ······ 18915
김창석 ······ 18959
김창석 ······ 19787
김창석 ······ 23947
김창석 등 ······ 20828
김창석;최옥선 ······ 18867
김창수 ······ 20096
김창수 ······ 20453
김창수 ······ 18243
김창수 ······ 19483
김창수 ······ 24514
김창순 ······ 10441
김창순 ······ 13479
김창순 ······ 13488
김창순 ······ 13706
김창식 ······ 9614
김창영 ······ 23596
김창영 ······ 17124
김창욱 ······ 12252
김창익 ······ 32025
김창익 ······ 32068
김창익 ······ 32089
김창익 ······ 32344
김창익 ······ 32519
김창익 ······ 32525
김창익 ······ 27674
김창익 ······ 28674
김창정 ······ 30758
김창정 ······ 30844
김창정 ······ 30928
김창정 ······ 31015
김창정 ······ 31042
김창정 ······ 31084
김창정 ······ 31441
김창정 ······ 31445
김창정 ······ 31522
김창정 ······ 30282
김창정 ······ 30573
김창정 등 ······ 31342
김창정;리승헌 ······ 31149
김창죽 ······ 24268
김창죽 ······ 24341
김창죽 ······ 24402
김창죽 ······ 24257
김창진 ······ 10615
김창학 ······ 13448
김창학 ······ 25650
김창해 ······ 10746
김창헌 ······ 7562
김창현 ······ 8675
김창현 ······ 8695
김창현 ······ 9575
김창호 ······ 22849
김창호 ······ 2137
김창호 ······ 26853
김창호 ······ 26983
김창호 ······ 27551
김창호 ······ 28121
김창호 ······ 21520
김창화 ······ 4369
김창화 ······ 13386
김창활 ······ 13104
김창훈 ······ 16629
김창휘 ······ 13237
김창흡 ······ 12576
김창희 ······ 26845
김창희 ······ 26993
김창희 ······ 27020
김창희 ······ 14368
김채봉 ······ 13544
김채순 ······ 23732
김채순 ······ 16930
김채순 ······ 16999
김천 ······ 32597
김천 ······ 8367
김천 ······ 8379
김천 ······ 12455
김천 ······ 21484
김천 ······ 21812
김천 ······ 15412
김천규 ······ 30320
김천금 ······ 17727
김천길 ······ 32768
김천길 ······ 32774
김천복 ······ 8192
김천복 ······ 8384
김천복 ······ 8387
김천석 ······ 10575
김천석 ······ 28441
김천석 ······ 28445
김천석 ······ 30355
김천유 ······ 7357
김천유 ······ 7359
김천유 ······ 7361
김천유 ······ 9740
김철 ······ 22642
김철 ······ 22794
김철 ······ 22795
김철 ······ 23037
김철 ······ 23044

김철 ······················ 23067
김철 ······················ 23244
김철 ······················ 23471
김철 ······················ 32120
김철 ······················ 32215
김철 ······················ 9809
김철 ······················ 11120
김철 ······················ 11428
김철 ······················ 11467
김철 ······················ 11870
김철 ······················ 11898
김철 ······················ 12094
김철 ······················ 13046
김철 ······················ 13071
김철 ······················ 13073
김철 ······················ 13124
김철 ······················ 13154
김철 ······················ 13174
김철 ······················ 13180
김철 ······················ 13187
김철 ······················ 13233
김철 ······················ 13253
김철 ······················ 13269
김철 ······················ 13290
김철 ······················ 13306
김철 ······················ 13703
김철 ······················ 13728
김철 ······················ 13760
김철 ······················ 13792
김철 ······················ 13826
김철 ······················ 13926
김철 ······················ 13942
김철 ······················ 13956
김철 ······················ 13960
김철 ······················ 13973
김철 ······················ 13983
김철 ······················ 20849
김철 ······················ 21182
김철 ······················ 30642
김철 ······················ 13995
김철 ······················ 14013
김철 ······················ 14014
김철 ······················ 14073
김철 ······················ 14100
김철 ······················ 14166
김철 ······················ 14170
김철 ······················ 14201
김철 ······················ 14329
김철 ······················ 14405
김철 ······················ 14448
김철 ······················ 14494
김철 ······················ 14531
김철 ······················ 14555
김철 ······················ 14623
김철 ······················ 14640
김철 ······················ 14665
김철 ······················ 14713
김철 ······················ 14741
김철 ······················ 14794
김철 ······················ 14823
김철 ······················ 14979
김철 ······················ 15052
김철 ······················ 15072
김철 ······················ 15173
김철 ······················ 15268
김철 ······················ 15297
김철 ······················ 15356
김철 ······················ 15365
김철 ······················ 15373
김철 ······················ 15413
김철 ······················ 15475
김철 ······················ 15572
김철 ······················ 15593
김철 ······················ 15624
김철 ······················ 15727
김철 ······················ 16065
김철 ······················ 16156
김철 ······················ 16216
김철 ······················ 16222
김철 ······················ 16249
김철 ······················ 16298
김철 ······················ 16317
김철 ······················ 16320
김철 ······················ 16325
김철 ······················ 16447
김철 ······················ 16482
김철 ······················ 16520
김철 ······················ 16564
김철 ······················ 16585
김철 ······················ 16628
김철 ······················ 16692
김철 ······················ 16773
김철 ······················ 17139
김철 ······················ 17151
김철 ······················ 17152
김철 ······················ 17158
김철 ······················ 17201
김철 ······················ 17258
김철 ······················ 17566
김철 ······················ 17580
김철 ······················ 17584
김철 ······················ 17597
김철 등 ················ 24656
김철군 ·················· 28173
김철근 ·················· 15210
김철룡 ·················· 22740
김철룡 ·················· 22807
김철룡 ·················· 22833
김철룡 ·················· 22940
김철룡 ·················· 10588
김철룡 ·················· 10607
김철룡 ·················· 14857
김철룡 ·················· 15090
김철룡 ·················· 15386
김철만 ·················· 25328
김철만 ·················· 32662
김철범 ·················· 6923
김철범 ·················· 10844
김철범 ·················· 24213
김철부 ·················· 20443
김철부 ·················· 18115
김철부 ·················· 18371
김철부 ·················· 18785
김철부 ·················· 19352
김철부 ·················· 19572
김철부 ·················· 19744
김철부 ·················· 19830
김철산 ·················· 15762
김철석 ·················· 7161
김철석 ·················· 8524
김철석 ·················· 9052
김철석 ·················· 9267
김철석 ·················· 11543
김철석;동홍중 ······ 31614
김철선 ·················· 30143
김철수 ·················· 31012
김철수 ·················· 31186
김철수 ·················· 8127
김철수 ·················· 8211
김철수 ·················· 13559
김철수 ·················· 13589
김철수 ·················· 13598
김철수 ·················· 13601
김철수 ·················· 13818
김철수 ·················· 19904
김철수 ·················· 20168
김철수 ·················· 20224
김철수 ·················· 20357
김철수 ·················· 20500
김철수 ·················· 20616
김철수 ·················· 29030
김철수 ·················· 30284

김철수 ……………… 30578
김철수 ……………… 30583
김철수 ……………… 18251
김철수 ……………… 18310
김철수 ……………… 18883
김철수 ……………… 19112
김철수 ……………… 19544
김철수 ……………… 19691
김철수 ……………… 30585
김철우 ……………… 25821
김철웅 ……………… 13815
김철웅 ……………… 13870
김철웅 ……………… 13902
김철웅 ……………… 13910
김철웅 ……………… 13916
김철준 ……………… 13408
김철준 ……………… 16295
김철학 ……………… 23132
김철학 ……………… 23456
김철학 ……………… 21366
김철학 ……………… 21422
김철학 ……………… 14522
김철학 ……………… 14771
김철학 ……………… 14885
김철학 ……………… 14917
김철학 ……………… 14947
김철학 ……………… 14983
김철학 ……………… 15003
김철학 ……………… 15126
김철학 ……………… 15233
김철학 ……………… 15249
김철학 ……………… 15324
김철학 ……………… 15399
김철학 ……………… 15666
김철학 ……………… 15769
김철학 ……………… 15836
김철학 ……………… 15905
김철학 ……………… 16009
김철학 ……………… 16531
김철학 ……………… 16946
김철학 ……………… 17005
김철학 ……………… 17192
김철학 등 …………… 7837
김철호 ……………… 23790
김철호 ……………… 24072
김철호 ……………… 12883
김철호 ……………… 17845
김철호 ……………… 17860
김철호 ……………… 17874
김철호 ……………… 17913
김철호 ……………… 17974
김철호 ……………… 18189
김철호 ……………… 18739
김철호 ……………… 19422
김철훈 ……………… 28076
김청 ………………… 24777
김청 ………………… 27982
김청송 ……………… 22399
김청송 ……………… 14766
김청송;황하성 …… 17895
김청천 ……………… 14078
김청천 ……………… 14117
김청학 ……………… 13186
김추 ………………… 2942
김춘 ………………… 3142
김춘권;리상준 …… 20844
김춘규 ……………… 31565
김춘극 ……………… 4577
김춘극 ……………… 20085
김춘극 ……………… 21737
김춘극 ……………… 21916
김춘극 ……………… 22016
김춘극 ……………… 22057
김춘극 ……………… 22096
김춘극 ……………… 19879
김춘극;리분옥 …… 22297
김춘근 ……………… 23045
김춘근 ……………… 23102
김춘남 ……………… 11903
김춘란 ……………… 20526
김춘련 ……………… 29626
김춘복 ……………… 15633
김춘봉 ……………… 25211
김춘산 ……………… 7254
김춘산 ……………… 7456
김춘산 ……………… 8144
김춘산 ……………… 8244
김춘산 ……………… 8454
김춘산 ……………… 8635
김춘산 ……………… 8685
김춘산 ……………… 15098
김춘산 ……………… 15243
김춘산 ……………… 15251
김춘산 ……………… 15440
김춘산 ……………… 15742
김춘산 ……………… 16139
김춘산 ……………… 16415
김춘산 ……………… 16466
김춘산 ……………… 16553
김춘산 ……………… 16625
김춘산 ……………… 16672
김춘산 ……………… 16695
김춘산 ……………… 16718
김춘산 ……………… 16744
김춘산 ……………… 16756
김춘산 ……………… 16772
김춘산 ……………… 17050
김춘석 ……………… 2333
김춘선 ……………… 26111
김춘선 ……………… 9108
김춘선 ……………… 27522
김춘선 ……………… 27550
김춘송 ……………… 17126
김춘식 ……………… 25519
김춘식 ……………… 15392
김춘식 ……………… 18686
김춘실 ……………… 23049
김춘실 ……………… 8164
김춘실 ……………… 8426
김춘실 ……………… 30175
김춘실 ……………… 30192
김춘실 ……………… 30193
김춘실 ……………… 30194
김춘실 ……………… 30195
김춘애 ……………… 25533
김춘옥 ……………… 7325
김춘옥;방련화 …… 30276
김춘옥;홍순찬 …… 30264
김춘일 ……………… 16130
김춘일 ……………… 16414
김춘자 ……………… 3502
김춘자 ……………… 7860
김춘자 ……………… 8428
김춘자 ……………… 8463
김춘자 ……………… 8476
김춘자 ……………… 8491
김춘자 ……………… 8503
김춘자 ……………… 8504
김춘자 ……………… 9214
김춘자 ……………… 9322
김춘자 ……………… 9343
김춘자 ……………… 10129
김춘자 ……………… 10590
김춘자 ……………… 10690
김춘자 ……………… 10691
김춘자 ……………… 10960
김춘자 ……………… 12452
김춘자 ……………… 12488
김춘화 ……………… 22946
김춘화 ……………… 24893
김춘화;리양옥 …… 27125
김춘희 ……………… 16503

김출 ……… 22370
김충 ……… 23512
김충 ……… 16848
김충국 ……… 19688
김충근 ……… 13616
김충묵 ……… 24353
김충섭 ……… 7026
김충실 ……… 19095
김충실 ……… 27615
김충실 ……… 27869
김충실 ……… 27882
김충실 ……… 27899
김충실 ……… 22045
김충실 ……… 22109
김치국 ……… 17092
김칠산 ……… 15949
김칠산 ……… 16241
金昌傑 ……… 17546
金昌南 ……… 13036
金晶惠 ……… 17547
김태갑 ……… 27078
김태갑 ……… 13992
김태갑 ……… 14076
김태갑 ……… 14135
김태갑 ……… 14167
김태갑 ……… 14175
김태갑 ……… 14473
김태갑 ……… 14663
김태갑 ……… 14676
김태갑 ……… 14737
김태갑 ……… 14799
김태갑 ……… 14836
김태갑 ……… 14956
김태갑 ……… 15590
김태갑 ……… 16231
김태갑 ……… 22498
김태갑 ……… 24512
김태갑 ……… 11795
김태갑 ……… 12157
김태갑 ……… 12218
김태갑 ……… 12223
김태갑 ……… 13151
김태갑 ……… 13980
김태갑 ……… 24471
김태공 ……… 31341
김태구 ……… 8775
김태국 ……… 8238
김태국 ……… 9837
김태국 ……… 9852
김태국 ……… 9882
김태국 ……… 9888
김태국 ……… 9896
김태국 ……… 9899
김태국 ……… 9901
김태국 ……… 9908
김태국 등 ……… 9909
김태국;리근희 ……… 9876
김태규 ……… 135
김태규 ……… 13338
김태근 ……… 21329
김태근 ……… 17480
김태룡 ……… 16670
김태문 ……… 27430
김태복 ……… 14606
김태복 ……… 15103
김태복 ……… 15383
김태복 ……… 15394
김태복 ……… 16026
김태복 ……… 16212
김태봉 ……… 24970
김태산 ……… 22916
김태산 ……… 28440
김태섭 ……… 2306
김태섭 ……… 3946
김태섭 ……… 6557
김태섭 ……… 7622
김태섭 ……… 8529
김태식 ……… 32477
김태식 ……… 32674
김태욱 ……… 13857
김태원 ……… 32032
김태종 ……… 9886
김태호 ……… 1962
김태호 ……… 9650
김태호 ……… 13422
김태호 ……… 13453
김태호 ……… 16192
김태희 ……… 13184
김택원 ……… 17146
김택원 ……… 17992
김택중 ……… 22585
김택중 ……… 1649
김택훈 ……… 23854
김파 ……… 26354
김파 ……… 27988
김파 ……… 20384
김파 ……… 22005
김파 ……… 16701
김파 ……… 14258
김파 ……… 14272
김파 ……… 14289
김파 ……… 14304
김파 ……… 14316
김파 ……… 14554
김파 ……… 14631
김파 ……… 14645
김파 ……… 14901
김파 ……… 14927
김파 ……… 14964
김파 ……… 15002
김파 ……… 15037
김파 ……… 15059
김파 ……… 15143
김파 ……… 15150
김파 ……… 15197
김파 ……… 15240
김파 ……… 15269
김파 ……… 26002
김파 ……… 847
김파 ……… 8973
김파 ……… 9090
김파 ……… 9096
김파 ……… 9101
김파 ……… 10757
김파 ……… 11023
김파 ……… 11129
김파 ……… 11273
김파 ……… 11279
김파 ……… 11493
김파 ……… 11511
김파 ……… 11630
김파 ……… 12459
김파 ……… 12547
김파 ……… 23121
김파 ……… 23508
김파 ……… 24096
김파 ……… 24682
김파 ……… 24802
김파 ……… 15281
김파 ……… 15533
김파 ……… 15588
김파 ……… 15616
김파 ……… 15732
김파 ……… 15940
김파 ……… 16014
김파 ……… 16016
김파 ……… 16132
김파 ……… 16768
김파 ……… 16812
김파 ……… 16814
김파 ……… 16843
김파 ……… 17007

김파 25698
김파 27584
김파;김광춘 9089
김팔남 17323
김팔남 17327
김편 32826
김편;손홍문 25860
김평 238
김평 24943
김표 20471
김풍 22739
김필 22989
김필한 등 31111
김하 27732
김하 15938
김하 18700
김하 1090
김하 11703
김하;촌인 17878
김하;최일 18501
김하명 11171
김하봉 32442
김하섭 30147
김하수 16270
김하수 16931
金河洙 27216
김히철 9746
김학 20943
김학 14096
김학 14112
김학 14191
김학 14746
김학 14760
김학 15287
김학 15636
김학 18304
김학 18474
김학 18514
김학 24838
김학 32359
김학 13066
김학 13092
김학 13137
김학 13189
김학 13774
김학 13812
김학;함성호 24834
김학계;최건화 19884
김학길 11292
김학남 8959
김학남 8963
김학남 9719
김학림 28944
김학림 29114
김학림 31040
김학림;김명학 31103
김학범 14346
김학범 8640
김학봉 21838
김학선 28920
김학선 28979
김학선 30287
김학선 15971
김학선 17380
김학선 30879
김학선 32746
김학선 32758
김학선 32760
김학선 32766
김학선;연동섭 32042
김학송 21576
김학송 14722
김학송 14755
김학송 14768
김학송 14784
김학송 14928
김학송 14981
김학송 15019
김학송 15132
김학송 15194
김학송 15239
김학송 15257
김학송 15273
김학송 15380
김학송 15432
김학송 15491
김학송 15512
김학송 15526
김학송 15610
김학송 15681
김학송 15765
김학송 15885
김학송 15923
김학송 15928
김학송 15966
김학송 15967
김학송 15974
김학송 16233
김학송 16366
김학송 16392
김학송 16454
김학송 16467
김학송 16490
김학송 16554
김학송 16591
김학송 16626
김학송 16630
김학송 16680
김학송 16806
김학송 16811
김학송 16841
김학송 16845
김학송 16908
김학송 16936
김학송 16960
김학송 16977
김학송 16978
김학송 17009
김학송 17047
김학송 17051
김학송 17079
김학송 17121
김학송 17176
김학송 17177
김학송 25605
김학송 25685
김학송 22941
김학송 23022
김학송 23240
김학송 23441
김학송 24868
김학송 24937
김학송 24989
김학송 25027
김학송 25065
김학송 25204
김학송 25218
김학송 25266
김학송 25388
김학송 25463
김학송 25477
김학송 4503
김학수 28697
김학수 30546
김학수 30625
김학수 15832
김학수 23403
김학수 31283
김학수 32609
김학준 29364
김학천 16463
김학천 23686

김학철 …………… 26665
김학철 …………… 28048
김학철 …………… 28117
김학철 …………… 28242
김학철 …………… 28299
김학철 …………… 28307
김학철 …………… 20040
김학철 …………… 20250
김학철 …………… 20316
김학철 …………… 21220
김학철 …………… 21243
김학철 …………… 21337
김학철 …………… 21382
김학철 …………… 21435
김학철 …………… 21730
김학철 …………… 21799
김학철 …………… 15051
김학철 …………… 16653
김학철 …………… 17257
김학철 …………… 17564
김학철 …………… 17605
김학철 …………… 17607
김학철 …………… 17611
김학철 …………… 17614
김학철 …………… 17627
김학철 …………… 18119
김학철 …………… 18130
김학철 …………… 18224
김학철 …………… 18329
김학철 …………… 18385
김학철 …………… 18389
김학철 …………… 18401
김학철 …………… 18582
김학철 …………… 18609
김학철 …………… 18836
김학철 …………… 18972
김학철 …………… 19075
김학철 …………… 19281
김학철 …………… 19495
김학철 …………… 22448
김학철 …………… 23088
김학철 …………… 23097
김학철 …………… 23113
김학철 …………… 23116
김학철 …………… 23152
김학철 …………… 23155
김학철 …………… 23188
김학철 …………… 23194
김학철 …………… 23204
김학철 …………… 23206
김학철 …………… 23226
김학철 …………… 23252
김학철 …………… 23277
김학철 …………… 23295
김학철 …………… 23300
김학철 …………… 23321
김학철 …………… 23340
김학철 …………… 23342
김학철 …………… 23344
김학철 …………… 23347
김학철 …………… 23367
김학철 …………… 23382
김학철 …………… 23385
김학철 …………… 23389
김학철 …………… 23395
김학철 …………… 23396
김학철 …………… 23422
김학철 …………… 23432
김학철 …………… 23457
김학철 …………… 23468
김학철 …………… 23480
김학철 …………… 23500
김학철 …………… 23511
김학철 …………… 23535
김학철 …………… 23547
김학철 …………… 23550
김학철 …………… 23595
김학철 …………… 23614
김학철 …………… 23657
김학철 …………… 23690
김학철 …………… 23752
김학철 …………… 23772
김학철 …………… 24579
김학철 …………… 32510
김학철 …………… 10570
김학철 …………… 10599
김학철 …………… 10986
김학철 …………… 11290
김학철 …………… 11301
김학철 …………… 11320
김학철 …………… 11588
김학철 …………… 12102
김학철 …………… 12154
김학철 …………… 12720
金學鐵 …………… 17554
金學鐵 …………… 17558
金學鍊 …………… 13000
김한 …………… 12847
김한 …………… 8871
김한산 …………… 28892
김한성 …………… 16566
김한역 …………… 13555
김한역 …………… 13573
김한영 …………… 23977
김한유 …………… 32621
김항옥;윤성문(金恒玉;尹成文) …………… 8298
김해 …………… 10952
김해 …………… 12433
김해금 …………… 9327
김해룡 …………… 26370
김해룡 …………… 27281
김해룡 …………… 24661
김해룡 …………… 657
김해룡 …………… 660
김해룡 …………… 662
김해룡 …………… 665
김해룡 …………… 669
김해룡 …………… 678
김해룡 …………… 689
김해룡 …………… 693
김해룡 …………… 694
김해룡 …………… 696
김해룡 …………… 697
김해룡 …………… 698
김해룡 …………… 700
김해룡 …………… 705
김해룡 …………… 707
김해룡 …………… 708
김해룡 …………… 757
김해룡 …………… 763
김해룡 …………… 765
김해룡 …………… 11486
김해룡 …………… 11601
김해룡 …………… 12759
김해룡 …………… 12807
김해룡 …………… 13659
김해민 …………… 27221
김해산 …………… 28686
김해산 …………… 28801
김해석 …………… 17066
김해석 …………… 13672
김해선 …………… 28695
김해성 …………… 2595
김해수 …………… 10760
김해숙 …………… 8104
김해순 …………… 7239
김해연 …………… 21003
김해연 …………… 17796
김해연 …………… 19077
김해연 …………… 25864
김해연 …………… 22765

김해연 ····· 24953
김해연 ····· 546
김해연 ····· 3137
김해연 ····· 6936
김해연 ····· 12035
김해연 등 ····· 23010
김해옥 ····· 8851
김해옥 ····· 8855
김해진 ····· 20710
김해진 ····· 22519
김해진 ····· 22792
김해진 ····· 11805
김해춘 ····· 8681
김해춘 ····· 9626
김해춘;리태관 ····· 9546
김향란 ····· 13115
김헌 ····· 1567
김헌 ····· 9306
김헌 ····· 10586
김혁 ····· 19938
김혁 ····· 20072
김혁 ····· 20371
김혁 ····· 16807
김혁 ····· 16839
김혁 ····· 16962
김혁 ····· 17065
김혁 ····· 17086
김혁 ····· 19378
김혁 ····· 25868
김혁 ····· 25510
김현 ····· 30908
김현근 ····· 12247
김현근 ····· 12251
김현근 ····· 12259
김현대 ····· 11006
김현만 ····· 24537
김현섭 ····· 24417
김현순 ····· 16263
김현순 ····· 16993
김현순 ····· 25705
김현순 ····· 17001
김현순 ····· 17111
김현순 ····· 17197
김현옥 ····· 29537
김현옥 ····· 29750
김현옥 ····· 30078
김현옥 ····· 30100
김현옥 ····· 30136
김현옥 ····· 30145
김현우;최상해 ····· 11611
김현익 ····· 8642
김현종 ····· 29716
김현철 ····· 13266
김현철 ····· 13701
김형 욱 ····· 3130
김형관 ····· 32778
김형관 ····· 32781
김형복 ····· 10725
김형선 ····· 30515
김형선 ····· 8955
김형섭 ····· 13436
김형완 ····· 29075
김형완 ····· 29077
김형완 ····· 29083
김형완;김광춘 ····· 30946
김형직 ····· 26929
김형직 ····· 21179
김형직 ····· 22778
김형직 ····· 22843
김형직 ····· 22858
김형직 ····· 22923
김형직 ····· 12336
김형학 ····· 2101
김혜숙 ····· 23618
김혜숙 ····· 23639
김혜숙 ····· 14802
김혜숙 ····· 17129
김혜숙 ····· 10271
김혜영 ····· 25913
김호 ····· 27392
김호 ····· 27623
김호 ····· 29564
김호 ····· 29745
김호 ····· 14386
김호 ····· 15288
김호 ····· 18641
김호 ····· 18992
김호 ····· 19314
김호 ····· 422
김호;마영수 ····· 4920
김호근 ····· 21096
김호근 ····· 22860
김호근 ····· 23445
김호근 ····· 14264
김호근 ····· 14287
김호근 ····· 14547
김호근 ····· 15208
김호근 ····· 16175
김호근 ····· 18541
김호근 ····· 18682
김호근 ····· 12614
김호남 ····· 30956
김호남;안창범 ····· 30402
김호남;한민창 ····· 28997
김호림 ····· 8611
김호림 ····· 9456
김호범 ····· 28897
김호범 ····· 32327
김호산 ····· 30925
김호산 ····· 30948
김호산 ····· 30969
김호산 ····· 32481
김호산 ····· 32486
김호산 ····· 32502
김호산 ····· 13633
김호성 ····· 9555
김호성 ····· 9682
김호웅 ····· 23458
김호웅 ····· 17981
김호웅 ····· 18142
김호웅 ····· 18229
김호웅 ····· 18318
김호웅 ····· 18491
김호웅 ····· 10517
김호철 ····· 22376
김호철 ····· 30836
김호철 ····· 10420
김호철;안성남 ····· 21417
김호춘 ····· 9497
김홍 ····· 25580
김홍걸 ····· 8189
김홍걸 ····· 9464
김홍관 ····· 15337
김홍길 ····· 31923
김홍남 ····· 20140
김홍도 ····· 30528
김홍란 ····· 20523
김홍란 ····· 21750
김홍란 ····· 21956
김홍란 ····· 23633
김홍란 ····· 25514
김홍란 ····· 15635
김홍란 ····· 6663
김홍률 ····· 2736
김홍문 ····· 20594
김홍문 ····· 21443
김홍문 ····· 21505
김홍문 ····· 23467
김홍문 ····· 23489
김홍문 ····· 19392
김홍문 ····· 345
김홍문 ····· 559

김홍문 ……………… 3818
김홍문 등 ………… 4109
김홍문;경위 ……… 4186
김홍문;곽장우 …… 3722
김홍문;장춘우 …… 21411
김홍문;진월 ……… 3757
김홍미 ……………… 8150
김홍섭 ……………… 31972
김홍수 ……………… 10285
김홍위 ……………… 23017
김홍일 ……………… 15947
김홍일 ……………… 16424
김홍필 ……………… 4192
김홍화 ……………… 25637
김홍화 ……………… 23019
김화 ………………… 23698
김화 ………………… 17087
김화 ………………… 32479
김화 ………………… 8508
김화 ………………… 10501
김화 ………………… 10556
김화 ………………… 13239
김화 ………………… 13360
김화 ………………… 13398
김화병 ……………… 11110
김화병 ……………… 11123
김화병 ……………… 11157
김화병 ……………… 11164
김화병 ……………… 11438
김화병 ……………… 12664
김화병 ……………… 12704
김화병 ……………… 12733
김화병 ……………… 12832
김화병;최용린 …… 12381
김화석 ……………… 20081
김화석 ……………… 22864
김화석 ……………… 18262
김화석 ……………… 18375
김화석 ……………… 19459
김화석 ……………… 23890
김화선 ……………… 25408
김환 ………………… 27448
김환 ………………… 27496
김환 ………………… 27999
김환 ………………… 9020
김효란 ……………… 12562
김효정 ……………… 31061
김효정 ……………… 31095
김효정 ……………… 2712
김효정 ……………… 6699
김효정 ……………… 10466
김효정 ……………… 10512
김효정 ……………… 10571
김효정 ……………… 29124
김훈 ………………… 22649
김훈 ………………… 23490
김훈 ………………… 14317
김훈 ………………… 14733
김훈 ………………… 17414
김훈 ………………… 17418
김훈 ………………… 17432
김훈 ………………… 17448
김훈 ………………… 17505
김훈 ………………… 17511
김훈 ………………… 18149
김훈 ………………… 18254
김훈 ………………… 18323
김훈 ………………… 18452
김훈 ………………… 18530
김훈 ………………… 18629
김훈 ………………… 18741
김훈 ………………… 18807
김훈 ………………… 18946
김훈 ………………… 19073
김훈 ………………… 19091
김훈 ………………… 19118
김훈 ………………… 19242
김훈 ………………… 19298
김훈 ………………… 11168
김훈 ………………… 27253
김훈 ………………… 20117
김훈 ………………… 20186
김훈학 ……………… 16011
김휘 ………………… 14393
김휘 ………………… 31803
김휘 ………………… 32004
김휘 ………………… 9035
김휘 ………………… 10373
김휘 등 …………… 5354
김흠 ………………… 23922
김흠 ………………… 15191
김흠 ………………… 12824
김흠 ………………… 27261
김흡 ………………… 15168
김흥 ………………… 2302
김흥국 ……………… 30980
김흥권 ……………… 17522
김흥렬 ……………… 31935
김흥묵 ……………… 13520
김흥선 ……………… 13468
김흥준 ……………… 25378
김희 ………………… 12300
김희 ………………… 27257
김희관 ……………… 28109
김희덕 ……………… 23379
김희민 ……………… 30713
김희석 ……………… 1829
김희성 ……………… 6498
김희수 ……………… 14754
김희수 ……………… 16166
김희숙 ……………… 15278
김희숙 ……………… 15310
김희웅 ……………… 30923
김희은 ……………… 1798
김희자 ……………… 8212
김희자 ……………… 9711
김희전(金熙田) …… 8307
김희정 ……………… 3298
김희주 ……………… 4538
김희철 ……………… 14432
김희철 ……………… 14434
김희철 ……………… 17889
김희철 ……………… 17916
김희현 ……………… 25496
김히동 ……………… 13702
까마귀 ……………… 17294
까마귀 ……………… 17469

ㄴ

(몽고족) 나·싸인쵸크트 ……………………… 14146
나딩 ………………… 970
나무한 ……………… 22120
남경굉 ……………… 21496
남경굉 ……………… 22305
남경굉 ……………… 521
남경굉 ……………… 526
남경굉 ……………… 3369
남경굉 ……………… 3870
남경굉 ……………… 3876
남경굉 ……………… 4598
남경굉 ……………… 5087
남경굉 ……………… 5345
남경굉 등 ………… 3748
남경굉 등 ………… 3813
남경굉 등 ………… 3836
남경굉 등 ………… 4170
남경굉 등 ………… 5359
남경굉;곽안 ……… 4112
남경굉;리붕초 …… 6071
남경굉;해연 ……… 5349
남경자 ……………… 3424

남계상 등 ············ 5727
남계순 ················· 9971
남계옥;전영수 ······· 8533
남계옥;전영수 ····· 10290
남관설 ················· 3183
남광철;리룡해 ····· 11015
남궁봉(南宮風) ······ 9161
남궁신숙 ············ 27266
남근대 ··············· 31480
남금순 ················· 8544
남금철 ··············· 21657
남길송 ··············· 32749
남남 ·················· 20008
남남 ·················· 20104
남남 ······················ 627
남남 ···················· 3896
남남 ···················· 4415
남남 ···················· 4419
남남 ···················· 4455
남남 ···················· 4499
남남 ···················· 4519
남대근 ··············· 31206
남동복 ················· 7970
남동탁 ················· 8656
남두형 ················· 6427
남래소 ··················· 898
남룡성 ··············· 13561
남룡성 ··············· 13603
남룡해 ··············· 26904
남룡해 ··············· 26905
남룡해 ·············· 26908
남명학 ················· 6452
남문 ·················· 28060
남문 ·················· 20303
남미란 ··············· 25575
남방 ·················· 20237
남방 ·················· 20238
남방 ·················· 20311
남방 ·················· 20337
남방 ·················· 20420
남방 ·················· 20512
남방 ·················· 20549
남방 ·················· 20577
남방 ·················· 20602
남방 ···················· 4474
남복실 ··············· 23744
남봉련 ··············· 16284
남봉우 ··············· 23948
남부혜 ·············· 23991
남사희 ················· 3336
남상대 ··············· 13845
남상덕 ··············· 20675
남상복 ················· 6407
남상수 ··············· 14858
남상수 ··············· 15050
남상수 ··············· 15390
남상수 ··············· 15414
남상수 ··············· 15764
남상수 ··············· 16105
남상수 ··············· 16409
남상현 ··············· 27663
남상화 ··············· 16827
남석 ···················· 2071
남선 ·················· 20153
남선 ···················· 4242
남설 ·················· 22259
남설 ·················· 12819
남설 ·················· 12856
남설 ·················· 12929
남설매 ················· 9144
남성룡 ················· 4839
남성일 ················· 9618
남성일 ················· 9644
남성일 ················· 9661
남성진 ················· 4330
남세풍 ··············· 17863
남세풍 ··············· 17871
남세풍 ··············· 17906
남세풍 ··············· 17921
남세풍 ··············· 17942
남세풍 ··············· 18691
남세풍 ··············· 21375
남세풍 ··············· 21473
남세풍 ··············· 22086
남소희 ··············· 23725
남수길 ··············· 17263
남수길 ··············· 17577
남수길 ··············· 17613
남수길 등 ··········· 17339
남수길 등 ··········· 17307
남수남 ··············· 32230
남수홍 ··············· 31433
남수홍 ··············· 31625
남수홍 ··············· 31754
남순섭 ··············· 17438
남순희 ··············· 16729
남순희 ················· 7984
남악 ·················· 13053
남안 ·················· 19283
남양 ······················ 237
남양 ·················· 28183
남양 ···················· 3309
남양 ···················· 6360
남연 ···················· 1082
남영 ·················· 29316
남영 ·················· 23835
남영남 ················· 1782
남영식 ·············· 24049
남영식 ·············· 24251
남영실 ··············· 25654
남영전 ··············· 14578
남영전 ··············· 14702
남영전 ··············· 15171
남영전 ··············· 15528
남영전 ··············· 15585
남영전 ··············· 15771
남영전 ··············· 16215
남영전 ··············· 16356
남영전 ··············· 16533
남영전 ··············· 16551
남영전 ··············· 16751
남영전 ··············· 16823
남영전 ··············· 17205
남영전 ··············· 26822
남영전 ··············· 28098
남영전 ··············· 21187
남영전 ··············· 21555
남영전 ··············· 21801
남영전 ··············· 21806
남영전 ··············· 21832
남영전 ··············· 22013
남영전 ··············· 22769
남영전 ··············· 22803
남영전 ··············· 23294
남영전 ··············· 23366
남영전 ··············· 23473
남영전 ··············· 11862
남영전 ··············· 11872
남영전 ··············· 12045
남영전 ··············· 12059
남영전 ··············· 12106
남영전 ·············· 23963
남영전 ·············· 24412
남원우 ··············· 28794
남원우 ··············· 28817
남원우 ··············· 28819
남원우 ··············· 28834
남원우 ··············· 28957
남원우 ··············· 28998
남원우 ··············· 29000
남원우 ··············· 28542
남원우 ··············· 28553

남원우 …… 28572
남원우 …… 28612
남원우 …… 28616
남원우 …… 28629
남원우 …… 9491
남원우 …… 9502
남원우 …… 10797
남은식;장금손 …… 8130
남인순 …… 17791
남인순 …… 20711
남인순 …… 20879
남인순 …… 22520
남일성 …… 21010
남일성 …… 6827
남일성 …… 7114
남일성 …… 7219
남일성 …… 7804
남일성 …… 8216
남일성 …… 8356
남일성 …… 8528
남일성 …… 9328
남일성 …… 10602
남일성 …… 10672
남일성 …… 10722
남일송 …… 10451
남자 …… 4295
남재 …… 27830
남재 …… 21697
남재 …… 21710
남재 …… 21726
남재 …… 21797
남정 …… 4606
남정(南丁) …… 17570
남주길 …… 17935
남주길 …… 18166
남주길 …… 18426
남주길 …… 18531
남주길 …… 18547
남주길 …… 18771
남주길 …… 18894
남주길 …… 18985
남주길 …… 19318
남주길 …… 19497
남주길 …… 19775
남주길 …… 20897
남주길 …… 20928
남주길 …… 22789
남주길 …… 11987
남지 …… 28296
남진 …… 21604
남창렬 …… 15022
남창렬 …… 15443
남창렬 …… 15783
남창빈 …… 9405
남창혁 …… 7410
남채 …… 23414
남채 …… 1024
남철 …… 5017
남철 …… 7251
남철 …… 8218
남철 …… 9037
남철 …… 9723
남철 …… 9732
남철호 …… 24786
남춘우 …… 24552
남춘자 …… 22938
남치수 …… 13442
남태순 …… 13076
남평 …… 5051
남풍 …… 23408
남풍 …… 23435
남학출 …… 6589
남학출 …… 2465
남해 …… 6198
남해순 …… 20162
남현 …… 27047
남현빈 …… 21778
남현빈 등 …… 3854
남호범 …… 8380
남호성 …… 25557
남홍수 …… 14216
남홍수 …… 10860
남홍수 …… 11294
남홍수 …… 12096
남홍수;렴창환 …… 31648
남홍수;렴창환 …… 31653
남환 …… 25818
남흥렬 …… 3030
남흥렬 …… 6241
남흥범 …… 14322
남희철 …… 15646
남희철 …… 26958
남희철 …… 26969
남희철 …… 26973
남희철 …… 26976
남희철 …… 26998
남희철 …… 27001
남희철 …… 27018
남희철 …… 27041
남희철 …… 27049
남희철 …… 27285
남희철 …… 12680
남희철 …… 12960
남희풍 …… 12944
내거 …… 4218
년유가 …… 28275
년유가 …… 20201
녕금량 …… 21268
녕금량 …… 3302
녕문 …… 22363
녕문옥;송욱명 …… 5609
녕빙 …… 258
녕유자 …… 25137
녕파 …… 23785
綠原;伯鳩嶺 …… 13039
뇨소 …… 30416
누에만 …… 11659

ㄷ

다빈치 …… 25452
다위또와 …… 27897
다켄 …… 21955
단걸;왕세충 …… 5771
단광권 …… 30268
단금림 …… 4361
단금림 …… 5083
단금림 등 …… 4127
단금림; 라종발 …… 5347
단금림; 장춘우 …… 5312
단금림;류덕인 …… 4937
단금림;류중평 …… 5746
단기서;양선성 …… 5074
단문상 등 …… 5925
단보화 …… 2052
단봉서 …… 30102
단비안 …… 30111
단서하 …… 17890
단소; 손명영 …… 20304
단신 …… 27342
단심강 …… 19026
단연 …… 29981
단연제;리민 …… 6509
단영괴 …… 40
단영괴 …… 54
단옥기 …… 634
단원원 …… 29988
단원원;왕옥상 …… 3852
단원원 …… 672
단전양 …… 21839
단풍 …… 6730
단혜약 …… 7180
단혜약 …… 8999

담계양 20121
담대희 11037
담림해 29782
담묵 23660
담백 18438
담봉지 18634
담상백 22732
담순창 5431
담정화 26171
담진 4131
담집 4800
담패전 2237
당감경 7567
당규 1749
당극신 20761
당동 19111
당동 19695
당림 등 22246
당명봉 30443
당명원 5481
당문 1933
당백번 3589
당사복 28363
당사희 2828
당옥명;리사굉 21783
당옥범;장무규 6003
당정충 31856
당정충;진미운 3811
당중양 389
당지웅 30024
당진;석심 18782
당천일 4815
당풍출 25334
당해련 20562
당호 32699
당홍강 6027
대교령 10114
대덕림;양덕령 6028
대도진 1995
대룡문 31840
대명 4337
대명구 28310
대명구;왕홍 19453
대민 11084
대보운;도울문 8461
대석선;종윤 3146
대성보 5369
대슈한 234
대언 11593
대유한 1940
대유한 3041
대은보 22258
대은윤 12293
대은윤 12370
대적성 3572
대주 3366
대진 25672
대천 28239
대청 4331
대학강 5713
대현;연문 20910
덕곤 1845
덕발 등 26891
덕앙;복충 6561
덕은 등 20247
덕춘 1872
덕호;조영 3438
덕희 등 28947
도계학 등 5570
도계학;권동광 5657
도계학;리광무 21935
도굉(陶宏) 27662
도국강 19855
도국상 4146
도규섭;정창구 23930
도남 19048
도려 25458
도렬 16700
도명국 18418
도박생 8253
도방 23701
도배화;리위정(陶培華;李爲政) 28643
도보학 32155
도서산 5735
도성환 21434
도연 22762
도연;성희 18764
도이 14002
도이규(屠頤規) 32013
도정 28472
도창호 9662
도항 27791
도해성 24623
도희 10132
독고영 21579
돈명 22859
돌쇠 12216
돌파 13985
동가경 20183
동건국 20798
동건국;유원인 20791
동경면 6280
동경인 3305
동경화 13467
동경화 13476
동계평 21273
동광 10469
동굉유 17843
동군화 29490
동균륜;강원 28298
동기 2252
동길범 14374
동나 22292
동단 19043
동덕지;마군 5772
동락천 770
동령 29419
동룡호 30008
佟明光 13177
동명숙 25717
동명이 24990
동무정 5098
동문 20635
동문 21692
동미 19514
동민 12260
동발근 2939
동방호 15017
동병렬 7614
동보존 27915
동보존 28262
동복생 27858
동상 25228
동생 27373
동서 25195
동서미 23713
동서지 8000
동설 348
동섭 543
동성학 2228
동세춘 8173
동세춘 8673
동세춘 8694
동세춘 8936
동세택 13959
동세택 13982
동소 25664
동소 24383
동소걸 22426
동소출;서사길(同素出；徐乍吉) 29347

동속 …………………… 11957
동속 …………………… 11967
동속 …………………… 3195
동수강 ………………… 9758
동수기 ………………… 28161
동수영 ………………… 22031
동순주 ………………… 8239
동시단 ………………… 7911
동신 …………………… 827
동신발 등 …………… 19694
동심 …………………… 20533
동심 …………………… 21601
동심 …………………… 21678
동심 …………………… 24894
동심 …………………… 24959
동암 …………………… 19601
동영근 ………………… 10327
동옥서 ………………… 4310
동요혁 ………………… 5438
동요혁 ………………… 5723
동요혁;양희청 ……… 5994
동운 …………………… 13858
동운;소목 …………… 24967
동운탁 ………………… 32696
동유안 ………………… 27827
동유정 ………………… 3541
동은복 등 …………… 23000
동일;기숙 …………… 3017
동일호 ………………… 13875
동일호 ………………… 13879
동작소;로계전 ……… 29033
동전사 등 …………… 4832
동제주(童第周) …… 29057
동중령 ………………… 19054
동중의 ………………… 10209
동지신 ………………… 873
동지신 ………………… 2941
동지신 ………………… 4172
동지신;류전욱 ……… 22338
동지화 ………………… 23363
동창삼 ………………… 9687
동천은 ………………… 29424
동천은 ………………… 29474
동천은 ………………… 29625
동철 …………………… 23712
동철휘;왕수방 ……… 5090
동청년 등 …………… 21901
동청림;주금전 ……… 5648
동청삼 ………………… 26940
동총 …………………… 25882
동총 …………………… 25893
동춘 …………………… 2130
동춘 등 ……………… 20853
동춘발 ………………… 19271
동춘발 ………………… 19329
동춘발 ………………… 32056
동춘발 ………………… 32057
동춘발 ………………… 32058
동춘발 ………………… 6218
동춘생 ………………… 26860
동칠 …………………… 21688
동택 …………………… 27983
동한치 ………………… 21981
동화 …………………… 17792
동화 …………………… 606
동회;리문상 ………… 5065
동훈 …………………… 6131
동훈 …………………… 13878
동희철 ………………… 23232
두계득 ………………… 32097
두광정(당) ………… 15179
두두 …………………… 20617
두룬마트 ……………… 11631
두모주 ………………… 20029
두문용 ………………… 27964
두문전 ………………… 2786
두보 …………………… 14044
두보 …………………… 13868
두봉정 ………………… 17746
두사선 ………………… 7121
두서영 ………………… 11108
두식 …………………… 22303
두아웅 ………………… 26977
두영빈 ………………… 28830
두영해;방희란 ……… 31680
두위동 ………………… 297
두유덕 ………………… 6614
두자단 ………………… 32616
두장오 ………………… 27783
두점림 ………………… 31384
두정숙 ………………… 18127
두정숙 ………………… 18909
두지민 ………………… 21121
두진영 ………………… 21081
두진영 ………………… 5641
두희공 ………………… 28224
東久 …………………… 11911
들국화 ………………… 20827
들국화 ………………… 20843
任鎬 …………………… 12998
등강 …………………… 19717
등강;김응 …………… 18536
등경평 ………………… 32455
등경평 ………………… 32623
등굉해 ………………… 6553
등력군 ………………… 1320
등뢰 …………………… 21890
등릉풍 ………………… 23201
등만 …………………… 7301
등명 …………………… 6651
등문 …………………… 28266
등배원;성동이 ……… 29543
등삼 …………………… 20359
등삼 …………………… 944
등성기 ………………… 32795
등소평 ………………… 18
등소평 ………………… 19
등소평 ………………… 20
등소평 ………………… 21
등소평 ………………… 22
등소평 ………………… 23
등소평 ………………… 25
등수훈 ………………… 29426
등수휘 ………………… 4989
등순 …………………… 6915
등신희 ………………… 20146
등영걸 ………………… 3587
등영초 ………………… 393
등영초 ………………… 1246
등의부 ………………… 10200
등의부;뢰정파 ……… 4435
등준봉 ………………… 27718
등지과 ………………… 1176
등진춘 ………………… 9698
등학총 ………………… 19566

ㄹ

라 아나이트 ………… 11712
라경호 ………………… 25729
라계문 ………………… 9398
라단 …………………… 26833
라당봉 ………………… 20580
라도향 ………………… 19570
라래용;진지빈 ……… 21963
라룡수 등 …………… 6478
라목명 ………………… 20658
라문 …………………… 4416
라문 …………………… 5061
라문성;영춘 ………… 1839
라문파 ………………… 6684
라반;주경약 ………… 4448
라복민 ………………… 9583

라복민 …………… 9596
라복민;조명동 ……… 9617
라봉 …………… 21724
라사안 …………… 5176
라순숙 …………… 7124
라순숙 …………… 9201
라숭식 …………… 9630
라악봉;채강비 …… 32730
라안명 …………… 23242
라양 …………… 27931
라양명 …………… 5163
라연여 …………… 19984
라염배;류명란 ……… 9610
라영선 …………… 28730
라운군 …………… 3906
라운군 등 ………… 28399
라운규 작 ………… 17537
라운봉 …………… 32316
라원성 …………… 15876
라이비 …………… 11676
라이비 …………… 11682
라인귀 …………… 30835
라인귀 …………… 29835
라인귀 …………… 29943
라인귀 …………… 29957
라인귀 …………… 30067
라인귀 …………… 30237
라인문 …………… 28070
라전명 …………… 20049
라전신 …………… 24614
라정숙 …………… 7425
라정숙 …………… 7574
라종발 등 ………… 3821
라주병 …………… 22425
라창진 …………… 1281
라창진 …………… 1988
라창진 …………… 2208
라창진 …………… 2223
라창진 …………… 2565
라창진 …………… 7930
라창진 …………… 11880
라창진 …………… 11882
라창진 …………… 12151
라행춘 …………… 6220
라현무 …………… 335
락각 …………… 20376
락각;대청 ………… 4400
락강 …………… 1619
락목 …………… 20989
락선휘 …………… 10097
락연;조순림 ……… 25733
락자 …………… 23151
락파 …………… 22696
락파 …………… 17638
락파 …………… 23803
락현 …………… 13675
락홍 …………… 21858
란규 …………… 6132
란규 …………… 6160
란규 …………… 6164
란규 등 ………… 6170
란내시 …………… 19624
란립달 …………… 1699
란사천 …………… 4288
란사현 …………… 23124
란사현 …………… 18069
란사현 …………… 18461
란사현 등 ………… 21143
란사현 등 ………… 5395
란사현 등 ………… 5655
란수봉 …………… 22638
란수봉 …………… 17750
란수봉 …………… 17828
란수봉(蘭秀峰) …… 20671
蘭秀峰 …………… 24657
蘭秀峯 …………… 17609
란심 …………… 23784
란옥천 …………… 4075
란육(蘭育) ……… 29710
란전군 …………… 29789
란전군 …………… 30025
란정도 …………… 20184
란정도 …………… 20396
람범 글; 손승민 그림 …… 25257
랑걸 …………… 4655
랑덕귀 …………… 3023
랑립흥 …………… 6395
랑봉지 …………… 2375
랑서신 …………… 6467
랑유병 …………… 13440
랑중 …………… 29723
랑지균 …………… 7422
랑지위 …………… 21918
래고종합 ………… 5837
래진익 …………… 2046
래천 …………… 24131
랜진강 …………… 5294
랭보륜 …………… 3730
랭순강 …………… 23452
량가 …………… 22340
량강건 …………… 4143
량건 …………… 22141
량결 역 …………… 729
량경곤 …………… 29572
량경빈 …………… 15954
량경화 …………… 29054
량계홍 …………… 8111
량고범 …………… 17386
량고범 …………… 17399
량국위 …………… 19488
량남 …………… 15807
량단 …………… 28457
량도순 …………… 31370
량도순 …………… 31379
량도순 …………… 28888
량동섭 …………… 23960
량동섭 …………… 24056
량동섭 …………… 14796
량동섭 …………… 15486
량력 …………… 20506
량룡연 …………… 13634
량룡영 …………… 22592
량명 …………… 545
량명석 …………… 20520
량명석 …………… 22779
량명석 …………… 16342
량명석 …………… 18336
량명석 …………… 18376
량명석 …………… 18568
량명석 …………… 19310
량명석 …………… 19582
량명석 …………… 19721
량명석 …………… 19865
량무춘;정소제 …… 28114
량문개 …………… 20378
량문식 …………… 30540
량문화 …………… 23020
량미성 …………… 7009
량박 …………… 25387
량방구 …………… 20278
량방구 …………… 20560
량방구;리병복 …… 22300
량병 …………… 838
량보삼(梁保森) …… 31954
량복서 …………… 31405
량봉석 …………… 31751
량봉석 …………… 29199
량빈 …………… 907
량빙심 …………… 10152
량사성 …………… 14668
량사성 …………… 14817

량사성 …………… 15655
량상천 …………… 15529
량석지 …………… 31896
량성한;한상길 …… 31207
량소화 …………… 20041
량수해(梁樹楷) …… 32489
량승필 …………… 9033
량영석 …………… 24789
량오진 …………… 21125
량오진 …………… 23488
량오진 …………… 10976
량원룡 …………… 15026
량재대 …………… 22481
량재록 …………… 23030
량재록;복학철 …… 23430
량재태 …………… 26916
량재태 …………… 23841
량재태 …………… 13407
량재태 …………… 13718
량재태 …………… 17725
량재현 …………… 28236
량재현 …………… 1919
량재현 …………… 2063
량재현 …………… 4895
량재화 …………… 27469
량재화 …………… 27485
량정길 …………… 7257
량정길 …………… 7605
량정길 …………… 7862
량정길 …………… 7876
량정모 …………… 28649
량정모 …………… 9424
량정모 …………… 9694
량정봉 …………… 4069
량정봉 …………… 10057
량지 …………… 23881
량지빈 …………… 760
량진홍 등 ………… 4004
량천복 …………… 18773
량청령 …………… 527
량청령 …………… 4657
량춘식 …………… 23405
량춘식 …………… 24819
량춘식 …………… 18392
량춘식 …………… 24080
량충 …………… 5578
량충;부춘 ………… 5580
량학수 …………… 24286
량해도 …………… 1598
량현 …………… 22444
량홍서 …………… 27938
량화 …………… 5524
량화;양경국 ……… 5836
량환준 …………… 12220
량환택 …………… 10639
량효성 …………… 20491
량효성 …………… 18442
량효성;박정일 …… 18459
량희 …………… 6640
려가염 …………… 6424
려경 …………… 23407
려경위 …………… 22747
려경의 …………… 27697
려경의 …………… 27714
려경의 …………… 28722
려경의 …………… 28728
려경의 …………… 28738
려경의 …………… 32434
려경의 …………… 7209
려경의 …………… 9831
려경의 …………… 9839
려경의 …………… 9844
려경의 …………… 9883
려경의;남창범 …… 28724
려관도 …………… 5944
려굉의 …………… 1934
려근택 …………… 20771
려근택 …………… 22562
려근택 …………… 2473
려근택 …………… 2921
려근택 …………… 11792
려근택 …………… 13574
려근택 …………… 13597
려금순 …………… 8876
려기용 …………… 20452
려덕인 …………… 31550
려덕화 …………… 25525
려동운 …………… 24751
려등곤 …………… 2187
려룡택 …………… 13427
려리 …………… 31416
려리 …………… 25333
려명 …………… 4621
려명 …………… 12065
려명 …………… 13628
려명;류숙철 ……… 32518
려명학 …………… 16096
려명휘 …………… 18114
려무 …………… 20447
려무 …………… 5842
려무첨 …………… 8054
黎白 …………… 11350
려백금 …………… 28387
려보광 …………… 27924
려보광;장위군 …… 28095
려부 …………… 27797
려사;흔문 ………… 5916
려사군;왕애춘 …… 11069
려생 …………… 1720
려서암 …………… 6283
려숙금 …………… 12003
려숙상 …………… 7104
려숙자 …………… 498
려신 …………… 31988
려신 …………… 16873
려언 …………… 7872
려언 …………… 9318
려영문 …………… 4276
려영암 …………… 24898
려영암 …………… 3238
려영암 …………… 3857
려영암 …………… 18040
려영암 등 ………… 5310
려영준 …………… 27990
려영준 …………… 20700
려영준 …………… 21254
려영준 …………… 22624
려영준 …………… 2587
려우 …………… 17747
려원 …………… 13924
려위민 …………… 21385
려의 …………… 25321
려이선 …………… 22640
려이선(呂以先) …… 2444
려이현 …………… 7076
려정 …………… 20079
려제 …………… 21811
려조유 …………… 31542
려지 …………… 20980
려지 …………… 5665
려지관 …………… 3529
려집 …………… 4345
려집 …………… 4351
려찬량 …………… 29035
려철력 …………… 21715
려청습 …………… 25183
려청하 …………… 30059
려칠성 …………… 14786
려칠성 …………… 15083
려칠성 …………… 15118
려칠성 …………… 15352
려칠성 …………… 15524

려칠성 ······ 15770
려칠성 ······ 16123
려칠성 ······ 16292
려평 ······ 23584
려품 ······ 1936
려품 ······ 4713
려풍 ······ 1295
려풍 ······ 2231
려하(麗夏) ······ 32809
려호지 ······ 27683
려화 ······ 4563
려화 ······ 19643
려흥구 ······ 29780
력서 등 ······ 24907
련갑 ······ 2779
련건생 ······ 7416
련귀 등 ······ 3988
련봉우 ······ 9823
련의 ······ 4968
련자 ······ 4163
련자 ······ 10208
련중원 ······ 32630
련해 ······ 21201
렬풍 ······ 16683
렴관일 ······ 31806
렴관일 ······ 29638
렴관일 ······ 30091
렴광현 ······ 24639
렴광현 ······ 25153
렴광현 ······ 6552
렴광호 ······ 10456
렴광호 ······ 10530
렴광호 ······ 10587
렴광호 ······ 10772
렴광호 ······ 10879
렴광호 ······ 10886
렴광호 ······ 10947
렴광호 ······ 11055
렴군 ······ 30439
렴길호 ······ 25350
렴두성 ······ 31921
렴득우 ······ 25794
렴련화 ······ 24775
렴룡학 ······ 9731
렴복희 ······ 20527
렴복희 ······ 23773
렴상섭 ······ 19617
렴성련 ······ 24479
렴세철 ······ 9900
렴세철 ······ 9902
렴세철;황인자 ······ 9910
렴송자 ······ 9255
렴송자 ······ 9258
렴승우 ······ 22857
렴승우 ······ 29184
렴승우 ······ 29187
렴승화 ······ 2597
렴영걸 ······ 530
렴재성 ······ 7223
렴재성 ······ 9754
렴정선 ······ 25732
렴정숙 ······ 8052
렴정자 ······ 22865
렴춘자 ······ 13298
렴춘자 ······ 13824
렴태선 ······ 15639
廉浩烈 ······ 11071
廉浩烈 ······ 17548
廉浩烈 ······ 17555
령상 ······ 19034
魯迅 ······ 12980
魯藜作;李紅譯 ······ 13023
로가석 ······ 263
로경량 등 ······ 5434
로경량;탕보화 ······ 5311
로경복 ······ 21046
로경복 ······ 23875
로경우 ······ 2099
로경철 ······ 25813
로고 ······ 5187
로곤 ······ 27699
로광원 ······ 589
로국년 글; 정심기 각색 ······ 25352
로국록 ······ 13417
로군 ······ 22819
로극 ······ 24739
로극 ······ 24849
로극 ······ 24958
로극 ······ 19345
로금 ······ 26997
로남 ······ 351
로래순;황건업 ······ 5800
로량서 ······ 30454
로러 ······ 27835
로려(魯黎) ······ 20650
로로 ······ 4631
로룡준 ······ 14845
로명성 ······ 22902
로명의 ······ 4482
로문 ······ 22993
로방 ······ 27152
로방 ······ 24769
로병 ······ 24896
로병덕 ······ 13349
로병덕 ······ 17667
로보춘;맹번보 ······ 5666
로복자 ······ 25275
로사 ······ 11249
로사 ······ 11767
로사 ······ 11844
로사 ······ 12279
로사충 ······ 3264
로생 ······ 19583
로생 ······ 19635
로서 ······ 28725
로서 ······ 23911
로서 ······ 24127
로서 ······ 29073
로서 ······ 9812
로서 ······ 9821
로서 ······ 9824
로서 ······ 9838
로서 ······ 9848
로서 ······ 9979
로석련 ······ 716
로석련 ······ 718
로석련 ······ 719
로석련 ······ 7070
로석행 ······ 1904
로세승 ······ 5506
로수경 ······ 4984
로숙자 ······ 9124
로신 ······ 11997
로신 ······ 12974
로신 ······ 12977
로신 ······ 12978
로신 ······ 12995
로신화 ······ 11259
로신화 ······ 17965
로악진 ······ 8032
로영근(盧永根) ······ 30580
로영자;박춘근 ······ 30659
로영춘;막가장 ······ 31481
로옥산 ······ 3342
로요 ······ 21625
로요 ······ 295
로요 ······ 18558
로요 ······ 18646
로인 ······ 32655
로일비 ······ 22205
로장화 ······ 1992

로장화 ……… 8142
로쟌느 ……… 11732
로정숙 ……… 11568
로정순 ……… 25213
로정화 ……… 4600
로정화 ……… 4601
로주철 ……… 27440
로주철 ……… 10534
로주철 ……… 10996
로주철 ……… 11608
로주철 ……… 11612
로증걸 ……… 22926
로지권 ……… 32511
로지성 ……… 24759
로지원;탕보화 ……… 6497
로진 ……… 25076
로천명 ……… 23601
로청 ……… 14151
로청료 ……… 28040
로춘용 ……… 22929
로충인 ……… 1900
로평 ……… 13938
로평 ……… 13966
로평 ……… 13974
로평 ……… 16256
로평 ……… 16455
로풍;소채 ……… 12304
로풍;하중달 ……… 24557
로화 ……… 20262
로화숙 ……… 19550
록령(鹿令) ……… 6101
록미 ……… 29527
록방 ……… 28136
록조의 ……… 3000
老雷作;李旭譯 ……… 12999
뢰건정 ……… 20302
뢰경화 ……… 31144
뢰경화 ……… 5387
뢰녕 ……… 25824
뢰녕 ……… 25877
뢰명옥 ……… 2113
뢰우정 ……… 4971
뢰위남 ……… 3516
뢰유평 ……… 6854
뢰응당 ……… 12022
뢰인경 ……… 2624
뢰일대;언염평 ……… 20050
뢰종우 ……… 28983
뢰택 ……… 20559
료개륭 ……… 4038
료건평 ……… 4675
료굉문 ……… 4180
료군 ……… 5586
료군정 ……… 1063
료남 ……… 31127
료로언 ……… 2391
료양;국흥 ……… 6185
료요청 ……… 23089
료지동 ……… 23343
료초강 ……… 171
료초강 ……… 3185
료평 ……… 2564
룡구 ……… 1916
룡덕;장희 ……… 21703
룡무;광춘 ……… 5429
룡무정 ……… 6031
룡문란 ……… 18801
룡문충;양수방 ……… 6540
룡민빙 ……… 3997
룡백개 ……… 25270
룡봉 ……… 31037
룡사군 등 ……… 3675
룡섭 ……… 11787
룡세수 ……… 11263
룡수경 ……… 3888
룡신성 ……… 49
룡신성 ……… 62
룡신화 ……… 18975
룡실 ……… 6587
룡원개 ……… 29113
룡응대 ……… 23448
룡응대 ……… 23565
룡응대 ……… 19772
룡파;조영 ……… 10680
룡평 ……… 10164
룡학검(龍學儉) ……… 30508
룡호빙,심동민 ……… 4008
룡흔성;김운 ……… 19798
루국영 ……… 4662
루비보 ……… 25429
루순 ……… 3776
루정파 ……… 23570
루지호 ……… 1014
루핑 ……… 14022
傅鐸 ……… 17210
李英玉 ……… 13035
李景洙 ……… 26914
李桂英 ……… 13652
李弘奎 ……… 12177
李潤花 ……… 13008
李潤花 ……… 13015
李松文 ……… 17549
李卓然 ……… 12972
李敏盛 ……… 11058
劉白羽 ……… 22449
류가방;성배덕 ……… 20967
류가분 ……… 28437
류강도 ……… 24308
류건공 ……… 23105
류건국 ……… 28016
류건농;리성 ……… 20422
류건명 ……… 607
류건신 ……… 3325
류걸 ……… 20147
류걸 ……… 1311
류걸(劉杰) ……… 32357
류검 ……… 25696
류검영 ……… 21118
류검흔 ……… 23220
류검흔 ……… 23447
류검흔 ……… 288
류검흔 ……… 3658
류검흔 ……… 4354
류겸 ……… 22252
류경동 ……… 4348
류경림 ……… 13964
류경쌍 ……… 5531
류경쌍;범영걸 ……… 6013
류경자 ……… 7084
류경자 ……… 8671
류경지 ……… 32786
류경지 ……… 17996
류경지 ……… 18080
류경창 등 ……… 22102
류경천;소설봉 ……… 26901
류경화 ……… 22048
류경화 ……… 949
류계귀(劉繼貴) ……… 30506
류계안 ……… 20057
류계안 ……… 18184
류계진;예화춘 ……… 7787
류계화;리우명 ……… 3708
류곤 ……… 29637
류광 ……… 28536
류광성 ……… 32565
류광영 ……… 4985
류광영 ……… 19279
류광희 ……… 25789
류구주 ……… 3656
류국군 ……… 3494
류국군 ……… 6018
류국림 ……… 23578

류국정 7707
류국천 31339
류국천 32708
류국천 29669
류군 28627
류군 32582
류군 29329
류군 6149
류극위 8049
류금 29381
류금강 6571
류금봉 18079
류금천 25907
류금철 30847
류금화 10062
류금희 3215
류급광 23236
류기;유철 19445
류기노 25290
류기유 2834
류남소 7314
류남현 6897
류남현 8987
류남현 9007
뉴남현 9193
류내빈 10068
류녕영;전봉 29023
류단조 28245
류달림 4198
류달림 4317
류달림 6376
류담부 20691
류대식 12888
류덕량 21451
류덕량 21592
류덕량 4537
류덕보 29301
류덕새 각색; 성관륜 그림 25265
류덕원 2109
류덕윤 28452
류덕재 31420
류덕화 25598
류동권 8864
류동번 5611
류동번 5943
류동선;김파 27752
류동호 26966
류동호 27439
류동호 11415
류동호 12476
류동호 12637
류란방 18081
류련호 등 3915
류로명 3487
류리달 23692
류리달 3647
류리달;해연 5375
류린(劉麟) 30305
류림 12309
류림란 32849
류립 28872
류립명 630
류마의 4952
류만보 5691
류만석 9014
류만석 9113
류만승 3808
류매 10136
류매적 6777
류명 20119
류명 21629
류명 23560
류명 2554
류명 4159
류명 4273
류명기 22163
류명기;왕보덕 5096
류명생 22724
류명철 21603
류명흠등 5854
류무 32593
류무충 19247
류문귀 3629
류문귀 5115
류문규 5048
류문소 1722
류문수;왕광우 6864
류문옥 6560
류문장 20787
류문재 28802
류문충 2026
류문학 15713
류문해 28549
류문홍 14809
류문홍 14869
류문홍 14915
류문홍 14923
류문홍 14948
류문홍 14992
류문홍 15030
류문홍 15346
류문홍 15348
류문홍 15428
류문홍 15431
류문홍 15471
류문홍 15613
류문홍 15799
류문홍 15844
류문홍 15930
류문홍 16019
류문홍 16043
류문홍 16086
류문홍 16229
류문홍 16483
류문홍 16627
류문화;두점림 21241
류문흥 14882
류문흥 15018
류미 20575
류미옥 20998
류미옥 23742
류미옥 9526
류방 22341
류방 22431
류백승 27370
류백영 18122
류백우 27958
류백우 11078
劉白羽 22449
류번 27300
류범;리신화 19986
류벽거 9866
류벽거 9958
류벽거 9964
류벽거 10021
류병강 15166
류병수 22607
류병인 31161
류병일 32646
류병일 29368
류병일 29369
류병일 29432
류병일 29554
류병일 29569
류병일 29922
류병일 29991
류병일 30085
류병일 9969
류병증 2512
류보법 21741
류보법 21831

류복감 …………… 28552
류복귀 …………… 1993
류복규 …………… 5674
류복정 …………… 17865
류본복 …………… 1942
류본조 …………… 3651
류봉 …………… 817
류봉 …………… 4941
류봉(劉鋒) …………… 28768
류봉;호신화 …………… 19985
류봉림 …………… 15102
류봉옥 …………… 31679
류봉운 …………… 30733
류봉운 …………… 30741
류봉춘 …………… 5897
류봉춘 등 …………… 3732
류봉춘 등 …………… 5553
류봉춘 등 …………… 5848
류봉환;김룡운 …………… 8590
류비 …………… 32247
류빈 …………… 28305
류빈 …………… 7882
류빈걸 …………… 22983
류빈안 …………… 12601
류빈안 …………… 12658
류빈안 …………… 18010
류빈안;리장춘 …………… 22019
류빙 …………… 21713
류사 …………… 29066
류사훈 …………… 906
류사훈 …………… 4656
류산증 …………… 12785
류삼성 …………… 22142
류상근 …………… 25166
류상만 …………… 26996
류상모 …………… 9658
류상모 …………… 9666
류상범;조보옥 …………… 4079
류상양 …………… 2103
류상영 …………… 3890
류생 등 …………… 4211
류서강 …………… 20277
류서근;비춘신 …………… 32462
류서생 …………… 7244
류서연 …………… 18925
류선무 …………… 12033
류성 …………… 23708
류성 …………… 30243
류성 …………… 3294
류성;오색경 …………… 21315
류성곤 …………… 5494
류성규 …………… 17018
류성근 …………… 25609
류성근 …………… 24748
류성근 …………… 25063
류성근 …………… 11809
류성근 …………… 12270
류성근 …………… 12278
류성근 …………… 13854
류성근 …………… 14182
류성근 …………… 14263
류성근 …………… 17451
류성근 …………… 17488
류성덕 …………… 31293
류성덕 …………… 31318
류성덕 …………… 25126
류성덕 …………… 30646
류성재 …………… 31537
류세주 등 …………… 5766
류소 …………… 5009
류소구;리현림 …………… 32049
류소기 …………… 1170
류소기 …………… 1235
류소당 …………… 18258
류소령 …………… 22403
류소민 …………… 4795
류소평 …………… 2626
류소평;진모제 …………… 21195
류손달 …………… 4383
류송;남목 …………… 299
류송;남목 …………… 4162
류송고 …………… 32652
류수민 …………… 32153
류수상 …………… 1015
류수운 …………… 1852
류수은 …………… 29579
류수추 …………… 20644
류수화 …………… 24546
류수흠 …………… 30456
류숙옥;장월선 …………… 8928
류순애;로재순 …………… 3414
류숭소(劉崇素) …………… 32022
류숭소(劉崇素) …………… 32780
류숭풍;류석오 …………… 24146
류승덕;곽예 …………… 5283
류승신 …………… 1946
류시 …………… 18172
류시;왕부 …………… 21233
류시위 …………… 19829
류시위;야류 …………… 4962
류시정 …………… 9542
류시홍 …………… 14670
류시홍 …………… 14712
류시홍 …………… 15092
류시홍 …………… 15388
류시홍 …………… 15753
류시홍 …………… 16684
류시흥 …………… 14562
류시흥 …………… 14621
류시흥 …………… 14861
류시흥 …………… 14895
류시흥 …………… 15520
류신화 …………… 363
류신화 …………… 1748
류심무 …………… 20053
류심무 …………… 20255
류심무 …………… 21415
류심무 …………… 4567
류심무 …………… 12338
류심무 …………… 17979
류심무 …………… 19257
류심무;김엽 …………… 18068
류심무;리암 …………… 11524
류아주 …………… 28043
류아주 …………… 28264
류아주 …………… 21211
류아주 …………… 21776
류아주 …………… 18837
류아주 …………… 19237
류아주;윤효식 …………… 19204
류안백 …………… 32626
류앙소 …………… 1446
류애군;모청송 …………… 32673
류애금 …………… 21013
류야 …………… 20747
류야 …………… 17778
류약민 …………… 20236
류약민 …………… 29281
류양초 …………… 19560
류언교 …………… 12561
류여림 …………… 5182
류여임 …………… 6245
류연 …………… 25099
류연 …………… 29697
류연 …………… 3478
류연봉 …………… 5811
류연사 …………… 16274
류연산 …………… 19925
류연산 …………… 20174
류연산 …………… 20270
류연산 …………… 21353
류연산 …………… 18518

류연산 ················ 18772
류연산 ················ 19636
류연춘 ················ 21913
류영 ···················· 28257
류영 ···················· 28332
류영 ···················· 25778
류영 ···················· 29376
류영기 ················ 14382
류영기 ················ 17885
류영덕 등 ··········· 14339
류영란 ·················· 9406
류영륜 ················ 28820
류영옥 ·················· 9889
류영제 ················ 23980
류영진 ················ 30254
류예 ······················ 3231
류예 ······················ 3590
류예 ······················ 6025
류옥기 ················ 19669
류옥성 ················ 29104
류옥주 ·················· 1018
류온평 ················ 21236
류온평 ················ 22884
류온평 ················ 22971
류온평;정지기 ······ 21228
류완영 ················ 31232
류완영 ················ 31269
류완영 ················ 31305
류요휘 ·················· 4496
류우청 ················ 21470
류운해 ················ 20300
류원무 ················ 27170
류원무 ················ 19902
류원무 ················ 20177
류원무 ················ 20340
류원무 ················ 20439
류원무 ················ 20485
류원무 ················ 20561
류원무 ················ 20585
류원무 ················ 21794
류원무 ················ 21850
류원무 ················ 22334
류원무 ················ 22862
류원무 ················ 23253
류원무 ················ 23676
류원무 ················ 23746
류원무 ················ 24678
류원무 ················ 24793
류원무 ················ 11047
류원무 ················ 11386
류원무 ················ 11464
류원무 ················ 11609
류원무 ················ 11991
류원무 ················ 12127
류원무 ················ 12319
류원무 ················ 12320
류원무 ················ 18120
류원무 ················ 18129
류원무 ················ 18176
류원무 ················ 18290
류원무 ················ 18301
류원무 ················ 18352
류원무 ················ 18383
류원무 ················ 18480
류원무 ················ 18554
류원무 ················ 18628
류원무 ················ 18732
류원무 ················ 18775
류원무 ················ 18780
류원무 ················ 18878
류원무 ················ 18892
류원무 ················ 18983
류원무 ················ 19049
류원무 ················ 19254
류원무 ················ 19268
류원무 ················ 19285
류원무 ················ 19394
류원무 ················ 19456
류원무 ················ 19519
류원무 ················ 19523
류원무 ················ 19742
류원무 ················ 19862
류원생;원장명 등 ··· 5634
류원장 ·················· 8126
류위(劉偉) 등 ······ 31925
류위민 ·················· 2096
류위민;황인한 ······· 5509
류위인;리덕신 ······· 5081
류위인;장덕례 ······ 22092
류유국 ·················· 2568
류유상; 왕제우 ······ 5377
류유상;곽학의 ······· 5640
류유정 ················ 32625
류유풍;남경괭 ······ 21244
류육신;리정화 ······· 7764
류윤란;필문고 ······ 23981
류은운 ·················· 5756
류은운;조사문 ······· 5284
류은종 ················ 10519
류은종 ················ 10799
류은종 ················ 10815
류은종 ················ 10824
류은종 ················ 10837
류은종 ················ 10839
류은종 ················ 10855
류은종 ················ 13613
류은종 ················ 13630
류응상 ················ 30464
류의 ···················· 31143
류의 ···················· 21876
류의 ······················ 5754
류의 ······················ 6547
류의무 ················ 28069
류의무 ················ 21932
류의선 ·················· 2619
류이창 ················ 19873
류이창;성영 ········ 18760
류인권 ················ 13638
류인권 ················ 13650
류일석 ················ 28557
류일석 ················ 28565
류일석 ················ 21342
류일석 ················ 21896
류자명 ················ 31273
류자부 ·················· 1441
류장 ······················ 6661
류장정;장경산 ······ 23185
류장현 ················ 28466
류장현 ················ 21365
류재복 ················ 11518
류재복 ················ 12983
류재순 ················ 11326
류재순 ················ 18180
류재순 ················ 18415
류재순 ················ 18487
류재순 ················ 18650
류재순 ················ 18726
류재순 ················ 19040
류재순 ················ 19120
류재순 ················ 19565
류재순 ················ 19823
류전련 ·················· 5810
류전상 ················ 27962
류전상 ················ 24245
류전상 ················ 20981
류전상 ················ 21047
류전영 ·················· 2752
류전원 ················ 28544
류점무 등 ············· 4120
류정 ···················· 30244
류정남 ················ 19613
류정송 ·················· 5596

류정송 ········ 5977
류정송 ········ 5983
류정연 ········ 19172
류정영 ········ 4797
류정옥 ········ 8865
류정재(劉廷才) ····· 32483
류정재(劉廷才) ····· 32488
류제 ········ 11148
류조강 ········ 21420
류조란;금이 ······· 18684
류종 ········ 17529
류주봉 ········ 6958
류주봉 ········ 8809
류주영 ········ 4451
류준증 ········ 6361
류준파;위옥상 ······· 5603
류중보 ········ 17379
류중평 ········ 20392
류중평 ········ 21700
류중평 ········ 21926
류중평 ········ 22148
류중평 ········ 22441
류중평;진리민 ······· 5037
류증림 ········ 7975
류지 ········ 21148
류지 ········ 21237
류지 ········ 21298
류지 ········ 21941
류지 ········ 5057
류지 등 ········ 21269
류지;왕문조 ········ 22347
류지군 ········ 2226
류지로 ········ 24851
류지민 ········ 327
류지청 ········ 3851
류지청 등 ········ 21134
류지춘 ········ 18710
류진륙 ········ 28046
류진륙 등 ········ 6041
류진륙;부표 ········ 23144
류진화 ········ 5262
류진효 ········ 3743
류창 ········ 1585
류창박 ········ 17997
류창염 ········ 4386
류창원 ········ 16023
류창은 ········ 30902
류창은 ········ 30927
류창은 ········ 31088
류창은 ········ 3456
류천개 ········ 29028
류천청 ········ 4588
류철 ········ 2424
류청 ········ 10206
류추군 ········ 26935
류추군 ········ 21248
류추군 ········ 293
류춘경 ········ 6660
류춘래 ········ 21276
류춘래;류시 ········ 3734
류춘생 ········ 22715
류춘희 ········ 29844
류춘희 ········ 29865
류충걸 ········ 24718
류충걸 ········ 28971
류충걸 ········ 28972
류충걸 ········ 28976
류충걸 ········ 28994
류충걸 ········ 9452
류충걸;박일성 ······ 30351
류충걸;박일성 ······ 30359
류충복 등 ········ 21265
류충신 ········ 22709
류충신 ········ 2051
류충평 ········ 5525
류충혁 ········ 25857
류충화 등 ········ 5888
류취영 ········ 7718
류타화 ········ 30103
류패림 ········ 10849
류패림 ········ 10871
류패림 ········ 10874
류패림 ········ 10883
류패림 ········ 10891
류패림 ········ 10893
류패림 ········ 10905
류패림 ········ 10912
류팽야 ········ 9457
류팽야 ········ 9459
류필란 ········ 23036
류필란 ········ 15748
류필수 ········ 6536
류필준;기위상 ······ 32290
류하수 ········ 7039
류학림 ········ 18804
류학무 ········ 566
류한일 ········ 19220
류한태 ········ 19113
류한필;리광수 ······ 24317
류향문 ········ 5907
류헌민 ········ 3216
류현발;단금림 ······· 3754
류현역 ········ 10168
류협 ········ 23727
류혜 ········ 584
류호 ········ 3860
류호개 ········ 16131
류홍 ········ 867
류홍매 ········ 25513
류홍복 ········ 5033
류홍수 ········ 30819
류홍식 ········ 11526
류홍의;류성 ········ 5320
류홍종 ········ 20431
류홍종 ········ 20529
류화;황송빈(劉華；黃松浜) ········ 31466
류화례 ········ 22320
류화례 ········ 1523
류화례 ········ 4555
류화례 ········ 19833
류화평 등 ········ 6183
류회군 ········ 27530
류회군 ········ 27543
류횡 ········ 29315
류효광 ········ 32053
류효광 등 ········ 21154
류효병;왕녕군 ······ 21509
류효순 ········ 692
류효춘;리몽주 ······· 4705
류효평 ········ 32660
류휘 ········ 15788
류휘수 ········ 25304
류흠흠;하대신 ······ 22176
류흥식 ········ 19918
류흥식 ········ 23669
류흥식 ········ 12757
류흥식 ········ 19181
류흥식 ········ 19664
류흥식 ········ 19799
류흥식;송성만 ······ 21513
류흥종 ········ 20419
류흥천 ········ 28658
류흥택 ········ 5851
류흥택 ········ 6645
류희걸 ········ 1628
류희걸 ········ 2261
류희걸 ········ 3193
류희민 ········ 5935
류희성 ········ 24900
륙건 ········ 24015
륙계춘 ········ 6901

룩계춘 ………………… 7280
룩덕항(陸德恒) …… 32487
룩동춘 ………………… 7287
룩명 …………………… 496
룩문부 ……………… 18475
룩문부 ……………… 18831
룩상 ………………… 30729
룩성아 ……………… 21732
룩성아;해파 ……… 19819
룩신 ………………… 27755
룩영 ………………… 27694
룩옥경 ……………… 24770
룩위민 ………………… 4925
룩유명 ……………… 23575
룩정화 ……………… 28822
룩정화 ……………… 28844
룩정화 ……………… 28958
룩정화 ……………… 28960
룩정화 ……………… 28962
룩정화 ……………… 28964
룩춘화 ……………… 10490
룩환 …………………… 4058
룩흠의 ………………… 4259
률건신 ………………… 5707
률관민 …………………… 975
률명원 ………………… 5114
릉중 ………………… 12763
릉견 …………………… 580
릉견 …………………… 741
릉계요 ……………… 21016
릉릉 ………………… 29439
릉소농 ………………… 5804
릉철 ………………… 27977
릉풍 …………………… 1915
리 행복 …………… 20777
리 휘 ………………… 3515
리가 …………………… 4271
리가 …………………… 5222
리가 …………………… 5226
리가성 ………………… 2616
리가용 ………………… 4541
리갑기 ……………… 25934
리갑철 ………………… 8791
리강 ………………… 21219
리강 ………………… 21950
리강 ………………… 25098
리강 …………………… 5116
리강 …………………… 5371
리강덕 ………………… 1929
리강화 ……………… 24856
리강화 ………………… 5088
리강화 ………………… 5092
리강화 ………………… 5094
리강화 ………………… 5099
리개문 ………………… 5330
리거(李炬) ………… 7347
리거(李炬) ………… 8304
리거(李炬) ………… 9143
리건 ………………… 32648
리건 ………………… 11752
리건 ………………… 11753
리건광 …………………… 653
리건국 ……………… 22101
리건국 ………………… 4668
리건국 ………………… 7568
리건설 ……………… 23923
리건신;강충 ………… 5688
리건평 ……………… 20388
리건평 ……………… 21873
리건휘 ……………… 21967
리건휘 ………………… 3058
리견 ………………… 30418
리결사 ………………… 2006
리결사 ………………… 2603
리결사 ………………… 3287
리경기 ………………… 3445
리경도 ……………… 30745
리경도 ……………… 30749
리경도 ……………… 29171
리경도 ……………… 30251
리경득 ……………… 26987
리경득 ………………… 8897
리경락 ……………… 13958
리경매 ……………… 25651
리경매 ……………… 25544
리경상 ………………… 1353
리경섭 ……………… 13455
리경섭 ……………… 13532
리경신 ……………… 11255
李景洙 ……………… 26914
리경옥 ……………… 19593
리경의 ……………… 22099
리경충;장축상 ……… 5427
리경충;장축상 ……… 5722
리경파 ……………… 22178
리경파 ………………… 5042
리경파 ………………… 5475
리경파 ………………… 5682
리경파 ………………… 5933
리경파 등 ………… 22401
리경파;리수림 …… 22430
리경해 ………………… 9863
리경해 ………………… 9887
리경호 ……………… 31889
리경호 ……………… 17078
리경화 ……………… 32543
리경화 ………………… 8988
리경화 ………………… 9290
리경화 ………………… 9358
리경화 ………………… 9379
리경후 ………………… 8226
리계;문첩 ………… 12282
리계란 ……………… 10286
리계방 ………………… 5998
리계수 ……………… 10464
리계순 ……………… 29345
리계안 …………………… 268
李桂英 ……………… 13652
李英玉 ……………… 13035
리계향 ……………… 23061
리계향 ……………… 23189
리계향 ……………… 23272
리계향 ……………… 23329
리계향 ……………… 23453
리계향 ……………… 23460
리계향 ……………… 12150
리계향 ……………… 26063
리곡성 ……………… 21128
리공좌 ……………… 18581
리공좌(당) ………… 18195
리광 ………………… 24301
리광녕 ……………… 30151
리광녕 ……………… 30162
리광녕 ……………… 30163
리광녕 ……………… 30164
리광녕 ……………… 30165
리광녕 ……………… 30166
리광녕 ……………… 30277
리광림 …………………… 859
리광림 ………………… 6938
리광림 ………………… 9335
리광림 ………………… 9506
리광림 ……………… 30954
리광림;방창국 …… 11059
리광림;손유문 …… 10035
리광무 등 ………… 21964
리광무 등 ………… 22027
리광무 등 ………… 22266
리광무 등 …………… 4124
리광무;권동광 ……… 3883
리광무;왕극 ……… 21140
리광무;장복군 …… 22008

리광문 ······ 20860
리광빈 ······ 25039
리광수 ······ 26849
리광수 ······ 27800
리광수 ······ 19914
리광수 ······ 21407
리광수 ······ 24026
리광수 ······ 24158
리광수 ······ 6950
리광수 ······ 7910
리광수 ······ 8156
리광수 ······ 9608
리광수 ······ 10303
리광수 ······ 15084
리광수 ······ 17357
리광수 ······ 17407
리광수 ······ 17420
리광수 ······ 17508
리광수 ······ 17915
리광수 ······ 18062
리광수 ······ 18093
리광수 ······ 18215
리광수 ······ 18295
리광수 ······ 18316
리광수 ······ 18527
리광수 ······ 18699
리광수 ······ 18789
리광수 ······ 18986
리광수 ······ 19072
리광수 ······ 19448
리광수 ······ 19614
리광수 ······ 19746
리광수 ······ 19760
리광수;김철부 ······ 17517
리광수;리창인 ······ 23931
리광순 ······ 22970
리광순 ······ 23047
리광순 ······ 23167
리광순 ······ 7400
리광순 ······ 11492
리광순 ······ 11517
리광순 ······ 11544
리광순 ······ 12189
리광순 ······ 12198
리광순 ······ 12327
리광순 ······ 12465
리광순 ······ 12577
리광순 ······ 19387
리광식 ······ 23921
리광실 ······ 3111
리광웅;리룡득 ······ 27562
리광인 ······ 27997
리광인 ······ 28054
리광인 ······ 28337
리광인 ······ 21624
리광인 ······ 21744
리광인 ······ 22010
리광인 ······ 7973
리광일 ······ 20217
리광일 ······ 22397
리광일 ······ 12861
리광전 ······ 21945
리광천 ······ 1140
리광춘 ······ 8957
리광춘 ······ 17654
리광평 ······ 26906
리광평;남룡해 ······ 26907
리광호 ······ 32364
리광호 ······ 32366
리광호 ······ 4301
리광호 ······ 7274
리광호 ······ 15792
리광호 ······ 16109
리광호 ······ 16575
리광호 ······ 18576
리굉림 ······ 18812
리굉림 등 ······ 18082
리구심 ······ 30748
리구심 ······ 30763
리국동;김홍문 ······ 5422
리국문 ······ 11188
리국문;황지영 ······ 18777
리국보 ······ 8824
리국순 ······ 10546
리국준 ······ 31028
리국준 ······ 31245
리국준 ······ 31280
리국준 ······ 31303
리국준 ······ 31313
리국진 ······ 4068
리국진;최창준 ······ 24825
리국천 ······ 2355
리국충 ······ 23316
리국충 ······ 23386
리국충 ······ 23486
리국충 ······ 3697
리국충 ······ 5558
리국충;장춘우 ······ 3232
리군 ······ 20016
리군 ······ 21845
리군 ······ 24865
리군 등 ······ 5699
리군필 ······ 19927
리군필 ······ 24264
리군필 ······ 24328
리군필 ······ 16149
리군필 ······ 16186
리군필 ······ 19496
리궁완 ······ 24226
리귀 ······ 5353
리귀 ······ 6609
리귀남 ······ 14762
리귀배 ······ 10856
리귀배 ······ 10870
리귀배 ······ 10892
리귀평 ······ 23580
리규근 ······ 22307
리규보 ······ 12555
리규보 ······ 15045
리규식 ······ 13577
리규식 ······ 13587
리규식 ······ 13788
리규을 ······ 8374
리규을 ······ 8413
리규정 ······ 26048
리규진 ······ 8630
리규진 ······ 8738
리극민 ······ 32034
리극위 ······ 18036
리극좌(李克佐) ······ 30290
리근 ······ 20651
리근 ······ 17474
리근반 ······ 28721
리근석 ······ 15951
리근성 ······ 1641
리근식 ······ 8888
리근영 ······ 13680
리근영 ······ 13711
리근영 ······ 13765
리근영 ······ 14153
리근영 ······ 14179
리근영 ······ 14206
리근영 ······ 14400
리근영 ······ 14462
리근영 ······ 14745
리근영 ······ 14982
리근영 ······ 15806
리근영 ······ 16169
리근영 ······ 16438
리근영 ······ 16473
리근영 ······ 16505
리근영 ······ 17002

리근영 18787
리근영;김일 14139
리근전 20094
리근전 20665
리근전 20754
리근전 22472
리근전 22511
리근전 22513
리근전 23306
리근전 23828
리근전 24105
리근전 24129
리근전 11125
리근전 11268
리근전 11356
리근전 11607
리근전 11782
리근전 12116
리근전 12231
리근전 12417
리근전 13166
리근전 14371
리근전 17279
리근전 17282
리근전 17585
리근전 17598
리근전 17615
리근전 17631
리근전 17735
리근전 17785
리근전 17789
리근전 17793
리근전 17805
리근전 18045
리근전 18241
리근전 18248
리근전 18313
리근전 18497
리근전 19022
리근전 19587
리근중 6939
리근중 9099
리금 24941
리금남 28610
리금남 24816
리금남 1761
리금녀 20114
리금덕 8808
리금덕;동휘 30137
리금란 30837
리금란 31059
리금란 31117
리금란 31142
리금란 4391
리금란;차수조(李錦蘭;車壽祚) 9151
리금손 32485
리금순 9197
리금순 9216
리금순 9241
리금애 25234
리금영 24871
리금옥 25404
리금옥; 김춘자 9359
리금옥;김춘자 8532
리금천 13375
리금천 13383
리금화 19811
리기 29864
리기덕;황도남 9724
리기순 28932
리기영 26127
리기옥 8186
리기옥 8271
리기철 20831
리기철 등 6590
리기초 20028
리길 28499
리길 20822
리길 4123
리난 6775
리남극 1639
리남극 2339
리남극 13830
리남림 9264
리남림 12303
리남수 3423
리남진 8974
리남진 10362
리남칠 13484
리내영 943
리념배 22255
리녕 4603
리다운 12981
리다준;전심 21721
리단초 11133
리달 28353
리달윤;장봉조 24415
리달종 13716
리달종 13717
리달종 13782
리당(李棠) 32014
리대령 14006
리대령 14024
리대령 14148
리대유 21332
리덕권 4247
리덕권;강진 21250
리덕명 2059
리덕생 3824
리덕생 5889
리덕생 5928
리덕수 27186
리덕수 1278
리덕수 1289
리덕수 1391
리덕수 2076
리덕수 3045
리덕수 7834
리덕수 12119
리덕운 3253
리덕춘 14996
리덕화;방용진 31518
리덕활 9725
리덕활 9729
리덕활 9762
리도영 21825
리도영 11878
리동권 23733
리동권 16507
리동규 31864
리동규 31865
리동규 31869
리동규 20958
리동규 22693
리동규 13314
리동근 27516
리동근 23796
리동길 29948
리동녕 23420
리동렬 19939
리동렬 19991
리동렬 20458
리동렬 20521
리동렬 20572
리동렬 18260
리동렬 18384
리동렬 18797
리동렬 19413
리동매 20230
리동백 27631
리동석 14043

리동선 …………… 10584
리동세 …………… 30347
리동수 …………… 1701
리동수 …………… 3266
리동수 …………… 9420
리동수;박승길 …· 24323
리동승 …………… 17491
리동식 …………… 7548
리동욱 …………… 12242
리동원 …………… 9697
리동을 등 ……… 11824
리동익;한철신 …· 17825
리동준 …………… 3759
리동진 …………… 27234
리동진 …………… 17520
리동철 …………… 29703
리동철 …………… 29832
리동철 …………… 9432
리동철 …………… 10773
리동혁 …………… 22459
리동혁 …………… 24632
리동혁 …………… 17590
리동호 …………… 18145
리동호 …………… 18424
리동화 …………… 8370
리동활 …………… 10343
리동희 …………… 9001
리두석 …………… 1093
리두석 …………… 1483
리두석 …………… 2190
리두석 …………… 3188
리두송 …………… 13945
리두송 …………… 14049
리두송 …………… 14079
리두송 …………… 14095
리두원 …………… 31885
리득송 …………… 32747
리득춘 …………… 24569
리득춘 …………… 1000
리득춘 …………… 10432
리득춘 …………… 10559
리득춘 …………… 10718
리득춘 …………… 10734
리득춘 …………… 10781
리득춘 …………… 13673
리락복 …………… 27685
리란 ……………… 23528
리란숙 …………… 9123
리량 ……………… 30871
리량섭 …………… 13545
리량시 …………… 32324
리려 ……………… 27872
리려 ……………… 18012
리려 ……………… 18350
리려화 …………… 25876
리련금 …………… 18206
리련숙 …………… 4682
리련순 …………… 5014
리련자 …………… 19506
리련제 …………… 4081
리령 역 ………… 737
리령호 …………… 12212
리로 ……………… 20221
리로 ……………… 22780
리로 ……………… 24343
리로 ……………… 18410
리로 ……………… 18430
리로 ……………… 19252
리록순 …………… 27141
리록순 …………… 20925
리룡 ……………… 23572
리룡구;순돌 …… 17701
리룡길 …………… 2460
리룡대 …………… 31867
리룡대 …………… 31875
리룡두 …………… 24988
리룡득 …………… 27521
리룡득 …………… 28423
리룡득 …………… 28630
리룡득 …………… 23845
리룡득 …………… 23851
리룡득 …………… 23896
리룡득 …………… 23907
리룡득 …………… 23916
리룡득 …………… 23997
리룡득 …………… 24023
리룡득 …………… 24040
리룡득 …………… 24113
리룡득 …………… 24116
리룡득 …………… 24137
리룡득 …………… 24230
리룡득 …………… 24247
리룡득 …………… 24250
리룡득 …………… 24271
리룡득 …………… 24277
리룡득 …………… 24298
리룡득 …………… 24305
리룡득 …………… 24315
리룡득 …………… 24335
리룡득 …………… 24437
리룡득 …………… 24460
리룡득 …………… 24466
리룡득 …………… 24472
리룡득 …………… 24476
리룡득 …………… 24488
리룡득 …………… 24798
리룡득 …………… 25072
리룡득 …………… 24410
리룡득 …………… 24428
리룡득 …………… 4397
리룡득 …………… 10788
리룡득 …………… 12342
리룡득 …………… 13591
리룡득 …………… 13643
리룡득 …………… 13685
리룡득 …………… 13686
리룡득 …………… 13794
리룡득 …………… 13831
리룡득 …………… 13841
리룡득 …………… 13847
리룡득 …………… 13851
리룡득 …………… 14211
리룡득 …………… 15054
리룡득 …………… 28419
리룡득 …………… 23952
리룡득 …………… 23975
리룡득 …………… 24083
리룡득 …………… 24104
리룡득 …………… 24216
리룡득 …………… 24270
리룡득 …………… 24366
리룡득 …………… 23910
리룡득 …………… 23971
리룡득 …………… 23996
리룡득 …………… 24037
리룡득 …………… 24106
리룡득 …………… 24156
리룡득 …………… 24157
리룡득 …………… 24184
리룡득 …………… 24206
리룡득 …………… 24228
리룡득 …………… 24263
리룡득 …………… 24334
리룡득 …………… 24336
리룡득 …………… 24351
리룡득 …………… 24363
리룡득 …………… 24397
리룡득 …………… 24424
리룡득 …………… 24446
리룡득 …………… 24451
리룡득 …………… 24464
리룡득 …………… 24484

리룡득 ·········· 24489
리룡득 ·········· 24508
리룡득 ·········· 24518
리룡득 ·········· 14763
리룡득;리천록 ···· 23953
리룡득;최금녀 ······ 23903
리룡섭 ·········· 12727
리룡수 ·········· 30112
리룡순 ·········· 31541
리룡식 ·········· 22953
리룡신 ·········· 21103
리룡연 ·········· 13322
리룡익 ·········· 13199
리룡일 ·········· 31055
리룡일 ·········· 9657
리룡주 ·········· 30258
리룡칠 ·········· 22652
리룡칠 ·········· 17355
리룡칠 ·········· 17385
리룡칠 ·········· 17515
리룡칠 ·········· 17540
리룡칠 ·········· 17854
리룡칠 ·········· 17922
리룡칠 ·········· 17948
리룡칠 ·········· 17968
리룡칠 ·········· 18075
리룡칠 ·········· 18165
리룡칠 ·········· 18934
리룡해 ·········· 11001
리룡해 ·········· 11032
리류 ·········· 20294
리륜 ·········· 3624
리률 ·········· 23900
리률 ·········· 14226
리리 ·········· 25768
리리군 ·········· 5672
리림 ·········· 25785
리림 ·········· 541
리림 ·········· 2385
리림 ·········· 2387
리림 ·········· 2393
리림 ·········· 4667
리림초 ·········· 31402
리립학 ·········· 28937
리립학 ·········· 30326
리만 ·········· 9428
리만금 ·········· 27124
리만금 ·········· 27144
리만금 ·········· 27160
리만금 ·········· 27162
리만금 ·········· 27200
리만금 ·········· 23059
리만금 ·········· 7004
리만금 ·········· 7042
리만금 ·········· 7570
리만금 ·········· 8154
리만금 ·········· 8486
리만길 ·········· 32692
리만복 ·········· 13470
리만석 ·········· 5829
리만송 ·········· 22968
리만송 ·········· 23091
리만송 ·········· 23399
리만송 ·········· 23571
리만송 ·········· 23704
리만송 ·········· 8453
리만송 ·········· 8479
리만송 ·········· 9174
리만송 ·········· 9199
리만송 ·········· 9332
리만송 ·········· 10866
리만송 ·········· 13365
리만송 ·········· 13563
리만송 ·········· 19615
리만송,렴진자 ······ 24923
리만수 ·········· 9855
리만수 ·········· 9864
리만수 ·········· 14819
리만수 ·········· 15163
리만촌 ·········· 2751
리만호 ·········· 20348
리만호 ·········· 20513
리만호 ·········· 20550
리만호 ·········· 14238
리만호 ·········· 17931
리만호 ·········· 17984
리만호 ·········· 18008
리만호 ·········· 18056
리만호 ·········· 18088
리만호 ·········· 18132
리만호 ·········· 18272
리만호 ·········· 18379
리만호 ·········· 18404
리만호 ·········· 18857
리만호 ·········· 19002
리만호 ·········· 19081
리만호 ·········· 19086
리만호 ·········· 19100
리만호 ·········· 19109
리만호 ·········· 19384
리만호 ·········· 19466
리만호 ·········· 19594
리만호 ·········· 19687
리망우 ·········· 22721
리매 ·········· 18221
리맹익 ·········· 31544
리맹익 ·········· 31570
리맹익 ·········· 31643
리면 ·········· 1062
리면수 ·········· 32317
리명 ·········· 27799
리명 ·········· 125
리명 ·········· 550
리명 ·········· 965
리명 ·········· 3406
리명 ·········· 3749
리명 ·········· 6328
리명 ·········· 10622
리명 ·········· 14229
리명 ·········· 15066
리명 ·········· 15571
리명 ·········· 15640
리명;은생 ·········· 32737
리명구 ·········· 28736
리명구 ·········· 9822
리명구 ·········· 9853
리명구 ·········· 9895
리명구 ·········· 9898
리명구 ·········· 9905
리명근 ·········· 30952
리명근 ·········· 30616
리명남 ·········· 18414
리명남 ·········· 18668
리명남 ·········· 19238
리명남 ·········· 19398
리명록 ·········· 7693
리명륵 ·········· 7833
리명산 ·········· 4647
리명산 ·········· 9605
리명선 ·········· 30618
리명수 ·········· 8163
리명순 ·········· 23781
리명순;리룡득 ······ 24283
리명순;리룡득 ···· 24254
리명순;리룡득 ···· 24322
리명식 ·········· 3850
리명은 ·········· 7541
리명자 ·········· 25811
리명자 ·········· 4441
리명재 ·········· 15046
리명재 ·········· 15345
리명재 ·········· 15793

리명재 ……………… 15963
리명재 ……………… 16675
리명재 ……………… 17094
리명재 ……………… 17163
리명준 ……………… 28560
리명철 ……………… 25377
리명철 ……………… 30558
리명철 ……………… 9494
리명춘;강정명 ……… 3898
리명호 ……………… 25417
리명화 ……………… 22951
리명화 ……………… 4313
리명휘 ……………… 587
리명희 ……………… 30985
리목룡 ……………… 8729
리몽루;진애군 ……… 5450
리무 ……………… 5646
리무관 ……………… 18863
리무환 ……………… 20043
리무환 ……………… 18400
리무환 ……………… 18926
리묵 ……………… 23035
리묵 ……………… 24071
리묵 ……………… 972
리묵 ……………… 974
리묵 ……………… 978
리묵 ……………… 981
리묵 ……………… 983
리묵 ……………… 987
리묵 ……………… 988
리묵 ……………… 991
리묵 ……………… 996
리묵 ……………… 998
리묵 ……………… 999
리묵 ……………… 12448
리묵 ……………… 12830
리묵 ……………… 15091
리묵 ……………… 19554
리문 ……………… 22036
리문 ……………… 22110
리문걸 ……………… 23040
리문경 ……………… 5602
리문범 ……………… 5338
리문선 ……………… 15821
리문선 ……………… 15980
리문용 ……………… 31595
리문우 ……………… 23317
리문위 ……………… 28806
리문철 ……………… 19682
리문택 등 ……………… 20874
리문호 ……………… 13721
리미선 ……………… 21479
리미선 ……………… 349
리미선 ……………… 15826
리미선 ……………… 19280
리민 ……………… 27360
리민 ……………… 23558
리민덕 ……………… 27575
리민덕 ……………… 24785
李敏盛 ……………… 11058
리민순 ……………… 8474
리민순 ……………… 10970
리민순 ……………… 10984
리바웅 ……………… 423
리박 등 ……………… 12244
리방 ……………… 367
리방 ……………… 6397
리방 ……………… 19399
리방 ……………… 19733
리방수 ……………… 17533
리배덕 ……………… 2010
리백강 ……………… 29525
리백견 ……………… 18636
리백설 ……………… 27222
리백설 ……………… 21045
리백설 ……………… 24179
리백설 ……………… 12275
리백설 ……………… 12288
리백설 ……………… 13881
리백설 ……………… 14082
리백설 ……………… 14088
리백설 ……………… 14141
리백설 ……………… 14165
리백설 ……………… 14198
리백설 ……………… 14245
리범 ……………… 22136
리범(李凡) ……………… 20680
리범석 ……………… 16957
리범주 ……………… 24651
리범철 ……………… 32227
리범철 ……………… 32514
리병 ……………… 20341
리병남 ……………… 19810
리병배 ……………… 13585
리병배 ……………… 13829
리병배 ……………… 13844
리병배 ……………… 13931
리병배 ……………… 13977
리병우 ……………… 9261
리병원 ……………… 7457
리병철 ……………… 22836
리병철 ……………… 22909
리병철 ……………… 7757
리병태 ……………… 21757
리병태 ……………… 22956
리병태 ……………… 23016
리병태 ……………… 23268
리병태 ……………… 23365
리병태 ……………… 23702
리병태 ……………… 19752
리병태;박숙자 ……… 27851
리병택 ……………… 8313
리병택(李炳澤) ……… 9128
리병학 ……………… 23694
리병호;리창인 ……… 24014
리보문 ……………… 3221
리보심 ……………… 3607
리보영 ……………… 29878
리보옥 등 ……………… 13908
리보윤 ……………… 31375
리보정 각색; 화리 그림 … 25358
리보항 ……………… 27682
리복 ……………… 11522
리복 ……………… 12931
리복 ……………… 14337
리복 ……………… 14413
리복 ……………… 14706
리복 ……………… 17620
리복 ……………… 18835
리복강;등옥화 ……… 21482
리복령 ……………… 29451
리복록 ……………… 32452
리복만 ……………… 22602
리복민 ……………… 22262
리복순(李福順) ……… 8306
리복철 ……………… 9240
리복흥 ……………… 3203
리복희 ……………… 31412
리본섭 ……………… 19527
리본정 ……………… 29774
리봉 ……………… 25269
리봉 ……………… 32607
리봉 ……………… 1801
리봉 ……………… 8480
리봉;도춘 ……………… 21764
리봉구 ……………… 32129
리봉구 ……………… 32130
리봉구 ……………… 32131
리봉권 ……………… 22612
리봉규 ……………… 13547
리봉금 ……………… 23425

리봉련 ……………… 25819
리봉련 ……………… 2621
리봉렬 ……………… 30940
리봉렬 ……………… 17950
리봉림 ……………… 25305
리봉산 ……………… 3380
리봉석 ……………… 32384
리봉옥 ……………… 27110
리봉우 ……………… 20535
리봉우 ……………… 19814
리봉인 ……………… 18391
리봉주 ……………… 30794
리봉화 ……………… 25611
리봉화 ……………… 25890
리부전 ……………… 18811
리분 ……………… 24555
리분자 ……………… 19934
리분자 ……………… 4409
리불공 ……………… 18465
리붕 ……………… 3075
리비 등 ……………… 4848
리비생;석충무 …… 23251
리빈 ……………… 10666
리빈우 ……………… 18956
리빙지 ……………… 12324
리사비 ……………… 19712
리사창 ……………… 9734
리산 ……………… 20789
리산 ……………… 20797
리산 ……………… 2173
리산 ……………… 2298
리산 ……………… 2311
리산 ……………… 3116
리산 ……………… 6455
리산,천순 ……………… 6461
리산;리상각 ……… 14003
리삼 ……………… 2442
리삼영 ……………… 31615
리삼월 ……………… 22974
리삼월 ……………… 23372
리삼월 ……………… 11495
리삼월 ……………… 11892
리삼월 ……………… 12111
리삼월 ……………… 12542
리삼월 ……………… 12638
리삼월 ……………… 12892
리삼월 ……………… 13176
리삼월 ……………… 13225
리삼월 ……………… 13243
리삼월 ……………… 13286
리삼월 ……………… 13358
리삼월 ……………… 13885
리삼월 ……………… 13941
리삼월 ……………… 14000
리삼월 ……………… 14031
리삼월 ……………… 14097
리삼월 ……………… 14145
리삼월 ……………… 14513
리삼월 ……………… 14750
리삼월 ……………… 14852
리삼월 ……………… 14860
리삼월 ……………… 14894
리삼월 ……………… 14937
리삼월 ……………… 14958
리삼월 ……………… 15029
리삼월 ……………… 15218
리삼월 ……………… 15236
리삼월 ……………… 15327
리삼월 ……………… 15335
리삼월 ……………… 15355
리삼월 ……………… 15357
리삼월 ……………… 15472
리삼월 ……………… 15665
리삼월 ……………… 15690
리삼월 ……………… 15703
리삼월 ……………… 15731
리삼월 ……………… 15822
리삼월 ……………… 15834
리삼월 ……………… 15841
리삼월 ……………… 16099
리삼월 ……………… 16106
리삼월 ……………… 16127
리삼월 ……………… 16377
리삼월 ……………… 16460
리삼월 ……………… 16496
리삼월 ……………… 16509
리삼월 ……………… 16546
리삼월 ……………… 16667
리삼월 ……………… 16702
리삼월 ……………… 16754
리삼월 ……………… 16780
리삼월 ……………… 16853
리삼월 ……………… 17031
리삼월 ……………… 17130
리삼월 ……………… 17180
리삼월 ……………… 15694
리상 ……………… 21299
리상각 ……………… 27555
리상각 ……………… 28024
리상각 ……………… 19895
리상각 ……………… 20811
리상삭 ……………… 21156
리상각 ……………… 21425
리상각 ……………… 22633
리상각 ……………… 22637
리상각 ……………… 22752
리상각 ……………… 22945
리상각 ……………… 23225
리상각 ……………… 23290
리상각 ……………… 23292
리상각 ……………… 23332
리상각 ……………… 23527
리상각 ……………… 23529
리상각 ……………… 23775
리상각 ……………… 25203
리상각 ……………… 11151
리상각 ……………… 11165
리상각 ……………… 11404
리상각 ……………… 11479
리상각 ……………… 11480
리상각 ……………… 11483
리상각 ……………… 11484
리상각 ……………… 11485
리상각 ……………… 11908
리상각 ……………… 12085
리상각 ……………… 12100
리상각 ……………… 12208
리상각 ……………… 12405
리상각 ……………… 12969
리상각 ……………… 13127
리상각 ……………… 13167
리상각 ……………… 13214
리상각 ……………… 13249
리상각 ……………… 14028
리상각 ……………… 14328
리상각 ……………… 14431
리상각 ……………… 14474
리상각 ……………… 14533
리상각 ……………… 14608
리상각 ……………… 14609
리상각 ……………… 14638
리상각 ……………… 14699
리상각 ……………… 14833
리상각 ……………… 14985
리상각 ……………… 15068
리상각 ……………… 15142
리상각 ……………… 15148
리상각 ……………… 15185
리상각 ……………… 15204
리상각 ……………… 15307
리상각 ……………… 15321
리상각 ……………… 15363

리상각 …… 15366
리상각 …… 15541
리상각 …… 15661
리상각 …… 15859
리상각 …… 15917
리상각 …… 15941
리상각 …… 16037
리상각 …… 16059
리상각 …… 16072
리상각 …… 16113
리상각 …… 16201
리상각 …… 16257
리상각 …… 16277
리상각 …… 16290
리상각 …… 16302
리상각 …… 16303
리상각 …… 16306
리상각 …… 16310
리상각 …… 16312
리상각 …… 16321
리상각 …… 16470
리상각 …… 16488
리상각 …… 16781
리상각 …… 17011
리상각 …… 17117
리상각 …… 17164
리상각 …… 17193
리상각 …… 24130
리상각; 김호근 …… 17363
리상규 …… 3641
리상규 …… 19504
리상근 …… 31879
리상기 …… 20961
리상길 …… 28650
리상길 …… 28654
리상길 …… 8696
리상길 …… 9515
리상길 …… 9541
리상길 …… 9552
리상길 …… 9598
리상달 …… 15188
리상달;장봉조 …… 23967
리상덕 …… 10301
리상덕 …… 18345
리상락 …… 28671
리상락 …… 31883
리상락 …… 28779
리상락 …… 9980
리상백 …… 23075
리상백 …… 24236
리상백 …… 24917
리상백 …… 25311
리상범 …… 29970
리상범 …… 11490
리상범 …… 12802
리상범 …… 12860
리상범 …… 12928
리상봉 …… 21965
리상봉 …… 18515
리상산 …… 2457
리상석 …… 6320
리상석 …… 6469
리상선 …… 28712
리상선 …… 28713
리상선 …… 28714
리상선 …… 28715
리상선 …… 28716
리상선 …… 32392
리상선 …… 7057
리상선 …… 9811
리상선 …… 9829
리상선 …… 32380
리상우 …… 4609
리상을 …… 9815
리상을 …… 9827
리상준 …… 20872
리상지 …… 7798
리상철 …… 25836
리상철 …… 32233
리상철 …… 32246
리상철 …… 32249
리상학 …… 16314
리상학 …… 16540
리상학 …… 16752
리상학 …… 17140
리상호 …… 24743
리상호 …… 14412
리상화 …… 7861
리상희 …… 9669
리서광 …… 24246
리서량;한태악 …… 21308
리서림 …… 1903
리서숭 …… 19996
리서안 …… 27096
리석 …… 26896
리석균 …… 10066
리석균 …… 15117
리석균 …… 15483
리석룡 …… 27435
리석룡;리치덕 …… 27479
리석범;리종철 …… 23994
리석원 …… 1602
리석준 …… 8788
리석준 …… 9612
리석준 …… 10806
리석할 …… 9690
리석현 …… 11728
리선근 …… 27978
리선근 …… 20877
리선근 …… 21437
리선근 …… 21487
리선근 …… 21611
리선근 …… 22006
리선근 …… 22315
리선근 …… 12080
리선근 …… 12775
리선근 …… 17816
리선근 …… 17903
리선근 …… 18435
리선근 …… 18439
리선근 …… 18903
리선근 …… 19330
리선념 …… 1188
리선념 …… 1190
리선산 …… 9627
리선옥 …… 23108
리선일 …… 15741
리선일 …… 24046
리선자 …… 8579
리선한 …… 28431
리선한 …… 11430
리선호 …… 21898
리선호 …… 21953
리선호 …… 23219
리선호 …… 24702
리선호 …… 11318
리선호 …… 14991
리선호 …… 15187
리선호 …… 15650
리선호 …… 15993
리선호 …… 16437
리선호 …… 16764
리선호 …… 17160
리선호 …… 17802
리선희 …… 20161
리선희 …… 20198
리선희 …… 20319
리선희 …… 20926
리선희 …… 9102
리선희 …… 9105
리선희 …… 9287
리선희 …… 17864

리선희 ················ 18911
리선희 ················ 19481
리선희 ················ 19658
리선희 ················ 19834
리설 ···················· 20047
리설봉 ················ 23853
리설봉 ·················· 9480
리설봉 ·················· 9486
리설봉 ················ 14559
리설봉 ················ 14612
리설봉 ················ 14707
리설봉 ················ 14875
리설봉 ················ 15071
리설봉 ················ 15109
리설봉;박학철 ········ 9493
리설송 ················ 10634
리설호 ················ 25865
리설화 ················ 24861
리설희 ················ 22442
리성 ···················· 21234
리성 ···················· 21324
리성 ···················· 21368
리성 ···················· 21432
리성 ···················· 25214
리성 ···················· 31377
리성 ······················ 4630
리성 ······················ 6399
리성 ······················ 7704
리성경 ················ 10864
리성권 ················ 21304
리성권 ················ 21561
리성권 ················ 22044
리성권 ················ 22333
리성권 ················ 17858
리성권;김창봉 ······ 20920
리성귀 ·················· 1562
리성덕 ················ 24253
리성덕 ················ 30881
리성덕 ················ 32484
리성덕 ················ 29366
리성덕 ················ 29367
리성덕 ················ 30898
리성덕 ················ 32490
리성덕;복맹기 ·········· 114
리성동 ················ 24680
리성률 ················ 31992
리성률 ················ 32541
리성률 ················ 30569
리성률 ················ 30668
리성률 ················ 32521
리성률(李圣律) ······ 9131
리성률(李圣律) ······ 9137
리성률;김춘화 ······ 32547
리성림 ················ 15882
리성림 ················ 16107
리성모 ················ 31540
리성모 ················ 31551
리성모;최관석 ······ 31497
리성민 ·················· 1493
리성민;손영 ·········· 2410
리성백 ················ 19276
리성복 ················ 31132
리성비 ················ 24403
리성비 ················ 14971
리성비 ················ 15255
리성비 ················ 15462
리성비 ················ 15768
리성비 ················ 15890
리성비 ················ 15929
리성비 ················ 15948
리성비 ················ 16000
리성비 ················ 16033
리성비 ················ 16243
리성비 ················ 16440
리성비 ················ 16464
리성비 ················ 16468
리성비 ················ 16535
리성비 ················ 16538
리성비 ················ 16608
리성비 ················ 16746
리성비 ················ 16750
리성비 ················ 16835
리성비 ················ 16861
리성비 ················ 16920
리성비 ················ 16941
리성비 ················ 17022
리성비 ················ 17150
리성석 등 ·········· 22400
리성선 ················ 31297
리성섭 ················ 13654
리성수 ·················· 8856
리성수 ················ 15784
리성애 ················ 27898
리성애 ················ 27903
리성애 ················ 27910
리성웅 ················ 12390
리성일 ················ 25447
리성일 ················ 19513
리성진 ················ 27419
리성진 ················ 25573
리성진 ················ 29651
리성진 ················ 14296
리성진 ················ 15712
리성진 ················ 16645
리성진 ················ 16834
리성진 ················ 16905
리성진 ················ 17062
리성철 ················ 20285
리성철 ················ 15223
리성철 ················ 16730
리성철 ················ 19600
리성철 ················ 19848
리성태 ················ 22729
리성태 ················ 24003
리성태 ················ 18009
리성태 ················ 18118
리성태 ················ 18228
리성태 ················ 18285
리성태 ················ 19703
리성태 ················ 24364
리성활 ·················· 8760
리성활 ·················· 9674
리성훈;장일호 ······ 32886
리성희 ················ 13732
리세걸 ················ 22047
리세룡;진복곤 ······ 10911
리세영 ················ 12056
리세진(李世瑨) ····· 32360
리세창 ················ 30479
리소강 ················ 27716
리소강 ·················· 2608
리소림;리초 ·········· 6550
리소백 ················ 25584
리소백 ················ 25339
리소석 ················ 13817
리소염 ················ 20271
리소염 ···················· 482
리소준 ················ 19556
리소혜 ···················· 402
리소화 ················ 29372
리송길 ················ 20728
리송덕 ················ 27452
리송덕 ················ 27500
리송덕 ················ 27537
리송덕 ················ 28014
리송덕 ················ 28062
리송덕 ·················· 3573
李松文 ················ 17549
리송수 ················ 27602
리송수 ················ 21110
리송수 ················ 21646
리송수 ·················· 6954

리송수 ······ 6983
리송옥 ······ 23718
리송웅;김인숙 ······ 31823
리송웅;왕영명 ······ 29148
리송자 ······ 9273
리송자 등 ······ 20916
리송죽 ······ 27178
리송죽;리태관 ······ 24369
리송천 ······ 31587
리송필 ······ 25687
리수 ······ 24494
리수강 ······ 23258
리수걸 ······ 4633
리수과 ······ 4531
리수광 ······ 12588
리수근 ······ 30156
리수길 ······ 20245
리수길 ······ 20907
리수길 ······ 21318
리수길 ······ 21527
리수길 ······ 23193
리수길 ······ 23350
리수길 ······ 23492
리수길 ······ 15405
리수길 ······ 15550
리수길 ······ 16528
리수길 ······ 17425
리수길 ······ 17866
리수길 ······ 17928
리수길 ······ 18757
리수길 ······ 19125
리수길;정몽호 ······ 20875
리수덕 ······ 8723
리수동 ······ 3931
리수락 ······ 22202
리수림 ······ 21857
리수만 ······ 8782
리수문 ······ 21914
리수문 ······ 22353
리수문 등 ······ 5870
리수문;강림진 ······ 32554
리수문;리시수 ······ 5887
리수문;수국금 ······ 3910
리수범 ······ 7079
리수범 ······ 8146
리수봉 ······ 20251
리수봉 ······ 22046
리수봉 ······ 31329
리수봉 ······ 29616
리수봉 ······ 11323
리수붕 ······ 27693
리수붕 ······ 31494
리수붕 ······ 29158
리수붕 ······ 29162
리수붕 ······ 29167
리수붕 ······ 29172
리수붕 ······ 29275
리수붕 ······ 31011
리수삼 ······ 1816
리수삼 등 ······ 3650
리수생 ······ 19471
리수안 ······ 4861
리수영 ······ 30220
리수옥 ······ 9061
리수천 ······ 32382
리수천 ······ 29286
리수철 ······ 18624
리수화;진검 ······ 30445
리수희 ······ 19788
리숙 ······ 23753
리숙분 ······ 10336
리숙연 ······ 27651
리숙자 ······ 9940
리숙자 ······ 9968
리숙청 ······ 7941
리순 ······ 20880
리순 ······ 22667
리순 ······ 22690
리순 ······ 3133
리순;김동섭 ······ 20904
리순;홍범 ······ 20913
리순금 ······ 25293
리순금 ······ 30039
리순녀 ······ 31776
리순덕 ······ 10282
리순덕 ······ 10670
리순선;박정봉 ······ 9967
리순영 ······ 4551
리순옥 ······ 24939
리순옥 ······ 24945
리순옥 ······ 15842
리순옥 ······ 16439
리순옥 ······ 16762
리순원 ······ 6784
리순이 ······ 16578
리순자 ······ 25379
리순자 ······ 8925
리순재 ······ 31175
리순화 ······ 25337
리순희 ······ 9187
리순희 ······ 19211
리승개;소승거 ······ 5386
리승광 ······ 16716
리승권 ······ 18275
리승권 ······ 18610
리승권 ······ 18830
리승규 ······ 2127
리승길 ······ 13736
리승렬;박명식 ······ 3790
리승룡 ······ 4001
리승리;장축상 ······ 22745
리승배 ······ 13557
리승수 ······ 29486
리승숙 ······ 27111
리승주 ······ 9527
리승주 ······ 9545
리승평 ······ 2007
리승학 ······ 16150
리승호 ······ 22742
리승호 ······ 14560
리승호 ······ 14662
리승호 ······ 14688
리승호 ······ 14821
리승호 ······ 14873
리승호 ······ 15044
리승호 ······ 15160
리승호 ······ 15391
리승호 ······ 15503
리승호 ······ 15774
리승호 ······ 15906
리승호 ······ 16154
리승호 ······ 16294
리승호 ······ 16571
리승호 ······ 16888
리승호 ······ 17085
리시명 ······ 17134
리시수 등 ······ 21116
리시수 등 ······ 5867
리시수 등 ······ 5871
리시수;장홍서 ······ 1594
리식군 ······ 31320
리신규 ······ 8990
리신규 ······ 9710
리신덕 ······ 13385
리신덕 ······ 17285
리신자 ······ 27120
리신자 ······ 28492
리신휘 ······ 1753
리아평;오국량 ······ 18303
리안화 ······ 5154
리암 ······ 235
리암 ······ 12443

리암 …………………… 12474
리암 …………………… 25975
리암 …………………… 25988
리암 …………………… 17910
리애무 ………………… 6213
리약년;리옥향 …… 29598
리어금 ………………… 8901
리억철 ………………… 10807
리억철 ………………… 11020
리억철;전병선 …… 10520
리언복 ………………… 157
리언봉 ………………… 4579
리여 …………………… 6513
리여천 ………………… 20074
리여천 ………………… 20097
리여천 ………………… 20323
리여천 ………………… 24772
리여천 ………………… 10853
리여천 ………………… 12431
리여천 ………………… 18552
리여천 ………………… 19014
리여천 ………………… 19217
리여천 ………………… 19232
리여천 ………………… 19240
리여천 ………………… 19386
리여천 ………………… 19509
리여천 ………………… 19584
리여천 ………………… 19704
리여천 ………………… 19785
리여천 ………………… 19817
리역 …………………… 743
리연 …………………… 32347
리연걸 ………………… 1012
리연국 ………………… 21537
리연국 ………………… 21784
리연국;필덕력 …… 21538
리연니 ………………… 25695
리연록 ………………… 20708
리연록 ………………… 21191
리연천 ………………… 14709
리엽령 ………………… 9779
리영 …………………… 25736
리영 …………………… 25812
리영 …………………… 21745
리영 …………………… 22467
리영 …………………… 23166
리영 …………………… 30026
리영 …………………… 6211
리영 …………………… 6272
리영 …………………… 9460
리영 …………………… 10500
리영 …………………… 11002
리영 …………………… 11010
리영 …………………… 11036
리영 …………………… 12185
리영 …………………… 13809
리영 …………………… 28001
리영국 ………………… 30148
리영근 ………………… 32133
리영근 ………………… 15912
리영근 ………………… 17402
리영근 ………………… 17415
리영금 ………………… 9003
리영남 ………………… 26045
리영남 ………………… 16345
리영남 ………………… 16358
리영남 ………………… 16486
리영남 ………………… 16899
리영남 ………………… 17098
리영달;안승일 …… 24398
리영덕 ………………… 6221
리영덕 ………………… 6993
리영덕 ………………… 18096
리영린 ………………… 24212
리영무 ………………… 5572
리영무 ………………… 19182
리영발,제환영(李永發,齊煥榮) ………………… 2281
리영복 ………………… 14280
리영복 ………………… 14291
리영복 ………………… 14327
리영복 ………………… 14490
리영복 ………………… 14514
리영복 ………………… 15441
리영복 ………………… 15866
리영복 ………………… 16322
리영복 ………………… 16474
리영분 ………………… 25389
리영생 ………………… 12057
리영선 ………………… 8128
리영섭 ………………… 17273
리영섭 ………………… 18433
리영수 ………………… 21617
리영수 ………………… 14223
리영숙 ………………… 31829
리영숙 ………………… 8910
리영순 ………………… 10829
리영실 ………………… 30723
리영실 ………………… 30778
리영실 ………………… 30789
리영실 ………………… 30797
리영실 ………………… 30845
리영실;김청호 …… 23965
리영애 ………………… 21940
리영애 ………………… 23654
리영애 ………………… 24267
리영애 ………………… 4466
리영애 ………………… 10709
리영애 ………………… 17685
리영옥 ………………… 20315
리영옥 ………………… 23768
리영옥 ………………… 25456
리영우 ………………… 22936
리영우 ………………… 18602
리영욱 ………………… 27199
리영자 ………………… 18928
리영자;림설령 …… 24389
리영조 ………………… 7000
리영철 ………………… 25870
리영철 ………………… 25883
리영철 ………………… 24693
리영철 ………………… 25037
리영철 ………………… 25224
리영철 ………………… 25393
리영철 ………………… 3871
리영철 ………………… 4305
리영철 ………………… 9465
리영철 ………………… 18031
리영철;허정근 …… 8132
리영탁 ………………… 24758
리영한 ………………… 24469
리영혁 ………………… 19930
리영혁 ………………… 25346
리영화 ………………… 4545
리영화 ………………… 8827
리영화 ………………… 17733
리영화 ………………… 17744
리영훈 ………………… 31192
리영훈 ………………… 30590
리영흥 ………………… 27510
리영희 ………………… 24862
리예 …………………… 28297
리예 …………………… 19524
리예;신일 ………… 19964
리예란 ………………… 8629
리예평 ………………… 28851
리오 …………………… 4533
리오로 ………………… 13929
리오로 ………………… 13988
리오상 ………………… 13747
리옥 …………………… 27760
리옥;함성호 ……… 24826

리옥금;김동국 ……… 9700
리옥녀 ……………… 8184
리옥란 ……………… 13608
리옥매 ……………… 7094
리옥섭 ……………… 24088
리옥자 ……………… 14192
리옥정 ……………… 24547
리옥화 ……………… 20171
리옥화 ……………… 25482
리옥환 ……………… 16202
리완선(李婉先) …… 29842
리왕구 ……………… 17859
리용 ………………… 7880
리용 ………………… 9027
리용;장영식 ……… 21516
리용구 ……………… 9629
리용구;현룡순 …… 20702
리용군 ……………… 25764
리용눌 ……………… 6942
리용눌 ……………… 7759
리용부 ……………… 8284
리용수 ……………… 30114
리용수 ……………… 5405
리용익 ……………… 17272
리용익;남수길 …… 17289
리용주 ……………… 30116
리용준 ……………… 24382
리용천 ……………… 8230
리용천(李涌川) …… 8322
리용천;리문자 ……… 8234
리용호 ……………… 1449
리용희 ……………… 29695
리우 ………………… 28326
리우 ………………… 1072
리욱 ………………… 25946
리욱 ………………… 25951
리욱 ………………… 22454
리욱 ………………… 22469
리욱 ………………… 22800
리욱 ………………… 27460
리욱 ………………… 29456
리욱 ………………… 10440
리욱 ………………… 11365
리욱 ………………… 11473
리욱 ………………… 11482
리욱 ………………… 11826
리욱 ………………… 13043
리욱 ………………… 13050
리욱 ………………… 13063
리욱 ………………… 13093
리욱 ………………… 13116
리욱 ………………… 13121
리욱 ………………… 13146
리욱 ………………… 13160
리욱 ………………… 13179
리욱 ………………… 13220
리욱 ………………… 13236
리욱 ………………… 13242
리욱 ………………… 13258
리욱 ………………… 13280
리욱 ………………… 13292
리욱 ………………… 13328
리욱 ………………… 13340
리욱 ………………… 13351
리욱 ………………… 13627
리욱 ………………… 13763
리욱 ………………… 13820
리욱 ………………… 14017
리욱 ………………… 14524
리욱 ………………… 14575
리욱 ………………… 14704
리욱 ………………… 14779
리욱 ………………… 15074
리욱 ………………… 15319
리욱 ………………… 15452
리욱 ………………… 15487
리욱 ………………… 15543
리욱 ………………… 15547
리욱 ………………… 16732
리욱 ………………… 16784
리욱 ………………… 16804
리욱 ………………… 16852
리욱 ………………… 16912
리욱 ………………… 610
리욱길;양등방 ……… 5050
리욱일 ……………… 24996
리욱일 ……………… 25370
리욱일 ……………… 25443
리욱일 ……………… 14815
리운길 ……………… 5339
리운룡 ……………… 12598
리운룡 ……………… 14667
리운명 ……………… 24766
리운박 ……………… 12687
리운선 ……………… 6412
리운선 ……………… 10862
리운창;정해철 …… 24062
리운철 ……………… 32307
리웅 ………………… 21111
리웅 ………………… 17919
리웅 ………………… 17932
리웅 ………………… 18347
리웅 ………………… 18802
리웅 ………………… 18940
리웅 ………………… 19529
리웅걸 ……………… 29895
리웅걸 ……………… 30172
리웅걸 ……………… 30173
리웅걸 ……………… 30174
리웅걸 ……………… 30178
리웅걸 ……………… 30181
리웅걸 ……………… 30183
리웅걸 ……………… 30186
리웅걸 ……………… 30189
리원 ………………… 25790
리원 ………………… 31827
리원 ………………… 27891
리원 ………………… 12940
리원경 ……………… 26965
리원근 ……………… 24487
리원길 ……………… 19997
리원길 ……………… 23243
리원길 ……………… 24733
리원길 ……………… 12147
리원길 ……………… 12742
리원길 ……………… 25954
리원길 ……………… 17993
리원길 ……………… 18116
리원길 ……………… 18155
리원길 ……………… 18185
리원길 ……………… 18327
리원길 ……………… 18343
리원길 ……………… 18540
리원길 ……………… 18546
리원길 ……………… 18722
리원길 ……………… 19023
리원길 ……………… 19055
리원길 ……………… 19441
리원길 ……………… 19649
리원길;윤정삼 …… 21514
리원배 ……………… 25940
리원백 ……………… 27776
리원백 ……………… 28796
리원수 ……………… 25678
리원수 ……………… 25715
리원일 ……………… 22611
리원일 ……………… 2309
리원일 ……………… 2458
리원종 ……………… 29867
리원화 ……………… 23865
리월순;장봉조 …… 24303
리월주;서극 ……… 21388

리위 ... 20071
리위 ... 750
리위국 ... 28953
리위국 등 ... 21286
리위국 등 ... 21510
리위균;로무운 ... 18471
리위민 ... 633
리유 ... 21609
리유공;왕계초 ... 5717
리유근 ... 23979
리유렴 ... 3205
리유지 ... 4459
리유희 ... 14369
리윤국 ... 24278
리윤규 ... 24191
리윤규 ... 23862
리윤규 ... 24354
리윤규 ... 8415
리윤규 ... 9296
리윤규 ... 10728
리윤규 ... 11051
리윤규 ... 12486
리윤규 ... 12515
리윤동 ... 15136
리윤동 ... 15567
리윤동 ... 19754
리윤범 ... 15759
리윤봉 ... 17576
리윤봉,권녕근 ... 23805
리윤자 ... 8255
리윤천 ... 8653
리윤철 ... 8510
리윤홍 ... 13508
李潤花 ... 13008
李潤花 ... 13015
리은란 ... 9028
리은란 ... 9489
리은실 ... 8395
리은실 ... 8444
리은우 ... 21413
리은우 ... 24025
리은우 ... 27443
리은우 ... 28473
리은우 ... 28484
리은우 ... 24110
리은화 ... 20169
리은화 ... 21631
리은화 ... 22398
리은화 ... 22863
리은화 ... 23052
리은화 ... 23263
리은화 ... 23370
리은화 ... 25481
리은화 ... 4237
리은화 ... 19492
리은화;리호림 ... 22134
리은희 ... 21588
리을순 ... 30139
리응 ... 19420
리응 ... 19437
리응모 ... 13651
리응식 ... 15458
리의여;토조위;우정 6986
리의학;허영희 ... 32354
리익 ... 31434
리익 ... 31451
리익진 ... 4813
리인량 ... 5965
리인량 ... 6026
리인범 ... 15401
리인숙 ... 7168
리인숙 ... 7436
리인숙 ... 8161
리인숙 ... 8262
리인숙 ... 8342
리인옥 ... 29940
리인옥 ... 16015
리인옥 ... 16619
리인옥 ... 16776
리인옥 ... 16792
리인옥 ... 16817
리인용 ... 32256
리인풍 ... 23377
리인학 ... 2471
리인혜 ... 32180
리인호 ... 28372
리인호 ... 6722
리인희 ... 26937
리일 ... 25889
리일 ... 24455
리일 ... 536
리일 ... 831
리일 ... 4375
리일 정리 ... 28511
리일;리상만 ... 4897
리일군 ... 25439
리일룡 ... 9094
리일룡 ... 9119
리일상 ... 316
리일석 ... 25391
리일송 ... 12887
리일수 ... 7555
리일우 ... 21460
리일우 ... 23765
리일우 ... 23608
리일우 ... 331
리일우 ... 19103
리일우 ... 338
리일우 ... 640
리일자 ... 8707
리일평 ... 608
리일호 ... 10219
리임원 ... 21372
리임원 ... 24720
리임원 ... 25353
리임원 ... 14399
리임원 ... 14557
리임원 ... 14643
리임원 ... 14678
리임원 ... 15468
리임원 ... 15680
리임원 ... 15704
리임원 ... 15879
리임원 ... 16007
리임원 ... 16159
리임원 ... 16380
리임원 ... 16394
리임원 ... 16411
리임원 ... 16421
리임원 ... 16519
리임원 ... 16549
리임원 ... 16555
리임원 ... 16597
리임원 ... 16697
리임원 ... 16782
리임원 ... 16829
리임원 ... 16837
리임원 ... 16846
리임원 ... 16940
리임원 ... 17015
리임원 ... 17154
리임원 등 ... 14428
리임원 ... 16495
리자룡 ... 22531
리자룡 ... 22543
리자룡 ... 17649
리자부;엽지강(李子夫;叶志強) ... 31953
리자웅 ... 9533
리장구;하시운 ... 30453
리장석 ... 1555
리장손 ... 12356

리장손 ················ 17299
리장손 ················ 17303
리장손 ················ 17316
리장손 ················ 17433
리장손 ················ 17434
리장손 ················ 17442
리장송 ················ 14467
리장수 ················ 11533
리장수 ················ 11906
리장수 ················ 12434
리장수 ················ 12479
리장수 ················ 12608
리장수 ················ 12681
리장수 ················ 12776
리장수 ················ 14888
리장수 ················ 15214
리장수 ················ 15603
리장수 ················ 15870
리장수 ················ 16077
리장수 ················ 16287
리장수 ················ 17440
리장수 ················ 17455
리장수 ················ 17500
리장원;김재권 ······ 29985
리장춘 ················ 23968
리장춘 ················ 11560
리재본 ················ 3707
리재본 등 ············ 3774
리재순 ················ 13534
리재식 ················ 29102
리재식 ················ 30647
리재옥 ················ 13697
리재원 ················ 13676
리재익 ················ 21139
리재익 ················ 22668
리재익 ················ 29371
리재익 ················ 29849
리재익 ················ 30115
리재익 ················ 14336
리재익 ················ 14422
리재춘 ················ 16381
리재학 ················ 9434
리재학 ················ 14041
리재학 ················ 14052
리전민;장천방 ········ 5478
리전응(李傳應) ····· 29689
리전창 ················ 25315
리점선 ················ 7602
리점환 ················ 19429
리정 ···················· 19958
리정 ···················· 20064
리정걸;오석규 ········ 5790
리정경(李正慶) ····· 32112
리정길 ················ 31181
리정도(李情濤) ······ 8311
리정래 ················ 15396
리정룡 ················ 21855
리정룡 ················ 29928
리정룡 ················ 8350
리정룡 ················ 8931
리정룡 ················ 8932
리정룡 ················ 9203
리정림 ················ 24866
리정문 ················ 27436
리정문 ················ 960
리정문 ················ 1144
리정문 ················ 1529
리정문 ················ 1770
리정문 ················ 2822
리정문 ················ 2847
리정문 ················ 2957
리정문 ················ 3331
리정문 ················ 3866
리정문 ················ 4026
리정문 ················ 4030
리정문 ················ 6997
리정문 ················ 7829
리정문 ················ 7920
리정문 ················ 7962
리정문 ················ 9171
리정문 ················ 11119
리정문 ················ 11419
리정문 ················ 11881
리정문 ················ 12067
리정문 ················ 12332
리정문 ················ 12415
리정문 ················ 12987
리정문;원시희 ···· 27517
리정부 ················ 9461
리정산 ················ 6600
리정섭 ················ 8985
리정섭 ················ 10008
리정수 ················ 23699
리정숙 ················ 8358
리정숙 ················ 13645
리정숙 ················ 26011
리정애 ················ 19546
리정애;최금선 ······ 29828
리정엽;박경희 ······ 10423
리정옥 ················ 16198
리정왕 ················ 2084
리정인 ················ 7523
리정일 ················ 21999
리정자 ················ 8149
리정자 ················ 15012
리정자;리미화(李貞子；李美花) ············ 8321
리정해(李廷海) ····· 29360
리정현 ················ 29397
리정현 ················ 8048
리정현 ················ 10311
리정현 ················ 10312
리정현 ················ 10322
리정현 ················ 10348
리정현 ················ 10360
리정현 ················ 10434
리정호 ················ 8776
리정호 ················ 8784
리정효 ················ 21924
리정희 ················ 10104
리정희;최응엽 ······· 8584
리조린 ················ 13814
리조위 ················ 14810
리존보 ················ 18355
리존보;최일 ········ 18402
리종걸 ················ 26902
리종군 ················ 6728
리종권 ················ 11550
리종규 ················ 7643
리종근 ················ 13724
리종남 ················ 14519
리종남 ················ 19153
리종락 ················ 31487
리종락 ················ 31605
리종락 ················ 31629
리종락 ················ 9443
리종락;전운학 ····· 31535
리종률 ················ 24605
리종률 ················ 8746
리종만 ················ 31183
리종범 ················ 29887
리종복 ················ 14364
리종복 ················ 14710
리종복 ················ 18794
리종복 등 ··········· 14436
리종석 ················ 23055
리종석 ················ 23906
리종석 ················ 23920
리종석 ················ 24068
리종석 ················ 24135
리종석 ················ 24223
리종석 ················ 24279

리종석 23934
리종석 1841
리종석 1969
리종석 2120
리종석 2124
리종석 2128
리종석 2158
리종석 2169
리종석 3526
리종석 13546
리종석 23989
리종석 24248
리종석 24318
리종석 1967
리종선 20846
리종설 30913
리종섭 27282
리종섭 12075
리종성;차수조 8228
리종수 24227
리종수 27566
리종수 2433
리종수 2437
리종수 19027
리종순 20564
리종암 13045
리종암 13209
리종언 30935
리종영 30011
리종옥 2002
리종옥 10314
리종옥;조성웅 6991
리종옥;조성웅 7595
리종우 4690
리종원 21875
리종이 7402
리종철 31904
리종철 29405
리종철 30323
리종철 30358
리종철 30460
리종철 21846
리종포 23120
리종현 31270
리종현 31271
리종현 31276
리종현 31288
리종현 31294
리종현 31431
리종현 31477
리종현 31774
리종현 31789
리종형 12506
리종형 12572
리종형 13228
리종형 13353
리종형 14995
리종환 27195
리종활 31399
리종활 31848
리종활 31902
리종활 28945
리종활 28956
리종활 29423
리종휠 30428
리종훈 20959
리종훈 4425
리종훈 17410
리종훈 17439
리종훈 17463
리종훈 17467
리종훈 17519
리종훈 17880
리종훈 17949
리종훈 17953
리종훈 18570
리주근 25386
리주민 31078
리주복 30507
리주복 30509
리주복 30510
리주산 7521
리주산 7584
리주산 8498
리주산 9391
리주산 9395
리주산 9427
리주산 9430
리주삼 5137
리주삼 9737
리주석 29032
리주선 30076
리주선 30082
리주을 14199
리주천 20102
리주천 20411
리주천 20472
리주천 22911
리주표 24727
리주표 16242
리주호 8431
리주호 9301
리주호 10247
리주호 10507
리주환 30702
리주환 31108
리주환 31146
리주흠 25665
리죽순;윤태호 8004
리준 20810
리준 20817
리준 20821
리준 20986
리준 22635
리준 22995
리준 31277
리준 31304
리준 26884
리준 27272
리준 3508
리준 6471
리준 6591
리준 11384
리준 12407
리준 17563
리준 17754
리준 17781
리준 18085
리준;김호 20975
리준;리척작; 문암역 20363
리준;추강 6479
리준기 9242
리준기 9251
리준도 등 6193
리준일 2079
리준태 29687
리중래 2354
리중래 2446
리중래 2541
리중시 등 21022
리중서 등 21032
리중우 22260
리중화 12800
리증생 448
리증숙 28135
리증숙 6701
리증오 5316
리증호(李承搞) 8213
리지검;양달 5526
리지군 25710
리지록 25617

리지명 ……………… 32326
리지명(李芝明) 등 32041
리지발 ……………… 20931
리지봉; 량사중 …. 20547
리지심 ……………… 23755
리지유 ……………… 24795
리지정 ……………… 2490
리지초 ……………… 31298
리지춘 ……………… 2775
리진 ………………… 25229
리진관 ……………… 30267
리진국 ……………… 21702
리진국 ……………… 21775
리진국 ……………… 22232
리진근 ……………… 9462
리진생 ……………… 24962
리진성 ……………… 25773
리진세 ……………… 13212
리진숙 ……………… 21108
리진숙 ……………… 9233
리진숙;김향숙 ……. 8998
리진우 ……………… 25638
리진욱 ……………… 28244
리진위 ……………… 25926
리진위 ……………… 21992
리진재 ……………… 24262
리진천 ……………… 6515
리진현 ……………… 31360
리진희 ……………… 17287
리진희,정국초 …… 17254
리집 ………………… 28510
리찬 ………………… 25238
리찬산 ……………… 10850
리찬수 ……………… 31553
리참화 ……………… 4498
리창 역 …………… 28263
리창구 ……………… 15867
리창국 ……………… 24123
리창국 ……………… 24222
리창권 ……………… 31093
리창권 ……………… 30678
리창권 ……………… 30681
리창극 ……………… 9868
리창극 ……………… 9874
리창달 ……………… 20296
리창락 ……………… 2394
리창렬 ……………… 4679
리창로 ……………… 24182
리창룡 ……………… 9158
리창룡 ……………… 9162
리창룡 ……………… 10700
리창백 ……………… 19319
리창석 ……………… 32497
리창선 ……………… 14461
리창섭 ……………… 8805
리창성 ……………… 17734
리창순 ……………… 32063
리창식 ……………… 10361
리창식 ……………… 10407
리창역 ……………… 20741
리창역 ……………… 22533
리창역 ……………… 4072
리창역 ……………… 17661
리창열 ……………… 20282
리창엽 ……………… 27464
리창엽 ……………… 4822
리창영 ……………… 14597
리창영 ……………… 14726
리창영 ……………… 14738
리창영 ……………… 15005
리창영 ……………… 15198
리창영 ……………… 15259
리창영 ……………… 15283
리창영 ……………… 15411
리창영 ……………… 15470
리창영 ……………… 15510
리창영 ……………… 15618
리창영 ……………… 16039
리창영 ……………… 16082
리창영 ……………… 16116
리창영 ……………… 16266
리창욱 ……………… 13421
리창인 ……………… 23928
리창인 ……………… 24073
리창인 ……………… 27418
리창인 ……………… 14600
리창인 ……………… 16703
리창인 ……………… 23941
리창인 ……………… 24249
리창인 ……………… 24425
리창하;소민 ……… 17443
리창혁 ……………… 25872
리창호;김근상 …… 4434
리창화;리영우 …. 24407
리채웅 ……………… 17445
리채웅 ……………… 17509
리책 ………………… 25107
리천 ………………… 20394
리천 ………………… 24067
리천계 ……………… 18528
리천록;최룡관 …… 24473
리천록;최룡관 …… 24482
리천록;최룡관 …… 24499
리천록;최룡관 …… 24506
리천록;최룡관 …… 24517
리천록;최룡관 …. 24443
리천록;최룡관 …. 24447
리천민 ……………… 9364
리천석 ……………… 25139
리천순 ……………… 32308
리천의 ……………… 925
리철 ………………… 30962
리철길 ……………… 216
리철길 ……………… 3165
리철록 등 ………… 11935
리철룡 ……………… 19923
리철룡 ……………… 20075
리철룡 ……………… 20076
리철룡 ……………… 23286
리철룡 ……………… 17542
리철룡 ……………… 18159
리철룡 ……………… 18257
리철룡 ……………… 18321
리철룡 ……………… 18472
리철룡 ……………… 18495
리철룡 ……………… 18579
리철룡 ……………… 18704
리철룡 ……………… 18890
리철룡 ……………… 18944
리철룡 ……………… 19088
리철룡 ……………… 19233
리철룡 ……………… 19332
리철룡 ……………… 19407
리철룡 ……………… 19844
리철문 ……………… 17449
리철수 ……………… 30936
리철수 ……………… 31056
리철수 ……………… 30340
리철수 ……………… 8292
리철수 ……………… 8915
리철준;김병수 …. 27950
리철환 ……………… 1556
리첩 ………………… 23559
리청 ………………… 32551
리청보 ……………… 28249
리청송 ……………… 18977
리청수 ……………… 31942
리청수 ……………… 32158
리청천 ……………… 12466
리청파 등 ………… 5644
리체량 ……………… 32667
리체생 ……………… 18083

리초 30613
리초원 4564
리추자 21001
리추자 8141
리추자 8414
리축록 10058
리춘 1968
리춘 6573
리춘 16167
리춘광 14692
리춘광(李春光) 30516
리춘광(李春光) 30517
리춘남 32804
리춘남 9796
리춘련 10191
리춘렬;김어금 10621
리춘록 6865
리춘록 6883
리춘록 7585
리춘매 23079
리춘복;장국충 5317
리춘산 3731
리춘삼 9057
리춘삼 9097
리춘삼 9109
리춘삼 9110
리춘석 27073
리춘성 9429
리춘수 30682
리춘식 30153
리춘양 29881
리춘염 21562
리춘영 4605
리춘옥 29836
리춘옥 5185
리춘옥 6058
리춘옥 15403
리춘옥 16118
리춘윤 11563
리춘익 28059
리춘일 22447
리춘자 31335
리춘자 9314
리춘자 9357
리춘혁 21361
리춘혁 6970
리춘혁 7461
리춘혁 7517
리춘혁 7560
리춘혁 9077
리춘홍 32065
리춘홍 32066
리춘홍 32072
리춘홍 32149
리춘홍 32154
리춘홍 32438
리춘홍 30386
리춘홍;조운옥 31401
리춘홍;조운옥 32454
리춘홍;조운옥 30557
리춘화 25800
리춘화 18991
리춘휘 4323
리춘희 9651
리춘희 9691
리충성 31555
리충신 3785
리충원;왕문빈 17387
리치 4478
리치권 30522
리치상;서경덕 6069
리탁 3346
李卓然 12972
리태관 9524
리태관 9532
리태관 9989
리태관;송승호 9518
리태근 14355
리태근 14411
리태근 18504
리태근 18603
리태근 18648
리태근 18980
리태률 13464
리태률 13490
리태문 22064
리태복 19931
리태복 20112
리태복 20209
리태복 20398
리태복 14911
리태복 19735
리태복 19824
리태복 241
리태수 20322
리태수 20570
리태수 20610
리태수 17412
리태수 17852
리태수 17862
리태수 17881
리태수 17907
리태수 17923
리태수 17930
리태수 18041
리태수 18071
리태수 18403
리태수 18616
리태수 18723
리태수 19166
리태수 19468
리태수 19608
리태수 19667
리태수 19821
리태수 9435
리태수 13727
리태수 17499
리태옥 21380
리태운 28365
리태운 13475
리태원 31521
리태원 17689
리태원 17696
리태원 17717
리태원 13536
리태원 13777
리태일 15620
리태일 776
리태일 10133
리태준 27306
리태준 2022
리태춘 31894
리태춘 32267
리태춘 32284
리태춘 26900
리태춘 27308
리태춘 27324
리태춘;김수산 32242
리태학 25680
리태학 25828
리태학 25299
리태학 25303
리태학 15508
리태호 20170
리태호 22673
리태호 24853
리태호 15617
리태호 19705
리태훈 10442
리택선 30986
리택선 32761
리택선 32762

리택선 …………… 32764
리택선 …………… 30539
리택수 …………… 14427
리택수 …………… 15099
리택수 …………… 15164
리택수 …………… 17376
리택수 …………… 13979
리택학 …………… 16248
리택홍;리광 ……… 24357
리택홍;리창인 …… 15167
리파 ……………… 23339
리파 ……………… 23472
리파 ……………… 12612
리평 ……………… 4649
리하 ……………… 32512
리하 ……………… 32587
리하 ……………… 3321
리하상 …………… 13432
리하상 …………… 13434
리하상 …………… 13480
리하상 …………… 13481
리하상 …………… 13489
리하상 …………… 13497
리하상 …………… 13507
리하상 …………… 13513
리하석 …………… 17156
리하원 …………… 13472
리하원 …………… 13519
리하진 …………… 9228
리하청 …………… 22369
리학 ……………… 21968
리학근 …………… 1691
리학근 …………… 2212
리학봉 …………… 791
리학선 …………… 31024
리학선 …………… 31239
리학성 …………… 2262
리학송 …………… 32446
리학신 …………… 18717
리학연 …………… 926
리학윤 …………… 3153
리학윤 …………… 13457
리학윤 …………… 13463
리학윤 …………… 13491
리학윤 …………… 13514
리학재 …………… 9390
리학재 …………… 9394
리학재 …………… 9403
리학재 …………… 9415
리학재 …………… 9436
리학재 …………… 10644
리학재 …………… 11046
리학정 …………… 25380
리학중 …………… 25322
리학천 …………… 121
리학천 …………… 162
리학철 …………… 9351
리한덕 …………… 1301
리한성 …………… 7129
리한철 …………… 18649
리한청 …………… 6482
리항복 …………… 28647
리해 ……………… 542
리해구 …………… 28327
리해룡 …………… 16296
리해룡 …………… 16382
리해룡 …………… 16972
리해발 …………… 3192
리해산 …………… 26004
리해산 …………… 14074
리해산 …………… 12747
리해선 …………… 20280
리해수 …………… 23004
리해식 …………… 22015
리해식 …………… 30693
리해식 …………… 30848
리해식 …………… 30939
리해식 …………… 30950
리해식 …………… 31872
리해양 …………… 23525
리해영 …………… 32172
리해옥 …………… 25772
리해화 …………… 3807
리행복 …………… 20653
리행복 …………… 20664
리행복 …………… 20774
리행복 …………… 22468
리행복 …………… 22499
리행복 …………… 22643
리행복 …………… 24564
리행복 …………… 24640
리행복 …………… 24646
리행복 …………… 24668
리행복 …………… 24669
리행복 …………… 24700
리행복 …………… 14033
리행복 …………… 14053
리행복 …………… 14133
리행복 …………… 14168
리행복 …………… 14169
리행복 …………… 14630
리행복 …………… 14659
리행복 …………… 14761
리행복 …………… 15206
리행복 …………… 15607
리행복 …………… 16024
리행복 …………… 11359
리행복 …………… 11808
리행복 …………… 11817
리행복 …………… 11963
리행복 …………… 11982
리행복 …………… 13020
리행복 …………… 13138
리행복 …………… 13172
리행복 …………… 13194
리행복 …………… 13248
리행복 …………… 13274
리행복 …………… 13326
리행복 …………… 13707
리행복 …………… 13729
리행복 …………… 13937
리향 ……………… 31425
리향 ……………… 13637
리향 ……………… 13639
리향 ……………… 13705
리향;장도흥 ……… 28827
리향동 …………… 32686
리향옥 …………… 25588
리향화 …………… 8823
리향휘 …………… 29134
리헌 ……………… 10731
리헌영 …………… 21343
리혁 ……………… 4578
리혁 ……………… 13387
리현당 등 ……… 21130
리현당 등 ……… 3845
리현수 …………… 6831
리현수 …………… 6847
리현수 …………… 7612
리현수 …………… 8036
리현숙 …………… 22539
리현숙 …………… 23098
리현숙 …………… 23184
리현숙 …………… 23247
리현숙 …………… 23274
리현숙 …………… 19234
리현우 …………… 13859
리현장 …………… 28747
리현장 …………… 30635
리형숙 …………… 27817
리형연 …………… 30752
리형연 …………… 29715

리혜 ··· 19368
리혜 ··· 3729
리혜;박송학 ··· 28562
리혜남 ··· 22758
리혜남 ··· 18202
리혜남 ··· 18278
리혜남 ··· 18381
리혜남 ··· 18387
리혜남 ··· 18451
리혜남 ··· 18462
리혜남 ··· 18967
리혜남 ··· 19061
리혜남 ··· 19069
리혜민 ··· 4993
리혜선 ··· 19896
리혜선 ··· 20532
리혜선 ··· 23597
리혜선 ··· 23737
리혜선 ··· 18666
리혜선 ··· 18701
리혜선 ··· 18855
리혜선 ··· 19222
리혜선 ··· 19508
리혜선 ··· 19806
리혜선 ··· 19849
리혜선 ··· 11317
리혜선 ··· 11329
리혜성 ··· 6964
리혜성 ··· 7158
리혜성 ··· 7267
리혜성 ··· 7311
리혜성 ··· 7610
리혜성 ··· 7953
리혜숙 ··· 25025
리혜영 ··· 21602
리혜영 ··· 25394
리혜자 ··· 16344
리호 ··· 25879
리호 ··· 290
리호 ··· 2039
리호림 ··· 22433
리호림 ··· 15199
리호림 ··· 15296
리호림 ··· 15621
리호림 ··· 15697
리호섭 ··· 31475
리호순 ··· 24524
리호원 ··· 30309
리호원 ··· 12206
리호원 ··· 13190
리호철 ··· 31138
리호철 ··· 31151
리호철 ··· 31169
리호철 ··· 29100
리호철 ··· 9726
리홍 ··· 4465
리홍규 ··· 22457
리홍규 ··· 22557
리홍규 ··· 23149
리홍규 ··· 23315
리홍규 ··· 16041
리홍규 ··· 16168
리홍규 ··· 16434
리홍규 ··· 17259
리홍규 ··· 17260
리홍규 ··· 17738
리홍규 ··· 18004
리홍규 ··· 18139
리홍규 ··· 18196
리홍규 ··· 18230
리홍규 ··· 18234
리홍규 ··· 18247
리홍규 ··· 18695
리홍규 ··· 18850
리홍규 ··· 19053
리홍규 ··· 19064
리홍규 ··· 19696
리홍규 ··· 10632
리홍규 ··· 11086
리홍규 ··· 11341
리홍규 ··· 11765
리홍규 ··· 11768
리홍규 ··· 11769
리홍규 ··· 11802
리홍규 ··· 11920
리홍규 ··· 11926
리홍규 ··· 11929
리홍규 ··· 11931
리홍규 ··· 12266
리홍규 ··· 12333
리홍규 ··· 12761
리홍규 ··· 12957
리홍규 ··· 13799
리홍규 등 ··· 17288
리홍규 등 ··· 17292
李弘奎 ··· 12177
리홍동 ··· 12471
리홍래 ··· 26917
리홍매 ··· 25586
리홍빈 등 ··· 5456
리홍순 ··· 25430
리홍식 ··· 30849
리홍식 ··· 30851
리화 ··· 22003
리화 ··· 24895
리화 ··· 27244
리화금 ··· 18720
리화림 ··· 28108
리화만 ··· 14499
리화만 ··· 4215
리화선 ··· 24069
리화선 ··· 14890
리화성 ··· 18790
리화숙 ··· 20199
리화숙 ··· 20461
리화숙 ··· 21349
리화숙 ··· 21426
리화숙 ··· 23048
리화숙 ··· 23058
리화숙 ··· 23345
리화숙 ··· 23374
리화숙 ··· 23466
리화숙 ··· 24725
리화숙 ··· 24792
리화숙 ··· 24801
리화숙 ··· 24886
리화숙 ··· 31003
리화숙 ··· 18735
리화숙 ··· 18885
리화숙 ··· 18888
리화숙 ··· 19092
리화숙 ··· 19123
리화순 ··· 7272
리화화;왕월화 ··· 23574
리환 ··· 29269
리환;고건 ··· 29380
리황룡 ··· 13688
리황훈 ··· 26927
리황훈 ··· 26928
리황훈 ··· 26936
리황훈 ··· 26944
리황훈 ··· 27060
리황훈 ··· 27094
리황훈 ··· 13410
리황훈 ··· 13852
리황훈 ··· 13873
리회성 ··· 12225
리효동 ··· 4126
리효명 ··· 25782
리효민 ··· 249
리효화 ··· 22755
리후봉 ··· 13388

리훈 21813
리휘 22130
리휘 23786
리휘 3147
리휘 14500
리휘 15209
리휘 2922
리휘 3150
리휘 4683
리휘 11214
리휘 12028
리휘 12050
리휘 등 15426
리휘부 10818
리휘영 21707
리휘영 19668
리흔 3078
리흥국 20984
리흥국 21086
리흥국 22140
리흥국 14265
리흥국 14319
리흥국 14357
리흥국 17905
리흥길 7033
리흥길 7933
리흥해 등 5324
리희건 25713
리희곡 20065
리희범 12301
리희승 23599
리희암 18267
리희옥 20051
리희일 2255
리희일 2269
리희일 2276
리희일 3105
리희일 3664
리희일 6301
리희일 6639
리희일 10438
리희일 11830
리희일 12117
리희정 29978
리희정 29983
리희춘;박을겸 5801
리희태 28559
린덕당 2665
린자영 1752
림강 24586
림강 6601
림강 6603
림건신 3068
림경환 7497
림고 10115
림관동 등 14331
림국영 25007
림국웅 22937
림국휘 20034
림군 21671
림근숙 10489
림근숙;박종호 10649
림금개 921
림금산 25104
림금산 25413
림금산 15007
림금산 15122
림금산 15211
림금산 15238
림금산 15368
림금산 15400
림금산 15969
림금산 16081
림금산 16153
림금산 16372
림금산 16433
림금산 16775
림금산 16791
림금산 17088
림금산 12663
림금순 7354
림금택 4757
림길 1927
림길송 29857
림남근 10392
림녕생 300
림대인 491
림동혁 9826
림동혁 9834
림동혁 9873
림려홍 25441
림련숙 8471
림룡준 31067
림만철 14946
림망 22020
림명 1381
림명자 16748
림명희 3159
림목 7417
림목;김위창 25643
림무웅 26876
림무웅 26882
림무웅 26889
림무웅 8879
림무웅 12725
림묵함 11079
림묵함 11088
림묵함 11385
림묵함 11770
림묵함 11822
림문호 15942
림배영 21138
림배영 21155
림배영 22821
림배영 3819
림배영 4105
림배영 등 21052
림배영 등 3843
림배영;송명원 18084
림백춘 651
림병;목지민 3618
림병곤 19067
림병국 9942
림병천 1750
림병천 1987
림보류(林葆瀏) 32206
림봉 27951
림봉기 3168
림봉산 6893
림봉산 7155
림봉산 7255
림봉산 9840
림삼 12038
림상 4804
림상욱 28810
림상욱 9448
림선덕;조혁한 25412
림선옥 27171
림선옥 27194
림설령 21577
림설령 24173
림설령 787
림설령 828
림설령 6351
림설풍 509
림성 28044
림성 11239
림성 12078
림성 12113
림성 12642
림성 12809
림성 12820

림성 12924
림성극 30755
림성극 32409
림성률 2155
림성숙;박기준 24362
림성통 32538
림성호 27099
림소란 20464
림소선 등 21495
림송준 7382
림송철 27093
림수산 470
림수산 21359
림수산 21980
림순 18916
림순 19476
림순 19681
림승준 20763
림승철 18492
림승철 9581
림승환 27470
림승환 14511
림승환;리승렬 24124
림승환;한광일 24310
림아금 28325
림애근(林愛勤) 32362
림입 2529
림연 22281
림연 26872
림연 27709
림연 14288
림연 14299
림연 14358
림연 14390
림연 14426
림연 14440
림연 14453
림연 14455
림연 11418
림연 12122
림연 12403
림연 12420
림연 12633
림염지 931
림영 4219
림영 4404
림영권 31380
림영권 31387
림영금 12844
림영민 25250
림영수 32238
림영수 28885
림영수 7261
림영수;렴춘선 10019
림영철 31621
림영파 24855
림영파 15851
림영파 16354
림영파 16880
림옥 8260
림옥림 21836
림옥수 28063
림완수 23287
림욱 22623
림운 19708
림웅기 21574
림원 22289
림원철 23581
림원춘 19932
림원춘 19998
림원춘 20284
림원춘 20403
림원춘 20509
림원춘 21719
림원춘 22579
림원춘 22683
림원춘 22963
림원춘 23227
림원춘 23241
림원춘 23541
림원춘 23774
림원춘 17876
림원춘 17939
림원춘 17972
림원춘 18051
림원춘 18349
림원춘 18405
림원춘 18413
림원춘 18592
림원춘 18599
림원춘 18631
림원춘 18663
림원춘 18795
림원춘 18829
림원춘 18845
림원춘 18937
림원춘 18950
림원춘 19065
림원춘 19203
림원춘 19326
림원춘 19370
림원춘 19406
림원춘 19432
림원춘 19630
림원춘 19741
림원춘 19860
림원춘 11297
림원춘 11455
림원춘 12081
림원춘 12255
림원춘 12267
림원춘 12406
림원춘 12732
림원춘 12853
림원춘 등 21518
림원춘;박창묵 17808
림원휘 14493
림위국;증소평 22228
림위부 32293
림음 2625
림음전 20706
림음전 25081
림음전 27660
림의승 등 31398
림일송 25371
림자룡 32109
림정숙 13423
림정웅 1647
림정웅;종윤 20783
림종대 9370
림종빈 3109
림종호 13114
림준철 29860
림지황 29119
림지휘;장춘우 4087
림진 3237
림진호 28696
림진화 21178
림찬준 32128
림찬준 32286
림찬준 32291
림창덕 32118
림창덕 32754
림창덕 32763
림창철 23974
림창철 24109
림창철 27237
림창철 17267
림창철 17269
림창철 17286
림창철 17301
림창철 17308

림창철 ················ 17318
림창철 ················ 17331
림창철 ················ 17333
림창철 ················ 17419
림창철 ················ 17423
림창철 ················ 17435
림창철 ················ 17444
림창철 ················ 17452
림창철 ················ 17459
림창철 ················ 17464
림창철 ·············· 24120
림창호 ················ 30396
림창호 ················ 4857
림천 ················ 13405
림천 ················ 13962
림철 ················ 25676
림철심 ················ 30003
림철심 ················ 30005
림철심 ················ 30006
림철심 ················ 30083
림청 ················ 31364
림청 ················ 31365
림초연 ················ 13437
림초연 ················ 13504
림초평 ················ 12526
림춘래 ················ 365
림춘성 ················ 13458
림춘성 ················ 13503
림충고 ················ 471
림충석 ················ 8162
림충석 ················ 8167
림충석 ················ 8194
림충석 ················ 8245
림충석;리춘화 ········ 8571
림택빈 ················ 10195
림택준 ················ 13395
림파 ················ 24006
림파 ················ 24128
림파 ················ 27387
림파 ················ 17335
림패분 ················ 19962
림평택(林平澤) ······ 7345
림평택(林平澤) ····· 10280
림포전 ················ 28891
림학 ················ 28428
림학선 ················ 13656
림학송 ················ 3537
림학의 ················ 6406
림해 ················ 7328
림해 ················ 895
림해(林海) ············ 7259
림해(林海) ············ 9138
림향매 ················ 20148
림향매 ················ 25466
림혁우 ················ 30227
림현 ················ 2614
림현갑 ················ 13095
림협 등 ················ 21294
림혜숙 ················ 8076
림호 ················ 24374
림호 ················ 636
림호 ················ 13357
림호웅 ················ 9188
림홍; 국정 ··········· 5216
림홍; 국정 ··········· 5218
림홍; 국정 ··········· 5220
림홍; 국정 ··········· 5221
림홍; 국정 ··········· 5224
림홍; 국정 ··········· 5228
림홍; 국정 ··········· 5232
림홍; 국정 ··········· 5239
림홍;국정 ············ 27422
림화 ················ 22569
림화 ················ 32835
림화 ················ 14561
림화국(林華國) ····· 30168
림화평 ················ 20510
림화평;리학 ········ 20418
림환 ················ 24420
림환 ················ 28312
림환 ················ 27625
림회은;도두민 ······ 19440
림후 ················ 29330
림휘 ················ 451
림휘 ················ 11783
림휘 ················ 11799
림휘 ················ 12020
림휘 ················ 12205
림휘 ················ 12287
림휘;림원춘 ········ 17293
림희광 ················ 27298
립강 등 ················ 3891
립강;염춘발 ·········· 4548
립명 ················ 29143
립문;진파 ············ 5031
립진 ················ 27979
립진 ················ 28170
립파 등 ················ 32683

ㅁ

마건영 ················ 27925
마경봉 ················ 239
마계성;로하진 ········ 419
마국창 ················ 5082
마극정 등 ············ 6083
마금생 ················ 9962
마기 ················ 2073
마라신브 ············ 17606
마라신브 ············ 20668
마라친부 ············ 11132
마라친부 ············ 12049
마라친부 ············ 12088
마라친부 ············ 18223
마라친부 ············ 19179
마라친부 ············ 19289
마라친부 ············ 21181
마려 ················ 21185
마리 ················ 1997
마리 ················ 14602
마리;교충산 ·········· 5692
마리;김재관 ·········· 5701
마림 ················ 20641
마명자 ················ 32710
마명태 ················ 3214
마문 ················ 4919
마문 ················ 4921
마문숙 ················ 7450
마민 ················ 25919
마보강 ················ 22296
마보여 ················ 4413
마봉 ················ 11344
마봉 ················ 17730
마봉 ················ 17786
마봉;김린 ·········· 17770
마상욱 ················ 13846
마상욱 ················ 17575
마상욱 ················ 17616
마상욱 ················ 17645
마상욱 ················ 17711
마상욱 ················ 17751
마상욱 ················ 17830
마상욱 ················ 22504
마상욱 ················ 22523
마상욱 ················ 22534
馬相郁 ················ 13001
마서정 ················ 6502
마석기 ················ 1832
마성;정위 ················ 591
마성원 ················ 28818
마세영 ················ 31682
마세준 ················ 29026
마송학 ················ 7486

마송학 ······ 8396
마송학 ······ 8470
마송학 ······ 9331
마송학 ······ 13083
마송학 ······ 14585
마송학 ······ 14591
마송학 ······ 15260
마송학 ······ 15277
마송학 ······ 15360
마송학 ······ 15705
마송학 ······ 15871
마송학 ······ 16121
마송학 ······ 16126
마송학 ······ 16170
마송학 ······ 16443
마송학 ······ 16788
마송학 ······ 17048
마송학 ······ 23696
마수병 ······ 997
마수상 ······ 20574
마수패 ······ 19863
마승민 ······ 21761
마심란 ······ 8687
마심란 ······ 8690
마업분 ······ 24738
마여룡(馬如龍) ······ 32777
마역군 ······ 4671
마연생 ······ 31238
마염 ······ 12272
마영 ······ 1706
마영;김덕부 ······ 20208
마영준 ······ 4865
마옥량 ······ 3225
마옥순 ······ 3411
마옥평 ······ 23183
마위흔 ······ 1755
마유여 ······ 19080
마임류 ······ 31573
마전은 ······ 5512
마전은;맹경의 ······ 5261
마점복 ······ 23309
마정 ······ 12839
마정 ······ 13319
마정 ······ 13889
마정 ······ 14567
마정 ······ 14684
마정 ······ 14790
마정 ······ 14846
마정 ······ 15469
마정 ······ 16313
마정량 ······ 22226
마정운 ······ 23063
마조문 ······ 6643
마죽림 등 ······ 3829
마준 ······ 5164
마준 ······ 5174
마준 ······ 19132
마준 ······ 19188
마준 ······ 19380
마준 ······ 24977
마준민 ······ 23450
마준영 등 ······ 5390
마준유 ······ 21000
마준유(馬俊儒) ······ 8305
마중악 ······ 879
마지림 ······ 29462
마지민 ······ 3745
마진국 ······ 31089
마진청(馬振淸) ······ 28918
마천리 ······ 30077
마초결 ······ 18534
마춘매;로증걸 ······ 4142
마춘와 ······ 5268
마춘와 ······ 5287
마패연 ······ 17884
마학림 ······ 5062
마호려 ······ 19665
마홍서 ······ 21735
마효춘 ······ 28083
막몽 ······ 4672
막유 ······ 5134
막유 ······ 27688
막응풍 ······ 18590
막응풍 ······ 18639
막응풍 ······ 19009
막희우 ······ 30818
만가록 ······ 28159
만광 ······ 4786
만리 ······ 2186
만문 ······ 31403
만방 ······ 10081
만석 ······ 500
만성 ······ 22710
만성재 ······ 4810
만엽 ······ 22424
만영 ······ 32060
만우학 ······ 25774
만인력 ······ 4618
만정기 ······ 8143
만종주;왕문조 ······ 5270
만창 ······ 773
만천;익온 ······ 23656
만추 ······ 23763
만희 ······ 6653
말남 ······ 18953
말빙 ······ 4634
말앙(末央) ······ 13052
망일 ······ 4637
망일민 등 ······ 22081
매건;경리부 ······ 31928
매백 ······ 21206
매봉 ······ 11699
매성 ······ 28160
매수;진혜손 ······ 25885
매신생 ······ 17867
매앵자 ······ 20540
매여개(梅汝愷) ······ 17567
매원 ······ 22621
매집 ······ 8176
매청 ······ 29154
매흥무 ······ 28082
맹걸 ······ 309
맹경의;손문 ······ 5452
맹기 ······ 6382
맹번보;로림위 ······ 32685
맹번보;장승리 ······ 22132
맹번춘 ······ 22726
맹범중 ······ 20046
맹봉은 ······ 16857
맹봉은 ······ 20091
맹봉은 ······ 25539
맹봉은 ······ 25826
맹서성 ······ 7029
맹소용 ······ 21447
맹영금 ······ 9152
맹영수 ······ 18477
맹원조 ······ 9795
맹위재 ······ 18238
맹위재 ······ 20350
맹위재;장민 ······ 18168
맹유계;정점밤 ······ 5779
맹진원;리운무 ······ 5776
맹충렬 ······ 30330
맹헌명 ······ 4445
맹혜 ······ 19372
맹호길 ······ 24141
맹호길 ······ 24169
맹효운 ······ 21258
맨호 ······ 25117
먼지 ······ 10427
명구 ······ 20013
명기 ······ 5606

명기 ······ 22358
명량 ······ 32675
명문 ······ 19230
명산 ······ 10190
명산등 ······ 5670
명선 ······ 28491
명수 ······ 5131
명수 ······ 28735
명수 ······ 29825
명시비 ······ 4623
명월 ······ 23354
명일 ······ 12551
명장 ······ 6393
명진 ······ 3158
명진 ······ 3514
명진 ······ 6480
명진 ······ 13255
명학 ······ 21886
명호 ······ 21942
모건(莫健) ······ 10294
모국보 ······ 24754
모국정 ······ 18059
모국정 ······ 19306
모남 ······ 22184
모량영(毛亮英) ······ 30311
모매회 ······ 7442
모명 ······ 28981
모문융;왕작진 ······ 21378
모미 ······ 2826
모배뢰 ······ 8268
모병보 ······ 18792
모복충 ······ 21931
모복평 ······ 30550
모봉 ······ 12170
모비 ······ 4592
모송찬 ······ 29769
모순 ······ 11345
모순 ······ 11362
모순 ······ 11367
모순 ······ 11947
矛盾 ······ 22493
모숭광 ······ 21235
모안청;소화 ······ 22689
모여금 ······ 1296
모영부 ······ 7279
모응풍 ······ 4514
모지성 ······ 12522
모지성;한석윤 ······ 18860
모진기 ······ 29307
모탁 ······ 23428
모택동 ······ 1
모택동 ······ 2
모택동 ······ 5
모택동 ······ 6
모택동 ······ 8
모택동 ······ 12
모택동 ······ 13
모택동 ······ 14
모택동 ······ 15
모휘 ······ 4688
목림 ······ 28178
목민 등 ······ 3638
목삼 ······ 23521
목영웅 ······ 851
목우 ······ 30450
목자 ······ 4381
목자 ······ 12945
목자 ······ 25888
목진덕 ······ 20758
목청 ······ 21199
목청 ······ 3592
목토 ······ 4859
몽경향 ······ 21739
묘유리 ······ 5488
묘주 ······ 19304
묘청;최수명 ······ 4950
무검화 ······ 32037
무경민 등 ······ 22282
무경민;고복강 ······ 21675
무경민;류만창 ······ 22393
무계연 ······ 3969
무굉 ······ 29241
무련강 ······ 726
무명 ······ 21325
무명 ······ 22085
무명인 ······ 20066
무보충;리경파 ······ 3699
무빈홍 ······ 10946
무연 ······ 5329
무옥전 ······ 8248
무옥전 ······ 8806
무옥전 ······ 8810
무온여 ······ 9957
무익민;조영 ······ 30551
무장 ······ 5918
무춘하 ······ 17849
문걸 ······ 9540
문계 ······ 22736
문고;김함 ······ 18973
문곽 ······ 23212
문광훈 ······ 12810
문국 등 ······ 21939
문군 ······ 4241
문규선 ······ 8709
文克 ······ 17557
文克 ······ 27101
文克 ······ 27214
文克 ······ 11334
문금 ······ 29318
문금단 ······ 8903
문금희 ······ 7483
문달 ······ 3260
문도순 ······ 31488
문도순 ······ 31498
문도순 ······ 31538
문도순 ······ 31578
문도순 ······ 31609
문도순 ······ 31733
문동규 ······ 23825
문래 ······ 22115
문려화 ······ 25446
문룡일 ······ 10433
문리 ······ 585
문만순 ······ 18509
문목 ······ 14617
문목 ······ 14625
문목 ······ 14695
문목 ······ 22738
문목 ······ 22977
문무 ······ 28903
문묵 ······ 15061
문방 ······ 20406
문복상 ······ 21663
문봉;산천 ······ 12054
문봉준 ······ 32698
문봉준 ······ 28512
문봉출 ······ 10536
문빈 ······ 6257
문산 ······ 12689
문상 ······ 3711
문상하 ······ 31112
문상하 ······ 31130
문상화 ······ 21328
문선희 ······ 21773
문설향 ······ 13752
문성 ······ 5018
문성;담군 ······ 5527
문성춘 ······ 21816
문성희 ······ 19482
문성희 ······ 19653
문승의 ······ 26143
문연재 ······ 18162

문연필 …… 11664
문연필 …… 12599
문연필 …… 12787
문연필 …… 27139
문영재 …… 8064
문옥 …… 21522
문옥란 …… 10491
문원 …… 23139
문월 …… 24992
문인귀 …… 16923
문일 …… 28776
문일 …… 29150
문정일 …… 27471
문정일 …… 27476
문정일 …… 27533
문정일 …… 28047
문정희 …… 23505
문정희 …… 23516
문정희 …… 23532
문정희 …… 23533
문정희 …… 23538
문정희 …… 23540
문정희 …… 4489
문준 …… 14118
문준 …… 19629
문준 …… 25053
문준 …… 25625
문지환 …… 31891
문지훈 …… 29898
문진 …… 2292
문창근 …… 16171
문창근 …… 16223
문창근 …… 16592
문창남 …… 14586
문창남 …… 14613
문창남 …… 14646
문창남 …… 14714
문창남 …… 14725
문창남 …… 14826
문창남 …… 14884
문창남 …… 14924
문창남 …… 15190
문창남 …… 15217
문창남 …… 15224
문창남 …… 15325
문창남 …… 15535
문창남 …… 15657
문창남 …… 20120
문창남 …… 21021
문창남 …… 21051
문창남 …… 21585
문창남 …… 22072
문창남 …… 22717
문창남 …… 22737
문창남 …… 22749
문창남 …… 22783
문창남 …… 22786
문창남 …… 22809
문창남 …… 22838
문창남 …… 22841
문창남 …… 22889
문창남 …… 23007
문창남 …… 23053
문창남 …… 23112
문창남 …… 23142
문창남 …… 23462
문창남 …… 23531
문창남 …… 23670
문창남 …… 23743
문창남 …… 23754
문창남 …… 16062
문창남 …… 16230
문창남 …… 16275
문창남 …… 16282
문창남 …… 16668
문창남 …… 16771
문창남 …… 16789
문창남 …… 17003
문창남 …… 17023
문창남 …… 17174
문창남 …… 18486
문창남 …… 18933
문창남 …… 19542
문창남 …… 19559
문창남 …… 19826
문창남 …… 12517
문창남 …… 12595
문창남 …… 12671
문창남 …… 12748
문창남 …… 24084
문창덕 …… 10742
문창덕 …… 10800
문창덕 …… 10822
문창덕 …… 13825
문창덕 …… 13864
문창송 …… 15884
문창송 …… 16174
문창순 …… 3180
문철 …… 29204
문첨지 …… 23337
문청 …… 24034
문초 …… 16052
문추월 …… 25842
문택 …… 771
문파 …… 14932
문파 …… 193
문파 …… 194
문파 …… 196
문파 …… 200
문파 …… 201
문파 …… 204
문파 …… 206
문파 …… 208
문파 …… 209
문파 …… 210
문파 …… 211
문파 …… 212
문파 …… 215
문파 …… 219
문파 …… 224
문파 …… 6474
문평 …… 12024
문필 …… 17633
문필 …… 2453
문하 …… 21711
문학수 …… 32069
문학수 …… 9819
문한정 …… 21264
문해 …… 3306
문향 …… 27414
문혁 …… 14463
문혁 …… 14492
문혁 …… 14517
문혁 …… 14552
문혁 …… 14590
문형식 …… 9169
문혜란 …… 25891
문호 …… 14832
문호;풍원 …… 25344
문호순 …… 9922
문호순 …… 9955
문홍 …… 4629
문홍순 …… 31674
문화리 …… 6139
문흥복 …… 283
문흥복 …… 3349
문흥복 …… 3492
문희준 …… 24332
미경 …… 19650
미계산 등 …… 7493
미료;장이무 …… 18266
미숙문 …… 3631

미시양 …………… 10103
미앙 ……………… 13954
미영 ……………… 4486
미용 ……………… 21578
미지티 …………… 19759
미향 ……………… 4454
미화 ……………… 551
민경림 …………… 25529
민교문 …………… 6888
민대 ……………… 29270
민마 ……………… 13203
민별 ……………… 17824
민병양 …………… 25576
민보 ……………… 371
민봉 ……………… 18954
민선 ……………… 4356
민성 ……………… 28408
민성 ……………… 28453
민성 ……………… 28455
민성 ……………… 23937
민수;인걸 ………… 10836
민연 ……………… 3026
민연 ……………… 27007
민영 ……………… 25375
민영섭 …………… 506
민영섭 …………… 30088
민영섭 …………… 30092
민영숙 …………… 7985
민영숙 …………… 10324
민영숙;김민영 …… 10328
민요 ……………… 17681
민요 ……………… 17683
민요 ……………… 17688
민요 ……………… 17693
민요 ……………… 17706
민요 ……………… 11823
민요;한준 ………… 12207
민요람 …………… 17800
民牛 ……………… 12178
민재 ……………… 28194
민청;복침 ………… 5980
민학송 …………… 22636
민학송 …………… 17814
민학송 …………… 13014
민학송 …………… 13548
민학송 …………… 13582
민혁 ……………… 13219
민흥 ……………… 10780
밀회 ……………… 4340

ㅂ

바우 ……………… 27629
바우 ……………… 28525
바우 ……………… 313
바우 ……………… 320
바우 ……………… 687
바우 ……………… 21699
바우 ……………… 28509
바우 ……………… 28527
바우 ……………… 28258
바우 ……………… 28465
바우 ……………… 29496
바우 ……………… 26031
바우 ……………… 340
바우 ……………… 344
바우 ……………… 410
바우 ……………… 426
바우 ……………… 444
바우 ……………… 449
바우 ……………… 474
바우 ……………… 488
바우 ……………… 503
바우 ……………… 704
바우 ……………… 782
바우 ……………… 789
바우 ……………… 797
바우 ……………… 4235
바우 ……………… 4248
바우 ……………… 4316
바우 ……………… 4569
바우 ……………… 4614
바이론 …………… 26557
박갑룡 …………… 32026
박갑룡 …………… 32508
박갑성 …………… 28036
박강평 …………… 16649
박건국 …………… 9053
박걸 ……………… 24604
박경도 …………… 31651
박경련 …………… 19763
박경숙 …………… 1625
박경숙 …………… 8849
박경숙 …………… 31705
박경식 …………… 13796
박경식 …………… 22790
박경식;김도권 …… 11801
박경자 …………… 8697
박경자 …………… 8766
박경자 …………… 13631
박경자 …………… 13748
박경자;원혜숙 …… 11615
박경호 …………… 6624
박경호 …………… 6627
박경호 …………… 6632
박경호 …………… 6633
박경호 …………… 31501
박경호 …………… 31539
박경호 …………… 31563
박경호;김의복 …… 31507
박경호;박영두 …… 30867
박경휘 …………… 28414
박경휘 …………… 28435
박경휘 …………… 28502
박경휘 …………… 28422
박경희 …………… 6965
박경희 …………… 6988
박경희 …………… 8159
박계동;최호림 …… 21781
박계옥 …………… 20123
박곤일 …………… 31070
박관무 …………… 23877
박관우 …………… 12215
박관일 …………… 18464
박광문 …………… 25677
박광석 …………… 611
박광숙 …………… 8221
박광익 …………… 15370
박광일 …………… 14989
박군 ……………… 19131
박군(朴軍) ……… 23330
박권 ……………… 12256
박귀진 …………… 7620
박규영 …………… 8070
박규영 …………… 10514
박규영 …………… 10515
박규영;장금손 …… 7800
박균 ……………… 10779
박근 ……………… 32561
박근배 …………… 28951
박근배 …………… 31899
박근배 …………… 32879
박금룡 …………… 7091
박금석 …………… 9236
박금숙 …………… 12213
박금숙 …………… 22486
박금순 …………… 30643
박금순 …………… 31150
박금순;최일룡 …… 31153
박금해 …………… 9488
박금희 …………… 25090
박기건 …………… 8874
박기관 …………… 23100

박기덕 ········ 21107
박기병 ········ 7944
박기봉 ········ 7187
박기봉 ········ 9323
박기분 ········ 16673
박기선 ········ 22947
박기성 ········ 8905
박기옥 ········ 22535
박기원;장성군 ········ 9655
박기종 ········ 23935
박기준 ········ 14598
박기준 ········ 24076
박기준 ········ 24087
박기준 ········ 24108
박기준 ········ 24260
박기준 ········ 24408
박기준 ········ 24478
박기준 ········ 24500
박기훈 ········ 9221
박길성 ········ 8488
박길성;황정자 ········ 8557
박길성;황정자 ········ 8568
박길성;황정자 ········ 8577
박길수 ········ 25161
박길춘 ········ 14816
박길춘 ········ 14902
박길춘 ········ 14908
박길춘 ········ 14919
박길춘 ········ 15135
박길춘 ········ 15247
박길춘 ········ 15654
박길춘 ········ 15733
박길춘 ········ 16410
박길춘 ········ 19032
박길춘 ········ 19214
박길춘 ········ 22949
박남 ········ 1805
박남철 ········ 32428
박남춘 ········ 16146
박달 ········ 13333
박달 ········ 20007
박대권 ········ 30009
박대석 ········ 9764
박대한 ········ 15561
박덕선 ········ 4990
박덕송 ········ 549
박덕준 ········ 14020
박덕준 ········ 14227
박덕준 ········ 15318
박덕준 ········ 15552
박덕준 ········ 15667
박덕준 ········ 24707
박덕준 ········ 24732
박덕준 ········ 24848
박덕준 ········ 25023
박덕준 ········ 25255
박덕준 ········ 25488
박덕준 ········ 25616
박덕춘 ········ 13404
박도균;허일륜 ········ 11547
박도균;허일륜 ········ 8492
박동권 ········ 13700
박동길 ········ 31620
박동길 ········ 31778
박동명 ········ 32126
박동명 ········ 32127
박동본 ········ 13715
박동본 ········ 15608
박동빈 ········ 23821
박동선 ········ 22175
박동욱 ········ 15041
박동욱 ········ 15139
박동욱 ········ 15347
박동욱 ········ 15477
박동욱 ········ 15501
박동욱 ········ 15725
박동욱 ········ 16181
박동을 ········ 13486
박동천 ········ 21142
박동철 ········ 11295
박동철 ········ 31690
박동춘 ········ 6821
박동춘 ········ 6944
박동춘 ········ 15855
박동춘 ········ 15973
박동춘 ········ 16184
박동춘 ········ 16335
박동춘 ········ 16836
박동호 ········ 7645
박동호 ········ 16101
박동호 ········ 16179
박동호;왕정옥 ········ 29853
박동화 ········ 30511
박동화;김광현 ········ 21558
박득춘 ········ 13553
박득춘 ········ 13566
박득춘 ········ 13678
박득춘 ········ 13679
박득춘 ········ 20745
박려란 ········ 25853
빅리란 ········ 25911
박려풍 등 ········ 9799
박련곤 ········ 32633
박련분 ········ 30395
박련성 ········ 17652
박련성 ········ 22537
박련숙 ········ 27210
박련옥 ········ 936
박련옥 ········ 5113
박련옥 ········ 14922
박련옥 ········ 15158
박련옥 ········ 15570
박련옥 ········ 15709
박련옥 ········ 15739
박련옥 ········ 15801
박련옥 ········ 15898
박련옥 ········ 16860
박련옥 ········ 16904
박련옥 ········ 19106
박련옥 ········ 19187
박련옥 ········ 23150
박련화 ········ 25593
박룡 ········ 21475
박룡 ········ 25190
박룡관 ········ 9015
박룡관 ········ 9854
박룡관 ········ 9870
박룡길 ········ 3862
박룡길 ········ 5409
박룡길 ········ 6519
박룡길 ········ 23025
박룡남 ········ 12900
박룡남 ········ 16958
박룡남 ········ 17171
박룡남 ········ 25568
박룡만 ········ 13042
朴龍萬 ········ 13018
박룡산 ········ 8455
박룡산 ········ 12769
박룡석 ········ 12507
박룡석 ········ 14286
박룡석 ········ 14344
박룡석 ········ 14361
박룡석 ········ 14424
박룡석 ········ 15350
박룡석 ········ 15597
박룡석 ········ 15644
박룡석 ········ 16091
박룡석 ········ 16187
박룡석 ········ 16441
박룡석 ········ 24691
박룡석 ········ 25011

박룡수 ················ 30587
박룡수 ················ 3396
박룡수 ················ 3013
박룡수 ················ 3934
박룡수 ················ 7018
박룡연 ················ 28383
박룡옥 ················ 7331
박룡옥 ················ 15235
박룡진 등 ················ 2400
박룡철 ················ 9568
박룡철 ················ 9653
박룡철 ················ 15813
박룡학 ················ 14378
박리영 ················ 25365
박림식 ················ 10867
박만식 ················ 21152
박만식 ················ 21247
박만억 등 ················ 3428
박명걸;박상복 ················ 23942
박명규 ················ 30834
박명룡 ················ 14334
박명룡 ················ 19491
박명룡 ················ 22661
박명룡 ················ 25017
박명룡 ················ 25200
박명선 ················ 15485
박명수 ················ 13443
박명식 ················ 3489
박명식;정문국 ················ 21423
박명식;진국학 ················ 573
박명옥 ················ 3409
박명준 ················ 13413
박명준 ················ 13430
박명준 ················ 13444
박명준 ················ 13483
박명준 ················ 13487
박명준 ················ 13521
박명준 ················ 13525
박명준 ················ 13537
박명준 ················ 15827
박명하 ················ 7575
박명화 ················ 9038
박명휘 ················ 23074
박문 ················ 11606
박문광 ················ 16244
박문백 ················ 1762
박문백 ················ 1998
박문봉 ················ 12084
박문봉 ················ 12781
박문봉 ················ 15058
박문봉 ················ 15245
박문봉 ················ 15719
박문봉 ················ 15766
박문봉 ················ 15888
박문봉 ················ 15895
박문봉 ················ 16004
박문봉 ················ 16060
박문봉 ················ 16104
박문봉 ················ 16435
박문봉 ················ 16584
박문봉 ················ 16600
박문봉 ················ 16623
박문봉 ················ 16886
박문봉 ················ 16910
박문봉 ················ 17004
박문봉 ················ 17034
박문봉 ················ 17046
박문일 ················ 12422
박문일 ················ 21174
박문일 ················ 21238
박문일 ················ 22813
박문일 ················ 23011
박문일 ················ 23322
박문파 ················ 16493
박문파 ················ 16869
박문필 ················ 30882
박문학 ················ 22143
박문호;리상각 ················ 28008
박미경 ················ 4559
박미란 ················ 25912
박미령 ················ 25849
박미옥 ················ 27169
박미향 ················ 25838
박민 ················ 19983
박민 ················ 20353
박민국 ················ 20864
박백림 ················ 23969
박범 ················ 19446
박범 ················ 19520
박범 ················ 19762
박범 ················ 19910
박범 ················ 20213
박범 ················ 20393
박범 ················ 25384
박범신 ················ 20267
박범신 ················ 20324
박병관;김권 ················ 23972
박병관;김권 ················ 23976
박병권 ················ 19076
박병대 ················ 9607
박병대 ················ 9611
박병대 ················ 9645
박병대 ················ 24008
박병대 ················ 24081
박병란 ················ 1823
박병섭 ················ 7053
박병섭 ················ 7547
박병철 ················ 30619
박병화 ················ 31483
박병화 ················ 31493
박복선 ················ 11025
박봉렬 ················ 8765
박봉만;김길자 ················ 24501
박상로 ················ 18320
박상로 ················ 18444
박상로 ················ 19202
박상로 ················ 19942
박상로 ················ 20260
박상복 ················ 22917
박상복 ················ 23123
박상봉 ················ 9983
박상봉 ················ 11943
박상봉 ················ 12299
박상봉 ················ 12917
박상봉 ················ 23233
박상봉;권철 ················ 12228
박상용 ················ 26072
박상일 ················ 11049
박상일 ················ 11780
박상일 ················ 12196
박상일 ················ 17249
박상일 ················ 22500
박상철 ················ 13819
박상철 ················ 13837
박상철 ················ 13891
박상철 ················ 13899
박상철 ················ 13919
박상철 ················ 13935
박상철 ················ 13943
박상철 ················ 13993
박상철 ················ 14055
박상철 ················ 14306
박상철 ················ 24703
박상춘 ················ 14614
박상춘 ················ 19947
박상춘 ················ 20425
박상현 ················ 7323
박상희 ················ 30310
박상희 ················ 30334
박상히 ················ 30718
박생대 ················ 13158
박생훈 ················ 28717

박생훈 ··· 30432
박생훈 ··· 30437
박생훈 ··· 32474
박생훈 ··· 32639
박생훈 ··· 32866
박석균 ··· 27493
박석균 ··· 10767
박석균 ··· 10786
박석균 ··· 10999
박석균 ··· 12294
박석균 ··· 19634
박선석 ··· 12574
박선석 ··· 16669
박선석 ··· 18013
박선석 ··· 18103
박선석 ··· 18178
박선석 ··· 18220
박선석 ··· 18342
박선석 ··· 18364
박선석 ··· 18377
박선석 ··· 18396
박선석 ··· 18563
박선석 ··· 18643
박선석 ··· 18645
박선석 ··· 18681
박선석 ··· 18762
박선석 ··· 18886
박선석 ··· 18912
박선석 ··· 18941
박선석 ··· 19227
박선석 ··· 19241
박선석 ··· 19260
박선석 ··· 19262
박선석 ··· 19293
박선석 ··· 19338
박선석 ··· 19781
박선석 ··· 19828
박선석 ··· 19851
박선석 ··· 19868
박선석 ··· 19892
박선석 ··· 19898
박선석 ··· 19908
박선석 ··· 20139
박선석 ··· 20226
박선석 ··· 20253
박선석 ··· 20492
박선석 ··· 20546
박선영 ··· 20235
박선태 ··· 19385
박선학 ··· 8815
박선희 ··· 25589
박설 ··· 11280
박설매 ··· 16031
박설매 ··· 16300
박설매 ··· 16389
박설매 ··· 16462
박설매 ··· 16547
박설매 ··· 16612
박설매 ··· 16787
박설매 ··· 16813
박설매 ··· 16821
박설매 ··· 16950
박설매 ··· 16980
박설화 ··· 25530
박성 ··· 14592
박성근 ··· 8199
박성녀;림창철 ··· 24117
박성무 ··· 14570
박성봉 ··· 9936
박성실 ··· 7222
박성우 ··· 25176
박성원 ··· 7623
박성원 ··· 9663
박성자 ··· 14863
박성천 ··· 9984
박성천 ··· 11465
박성태 ··· 13366
박성태 ··· 13791
박성훈 ··· 16895
박세영 ··· 7850
박세일 ··· 25706
박송 ··· 23611
박송덕 ··· 9472
박송록 ··· 13100
박송림 ··· 20993
박송월 ··· 14294
박송월 ··· 14333
박송화 ··· 17239
박수남;김송해 ··· 9536
박수만 ··· 14664
박수만 ··· 15555
박수민;백남표 ··· 17559
박수복 ··· 17326
박수빈 ··· 7635
박수빈 ··· 8995
박수산 ··· 15048
박수산 ··· 15433
박수신 ··· 7164
박숙 ··· 1095
박숙 ··· 1232
박숙 ··· 6319
박숙 ··· 32767
박순란 ··· 25285
박순실 ··· 8378
박순실 ··· 8441
박순암;김재권 ··· 24086
박순암;박기준 ··· 23987
박순암;박창묵 ··· 23955
박순자 ··· 8288
박순희 ··· 30427
박순희 ··· 16720
박순희 ··· 23018
박순희 ··· 23297
박승길 ··· 26092
박승덕 ··· 5919
박승덕 ··· 21049
박승명 ··· 23874
박승범 ··· 15563
박승연 ··· 6575
박승윤 ··· 32373
박승윤 ··· 32396
박승일 ··· 7126
박승일 ··· 7889
박승일 ··· 7935
박승팔 ··· 32752
박신자 ··· 23464
박신호 ··· 9636
박실근 ··· 6852
박애선 ··· 8447
박연 ··· 21954
박영 ··· 13950
박영광 ··· 27149
박영근;최흥록 ··· 2294
박영록 ··· 22530
박영선 ··· 6558
박영섭 ··· 10038
박영섭;김동석 ··· 7532
박영섭;김동석 ··· 10375
박영송 ··· 31782
박영수;박경호 ··· 6634
박영숙 ··· 15362
박영순 ··· 8844
박영실 ··· 8399
박영실 ··· 8435
박영애 ··· 18017
박영애 ··· 25130
박영옥 ··· 22445
박영운 ··· 14268
박영일 ··· 12128
박영주;박경호 ··· 32909
박영주;박경호 ··· 30708
박영준 ··· 13780

박영준 등 ………… 13776
박영진 ……………… 30019
박영찬 ……………… 2307
박영찬 ……………… 9847
박영찬 ……………… 9860
박영철 ……………… 24650
박영철 ……………… 25571
박영학 ……………… 29913
박영학 ……………… 29916
박영학 ……………… 29929
박영학;전순길 …… 29861
박영화 ……………… 31780
박영화;염창환 …… 31590
박영희 ……………… 31174
박영희 ……………… 31176
박옥녀 ……………… 2579
박옥란 ……………… 30866
박옥희 ……………… 4447
박완서 ……………… 20293
박완서 ……………… 20320
박왈록;김동만 …… 29404
박왈록;김동만 …… 32545
박용일 ……………… 18591
박용일 ……………… 18702
박용호 ……………… 9402
박운국 ……………… 27549
박운규 ……………… 4481
박운산 ……………… 31999
박운산 ……………… 32209
박운호 ……………… 16477
박운호 ……………… 16615
박운호 ……………… 16741
박운호 ……………… 16965
박운호 ……………… 16984
박운호 ……………… 17081
박운호 ……………… 17147
박운호 ……………… 17153
박원철 ……………… 30027
박원형 ……………… 31350
박원형 ……………… 31356
박월봉 ……………… 11813
박월봉 ……………… 12197
박월선 ……………… 9479
박월선;황상박 …… 21389
박유라 ……………… 25618
박유학 ……………… 23172
박윤수 ……………… 7593
박은 ……………… 13579
박은 ……………… 17336
박은 ……………… 17413
박은 ……………… 17514
박은 ……………… 18046
박은 ……………… 18280
박은 ……………… 18360
박은 ……………… 18398
박은 ……………… 18521
박은 ……………… 19292
박은 ……………… 20871
박은 ……………… 23812
박은주 ……………… 29064
박은주 ……………… 29837
박을룡 ……………… 23006
박응조 ……………… 13075
박응조 ……………… 17264
박응조 ……………… 17277
박응조 ……………… 17296
박응조 ……………… 17320
박응준 ……………… 8920
박응준 ……………… 25653
박응호 ……………… 24543
박인규 ……………… 12238
박인락 ……………… 14030
박인선 ……………… 7599
박인선 등 ………… 10808
박인선;박길성 …… 8933
박인선;박길성 …… 9992
박인숙 ……………… 8185
박인춘 ……………… 6858
박인춘 ……………… 13361
박인훈 ……………… 7166
박인훈 ……………… 7263
박인훈 ……………… 7836
박인훈 ……………… 7979
박일 ……………… 11979
박일 ……………… 18283
박일 ……………… 18322
박일 ……………… 18453
박일 ……………… 18542
박일 ……………… 18655
박일 ……………… 19008
박일 ……………… 19200
박일 ……………… 19336
박일 ……………… 19433
박일 ……………… 19500
박일 ……………… 19651
박일 ……………… 20031
박일 ……………… 20202
박일 ……………… 20234
박일 ……………… 21387
박일 ……………… 12295
박일래 ……………… 13882
박일민 ……………… 11790
박일석 ……………… 9183
박일석 ……………… 9206
박일석 ……………… 9269
박일석 ……………… 13886
박일석 ……………… 13963
박일석 ……………… 14212
박일석 ……………… 14224
박일석 ……………… 22877
박일선 ……………… 19144
박일선;김춘자 …… 22051
박일승 ……………… 15751
박일우 ……………… 20405
박일찬 ……………… 2211
박일찬 ……………… 2515
박일찬 ……………… 21419
박일찬 ……………… 21866
박일화 ……………… 13094
박일환 ……………… 7647
박일훈 ……………… 2959
박일훈 ……………… 3364
박장길 ……………… 14955
박장길 ……………… 14984
박장길 ……………… 15067
박장길 ……………… 15253
박장길 ……………… 15299
박장길 ……………… 15349
박장길 ……………… 15497
박장길 ……………… 15685
박장길 ……………… 15776
박장길 ……………… 16276
박장길 ……………… 16307
박장길 ……………… 16330
박장길 ……………… 16347
박장길 ……………… 16833
박장길 ……………… 16924
박장길 ……………… 17120
박장만 ……………… 30556
박장성 ……………… 21457
박장수 ……………… 27064
박장수 ……………… 26943
박장수 ……………… 21048
박재구 ……………… 14740
박재근 ……………… 13658
박재근 ……………… 15033
박재범 ……………… 26985
박재범 ……………… 27031
박재생 ……………… 7636
박재생 ……………… 17731
박재순 ……………… 30235
박재일 ……………… 32288

박재일 ················ 32289
박재천 ················ 30099
박재한 ················ 9215
박재호 ················ 13855
박재흥 ················ 9422
박정근 ················ 12126
박정근 ················ 19940
박정근 ················ 19981
박정근 ················ 20281
박정근 ················ 22074
박정근 ················ 22273
박정근 ················ 22943
박정근 ················ 23008
박정근 ················ 23498
박정근 ················ 23577
박정근 ················ 23787
박정근 ················ 18386
박정근 ················ 18411
박정근 ················ 19226
박정근;김광영 ······ 26903
박정봉 ················ 9946
박정봉 등 ············ 9941
박정봉;박경숙 ······· 9953
박정숙;전두만 ······ 27565
박정숙;최신명 ······ 13369
박정애 ················ 15137
박정옥;서방흥 ······ 26972
박정웅 ················ 12949
박정웅 ················ 22068
박정웅 ················ 16061
박정웅 ················ 16083
박정웅 ················ 16245
박정일 ················ 17623
박정자 ················ 8408
박정자 ················ 13451
박정춘 ················ 2232
박정춘 ················ 20701
박정호;황옥금 ······ 20829
박정훈 ················ 16916
박정희 ················ 7996
박정희 ················ 8073
박정희 ················ 9303
박정희 ················ 10283
박종률 ················ 3909
박종부(朴鐘富) ······ 9010
박종석 ················ 18561
박종석;임국현 ······ 22053
박종연 ················ 9471
박종현 ················ 13329
박종현 ················ 13335
박종현 ················ 13730
박종현 ················ 13766
박종현 ················ 13827
박종현 ················ 13914
박종호 등 ··········· 10493
박준기 ················ 27524
박준범 ················ 20486
박준범 ················ 22088
박준범 ················ 22910
박준범 ················ 24532
박준범 ················ 24880
박준범 ················ 25221
박준범 ················ 25423
박준범 ················ 19347
박준범 ················ 23927
박준순 ················ 8467
박증술 ················ 7202
박지원 ················ 12082
박지원 ················ 25944
박지원 ················ 25945
박지원 ················ 25950
박진만 ················ 20351
박진만 ················ 20519
박진만 ················ 20593
박진만 ················ 18270
박진만 ················ 18324
박진만 ················ 18421
박진만 ················ 18750
박진만 ················ 19274
박진만 ················ 19782
박진만 ················ 19818
박진석 ················ 28379
박진숙 ················ 29829
박진식 ················ 13391
박진옥 ················ 24576
박찬수 ················ 17976
박찬수;강효근 ······ 12224
박찬의;리해식 ······ 30832
박찬정 ················ 15809
박찬정 ················ 16117
박찬태 ················ 13690
박찬태 ················ 14889
박찬태 ················ 15265
박창극 ················ 7089
박창극 ················ 8170
박창극 ················ 9389
박창극 ················ 9846
박창길 ················ 16028
박창룡 ················ 2351
박창룡 ················ 2364
박창묵 ················ 11296
박창묵 ················ 12859
박창묵 ················ 23983
박창묵 ················ 24020
박창묵 ················ 24054
박창묵 ················ 24139
박창묵 ················ 24205
박창묵 ················ 24405
박창묵 ················ 17822
박창묵 ················ 18673
박창묵 ················ 23964
박창묵 ················ 24013
박창묵 ················ 24039
박창묵 ················ 24047
박창묵 ················ 24300
박창묵 ················ 24390
박창묵 ················ 24457
박창묵 ················ 24534
박창묵;김철준 ······ 17813
박창묵;림원춘 ······ 17829
박창범 ················ 27423
박창범 ················ 9418
박창송 ················ 6050
박창식 ················ 32478
박창윤 ················ 11115
박창윤 ················ 12401
박창윤 ················ 21215
박창윤;장정일 ······ 12359
박창일 ················ 29081
박창일 ················ 30381
박창일 ················ 30384
박창일 ················ 30594
박창일 ················ 6674
박창일 ················ 31008
박창일 ················ 31017
박창준 ················ 30281
박창준 ················ 30302
박창준 ················ 30605
박창준 ················ 30885
박창준 ················ 30892
박창혁 ················ 9621
박창혁 ················ 9642
박창호 ················ 30537
박창화 ················ 28804
박창화 ················ 28814
박창화 ················ 28824
박창화 ················ 28828
박창화 ················ 28832
박창화 ················ 28836
박창화 ················ 28838
박창화 ················ 28863
박창화 ················ 10619

박창화 ……………… 21456
박창화 ……………… 24812
박창화 ……………… 17456
박창화 ……………… 32596
박창화 ……………… 32617
박창화 ……………… 32789
박창화 ……………… 32858
박창화 ……………… 29039
박채련 ……………… 8751
박채봉;조병조 …… 24309
박채옥 ……………… 2295
박천규 ……………… 10992
박천균 ……………… 10563
박천균 ……………… 10943
박천금 ……………… 31334
박천금;류성덕 …… 31346
박천술 ……………… 30899
박천일;송봉남 …… 30751
박철 ……………… 20957
박철 ……………… 14486
박철 ……………… 15228
박철 ……………… 15505
박철 ……………… 18259
박철규 ……………… 18467
박철규 ……………… 19728
박철길 ……………… 22648
박철산 ……………… 30571
박철산 ……………… 3886
박철산 ……………… 20522
박철산 ……………… 21462
박철산 ……………… 21546
박철산;오기활 …… 4164
박철수 ……………… 4500
박철수 ……………… 19924
박철수 ……………… 15805
박철수 ……………… 16831
박철수 ……………… 17069
박철수 ……………… 19401
박철준 ……………… 22980
박철준 ……………… 24768
박철준 ……………… 14510
박철준 ……………… 14783
박철준 ……………… 14800
박철준 ……………… 14824
박철준 ……………… 14879
박철준 ……………… 14930
박철준 ……………… 14966
박철준 ……………… 14990
박철준 ……………… 15201
박철준 ……………… 15213
박철준 ……………… 15375
박철준 ……………… 15532
박철준 ……………… 15540
박철준 ……………… 15546
박철준 ……………… 15721
박철준 ……………… 15787
박철준 ……………… 15857
박철준 ……………… 15862
박철준 ……………… 15945
박철준 ……………… 16005
박철준 ……………… 16079
박철준 ……………… 16221
박철준 ……………… 16338
박철준 ……………… 16385
박철준 ……………… 16420
박철준 ……………… 16450
박철준 ……………… 16691
박철준 ……………… 16711
박철준 ……………… 16809
박철준;김동환 …… 14658
박철호 ……………… 30317
박철호 ……………… 32202
박철호 ……………… 32205
박철호 ……………… 32211
박철호 ……………… 32214
박철호 ……………… 32222
박철호 ……………… 32224
박철호 ……………… 32225
박철화 ……………… 22310
박철훈 ……………… 9498
박청산 ……………… 27459
박청산 ……………… 27475
박청송 ……………… 5072
박청송 ……………… 5079
박청죽 ……………… 10704
박초란 ……………… 6545
박초란 ……………… 23638
박초일 ……………… 28031
박춘경등 ……………… 8083
박춘권 ……………… 18882
박춘근 ……………… 31086
박춘근 ……………… 31102
박춘금 ……………… 9408
박춘기 ……………… 7690
박춘길 ……………… 23119
박춘길 ……………… 19321
박춘란 ……………… 25827
박춘룡 ……………… 1644
박춘섭 ……………… 2428
박춘송 ……………… 30394
박춘송 ……………… 30592
박춘송 ……………… 24776
박춘송 ……………… 30971
박춘순 ……………… 22686
박춘식 ……………… 14410
박춘식 ……………… 15983
박춘연 ……………… 24858
박춘연 ……………… 25398
박춘옥 ……………… 8129
박춘익 ……………… 20775
박춘익 ……………… 20779
박춘일 ……………… 27541
박춘일 ……………… 20707
박춘일;어훈 ……… 20823
박춘일;최영철 …… 20820
박춘자 ……………… 13856
박춘화 ……………… 15814
박춘화 ……………… 15988
박춘회 ……………… 30667
박춘회 ……………… 30676
박춘회 ……………… 31060
박춘회 ……………… 31081
박춘희 ……………… 976
박춘희 ……………… 31052
박춘희 ……………… 31062
박충록 ……………… 28349
박충록 ……………… 28628
박충록 ……………… 11265
박충록 ……………… 12200
박충록 ……………… 12230
박충록 ……………… 12391
박충록 ……………… 12838
박충록 ……………… 12951
박충록 ……………… 12965
박충록 ……………… 21595
박충록 ……………… 22032
박충록 ……………… 25973
박충일 ……………… 22588
박충일 ……………… 17714
박태걸 ……………… 17446
박태근 ……………… 23612
박태근 ……………… 16808
박태근 ……………… 16844
박태근 ……………… 16955
박태수 ……………… 7278
박태수 ……………… 7922
박태수 ……………… 7974
박태영 ……………… 11340
박태옥 ……………… 19968
박태종 ……………… 17349
박태준 ……………… 8918
박태준 ……………… 15758

박태진 ······ 21097
박태춘 ······ 9042
박태하 ······ 17748
박태형 ······ 10805
박태호 ······ 31422
박태호;장송자 ······ 31423
박태홍 ······ 11934
박택금;묘제 ······ 21695
박하림 ······ 20720
박하림 ······ 22575
박하림 ······ 22617
박학 ······ 17545
박학송 ······ 29974
박학준 ······ 23857
박해련 ······ 1126
박해록 ······ 13384
박해선 ······ 25248
박향란 ······ 8065
박향숙 ······ 8040
박향숙 ······ 22219
박향숙 ······ 22352
박현 ······ 1022
박현수 ······ 29046
박현수 ······ 30637
박현수 ······ 30638
박현철 ······ 9554
박형규 ······ 25014
박형덕,박동수 ······ 17268
박형락 ······ 12250
박형락 ······ 13604
박형락 ······ 13768
박형석 ······ 12227
박혜숙 ······ 7342
박혜숙 ······ 8610
박혜숙 ······ 9960
박혜영 ······ 25364
박혜옥 ······ 8057
박호순 ······ 23870
박호원 ······ 18181
박홍섭 ······ 27286
박홍영;최호성 ······ 32439
박화 ······ 26938
박화 ······ 11382
박화 ······ 11399
박화 ······ 11403
박화 ······ 11461
박화 ······ 12077
박화 ······ 12402
박화 ······ 12594
박화 ······ 12690
박화 ······ 12796
박화 ······ 12921
박화 ······ 13840
박화 ······ 13860
박화 ······ 13969
박화 ······ 14086
박화 ······ 14106
박화 ······ 14119
박화 ······ 14174
박화 ······ 14184
박화 ······ 14208
박화 ······ 14303
박화 ······ 14397
박화 ······ 14442
박화 ······ 14521
박화 ······ 14671
박화 ······ 14718
박화 ······ 14839
박화 ······ 14864
박화 ······ 14905
박화 ······ 15056
박화 ······ 15121
박화 ······ 15154
박화 ······ 15165
박화 ······ 15181
박화 ······ 15203
박화 ······ 15234
박화 ······ 15298
박화 ······ 15361
박화 ······ 15397
박화 ······ 15409
박화 ······ 15448
박화 ······ 15449
박화 ······ 15498
박화 ······ 15544
박화 ······ 15575
박화 ······ 15599
박화 ······ 15606
박화 ······ 15796
박화 ······ 15811
박화 ······ 15845
박화 ······ 15896
박화 ······ 15902
박화 ······ 15904
박화 ······ 15927
박화 ······ 15952
박화 ······ 16100
박화 ······ 16163
박화 ······ 16164
박화 ······ 16279
박화 ······ 16346
박화 ······ 16350
박화 ······ 16479
바화 ······ 16542
박화 ······ 16572
박화 ······ 16583
박화 ······ 16709
박화 ······ 16737
박화 ······ 16739
박화 ······ 16826
박화 ······ 16914
박화 ······ 16964
박화 ······ 17032
박화 ······ 17041
박화 ······ 17112
박화 ······ 17122
박화 ······ 17123
박화 ······ 17128
박화 ······ 19346
박화 ······ 19438
박화 ······ 19443
박화 ······ 19611
박화 ······ 19757
박화 ······ 19880
박화;박정희 ······ 8552
박효 ······ 11251
박효 ······ 11978
박효근 ······ 16943
박효조 ······ 28225
박효조 ······ 18443
박흥률 ······ 13552
박흥률 ······ 13569
박흥률 ······ 13605
박흥률 ······ 13607
박흥률 ······ 13610
박흥률 ······ 13681
박흥률 ······ 13687
박흥률 ······ 13746
박흥률 ······ 13913
박홍영;최호성 ······ 32334
박희봉 ······ 24995
박희익 ······ 9450
박희준 ······ 28889
반계검 ······ 28334
반곡신 ······ 19553
반길소 ······ 3076
반련지;하려명 ······ 21232
반론 ······ 2963
반룡해 ······ 6662
반만제 ······ 25202
반문림 ······ 25538
반병섭 ······ 16883

반복충;요광발 …… 21971
반봉 …… 19993
반봉선 …… 31376
반봉선 …… 31382
반봉선 …… 31395
반송천 …… 7327
반수면 …… 890
반수명 …… 893
반수명 …… 897
반수명 …… 900
반수명 …… 901
반수명 …… 904
반수영 …… 465
반약 …… 23311
반옥민 …… 31675
반익선 …… 32231
반자유 …… 8539
반조명 …… 9173
반중 …… 20508
반지여;량화 …… 5710
반포존 …… 6962
반홍운 …… 5882
방건국 …… 24381
방건국 …… 24525
방건문 …… 4205
방경융 …… 6695
방경융 …… 6696
방근철 …… 24570
방금손 …… 14601
방금손 …… 14711
방금숙 …… 9293
방금순(方今順) …… 8302
방금찬 …… 9772
방대규 …… 13506
방덕빈 …… 9676
방덕선 …… 4997
방덕인 등 …… 5365
방동선 …… 1536
방동선 …… 6299
방동춘 …… 20077
방동춘 …… 21859
방란 …… 22207
방란 …… 25766
방령 …… 26626
방룡남 …… 9774
방룡남 …… 9777
방룡남 …… 11177
방룡남 …… 11494
방룡남 …… 12159
방룡남 …… 12711
방룡산 …… 31759
방룡주 …… 20069
방룡주 …… 20244
방룡주 …… 20437
방룡주 …… 20528
방룡주 …… 21042
방룡주 …… 18282
방룡주 …… 18325
방룡주 …… 18613
방룡주 …… 18902
방룡주 …… 19185
방룡주 …… 19393
방룡주 …… 19607
방룡철 …… 26952
방리 …… 10228
방림 …… 22123
방립상 …… 31418
방립상;왕위 …… 30392
방명 …… 26663
방명 …… 29927
방명 …… 3575
방명 …… 25693
방명숙 …… 31473
방명숙 …… 31649
방모 …… 9786
방문희 …… 3490
방미선 …… 27275
방방;황길국 …… 25655
방병욱 …… 31266
방복순 …… 24854
방복순 …… 25151
방복순 …… 14323
방분 …… 4286
방비 …… 28309
방비 …… 21440
방비 …… 18998
방비;춘일 …… 6740
방삭 …… 21400
방성란 …… 25674
방세가 …… 4483
방송산 …… 18503
방숭지 …… 25561
방숭하 …… 1870
방승웅 …… 31944
방시 …… 4452
방신량;황아웅 …… 29192
방아전 등 …… 6648
방안;장지위 …… 5410
방암 …… 1137
방암 …… 1854
방암량 …… 12000
방앙 …… 4477
방영근 …… 2531
방영락 …… 29721
방영자 …… 8360
방영진 …… 1846
방옥분 …… 8181
방옥분 …… 8390
방옥분 …… 23335
방옥분;송영철 …… 8569
방용 …… 1991
방용 …… 25440
방용선 …… 21605
방웅;라걸 …… 27375
방원 …… 29214
방원 …… 19461
방유토(方儒土) …… 30292
방인권 …… 10350
방일청 …… 25703
방임 …… 18989
방자 …… 17283
방전화 …… 7720
방정식 …… 29824
방종지 …… 24920
방종혁 …… 29045
방종혁 …… 30397
방종혁 …… 21498
방종혁 …… 22373
방주 …… 20080
방주봉 …… 23674
방주철 …… 2218
방주헌 …… 7054
방죽송 …… 27239
방죽송 …… 22598
방죽송 …… 17663
방중 …… 6312
방지민 …… 13816
방지민 …… 20640
방지태 …… 10516
방집 …… 1321
방창헌 …… 30663
방채옥 …… 24485
방철 …… 21341
방철수 …… 22589
방철웅 …… 11228
방청 …… 2019
방청 …… 12774
방초선 …… 20693
방초선 …… 20713
방춘녕 …… 27394
방춘녕 …… 18822
방태길 …… 23485

방태길 ··· 25502
방태길 ··· 15402
방태길 ··· 16596
방태길 ··· 16871
방태길 ··· 16951
방태길 ··· 17056
방태길 ··· 25915
방태숙 ··· 14698
방태옥 ··· 21720
방평 ··· 6582
방학봉 ··· 27398
방학봉 ··· 27399
방학봉 ··· 27400
방학봉 ··· 28122
방학봉 ··· 28348
방학봉 ··· 854
방학철 ··· 9202
방학철 ··· 10284
방학철 ··· 10787
방학철 ··· 12361
방학철 ··· 12552
방학춘 ··· 27050
방한규 ··· 13424
방헌충;곽회 ··· 5616
방혁 ··· 6732
방호수;박운규 ··· 20685
방화(方華) ··· 32020
방화;손효홍 ··· 3892
방효성 ··· 6679
방훼 ··· 19154
방흥 ··· 4785
방흥룡;리룡득 ··· 23933
배국 ··· 4040
배국해 ··· 4970
배극 ··· 11756
배극 ··· 11771
배극령(裴克玲) ··· 9165
배달수 ··· 9134
배립전 ··· 22067
배명희 ··· 25263
배민옥 ··· 23884
배봉욱 ··· 29885
배봉욱 ··· 29890
배봉욱 ··· 29905
배봉욱 ··· 29925
배비 ··· 13918
배비 ··· 20744
배비 ··· 20751
배비 ··· 17774
배상규 ··· 14566
배상근 ··· 23024
배상청 등 ··· 5245
배선도 ··· 24637
배성부 ··· 13617
배세백 ··· 1926
배수기 ··· 21948
배수농 ··· 9667
배수지 ··· 13295
배순복 ··· 27167
배영 ··· 10683
배영수 ··· 24653
배영진 ··· 24765
배영진 ··· 24767
배영춘 ··· 16742
배은수 ··· 13642
배자 ··· 25283
배장철 ··· 4185
배장청 ··· 21632
배장청 ··· 31415
배장청 ··· 19186
배장청;손왕 ··· 21326
배재룡 ··· 1604
배재룡 ··· 1723
배재룡 ··· 1928
배재룡 ··· 1941
배재룡 ··· 1945
배재수 ··· 24125
배재수 ··· 24000
배정호 ··· 10633
배정호 ··· 11054
배죽필 ··· 9670
배창근 ··· 18073
배춘자 ··· 30350
배태률;심형철 ··· 6921
배학실 ··· 16705
배형진 ··· 7225
배형진 ··· 23688
배희자 ··· 8140
백건 ··· 1013
백경군 ··· 12006
백고 ··· 7634
백광도 ··· 15015
백광도 ··· 15875
백광순 ··· 8589
백광준 ··· 30914
백광진 ··· 4626
백광진 ··· 20548
백광진 ··· 23557
백광진 ··· 24526
백광진 ··· 19541
백구령 ··· 21158
백군 ··· 5568
백금 ··· 29883
백님 ··· 13208
백남 ··· 13218
백남표 ··· 17562
백남표 ··· 17578
백녕 ··· 6278
백당 ··· 28693
백덕성 ··· 16234
백동필 ··· 3210
백두 ··· 26979
백두 ··· 12754
백두 ··· 27012
백두화 ··· 452
백두화 ··· 703
백령 ··· 25444
백로 ··· 191
백록;위군 ··· 18818
백룡산 ··· 24217
백리동 ··· 21512
백림 ··· 19949
백매;리전충 ··· 25896
백명철 ··· 19979
백몽현 ··· 24145
백문룡 ··· 5757
백문범 ··· 5497
백문중 ··· 5997
백보옥 ··· 6551
백보장 ··· 30688
백복녀 ··· 13576
백복녀 ··· 13578
백복녀 ··· 13596
백복녀 ··· 22625
백사룡 ··· 27288
백산 ··· 27035
백산 ··· 27036
백산 ··· 9084
백산 ··· 27015
백상화 ··· 29436
白石 ··· 11244
백설 ··· 31114
백설만 ··· 22104
백설야 ··· 23506
백성철 ··· 124
백성철;김사섭 ··· 6321
백송;화준 ··· 18256
백수 ··· 21746
백수강 ··· 18806
백승인 ··· 12778
백승상 ··· 5711
백승상 ··· 22111

백아군 ……………… 22900
백암 …………………… 2253
백연 …………………… 29014
백영길 ……………… 24950
백예 …………………… 16602
백운금 ……………… 23537
백운봉 ……………… 3869
백운창 ……………… 3025
백운하 ……………… 31900
백운하 ……………… 32030
백운하 ……………… 32148
백원 …………………… 20503
백원만;박재구 …… 17720
백응범 ……………… 30942
백의기 ……………… 12738
백익진 ……………… 2514
백일승 ……………… 15437
백일승 ……………… 15743
백일승 ……………… 16915
백자성 ……………… 20195
백재호 ……………… 23904
백정준 ……………… 30846
백정준 ……………… 31118
백지평 ……………… 3262
백진 …………………… 19569
백진항 ……………… 30761
백진항 ……………… 30764
백진항 ……………… 30767
백진항 ……………… 30779
백진항 ……………… 30781
백진항 ……………… 30802
백진환 ……………… 30704
백진환 ……………… 30798
백진환 ……………… 30800
백진환 ……………… 30805
백진환 ……………… 30806
백진환 ……………… 30812
백진환 ……………… 30816
백진환 ……………… 30827
백진회 ……………… 10396
백창룡 ……………… 25646
백창화;구영문 …… 11077
백춘길 ……………… 20762
백춘명 ……………… 13324
백충렬 ……………… 7242
백충렬 ……………… 8689
백충렬 ……………… 9564
백충모 ……………… 25296
백풍군 ……………… 5471
백학범 ……………… 23398
백행간 ……………… 14849
백호문 ……………… 15628
백호연 ……………… 22507
백호연 ……………… 22603
백호연 ……………… 18057
백화 …………………… 19136
백화;최형동 ……… 24572
백화영 ……………… 31443
백효선 ……………… 22653
번경의;황청갑 …… 22089
번신 …………………… 12550
번연희 ……………… 2191
번영 …………………… 8085
번자 …………………… 432
번자 …………………… 4407
번전무 ……………… 19564
번전생 ……………… 31201
번전생 ……………… 31202
번제 …………………… 437
번지신 ……………… 21766
번평 …………………… 18897
범경;종극의 ……… 5716
범경부 ……………… 5747
범계정 ……………… 29972
범금표 ……………… 28148
범로 …………………… 2812
범로 …………………… 4243
범무종;륙조룡 …… 29831
범문민 등 ………… 6186
범배렬 ……………… 3069
범사공 등 ………… 4827
범사악 ……………… 32797
범석 …………………… 4033
범석림 ……………… 25542
범세충 ……………… 27766
범승연 ……………… 7989
범영걸 ……………… 5289
범영걸;왕준재 …… 5257
범유수 ……………… 10982
범일송 ……………… 21100
범정상 ……………… 29873
범중부 등 ………… 3809
범증 …………………… 22812
범지방 ……………… 18694
범지선 ……………… 30853
범철군 ……………… 247
범충부 ……………… 5639
범풍 …………………… 19971
범홍 …………………… 10141
범훈 …………………… 30880
범흥등 ……………… 5645
법문 …………………… 5030
벽야 …………………… 22460
벽파 …………………… 6314
벽파 …………………… 6315
벽파 …………………… 6475
벽파 …………………… 25033
벽파 …………………… 25349
벽파 …………………… 25673
벽한영 ……………… 24940
벽현영 ……………… 24982
벽화 …………………… 25170
변걸 …………………… 2792
변계 …………………… 6362
변국산 ……………… 9547
변국산 ……………… 9574
변국산 ……………… 9595
변국산 ……………… 9597
변국산 ……………… 9613
변국산 ……………… 9641
변국산 ……………… 9665
변덕근 ……………… 4554
변덕배;섭숭세 …… 27687
변록 …………………… 29502
변무 …………………… 20086
변성 …………………… 25071
변성 …………………… 25182
변성 …………………… 25418
변수예;진택 ……… 5957
변수예;진택 ……… 6047
변영춘 ……………… 3940
변영해 등 ………… 21216
변육린 ……………… 27677
변육린 ……………… 28826
변창렬 ……………… 16180
변창렬 ……………… 16656
변창렬 ……………… 16749
변창렬 등 ………… 14851
변호 …………………… 25278
변홍 …………………… 25597
변흔 …………………… 7506
병문거 ……………… 1263
병삼 …………………… 21802
병선 …………………… 10771
병식 …………………… 23050
보극;장보시 ……… 5013
보도원 ……………… 25105
보도원 ……………… 25136
보동니 ……………… 4689
보량 …………………… 27345
보록 …………………… 1165
보희민 ……………… 31582

복경 ······ 20297
복경국 ······ 31530
복경국 ······ 31597
복경국 ······ 31613
복군 ······ 23200
복군;래춘 ······ 4951
복금산 ······ 4431
복명; 사적 ······ 5426
복생 ······ 2214
복창문 ······ 12395
복학철 ······ 24869
복학철 ······ 19843
복학철 ······ 11641
복항 등 ······ 21525
복흥 ······ 24375
봉강 ······ 8135
봉귀재 ······ 5768
봉기;광호 ······ 3801
봉량의 ······ 6912
봉림;청년 ······ 5669
봉문 ······ 3567
봉산 ······ 5172
봉선화 ······ 4641
봉운;마충영;악이귀 8774
봉일 ······ 19610
봉자 ······ 4615
봉장 ······ 20530
봉정 ······ 24781
봉지중;최아림 ······ 3767
봉철 ······ 12265
봉청 등 ······ 21252
봉파 ······ 21925
봉하 ······ 2265
부국군 ······ 5271
부기방 ······ 10296
부길석;포영견 ······ 20059
부립강 ······ 177
부무왕 ······ 29736
부문업 ······ 6310
부민영 ······ 5016
부백과 ······ 4270
부붕 ······ 21019
부생 ······ 28240
부세구 ······ 10428
부수회 등 ······ 3802
부영 ······ 2830
傅鐸 ······ 17210
부영녕;채해리 ······ 25518
부위 ······ 4055
부윤위;류존귀 ······ 21906
부전로 ······ 11408
부전로 ······ 11409
부전로 ······ 11411
부준상 ······ 5970
부지성 ······ 2920
부진성 ······ 2316
부진성 ······ 3373
부춘국 ······ 5969
부현적 ······ 20609
부홍영 ······ 3986
부화 ······ 28077
부화 ······ 28364
부화 ······ 24791
부흥전;김란 ······ 20525
부희영 ······ 5872
북수;장복 ······ 32503
분기 ······ 5124
분복신 등 ······ 22375
분복신;왕복청 ······ 5718
불천 ······ 19963
붕상 ······ 25438
붕양;손한소 ······ 21131
브.까쓰삐나 ······ 7657
브.꼬르니로브 ······ 4731
브랭크 오콘놀 ······ 11749
비가문 ······ 23723
비금성 ······ 3099
비금성 ······ 3145
비례문 ······ 17610
비성 ······ 23320
비소원 ······ 5632
비양 ······ 32830
빈은분 ······ 30185
빙심 ······ 11300

ㅅ

사각재 ······ 1809
사간 ······ 15461
사간 ······ 15838
사간생 ······ 28163
사감 ······ 2644
사경기 ······ 31892
사경정 ······ 31898
사계산 ······ 1744
사국웅;왕학해 ······ 21760
사군 ······ 4291
사금;주가기 ······ 25484
사노 히라시 ······ 11640
사덕위 ······ 21785
사덕전 ······ 10485
사덕휘 ······ 20180
사동병;우촌 ······ 27409
사려화 ······ 19793
사령 ······ 1840
사령 ······ 2185
사론 ······ 11969
사림 ······ 7376
사림기 ······ 2480
사마운주 ······ 28330
사무전 ······ 4650
사문리 ······ 280
사민귀 ······ 22082
사민덕 ······ 9117
사백장 ······ 29443
사봉진 ······ 4602
사서령 ······ 4932
사선봉;방용 ······ 22420
사설 ······ 11837
사세학 ······ 6059
사신령 ······ 27880
사신하 ······ 19794
사양산 ······ 18687
사열 ······ 4263
사열 ······ 21528
사염유 ······ 19919
사엽신 ······ 19087
사엽신 등 ······ 18035
사엽신;오이업 ······ 6946
사영천 ······ 18939
사우 ······ 20399
사원 ······ 4190
사유(司維) ······ 32216
사은택;장조곤(謝恩澤;張兆崑) ······ 28973
사인 ······ 19498
사자수 ······ 1066
師田手 ······ 13125
사재영 ······ 30436
사조균 ······ 11018
사준 ······ 2089
사준봉 ······ 27406
사중 ······ 3315
사천문;초춘 ······ 5847
사철생 ······ 19586
사철생;석심 ······ 18755
사청;왕추 ······ 34
사초 ······ 12034
사촌 ······ 11095
사춘복 ······ 27467
사충래 ······ 5315
史忠云 ······ 13614
사택팽 ······ 28215

사통 …… 2439
사평;전연 …… 23415
사해천 …… 19901
사현 등 …… 5638
사호 …… 4547
사호 …… 4580
사화 …… 25780
사효휘 …… 674
사희운(謝希云) …… 1646
산굉 …… 53
산굉 …… 66
산석 …… 11643
산석 …… 11875
산수 …… 11112
산야 …… 20288
산천 …… 11159
산천 …… 11432
산천 …… 11441
산천 …… 11583
산천 …… 12432
산천 …… 12453
산천 …… 12496
산천 …… 12537
산천 …… 12590
산천 …… 12626
산천 …… 12660
산천 …… 12668
산천 …… 12708
산천 …… 12840
산천 …… 23136
산천 …… 23234
산천 …… 23280
산천 …… 23291
산천 …… 23376
산천 …… 23397
산천 …… 23418
산천 …… 23419
산천 …… 23436
산홍 …… 32612
삼공 …… 11284
삼공 …… 21334
삼보 …… 30772
三川 …… 13032
상걸 …… 23691
상과 …… 535
상국 …… 32819
상국풍 …… 31934
상군 …… 4437
상궁 …… 12318
상금 …… 10964
상금파 …… 23536
상려홍 …… 10227
상련군 …… 940
상류 …… 21384
상무 …… 18370
상무;광발 …… 5482
상민 …… 12410
상민 …… 14683
상민 …… 14785
상민 …… 31821
상봉 …… 22189
상봉강 …… 21895
상서성;후전좌 …… 21548
상서홍 …… 28125
상서홍 …… 21089
상소행;곽철산 …… 17497
상소화 …… 502
상소화 …… 18969
상수성;왕추명 …… 22234
상승 …… 2781
상신 등 …… 21331
상양 …… 913
상양 …… 2220
상양 …… 20309
상언 …… 3329
상여정 …… 31317
상연 …… 32585
상우 …… 613
상월;황지영 …… 27731
상윤화 …… 27374
상의 …… 23319
상인 …… 733
상장강 …… 25548
상준 …… 4070
상중 …… 6374
상철;명수 …… 30069
상청 …… 2852
상청 …… 5633
상청 …… 23175
상청;문욱 …… 32033
상춘명;왕세정 …… 3864
상필 …… 28281
상헌 …… 14687
상혜 …… 2566
상홍 …… 1885
샘물 …… 21040
생문 …… 31410
생인 …… 328
생평;로택 …… 30766
서가강 …… 26847
서걸 …… 20855
서경무 …… 29512
서경수 …… 14686
서경화;대평 …… 21291
서경화;대평 …… 18821
서계방 …… 4115
서곡(徐谷) …… 30055
서공 …… 27781
서광 …… 22125
서광순 …… 20259
서광순 …… 20380
서광순 …… 22080
서광억 …… 20358
서광억 …… 25289
서광억 …… 14048
서광억 …… 14129
서광억 …… 14138
서광억 …… 14230
서광억 …… 14314
서광억 …… 14483
서광억 …… 17374
서광억 …… 17834
서광억 …… 17879
서광억 …… 17954
서광억 …… 18077
서광억 …… 18146
서광억 …… 18148
서광억 …… 18175
서광억 …… 18269
서광억 …… 18346
서광억 …… 18493
서광억 …… 18749
서광억 …… 19098
서광억 …… 19224
서광억 …… 19313
서광억 …… 19351
서광억 …… 19791
서광억 …… 19841
서광윤 …… 30739
서광윤 …… 30947
서광윤;류봉운 …… 30738
서광흥 …… 7688
서광흥 …… 18800
서국강 …… 5874
서국량;장공승 …… 18109
서국량;장공승 …… 18182
서국장 …… 2561
서국청 …… 4840
서국청 …… 5667
서국청;공윤상 …… 22816
서국평 …… 20966
서군 …… 90

서균 …………………… 18423
서규철 ……………… 30488
서규철 ……………… 30669
서규철 ……………… 31009
서규철 ……………… 31069
서규철 ……………… 31166
서규철 ……………… 31168
서규철 ……………… 31170
서규철 ……………… 31171
서극 …………………… 21734
서극 …………………… 23267
서극;마삼 ………… 21904
서극전 ……………… 5212
서금옥 ……………… 3990
서금화 ……………… 22875
서금화 ……………… 22931
서길화;장문호 …… 25079
서남 …………………… 25208
서달고(徐達古) …… 32102
서덕교 ……………… 6985
서동여 ……………… 8770
서동운 ……………… 17764
서동훈 ……………… 12954
서두남 ……………… 24841
서락몽 ……………… 20953
서락정 ……………… 29519
서란 …………………… 22417
서량 …………………… 21666
서량문 ……………… 28274
서룡출 ……………… 8329
서림 …………………… 21433
서립청 ……………… 5828
서면생 ……………… 31327
서명 …………………… 798
서명훈 ……………… 12135
서명훈 ……………… 27453
서명훈 ……………… 27478
서명훈 ……………… 21169
서무 …………………… 20326
서문 …………………… 2050
서민;왕극달 ……… 5501
서방홍 ……………… 10659
서방홍 ……………… 10679
서방홍 ……………… 10684
서방홍 ……………… 10689
서방홍 ……………… 10699
서방홍 ……………… 10910
서방홍 ……………… 17481
서백영 ……………… 2622
서범영 ……………… 2095
서범영 ……………… 3275
서보옥 ……………… 23826
서보옥 ……………… 24664
서보작 ……………… 638
서복 …………………… 22368
서봉연 ……………… 10151
서상렬 ……………… 8886
서상렬 ……………… 9238
서상렬 ……………… 9257
서상렬 ……………… 9305
서생 …………………… 3176
서서 등 …………… 5411
서서;영무 ………… 10273
서성남 ……………… 3429
서성학 ……………… 14838
서세영 ……………… 19637
서세증 ……………… 7343
서세증 ……………… 7348
서소 …………………… 2093
서소명 ……………… 10135
서수매 ……………… 3226
서승 …………………… 28850
서승 …………………… 29306
서승 …………………… 32670
서승곡 ……………… 32889
서신 …………………… 849
서신;남설우 ……… 18564
서아명 ……………… 20037
서아평 ……………… 21521
서악 …………………… 13741
서안전 ……………… 32536
서안전 ……………… 32627
서약 …………………… 4353
서영경 ……………… 29166
서영기 ……………… 14415
서영기 ……………… 17127
서영림 ……………… 8505
서영림 ……………… 11578
서영빈 ……………… 7480
서영빈 ……………… 11212
서영빈 ……………… 12539
서영빈 ……………… 23586
서영빈 ……………… 23711
서영섭 ……………… 10503
서영일 ……………… 32672
서영철 ……………… 31880
서영출 ……………… 6105
서영출 ……………… 6107
서영홍 ……………… 23519
서영화 ……………… 27511
서영희 ……………… 12394
서영희 ……………… 23388
서옥희 ……………… 22605
서옥희 ……………… 17736
서용활 ……………… 25521
서용활 ……………… 15892
서용활 ……………… 16207
서운경(徐雲庚) …… 6108
서운청;장경길 …… 20682
서운청;장경길 …… 20687
서웅 …………………… 28061
서웅택 ……………… 9708
서위국 ……………… 5825
서위민 ……………… 22278
서위성;조생 ……… 30481
서유경 ……………… 19992
서유경 ……………… 19183
서유경 ……………… 19417
서유과 ……………… 19255
서유화 ……………… 21854
서윤괴 ……………… 32241
서윤선 ……………… 361
서은왕 ……………… 23915
서은혜 ……………… 5484
서인 …………………… 2082
서인국(徐仁國) …… 8310
서인권 ……………… 1713
서인길 ……………… 28821
서인길 ……………… 28954
서일권 ……………… 10739
서일권 ……………… 10835
서일권 ……………… 11106
서일권 ……………… 11117
서일권 ……………… 11209
서일권 ……………… 11400
서일권 ……………… 11457
서일권 ……………… 12297
서일권 ……………… 27679
서일권 ……………… 25966
서일권;정반룡 …… 11203
서장경 ……………… 10309
서장서 ……………… 28790
서장송 ……………… 32419
서장유;송걸 ……… 3779
서재식 ……………… 24325
서전 …………………… 490
서정운 ……………… 17868
서정윤 ……………… 17173
서정일 ……………… 21969
서정일 ……………… 22164
서정일 ……………… 22418
서정자 ……………… 9342

서정자 9368
서정호 19967
서정호 15631
서정호 18965
서정화 7576
서정화 24877
서조부;한정화 19965
서종식 24090
서종식 24144
서종식 24258
서종식 24314
서지룡 10388
서지홍 18864
서진량 5418
서진우 25805
서진청;은덕발 22211
서창길 25930
서철원 20917
서철원 20924
서철원 20940
서철원 20954
서철원 20973
서철휘 27039
서청룡 7518
서청룡 21035
서청룡 21979
서청원 18917
서초 25094
서초 25196
서초련 31599
서춘복 14159
서택금 27301
서택금 23887
서택금;곽배승 28554
서택휘 2846
서파 2501
서판권 27428
서평 22166
서평 22196
서학봉 18409
서학춘 6771
서학해 1259
서함 30690
서해성 5495
서향전 20688
서헌 11796
서헌 12187
서헌 13068
서헌 13130
서헌 13147
서헌 13188
서헌 13238
서헌 13256
서헌 13278
서헌 13318
서헌 13348
서헌 13363
서헌 13381
서헌 13382
서헌 24647
서헌 15839
서현 24628
서혜경 19312
서호 25084
서홍 751
서홍 27029
서홍범 13373
서홍병 등 11986
서홍신;리룡수 23944
서홍일 27932
서화 4373
서화 21849
서효파 315
석견 2083
석견(石堅) 30234
석결여 23555
석경린 18920
석경송 618
석덕권 30830
석동길 31155
석동수 20722
석동수 20735
석동일 9339
석동준 23208
석두 14865
석뢰 18263
석린 31771
석림(石林) 29714
석만 19210
석문주 4412
석문주 15075
석문주 15364
석문주 15710
석문주 16589
석문주 16902
석보 31080
석봉 1914
석봉 19079
석빈 18594
석산호;김란 20473
석상철 24891
석승 12241
석승 27463
석신 20445
석신 19089
석암 1251
석양 619
석양 11671
석연미 25553
석영 30448
석용 4570
석웅걸 7288
석일가 12982
석정애 20152
석정애 25369
석정애 25474
석정정 25527
석준수 8449
석중일 9404
석중일 9412
석중일 9421
석중일 9426
석중천 42
석중천 55
석중천 384
석청송 27564
석태성 16151
석태성 16731
석택성 16240
석택성 16484
석택성 16810
석하연 13294
석하연 13400
석하연 13775
석해 11688
석홍단 21991
석홍주 19838
석화 12098
석화 23168
석화 23228
석화 23381
석화 23640
석화 15304
석화 15611
석화 15878
석화 15939
석화 15970
석화 16008
석화 16135
석화 16259
석화 16348
석화 16365

석화 ······ 16419
석화 ······ 16536
석화 ······ 16590
석화 ······ 16617
석화 ······ 16621
석화 ······ 16850
석화 ······ 16892
석화 ······ 16942
석희만 ······ 21356
석희만 ······ 21493
석희만 ······ 21557
석희만 ······ 22477
석희만 ······ 23410
석희만 ······ 26850
석희만 ······ 26857
선걸 ······ 5425
선경유 ······ 3718
선경유 ······ 3804
선경유 ······ 4093
선경유 ······ 4887
선경유 ······ 10337
선경유 ······ 21289
선달 ······ 4494
선무 ······ 12009
선수경 ······ 31063
선우연화 ······ 14571
선우철 ······ 15406
선우철 ······ 15604
선우철 ······ 15797
선우철 ······ 15817
선우태성 ······ 19972
선우태성 ······ 20515
선종인 ······ 25092
선청한 ······ 24568
선춘자 ······ 24839
선학봉 ······ 12041
선화 ······ 24461
설계인 ······ 7831
설광화 ······ 4880
설굉문 ······ 5554
설국 ······ 5125
설국방 ······ 1362
설군악(薛軍岳) ······ 30002
설령 ······ 248
설령 ······ 1271
설령 ······ 3038
설령 ······ 3249
설령 ······ 3837
설령 ······ 4062
설령 ······ 6251
설령 ······ 23362
설림 ······ 18676
설매 ······ 5070
설문 ······ 28279
설백 ······ 12027
설병 ······ 4699
설봉 ······ 21189
설봉 ······ 22156
설봉 ······ 27016
설봉 ······ 27017
설봉 ······ 27079
설봉 ······ 27084
설봉 ······ 27088
설봉 ······ 27095
설봉 ······ 19518
설봉 ······ 27068
설봉;왕위 ······ 8108
설신년 등 ······ 21076
설송 ······ 24379
설야 ······ 24102
설야 ······ 28003
설영 ······ 10475
설옥상;류지강 ······ 25652
설운 ······ 21453
설위 ······ 5709
설위 등 ······ 19423
설위민 ······ 16361
설음 ······ 24519
설이 ······ 1274
설이 ······ 1279
설이 ······ 1721
설이 ······ 1727
설이 ······ 1913
설이 ······ 1981
설이 ······ 1984
설이 ······ 2801
설이 ······ 3311
설이 ······ 6370
설익청 ······ 835
설인 ······ 4309
설인 ······ 11082
설인 ······ 12581
설인 ······ 13134
설인 ······ 13143
설인 ······ 13178
설인 ······ 13234
설인 ······ 13260
설인 ······ 13802
설인 ······ 14137
설인 ······ 14488
설인 ······ 14717
설인 ······ 15032
설인 ······ 15256
설인 ······ 16228
설인 ······ 16513
설인 ······ 16770
설인 ······ 17165
설인 ······ 17183
雪人 ······ 13006
설정순 ······ 13477
설정순 ······ 13498
설정순 ······ 13524
설조홍 ······ 781
설종성 ······ 16889
설종원 ······ 31671
설중신 ······ 915
설중신 ······ 1407
설중신 ······ 1740
설창진 ······ 22265
설파 ······ 4473
설풍 ······ 4607
설현영 ······ 25718
설화 ······ 27846
섭대춘 ······ 25038
섭문복 ······ 12330
섭문복 ······ 14576
섭상원 ······ 29027
섭영진 ······ 28197
섭우;리광승 ······ 358
섭흠삼 ······ 18724
성경옥 ······ 20596
성곡 ······ 2549
성광일 ······ 18222
성국량 등 ······ 21147
성귀석 ······ 13560
성귀석 ······ 13773
성귀석 ······ 22578
성귀석 ······ 23823
성귀석 ······ 24643
성귀석 ······ 27947
성귀석 ······ 17619
성귀석 ······ 17635
성귀석 ······ 17640
성귀석 ······ 17675
성귀석 ······ 17739
성기 ······ 244
성기 ······ 2183
성기언 ······ 4933
성련석 ······ 20154
성룡철 ······ 26948
성룡화 ······ 24884
성무춘 ······ 9341

성문 …………………… 25472
성문 …………………… 14008
성문준 ………………… 1539
성민자 ………………… 8839
성부춘 ………………… 7931
성부춘 ………………… 9344
성부춘 ………………… 11204
성상자 ………………… 10157
성성 …………………… 26895
성송권 ………………… 4398
성송권 ………………… 5379
성숙 …………………… 11536
성숙 …………………… 12693
성숙 …………………… 28467
성신 …………………… 4982
성연일 ………………… 25744
성영 …………………… 23455
성옥기;안경철 ……… 3698
성의 …………………… 9783
성조굉 ………………… 21075
성지 등 ……………… 21255
성지위 ………………… 11626
성진숙 ………………… 20232
성진숙 ………………… 20254
성진숙 ………………… 20476
성진숙 ………………… 22264
성진숙 ………………… 23606
성찬 …………………… 27684
성철호 ………………… 22515
성춘도 ………………… 6572
성태;진영 ………… 23939
성파 …………………… 25236
성패림 ………………… 10241
성패림;팽질문 ……… 284
성혜 등 ……………… 5986
성혜 등 ……………… 6016
성혜등 ………………… 5740
성호 …………………… 1055
성호 …………………… 23591
성호 ………………… 788
세평등 ………………… 5598
세명 …………………… 939
세문 …………………… 21645
세문 …………………… 21662
세문 …………………… 21669
세문 …………………… 21684
세문 …………………… 21738
세문 …………………… 21951
세문 …………………… 27856
세문 …………………… 27868
세문 …………………… 27871
세문 …………………… 27879
세문 …………………… 27890
세문 …………………… 27906
세문 …………………… 27912
세문 …………………… 27914
세문 …………………… 28057
세문 …………………… 28064
세문 …………………… 28100
세문 …………………… 28120
세문 …………………… 28339
세문 …………………… 28341
세민 …………………… 4885
세민 등 ……………… 4888
세평 …………………… 4017
세훈;강휘 …………… 21620
소건 …………………… 23788
소건 …………………… 19577
소건신 ………………… 20113
소건신 ………………… 22014
소결 …………………… 1757
소경리 ………………… 5816
소경부 ………………… 17231
소고;동산 ………… 24913
소곡이 ………………… 18446
소곡이 ………………… 18708
소과 …………………… 28816
소국림 ………………… 29036
소국심 ………………… 23161
소국심 ………………… 27404
소국정 각색; 용개은 그림 ………………… 25382
소균 …………………… 22217
소귀천 ………………… 19670
소귀천 ………………… 19890
소근흥 ………………… 32167
소금성 ………………… 18562
소기 …………………… 519
소기 …………………… 10108
소기 등 ……………… 5812
소기 등 ……………… 5819
소념성 ………………… 27905
소단;첩신 …………… 25815
소동 …………………… 457
소동 …………………… 896
소동생 ………………… 717
소두 …………………… 20649
소려 …………………… 4056
소려 …………………… 29009
소려 …………………… 19602
소려홍 ………………… 739
소련 …………………… 21905
소령 …………………… 19887
소로 …………………… 10213
소륙의 ………………… 19343
소림 …………………… 1010
소림;항산 …………… 5569
소명 …………………… 668
소명 …………………… 11247
소명 …………………… 19162
소문 …………………… 24608
소문선 ………………… 2429
소문선 ………………… 2432
소민 …………………… 24311
소민 …………………… 18573
소민;리창하 ………… 24188
소백 …………………… 25595
소백 …………………… 25475
소벽춘;조언구 …… 29302
소보 …………………… 462
소보 …………………… 565
소보융;장산 ……… 18200
소복 …………………… 21362
소복항 ………………… 28248
소복항 등 …………… 4111
소복항 등 …………… 22268
소복항;부표 ……… 22100
소복항;엽선명 …… 5044
소복항;왕세만 …… 5244
소복항;요광발 …… 5100
소복항;장춘우 …… 21444
소복흥 ………………… 21202
소봉 …………………… 6342
소북 …………………… 6524
소비 …………………… 2153
소생 …………………… 27895
소서 …………………… 29595
소석;구도 ………… 25169
소선 …………………… 28370
소성 …………………… 6238
소성일 ………………… 29165
소소 …………………… 5612
소소천 ………………… 30829
소송년 ………………… 12064
소수상;류봉정 …… 5999
소숙양 ………………… 28220
소순;추장해 ……… 5355
소슬 …………………… 20212
소승량 ………………… 12060
소신 …………………… 22730
소약곡 ………………… 30997
소엽 …………………… 32713

소영강 ··· 21037
소영정 ··· 28165
소예(蘇予) ··· 11339
소옥전 ··· 14657
소옥전;책만영 ··· 5334
소옥화 ··· 21978
소운 ··· 443
소운;최봉 ··· 17225
소운성;상신 ··· 18302
소원 등 ··· 21297
소월고 ··· 12276
소위 ··· 21338
소위 ··· 28359
소위국 ··· 30401
소유민 ··· 29971
소유민 ··· 29973
소유민 ··· 30240
소유민 ··· 30242
소육화 ··· 20729
소은 ··· 11405
소은 ··· 11431
蕭殷 ··· 11336
소음화 ··· 8812
소자 ··· 23353
소전린 ··· 11835
소전린 ··· 11964
소정 ··· 12655
소정려 ··· 25070
소제 ··· 12849
소조군;김홍문 ··· 5309
소주 ··· 4343
소주 ··· 22124
소죽 ··· 27974
소지빈;리광무 ··· 21515
소진재 ··· 3741
소진화 ··· 20449
소진화(蘇振和) ··· 1561
소진흥 ··· 3365
소집 ··· 32705
소천수 ··· 18593
소철 ··· 7407
소초 ··· 20258
소축 ··· 4915
소치 ··· 23003
소평 ··· 25878
소평 ··· 362
소평 ··· 21190
소풍 ··· 10667
소풍 ··· 22735
소풍 ··· 22782
소학성 ··· 31248
소해 ··· 6390
소협;반수명 ··· 468
소협;반수명 ··· 472
소혜민 ··· 7339
소화 ··· 8483
소화 ··· 20272
소화;위민;유운 ··· 28010
소효강 ··· 22049
소휘 ··· 19955
속세걸(束世杰) ··· 28881
손개남 ··· 32783
손검예 ··· 1778
손경원(孫景遠) ··· 32208
손계권 ··· 4388
손계권;권영사 ··· 5073
손계림 ··· 7694
손계무 ··· 22985
손계무 ··· 23039
손계무 ··· 18813
손계충 ··· 21815
손고 ··· 6075
손관룡 ··· 28815
손광례 ··· 25843
손권 ··· 23153
손귀봉 ··· 25867
손근 ··· 24924
손근희 ··· 19322
손금성 ··· 22582
손기;원위 ··· 6040
손기문(孫基文) ··· 31960
손기영 ··· 3942
손길방 ··· 1264
손대발;주춘생 ··· 5922
손덕군 ··· 3256
손덕청 ··· 32712
손덕훈 ··· 30535
손동생;김의천 ··· 20905
손득선;송숭암 ··· 19795
손락의 ··· 3459
손래금 ··· 14696
손량성 ··· 22138
손련순 ··· 25910
손룡호 ··· 12146
손룡호 ··· 12741
손룡호 ··· 20389
손룡호 ··· 20578
손룡호 ··· 18621
손룡호 ··· 19756
손림생 ··· 27804
손림석 ··· 18971
손립주 ··· 27736
손매 ··· 10150
손명 ··· 1542
손문민 ··· 20591
손문연 등 ··· 31057
손문온 ··· 31938
손문익 ··· 8197
손문휘 등 ··· 5815
손문휘;로홍지 ··· 3540
손미향 ··· 22329
손벽진 ··· 8097
손보귀 등 ··· 3822
손빈 ··· 12688
손상맹 ··· 3018
손상맹 ··· 3019
손상명 ··· 372
손상명 ··· 3936
손상명 ··· 6318
손상명 등 ··· 20782
손서귀;장경영 ··· 5408
손성문 ··· 28606
손성안 ··· 20142
손성죽 등 ··· 8115
손세개 ··· 1569
손세동 ··· 20883
손세연 ··· 1253
손소강 ··· 728
손소산 ··· 18469
손소산 ··· 18485
손손 ··· 12311
손수길 ··· 13556
손수길 ··· 13674
손수연 ··· 31941
손수영 ··· 29746
손수영 등 ··· 3842
손수청 ··· 14701
손수청 ··· 15418
손수청 등 ··· 32052
손수화(孫秀華) ··· 2271
손순덕 ··· 22919
손숭우 ··· 6033
손승리 ··· 21285
손승리 등 ··· 5656
손승문 ··· 19364
손안명;전상정 ··· 5849
손약민;왕한생 ··· 21240
손염규 ··· 23913
손영 ··· 2643
손영강 ··· 4799
손영군 ··· 20155
손영군 ··· 21712

손영군 ……………… 26870
손영근 ……………… 13122
손영맹 ……………… 2809
손영애 ……………… 25287
손영철 ……………… 22954
손영휘 ……………… 18214
손옥림;백금연 ……… 5513
손옥청 ……………… 28206
손왕 등 …………… 21290
손용강 ……………… 29733
손우 ……………… 17302
손욱 ……………… 5381
손운추 ……………… 8289
손운효 ……………… 22322
손위 ……………… 4828
손유군 ……………… 24711
손유근 ……………… 25858
손유신;전부용 ……… 5415
손육민 ……………… 4199
손의 ……………… 25924
손의 ……………… 28605
손의 ……………… 28664
손의당 ……………… 22695
손익 ……………… 28963
손인규 ……………… 21088
손인숙;리후남 ……… 8523
손인회 ……………… 25716
손자모 ……………… 11660
손재청 ……………… 18784
손전복 ……………… 2104
손정군 ……………… 8196
손정상 ……………… 32198
손정요;림문국 ……… 4379
손정철 ……………… 13667
손조동 ……………… 23312
손준연 ……………… 20867
손중천 ……………… 10307
손지호 ……………… 6736
손진당;호일민 ……… 7952
손진당;호일민 …… 10053
손진숙 ……………… 8445
손창림 ……………… 20994
손창림;마문룡 …… 21065
손창석 ……………… 411
손창석 ……………… 7071
손창석 ……………… 7118
손창석 ……………… 8623
손창석 ……………… 8628
손창석 ……………… 8631
손창석 ……………… 8636
손창석 ……………… 8665
손창석 ……………… 8684
손창석 ……………… 8693
손창석 ……………… 8713
손창석 ……………… 8744
손창석 ……………… 24346
손창석; 홍만식 …… 8657
손척령 ……………… 25341
손철수 ……………… 29179
손철수 ……………… 29263
손철수 ……………… 29268
손철수 ……………… 9918
손철수 ……………… 9925
손철수 ……………… 9930
손청봉 ……………… 25792
손청송 ……………… 21706
손청송 ……………… 9393
손춘식 ……………… 13720
손탁청 ……………… 19652
손표은;진효영 …… 12564
손해정 ……………… 4052
손향전 등 ………… 3830
손현춘 ……………… 16803
손호남 ……………… 23878
손홍매 ……………… 25022
손홍상 ……………… 7845
손홍춘 ……………… 460
손효량 ……………… 6527
손효병 ……………… 4698
손효운 ……………… 22233
손효홍 ……………… 22380
손효휘 ……………… 7203
손효휘 ……………… 7232
손휘 ……………… 7196
손흔 ……………… 6098
손흔 ……………… 6234
손흥권 ……………… 2398
손흥성 ……………… 1851
손흥영 ……………… 22558
손흥영 ……………… 17587
손흥영 ……………… 17668
손흥영 ……………… 17743
손흥영 ……………… 18090
송가필 ……………… 14244
송강 ……………… 25835
송건 ……………… 21568
송건화 ……………… 22969
송걸 ……………… 21652
송걸;오혜민 ……… 21485
송경섭;리응식 ……… 9878
송계선 ……………… 6157
송관섭 ……………… 9441
송국개;왕립헌 … 25363
송국개:왕립생 … 25839
송군선 ……………… 31508
송군칠 ……………… 5085
송규원 ……………… 30716
송규원 ……………… 30762
송규원 ……………… 30860
송근 ……………… 10189
송근(宋勤) ……… 31442
송기순 ……………… 6641
송대뢰 ……………… 23476
송도 ……………… 11692
송련춘 ……………… 14421
송련춘 ……………… 14445
송룡범 ……………… 29294
송룡범 ……………… 30757
송룡법 ……………… 29291
송룡섭 ……………… 24582
송리학 ……………… 28704
송리학 ……………… 29060
송리학 ……………… 32445
송림 ……………… 702
송림 ……………… 711
송림 ……………… 764
송림 ……………… 4469
송림박 ……………… 21436
송명옥(宋明玉) …… 8323
송목전 등 ………… 20776
송몽규 ……………… 20467
송몽규 ……………… 17125
송문룡 ……………… 20539
송미라 ……………… 27163
송미려 ……………… 23745
송방;김재호 ……… 19858
송백 ……………… 21316
송병관 ……………… 22560
송병식 ……………… 19933
송병식 ……………… 23278
송병식 ……………… 23380
송병식 ……………… 23470
송병식 ……………… 19850
송복전 등 ………… 6446
송복진 ……………… 1221
송복진(宋福珍) …… 2914
송복진(宋福珍) …… 2918
송복천 ……………… 6392
송봉녀 ……………… 31534
송상균 ……………… 373
송상옥 ……………… 11597
송상우;려조유 …… 31559

송상향 ······ 27942
송생귀 ······ 12665
송석만 ······ 21728
송석순 ······ 19920
송석순 ······ 20542
송성만 ······ 27577
송성만 ······ 19609
송성만 ······ 12772
송소기 ······ 19809
송수 ······ 7504
송숙지 ······ 8714
송순옥 ······ 8297
송연 ······ 22261
송영 ······ 20709
송영 ······ 22518
송영관 ······ 32882
송영관 ······ 17344
송영관 ······ 2557
송영관 ······ 3236
송영관 ······ 6570
송영관 ······ 6598
송영관 ······ 12425
송영애 ······ 24275
송영월 ······ 8183
송영월 ······ 8710
송영철 ······ 7514
송영철 ······ 8172
송영철;방옥분 ······ 8582
송영호 ······ 9378
송위평 ······ 22167
송위평 ······ 23632
송인준 ······ 1848
송인준 ······ 6444
송일주 ······ 27802
송임궁 ······ 1318
송임궁 ······ 3681
송임원 ······ 14496
송전상 ······ 31910
송정하 ······ 9695
송정헌 ······ 4943
송정환 ······ 22748
송정환 ······ 23534
송정환 ······ 24095
송정환 ······ 24330
송정환 ······ 27596
송정환 ······ 27597
송정환 ······ 27618
송정환 ······ 27707
송정환 ······ 27749
송정환 ······ 14204
송정환 ······ 14534
송정환 ······ 14541
송정환 ······ 14550
송정환 ······ 14568
송정환 ······ 14624
송정환 ······ 14637
송정환 ······ 14677
송정환 ······ 14690
송정환 ······ 14708
송정환 ······ 14808
송정환 ······ 14843
송정환 ······ 14867
송정환 ······ 14877
송정환 ······ 14881
송정환 ······ 14918
송정환 ······ 14940
송정환 ······ 15081
송정환 ······ 15305
송정환 ······ 15420
송정환 ······ 15484
송정환 ······ 15517
송정환 ······ 15676
송정환 ······ 15745
송정환 ······ 15747
송정환 ······ 15854
송정환 ······ 15960
송정환 ······ 16094
송정환 ······ 16115
송정환 ······ 16227
송정환 ······ 16236
송정환 ······ 16362
송정환 ······ 16395
송정환 ······ 16500
송정환 ······ 16534
송정환 ······ 16552
송정환 ······ 16664
송정환 ······ 16707
송정환 ······ 16734
송정환 ······ 16779
송정환 ······ 16862
송정환 ······ 17025
송정환 ······ 17039
송정환 ······ 17049
송정환 ······ 17091
송정환 ······ 17145
송정환 ······ 17186
송정환 ······ 18671
송정환 ······ 18893
송정환 ······ 19117
송정환 ······ 19157
송정환 ······ 19180
송정환 ······ 19299
송정환 ······ 19528
송정환 ······ 25984
송정환 ······ 25992
송정환 ······ 11849
송정환 ······ 12298
송정환 ······ 13890
송정환 ······ 24028
송정환 ······ 24089
송정환 ······ 27585
송정환 ······ 27586
송정환 ······ 27588
송정환 ······ 27592
송주호 ······ 9385
송주호 ······ 9388
송주호 ······ 9397
송주호 ······ 9409
송지성 ······ 29040
송지성 ······ 677
송지학 ······ 27383
송지학 ······ 28318
송진정 ······ 3162
송진정 ······ 3181
송진정 ······ 3269
송진정 ······ 3383
송진정 ······ 11353
송진하 ······ 21090
송천 ······ 4144
송천식 ······ 10323
송천식 ······ 10366
송천식 ······ 10762
송철 ······ 21754
송철 ······ 3308
송철수 ······ 29251
송철운 ······ 2570
송철주 ······ 31853
송청암(宋青岩) ······ 9139
송춘 ······ 28187
송춘 ······ 14589
송춘남 ······ 20101
송춘남 ······ 21340
송춘남 ······ 18289
송춘남 ······ 18517
송춘남 ······ 18529
송춘남 ······ 19250
송춘남 ······ 19467
송춘남 ······ 4876
송춘남 ······ 12654
송춘자 ······ 9189
송춘자 ······ 9246
송춘희 ······ 8700

송충남 12136
송칠송 13635
송파 3421
송파 3518
송학무 19070
송해원 28538
송향수 5937
송호 27269
송호빈 24925
송호석 21141
송호석 23433
송호석 18510
송호순 20124
송홍강 6387
송화 538
송화평 4987
송효가 4418
송효기 23629
송희 25535
송희 25554
송희 32684
쇼롬알로함 11681
쇼진무 27579
수개 1868
수걸 2067
수군 등 5247
수군 등 5398
수군;림빈 21136
수군;망무 5566
수군;조빈 3230
수군등 5649
수길 13554
수남 29006
수동승 6061
수라 11678
수란 21464
수려 4978
수로 23426
수로 29248
수목 10102
수무 2489
수문 등 19228
수산 29546
수산 32264
수상 5551
수석린 31770
수선 28904
수선 32292
수성 20336
수성 292
수암 23653
수암;리금순 10055
수우 4999
수운 22634
수운 6470
수운 115
수운 118
수운승 13416
수운승 13425
수원승 13522
수유 27790
수유 442
수유 4283
수유 4302
수일 445
수일심 25600
수천중 26893
수첩 1180
수청 1751
수풀 23255
수풀 16058
수훈 등 5886
숙림 4820
숙이 20006
숙혜 1068
숙화 58
순금 21727
순길 12214
순길 12248
순발 19363
순소선 23648
순영 22364
순영 22407
순이 20642
순진강;양벽해 5715
순철 29680
순철 29834
순춘 18588
순효;경부 21899
술량 2522
숭혜 29752
袁水拍 12190
습인 21696
승덕 27083
승민 21649
승일 22012
승전송 32533
승창호 29545
승필 1069
시경국 2065
시경국 2526
시경국 2611
시계순 31600
시극검 6410
시능상 32141
시락몽 28124
시량;효라 839
시림부 1944
시만림 22996
시만림;초백추 3628
시방 21819
시방 4399
시성문;조용전 27617
시수 등 21153
시조 10211
시주련 등 22853
시충 27808
시평 3338
시학군 32791
신거 18743
신경 27077
신경 4695
신경묵 20138
신경묵 21630
신경택 32509
신국봉 25735
신국상 29962
신국상 32868
신국지;장외 21261
신군 18974
신균 10816
신균 10877
신금복 20354
신금자 8195
신금자 8385
신금자 8451
신금자 8586
신금자 8597
신금자;리만송 8201
신기덕 20543
신기덕 23590
신달룡;박상로 24210
신덕관 27446
신덕순 27218
신덕지 18086
신덕지;류춘래 5953
신동 31426
신동륙 18778
신동수 9348
신동욱 720
신동욱 721
신동욱 6811

신동욱 ······ 6814
신동욱 ······ 7063
신동욱 ······ 7064
신동욱 ······ 7983
신동욱 ······ 12867
신동욱 ······ 12897
신동일 ······ 2436
신동춘 ······ 30631
신동혁 ······ 9478
신동호 ······ 8722
신동화 ······ 9836
신동희 ······ 23554
신론 ······ 1286
신료;금수 ······ 3778
신룡검 ······ 17475
신룡수 ······ 17458
신립 ······ 5223
신명건 ······ 17918
신명철;김부수 ······ 9686
신명희(申明姬) ······ 8318
신문 ······ 431
신문 ······ 1789
신문 ······ 4154
신문강 ······ 29430
신문림 ······ 11917
신물 ······ 19129
신민;로사 ······ 30389
신병 ······ 240
신봉철 ······ 6979
신봉철 ······ 7790
신삼덕 ······ 8361
신상걸 ······ 11884
신상걸 ······ 11888
신상걸 ······ 12110
신상렬 ······ 17707
신상준 ······ 8843
신성권 ······ 7608
신성단;리영애 ······ 24414
신성철 ······ 17190
신세량;덕행 ······ 22139
신송월 ······ 9468
신송월;윤상국 ······ 9490
신순옥 ······ 9367
신순희 ······ 16071
신순희 ······ 16128
신순희 ······ 16588
신아 ······ 19585
신연식 ······ 10169
신연식 ······ 10187
신연하 ······ 23465
신영걸;김부수 ······ 9063
신영복 ······ 6961
신영호 ······ 8764
신영화 ······ 14149
신영희 ······ 15693
신영희 ······ 15772
신영희 ······ 15913
신영희 ······ 16076
신영희 ······ 16333
신영희 ······ 16594
신예분 ······ 27267
신옥균 ······ 464
신옥균 ······ 9234
신옥균 ······ 10537
신옥균 ······ 10647
신옥균 ······ 10812
신옥균 ······ 10881
신옥균 ······ 10914
신옥균 ······ 10928
신옥균 ······ 10936
신옥녀 ······ 15254
신옥녀 ······ 15944
신옥란 ······ 15049
신은균 ······ 13325
신은철 ······ 16939
신의순;정해철 ······ 24344
신인숙 ······ 22801
신인화 ······ 15910
신장 ······ 6250
신장수 ······ 15282
신장현 ······ 32160
신재호 ······ 14195
신정보 ······ 12249
신정숙 ······ 29730
신정숙 ······ 12484
신종호 ······ 1610
신창수 ······ 14340
신창수 ······ 14508
신창수 ······ 14935
신창수 ······ 16103
신창수 ······ 16246
신창순 ······ 17937
신창순 ······ 1397
신창학 ······ 16569
신창호 ······ 13906
신창희 ······ 1110
신창희 ······ 2188
신창희 ······ 2285
신창희 ······ 2455
신창희 ······ 3497
신창희 ······ 6450
신창희 ······ 6487
신철 ······ 13305
신철 ······ 13334
신철국 ······ 20172
신철국 ······ 20205
신철국 ······ 12914
신철민 ······ 25645
신철호 ······ 14974
신철호 ······ 15016
신철호 ······ 15101
신철호 ······ 15735
신철호 ······ 6848
신철호 ······ 12387
신초 ······ 27594
신춘자 ······ 7150
신춘자 ······ 8007
신춘자 ······ 8388
신춘자;김종순 ······ 8517
신춘화 ······ 8254
신태룡 ······ 8921
신포 ······ 28813
신하 ······ 29121
신학봉 ······ 13750
신학산 ······ 14040
신학산 ······ 13588
신해월 ······ 14751
신현기 ······ 18020
신현기 ······ 18167
신현모 ······ 32539
신현모 ······ 3930
신현산 ······ 14789
신현산 ······ 14847
신현산 ······ 15113
신현산 ······ 15333
신현산 ······ 15439
신현산 ······ 15861
신현산 ······ 16013
신현식;오순옥 ······ 21172
신현옥 ······ 17651
신현옥 ······ 9192
신현옥 ······ 9280
신현옥 ······ 10765
신현철 ······ 20027
신현철 ······ 21302
신현철 ······ 22870
신현철 ······ 23062
신현철 ······ 23358
신현철 ······ 23378
신현철 ······ 23431
신현철 ······ 23469
신현철 ······ 23680

신현철 24799
신현철 15169
신현철 16558
신현철 16721
신현철 17052
신현철 19701
신현철 8497
신현철 10995
신혜영 23647
신호 27063
신호 27091
신호섭 12254
신호철 19644
신홍화 25491
심 영철 6935
심건국 27967
심검 4889
심검 4892
심검 4899
심경부 2613
심계민 5912
심군 10463
심군문;연정 3448
심군민 4774
심군민 5728
심군민 5838
심군민 6006
심군선 3649
심군선 5817
심궁 3657
심균당 30246
심금섭 3115
심기련 13293
심기재(당) 18852
심동민 등 21279
심동민 등 5650
심동장 5863
심동장 5898
심동하;최철순 8866
심동훈 32051
심동훈 5951
심록부(深祿富) 30886
심룡남 15883
심룡철 22577
심벽연 22239
심보상 1579
심복창 6123
심사 593
심사동 5466
심사동 6002
심사동;심정군 5961
심상국 10940
심상직 9167
심생 28476
심생 31718
심석종 20891
심석종 20962
심석종 25087
심선증 19517
심성수;안광섭 32139
심세악 30241
심송보 25396
심수 17211
심순 4663
심순택;김필한 30823
심연 23762
심연림 7968
심연비 4624
심연청 3620
심연희 27166
심영 15673
심영 17353
심영숙 8612
심영화 25219
심예란 21259
심옥섭 8171
심옥진 30177
심옥진 30180
심옥진 30182
심용;김성 19270
심욱 30377
심윤강(沈允鋼) 32873
심윤권;윤석봉 31225
심인 19390
심인강 12975
심정군 6010
심정호 14734
심정호 15582
심정호 17369
심조관 23262
심종문 18399
심종택 2034
심진 2542
심창권 29338
심창림 9648
심천 3357
심철관 29447
심청 4770
심춘광 25295
심침 4666
심태복 9872
심하감 30434
심한 19379
심해수 23809
심해수 23810
심해수 24662
심형철 3953
심혜숙 28949
심혜숙 28602
심호성 25631
심휘 27438
심희섭 22538
심희섭 14039
심희섭 10637
심희섭 10654
심희섭 10858
심희섭 12236
싸오우 13755
싸인 바얄 23250
쌍백 27161
쌍베로 11707

ㅇ

아갑 23106
아교;연방 3499
아기별 24642
아남 525
아눙 25067
아동무 20331
아리랑 22508
아명 388
아명 19465
아배 11721
아배 15534
아배 19727
아병 20590
아붕 6611
아산 599
아생;산지 22161
아성 20544
아수 22181
아수 23573
아수근 25569
아언 20410
아우 456
아위 각색; 라미 그림 25230
아인슈타인 274
아청 11697
아탁 4534
아혜 4665
악규향 7308

악릉비(鄂陵菲) …… 31182
악연 …………………… 9858
악종대 ……………… 30740
악종대 ……………… 30744
악종대 ……………… 30596
악천 …………………… 6249
안가 ………………… 26956
안가정 ……………… 20595
안가준 ……………… 31378
안경숙 ………………… 8638
안경숙 ……………… 14988
안경식 ………………… 8651
안경식 ………………… 8664
안경식 ………………… 8730
안경식 ………………… 9068
안과문 ………………… 1849
안광응 ………………… 8907
안국민 ……………… 27011
안국민 ……………… 27043
안국민 ……………… 27056
안국철 ……………… 14642
안귀선 ……………… 18108
안귀선 ……………… 18353
안귀선 ……………… 19912
안규 …………………… 1918
안규현 ……………… 29373
안금호 ………………… 2334
안기춘 ……………… 18746
안기춘 ……………… 18906
안기춘 ……………… 19035
안기춘 ……………… 19714
안녕 ………………… 20524
안다손 ……………… 29961
안도노브 …………… 26345
안도성 ……………… 25682
안동규 ……………… 22567
안동문 ……………… 31296
안동문 ……………… 30599
안동문 ……………… 30656
안동수 ………………… 5673
안동준;리귀현 …… 30090
안드레이 뾜라또노브 저; 리철준 역 ‥ 26461
안룡운 ……………… 32378
안룡운 ……………… 32383
안만철 ……………… 14904
안만철 ……………… 15141
안미란 ……………… 25807
안미자 ……………… 27416
안발승 ……………… 21829
안병 …………………… 4427
안병균 ……………… 21230
안병균 ……………… 21404
안병균 ……………… 21628
안병철 ………………… 8728
안보신;담내훈 ……… 5557
안봉숙 ………………… 8473
안봉현 ……………… 17726
안부길 ……………… 25163
안분옥 ……………… 24808
안선희(安仙姬) …… 23304
안성갑 ……………… 13145
안성갑 ……………… 13202
안성범 ……………… 25506
안성호;리룡해 …… 11003
안소란 ……………… 29470
안송철 ……………… 18539
안수경 ……………… 16142
안수경 ……………… 16685
안수길 ……………… 17115
안순구;김홍란 …… 20093
안순옥 ……………… 32610
안심자 ………………… 8683
안안 ………………… 10461
안언명 ……………… 22030
안연(安娟) ………… 30231
안영수 ………………… 9592
안영수 ……………… 17155
안영수 ……………… 23616
안영숙 ………………… 9031
안영숙 ………………… 9254
안영숙 ………………… 9278
안영철 ………………… 8679
안영희 ……………… 29764
안옥금 ……………… 20275
안옥발 ……………… 30698
안옥배 ……………… 17166
안용남 ………………… 9751
안자문 ………………… 1575
안자문 ………………… 1633
안장발 ………………… 7580
안장봉 …………………… 225
안장원 ………………… 9499
안재근 ………………… 8997
안정수;천수산 …… 30407
안정숙 ………………… 1470
안정숙 ………………… 9590
안정숙 ………………… 9634
안정숙 ……………… 22568
안종섭 ……………… 15651
안종섭 ……………… 24044
안종섭 ……………… 24098
안중근 ……………… 16979
안진숙 ……………… 21307
안진영 ………………… 8553
안진영 ……………… 10790
안진영 ……………… 15916
안진영 ……………… 16185
안진영 ……………… 22890
안진영 ……………… 23211
안진영 ……………… 25330
안창규 ……………… 23925
안창렬 ……………… 29967
안창렬 ……………… 30054
안창범 ……………… 30918
안창범 ……………… 30949
안창범 ……………… 31006
안창범 ……………… 31010
안창범 ……………… 31022
안창범 ……………… 31110
안창범 ……………… 30602
안창범 ……………… 30664
안창범 등 ………… 31047
안창빈 ……………… 29744
안창빈 ……………… 29754
안창빈 ……………… 29773
안창빈 ……………… 29892
안창빈 ……………… 29897
안창빈 ……………… 29930
안창빈 ……………… 29990
안창빈 ……………… 30032
안창빈 ……………… 30072
안창빈 ……………… 30126
안창욱 ……………… 17656
안창욱 ……………… 17664
안창욱 ……………… 17715
안창욱 ……………… 17753
안창욱 ……………… 20712
안창욱 ……………… 20955
안창욱 ……………… 22521
안창욱 ……………… 22529
안창욱 ……………… 22561
안창욱 ……………… 22600
안창욱 ……………… 22641
안창호 ……………… 16971
안창화 ………………… 9649
안철호 ……………… 28119
안충원 ……………… 26912
안택만 ……………… 13647
안택만;리덕인 …… 20799
안파 ………………… 26994
안파 ………………… 27081

안향순 ……………… 25741
안형두 ……………… 27424
안호범 ……………… 2332
안호범 ……………… 9577
안호범 ……………… 9703
안호언 ……………… 25708
안화 ………………… 10139
안화응 ……………… 27483
안희선 ……………… 31802
알렉쎄이·마르꼬브
……………………… 26326
암명 ………………… 4955
암석 ………………… 6649
암석 ………………… 23215
암파 ………………… 13626
漁人 등 …………… 26858
애광명 ……………… 652
애귀생 ……………… 16384
애로 ………………… 25141
애로; 윤정석 ……… 24558
애무 ………………… 11442
애무 ………………… 11443
애무 ………………… 11445
애무 ………………… 11446
애무 ………………… 11447
애무 ………………… 11448
애무 ………………… 11449
애무 ………………… 11453
애무 ………………… 11456
애무 ………………… 11475
애비 ………………… 23641
애생 ………………… 28450
애약 ………………… 11398
애연(艾燕) ………… 17572
애엽 ………………… 14700
애이 ………………… 25108
애지 ………………… 2105
애지옥 ……………… 4269
애청 ………………… 11891
애청 ………………… 15047
애청 ………………… 15312
애청 ………………… 15522
애청 ………………… 16378
애청 ………………… 18707
애청 ………………… 22934
애청;한창희 ……… 16529
艾靑 ………………… 11913
艾靑;任曉原譯 …… 13030
애태 ………………… 19001
애평 ………………… 356
애홍 ………………… 18117
애화 ………………… 29594
야명 ………………… 23393
야초 ………………… 3955
야초 ………………… 25457
야초 ………………… 27278
약박 ………………… 3345
약소 ………………… 1737
약아(若芽) ………… 32369
약우 ………………… 513
약운 ………………… 20374
약위민 ……………… 29522
약하 ………………… 381
양가삼 ……………… 1049
양가삼 ……………… 1860
양가삼 ……………… 10234
양건구 ……………… 32411
양건영 ……………… 4089
양걸 ………………… 18605
양겸 ………………… 25267
양경길 ……………… 3199
양경동 ……………… 22410
양경삼 등 ………… 18817
양경운;강장 ……… 23872
양계비 ……………… 11873
양계비 ……………… 12076
양계승 ……………… 5952
양계승 ……………… 6346
양계영 ……………… 7424
양관삼 ……………… 4355
양광만;곽보신 …… 19305
양국련 ……………… 17891
양국우 ……………… 28177
양군 ………………… 3726
양극림 ……………… 21430
양근 ………………… 5323
양금 ………………… 20001
양기 ………………… 8527
양기가;왕안기 …… 10078
양남안 등 ………… 21026
양다혜 ……………… 22103
양단나 ……………… 1161
양덕림;하덕청 …… 32711
양덕신 ……………… 24378
양덕신 ……………… 24453
양덕운 ……………… 9787
양덕인 ……………… 7499
양도 ………………… 10084
양도(楊途) ………… 31449
양동 ………………… 20894
양동래 ……………… 4599
양동명 ……………… 19287
양동일 ……………… 14409
양동일 ……………… 15578
양락 ………………… 1004
양락충 ……………… 5599
양락충 ……………… 5607
양락충 ……………… 5908
양락충;곡송 ……… 5577
양련륜 ……………… 4854
양련순 ……………… 8072
양뢰 ………………… 19632
양룡상 ……………… 822
양리과 ……………… 6616
양리민; 일별 …… 17535
양리천 ……………… 434
양림 ………………… 31381
양림발 ……………… 16090
양만봉 ……………… 25754
양만화;리기산 …… 5380
양말 ………………… 20978
양명 ………………… 13810
양명곤;리수림 …… 21554
양명득 ……………… 11738
양명모 ……………… 29755
양목 ………………… 17416
양문성 ……………… 329
양문원 ……………… 11983
양문훈 ……………… 605
양문훈 ……………… 23127
양문훈 ……………… 23165
양문훈 ……………… 23328
양문훈 ……………… 23749
양문훈 ……………… 24252
양문훈 ……………… 24296
양문훈 ……………… 24352
양미청 ……………… 28028
양발훈 ……………… 27410
양방 등 …………… 3803
양방;리충 ………… 5844
양배청 ……………… 27972
양범 ………………… 2645
양범 ………………… 23697
양병학 ……………… 8798
양병학 ……………… 9553
양병학 ……………… 8785
양보자;왕환매 …… 5480
양보화 ……………… 4777
양봉 ………………… 29411
양봉림 ……………… 31727
양부삼 ……………… 909
양봉제 ……………… 9482

양사심 ················ 24987
양사화 ················ 3194
양삼 ················ 10252
양상곤 ················ 7032
양서발 ················ 6396
양석선 ················ 28723
양성걸 ················ 24837
양성무 ················ 27468
양성철 ················ 30255
양세초 ················ 29661
양수 ················ 5139
양수 ················ 29606
양수문 ················ 27314
양수생 ················ 21903
양수훈;리동규 ······ 31845
양순 ················ 21471
양신 ················ 22770
양신;렴계파 ·········· 5731
양신민;서복화 ···· 24735
양신죽 ················ 19765
양신평;부춘의 ······· 5516
양아웅 ················ 4619
양악 ················ 20349
양안 ················ 22822
양애진 ················ 25259
양영명;문암 ······· 19616
양영박 ················ 6456
양영베(楊永培) ···· 32123
양영배(楊永培) ···· 32124
양영신 ················ 13538
양영신 ················ 13540
양영진 ················ 24022
양영창 ················ 980
양영청 ················ 29243
양영청 ················ 29244
양용철 ················ 2816
양우인 ················ 25347
양우집 ················ 289
양위 ················ 3316
양위;료조선 ·········· 5949
양유류 ················ 23095
양유준;양위병 ······· 8601
양유철;감사준 ······· 6735
양윤 ················ 14156
양윤 ················ 14158
양윤겸 ················ 13944
양은희 ················ 23685
양음창 ················ 29455
양이 ················ 11924
양자 ················ 20579
양자민 ················ 11594
양자의 ················ 1873
양자장 ················ 21668
양자침 ················ 28396
양작림 ················ 17896
양장강 ················ 20099
양전희 ················ 2149
양점전 ················ 6949
양점전 ················ 7299
양점전 ················ 7414
양점전 ················ 7744
양점전 ················ 7789
양점전 ················ 7866
양정삼 ················ 28402
양정영 ················ 27645
양정우;현남극 ······ 13345
양정종 ················ 27689
양제중 ················ 13828
양제중 ················ 13863
양조강 등 ············ 4871
양주휘 ················ 28375
양중문 ················ 27316
양증강 ················ 10628
양지걸 ················ 12032
양진기 ················ 31665
양진원 ················ 29880
양진전 ················ 6549
양창준 ················ 19493
양천복;왕연생 ······ 21203
양철 ················ 23299
양초민 ················ 10249
양춘국 ················ 27082
양춘활 ················ 27926
양충군 ················ 5499
양칙국 ················ 5913
양택 ················ 23487
양학례 ················ 29393
양학엽 ················ 894
양학원 ················ 12061
양학지 ················ 5105
양학충 ················ 27590
양해림 ················ 1076
양향화 ················ 25497
양현숙 ················ 25316
양호춘 ················ 28791
양홍단 ················ 5080
양홍안 ················ 31133
양홍안 ················ 31338
양홍조 ················ 18951
양화 ················ 1056
양화 ················ 32001
양화유 ················ 30117
양희문;우도 ········ 22343
어경필 ················ 15630
어국영 ················ 19989
어달성 ················ 7352
어덕생(于德生) ······ 3100
어덕생(于德生) ······ 3943
어덕생(于德生);고유년(高有年) ············ 2119
어수매 ················ 9810
어시개(于時愷) ····· 10292
어재양 ················ 25138
언목 ················ 12579
언위 ················ 21166
언자은;단조신 ···· 29732
언조 ················ 6768
언측 ················ 20122
엄가동 ················ 1275
엄고명 ················ 4522
엄광호 ················ 13719
엄금단 ················ 8044
엄금옥 ················ 31766
엄기 ················ 2620
엄기철 ················ 6546
엄대위 ················ 3879
엄동화 ················ 25532
엄란;김복동 ·········· 8095
엄련화 ················ 23655
엄룡국 ················ 7127
엄룡국 ················ 8345
엄룡운 ················ 16196
엄명 ················ 4878
엄문정 ················ 25075
엄문정 ················ 25096
엄문정 ················ 25106
엄민수 ················ 25591
엄병국 ················ 22108
엄병운 ················ 3330
엄빈 ················ 22817
엄빙 ················ 23296
엄상묵 ················ 29987
엄상준 ················ 13880
엄상준 ················ 13927
엄상준 ················ 14214
엄상준 ················ 17253
엄상준 ················ 17398
엄상준 ················ 17646
엄상준 ················ 17761
엄상준 ················ 20721
엄상준 ················ 22549
엄성철 ················ 16160

엄수학 32365
엄숙희 4585
엄실 1288
엄실 22979
엄실;정염 32338
엄염 17101
엄영숙 13439
엄영순 13446
엄육당 6676
엄일준 31437
엄일준 31461
엄일준 31468
엄임룡 134
엄정자 11225
엄정자 12475
엄정자 12499
엄정자 12876
엄정자 12962
엄정자 15219
엄정자 22826
엄정자 22924
엄정자 23494
엄정자 23503
엄정자 23582
엄정자 23588
엄정자 23615
엄주식 22084
엄주식 27545
엄죽송 17752
엄죽송 22615
엄준 1079
엄준 29342
엄증국 3211
엄증국;채영춘 28626
엄지량;리륭경 8602
엄진 13048
엄창진 3160
엄철섭; 권도순 24746
엄철수 30653
엄철수 등 31113
엄철수;김영숙 31049
엄철수;리재식 30409
엄춘우 28879
엄해월 8573
에립화 20454
여개국; 로효발 19619
여건; 가문도 25068
여경생(余景生) 31976
여경생(余景生);리용철 31977
여곤 5007
여국요 6501
여덕화 25215
여명덕 29771
여문도 32891
여민 27206
여방덕 27408
여배방 20207
여봉 20233
여사웅 11063
여세성 87
여송원 12743
여수초 28570
여승구;성귀석 13550
여심언 562
여심언 1009
여심언 10065
여안기 19124
여안화 21483
여역목 19301
여영삼 25247
여요미 3912
여의겸 948
여제 22355
여존선 25914
여지 1249
여지강 25185
여지견 11304
여진 1767
여진 1769
여척군 12310
여파 4403
여헌 3271
여홍 28084
여홍화 25318
역극삼;진기 21814
역란;제갈증인 25850
역빙 6042
역사 23446
역서 19936
역서 20087
역장리 25235
연검형 4582
연공청 858
연과문 27706
연관 30938
연군 4957
연군동 5893
연군정;희봉기 5947
연규 1917
연농군 6463
연농군 6477
연동민 5931
연동섭 32043
연동섭 32755
연무 5500
연문 28222
연문 28351
연민 11227
연민 24265
연민 28487
연백 6613
연병 3670
연병 25493
연생 31618
연생 31841
연생 29181
연생 29183
연서문 21670
연설 6577
연성 25300
연소동 21893
연소동 28045
연소동 28049
연수예 5401
연심 1772
연심 1923
연오 등 21267
연오;묘제 11281
연용문 8649
연용문 8652
연욱 24957
연원근 15777
연원근 17105
연일춘 8506
연정 3532
연정선 5955
연정조;김광춘 21282
연중문 11093
연중문 11094
연중문 11377
연중문 11378
연중문 11379
연중문 11994
연중문 11996
연중문 12013
연중문 12015
연중문 12016
연철묵 4214
연청문 326
연청문 353
연청문 397

연태룡 …… 14381
염개란 …… 29085
염경량 …… 30203
염경복 …… 19296
염계상 …… 32416
염덕희 …… 31257
염려 …… 3310
염보휘 …… 22257
염봉길 …… 1990
염비 …… 22253
염사걸 등 …… 22214
염소영 …… 20397
염수명 …… 8559
염수아 …… 32838
염숙 …… 11383
염의 …… 22222
염자 등 …… 4390
염정운 …… 31211
염정운 …… 30342
염정운;정완남 …… 30721
염정휜;리화만 …… 17838
염창환 …… 31636
염창환 …… 31661
염홍 …… 25374
염홍표;김만수 …… 17366
엽검영 …… 14425
엽경위 …… 32785
엽남;성영 …… 18770
엽려방 …… 8102
엽련생 …… 22677
엽로;군건 …… 32343
엽림 …… 4583
엽만 ;장혜 …… 4464
엽명해 …… 1461
엽몽 …… 23649
엽비 …… 21973
엽서종 …… 9449
엽성도 …… 7807
엽성운 …… 19774
엽소림 …… 892
엽소말 …… 18373
엽영렬 …… 567
엽영렬 …… 18134
엽영렬 …… 18513
엽영렬 …… 18791
엽영렬 …… 21640
엽영렬 …… 24677
엽영렬 …… 24706
엽영렬 …… 24723
엽영렬 …… 27668
엽영재 …… 5623
엽영재 …… 5627
엽용 …… 4691
엽원덕 …… 20246
엽원덕 …… 20352
엽위 …… 25494
엽위림 …… 18473
엽위림 …… 19549
엽위림 …… 19692
엽음 …… 29429
엽일타 …… 868
엽장;교장의 …… 25284
엽정방 …… 11541
엽조위 …… 21390
엽종한 …… 19416
엽지강(叶志强) …… 31951
엽지강(叶志强) …… 31952
엽지강(叶志强) …… 31963
엽지전 …… 8621
엽지전 …… 8927
엽지진 …… 18104
엽타 …… 759
엽패민 …… 9954
엽화림 …… 27928
엽희림 …… 4669
영 …… 28930
영결 …… 28042
영구 …… 4380
영근 …… 31019
영근 …… 30387
영남 …… 21677
영덕 …… 6191
영도 …… 2927
영림 등 …… 5372
영매 …… 21878
영무 …… 10358
영무 …… 28665
영무;영군 …… 2483
영복 …… 829
영성 …… 24371
영수 …… 24294
영수;춘룡 …… 21771
영실 …… 4923
영심 …… 25803
영애 …… 23767
영애 편역 …… 706
영역 …… 26880
영월 …… 29726
영의;소화 …… 32798
영자 …… 807
영재;극성 …… 3989
영천 …… 3172
영천 …… 18968
영초;축봉 …… 29951
영파 …… 29811
영평(英平) …… 32105
영현 …… 30457
영호;리준 …… 26863
영호;상준 …… 26864
영홍(虹咏) …… 8952
영홍;원령 …… 21722
영회 …… 2811
영흥 등 …… 3771
예계민 …… 4972
예광 …… 21556
예군(予群) …… 31969
예란 …… 27896
예선 …… 4908
예수근 …… 25844
예예금 …… 26362
예옥진 …… 29437
예음송 …… 3828
예음송 …… 4113
예음송;장광지 …… 21077
예정 …… 5493
예정 …… 25461
예평 …… 4438
예평 …… 26851
오강 …… 12326
오강용 …… 2349
오건 …… 28809
오건침 …… 6894
오건침 …… 8105
오검 …… 4873
오결 …… 20362
오결 …… 23626
오결 …… 23642
오결 …… 23717
오경 …… 17245
오경근 …… 1535
오경동 …… 20089
오경묵 …… 7739
오경정 …… 5165
오경정 …… 5166
오경정 …… 5170
오경정 …… 6049
오경정 …… 6051
오경정 …… 6095
오경호 …… 9693
오계강 …… 32048
오계진 …… 4098
오계청;오계삼 …… 22038

오곡 ·················· 20033
오곤 ·················· 28898
오공정 ················ 12986
오관주(吳觀周) ····· 32201
오관주(吳觀周) ····· 32204
오광 ··················· 3739
오광림 ················ 16851
오광림 ················ 17028
오광용 ················· 3122
오굉 ·················· 21639
오굉 ·················· 21647
오국권 ················ 30917
오국권 ················ 30327
오국권 ················ 30431
오국권 ················ 30433
오국권 ················ 30438
오국권 ················ 30447
오국권 ················ 30463
오국권 ················ 30671
오국권 ················ 30679
오국룡 ················ 32506
오국림 ················· 5560
오국안 ················ 21355
오국용 ················ 32505
오국용 ················ 32642
오국창 ················ 32448
오국창 ················ 32450
오국창 ················ 32465
오국창 ················ 32468
오국창 ················ 32611
오국창 ················ 32638
오국창 ················ 29704
오국창 ················ 29753
오국청;리암 ·········· 3900
오국청;왕하위 ······· 5503
오국태 ··············· 28683
오군 ·················· 18133
오군 ·················· 22495
오극 ··················· 5457
오극;리경발 ·········· 5063
오금덕 ················ 27058
오금량 ················ 20494
오금선 ················ 25177
오기을 ················ 16285
오기을 ················ 16865
오기종 ················ 27501
오기찬 ················· 9107
오기해;위민 ········· 21929
오기헌 ················ 31753
오기헌 ················ 31758
오기화 ················ 29533
오남서(伍南瑞) ····· 32116
오단 ·················· 20106
오대룡 ················ 25581
오대룡 ················ 25714
오대룡 ················ 12882
오대룡 ················ 15292
오대룡 ················ 15749
오대룡 ················ 24817
오대룡 ················ 24961
오대룡 ················ 25012
오대룡 ················ 25367
오대방 ················ 22991
오덕 ··················· 1512
오덕 ··················· 3121
오덕안 ················· 9743
오덕재 ················ 29741
오덕형 ················· 6079
오덕홍 ················ 29718
오도부 ················· 7466
오동숙(吳東淑) ······ 8303
오동운 ················· 8735
오동장;손량성 ······· 5069
오동준 ················· 3944
오련경 ················ 21344
오렬휘 ················ 30179
오룡수 ················ 31881
오립 ·················· 17757
오립 ·················· 20718
오명 ·················· 23346
오명옥 ················ 24590
오명지 등 ··········· 21053
오명지;리수강 ······· 3701
오목일 ················· 4297
오문 ·················· 19317
오문창;포조친 ····· 18826
오문파;류방 ·········· 5755
오문혜 ················· 5003
오미화 ················ 24864
오방 ···················· 182
오백청 ················ 30383
오범호 ················· 4620
오병 ·················· 17901
오병개 ················ 29596
오병해 ················ 29488
오병호 ················ 21660
오복길 ················· 4382
오복길 ················ 11016
오복길 ················ 27317
오복길 ················ 27318
오복길 ················ 27322
오복길 ················ 27323
오복순 ················· 8727
오복이 ················ 22566
오봉 ··················· 1518
오봉 ··················· 3509
오봉란 ················· 3072
오봉래 ················· 8066
오사민 ················· 5101
오사민 ················· 5106
오사본 ················· 3706
오상;리계월 ·········· 4553
오상순 ················ 12889
오상원 ················ 23417
오상준 ················· 7724
오상헌 ················· 3939
오서근 ················ 28584
오석균 ················ 22209
오석산 ················· 1162
오선은 ················ 28140
오선자 ················ 13800
오선화 ················· 4981
오성 ·················· 13378
오성란 ················ 29701
오성준 ················ 25212
오성호 ················· 2724
오성호 ················ 16092
오소전 ················ 23429
오소전 ················ 28055
오소진 ················· 5064
오소춘 ················ 32825
오소화 ················· 4988
오소화 ················· 4995
오송길 ················ 29937
오수자 ················ 11040
오수자 ················ 23348
오수현 ················· 7644
오승원 ················· 7762
오신민 ················ 31482
오야현 ················· 6914
오약증 ················ 19758
오업용 ················ 16574
오연 ··················· 4216
오연 ·················· 28338
오연;변지 ·············· 395
오염 ·················· 10295
오영;리금석 ········· 21151
오영길;고보근 ······· 5267
오영빈 ················ 30521
오영숙 ················· 8662
오영식 ················· 1047
오영식 ················· 7193

오영식 ······ 8030
오영자 ······ 8373
오영자 ······ 20156
오영자 ······ 25476
오영준 ······ 17329
오영창 ······ 7240
오영창 ······ 7374
오영창 ······ 7487
오영창 ······ 7503
오영창 ······ 9141
오영창 ······ 9146
오영항 ······ 27654
오영환 ······ 29692
오영희 ······ 9572
오요림 등 ······ 3849
오용식 ······ 6968
오우범 ······ 22869
오우용 ······ 28449
오운;송광례 ······ 29735
오운남;양뢰 ······ 22247
오울연(吳蔚然) ······ 29963
오웅 ······ 2843
오월;당소걸 ······ 4976
오월진 ······ 28833
오월진 ······ 28961
오위 ······ 16658
오위동 ······ 21975
오위성;탕효군 ······ 23482
오육생 ······ 18344
오은화 ······ 25086
오은희 ······ 25745
오을송 ······ 9673
오익순 ······ 11613
오인섭(吳仁燮) ······ 9136
오인숙 ······ 8236
오인의 ······ 4539
오일 역 ······ 9721
오일남 ······ 4653
오일역 ······ 9720
오임 ······ 1880
오장숙 ······ 2956
오점목;남영식 ······ 24066
오점방 ······ 10235
오정 ······ 22290
오정숙 ······ 9766
오정숙 ······ 9773
오정식 ······ 15649
오정애;오경희 ······ 24477
오정일 ······ 22872
오정일;남하진 ······ 26915
오정창 ······ 17436
오정호 ······ 31249
오조심 ······ 25155
오준 ······ 222
오준국 ······ 23509
오중호 ······ 30040
오지평;김지추 ······ 10399
오진호 ······ 28442
오찬근 ······ 17740
오찬근 ······ 24667
오창완 ······ 17745
오창호 ······ 22681
오천 ······ 25019
오천 ······ 25111
오천 ······ 25116
오천경;장혜군 ······ 21872
오철인(吳哲人) ······ 28533
오철호 ······ 6778
오철호 ······ 32195
오철호 ······ 28705
오체량 ······ 20746
오초봉 ······ 18545
오촉 ······ 4169
오춘산;왕암 ······ 3764
오치 ······ 19736
오치송 ······ 23442
오태호 ······ 18633
오태호 ······ 20734
오태호 ······ 23195
오평 ······ 18595
오학 ······ 21358
오함 ······ 27364
오해림 ······ 30135
오해림 ······ 30138
오현규 ······ 18555
오현규 ······ 18598
오현묵 ······ 14986
오형모 ······ 5782
오형모 ······ 6056
오형모 ······ 19730
오형모 ······ 32817
오형모 ······ 19897
오형모 ······ 22039
오형환 ······ 5783
오혜민 ······ 5690
오혜민 ······ 21150
오혜숙 ······ 22930
오호 ······ 1953
오호원;호환연 ······ 32619
오홍창 ······ 18620
오화 ······ 10130
오화 ······ 23205
오효균 ······ 24550
오효방 ······ 11867
오효방 ······ 27176
오효방 ······ 27189
오후복 ······ 2081
오훤 ······ 861
오흥진 ······ 11271
오흥진 ······ 17312
오흥진 ······ 17317
오흥진 ······ 17343
오흥진 ······ 17487
오흥진 ······ 17518
오흥진 ······ 17541
오흥진 ······ 20764
오흥진;한원국 ······ 17315
오희경 ······ 2832
옥량윤 ······ 30973
옥량윤 ······ 30990
옥림 등 ······ 21071
옥매 ······ 10088
옥민 ······ 31756
옥산;전빈 ······ 21680
옥성 ······ 3222
옥신;송정옥 ······ 25216
옥정 ······ 32523
옥종환 ······ 5958
옥춘;학광 ······ 32805
옥필 ······ 21589
옥환 ······ 189
옥활 ······ 27825
옥희;박룡 ······ 20286
온계 ······ 28842
온국권 ······ 2094
온야 ······ 27526
온옥온 ······ 8840
온원개 ······ 32818
온장은 ······ 28636
온지강,주동평 ······ 6525
온학시 ······ 28858
옹근순 ······ 22716
옹사달 ······ 28795
옹신식 ······ 29932
옹인량 ······ 32614
옹지 ······ 19521
완경풍;류명 ······ 20263
완범 ······ 24542
완융 ······ 732
완장경 ······ 13804
왕가남 ······ 19248
왕가달 ······ 919

왕가도 ………………… 5798
왕간일 ………………… 2825
왕강남 ………………… 281
왕강휘 ………………… 3622
왕강휘 ………………… 4175
왕강휘 ………………… 5420
왕강휘 ………………… 21194
왕강휘 ………………… 21270
왕강휘 ………………… 21295
왕강휘 ………………… 21429
왕강휘 등 …………… 3844
왕강휘;교영화 ……… 3814
왕강휘;리중서 ……… 5902
왕개빈 ………………… 25725
왕건 …………………… 22406
왕건국 ………………… 25757
왕건국 ………………… 22302
왕건국 ………………… 25549
왕건국 ………………… 25550
왕건군 ………………… 30146
왕건중 ………………… 2578
왕걸 …………………… 5809
왕걸 …………………… 6145
왕검강 ………………… 20179
왕경 …………………… 3301
왕경국 ………………… 3358
왕경덕 등 …………… 31852
왕경빈 ………………… 1952
왕경빈 ………………… 2106
왕경산 ………………… 11496
왕경일(王慶一) …… 32814
왕경화;왕일철 ……… 3957
왕계분 ………………… 8114
왕계요 ………………… 6333
왕계원;류광환 ……… 5288
왕계청 ………………… 21213
왕계초 ………………… 7495
왕곤륜 ………………… 28486
왕공준 ………………… 23209
왕광위 ………………… 1471
왕굉광 ………………… 466
왕굉위 ………………… 28037
왕구례(王逑禮) …… 32398
왕국광 ………………… 27372
왕국기;류사당 ……… 2575
왕국정 ………………… 68
왕국진;왕주파 ……… 23747
왕국화 등 …………… 4844
왕군 …………………… 27341
왕귀근 ………………… 5733
왕극 …………………… 6169
왕극 등 ……………… 21115
왕극;두장복 ………… 21102
왕극;장인발 ………… 28551
왕극인 ………………… 30530
왕극해 ………………… 6491
왕근송 ………………… 25776
왕기문 ………………… 26866
왕길 등 ……………… 21222
왕길상 등 …………… 3696
왕남 …………………… 21693
왕남기 ………………… 28464
왕내선 ………………… 31372
왕내적 ………………… 30554
왕대명 ………………… 2210
왕덕문 ………………… 20355
왕덕승 ………………… 4181
왕덕승 ………………… 22842
왕덕원 ………………… 6608
왕덕지 ………………… 3795
왕덕청 ………………… 5544
왕덕평 ………………… 22847
왕도명 ………………… 6125
왕동 …………………… 25281
왕동염 ………………… 24016
왕동정 ………………… 9959
왕동정 ………………… 9963
왕등령 ………………… 28052
왕등림(王登林) …… 29353
왕등림(王登林) …… 29848
왕람추 ………………… 23919
왕래영 ………………… 6759
왕래춘 ………………… 3887
왕래춘 ………………… 5008
왕래춘;리애국 ……… 5765
왕래춘;방용 ………… 22119
왕래춘;장복군 ……… 5725
왕래춘;장복군 ……… 22337
왕량 …………………… 20629
왕량천 ………………… 30924
왕량휘;강의 ………… 8719
왕려청 ………………… 820
왕련군 ………………… 5342
왕렬 …………………… 11269
왕령서 ………………… 10196
왕령서 ………………… 21772
왕령서 ………………… 21809
왕로구(王老九);김철 ……… 13044
왕로요 ………………… 8978
왕록;견보귀 ………… 27367
왕뢰 …………………… 29328
왕료랭 ………………… 23235
왕료랭 ………………… 23416
왕리가;리종순 ……… 25041
왕리신 ………………… 29542
왕리아 ………………… 25492
왕림 …………………… 10192
왕림요 ………………… 29293
왕림운 ………………… 11567
왕립강 ………………… 1835
왕립룡 ………………… 3434
왕립문등 ……………… 5582
왕립신 ………………… 27737
왕립운 ………………… 11546
왕립운 ………………… 11549
왕립운 ………………… 11557
왕립운 ………………… 11561
왕립창 ………………… 31371
왕립창(王立昌) …… 31361
왕립창(王立昌) …… 31362
왕립청 ………………… 6697
왕만도 등 …………… 21080
왕만력 ………………… 27123
왕만창 ………………… 31411
왕명귀 ………………… 1557
왕명명 ………………… 9915
왕명명 ………………… 9916
왕명명 ………………… 9929
왕명문 ………………… 4843
왕명봉 ………………… 27713
왕몽 …………………… 968
왕몽 …………………… 3055
왕몽 …………………… 11426
왕몽 …………………… 18374
왕몽 …………………… 19078
왕몽 …………………… 19176
왕몽 …………………… 20470
왕몽 …………………… 23013
왕몽;김득만 ………… 11401
왕몽호 ………………… 29001
왕문걸 ………………… 22751
왕문걸 ………………… 23484
왕문걸 ………………… 23668
왕문겸 ………………… 5751
왕문덕 ………………… 3558
왕문석 ………………… 17763
왕문석 ………………… 17768
왕문승;김태국 ……… 9867
왕문유 ………………… 20231
왕문유 ………………… 20421
왕문장;맹연연 ……… 6398

왕문조 ········ 5043
왕문조 ········ 20261
왕문조;장옥국 ········ 30487
왕미 ········ 4616
왕미산 등 ········ 6178
왕반영 ········ 3952
왕방 ········ 25604
왕방영 ········ 28269
왕백록 등 ········ 21146
왕백양 ········ 18018
왕백정;하광고 ········ 22159
왕병희 ········ 455
왕보귀 ········ 22077
왕보림 ········ 27005
왕보림 ········ 27033
왕보림 ········ 27087
왕보림(王寶林) ········ 834
왕보생 ········ 11450
왕보재 ········ 2768
왕보희 ········ 8015
왕복령 ········ 27126
왕복생 ········ 22694
왕복전 ········ 5110
왕복홍 ········ 28134
왕본덕;류명기 ········ 6542
왕봉 ········ 4432
왕봉 ········ 29325
왕봉금 ········ 9638
왕봉금 ········ 9671
왕봉명 ········ 27761
왕봉산 ········ 30965
왕봉환 ········ 10596
왕분;김해민 ········ 11354
왕붕 ········ 22432
왕붕비(王鵬飛) ········ 28922
왕비례 ········ 1377
왕빈 ········ 1774
왕빈 ········ 19820
왕빈이 ········ 255
왕빈이 ········ 1007
왕빙;왕동 ········ 17309
왕사미 ········ 19258
왕사한 ········ 1316
왕상림 ········ 3603
왕상정 ········ 10127
왕서갑 등 ········ 27309
왕서강 ········ 20498
왕서광 ········ 4189
왕서발;등광우 ········ 3673
왕서언 ········ 11959
왕서언 ········ 12261
왕서조 ········ 18730
왕석성 ········ 31363
왕석안 ········ 8862
왕선행 ········ 2556
왕설운;왕문조 ········ 5095
왕성 ········ 1103
왕성민 ········ 28982
왕성본 ········ 5982
왕세걸 ········ 3911
왕세걸;황칙곤 ········ 4694
왕세명 ········ 21414
왕세서;류금성 ········ 4834
왕세창;임복침 ········ 5899
왕세충 ········ 22339
왕소류;척이신(王筱留;戚以新) ········ 31956
왕소의 ········ 20769
왕소평 ········ 8100
왕소평 ········ 17886
왕송천 ········ 10677
왕수례 ········ 446
왕수림 ········ 10965
왕수명 ········ 1911
왕수본 ········ 5260
왕수옥;정문국 ········ 5066
왕수원 등 ········ 6188
왕수인 ········ 3719
왕수지 ········ 5705
왕수지 ········ 6009
왕숙매 ········ 3385
왕숙매 ········ 27653
왕숙민(王淑敏) ········ 32107
왕숙충 등 ········ 5313
왕숙평 ········ 22227
왕술량 ········ 5737
왕술량 ········ 21810
왕술량 ········ 21902
왕술량;류휘영 ········ 5730
왕술량;리장우 ········ 5511
왕술량;봉조의 ········ 5600
왕숭선 ········ 21106
왕승동 ········ 13304
왕승동 ········ 17809
왕승로 ········ 740
왕승발 ········ 29025
왕시준 ········ 22192
왕식빙 ········ 21313
王莘;文克 ········ 13028
왕신범 ········ 7186
왕신범 ········ 7362
왕안보 ········ 22714
왕안우 ········ 18250
왕안전 ········ 4572
왕암 ········ 2326
왕암;곡배승 ········ 4173
왕애국 ········ 4546
왕애민 등 ········ 5914
왕애민;고걸선 ········ 5402
왕야;천균 ········ 22437
왕양; 심동민 ········ 5878
왕여상(王汝祥) ········ 32012
왕연 ········ 25282
왕연명 ········ 4324
왕연생 ········ 875
왕연풍 ········ 9180
왕연풍 ········ 9976
왕염추 ········ 10264
왕영 ········ 29862
왕영 ········ 21887
왕영(王榮) ········ 28642
왕영강 ········ 28132
왕영건 ········ 28657
왕영락;관수신 ········ 25566
왕영명 ········ 7611
왕영명 ········ 7649
왕영명 ········ 7934
왕영명 ········ 9913
왕영명 ········ 9933
왕영명 ········ 9966
왕영명 ········ 29101
왕영명 ········ 29175
왕영명 ········ 29185
왕영명 ········ 31091
왕영명 ········ 31263
왕영명 ········ 31290
왕영명 ········ 31307
왕영명 ········ 31324
왕영산 ········ 3344
왕영산 ········ 4339
왕영순 ········ 6114
왕영연 ········ 32350
왕영위 ········ 11395
왕영창 ········ 11742
왕영창 ········ 28880
왕영홍;서아아 ········ 18505
왕영후 ········ 30650
왕옥곤 ········ 25261
왕옥국 ········ 22277
왕옥림 ········ 5321
왕옥명 ········ 19415
왕옥성;주작유 ········ 31847

왕옥성;주작유 …… 31849
왕옥재 등 ………… 6184
왕옥평 ……………… 29663
왕왈문 ……………… 23213
왕요 ………………… 429
왕요동;왕한생 ……. 5587
왕용은 ……………… 6934
왕우금 ……………… 409
왕욱봉 ……………… 18359
왕운생 ……………… 9106
왕운장;장승구 …… 31389
왕운지 ……………… 21989
왕원견 ……………… 11368
왕원견 ……………… 17603
왕원견 ……………… 17665
왕원견 ……………… 17700
왕원견;륙주국 …. 17360
왕원림 ……………… 21769
왕원휘 ……………… 9495
왕월 ………………… 4137
왕월성;박범 ……. 20488
왕위;고옥란 ………… 405
왕위력 ……………… 2053
왕위민 ……………… 32583
왕위진 ……………… 11748
왕위화 ……………… 5102
왕유 ………………… 11958
왕유 ………………… 11968
왕유 ………………… 11970
왕유근 ……………… 30391
왕유량 ……………… 29466
왕유성 ……………… 8337
왕유성 ……………… 8339
왕유성 ……………… 8423
왕유성;장길창 ……. 5373
왕유한 ……………… 5259
왕유합 ……………… 5770
왕윤림;계진교 …. 19743
왕윤자 ……………… 18861
왕윤자 ……………… 24757
왕의 ………………… 1323
왕의고 ……………… 7085
왕의림 ……………… 6253
왕의민 ……………… 6378
왕의성 ……………… 27771
왕인 ………………… 19842
왕인 ………………… 22007
왕인덕 ……………… 8098
왕인지 ……………… 1775
왕일문 ……………… 561
왕일주 ……………… 23325
왕일천 ……………… 30269
왕자화;왕왈문 ……. 4883
왕작진 ……………… 21466
왕작진 등 ………… 21277
왕작진;수군 ……… 3623
왕장춘 ……………… 10153
왕재 ………………… 1999
왕재안 ……………… 1438
왕적행 등 ………… 5282
왕전문;백영신 ……. 6000
왕절빈 ……………… 18101
왕정 ………………… 14806
왕정 ………………… 15055
왕정 ………………… 18039
왕정비(王正非) …. 31359
왕정심 ……………… 2504
왕정원 ……………… 3313
왕정원 ……………… 3583
왕정원 ……………… 3865
왕정원 ……………… 29047
왕정춘 ……………… 5252
왕정춘;우경준 ……. 3627
왕조겸 ……………… 3580
왕조군 ……………… 22306
왕조룡 ……………… 10711
왕조림;리황훈 …… 27061
왕조문 ……………… 11096
왕조민 ……………… 4632
왕조생 ……………… 4119
왕종언;류서량 …… 22190
왕종인 ……………… 28367
왕중걸 ……………… 2170
왕중화 ……………… 31104
왕증기 ……………… 1308
왕증기 ……………… 18502
왕지가;류귀 ……… 22344
왕지곤 ……………… 1034
왕지방 등 ………… 3806
왕지우;손림림 ……. 9875
왕지청 ……………… 2734
왕지충 ……………… 25560
왕진 ………………… 28113
왕진곤 ……………… 29303
왕진발 ……………… 4182
왕진산 ……………… 3880
왕진청 ……………… 19333
왕진충 ……………… 1374
왕창역;오홍균 …… 20387
왕창정 ……………… 11491
왕창후 ……………… 2552
왕채상 ……………… 31826
왕천승 ……………… 21239
왕천운 ……………… 27705
왕철천 ……………… 30080
왕청 ………………… 4900
왕청 ………………… 19119
왕청도 ……………… 5743
왕청순 ……………… 22899
왕청순 ……………… 28579
왕청해;왕자영 ……. 3073
왕청현;엄영희 ……. 4421
왕초영;공령후 ……. 5492
왕추;근령 ……… 24535
왕춘강 ……………… 28139
왕춘부 ……………… 5622
왕춘승 ……………… 5344
왕춘원 ……………… 19337
왕출 ………………… 24984
왕충(王冲) ………… 32744
왕충걸 ……………… 4306
왕충구 ……………… 3796
왕충구 ……………… 4130
왕충구 ……………… 5336
왕충구 등 ………… 4128
왕충구;리응과 ……. 4870
왕충구;상내 ……… 21078
왕충덕 ……………… 22021
왕취우;선경유 ……. 5749
왕치국 ……………… 21853
왕치림 ……………… 2604
왕치진 ……………… 2044
왕친국 ……………… 1867
왕택 ………………… 2327
왕택충 ……………… 4221
왕택화 ……………… 3566
왕패금 ……………… 4433
왕패금;서부모 …… 18658
왕평 ………………… 22427
왕평;하운 ………… 19603
왕평재 ……………… 6235
왕평충 ……………… 5340
왕품제 ……………… 6764
왕풍 등 …………… 5637
왕학문 ……………… 3884
왕학문 ……………… 5750
왕학문 ……………… 19732
왕학의 ……………… 3899
왕학의 등 ………… 21082
왕합의 ……………… 727
왕합청 ……………… 8548
왕항(王恒) ………… 32353

왕해림 4232
왕해속 18574
왕행견 28041
왕허지 21933
왕헌각;추명탁 7440
왕헌중 3200
왕헌충 6144
왕헌충;왕영곤 5507
왕현요;뢰수백 19340
왕혜농 6706
왕혜진 10155
왕혜천 31986
왕혜평;진모수 25174
왕홍생 29416
왕홍춘 28941
왕화암(王化岩) 28644
왕화평 4802
왕화평 21455
왕화평 21575
왕화흥 8056
왕환매 6019
왕환매 21934
왕회양 15935
왕효경 26387
왕효명 20496
왕흥가 11065
왕흥동 22651
왕흥릉 29031
왕희성 4039
왕희태 6064
왕희태 22961
요경문 22091
요광발 5440
요광발 5521
요광발 5901
요광발 5978
요광발 21424
요광발 21626
요광발 등 3654
요광발 등 5647
요광발;곡배승 21908
요광발;윤성 21818
요광발;장정선 3907
요광지 6849
요극명 5055
요덕홍 271
요덕홍 29385
요덕홍 30022
요득홍 8022
요명현 21262
요문원 3967
요문원 3991
요문원 11974
요사 29798
요석영 29262
요설금 28074
요아평 10538
요영;포신문 29549
요예;신일 19709
요옥빈 21284
요옥빈 21333
요옥빈 21644
요옥빈 21694
요옥빈 26951
요유린 529
요은화 8743
요작기 1463
요작기 28017
요장상 22820
요장상 22999
요적;우강 21777
요정방 32379
요조린 979
요중화 10248
요지 2134
요진화;왕렬렬 5774
요총 1293
요흔 1240
요흔 1507
요흔 1510
요흔 1565
요흔 2765
요흔 3022
요흔 3028
요흔 3154
요흔 3376
요흔 3402
요흔 4046
요흔 6460
요흔 6468
요흔 6666
요흔 11975
요흔 11976
요흔 6445
요흔 11984
요흔 20755
요흔 20796
요흔 3129
요흔(姚昕) 1335
요흔(姚昕) 1486
요흔(姚昕) 2260
요흠림 25590
용동정 1728
용옥 20824
용의적 28311
용천 475
용천 4487
용천 20160
용천 27818
용천 28506
용현 27930
우가명 29786
우경운;운진파 4085
우계릉 3340
우광원 6907
우광훈 17936
우광훈 17989
우광훈 18003
우광훈 18150
우광훈 18533
우광훈 18889
우광훈 19323
우광훈 19324
우광훈 19430
우광훈 19589
우광훈 19620
우광훈 19724
우광훈 20017
우광훈 20305
우광훈 20343
우국성 9947
우국충;장서원 29917
우극;감악 6078
우덕생 3213
우덕후 3542
우란각 21193
우렬투 18614
우림 1273
우림 3170
우림 6688
우명 15128
우문금 8562
우민 12036
우백생 19980
우보문 5791
우보재 1027
우보재 1030
우복순 8359
우복주 32003
우봉영(郵鳳榮) 10293
우빈 5708
우빈 6534

우빈 ………………… 21947
우빈;조홍림 ………… 5485
우서문 ………………… 1908
우서전 ………………… 21283
우서전 ………………… 21517
우서전 등 ………… 21497
우서전;양경당 …… 21481
友聲 ………………… 22488
우성지 ………………… 19259
우소문 ………………… 8027
우안빈 ………………… 19697
우약 ………………… 25622
우약봉 등 ………… 30458
우영도 ………………… 6462
우영명 ………………… 7999
우영상 ………………… 2500
우영애 ………………… 25268
우운상 ………………… 23966
우일;왕복림 ……… 25414
우장하 ………………… 3245
우재양;정옥민 ……… 6045
우점 ………………… 20612
우점군; 려연귀 …… 5350
우정 ………………… 32888
우정순 ………………… 31226
우정영 ………………… 5026
우제원 ………………… 23918
우종순 ………………… 24903
우중은 ………………… 22994
우지국;황조용 ……… 4681
우지청 ………………… 8116
우지춘 ………………… 20882
우지춘 ………………… 22657
우진영 ………………… 3672
우진파 ………………… 28950
우진파 ………………… 29295
우진파 ………………… 31591
우진홍 ………………… 3491
우척심 ………………… 18205
우춘 ………………… 31581
우택생 ………………… 18538
우털투;고하 ……… 18448
우항곤;당옥신 ……… 5752
우해수 ………………… 2192
우해신 ………………… 17888
우헌강 ………………… 20451
우호녕 ………………… 28952
우홍승 ………………… 22901
우홍주 ………………… 22997
우홍혜 ………………… 876
우흔방 ………………… 22630
우희문 ………………… 2479
욱서 ………………… 81
郁秀 ………………… 20683
욱집 ………………… 6224
욱항 ………………… 21489
운고 ………………… 272
운몽택 ………………… 20416
운봉 ………………… 23103
운붕 등 ………………… 4341
운생 ………………… 13079
운생 ………………… 13085
운생 ………………… 13216
운생 ………………… 13263
운생 ………………… 13279
운생 ………………… 13289
운생 ………………… 13339
운생 ………………… 13352
운생 ………………… 13725
운생 ………………… 13739
운지;력일 ………… 396
운청;림지 ………… 19308
운표;충민 ………… 5588
운호 ………………… 1054
운화 등 ………………… 5564
운횡 ………………… 6420
웅계영 ………………… 20126
웅뢰 ………………… 27379
웅마 ………………… 5059
웅복근 ………………… 21786
웅성 ………………… 18551
웅정 ………………… 21635
웅춘녕 ………………… 19442
웅춘녕 ………………… 19511
웅효란 ………………… 25436
원 ………………… 22574
원경생 ………………… 3416
원곤 ………………… 21733
원광군;안강 ……… 23411
원국벽 ………………… 7034
원근 ………………… 801
원달성 ………………… 29168
원도흥 ………………… 25381
원동국;리상선 ……… 9820
원룡국(元龍國) …… 7335
원룡운 ………………… 24520
원명 ………………… 27900
원목;범영상 ………… 2324
원목;범영장 ……… 20854
원목;풍건 ………… 20857
원목;풍건 ………… 2310
원문상;차중남 …… 23993
원미자 ………………… 7828
원미자 ………………… 7925
원미자 ………………… 8190
원미자 ………………… 8450
원미자 ………………… 8475
원미자 ………………… 8502
원민 ………………… 4589
원백 ………………… 30636
원병 ………………… 21762
원병 ………………… 21837
원병창 ………………… 26995
원복순 ………………… 8047
원봉 ………………… 19557
원사 ………………… 17705
원상무 ………………… 2967
원상무 등 ………… 5879
원상무 등 ………… 5906
원상무;장언위 …… 21524
원상진 ………………… 29080
원생강;고명생 …… 21842
원성보 ………………… 3965
원성철 ………………… 15038
원수박 등 ………… 13975
원시희 ………………… 17630
원시희 ………………… 17648
원시희 ………………… 17815
원시희 ………………… 19146
원시희 ………………… 19219
원시희 ………………… 19290
원시희 ………………… 19505
원시희 ………………… 20977
원시희 ………………… 22276
원시희 ………………… 23824
원시희 ………………… 27536
원시희 ………………… 27538
원시희 ………………… 27542
원시희 ………………… 27563
원시희 ………………… 27518
원시희 ………………… 7056
원시희;김춘란 …… 27569
원시희;김춘란 ……… 993
원시희;김춘란 ……… 994
원시희;허만석 …… 27494
원시희;허만석 …… 27502
원시희;허만석 …… 27505
원시희;허만석 …… 27514
원아평 ………………… 19278
원아평 ………………… 21474
원영명 ………………… 32252
원영명 ………………… 32263

원영명;로수삼 ······ 32569
원영명;왕세혜 ···· 32255
원영명;왕세혜 ···· 32260
원영명;왕세혜 ···· 32576
원예악 ··········· 6895
원정희;김봉 ········ 11052
원종섭 ··········· 11004
원종옥 ··········· 16674
원종옥 ··········· 17181
원주삼 ··········· 27223
원주삼 ··········· 27231
원지명 ··········· 4495
원지영 ··········· 3882
원지화;류옥해 ······· 5049
원진 ············ 14795
원진 ············ 10681
원창권 ··········· 20990
원천 ············ 22235
원천리 ··········· 11250
원철봉 ··········· 8439
원청 ············ 21491
원청 ············ 3138
원초;충복 ·········· 32618
원해빈;우학리 ······ 21848
원해빈;하덕청 ······ 21930
원혁 ············ 25175
원혜숙 ··········· 8151
원혜숙 ··········· 8341
원혜숙 ··········· 8349
원호 ············ 977
원호천 ··········· 9172
원호천 ··········· 9182
원효천 ··········· 18158
원후춘 ··········· 28345
월메 ············ 12179
월성(月星) ·········· 28773
위겸;혜정 ·········· 32422
위광희 ··········· 4090
위군 ············ 23001
위군 ············ 1026
위군 ············ 3856
위군 ············ 11638
위군의 ··········· 27949
위덕보 ··········· 30096
위덕순 ··········· 29575
위동묵 ··········· 9856
위람 ············ 7794
위례군 ··········· 2497
위명 ············ 32248
위민 ············ 7592
위민 ············ 10403
위반해 ··········· 25159
위백상;방옥부 ······ 24734
위봉 ············ 32740
위상전 ··········· 17826
위서생 ··········· 10259
위세걸 ··········· 11734
위세굉;고균 ·········· 5052
위세덕 ··········· 17311
위세홍 ··········· 18339
위수;고조매 ········ 19906
위수괴 ··········· 32076
위수생 ··········· 6987
위승안;도기만 ······ 32782
위신원 ··········· 32062
위야화 ··········· 19355
위원 ············ 28316
위위 ············ 24929
위위 ············ 4506
위유민 ··········· 5923
위이 ············ 32173
위이성 ··········· 6678
위일;왕복림 ········ 24918
위자 ············ 25699
위작장 ··········· 21177
위전선 ··········· 5198
위정 ············ 14281
위제화 ··········· 21607
위종신 ··········· 16078
위지군 ··········· 19796
위지성 ··········· 9350
위진 ············ 4274
위진 ············ 4453
위창헌 ··········· 7515
위청 ············ 4296
위충어 ··········· 5001
위택 ············ 2521
위평 ············ 4140
위평 ············ 6705
위혁지 ··········· 22221
위호명 ··········· 31158
위홍 ············ 20481
위홍빈 ··········· 30696
위회장 ··········· 22041
위회장 ··········· 22117
위효초 ··········· 19761
윈우 ············ 11625
유가 ············ 27552
유강 ············ 4278
유건민 등 ·········· 5562
유경환 ··········· 19558
유경환 ··········· 24153
유계순 ··········· 8456
유계순 ··········· 8875
유곡원(喩谷源) ····· 32011
유교 ············ 22198
유권역 ··········· 265
유권역;리소강 ······· 6419
유금성 ··········· 9503
유기 ············ 19273
유기 ············ 19303
유내문;소수상 ······· 6217
유동 ············ 4013
유동열 ··········· 13618
유룡호 ··········· 31652
유룡호 ··········· 31659
유림 ············ 29986
유림 ············ 30413
유림 ············ 30658
유림회 ··········· 19835
유명 ············ 23846
유명 ············ 865
유명균;주옥인 ······· 8639
유명근 ··········· 499
유명황 ··········· 260
유문 ············ 21293
유문흥 ··········· 13894
유병일 ··········· 30239
유병활 ··········· 6104
유복장 ··········· 1084
유부 ············ 24930
유생 등 ··········· 31861
유설 ············ 10951
유성독 ··········· 28783
유성록 ··········· 28935
유성록 ··········· 28936
유성록 ··········· 28938
유성록 ··········· 28939
유성록 ··········· 30372
유성춘 ··········· 32900
유수옥 ··········· 8327
유수옥 ··········· 11364
유연 ············ 4524
유연길 ··········· 22381
유영 ············ 3139
유영호 ··········· 17053
유영호 ··········· 21593
유완식 ··········· 3925
유요진 ··········· 25534
유원 ············ 23423
유인룡 ··········· 9760
유인룡 ··········· 9780

유인룡 ……………… 9794
유인룡 ……………… 9800
유인룡 ……………… 9803
유인형 ……………… 26116
유장;림결 …………… 6405
유장예 ……………… 14047
유장예 ……………… 14081
유재익 ……………… 16057
유재익 ……………… 16648
유재환 ……………… 17811
유재환 ……………… 18619
유재환 ……………… 18622
유재환 ……………… 19164
유재환 ……………… 9186
유재환 ……………… 9198
유재환 ……………… 9212
유재환 ……………… 9272
유재환 ……………… 12584
유종훈 ……………… 6385
유중문 ……………… 416
유진숙 ……………… 10267
유창가 ……………… 8101
유창남;박철규 …… 27578
유천호 ……………… 6347
유철길 ……………… 13743
유철길 ……………… 13808
유철흡 ……………… 30344
유철흡 ……………… 31916
유철흡 ……………… 32402
유철흡 ……………… 9869
유춘근 ……………… 32895
유춘자 ……………… 8835
유치종 ……………… 32589
유평 ………………… 2965
유풍림 ……………… 30056
유학림 ……………… 31074
유학림 ……………… 21015
유학문 ……………… 17969
유혜경 ……………… 8890
유호준 ……………… 31500
유홍우;뢰세호 …… 32841
유홍재 등 ………… 2194
육균 ………………… 7401
육룡 ………………… 7200
육문 ………………… 21539
육신 ………………… 28740
육신 ………………… 28752
육신 ………………… 28753
육신 ………………… 9835
육신;채문 ………… 28751
육호 등 …………… 15147
윤가;단파 ………… 25142
윤건 ……………… 10626
윤건 ……………… 10627
윤걸 ………………… 24538
윤걸 ………………… 9761
윤경복 ……………… 25326
윤경부;왕본성 …… 4086
윤경옥 ……………… 14423
윤경옥 ……………… 14437
윤경찬 ……………… 16662
윤경찬 ……………… 16693
윤경찬 ……………… 16986
윤경찬 ……………… 19840
윤경희 ……………… 8422
윤경희 ……………… 9244
윤계수 ……………… 17771
윤광 ………………… 10809
윤광수 ……………… 19000
윤광수 ……………… 20607
윤광주 ……………… 14056
윤광주 ……………… 13061
윤광주 ……………… 13132
윤광주 ……………… 13153
윤광주 ……………… 13185
윤광주 ……………… 13211
윤광주 ……………… 13270
윤광주 ……………… 13291
윤광주;심해수 …… 24611
윤괴 ………………… 3276
윤국광 ……………… 10548
윤국광 ……………… 10736
윤국광 ……………… 10968
윤국량 ……………… 4015
윤국일 ……………… 17670
윤국일 ……………… 22584
윤근배;문창호 …… 24239
윤금남 ……………… 27067
윤금순 ……………… 9808
윤금옥 ……………… 7320
윤금옥 ……………… 8206
윤금옥 ……………… 10288
윤금철 ……………… 17634
윤금철 ……………… 17653
윤금철 ……………… 17722
윤금철 ……………… 17749
윤금철 ……………… 17769
윤금철 ……………… 17773
윤금철 ……………… 17780
윤금철 ……………… 17790
윤금철 ……………… 17801
윤금철 ……………… 20427
윤금철 ……………… 20724
윤금철 ……………… 22601
윤기옥 ……………… 13282
윤남경 ……………… 19950
윤동민 ……………… 14338
윤동주 ……………… 15915
윤동호 ……………… 17604
윤동호 ……………… 17621
윤동호 ……………… 17641
윤동호 ……………… 22541
윤동호 ……………… 23798
윤력 ………………… 418
윤력 ………………… 756
윤련옥 ……………… 30689
윤련옥 ……………… 30694
윤련옥 ……………… 31322
윤룡수 ……………… 3182
윤림호 ……………… 18047
윤림호 ……………… 18063
윤림호 ……………… 18198
윤림호 ……………… 18199
윤림호 ……………… 18218
윤림호 ……………… 18255
윤림호 ……………… 18309
윤림호 ……………… 18395
윤림호 ……………… 18427
윤림호 ……………… 18436
윤림호 ……………… 18496
윤림호 ……………… 18586
윤림호 ……………… 18678
윤림호 ……………… 18955
윤림호 ……………… 19004
윤림호 ……………… 19020
윤림호 ……………… 19213
윤림호 ……………… 19223
윤림호 ……………… 19309
윤림호 ……………… 19533
윤림호 ……………… 19538
윤림호 ……………… 19605
윤림호 ……………… 19606
윤림호 ……………… 19622
윤림호 ……………… 19734
윤림호 ……………… 19869
윤림호 ……………… 19899
윤림호 ……………… 19928
윤림호 ……………… 20020
윤림호 ……………… 20150
윤림호 ……………… 20206
윤림호 ……………… 20252
윤림호 ……………… 20310

윤림호 ······ 20313
윤림호 ······ 20404
윤림호 ······ 20412
윤림호 ······ 20430
윤림호 ······ 20442
윤림호 ······ 20478
윤림호 ······ 20516
윤림호 ······ 20587
윤림호 ······ 23593
윤림호 ······ 12811
윤림호 ······ 12968
윤매화 ······ 25734
윤명 ······ 19284
윤명철 ······ 17855
윤명철 ······ 17875
윤명철 ······ 17955
윤명철 ······ 17986
윤명철 ······ 18125
윤명철 ······ 18672
윤명철 ······ 18674
윤명철 ······ 19110
윤명철 ······ 19235
윤명철 ······ 19269
윤명철 ······ 20930
윤명철 ······ 20947
윤명화 ······ 8550
윤명화 ······ 8755
윤명화 ······ 8803
윤명희 ······ 16327
윤문섭 ······ 25327
윤문섭 ······ 25427
윤보옥 ······ 9633
윤복진 ······ 25667
윤봉문 ······ 21087
윤봉문 ······ 21452
윤봉문 ······ 21701
윤봉석 ······ 13528
윤봉선 ······ 25552
윤봉현 ······ 22314
윤봉회 ······ 2507
윤봉희 ······ 23724
윤봉희 ······ 4371
윤분원 등 ······ 32657
윤상범 ······ 13684
윤상수 ······ 16098
윤상수 ······ 21401
윤상수 ······ 24035
윤상수 ······ 24079
윤상수 ······ 24103
윤상화 ······ 30864
윤상화 ······ 31333
윤서농 ······ 3350
윤석걸 ······ 28660
윤석걸 ······ 28662
윤석걸 ······ 28663
윤석걸 ······ 6262
윤석걸 ······ 6425
윤석봉 ······ 31258
윤선룡 ······ 22076
윤선숙 ······ 4505
윤선자 ······ 15626
윤성 ······ 21880
윤성;경유 ······ 21717
윤성문 ······ 14580
윤성문 ······ 14603
윤송 ······ 19690
윤송 ······ 20063
윤송 ······ 23221
윤송봉 ······ 16141
윤송봉 ······ 12583
윤순복 ······ 29473
윤순옥 ······ 2246
윤승덕 ······ 14770
윤승혁 ······ 30759
윤승혁 ······ 32874
윤승혁 ······ 32908
윤승혁 등 ······ 32906
윤신 ······ 19854
윤신숙 ······ 20838
윤신숙 ······ 20842
윤신숙 ······ 27767
윤실근 ······ 14951
윤아현 ······ 3999
윤영민 ······ 25504
윤영숙 ······ 8333
윤영애 ······ 15123
윤영애 ······ 15737
윤영애 ······ 15849
윤영애 ······ 16003
윤영자 ······ 8858
윤영자 ······ 10204
윤영철 ······ 15011
윤영호 ······ 25028
윤영환 ······ 1485
윤옥매 ······ 20128
윤옥선 ······ 8711
윤옥진 ······ 19966
윤용수 ······ 14727
윤용수 ······ 15290
윤용수 ······ 19808
윤용수 ······ 21114
윤용수 ······ 21682
윤용수 ······ 22323
윤용수 ······ 22811
윤용수 ······ 22855
윤용수 ······ 22973
윤용수 ······ 13103
윤용수 ······ 13141
윤용수 ······ 13192
윤용수 ······ 13222
윤용수 ······ 13241
윤용수 ······ 13287
윤용수 ······ 13317
윤용수 ······ 13356
윤운걸 ······ 29444
윤운걸 ······ 29757
윤운걸 ······ 29909
윤운걸 ······ 29915
윤운길 ······ 29912
윤운택 ······ 32236
윤웅걸 ······ 30157
윤원현 ······ 3307
윤위 등 ······ 4833
윤유 ······ 3712
윤이홍;비지평 ······ 29212
윤인숙 ······ 8472
윤일 ······ 13213
윤일룡 ······ 20731
윤일산 ······ 18314
윤일산 ······ 11266
윤일지;임료원 ······ 17404
尹一之 ······ 13152
尹一之 ······ 13162
윤재오 ······ 10367
윤재오 ······ 10400
윤재윤 ······ 10861
윤재윤 ······ 10974
윤재윤 ······ 24348
윤쟁 ······ 4312
윤성란 ······ 8712
윤정모 ······ 20375
윤정삼 ······ 17977
윤정삼 ······ 18712
윤정삼 ······ 19748
윤정삼 ······ 12444
윤정석 ······ 17280
윤정석 ······ 24548
윤정석 ······ 24641
윤정석 ······ 24654
윤정석 ······ 24663
윤정석 ······ 24665
윤정석 ······ 24666

윤정석 8868
윤정석 13367
윤정석 13394
윤정숙 28401
윤정숙 28406
윤정순 24831
윤정철 15226
윤정철 17848
윤정철 17941
윤정철 17964
윤정철 18054
윤정철 18137
윤정철 18524
윤정철 18751
윤정철 19090
윤정철 20915
윤정철 20919
윤정철 22654
윤정현 5203
윤정화 25045
윤제선 13055
윤제선 13344
윤제선 13380
윤종주 30106
윤종주 등 6756
윤주철 8820
윤주택 16838
윤지간 7329
윤지평 4161
윤지현 17220
윤지현 17243
윤지현 22480
윤진;최건 10605
윤진우 14098
윤진우 14115
윤찬섭 10707
윤창환 24716
윤창환 8446
윤창환 9993
윤창환 등 8464
윤천 20038
윤철주 18949
윤철주 19057
윤첨룡 25077
윤청남 15000
윤청자 27157
윤추 22137
윤태삼 14007
윤태삼 14060
윤태삼 14177
윤태삼 14520
윤태삼 15006
윤태삼 15663
윤태삼 16989
윤태삼 22644
윤태삼 22646
윤태삼 24763
윤태삼 13663
윤태숙 22728
윤태영;구소청 26091
윤태호 20991
윤태호 21027
윤태호 23728
윤태호 7990
윤평 21583
윤평 1745
윤평 1887
윤평 4020
윤하룡 14854
윤하룡 15108
윤하룡 15144
윤하룡 15343
윤하룡 15481
윤하룡 15553
윤하룡 15730
윤하룡 15893
윤하룡 15982
윤하룡 16097
윤하섭 14822
윤하섭 14892
윤하섭 14997
윤하섭 15264
윤학주 30224
윤학주 10316
윤학주 10318
윤학주 10321
윤학주 10341
윤향란 4558
윤향화 30079
윤헌무 9744
윤헌무;김용군 9759
윤헌무;김용균 9755
윤헌무;한태환 9733
윤혁교 17699
윤혁교 17766
윤혁교 17960
윤혁교 20759
윤혁교 21535
윤혁교 21782
윤혁교 21789
윤혁교 23621
윤혁교 7293
윤혁교 7631
윤혁교 7888
윤혁교 10532
윤혁교 10608
윤형산 94
윤혜자 8058
윤혜자 8063
윤혜자 8237
윤효식 22685
윤효식 3320
윤효식 11007
윤효식 11019
윤효식 11027
윤희순 16967
윤희순 16976
윤희언 18326
윤희언 18508
윤희언 18522
윤희언 18734
윤희언 18834
윤희언 18891
윤희언 19484
윤희언 19678
윤희언 20141
윤희언 20334
윤희언 20417
윤희언 23424
윤희언 23620
윤희언 4480
융군 18428
융림 21892
은건 6035
은녀 21502
은덕발 21590
은덕발;박명식 21874
은덕발;박명식 5508
은립연 6054
은명 664
은명 5393
은명 5950
은문 1864
은벽경 23038
은비 11726
은빈;우명 14267
은영 4206
은점당 29129
은파도 21532
은하 23081
은하 1036
은하 1039

은하 ······ 4239
은하 ······ 4255
은하 ······ 21367
은하수 ······ 10079
은혜 ······ 27878
은호 ······ 22133
은홍 ······ 4702
은홍 ······ 5004
을봉 ······ 29938
을봉 ······ 30209
을인 ······ 23663
음륜 ······ 26982
음묵 ······ 30226
음봉 ······ 23216
응계 ······ 28157
응문휘 ······ 29400
응문휘 ······ 29561
응상해 ······ 7832
응향주;석룡 ······ 21204
의범 ······ 2827
의인 ······ 25029
의인 ······ 25206
의죽 ······ 25054
이건량 ······ 8131
이도 ······ 17241
이도 ······ 24634
이도홍 ······ 27628
이목 ······ 3519
이상 ······ 28894
이상만;김광수(李相万；金光洙) ······ 7253
이수 ······ 4252
이스마일 애매티 ··· 3074
이스마일 애매티 ··· 3081
이스마일애매티 ······ 995
이인 ······ 19657
이찬조 ······ 5696
이평 ······ 19134
이평 ······ 11665
익균 ······ 6121
익균 ······ 6124
인기;종활 ······ 30412
인량등 ······ 6008
인성 ······ 30065
인성 ······ 21448
인숙,문영 ······ 17724
인위 ······ 11357
인태;상준 ······ 20837
일궁 ······ 2098
일균 ······ 1600
일녀 ······ 4528
일념 ······ 25207
일로(一爐) ······ 29709
일룡;서종식 ······ 24339
일림 ······ 6403
일명 ······ 25894
일명 ······ 609
일문 ······ 12814
일문 ······ 12845
일박 ······ 4365
일별 ······ 27180
일별 ······ 12636
일별 ······ 12640
일별 ······ 12641
일별 ······ 12685
일별 ······ 12686
일별 ······ 12756
일별 ······ 12792
일별 ······ 12804
일분 ······ 12827
일비 ······ 17806
일비 ······ 17812
일삼 ······ 22356
일선 ······ 1129
일송;기숙 ······ 2287
일승 ······ 29667
일언 ······ 1599
일언 ······ 2777
일연 ······ 9274
일엽 ······ 26604
일왈 ······ 21369
일우 ······ 29684
일우 ······ 22162
일우 ······ 21844
일우 ······ 520
일우 ······ 4493
일우 ······ 21763
일우 ······ 28517
일우 ······ 27826
일우 ······ 467
일우 ······ 486
일우 ······ 515
일우 ······ 537
일우 ······ 623
일우 ······ 796
일우 ······ 826
일우 ······ 922
일우 ······ 6409
일월 ······ 20552
일평 ······ 27279
일평 ······ 10351
일풍 ······ 19952
일필 ······ 20312
일행 ······ 755
일화 ······ 32840
일화 ······ 6717
일훈 ······ 2001
일훈 ······ 3328
임경재 ······ 23802
임경훈 ······ 8364
임광산 ······ 17732
임국서 ······ 5996
임국재 ······ 6209
임국현 ······ 18067
임국현 ······ 18434
임국현 ······ 18705
임국현 ······ 19011
임국현 ······ 19036
임능원 ······ 19574
임대균 ······ 19740
임대림 ······ 24749
임덕원 ······ 9664
임덕원 ······ 9715
임도현 ······ 9433
임돈량;류지 ······ 5990
임동성 ······ 25307
임룡봉 ······ 7300
임룡철 ······ 7233
임룡철 ······ 7919
임룡철 ······ 9337
임리덕 ······ 27724
임문천 ······ 31700
임방문 등 ······ 21212
임범송 ······ 27109
임범송 ······ 643
임범송 ······ 644
임범송 ······ 645
임범송 ······ 646
임범송 ······ 647
임범송 ······ 648
임범송 ······ 658
임범송 ······ 661
임범송 ······ 663
임범송 ······ 666
임범송 ······ 670
임범송 ······ 681
임범송 ······ 712
임범송 ······ 825
임범송 ······ 4576
임범송 ······ 11226
임범송 ······ 11276
임범송 ······ 11532

임범송 ……………… 11614
임범송 ……………… 12019
임범송 ……………… 12048
임범송 ……………… 12095
임범송 ……………… 12175
임범송 ……………… 12346
임범송 ……………… 12384
임범송 ……………… 12408
임범송 ……………… 12628
임범송 ……………… 12631
임범송 ……………… 12848
임범송 ……………… 12870
임법연 ……………… 252
임보상 ……………… 3291
임복침 ……………… 21292
임사월 ……………… 13510
임산 ……………… 26892
임상 ……………… 27854
임선영 ……………… 23791
임세명;류금강 …… 32731
임수득 ……………… 9965
임수룡 ……………… 31761
임수보 ……………… 4191
임수운(任秀云) …… 8301
임승혁 ……………… 31369
임안태 ……………… 6599
임양근 ……………… 29428
임양근 ……………… 29734
임양근 ……………… 29826
임양근 ……………… 29906
임양근 ……………… 29910
임양근 ……………… 29919
임양근 ……………… 29920
임양근 ……………… 29934
임양근 ……………… 29950
임양근 ……………… 30016
임양근 ……………… 30035
임양근 ……………… 30036
임양근 ……………… 30075
임양근 ……………… 30250
임양근 ……………… 30261
임양근 ……………… 31447
임양근 ……………… 31470
임양근 ……………… 802
임양근 ……………… 29995
임언방 ……………… 27320
임영 ……………… 29740
임영자 ……………… 8148
임영호 ……………… 17341
임영호;길운 ……… 23837
임오 ……………… 20929
임용 ……………… 25500
임월;상청 ………… 22172
임윤덕 ……………… 17565
임윤덕 ……………… 82
임윤덕 ……………… 12472
임윤덕 ……………… 12487
임윤덕 ……………… 12570
임익근 ……………… 29859
임임 ……………… 9140
임정권 ……………… 27733
임정권 ……………… 6694
임정발 ……………… 6517
임정평 ……………… 18190
임종성 ……………… 4560
임종철 ……………… 20465
임종철 ……………… 20600
임종철 ……………… 23689
임종철 ……………… 4492
임지명 ……………… 266
임진 ……………… 4420
임진석 ……………… 28614
임창길 ……………… 20999
임창길 ……………… 8060
임창길 ……………… 8420
임창길 ……………… 10884
임창길 ……………… 10921
임철 ……………… 19591
임철 ……………… 19773
임철 ……………… 19907
임철 ……………… 20329
임치정 ……………… 31908
임태관 ……………… 32122
임태관 ……………… 32125
임평 ……………… 12018
임평 ……………… 12494
임학록 ……………… 24813
임현;량동 ………… 953
임호 ……………… 6763
임호 ……………… 11800
임호 ……………… 11939
임호원 ……………… 15594
임호원 ……………… 15614
임호원 ……………… 23156
임홍복;서무림 …… 25559
임홍해 ……………… 21716
임효원 ……………… 14026
임효원 ……………… 14071
임효원 ……………… 14173
임효원 ……………… 14210
임효원 ……………… 14481
임효원 ……………… 14507
임효원 ……………… 14546
임효원 ……………… 14574
임효원 ……………… 14619
임효원 ……………… 14633
임효원 ……………… 14672
임효원 ……………… 14764
임효원 ……………… 15064
임효원 ……………… 15078
임효원 ……………… 22799
임효원 ……………… 23087
임효원 ……………… 23607
임효원 ……………… 23720
임효원 ……………… 24577
임효원 ……………… 24659
임효원 ……………… 24797
임효원 ……………… 15110
임효원 ……………… 15134
임효원 ……………… 15274
임효원 ……………… 15284
임효원 ……………… 15382
임효원 ……………… 15384
임효원 ……………… 15480
임효원 ……………… 15506
임효원 ……………… 15523
임효원 ……………… 15568
임효원 ……………… 15605
임효원 ……………… 15682
임효원 ……………… 15785
임효원 ……………… 15907
임효원 ……………… 16194
임효원 ……………… 16324
임효원 ……………… 16387
임효원 ……………… 16404
임효원 ……………… 16428
임효원 ……………… 16452
임효원 ……………… 16459
임효원 ……………… 16559
임효원 ……………… 16763
임효원 ……………… 17093
임효원 ……………… 17179
임효원 ……………… 27421
임효원 ……………… 28110
임효원 ……………… 11310
임효원 ……………… 11434
임효원 ……………… 11832
임효원 ……………… 12103
임효원 ……………… 12263
임효원 ……………… 13047
임효원 ……………… 13056
임효원 ……………… 13065

임효원 ······ 13088
임효원 ······ 13106
임효원 ······ 13126
임효원 ······ 13149
임효원 ······ 13156
임효원 ······ 13175
임효원 ······ 13195
임효원 ······ 13250
임효원 ······ 13261
임효원 ······ 13268
임효원 ······ 13288
임효원 ······ 13347
임효원 ······ 13572
임효원 ······ 13664
임효원 ······ 13758
임효원 ······ 13764
임효원 ······ 13784
임효원 ······ 13801
임효원 ······ 13823
임효원 ······ 15252
임휘 ······ 21621
임흔 ······ 2560
임흔 ······ 4811
임흥문 ······ 22026

ㅈ

자로 ······ 2020
자문 ······ 21416
자선 ······ 20268
자신 ······ 5225
자악(紫萼) ······ 32021
자우 ······ 8018
자장 ······ 5199
자장 ······ 29679
자준 ······ 30776
자형 ······ 13821
자형 ······ 14061
자화균 ······ 23364
잠검 ······ 4430
잠길 ······ 501
잠리 ······ 28479
잠리 ······ 28497
잠리 ······ 28501
잠옥 ······ 10099
잠용 ······ 6606
잠용 ······ 19361
잠석 ······ 4328
잠제명 ······ 6721
잠천 ······ 4535
잠헌청 ······ 23510
장 ······ 7545
장가(張苛) ······ 13060
장가운 ······ 3067
장가혜 ······ 19961
장강 ······ 4526
장강 ······ 10040
장강 ······ 22383
장갱생(張更生) ······ 32745
장거령 ······ 1893
장건 ······ 7671
장건 ······ 7758
장건 ······ 7897
장건국 ······ 27959
장건민 ······ 4359
장건민 ······ 5107
장건민 ······ 28146
장건민;임국서 ······ 3868
장건초 ······ 9483
장건편 ······ 1028
장건평 ······ 5763
장건평 ······ 25173
장검웅 ······ 4532
장검협 ······ 21472
장결 ······ 7036
장결 ······ 10056
장경괵;범세공 ······ 28068
장경길 ······ 27355
장경동 ······ 7015
장경동 ······ 9034
장경동 ······ 9115
장경동 ······ 9116
장경동 ······ 9127
장경려;등정여 ······ 32237
장경률 ······ 22760
장경률 ······ 22891
장경매 ······ 14549
장경명 ······ 22157
장경발 ······ 24890
장경생 ······ 21788
장경숙 ······ 11176
장경숙 ······ 20333
장경숙 ······ 21998
장경숙 ······ 22169
장경숙 ······ 23222
장경숙 ······ 19640
장경숙 ······ 19749
장경숙 ······ 19753
장경암 ······ 2086
장경영 ······ 5956
장경추 ······ 29398
장경태 ······ 1597
장경학;왕충구 ······ 22764
장경혜 ······ 23734
장계순 ······ 9112
장관 ······ 30452
장광군 ······ 10758
장광군 ······ 10804
장광군 ······ 10869
장광군 ······ 10924
장광기 ······ 26554
장광년 ······ 11972
장광두 ······ 2546
장광원 ······ 8587
장광적 ······ 19580
장광조 ······ 25051
장광조 ······ 25244
장광조 ······ 25406
장광조 ······ 27715
장광조 ······ 19751
장광조 ······ 32298
장광조 ······ 29011
장광조 ······ 29012
장광주 ······ 394
장광후 ······ 1002
장구연;장봉조 ······ 24070
장구연;장봉조 ······ 24166
장국개;장복룡 ······ 25928
장국경 ······ 17513
장국광(張國光) ······ 28127
장국권(張國權) ······ 3503
장국동 ······ 12140
장국량 ······ 3036
장국립;성하 ······ 20214
장국부 ······ 13462
장국충 등 ······ 3695
장국현 ······ 378
장국현 ······ 1104
장국현 ······ 3633
장군 ······ 6206
상군 ······ 23002
장귀 등 ······ 5362
장귀침 ······ 3833
장귀침 ······ 3834
장귀침 ······ 5358
장규강 ······ 6153
장규성 ······ 117
장규성 ······ 539
장균성 ······ 1950
장극가 ······ 129
장극가 ······ 175
장극가 ······ 11258
장극가 ······ 12181

장극명 …………… 25707
장근 ………………… 22439
장근 ………………… 19786
장금선 …………… 25057
장금선 …………… 18358
장금선 …………… 18728
장금선 …………… 19573
장금손 …………… 7404
장금손 …………… 22587
장금손 …………… 8605
장금송 …………… 7842
장금수 …………… 20082
장금순 …………… 8006
장금자 …………… 22921
장금자 …………… 23043
장금종 …………… 10281
장금출 …………… 32471
장기 지 …………… 5786
장기건 …………… 31032
장기건 …………… 29048
장기건 …………… 30641
장기동 …………… 27042
장기동 …………… 27184
장기량 …………… 4193
장기량 …………… 30033
장기만 …………… 8742
장기만 …………… 9713
장기봉 …………… 31373
장기봉 …………… 32719
장기봉 …………… 32720
장기봉 …………… 32721
장기성 …………… 18049
장기성 …………… 31366
장기하 …………… 11191
장길 ………………… 31430
장길성 …………… 20055
장길송 …………… 7014
장길송 …………… 7019
장남규;안희선 …… 31818
장남상 …………… 7746
장념춘;풍지준 …… 27666
장녕 ………………… 20187
장녕 ………………… 20248
장녕정 …………… 23567
장능위 …………… 304
장당과(張棠科) …… 31971
장대년 …………… 12158
장대녕 …………… 29742
장대위 …………… 4651
장대위 …………… 22201
장대유 …………… 4622
장덕강 …………… 2562
장덕규 …………… 20656
장덕규 …………… 17588
장덕산 …………… 24274
장덕순 …………… 31490
장덕순 …………… 32529
장덕언 …………… 21005
장덕영 …………… 8863
장덕전;접전덕 …… 4411
장덕흠(張德鑫) …… 32751
장도상 …………… 21870
장동권 …………… 4856
장동권 …………… 10470
장동권 …………… 10579
장동권 …………… 10623
장동권 …………… 10945
장동권 …………… 32548
장동권 …………… 28786
장동량 …………… 6404
장동범 …………… 28640
장동범 …………… 28645
장동범 …………… 32318
장동복 …………… 4183
장동욱 …………… 17742
장동운 …………… 13754
장동운 …………… 13872
장동운 …………… 13921
장동운 …………… 22573
장동운 …………… 22596
장동운 …………… 23898
장동운 …………… 23932
장동운 …………… 14009
장동운 …………… 15317
장동운 …………… 17265
장동운 …………… 17278
장동운;한원국 …… 17300
장동청 …………… 22018
장동하 …………… 13461
장동한 …………… 10298
장동현;금필 …… 21069
장동휘;만유빈 …… 3318
장두욱 …………… 9950
장두욱 …………… 25656
장두욱 …………… 25751
장두욱 …………… 25361
장두욱 …………… 25420
장등령 …………… 1248
장등의 …………… 6713
장락우 …………… 29781
장락원 …………… 390
장락평 …………… 3916
장랍매 …………… 24971
장량 ………………… 28385
장려 ………………… 23667
장려문;풍상영 …… 28360
장려아;리소병 …… 21740
장력 ………………… 3209
장련 ………………… 4638
장련휘;류만석 …… 7380
장령 ………………… 22402
장령 ………………… 22409
장례현 …………… 30061
장룡석 …………… 31099
장룡석 …………… 30478
장룡욱 …………… 3928
장룡욱 …………… 30907
장룡욱 …………… 30910
장룡욱 …………… 32870
장리걸 …………… 28429
장리걸 …………… 30385
장리국 …………… 22224
장리군;제문백 …… 5370
장리인 …………… 1931
장리휘 …………… 7717
장리휘 …………… 7719
장림 ………………… 21257
장림 ………………… 18141
장림 ………………… 32839
장림;최조남 …… 18252
장림봉 …………… 2696
장립근 …………… 23757
장만 ………………… 7379
장만련 …………… 13779
장만련 …………… 13807
장만련 …………… 13866
장만련 …………… 27444
장만련 …………… 27456
장만치 …………… 29499
장망 ………………… 11080
장맹 ………………… 2242
장명모;당해 …… 19197
장명숙 …………… 16724
장명심;최빈자 …… 7885
장모;탕보화 …… 21571
장모충;진대연 …… 4229
장무삼 …………… 28655
장문 ………………… 21122
장문 ………………… 28470
장문경 …………… 5706
장문구 …………… 23266
장문권 …………… 22759

장문선 ……………… 29285
장문선 ……………… 29344
장문선 ……………… 29984
장문선 ……………… 30133
장문선 ……………… 30249
장문선 ……………… 29383
장문송 ……………… 7809
장문우 ……………… 27646
장문철 ……………… 7958
장문철 ……………… 10993
장문해 ……………… 5712
장문해 ……………… 5781
장문호 ……………… 25042
장문화 ……………… 10107
장미 ……………… 19320
장민 ……………… 21507
장민 ……………… 28521
장민국;김창규 …… 31512
장민국;김창규 …… 31514
장민부;박무수 …… 21823
장발 등 ……………… 5850
장배기 ……………… 10397
장백록 ……………… 7038
장백록 ……………… 25145
장백록 ……………… 19444
장백림 ……………… 28214
장백철 ……………… 13600
장번 ……………… 21354
장범 ……………… 23839
장범;문력 ……………… 4246
장병괴 ……………… 20645
장병욱 ……………… 31191
장병욱 ……………… 31210
장병욱 ……………… 31259
장병욱 ……………… 31308
장병화 ……………… 4700
장보사 ……………… 10113
장보삼 ……………… 5175
장보삼 ……………… 5178
장보삼 ……………… 5864
장보삼 ……………… 6067
장보석 등 ……………… 21374
장보위 ……………… 21597
장보위 ……………… 22033
장보유 ……………… 5136
장보인;김상구 …… 5601
장보인;황련승 …… 5254
장보정 ……………… 6214
장보화 ……………… 5684
장복군 ……………… 4092
장복군 등 ……………… 5416
장복군;왕래춘 …… 21907
장복군;장운통 …… 21869
장복군;장정위 …… 28793
장복기 ……………… 5764
장복영 ……………… 22348
장복원 ……………… 17496
장본유 ……………… 18173
장봉림 ……………… 2502
장봉산 ……………… 20455
장봉섭 ……………… 7924
장봉섭 ……………… 7929
장봉섭 ……………… 10043
장봉양;류온종 …… 21207
장봉여 ……………… 3728
장봉운 ……………… 23735
장봉조 ……………… 24159
장봉조 ……………… 24316
장봉조 ……………… 23957
장봉조 ……………… 24042
장봉조 ……………… 24082
장봉조 ……………… 24367
장봉조 ……………… 24439
장봉춘 ……………… 9767
장봉현 ……………… 8976
장봉화 ……………… 31943
장봉화 ……………… 31946
장봉화 ……………… 32073
장봉화 ……………… 32430
장봉화 ……………… 32557
장봉화 ……………… 28896
장부도 ……………… 30470
장분옥 ……………… 2580
장분옥 ……………… 8643
장분옥 ……………… 8708
장빙 ……………… 5589
장사걸 ……………… 10414
장사걸 ……………… 23836
장사덕 ……………… 21748
장사영 ……………… 3161
장사왕 ……………… 29472
장사하 등 ……………… 22254
장사희;동위강 …… 5777
장삼 ……………… 25769
장삼록;장경빈 …… 5496
장삼환 ……………… 28807
장삼환 ……………… 28887
장삼환 ……………… 28942
장상 ……………… 3442
장상 등 ……………… 5332
장상;영무 ……………… 20078
장상;영무 ……………… 5015
장상빈 ……………… 9797
장상숙 ……………… 7491
장상숙 ……………… 9041
장생우 ……………… 522
장서(張曙) ……………… 32018
장서귀;향자문 …… 5565
장서림 ……………… 31013
장서생 ……………… 19291
장서신 ……………… 1451
장서한(張書翰) …… 31448
장석만 ……………… 18981
장석순 ……………… 9080
장석철 ……………… 18526
장석환 ……………… 16917
장선 ……………… 32871
장선생 ……………… 20200
장선옥 ……………… 9939
장선일 ……………… 9842
장선치 ……………… 32613
장선희 ……………… 15691
장선희 ……………… 15920
장선희;천홍범 …… 7043
장성군 ……………… 9539
장성군 ……………… 9562
장성군 ……………… 9582
장성군 ……………… 9609
장성길 ……………… 31428
장성길 ……………… 31429
장성길 ……………… 31474
장성신 ……………… 25194
장성원 ……………… 23014
장성원 ……………… 30743
장성홍 ……………… 19599
장세걸 ……………… 13320
장세민 ……………… 4122
장세민 ……………… 6082
장세민 등 ……………… 5361
장세애 ……………… 28320
장세영 ……………… 8900
장세운 ……………… 32039
장세일 ……………… 7537
장세일 ……………… 9266
장세종 ……………… 25048
장세주 ……………… 19702
장세현(張世賢) …… 30289
장소기 ……………… 29053
장소문 ……………… 31260
장소신 ……………… 29550
장소심 ……………… 29390
장소심 ……………… 29401

장소심 29412
장소위 25062
장소천 18578
장소천 26001
장소현 5661
장수강 9181
장수강 12380
장수림 등 21057
장수명 32274
장수방 6099
장수상;정해철 9814
장수영;위지강 25399
장수영;장매 25759
장수옥 21582
장수천 13677
장수철 23143
장수철 24413
장수화 20083
장숙 29713
장숙당 10140
장숙아 3956
장숙종 564
장순 1698
장순고;사은련 4882
장순과 18483
장순복 8317
장순진(張舜進) 7260
장순하 30154
장순화 25641
장숭례;곽택유 5451
장승 4905
장승록 14257
장승록 17361
장승선 7754
장승선 7781
장승선 7822
장승선 7966
장승선 9229
장식금 1058
장신 등 21272
장신민 18688
장신숙 22506
장신재 23224
장신진;리애평 6271
장신화 78
장심가 21997
장심일 4280
장쌍진 4831
장아빈 20092
장안민 19084
장야 4188
장양 14326
장언 1938
장언기 19642
장언위;왕술량 21655
장엄 4573
장엄 20204
장연 4293
장연봉 32176
장연생 1270
장영 27313
장영뢰 4513
장영륜 11145
장영매 14253
장영순 27114
장영식 7025
장영식 7027
장영식 7482
장영식 7978
장영식 9237
장영식 9259
장영욱 27572
장영장 25742
장영춘 7921
장영춘 9049
장영태 8005
장영태 8518
장영태 9346
장영호 23908
장영호 23924
장영호 24359
장영화 8157
장영화 8846
장영흥;리수림 3873
장영희 10611
장예 27857
장예붕 21478
장오 1884
장오 27792
장옥기 18055
장옥림;장명철 5056
장옥산 27554
장옥상 1380
장옥순 7035
장옥순 7626
장옥순 23140
장옥순 14341
장옥정; 후병우 20386
장옥화 891
장외 22174
장외 19779
장외 31854
장외 30568
장외;류자성;김운 21961
장요화(張耀華) 6435
장용;김충국 19874
장용환 25619
장우 18656
장우 19169
장우;리해도 5677
장우;황지영 18627
장우림 등 29587
장우흥 25816
장운봉 383
장운붕 22893
장운붕 22998
장운청 25338
장운통 22434
장운통;왕래춘 4378
장웅위 27933
장원 21622
장원 30975
장원 30621
장원기(張元錡) 28929
장원명 269
장원명 600
장원명 4150
장원철 16129
장원필 10032
장원해 1891
장원회 5209
장월(張鉞) 30504
장월영;최명식 10630
장위 4597
장위 11604
장위 22029
장위 23437
장위군 3840
장위군 5383
장위동;우구재 12007
장위위 32831
장위위 28857
장위평 2709
장유 1206
장유덕 12066
장유덕 17772
장윤생 7747
장은굉 30933
장은굉 30598
장은락 24059
장은웅 30921
장은유 20554

장의 …… 25694
장의군 …… 5624
장의군;리보규 …… 30634
장의군;왕춘부 …… 5856
장의원 …… 11000
장의원 …… 11022
장의원 …… 11043
장의원 …… 11044
장의원 …… 17072
장의재 …… 9956
장의재 …… 9961
장익 등 …… 5799
장익봉 …… 25467
장인 …… 21938
장인;강표 …… 22025
장인걸(蔣人杰) …… 29350
장인길 …… 22629
장인발 …… 254
장인발 …… 4841
장인부 …… 22197
장인숙 …… 3201
장일궁;장민 …… 18271
장일만 …… 11871
장일민 …… 2873
장일민 …… 12026
장일민 …… 12029
장일민 …… 12047
장일민 …… 12959
장일민 …… 21468
장일민 …… 21751
장일민 …… 23281
장일민 …… 23707
장일민 …… 26838
장일민 …… 27529
장일위 …… 1474
장자강 …… 31575
장자룡 …… 11167
장자룡 …… 11471
장자룡 …… 12337
장자룡 …… 22236
장자룡 …… 23634
장자룡;황지영 …… 18292
장자신 …… 21614
장자추;장음본 …… 31945
장작방 …… 3984
장장공 …… 17853
장장귀 …… 19515
장장발 등 …… 21339
장전산 …… 3224
장전종 …… 9319
장전종 …… 9324
장정 …… 2795
장정길 …… 20308
장정대 …… 31039
장정상 …… 6383
장정선 …… 3902
장정선 …… 5535
장정선;악전봉 …… 22423
장정식 …… 29370
장정웅 …… 3427
장정위 …… 27023
장정일 …… 11236
장정일 …… 11242
장정일 …… 11282
장정일 …… 11564
장정일 …… 12021
장정일 …… 12120
장정일 …… 12344
장정일 …… 12398
장정일 …… 12437
장정일 …… 12467
장정일 …… 12483
장정일 …… 12621
장정일 …… 12666
장정일 …… 12825
장정일 …… 12835
장정일 …… 12854
장정일 …… 12926
장정일 …… 22691
장정일 …… 22808
장정일 …… 22834
장정일 …… 27371
장정죽;김해잡 …… 19311
장정헌 …… 2511
장정화 …… 28000
장조 등 …… 21101
장조동 …… 21581
장조영 …… 22354
장조영 …… 18783
장조영 …… 19354
장조청 …… 6147
장족오 …… 1734
장존창 …… 22684
장좌량 …… 28002
장주서 …… 15087
장주서 …… 16651
장죽림 …… 4501
장준범 …… 25313
장준영 …… 28911
장준정 …… 2593
장준정 …… 2596
장중 …… 4236
장중남 …… 5151
장중인(張重仁) …… 31457
장지견 …… 6607
장지공 …… 10474
장지군 …… 25602
장지명 …… 21004
장지명 …… 14072
장지민 …… 12718
장지민 …… 13911
장지민 …… 20623
장지민 …… 24715
장지민 …… 17817
장지민 …… 18043
장지민 …… 18099
장지민 …… 18131
장지민 …… 18203
장지민 …… 18226
장지민 …… 18458
장지민 …… 19099
장지민 …… 19369
장지민 …… 19472
장지범 …… 24685
장지신;류명기 …… 5469
장지신;진내조 …… 5428
장지위 …… 5719
장지중 …… 19138
장진국 …… 28186
장진국 …… 16165
장진륙 …… 1909
장진발 …… 959
장진발 …… 1108
장진발 …… 1147
장진발 …… 1396
장진발 …… 1614
장진발 …… 1964
장진발 …… 2206
장진발 …… 2530
장진발 …… 3630
장진발 …… 6568
장진발 …… 10528
장진생 …… 23197
장진생 …… 23239
장진생 …… 24235
장진생 …… 24910
장진생 …… 24944
장진생 …… 24954
장진생 …… 24955
장진생 …… 24956
장진생 …… 25010
장진생 …… 25061

장창길 …… 9557
장창만 …… 7143
장창만 …… 8417
장창만 …… 9413
장창식 …… 30951
장창식 …… 30338
장창식;김순철 …… 30588
장창진 …… 967
장창진 …… 10331
장창진 …… 10354
장창진 …… 10370
장창진 …… 10371
장창진 …… 10372
장창진 …… 10374
장창진 …… 10378
장창진 …… 10380
장창진 …… 10385
장창진 …… 10387
장창진 …… 10401
장창진 …… 10412
장창진 …… 10413
장창진 …… 29024
장창진;김룡철 …… 28086
장창진;김휘 …… 11045
장책 …… 10201
장천민 …… 13299
張天民 …… 13264
장천방 …… 21656
장천지 …… 20737
장천훈 …… 5291
장철 …… 4934
장철 …… 15398
장철 …… 24388
장철 …… 24513
장철군 …… 27547
장철근 …… 27519
장철근 …… 28035
장철근 …… 28056
장철운 …… 9508
장철운 …… 9551
장철준 …… 4862
장청;우언명 …… 31723
장청란 …… 25731
장청천 …… 20646
장추생 …… 25728
장추화 …… 18378
장축상 등 …… 4077
장축상 등 …… 5054
장축상;전만화 …… 5992
장축택 …… 4847
장춘강 …… 425
장춘교 …… 4000
장춘교 …… 4825
장춘동 …… 29748
장춘란 …… 30753
장춘봉 …… 31321
장춘봉 …… 31326
장춘산 …… 21549
장춘식 …… 12528
장춘식 …… 12857
장춘식 …… 12950
장춘식 …… 20125
장춘식 …… 20391
장춘식 …… 20446
장춘식 …… 17161
장춘식 …… 18799
장춘식 …… 19152
장춘식 …… 19192
장춘식 …… 19199
장춘식 …… 19272
장춘식 …… 19373
장춘식 …… 19455
장춘식 …… 19673
장춘식 …… 19800
장춘식;서영빈 …… 22263
장춘우 …… 5250
장춘우 …… 5474
장춘우 …… 5805
장춘우 등 …… 3903
장춘우등 …… 5272
장춘우;소복항 …… 21486
장춘웅 …… 31386
장춘웅 …… 30440
장춘웅 …… 28943
장춘원 …… 8204
장춘원 …… 8904
장춘자 …… 8593
장춘향 …… 8799
장충계 …… 3461
장충상 …… 13920
장충신 등 …… 21256
장충우 …… 28212
장충택 …… 3744
장충택;장광문 …… 3758
장탑 …… 28407
장택;렴명 …… 4846
장택산 …… 1822
장폐 ;조자학 …… 6691
장평 …… 4084
장평 …… 10188
장평 …… 18776
장평 …… 30765
장평야 …… 671
張蒲家 …… 13029
장품 …… 3239
장품성;팽강홍 …… 25201
장하도 …… 10907
장하도 …… 10963
장하도 …… 20589
장하지 …… 22436
장학 …… 19209
장학규 …… 12903
장학규 …… 23383
장학규 …… 23736
장학명 …… 29645
장학몽 …… 14759
장학송 …… 30070
장학인;정인령 …… 2406
장한충 …… 24486
장항용;윤정석 …… 24536
장항재;오림군 …… 5739
장항항 …… 20462
장항항 …… 18242
장해강;장국성 …… 32527
장해룡 …… 9297
장해룡 …… 30707
장해림 …… 5821
장해림;장희영 …… 3207
장해산 …… 4174
장해산 …… 6493
장해석;김병애 …… 8576
장해순 …… 2267
장해심 …… 15507
장해옥 …… 23099
장해진 …… 1453
장해철 …… 23864
장해파 …… 9756
장해파 …… 9768
장해파;김성률 …… 9793
장해파;오수원 …… 10000
장향빈 …… 24860
장헌무 …… 15763
장헌은 등 …… 3488
장현 …… 19449
장현;남문 …… 18157
장현;원길 …… 19490
장현신 등 …… 5400
장형 …… 12169
장형옥 …… 30512
장형옥 …… 30534
장형옥 …… 30581
장혜 …… 27986

장혜덕 …… 10381
장혜령 …… 19976
장혜봉 …… 23815
장혜봉 …… 17248
장혜영 …… 710
장혜영 …… 25796
장혜영 …… 19957
장혜영 …… 20274
장혜영 …… 20368
장혜영 …… 18571
장혜영 …… 18618
장혜영 …… 18869
장혜영 …… 18936
장혜영 …… 19159
장혜영 …… 19277
장혜영 …… 19288
장혜영 …… 19822
장호 …… 4294
장호림 …… 13581
장호림 …… 13594
장호림 …… 13612
장홍 …… 25668
장홍국 …… 5028
장홍서 등 …… 5384
장홍익 …… 2586
장홍주 …… 14582
장화 …… 20852
장화 …… 27344
장화평 …… 3312
장화화 …… 12679
장환군;왕성려 …… 3772
장회민 …… 10163
장효달 …… 9601
장효림 …… 11690
장효림 …… 21547
장효림 …… 19178
장휘;황청갑 …… 23617
장흔민 …… 21572
장흠화 …… 13466
장흠화 …… 13518
장흥권 …… 10445
장흥권 …… 10505
장흥권 …… 10510
장흥권 …… 10511
장흥권 …… 10523
장흥권 …… 10542
장흥권 …… 10564
장흥권 …… 10747
장흥권 …… 10961
장흥권 …… 11061
장흥덕 …… 2844
장흥무 …… 3608
張興福 …… 13009
장흥주 …… 15738
장흥합 …… 557
장희 …… 21653
장희 …… 21879
장희 …… 22453
장희 …… 24567
장희;최건 …… 20903
장희구 …… 1729
장희산;우전국 …… 23454
장희옥 …… 8220
장희준 …… 30275
재기 등 …… 5698
재혜년 …… 985
잭은맹 …… 18816
쟁명 …… 4338
쟁문 …… 31773
쟁영 …… 346
쟁영 …… 3343
쟁영 …… 3585
쟁영 …… 3881
쟁영 …… 3885
쟁영 …… 4350
쟁영 …… 4396
쟁영 …… 4661
쟁영 …… 4673
쟁영 …… 4684
쟁영 …… 20482
쟁영 …… 23715
쟁영 …… 23740
저미화 …… 23491
저빈 …… 2131
저세경 …… 301
저세영 …… 22458
저유충 …… 29871
적복은 …… 4071
적설명 …… 8117
적송 …… 12625
적송 …… 12803
적송 …… 12890
적송 …… 26959
적송 …… 26963
적송 …… 27260
적원발 …… 29090
적원발 …… 30639
적책(赤冊) …… 17571
적화 …… 28734
전가 …… 21822
전간 …… 13350
전간 …… 13978
전간 …… 22659
전간;김영춘 …… 13096
전강 …… 21511
전강 …… 19706
전경 …… 13097
전경신 …… 23323
전경업 …… 4368
전경업 …… 24012
전경자 …… 8702
전경화;전경업 …… 24510
전경희 …… 19926
전경희 …… 19315
전경희 …… 19590
전계강;란정도 …… 21894
전계강;량방구 …… 21917
전계강;량방구 …… 21957
전고우 …… 23714
전광국 …… 14181
전광국 …… 14648
전광국 …… 14912
전광국 …… 14934
전광국 …… 15120
전광국 …… 15669
전광길 …… 8896
전광운 …… 3011
전광하 …… 11219
전구천 …… 32157
전국권 …… 11107
전국권 …… 11149
전국권 …… 11162
전국권 …… 11270
전국권 …… 11390
전국권 …… 11427
전국권 …… 11556
전국권 …… 11569
전국권 …… 12335
전국권 …… 12363
전국권 …… 12367
전국권 …… 12372
전국권 …… 12383
전국권 …… 12399
전국권 …… 12427
전국권 …… 12439
전국권 …… 12441
전국권 …… 12495
전국권 …… 12497
전국권 …… 12510
전국권 …… 12516
전국권 …… 12523
전국권 …… 12569

전국권 ……………… 12619
전국권 ……………… 12643
전국권 ……………… 12942
전국권 ……………… 26380
전국권 ……………… 14535
전국권 ……………… 15152
전국록 ……………… 21560
전국산 ……………… 14526
전귀성;곡송 ………… 6232
전규현 ……………… 19404
전극현 ……………… 6143
전극현 ……………… 6179
전금녀 ……………… 8830
전금녀 ……………… 13431
전금란 ……………… 25793
전금련 ……………… 990
전금면 ……………… 9589
전금자 ……………… 3420
전길생 ……………… 2571
전길춘;김태욱 …… 17408
전능 ……………… 6158
전능 ……………… 6180
전덕철 ……………… 31332
전도 ……………… 20290
전동조 ……………… 19881
전두만 ……………… 7252
전두만 ……………… 15114
전득주 ……………… 27289
전로 ……………… 955
전록식;서종식 …… 24421
전룡 ……………… 6368
전룡범 ……………… 30365
전룡철 ……………… 10499
전리 ……………… 28541
전만명 ……………… 9752
전만영 ……………… 9567
전만영 ……………… 9798
전만영 ……………… 20752
전망영 ……………… 13428
전명 ……………… 19353
전명길 ……………… 20951
전명길 ……………… 22669
전명이 ……………… 9064
전명호 ……………… 10352
전명화 ……………… 25577
전문 ……………… 1260
전문선 ……………… 18569
전문익 ……………… 9907
전미옥 ……………… 16199
전미옥 ……………… 16340
전미화 ……………… 23501
전미화 ……………… 16712
전미화 ……………… 16858
전민 ……………… 28397
전범룡 ……………… 30589
전병권 ……………… 9387
전병권 ……………… 9399
전병권 ……………… 9400
전병권 ……………… 9401
전병권 ……………… 9407
전병권 ……………… 9416
전병선 ……………… 10589
전병선 ……………… 10769
전병선 ……………… 10825
전병선 ……………… 10845
전병선 ……………… 10865
전병선 ……………… 10880
전병선 ……………… 10888
전병선 ……………… 10898
전병선 ……………… 10920
전병선 ……………… 10923
전병선 ……………… 10937
전병선 ……………… 10942
전병선 ……………… 10949
전병선 ……………… 10957
전병선 ……………… 10962
전병선 ……………… 10967
전병선 ……………… 10983
전병선 ……………… 10460
전병욱 ……………… 30989
전병칠 ……………… 14365
전병칠 ……………… 32145
전복록 ……………… 7102
전복록 ……………… 8375
전복록 ……………… 13341
전복록 ……………… 13947
전복록 ……………… 24829
전복록 ……………… 14025
전복록 ……………… 14305
전복록 ……………… 14476
전복록 ……………… 15564
전복록 ……………… 17898
전복록 ……………… 17929
전복선 ……………… 8991
전복선 ……………… 9021
전복선 ……………… 9205
전복선 ……………… 9208
전복선 ……………… 10841
전복선 ……………… 15124
전복선 ……………… 15184
전복선 ……………… 17591
전복선 ……………… 19391
전본나;고항리 ……… 8487
전봉 ……………… 882
전봉락 ……………… 10764
전봉락 ……………… 10854
전봉락 ……………… 10868
전봉락 ……………… 10948
전봉수 ……………… 18963
전봉철 ……………… 9643
전봉철 ……………… 9683
전봉철 ……………… 9714
전봉학 ……………… 9210
전사 ……………… 19815
전사 ……………… 19876
전사문 ……………… 2493
전상 ……………… 19778
전상근 ……………… 30074
전상재 ……………… 19357
전상정 ……………… 27415
전상태 ……………… 7309
전상훈 ……………… 25226
전상훈 ……………… 19261
전서향 ……………… 13898
전서향 ……………… 13915
전서향 ……………… 13952
전서향 ……………… 14136
전서향 ……………… 14219
전서향 ……………… 14236
전석풍 ……………… 13331
전선 ……………… 9283
전선 ……………… 10878
전선 ……………… 10882
전선녀 ……………… 15773
전설 ……………… 12930
전설매 ……………… 25073
전성균 ……………… 24588
전성길 ……………… 7512
전성길 ……………… 7653
전성박 ……………… 27745
전성호 ……………… 11215
전성호 ……………… 12534
전성호 ……………… 12822
전성호 ……………… 12906
전성호 ……………… 12925
전성호 ……………… 12971
전성호 ……………… 20035
전성호 ……………… 21306
전성호 ……………… 22682
전성호 ……………… 26942
전성호 ……………… 26978
전성호 ……………… 26989

전성호 ··· 27271
전성호 ··· 17857
전성호 ··· 18468
전성호 ··· 18623
전성호 ··· 18808
전성호 ··· 19107
전성호;림승환 ··· 24409
전세홍 ··· 20667
전세홍 ··· 22478
전세홍 ··· 26856
전세홍 ··· 14735
전소고 ··· 4405
전소령 ··· 21718
전송림 ··· 9463
전송암 ··· 30217
전수길 ··· 13311
전수길 ··· 13343
전수옥 ··· 11860
전수옥 ··· 18091
전수인 ··· 5610
전순길 ··· 29408
전순길 ··· 29457
전순길 ··· 29886
전순길 ··· 29904
전순길 ··· 29911
전순애 ··· 3171
전순애 ··· 8094
전순애 ··· 8107
전순애 ··· 20556
전순애 ··· 16882
전순애 ··· 16893
전순애 ··· 16983
전순자 ··· 31261
전승경 ··· 32045
전승기 ··· 20298
전승기 ··· 14925
전승기 ··· 15182
전승기 ··· 15244
전승기 ··· 15339
전승기 ··· 15490
전승기 ··· 15577
전승기 ··· 15740
전승기 ··· 15825
전승기 ··· 15853
전승기 ··· 15889
전승기 ··· 15958
전승기 ··· 15996
전승기 ··· 16022
전승기 ··· 16053
전승기 ··· 16114
전승기 ··· 16200
전승기 ··· 16360
전승기 ··· 16418
전승기 ··· 16614
전승기 ··· 16727
전승기 ··· 16796
전승기 ··· 16945
전승기 ··· 16970
전승기 ··· 17157
전승문 ··· 9225
전승문 ··· 10010
전승일 ··· 21530
전승화 ··· 25747
전신자 ··· 27506
전심;리다준 ··· 22360
전애촌 ··· 8090
전연 등 ··· 5498
진영 ··· 26843
전영 ··· 27294
전영매 ··· 24980
전영수 ··· 13753
전영순 ··· 8362
전영순 ··· 19960
전영순 ··· 15086
전영순 ··· 19723
전영순 ··· 32113
전영옥 ··· 20023
전영옥 ··· 21865
전영청 등 ··· 29133
전영하;김길자 ··· 24452
전영희 ··· 8852
전예린 ··· 23585
전옥란;황수복 ··· 7987
전옥인 ··· 13420
전옥표 ··· 10389
전용문 ··· 20459
전우 ··· 21309
전우 ··· 15104
전우 ··· 19487
전운봉 ··· 7077
전운봉 ··· 7092
전운봉 ··· 14101
전운봉 ··· 14200
전운봉 ··· 14315
전원 ··· 22776
전원 ··· 23741
전원 ··· 14716
전원 ··· 18253
전원호 ··· 2434
전위 ··· 6752
전위 ··· 18156
전위법 ··· 29672
전위보 ··· 29879
전유성 ··· 3848
전유정;순호 ··· 6742
전은성 ··· 8145
전은종 ··· 22304
전응권 ··· 14373
전인 영 ··· 6309
전인 영 ··· 6322
전인길 ··· 19017
전인룡 ··· 7806
전인룡 ··· 20987
전인림 ··· 30633
전인수 ··· 13502
전인영 ··· 1500
전인영 ··· 1505
전인영 ··· 1679
전인영 ··· 3250
전인영 ··· 3372
전인영 ··· 3397
전인영 ··· 28218
전일봉 ··· 20366
전일봉 ··· 20553
전자강 ··· 779
전장룡 ··· 14042
전재선 ··· 30527
전재익 ··· 21184
전정명;심배덕 ··· 9087
전정미 ··· 23545
전정숙 ··· 7265
전정숙 ··· 8191
전정숙 ··· 8754
전정숙 ··· 8772
전정숙 ··· 8838
전정화 ··· 9361
전정환 ··· 12758
전정환 ··· 20060
전정환 ··· 18466
전정환 ··· 18484
선정환 ··· 18625
전정환 ··· 19683
전정환 ··· 19747
전정환 ··· 19777
전정환 ··· 19827
전정환 ··· 14543
전정희 ··· 7539
전종록;류기천 ··· 28104
전좌 등 ··· 31772
전주 ··· 20145
전주하 ··· 13482
전죽송 ··· 31911

전준인;고팽수(田俊人;高彭壽) 27299
전중화 20193
전지방 2716
전진 6100
전진 28940
전진국 5662
전진명(田振明) 30167
전진식;정대성 32637
전진식;정대성 32669
전진식;정대성 29536
전창혁 13449
전채옥 25198
전채옥 19066
전채옥 19229
전천 4387
전철범 8519
전철봉 25837
전철죽 12201
전청송 27738
전청파 22170
전춘매 16974
전춘매 17172
전춘봉 19038
전춘봉 19592
전춘식 25648
전춘식 25743
전춘식 25806
전춘식 25902
전춘식 4311
전춘식 7534
전춘식 23517
전춘식 23613
전춘식 23643
전춘식 23673
전춘식 24726
전춘식 24761
전춘식 24935
전춘식 24981
전춘식 25147
전춘식 25237
전춘식 25450
전춘식 15662
전춘식 16458
전춘식 16696
전춘식 16790
전춘식 16998
전춘식 17200
전춘실 10131
전춘애 10111
전춘애 21871
전춘자 8761
전충록 7080
전충록 10842
전태균 14254
전태균 14259
전태균 14308
전태균 14401
전태균 14438
전태균 14540
전태균 14607
전태숙 23703
전태순 7993
전택룡;김호준 6489
전파 24502
전필 14396
田丁;許逸 13027
전학림(錢學林) 30297
전학삼 28757
전학석 10652
전학석 10789
전향리 25050
전현옥 25114
전호 4961
전호 21723
전홍렬 7943
전홍렬 7967
전홍렬 22287
전홍렬 27605
전홍렬 제공 26051
전홍률 3947
전홍림 8948
전홍림 9750
전홍림 20976
전홍림 32147
전홍림 32156
전홍림 32311
전홍림 32315
전홍림 28895
전홍원(錢洪源) 29854
전홍인 24899
전홍일 8208
전화송 391
전화자 26957
전화자 27098
전흑공 2934
전흔보 25781
전흔보 25791
전흥렬 22042
전흥범 22540
절류 30015
점림 21287
정응섭 128
정강 404
정강 4502
정강 29103
정개릉 20611
정검예;류동번 5939
정결 23756
정결 23769
정경광 10171
정경균 등 5780
정경룡 13262
정경언 10852
정경언 10873
정경언 10876
정경언 10885
정경호 10934
정경호 10985
정경호 26287
정계주 등 3710
정곤 4893
정곤 5047
정공식 7372
정관석 22527
정관석 17624
정관석 17637
정광승 3816
정광원 27393
정광춘 23390
정광호 7170
정국 29691
정국군;강춘우 5695
정국기 9340
정국서 29670
정국초 13640
정국초 17222
정국초 17227
정국초 17266
정국흥 5161
정규렬 1905
정규렬 10600
정규방 1951
정근포 8892
정근포 8895
정금래 5193
정금산 25498
정금성 3184
정금주 9917
정금주 9926
정금화 25064
정기량 8583

정기룡 ······ 459
정기상 ······ 3173
정기수 ······ 14828
정기수 ······ 18543
정기수 ······ 19062
정기수;김순호 ······ 21094
정기철 ······ 8193
정기형 ······ 32480
정기호;김영운 ······ 27233
정기화 ······ 24238
정기화 ······ 30001
정기화 ······ 30093
정길운 ······ 21442
정길운 ······ 22144
정길운 ······ 26069
정길운 ······ 24350
정길운 ······ 28404
정길월 ······ 22871
정다산 ······ 25936
정덕교 ······ 12268
정덕교 ······ 12321
정덕교 ······ 20870
정덕교 ······ 21091
정덕교 ······ 22545
정덕교 ······ 22771
정덕교 ······ 24694
정덕교 ······ 24737
정딕교 ······ 17682
정덕교 ······ 17908
정덕교 ······ 18022
정덕교 ······ 18066
정덕교 ······ 18074
정덕교 ······ 18138
정덕교 ······ 18209
정덕성;리용대 ······ 31844
정덕우 ······ 32038
정도룡 ······ 14233
정도룡 ······ 14243
정도현 ······ 15073
정동 ······ 4696
정동일 ······ 10036
정득천 ······ 9396
정득천 ······ 9423
정등 ······ 21747
정란 ······ 10482
정량 ······ 5119
정령 ······ 11919
丁玲 ······ 11331
정룡만 ······ 14054
정룡범 ······ 30492
정룡수 ······ 11439
정룡수 ······ 11868
정린모 ······ 30833
정린모 ······ 31406
정린모 ······ 31409
정만교 ······ 23681
정만륭 ······ 18930
정만석 ······ 8330
정만석 ······ 8371
정만석 ······ 8409
정만석 ······ 8501
정만석 ······ 9986
정만석 등 ······ 8137
정만석;김순희 ······ 8346
정만석;김순희 ······ 8514
정만석;정영성 ······ 3044
정만춘 ······ 31098
정만흥 ······ 31765
정만흥 ······ 31801
정명봉 ······ 5514
정몽 ······ 1901
정몽호 ······ 675
정몽호 ······ 12464
정몽호 ······ 12714
정몽호 ······ 14354
정몽호 ······ 14416
정몽호 ······ 15155
정몽호 ······ 15453
정몽호 ······ 15496
정몽호 ······ 15499
정몽호 ······ 15619
정몽호 ······ 15679
정몽호 ······ 15718
정몽호 ······ 15872
정몽호 ······ 15937
정몽호 ······ 16138
정몽호 ······ 16140
정몽호 ······ 16214
정몽호 ······ 16293
정몽호 ······ 16371
정몽호 ······ 16491
정몽호 ······ 16527
정몽호 ······ 16562
정몽호 ······ 16655
정몽호 ······ 16726
정몽호 ······ 16774
정몽호 ······ 16866
정몽호 ······ 16968
정몽호 ······ 16991
정몽호 ······ 17017
정몽호 ······ 17141
정몽호 ······ 17194
정무건 ······ 4587
정무선;장봉조 ······ 24276
정문 ······ 1528
정문 ······ 2551
정문 ······ 2802
정문 ······ 4267
정문 ······ 12167
정문 ······ 18874
정문 ······ 31594
정문광 ······ 24597
정문규 ······ 28710
정문석 ······ 18637
정문석 ······ 18716
정문선 ······ 15215
정문준 ······ 25634
정문준 ······ 25771
정문준 ······ 12504
정문준 ······ 20242
정문준 ······ 20480
정문준 ······ 20949
정문준 ······ 22702
정문준 ······ 23750
정문준 ······ 24806
정문준 ······ 25288
정문준 ······ 25470
정문준 ······ 14330
정문준 ······ 14362
정문준 ······ 14420
정문준 ······ 14480
정문준 ······ 14548
정문준 ······ 14629
정문준 ······ 14728
정문준 ······ 14887
정문준 ······ 15062
정문준 ······ 15178
정문준 ······ 15227
정문준 ······ 15276
정문순 ······ 15372
정문준 ······ 15573
정문준 ······ 15734
정문준 ······ 15760
정문준 ······ 15858
정문준 ······ 15868
정문준 ······ 17057
정문준 ······ 19552
정문헌 등 ······ 18873
정문흥 ······ 18006
정미화 ······ 25085
정범 ······ 615
정범부 ······ 400

정변 등 ……………… 3789
정병겸 ……………… 20576
정병삼;근학 ……… 27425
정병호 ……………… 27187
정보민 ……………… 31345
정보충 ……………… 6270
정복순 ……………… 25799
정복해 ……………… 32279
정복해 ……………… 32280
정봉 ………………… 4928
정봉 ………………… 6729
정봉권;조명원 …… 1621
정봉락;임금철 …… 31404
정봉자 ……………… 7194
정분녀 ……………… 15421
정불시 ……………… 6822
정사 ………………… 3561
정사 ………………… 21067
정사류 ……………… 23104
정사정(鄭思定) …… 32121
정상국 ……………… 20163
정상범 ……………… 21446
정상현 ……………… 21627
정상환 ……………… 29349
정생 ………………… 24686
정서렬 ……………… 31893
정석 ………………… 4709
정선 ………………… 2080
정선 ………………… 14231
정선택 ……………… 28515
정설평 ……………… 2567
정성 ………………… 20630
정성범 ……………… 11535
정성범 ……………… 26079
정성옥 ……………… 8924
정성운 ……………… 7553
정성철 ……………… 6960
정성해 ……………… 19946
정성형 ……………… 25740
정세봉 ……………… 11414
정세봉 ……………… 20514
정세봉 ……………… 22660
정세봉 ……………… 22982
정세봉 ……………… 23230
정세봉 ……………… 24673
정세봉 ……………… 17897
정세봉 ……………… 17966
정세봉 ……………… 17980
정세봉 ……………… 18032
정세봉 ……………… 18064
정세봉 ……………… 18147
정세봉 ……………… 18300
정세봉 ……………… 18348
정세봉 ……………… 18525
정세봉 ……………… 18556
정세봉 ……………… 18740
정세봉 ……………… 19050
정세창 ……………… 5643
정세창 등 ………… 5934
정세채 ……………… 13786
정소;설청 ………… 19334
정소림 ……………… 256
정소림 ……………… 3761
정소림 ……………… 3777
정소세 ……………… 28112
정수길 ……………… 15031
정수산 ……………… 2810
정수산 ……………… 3151
정수산 ……………… 3922
정수산(程秀山) …… 3950
정수안 ……………… 32790
정수영 ……………… 5437
정수영 ……………… 5967
정수영 ……………… 27711
정수인;박양주 …… 32046
정수전;사계명 …… 1581
정수진 ……………… 18865
정수창 ……………… 27644
정숙 ………………… 19905
정순 ………………… 6136
정순금 ……………… 14509
정순금 ……………… 15956
정순녀 ……………… 8511
정순녀 ……………… 8581
정순매 ……………… 25822
정순모 등 ………… 24331
정순옥 ……………… 7492
정순옥 ……………… 9190
정순옥 ……………… 25360
정순자 ……………… 27196
정순철 ……………… 8667
정승빈 ……………… 13653
정승안 ……………… 32718
정신숙 ……………… 22895
정신옥 ……………… 29924
정신옥;김철만 …… 29585
정실 ………………… 6414
정실 ………………… 22071
정아호 ……………… 18881
정악봉 ……………… 27603
정암석 ……………… 1509
정암석 ……………… 1515
정암송 ……………… 1894
정암순 ……………… 20621
정약용 ……………… 12616
정양 ………………… 12430
정양 ………………… 14994
정양 ………………… 15424
정역 ………………… 17550
정연 ………………… 167
정연 ………………… 2505
정연 ………………… 4881
정연 ………………… 21995
정연 ………………… 18870
정연결 ……………… 25003
정연결 ……………… 18152
정연호 ……………… 6815
정연호 ……………… 6952
정연호 ……………… 7065
정영 ………………… 8701
정영 ………………… 8793
정영 ………………… 21586
정영 ………………… 24976
정영 ………………… 18357
정영걸 ……………… 15430
정영석 ……………… 20884
정영석 ……………… 20950
정영석 ……………… 24756
정영석 ……………… 25078
정영석 ……………… 14435
정영석 ……………… 17368
정영석 ……………… 17382
정영석 ……………… 18600
정영석 ……………… 23888
정영석;서청룡 …… 21458
정영선 ……………… 9604
정영숙 ……………… 23202
정영순 ……………… 10496
정영승 ……………… 22241
정영식 ……………… 21529
정영식 ……………… 27993
정영애 ……………… 8069
정영애 ……………… 8081
정영일 ……………… 16631
정영진 ……………… 28381
정영창 ……………… 17662
정예화 ……………… 23271
정오 ………………… 1971
정옥 ………………… 32522
정옥발 ……………… 22757
정완남 ……………… 30735
정요화 ……………… 25546

정용호 ··· 16220
정용환 ··· 9871
鄭羽官 ··· 17721
정운학 ··· 31628
정웅 ··· 17020
정웅섭 ··· 2931
정원륙 ··· 19885
정원석 ··· 18236
정원수 ··· 31000
정원청;양덕령 ··· 3770
정유경 ··· 32150
정유국 ··· 28578
정유의 ··· 3705
정유의 ··· 20996
정유의 ··· 18535
정유의;손욱광 ··· 18231
정윤석 ··· 27010
정윤홍 ··· 25129
정윤흠 ··· 25662
정윤흥 ··· 25059
정은석 ··· 15869
정은점 ··· 5567
정은점 등 ··· 5579
정은점;진승림 ··· 5571
정은주 ··· 13315
鄭恩珠 ··· 13003
정은택 ··· 29481
정을권 ··· 27503
정을권 ··· 27527
정을권 ··· 27573
정의 ··· 20176
정의 ··· 14584
정의 ··· 32794
정의;임귀 ··· 21132
정의분 ··· 3084
정의춘 ··· 9990
정의춘; 리규진 ··· 8677
정인당 ··· 20760
정인호 ··· 31664
정일 ··· 102
정일 ··· 21943
정일민 ··· 21606
정일여 ··· 9362
정자림;리충신 ··· 5308
정작상 ··· 29461
정장록 ··· 2061
정재기 등 ··· 5177
정재신 ··· 9625
정적 ··· 29321
정전 ··· 32732
정전부 ··· 22922
정전영 ··· 5470
정정 ··· 18984
정정숙 ··· 8437
정정옥;신춘자 ··· 8530
정정자 ··· 8758
정정화 ··· 9431
정조 ··· 866
정조 ··· 2273
정조 ··· 20690
정조헌(程照軒) ··· 30296
정종 ··· 3086
정종수;장봉조 ··· 24462
정종수;장봉조 ··· 16799
정종혁 ··· 22470
정종혁 ··· 17600
鄭宗革 ··· 13005
鄭宗革 ··· 13021
鄭宗革 ··· 13031
정종호 ··· 21774
정종호 ··· 23830
정종호 ··· 17647
정종호 ··· 17650
정종호 ··· 17660
정종호 ··· 17712
정중 ··· 23229
정중 ··· 28591
정중병 ··· 7908
정지기;류운평 ··· 21402
정지위 ··· 29458
정진경 ··· 21445
정진권 ··· 23622
정진명 ··· 30073
정진옥 ··· 22505
정창걸 ··· 9588
정창권 ··· 26834
정창권 ··· 27051
정창권 ··· 19389
정창권;김종수 ··· 26939
정창한 ··· 24055
정창호 ··· 19903
정창호 ··· 20241
정창호 ··· 20372
정창호 ··· 18100
정창호 ··· 18187
정창호 ··· 18197
정창호 ··· 18217
정창호 ··· 18406
정창호 ··· 18548
정창호 ··· 18567
정창호 ··· 19031
정창환 ··· 13843
정창환 ··· 13848
정창환 ··· 21923
정창환 ··· 23990
정창환 ··· 24024
정창환 ··· 24168
정창환 ··· 14384
정창환 ··· 17250
정창환 ··· 17270
정창환 ··· 17298
정창환 ··· 23998
정천 ··· 6618
정천;고연 ··· 18550
정천걸 ··· 29980
정철 ··· 14610
정철 ··· 14780
정철 ··· 14792
정철 ··· 14891
정철 ··· 14900
정철 ··· 14938
정철 ··· 14980
정철 ··· 15089
정철 ··· 15094
정철 ··· 15156
정철 ··· 15221
정철 ··· 15537
정철 ··· 15539
정철 ··· 15566
정철 ··· 15587
정철 ··· 15632
정철 ··· 15754
정철 ··· 15761
정철 ··· 15998
정철 ··· 16195
정철 ··· 16388
정철 ··· 16427
정철 ··· 16556
정철 ··· 16570
정철 ··· 16690
정철 ··· 16948
정철 ··· 17159
정철 등 ··· 12325
정철성 ··· 597
정철수 ··· 27665
정철수 ··· 28687
정철수 ··· 28690
정철수 ··· 28694
정철수 ··· 32194
정철수 ··· 32266
정철수 ··· 30101
정철우;리범진 ··· 22517

정철일 …………… 15819
정철호;리동규 …… 31874
정청룡 …………… 9055
정청룡 …………… 32526
정청룡;리만수 ……… 9893
정청송 …………… 28731
정청일 …………… 16620
정체탁;양광 ……… 21229
정춘학 …………… 9681
정춘화 …………… 23764
정치 ……………… 221
정치수 …………… 25899
정치수 …………… 23956
정치수 …………… 24319
정치수 …………… 24698
정치수 …………… 24704
정치수 …………… 24773
정치수 …………… 24780
정치수 …………… 24783
정치수 …………… 24788
정치수 …………… 25150
정치수 …………… 25241
정치수 …………… 25462
정태복 …………… 10319
정태선 …………… 24803
정태선 …………… 28798
정태호 …………… 17592
정판룡 …………… 11098
정판룡 …………… 11100
정판룡 …………… 11299
정판룡 …………… 12008
정판룡 …………… 12091
정판룡 …………… 12284
정판룡 …………… 12286
정판룡 …………… 12559
정판룡 …………… 12828
정판룡 …………… 21465
정판룡 …………… 21490
정판룡 …………… 21949
정판룡 …………… 22230
정판룡 …………… 22823
정판룡 …………… 23479
정판룡 …………… 23729
정판룡 …………… 26400
정판룡 …………… 26472
정판룡 …………… 27484
정판룡 …………… 27520
정판룡 …………… 25958
정판룡;임범송 …… 12025
정판룡;김병수 …… 20974
정평적 …………… 24312
정필 ……………… 28410
정학문 …………… 11042
정학지 등 ………… 5626
정학철 …………… 29441
정해룡 …………… 2102
정해룡 …………… 6569
정해철 …………… 7419
정해철 …………… 7783
정해철 …………… 24454
정해철 …………… 24078
정해철 …………… 24272
정해철 …………… 24470
정향 ……………… 22772
정향 ……………… 23141
정향 ……………… 18293
정향 ……………… 18644
정향자 …………… 23072
정헌법 …………… 28071
정혁봉 …………… 5685
정혁봉 …………… 21928
정혁봉;담순창 ……… 5002
정현웅 …………… 20058
정현자 …………… 9268
정현자 …………… 9375
정현자 …………… 22718
정형섭 …………… 8233
정형섭 …………… 20025
정형섭 …………… 21504
정형섭 …………… 19883
정혜숙 …………… 25841
정혜옥 …………… 20115
정호 ……………… 20440
정호안 …………… 18690
정호연 …………… 31979
정호원 …………… 25749
정호원 …………… 25875
정호원 …………… 10471
정호원 …………… 20606
정호원 …………… 22391
정호원 …………… 23334
정호원 …………… 23524
정호원 …………… 23645
정호원 …………… 23650
정호원 …………… 25133
정호원 …………… 15670
정호원 …………… 16036
정호원 …………… 16587
정호원 …………… 17076
정홍장 …………… 312
정홍준 …………… 15756
정화 ……………… 21454
정화 ……………… 22116
정화 ……………… 23246
정화 ……………… 25366
정화남 …………… 23086
정화순 …………… 31328
정화순 …………… 31330
정화통 …………… 6494
정화평 …………… 2239
정환 ……………… 17767
정효원 …………… 20369
정훈 ……………… 8283
정훈;수창 ………… 5831
정휘 ……………… 1287
정휘 ……………… 20435
정희수 …………… 2123
제건촌 …………… 6492
제광지;단금림 ……… 5621
제대위 …………… 25490
제도 ……………… 11253
제룡래 …………… 2642
제린풍 …………… 4596
제명 ……………… 27701
제문백 …………… 3798
제문화 …………… 1265
제병 ……………… 4349
제복선 …………… 32163
제수원 …………… 31421
제심 ……………… 1796
제심 ……………… 1437
제연청 등 ………… 3815
제영춘;황경화 …… 18340
제옥주(際玉珠) …… 1224
제진하 …………… 17914
제철남 …………… 4204
제철남 …………… 4212
제철남 …………… 4992
제철남 …………… 11487
제철남 …………… 24112
제흘병(齊笏屛) …… 31950
제홍희 …………… 5675
제홍희 …………… 5721
제환영 …………… 3128
조가락 …………… 6210
조가락 …………… 22981
조가락 …………… 24192
조강;림문국 ……… 22126
조개령 등 ………… 6963
조건 ……………… 21661
조건국 …………… 19536
조건의;임조 ……… 5732

趙建佐 ······ 13671
조결 ······ 19412
조경방 ······ 8841
조경서 ······ 8558
조경선 ······ 27327
조경선 ······ 27328
조경숙 ······ 1714
조경숙 ······ 21059
조경숙 ······ 23109
조경숙 ······ 28329
조경옥 ······ 8750
조경옥 ······ 9702
조경일 ······ 13511
조경출 ······ 25000
조경형 ······ 27591
조경희 ······ 8691
조광 ······ 553
조광명 ······ 20402
조광명 ······ 20495
조광명 ······ 16820
조광묵 ······ 32723
조광성 ······ 25808
조광성 ······ 24060
조광원 등 ······ 3284
조광원;김진춘 ······ 3637
조광인(曹广仁) ······ 32482
조광지 ······ 20111
조국경 ······ 12352
조국당 ······ 10080
조국당 ······ 10083
조국림 ······ 31094
조국명 ······ 25424
조국선 ······ 22576
조국선 ······ 17659
조군 ······ 20433
조군 ······ 23249
조군 ······ 17840
조군량 ······ 28875
조권;채문 ······ 32332
조금 ······ 18412
조금란 ······ 21438
조금량 ······ 11374
조금산 ······ 25755
조금숙 ······ 22878
조금숙 ······ 18351
조금숙 ······ 18366
조금숙 ······ 18677
조금숙 ······ 18895
조금순 ······ 20167
조금화;위경 ······ 17352
조기삼 ······ 25245
조기순 ······ 13834
조기여;문샘 ······ 23349
조기천 ······ 26070
조남 기 ······ 5787
조남기 ······ 1583
조남기 ······ 5930
조남기 ······ 5946
조내량 등 ······ 28576
조내량;서석방 ······ 3747
조녕 ······ 27989
조단평 ······ 1164
조덕봉 등 ······ 5533
조덕봉 등 ······ 5846
조덕봉;전옥충 ······ 5759
조덕신 ······ 6311
조덕준 ······ 32845
조동명 ······ 21540
조동명 ······ 23283
조두 ······ 4424
조득현 ······ 21714
조득현 ······ 23084
조득현 ······ 27113
조득현 ······ 27137
趙得賢 ······ 27102
조락당 ······ 28580
조락당 등 ······ 6077
조락당 등 ······ 21105
조량 ······ 7997
조려경 ······ 28067
조려홍 ······ 22392
조려화 ······ 24936
조력구 ······ 24931
조련갑 ······ 17338
조련생;정십발 ······ 24609
조련성 ······ 18596
조련숙 ······ 1306
조련웅 ······ 27147
조령남 ······ 15674
조로 ······ 4148
조로 ······ 4160
조로 ······ 4213
조로 ······ 29803
조룡남 ······ 12647
조룡남 ······ 13084
조룡남 ······ 13087
조룡남 ······ 13150
조룡남 ······ 13193
조룡남 ······ 13196
조룡남 ······ 13230
조룡남 ······ 22699
조룡남 ······ 23083
조룡남 ······ 23288
조룡남 ······ 24676
조룡남 ······ 24741
조룡남 ······ 25021
조룡남 ······ 25121
조룡남 ······ 25301
조룡남 ······ 14505
조룡남 ······ 14551
조룡남 ······ 14649
조룡남 ······ 14682
조룡남 ······ 14736
조룡남 ······ 14743
조룡남 ······ 14914
조룡남 ······ 15133
조룡남 ······ 15262
조룡남 ······ 15266
조룡남 ······ 15289
조룡남 ······ 15320
조룡남 ······ 15600
조룡남 ······ 15652
조룡남 ······ 15818
조룡남 ······ 15881
조룡남 ······ 15903
조룡남 ······ 15922
조룡남 ······ 15936
조룡남 ······ 16047
조룡남 ······ 16064
조룡남 ······ 16147
조룡남 ······ 16280
조룡남 ······ 16412
조룡남 ······ 16422
조룡남 ······ 16442
조룡남 ······ 16522
조룡남 ······ 16624
조룡남 ······ 16647
조룡남 ······ 16671
조룡남 ······ 16678
조룡남 ······ 16686
조룡남 ······ 16766
조룡남 ······ 16786
조룡남 ······ 16898
조룡남 ······ 16956
조룡남 ······ 16975
조룡남 ······ 17008
조룡남 ······ 27876
조룡남 ······ 17036
조룡남 ······ 29331
趙龍男 ······ 13024
趙龍男 ······ 13040
조룡수 ······ 8522

조룡진 ……………… 17325
조룡진 ……………… 17332
조룡진 ……………… 17334
조룡천 ……………… 8873
조룡호 ……………… 958
조룡호 ……………… 1624
조룡호 ……………… 11869
조리원;왕삼림 …… 20698
조림 ……………… 1347
조립민 ……………… 25501
조마 ……………… 21618
조만렬 ……………… 11064
조만렬 ……………… 15476
조만렬 ……………… 15548
조만렬 ……………… 19006
조명 등 ……………… 4670
조명단 ……………… 29174
조명숙 ……………… 10276
조명신;주수과 ……… 5534
조명철 ……………… 27576
조문걸 ……………… 6537
조문걸 ……………… 6541
조문걸 등 ………… 4195
조문걸;류탁 ……… 5542
조문도 ……………… 21977
조문봉 ……………… 22962
조문성 ……………… 22165
조문성 ……………… 19618
조문신 ……………… 23146
조방호 ……………… 6142
조백서 ……………… 20450
조백서 ……………… 19221
조벽도 ……………… 23412
조병무 ……………… 20330
조병무 ……………… 20414
조병신 ……………… 12752
조병택 ……………… 22606
조병택 ……………… 14189
조병택 ……………… 17741
조병학;장성군 ……… 9635
조보명 ……………… 24142
조보명 ……………… 24376
조보화 ……………… 21704
조복 ……………… 2669
조본부 ……………… 18305
조본원 ……………… 32175
조본준 ……………… 10313
조봉기 ……………… 30356
조봉덕 ……………… 2240
조봉택 ……………… 32875
조봉택;윤승혁 …… 32876
조부 ……………… 18005
조부 ……………… 18249
조북망 ……………… 6690
조분옥;김창석 …… 13415
조붕 ……………… 27097
조붕정 ……………… 5233
조비 ……………… 29820
조사남;양문훈 …… 24320
조사남;양문훈 …… 24393
조사상 ……………… 23034
조사해 ……………… 25556
조삼 ……………… 4566
조상여 ……………… 21197
조상철 ……………… 15565
조상철 ……………… 15864
조상철 ……………… 15874
조상철 ……………… 16051
조상철 ……………… 16332
조서우 ……………… 29921
조서재 ……………… 3531
조석안 ……………… 6255
조석영(趙石英) …… 32381
조석유 ……………… 13418
조선숙 ……………… 8279
조선순 ……………… 5382
조선순 ……………… 5642
조선순 ……………… 5954
조선순 ……………… 21223
조선순;장모 ……… 5940
조설 ……………… 17143
조설매 ……………… 25804
조설화 ……………… 25149
조성 ……………… 13714
조성범 ……………… 30770
조성범 ……………… 30796
조성범 ……………… 30810
조성범 ……………… 30821
조성범 ……………… 31224
조성범 ……………… 31247
조성범 ……………… 31251
조성범 ……………… 31267
조성범 ……………… 31289
조성범 ……………… 31309
조성범 ……………… 31424
조성웅 ……………… 6992
조성일 ……………… 11121
조성일 ……………… 11147
조성일 ……………… 11154
조성일 ……………… 11187
조성일 ……………… 11221
조성일 ……………… 11391
조성일 ……………… 11879
조성일 ……………… 11883
조성일 ……………… 11905
조성일 ……………… 12044
조성일 ……………… 12133
조성일 ……………… 12210
조성일 ……………… 12357
조성일 ……………… 12385
조성일 ……………… 12418
조성일 ……………… 12447
조성일 ……………… 12462
조성일 ……………… 12478
조성일 ……………… 12659
조성일 ……………… 12669
조성일 ……………… 12799
조성일 ……………… 12927
조성일 ……………… 26946
조성일 ……………… 26953
조성철 ……………… 16925
조성희 ……………… 12821
조성희 ……………… 20249
조성희 ……………… 20971
조성희 ……………… 21063
조성희 ……………… 22160
조성희 ……………… 22992
조성희 ……………… 23592
조성희 ……………… 23679
조세달 ……………… 17274
조세천 ……………… 21843
조소민 ……………… 25040
조소정 ……………… 14237
조송준 ……………… 8175
조송준 ……………… 9785
조송준 ……………… 9802
조수(趙修) ………… 32756
조수리 ……………… 17737
조수리 ……………… 17784
조수선;부입 ……… 28009
조순청 ……………… 8075
조승 ……………… 7760
조승복 ……………… 29737
조승인 ……………… 5584
조승인 ……………… 21431
조승인 ……………… 21808
조승인 ……………… 21937
조승인 ……………… 29869
조승인 ……………… 29874
조승인 ……………… 29877
조승인 ……………… 30155
조승인;곽유리 ……… 6357

조식문 …………… 31612
조신 ……………… 19646
조신옥 …………… 25264
조아초 …………… 30430
조안괴 …………… 18943
조앙 ……………… 17594
조약 등 ………… 5826
조양 ……………… 4869
조양봉 …………… 27976
조양화 …………… 27975
조양화 …………… 27980
조언군 …………… 3235
조언론 …………… 6244
조여장 …………… 24745
조연 ……………… 20181
조연 ……………… 24928
조연 ……………… 24974
조연 ……………… 24999
조연 ……………… 25128
조연 ……………… 25187
조연 ……………… 25189
조연 ……………… 476
조연 ……………… 621
조연 ……………… 625
조연 ……………… 628
조연 ……………… 4442
조연 ……………… 29607
조영 ……………… 10640
조영규 …………… 24481
조영모 …………… 24565
조영문 …………… 3768
조영방 …………… 25489
조영부 …………… 4104
조영비 …………… 27861
조영선 …………… 21395
조영숙 …………… 30473
조영일 …………… 13058
조영춘 …………… 7006
조영춘 …………… 7083
조영춘 …………… 7835
조영춘 …………… 8981
조영춘 …………… 9044
조영해 …………… 1689
조영흥 …………… 3723
조옥금 …………… 13429
조옥녀 …………… 8223
조옥녀 …………… 8736
조옥립 …………… 23520
조옥보;장항재 ……… 5729
조옥전;남영식 …… 27546
조용국 …………… 15474
조용식 …………… 7893
조우 ……………… 11918
조우 ……………… 17441
조우 ……………… 17450
조우 ……………… 5127
조우상 …………… 17218
조운복 …………… 4200
조운성;리정 ……… 18420
조운출;조흥철 …… 31932
조운학 …………… 18087
조운헌 …………… 1765
조원 ……………… 22628
조원 ……………… 18367
조원상 …………… 2517
조원섭;박상렬 …… 7008
조원섭;박상렬 …… 27497
조원파 …………… 6596
조원혜 …………… 25540
조원화;해연 ……… 3736
조월현 …………… 20908
조위 ……………… 10176
조위 ……………… 29819
조위;한득춘 ……… 18061
조위동 …………… 21966
조위철 …………… 4290
조위철 …………… 4470
조위철 …………… 9438
조위철 …………… 10149
조위철 …………… 10202
조위철 …………… 20110
조위철 …………… 20287
조위철 …………… 20292
조위철 …………… 20383
조위철 …………… 18511
조위철 …………… 19013
조위철 …………… 19168
조위철 …………… 19725
조유의 …………… 6798
조유의 …………… 6800
조육명;자효령 …… 2706
조육명;찰효령 …… 2711
조은철 …………… 19579
조은청 …………… 3644
조은택 …………… 8619
조이삭 …………… 15465
조이수(曹依秀) …… 30714
조익 ……………… 20643
조인복 …………… 28374
조인숙 …………… 7324
조인숙 …………… 8334
조인숙 …………… 8355
조인숙 …………… 8520
조인숙 …………… 8654
조인숙 …………… 8672
조인숙 …………… 8725
조인숙 …………… 8741
조일 ……………… 435
조일권 …………… 10863
조일남 …………… 11554
조일남 …………… 12789
조일남 …………… 12865
조일남 …………… 12918
조일남 …………… 12947
조일만 …………… 24946
조일민 …………… 32390
조일석 …………… 10450
조자양 …………… 1189
조자양 …………… 1196
조자양 …………… 1199
조자양 …………… 1201
조자양 …………… 6363
조자평 …………… 4791
조장림 …………… 21163
조장승 …………… 5617
조장연 …………… 15977
조장연 …………… 16188
조장연 …………… 16492
조정 ……………… 250
조정렬 …………… 9832
조정애 …………… 9017
조정자 …………… 9647
조정자 …………… 9938
조종만 …………… 17075
조종훈 …………… 13077
조종훈 …………… 13159
조종훈 …………… 14581
조종훈 …………… 14605
조종훈 …………… 14801
조종훈 …………… 15151
조중읍 …………… 27957
조지 ……………… 2201
조지 ……………… 4083
조지민 …………… 4571
조진명 등 ………… 3831
조진세 …………… 32535
조진우 …………… 809
조진우;류명기 …… 4674
조진중 …………… 28303
조진태 …………… 25517
조창욱 …………… 22293
조창욱 …………… 5171

조창욱 ······ 32863
조창혁 ······ 27512
조책전 ······ 22806
조천 ······ 19638
조첩 ······ 11111
조청운 ······ 31071
조청화 ······ 1712
조청화 ······ 5281
조춘강 ······ 20982
조춘권 ······ 19999
조춘권 ······ 20045
조춘권 ······ 18565
조춘렬(趙春烈) 등 32355
조춘령 ······ 3716
조춘상 ······ 9680
조충덕 ······ 4520
조충민 ······ 830
조충범 ······ 2058
조충지 ······ 21862
조충화 등 ······ 21070
조태국 ······ 20103
조택룡 ······ 21196
조택룡 ······ 10300
조택룡 ······ 10359
조택룡 ······ 10377
조택룡 ······ 27450
조택룡 ······ 27853
조택룡 ······ 27888
조택룡 ······ 30046
조평 ······ 22058
조풍동 등 ······ 6503
조학서 ······ 23254
조학섭 ······ 17836
조항곡 ······ 5549
조해연 ······ 20137
조해연 ······ 25460
조해원 ······ 24916
조해종 ······ 13849
조향리 ······ 16203
조헌각 ······ 23154
조헌각 ······ 871
조헌문 ······ 23163
조험봉;우강 ······ 4094
조현철 ······ 8281
조혜민 ······ 20189
조혜민 ······ 23190
조혜선 ······ 14301
조호벽 ······ 19975
조홍림 ······ 5483
조홍매 ······ 25585
조홍매 ······ 20011
조홍철 ······ 31203
조홍철 ······ 31241
조홍철 ······ 29084
조홍화 ······ 20165
조홍화 ······ 25480
조홍희;장해도 ······ 31256
조화 ······ 18996
조화옥 ······ 22952
조효파;장평 ······ 4118
조후남 ······ 25925
조흥림 ······ 5540
조흥화 ······ 31408
조흥화 ······ 30442
조희권 ······ 28682
조희권 ······ 32345
조희권 ······ 32346
조희룡 ······ 5423
조희명 ······ 924
조희복 ······ 31464
조희복 ······ 29116
조희복 ······ 30283
조희복 ······ 30300
조희복 ······ 30523
조희천 ······ 20601
조희천 ······ 21492
조희천 ······ 9170
조희천 ······ 10927
종개화 ······ 25060
종개화 ······ 2569
종경 ······ 27981
종광군 ······ 30455
종남 ······ 6411
종대 ······ 19130
종련걸 ······ 28284
종련금 ······ 30449
종령 ······ 19365
종립문;등충 ······ 29399
종복선 ······ 18025
종봉 ······ 30683
종성의 ······ 22022
종성의 등 ······ 5890
종성의 등 ······ 6070
종성의;리위국 ······ 5968
종순 ······ 24029
종실 ······ 1743
종애군 ······ 24136
종연안 ······ 29953
종옥 ······ 13493
종위희 ······ 18761
종유 ······ 4491
종유 ······ 5041
종윤 ······ 20784
종윤 ······ 20788
종윤 ······ 20790
종윤 ······ 20792
종윤 ······ 20809
종윤 ······ 20816
종의 ······ 11722
종이병 ······ 25787
종이준 ······ 7713
종인 ······ 8953
종자망 ······ 24615
종점지 ······ 5726
종주 ······ 28270
종주;춘조 ······ 5704
종천 ······ 23182
종철 ······ 21856
종청 ······ 10096
종하 ······ 5230
종혜령 ······ 21551
종혜령 ······ 8634
鍾紅;文克 ······ 13022
종화 ······ 22885
종화 ······ 1031
종화 ······ 6719
종화 ······ 29511
종휘 ······ 25277
좌가;문성 ······ 21599
좌금 ······ 3655
좌려 ······ 4574
좌련벽;사단 ······ 22291
좌조성 ······ 21418
주가양 ······ 3363
주가준 ······ 899
주가흡(朱家洽) ······ 28681
주강 ······ 24978
주강곤(朱崗崑) ······ 28760
주개화 ······ 4612
주건 ······ 617
주건아 ······ 25871
주건업 ······ 1731
주건의 ······ 22379
주건의 ······ 5071
주건의 ······ 5076
주건의 등 ······ 5118
주건의;리일평 ······ 22129
주건의;리택량 ······ 20479
주건의;소시의 ······ 22429
주건의;임복침 ······ 5522
주건의;조사문 ······ 22250
주건의;한복청 ······ 22070

주건인 ······ 12992
주건중 ······ 579
주건중 ······ 742
주건중 ······ 783
주건중 ······ 5045
주건증 ······ 578
주건화 ······ 6254
주건훈 ······ 4701
주검형 ······ 5097
주검형 ······ 5108
주겸 ······ 8003
주경 ······ 25663
주경림 ······ 3817
주경화 ······ 26911
주계동 ······ 4902
주공남(周公南) ······ 29969
주광법;정량록 ······ 2470
주광선 ······ 5006
주국량 ······ 24031
주국신 ······ 22905
주국신 ······ 18820
주국신 ······ 3247
주국용 ······ 7364
주국인 ······ 6889
주국인 ······ 7256
주국화 ······ 9369
주권 ······ 9330
주규 ······ 24997
주규검 ······ 1773
주규위 ······ 2111
주극근 ······ 18918
주극웅 ······ 27277
주극천 ······ 2697
주극천 ······ 4787
주금철 ······ 30533
주기 ······ 20203
주기 ······ 27743
주기문 ······ 27810
주기복;장봉조 ······ 19532
주길원;관련혜 ······ 21288
주남 ······ 24784
주남 ······ 6038
주남 ······ 29793
주농위 ······ 886
주달성 ······ 595
주대신;김태갑 ······ 19510
주대평 ······ 2518
주덕룡 ······ 20678
주덕룡 ······ 655
주덕무 ······ 10675
주덕진 ······ 20537
주덕진 ······ 25273
주덕진 ······ 25562
주덕해 ······ 1491
주덕해 ······ 2476
주덕해 ······ 2737
주덕해 ······ 2743
주덕해 ······ 2984
주덕해 ······ 3027
주덕해 ······ 6240
주덕해 ······ 30315
주덕해 ······ 30331
주도 ······ 15647
주돈법 ······ 5517
주동륜 ······ 14515
주동률 ······ 14556
주동률 ······ 14752
주동률 ······ 12661
주동수 ······ 28053
주동순 ······ 7572
주동현 ······ 32372
주력 ······ 22394
주련복 등 ······ 32881
주련제 ······ 20095
주로 ······ 4156
주롱 ······ 16289
주뢰 ······ 14689
주뢰 ······ 15063
주뢰 ······ 15968
주뢰 ······ 16568
주뢰 ······ 17170
주룡 ······ 15924
주룡 ······ 16108
주룡 ······ 16398
주리 ······ 15157
주림 ······ 20003
주림홍 ······ 8103
주립명 ······ 29037
주립명 ······ 29130
주립승 ······ 21868
주립승 ······ 3485
주립승 등 ······ 5319
주립승;려무 ······ 3645
주만송 ······ 29720
주명 ······ 21877
주명 ······ 3914
주명명 ······ 25690
주명성 ······ 4581
주명숙 ······ 13665
주명인 ······ 29468
주명쟁 ······ 30404
주무경 ······ 20723
주무경 ······ 20733
주무경 ······ 20743
주무경 ······ 17729
주무경 ······ 17762
주무경 ······ 11358
주무경 ······ 11788
주무경 ······ 11804
주문 ······ 6163
주문길 ······ 27086
주문빈 ······ 29722
주문운 ······ 25948
주문위 ······ 7756
주문호 ······ 25217
주문호 ······ 10415
주발증 ······ 8205
주방화 ······ 724
주배력 ······ 19341
주배원(周培源) ······ 28678
주법 ······ 6155
주법 등 ······ 3272
주벽화 ······ 23293
주병식 ······ 9024
주병식 ······ 13327
주병원 ······ 32281
주보전;재효문 ······ 5449
주보중 ······ 20781
주보중 ······ 13342
주복동 ······ 28530
주본 ······ 6817
주본;왕유방 ······ 6825
주봉기 ······ 23117
주봉기 ······ 23371
주봉기 ······ 6225
주봉명 ······ 20018
주봉명 ······ 19256
주봉명 ······ 19362
주봉명 ······ 4279
주봉명 ······ 4930
주봉명 ······ 4986
주봉산 ······ 7403
주봉숙;장봉조 ······ 24342
주봉신 ······ 22365
주봉천 ······ 30963
주봉천 ······ 30531
주봉천 ······ 30532
주봉천 ······ 30536
주봉천 ······ 30547
주봉천 ······ 30549
주봉천 ······ 30603
주분선 ······ 29866

주봉비 ……………… 22818
주사림 ……………… 10676
주사준 ……………… 31579
주상근(周祥根) …… 32111
주선 ……………………… 11195
주선우 ……………… 24633
주선우 ……………… 23799
주선우 ……………… 13041
주선우 ……………… 13072
주선우 ……………… 13118
주선우 ……………… 13157
주선우 ……………… 13164
주선우 ……………… 13197
주선종 ……………… 1502
주성일 ……………… 21392
주성호 ……………………… 420
주성화 ……………… 15992
주성화 ……………… 16304
주성화 ……………… 16364
주성화 ……………… 16417
주성화 ……………… 16449
주성화 ……………… 16606
주성화 ……………… 16728
주세조 ……………………… 44
주소경 ……………… 9453
주소당 ……………… 4050
주소월 ……………… 21542
주소월 ……………… 21659
주소월 ……………… 22040
주소월 ……………… 22131
주소월 ……………… 22146
주소월 ……………… 9974
주손 ……………………… 20318
주송내 ……………… 28342
주송산 ……………… 31887
주수창;하광고 ……… 334
주숙원;종초극 ……… 3889
주순 ……………… 18765
주순옥 ……………… 9851
주승 ……………………… 3299
주승리 ……………… 2744
주신학;시우인 …… 29177
주아남 ……………… 22761
주아남 ……………… 1586
주양 ……………………… 11766
주양 ……………………… 11843
주양 ……………………… 11928
주양 ……………………… 12375
주양생 ……………… 1040
주언 ……………………… 1141
주언 ……………………… 1976
주언신 ……………… 8622
주연 ……………………… 32081
주연 ……………………… 4903
주영 ……………………… 25323
주영 ……………………… 10449
朱英 ……………………… 13037
주영강 ……………… 22145
주영강 ……………………… 532
주영섭 ……………… 21638
주영섭 ……………… 30795
주영섭 ……………… 31079
주영섭 ……………… 31767
주영신 ……………… 22152
주영종 ……………… 32887
주영준;김수봉 …… 24467
주영창 ……………… 32725
주영춘 ……………… 19693
주영호 ……………… 32074
주영호 ……………… 30564
주영호 ……………… 30566
주예 ……………………… 25146
주예 ……………………… 25351
주예화 ……………… 7135
주예화 ……………… 9538
주옥 ……………………… 4704
주옥 등 ……………… 6022
주옥명 ……………… 22450
주요혜;범립명 …… 25541
주우근 ……………… 9741
주우명 ……………… 13976
주원 ……………………… 30038
주원룡 ……………… 25720
주원부 ……………… 2519
주원빙 ……………………… 257
주위광 ……………… 1883
주위문 ……………… 23658
주위화 ……………… 3642
주유장 ……………… 29992
주윤정 ……………… 2405
주은래 ……………… 1168
주은래 ……………… 1185
주은래 ……………… 2989
주음춘 ……………………… 649
주의방;장동휘 ……… 5378
주익남 ……………… 21767
주인 ……………………… 28234
주인렬 ……………… 30014
주일관 ……………… 8242
주일관 ……………… 8541
주일관 ……………… 8549
주일관 ……………… 9054
주일관 ……………… 9365
주일명 ……………… 27742
주자청 ……………… 15521
주작인 ……………… 9383
주장수 ……………… 28355
주장수 ……………… 10601
주장종;주성조 …… 20814
주장초 ……………… 29052
주장초;등천종 …… 28849
주재강 ……………… 5273
주재선;김태국 ……… 9885
주재송 ……………… 22655
주재헌 ……………………… 814
주재헌 ……………… 10613
주쟁평 ……………… 28058
주저청 ……………… 10126
주적 ……………………… 28835
주점장 ……………… 23068
주점장 ……………… 3289
주정길 ……………… 11207
주정길 ……………… 12895
주정발 ……………… 4047
주정배 ……………… 28471
주정숙 ……………… 8802
주정중 ……………… 8515
주정중 ……………… 9194
주정중 ……………… 9245
주정중 ……………… 9311
주정중 ……………… 9360
주정청 ……………… 21834
주정화 ……………… 27698
주조기 ……………… 29106
주조상 ……………… 11034
주조화 ……………… 32883
주존해 ……………………… 650
주종유 ……………… 4973
주종준 ……………… 30811
주주모 ……………… 32077
주준 ……………………… 28306
주준산 등 ……………… 2558
주준생 ……………… 4384
주중권;장쌍업 ……… 5769
주지명 ……………… 31160
주지민 ……………… 19595
주지염 ……………… 20983
주지청 ……………… 29127
주지흥 ……………… 10100
주직문 ……………… 2148
주진섭 ……………… 15724
주진우 ……………… 10595

주창권 ······ 7075
주창권 ······ 7097
주창권 ······ 7776
주창권 ······ 8348
주창권 ······ 8980
주창일 ······ 29019
주천 ······ 1533
주천옥;교령 ······ 32095
주천울 ······ 7651
주천주(周天柱) ······ 32115
주청산 ······ 24600
주청화 ······ 3281
주초 ······ 19410
주춘근 ······ 28133
주춘근 ······ 31023
주춘근 ······ 31244
주춘근 ······ 32426
주춘근 ······ 32877
주춘근 ······ 29097
주춘근 ······ 27728
주춘생 ······ 23135
주춘생 ······ 23223
주춘생 ······ 3787
주춘생 ······ 5911
주춘생 등 ······ 5932
주춘우 ······ 20429
주춘화 ······ 25603
주취정;척이신(周取定;戚以新) ······ 31957
주풍기 ······ 22904
주필충 ······ 22590
주필충 ······ 13986
주필충 ······ 14019
주필충 ······ 14034
주필충 ······ 14065
주필충 ······ 14083
주필충 ······ 14090
주필충 ······ 13330
주필충 ······ 13761
주필충 ······ 13805
주학명 ······ 21909
주학범 ······ 32273
주학전 ······ 8645
주해 ······ 28020
주해금 ······ 14128
주해금 ······ 14143
주해금 ······ 14187
주해금(朱海今) ······ 9135
주해일 ······ 13562
주해일 ······ 13564
주헌 ······ 10695
주헌 ······ 10705
주헌장 ······ 5157
주현남 ······ 21060
주현남 ······ 23057
주현남 ······ 28229
주현생(周賢生) ······ 32106
주혜민 ······ 20019
주호산 ······ 25286
주홍 ······ 10250
주홍성 ······ 17199
주홍성 ······ 11779
주홍성 ······ 11798
주홍성 ······ 11820
주홍성 ······ 11945
주홍성 ······ 12217
주홍성 ······ 12232
주홍운 ······ 4838
주화 ······ 21676
주화남 ······ 8328
주환테 ······ 794
주효군 ······ 4417
주효문 ······ 24949
주효문 ······ 25345
주효천 ······ 6138
주효천 ······ 6154
주효파 ······ 22225
주효파 ······ 12292
주효현 ······ 8834
주효현 ······ 8836
주훈강 ······ 6794
주휘 ······ 497
주홍민 ······ 29289
주희 ······ 20625
주희돈 ······ 9678
주희민 ······ 30141
주희영 ······ 22121
주희옥 ······ 20166
주희옥 ······ 22272
주희옥 ······ 16472
주희옥 ······ 4654
죽매 ······ 1088
죽문 ······ 19555
죽천 ······ 29450
준록 등 ······ 4872
준봉;정선 ······ 5117
준정 등 ······ 4125
준주 ······ 6196
준청 ······ 11302
준호 ······ 352
준호 ······ 13737
준호 ······ 339
중기 ······ 27606
중남 ······ 31755
중류 ······ 16040
중류 ······ 16272
중문 ······ 6422
중문 등 ······ 3737
중문등 ······ 5556
중박 ······ 5234
중박 ······ 5561
중박 ······ 29176
중발 ······ 10258
중병 ······ 6647
중숙 ······ 18653
중언 ······ 28854
중저 ······ 3241
중정서 ······ 8013
중혜 ······ 8351
중화 ······ 4299
중화 ······ 30158
중희동 ······ 20767
쥐쟈 ······ 3066
喬樹貴 ······ 20676
증가순 ······ 21753
증건휘 ······ 1886
증광문 ······ 1777
증국 ······ 3268
증국흥 ······ 5152
증국흥 ······ 5155
증국흥 ······ 5861
증국흥 ······ 6068
증국흥 ······ 6073
증국흥 ······ 6074
증국흥 ······ 6076
증국흥 ······ 6080
증국흥 ······ 6126
증국흥 등 ······ 5876
증국흥 등 ······ 6581
증도 ······ 25449
증빈평 ······ 32677
증산 ······ 1476
증삼 ······ 31656
증소안;홍안 ······ 25032
증소양;림춘 ······ 19469
증소주 ······ 28482
증연숙 ······ 20770
증연숙 ······ 108
증연숙 ······ 1344
증연숙 ······ 11985
증연숙 ······ 13939
증연숙(曾延淑) ······ 6670

증연숙(曾延淑) …… 6672
증정빈 …………… 29479
증조원 …………… 22733
증추봉 …………… 10216
증헌삼 …………… 22831
지가 ……………… 12580
지강;시량 ……… 28190
지검 ……………… 22180
지경화 …………… 30084
지경화 …………… 30159
지경화 …………… 30190
지광운;최송남 …… 30238
지규 ……………… 1949
지기석 …………… 8861
지기석 …………… 9086
지동발 …………… 226
지란;서보신 ……… 28846
지량 ……………… 24823
지론 ……………… 1534
지론 ……………… 2707
지룡 ……………… 603
지룡 ……………… 8429
지룡 ……………… 10660
지룡 ……………… 10916
지룡욱 …………… 31454
지룡욱 …………… 31467
지룡욱 …………… 31471
지룡욱 …………… 31472
지룡욱 …………… 29065
지룡준 …………… 31647
지리조 …………… 9442
지만 ……………… 2078
지무 ……………… 29476
지문 ……………… 2817
지문평 …………… 12023
지미화 …………… 23357
지미화 …………… 23566
지미화 …………… 16158
지방 등 …………… 1361
지복자 …………… 27193
지상 ……………… 28831
지성녀 …………… 29997
지성뢰 …………… 30869
지성룡 …………… 2224
지성우 …………… 6440
지성찬 …………… 16992
지송년 …………… 18575
지송년 …………… 12501
지송년;금이 …… 18606
지송철 …………… 24730
지숙자 …………… 22421
지숙자 …………… 10207
지숙자 …………… 10212
지순애 …………… 20696
지승웅 …………… 13646
지신 등 …………… 5458
지신성 …………… 7556
지심 ……………… 21637
지연 ……………… 25737
지영 ……………… 24399
지영 ……………… 6615
지영;귀신 ……… 22321
지영순 …………… 21725
지영희 …………… 632
지오 ……………… 17430
지오 ……………… 18611
지오 ……………… 18698
지오 ……………… 18919
지오 ……………… 19397
지오 ……………… 19686
지옥련 등 ……… 10112
지옥자 …………… 23782
지용 ……………… 2797
지원순 …………… 26021
지원순 …………… 18388
지원순 …………… 18417
지원순 …………… 19028
지원순 …………… 19375
지원순 …………… 6818
지원순 …………… 7766
지원위 …………… 29724
지위 ……………… 29501
지위(志偉) ……… 32397
지유 ……………… 4281
지은화 …………… 25376
지일 ……………… 19987
지장훈 …………… 9805
지정수 …………… 6769
지청;력가 ……… 21410
지평 ……………… 22286
지평 ……………… 2833
지하련 …………… 9439
지하윤 …………… 18871
지학군 …………… 3812
지해운 …………… 13660
지홍란 …………… 23012
지홍란 …………… 19534
지화 ……………… 1733
지회비 …………… 28388
지효순 …………… 14945
지효순 …………… 13323
지흥 ……………… 2664
지희겸 …………… 28094
지희권 …………… 11031
지희숙 …………… 8198
직언 ……………… 4931
진가 등 …………… 9349
진가민 …………… 4168
진가진 …………… 1717
진강 ……………… 32257
진강 ……………… 4132
진강 ……………… 4835
진건명 …………… 28285
진건명 …………… 2241
진건민;진장태 …… 10598
진건장 …………… 27845
진검 ……………… 4529
진견 ……………… 25186
진결 ……………… 24983
진경기 …………… 28162
진경성 …………… 30187
진경아 …………… 18432
진경여 …………… 28975
진경윤 …………… 22316
진경파 …………… 29471
진경파;황건춘 …… 4659
진경하 …………… 18098
진경하 …………… 18212
진계중 …………… 18846
진공백 …………… 2548
진관순(陳關順) …… 31836
진관순(陳關順) …… 31837
진관순(陳關順) …… 31838
진관순(陳關順) …… 31839
진광 ……………… 533
진광군 …………… 21634
진광애 …………… 7122
진광원;주건중 …… 6175
진광충 …………… 22810
진광휘 …………… 29765
진국량 …………… 18923
진군 ……………… 25817
진군 ……………… 4149
진군 ……………… 4488
진귀수 …………… 1996
진금원 …………… 3384
진념이 …………… 28742
진녕강 …………… 22284
진다림 …………… 10142
진단연 …………… 4321
진달 ……………… 22785
진당 ……………… 1276

진대무 4693
진대빈 1417
진덕군 5035
진덕명 32659
진동 4938
진동 4944
진동 4947
진동예 18089
진동화 22987
진동화 1705
진란 29205
진려 880
진려 4517
진려 29326
진려영 28478
진려홈;황계채 25125
진력단 57
진령;문광 24240
진례임(陳禮任) 32370
진륭유 5915
진리 20695
진리원 6137
진리원 6152
진림 3056
진림 6386
진림 등 18814
진막 629
진명문 31604
진명원 32328
진명제 3347
진모 28192
진모 275
진모 10091
진모제;도의홍 18828
진목 20536
진무추 20862
진문경 29382
진문군 19941
진미 32524
진민 10093
진민범 19093
진민중;고정선 22054
진민화 29510
진박 29762
진방 21613
진백달 2370
진백영(陳白鷹) 9154
진백천(陳柏泉) 32394
진병귀 32824
진병무 9652
진병문 6891
진병염 29541
진보산 3480
진보수 4901
진보평;안상준 7059
진복민 32352
진복민 29063
진봉기 등 20749
진봉명;려리충 4103
진봉휘 6380
진붕강 25861
진사륜 28344
진사익 21043
진사익;여진봉 10231
진산매 10674
진삼주 25055
진상 30403
진서금 29666
진서상 5866
진서상 5880
진서전 4792
진석련 3469
진설량 27833
진설림 19184
진성 6567
진성명 4292
진세욱 18632
진세평;진후옥 3733
진소득 3680
진소등 2796
진소명 242
진소조 10330
진소협 31699
진수명 7474
진수문 20273
진수봉 8929
진수창 5803
진숙옹 22331
진순 29719
진술송 1972
진승기 24356
진신평 4443
진심오 10238
진아명;주약정 7986
陳亞丁 11349
진안 20615
진안;하색요 21805
진야평 4031
진양형 1139
진여균 30021
진역민 7420
진연 20328
진연 18763
진영 6348
진영국 6207
진영년;왕국화 5629
진영보 1842
진영자 7604
진영자 8493
진영자 8543
진옥곤 16383
진옥산 5778
진옥선 101
진옥향 3550
진온주 2508
진요정 850
진우 18204
진우 10046
진우만 13769
진욱성 7321
진욱성 7679
진운 1252
진운 2150
진운금;주량 29797
진운봉 2229
진운봉 4053
진원 19659
진원순 12101
진원하 20793
진원하 20802
진원하 379
진원하(秦元河) 2279
진위 25291
진위 28418
진위각 1244
진위국 2704
진위연 30048
진위웅 4157
진위진 29067
진유각 1591
진유방;손장가 4196
진유신 7543
진유신 등 382
진응권 20052
진의 2584
진의 5652
진의 등 6085
진의 등 6086
진의 등 6087
진의 등 6089
진의 등 6090
진의 등 6091

진의;세영 ············· 5237
진의;해연 ············· 5461
진의등 ················· 6093
진의등 ················· 6094
진이수 ················· 9501
진자단 ················· 30824
진자룡 ················· 1975
진자영(陳子英) ····· 30303
진장호(陳章豪) ····· 30218
진적 ····················· 695
진적민 등 ············ 6065
진전유 ················· 19167
진정 ····················· 2940
진정무 ················· 25001
진정초 ················· 19402
진정하 ················· 28147
진정화;왕건군 ······· 5679
진제 등 ················ 5853
진조분 ················· 21126
진조분 ················· 484
진종순 ················· 28301
진종영 ················· 20985
진종호 ················· 15034
진종호 ················· 15088
진종호 ················· 15336
진좌충 ················· 29086
진중복 ················· 21867
진중생;왕련갑 ······· 2382
진지강 ················· 28839
진지방 ················· 20569
진지원 ················· 1937
진진 ····················· 20738
진진방 ················· 22880
진집 ····················· 28865
진창업 ················· 28027
진철 ····················· 28677
진철군 ················· 19588
진청 ····················· 22188
진추영 ················· 25508
진추중;소야 ········· 20030
진충 ····················· 1874
진충;홍천 ·········· 18769
진충생 ················· 572
진충실 ················· 17894
진취 ····················· 5519
진치승;동화 ········· 17775
진침 ····················· 690
진택운 ················· 357
진택원 ················· 11254
진팽 ····················· 28377
진표 ····················· 5788
진필 ····················· 19474
진한 ····················· 21494
진한충 ················· 20483
진함 ····················· 5530
진함 ····················· 5541
진함 ····················· 5748
진함 ····················· 5993
진함 ····················· 6012
진함등 ················· 5676
진해 등 ················ 22073
진해평 ················· 18044
진현덕 ················· 1708
진현란 ················· 25689
진형삼 ················· 2513
진혜란 ················· 8906
진혜옥 ················· 20567
진호 ····················· 19156
진홍생 ················· 31391
진화 ····················· 2122
진화신 ················· 28535
진화화 ················· 6911
진황매 ················· 11103
진회창 ················· 453
진회창 ················· 29728
진효광(陳曉光) ····· 32016
진효광(陳曉光) ····· 32019
진효로 ················· 21523
진효선 ················· 21633
진휘 ····················· 932
진휘 ····················· 4074
진흥인 ················· 5265
진흥인 ················· 5417
진흥인;류경 ········· 5368
집무 ····················· 3853
집상(集祥) ··········· 32813
찐유춘 ················· 11618

ㅊ

차간 ····················· 16397
차간 ····················· 16480
차건국 ················· 2831
차경숙 ················· 20614
차경순 ················· 20107
차경순 ················· 20344
차경순 ················· 20347
차경순 ················· 18805
차경순 ················· 19866
차광일 ················· 10658
차광일 ················· 10723
차광일 ················· 10906
차광일 ················· 10919
차광호 ················· 11416
차금산 ················· 23914
차금산 ················· 23992
차깐 ····················· 15978
차깐(몽골족) ········ 16601
차남일 ················· 13662
차남일 ················· 13694
차녕호 ················· 7393
차녕호 ················· 13272
차녕호 ················· 13354
차녕호 ················· 13372
차녕호 ················· 13668
차녕호 ················· 14018
차대균 ················· 12935
차도광 ················· 8781
차도광 ················· 8949
차도명 ················· 32414
차도범 ················· 15829
차도범 ················· 16045
차룡구 ················· 17136
차룡순 ················· 11137
차룡순 ················· 12069
차룡순 ················· 22978
차룡순 ················· 14180
차룡순 ················· 18027
차룡순 ················· 18110
차룡순 ················· 18161
차룡순 ················· 18193
차룡순 ················· 18332
차룡순 ················· 18692
차룡순 ················· 19596
차룡일 등 ············ 7991
차룡주 ················· 9047
차룡주 ················· 9356
차룡주 ················· 10803
차룡철 ················· 24889
차명선 ················· 20502
차명선 ················· 20511
차명선 ················· 20608
차명자 ················· 8867
차명화 ················· 18315
차문석 ················· 9447
차병걸;광일 ········ 24307
차병걸;림설령 ······ 24445
차병걸;림승환 ······ 24233
차병걸;림승환 ······ 24291
차병걸;림승환 ···· 24281
차병걸 등 ············ 24306
차상범 ················· 13619
차상우 ················· 3751

차상우 ………………… 3846
차상우 ………………… 4121
차상우 ………………… 4898
차상우 ………………… 7745
차상욱 ……………… 17247
차상주 ………………… 8850
차성우 ………………… 3861
차송봉 ……………… 13580
차수남 ………………… 9384
차수남 ……………… 10027
차수남 ……………… 21672
차수남 ……………… 22879
차수남 ……………… 23207
차수남 ……………… 25410
차수남 ……………… 19033
차순복 ……………… 21409
차순복 ……………… 21565
차순복 ……………… 22037
차순복 ……………… 22309
차순복 ……………… 23576
차순복 ……………… 23719
차순복 ……………… 14273
차순복 ……………… 14279
차순복 ……………… 14307
차순복 ……………… 19891
차순애 ………………… 8882
차순애 ………………… 8909
차순애 ……………… 13445
차순애 ……………… 13516
차신 ………………… 32143
차신 ………………… 32239
차영국 ……………… 24835
차영근 ……………… 15466
차영근 ……………… 15715
차영숙 ………………… 9050
차영순 ……………… 32724
차영인 ……………… 28153
차영준 ……………… 20032
차영준 ……………… 20062
차영준 ……………… 19771
차영화 ……………… 15207
차영화 ……………… 15686
차영화 ……………… 15706
차영화 ……………… 15804
차영화 ……………… 15810
차영화 ……………… 15812
차영화 ……………… 15931
차영화 ……………… 15950
차용국 ……………… 13362
차유근 ………………… 2318
차재영 ………………… 7946
차재영 ………………… 7949
차종렬 ……………… 12389
차종범 ………………… 1920
차종할 ……………… 13412
차준 ………………… 23795
차준남 ……………… 18733
차중남 ……………… 12358
차중남 ……………… 20944
차중남 ……………… 17924
차중남 ……………… 17933
차중남 ……………… 17978
차중남 ……………… 18136
차중남 ……………… 18647
차지화 ……………… 22186
차진찬 ……………… 22313
차진찬 ……………… 18583
차진찬 ……………… 19458
차진찬;윤영자 ……… 4334
차창준 ……………… 20714
차창준 ……………… 22522
차철주 ………………… 7022
차칸 ………………… 16632
차호일 ……………… 16247
차홍윤 ……………… 23761
차화 ………………… 15146
차화영 ……………… 16012
차희균 ………………… 110
찬언 …………………… 4410
찬호 …………………… 2363
창국 ………………… 10472
창기 ………………… 25276
창길;상준 ………… 27431
창란 …………………… 1983
창립 ………………… 17687
창법 ………………… 32552
창영재 ………………… 9046
창용 …………………… 938
창원 ………………… 24574
창은 ………………… 14579
창주 …………………… 3039
창준 ………………… 11791
창준 ………………… 20655
창철 ………………… 13558
창파 ………………… 20911
채경원 ……………… 29311
채경화 ……………… 25152
채공걸 ………………… 1142
채관익 ……………… 32232
채광춘 ……………… 27574
채규언 ……………… 23827
채규언 ……………… 17678
채규철 ……………… 17626
채금원;조정문 ……… 4141
채능;류국방 ……… 30119
채동식;리백설 …… 27509
채량 ………………… 30373
채렬 ………………… 17306
채룡국;김수산 …… 32244
채룡수 ………………… 6629
채만식 ……………… 20426
채명숙 ………………… 8845
채명호 ………………… 4648
채명희 ……………… 25209
채문 ………………… 28684
채문 …………………… 6680
채문 ………………… 32092
채문 ………………… 32235
채미선 ………………… 8797
채미화 ……………… 12829
채미화 ……………… 12878
채미화 ……………… 12880
채미화 ……………… 20922
채미화 ……………… 14356
채미화 ……………… 26113
채변 ………………… 28246
채병신 ……………… 20717
채보금 ……………… 13460
채복묵 등 ………… 20826
채봉 …………………… 2469
채석 ………………… 28761
채선무 ………………… 2092
채선옥 ……………… 25567
채성남 ……………… 29989
채성순(蔡成荀) …… 9166
채소명 ……………… 32278
채송화 ………………… 4450
채수길 ……………… 17324
채수일 ………………… 2499
채순희;김미화 ……… 8538
채심 …………………… 5231
채심 …………………… 5235
채심 …………………… 5236
채심 …………………… 5240
채심 …………………… 5241
채심 …………………… 5337
채영 …………………… 427
채영남 ……………… 22972
채영남 ……………… 23279
채영석 ………………… 2329
채영석 ………………… 3282
채영석 ……………… 22571

채영실 ……………… 25711
채영춘 ……………… 22697
채영춘 ……………… 22700
채옥명 ……………… 22240
채옥명;리안려 …… 19174
채용화 ……………… 20657
채운산 ……………… 20338
채운산 ……………… 20551
채월순 ……………… 22894
채의 ………………… 11011
채인석 ……………… 29395
채인석;리수봉 …… 28675
채일석 ……………… 28651
채일석 ……………… 28653
채일석 ……………… 28670
채일석 ……………… 11062
채일석 ……………… 32337
채재천 ……………… 20807
채점화;류문구 …… 22024
채점화;하춘인 …… 22405
채정묵 ……………… 3419
채정숙 ……………… 8152
채정숙 ……………… 8624
채종석 ……………… 31007
채주봉 ……………… 1813
채지남 ……………… 17476
채지남 ……………… 18369
채지남 ……………… 18651
채지남 ……………… 19567
채진흥 ……………… 25306
채진흥 ……………… 25485
채철호 ……………… 20289
채철호 ……………… 23413
채철호 ……………… 19383
채철호 ……………… 19867
채초생 ……………… 13064
채춘석 ……………… 3418
채충록 ……………… 1231
채충록 ……………… 1638
채태범 ……………… 8902
채택룡 ……………… 11321
채택룡 ……………… 12726
채택룡 ……………… 13181
채택룡 ……………… 21405
채택룡 ……………… 22552
채택룡 ……………… 23814
채택룡 ……………… 24645
채택룡 ……………… 24648
채택룡 ……………… 25082
채택룡 ……………… 16080
채택룡 ……………… 16209
채택룡 ……………… 16369
채택룡 ……………… 16511
蔡澤龍 ……………… 13016
蔡澤龍 ……………… 13038
채해복 ……………… 762
채홍 ………………… 23822
채홍삼 ……………… 25135
채홍성;한화 ……… 20457
채홍운;김보옥 …… 27558
채화;기일 ………… 22118
채희 ………………… 23282
책변 ………………… 27735
책변 ………………… 4220
책변 ………………… 21503
책변 ………………… 31090
책변 ………………… 31673
책변 ………………… 31860
책혜방 ……………… 23331
척덕여;리요위 …… 6268
척뢰 ………………… 28080
척보량 ……………… 10813
척이신(戚以新) …… 31964
척이신;동일성(戚以新;董一誠) ……………… 31958
척적광 ……………… 12397
척적광 ……………… 14693
척적광 ……………… 14893
척적광 ……………… 14944
척점경 ……………… 2955
천경산 ……………… 31250
천광익 ……………… 22631
천균 ………………… 21346
천근철 ……………… 21683
천금란 ……………… 25592
천금학 ……………… 30597
천금학 ……………… 30968
천금학;부위걸 …… 31018
천룡 ………………… 24368
천명 ………………… 16518
천명선 ……………… 8591
천봉 ………………… 13200
천봉 ………………… 13231
천생호 ……………… 21335
천세룡 ……………… 15755
천수 ………………… 3395
천수산 ……………… 27472
천수산 ……………… 27499
천수산 ……………… 28436
천수산 ……………… 28503
천수산 ……………… 28566
천악 ………………… 11730
천운 등 …………… 21885
천인;위사 ………… 17212
천일 ………………… 24563
천재권 ……………… 8731
천창도;김재관 …… 5762
천추암 ……………… 11369
천홍범 ……………… 7066
천홍범 ……………… 7068
천홍범 ……………… 7748
천화 ………………… 20024
천화 ………………… 19719
천홍범 ……………… 7994
철권 ………………… 22639
철남 ………………… 20382
철남 ………………… 20407
철남 ………………… 21705
철남 ………………… 21759
철남 ………………… 469
철남 ………………… 4352
철남 ………………… 4377
철려 ………………… 21852
철미 ………………… 9510
철민 ………………… 13221
철민 ………………… 13296
철민 ………………… 17246
철봉 ………………… 11816
철봉 ………………… 11825
철봉 ………………… 12273
철안년(鐵安年) …… 32386
철응 ………………… 20373
철인 ………………… 22861
철인 ………………… 22975
철인 ………………… 11463
철인 ………………… 12461
철주 ………………… 29194
철죽위 ……………… 28201
철죽위 ……………… 28223
철죽위 ……………… 22270
철호 ………………… 10448
첨계상 ……………… 19475
첨균 ………………… 19945
첨대얼;서중익 …… 25397
청갑 등 …………… 22362
청균 ………………… 11716
청림 ………………… 29591
청문 ………………… 1080
청봉 ………………… 18210
청봉 ………………… 18246
청산 ………………… 24092
청상 ………………… 19598

청송 ······ 2319
청송 ······ 3412
청송 ······ 3513
청숙 ······ 30920
청우 ······ 3720
청우 ······ 5630
청음 ······ 4153
청일문 ······ 21881
체비(逮斐) ······ 17579
초건 ······ 17536
초결 ······ 6529
초국경 ······ 1858
초국력 ······ 22231
초국서 ······ 1410
초군 ······ 12866
초군 ······ 12932
초남 ······ 5910
초란 ······ 11256
초란 ······ 11257
초란 ······ 11376
초란 ······ 11989
초란 ······ 12014
초란 ······ 12017
초량 ······ 19470
초림 ······ 27944
초매 ······ 20210
초명 ······ 20073
草明 ······ 17551
草明 ······ 17553
草明 ······ 17556
초문선 ······ 6485
초방 ······ 20194
초산 ······ 26924
초산 ······ 26934
초산 ······ 28118
초서걸 ······ 1862
초소령 ······ 27205
초신서 ······ 20813
초안 ······ 30379
초야 ······ 22173
초양 ······ 4958
초어 ······ 12274
초영장 ······ 3694
초인 ······ 950
초증용 ······ 3554
초지강 ······ 19005
초풍;락명상 ······ 25675
초학 ······ 24509
촉녀 ······ 18709
촉생 ······ 11293
촉진선;양명 ······ 11876
촌민 ······ 18744
총락천;남해군 ······ 6072
총백지 ······ 28909
총수재 ······ 22722
총이 ······ 3353
총훼 ······ 19149
劉澍德 ······ 17628
최간식 ······ 18113
최간식 ······ 18689
최간식 ······ 18706
최간식 ······ 18935
최강 ······ 29547
최건 ······ 10819
최건 ······ 10821
최건 ······ 14252
최건 ······ 17506
최건 ······ 17523
최건용;김봉자 ······ 8082
최걸 ······ 1261
최검 ······ 10465
최검 ······ 10527
최검 ······ 10987
최검 ······ 11041
최경남 ······ 10826
최경당 ······ 5827
최경무 ······ 13485
최경무 ······ 13543
최경수 ······ 15847
최경순 ······ 7210
최경엽 ······ 17328
최경준 ······ 17779
최경지 등 ······ 5341
최경진 ······ 14812
최경진 ······ 15828
최계옥 ······ 22193
최계옥 ······ 22271
최계옥 ······ 9012
최계자 ······ 23046
최계자 ······ 23905
최계자 ······ 18703
최계자 ······ 18907
최고중 ······ 5075
최관석;김한봉 ······ 31560
최광명 ······ 19275
최광선 ······ 9623
최광준 ······ 7003
최구태 ······ 3415
최국새 ······ 21985
최국진 ······ 24843
최국철 ······ 20056
최국철 ······ 20332
최국철 ······ 20385
최국철 ······ 19434
최국철 ······ 19750
최군필 ······ 13316
최군호 ······ 11267
최규동 ······ 30657
최규봉 ······ 27003
최규봉 ······ 27008
최규철 ······ 29463
최규환 ······ 2283
최규환 ······ 3426
최균선 ······ 25845
최균선 ······ 20438
최균선 ······ 20541
최균선 ······ 20948
최균선 ······ 20969
최균선 ······ 22888
최균선 ······ 23356
최균선 ······ 24094
최균선 ······ 12852
최균선 ······ 12893
최균선 ······ 15039
최균선 ······ 15675
최균선 ······ 19836
최균선;김정룡 ······ 22679
최균필 ······ 17601
최근 ······ 5032
최근식 ······ 10304
최근식 ······ 10308
최근오;리룡득 ······ 23943
최금덕 ······ 6916
최금란 ······ 24562
최금란 ······ 19856
최금산 ······ 18901
최금산 ······ 24097
최금석 ······ 6062
최금석 ······ 6127
최금석 ······ 6128
최금석 ······ 32047
최금자 ······ 21109
최금자 ······ 8481
최금자 ······ 8661
최금철 ······ 21779
최금화 ······ 10604
최기석 ······ 9757
최기석 ······ 9770
최기선 ······ 17841
최기선 ······ 17946
최기선 ······ 18140
최기숙 ······ 2114

최기숙 …… 2247
최기숙 …… 2251
최기일 …… 13733
최기자 …… 9284
최기자 …… 9298
최기자 …… 10617
최기자 …… 15629
최기자 …… 17359
최기자 …… 17411
최기자;허련순 …… 17371
최기창 …… 7957
최기천 …… 10785
최기천 …… 10899
최기천 …… 11039
최기철 …… 31764
최길록 …… 8225
최길록 …… 8578
최길원 …… 10606
최길자 …… 22670
최남규 …… 31476
최남빈 …… 21553
최남빈 …… 21559
최남빈 …… 5005
최대섭 …… 9548
최대섭 …… 9578
최대섭 …… 10356
최덕은 …… 21205
최덕은 …… 4727
최덕은 …… 11028
최덕은 …… 11035
최덕은 …… 11048
최도석 …… 31492
최도순 …… 31619
최돌이 …… 17322
최동섭;리정엽 …… 10325
최동식 …… 22559
최동식 …… 7392
최동식 …… 9070
최동영 …… 13903
최동영 …… 14108
최동일 …… 25661
최동일 …… 25922
최동일 …… 14778
최동일 …… 18341
최동일 …… 19424
최동춘 …… 8969
최동춘 …… 31436
최동하 …… 31243
최동해 …… 23021
최동혁 …… 14205
최동혁 …… 14248
최두성 …… 25074
최두혁 …… 7363
최두혁 …… 8335
최란 …… 24313
최란 …… 10494
최란숙 …… 8663
최련단 …… 13452
최련숙 …… 8547
최련옥 …… 9248
최련학 …… 18549
최련향 …… 22852
최련향 …… 6855
최련향 …… 7249
최련향 …… 7344
최련향 …… 9056
최련향 …… 9059
최련향 …… 9282
최련향 …… 9338
최련향 …… 10693
최련향 …… 19689
최례동(崔祀東) …… 9157
최룡건 …… 20634
최룡관 …… 21364
최룡관 …… 22301
최룡관 …… 22775
최룡관 …… 22958
최룡관 …… 23310
최룡관 …… 24753
최룡관 …… 24883
최룡관 …… 24979
최룡관 …… 12967
최룡관 …… 14260
최룡관 …… 14309
최룡관 …… 14342
최룡관 …… 14392
최룡관 …… 14450
최룡관 …… 14466
최룡관 …… 14504
최룡관 …… 14703
최룡관 …… 14719
최룡관 …… 14772
최룡관 …… 15093
최룡관 …… 15341
최룡관 …… 15459
최룡관 …… 15502
최룡관 …… 15591
최룡관 …… 15720
최룡관 …… 15803
최룡관 …… 15908
최룡관 …… 15914
최룡관 …… 15934
최룡관 …… 15999
최룡관 …… 16253
최룡관 …… 16352
최룡관 …… 16373
최룡관 …… 16379
최룡관 …… 16390
최룡관 …… 16497
최룡관 …… 16794
최룡관 …… 16959
최룡관 …… 17204
최룡국 …… 23556
최룡국 …… 23721
최룡국 …… 25434
최룡국 …… 25437
최룡국 …… 15369
최룡국 …… 15975
최룡국 …… 15986
최룡국 …… 16288
최룡국 …… 16406
최룡국 …… 16425
최룡국 …… 16498
최룡국 …… 16543
최룡국 …… 16576
최룡국 …… 16642
최룡국 …… 16699
최룡국 …… 16760
최룡국 …… 16769
최룡국 …… 16856
최룡국 …… 16891
최룡국 …… 16906
최룡국 …… 16944
최룡국 …… 17016
최룡국 …… 17116
최룡국 …… 17168
최룡국 …… 17206
최룡길 …… 28990
최룡률 …… 10533
최룡률 …… 10782
최룡률 …… 10784
최룡만 …… 15374
최룡범 …… 15129
최룡삼 …… 17837
최룡삼 …… 18037
최룡선 …… 28743
최룡선 …… 28746
최룡선 …… 9818
최룡선 …… 9828
최룡선 …… 32424
최룡선 …… 32427
최룡수 …… 12966

최룡운 ················ 17493
최룡해 ················ 13615
최린학 ················ 11277
최림 ················ 21591
최만길 ················ 32776
최만복 ················ 10554
최만식 ················ 15332
최명광 ················ 22416
최명광 ················ 23523
최명석 ················ 12316
최명세 ················ 27523
최명세 ················ 21210
최명수 ················ 10727
최명수 ················ 32067
최명수 ················ 32322
최명숙 ················ 13265
최명숙 ················ 13895
최명숙;권중환 ········ 8224
최명식 ················ 8914
최명식 ················ 10562
최명식 ················ 10903
최명식 ················ 10941
최명식 ················ 10979
최명자 ················ 9249
최명철 ················ 29678
최명철 ················ 29760
최무삼 ················ 23031
최무삼 ················ 23218
최무삼 ················ 10770
최무익 ················ 20847
최무익 ················ 10045
최문 ················ 7516
최문 ················ 12191
최문섭 ················ 25657
최문섭 ················ 25779
최문섭 ················ 25916
최문섭 ················ 20906
최문섭 ················ 20937
최문섭 ················ 21183
최문섭 ················ 21500
최문섭 ················ 22237
최문섭 ················ 22848
최문섭 ················ 24695
최문섭 ················ 25046
최문섭 ················ 25097
최문섭 ················ 25113
최문섭 ················ 25227
최문섭 ················ 25526
최문섭 ················ 14290
최문섭 ················ 14292
최문섭 ················ 14650
최문섭 ················ 14855
최문섭 ················ 14953
최문섭 ················ 15023
최문섭 ················ 15183
최문섭 ················ 15359
최문섭 ················ 15434
최문섭 ················ 15451
최문섭 ················ 15660
최문섭 ················ 15979
최문섭 ················ 16258
최문섭 ················ 16532
최문섭 ················ 16688
최문섭 ················ 17137
최문섭 ················ 17202
최문섭 등 ··········· 14439
최문전 ················ 22707
최문혁 ················ 24491
최미란 ················ 16262
최미란 ················ 16698
최미란 ················ 16747
최미선 ················ 21439
최미선 ················ 964
최미옥 ················ 21742
최미옥 ················ 25188
최배욱;리종철 ······· 6265
최병길 ················ 31204
최병수 ················ 18014
최병조 ················ 6669
최병철 ················ 4636
최병철 ················ 9881
최병현 ················ 27843
최병현 ················ 9880
최병현 ················ 17516
최보산 ················ 6203
최복선 ················ 8792
최복선 ················ 8829
최복순 ················ 28691
최복순 ················ 32135
최복순 ················ 32152
최복순 ················ 32174
최복순 ················ 32245
최복순 ················ 19010
최복은 ················ 8363
최복자 ················ 10145
최봉 ················ 2970
최봉규 ················ 24057
최봉길 ················ 16148
최봉련;남수홍 ······· 6464
최봉룡 ················ 27556
최봉룡 ················ 27649
최봉룡 ················ 20586
최봉석 ················ 26837
최봉석 ················ 26947
최봉석 ················ 27116
최봉석 ················ 27118
최봉석 ················ 27119
최봉석 ················ 27134
최봉석 ················ 27138
최봉석 ················ 27143
최봉석 ················ 27153
최봉석 ················ 27158
최봉석 ················ 27188
최봉석 ················ 27240
최봉석 ················ 21198
최봉석 ················ 21321
최봉석 ················ 21379
최봉석 ················ 12392
최봉석 ················ 12428
최봉석 ················ 14283
최봉석 ················ 14402
최봉석 ················ 17373
최봉석 ················ 17392
최봉석 ················ 17401
최봉석 ················ 17429
최봉선 ················ 8655
최봉자 ················ 8826
최봉주 ················ 18213
최봉철 ················ 1726
최봉호 ················ 8490
최분자 ················ 24438
최빈 ················ 15830
최빈자 ················ 7841
최빈자 ················ 7977
최삼룡 ················ 23066
최삼룡 ················ 9982
최삼룡 ················ 11127
최삼룡 ················ 11158
최삼룡 ················ 11478
최삼룡 ················ 12124
최삼룡 ················ 12353
최삼룡 ················ 12364
최삼룡 ················ 12369
최삼룡 ················ 12376
최삼룡 ················ 12445
최삼룡 ················ 12543
최삼룡 ················ 12549
최삼룡 ················ 12565
최삼룡 ················ 12597
최삼룡 ················ 12650
최삼룡 ················ 12656
최삼룡 ················ 12717

최삼룡 …………… 12744
최삼룡 …………… 12749
최삼룡 …………… 12815
최삼룡 …………… 12841
최삼룡 …………… 12858
최삼룡 …………… 12912
최삼룡 …………… 12937
최삼룡 …………… 14300
최삼룡 …………… 14335
최삼룡 …………… 14389
최삼룡 …………… 14419
최삼룡 …………… 15222
최삼명 …………… 26855
최삼명 …………… 11130
최삼명 …………… 12582
최삼호 …………… 14069
최삼호 …………… 14075
최삼호 …………… 14116
최상국 …………… 8293
최상록 …………… 20684
최상범 …………… 28980
최상범 …………… 29007
최상보 …………… 2413
최상운 …………… 5515
최상철 …………… 25636
최상철 …………… 25786
최상철 …………… 20963
최상철 …………… 21009
최상철 …………… 23569
최상철 …………… 25167
최상철 …………… 25355
최상철 …………… 25416
최상철 …………… 6657
최상철 …………… 8182
최상철 …………… 9005
최상철 …………… 9176
최상철 …………… 9300
최상철 …………… 10981
최상철 …………… 11235
최상철 …………… 11389
최상철 …………… 11515
최상철 …………… 11596
최상철 …………… 11992
최상철 …………… 12051
최상철 …………… 12341
최상철 …………… 12409
최상철 …………… 12423
최상철 …………… 12477
최상철 …………… 12938
최상철 …………… 16580
최상철 …………… 17133
최상하 …………… 28934
최상해 …………… 8968
최상해 …………… 8970
최상해 …………… 9091
최상해 …………… 9184
최상해 …………… 9336
최상해 …………… 9374
최상해 …………… 9991
최상해 …………… 10425
최상해 …………… 10429
최상해 …………… 10752
최상해 …………… 10778
최상해 …………… 12695
최상해;김경호 …… 10009
최상화 …………… 25683
최서림 …………… 18268
최서해 …………… 19764
최서향 …………… 30071
최석동 …………… 30552
최석동 …………… 30567
최석동 …………… 24697
최석동 …………… 24714
최석동 …………… 32880
최석동 …………… 17417
최석린 …………… 374
최석린 등 ……… 14310
최석승 …………… 28395
최석승 …………… 28569
최석승 …………… 28599
최석승 …………… 23210
최석승 …………… 10539
최석승 …………… 11388
최석승 …………… 12233
崔錫昇 …………… 13012
최석현 …………… 13389
최선 …………… 29484
최선 …………… 29588
최선 …………… 29705
최선 …………… 29707
최선 …………… 28075
최선 …………… 31310
최선 …………… 16607
최선금 …………… 13666
최선애 …………… 24111
최선옥 …………… 30018
최선화 …………… 22964
최선화 …………… 23351
최설화 …………… 25688
최성국 …………… 27183
최성락;김상범 …… 14269
최성룡 …………… 13411
최성운 …………… 1652
최성자 …………… 21373
최성자 …………… 22825
최성자 …………… 22873
최성자 …………… 23352
최성자 …………… 12684
최성자 …………… 18112
최성자 …………… 19720
최성자 …………… 23879
최성철 …………… 27508
최성학 …………… 25428
최성학 …………… 18665
최성학 …………… 19141
최성호 …………… 28905
최성호 …………… 314
최성호 …………… 15415
최성화 …………… 20136
최성화 …………… 25459
최세옥 …………… 24155
최세준 …………… 31703
최소평 …………… 3773
최송길 …………… 30582
최송길 …………… 30611
최송길 …………… 30870
최송길 …………… 30894
최송길 …………… 30901
최송길;리충 …… 30285
최송덕 …………… 13901
최송월 …………… 19988
최송자 …………… 29941
최송춘 …………… 24019
최송학 …………… 1019
최송학 …………… 31996
최송학 …………… 32070
최송희 …………… 25783
최송희 …………… 16111
최수 …………… 10478
최수만 …………… 27246
최수만 …………… 10526
최수만 …………… 10663
최수복 …………… 9791
최수봉 …………… 27232
최수봉 …………… 28400
최수봉 …………… 28532
최수봉 …………… 20648
최수봉 …………… 20866
최수봉 …………… 17214
최수봉 …………… 17314
최수봉 …………… 17396
최수봉 …………… 17698

최수봉 ······ 17375
최수봉,박찬호 ······ 2392
최수산 ······ 27525
최수산 ······ 22731
최수산 ······ 412
최수산 ······ 857
최수산 ······ 6940
최수일 ······ 28646
최숙 ······ 20679
최숙 ······ 22422
최순 ······ 13067
최순선 ······ 9209
최순애 ······ 4697
최순옥 ······ 8011
최순옥 ······ 8039
최순옥 ······ 10269
최순자 ······ 23360
최순자 ······ 8067
최순자 ······ 10144
최순희 ······ 4449
최순희 ······ 8551
최순희 ······ 10900
최순희;권기순 ······ 7447
최순희;류영옥 ······ 9891
최승 ······ 7621
최승덕 ······ 26918
최승덕 ······ 27291
최승을 ······ 25119
최승환 ······ 30680
최승환 ······ 31214
최승환 ······ 31220
최승환 ······ 31227
최승환 ······ 31242
최승환 ······ 31246
최승환 ······ 31264
최승환 ······ 31306
최승환 등 ······ 31068
최승희 ······ 7995
최승희;함귀봉 ······ 27104
최시준 ······ 1511
최시준 ······ 1516
최시호 ······ 32103
최시호 ······ 32223
최신명 ······ 13593
최신명 ······ 13793
최아빈 ······ 21791
최안나 ······ 9011
최억금 ······ 25727
최연 ······ 22242
최연규 등 ······ 20750
최영 ······ 21736
최영 ······ 7016
최영 ······ 7377
최영 ······ 10453
최영 ······ 10473
최영 ······ 17100
최영 ······ 22216
최영 ······ 624
최영 ······ 10708
최영 등 ······ 4082
최영걸 ······ 4556
최영관 ······ 14583
최영관 ······ 14673
최영관 ······ 15504
최영관 ······ 16928
최영관 ······ 17035
최영남 ······ 9299
최영남 ······ 10908
최영란 ······ 25516
최영리 ······ 9580
최영복 ······ 13107
최영봉 ······ 30308
최영봉 ······ 30873
최영봉 ······ 30875
최영봉 ······ 32407
최영봉 ······ 30715
최영석 ······ 14203
최영선 ······ 13713
최영수 ······ 10544
최영수 ······ 32556
최영순 ······ 8316
최영순 ······ 16471
최영순;박혜자(崔英子；朴惠子) ······ 8308
최영애 ······ 23777
최영옥 ······ 23543
최영옥 ······ 23627
최영옥 ······ 8595
최영자 ······ 8214
최영자 ······ 8389
최영자 ······ 8521
최영자 ······ 8546
최영자 ······ 10406
최영자;전영수 ······ 8535
최영준 ······ 8614
최영진 ······ 31598
최영철 ······ 28462
최영철 ······ 19973
최영철 ······ 22593
최영철 ······ 18244
최영철 ······ 19339
최영철 ······ 19562
최영철 ······ 19804
최영철 ······ 28421
최영철 ······ 28426
최영철 ······ 28433
최영학 ······ 14241
최영한 ······ 30780
최영홍 ······ 16884
최영환 ······ 1566
최영환 ······ 1643
최영환 ······ 30814
최영훈 ······ 9492
최영훈 ······ 13693
최영희 ······ 10851
최옥 ······ 25666
최옥란 ······ 4385
최옥분 ······ 9792
최옥산 ······ 24810
최옥선 ······ 8041
최옥자 ······ 25547
최옥주 ······ 27108
최옥주 ······ 27112
최옥주 ······ 27132
최옥주 ······ 27136
최옥주 ······ 27190
최옥현 ······ 25809
최옥현 ······ 25537
최용 ······ 24850
최용길;손승활 ······ 32217
최용린 ······ 23463
최용린 ······ 23483
최용린 ······ 23651
최용문 ······ 9654
최용철 ······ 16432
최용철 ······ 16819
최우철 ······ 14372
최운학 ······ 13541
최웅 ······ 20941
최웅 ······ 25056
최웅 ······ 25297
최웅 ······ 15286
최웅권 ······ 11223
최웅범 ······ 30677
최웅범 ······ 31041
최원 ······ 19711
최원길 ······ 17427
최원련 ······ 24805
최원련 ······ 9270
최원련 ······ 12458
최원련 ······ 18840
최원련 ······ 19021

최원련 19428
최원식;리룡득 24474
최원종 32395
최원태;전성호 20952
최원호 962
최월선 3191
최윤갑 9312
최윤갑 10547
최윤갑 10560
최윤갑 10568
최윤갑 10574
최윤갑 10576
최윤갑 10585
최윤갑 10715
최윤갑 10729
최윤갑 10737
최윤갑 10846
최윤갑 10859
최윤갑 10918
崔允甲 12996
최윤옥;전신자 27559
최은록 9078
최은택 29876
최은택 29977
최응구 27753
최응구 23238
최응구 10969
최응구 10972
최응구 10973
최응구 10975
최응구 12377
최응구 12607
최응구;리용식 12362
최응구;최영자 12442
최이암 9263
최익 4855
최익 7606
최익용 9149
최인건;리수전(崔仁健;李守田) 9133
최인관;손창석 24441
최인동;최현순 32417
최인묵 7061
최인묵 7078
최인묵 7230
최인묵 9521
최인묵 9561
최인묵 9632
최인묵 9684
최인석 30129
최인석 30271
최인송 1005
최인수 2133
최인순;김향옥 8251
최인자 16719
최인철 24107
최인호 20444
최인호 26115
최인호;김훈 17400
최일 26909
최일 26910
최일 20636
최일석 20778
최일석 1656
최일석 2274
최일선 5077
최일순 29152
최일순 30686
최일순;리찬수 31572
최일연 7780
최일영 10612
최일천 11206
최일천 12801
최자 12071
최자 12606
최장림;장계영 17217
최장성 28548
최장우 754
최장원 31233
최장춘 21296
최장춘 22604
최장춘 23173
최장춘 15583
최장춘 15791
최장춘 15802
최장춘 17831
최장춘 17909
최장춘 17920
최장춘 18107
최장춘 18372
최장춘 18756
최장춘;김동훈 20835
최재률 8124
최재순 24836
최재우 22881
최재우 12446
최재우 12493
최재우 12511
최재하 17589
최점인 3867
최정록 20768
최정록 22544
최정록 17644
최정록 18437
최정삼 29717
최정송 13499
최정수 27034
최정수 17142
최정수 16722
최정수 16901
최정숙 7174
최정숙;윤태호 8002
최정연 27219
최정연 20660
최정연 11775
최정연 12112
최정연 12184
최정연 13081
최정연 14651
최정연 14729
최정연 15516
최정연 17215
최정연 17219
최정연 17256
최정연 17431
최정연 17526
최정연 17539
최정연 19699
최정옥 6995
최정옥 7412
최정옥 7446
최정옥 7500
최정자 22456
최정자 17426
최정학 22114
최정학 23600
최정호 9948
최정환 7490
최정희;리송수 9085
최제영 14275
최제영 14318
최제영 14408
최제영 14451
최제영 14471
최종필 942
최종해 12202
최종해 12204
최종해 13232
최종혁 1554
최주봉 21952
최주선 18587
최죽송 3113

최죽송 ········ 3458
최죽송 ········ 6442
최준 ········ 25927
최준 ········ 27671
최준 ········ 23982
최준 ········ 24002
최준 ········ 24288
최준 ········ 24324
최준 ········ 24385
최준 ········ 24401
최준 ········ 24429
최준 ········ 686
최준 ········ 2284
최준 ········ 7087
최준 ········ 13131
최준 ········ 32423
최준 ········ 4233
최준영 ········ 10657
최중룡 ········ 23804
최중묵 ········ 5303
최중철 ········ 18194
최중현 ········ 30425
최중현 ········ 30645
최중현 ········ 30648
최중현 ········ 31096
최중현;김주한 ········ 32666
최증숙 ········ 9928
최증현 등 ········ 17340
최지광 ········ 25756
최진국 ········ 31315
최진금 ········ 17364
최진수 ········ 9500
최진우 ········ 29851
최진우 ········ 29964
최진협 ········ 7395
최집길 ········ 23678
최집길 ········ 7110
최집길 ········ 7390
최집길 ········ 10458
최창래 ········ 30995
최창록 ········ 16563
최창록 ········ 16805
최창록 ········ 17082
최창룡 ········ 30524
최창룡 ········ 30542
최창룡 ········ 32023
최창륵 ········ 10498
최창범 ········ 10551
최창범 ········ 10744
최창범 ········ 10847
최창범 ········ 10977
최창범 ········ 11581
최창선 ········ 2929
최창수 ········ 30577
최창순 ········ 23093
최창영 ········ 9425
최창우 ········ 30626
최창원 ········ 30760
최창원 ········ 30857
최창원 ········ 31282
최창원 ········ 32544
최창원 ········ 32681
최창학 ········ 23158
최창호 ········ 13527
최창호 ········ 18680
최창흘 ········ 8512
최채 ········ 28235
최채 ········ 21650
최채 ········ 6296
최채 ········ 12115
崔采 ········ 11074
崔采 ········ 11912
최채금 ········ 13787
최채금 ········ 14045
최척 ········ 25900
최척;리준도 ········ 6165
최천 ········ 13584
최철관 ········ 31097
최철관 ········ 31140
최철관 ········ 31301
최철관 ········ 31316
최철룡 ········ 7286
최철룡 ········ 7316
최철룡 ········ 8035
최철룡 ········ 9235
최철산 ········ 15291
최철산 ········ 15840
최철수 ········ 8891
최철호 ········ 23507
최철호 ········ 24986
최청길 ········ 24750
최청길 ········ 24902
최청길 ········ 25246
최청길 ········ 25262
최청길 ········ 25383
최청길 ········ 25528
최청룡 ········ 11575
최청만 ········ 18626
최춘근 ········ 9738
최춘산 ········ 31432
최춘일 ········ 23552
최춘일 ········ 15353
최춘일 ········ 15444
최춘일 ········ 15509
최춘일 ········ 15981
최춘일 ········ 15990
최춘일 ········ 16027
최춘일 ········ 16030
최춘일 ········ 16066
최춘일 ········ 16189
최춘일 ········ 16363
최춘일 ········ 16548
최춘일 ········ 16666
최춘일 ········ 16868
최춘자 ········ 4544
최춘자 ········ 9121
최춘자 ········ 18589
최춘자 ········ 18866
최춘자;박장길 ········ 4155
최춘희 ········ 32907
최춘희(崔春姬) ········ 9159
崔忠 ········ 13033
최충섭 ········ 9944
최충은 ········ 11038
최치경 ········ 13570
최칠성 ········ 9100
최태렬 ········ 23406
최태순 ········ 24827
최태숭 ········ 30328
최태숭 ········ 30368
최태용 ········ 17728
최태욱 ········ 21251
최태응 ········ 20370
최태호 ········ 27380
최태호 ········ 966
최태호 ········ 7769
최태호 ········ 7869
최태호 ········ 9466
최태호 ········ 10467
최태호 ········ 12943
최하규 ········ 14067
최하규 ········ 14093
최하협 ········ 11951
최하협 ········ 17275
최하협 ········ 17684
최학 ········ 15786
최학 ········ 16451
최학윤 ········ 20633
최학철 ········ 18617
최학철 ········ 18938
최해란 ········ 20090
최해룡 ········ 3477

최해룡 …………… 14680
최해룡 …………… 15634
최해룡 …………… 16353
최해룡;김룡화 …… 17391
최해룡;최철수 …… 32736
최해월 …………… 20228
최해월 …………… 19666
최해월 …………… 19783
최향란 …………… 16237
최향란 …………… 16682
최향란 등 ………… 9150
최향숙 …………… 25332
최향순;송영철 …… 8554
최혁수 …………… 24847
최현 ……………… 21567
최현 ……………… 22678
최현 ……………… 22701
최현 ……………… 22784
최현 ……………… 23497
최현 ……………… 23504
최현 ……………… 13869
최현 ……………… 14239
최현 ……………… 15638
최현 ……………… 16318
최현 ……………… 16802
최현 ……………… 18872
최현 ……………… 23894
최현 등 ………… 20893
최현빈 …………… 30496
최현빈 …………… 30500
최현빈 …………… 32750
최현빈 …………… 32753
최현숙 …………… 20652
최현숙 …………… 20654
최현숙 …………… 20694
최현숙 …………… 20732
최현숙 …………… 22514
최현숙 …………… 22516
최현숙 …………… 22536
최현숙 …………… 22548
최현숙 …………… 22553
최현숙 …………… 22556
최현숙 …………… 22580
최현숙 …………… 22583
최현숙 …………… 22586
최현숙 …………… 22756
최현숙 …………… 24660
최현숙 …………… 13592
최현숙 …………… 17561
최현숙 …………… 17596
최현숙 …………… 17612
최현숙 …………… 17617
최현숙 …………… 17765
최현숙 …………… 18028
최현숙 …………… 18924
최현숙 …………… 19215
崔賢淑 …………… 20618
최현순 …………… 10625
최형기 …………… 3430
최형동 …………… 22525
최형동 …………… 22546
최형동 …………… 22798
최형동 …………… 24553
최형동 …………… 24556
최형동 …………… 24636
최형동 …………… 24638
최형동 …………… 24658
최형동 …………… 11338
최형동 …………… 11785
최형동 …………… 11803
최형동 …………… 11829
최형동 …………… 12234
최형동 …………… 17679
최형동 …………… 17713
崔亨東 …………… 12997
최형순 …………… 27426
최형순 …………… 26047
최혜원 …………… 30895
최호 ……………… 28079
최호 ……………… 22324
최호 ……………… 24885
최호 ……………… 5039
최호 ……………… 12229
최호동 …………… 11629
최호림 …………… 14376
최호성;박흥영 …… 32441
최호성;박흥영 …… 32443
최호성;박흥영 …… 32463
최호순 …………… 28771
최호웅 …………… 32421
최호응 …………… 32250
최호응 …………… 32432
최호진 …………… 14818
최호진 …………… 15180
최호진 …………… 15212
최호진 …………… 15232
최호철 …………… 19951
최호철 …………… 20568
최호철 …………… 24964
최호철 …………… 18237
최호철 …………… 18297
최호철 …………… 18361
최호철 …………… 18422
최호철 …………… 18455
최호철 …………… 18512
최호철 …………… 18597
최호철 …………… 18654
최호철 …………… 18693
최호철 …………… 19071
최호철 …………… 19236
최호철 …………… 19418
최호철 …………… 19648
최호철 …………… 19767
최홍광 …………… 24005
최홍광 …………… 14565
최홍매 …………… 25758
최홍매 …………… 20134
최홍매 …………… 25454
최홍묵 …………… 3937
최홍수 …………… 7821
최홍인 …………… 19058
최홍일 …………… 12382
최홍일 …………… 12500
최홍일 …………… 14343
최홍일 …………… 14456
최홍일 …………… 18498
최홍일 …………… 18927
최홍일 …………… 19486
최홍일 …………… 19792
최홍자 …………… 14859
최홍자 …………… 16252
최화길 …………… 15261
최화길 …………… 16034
최화길 …………… 16226
최화길 …………… 16408
최화길 …………… 16660
최화길 …………… 17073
최환 ……………… 1551
최회빈;우아경 …… 20583
최흔 ……………… 14653
최흔 ……………… 15700
최흥국 …………… 4179
최흥록 …………… 2272
최흥록 …………… 3102
최흥록 …………… 3104
최흥묵 …………… 2296
최희수 …………… 10792
최희수 …………… 10932
최희수 …………… 11169
최희숙;리규 ……… 10783
최희택 …………… 6592
추가군 …………… 19414

추가남 ······ 4706
추강 ······ 20806
추강 ······ 192
추강 ······ 375
추강 ······ 3143
추강 ······ 3197
추강 ······ 10229
추건화 ······ 8106
추국 ······ 22866
추국창 ······ 1428
추명 ······ 29648
추명 ······ 23568
추미화 ······ 1106
추상혜;주미륜 ······ 17943
추서;등룡 ······ 25101
추신실 ······ 5357
추실 ······ 27655
추애국 ······ 2057
추애국;주립헌 ······ 5029
추역홍 ······ 29685
추엽 ······ 21919
추엽 ······ 21944
추엽 ······ 22200
추엽 ······ 22288
추영경 ······ 2139
추영춘 ······ 20804
추영춘 ······ 8121
추인윤(鄒仁鋆) ······ 32356
추장해 ······ 6097
추적량;류화평 ······ 5366
추정지 ······ 19716
추지안 ······ 18994
추지안;김덕부 ······ 20127
추진 ······ 27765
추진 ······ 736
추초문 ······ 2055
추태화 ······ 29413
추현(鄒顯) ······ 32493
축강 ······ 28733
축방명 ······ 12306
축상 등 ······ 22386
축전충 ······ 3202
축지초 ······ 2136
축하 ······ 29153
춘굉 ······ 5459
춘도 ······ 4610
춘방 등 ······ 5594
춘산;일석 ······ 28590
춘연 ······ 18572
춘영 ······ 4963
춘우;여림 ······ 5443
춘죽 ······ 19494
춘천 ······ 22245
춘천 ······ 518
춘천 ······ 933
춘천 ······ 5190
춘천 ······ 10224
춘초 ······ 31229
춘추 ······ 9535
춘파 ······ 25610
춘향 ······ 23759
춘호;세굉 ······ 21910
춘화 ······ 19917
춘화(春和) ······ 29352
충계 ······ 4853
충복 등 ······ 32890
충빈; 대생 ······ 17313
충순 ······ 5121
충실문 ······ 27873
충의 등 ······ 4886
충화 ······ 5391
취려 ······ 322
취향란 ······ 16122
측지 ······ 4261
치중;정치 ······ 6313
칙국 등 ······ 21099
친룡 ······ 24241
칠성 ······ 10740
침용 ······ 19737
침침 ······ 19522

ㅌ

타유(馱猷) ······ 32717
탁정여(桌晶如) ······ 29358
탁흔 ······ 27961
탁흔 ······ 27966
탕걸 ······ 4240
탕고재 ······ 28156
탕문치;변적지(湯文治;卞寂之) ······ 32117
탕보화 ······ 10233
탕보화 등 ······ 21427
탕보화;리경파 ······ 5628
탕보화;리경파 ······ 5891
탕보화;장춘우 ······ 21073
탕보화;축평 ······ 5858
탕옥산 ······ 22345
태길 ······ 14240
태동 ······ 28154
태동 ······ 28254
태동철 ······ 31870
태동철 ······ 8606
태룡근 ······ 23917
태룡근 ······ 24208
태룡철 ······ 15065
태룡철 ······ 15671
태만균 ······ 2581
태병희;강신극 ······ 24355
태산 ······ 28784
태산 ······ 7353
태산 ······ 9079
태상록 ······ 14186
태상록 ······ 13583
태송죽 ······ 23394
태수 ······ 25140
태순자 ······ 8692
태승국 ······ 25180
태승춘 ······ 9706
태신옥 ······ 1655
태영길 ······ 4851
태우(太雨) ······ 30052
태일권 ······ 2452
태장춘 ······ 20803
태장춘 ······ 376
태창송 ······ 29365
태춘 ······ 3388
태춘 ······ 6339
태춘호 ······ 8609
태평무 ······ 7976
태평무 ······ 11026
태평양 ······ 11916
태현 ······ 4456
태형백 ······ 9204
태호 ······ 2373
태휘 ······ 18957
태휘 ······ 24991
태휘 ······ 12946
터지겠다 ······ 25335
토정중 ······ 9481
土香 ······ 27213
통군 ······ 12005
통도 ······ 27474
통도 ······ 28038
통도 ······ 19205
통도 ······ 21428
통문 ······ 2951
통암 ······ 3324

ㅍ

파금 ······ 23475
파도 ······ 13900
파도 ······ 13909

파파 …………………… 18853
판결자 ……………… 22298
판룡 …………………… 12296
팔염구 ……………… 19959
패방 …………………… 29699
패원 …………………… 22704
패현 …………………… 17187
팽국량;팽명화 …… 25726
팽기운 ……………… 19663
팽려 ……………………… 792
팽만명 ……………… 30259
팽명연 ……………… 4509
팽방 …………………… 1021
팽선 …………………… 1657
팽수군 ……………… 19578
팽숙분 ……………… 6903
팽운 …………………… 8259
팽위선 ……………… 32093
팽의 …………………… 25158
팽일만 ……………… 6953
팽형 …………………… 20100
팽형봉 ……………… 19194
팽홍운 ……………… 305
편금장 ……………… 4262
편도현 ……………… 15536
평무 …………………… 5597
평문 …………………… 20173
평부 …………………… 6770
포광만 ……………… 25422
포량옥 ……………… 22004
포량옥 ……………… 28861
포량옥 ……………… 29282
포량옥 ……………… 4692
포량옥 ……………… 5489
포량옥 등 ………… 5388
포량옥;위민 ……… 31805
포뢰 …………………… 21319
포문걸 ……………… 3586
포생림 ……………… 1045
포성 …………………… 23929
포성 …………………… 18823
포성령(청) ………… 15040
포송령 ……………… 23832
포송령 ……………… 14896
포송령 ……………… 18106
포송령 ……………… 18638
포송령(청) ………… 15106
포영란 ……………… 22191
포영주 ……………… 18721
포진하 ……………… 21020
포창 …………………… 12141
포창 …………………… 12161
포천근 ……………… 25465
포천만 ……………… 19243
포충민 ……………… 19300
퐁문 …………………… 19450
표갑록 ……………… 15511
풍건 …………………… 20856
풍결영;김덕부 …… 12818
풍계탕 등 ………… 17490
풍계휘 등 ………… 21209
풍광 …………………… 25613
풍극가(馮克嘉) …… 28928
풍극치(馮克熾) …… 32110
풍기 …………………… 5795
풍기재 ……………… 18798
풍기재 ……………… 19170
풍기재 ……………… 11499
풍기재 ……………… 11506
풍기재 ……………… 11514
풍기재 ……………… 11519
풍기재 ……………… 12097
풍기재 ……………… 12541
풍기재 ……………… 12554
풍기재;금화 ……… 18163
풍뢰 …………………… 9074
풍몽룡;정인갑 …… 18307
풍몽화 ……………… 8017
풍백화(馮伯華) …… 32374
풍복 …………………… 5135
풍복 …………………… 12052
풍복 등 …………… 5563
풍봉 …………………… 17507
풍설봉 ……………… 11075
풍소규 ……………… 32340
풍소규 ……………… 32342
풍손장 ……………… 28659
풍수림 ……………… 24938
풍엽 …………………… 5796
풍예재 ……………… 11562
풍운 …………………… 27630
풍육걸 ……………… 21351
풍육걸 ……………… 19003
풍육걸 ……………… 19059
풍의산 ……………… 5195
풍전덕 ……………… 18291
풍지성 ……………… 2750
풍지성 ……………… 6486
풍지성(馮志城) …… 1488
풍진표 ……………… 20730
풍택군 ……………… 5141
풍택군 ……………… 11066
풍택군 ……………… 32080
풍택군 ……………… 32082
풍파 …………………… 18208
풍파 …………………… 28238
풍하웅 ……………… 11262
풍한진 ……………… 11118
풍헌성 ……………… 5179
풍헌장(馮憲章) …… 31929
풍휘 …………………… 6772
피련생 ……………… 30801
피정균 ……………… 27362
필경고 등 ………… 5873
필국순 ……………… 28378
필국순 ……………… 2574
필금순 ……………… 7204
필동해 ……………… 6693
필문고 등 ………… 28582
필문고;곡운생 …… 836
필성운 ……………… 5664
필창진 ……………… 19853

ㅎ

하가괴 ……………… 11921
하건명 ……………… 21667
하경지 ……………… 12121
하경충 등 ………… 6205
하계;소유 ………… 25372
夏葵;李旭 ………… 13010
하관선 ……………… 31888
하군 …………………… 22389
하군등 ……………… 5651
하군영 ……………… 25343
하근찬 ……………… 26006
하근찬 작 ………… 20130
하나 …………………… 16797
하남;성관륜 ……… 25531
하대신 ……………… 22000
하돈화;주패곤 …… 24539
하동창 ……………… 7883
하동창 ……………… 7886
하동창 ……………… 7906
하동창 ……………… 7914
하량권 ……………… 31601
하려 …………………… 30043
하려명;서극 ……… 4357
하려명;서극 ……… 5419
하룡 …………………… 8264
하룡년 ……………… 28787
하르후;류패연 …… 3082
하립위 ……………… 20307

하명 3959
하명안 13549
하명안 13571
하명안 13798
하명안 13907
하명안 13968
하명안 13987
하명안 14130
하명안 17818
하명안 17944
하명안 20725
하명안 20757
하명안 22591
하명안 22609
하명한 등 13994
하문 4643
하문영 3671
하문의 29454
하발창 5012
하방 28290
하방신 6417
하병(賀兵) 32207
하보국 19047
하보창 21168
하봉뢰 20014
하봉서 1833
하북 1146
히봉 493
하삼 1878
하새주(賀賽珠) 29852
하설 4516
하성운 13853
하소연;허정훈 4542
하소화 30274
하수 3212
하수(夏修) 28145
하신희 4217
하언 2494
하역관 336
하연 22976
하연 23214
하영희 19575
하우빈 6236
하웅 4858
하원수 20005
하위 24554
하응휘 19431
하익군 32634
하익삼 4037
하자 25903
하자장 18844
하작문 1243
하작문 1688
하정 15149
하정 15393
하정 16191
하정생 1930
하조 5217
하조 5219
하조 23889
하조영 28272
하준강 2008
하준림 5761
하중손 20036
하증상 20765
하지수 32800
하지조 등 6200
하진곤 6518
하찬희 29875
하창 22035
하천 13771
하천 20239
하천경 10220
하천석 1552
하춘 22336
하춘일 22154
하태렬 18454
하태렬 18566
하태렬 18753
하태렬 18880
하태렬 18921
하태렬 19082
하태렬 19165
하태렬 22177
하태렬 22408
하트 360
하평 27723
하해영 251
하혜현 7338
하홍 28065
하화 19888
하효로 28211
하흠 22087
학경강 9705
학경당 7887
학경당;포역공 21758
학광익 4595
학군;증전 1371
학림 31066
학림 31254
학림 31385
학림 30548
학봉 19282
학봉 19316
학신생 18164
학위 19046
학의 등 3643
학증 50
학지국 4562
학지국 5010
학지국 19126
학지국 19977
학지국 21119
학지국 21226
학지국 21499
학지국;마준 21260
학철홍 23605
학춘 등 21034
한가구 8637
한건 28641
한검 24794
한검 24796
한겨레 912
한경석 14297
한경석 14644
한경석 14656
한경석 14756
한경석 14970
한경석 14978
한경석 15330
한경석 15653
한경석 15746
한경석 15798
한경석 17390
한경순 30746
한계형 91
한광석 17756
한광일 19604
한광일 20256
한광일 23515
한광천 12605
한광천 12805
한광천 12864
한광춘 11774
한광춘 12194
한국청 4209
한국청 4593
한국청 4685
한국청 11217
한국청 16084
한국청 23495
한극검(韓克儉) 32371

한근 ……… 20463
한금단 ……… 13871
한금옥 ……… 27498
한금옥 ……… 8034
한금옥 ……… 11142
한금옥 ……… 12379
한금옥 ……… 12535
한금자 ……… 8222
한기 ……… 17856
한기 ……… 18667
한기호 ……… 13867
한기호 ……… 13928
한기호 ……… 14161
한기호 ……… 14176
한덕봉 ……… 17947
한도 ……… 8059
한동국 ……… 27175
한동린 ……… 32090
한동린 ……… 9748
한동오 ……… 14542
한동오 ……… 14628
한동오 ……… 14765
한동오 ……… 14939
한동오 ……… 15079
한동철 ……… 23199
한동춘 ……… 18675
한동춘 ……… 18842
한동춘 ……… 18990
한동춘 ……… 19150
한동춘 ……… 19175
한동춘 ……… 19768
한동학 ……… 31623
한동학 ……… 31632
한동해 ……… 4518
한동해 ……… 14246
한동해 ……… 14312
한동해 ……… 14968
한동해 ……… 15708
한동해 ……… 17067
한동해 ……… 25015
한동해 ……… 25309
한동혁 ……… 9599
한동혁 ……… 9637
한동혁 ……… 9646
한동혁 등 ……… 9672
한득철 ……… 15127
한득철 ……… 16430
한득춘 ……… 11024
한략 ……… 2973
한량숙 ……… 9904
한량숙;김계순 ……… 9903
한련문 ……… 9232
한뢰 ……… 18607
한뢰 ……… 21176
한룡길 ……… 27191
한룡길 ……… 27209
한룡삼 ……… 7139
한룡삼 ……… 7859
한룡삼 ……… 9039
한룡삼 ……… 9093
한룡삼 ……… 9104
한룡서 ……… 29863
한룡손 ……… 1546
한룡욱 ……… 22464
한룡운 ……… 26042
한룡운 ……… 16822
한룡철 ……… 3766
한립 ……… 21765
한만성;심사동 ……… 5251
한매(寒梅);주수 ……… 22451
한명덕 ……… 18264
한명덕 ……… 18284
한명발 등 ……… 21133
한명숙 ……… 3735
한명옥 ……… 19675
한명웅 ……… 7330
한명자 ……… 14366
한명준 ……… 12545
한명천 ……… 20632
한명철 ……… 12174
한명학 ……… 18657
한몽 ……… 12639
한무 ……… 18500
한묵 ……… 22002
한문기 ……… 13281
한문기 ……… 13303
한문기 ……… 13308
한민 ……… 30915
한민 ……… 27528
한민 ……… 27531
한민 ……… 19597
한민 ……… 21984
한민 ……… 22627
한백금 ……… 22312
한백선;진수영 ……… 598
한백운 ……… 18537
한백촌 ……… 28019
한병국 ……… 14523
한병국 ……… 14715
한병국 ……… 15500
한병국 ……… 15558
한봉 ……… 24947
한봉선 ……… 24972
한북평 ……… 13904
한상길 ……… 30720
한상길 ……… 30724
한상길 ……… 30828
한상길 ……… 30861
한상길 ……… 31213
한상길 ……… 31278
한상길 ……… 31285
한상길 ……… 31287
한상길 ……… 31292
한상길;염금자 ……… 31319
한생 ……… 18952
한생 ……… 24561
한석남;박기준 ……… 24004
한석윤 ……… 17012
한석윤 ……… 24701
한석윤 ……… 24762
한석윤 ……… 24820
한석윤 ……… 25256
한석윤 ……… 25280
한설 ……… 28808
한설야 ……… 26130
한설호 ……… 18015
한성 ……… 5053
한성문 ……… 9689
한성문 ……… 19499
한성수 ……… 28797
한성수 ……… 3557
한성수 ……… 18827
한성애 ……… 24821
한성원 ……… 21317
한성일 ……… 4860
한세천 ……… 28966
한세호 ……… 27164
한세호 ……… 27182
한세호;조인혜 ……… 27192
한세호;조인혜 ……… 27127
한세호;조인혜 ……… 27204
한세호;조인혜 ……… 28438
한소공 ……… 18279
한소안 ……… 23391
한소정 ……… 19137
한솔 ……… 24755
한솔 ……… 25102
한수도;김동훈 ……… 3510
한수동 ……… 11387
한수동 ……… 11806
한수동 ……… 11814
한수동 ……… 11961

한수동 ······ 12107
한수동 ······ 12331
한수동 ······ 12532
한수동 ······ 17672
한수동 ······ 17691
한수동 ······ 20808
한수동 ······ 21002
한수동 ······ 22542
한수동 ······ 22551
한수동 ······ 22804
한수동 ······ 23843
한수동;리상각 ······ 17821
한수산 ······ 9469
한수산 ······ 9476
한수재(韓樹才) ······ 32404
한순 ······ 11666
한순녀 ······ 19563
한순원 ······ 28799
한순희 ······ 23513
한승 ······ 30411
한승악 ······ 32820
한승악 ······ 30670
한승악 ······ 24731
한승원 ······ 20531
한승황;왕소성 ······ 270
한시은 ······ 15623
한신 ······ 32872
한신 ······ 4244
한야 ······ 511
한언 ······ 3131
한여 ······ 20493
한연구 ······ 10302
한연설 ······ 1780
한영 ······ 261
한영 ······ 4549
한영걸 ······ 23945
한영군;장금손 ······ 21058
한영규 ······ 4639
한영남 ······ 16842
한영렬 ······ 6819
한영렬 ······ 6973
한영렬 ······ 7099
한영렬 ······ 7830
한영렬 ······ 7856
한영렬 ······ 7972
한영록 ······ 13307
한영숙 ······ 414
한영숙 ······ 4363
한영숙 ······ 19846
한영순 ······ 25172
한영자 ······ 17460
한영자 ······ 17478
한영자 ······ 17503
한영자 ······ 17544
한영주 ······ 20785
한영준 ······ 10959
한영준 ······ 11545
한옥복 ······ 3996
한욱 ······ 9075
한욱 ······ 10237
한욱;최봉 ······ 17223
한웅걸 ······ 13551
한원국 ······ 11136
한원국 ······ 12211
한원국 ······ 12219
한원국 ······ 12253
한원국 ······ 12343
한원국 ······ 12782
한원국 ······ 13683
한원국 ······ 13789
한원국 ······ 13861
한원국 ······ 13887
한원국 ······ 13971
한원국 ······ 13990
한원국 ······ 13999
한원국 ······ 14059
한원국 ······ 14080
한원국 ······ 14094
한원국 ······ 14104
한원국 ······ 14207
한원국 ······ 14221
한원국 ······ 14545
한원국 ······ 17351
한원국 ······ 17381
한원국 ······ 17389
한원국 ······ 17530
한원국 ······ 17543
한원국 ······ 17690
한원국 ······ 17710
한원국 ······ 18007
한원국 ······ 18076
한원국 ······ 18174
한원국 ······ 18298
한원국 ······ 18319
한원국 ······ 18431
한원국 ······ 18604
한원국 ······ 18758
한원국 ······ 19102
한원국 ······ 19218
한원국 ······ 19411
한원국 ······ 19535
한워국 ······ 19676
한원국 ······ 20243
한원국 ······ 20361
한원국 ······ 20599
한원국 ······ 20726
한원국 ······ 20766
한원국 ······ 20851
한원국 ······ 22744
한원철 ······ 28767
한원철 ······ 28770
한원철 ······ 28772
한원철 ······ 28774
한원철 ······ 28775
한원철 ······ 28931
한원철 ······ 28993
한원철 ······ 29563
한원철 ······ 30293
한원철 ······ 833
한원철 ······ 6920
한원필;차상주 ······ 8857
한원희 ······ 25986
한위 ······ 31851
한위 ······ 2598
한위지;경덕재 ······ 28103
한위지;경덕재 ······ 21598
한위지;경전곤 ······ 21884
한위지;고옥봉 ······ 5275
한위지;초백추 ······ 22195
한위지;탕보화 ······ 3551
한윤호 ······ 12429
한윤호 ······ 14834
한윤호 ······ 15076
한윤호 ······ 17680
한은수 ······ 13456
한응호 ······ 13435
한의 ······ 19680
한익환 ······ 17060
한익환 ······ 23770
한인숙;송영철 ······ 8564
한일 ······ 32470
한일 ······ 6909
한일 ······ 9223
한일남 ······ 25906
한일섭 ······ 30405
한일섭 ······ 30421
한일섭 ······ 30429
한일성 ······ 612
한일웅 ······ 22332
한일웅;하동 ······ 21377
한점 ······ 12611
한점 ······ 20269

한정길 ……………… 9354
한정길 ……………… 17975
한정길 ……………… 17998
한정길 ……………… 18000
한정길 ……………… 18121
한정길 ……………… 18192
한정길 ……………… 18240
한정길 ……………… 18368
한정길 ……………… 18519
한정길 ……………… 18612
한정길 ……………… 18642
한정길 ……………… 18839
한정길 ……………… 19537
한정길 ……………… 19937
한정길 ……………… 20158
한정길 ……………… 20415
한정길 ……………… 20588
한정길 ……………… 22294
한정길 ……………… 23333
한정길 ……………… 23771
한정길 ……………… 23783
한정남 ……………… 1418
한정남 ……………… 2503
한정남 ……………… 2937
한정남 ……………… 23192
한정남 ……………… 23314
한정숙 ……………… 32796
한정숙 ……………… 28384
한정숙 ……………… 28386
한정숙 ……………… 28573
한정숙 ……………… 28588
한정숙 ……………… 28604
한정영 ……………… 24456
한정옥 ……………… 8771
한정일 ……………… 21793
한정일 ……………… 22274
한정자 ……………… 7383
한정자 ……………… 10257
한정좌 ……………… 17582
한정춘 ……………… 24360
한정춘 ……………… 24521
한정춘 ……………… 25464
한정현 ……………… 22212
한정화 ……………… 19196
한정화 ……………… 19543
한정화 ……………… 19857
한정화 ……………… 20381
한정화 ……………… 20434
한정화 ……………… 21958
한정희 ……………… 9685
한정희 ……………… 25777
한종국 ……………… 17457
한종국 ……………… 18380
한종국 ……………… 20739
한종만 ……………… 7336
한종만 ……………… 7391
한종만 ……………… 7818
한종만 ……………… 8368
한종만 ……………… 8818
한종만 ……………… 9355
한종만 ……………… 10025
한종만 ……………… 10980
한종만; 하찬호 …… 9175
한주용 ……………… 28648
한주용 ……………… 9707
한주용;윤석걸 …… 28137
한준광 ……………… 11828
한중모 ……………… 11619
한중일 ……………… 31842
한중일 ……………… 29112
한지위;경덕재 …… 5671
한진 ……………… 25724
한진건 ……………… 27624
한진건 ……………… 28571
한진건 ……………… 10745
한진건 ……………… 10751
한진건 ……………… 21383
한진건 ……………… 28594
한진건 ……………… 28427
한진옥 ……………… 6810
한진옥 ……………… 6948
한진재 ……………… 4644
한창국 ……………… 16133
한창선 ……………… 15230
한창선 ……………… 15551
한창선 ……………… 15689
한창선 ……………… 15757
한창선 ……………… 15835
한창선 ……………… 15860
한창선 ……………… 15972
한창선 ……………… 16021
한창선 ……………… 16206
한창선 ……………… 16400
한창선 ……………… 16426
한창선 ……………… 16523
한창선 ……………… 16561
한창선 ……………… 16616
한창선 ……………… 16639
한창선 ……………… 16733
한창선 ……………… 16870
한창선 ……………… 16937
한창선 ……………… 17071
한창선 ……………… 19246
한창선 ……………… 19625
한창선 ……………… 21827
한창선 ……………… 23147
한창순 ……………… 20631
한창순 ……………… 20637
한창순 ……………… 20638
한창진 ……………… 21897
한창희 ……………… 28340
한창희 ……………… 656
한창희 ……………… 7650
한창희 ……………… 11180
한창희 ……………… 11278
한창희 ……………… 11530
한창희 ……………… 11534
한창희 ……………… 12131
한창희 ……………… 25980
한창희 ……………… 25990
한창희 ……………… 14681
한창희 ……………… 14862
한창희 ……………… 14883
한창희 ……………… 15189
한창희 ……………… 15308
한창희 ……………… 15425
한창희 ……………… 15479
한창희 ……………… 15856
한창희 ……………… 16155
한창희 ……………… 16197
한창희 ……………… 16301
한창희 ……………… 16376
한창희 ……………… 16604
한창희 ……………… 16638
한창희 ……………… 16708
한창희 ……………… 16863
한창희 ……………… 16921
한창희 ……………… 16961
한창희 ……………… 16990
한창희 ……………… 17037
한창희 ……………… 17055
한창희 ……………… 17107
한창희 ……………… 20673
한창희 ……………… 21029
한창희 ……………… 21165
한창희 ……………… 21303
한창희 ……………… 21305
한창희 ……………… 21370
한창희 ……………… 22194
한창희 ……………… 22283
한창희 ……………… 22335
한창희 ……………… 22371

한창희 ······ 22487
한창희 ······ 23026
한창희 ······ 23051
한창희 ······ 23071
한창희 ······ 23107
한창희 ······ 23126
한창희 ······ 23138
한창희 ······ 23159
한창희 ······ 23303
한창희 ······ 23336
한창희 ······ 23361
한창희 ······ 23461
한창희 ······ 23619
한천 ······ 18848
한천금 ······ 28789
한천금 ······ 21320
한천금 ······ 24635
한천금 ······ 28890
한철 ······ 32420
한철 ······ 29109
한철 ······ 18177
한청 ······ 4423
한초 ······ 25368
한춘 ······ 12469
한춘 ······ 12586
한춘 ······ 12884
힌춘 ······ 14502
한춘 ······ 14593
한춘 ······ 14675
한춘 ······ 14814
한춘 ······ 14898
한춘 ······ 14929
한춘 ······ 14960
한춘 ······ 15229
한춘 ······ 15246
한춘 ······ 15300
한춘 ······ 15354
한춘 ······ 15389
한춘 ······ 15478
한춘 ······ 15482
한춘 ······ 15592
한춘 ······ 15598
한춘 ······ 15707
한춘 ······ 15728
한춘 ······ 15808
한춘 ······ 15843
한춘 ······ 15897
한춘 ······ 16063
한춘 ······ 16119
한춘 ······ 16238
한춘 ······ 16255
한춘 ······ 16305
한춘 ······ 16349
한춘 ······ 16357
한춘 ······ 16396
한춘 ······ 16530
한춘 ······ 16599
한춘 ······ 16609
한춘 ······ 16640
한춘 ······ 16659
한춘 ······ 16849
한춘 ······ 16919
한춘 ······ 16966
한춘 ······ 23056
한춘 ······ 25058
한춘금 ······ 213
한춘섭 ······ 11598
한춘야 ······ 14142
한춘야 ······ 22675
한태악 ······ 27557
한태악 ······ 5859
한태악 ······ 5868
한태악 ······ 13090
한태악 ······ 22474
한태운 ······ 14261
한태운 ······ 14302
한태운 ······ 14388
한태운 ······ 20889
한태익 등 ······ 26869
한태현 ······ 30984
한태환 ······ 32151
한태환 ······ 9778
한통량 ······ 19193
한포 ······ 19633
한포 ······ 19847
한풍 ······ 190
한해 ······ 14121
한해 ······ 19878
한해동 ······ 20518
한호정 ······ 30747
한홍자 ······ 25797
한화 ······ 27984
한화 ······ 28292
한화 ······ 28293
한화 ······ 17021
한화 ······ 18479
한화 ······ 21083
한화 ······ 24011
한화;주귀운 ······ 5538
한화영;왕수경 ······ 6052
한후익 ······ 8644
한후철 ······ 30107
한휘광 ······ 25909
한휘광 ······ 25929
함귀봉 ······ 27106
함귀봉 ······ 27103
함덕인 ······ 31583
함덕인 ······ 31588
함덕인 ······ 31592
함덕인 ······ 31635
함덕인 ······ 31638
함덕인 ······ 13896
함룡덕 ······ 31561
함명순 ······ 18922
함성호 ······ 25292
함송죽 ······ 12872
함송죽 ······ 12953
함수운 ······ 29931
함수호 ······ 24804
함영태 ······ 9775
함유복 ······ 31529
함윤옥 ······ 14660
함윤옥 ······ 17096
함진호 ······ 13731
함진호 ······ 15492
함창도 ······ 23891
함형도 ······ 10484
함홍석 ······ 30972
함홍석 ······ 31195
함홍석 ······ 30364
함희철 ······ 9029
함희철 ······ 10857
항금홍 ······ 19882
항수발;동홍창 ······ 4830
항영 ······ 18394
항응 ······ 18832
항응 ······ 18900
항인 ······ 29508
항지충 ······ 10069
해래 ······ 1843
해무;안경 ······ 20886
해문 ······ 2203
해산;해애 ······ 25897
해생 ······ 8125
해생 ······ 19191
해선 ······ 4298
해성 ······ 4230
해성 ······ 4245
해송선 ······ 32742
해순 ······ 23530
해애;해산 ······ 25884
해여 등 ······ 3674

해연 …………………… 5504
해연 …………………… 22959
해연 등 ……………… 843
해연 등 ……………… 844
해연 등 ……………… 3552
해연 등 ……………… 3763
해연 등 ……………… 21079
해연 등 ……………… 21841
해연;추명탁 ………… 6166
해옥봉 ……………… 6484
해옥봉 ……………… 6594
해옥수 ……………… 32467
해요 ………………… 4436
해월 ………………… 13276
해유한 ……………… 21755
해일 ………………… 106
해자 ………………… 20012
해조 ………………… 3938
해조 ………………… 4044
해조 ………………… 20692
해천래 ……………… 3992
해철 ………………… 21406
행리 ………………… 19359
행복이 ……………… 20639
행지 ………………… 19995
향개명 ……………… 27154
향규;수복 …………… 3484
향기 ………………… 27722
향삼 등 ……………… 3788
향아 ………………… 800
향아 ;김태원 ……… 810
향전서 ……………… 10098
향집 ………………… 32665
향천 ………………… 12031
향천 ………………… 23023
향천 ………………… 24293
향천 ………………… 24326
향천 ………………… 24203
鄕泉 ………………… 11246
향춘 ………………… 21698
허;김 ………………… 30614
허가강 ……………… 31576
허강일 ……………… 17525
허견;리창우 ……… 19576
허경 ………………… 30699
허경남 ……………… 25599
허경룡 ……………… 10603
허경룡 ……………… 12104
허경룡 ……………… 21025
허경룡 ……………… 21095
허경룡 ……………… 21300
허경룡 ……………… 22094
허경룡 ……………… 22767
허경룡 ……………… 23623
허경상 ……………… 3163
허경상 ……………… 3521
허경수 ……………… 16299
허경애 ……………… 9440
허경태 ……………… 14820
허경헌 ……………… 21787
허경화 ……………… 21960
허광연 ……………… 9879
허광일 ……………… 27604
허광일 ……………… 28415
허광일 ……………… 28417
허광일 ……………… 11481
허광일 ……………… 21098
허광일 ……………… 23145
허광일 ……………… 24032
허광일 ……………… 24010
허광평 ……………… 10950
허교의 ……………… 27839
허국광 ……………… 27717
허규석 ……………… 28688
허규석 ……………… 29406
허근 ………………… 27809
허근 ………………… 16029
허근 ………………… 16431
허근 ………………… 16622
허근 ………………… 16713
허근 ………………… 17138
허금석 ……………… 13723
허기;김문 ………… 24905
허길 ………………… 9125
허길자 ……………… 8372
허길자 ……………… 8376
허길자 ……………… 10095
허길춘 ……………… 17882
허길춘 ……………… 17893
허길춘 ……………… 17900
허길춘 ……………… 17911
허길춘 ……………… 17926
허길춘 ……………… 18299
허내시 ……………… 25923
허대진 ……………… 27413
허대진 ……………… 27968
허대진 ……………… 27969
허대진 ……………… 27970
허대진 ……………… 27971
허대진 ……………… 27973
허대진 ……………… 6805
허대진 ……………… 7732
허대진 ……………… 11811
허대진 ……………… 14152
허대진 ……………… 14157
허대진 ……………… 14178
허대진 ……………… 14506
허대진 ……………… 22688
허덕곤 ……………… 18124
허덕명;왕종예 ……… 9763
허덕행;박태수 …… 10610
허도원 ……………… 30560
허도원;장윤동 …… 31135
허동식 ……………… 15692
허동식 ……………… 16840
허동운;전복록 …… 17350
허동익 ……………… 17783
허동진 ……………… 9177
허동진 ……………… 9985
허동진 ……………… 10446
허동진 ……………… 10455
허동진 ……………… 10582
허동진 ……………… 10735
허동진 ……………… 10838
허동진 ……………… 10904
허동진 ……………… 10925
허동진 ……………… 10939
허동진 ……………… 10966
허동철 ……………… 11243
허동춘 ……………… 13609
허동혁 ……………… 15538
허동활 ……………… 27225
허동활 ……………… 27227
허동활 ……………… 27238
허동활 ……………… 27251
허동활 ……………… 27258
허동활 ……………… 27259
허동활 ……………… 27264
허동활 ……………… 27274
허동활 ……………… 27280
허두남 ……………… 17521
허두남 ……………… 25623
허두남 ……………… 25762
허두남 ……………… 25846
허두남 ……………… 24934
허두남 ……………… 25272
허락송 ……………… 6279
허량중 ……………… 30095
허련숙 ……………… 19460
허련순 ……………… 12657
허련순 ……………… 16573
허련순 ……………… 17454

허련순 ······ 17465
허련순 ······ 17489
허련순 ······ 19335
허련순 ······ 19859
허련순 ······ 20188
허련순 ······ 20301
허련순 ······ 20379
허련순 ······ 20408
허련순 ······ 20489
허련순 ······ 20490
허련순 ······ 20558
허련순 ······ 23438
허룡구 ······ 27473
허룡구 ······ 11230
허룡구 ······ 12366
허룡구 ······ 12449
허룡구 ······ 12907
허룡구 ······ 12964
허룡구 ······ 13740
허룡구 ······ 16710
허룡구 ······ 16847
허룡구 ······ 16878
허룡구 ······ 16885
허룡구 ······ 23548
허룡구 ······ 23604
허룡남 ······ 8807
허룡빈;리동근 ······ 13917
허룡석 ······ 4686
허룡석 ······ 18169
허룡석 ······ 18334
허룡석 ······ 19051
허룡석 ······ 19127
허룡석 ······ 21391
허룡원 ······ 32368
허룡철 ······ 13955
허립언 ······ 29445
허립언 ······ 29448
허만석 ······ 14837
허만석 ······ 18365
허만석 ······ 18425
허만석 ······ 19128
허만석 ······ 22443
허명록 ······ 30053
허명해 ······ 25483
허무궁 ······ 23665
허무궁 ······ 23695
허문 ······ 4913
허문 ······ 4917
허문섭 ······ 12368
허문섭 ······ 12371
허문섭 ······ 25968
허미화 ······ 19208
허미화 ······ 23042
허범 ······ 14807
허범 ······ 14957
허범 ······ 15010
허범 ······ 15263
허범 ······ 16265
허범 ······ 25632
허범 ······ 24752
허범 ······ 24875
허범 ······ 24915
허범 ······ 24963
허범 ······ 25192
허범 ······ 25421
허병묵 ······ 9790
허복순 ······ 8055
허봉 ······ 18713
허봉 ······ 19348
허봉 ······ 19358
허봉남 ······ 14407
허봉남 ······ 14475
허봉남 ······ 14489
허봉남 ······ 14512
허봉남 ······ 14528
허봉남 ······ 14587
허봉남 ······ 14697
허봉남 ······ 14777
허봉남 ······ 14962
허봉남 ······ 15025
허봉남 ······ 15060
허봉남 ······ 15195
허봉남 ······ 15271
허봉남 ······ 15306
허봉남 ······ 15385
허봉남 ······ 15658
허봉남 ······ 15699
허봉남 ······ 16006
허봉남 ······ 16073
허봉남 ······ 16565
허봉남 ······ 17872
허봉남 ······ 19012
허봉남 ······ 19056
허봉남 ······ 19377
허봉남 ······ 19452
허봉남 ······ 25630
허봉남 ······ 20000
허봉남 ······ 20164
허봉남 ······ 20597
허봉남 ······ 21376
허봉남 ······ 21920
허봉남 ······ 21959
허봉남 ······ 23375
허봉남 ······ 24764
허봉남 ······ 24927
허봉남 ······ 24966
허봉남 ······ 25069
허봉남 ······ 25160
허봉남 ······ 25359
허봉남 ······ 25511
허봉선 ······ 27197
허봉순(許鳳順) ······ 9153
허봉철 ······ 7455
허봉철 ······ 9295
허봉철 ······ 9372
허봉철 ······ 14385
허봉철 ······ 18662
허봉철 ······ 18999
허봉평 ······ 28899
허봉화;길운 ······ 23840
허봉환 ······ 30632
허분숙 ······ 6287
허분적 ······ 10889
허분적 ······ 11021
허상룡 ······ 7774
허상림 ······ 32075
허상림 ······ 32788
허상림 ······ 29058
허상림 ······ 6702
허석진 ······ 9602
허설 ······ 16093
허설 ······ 16208
허설 ······ 16676
허설 ······ 16681
허설 ······ 17095
허설매 ······ 22935
허성 ······ 13742
허성 ······ 13949
허성 ······ 22698
허성운 ······ 15422
허성철 ······ 8964
허세걸 ······ 18630
허세걸 ······ 19171
허세록;채택룡 ······ 12192
허세종 ······ 3786
허숙 ······ 23579
허숙송 ······ 29702
허순옥 ······ 8393
허순옥 ······ 8424
허순옥 ······ 14874
허순옥 ······ 15174
허순옥 ······ 16603

허순옥 ……………… 17421
허순옥 ……………… 21399
허순임 ……………… 20681
허순자 ……………… 8210
허순자 ……………… 8877
허순자 ……………… 8893
허순희 ……………… 1225
허승률 ……………… 7283
허승문(許胜文) …… 32867
허승문(許胜文) …… 29966
허승호 ……………… 11205
허승호 ……………… 12108
허승호 ……………… 12156
허승호 ……………… 12490
허승호 ……………… 12492
허승호 ……………… 12498
허승호 ……………… 12556
허승호 ……………… 12630
허승호 ……………… 12730
허승호 ……………… 12795
허승호 ……………… 12836
허승호 ……………… 16894
허승호 ……………… 23481
허승호 ……………… 23546
허신 ……………… 4803
허신 ……………… 16634
허신자 ……………… 8381
허신자 ……………… 8443
허신자 ……………… 11610
허안 ……………… 13655
허암 ……………… 17054
허암 ……………… 17108
허애국;류중평 ……… 5546
허연희 ……………… 15919
허영;홍성도 ……… 13515
허영덕 ……………… 13692
허영룡 ……………… 13762
허영룡 ……………… 13836
허영룡 ……………… 13865
허영산 ……………… 18715
허영산;한태익 …… 22438
허영순 ……………… 18664
허영순 ……………… 18966
허영순 ……………… 20339
허영순 ……………… 22317
허영순 ……………… 22351
허영순 ……………… 22367
허영순 ……………… 23624
허영자 ……………… 20227
허영찬 ……………… 7333
허영창 ……………… 31983
허영춘 ……………… 13474
허영춘 ……………… 13505
허영춘 ……………… 13533
허영헌 ……………… 28873
허영환 ……………… 31961
허영환 ……………… 32812
허영희;박응조 …… 17255
허옥 ……………… 23443
허옥 ……………… 23583
허옥선 ……………… 30784
허운삼 ……………… 16502
허원 ……………… 17708
허원묵 ……………… 9745
허원식 ……………… 27831
허원택 ……………… 19395
허유만 ……………… 30612
허유만 ……………… 30622
허윤도 ……………… 2380
허응한 ……………… 29603
허응한 ……………… 8615
허응한 ……………… 9475
허응한 ……………… 9477
허의 ……………… 30045
허의순 ……………… 9712
허인숙 ……………… 8495
허인혁 ……………… 6631
허일선 ……………… 31884
허일선 ……………… 28667
허일선 ……………… 28669
허일선 ……………… 28782
허일선 ……………… 8965
허장군 ……………… 19356
허장군 ……………… 20215
허장록 ……………… 30905
허재익 ……………… 29952
허재혁 ……………… 7544
허재혁 ……………… 8247
허전근(許全根) …… 32114
허전수 ……………… 6365
허정근 ……………… 21012
허정근 ……………… 21030
허정숙 ……………… 18661
허정숙 ……………… 18913
허정숙 ……………… 20899
허정윤 ……………… 20801
허정윤 ……………… 22665
허정윤;종윤 ……… 20859
허정향 ……………… 13933
허정화 ……………… 21983
허정희 ……………… 24560
허정희 ……………… 24571
허조형 ……………… 22361
허종교 ……………… 31367
허종소 ……………… 30736
허종소(許宗劭) …… 31351
허종소(許宗劭) …… 31358
허종수 ……………… 32738
허종수;김홍준 …… 28729
허종호 ……………… 24870
허주원 ……………… 24540
허죽송 ……………… 31157
허죽송 ……………… 29431
허죽송 ……………… 29694
허죽송 ……………… 29761
허죽송 ……………… 29894
허죽송 ……………… 30037
허죽송 ……………… 30270
허죽송 ……………… 30272
허죽송 ……………… 30278
허중명 ……………… 32282
허중섭 ……………… 5576
허중전 ……………… 302
허지용 ……………… 25509
허진 ……………… 7646
허진 ……………… 7812
허진 ……………… 17581
허진환 ……………… 32741
허창률 ……………… 30788
허창률 ……………… 31262
허창률 ……………… 31279
허창률 ……………… 31281
허창률 ……………… 31284
허창률 ……………… 31397
허창률 ……………… 13568
허창복 ……………… 18447
허창식 ……………… 8966
허창식 ……………… 8986
허창식 ……………… 9600
허창식 ……………… 9616
허창식 ……………… 18862
허창식 ……………… 19780
허창식 ……………… 19789
허창식 ……………… 20105
허창식 ……………… 24189
허창원 ……………… 31159
허창윤 ……………… 2289
허창환 ……………… 26931
허창환 ……………… 26941
허창환 ……………… 26949
허창환 ……………… 27004
허창환 ……………… 8033

허창환 8996
허창환 12746
허채련 13478
허철룡 1481
허철안 9923
허철안 9949
허철안 등 29389
허철안;허광년 29394
허청선 6812
허청선 6813
허청선 7062
허청선 9083
허청일 9924
허청일 9931
허청호 32184
허청호 32186
허청호 19189
허청화 25671
허청화 25362
허춘 3534
허춘자 13877
허춘학 9932
허춘희 19400
허충권 9776
허충남 14345
허충남 15460
허충남 15473
허충남 25639
허충남 25825
허충남 25271
허태렬 31545
허태렬 10504
허태렬 30896
허태익 8704
허태일 27589
허태일 27608
허태일 28202
허태일 28568
허태일 10662
허태일 10717
허태일 16399
허태일 23073
허태일 24099
허하룡 7147
허하룡 7163
허하룡 7326
허하룡 8448
허하룡 9178
허하룡 10289
허하룡 17961
허하룡 20960
허하진 32319
허하하 25052
허해룡 26016
허해룡 17803
허해룡 18023
허해룡 18144
허해룡 18331
허해룡 18393
허행 14694
허행 18635
허향비 25614
허현룡 6102
허혜숙 7439
허혜숙 8177
허혜숙 8647
허호 29772
허호 30197
허호 30198
허호 30199
허호 30201
허호 30202
허호 30204
허호 30205
허호 30206
허호 30207
허호 30208
허호 30210
허호 30211
허호 30212
허호 30213
허호 30214
허호 30215
허호 30216
허호 24075
허호범 30872
허호일 11363
허호일 11370
허호일 11776
허호일 11781
허호일 13259
허호진 13500
허호진 13517
허호진 13530
허홍섭 9570
허홍식 15020
허홍식 15193
허홍식 15293
허홍안 5905
허홍안 등 4102
허홍안 등 6266
허환룡 21564
허효겸 5686
허휘훈 11109
허휘훈 11156
허휘훈 12460
허홍석 13599
허홍선 14324
허홍섭 9558
허홍성 14251
허홍식 14132
허홍식 14367
허홍식 14404
허홍식 14470
허홍식 14491
허홍식 14744
허홍식 14878
허홍식 14909
허홍식 15096
허홍식 15314
허홍식 15334
허홍식 15438
허홍식 15467
허홍식 15659
허홍식 15664
허홍식 15695
허홍식 15698
허홍식 15701
허홍식 15880
허홍식 16145
허홍식 16239
허홍식 16316
허홍식 16501
허홍식 16550
허홍식 16650
허홍식 16654
허홍식 16798
허홍식 16874
허홍식 16900
허홍식 16987
허홍식 16996
허홍식 17033
허홍식 17058
허홍식 17068
허홍식 17113
허홍식 17182
허홍식 17191
허홍식 17833
허홍식 17877
허홍식 17904
혁광유 등 3626
혁국영 등 1700

혁승희 ……………… 1960
현강 …………………… 4918
현경희 ……………… 3422
현규동 …………… 17196
현규동 …………… 12365
현규동 …………… 14503
현규동 …………… 14652
현규동 …………… 14931
현규동 …………… 14952
현규동 …………… 15285
현규동 …………… 15622
현규동 …………… 15729
현규동 …………… 15837
현규동 …………… 15909
현규동 …………… 15926
현규동 …………… 15995
현규동 …………… 16281
현규동 …………… 16476
현규동 …………… 16679
현규동 …………… 16761
현규동 …………… 16830
현규동 …………… 16887
현규동 …………… 17118
현규동 …………… 17162
현규동 …………… 24969
현규봉 …………… 17064
현규삼 ……………… 8972
현근 ……………… 10738
현근 ……………… 10741
현근 ……………… 12221
현금석 …………… 10756
현금옥 ……………… 7169
현금옥 ……………… 7349
현금옥 ……………… 9019
현남극 …………… 11833
현남극 …………… 12291
현남극 …………… 13140
현남극 …………… 13161
현남극 …………… 13171
현남극 …………… 13229
현남극 …………… 13246
현남극 …………… 13284
현남극 …………… 14023
현덕권 …………… 29870
현덕권 …………… 29882
현덕권 …………… 29888
현덕권 …………… 29893
현덕권 …………… 29896
현도순 ……………… 3417
현동언 ………………… 654
현동언 …………… 11141
현동언 …………… 11160
현동언 …………… 11170
현동언 …………… 11407
현동언 …………… 11417
현동언 …………… 11420
현동언 …………… 11466
현동언 …………… 12412
현동언 …………… 12468
현동언 …………… 12485
현동언 …………… 12503
현동언 …………… 12514
현동언 …………… 12538
현동언 …………… 12553
현동언 …………… 12578
현동언 …………… 12648
현동언 …………… 12692
현동언 …………… 12694
현동언 …………… 12850
현동언 …………… 12896
현룡 ……………… 20669
현룡 ……………… 22479
현룡수 …………… 32501
현룡순 …………… 11101
현룡순 …………… 11105
현룡순 …………… 11114
현룡순 …………… 11298
현룡순 …………… 12323
현룡순 …………… 12378
현룡순 …………… 12533
현룡순 …………… 12963
현룡순 …………… 17655
현룡순 …………… 17657
현룡순 …………… 17782
현룡순 …………… 18053
현룡순 …………… 18273
현룡순 …………… 19801
현룡순 …………… 20009
현룡순 …………… 20699
현명식 …………… 24566
현명운 ………… 24475
현봉석 ……………… 8977
현봉석 ……………… 9825
현봉석 ……………… 9859
현봉철 …………… 28933
현상묵 …………… 30559
현성범 …………… 10333
현세봉 ……………… 6297
현순복 …………… 24209
현순희 ……………… 1850
현승걸 …………… 23169
현연희 …………… 25721
현영 ……………… 25739
현옥희 …………… 15340
현옥희 …………… 15562
현옥희 …………… 15584
현옥희 …………… 15702
현옥희 …………… 15823
현옥희 …………… 16069
현옥희 …………… 16172
현옥희 …………… 23131
현완애 …………… 12393
현완왜 …………… 12451
현완왜 …………… 14856
현을봉 …………… 31165
현일 ……………… 32088
현일선 ………………… 184
현일선 ……………… 6256
현일선 ……………… 6364
현정옥 …………… 18896
현종오 …………… 28656
현준걸 ……………… 5412
현진건 …………… 19526
현진순 …………… 31567
현철호 ……………… 7601
현춘산 …………… 12388
현춘산 …………… 18286
현춘옥 …………… 22928
현태길 ………………… 227
현태석 ……………… 7351
현태석 ……………… 9230
현태석 ……………… 9286
현태석 …………… 16319
현택선 ……………… 8273
현학산 ……………… 3431
현학산;지원평 ……… 154
嶮嶺 ……………… 11335
형가 ……………… 19297
형공풍 등 ………… 3653
형립재 ……………… 7648
형만신 ……………… 5331
형만신 …………… 21804
형발명 ……………… 3263
형서량 …………… 19837
형서성 등 ………… 5941
邢石操 …………… 20624
형수령 ……………… 4890
형수령 ……………… 4942
형암 ……………… 14325
형윤청;김오륜 …… 27780
형증립 ………………… 399

형호손 ········ 28346
혜상해 ········ 20432
혜영중 ········ 7478
혜혜 ········ 10110
호가희 ········ 27307
호가희 ········ 29738
호가희 ········ 29403
호개죽 ········ 13438
호경 ········ 21824
호경경 ········ 5058
호경문 ········ 17310
호계림 ········ 11896
호광 ········ 19139
호광향 ········ 25066
호군 ········ 1057
호단 ········ 29108
호담 ········ 26879
호대덕 ········ 21167
호만춘 ········ 17643
호망년;주대덕 ········ 531
호묵인 ········ 25601
호민;류정정 ········ 4138
호발운 ········ 524
호발운 ········ 534
호발운 ········ 4374
호발운 ········ 4395
호부림;오경원 ········ 3621
호붕광 ········ 1283
호사승 ········ 28180
호사승 ········ 4210
호사승 ········ 21173
호상;조류부 ········ 25670
호세종 ········ 22763
호소 ········ 14753
호소 ········ 14886
호소 ········ 15376
호소 ········ 15946
호소 ········ 16110
호소 ········ 16793
胡昭 ········ 13210
胡昭;임효원 ········ 13163
호수화 ········ 24933
호승지 ········ 17354
호시진 ········ 21994
호애민 ········ 5274
호애민 ········ 5477
호연 ········ 17839
호연;고하 ········ 19264
호연청 ········ 18779
호옥경 ········ 10255
호옥침 ········ 1379
호요방 ········ 1178
호요방 ········ 1182
호요방 ········ 1183
호요방 ········ 1186
호요방 ········ 1191
호요방 ········ 1193
호요방 ········ 2064
호요방 ········ 2544
호요방 ········ 12042
호욕환(胡浴桓) ········ 715
호운 ········ 19718
호월위 ········ 27401
호유봉 ········ 3742
호유봉 ········ 5328
호윤덕 ········ 13542
호윤병 ········ 13399
호일 ········ 22122
호자승 ········ 20004
호장산 등 ········ 307
호정은 ········ 1935
호준인 ········ 13946
호중영 ········ 311
호지민 ········ 20888
호지위 ········ 31311
호지위 ········ 32635
호지위 ········ 29197
호진;상준 ········ 20825
호창조 ········ 31394
호창조 ········ 31396
호충혜 ········ 3725
호태화 ········ 2077
호파 ········ 22106
호학문 ········ 13433
호학문 ········ 13523
호학문 ········ 13535
호헌무 ········ 3769
호헌무 ········ 5314
호헌무 ········ 21039
호헌무 ········ 21135
호헌무;리춘복 ········ 21036
호헌무;장축상 ········ 5865
호헌무;정유의 ········ 3781
호호(浩皓) ········ 23838
호효림 ········ 18042
호효회 ········ 4135
호훈벽;왕위거 ········ 21826
호흠선 ········ 6340
혹성;문상 ········ 21795
홍가훈 ········ 9516
홍가훈 ········ 9560
홍가훈 ········ 9677
홍갑선 ········ 9603
홍갑순;김창대 ········ 23962
홍경업 ········ 25574
홍광주 ········ 32513
홍광표 ········ 25644
홍기삼 ········ 23551
홍능일 ········ 3408
홍덕만 ········ 8767
홍덕인 ········ 31741
홍도 등 ········ 21123
홍동식 ········ 13426
홍동식 ········ 13447
홍동표 ········ 4561
홍동표 ········ 17759
홍란파 ········ 26967
홍란희 ········ 25144
홍량호 ········ 15371
홍룡 ········ 2807
홍림 ········ 24578
홍림 ········ 24580
홍림;독신 ········ 10230
홍만호 ········ 12765
홍만호 ········ 18050
홍만호 ········ 19656
홍만호 ········ 22009
홍만호 ········ 22023
홍만호 ········ 22412
홍망 ········ 28434
홍명자 ········ 31087
홍문 ········ 20218
홍미련 ········ 10054
홍보익 ········ 29766
홍복자 ········ 7432
홍복자 ········ 8752
홍봉 ········ 20151
홍봉녀 ········ 13496
홍봉운 ········ 24197
홍봉운 ········ 24321
홍산 ········ 22387
홍산;설립 ········ 17847
홍생 ········ 27353
홍선옥 ········ 9071
홍선옥 ········ 9347
홍선옥 ········ 9376
홍설매 ········ 24178
홍성건 ········ 21882
홍성금 ········ 25499
홍성도 ········ 27220
홍성도 ········ 27242
홍성도 ········ 11789

홍성도 ················ 11794
홍성도 ················ 11819
홍성도 ················ 13173
홍성도 ················ 17226
홍성도 ················ 17237
홍성도 ················ 17251
홍성도 ················ 17291
홍성도 ················ 17719
홍성도 ················ 18021
홍성도 ················ 20666
홍성도 ················ 22471
홍성도 ················ 22492
홍성도 ················ 22497
홍성도 ················ 22510
홍성도 ················ 22965
홍성도 ················ 23122
홍성도 ················ 23807
홍성도 등 ·········· 17346
홍성도;원주삼 ······ 27235
홍성도;원주삼 ······ 27236
洪成道 ················ 27215
홍성빈 ················ 14348
홍성빈 ················ 14441
홍성빈 ················ 14941
홍성빈 ················ 21476
홍성빈 ················ 24202
홍성빈 ················ 24234
홍성실 ················ 24932
홍성임 ················ 10349
홍성표 ················ 15342
홍성표 ················ 18523
홍성표 ················ 18768
홍성표 ················ 18877
홍성표 ················ 19161
홍성표 ················ 22791
홍성표 ················ 22837
홍성혜 ················ 15267
홍성혜 ················ 19121
홍세권 ················ 25179
홍순길 ················ 9861
홍순길 ················ 9877
홍순길 ················ 22526
홍순길 ················ 22532
홍순석 ················ 31804
홍순석 ················ 31808
홍순석 ················ 31814
홍순석 ················ 31825
홍순찬 등 ·········· 29833
홍순천 ················ 13368
홍승진 ················ 31374
홍승진 ················ 29078
홍신 ················ 12012
홍신도 ················ 24684
홍안 ················ 3740
홍언산 ················ 3189
홍영 ················ 27881
홍영 ················ 27908
홍영 ················ 14876
홍영 ················ 14926
홍영 ················ 15272
홍영란 ················ 25895
홍영란 ················ 25110
홍용남 ················ 15887
홍용암 ················ 25722
홍용암 ················ 15816
홍용암 ················ 15899
홍용암 ················ 16048
홍용암 ················ 16183
홍용암 ················ 16217
홍용암 ················ 16334
홍용암 ················ 24887
홍용암 ················ 25134
홍용암 ················ 25249
홍용암 ················ 25279
홍원 ················ 1763
홍위 ················ 19684
홍인수 ················ 19382
홍자 ················ 25862
홍정선 ················ 25784
홍조종 ················ 9487
홍증남 ················ 6481
홍천룡 ················ 12436
홍천룡 ················ 18160
홍천룡 ················ 18277
홍천룡 ················ 18520
홍천룡 ················ 18553
홍천룡 ················ 18585
홍천룡 ················ 18843
홍천룡 ················ 22851
홍천룡 ················ 22915
홍천룡 ················ 23949
홍청 ················ 25830
홍청 ················ 24952
홍춘 ················ 10253
홍춘걸 ················ 29688
홍춘식 ················ 28948
홍춘식 ················ 1580
홍춘희 ················ 505
홍택룡 ················ 32271
홍택룡 ················ 28823
홍택룡 ················ 6707
홍택룡 ················ 17424
홍표 ················ 18456
홍표 ················ 22912
홍표 ················ 785
홍학철 ················ 3367
홍학철 ················ 4707
홍혜숙 ················ 8790
홍혜숙 ················ 15723
홍혜숙 ················ 16489
홍호 ················ 18397
홍호 ················ 18457
홍호 ················ 21074
홍호 ················ 23248
홍홍 ················ 11754
홍화 ················ 32697
홍휘;혁평 ············ 20557
홍희복 ················ 116
홍희복 ················ 1519
화개;궁강 ············ 4166
화군 ················ 3040
화군 ················ 3259
화군무 ················ 24594
화명 ················ 5162
화묘 ················ 24610
화무 등 ············ 3223
화문한;사천문 ······· 3436
화민 ················ 6476
화민 ················ 8122
화산 ················ 27948
화삼 ················ 27385
화선 ················ 27824
화성 ················ 21127
화소 ················ 577
화순 ················ 29217
화예 ················ 5442
화옥 ················ 10998
화우산 ················ 6161
화위 ················ 32262
화장경;정오창 ······· 7298
화장인 ················ 4167
화정 ················ 28692
화정 ················ 28737
화정 ················ 4953
환장 ················ 22206
환향 ················ 4782
환향 ················ 6243
환휘동 ················ 28247
황가사(黃家駟) ····· 29968
황가성 ················ 19307
황강 ················ 20833
황개동(黃開冬) ····· 30291

황건강 ······ 27241
황건민 ······ 747
황경생 ······ 30196
황경요 ······ 4604
황계선 ······ 29298
황계선 ······ 29949
황계선 ······ 29954
황계원 ······ 3274
황고구(黃古球) 등 32220
황고구;주몽(黃古球;周夢) ······ 28680
황과실 ······ 20584
황광필 ······ 12315
황광필 ······ 14262
황광필 ······ 14295
황광필 ······ 14350
황광필 ······ 14375
황광필 ······ 14418
황구연;김재권 ······ 24126
황구연;김재권 ···· 24229
황구연;박창묵 ···· 24340
황구현;김재권 ······ 24061
황국어;왕소괴 ······ 4207
황국주 ······ 22832
황국철 ······ 30087
황귀해 ······ 5067
황극 ······ 22773
황금령 ······ 4536
황금성 ······ 13267
황기섭 ······ 21615
황기철 ······ 11907
황기철 ······ 12172
황기철 ······ 19713
황기철 ······ 20044
황기철 ······ 20360
황기철 ······ 24863
황기평 ······ 29617
황길준 ······ 31209
황길환 ······ 19015
황남국 ······ 17958
황남국 ······ 18048
황남국 ······ 18070
황남국 ······ 18308
황남국 ······ 22898
황남준 ······ 28726
황남준 ······ 28749
황단청 ······ 3297
황덕균;황정익 ···· 24074
황덕방(黃德芳) ····· 29339
황도기 ······ 18183
황도남 ······ 32226
황도남 ······ 32320
황도남 ······ 28685
황도남 ······ 7815
황도남 ······ 9534
황도남 ······ 9727
황도남 ······ 9749
황돈겸 ······ 1003
황동남;도명지 ······ 23434
황동수 ······ 9753
황동일 ······ 32590
황두일 ······ 8878
황두일 ······ 8881
황두일 ······ 8889
황두일 ······ 8894
황두일 ······ 8923
황두천 ······ 6472
황량성 ······ 28144
황량성 ······ 20780
황려홍 ······ 25205
황력공 ······ 32140
황력유 ······ 29206
황련승 등 ······ 21501
황련승;왕립문 ······ 4333
황련옥 ······ 954
황령아 ······ 25649
황룡림 ······ 29993
황룡수 ······ 30728
황룡수 ······ 31798
황릉 ······ 22279
황말 ······ 12280
황명 ······ 2733
황명송 ······ 22135
황명송;양애정 ····· 32784
황명호 ······ 16881
황명환 ······ 7269
황명환 ······ 7696
황모천 ······ 30064
황문평;손종일 ····· 13932
황발명 ······ 32615
황방의 ······ 6252
황백하 ······ 13390
황백하 ······ 13757
황백하 ······ 17636
황백하 ······ 23820
황백하 ······ 23834
황백하 ······ 24387
황병락 ······ 12886
황병락 ······ 17462
황병락 ······ 17534
황병락 ······ 17666
황병락 ······ 17861
황병락 ······ 17869
황병락 ······ 17902
황병락 ······ 17925
황병락 ······ 17945
황병락 ······ 17959
황병락 ······ 18034
황병락 ······ 18330
황병락 ······ 18488
황병락 ······ 18640
황병락 ······ 18958
황병락 ······ 19710
황병락 ······ 20582
황병락;최정록 ······ 17697
황보문 ······ 325
황복금 ······ 30919
황복금 ······ 30957
황복금 ······ 30607
황복성 ······ 26861
황봉룡 ······ 27230
황봉룡 ······ 27255
황봉룡 ······ 27504
황봉룡 ······ 9509
황봉룡 ······ 11248
황봉룡 ······ 11260
황봉룡 ······ 11347
황봉룡 ······ 11372
황봉룡 ······ 12645
황봉룡 ······ 14544
황봉룡 ······ 17213
황봉룡 ······ 17216
황봉룡 ······ 17228
황봉룡 ······ 17230
황봉룡 ······ 17252
황봉룡 ······ 17262
황봉룡 ······ 17271
황봉룡 ······ 17276
황봉룡 ······ 17281
황봉룡 ······ 17290
황봉룡 ······ 17295
황봉룡 ······ 17304
황봉룡 ······ 17405
황봉룡 ······ 17466
황봉룡 ······ 17479
황봉룡 ······ 17484
황봉룡 ······ 17504
황봉룡 ······ 17673
황봉룡 ······ 17794
황봉룡 ······ 18065
황봉룡 ······ 20740
황봉룡 ······ 20753

황봉룡 ······ 22295
황봉룡 ······ 22475
황봉룡 ······ 22554
황봉룡 등 ······ 17297
황봉룡 등 ······ 17305
황봉룡;김창길 ······ 17370
황봉룡;김창길 ······ 17384
황봉룡;박응조 ······ 17393
황봉룡;심장수 ······ 17492
黃鳳龍;車創俊 ······ 17208
黃鳳龍;車創俊 ······ 17209
황봉석 ······ 6658
황봉석 ······ 15080
황봉석 ······ 15309
황봉주 ······ 7294
황봉주 ······ 8951
황비 ······ 3053
황비전 ······ 32079
황상렬 ······ 9484
황상박 ······ 2330
황상박 ······ 3407
황상박 ······ 11371
황상박 ······ 13811
황상박 ······ 13892
황상박 ······ 13922
황상박 ······ 14016
황상박 ······ 14038
황상박 ······ 14046
황상박 ······ 14058
황상박 ······ 14089
황상박 ······ 14144
황상박 ······ 14185
황상박 ······ 14228
황상박 ······ 14773
황상박 ······ 14933
황상박 ······ 15107
황상박 ······ 15176
황상박 ······ 15625
황상박 ······ 16315
황상박 ······ 17692
황상박 ······ 20818
황상박 ······ 25432
황상백 ······ 15454
황서문 ······ 10277
황선영 ······ 23609
황선화 ······ 25317
황선환(黃善煥) ······ 30513
황섭 ······ 24372
황섭 ······ 24449
황성 ······ 13629
황성귀 ······ 18858
황성렬 ······ 26981
황성룡 ······ 1802
황성문 ······ 10901
황성옥 ······ 2610
황세맹 ······ 22377
황세맹 ······ 22419
황세요 ······ 32459
황송림 ······ 15119
황송림 ······ 18910
황송오 ······ 18490
황수권 ······ 9699
황수기 ······ 10160
황수기 ······ 25700
황수산 ······ 30586
황수철 ······ 9511
황수청 ······ 24948
황수화 ······ 5367
황순국 ······ 16136
황순옥 ······ 25112
황순희 ······ 19286
황순희 ······ 20159
황신진 ······ 27304
황암 ······ 29731
황암;황하청 ······ 20571
황애화 ······ 25319
황약민 ······ 20622
황약산(黃若山) ······ 8299
황양근 ······ 9579
황어양 ······ 3079
황연 ······ 23285
황염(黃炎) ······ 28917
황영복 ······ 25310
황영성 ······ 26877
황영성 ······ 20133
황영성 ······ 20219
황영성 ······ 20240
황영욱 ······ 6928
황영자;남영식 ······ 24183
황영자;남영식 ······ 24151
황영희 ······ 8588
황영희 ······ 11605
황옥금 ······ 12199
황옥금 ······ 13057
황옥금 ······ 13082
황옥금 ······ 13105
황옥금 ······ 13148
황옥금 ······ 13275
황옥금 ······ 13297
황옥금 ······ 13822
황옥란 ······ 19163
황옥선;박창묵 ······ 23970
황옥주 ······ 22581
황요선 ······ 21246
황우;진명 ······ 4091
황원극 ······ 29076
황원삼 ······ 32254
황원삼 ······ 32259
황원삼 ······ 32285
황위민 ······ 29814
황유목 ······ 23129
황유민 ······ 30086
황유복 ······ 27458
황유복 ······ 12783
황유복 ······ 23178
황유복;전신자 ······ 28481
황유복;전신자 ······ 23237
황유복;전홍렬 ······ 27532
황유복 등 ······ 27513
황은봉 ······ 27803
황은성 ······ 19447
황은지 ······ 927
황은철 ······ 22828
황의청 ······ 25572
황익용 ······ 12470
황인 ······ 910
황인 ······ 4165
황인 ······ 4187
황인 ······ 23561
황인수 ······ 9559
황인철;학의 ······ 23995
황인한 ······ 5660
황일봉 ······ 15752
황일욱 ······ 20264
황일욱 ······ 22199
황일초 ······ 12180
황장석 ······ 11501
황장석 ······ 14127
황장석 ······ 14220
황장석 ······ 14271
황장석 ······ 14293
황장석 ······ 14573
황장석 ······ 14618
황장석 ······ 14635
황장석 ······ 14654
황장석 ······ 14666
황장석 ······ 14835
황장석 ······ 14841
황장석 ······ 14842
황장석 ······ 14906
황장석 ······ 14959
황장석 ······ 15028

황장석 …… 15035
황장석 …… 15429
황장석 …… 15586
황장석 …… 15672
황장석 …… 15767
황장석 …… 15848
황장석 …… 16067
황장석 …… 16162
황장석 …… 16182
황장석 …… 16273
황장석 …… 16407
황장석 …… 16448
황장석 …… 16757
황장석 …… 16777
황장석 …… 16785
황장석 …… 17188
황장석 …… 21031
황장석 …… 22787
황장식 …… 16050
황재건 …… 2599
황재건 …… 23594
황재림 …… 1399
황재림 …… 6367
황전법 …… 7312
황전희 …… 21612
황정길 …… 27305
황정길 …… 27311
황정수 …… 30561
황정숙 …… 9118
황정자 …… 8400
황정자 …… 8459
황정자 …… 8465
황정자 …… 8585
황정자 …… 19097
황제국 …… 21800
황제국 등 …… 21587
황조시;풍복생 …… 3410
황종식 …… 8452
황준 …… 32361
황중건 …… 6438
황중식 …… 29838
황지명 …… 27024
황지영 …… 21050
황지영 …… 21225
황지영 …… 21350
황지영 …… 21397
황지영 …… 21756
황지영 …… 21863
황지영 …… 22308
황지영 …… 22330
황지영 …… 22378
황지영 …… 23115
황지영 …… 23308
황지영 …… 23564
황지영;홍천룡 …… 21508
황진동 …… 29414
황진령 등 …… 32878
황진희 …… 19812
황창렬 …… 30981
황창렬 …… 30988
황창렬 …… 30998
황창수 …… 7041
황창수 …… 7501
황창수 …… 7641
황창주 …… 6574
황창호 …… 17347
황창화 …… 23327
황천 …… 11092
황천 …… 21117
황천원 …… 18188
황철 …… 4393
황철군 …… 23176
황청갑 등 …… 5545
황청환 …… 3071
황춘녀 …… 25122
황춘산 …… 13207
황춘옥 …… 13632
황충정 …… 777
황태랑 등 …… 20934
황태량 …… 20912
황태진 …… 9525
황태진 …… 9550
황태진 …… 9556
황태진;김광손 …… 9519
황태환 …… 1547
황토 …… 4628
황토 …… 19894
황파 …… 969
황파 …… 21055
황파 …… 21600
황파 …… 22075
황파 …… 22153
황파 …… 23779
황편 …… 22280
황평 …… 1735
황하 …… 8287
황하석 …… 7072
황하석 …… 8277
황하석;홍성도 …… 17221
황하성 …… 14394
황하성 …… 17010
황하성 …… 18154
황하성 …… 18725
황하성 …… 19489
황학룡 …… 31655
황학룡 …… 3715
황학룡;리광평 …… 21024
황한민 …… 19623
황해 …… 2789
황해 …… 10749
황해룡 …… 29010
황해룡 …… 8600
황해룡 …… 8608
황해암 …… 16969
황해암 …… 17097
황해암 …… 23474
황해연 …… 24908
황해홍 …… 9455
황현걸 …… 14813
황현걸 …… 26109
황현결 …… 23954
황현옥;석봉 …… 22050
황형규 …… 19190
황홍화 …… 25164
황화선 …… 10909
황화선 …… 10922
황화선 …… 10938
황화선 …… 25854
황화성 …… 25640
황회 …… 15612
황효봉 …… 319
황휘 …… 5758
황흥달 …… 10315
황희 …… 14897
황희 …… 15311
황희 …… 15423
황희영 …… 17006
회빈 등 …… 6510
회옥 …… 4285
회용 …… 3594
회전 …… 31903
孫風琴 …… 7360
효가 …… 19116
효가;명명 …… 2572
효강 …… 1136
효검 …… 18947
효검 …… 19381
효경 …… 528
효곽 …… 22218
효금 …… 28354
효량 …… 29513
효례범 …… 19143

효리 ……………… 27785
효리 ……………… 582
효리 ……………… 4282
효리 ……………… 4922
효림 ……………… 3797
효림 ……………… 6554
효림 ……………… 19405
효명 ……………… 4344
효문 ……………… 14870
효문 ……………… 17472
효문 ……………… 17482
효문 ……………… 17498
효문 ……………… 17512
효미 ……………… 27391
효미 ……………… 28164
효백 ……………… 21531
효백;리상 ……… 20487
효산 ……………… 5573
효서 ……………… 8029
효성 ……………… 1070
효소 ……………… 21450
효신 ……………… 4476
효쌍 ……………… 23231
효안 ……………… 18876
효여 ……………… 19790
효연;우화리 …… 25089
효운 ……………… 4264
효운 ……………… 303
효인 ……………… 23341
효일 ……………… 29323
효잠 ……………… 28513
효장 ……………… 554
효조 ……………… 10177
효주 ……………… 1048
효주 ……………… 5167
효진;송옥성 …… 25002
효천 ……………… 6162
효체 ……………… 951
효초 ……………… 15216
효춘 ……………… 3810
효치 ……………… 28252
효치 ……………… 2689
효홍 ……………… 2968
효효 ……………… 19581
효휘 ……………… 3578
효흔 ……………… 32624
효흥 등 ………… 5112
후관;세화 ……… 3533
후국향 ………… 3246
후금복 ………… 4358
후기명 ………… 28625
후덕방 ………… 32410
후북광;오명사 … 20423
후성 ……………… 22243
후옥인 ………… 870
후옥침 ………… 24030
후옥침 등 ……… 22815
후유침 ………… 5453
후유침 ………… 5966
후유침 등 ……… 5258
후유침 등 ……… 5447
후유침 등 ……… 5585
후유침 등 ……… 5681
후유침 등 ……… 21278
후유침;류진륙 … 5266
후유침; 리보고 … 5424
후전좌 ………… 22065
후전좌;사양 …… 5700
후지홍 ………… 5024
훈규위 ………… 4850
훈문 ……………… 22664
훤명사 ………… 21006
휘림 ……………… 4332
흑열 ……………… 23261
흔문 ……………… 31843
흔민 ……………… 22372
흡주 ……………… 4591
흥동 등 ………… 3204
흥룡 ……………… 6514
흥법 ……………… 29975
희가;달군 ……… 18742
희개 ……………… 3254
희견 ……………… 17552
희망 ……………… 4322
희명(熙明) ……… 13054
희문 ……………… 3800
희봉기 등 ……… 5855
희봉기 등 ……… 21541
희상 등 ………… 21982
희영 ……………… 22385
희용 ……………… 28073
희춘리;리경파 … 5285
희충광 ………… 5904
희토 ……………… 30777
희홍 ……………… 9067

2. 외국인저자목록

(꼴롬비아)가브리엘 가르씨아 마르께스 …… 26830
(꼴롬비아)가브리엘 가르씨아 마르께스 …… 26831
(독일)괴테 …………………………………… 26489
(독일)괴테 …………………………………… 26492
(독일)뢰마크 작 …………………………… 26499
(독일)본젤스 ……………………………… 26509
(독일)브레히트 …………………………… 26502
(독일)시미트본 …………………………… 26511
(독일)안나마리 샤린그 ………………… 26501
(독일)오토·네빌 저; 장민 중역 ……… 26491
(독일)원작 그림; 하오문 개편 그림 ……… 26490
(독일)윌리 브레호스트 ………………… 26503
(독일)클레스트 …………………………… 26494
(독일)클레이스트 ………………………… 26500
(독일)하이네 ……………………………… 26488
(독일)헬만헷세 …………………………… 26498
(련방독일)빌트 헬므 …………………… 26497
(련방독일)오석근 ………………………… 26504
(련방독일)칸드 스폰 …………………… 26510
(로므니아)미르챠·쓰띤부리아누 ……… 26526
(로므니아)미하일 싸도뱌누 …………… 26529
(로므니아)실위야·신카 저; 리상학 중역 … 26528
(로므니아)프란치스크 믄데야누; 성호 역 ‥ 26527
(로씨아)레브똘스또이 …………………… 26393
(로씨아)리영 역 ………………………… 26463
(로씨아)엘·엔 똘스또이 ……………… 26436
(로씨야)꾸브린 원저 …………………… 26415
(로씨야)끄릴로브 ………………………… 26341
(로씨야)레브 똘스또이 ………………… 26417
(로씨야)레브·똘스또이 ………………… 26342
(로씨야)뿌쉬낀 …………………………… 26441
(로씨야)뿌쉬낀 …………………………… 26478
(로씨야)안똔 체호브 …………………… 26352
(로씨야)안똔·체호브 작; 김재호 중역 ……… 26438
(로씨야)이완 알렉쎄위치 푸닝 저; 남영식 역 ……………………………………… 26355
(로씨야)체호브 …………………………… 26385
(로씨야)체호브 …………………………… 26470
(로씨야)체호브 …………………………… 26480
(로씨야)체호브 저; 김해룡 역 ………… 26366
(쏘련)야·뜨로비모브 저; 김란 중역 ……… 26430
(쏘련)카우체르 …………………………… 26319
(쏘련) A.빠라빠노브 …………………… 28676
(쏘련) 메드베제브 ……………………… 29049
(쏘련) 아나똘리 따미린 ……………… 29021
(쏘련)A.P.요베 ………………………… 31190
(쏘련)A·아레크신 ……………………… 26437
(쏘련)B 보꼬모로브 …………………… 26442
(쏘련)B 우스찌노와 작; 최일 역 ……… 26364
(쏘련)B.H.페또로와 …………………… 6807
(쏘련)B.와시렌꼬 ……………………… 6850
(쏘련)B·A·수호므린스끼 ……………… 26419
(쏘련)B·M·까르쎈 …………………… 26464
(쏘련)H·호드쟈 ………………………… 26391
(쏘련)N·아이론보 ……………………… 26386
(쏘련)P미데웨이예브 …………………… 27940
(쏘련)И.Я.까씨쯔끼 …………………… 7659
(쏘련)가리쓰 ……………………………… 26435
(쏘련)고리끼 ……………………………… 26348
(쏘련)고리끼 ……………………………… 26476
(쏘련)그라닌 ……………………………… 26458
(쏘련)꼬로렌꼬 …………………………… 26360
(쏘련)끌라브친끄 ………………………… 26373
(쏘련)나·이와노와 ……………………… 26416
(쏘련)나하비나 …………………………… 26475
(쏘련)나하삐나 …………………………… 26483
(쏘련)노 돈바쩨 ………………………… 26402
(쏘련)노라 아다멘 ……………………… 26346
(쏘련)니꼬라이 또만 …………………… 26322
(쏘련)니꼴라이 아계예브 ……………… 26338

(쏘련)니나·수리야끄 ······························ 26311
(쏘련)다닐 아트닐로브 ······························ 26318
(쏘련)따라쏘브 ······························ 2386
(쏘련)따라쏘브 ······························ 2389
(쏘련)따지얀나 고르브린나 ······························ 26406
(쏘련)뜨.아.라듸젠스까야 등 ······························ 7670
(쏘련)라쑬 감자또브 ······························ 26324
(쏘련)레.브.단꼬브 ······························ 6820
(쏘련)레.브.잔꼬브 ······························ 7067
(쏘련)레·뜨리예르 작; 한강수 중역 ········· 26424
(쏘련)레브·오샤닌 ······························ 26323
(쏘련)레오니또와 ······························ 26481
(쏘련)례브·오와로브;브·깔라친쵸브 ········· 26334
(쏘련)로 에르모제와 저; 고성 역 ·············· 26408
(쏘련)루싸꼬브 저; 고성하 중역 ·············· 26467
(쏘련)류드밀라 우와노와 작; 오재윤 중역· 26448
(쏘련)류우와로와 ······························ 26399
(쏘련)르판제레예브 ······························ 26401
(쏘련)리진 ······························ 26378
(쏘련)리히쯔카야 ······························ 27211
(쏘련)막쓰드 까리예브 ······························ 26398
(쏘련)메드베제브 ······························ 27686
(쏘련)무싸·자릴 ······························ 26320
(쏘련)미조쩬꼬 ······························ 26452
(쏘련)미하일 쵸센꼬 ······························ 26394
(쏘련)미하일 쵸센꼬 ······························ 26396
(쏘련)미하일 쫄로호브 ······························ 26381
(쏘련)뱌체슬라브 꼰트라찌예브; 리철준 역 26413
(쏘련)뱌체쓸라브 쉬슈꼬브 ······················ 11355
(쏘련)베롭스끼 ······························ 26468
(쏘련)보리센꼬 ······························ 26337
(쏘련)보리스 크라브친꼬 ······························ 26412
(쏘련)보리스·싸첸까 ······························ 26390
(쏘련)보리스·와실리예브 작; 김성 중역 ··· 26411
(쏘련)보리쓰 주비윈 ······························ 26328
(쏘련)브.아.쑤호므리쓰끼 ······························ 6823
(쏘련)브.아.쑤호므리쓰끼 ······························ 6824
(쏘련)빅똘·곤챠로브 ······························ 26316
(쏘련)빠스뗄나크 작; 김일 역 ·················· 26429
(쏘련)뽀 리삐야닌 저; 성하 중역 ············· 26434
(쏘련)뽀·와씰리예브 ······························ 26395
(쏘련)뿌쉬낀 ······························ 6919
(쏘련)쁘·빠브렌꼬 ······························ 26321
(쏘련)삐드로브 ······························ 10395
(쏘련)세·월로닌 작; 곽근순 역 ················ 26440
(쏘련)쉬빠쵸브 ······························ 26376
(쏘련)쉬빠쵸브 ······························ 26428
(쏘련)스마나예브 ······························ 26431
(쏘련)쌀와 알렉싼드르위치 아모 나스웨리 ·· 7683
(쏘련)써르게이 위로닌 작; 리철준 역 ······· 26407
(쏘련)쎄드게닌·우란쯔끼 저; 김국 역 ······ 26377
(쏘련)쎄르게이 미하일꼬브 ······················ 26383
(쏘련)쎄르게이 싸르따꼬브 ······················ 11087
(쏘련)쎄르게이 쓰미르노브 ······················ 26317
(쏘련)쎄르끼이 우라닌; 김국 역 ··············· 26372
(쏘련)쎄우라닌 ······························ 26361
(쏘련)쏘꼴롭쓰끼 저; 리철준 역 ··············· 26363
(쏘련)쏘홈린스끼 ······························ 863
(쏘련)쏠로진쓰끼 ······························ 26960
(쏘련)쑤크쎈 ······························ 26369
(쏘련)쑤호무린스끼 ······························ 6974
(쏘련)쑤호무린스끼 ······························ 6980
(쏘련)쑤흠림쓰끼 ······························ 233
(쏘련)씰와 까뿌찌깐 ······························ 26325
(쏘련)아 베크 작; 리철준 역 ······················ 26367
(쏘련)아 쿠츠네쵸와 ······························ 417
(쏘련)아·끄네쪼와 ······························ 27720
(쏘련)아·두따에브 작; 리단실 중역 ·········· 26460
(쏘련)아·드네쁘르브 ······························ 26349
(쏘련)아·야꼬벤꼬; 성하 중역 ·················· 26453
(쏘련)아나똘리 김 작; 리철준 역 ············· 26426
(쏘련)아나똘리·찌마로브 ························ 26422
(쏘련)아델 꾸뚜이 ······························ 26397
(쏘련)아따라쓰낀 저; 김홍란 중역 ··········· 26425
(쏘련)아루꼬브 저; 리장춘 역 ·················· 26457
(쏘련)아멜리크 씨모냐 ······························ 26384

(쏘련)아쓰마가렌꼬 …… 26427
(쏘련)아자예브; 김월성 역 …… 26389
(쏘련)안나 아트마호와; 문돌 역 …… 26443
(쏘련)안드레이 뽈라또노브 …… 26482
(쏘련)안드레이 쁠라또노브 …… 26447
(쏘련)알렉쎄예보 …… 92
(쏘련)알렉쎄이 똘스또이 …… 26353
(쏘련)야따이츠 …… 26479
(쏘련)에쓰·포겔쏜 …… 26333
(쏘련)에프 드로드즈 저; 남설우 편역 …… 26358
(쏘련)엔 아오쓰뜨롭쓰끼 …… 26347
(쏘련)엔·따라쎈꼬 …… 26340
(쏘련)엘 꼬왈료바 …… 26409
(쏘련)엘 빤젤레예브 …… 26459
(쏘련)엘·우와보바 …… 26414
(쏘련)엘·이싸꼽쓰끼 …… 26382
(쏘련)엠·바이지예브 작; 리청준 역 …… 26456
(쏘련)엠·바이지제브 작; 리철준 역 …… 26451
(쏘련)예 노쏘브; 문검 중역 …… 26405
(쏘련)예·뻬르마끄 …… 26344
(쏘련)예·안드레예와 저; 한정화 중역 …… 26418
(쏘련)오쓰뜨롭쓰끼 …… 26357
(쏘련)와 라스뿌찐 저; 고성 역 …… 26423
(쏘련)와·로스리아꼬브 …… 26469
(쏘련)우신스끼 …… 26445
(쏘련)웨 쑤쩨예브 …… 26462
(쏘련)웨·오쎄예와 …… 26313
(쏘련)웨·오쎄예와 …… 26314
(쏘련)위·베뜨리오완노이 …… 26315
(쏘련)위딸리·비안끼 …… 26343
(쏘련)위레싸예브 저; 리철준 역 …… 26359
(쏘련)윅또리야 브라낀스까야 …… 26421
(쏘련)유리 까자꼬브 저; 김희광 역 …… 26473
(쏘련)유리 나찌빈 …… 26432
(쏘련)유본·다레브 …… 26410
(쏘련)이 끄로일 …… 27883
(쏘련)이 라끄샤 저; 문암 중역 …… 26404
(쏘련)이 제니쏘브 …… 26449
(쏘련)이·레온찌예브 작; 최홍수 중역 …… 26439
(쏘련)이·일프예·뻬뜨로브 …… 26392
(쏘련)이린나·라크샤 …… 26388
(쏘련)일리나·락씨야 …… 26351
(쏘련)장정화; 리철준 역 …… 26375
(쏘련)줴첸꼬 …… 26466
(쏘련)찌호노브 …… 26335
(쏘련)체 아이마또브 …… 26455
(쏘련)치헤이제 저; 리철준 역 …… 26379
(쏘련)푸르부커위치 …… 30312
(쏘련)프싸부꼬 …… 768
(말레이시아)년홍 …… 26300
(말레이시아)림진진 …… 26297
(말레이시아)아리 마지드 …… 26298
(모스크바)게·뻬·다위돕쓰끼;지희권 역 …… 9716
(미국) I. 아씨모브 …… 29319
(미국) K. S. R. 언걸 …… 32050
(미국) 림문위 …… 32823
(미국) 빌, 호킨 …… 32323
(미국)BS브룸 등 편찬 …… 6910
(미국)C·S·프리스트 …… 26741
(미국)D·C·스니 …… 26679
(미국)D·M서로위크 원작; 엽영렬 속편 …… 26674
(미국)E.C.베글리 …… 7673
(미국)G·아레산다 …… 26716
(미국)G·알렉산드라 …… 26721
(미국)S·L·기리 …… 26678
(미국)고든·제이 스카이르; 장영 개편;
서통조 그림 …… 26694
(미국)고원 …… 26805
(미국)고현혜 …… 26813
(미국)다위드 카내키 …… 26728
(미국)다이르 카네키 …… 477
(미국)단니슨 …… 1016
(미국)대위 래슨 …… 6285
(미국)대위 베인스 …… 641
(미국)라올라 M 하만 …… 26718
(미국)랑스톤 하쩨스 …… 26753

(미국)로리스 ······ 26727
(미국)로버트 프르기므 ······ 26823
(미국)로벨트꾸벨 ······ 26734
(미국)로비·유엘손; 금연경 역 ······ 26684
(미국)로산·카리 작; 김란 중역 ······ 26807
(미국)로아.로완 ······ 29391
(미국)롤드 달 ······ 26729
(미국)롱스턴 휴즈; 김파 역 ······ 26712
(미국)뢰·브뢰뜨베리 ······ 26789
(미국)루알데따리 ······ 26746
(미국)루이스 라몰 저; 한수동 중역 ······ 26796
(미국)루이스 쏠스 ······ 26677
(미국)룬 스타프드 빌 ······ 10223
(미국)리디야 그라버스끼 ······ 26802
(미국)리오 파스칼리야 ······ 26824
(미국)리차드 쎄드 ······ 26693
(미국)리타 아리 헤이시이 ······ 26819
(미국)마그리트 쌍그 ······ 26791
(미국)마그리트 투루멘 ······ 26779
(미국)마그리트·트루맨 ······ 26704
(미국)마라·머더; 성신 역 ······ 26687
(미국)마라므드 ······ 26692
(미국)마리 크라크 ······ 26730
(미국)마야 페잉스 ······ 10064
(미국)마크 브란트 ······ 26818
(미국)말츠 ······ 26664
(미국)메르라자루스 ······ 918
(미국)메어리루 클린터 ······ 26754
(미국)모리 클자한 ······ 10203
(미국)모리스 ······ 26742
(미국)박양권 ······ 26816
(미국)박이문 ······ 26815
(미국)브로게디 ······ 1053
(미국)상디 호비쯔 ······ 637
(미국)쇼꼬트 폰네고트 ······ 26821
(미국)스코트 크레포드 ······ 26737
(미국)스티븐 빠라스 ······ 26717
(미국)시드니 셀톤 ······ 26703
(미국)쓰따니쎌또 작 ······ 26781
(미국)씨더니 쎄르트 ······ 26733
(미국)아냐 베트만 ······ 26685
(미국)아노더 제인 ······ 26801
(미국)아렌·볼·엘스톤 ······ 26725
(미국)아부트 페쎈트쒼 ······ 26724
(미국)아시모브 ······ 26699
(미국)아씨모브 ······ 10039
(미국)아씨모브 ······ 26686
(미국)아씨모브 저; 라악봉 개편 ······ 26681
(미국)아이·말쯔 ······ 26667
(미국)아이·신져 ······ 26669
(미국)아트 부츠월드; 리헌영 역 ······ 26688
(미국)안 란데쓰 ······ 864
(미국)안브로스 벨스 ······ 26682
(미국)안지리카·지부스 ······ 26708
(미국)알렉산드라 죠크 ······ 26798
(미국)애클리 큐인 저; 박범 중역 ······ 26757
(미국)어윈쇼 ······ 26691
(미국)에네스트·에밍웨이 ······ 26698
(미국)에드 레이또 ······ 26720
(미국)에드가 아·포 ······ 26705
(미국)에드가 알엘렌 포우 ······ 26744
(미국)에드가 엘레포우 ······ 26701
(미국)에드가 엘렌포우 ······ 26696
(미국)에룬 스미스 ······ 26785
(미국)에월 케니디 ······ 26804
(미국)염천석 ······ 26817
(미국)예리스 하워더 저; 문암 중역 ······ 26766
(미국)오 헨리 ······ 26810
(미국)오 헨리 저; 남영식 역 ······ 26676
(미국)오르·쓰탄리·까드나 저; 남역식 중역 ······ 26706
(미국)오미스터 헤밍웨이 작; 곽근순 중역· 26722
(미국)오웬 쇼 ······ 26808
(미국)오웬 헨리 ······ 26707
(미국)오웬·쇼 저; 최일 중역 ······ 26670
(미국)오헨리 ······ 26680

(미국)오헨리 …… 26710
(미국)오헨리; 박범 편역 …… 26820
(미국)요한 훠킨스; 워드 훠킨스 저; 박범 중역 …… 26812
(미국)저즈 웨인버그 …… 26673
(미국)제임스·포크너 작; 김소 중역 …… 26736
(미국)젠니 …… 26690
(미국)죠 크드르트 …… 26752
(미국)죠셉 부랑크 …… 26726
(미국)죤니 프랑쓰 …… 26809
(미국)쥬피 쿨트 …… 26786
(미국)즈·체스너트 저; 김파 역 …… 26697
(미국)찰스 우즈워스 캔버 …… 26711
(미국)카내키부인 …… 480
(미국)카내키부인 …… 481
(미국)카내키부인 …… 905
(미국)카내키부인 …… 917
(미국)카내키부인 …… 11723
(미국)카네키부인 …… 523
(미국)카내키부인 …… 914
(미국)카론·매크로터 저; 비정평 각색 …… 26715
(미국)칸드트 …… 26735
(미국)캐드·쇼핀 작; 요조 개편; 방방본 그림 …… 26689
(미국)캔 아델만 …… 26799
(미국)캘불버스 …… 26740
(미국)케웨버 …… 26714
(미국)케이스 제니스 …… 26762
(미국)콘날·우리키 …… 26748
(미국)크라크 메드워즈 …… 928
(미국)클레오 …… 26814
(미국)테드 똘록크 …… 575
(미국)테르 트드 …… 26709
(미국)토로제스 …… 26800
(미국)톰 게데윈 …… 26671
(미국)파·젤·마크탕나 …… 26803
(미국)패리 쎄일러 …… 26732
(미국)페어 올라; 에밀리 돌레어 …… 26826
(미국)포트라스키 …… 26723
(미국)포트라스키 …… 26738
(미국)폰니게트 …… 26750
(미국)프랑크린 저; 박성무 중역 …… 26668
(미국)프랭크 아 쓰똑턴 …… 26675
(미국)피리프양시 …… 26795
(미국)피터 현 …… 27489
(미국)필리프 쏘번 …… 26713
(미국)필리프스 …… 27680
(미국)하리 맨더스 …… 10263
(미국)할로스 로빈스 …… 26793
(미국)해로드 쿠스나르 …… 343
(미국)허먼 멜빌 …… 26743
(미국)헬로우드·로빈손 …… 26825
(미국)헬린 캘러 …… 26672
(미국)휘트만 …… 26666
(미국)휘트먼 …… 26739
(미국적조선인)곽상희 …… 26695
(미국적조선인)현응 …… 26700
(미국조선인)김병현 …… 26731
(민주독일)라리브 위넬 …… 26508
(불란서)도데 작; 최일 중역 …… 26606
(불란서)모파쌍 …… 26599
(불란서)보파쌍 …… 26600
(브라질)몬데루·레바트 …… 11658
(서부독일)거터루트·스렌크 …… 29409
(서부독일)베 커쿠메크 …… 26495
(서부독일)오석근 …… 26505
(서부독일)위크터 체르나크 …… 26507
(서부독일)하인리시볼 저; 리철준 역 …… 26493
(시버족)오자라크요 …… 963
(싱가포르)정소영 …… 8489
(쓰웰드로브쓰끄시)E.뻬뜨로와 …… 6803
(아르메니야)게보르그 에민 …… 26330
(알바니야) 파터밀·찌야따이 …… 26525
(알바니야)루안·카페저치 …… 26523
(알바니야)루안·카페저치 …… 26524
(영국)A파크 …… 26595

(영국)W · S몸 …………………………………… 26564
(영국)그레옹· 그린; 리경구 역 ……………… 26560
(영국)김 · 와브리 저 ………………………… 26565
(영국)나젤 · 니엘 …………………………… 26570
(영국)다리스· 레신 저; 리상 역 …………… 26572
(영국)다워드 로렌스 ………………………… 26569
(영국)란 · 블라이밍 ………………………… 26567
(영국)런나드 메르크 ………………………… 26590
(영국)로 · 윌크쎈 작; 정민 역 …………… 26583
(영국)로버트 오네일 등 …………………… 26561
(영국)롤드 다르 …………………………… 26575
(영국)롤드 다르 저; 량우 번역 …………… 26587
(영국)마레쎈 ………………………………… 10240
(영국)미렌다 로렌스 ……………………… 26594
(영국)미엘스미스 ………………………… 26584
(영국)바 카테란 …………………………… 26577
(영국)바이론 ……………………………… 26558
(영국)베이꼰 ……………………………… 26597
(영국)부레언,시든 ………………………… 7337
(영국)쌔물 스맬스 ………………………… 10243
(영국)쌔커리 ……………………………… 26571
(영국)아가사크리스띠에 ………………… 26559
(영국)아가쉐이 크리스티 저;리여천;리명숙 역
……………………………………………… 26551
(영국)안똔 호프 …………………………… 26566
(영국)에리노 그란 ………………………… 392
(영국)에부레터 희거지 저; 리상 역 ……… 26586
(영국)엘 · 지 · 앨리잔드 ………………… 26552
(영국)엘리스 밀레다엔스 ………………… 26592
(영국)오니스 저; 량학수 역 ……………… 26580
(영국)오스카 와일드 ……………………… 26550
(영국)요한크릴 저; 리장춘 중역 ………… 26593
(영국)월리암 섬어셋트 모옴 …………… 26555
(영국)월리암 쌈손 ………………………… 26556
(영국)웰린 로르깐 저; 박범 중역 ……… 26589
(영국)이 · 지 · 체푸리나 ………………… 26568
(영국)젬스 보우드윈 ……………………… 26574
(영국)조이스 작; 김청선 중역 …………… 26578
(영국)죤 로스젠 …………………………… 744
(영국)죤 · 코릴 작; 적송 역 …………… 26585
(영국)켄 메쏠드 …………………………… 26591
(영국)켄 프레이트 ………………………… 26579
(영국)코난도일 …………………………… 26581
(영국)코난도일 작; 남설우 역 ………… 26553
(영국)크리스티 원저; 부도도 편역 …… 26549
(영국)프리더리크 푸싸이쓰 …………… 26562
(영국)피터 말시 …………………………… 6687
(영국)하아디 ……………………………… 26573
(오문)진묘경 ……………………………… 7476
(오지리)스 · 츠우이그 …………………… 26517
(오지리)스니츠러 ………………………… 26515
(오지리)아 스니츠르 저; 고하 중역 …… 26518
(오지리)쯔바이크 ………………………… 26512
(오지리)쵸 · 러드레르 …………………… 26513
(오지리)츠웨이그 ………………………… 26514
(오지리)프랑쯔 · 카프카 작; 김득만 중역 … 26516
(웽그리아)뻬떼피 ………………………… 26485
(웽그리아)뻬떼피;김태갑(역) …………… 26484
(웽그리아)크리스티나 아르노티 ……… 26487
(유고슬라비아)안드리치 ………………… 26531
(유고슬라비아)알렉산다르 띠스마 …… 26532
(유고슬라비아)이완 · 뽀뽀위치 ……… 26530
(유고슬라비아)제 뽀소위치 …………… 26533
(이딸리아)단떼 …………………………… 26547
(이딸리아)띄노 · 프자티 작; 박광룡 중역 … 26546
(이딸리아)로따리 ………………………… 26548
(이딸리아)모스카 ………………………… 26543
(이딸리아)보카치오 ……………………… 26540
(이딸리아)피란델로 ……………………… 26539
(이딸리아)피란델로 ……………………… 26545
(이딸리야)아미치스 ……………………… 26542
(인도)고로바 나가바리 ………………… 26293
(인도)뚬께뚜; 김동호 중역 …………… 26285
(인도)모나 쟈랑 ………………………… 26291
(인도)반킴메 차터지 …………………… 26284
(인도)쑤쿠말린 버드카트 ……………… 26286

(인도)아지란 ······························ 26288
(인도)안네이드 ······························ 26280
(인도)에칼라윈 ······························ 26283
(인도)춍 지르바쎈 ······························ 26296
(인도)크리샨 챤다르 ······························ 26281
(인도)크리싼 쩬달 ······························ 26295
(인도)타고르 작; 김응 중역 ······························ 26282
(인도)타골 ······························ 26290
(일본) 시로이 미찌오; 스즈기 히로도모 ···· 28739
(일본) 야마구찌 모모에 ······························ 26166
(일본) 오오야 신이찌 ······························ 29188
(일본) 이와나미 요조 ······························ 29111
(일본)가도다 야스아끼 ······························ 26209
(일본)가마다 마사루 ······························ 1073
(일본)가마다 마사루 ······························ 1077
(일본)가마다 마사루 ······························ 1078
(일본)가와구찌 마사꼬 ······························ 26182
(일본)가와사까 호오죠;최영수 중역 ·········· 11033
(일본)가지야마 도시유끼; 남상현 역 ········· 26172
(일본)가쯔메 아즈사 저; 리상 중역 ·········· 26254
(일본)가쯔모꾸 아주싸 ······························ 26235
(일본)가쯔모꾸 아주싸 ······························ 26246
(일본)가찌에 아즈사 ······························ 26245
(일본)겐지 게이다 ······························ 26211
(일본)겐지 도리후도 ······························ 26268
(일본)고마쯔 사교우 ······························ 26197
(일본)고바야시 ······························ 26278
(일본)고바야시 데라꼬 ······························ 26216
(일본)구니기다 돗보 ······························ 26212
(일본)구라무라 우에미 ······························ 26137
(일본)구로 료헤이 ······························ 26259
(일본)구로가와미노루 ······························ 6844
(일본)구로가와미노루 ······························ 8404
(일본)구로이와 주오고; 김해연 중역 ········· 26157
(일본)구로이와 쥬고 ······························ 26202
(일본)기야마 쇼헤이 ······························ 26139
(일본)나시무라 교우다로 작; 김덕부 중역 · 26219
(일본)나쯔기시즈꼬 저; 박범 중역 ··········· 26262
(일본)남바라미끼오; 박상렬 역 ················ 26173
(일본)니끼에 쯔꼬 ······························ 26186
(일본)니시무라 게이다로 저; 박범 중역 ···· 26229
(일본)니시무라 교오다로오 ······························ 26277
(일본)니시무라 쯔네끼 ······························ 26255
(일본)다까기 아끼미쯔 ······························ 26191
(일본)다께다 다이쥰 ······························ 26152
(일본)다나가 사네 ······························ 6681
(일본)단바 후미오 ······························ 26187
(일본)도모도 기이찌 ······························ 26249
(일본)마끼무라 히로시; 전국권 역 ············ 26175
(일본)마사노브 히로시 저; 문암 역 ·········· 26194
(일본)마쯔모도 기요하리 저; 김운 중역 ···· 26230
(일본)마쯔모도 세이죠 ······························ 26150
(일본)마쯔모도 세이죠 ······························ 26184
(일본)마쯔모도 세이죠 ······························ 26264
(일본)마쯔하라 다쯔야 ······························ 10061
(일본)모리 ······························ 26240
(일본)모리 오오가이; 현상남 역 ················ 26165
(일본)모리무라 세이이찌 ······························ 26144
(일본)모리무라 세이이찌 ······························ 26145
(일본)모리무라 세이이찌 ······························ 26180
(일본)모리무라 세이이찌 ······························ 26201
(일본)모리부라 세이이찌 ······························ 26253
(일본)모리무라 세이이찌 ······························ 26214
(일본)모리무라 세이이찌 작; 김일 역 ······· 26188
(일본)모리무라 세이이찌 작; 남흥범 중역 · 26225
(일본)모리무라 세이이찌 저; 량우 중역 ···· 26273
(일본)모리무라 세이이찌 저; 량학수 중역 · 26231
(일본)모리무라 세이이찌 저; 량학수 중역 · 26247
(일본)모리무라 세이이찌; 허동철 중역 ······ 26207
(일본)모리무라세이 ······························ 26178
(일본)무꾸하도가즈 ······························ 26208
(일본)미나가미쯔도무 ······························ 26200
(일본)미아라아야꼬 ······························ 26224
(일본)미요시 도오루 ······························ 26153
(일본)본타라이메이 원작; 하시끼리노 각색
······························ 26220

(일본)사노 히로시 …………………………… 26206
(일본)사노 히로시 …………………………… 26244
(일본)사노미 ………………………………… 26210
(일본)사다께 데쯔오 ………………………… 30576
(일본)사사자와 사호 저 ……………………… 26267
(일본)사사자와 세호 ………………………… 26138
(일본)사사지와 사호 ………………………… 26176
(일본)사에아쯔 작; 김성 중역 ……………… 26199
(일본)세이신이찌 저; 김홍란 중역 ………… 26195
(일본)소오노 아야꼬 ………………………… 26167
(일본)스기비 노리꼬 ………………………… 26232
(일본)스나다 히로시 작; 김진 역 …………… 26155
(일본)시가 나오야 …………………………… 26181
(일본)시가나오야 작; 박련옥 일역 ………… 26218
(일본)시다미자와사호 ……………………… 26256
(일본)시로이시 기요미찌 …………………… 804
(일본)시로이시 기요미찌 …………………… 806
(일본)시로이시 기요이찌 …………………… 26238
(일본)시마다 가즈오 ………………………… 26269
(일본)시마다 즈즈오 ………………………… 811
(일본)시마자끼 도우손 작; 최연 역 ………… 26260
(일본)쓰지에 유끼오 ………………………… 26147
(일본)아가사 크리스띠에 …………………… 26174
(일본)아까가와 지로오 ……………………… 26234
(일본)아까가와지로오 ……………………… 26274
(일본)아꾸다가와 류노스께 ………………… 26140
(일본)아꾸다가와 류노스께 ………………… 26170
(일본)아꾸다가와 류노스께 ………………… 26179
(일본)아라이 마사아끼 ……………………… 364
(일본)아리사마 다께오 저; 김환기 역 ……… 26227
(일본)아유가와체 쯔나리 저; 허천섭 역 …… 26251
(일본)야마네 도시로오 ……………………… 27587
(일본)야마다 도서히꼬 ……………………… 26252
(일본)야마다 후따로 ………………………… 26183
(일본)야마시모 메이세이 …………………… 26185
(일본)야마우찌겡꼬 저; 한동오; 김상호 번역 …… ……………………………………………… 26156
(일본)야우찌 겐이 …………………………… 26146
(일본)에도가와 람뽀; 서송봉 역 …………… 26237
(일본)에마나가시 …………………………… 26223
(일본)엔도우 슈사꾸 ………………………… 26160
(일본)역병 …………………………………… 916
(일본)오노쫘우고우 글; 정광자 역 ………… 26189
(일본)오오니시 아까히도 …………………… 26177
(일본)오오야부 하루너꼬 저; 량우 중역 …… 26265
(일본)오오이시 마꼬도 ……………………… 26192
(일본)와꾸순잔 ……………………………… 26276
(일본)와다나베마사노브 …………………… 31014
(일본)요꼬미조 마사시 ……………………… 26263
(일본)요꼬미조 마사찌가 …………………… 26257
(일본)요꼬미조 세이시 작; 김해연 역 ……… 26141
(일본)요시유끼 쥰노스께 저; 박범 중역 …… 26233
(일본)우메다 히로유끼 ……………………… 10573
(일본)유기 마사지 …………………………… 26217
(일본)이노세즈오 …………………………… 29495
(일본)이노우에야스 저; 박범 역 …………… 26222
(일본)이도우 요우 …………………………… 30390
(일본)이마니시 스께유끼 …………………… 26169
(일본)이시가와 구와이찌 …………………… 26241
(일본)이시사까 요지로 ……………………… 26243
(일본)이쯔시마 유이찌로 …………………… 29868
(일본)진순신 ………………………………… 26204
(일본)쯔노 유긴도 …………………………… 30414
(일본)쯔노 유긴도 …………………………… 30415
(일본)쯔노 유긴도 …………………………… 31048
(일본)쯔노 유긴도 …………………………… 31051
(일본)쯔노유긴도 …………………………… 30660
(일본)쯔보이 시게지 ………………………… 26136
(일본)최화국 ………………………………… 26261
(일본)하다노이소꼬 ………………………… 730
(일본)하다노이소꼬 ………………………… 7370
(일본)하다노이소브 ………………………… 7669
(일본)하마다 히로스께 ……………………… 26196
(일본)하마다 히로스께 ……………………… 26242
(일본)하시다 스가꼬 ………………………… 26215
(일본)하야마 요시다쯔; 동오 상호 ………… 26151

(일본)하야시 무라세이찌 ····· 26162
(일본)호사아라이찌 ····· 26270
(일본)호시 신이찌 ····· 26168
(일본)호시 싱이찌 ····· 26164
(일본)호시 싱이찌 ····· 26236
(일본)호시 싱이찌 ····· 26239
(일본)호시 싱이찌 ····· 26250
(일본)호시 싱이찌 저; 박범 중역 ····· 26266
(일본)호시 아라가즈 ····· 26228
(일본)호시 아라따이지 ····· 26142
(일본)호시노 신이찌 ····· 26279
(일본)호시싱이찌 ····· 26275
(일본)호시싱이찌 저; 량우 번역 ····· 26272
(일본)호시아라가즈 ····· 26148
(일본)호시아라가즈 ····· 26158
(일본)호시아라가즈 ····· 26159
(일본)호시아라가즈 ····· 26161
(일본)호시아라가즈 ····· 26190
(일본)호시아라이찌 ····· 26149
(일본)후지다 덴 ····· 27643
(일본)후지모도 쥰산 ····· 7017
(일본)히라이와 유미에 저; 정해룡 번역 ····· 26248
(일본)히와다리 고우이찌 ····· 30565
(재미교포)고원 ····· 26768
(재미교포)김문희 ····· 26771
(재미교포)김용팔 ····· 26775
(재미교포)김정기 ····· 26773
(재미교포)김정희 ····· 26770
(재미교포)김희숙 ····· 26767
(재미교포)박남수 ····· 26769
(재미교포)박이문 ····· 26759
(재미교포)배미순 ····· 26761
(재미교포)송순태 ····· 26760
(재미교포)전달문 ····· 26763
(재미조선인)고원 ····· 26751
(재미조선인)김문희 ····· 26756
(재미조선인)김문희 ····· 26788
(재미조선인)김문희 ····· 26794
(재미조선인)김병헌 ····· 26745
(재미조선인)김송희 ····· 26777
(재미조선인)김송희 ····· 26782
(재미조선인)김영훈 ····· 26764
(재미조선인)김유미 ····· 26758
(재미조선인)김주영 ····· 26778
(재미조선인)남소희 ····· 26784
(재미조선인)리계향 ····· 26749
(재미조선인)리계향 ····· 26783
(재미조선인)박이문 ····· 26755
(재미조선인)배미순 ····· 26772
(재미조선인)송상옥 ····· 26787
(재미조선인)송순태 ····· 26774
(재미조선인)이풍호 ····· 26765
(재미조선인)한만선 ····· 26776
(재미조선인)현웅 ····· 26747
(재미조선인)황영애 ····· 26790
(재미조선인)황영애 ····· 26792
(재쏘동포)아나똘이 김; 고하 중역 ····· 26474
(재일조선인) 리희성 ····· 25994
(재일조선인)김양기;김문학 ····· 26097
(조선)박진숙 ····· 32528
(조선)백일현 ····· 28744
(소선)송진국 ····· 32628
(조선)유진국 ····· 32336
(조선)유치종 ····· 32574
(조선)정순화 ····· 32537
(조선)정순화 ····· 32566
(조선)계훈 ····· 26131
(조선)김석주 ····· 26074
(조선)김석천 ····· 26107
(조선)김소월 ····· 26124
(조선)김송남 ····· 26114
(조선)김숙자 ····· 32531
(조선)김영민 ····· 26086
(조선)김유정 ····· 26012
(조선)김일규 ····· 26082
(조선)김일규 ····· 26106

(조선)김재원 25956
(조선)김정 26112
(조선)김창덕 26120
(조선)김청남 25985
(조선)김형윤 25969
(조선)라도향 25970
(조선)류병기;최창격 28026
(조선)리광수 26039
(조선)리광수 26040
(조선)리광수 26041
(조선)리광수 26059
(조선)리기영 25972
(조선)리기영 25977
(조선)리기영 25998
(조선)리기영 25999
(조선)리덕진 26105
(조선)리상화 25983
(조선)리유호 29446
(조선)리율곡 25939
(조선)리의섭 26085
(조선)리종렬 26058
(조선)리종렬 26060
(조선)림제 25974
(조선)림종상 26123
(조선)문동식 26034
(조선)박경수 25938
(조선)박영근 11460
(조선)박유학 26102
(조선)박은경 26084
(조선)박지원 25962
(조선)박지원 25993
(조선)박창식 26073
(조선)박함집 26055
(조선)박호범 26117
(조선)배민옥 26108
(조선)소파 26087
(조선)손권 26090
(조선)송경찬 26135
(조선)신고송 26088
(조선)안순희 26053
(조선)안축 26126
(조선)오영재 26083
(조선)윤동주 26071
(조선)윤병규 26008
(조선)장기성 25959
(조선)장수근 26056
(조선)장수근 26104
(조선)정서촌 26077
(조선)정연진 26064
(조선)정준기 26075
(조선)조연 25961
(조선)조필수 25995
(조선)진재환 26067
(조선)채규철 25935
(조선)최서해 25978
(조선)최서해 25989
(조선)최석두 25949
(조선)한기운;김휘조 25996
(조선)한태수 26134
(조선)허수산 25971
(조선)허원길 25960
(조선)허진계 25943
(조선)현성일 25991
(조선)현승걸 26057
(조선)현진건 26062
(조선)홍명희 25933
(조선)홍현양 26080
(조선)홍현양 26095
(조선주재 중국대사관 문화참사) 백예 26122
(한국)계용묵 26013
(한국)고원정 26093
(한국)김래성 26054
(한국)김성종 26068
(한국)김성종 26089
(한국)김성종 26094
(한국)김성종 26101

(한국)김우중 26121
(한국)김정한 26024
(한국)김지하 25955
(한국)김지하 25957
(한국)김혜숙 26128
(한국)리규정 26025
(한국)리미원 27287
(한국)리원범 26081
(한국)리희승 26037
(한국)림성숙 26019
(한국)문순태 26027
(한국)문정희 26096
(한국)문정희 26099
(한국)민영 26036
(한국)서정주 26035
(한국)신동엽 26032
(한국)오영수 26014
(한국)전병학 26103
(한국)전봉건 26007
(한국)정비석 26050
(한국)정연희 26020
(한국)최미나 26029
(한국)한춘섭 26119
(한국)현진긴 26018
(한국)황석영 26044
(체스꼬슬로벤스꼬)뽀르나 넴쪼와 26521
(체스꼬슬로벤스꼬)엘리 옥리크드 26522
(체코슬로바키야)위쩨슬라브·네즈왈 26519
(카나다 조선인)김인숙 26651
(카나다)D,A,한린르스 9912
(카나다)김인 26659
(카나다)리석현 26661
(카나다)매크르 불루스 26655
(카나다)반병섭 26658
(카나다)월리암 호퍼 26660
(카나다)윌스 10082
(카나다)장석환 26662
(카나다)힐라·헬리 26652
(카나다조선인)김인숙 26653
(카나다조선인)박순배 26780
(카나다조선인)반병섭 26654
(카나다조선인)유인형 26657
(쿠웨이트)무니니 862
(큐바) 니꼬라스·지렌 26827
(큐바) 라울·곤자레스·드·카스코로 26829
(큐바) 파아더·하미스 26828
(토이기)나쥠 히크메트 26301
(토이기)네씨느 26303
(토이기)아기찌·나르신 26304
(토이기)아지즈네신 작; 남홍범 중역 26306
(토이기)아키즈네신 26302
(토이기)야싸르 케마르 26305
(프란스)피에르 베레마르 26644
(프랑스)고스다부·향터클라이; 리상 중역 ·· 26637
(프랑스)구스다부 쌍터크레 저; 학수 중역 · 26638
(프랑스)구스타프 샹트크라일 26639
(프랑스)그·라싸린 26598
(프랑스)까뮤 저; 리일우 중역 26628
(프랑스)끌로드 씨몽 26632
(프랑스)대듀마 26603
(프랑스)듀마 휘스 26635
(프랑스)랑·크라이 28634
(프랑스)로쟈리 26647
(프랑스)루쏘 26630
(프랑스)루이 라프라스 26617
(프랑스)르블랑 26643
(프랑스)메리메 26649
(프랑스)메리메 작; 석심 중역 26611
(프랑스)모리스 르블람 26615
(프랑스)모파쌍 26605
(프랑스)모파쌍 26609
(프랑스)모파쌍 26612
(프랑스)모파쌍 26614
(프랑스)모파쌍 26625
(프랑스)모파쌍 26636
(프랑스)모파쌍 26640

(프랑스)모파쌍 …………………………………… 26642
(프랑스)모파쌍 작 ………………………………… 26620
(프랑스)모파쌍 작; 김태갑 중역 ……………… 26629
(프랑스)뮈쎄 ……………………………………… 26634
(프랑스)벨리 말 안또니 ………………………… 26631
(프랑스)비벨러마르 ……………………………… 26641
(프랑스)빠잔 ……………………………………… 26624
(프랑스)아드레이 모리아 작; 유철 중역 …… 26622
(프랑스)안나 마리엘 …………………………… 26610
(프랑스)안나마리엘 ……………………………… 26608
(프랑스)안드레 반지몰라 ……………………… 26621
(프랑스)앙드레 지드 …………………………… 26633
(프랑스)에·라불레 ……………………………… 26601
(프랑스)쟝 부루스 ……………………………… 26650
(프랑스)졸라 ……………………………………… 26646
(프랑스)졸라 원작 ……………………………… 26627
(프랑스)지나트 브리옹 ………………………… 26648
(프랑스)폐에로·빼레마 작; 야크·안또완,
김영춘 역 ………………………………………… 26623
(프랑스)푸로벨 …………………………………… 26619
(프랑스)피엘 더구베단 ………………………… 26613
(핀란드 조선인)고송무 ………………………… 27611
(희랍)베 베베뚜까수 저; 한정화 중역 ……… 26538
(희랍)빼뜨로스 안데오스 ……………………… 26535
(희랍)알렉씨쓰·바르니쓰 ……………………… 26534
(희랍)크쎄 노프로스 …………………………… 26536
(희랍)파파지아만티스 저; 해연 중역 ……… 26537

이옥금 •약 력•
1954년 흑룡강성 영안시 출생
1977년 북경 중앙예술대학 연극학원 졸업
1977년 길림성 연변연극단
1981년 길림성 연변도서관 간행물부 주임
1986년 연변대학 조문학부 졸업
1986년 연변대학 도서관
1998년 연변대학 민족연구원
2001년 연변대학 도서관 부연구원
2008년 절강월수외국어학원 부교수

•주요논저•
연변대학 도서관 조선문 잡지의 현황분석과 대책」, 「조선문 연속간행물 저록규범에 대한 탐구」, 「고려시기에 들여온 송나라도서에 대한 연구」, 「한글잡지의 역사상황과 현실대책에 대한 연구」, 「청소년들의 독서 요령」, 「조선민족의 문헌 개발과 이용에 대하여」, 「대학도서관 독자사업에 대한 사고」, 「시스템환경에서 민족문헌관리 양식에 대한 탐구」 등 20여편이 있으며 「동북변강역사연구」 등 대형 프로젝트에 참가.

중국조선문정기간행물 목록색인 1권(하)

• 초판 인쇄 2008년 7월 31일
• 초판 발행 2008년 7월 31일

• 지 은 이 이옥금
• 펴 낸 이 채종준
• 펴 낸 곳 한국학술정보(주)
경기도 파주시 교하읍 문발리 513-5
파주출판문화정보산업단지
전화 031) 908-3181(대표) · 팩스 031) 908-3189
홈페이지 http://www.kstudy.com
e-mail(출판사업부) publish@kstudy.com
• 등 록 제일산-115호(2000. 6. 19)
• 가 격 33,000원

ISBN 978-89-534-0445-8 94000(Paper Book)
978-89-534-0446-5 98000(e-Book)
ISBN 978-89-534-0441-0 94000(Paper Book set)
978-89-534-0442-7 98000(e-Book set)